行唐县人大志

（1949—2023）

行唐县人大志编纂委员会　编

方志出版社
Publishing House of Local Records

图书在版编目（CIP）数据

行唐县人大志 : 1949—2023 / 行唐县人大志编纂委员会编. -- 北京 : 方志出版社, 2024. 11. -- ISBN 978-7-5144-6464-1

Ⅰ. D624.224

中国国家版本馆 CIP 数据核字第 20249KP733 号

责任编辑：高孟君
责任校对：张玉霞
责任印制：梅中英
出 版 者：方志出版社
地　　址：北京市朝阳区潘家园东里 9 号（国家方志馆 4 层）
邮　　编：100021
网　　址：http://www.zgfzcb.cn
发　　行：方志出版社图书营销中心（010-67110500）
印　　刷：河北新华第二印刷有限责任公司
开　　本：889 毫米×1194 毫米　1/16
印　　张：61.5
字　　数：1354 千字
版　　次：2024 年 11 月第 1 版
印　　次：2024 年 11 月第 1 次印刷
定　　价：690.00 元

行唐县人大志编纂委员会

主　任：赵为民

副主任：刘鸣利　董素平　盖进良

顾　问：刘来福　张法新　赵翠琴　高和福　赵士平
高华树

委　员：王永伟　郑建强　王冰心　孙绍华　赵惠芹
赵志军　韩金刚　张会娟　贾　娜

主　编：王永伟

副主编：赵惠芹　贾　娜

特邀副主编：李蕙萍　王　帆　刘文华

编辑室

主　编：王永伟

副主编：赵惠芹　贾　娜

特邀副主编：李蕙萍　王　帆　刘文华

编　辑：王晓光　黄新会　韩文胜　刘　宏　李丽菲
王秀莲　李洪泉　杨立娟　张少华　范淑静
董子源　赵　壮　刘　欣　李晓菁

版式设计：王永伟　李蕙萍　侯爱民　赵惠芹　贾　娜

第一编纂组

负责篇章：第一篇

执行主编：赵惠芹

编　　辑：赵惠芹　王秀莲

第二编纂组

负责篇章：第二篇

执行主编：郑建强　贾　娜

编　　辑：贾　娜

第三编纂组

负责篇章：第三篇至第五篇

执行主编：孙绍华

顾　　问：刘清海

编　　辑：黄新会　高　伟

第四编纂组

负责篇章：第六篇至第八篇

执行主编：赵志军

顾　　问：黄金生　徐红军　李景春　刘成功　王绪祥
　　　　　王进才

编　　辑：董子源

第五编纂组

负责篇章：第九篇至第十一篇

顾　　问：王进才　王吉秋　高国甫　温玲翠　宫国恩
　　　　　米志斌

执行主编：韩金刚

编　　辑：韩文胜

第六编纂组

负责篇章：第十二篇至第十三篇

执行主编：张会娟

顾　　问：杨永志　盖建林

编　　辑：李洪泉　范淑静

第七编纂组

负责篇章：第十四篇

执行主编：王冰心

编　　辑：刘　宏

高　扬　穆　聪　李建新　潘鸿儒　毛志峰

申会岗　王若铮　张纪刚　李少璇　郭　帅

王利锋　杨子毅　赵建永　刘　阳　张志国

韩彦会　杜　虎　张立峰　刘　聪　王锟铭

秦林霞　张毅哲　马力强　康珊珊　郭胜男

高明灿　李佳耕　康　静　李春泽　张　笛

卢会刚　王　亚　申　洋　梁　奇　赵元哲

高天淏　朱亚男　宿　鹏　范仲哲

行唐县行政区划图

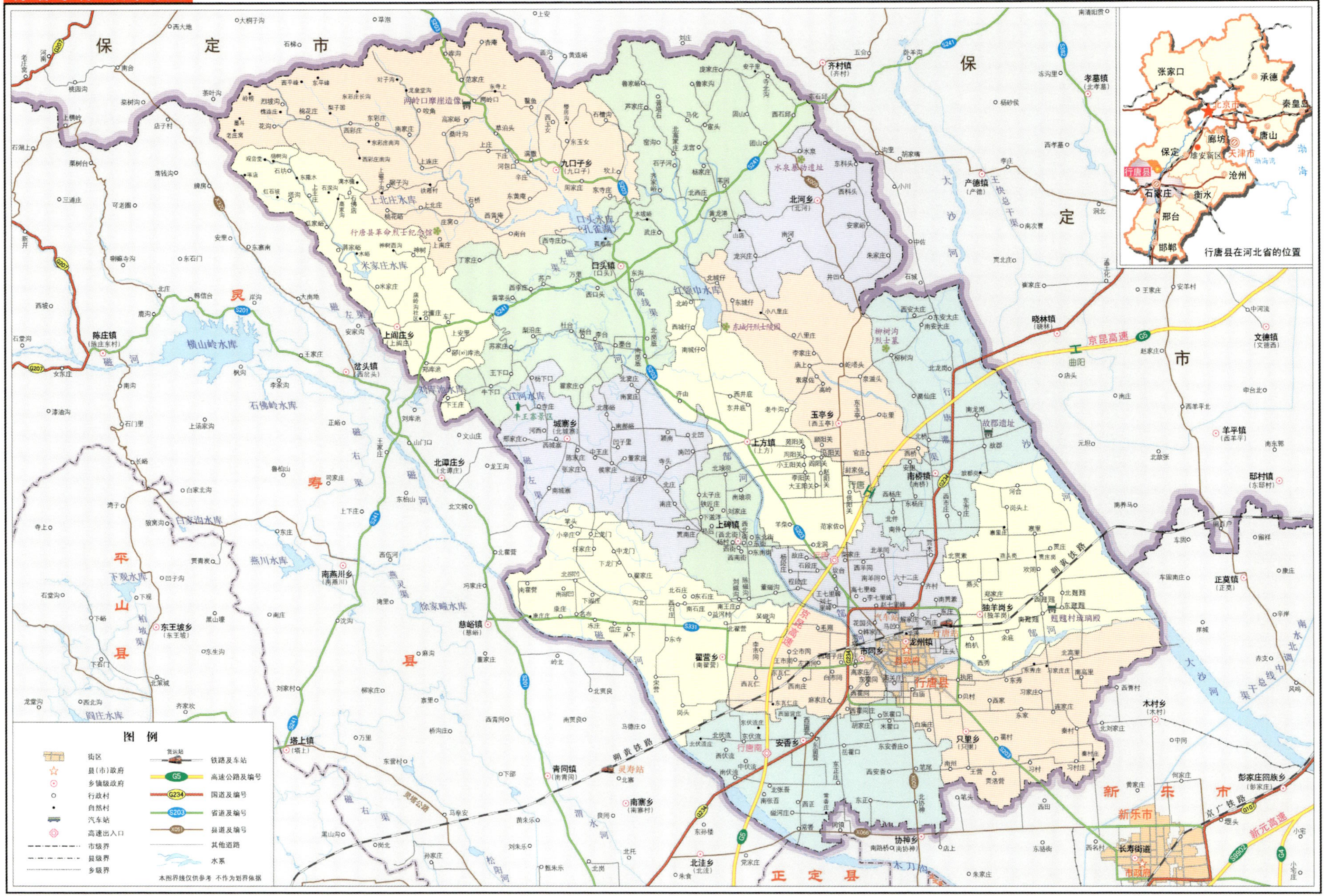

审图号：冀石S（2023）012号

行唐县民政局 监制　　石家庄市勘察测绘设计研究院 编制

行唐县各界人民代表会议

一九四九年十一月至一九五四年七月

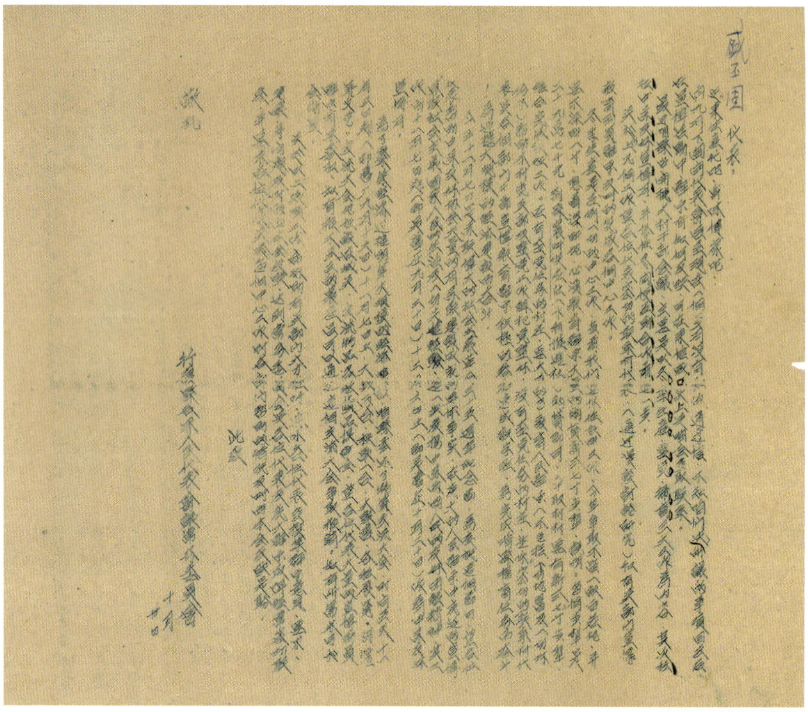

行唐县各界人民代表会议常务委员会给代表的一封信
（1952年10月30日）

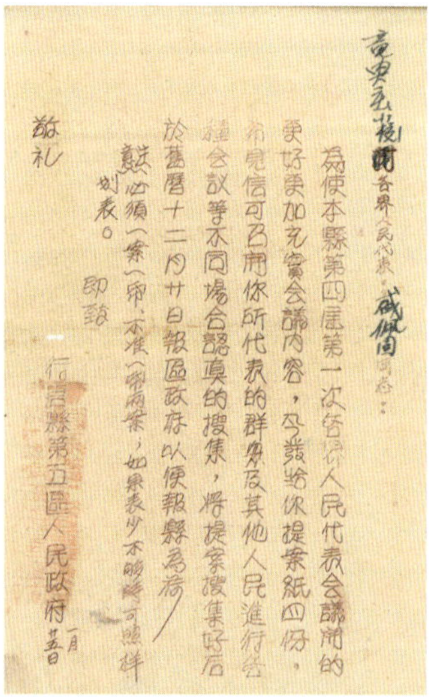

各界人民代表：臧佩固同志：

为使本县第四届第一次各界人民代表会议开的更好更加充实会议内容，今发给你提案纸四份，希望你可召开你所代表的群众及其他人民进行各种会议等不同场合认真的搜集，将提案搜集好后於旧历十二月廿日报区政府以便报县为荷。

注意：必须一案一纸，不准一纸两案，如果表少不够时可照样划表。

此致

敬礼

行唐县第五区人民政府
一月廿五日

行唐县第五区人民政府
征集代表提案的通知
（1953年1月25日）

县第三届各界人民代表会议各项提案处理意见

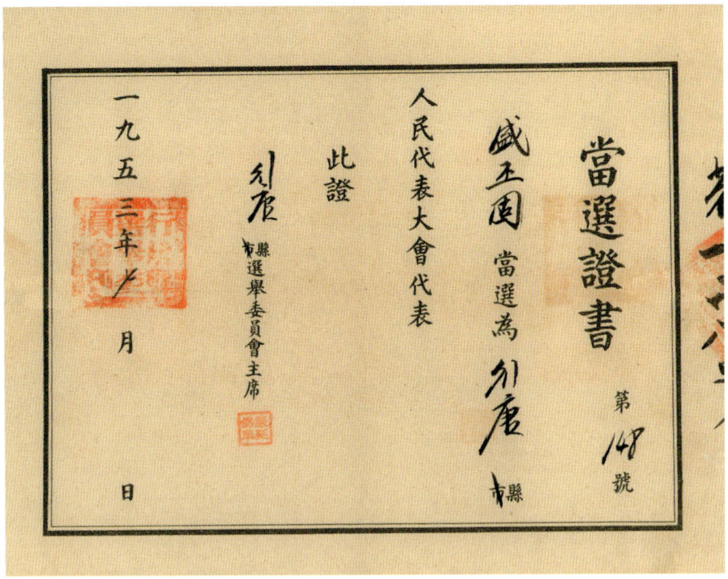
當選證書
第148號
盛丕固 當選為 行唐縣
人民代表大會代表
此證
行唐縣選舉委員會主席
一九五三年七月 日

县第三届各界人民代表会议代表当选证书
（1953年7月）

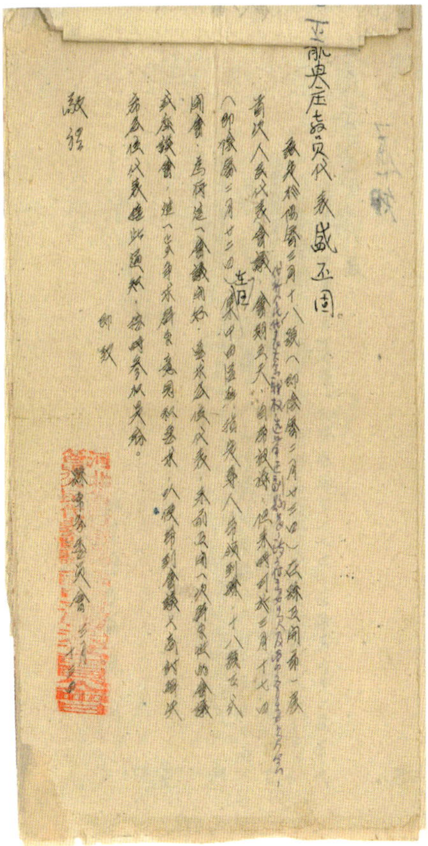

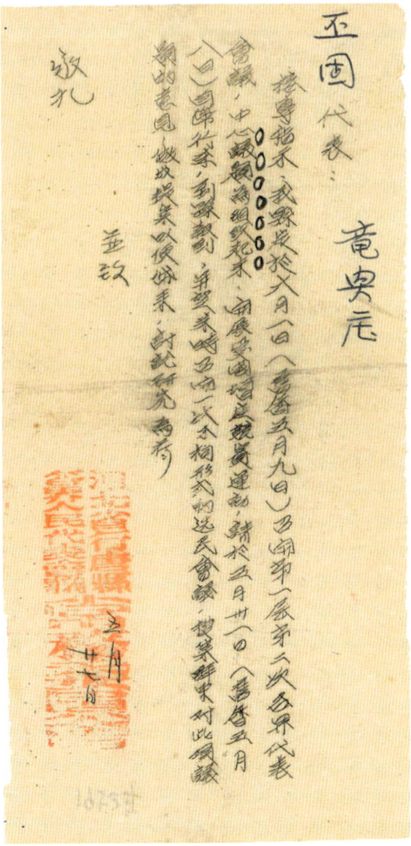

县各界人民代表会议常务委员会给代表的通知

行唐县第一届至第六届人民代表大会

一九五四年七月至一九六六年五月

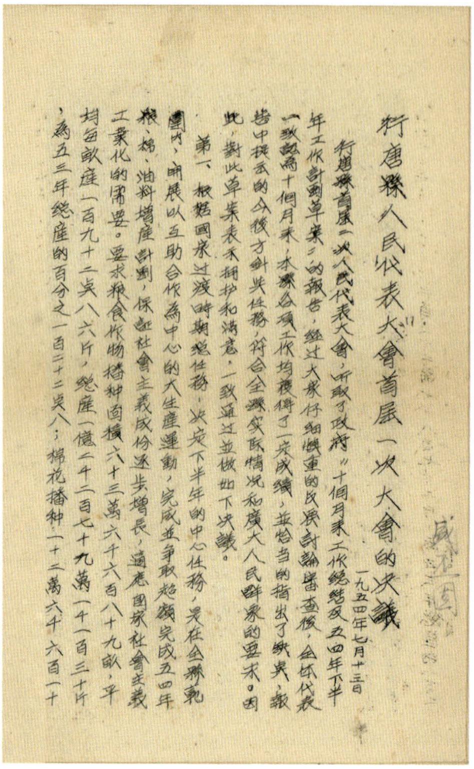

行唐縣人民代表大會首屆一次大會的決議

一九五四年七月十三日

行唐縣首屆一次人民代表大會，听取了政府"十個月來工作總結及五四年下半年工作計劃草案"的報告，經过大家仔細慎重的反復討論審查後，全体代表一致認為十個月來，本縣各項工作均獲得了一定成績，並恰當的指出了缺点，報告中提出的今後方針與任務，符合全縣實際情況和廣大人民群众的要求。因此，對此草案表示擁护和满意，一致通过並做出如下決議。

第一、根據國家过渡時期總任務，决定下半年的中心任務，是在全縣範圍內，開展以互助合作為中心的大生產運動，完成並爭取超額完成五四年糧、棉、油料增產計劃，保証社會主義成份逐步增長，適應國家社會主義工業化的需要。要求糧食作物播种面積六十三萬六千六百八十九畝，平均每畝產一百九十二点八六斤，總產一億二千二百七十九萬一千一百三十斤，為五三年總產的百分之一百二十二点八；棉花播种一十二萬六千六百一十

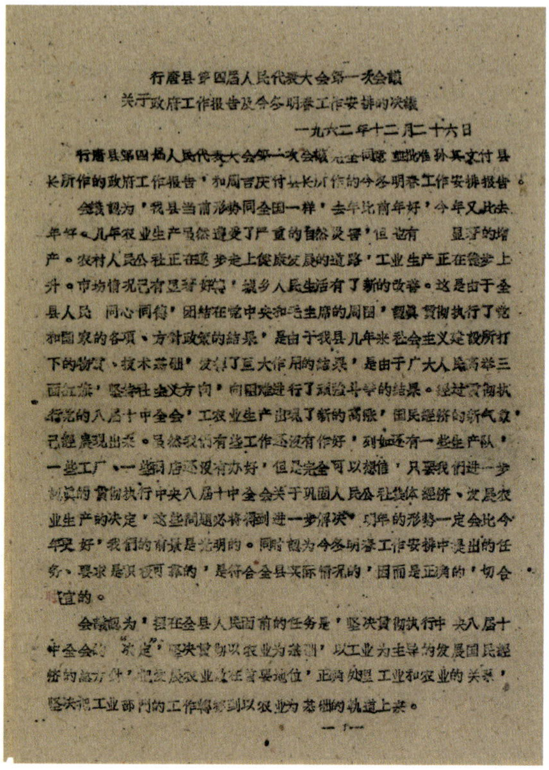

行唐县第四届人民代表大会第一次会议关于政府工作报告及今冬明春工作安排的决议

一九六二年十二月二十六日

行唐县第四届人民代表大会第一次会议完全同意并批准孙兴文付县长所作的政府工作报告，和周百庆付县长所作的今冬明春工作安排报告。

会议认为，我县当前形势同全国一样，去年比前年好，今年又比去年好。几年农业生产虽然遭受了严重的自然灾害，但也有　显著的增产。农村人民公社正在逐步走上健康发展的道路，工业生产正在稳步上升。市场情况已有显著好转，城乡人民生活有了新的改善。这是由于全县人民同心同德，团结在党中央和毛主席的周围，认真贯彻执行了党和国家的各项、方针政策的结果，是由于我县几年来社会主义建设所打下的物质、技术基础，发挥了巨大作用的结果，是由于广大人民高举三面红旗，坚持社会主义方向，向困难进行了顽强斗争的结果。经过贯彻执行党的八届十中全会，工农业生产出现了新的高涨，国民经济的新气象，已经展现出来。虽然我们有些工作还没有作好，例如还有一些生产队，一些工厂、一些商店还没有办好，但是完全可以相信，只要我们进一步切实的贯彻执行中央八届十中全会关于巩固人民公社集体经济、发展农业生产的决定，这些问题必将得到进一步解决，明年的形势一定会比今年更好，我们的前景是光明的。同时认为今冬明春工作安排中提出的任务、要求是积极可靠的，是符合全县实际情况的，因而是正确的，切合时宜的。

会议认为，目前全县人民当前的任务是，坚决贯彻执行中央八届十中全会的决定，坚决贯彻以农业为基础，以工业为主导的发展国民经济的总方针，把发展农业放在首要地位，正确处理工业和农业的关系，坚决把工业部门的工作转移到以农业为基础的轨道上来。

— 1 —

行唐县第一届和第三届人民代表大会通过的决议

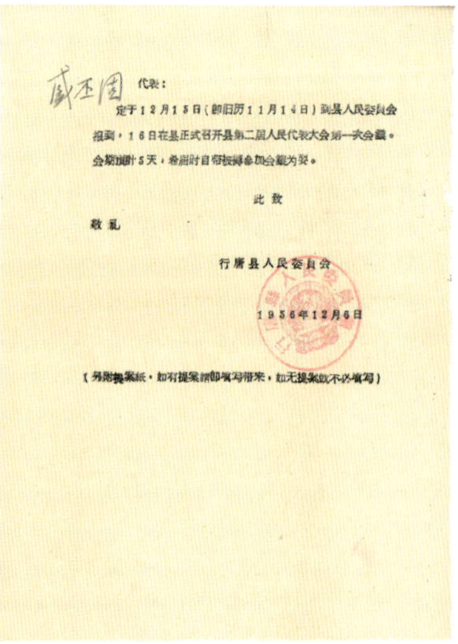

戚玉国　代表：

定于12月15日（即旧历11月14日）到县人民委員会报到，16日在县正式召开县第二届人民代表大会第一次会議。会期預計5天，希屆时自带被褥参加会議为要。

此致

敬礼

行唐县人民委員会

1956年12月6日

（另附提案紙，如有提案請即填写带来，如无提案就不必填写）

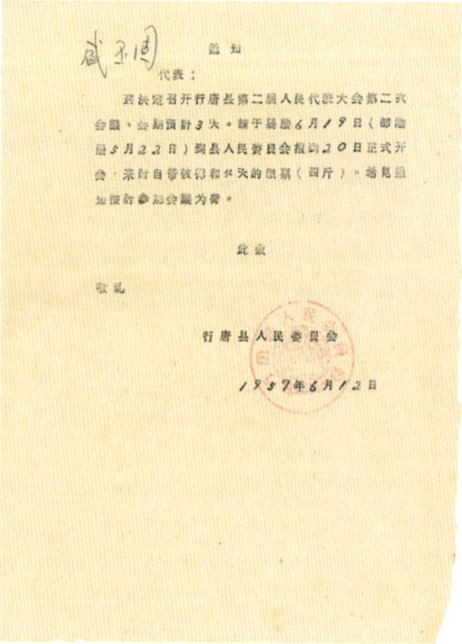

通知

戚玉国　代表：

茲決定召开行唐县第二屆人民代表大会第二次会議，会期預計3天，請于陽歷6月19日（即陰歷5月22日）到县人民委員会报到，20日正式开会，来时自带被褥和4天的糧票（四斤），希見通知按时参加会議为荷。

此致

敬礼

行唐县人民委員会

1957年6月12日

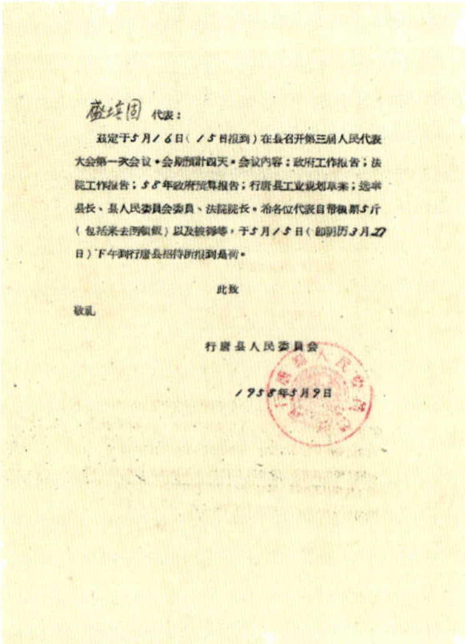

戚玉国　代表：

茲定于5月16日（15日报到）在县召开第三屆人民代表大会第一次会议，会期預計四天，会议内容：政府工作报告；法院工作报告；58年政府预算报告；行唐县工业规划草案；选举县长、县人民委員会委員、法院院长。希各位代表自带糧票5斤（包括来去两顿饭）以及被褥等，于5月15日（即阴历3月27日）下午到行唐县招待所报到為荷。

此致

敬礼

行唐县人民委員会

1958年5月9日

行唐县人民委员会关于召开县人民代表大会给代表的通知

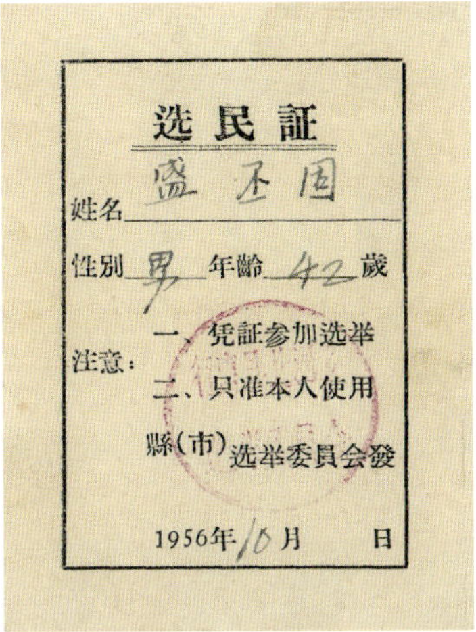
选民証
姓名 盛丕国
性别 男 年龄 42 歳
注意：一、凭証参加选举
二、只准本人使用
縣(市) 选举委員会發
1956年10月 日

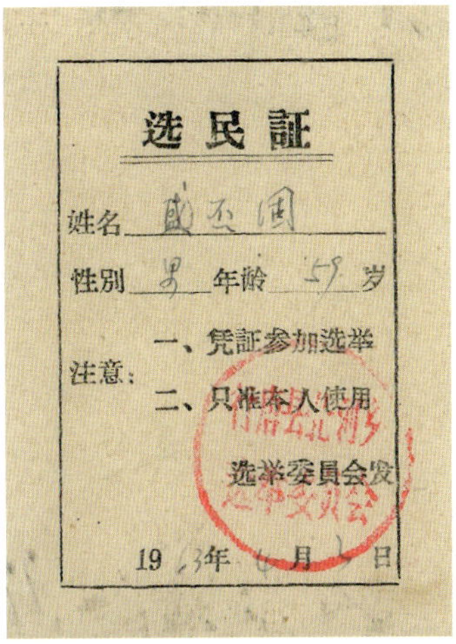
选民証
姓名 盛丕国
性别 男 年龄 59 岁
注意：一、凭証参加选举
二、只准本人使用
选举委員会发
19 3年 月 日

乡镇选举委员会发放的选民证

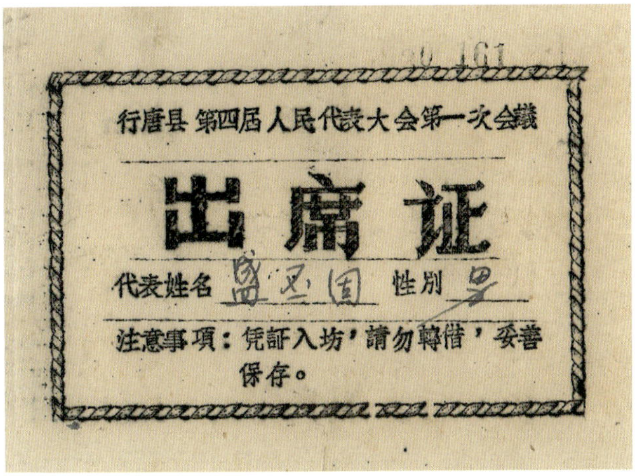
行唐县第四届人民代表大会第一次会議
出席证
代表姓名 盛丕国 性別 男
注意事項：凭証入坊，請勿轉借，妥善保存。

县四届人大一次会议代表出席证

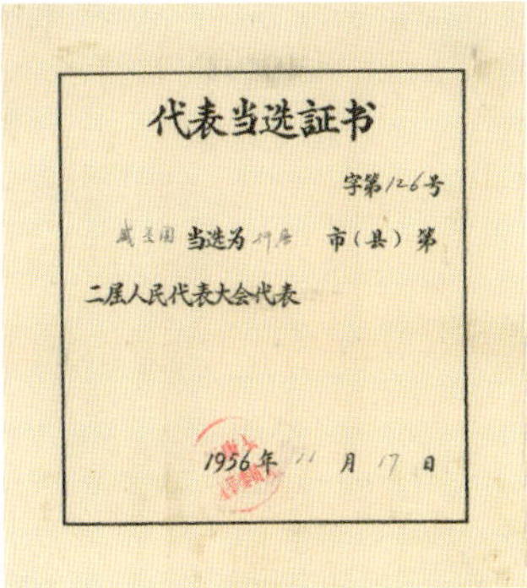
代表当选証书
字第126号
盛丕国 当选为行唐 市（县）第二届人民代表大会代表
1956年11月17日

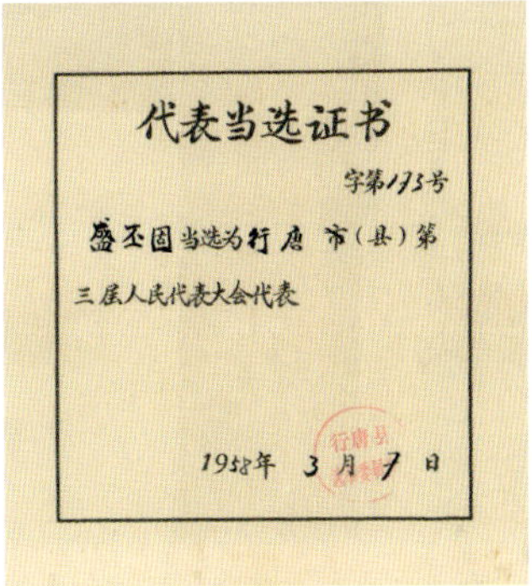
代表当选证书
字第173号
盛丕国当选为行唐 市（县）第三届人民代表大会代表
1958年3月7日

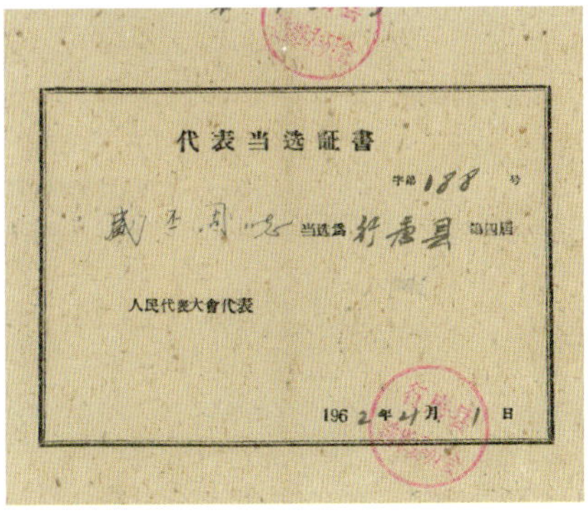
代表当选証書
字第188号
盛丕国 当选为行唐县第四届人民代表大會代表
1962年 月 日

县第二届至第四届人民代表大会代表当选证书

行唐县第八届至第九届人民代表大会

一九八四年四月至一九九〇年四月

县八届人大一次会议秘书长
刘清海（左）、主席团常务主席
阎昌海（右）在大会主席台就座
（1984年4月25日）

新当选的县九届人大常委会
副主任在大会主席台就座。
左起：杨建民、杨安县、
张永强、皮忠录
（1987年4月28日）

县九届人大常委会主任、副主任合影
左起：杨安县、崔进德、张永强、康一（主任）、杨建民、皮忠录

县九届人大常委会部分组成人员合影

县九届人大常委会组成人员及人大机关工作人员合影

行唐县第十届人民代表大会

一九九〇年四月至一九九三年二月

行唐县第十届人民代表大会第二次会议会场（1991年3月19日）

县十届人大一次会议
主席团成员依次投票（1990年4月7日）

县十届人大二次会议举手表决
（1991年3月19日）

县人大常委会主任刘来福（右）、副主任崔进德（左）在县十届人大四次会议主席台就座
（1992年3月24日）

县十届人大常委会部分组成人员及人大机关工作人员合影

县十届人大常委会主任、副主任与县人大部分离退休老干部合影
后排左起：赵翠琴、杨桂林、张永强、刘来福（主任）、崔进德、顾丙印

行唐县第十一届人民代表大会

一九九三年二月至一九九八年二月

行唐县第十一届人民代表大会第六次会议会场
（1996年4月3日）

县十一届人大六次会议主席团成员在大会主席台就座
（1996年4月3日）

县十一届人大六次会议代表听取报告（1996年4月3日）

县十一届人大六次会议召开，县电视台记者报道会议开幕情况（1996年4月3日）

县十一届人大常委会组成人员与人大机关工作人员、部分离退休老干部合影

行唐县第十二届人民代表大会

一九九八年二月至二〇〇三年四月

行唐县第十二届人民代表大会第一次会议会场
（1998年2月17日）

县十二届人大常委会第十次会议召开（1999年8月10日）

县十二届人大常委会主任赵翠琴（前排左四）、部分副主任与县政府及其部门人员合影

县人大常委会颁发任命书会议召开

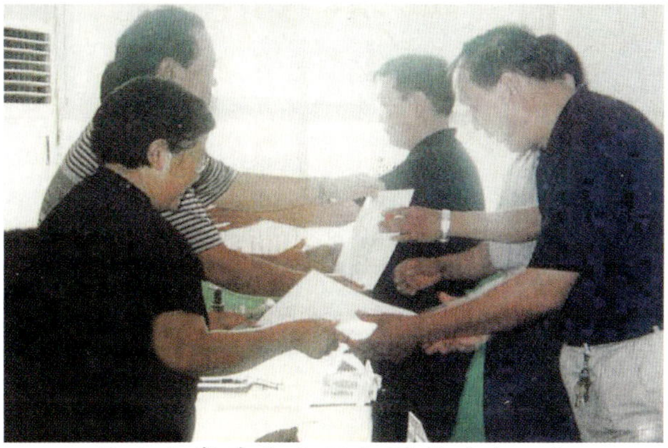

县人大常委会主任赵翠琴（左一）向被任命人员颁发任命书

县人大常委会主任赵翠琴（右一）带领辖区的市人大代表视察九口子乡万亩枣园（2002年7月4日）

县人大常委会主任赵翠琴（左三）带领辖区的市人大代表视察口头红枣市场建设情况（2002年7月4日）

行唐县第十三届人民代表大会

二〇〇三年四月至二〇〇七年四月

行唐县第十三届人民代表大会第一次会议会场（2003年4月28日）

县人大常委会主任赵翠琴（右）在县十三届人大四次会议上选举投票（2003年4月29日）

县十三届人大一次会议代表举手表决（2003年4月29日）

县十三届人大二次会议工作人员清点选票（2004年2月19日）

县十三届人大常委会第一次会议召开（2003年6月19日）

县人大常委会颁发任命书大会召开（2003年6月19日）

县人大常委会主任赵翠琴（右一）与部分人大离退休老干部视察山区退耕还林工作

县人大常委会主任赵翠琴（中）与部分人大离退休老干部视察山区绿化工作

行唐县第十四届人民代表大会

二〇〇七年四月至二〇一二年二月

行唐县第十四届人民代表大会第一次会议会场（2007年4月16日）

县人大常委会主任赵翠琴（右）向新当选的县十四届人大常委会主任高和福（左）表示祝贺（2007年4月18日）

人大代表步入会场（2010年3月10日）

县人大常委会主任、副主任在县十四届人大三次会议预备会议上表决
（2009年2月17日）

县十四届人大三次会议农经组专题审议报告
（2009年2月17日）

县十四届人大四次会议议案审查委员会会议召开
（2010年3月11日）

县人大常委会党组及各主任征求意见座谈会召开

县十四届人大常委会主任会议召开

县人大常委会召开
城建工作座谈会

县十四届人大常委会第十二次会议召开（2009年2月16日）

县十四届人大常委会第二十三次会议邀请公民旁听（2010年8月26日）

县人大常委会召开代表建议办理“面复会”（2010年10月7日）

县人大常委会召开2007年度承办代表建议先进单位履职优秀代表表彰暨2008年度代表建议交办会议（2008年4月18日）

县人大常委会召开乡镇人大工作会议（2008年10月30日）

县人大常委会举办市同、只里、安香片人大代表培训会

玉亭乡县乡人大代表专题议政会召开

县人大常委会主任高和福（右五）带队到北高里村卫生室视察民生实事完成情况（2011年4月21日）

县人大常委会主任高和福（中）带队视察教育工作

县人大常委会主任高和福（左二）带队调研食品安全体系建设情况（2011年9月22日）

县人大常委会主任高和福（左二）带队视察县污水处理厂建设情况

县人大常委会与县委宣传部联合举办人大知识竞赛（2007年11月28日）

行唐县人大建设研究会成立大会召开（2011年7月29日）

县人大常委会举办《中华人民共和国农民专业合作社法》培训讲座（2008年3月17日）

县人大常委会机关办公新址揭牌仪式举行（2010年6月29日）

行唐县第十五届人民代表大会

二〇一二年二月至二〇一七年二月

行唐县第十五届人民代表大会第一次会议会场（2012年2月19日）

县人大常委会主任赵士平在县十五届人大三次会议上选举投票（2013年6月25日）

县十五届人大二次会议主席团会议召开
（2013年3月24日）

县十五届人大二次会议代表团会议召开
（2013年3月24日）

县乡两级人民代表大会换届选举工作动员会召开
（2016年11月10日）

县人大常委会党组集中学习

县人大常委会首次召开拟任命人员供职承诺测评会（2012年5月30日）

县十五届人大常委会主任会议召开

县十五届人大常委会第三十一次会议召开（2016年6月28日）

县人大常委会主任赵士平（左）向被任命人员颁发任命书（2016年6月28日）

县十五届人大常委会第二十三次会议分组审议报告（2015年6月29日）

县人大常委会召开县十五届人大四次会议代表建议交办会
（2014年3月17日）

县人大常委会召开2014年度人大代表工作表彰暨2015年度人大代表工作交办会议
（2015年4月24日）

县人大常委会召开对部分单位工作评议会议
（2015年7月28日）

县人大常委会召开2014年度行唐县人大代表暨乡镇人大干部培训会
（2015年4月24日）

县人大常委会主任赵士平（中）带队视察违法占地、违法建筑集中整治行动和项目建设情况（2012年7月25日）

县人大常委会主任赵士平（中）带队调研医养扶一体化开展情况（2014年12月）

县人大常委会主任赵士平（中）带队调研民生实事完成情况
（2014年12月）

县人大常委会主任赵士平（左）走访慰问困难群众

县人大常委会副主任王吉秋（左二）带队视察县检察院检务公开情况
（2014年6月6日）

县人大常委会副主任刘鸣利（右一）带队视察企业安全生产情况
（2015年5月4日）

县人大常委会副主任高国甫（前排右二）带队调研河合村美丽乡村建设情况
（2016年7月29日）

县人大常委会副主任温玲翠（中）带队调研国民经济和社会发展计划执行情况
（2014年5月16日）

县人大常委会副主任米志斌（中）带队调研土地综合整治及利用情况
（2014年12月23日）

行唐县第十六届人民代表大会

二〇一七年二月至二〇二一年七月

行唐县第十六届人民代表大会第一次会议会场

（2017年2月22日）

县十六届人大一次会议代表听取报告

（2017年2月22日）

县人大常委会主任高华树（中）带领县人大常委会组成人员、专委委员进行宪法宣誓（2017年2月24日）

县十六届人大一次会议代表团审议报告（2017年1月22日）

县十六届人大一次会议代表投票（2017年2月24日）

县人大常委会党组及机关"不忘初心、牢记使命"主题教育动员部署会召开
（2019年9月12日）

县人大常委会党组召开民主生活会（2018年8月18日）

县人大常委会主任高华树（中）向被任命人员颁发任命书
（2019年1月8日）

县十六届人大常委会第四十次会议召开（2021年7月16日）

县人大常委会主任高华树（左二）带队调研中铁建建筑产业化项目建设情况
（2019年12月13日）

县人大常委会主任高华树（左二）带队调研玉城污水处理厂建设情况
（2020年12月15日）

县人大常委会主任高华树（右二）带队调研政府工作报告完成情况
（2017年7月1日）

县人大常委会主任高华树（右二）到残疾人“双创园”调研
（2019年4月24日）

县人大常委会副主任刘鸣利（中）带队检查县消防大队消防工作开展情况
（2017年8月11日）

县人大常委会副主任董素平（左三）带队检查故郡遗址文物保护挖掘情况
（2019年7月16日）

县人大常委会副主任杨永志（左三）带队视察2021年第一季度国民经济运行情况
（2021年4月27日）

县人大常委会副主任盖建林（左一）带队到县天德地毯有限公司视察脱贫攻坚情况（2018年）

县人大常委会副主任盖进良（右四）带队到翟营乡检查扶贫资金使用情况
（2020年9月23日）

县人大常委会举办《中华人民共和国反家庭暴力法》培训讲座
（2019年3月19日）

县人大常委会举办《中华人民共和国文物保护法》培训讲座
（2019年7月10日）

县人大常委会组织合唱队参加行唐县庆祝中国共产党成立100周年歌咏比赛
（2021年6月30日）

行唐县第十七届人民代表大会

二〇二一年七月至二〇二三年十二月

行唐县第十七届人民代表大会第一次会议会场
（2021年7月21日）

县人大常委会主任赵为民（右一）带领县人大常委会组成人员、专委委员进行宪法宣誓（2021年7月24日）

县人大常委会主任赵为民在县十七届人大三次会议上作县人大常委会工作报告
（2023年1月14日）

县十七届人大二次会议议案审查委员会会议召开
（2022年1月28日）

县人大常委会召开学习贯彻习近平新时代中国特色社会主义思想
主题教育动员会（2023年9月19日）

县人大常委会党组书记、主任赵为民讲主题教育专题党课（2023年11月1日）

县十七届人大常委会第二十四次会议对县人民法院法官进行履职评议
（2023年12月19日）

县十七届人大常委会第一次会议集中任命大会召开
（2021年8月20日）

县十七届人大常委会第九次主任（扩大）会议召开
（2023年3月24日）

县人大常委会主任赵为民（中）带领主任会成员视察部河下游
人工湿地建设民生实事项目（2022年7月28日）

县人大常委会主任赵为民（左二）带队视察县博物馆布展情况（2023年7月6日）

县人大常委会主任赵为民（左二）带队视察玉城公园改造提升情况
（2023年12月8日）

县人大常委会主任赵为民（左一）走访联系群众（2022年1月20日）

县人大常委会副主任刘鸣利（前排左三）带队检查县公共法律服务中心法律援助工作开展情况（2023年4月13日）

县人大常委会党组副书记甄泽亮（右二）带队视察民生实事项目实施情况（2023年5月9日）

县人大常委会副主任董素平（中）带队调研环境目标保护工作
（2023年3月29日）

县人大常委会副主任盖进良（左四）带队视察人大代表重点建议办理情况
（2022年7月12日）

县人大常委会组织召开2023年度政银企对接会
（2023年7月13日）

县人大常委会对法官履职评议工作进行司法案卷评查
（2023年11月16日）

县人大常委会组织人大代表、机关干部参观
石家庄市首届人民代表大会历史陈列展（2023年10月19日）

县人大常委会在市同乡“人大代表之家”举行基层立法联系点挂牌仪式
（2023年11月28日）

县人大常委会举办市、县级人大代表
履职能力提升培训班（2023年7月19日）

县人大常委会举办
《中华人民共和国社区矫正法》培训讲座
（2022年3月31日）

县人大常委会举办
《中华人民共和国中医药法》
《河北省中医药条例》培训讲座
（2022年7月22日）

县人大常委会举办“网上人大代表之家”
管理使用培训班（2022年6月8日）

县人大常委会主任赵为民在县人大常委会及机关综合能力提升培训班上授课
（2021年12月17日）

县人大常委会副主任刘鸣利授课（2022年2月14日）

县人大常委会副主任董素平授课（2022年2月23日）

县人大常委会副主任盖进良授课（2021年11月22日）

历届县人大常委会主任

赵 猛
行唐县第七届人大常委会主任

刘锡林
行唐县第七届、八届人大常委会主任

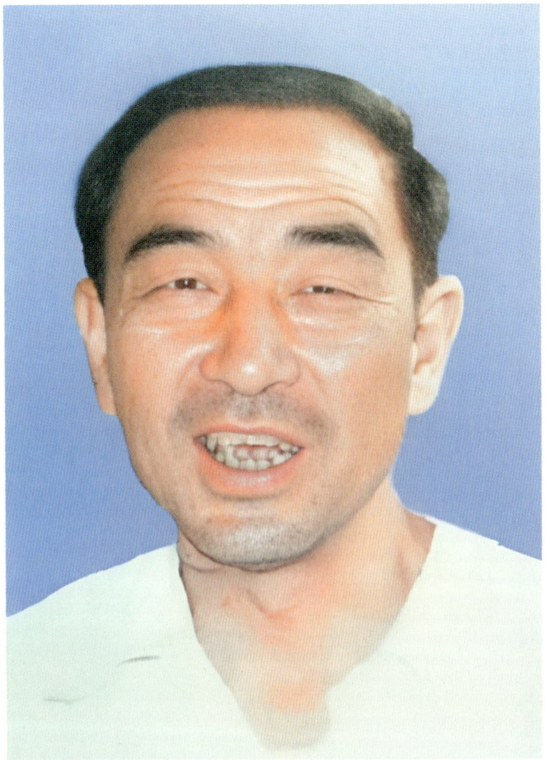

康　一
行唐县第九届人大常委会主任

刘来福
行唐县第十届、十一届人大常委会主任

张法新
行唐县第十二届人大常委会主任

赵翠琴
行唐县第十二届、十三届人大常委会主任

高和福 行唐县第十四届人大常委会主任

赵士平 行唐县第十五届人大常委会主任

高华树 行唐县第十六届人大常委会主任

赵为民 行唐县第十六届、十七届人大常委会主任

行唐县人大常委会机关

序

盛世修志，垂鉴未来。2024 年是中华人民共和国成立 75 周年，也是全国人民代表大会成立 70 周年暨“五四宪法”颁布实施 70 周年。作为我国根本政治制度的人民代表大会制度，自 1954 年正式确立以来，在 70 年的风雨历程中，其从初步建立到阔步发展的灿烂历史，令人驻足回眸。行唐县人民代表大会亦是如此。欣逢盛世，行唐县第一部人大工作专志《行唐县人大志（1949—2023）》在喜迎收获的金秋时节杀青付梓，这是行唐政治文明、社会和谐、经济发展、文化繁荣的象征和具体表现，更是全县社会主义民主政治建设和人大工作史上的一件大事要事。可喜可贺！

求木之长者，必固其根本；欲流之远者，必浚其泉源。到行唐工作已经将近一年了，在这段时间里，我一直倾心于行唐的发展历程。为什么这样说呢？因为只有熟知昨天，才能把握今天，更好开创明天。《行唐县人大志（1949—2023）》坚持辩证唯物主义观点，纵述历史、横陈现状、诸体并用，实事求是地记录了 1949—2023 年行唐县人民代表大会制度从雏形到建立、从曲折发展到进入新时代逐步完善的历史轨迹，客观反映了行唐县各界人民代表会议、行唐县人民代表大会及其常务委员会在中共行唐县委的正确领导下坚持实践人民代表大会制度的辉煌历程，全面展示了行唐人民当家作主、参与行使国家权力、推动社会主义民主法治建设与经济社会全面发展取得的巨大成就，有力彰显了人民代表大会制度显著的政治优势和强大的生命力。行唐县人民代表大会制度在开拓中前进、在创新中发展的生动实践，深刻昭示只有坚持中国共产党的正确领导，人民代表大会制度才能沿着正确的政治方向健康发展并日臻完善；也充分证明人民代表大会制度是实现新时代党和人民宏伟目标的坚实制度保障。

回顾过往，编史成志堪为镜鉴；展望未来，人大工作任重道远。当前的行唐正处于积能蓄势、厚积薄发的重要阶段。《行唐县人大志（1949—2023）》的问世，必将有益于全县上下充分认识人民代表大会制度的“五个显著政治优势”，牢牢把握“八个必须坚持”的重大原则，为坚定不移地坚持和完善人民代表大会制度、做好新时代人大工作而不懈奋斗！必将有益于全县上下激发干事创业的激情动力，承先辈之壮志，尚拼搏之精神，凝发展之合力，绘壮美之蓝图，为奋力谱写行唐县经济社会高质量发展新篇章而不懈奋斗！必将有益于全县上下勇担新时代赋予的新使命，争做民主政治建设的积极参与者、经济高质量发展的积极推动者、繁荣社会事业的积极创造者、美丽生态环境的积极建设者，为实现中华民族伟大复兴的中国梦而不懈奋斗！

中共行唐县委书记

2024 年 10 月

凡　例

一、本志以马克思列宁主义、毛泽东思想、邓小平理论、“三个代表”重要思想、科学发展观、习近平新时代中国特色社会主义思想为指导，坚持辩证唯物主义和历史唯物主义的立场、观点和方法，实事求是地记述行唐县各界人民代表会议、行唐县人民代表大会及其常务委员会在中共行唐县委领导下，坚持和完善人民代表大会制度、依法履行职责的历史与现状，力求做到政治性与纪实性、可读性与创新性相统一，以达到存史、资政、育人的目的。

二、本志由行唐县人大常委会组织编纂。

三、本志上限始于1949年11月行唐县第一届各界人民代表会议召开，下限止于2023年12月月底。根据事件叙述完整性的需要，个别事件适当上溯。

四、本志采用篇章节体结构，以届别立篇，坚持“横分门类、纵述史实”“详今略古、详近略远”的原则，逐届记述，篇下根据需要设章、节、目，力求突出时代特征、地方特色和专业特点。全书共14篇102章328节。其中，第一篇和第二篇因档案资料缺口较大，采取“阶段为篇、以届为章”模式，但记述方式仍遵循志体，确保全书文风统一；按照“县乡同编”方式，以行唐县本级人大为主体，兼顾乡镇人大，全面反映全县人大工作的发展进程。

五、本志采用述、记、志、图、表、录等体裁，各种体裁相互配合。以志为主，人随事出，典型人物在正文中设置“人物简历”“人物简介”链接，不单设人物篇。重要照片集中于卷首彩页排列。

六、本志采用规范的语体文，用第三人称记述，行文力求准确、简洁、流畅。概述以叙为主，叙议结合。大事记采用编年体，一事一条，按照事件发生的时间顺序记述。

七、本志涉及组织、机构、决议、会议等专有名称在首次出现时用全称，之后重复出现时直接使用规范简称。如：行唐县第一届人民代表大会第一次会议简称县一届人大一次会议，行唐县人民代表大会常务委员会简称县人大常委会，行唐县第一届人民代表大会常务委员会简称行唐县第一届人大常委会。

八、本志涉及的常用法律在首次使用时用全称，之后重复出现时直接使用规范简称。如：《中华人民共和国宪法》简称《宪法》，《中华人民共和国全国人民代表大会及地方各级人民代表大会选举法》简称《选举法》，《中华人民共和国地方各级人民代表大会和地方各级人民政府组织法》简称《地方组织法》，《中华人民共和国各级人民代表大会常务委员会监督法》简称《监督法》，《中华人民共和国全国人民代表大会和地方各级人民代表大会代表法》简称《代表法》，但文件名称中涉及的法律法规名称仍尊重原文用法。涉及地方法规使用全称，不使用简称。

九、数字用法、标点符号分别采用国家标准《出版物上数字用法》（GB T15835-2011）、《标点符号用法》（GB T15834-2011）。计量单位采用国家技术监督局1993年12月发布的《量和单位》系列国家标准。本志相关篇章涉及20世纪90年代以前的计量单位，为尊重史料和顺应世俗习惯，仍沿用旧制，如表示耕地面积的“亩”、重量的“斤”。

十、本志采用公元纪年，用阿拉伯数字表示。所记时间，凡有月、日者，记明月、日；日不详者只记录到月；同月、同日采取承前省的书写，记为是月、是日。

十一、本志资料来源于县档案馆、县人大常委会机关档案室及各乡镇人大。参考书籍有《石家庄人大志》《行唐县志》《行唐年鉴》《中国共产党石家庄市行唐县历史（第一卷）》《中国共产党河北省行唐县组织史资料》《行唐县大事记》及县人大编辑的《行唐人大三十年》等图书资料，引用报纸杂志及社会征集资料均经核实后载入，一般不注明出处。

目录

第二篇　行唐县第一届至第六届人民代表大会

第三篇　行唐县第七届人民代表大会

第四篇　行唐县第八届人民代表大会

第五篇 行唐县第九届人民代表大会

第六篇　行唐县第十届人民代表大会

第七篇 行唐县第十一届人民代表大会

第八篇　行唐县第十二届人民代表大会

第九篇 行唐县第十三届人民代表大会

第十篇　行唐县第十四届人民代表大会

第十一篇 行唐县第十五届人民代表大会

第十二篇　行唐县第十六届人民代表大会

第十三篇 行唐县第十七届人民代表大会

第十四篇　乡镇人民代表大会

概 述

一

行唐县地处河北省西南部、省会石家庄北部，东隔大沙河与保定市曲阳县相望，西与灵寿县交界，南与正定县、新乐市毗邻，北与保定市阜平县接壤，辖区总面积 966.19 平方千米。截至 2023 年 12 月，辖 15 个乡镇 1 个省级经济开发区 330 个行政村，46 万人。县城位于县域东南部，坐落在龙州镇，被评为省级园林县城、文明县城、洁净城市，是全县政治、经济、文化、交通、信息中心。

行唐历史悠久。据现有文物考证，早在新石器时代境内即有人类聚居生息。清康熙十九年（1680 年）《行唐县志》载，4000 多年前，得名南行唐邑。秦始称南行唐县。北魏去“南”字为行唐县。此后，曾有章武、永昌、恒阳诸称谓，直到明代复称行唐县至今。2009 年被联合国地名专家组中国分部评为“千年古县”，历史文化底蕴深厚。

行唐是革命老区。从第一次国内革命时期到抗日战争时期，无数行唐儿女前赴后继、保家卫国；解放战争时期，行唐曾是晋察冀军区司令部和中央工委临时驻地。行唐人民在近百年艰苦卓绝的斗争中，用血与火的磨砺熔铸起“信仰坚定、百折不挠，勇于探索、善于攻坚，不怕牺牲、敢于斗争，不计得失、甘于付出”的老区精神，成为今天指引行唐事业不断从胜利走向新的胜利的力量源泉。

行唐区位优越。京昆高速、朔黄铁路贯穿全境，京赞、正繁、宝平等 3 条国、省干道，4 条县道，54 条乡道及 815 条村道纵横交错。作为石家庄市距离雄安新区最近的县份，县城距省会石家庄 49 千米，距首都北京 262 千米，距正定国际机场 20 分钟车程，与北京、天津、太原、邯郸、德州等地形成“三小时交通圈”。行唐逐渐从省会边远区变成近郊县，并向南发展，依托省会走向全国的发展路径愈发清晰。

行唐自然资源丰富。行唐县地处暖温带季风性气候区，四季分明，地貌呈“五山二坡三分田”态势。境内有沙河、磁河、郜河、曲河 4 条河流和大、中、小型水库 16 座。有白云岩、钾长石、云母、蛭石、超频磁铁矿等固体矿产 13 种。全县耕地面积 474.1 平方千米，粮食生产实现“二十年来连丰”。林地面积 31766 公顷，森林覆盖率 32.88%。有国家 AAA 级旅游景区 1 个、国家 AA 级旅游景区 1 个。自然资源的多样化，为经济社会发展提供了充足的要素保障。

行唐综合实力增强。中华人民共和国成立后，行唐人民在中国共产党的领导下，自力更生，奋发图强，顺利完成社会主义改造和“一五”计划、“二五”计划。党的十一届三中全会后，乘着改革开放的春风，行唐县社会主义现代化建设取得前所未有的成就。党的十八大以来，全县人民深化改革创新，农村特色产业日益壮大，招商引资成就斐然，城乡建设日新月异，民生福祉持续改善，全县经济社会呈现高质量发展的良好势头，前进中的行唐县日益绽放璀璨的光辉。

二

人民代表大会制度，是中华人民共和国的根本政治制度。中华人民共和国的一切权利属于人民。人民行使国家权力的机关是全国人民代表大会和地方各级人民代表大会。

行唐县人民代表大会是行唐县的国家权力机关。行唐县人民代表大会的历史伴随国家民主法治建设的进程不断完善，经历了雏形与建立时期、确立与曲折发展时期、停滞时期、恢复发展时期、进入新时代五个时期：

雏形与建立时期（1949 年 11 月行唐县首届各界人民表会议召开至 1954 年 7 月行唐县第一届人民代表大会第一次会议召开）

中华人民共和国成立时已经确定了国家的政体是人民代表大会制度。由于成立之初召开普选产生的各级人民代表大会的条件还不成熟，就采取了过渡的办法，即在地方要求普遍召开各界人民代表会议，逐步代行人民代表大会的职权。依照 1949 年 9 月 29 日中国人民政治协商会议第一届全体会议通过的《中国人民政治协商会议共同纲领》，行唐县于同年 11 月 12 日至 15 日隆重召开了由 1226 人参加的第一届各界人民代表会议，并设立了非常设机构的常务委员会。1952 年 3 月召开的行唐县第三届各界人民代表会议，在普选的县人民代表大会召开之前，开始代行县人民代表大会职权。同年 5 月开始，县各界人民代表会议常务委员会成为常设机构。从 1949 年 11 月至 1954 年 7 月，行唐县历经第一至第三届各界人民代表会议，共召开会议 13 次、听取报告 23 个、通过决议决定 14 项、审查处理代表提案 2385 件。这一时期，各界人民代表会议在民主建政、完成土地改革、镇压反革命、恢复和发展农林生产、支援抗美援朝等方面发挥了重要作用，使人民民主政权获得了日益巩固的群众基础，为正式实行人民代表大会制度创造了条件。

确立与曲折发展时期（1954 年 7 月行唐县第一届人民代表大会召开至 1966 年 5 月“文化大革命”开始）

1953 年 1 月，中央人民政府委员会作出《关于召开全国人民代表大会及地方各级人民代表大会的决议》，同年 3 月，中央人民政府委员会颁布《中华人民共和国全国人民代表大会及地方各级人民代表大会选举法》。据此，行唐县在各乡镇召开人民代表大会的基础上，于 1954 年 7 月召开了第一届人民代表大会第一次会议，听取和审查《行唐县政府十个月来工作总结及 1954 年下半年工作计划（草案）》，并作出《关于〈县政府十个月来工作总结及 1954 年下半年工作计划〉的决议》，选举产生行唐县出席河北省第一届人民代表大会代表。这次会议的成功召开，标志着人民代表大会制度在行唐县正式建立。1954 年 9 月 20 日，中华人民共和国第一部宪法经第一届全国人民代表大会第一次会议通过。1955 年 1 月，行唐县第一届人民代表大会第三次会议首次按照《中华人民共和国宪法》的规定，选举产生县人民政府县长、副县长、委员和县人民法院院长。1955 年 3 月 20 日，行唐县人民政府改称行唐县人民委员会。1958 年 10 月，河北省人民委员会撤销行唐县建制，将行唐与新乐合并为新乐县。从 1954 年 7 月至 1958 年 10 月，县人民代表大会全面贯彻执行党在过渡时期的总路线和总任务，围绕发展国民经济的第一个五年计划，集思广益，服务大局，对推动全县社会主义改造和社会主义建设事业、巩固人民民主专政和完善民主秩序都起到了重要作用。

1962 年 1 月，重新恢复行唐县建制，重设行唐县人民委员会，行唐县人大工作重新启航。于 1962 年 12 月、1963 年 11 月、1965 年 12 月先后召开县四届人大一次会议、县五届人大一次会议、县六届人大一次会议，并分别选举产生本届县人民委员会。历届县人民代表大会贯彻执行中共中央“调整、巩固、充实、提高”的方针，凝聚民心，集聚民力，对恢复党的优良传统和作风、战胜三年自然灾害、推动生产建设的全面恢复和快速发展起到了积极的、重要的作用。

从 1954 年 7 月至 1966 年 5 月，行唐县历经第一届至第六届人民代表大会，共召开人民代表大会会议 12 次、听取报告 38 个、通过决议决定 16 项、审查处理代表提案 1198 件。1966 年 5 月，“文化大革命”开始，行唐县人民代表大会被迫中断。

停滞时期（1966 年 5 月至 1976 年 10 月“文化大革命”结束）

“文化大革命”开始后，社会主义民主与法治遭到严重破坏。行唐县人民代表大会工作被迫中断。按照《选举法》的规定，于 1965 年 11 月选举产生的行唐县第六届人民代表大会代表，因“文化大革命”的全面展开而未能履行代表职务。县人民委员会被县革命委员会所取代，直至 1976 年 10 月。

恢复发展时期（1976 年 10 月“文化大革命”结束至 2012 年 11 月党的十八大召开）

1976 年 10 月，中央政治局执行党和人民的意志，一举粉碎“四人帮”。1978 年 12 月，党的十一届三中全会开启了改革开放和社会主义现代化建设的新时期，实现了中华人民共和国成立以来党的历史上具有深远意义的伟大转折。自此，人民代表大会制度进入了新的发展时期。1979 年 7 月，五届全国人大二次会议对 1975 年《宪法》作出修正，并重新制订、颁布《选举法》《中华人民共和国地方各级人民代表大会和地方各级人民政府组织法》，把人大代表直接选举的范围扩大到县，县级以上地方各级人民代表大会设立常务委员会。1982 年 12 月，五届全国人大五次会议通过新修改的《宪法》，对国家机构设置、政治制度改革和人民代表大会制度建设进一步作了新的规定。这是我国政治体制、政权建设中的一项重大改革，是对人民代表大会制度的重要完善和发展。

1976 年 10 月至 1981 年 11 月，行唐县人民代表大会没有开展活动。1981 年 12 月 23 日至 26 日，行唐县第七届人民代表大会第一次会议召开，会议听取和审议县革命委员会工作报告、县 1981 年国民经济计划执行情况和 1982 年国民经济计划初步安排意见、1980 年财政决算和 1981 年财政预算执行情况的报告、县人民法院工作报告、县人民检察院工作报告，并作出相应决议。会议首次依法选举产生行唐县第七届人民代表大会常务委员会，作为人民代表大会的常设机关，负责闭会期间的人民代表大会工作，向人民代表大会负责并报告工作。这次会议的成功召开，标志着中断近 15 年之久的行唐县人民代表大会得以恢复。

1981 年，行唐县人民代表大会进入一个全新的发展时期。这一时期，按照《宪法》和有关法律规定，县级人大开始设立人大常委会，县级人大常委会有监督权、任免权和重大事项决定权。1981 年 12 月 27 日，县七届人大常委会第一次会议召开。会议商议确定了县人大办公室机构设置和会议制度，人大常委会各项工作不断制度化、规范化。1982 年 7 月，县人大常委会首次组织代表开展视察活动。1986 年 10 月，开始实行代表持证进行视察检查工作。1987 年，行唐人大问答普法的做法被《中国法制报》及省人大工作通讯宣传报道。1990 年 11 月，行唐人大采用评议形式监督、纠正行业不正之风的做法得到省、市人大推广。1991 年至 1993 年，行唐人大创新开展评议县人民法院、县人民检察院（简称“两院”）工作，在全国引起巨大反响。1998 年至 2003 年，行唐人大强力推行执法责任制和“两错”责任追究制的做法得到省、市人大高度肯定。2012 年 5 月，首次组织召开拟任命人员供职承诺测评会，为干部队伍依法履职、清廉为官提供了保障。

从 1981 年 12 月至 2012 年 11 月，行唐县历经第七届至第十五届人民代表大会，共召开人民代表大会会议 41 次、人大常委会会议 230 次，作出决议决定 258 项，选举任免 1674 人次（含省、市人大代表）。这一时期，行唐县历届人大及其常委会在县委的坚强领导下，坚持以邓小平理论、“三个代表”重要思想和科学发展观为指导，坚持以推进民主法治建设为己任，解放思想，开拓创新，逐步建立健全人大及其常委会规章制度，依法履行各项职责，稳步推进人大工作，人民代表大会制度在行唐快速发展。

进入新时代（2012 年 11 月党的十八大以来）

2012 年 11 月，中国共产党第十八次全国代表大会召开，标志着中国特色社会主义进入新时代。党的十八大以来，以习近平总书记为核心的党中央团结带领全国各族人民坚定不移地走中国特色社会主义发展道路，不断健全人民当家作主的制度体系，发展全过程人民民主，社会主义民主政治建设取得历史性成就。2021 年 10 月，习近平总书记在中央人大工作会议上发表重要讲话，明确提出新时代加强和改进人大工作的指导思想、重大原则和主要工作，深刻回答新时代发展中国特色社会主义民主政治、坚持和完善人民代表大会制度的一系列重大理论和实践问题，为新时代坚持和完善人民代表大会制度、加强和改进人大工作指明了前进方向、提供了根本遵循。

在新时代的征程上，行唐县人大及其常委会认真履行《宪法》和法律赋予的职责，人大工作不断取得新进展。2015 年 6 月，县人大常委会组织开展市、县两级人大代表“双联活动”。同年，选择 91 名素质高、能力强的人大代表到县人民政府、县人民法院、县人民检察院（简称“一府两院”）28 个单位担任联络员。2017 年，全县 15 个乡镇实现“人大代表之家”全覆盖。2018 年起，按照省、市、县委部署和省、市人大常委会的安排，开展联动监督，组织省、市、县、乡四级人大代表，连续开展三项联动监督、四项联动监督、五项联动监督、“6+1”联动监督和“6+1”联动监督“回头看”。通过积极拓宽代表履职途径和渠道，丰富了人大监督工作的理论和实践。2020 年 1 月，县十六届人大四次会议首次通过人大代表投票表决确定年度民生实事项目。2022 年 6 月，县人大常委会首次听取和审议县监察委员会专项工作报告，实现对县人民政府、县监察委员会、县人民法院、县人民检察院

（简称“一府一委两院”）监督工作全覆盖。2022年4月，创建“网上代表之家”，为代表依法履职打造网络平台。2023年11月，县人大常委会在市同乡“人大代表之家”设立基层立法联系点。同年，成立12个人大代表工作室，设立代表接待日，定期接待群众来信来访、解决群众急难愁盼问题和民生实事类意见建议，搭起服务群众连心桥。创新监督方式，积极推动金融机构支持、服务县域经济发展，2022年至2023年，县人大常委会连续两年组织政银企对接会，并建立长效对接机制，推动银企合作深入开展，《石家庄日报》、新浪网等媒体予以报道。

2012年11月至2023年12月，行唐县历经第十五届至第十七届人民代表大会（十七届尚在届中），共召开人民代表大会会议13次、人大常委会会议95次，作出决议决定150项，选举任免848人次（含市代表）。这一时期，行唐县历届人大及其常委会坚持以习近平新时代中国特色社会主义思想为指导，坚持党的领导、人民当家作主、依法治国有机统一，深刻理解、把握做好新时期人大工作的特点和规律，在中共行唐县委的坚强领导下，不忘初心，与时俱进，薪火相传，接续前行，书写了行唐县民主法治建设的崭新篇章，有效推动了全县经济社会高质量发展。

三

纵观行唐县人民代表大会的发展历史，历届人大及其常委会在中共行唐县委的直接领导下，贯彻全过程人民民主重大理念，紧紧依靠全体代表，依法行使监督权、任免权、重大事项决定权，切实履行党和人民赋予的光荣职责，在实践中进一步深化了对人民代表大会制度科学内涵、基本特征和本质要求的认识，获得了强化人民代表大会制度、进一步确保人民行使民主权力的宝贵经验，这就是：

——必须始终坚持党的全面领导，把握人大工作的正确政治方向。党的领导是人民代表大会制度的本质要求和最大优势。行唐历届县委对人大工作高度重视，切实加强对人大工作的领导，重视发挥人大及其常委会的作用，适时就加强人大工作作出部署要求。行唐县历届人大及其常委会始终把党的领导贯穿于人大依法履职全过程，主动维护县委总揽全局、协调各方的领导核心地位，坚持重大事项、重要工作向县委请示报告，全面贯彻县委的工作部署，紧跟县委的工作节奏，找准人大工作的聚焦点、发力点、突破点，始终做到与县委同心协力、同频共振。

——必须始终坚持以人民为中心，保证人民当家作主。人民代表大会制度是人民当家作主的重要途径和最高实现形式。行唐县历届人大及其常委会始终把维护最广大人民根本利益作为人大工作的出发点和落脚点，监督工作聚焦民生热点，倾听人民呼声，汇聚人民智慧，回应人民期待，切实督促解决人民群众急难愁盼的问题，力求把惠民生、暖民心、顺民意的工作做到群众心坎上，使县人大及其常委会成为同人民群众保持密切联系的代表机关，确保县委、政府、人大在决策、执行、监督落实各个环节都能听到来自人民的声音，保证人民当家作主具体地、现实地落实到政治生活和社会生活之中，最大限度地实现发展为了人民、发展依靠人民、发展成果由人民共享。

——必须始终坚持围绕大局谋划工作，推动经济社会高质量发展。高质量发展是新时代的硬道理。行唐县历届人大及其常委会始终把人大工作放在县委中心工作、全县发展大局中来谋划、推进，围绕经济社会发展的全局性、根本性、长远性事项，聚力经济社会发展领域中的重点事项、重大决策，坚持问题导向，精选监督议题，谋划监督触角，在破解发展难题、推动工作落实中把握角色定位，用实实在在的担当作为、履职成效推动党中央和省、市、县委决策部署落到实处，为全县高质量发展添助力、增合力、蓄动力。

——必须始终坚持履行法定职责，严格依法办事。全面依法治国是中国特色社会主义的本质要求和重要保障，严格依法办事是人大工作的基本准则。行唐县历届人大及其常委会始终坚持站在民主法治建设第一线，牢固树立《宪法》意识和法制观念，聚焦法治建设关键环节和重点领域，以推进依法行政、保障法律实施、深化司法监督为抓手，把执法检查与法律普及相结合，在开展监督、讨论决定重大事项和选举任免等工作中，严格依照法定职责、限于明确法定范围、遵守法定程序、紧扣法律规定，强力推进法治行唐建设。

——必须始终坚持民主集中制原则，将人民民主落到实处。发扬民主是人民代表大会制度的必然要求，人大是实现人民民主的重要平台。行唐县历届人大及其常委会始终依法按程序行使职权，集体讨论决定问题，保证了人大代表、常委会组成人员的民主权利。在充分发扬民主的基础上实行正确集中，确保了人大各项工作体现党的主张、符合《宪法》精神、反映人民意志。

——必须始终坚持代表主体地位，充分发挥代表作用。人大代表在各级人民代表大会中处于主体地位，具有不可替代的作用。行唐县历届人大及其常委会始终坚持代表主体地位，认真制定代表学习培训计划，不断完善代表工作机制，搭建代表履职服务平台，拓宽代表履职途径和渠道，加强代表履职管理监督，加大代表建议督办力度，不断提高建议办理质量，多方位持续调动和激发人大代表依法履职的积极性，推动代表以履职工作的实际行动践行代表人民、为了人民、服务人民的光荣使命。

——必须始终坚持守正创新，推进人大工作与时俱进。行唐县历届人大及其常委会始终坚持立足新时代，面对新形势，对标新思想，汲取新营养，把加强思想作风建设作为人大常委会自身建设的重要环节，狠抓党风廉政建设、学习型机关建设和机关党建，大力推动监督、任免、议事、代表建议办理、代表工作、自身建设等各项制度创新，引导人大干部苦练内功、砥砺品行、改进作风，在全面履职中扛起政治机关责任、把准权力机关性质、落实工作机关要求、坚守代表机关使命，不断提高工作实效，努力讲好人大故事，更好发挥人民代表大会制度的优势，确保人大工作紧跟时代步伐、富有时代特色。同时不断加强对乡镇人大工作的指导，提高乡镇人大工作规范化、制度化水平，推动基层民主政治建设不断取得新成效。

新时代承载新使命，新征程激励新担当。行唐县人大及其常委会将高举习近平新时代中国特色社会主义思想的伟大旗帜，全面贯彻落实党的二十大和中央人大工作会议精神，坚持和完善人民代表大会制度，丰富和拓展人大工作的实践特色、时代特色和行唐特色，坚定信心，踔厉奋发，加快推进全过程人民民主的发展实践不断向前，以高质量改革推动全县经济社会高质量发展，为加快建设现代化、国际化美丽省会城市，奋力谱写中国式现代化建设河北篇章贡献人大智慧和力量！

大事记

1949 年

11 月 12 日至 15 日，行唐县第一届各界人民代表会议第一次会议召开。会议选举产生行唐县第一届各界人民代表会议常务委员会主席、副主席、委员，推选常裕恒为行唐县第一届各界人民代表会议常务委员会主席。

1950 年

1 月 8 日至 10 日，行唐县第一届各界人民代表会议第二次会议召开。会议通过《关于1950 年冬季生产、评产订量、民主建政工作决议》。

2 月 26 日至 28 日，行唐县第一届各界人民代表会议第三次会议召开。会议选举产生县一届各界人民代表会议常务委员主席、副主席、委员，常裕恒当选为行唐县第一届各界人民代表会议常务委员会主席。

10 月 25 日至 29 日，行唐县第一届各界人民代表会议第四次会议召开。会议通过《关于秋征工作决议》。

11 月 12 日至 15 日，行唐县第一届各界人民代表会议第五次会议召开。会议选举产生县一届各界人民代表会议常务委员会主席、副主席、委员，常裕恒当选为行唐县第一届各界人民代表会议常务委员会主席。

1951 年

7 月 20 日至 23 日，行唐县第二届各界人民代表会议第一次会议召开。会议选举产生县二届各界人民代表会议常务委员会委员主席、副主席、委员，常裕恒当选为行唐县第二届各界人民代表会议常务委员会主席。

9 月 25 日至 28 日，行唐县第二届各界人民代表会议第二次会议召开。

1952 年

3 月 14 日，县二届各界人民代表会议常务委员会会议召开。

3 月 18 日至 21 日，行唐县第三届各界人民代表会议第一次会议召开。会议选举产生县三届各界人民代表会议常务委员会主席、副主席、委员，常裕恒当选为行唐县第三届各界人民代表会议常务委员会主席。

4月19日，县三届各界人民代表会议常务委员会会议召开，研究决定在全县范围内普及深入开展抗美援朝运动。

5月，县三届各界人民代表会议常务委员会改为常设机构。

6月1日至4日，行唐县第三届各界人民代表会议第二次会议召开。会议通过《关于组织起来普遍开展轰轰烈烈的农业爱国增产竞赛运动的决定》《关于人民代表会议代行人民代表大会职权的建设计划》。

是月，行唐县各界人民代表会议代行人民代表大会职权。

9月23日至25日，行唐县第三届各界人民代表会议第三次会议召开。会议通过《关于当前几个工作的决议》。陈永义当选为行唐县第三届各界人民代表会议常务委员会主席。

1953年

1月1日至31日，县三届各界人民代表会议常务委员会向各界代表发出一封信，掀起了轰轰烈烈的抗美援朝宣传运动。

3月27日至30日，行唐县第三届各界人民代表会议第四次会议召开。会议通过《关于1953年农林生产工作的决议》。

9月9日至11日，行唐县第三届各界人民代表会议第五次会议召开。会议通过《关于1953年三秋工作决议》。

12月10日至12日，行唐县第三届各界人民代表会议第六次会议召开。

是月，县三届各界人民代表会议常务委员会组织全县各界人士开展党在过渡时期总路线的学习活动。

1954年

6月至7月，县三届各界人民代表会议常务委员会组织全县各界人士开展《中华人民共和国宪法（草案）》讨论宣传活动。

7月9日至14日，行唐县第一届人民代表大会第一次会议召开。会议选举产生行唐县出席河北省第一届人民代表大会代表3名。

11月5日至7日，行唐县第一届人民代表大会第二次会议召开。会议通过《关于〈1954年冬季生产、互助合作、农业税征收和粮、棉、油料统购统销〉的决议》。

1955年

1月16日，召开县各界人民代表会议常务委员会会议，宣告自此结束县各界人民代表会议常务委员会的组织机构及工作。

1月17日至19日，行唐县第一届人民代表大会第三次会议召开。会议通过《关于执行

〈政务院征集补充兵员命令〉与整顿巩固农业生产合作社的决议》。会议首次选举产生县人民政府县长、副县长、县人民政府委员会委员，县人民法院院长。

3月20日，行唐县人民政府改称行唐县人民委员会。

11月18日至20日，行唐县第一届人民代表大会第四次会议召开。

1956年

8月17日至21日，行唐县第一届人民代表大会第五次会议召开。

12月16日至20日，行唐县第二届人民代表大会第一次会议召开。会议选举产生县人民委员会组成人员，严廷锡当选为行唐县县长。

1957年

6月20日至23日，行唐县第二届人民代表大会第二次会议召开。

1958年

1月9日至12日，行唐县第二届人民代表大会第三次会议召开。会议通过《行唐县农业发展纲要（修正草案）》《行唐县山区生产建设规划纲要（修正草案）》。

5月18日至20日，行唐县第三届人民代表大会第一次会议召开。会议通过《关于〈行唐县第二个五年发展地方工业规划〉的决议》。会议选举产生县人民委员会组成人员，严廷锡当选为行唐县县长。

10月，行唐县建制撤销，行唐与新乐合并为新乐县，行唐县人民委员会随之撤销。

1962年

1月，行唐县恢复原建制，行唐县人民委员会重设，受石家庄地区行政公署领导。

12月23日至26日，行唐县第四届人民代表大会第一次会议召开。会议选举产生县人民委员会组成人员，严廷锡当选为行唐县县长。

1963年

11月8日至10日，行唐县第五届人民代表大会第一次会议召开。会议选举产生县人民委员会组成人员，严廷锡当选为行唐县县长。

1965年

12月31日至1966年1月2日，行唐县第六届人民代表大会第一次会议召开。会议选举产生县人民委员会组成人员，周欣当选为行唐县县长。

1966年

5月，“文化大革命”在全国迅速展开，行唐县人民代表大会中断。

1981 年

10 月 17 日，县革命委员会印发《行唐县革命委员会关于选举工作的安排意见》。

12 月 23 日至 26 日，行唐县第七届人民代表大会第一次会议召开。会议完成相关议程，选举产生行唐县第七届人大常委会主任、副主任和委员，赵猛当选为行唐县第七届人大常委会主任。自此，县人民代表大会常务委员会成为常设机构。

12 月 27 日，县七届人大常委会第一次会议召开。研究议定了县人大常委会办事机构设置、联系代表制度和会议制度。

1982 年

1 月 15 日，中国共产党行唐县人大常委会党组成立。

3 月 10 日，行唐县人民代表大会常务委员会办公室印章启用。

3 月 16 日至 17 日，县七届人大常委会第二次会议召开。

6 月 27 日至 29 日，县七届人大常委会第三次会议召开。

7 月 12 日至 19 日，县人大常委会对城关、南桥、北龙岗、九口子、杨家庄、上阎庄共 6 个公社进行视察。这是县人大常委会首次组织的代表视察，并形成视察报告，向县人民政府提出建议。

9 月 6 日至 7 日，县七届人大常委会第四次会议召开。

11 月 30 日至 12 月 1 日，县七届人大常委会第五次会议召开。会议通过《关于切实解决滥占耕地建房的决议》。

1983 年

1 月 21 日至 23 日，县七届人大常委会第六次会议召开。会议通过《关于动员全县人民认真学习、宣传和保证实施〈中华人民共和国宪法〉的决议》。

2 月 21 日至 24 日，行唐县第七届人民代表大会第二次会议召开。会议通过《关于搞好城乡规划意见（草案）的决议》。

4 月 19 日，县七届人大常委会第七次会议召开。

4 月 28 日至 29 日，县七届人大常委会第八次会议召开。

6 月 27 日至 28 日，县七届人大常委会第九次会议召开。会议通过《关于切实加强市场物价和食品卫生管理工作的决议》。

7 月 24 日至 27 日，县人大常委会对《中华人民共和国食品卫生法》实施情况进行执法检查。

8 月 10 日至 12 日，县人大常委会对上连庄公社南家庄、咬角、桑叶沟和九口子公社高家峪、库沟大队受灾情况进行视察。

8 月 11 日至 25 日，县人大常委会对上连庄、九口子、上滋洋、屹嶝头、只里、独羊岗

6个公社的农业生产、文化教育、农村社会治安等情况进行视察。

8月28日，县七届人大常委会第十次会议召开。

9月4日至5日，行唐县第七届人民代表大会第三次会议召开。会议通过《〈关于农村中小学教育改革实施方案的报告〉的决议》。

11月21日，县七届人大常委会第十一次会议召开。

11月28日至29日，行唐县第七届人民代表大会第四次会议召开。会议选举刘锡林为行唐县第七届人大常委会主任。

1984年

1月26日，县人大常委会成立选举委员会。

2月8日至9日，县七届人大常委会第十二次会议召开。

2月23日，县七届人大常委会第十三次会议召开。

3月8日，县七届人大常委会第十四次会议召开。

3月24日，行唐县选举委员会及其办公室、28个乡镇选举委员会分别启用印章。

4月5日，县七届人大常委会第十五次会议召开。

4月21日，县七届人大常委会第十六次会议召开。

4月25日至27日，行唐县第八届人民代表大会第一次会议召开。会议通过《关于把枣树定为县树的决议》。会议完成相关议程，选举产生行唐县第八届人大常委会主任、副主任和委员，刘锡林当选为行唐县第八届人大常委会主任。

4月28日，县八届人大常委会第一次会议召开。

6月5日，县八届人大常委会第二次会议召开。县人大常委会开始设立代表资格审查委员会。

8月10日，县八届人大常委会第三次会议召开。

8月17日至18日，县人大常委会对《河北省食品卫生管理办法》实施情况进行执法检查。

9月25日至27日，县人大常委会对全县交通安全管理工作进行调研。

10月12日，县八届人大常委会第四次会议召开。

12月17日至18日，县八届人大常委会第五次会议召开。

1985年

2月12日，县八届人大常委会第六次会议召开。

4月20日，县八届人大常委会第七次会议召开。

5月7日至9日，行唐县第八届人民代表大会第二次会议召开。会议通过《关于尊师重教的决议》。

5月10日，县八届人大常委会第八次会议召开。

7月10日，县八届人大常委会第九次会议召开。

8月7日，县八届人大常委会第十次会议召开。会议通过《关于普及法律常识的决议》。

11月1日，县八届人大常委会第十一次会议召开。

1986年

1月10日至11日，县八届人大常委会第十二次会议召开。

3月6日，中共行唐县委转发县人大常委会党组《关于各乡镇召开乡镇人民代表大会会议的意见》。

是日，县八届人大常委会第十三次会议召开。

3月28日至30日，行唐县第八届人民代表大会第三次会议召开。会议通过《关于〈行唐县人民政府关于开发丘陵的议案〉的决议》。

3月30日，县八届人大常委会第十四次会议召开。

5月29日，县八届人大常委会第十五次会议召开。

8月，按照县委安排，县人大常委会带领调查组到4个乡8个村16个果园调查果树承包纠纷问题。

9月5日至6日，县八届人大常委会第十六次会议召开。

9月11日，县人大常委会办公室和县人民政府办公室联合印发《关于制发行唐县人民代表大会代表证和认真接待县人大代表检查工作的通知》，自10月1日起，县人大常委会开始实行代表持证开展视察检查。

9月22日至10月4日，县人大常委会深入连家庄乡乡办企业，对该乡化工厂、磷肥厂、面粉厂和刁村造纸厂、东家帆布厂的生产经营情况进行调查。

10月20日至11月25日，县人大常委会对县人大任命的30个单位、84名干部进行政绩考察。

10月27日至29日，县人大常委会对普法工作进行视察。

10月27日至29日，县人大常委会对农副产品收购工作进行视察。

是月，县人大常委会对群众灌渠和磁左灌渠、上阎庄村浇水公司、下阎庄乡抗旱种麦、县打井队情况进行视察。

11月13日，县八届人大常委会第十七次会议召开。

11月24日，县八届人大常委会第十八次会议召开。

12月30日，县八届人大常委会第十九次会议召开。

1987年

1月22日，河北省委书记邢崇智、省人大常委会副主任王幼辉到行唐县光荣院、坟台乡杨段庄村慰问烈军属。

2月5日，县八届人大常委会第二十次会议召开。

2月24日，县八届人大常委会第二十一次会议召开。

3月17日，县八届人大常委会第二十二次会议召开。

是月，县人大常委会机关增设政治法律科、财政经济科、教育科学文化卫生科。

4月15日至16日，县八届人大常委会第二十三次会议召开。

4月25日至28日，行唐县第九届人民代表大会第一次会议召开。会议完成相关议程，选举产生行唐县第九届人大常委会主任、副主任和委员，康一当选为行唐县第九届人大常委会主任。

4月29日，县九届人大常委会第一次会议召开。

6月4日，县九届人大常委会第二次会议召开。会议通过《行唐县人大常委会关于联系县人大代表的办法》。

7月23日至24日，县九届人大常委会第三次会议召开。

7月28日，县人大常委会在只里乡召开法律常识对话会。此做法被《中国法制报》《河北日报》《建设日报》及省、地人大报道和推行。

8月18日，县委印发《中共行唐县委员会转发县人大常委会〈关于乡镇人大代表联组工作试行办法〉的通知》。

9月17日，县人大常委会对齐村乡、独羊岗乡的乡镇企业及综合服务工作进行视察。

9月18日，县九届人大常委会第四次会议召开。

9月19日，县人大常委会在城关镇召开法律常识对话会。县人大常委会主任康一参加。

11月17日至18日，县九届人大常委会第五次会议召开。

12月3日至22日，县人大常委会主任康一带队对县人大常委会任命的干部进行政绩考察。

1988年

1月8日，县九届人大常委会第六次会议召开。

2月2日，县九届人大常委会第七次会议召开。

3月6日至8日，行唐县第九届人民代表大会第二次会议召开。

4月6日，县九届人大常委会第八次会议召开。

6月3日，县九届人大常委会第九次会议召开。会议通过《行唐县人大常委会议事办法》《行唐县人民代表大会常务委员会人事任免办法（修正）》。

8月9日，县九届人大常委会第十次会议召开。

9月下旬至12月底，县人大常委会对“一府两院”1986年开展普法工作以来贯彻实施《宪法》及法律法规情况进行检查。

9月29日，县九届人大常委会第十一次会议召开。

10月25日，县九届人大常委会第十二次会议召开。

11月29日至12月1日，县人大常委会对连家庄、玉亭两个供销社的“三挂钩”物资供应情况进行视察。

12月28日，县九届人大常委会第十三次会议召开。

1989年

1月14日，县九届人大常委会第十四次会议召开。

1月至2月，县人大常委会对治理整顿16个法律法规执行情况进行检查。

2月28日，县人大常委会对县社、商业局、工业局等7个单位和部分公司的1988年经济合同进行检查。

3月10日，县九届人大常委会第十五次会议召开。

4月18日，县九届人大常委会第十六次会议召开。

4月28日至30日，行唐县第九届人民代表大会第三次会议召开。会议通过《关于加强农业的决定》。

6月20日，县人大常委会增设代表联系科。

6月26日至28日，县九届人大常委会第十七次会议召开。

7月10日，县九届人大常委会第十八次会议召开。

7月18日至19日，行唐县第九届人民代表大会第四次会议召开。

7月26日，县九届人大常委会第十九次会议召开。

7月29日，行唐县第九届人民代表大会第五次会议召开。

8月14日，县人大常委会与“一府两院”举行联席会议，就县人大常委会会议召开时间、议题选定和代表建议办理工作进行讨论研究。县人大常委会主任康一、副主任崔进德参加会议。

9月1日至2日，县九届人大常委会第二十次会议召开。

9月8日，县九届人大常委会第二十一次会议召开。

10月9日，县九届人大常委会第二十二次会议召开。

10月27日，县人大常委会召开推行执法责任制会议。县委书记刘茂谦、县人大常委会主任康一出席会议并讲话。

11月10日，县九届人大常委会第二十三次会议召开。

11月24日，县九届人大常委会第二十四次会议召开。

12月1日，县九届人大常委会第二十五次会议召开。

12月14日，县九届人大常委会第二十六次会议召开。

12月26日，县九届人大常委会第二十七次会议召开。

1990年

1月11日，县人大常委会对1989年15个执法先进集体和40名模范执法工作者进行表彰。

2月16日，县九届人大常委会第二十八次会议召开。

2月28日，县九届人大常委会第二十九次会议召开。

3月22日，县九届人大常委会第三十次会议召开。

4月3日至7日，行唐县第十届人民代表大会第一次会议召开。会议通过《关于十年绿化行唐大地的决议》《关于建立劳动积累工制度的决议》。会议完成相关议程，选举产生行唐县第十届人大常委会主任、副主任和委员，刘来福当选为行唐县第十届人大常委会主任。

4月8日，县十届人大常委会第一次会议召开。

5月21日至22日，县十届人大常委会第二次会议召开。

5月23日，县人大常委会召开新任干部颁发任命书大会，县委书记刘茂谦出席会议并对新任干部提出要求。县人大常委会主任刘来福及主任会议成员参加会议。

6月4日至5日，县人大常委会召开乡镇人大主席团专职常务主席会议。县委副书记刘士英到会并讲话。县人大常委会党组书记康一、主任刘来福出席会议。

6月12日，县委转发县人大常委会党组《行唐县乡镇人大主席团常务主席会议纪要》和《行唐县乡镇人民代表大会主席团工作试行办法》。自此，全县28个乡镇人大联络组改设为人大主席团，并设常务主席。乡镇人大主席团成为常设机关。

7月16日，县十届人大常委会第三次会议召开。

7月21至24日，县人大常委会对口头、上方、城关三个乡镇的社会治安状况进行调查。

8月1日至2日，县十届人大常委会第四次会议召开。

9月24日至25日，县十届人大常委会第五次会议召开。

10月10日，县十届人大常委会第六次会议召开。

11月13日，县人大常委会对1986年以来土地管理法律法规执行情况进行全面检查。

11月15日，县人大常委会对农田水利基本建设情况进行视察。

11月15日至16日，县十届人大常委会第七次会议召开。会议通过《关于加强农业系列化服务的决议》。

11月29日，县十届人大常委会第八次会议召开。

12月15日，县十届人大常委会第九次会议召开。

是日，县人大常委会召开纪念县级以上地方人大建立常委会10周年座谈会。县人大常委会主任刘来福参加会议并汇报工作。省人大常委会副秘书长黄贤、地区人大联络处主任李国华、县委副书记柳云增出席会议并讲话。

1991年

1月21日，县委作出《关于加强人民代表工作的决定》。

1月26日，行唐县人大工作会议召开。

3月7日，县十届人大常委会第十次会议召开。

3月19日至22日，行唐县第十届人民代表大会第二次会议召开。会议通过《关于大力发展烟叶生产的决议》《关于大力加强科技工作的决议》。

6月1日，县十届人大常委会第十一次会议召开。

6月4日，县人大常委会召开评议“两院”工作会议。省人大常委会政法工委、地区人大工委及中级人民法院、人民检察院的领导列席指导，县四大班子领导列席会议，县人大常委会主任刘来福发言。

7月8日，县人大常委会召开乡镇人大主席会。县人大主任刘来福出席会议并讲话。

7月9日，县十届人大常委会第十二次会议召开。

8月12日至13日，县十届人大常委会第十三次会议召开。

8月19日，县十届人大常委会第十四次会议召开。

8月30日，行唐县第十届人民代表大会第三次会议召开。

9月4日，县委办公室转发《行唐县人大常委会党组关于派人大代表进“三站”监督收购工作的意见的通知》。

9月12日，新华社、《人民日报》、中央人民广播电台、《法制日报》等新闻单位记者来行唐考察、采访县人大评议“一府两院”工作情况。

9月24日，县十届人大常委会第十五次会议召开。

10月19日，县十届人大常委会第十六次会议召开。会议通过《关于加强农田水利基本建设的决定》。

11月21日，根据县委的意见，县人大常委会召开人大代表评议基层“七所八站”部署动员会。

12月13日至14日，县十届人大常委会第十七次会议召开。会议通过《关于实行农村宅基地有偿使用意见的决议》。

12月25日，县委印发《关于进一步加强人大工作的决定》。

1992年

3月10日，县十届人大常委会第十八次会议召开。

3月24日，县十届人大常委会第十九次会议召开。

3月24日至27日，行唐县第十届人民代表大会第四次会议召开。会议通过《关于发扬“带头实干，埋头苦干”兴县精神的决定》。

4月30日，县十届人大常委会第二十次会议召开。

6月10日，县十届人大常委会第二十一次会议召开。

8月12日，县人大常委会主任刘来福视察口头、上方两个乡镇的企业发展情况。

8月12日至13日，县十届人大常委会第二十二次会议召开。

10月15日，县委转发《行唐县人大常委会党组关于县乡两级人民代表大会换届选举工作的意见》。

10月16日，县十届人大常委会第二十三次会议召开。

10月20日，行唐县第十届人民代表大会第五次会议召开。

10月26日至28日，县十届人大常委会第二十四次会议召开。

12月2日，县委批转《行唐县人大常委会党组关于建立村民代表会议制度的意见》。

1993年

1月7日，县十届人大常委会第二十五次会议召开。会议通过《关于在全县实施“五开”战略工程的决定》。

1月13日，县十届人大常委会第二十六次会议召开。

2月24日，县十届人大常委会第二十七次会议召开。

2月25日至28日，行唐县第十一届人民代表大会第一次会议召开。会议完成相关议程，选举产生行唐县第十一届人大常委会主任、副主任和委员，刘来福当选为行唐县第十一届人大常委会主任。

3月1日，县十一届人大常委会第一次会议召开。

3月26日，县十一届人大常委会第二次会议召开。会议设立行唐县人民代表大会常务委员会代表资格审查委员会。

5月25日，县十一届人大常委会第三次会议召开。

6月28日，县人大常委会办公室、县政法委办公室联合启动首次“四最”干警评选活动。

6月19日，县十一届人大常委会第四次会议召开。

8月11日，省人大常委会副主任宁全福到行唐县调研减轻农民负担情况。县委书记李遵英汇报工作。

8月17日，县十一届人大常委会第五次会议召开。会议通过《关于敦促犯罪分子投案自首的决定》。

8月21日，行唐县第十一届人民代表大会第二次会议召开。

9月15日至25日，县人大常委会主任刘来福带领主任会成员对全县《中华人民共和国土地管理法》和《河北省土地管理条例》执行情况进行全面检查。

是月，县人大常委会机关办公室增设老干部科。

10月8日至27日，县人大常委会对司法机关处理的部分案件进行检查。

10月21日至22日，县十一届人大常委会第六次会议召开。

10月29日至10月2日，县人大常委会对全县《河北省计划生育条例》执行情况进行执法检查。

12月21日，县十一届人大常委会第七次会议召开。

12月28日至29日，县人大常委会组织乡镇人大主席、农业局等部门人员参加省人大常委会在高邑县召开的农村理财现场会。

是年，县人大常委会对全县《中华人民共和国义务教育法》《中华人民共和国国防教育法》执行情况进行执法检查。

1994 年

1月23日，省人大常委会副主任董耐芳带领部分全国和省人大代表，在市人大常委会副主任李新生陪同下，视察行唐县农业发展和减轻农民负担情况。

3月14日，县十一届人大常委会第八次会议召开。

3月22日，县十一届人大常委会第九次会议召开。

3月22日至24日，行唐县第十一届人民代表大会第三次会议召开。会议通过《关于在全县农村实行民主理财制度的决定》。

4月21日，县十一届人大常委会第十次会议召开。

5月26日至27日，县十一届人大常委会第十一次会议召开。

7月7日，县人大常委会主任刘来福带领县人民政府8个部门、城关镇的相关负责人，分组视察县城卫生情况。

7月25日至26日，县十一届人大常委会第十二次会议召开。

9月8日，省人大常委会主任吕传赞、省政协副主席王满秋、县委书记李遵英、县人大常委会主任刘来福到翟疃小学慰问教师。

9月15日，县十一届人大常委会第十三次会议召开。会议通过《关于建立红枣基地县的决议》

10月10日至11月，县人大常委会对九口子、北龙岗、北城寨等乡镇落实县委“五开”战略工程、发展林果生产情况进行考察。

10月19日，县人大常委会组织离退休老干部对北河、屹嶅头两个乡的水利建设和林果发展工作进行视察。

10月21日至22日，省人大常委会副主任周欣到行唐县视察九口子万亩枣园、口头选矿厂、城寨乡的苹果基地建设情况。县人大常委会副主任顾丙印、徐红军陪同。

11月29日，县十一届人大常委会第十四次会议召开。会议通过《关于实行错案（过错）责任追究制的决定》。

12月20日，县十一届人大常委会第十五次会议召开。

1995 年

3月3日，县十一届人大常委会第十六次会议召开。

3月9日至11日，行唐县第十一届人民代表大会第四次会议召开。

4月4日，行唐县第十一届人民代表大会第五次会议召开。

5月30日，县十一届人大常委会第十八次会议召开。

7月27日，县十一届人大常委会第十九次会议召开。

9月20日，县十一届人大常委会第二十次会议召开。

11月29日，县十一届人大常委会第二十一次会议召开。

1996年

3月1日，县十一届人大常委会第二十二次会议召开。

3月22日，县委印发《中共行唐县委关于批转县人大常委会党组〈关于乡镇人代会换届选举工作的安排意见〉的通知》。

4月1日，县十一届人大常委会第二十三次会议召开。

4月3日至5日，行唐县第十一届人民代表大会第六次会议召开。会议通过《关于尽快制定地方道路管理办法的决议》。

4月8日，县人大常委会主任刘来福带领主任会议成员深入县域北部丘陵区对荒山开发情况进行集体视察。

5月30日，县人大常委会主任刘来福带领主任会议成员对九口子乡辛庄村的千亩枣园建设情况进行集体视察。

5月30日至31日，县十一届人大常委会第二十四次会议召开。

7月17日，县十一届人大常委会第二十五次会议召开。

7月19日，行唐县第十一届人民代表大会第七次会议召开。会议通过《关于在全县全民中继续开展法制宣传教育的决议》。

9月19日，县十一届人大常委会第二十六次会议召开。

9月26日至11月26日，县人大常委会在全县公检法机关开展就案查案执法活动。

10月20日至21日，县人大常委会主任刘来福带领主任会议成员对口西渠、群众渠进行集体视察。

10月23日，县人大常委会组织乡镇人大主席、副主席，部分市、县代表及机关工作人员开展议政活动。

11月8日，县人大常委会主任刘来福到九口子乡鳌鱼山顶，对即将交付使用的两岭口电视差转台建设情况进行视察。

12月13日，县十一届人大常委会第二十七次会议召开。

1997年

1月7日至8日，县人大常委会举办乡镇人大主席培训班。县人大常委会主任刘来福讲课并提出要求。

2月，省人大常委会副主任周欣参加行唐县第四届“万炮齐鸣绿化太行”动员大会。县人大常委会主任刘来福陪同。

3月6日，县十一届人大常委会第二十八次会议召开。

3月13日至15日，行唐县第十一届人民代表大会第八次会议召开。

3月下旬，县人大常委会对8个乡镇、16个贫困村的水、电情况进行考察。

4月中旬，县人大常委会对全县水利工程进行视察。

4月19日，县人大常委会对红北渠、口西渠渠首渡槽重点水毁工程修复和农田基本建设情况进行视察。

4月下旬，县人大常委会对全县农业结构调整情况进行调查。

5月8日至9日，县十一届人大常委会第二十九次会议召开。

6月6日，县人大常委会对《中华人民共和国消费者权益保护法》和《河北省保护消费者合法权益条例》实施情况进行执法检查。

7月10日，县十一届人大常委会第三十次会议召开。

7月22日至24日，县人大常委会主任刘来福带领主任会议成员对15个乡镇、51个县直单位的职权监督办法、配套制度上墙落实情况进行检查。

9月5日，县人大常委会对《社会力量办学条例》执行情况进行视察。

9月11日至12日，县十一届人大常委会第三十一次会议召开。

9月25日，县人大常委会办公室增设信访科，原政治法律科、财政经济科、教育科学文化卫生科、代表联系科改称政治法律工作委员会、财政经济工作委员会、教育科学文化卫生工作委员会、代表联络工作委员会。

是月，县人大常委会对县内主要干支渠进行视察。

11月18日，县十一届人大常委会第三十二次会议召开。

1998年

2月9日，县十一届人大常委会第三十三次会议召开。

2月17日至19日，行唐县第十二届人民代表大会第一次会议召开。会议完成相关议程，选举产生行唐县第十二届人大常委会主任、副主任和委员，张法新当选为行唐县第十二届人大常委会主任。

4月8日，县人大常委会主任张法新深入独羊岗乡余底村对奶牛养殖、鲜奶收购等方面进行调研。

4月16日，县十二届人大常委会第一次会议召开。

是月，县人大常委会组织县人大代表对政法机关执法检查情况进行评议。

是月，县人大常委会向被任命的县人民政府组成部门22名主要负责人集中颁发任命书。

5月19日，县人大常委会召开乡镇人大主席专题议政活动汇报会。县人大常委会主任张法新主持会议并讲话。

6月4日，县十二届人大常委会第二次会议召开。

8月中旬，县人大常委会、县人民政府组织检查组对各乡镇档案工作进行执法检查。

8月20日，县十二届人大常委会第三次会议召开。

8月31日，县人大常委会对县城的食品卫生情况进行视察。

10月20日，县十二届人大常委会第四次会议召开。

12月17日，县十二届人大常委会第五次会议召开。

12月19日，县十二届人大常委会第六次会议召开。

1999年

2月4日，县十二届人大常委会第七次会议召开。

3月5日至7日，行唐县第十二届人民代表大会第二次会议召开。

4月1日，县十二届人大常委会第八次会议召开。

6月4日，县十二届人大常委会第九次会议召开。会议通过《关于个案监督的决定》。

8月4日，县人大常委会在全体县代表中开展“国徽在心，责任在身”活动。

8月10日，县十二届人大常委会第十次会议召开。

是日，县人大常委会对县域北部山区防汛抗旱情况进行视察。

10月26日，县十二届人大常委会第十一次会议召开。

12月10日，县十二届人大常委会第十二次会议召开。

12月24日，县十二届人大常委会第十三次会议召开。会议通过《关于批准〈行唐县县城总体规划〉的决议》。

是年，县人大常委会对《中华人民共和国环境保护法》《中华人民共和国母婴保护法》实施情况进行执法检查。

2000年

1月25日，县十二届人大常委会第十四次会议召开。

2月14日，县十二届人大常委会第十五次会议召开。

3月13日，县人大常委会对《中华人民共和国消费者权益保护法》实施情况进行视察。

3月22日至24日，行唐县第十二届人民代表大会第三次会议召开。会议选举赵翠琴为行唐县第十二届人大常委会主任。

4月12日，县十二届人大常委会第十六次会议召开。

4月26日，县十二届人大常委会第十七次会议召开。

6月30日，县十二届人大常委会第十八次会议召开。

7月13日，县人大常委会对全县《环境保护法》实施情况进行视察。

7月28日，县人大常委会对全县电子游戏经营场所进行执法检查。

8月17日，县十二届人大常委会第十九次会议召开。

9月19至20日，县人大常委会围绕环境保护、社会保障、义务教育和社会力量办学等方面进行视察。

9月21日，县人大常委会、县人民政府、县委宣传部在县人民礼堂联合举行土地管理法律法规知识竞赛。省人大常委会农经委主任李广恩、农经委办公室副主任范瑞晨、市人大常委会副主任褚明海前来指导。县人大常委会主任赵翠琴，副主任黄金生、刘成功、王景瑞出席竞赛会。

是日，县十二届人大常委会第二十次会议在召开。

是日，县人大常委会对山区红枣生产情况进行视察。

10 月 26 日，县十二届人大常委会第二十一次会议召开。

11 月 23 日至 24 日，县人大常委会组织行唐选区的省、市人大代表围绕调整农业产业结构、加快高新技术产业发展、维护社会稳定和医疗机构改革等四项内容开展视察活动。

12 月 27 日，县十二届人大常委会第二十二次会议召开。

2001 年

2 月 15 日，县十二届人大常委会第二十三次会议召开。

2 月 26 日至 28 日，行唐县第十二届人民代表大会第四次会议召开。

2 月 26 日，县十二届人大常委会第二十四次会议召开。

4 月 16 日，县十二届人大常委会第二十五次会议召开。

是日，县人大常委会对市场建设、市场管理和化肥农药经营情况进行视察。

6 月 28 日，县十二届人大常委会第二十六次会议召开。

8 月 30 日，县十二届人大常委会第二十七次会议召开。

是日，县人大常委会对县刑拘所、看守所管理情况进行视察。

9 月，县人大常委会组织市人大代表对社会力量办学情况以及市场打假工作进行视察。

10 月 29 日，县十二届人大常委会第二十八次会议召开。

12 月 24 日，县十二届人大常委会第二十九次会议召开。

2002 年

2 月 22 日，县十二届人大常委会第三十次会议召开。

3 月 3 日至 5 日，行唐县第十二届人民代表大会第五次会议召开。

4 月 18 日，县十二届人大常委会第三十一次会议召开。

6 月 26 日，县十二届人大常委会第三十二次会议召开。

7 月 4 日至 5 日，县人大常委会组织辖区的市人大代表对农业方面东寺庄、辛庄两个万亩枣园、南埌坝养牛、南桥综合养殖基地和建设中的口头红枣市场，工业方面建设中的奶啤厂、改进中的三九酒业，国防教育方面河合度假村的民兵训练基地和城建方面新建公园等地进行视察。

8 月 29 日，县十二届人大常委会第三十三次会议召开。

10 月 24 日，县十二届人大常委会第三十四次会议召开。

是年，县人大常委会对《食品卫生法》《河北省城乡集市食品卫生监督条例》实施情况进行执法检查。

2003 年

1 月 10 日，县十二届人大常委会第三十五次会议召开。

1 月 23 日，行唐县第十二届人民代表大会第六次会议召开。

3 月 31 日，县十二届人大常委会第三十六次会议召开。

4 月 17 日，县十二届人大常委会第三十七次会议召开。

4 月 28 日至 29 日，行唐县第十三届人民代表大会第一次会议召开。会议完成相关议程，选举产生行唐县第十三届人大常委会主任、副主任和委员，赵翠琴当选为行唐县第十三届人大常委会主任。

5 月 28 日，县人大常委会对防“非典”物品经营管理情况进行视察。

6 月 19 日，县人大常委会召开县十三届人大常委会第一次会议暨集中颁发任命书大会。

6 月 27 日，县人大常委会对行唐选区人大代表开展集中培训。

8 月 26 日，县十三届人大常委会第二次会议召开。

10 月 23 日，县十三届人大常委会第三次会议召开。

11 月 4 日至 6 日，县人大常委会对《中华人民共和国动物防疫法》和《河北省动物防疫条例》实施情况进行执法检查。

是年，县人大常委会对《中华人民共和国传染病防治法》《中华人民共和国森林法》《中华人民共和国工会法》《中华人民共和国职业教育法》实施情况进行执法检查。

2004 年

1 月 7 日，县十三届人大常委会第四次会议召开。

2 月 13 日，县十三届人大常委会第五次会议召开。

2 月 17 日至 19 日，行唐县第十三届人民代表大会第二次会议召开。

4 月 20 日，县十三届人大常委会第六次会议召开。

是日，县人大常委会对县人民政府重点项目建设情况进行视察。

6 月上旬，县人大常委会对《环境保护法》实施情况进行执法检查。

6 月 24 日，县十三届人大常委会第七次会议召开。

8 月 24 日，县十三届人大常委会第八次会议召开。

10 月 22 日，县十三届人大常委会第九次会议召开。

11 月 8 日，县十三届人大常委会第十次会议召开。

12 月 30 日，县十三届人大常委会第十一次会议召开。

2005 年

2 月 28 日，县十三届人大常委会第十二次会议召开。

3 月 9 日至 10 日，行唐县第十三届人民代表大会第三次会议召开。

5月27日，县十三届人大常委会第十三次会议召开。

7月5日，县人大常委会组织开展行唐选区市人大代表述职评议活动。

7月22日，县十三届人大常委会第十四次会议召开。

9月27日，县十三届人大常委会第十五次会议召开。

10月25日，行唐县各乡镇人民代表大会印章启用，原行唐县各乡镇人大主席团印章作废。

11月23日，县十三届人大常委会第十六次会议召开。

2006年

3月16日，县十三届人大常委会第十七次会议召开。

3月20日至22日，行唐县第十三届人民代表大会第四次会议召开。

4月28日，县十三届人大常委会第十八次会议召开。

6月16日，县十三届人大常委会第十九次会议召开。

8月16日，县十三届人大常委会第二十次会议召开。

10月26日，县十三届人大常委会第二十一次会议召开。

12月27日，县十三届人大常委会第二十二次会议召开。

2007年

1月18日，县人大常委会召开县、乡人大同步换届选举动员大会。

1月29日，县人大常委会召开各乡镇人大主席换届选举工作会议。

1月31日，县十三届人大常委会第二十三次会议召开。

2月5日，县人大常委会督办全市“百姓百件事”工作，此做法受到市人大常委会表扬。

2月13日，省人大常委会副主任白润璋到口头镇王下口村慰问老党员、“五保户”和孤儿。县人大常委会主任赵翠琴陪同。

3月7日，县人大常委会开展县、乡人大换届选举培训活动。

3月13日，县乡人大换届选举工作选举日，县人大常委会主任赵翠琴，副主任王进才、王吉秋、高国甫、温玲翠、高和福分别到各选举单位进行督导视察。

3月27日，县人大常委会召开各乡镇党委副书记、人大主席工作会议，安排部署乡镇召开新一届人民代表大会第一次会议工作。

4月11日，县十三届人大常委会第二十四次会议召开。

4月16日至18日，行唐县第十四届人民代表大会第一次会议召开。会议完成相关议程，选举产生行唐县第十四届人大常委会主任、副主任和委员，高和福当选为行唐县第十四届人大常委会主任。

4月26日，县十四届人大常委会第一次会议召开。

5月17日，县人大常委会召开县十四届人大一次会议代表建议交办会议。

5月31日，县人大常委会主任高和福主持召开新一届县人大代表培训会议。县人大常委会副主任王吉秋、高国甫、温玲翠、宫国恩出席会议。

6月19日，市人大常委会副主任张振东带领驻无极县的市人大代表到行唐县视察。县委副书记、县长李震国参加并汇报行唐县社会和国民经济发展情况。县人大常委会主任高和福、副主任王吉秋陪同视察。

6月28日，县十四届人大常委会第二次会议召开。

是月，县人大常委会主任高和福对全县新型农村合作医疗建立运行情况进行视察。

7月20日，县人大常委会召开集中颁发任命书大会。县人大常委会主任高和福向被任命人员颁发任命书。县委副书记、县长李震国参加并讲话。

7月24日，县人大常委会举办预算监督知识讲座。县人大常委会主任高和福，副主任王吉秋、高国甫参加培训讲座。

8月28日，县十四届人大常委会第三次会议召开。会议通过《行唐县人大常委会关于听取和审议县政府、县法院和县检察院专项工作报告的意见（试行）》和《行唐县人大常委会执法检查工作的规定（试行）》。

10月26日，县十四届人大常委会第四次会议召开。

10月31日，县人大常委会主任高和福带领县人大机关各委室负责人到南桥镇开展党的十七大精神宣传活动。

11月28日，县人大常委会与县委宣传部联合举办学习党的十七大精神“电力先锋杯”人大知识竞赛活动。

12月4日至12日，县人大常委会主任高和福带领主任会议成员对《政府工作报告》落实情况进行集体调研。

12月20日，县十四届人大常委会第五次会议召开。

2008年

1月17日，县十四届人大常委会第六次会议召开。

1月19日至22日，行唐县第十四届人民代表大会第二次会议召开。

1月30日，市人大常委会副主任张振东对行唐县财政预算执行情况进行调研。县委书记李旭阳，县人大常委会主任高和福、副主任高国甫陪同调研。

3月5日，县人大常委会主任高和福主持召开县人大常委会主任与县人民政府县长、县人民法院院长、县人民检察院检察长联席会议，商定县人大常委会2008年工作要点。

3月17日，县人大常委会组织开展《中华人民共和国农民专业合作社法》培训活动。

3月25日，省人大常委会原常委会委员李正文、省人大常委会法制工作委员会副主任霍建明一行对行唐县《河北省奶业条例（草案）》实施情况进行调研。县委书记李旭阳，县委副书记、县长李震国，县人大常委会主任高和福、副主任王吉秋、高国甫陪同调研。

3月27日，县十四届人大常委会第七次会议召开。

4月3日，省人大常委会研究室主任王振平一行3人到行唐县上方乡、市同乡召开两辖区的县、乡代表座谈会。县人大常委会主任高和福，副主任王吉秋、高国甫、温玲翠、宫国恩参加座谈会。

4月18日，县人大常委会召开县十四届人大二次会议代表建议交办暨2007年度办理代表建议优秀单位及履职县优秀代表表彰会议。

5月1日至25日，县人大常委会主任高和福，副主任王吉秋、高国甫、宫国恩分片主持召开乡镇人大工作座谈会。

5月9日，县人大常委会组织开展行唐县《中华人民共和国城乡规划法》培训会议。

5月28日，县十四届人大常委会第八次会议召开。会议通过《行唐县人大常委会关于公民旁听县人民代表大会常务委员会会议办法》。

6月24日，县人大常委会主任高和福主持召开人大常委会机关“双创双树”主题实践活动动员会。

7月1日，河北省人大建设研究会副会长蔡一润、高山一行对行唐县人大常委会工作进行调研。县人大常委会主任高和福，副主任高国甫、温玲翠、宫国恩参加调研座谈。

7月上中旬，县人大常委会对2008年上半年国民经济和社会发展计划执行以及“十一五”规划实施情况进行调研。

是月，县人大常委会对2007年度县本级决算和2008年上半年财政预算执行情况进行调研。

7月25日，县十四届人大常委会第九次会议召开。

7月28日，市人大常委会副主任李屏东到翟营乡岸下村调度信访案件进展情况。县人大常委会主任高和福，副主任高国甫、温玲翠、宫国恩陪同。

8月7日，市人大常委会主任王增明对行唐县县域经济发展情况进行视察。县委书记、县长李震国，县人大常委会主任高和福，副主任王吉秋、高国甫、温玲翠、宫国恩陪同。

9月7日，县人大常委会举办民主法制建设理论学习讲座。县人大常委会主任高和福，副主任王吉秋、高国甫、温玲翠、宫国恩参加学习。

9月18日，县人大常委会代表联络工作委员会主办的《代表建议》创刊。县人大常委会主任高和福致创刊词。

是日，县人大常委会党组书记、主任高和福主持召开党组扩大会议，安排部署县人大常委会机关关于开展“三鹿”婴幼儿奶粉安全事故处置分包乡镇工作和开展“查找不足、履行职责、促进工作”集中教育活动。

9月23日，市人大常委会副主任郭领域对行唐县鲜奶生产销售情况进行调研。县人大常委会主任高和福、副主任高国甫陪同调研。

9月26日，县十四届人大常委会第十次会议召开。

是日，县人大常委会对计生奖励扶助政策落实情况进行调研。

10月30日，县人大常委会主任高和福主持召开全县乡镇人大工作会议。

11月10日至12月15日，县人大常委会党组开展“吸取教训、转变作风、重塑形象、科学发展”主题教育活动。12月3日，县委书记、县长李震国对县人大常委会党组开展主题教育的活动剖析材料作出“主题教育活动组织认真，剖析深刻，措施明确”的批示。

11月25日，县十四届人大常委会第十一次会议召开。

12月10日，县人大常委会首次召开人大代表述职评议现场会。县人大常委会主任高和福出席会议并讲话，副主任王吉秋、高国甫、温玲翠、宫国恩出席会议。

12月25日，县人大常委会举行纪念改革开放30周年人民代表大会制度建设座谈会。县委书记、县长李震国作重要讲话，县人大常委会主任高和福作主题发言，副主任王吉秋、高国甫、温玲翠、宫国恩出席会议。

2009年

1月19日，县人大常委会机关与电力系统联合举行迎新春联欢晚会。县委书记、县长李震国，县人大常委会主任高和福，副主任王吉秋、高国甫、温玲翠、宫国恩出席活动。

2月16日，县十四届人大常委会第十二次会议召开。

2月17日至20日，行唐县第十四届人民代表大会第三次会议召开。

2月23日，县人大常委会主任高和福主持召开机关干部作风建设年活动动员会。

3月2日，县人大常委会机关搬迁到原县公安局刑侦大队办公楼办公。

是日，市委选调县人大常委会主任高和福到石家庄市第二批学习实践科学发展观活动办公室工作，并担任第十二指导检查组组长。

3月5日，受县人大常委会主任高和福的委托，县人大常委会副主任王吉秋主持召开县人大常委会主任与县人民政府县长、县人民法院院长、县人民检察院检察长联席会议，商定县人大常委会2009年工作要点。

3月6日，县人大常委会召开深入学习实践科学发展观动员会。

3月18日，省人大常委会农经委主任李广恩带队对行唐县“三农”工作进行调研。县人大常委会副主任高国甫、宫国恩陪同调研。

3月27日，县人大常委会召开2008年度承办代表建议先进单位、履职优秀代表表彰暨2009年度代表建议交办会议。

4月2日至9日，省人大常委会研究室主任王振平到行唐进行调研。县委书记、县长李震国，县人大常委会主任高和福，副主任王吉秋、高国甫、温玲翠、宫国恩陪同调研。

4月23日，县十四届人大常委会第十三次会议召开。会议通过县人大常委会《关于对县政府及其部门、县法院、县检察院专项工作报告进行满意度测评的实施意见》《关于建立人大常委会组成人员履职档案的实施办法》《关于重大涉法信访案件评查试行办法》《关于对基层法庭庭长、派出所所长述职评议试行办法》《关于乡镇人大工作实行考核的实施办法》。

5月13日，县人大常委会副主任高国甫参加全市人大信访工作座谈会，并在会上作

《督办案件重实效，教育说服重真情》的重点发言。

6月9日，全国人大常委会副委员长司马义·铁力瓦尔地在省、市领导陪同下对行唐县《中华人民共和国畜牧法》实施情况进行视察，并对农田水利建设情况进行专题调研。县委书记、县长李震国，县人大常委会主任高和福陪同。

6月25日，县十四届人大常委会第十四次会议召开。

7月2日，省人大常委会委员、法制委员会副主任委员刘鸿钦，省人大常委会法制工委副主任霍建明对行唐县《河北省实施〈中华人民共和国就业促进法〉办法（草案）》实施情况进行调研。县人大常委会主任高和福、副主任高国甫陪同调研。

8月5日，县十四届人大常委会第十五次会议召开。

8月19日，县十四届人大常委会第十六次会议召开。

是日，县人大常委会组织召开城建工作座谈会。

8月27日，县人大常委会主任高和福到南桥镇参加县、乡、村三级干部大接访活动。

9月25日，县人大常委会主任高和福主持召开庆祝中华人民共和国成立60周年座谈会。

10月14日，县人大常委会组织召开代表建议办理工作“面复会”。

10月中旬，县人大常委会主任高和福带领学习考察团到承德县、怀来县、宽城县学习考察城镇面貌“三年大变样”工作。

10月28日，县十四届人大常委会第十七次会议召开。

11月11日至12日，县人大常委会召开乡镇人大主席培训暨乡镇人大工作交流会。县人大常委会主任高和福出席并讲话。

11月18日至12月1日，县人大常委会组织开展对基层派出所所长、法庭庭长进行评议活动。

12月18日，县十四届人大常委会第十八次会议召开。

2010年

1月6日，县十四届人大常委会第十九次会议召开。

2月2日，县人大常委会召开机关离退休干部迎新春团拜会。

3月3日，县十四届人大常委会第二十次会议召开。

3月10日至12日，行唐县第十四届人民代表大会第四次会议召开。

3月18日，县人大常委会主任高和福主持召开县人大常委会主任与县人民政府县长、县人民法院院长、县人民检察院检察长联席会议，商定县人大常委会2010年工作要点。

3月23日，县人大常委会主任高和福主持召开《行唐人大三十年》出版暨纪念地方人大常委会设立30周年会议。

3月29日，县人大常委会对全县惠农政策落实情况进行调研。

4月28日，县十四届人大常委会第二十一次会议召开。

5月12日，县人大常委会主任高和福主持召开南桥镇新民居建设座谈会。

5月13日，县人大常委会主任高和福主持召开行唐县建立行政执法责任制工作座谈会。

是日，县人大常委会在口头镇召开关于《河北省县乡两级人民代表大会选举实施细则》修改征求意见座谈会。

5月17日，县人大常委会主任高和福带领主任会议成员对上碑镇东街村新民居建设情况进行集体视察。

是月，县人大常委会主任高和福撰写的《关于提高人大常委会审议专项工作报告质量的几点思考》一文刊登在省人大常委会机关刊物《公民与法治》第五期。

6月上中旬，县人大常委会对县人民法院关于为县域经济发展提供司法保障和服务工作开展情况、县人民检察院关于发挥检察职能和确保惠农资金安全运行情况、县人民政府有关部门建立行政执法责任制和执法公示制情况进行调研。

6月上中旬，县人大常委会对县人民政府关于“两园一区”建设情况进行调研。

6月11日，县人大常委会主任高和福带领主任会议成员到廊坊市固安县学习、考察园区建设情况。

6月13日，县人大常委会主任高和福带领调研组到深泽县学习、考察园区建设情况。

6月25日，县十四届人大常委会第二十二次会议召开。

6月29日，县人大常委会机关搬迁到龙州镇玉城东大街30号办公。

7月9日，县委书记李震国，县委副书记、县长吕素维，县委副书记张建慧到县人大常委会就机关规范化建设情况进行调研指导。县人大常委会主任高和福汇报工作，李震国书记对县人大常委会工作提出要求。

7月9日至14日，县人大常委会召开代表建议督办工作会议。

7月15日，县人大常委会组织召开上碑镇县、乡人大代表专题议政试点会议。

8月2日，县人大常委会主任高和福带领主任会议成员对税收征管工作进行集体调研。

8月上中旬，县人大常委会对全县上半年国民经济和社会发展计划执行情况和上半年财政预算执行情况进行调研。

8月26日，县十四届人大常委会第二十三次会议召开。

10月7日，县人大常委会组织召开代表建议承办单位主要负责人与提建议代表“面复会”。

10月上旬，县人大常委会对县人民政府办理代表建议工作情况进行调研。

10月上中旬，县人大常委会对《中华人民共和国水污染防治法》实施情况进行执法检查。

10月5日，县人大常委会主任高和福带领主任会议成员对全县城镇面貌三年大变样工作进行集体调研。

10月28日，县十四届人大常委会第二十四次会议召开。

12月14日，市人大常委会副主任王中联带领市人大常委会“十二五”规划调研组到行唐县进行调研。县委书记李震国，县委副书记、县长吕素维，县人大常委会主任高和福，副主任高国甫、温玲翠、宫国恩陪同调研。

12月23日，县人大常委会举办全县乡镇人大主席培训班。

12月下旬，县人大常委会主任高和福带领主任会议成员对2010年《政府工作报告》完成情况进行集体调研。

12月下旬，县人大常委会对县公安局关于基层人防、技防建设，打造平安行唐情况进行调研。

12月28日，县十四届人大常委会第二十五次会议召开。

2011年

1月6日，县人大常委会组织召开龙州镇辖区县、乡人大代表、部分乡村干部代表、部分案件当事人对龙州镇法庭庭长、派出所所长进行述职评议大会。

2月11日，县人大常委会党组召开扩大会议，围绕石家庄市优化发展环境广播电视大会精神和行唐县融入石家庄市东部工业突破区进行座谈讨论。

3月1日，县十四届人大常委会第二十六次会议召开。

3月3日至5日，行唐县第十四届人民代表大会第五次会议召开。会议通过《关于加快“生态行唐”建设的决议》。

3月23日，县人大常委会主任高和福主持召开县人大常委会主任与县人民政府县长、县人民法院院长、县人民检察院检察长联席会议，商定县人大常委会2011年工作要点。

4月20日，县人大常委会组织召开2010年度承办代表建议先进单位、履职优秀人大代表表彰暨2011年县十四届人大五次会议代表建议交办会议。

4月中下旬，县人大常委会对县城重点项目建设和城镇建设三年上水平情况进行调研。

4月21日，县人大常委会主任高和福带领主任会议成员对只里乡、南桥镇卫生院和北高里村、北桥村卫生室，东安太庄苹果示范基地、掌头村核桃示范基地、江河水库加固工程进行集体视察。

4月28日，县十四届人大常委会第二十七次会议召开。

5月上旬，县人大常委会主任高和福到浙江省温岭市学习考察预算管理工作。

6月14日，县十四届人大常委会第二十八次会议召开。

6月中旬，县人大常委会对县人民法院推进量刑规范化制度建设情况、县人民检察院加强刑事立案和诉讼活动法律监督工作进行调研。

6月中旬，县人大常委会对优化发展环境、开展“效能革命”工作进行调研。

6月24日，县十四届人大常委会第二十九次会议召开。

6月29日，县人大常委会举行纪念建党90周年座谈会和《行唐人大三十年》发行仪式。

7月28日，市人大常委会副主任董文志带领执法检查组一行11人到行唐县检查《石家庄市河道管理办法》执行情况。

7月29日，行唐县人大建设研究会举行成立大会，会议表决通过《行唐县人大建设研究会章程》，县人大常委会主任高和福，党组书记赵士平，副主任王吉秋、温玲翠、宫国恩出席会议。高和福当选县人大建设研究会会长并讲话。

7月下旬至8月上旬，县人大常委会对全县上半年国民经济和社会发展计划、预算执行情况进行调研。

8月17日，县十四届人大常委会第三十次会议召开。

9月8日，县十四届人大常委会第三十一次会议召开。

9月21日，县人大常委会主任高和福、党组书记赵士平以及主任会议成员对县内建材和装饰材料市场、煤炭物流中心及下山扶贫教育工程建设情况进行视察。

9月22日，县人大常委会主任高和福、党组书记赵士平以及主任会议成员对食品安全体系建设情况进行调研。

9月29日，县人大常委会召开代表建议承办单位主要负责人与提建议代表“面复会”。

10月20日，县十四届人大常委会第三十二次会议召开。

10月21日，县人大常委会召开行政执法责任制座谈会。

11月14日，县十四届人大常委会第三十三次会议召开。

11月16日，市人大常委会党组书记杨志辉到行唐县调研工作。县委书记李震国，县委副书记、县长吕素维，县委副书记杨澜波，县人大常委会主任高和福陪同调研。

12月20日，行唐县进行县、乡人大代表换届选举。

12月28日，县十四届人大常委会第三十四次会议召开。

12月，县人大常委会对县城重要公共场所、主要街道、商场超市、金融服务网点、汽车站、县城出城口、居民集中小区的人防、技防、物防措施落实情况进行视察。

2012 年

2月18日，县十四届人大常委会第三十五次会议召开。

2月19日至22日，行唐县第十五届人民代表大会第一次会议召开。会议完成相关议程，选举产生行唐县第十五届人大常委会主任、副主任和委员，赵士平当选为行唐县第十五届人大常委会主任。

2月22日，县人大常委会主任赵士平就做好新一届县人大常委会工作召开机关全体会议并讲话。

3月22日，县十五届人大常委会第一次会议召开。会议通过《行唐县人大常委会关于预算审查监督办法》《行唐县预算初审办法》《行唐县人大常委会经济工作监督办法》《行唐县人大常委会关于对县政府、县法院和县检察院进行专题询问的暂行办法》《行唐县人大常委会关于组建和开展代表专业小组活动的办法》《行唐县人大常委会关于派遣县人大代表到重点单位担任联络员的办法》《行唐县人大常委会人事任免办法》。

4月18日，县十五届人大常委会第二次会议暨颁发任命书大会召开。

是日，县人大常委会组织召开县十五届人大一次会议代表建议交办会议。

4月19日，县人大常委会对县人民法院庭科室负责人进行述职评议。

5月9日，市人大常委会主任王增明带领市国土资源局、水务局等有关部门负责人到行唐县就农田水利基本建设情况进行调研。县委书记姜阳，县委副书记、县长吕素维，县人大常委会主任赵士平，副主任王吉秋、高国甫、温玲翠陪同调研。

5月17日，县人大常委会主任赵士平主持召开信访和帮扶工作调度会。

5月21日至22日，县人大常委会对县人民检察院落实省、市人大常委会《关于加强人民检察院法律监督工作的决议》工作情况进行调研。

5月23日，县人大常委会对县人民法院健全立案制度、方便群众诉讼工作情况进行调研。

5月30日，县十五届人大常委会第三次会议召开。

是日，县人大常委会首次组织召开拟任命人员供职承诺测评会，并对县人民法院提请县人大常委会任命的两名庭长进行了供职承诺测评。

5月31日，省人大常委会副主任王增力在市人大常委会副主任王中联等领导陪同下对行唐县经济建设情况进行调研。县委副书记、县长吕素维，县人大常委会主任赵士平，副主任高国甫、温玲翠、米志斌陪同调研。

6月26日，县人大常委会主任赵士平带领主任会议成员对全县学校安全工作情况进行集体调研。

7月上旬，县人大常委会对行唐县2012年支持中小企业发展和创业专项资金使用情况进行专题调研。

7月11日，县人大常委会组织召开县人大代表联络员小组组长会议。

7月23日，县人大常委会对县司法局社区矫正工作进行调研。

7月24日，县人大常委会主任赵士平带领主任会议成员对全县拆违和项目建设工作进行集体视察。

7月25日，县十五届人大常委会第四次会议召开。

8月下旬至9月上旬，县人大常委会对全县2012年上半年国民经济和社会发展计划、预算执行情况进行专题调研。

9月25日，县十五届人大常委会第五次会议召开。

10月24日，县人大常委会对县住建局、城管局改善“两个环境”执法情况进行视察。

10月17日，县人大常委会组织召开人大机关离退休老干部重阳节座谈会。

11月1日，省人大常委会农工委主任李广恩带领省人大常委会立法调研组到行唐县对气象灾害防御立法工作进行专题调研。县人大常委会主任赵士平、副主任高国甫陪同。

11月29日，县十五届人大常委会第六次会议召开。

12月11日，县人大常委会党组召开学习宣传贯彻党的十八大精神动员会。县人大常委会主任赵士平讲党课并提出要求。

12月26日，县人大常委会对县人民检察院局科室负责人进行述职评议。

12月下旬，县人大常委会主任赵士平，副主任王吉秋、高国甫、温玲翠、米志斌分片参加各乡镇人大组织的县人大代表向选民述职评议活动。

2013年

1月11日，县十五届人大常委会第七次会议召开。

3月21日，县十五届人大常委会第八次会议召开。

3月24日至26日，行唐县第十五届人民代表大会第二次会议召开。

5月4日，县十五届人大常委会第九次会议召开。

5月中下旬，县人大常委会就农村环境综合整治、幸福乡村计划和基层组织建设情况开展“进乡村、访民情、问良策”专题调研活动。

5月24日，县人大常委会对县城管理工作进行视察调研。

5月28日，县人大常委会主任赵士平主持召开县人大常委会主任与县人民政府县长、县人民法院院长、县人民检察院检察长联席会议，商定县人大常委会2013年工作要点。

5月29日，县人大常委会组织召开县十五届人大二次会议代表建议交办会议。

5月31日，县人大常委会组织召开民营经济代表专业小组座谈会。

6月6日，县人大常委会对县急救站和卫生监督所建设情况进行调研。

6月7日，县人大常委会主任赵士平主持召开全口径预决算管理培训会议。

6月上旬，县人大常委会对颍水河（部河县城段）综合整治情况进行专题调研。

6月14日，县人大常委会组织召开由县28个代表联络小组组长参加的经验交流会。

6月中旬，县人大常委会对土地综合利用情况及建立健全保障性住房建设、公平分配和运营机制进行调研。

6月18日，省人大常委会委员、省人大城建环资委主任委员姬振海带领省人大执法检查团对行唐县《中华人民共和国大气污染防治法》和《河北省大气污染防治条例》实施情况进行检查。县委书记姜阳，县委副书记、县长王彦芳，县人大常委会主任赵士平陪同检查。

6月21日，县十五届人大常委会第十次会议召开。

6月25日，行唐县第十五届人民代表大会第三次会议召开。

7月4日，县十五届人大常委会第十一次会议召开。

7月10日，县人大常委会组织旁听县人民法院案件审理。

7月中旬，县人大常委会对县行政服务中心规范化、标准化建设情况进行调研。

7月16日，市人大常委会副主任王增飞带领市人大执法检查组到行唐县人民法院对《中华人民共和国法官法》实施情况进行执法检查。县人大常委会副主任王吉秋陪同检查。

7月下旬，县人大常委会对行唐县公共资源交易市场建设情况进行调研。

7月26日，县人大常委会组织召开县人民法院案件评查工作会议。

7月31日，县人大常委会对团山红生态农业开发区和孔雀湖生态旅游度假区建设情况进行调研。

7月下旬至8月上旬，县人大常委会对全县上半年国民经济和社会发展计划、预算执行情况进行调研。

8月下旬，县人大常委会对失地农民社会保障情况进行调研。

8月30日，县十五届人大常委会第十二次会议召开。

10月12日，县人大常委会对全县大气污染防治工作进行专项视察。

10月16日，县人大常委会对县中医医院搬迁项目进展情况进行调研。

10月23日，县人大常委会对县人民检察院、国土资源局、国税局、工商局工作进行调研。

10月29日，县十五届人大常委会第十三次会议召开。

11月7日，河北省立法研究会在行唐县召开法律援助、法律服务座谈会。省人大常委会党组副书记兼省立法研究会会长宋长瑞，省立法研究会常务副会长张庆华、副会长李俊山、李进章、高东文，省人大常委会法制工委副主任周英、办公室主任郭红、副处长成瑞群，市人大常委会党组副书记王俊英、法制工委副主任宋健，河北三和时代律师事务所党支部书记王强、行政主管高国杰，县人大常委会主任赵士平、副主任王吉秋参加座谈会。

11月上旬，县人大常委会对县十五届人大二次会议以来代表建议办理情况进行调研。

11月12日，县人大常委会主任赵士平主持召开代表建议办理工作“面复会”。

11月14日，县人大常委会召开公正执法、提高办案效率座谈会。

11月21日至12月3日，县人大常委会对独羊岗派出所所长、刑侦南桥中队中队长、翟营派出所负责人、刑侦安香中队中队长、龙州公安分局局长、刑侦龙州中队中队长进行述职评议。

11月25日，县人大常委会增设农业农村工作委员会。

12月中旬，县人大常委会主任赵士平带领主任会议成员对《政府工作报告》及民生实事完成情况进行集体调研。

12月19日，县人大常委会对县监察局保障惠民政策和民生项目资金落实情况进行调研。

12月31日，县十五届人大常委会第十四次会议召开。

2014年

1月14日，县十五届人大常委会第十五次会议召开。

1月20日至22日，行唐县第十五届人民代表大会第四次会议召开。

2月28日，县人大常委会主任赵士平主持召开县人大常委会机关党的群众路线教育实践活动动员会。

3月7日，县人大常委会对县经济开发区市场化运作引进战略投资者开发情况进行调研。

3月18日，县人大常委会召开民营经济代表专业小组与县工业和信息化局政策和项目对接会议。

3月25日，县人大常委会主任赵士平主持召开县人大常委会主任与县人民政府县长、县人民法院院长、县人民检察院检察长联席会议，商定县人大常委会2014年工作要点。

3月26日，县人大常委会主任赵士平主持召开县十五届人大四次会议代表建议交办会。

3月27日，县人大常委会对宁尔乐、鹏海制药、君乐宝乳业等项目建设进展情况进行调研。

4月4日至8日，县人大常委会召开2014年度十大重点建议督办组碰头会及办理工作对接会。

4月8日，县人大常委会对县人民政府“十二五”规划中期评估情况进行调研。

4月中旬，县人大常委会组织召开由涉及“一廊四基地”建设的乡镇人大主席、农业农村组代表与县相关农口部门参加的产业项目对接会。

4月15日，县人大常委会对石家庄住房公积金管理中心行唐管理部住房公积金管理情况进行调研。

4月16日，县人大常委会对县城集中供热情况进行调研。

4月22日，县人大常委会召开全县乡镇人大工作会议。

4月24日，县十五届人大常委会第十六次会议召开。

4月下旬，县人大常委会对县公安局、司法局《中华人民共和国刑事诉讼法》实施情况进行执法检查。

5月9日，县人大常委会对《中华人民共和国统计法》实施情况进行执法检查。

5月14日，县人大常委会对县城乡总体规划落实情况进行调研。

5月15日，县人大常委会对《食品安全法》实施情况进行执法检查。

5月20日，市人大常委会副主任、市纪委常务副书记王增飞到行唐县督导县城建设工作。县人大常委会主任赵士平陪同。

5月下旬，县人大常委会对县人民检察院《刑事诉讼法》实施情况进行执法检查。

6月6日，县人大常委会对磁河大桥除险加固工程及颍水河董磁沟大桥后续工程进行调研。

6月7日，县人大常委会对县扶贫项目开展情况进行调研。

6月中旬，县人大常委会对《中华人民共和国水法》《刑事诉讼法》实施情况进行执法检查。

6月13日，市人大常委会委员、农业农村委主任何金录带领市人大执法检查组对行唐县《中华人民共和国气象法》执行情况开展执法检查。县人大常委会主任赵士平、副主任高国甫参加检查。

6月19日，县人大常委会对小型水库除险加固、河道治理工作进行调研。

6月20日，县人大常委会对“打造颍水两岸，建设一城三区”和水污染防治工作进行调研。

6月25日，县十五届人大常委会第十七次会议召开。

7月上旬，县人大常委会对2014年上半年国民经济和社会发展计划、预算执行情况进行调研。

7月23日，市人大常委会副主任李锡海一行15人对行唐县扶贫资金使用情况进行专题调研。县人大常委会副主任王吉秋陪同调研。

8月，县人大常委会主任赵士平对开发区项目建设情况进行调研。

8月12日，县人大常委会对开发区河北长宏阀门、石家庄派丽德高建材、远洋泵业、河北美筑节能科技等有限公司建设及发展情况进行调研。

8月19日，县人大常委会对项目入驻、招商优惠政策、土地存储等情况进行调研。

8月22日，县人大常委会对土地承包经营权确权试点开展情况进行调研。

8月28日至29日，县人大常委会对乡镇人大工作进行调研。

9月5日，县人大常委会主任赵士平主持召开县人大代表暨乡镇人大干部培训会议。

9月17日，县人大常委会对龙州镇、玉亭乡、翟营乡卫生院扩建情况进行调研。

9月18日，县十五届人大常委会第十八次会议召开。

9月23日，县人大常委会对规范农民专业合作社及清理非法吸储情况进行调研。

9月24日，县人大常委会对县公共资源交易中心工作和政务服务中心工作运行情况进行调研。

9月26日，县人大常委会召开乡镇人大工作会议。

10月，县人大常委会对县人民检察院发挥法律监督职能、强化行政执法监督情况进行调研，并进行案件评查。

10月16日，县人大常委会组织开展代表建议办理情况专项视察。

10月23日，县人大常委会对土地综合整治及利用情况进行调研。

10月下旬，县人大常委会主任赵士平带领主任会议成员对2014年民生实事完成情况进行集体调研。

10月30日，县十五届人大常委会第十九次会议召开。

11月上旬，县人大常委会对全县奶牛养殖小区提档升级进展情况进行调研。

11月11日至13日，县人大常委会对各乡镇“人大代表之家”创建工作进行验收。

11月18日，市人大常委会副主任楚行宇带队调研行唐县“人大代表之家（站）”创建工作。县人大常委会副主任王吉秋陪同调研。

11月19日，县人大常委会召开全县乡镇人大主席会议。

11月26日，市人大常委会副主任李锡海带队调研行唐县乳业发展情况。县人大常委会副主任高国甫陪同调研。

11月27日，县人大常委会对2015年预算、计划编制情况进行调研。

12月上旬，县人大常委会主任赵士平带领主任会议成员对2014年《政府工作报告》、民生实事完成情况及县人民法院、县人民检察院工作目标完成情况进行集体调研。

12月9日，县人大常委会到晋州市人大常委会考察学习评议政府部门工作。

12月19日，县人大常委会对旅游业发展情况进行调研。

12月22日，县人大常委会召开全县乡镇人大主席会议。

12月30日，县十五届人大常委会第二十次会议召开。

是月，县人大常委会对县公安局15个基层派出所所长的工作开展情况进行评议。

2015年

1月，县人大常委会组织完成县第十五届人大代表补选工作，共在9个选区补选了9名县人大代表。

1月21日，县人大常委会对2015年计划、预算工作进行调研。

3月3日，县十五届人大常委会第二十一次会议召开。

3月9日至11日，行唐县第十五届人民代表大会第五次会议召开。

4月3日，县人大常委会对全县春季造林绿化工作进行调研。

4月上旬，县人大常委会对农业增效、农民增收情况进行调研。

4月15日，县人大常委会主任赵士平主持召开县人大常委会主任与县人民政府县长、县人民法院院长、县人民检察院检察长联席会议，商定县人大常委会2015年工作要点。

4月下旬，县人大常委会对农业综合执法情况进行调研。

4月24日，县人大常委会召开2014年度人大代表工作表彰暨2015年度人大代表工作交办会议。

4月28日，县人大常委会对《中华人民共和国安全生产法》实施情况进行执法检查。

4月29日，县十五届人大常委会第二十二次会议召开。

6月1日，县人大常委会主任赵士平主持召开机关全体会议，并就“三严三实”专题教育讲党课。

6月上旬，县人大常委会对农村环境卫生集中专项整治情况进行调研。

6月2日，县人大常委会对乡镇“人大代表之家（站）”工作开展情况进行调研。

6月3日，县人大常委会对全县城乡公路建设及今后两年公路建设规划情况进行调研。

6月16日，县人大常委会对新农合运行情况进行调研。

6月29日至30日，县十五届人大常委会第二十三次会议召开。

7月28日，县人大常委会主任赵士平主持召开部分单位工作评议会议。

7月31日，县人大常委会对全县2015年上半年国民经济和社会发展计划执行情况进行调研。

8月11日，县人大常委会对38名市人大常委会委员进行测评。

8月27日，县十五届人大常委会第二十四次会议召开。

9月8日，省人大常委会法制委员会副主任刘志毅一行到行唐县就《河北省信访条例（修订草案）》进行调研。

9月18日，县人大常委会对2015年重点代表建议办理情况进行视察。

10月上旬，受市人大常委会委托，县人大常委会以行唐县“三位一体”大调解工作为视角，就加强和创新社会治理工作开展“十三五”规划专题调研。

10月上旬，县人大常委会对全县《城乡规划法》实施情况进行执法检查。

10月12日，县十五届人大常委会第二十五次会议召开。

10月14日，县人大常委会对“十三五”时期借鉴推广“葫芦峪模式”、加快山区开发情况进行专题调研。并于10月20日，到平山县葫芦峪参加市人大常委会组织的专题座谈会，作交流发言。

10月16日，县人大常委会对县公安局行政执法案件进行评查。

11月2日，县十五届人大常委会第二十六次会议召开。

11月6日，县人大常委会主任赵士平主持召开人大机关解放思想大讨论动员会。

11月17日，县人大常委会对玉亭乡屯里村、泉滋头村扬水站和核桃基地建设情况进行调研。

11月16至23日，县人大常委会对《中华人民共和国行政诉讼法》实施情况进行执法检查。

11月19日，县人大常委会主任赵士平带队赴井陉县考察旅游文化产业发展情况。

11月30日，县十五届人大常委会第二十七次会议召开。

11月下旬至12月上旬，县人大常委会对《环境保护法》实施情况进行执法检查。

12月4日，市人大常委会副主任王中联带队，在行唐县组织召开由行唐县、新乐市、灵寿县部分市人大代表参加的《石家庄市低碳发展促进条例》征求意见座谈会。县人大常委会主任赵士平、副主任高国甫参加会议。

是日，县人大常委会主任赵士平主持召开全县乡镇人大主席会议。

12月14日，县人大常委会主任赵士平主持召开县人大常委会“三严三实”专题教育、解放思想大讨论及2016年工作征求意见座谈会。

12月17日至24日，县十五届人大常委会第二十八次会议召开。会议通过县人大常委会《关于加强乡镇人大工作的指导意见》和《关于实施宪法宣誓制度的办法》。

2016年

1月，县人大常委会组织开展补选县人大代表工作。

2月15日，县十五届人大常委会第二十九次会议召开。

2月18日至19日，行唐县第十五届人民代表大会第六次会议召开。

3月18日至27日，县人大常委会到贵州省乌当区、镇远县、岑巩县考察学习。

3月31日，县人大常委会主任赵士平主持召开县人大常委会主任与县人民政府县长、县人民法院院长、县人民检察院检察长联席会议，商定县人大常委会2016年工作要点。

4月8日，县人大常委会召开《中华人民共和国道路交通安全法》培训会。

4月12日，县人大常委会召开交通违法行为刑事处罚专题座谈会。

是日，县人大常委会对太行山生态绿化建设情况进行调研。

4月14日，县人大常委会对《中华人民共和国道路交通安全法》实施情况进行执法检查。

4月15日，县人大常委会对全县扶贫脱贫工作开展情况进行视察。

4月18日，县人大常委会组织召开《行唐县农村公路养护管理规定》报备情况交换意见会。

4月29日，县十五届人大常委会第三十次会议召开。

5月6日，县人大常委会机关“两学一做”学习教育动员会召开。

5月10日，县人大常委会对县农业开发项目实施情况进行专题调研。

5月11日，县人大常委会召开电子商务培训会。

5月13日至19日，县人大常委会到杭州市西湖区、苏州市姑苏区及张家港市人大进行学习考察。

5月16日，县人大常委会对城区供水管网改造建设情况进行专题调研。

5月17日，县人大常委会对安香乡养驴市场建设情况进行视察。

是日，县人大常委会对城区供水规划和棚户区改造规划情况进行调研。

5月19日，县人大常委会对电子商务进农村工作进行调研。

5月20日，县人大常委会召开《中华人民共和国审计法》知识培训。

5月23日至24日，县人大常委会对县农业开发项目实施情况进行调研。

5月26日，县人大常委会召开《安全生产法》贯彻实施情况座谈会。

6月上旬，县人大常委会对《审计法》实施情况进行执法检查。

6月1日，县人大常委会对农林技术推广服务情况进行专题调研。

6月2日，县人大常委会对太行山生态绿化工程涉及水、电基础设施配套情况进行专题调研。

6月13日，县人大常委会对拟任命国家工作人员进行任前法律知识集中考试。

是日，县人大常委会对城区供水管网改造建设情况进行调研。

6月28日，县十五届人大常委会第三十一次会议召开。会议首次按照《行唐县人大常委会关于实行宪法宣誓制度的决定》，举行任命人员向宪法宣誓仪式。

6月30日，县人大常委会主任赵士平主持召开全县乡镇人大主席工作会。

7月4日，县人大常委会对土地承包经营权确权工作进行专题调研。

7月20日，县人大常委会对磁河常香段防汛情况进行视察。

7月25日，县人大常委会到行唐县看守所进行视察。

7月26日，县人大常委会对全县移民资金使用及移民工作进展情况进行调研。

7月28日，县人大常委会对全县上半年国民经济和社会发展计划执行情况进行调研。

7月29日，县人大常委会对全县美丽乡村建设开展工作进行视察。

8月30日，县十五届人大常委会第三十二次会议召开。

9月12日，县人大常委会对《森林法》实施情况进行执法检查。

9月13日，县人大常委会对2016年重点代表建议办理情况进行视察。

9月29日，县人大常委会对《石家庄市供热用热条例》实施情况进行执法检查。

10月11日至13日，市人大常委会副主任王中联带领视察组对行唐县脱贫攻坚工作进行视察。县委副书记、县长王彦芳，县人大常委会主任赵士平、副主任高国甫陪同视察。

10月14日，县人大常委会主任赵士平带领主任会议成员到北河乡龙兴庄村、独羊岗乡河合村考察美丽乡村建设情况。

是日，县人大常委会组织召开全县乡镇人大主席工作会议，并对各乡镇人大主席进行法律法规和业务培训。

11月1日，县十五届人大常委会第三十三次会议召开。

11月10日，县人大常委会主任赵士平主持召开全县县乡两级人大换届选举工作动员暨培训会议。

12月21日，县人大常委会主任赵士平带领主任会议成员对2016年10项利民惠民实事完成情况进行集体调研。

是日，县人大常委会对县人民政府关于环境状况和环境保护目标完成情况进行调研。

12月29日，县、乡人大代表换届选举日，县人大常委会主任赵士平，副主任刘鸣利、高国甫、米志斌分别参加了所在选区的投票选举。

12月30日，县十五届人大常委会第三十四次会议召开。会议通过《关于县政府2016年政府债务限额的决议》。

2017年

1月19日，县人大常委会召开各乡镇人大换届工作及乡镇人大主席、副主席培训会。

1月26日，县十五届人大常委会第三十五次会议召开。

2月17日，县十五届人大常委会第三十六次会议召开。

2月22日至24日，行唐县第十六届人民代表大会第一次会议召开。会议完成相关议程，选举产生行唐县第十六届人大常委会主任、副主任和委员，高华树当选为行唐县第十六届人大常委会主任。

3月20日，县人大常委会对县人民政府提请的县第十六届人大常委会第一次会议任命人员进行任前法律知识考试。

3月23日，县十六届人大常委会第一次会议召开。

3月29日，县人大常委会对教师周转宿舍建设情况进行专题调研。

3月下旬，县人大常委会对县人民政府“一城三区”依规建设、城区天然气发展及使用情况进行调研。

4月5日，县人大常委会举办新一届市、县人大代表培训班。邀请省人大常委会委员、省人大选举任免代表工委原常务副主任姚生泉作专题辅导讲座。县人大常委会主任高华树作开班动员讲话。

4月10日，县十六届人大常委会第二次会议召开。

4月12日，县人大常委会组织县人大代表旁听法院案件审理。

4月17日，县人大常委会对九口子乡黄庵小镇规划建设情况进行调研。

4月19日，县人大常委会对县域噪声污染防治情况进行调研。

4月26日至27日，县人大常委会对部分法官、检察官办案情况开展案件评查。

4月27日，市人大常委会主任司存喜到行唐县观摩考察石家庄春成广发家具有限公司和石家庄君乐宝乳业有限公司。县人大常委会主任高华树陪同。

是日，县人大常委会到南桥镇、玉亭乡、北河乡对核桃、苹果基地建设情况进行视察。

5月7日，县人大常委会对九口子乡高家峪村扶贫攻坚和美丽乡村建设情况进行调研。

5月11日至13日，县人大常委会主任高华树带队赴辽宁省阜蒙县、唐山市玉田县、秦皇岛市青龙县、保定市安国市考察特色产业发展情况。

5月16日至18日，县委副书记、县长王彦芳，县人大常委会主任高华树，县政协主席盖义江，县人民政府副县长陈树旗带领重点项目办主要负责人考察青岛中民循环及莱西农贸市场项目，并参加天津招商推介会及“5·18廊坊洽谈会”。

5月22日至23日，县委副书记、县长王彦芳，县人大常委会主任高华树，县政协主席盖义江带领重点项目办公室主要负责人到广东省深圳市参加行唐招商推介会并考察“玫瑰小镇”项目。

5月24日，县人大常委会对《食品安全法》实施情况进行执法检查。

5月26日，县人大常委会对乡镇综合文化站、村民文化活动中心建设情况进行调研。

5月27日，县人大常委会对《城市市容和环境卫生管理条例》实施情况进行执法检查。

6月1日，县人大常委会对《动物防疫法》实施情况进行执法检查。

6月22日，县人大常委会对公立医院综合改革进展情况进行视察。

6月30日，县十六届人大常委会第三次会议召开。

7月7日，县人大常委会对上方、玉亭乡卫生院国医堂建设情况进行视察。

7月11日，市人大常委会副主任安树国到行唐县督导县城建设情况。县人大常委会副主任董素平陪同。

7月12日，县人大常委会对引横济口工程建设情况进行调研。

7月21日，县人大常委会主任高华树带领主任会议成员对《政府工作报告》上半年完成情况与2017年上半年国民经济和社会发展计划执行情况进行集体调研。

8月3日，县人大常委会对上半年预算执行情况进行调研。

8月9日，县人大常委会对全县中药材发展情况进行视察。

8月11日，县人大常委会对《中华人民共和国消防法》实施情况进行执法检查。

8月16日，县人大常委会主任高华树带队参加市人大常委会组织开展的“人大代表之家（站）”观摩学习活动。

8月17日，县人大常委会对九口子乡扶贫工作进展情况进行调研。

8月18日，县人大常委会对河道采砂治理情况进行调研。

8月23日，县人大常委会主任高华树对上阎庄乡扶贫工作进展情况进行调研。

8月24日，县人大常委会对62所薄弱学校改造情况进行视察。

8月29日，县十六届人大常委会第四次会议召开。

9月14日，县人大常委会对城乡环卫一体化实施情况进行调研。

9月20日，县人大常委会对县域山区经济沟+生态农业建设情况进行深入调研。

9月22日，县人大常委会到县行政审批局、市场监督管理局、国土资源管理局、住房和城乡建设局、公安局对行政执法案件进行评查。

9月26日，县人大常委会对“名师、名校、名校长”工程开展情况进行视察。

9月26日至28日，县人大常委会主任高华树带队到吉林省长春市考察学习“双创”基地建设情况。

10月12日，县人大常委会到口头镇、九口子乡、上阎庄乡、北河乡督导创城工作开展情况。

10月16日，市人大常委会副主任王宝山带领调研组对行唐县李家庄村扶贫工作进行调研督导。县人大常委会主任高华树、副主任刘鸣利陪同调研。

10月31日，县十六届人大常委会第五次会议召开。

11月23日，省人大常委会原党组副书记、副主任，省立法研究会会长宋长瑞带领省人大常委会法工委和省立法研究会联合调研组，到行唐县调研法律援助工作情况。县人大常委会主任高华树陪同调研。

是月，县人大常委会对《中华人民共和国中医药法》实施情况进行执法检查。

12月6日，县人大常委会主任高华树带领主任会议成员对《政府工作报告》完成情况进行集体调研。

12月8日，市人大常委会副主任安树国到行唐县督导县城建设工作。县人大常委会副主任董素平陪同。

12月19日，县人大常委会对2017年度环境状况和环境目标完成情况进行专题调研。

12月26日，县十六届人大常委会第六次会议召开。会议通过《关于批准〈行唐县人民政府关于提请审议2017年度易地扶贫搬迁工程向河北易地扶贫搬迁开发投资有限公司融资有关事项的议案〉的决议》。

2018 年

1 月 5 日，县人大常委会召开县十六届人大代表补选工作会议。

1 月 19 日，县人大常委会代表资格审查委员会会议召开。

1 月 24 日，县十六届人大常委会第七次会议召开。

1 月 26 日至 29 日，行唐县第十六届人民代表大会第二次会议召开。会议首次依法选举产生行唐县监察委员会主任。

1 月 29 日，县十六届人大常委会第八次会议召开。

2 月 22 日，县人大常委会主任高华树主持召开县人大常委会主任与县人民政府县长、县人民法院院长、县人民检察院检察长联席会议，商定县人大常委会 2018 年工作要点。

2 月 23 日，县人大常委会对九口子乡黄庵小镇建设及资金使用情况进行调研。

3 月 22 日至 23 日，县人大常委会主任、副主任分别到分包乡镇开展扶贫领域腐败和作风问题专项治理集中核查。

3 月 23 日，县人大常委会组织部分县人大常委会委员、代表在县人民法院旁听案件审理。

3 月 29 日，县人大常委会对《城乡规划法》实施情况进行执法检查。

3 月 30 日，县人大常委会对《中华人民共和国公证法》实施情况进行执法检查。

3 月底，县人大常委会到石家庄玉晶玻璃有限公司、河北聚农农业开发有限公司和石家庄君乐宝有限公司进行调研。

4 月 12 日，县人大常委会对《河北省人大常委会关于促进农作物秸秆综合利用和禁止露天焚烧的决定》落实情况进行调研。

4 月 13 日，县人大常委会召开加快构建 4+4 现代产业发展格局培训会。

4 月 15 日，县人大常委会对水利设施发挥效益情况进行调研。

4 月 16 日至 19 日，县人大常委会对财政局和各部门预算公开、预算批复情况进行调研。

4 月 25 日，县十六届人大常委会第九次会议召开。

5 月 2 日，县人大常委会对全县第一季度经济运行情况进行调研。

5 月 16 日，县人大常委会开展司法案件评查活动。

5 月 21 日至 22 日，县委书记杨立中带领县人大常委会主任高华树、县政协主席盖义江、县人民政府常务副县长庞英须和县发展和改革局、财政局、重点项目办等部门主要负责人，赴浙江嘉善、河南武陟考察华夏幸福产业新城项目。

5 月 30 日，县人大常委会组织人大代表参加县人民检察院“公开日”活动。

6 月 15 日，县人大常委会对《审计法》实施情况进行执法检查。

6 月 22 日，市人大常委会副主任楚行宇带领选举任免代表工委相关工作人员，到行唐县视察“人大代表之家（站）”建设工作。县人大常委会主任高华树、副主任杨永志陪同视察。

6 月 28 日，县十六届人大常委会第十次会议召开。

7 月 5 日，县人大常委会对中医药“双创”基地建设工作进行专题调研。

7 月 18 日，县人大常委会对河长制工作落实情况进行视察。

7 月 19 日，省人大选举任免代表工委代表联络处处长李同义一行 4 人，到行唐县调研县、乡人大建设和机构编制等情况。县人大常委会副主任刘鸣利陪同调研。

7 月 31 日，县人大常委会召开扶贫脱贫攻坚、大气污染防治、优化营商环境“三项联动监督”动员培训会。县委书记杨立中作出批示，县委副书记田志、县人大常委会主任高华树、县人民政府常务副县长庞英须、县人大常委会副主任刘鸣利、董素平、杨永志、盖建林出席会议。培训后，县人大常委会就联动监督有关法律法规进行集中学习，并对下一步工作开展进行安排部署。

8 月 30 日，县十六届人大常委会第十一次会议召开。

9 月 28 日，县十六届人大常委会第十二次会议召开。会议通过《关于深入学习〈中华人民共和国宪法〉的决定》。

9 月 30 日，县人大常委会组织收看省人大常委会认真学习习近平总书记关于坚持和完善人民代表大会制度重要思想会议。县委书记杨立中出席会议并讲话，县人大常委会主任高华树，副主任刘鸣利、董素平、盖建林出席会议。

10 月 10 日，县人大常委会对现代农业园区建设情况进行调研。

10 月 11 日，县人大常委会组织召开行政执法案件评查座谈会。

10 月 30 日，县十六届人大常委会第十三次会议召开。会议通过县人大常委会《关于加强检察机关提起公益诉讼工作的决定》《关于〈行唐县人民政府关于行唐县产业新城 PPP 项目情况的报告〉的决议》。

11 月 2 日至 25 日，县人大常委会主任高华树，副主任刘鸣利、董素平、杨永志、盖建林分别到各自分包村督导“气代煤”工作。

12 月 14 日，县人大常委会主任高华树带领主任会议成员对《政府工作报告》及利民惠民实事完成情况进行集体调研。

12 月 28 日，县十六届人大常委会第十四次会议召开。

2019 年

1 月 8 日，县十六届人大常委会第十五次会议召开。

1 月 25 日，县十六届人大常委会第十六次会议召开。

1 月 27 日至 30 日，行唐县第十六届人民代表大会第三次会议召开。

1 月 30 日，县十六届人大常委会第十七次会议召开。

3 月 13 日，市人大常委会副主任安树国带队到行唐县督导县城建设工作。县人大常委会副主任董素平陪同。

3月17日，县人大常委会对现代农业园区建设情况进行调研。

4月2日，省人大常委会召开全省人大系统“河北发展、人大尽责”主题实践活动动员会，县人大常委会组织相关人员收听收看。县人大常委会主任高华树，副主任刘鸣利、董素平、杨永志参加会议。

4月2日，县人大常委会对《中华人民共和国反家庭暴力法》实施情况进行执法检查。

4月22日，北京市、河北省、石家庄市人大常委会对行唐县峪口禽业有限公司扶贫产业项目进行考察。县人大常委会副主任董素平陪同。

4月25日，县十六届人大常委会第十八次会议召开。

5月10日，县十六届人大常委会第十九次会议召开。

5月22日，县人大常委会对“十三五”规划执行中期评估情况进行调研。

5月29日，县人大常委会组织开展司法案件评查活动。

5月31日，市人大常委会副主任韩保来带领部分市人大常委会委员、市人大代表到行唐县开展“双联”活动。县人大常委会主任高华树、副主任杨永志陪同。

6月5日，县人大常委会对全县农村中药材产业发展情况进行视察。

6月7日，县人大常委会举办全口径预决算管理及监督知识培训讲座。

6月19日，县人大常委会对行唐县“河北省中医药强县”申报创建情况进行视察。

6月26日，县十六届人大常委会第二十次会议召开。会议通过《关于〈行唐县资源性国有资产存量及运营情况报告〉的决议》。

7月3日，县人大常委会对太行山生态绿化、通道绿化等绿化提质工程进行视察。

7月16日，县人大常委会对《中华人民共和国文物保护法》实施情况进行执法检查。

8月21日，县人大常委会对县城公园游园建设管理情况进行视察。

8月29日，县十六届人大常委会第二十一次会议召开。

9月12日，县人大常委会召开“不忘初心、牢记使命”主题教育动员部署会。县人大常委会党组书记、主任高华树，副主任刘鸣利、董素平、杨永志参加会议。

9月24日，县人大常委会对《大气污染防治法》《河北省大气污染防治条例》和《河北省农村扶贫开发条例》实施情况进行执法检查。

9月25日，县十六届人大常委会第二十二次会议召开。

9月27日，县人大常委会提交的《关于实行民生实事项目人大代表票决制的实施办法（草案）》在县委第四十二次常委会会议上通过。

9月30日，县十六届人大常委会第二十三次会议召开。

10月9日，县人大常委会对《中华人民共和国治安管理处罚法》实施情况进行执法检查。

10月10日，县人大常委会对全域旅游发展情况进行调研。

10月15日，县人大常委会对代表建议办理情况进行调研。

10月24日，县十六届人大常委会第二十四次会议召开。会议通过《关于实行民生实事项目人大代表票决制的决定》。

11 月 6 日，市人大常委会副主任李志宏到行唐县调研故郡遗址文物保护工作。县人大常委会主任高华树、副主任董素平陪同调研。

11 月 28 日，县人大常委会对《中华人民共和国农产品质量安全法》实施情况进行执法检查。

11 月中下旬，县人大常委会主任高华树，副主任刘鸣利、董素平、杨永志、盖进良先后赴浙江昆山考察学习。

12 月 13 日，县人大常委会主任高华树带领主任会议成员对《县政府工作报告》及民生实事完成情况进行集体调研。

12 月 24 日，县十六届人大常委会第二十五次会议召开。

2020 年

1 月 12 日，县十六届人大常委会第二十六次会议召开。

1 月 18 日至 21 日，行唐县十六届人民代表大会第四次会议召开。会议首次通过人大代表票决确定 2020 年民生实事项目。

2 月，县人大常委会主任高华树，副主任刘鸣利、董素平、杨永志、盖进良分别深入分包乡镇及县城分包小区等防疫一线，指导疫情防控工作。

3 月 13 日，县十六届人大常委会第二十七次会议召开。

4 月 1 日，县人大常委会对《中华人民共和国人民调解法》实施情况进行执法检查。

4 月 8 日，县人大常委会对县人民政府环境状况和环境保护目标完成工作进行调研。

4 月 14 日，县人大常委会主任高华树主持召开全县人大系统“6+1”联动监督动员会。县委书记杨立中，县委副书记、县长王彦芳，县人大常委会副主任刘鸣利、董素平、杨永志、盖进良参加会议。

4 月 22 日，县十六届人大常委会第二十八次会议召开。

4 月 29 日，县人大常委会对第一季度国民经济和社会发展计划执行情况进行视察。

5 月 12 日，县人大常委会主任高华树主持召开全县“6+1”联动监督汇报及县人民政府“6+1”工作情况通报会。县委副书记、县长王彦芳参加并汇报工作。

5 月 13 日，市人大常委会副主任安树国带队到行唐县督导调研县城建设工作。县委书记杨立中，县委副书记、县长王彦芳，县人大常委会主任高华树、副主任董素平陪同。

5 月 20 日，省人大常委会对行唐县农村集体产权制度改革工作进行调研。县人大常委会副主任盖进良陪同。

5 月 22 日，省人大常委会监察和司法工委副主任徐元锋带队到行唐县督导调研“6+1”联动监督工作。县委副书记、县长王彦芳，县人大常委会主任高华树，副主任刘鸣利、董素平、杨永志、盖进良陪同。

5 月 28 日，县人大常委会组织开展司法案件评查活动。

5月30日，县人大常委会对全县围绕特色产业路发展特色产业情况进行调研。

6月9日至12日，县人大常委会副主任刘鸣利、董素平、杨永志、盖进良分别组织各代表小组对“6+1”各领域联动监督进行视察。

6月11日至12日，县人大常委会对上碑镇、九口子乡“人大代表之家（站）”建设提升、扶贫脱贫攻坚、基层基础工作规范提升、环境卫生整治以及“百企帮百村”等工作进行督导检查。

6月19日，县人大常委会对城乡环卫一体化工作进行视察。

6月23日，县人大常委会对教育基础设施建设情况进行视察。

6月24日，县人大常委会对万亩药材、万亩苹果示范区建设情况进行视察。

6月29日，省人大常委会监察和司法委员会主任王大为带队监督检查行唐县矿山综合治理工作。县人大常委会主任高华树、副主任刘鸣利陪同。

6月30日，县十六届人大常委会第二十九次会议召开。

7月10日，县人大常委会对文物保护利用工作进行视察。

7月17日，县十六届人大常委会第三十次会议召开。

8月4日，市人大常委会执法检查组到行唐县开展关于违法违规圈占土地执法检查。县人大常委会副主任董素平陪同。

8月19日，省人大常委会副主任王会勇一行到行唐县调研乡镇街道综合行政执法工作。

是日，县人大常委会对全县上半年预算完成情况进行调研。

8月21日，县人大常委会对全县上半年国民经济和社会发展计划执行情况进行调研。

8月26日，县人大常委会对城市增绿提质工程工作进行视察。

8月27日，县十六届人大常委会第三十一次会议召开。会议通过《关于批准〈县政府关于调整行唐县“十三五”规划纲要部分指标的报告（草案）〉的决议》。

9月23日，县人大常委会对《河北省农村扶贫开发条例》实施情况进行执法检查。

9月28日，县人大常委会对《大气污染防治法》《河北省大气污染防治条例》实施情况进行执法检查。

9月29日，县人大常委会对《传染病防治法》实施情况进行执法检查。

10月13日，县人大常委会对县十六届人大四次会议代表建议办理情况进行调研。

10月27日，县十六届人大常委会第三十二次会议召开。

11月18日，市人大常委会主任杨志辉一行到行唐县调研恢复或建立县（市、区）企业家协会事宜。

12月15日，县人大常委会主任高华树带领主任会议成员对《政府工作报告》及民生实事完成情况进行集体调研。

12月17日，县人大常委会主任高华树到口头镇机关宣讲党的十九届五中全会精神。

12月29日，县十六届人大常委会第三十三次会议召开。

2021 年

1月至2月，县人大常委会主任高华树，副主任刘鸣利、董素平、盖进良分别到分包乡镇及小区、隔离点监督指导疫情防控工作。

3月1日，县十六届人大常委会第三十四次会议召开。

3月4日，县十六届人大常委会第三十五次会议召开。

3月4日至5日，行唐县第十六届人民代表大会第五次会议召开。会议选举赵为民为行唐县第十六届人大常委会主任。

4月2日，县人大常委会召开党史学习教育动员大会。

4月9日，县人大常委会对全县扶贫龙头企业生产经营情况进行视察。

4月18日，县人大常委会对规范性文件备案审查报备工作进行视察。

4月27日，县人大常委会对第一季度国民经济和社会发展计划执行情况进行视察。

4月30日，县十六届人大常委会第三十六次会议召开。会议通过《关于规范性文件备案审查工作实行年度报告的若干规定》。

是日，行唐县县、乡两级人大换届选举工作动员暨培训工作大会召开，县人大常委会主任赵为民作动员讲话。

5月19日，县委书记韩旭到县人大常委会调研指导工作。县人大常委会党组书记高华树，主任赵为民，副主任刘鸣利、董素平、盖进良参加调研。

是日，县人大常委会对2021年扶贫办、农业农村局、水利局、畜牧工作总站乡村振兴和扶贫项目进展情况进行视察。

5月25日，县十六届人大常委会第三十七次会议召开。

5月26日，县人大常委会主任赵为民主持召开全县人大系统四项联动监督动员会。

是日，县人大常委会对全县精神卫生工作开展情况进行视察。

6月1日，省人大常委会教科文卫工委主任杨金深一行到行唐县故郡遗址考古发掘现场、红领巾水库烈士陵园、水泉暴动遗址进行调研。县人大常委会主任赵为民、副主任董素平陪同调研。

6月4日，县十六届人大常委会第三十八次会议召开。

6月8日，县十六届人大常委会第三十九次会议召开。

6月11日，行唐县县、乡人大代表同步选举。县人大常委会主任赵为民，副主任刘鸣利、董素平、盖进良分别在各自选区参加投票。

7月16日，县十六届人大常委会第四十次会议召开。

7月21日至24日，行唐县第十七届人民代表大会第一次会议召开。会议完成相关议程，选举产生行唐县第十七届人大常委会主任、副主任和委员，赵为民当选为行唐县第十七届人大常委会主任。

7月27日，县人大常委会主任赵为民主持召开领导干部党史学习教育专题读书班开班仪式。

7月29日，县人大常委会对县人民法院、县人民检察院开展司法案件评查活动。

8月3日，县人大常委会对2021年上半年财政预算执行情况进行调研。

8月11日，县人大常委会对2021年上半年国民经济和社会发展计划执行情况进行调研。

是日，县人大常委会对科技创新主体培育和医疗保障工作开展情况进行视察。

8月20日，县人大常委会召开县十七届人大常委会第一次会议暨集中任命大会。

8月31日，县十七届人大常委会第二次会议召开。

9月1日，县人大常委会对颍水河沿岸文化经济基础建设项目进行视察。

9月6日，市人大常委会副主任宋存汉带队到行唐县监督检查矿山综合治理"回头看"工作。县人大常委会副主任刘鸣利陪同检查。

9月中下旬，县人大常委会分组对四项联动监督和"6+1"联动监督"回头看"各领域工作进行视察。

9月26日，县十七届人大常委会第三次会议召开。

9月27日，县人大常委会对《河北省关于基层乡镇和街道综合行政执法条例》《城乡规划法》实施情况进行执法检查。

是日，县人大常委会对生活垃圾分类管理工作进行调研。

9月28日，县人大常委会对《中华人民共和国预算法实施条例》实施情况进行执法检查。

9月29日，县人大常委会对乡村旅游发展情况进行调研。

10月12日，县人大常委会对县人民法院民事执行工作进行视察。

10月14日，市人大常委会副主任杨立中带队对行唐县《中华人民共和国水土保持法》和《石家庄市水土保持条例》实施情况进行执法检查。县人大常委会主任赵为民、副主任盖进良陪同检查。

10月29日，县十七届人大常委会第四次会议召开。

11月3日，县人大常委会对新增农业园区及全域生态有机农业创新工程示范县工作开展情况进行视察。

11月20日，县人大常委会对代表建议办理情况进行调研。

11月25日，市人大常委会副主任杨立中带队对行唐县农村集体股份经济合作社发展情况进行调研，并督办市人大代表重点建议办理情况。县人大常委会主任赵为民、副主任盖进良陪同调研。

12月10日，县人大常委会对巩固拓展脱贫攻坚成果与乡村振兴有效衔接工作开展情况进行调研。

12月14日，县人大常委会对《中华人民共和国体育法》和《河北省全民健身条例》实施情况进行执法检查。

12月15日，县人大常委会主任赵为民带领主任会议成员对2021年《政府工作报告》及民生实事完成情况进行集体调研。

12月24日，县十七届人大常委会第五次会议召开。

12月28日，县委宣讲团成员、县人大常委会主任赵为民主持召开县人大常委会机关能力提升培训会议，并就学习贯彻党的十九届六中全会精神进行宣讲。

2022年

1月10日，县人大常委会组织驻行唐县全体市人大代表开展会前视察。

1月14日，县十七届人大常委会第六次会议召开。

1月19日，县十七届人大常委会第七次会议召开。

1月25日，县人大常委会主任赵为民出席行唐县2022年第一季度重点项目集中签约仪式。

1月27日至29日，行唐县第十七届人民代表大会第二次会议召开。

1月29日，县十七届人大常委会第八次会议召开。

1月31日，县人大常委会主任赵为民在春节前看望慰问县人大常委会离退休老干部。

2月18日，县人大常委会召开县十七届人大二次会议人大代表建议交办会。

2月22日，市人大常委会副主任李志勇带队到行唐县督导检查房地产解遗工作。县人大常委会主任赵为民、副主任刘鸣利参加。

3月11日，县人大常委会、县人民政府、县人民政协联合召开行唐县2022年人大代表建议、政协委员提案交办工作会。

3月29日，县人大常委会主任赵为民主持召开全县人大系统五项联动监督动员会。

3月31日，县人大常委会对《中华人民共和国社区矫正法》实施情况进行执法检查。

4月3日，县人大常委会召开行唐县“网上代表之家”建设及代表培训会。

4月8日，市人大常委会副主任李志宏带队到行唐县调研指导故郡遗址文物保护挖掘工作。县人大常委会主任赵为民、副主任董素平陪同调研。

4月12日，县人大常委会组织召开行唐县金融系统与人大代表企业家政银企对接会。

4月14日，县人大常委会对《大气污染防治法》和《河北省大气污染防治条例》实施情况进行执法检查，并对县人民政府2021年环境状况和环境保护目标完成情况进行调研。

4月26日，县十七届人大常委会第九次会议召开。

5月5日，县人大常委会主任赵为民带领主任会议成员对县人民法院工作进行集体视察。

5月17日，县人大常委会对生活垃圾分类管理工作进行视察。

是日，县人大常委会对地下水超采综合治理及农村人居环境整治提升工作开展情况进行视察。

5月18日，县人大常委会召开市人大代表“双联”活动会议。

是日，县人大常委会对重点项目建设和优化营商环境工作情况进行视察。

5月25日，县人大常委会到县人民法院、县人民检察院组织开展司法案件评查活动。

5月31日，县十七届人大常委会第十次会议召开。会议通过《关于进一步加强新时代检察机关民事检察监督工作的决定》。

6月1日，县人大常委会主任赵为民主持召开包联企业河北德成农牧实业有限公司发展问题及“关于尽快修建上方乡西井底村西公益墓地道路及防洪设施的建议”协调调度会。

6月8日，县人大常委会召开“网上代表之家”平台使用培训会。

6月9日，县人大常委会对老牛沟硅石矿、屹嶝头硅石矿、石鑫矿业及霍家庄云母矿四处矿山的生态环境保护及恢复治理情况进行视察。

是日，县人大常委会对《审计法》实施情况进行执法检查。

6月17日，县人大常委会对加强公共卫生管理“回头看”工作情况进行视察。

6月20日，县人大常委会对清理规范违规违建项目和清理规范资源能源项目“回头看”工作情况进行视察。

6月21日，县人大常委会对清理规范房地产开发项目、清理规范违法违规占用土地开展“回头看”工作进行视察。

6月28日，县十七届人大常委会第十一次会议召开。会议首次听取县监察委员会专项工作报告，实现了对“一府一委两院”监督工作全覆盖。

6月29日，县人大常委会对加强粮食安全保障工作开展情况进行视察。

7月12日，县人大常委会对2022年人大代表建议办理情况进行集中视察。

7月18日，县人大常委会对颍水河生态经济文化带建设（二期）情况进行视察。

7月19日，省人大常委会副主任焦彦龙带队对行唐县乡村振兴工作开展情况进行调研。县委书记韩旭，县委副书记、县长梁志彦，县人大常委会主任赵为民、副主任盖进良参加调研。

7月25日，县人大常委会对乡村振兴示范区建设工作开展情况进行视察。

7月28日，县人大常委会主任赵为民带领主任会议成员对2022年民生实事完成情况进行集体视察。

8月3日，县人大常委会对全县上半年财政预算执行情况进行调研。

8月4日，县人大常委会对《中医药法》和《河北省中医药条例》实施情况进行执法检查。

8月5日，市人大常委会副主任李志勇到行唐县督导检查房地产解遗工作。县人大常委会副主任董素平陪同。

是日，县人大常委会对《中华人民共和国乡村振兴促进法》实施情况进行执法检查。

8月11日，县人大常委会对全县上半年国民经济和社会发展计划执行情况进行调研。

8月17日，县人大常委会召开市人大代表“石家庄智慧人大代表履职平台”培训会。

9月22日，县十七届人大常委会第十二次会议召开。

是日，县人大常委会对《河北省优化营商环境条例》实施情况进行执法检查。

9月29日，县人大常委会对《河北省公安机关警务辅助人员管理条例》实施情况进行执法检查。

10月9日，县人大常委会对《义务教育法》实施情况进行执法检查。

10月11日，县人大常委会组织召开“喜迎党的二十大，代表聚力促发展”人大代表主题实践活动部署推进会。

10月14日，县人大常委会召开行唐县各级人大代表主题活动月培训会。

10月20日，县人大常委会组织召开“我为民生献一策”“我为发展建一言”主题活动座谈会。

10月28日，县人大常委会党组书记、主任赵为民主持召开行唐县人大常委会党的二十大精神集中学习专题会议，并对党的二十大报告进行宣讲。

是日，县人大常委会对现代农业园区建设工作开展情况进行视察。

11月1日，县人大常委会主任赵为民作《强化国家安全，防范化解风险》专题党课。

12月23日，县十七届人大常委会第十三次会议召开。

12月28日，县人大常委会对职业教育发展、公共文化基础设施建设、颍水河生态经济文化带建设、县城街道综合整治及亮化提升情况进行视察。

12月29日，县委书记韩旭带领县人大常委会班子成员对《政府工作报告》及2022年民生实事项目完成情况进行调研。

2023年

1月11日，县十七届人大常委会第十四次会议召开。

1月12日至14日，行唐县第十七届人民代表大会第三次会议召开。

1月28日，县十七届人大常委会第十五次会议召开。

3月3日，县人大常委会召开全县“人大代表之家”考核工作安排部署会。

3月22日，县人大常委会、县人民政府、县政协联合召开2023年人大代表建议、政协委员提案交办会。

3月29日，县人大常委会对县人民政府2022年度环境状况和环境保护目标完成情况进行调研。

4月13日，县人大常委会对《中华人民共和国法律援助法》实施情况进行执法检查。

4月14日，县人大常委会对《消费者权益保护法》和《河北省消费者权益保护条例》实施情况进行执法检查。

4月24日，县人大常委会召开行唐县“网上代表之家”建设验收工作会议。

4月27日，县十七届人大常委会第十六次会议召开。会议通过《关于上方乡撤乡设镇后有关事项的决定》。

5月31日，县十七届人大常委会第十七次会议召开。

6月2日至3日，县人大常委会对科技成果转化联动监督工作进行视察。

6月5日，县人大常委会对《安全生产法》实施情况进行执法检查。

6月8日，县人大常委会对优化营商环境联动监督工作进行视察。

6月13日，县人大常委会对《石家庄市城市管理综合执法条例》实施情况进行执法检查。

6月14日，县人大常委会对促进种业振兴联动监督工作进行视察。

6月15日至16日，县人大常委会对旅游发展联动监督工作进行视察。

6月16日，市人大常委会副主任刘建芳带领市人大监察和司法工委负责人到行唐县对办理全市重点代表建议落实情况进行调研。县人大常委会主任赵为民陪同调研。

6月22日，县人大常委会对全县“混凝土进村”工程实施情况进行视察。

6月28日，县十七届人大常委会第十八次会议召开。

7月12日，县人大常委会对基层医疗卫生服务能力建设情况进行视察。

7月13日，县人大常委会组织召开银企对接交流会。县人大常委会主任赵为民参加并讲话。

7月19日，县人大常委会举办行唐县市人大代表和县人大代表履职能力提升培训班。县人大常委会主任赵为民作开班动员讲话。

7月20日至8月7日，县人大常委会对县公安局、交通运输局、农业农村局、文化广电体育和旅游局、行政审批局、民政局主要负责人进行履职评议视察。

7月22日，县人大常委会对2023年民生实事项目进展情况进行视察。

7月25日，县人大常委会对2023年上半年财政预算执行情况进行调研。

8月1日，县人大常委会主任赵为民带领主任会议成员到县光荣院看望慰问复员老兵和伤残军人。

8月14日，县人大常委会对加快推进乡村建设情况进行调研。

8月21日，县人大常委会对2023年上半年国民经济和社会发展计划执行情况进行调研。

8月24日，县十七届人大常委会第十九次会议召开。

9月13日，县十七届人大常委会第二十次会议召开。

是日，县人大常委会对《河北省乡村振兴促进条例》实施情况进行执法检查。

9月28日，县人大常委会集中对龙州镇升仙桥路、上方镇上方村、独羊岗乡河合村小学、独羊岗乡卫生院等地代表建议办理情况进行视察。

10月12日，县十七届人大常委会第二十一次会议召开。

10月18日，县人大常委会对《职业教育法》贯彻实施情况进行执法检查。

10月31日，县十七届人大常委会第二十二次会议召开。

11月6日，县人大常委会对城市更新提质工作进行视察。

11月15日，县人大常委会对口头镇苏户村生态清洁小流域建设情况进行视察。

11 月 24 日，县人大常委会主任赵为民撰写的《推进民生实事票决制，践行全过程人民民主—关于县级民生实事人大代表票决制的研究与思考》一文荣获河北省人大制度研究会 2023 年度优秀研究成果二等奖。

11 月 28 日，县十七届人大常委会第二十三次会议召开。

是日，县人大常委会在市同乡“人大代表之家”举行基层立法联系点挂牌仪式。

12 月 8 日，县人大常委会主任赵为民带队视察中节能（行唐）环保能源有限公司环保绩效创 A 工作。

12 月 19 日，县十七届人大常委会第二十四次会议召开。

12 月 25 日，县人大常委会对《政府工作报告》和民生实事项目完成情况进行视察。

12 月 28 日，县人大常委会对南桥镇安太庄片区“省级乡村振兴衔接示范区”创建情况进行视察。

第一篇

行唐县各界人民代表会议

（1949 年 11 月至 1954 年 7 月）

第一章　行唐县第一届各界人民代表会议

1938 年年初至 1947 年 7 月，行唐县实行议会制度。

1949 年 9 月 29 日，中国人民政治协商会议第一届全体会议通过具有临时宪法性质的《共同纲领》规定：在普选的地方人民代表大会召开以前，由地方各界人民代表会议逐步地代行人民代表大会的职权。

中华人民共和国成立后，行唐县政权组织建设得到进一步加强。1949 年 10 月 11 日，河北省人民政府及定县专署规定：秋、冬两季工作决定内，应补列召开人民代表会，各县区今后布置秋征、救灾和生产等重大工作，要召开各级人民代表会进行研究讨论，以发扬民主，推动各方力量深入贯彻各级决议。1949 年 10 月 17 日，行唐县人民政府根据这一指示精神，作出《关于认真执行省府及专署成立各级人民代表会的指示》，对成立临时人民代表会议的重大意义、代表名额分配、选举代表办法等事项提出意见。为推动人民当家作主，广泛发扬民主，扩大民主范围，团结各阶级、各阶层人民，恢复发展国民经济，中共行唐县委、县人民政府依照《共同纲领》及河北省人民政府、定县专署的指示精神，于 1949 年 11 月 12 日至 15 日，召开行唐县第一届各界人民代表会议。

行唐县第一届各界人民代表会议的任期自 1949 年 11 月至 1951 年 7 月，共召开会议 5 次，听取和审查报告 7 个，作出决议 4 项，选举 3 项。

召开各界人民代表会议是团结民主党派和民主人士的重要环节，在每一次代表会议上，县人民政府如实向代表汇报工作，以和代表平等的身份虚心听取各方面意见，对帮助政府改进工作、加快国民经济恢复与发展发挥了很大的作用。

表 1-1　行唐县第一届各界人民代表会议概况表

会　次	时　间	听取报告（个）	决议决定（项）	选举（项）
第一次	1949 年 11 月 12—15 日	1	1	1
第二次	1950 年 1 月 8—10 日	1	1	—
第三次	1950 年 2 月 26—28 日	2	—	1
第四次	1950 年 10 月 25—29 日	2	1	—
第五次	1950 年 11 月 12—15 日	1	—	1

链接 1：行唐县议会制度概况

1938 年 1 月 10 日至 15 日，晋察冀边区军政民代表大会在阜平县城召开。会议经过民主选举，敌后由共产党领导建立的第一个大区抗日民主政权——晋察冀边区行政委员会成立。会后，中共行唐县委根据边区政府关于成立民主政府的指示，结合行唐的实际情况，决定成立行唐县抗日联合政府。2 月 24 日，县抗日救国总动员委员会、国民党夏维礼部及地方武装李树林部三方联合在西城仔村召开行唐县军政民代表会议。会议以无记名投票选举李树林部政治部主任孙亮当选为行唐县抗日联合政府县长，夏维礼部政治部主任白洁当选为县议会议长，议会由公民直接选举的议员组成议会。主要任务是选举、罢免县长，检举县级行政人员及司法人员，督促政府对议会决议案的执行情况等。

1940 年 8 月下旬，行唐县议会召开第一届会议，选举产生议会议长、县长及出席边区参议会的参议员和首届全国国民大会的代表。1943 年 8 月，行唐县议会召开第二届会议，选出代表 3798 人，县议员 68 人。1945 年 6 月 26 日，县抗日民主政府遵照上级指示，发出《贯彻三三制，进一步建设民主政治传达提纲》，强调民主政权“三三制”，实行议政合一的民主集中制政权，并成立县选举委员会，将 54 名议员分配到各区。此后，村选举委员会相继成立。经过广泛宣传动员，由群众对代表逐个评议，从代表中选举产生村长、区长、县长及行唐县第三届议会领导机构。1945 年 9 月，行唐县全境解放。1947 年 7 月，县议会撤销，完成了其历史使命。

中国对外翻译出版公司于 1998 年 12 月出版的首部《行唐县志》第二十一编第一章第二节县议会、河北人民出版社于 2022 年 12 月出版的《中国共产党行唐县历史》第一卷（1925—1949）第三章第一节全面加强根据地建设，对行唐县议会制度从建立到撤销均有详细记载。

链接 2：1949 年 7 月至 2023 年 12 月行唐县隶属关系演变情况

1949 年 7 月起，行唐县划归河北省定县专区领导，定县行政督察专员公署（简称定县专署）驻地定县。1954 年 6 月 30 日，定县专区撤销，行唐县改属石家庄专区。1958 年 10 月，行唐并入新乐县，仍属石家庄专区；1962 年 1 月，两县分治。1970 年石家庄专区改称石家庄地区，行唐隶之。1993 年 6 月，石家庄地区和石家庄市合并，行唐县改为石家庄市市属县，至 2023 年 12 月未变动。

第一节 党的领导

1949 年 9 月 27 日，《行唐县委关于具体执行省、地委的 1949 年后半年工作决定的指示》中指出：民主建政的方针“应在放手发动群众，提高群众觉悟，有领导地发挥群众创造，直接选出自己的代表，建立人民民主专政。”对民主建政工作提出的要求是：建政必须与整党建党及建立各种组织相结合，要首先贯彻党内民主，才能树立群众中的民主，在选举前要在党内进行充分酝酿，对代表的条件和目标，必须根据党的民主集中制的原则取得思想上的一致。因行唐县属于老区，民主建政应该普遍开展，在方式上要根据力量先从工作难度小的村开始，波浪式逐渐推广。为确保县第一届各界人民代表会议按时召开，县、区、村干部大走群众路线，放手发动群众，经过广泛宣传贯彻，于1949年10月28日完成全县各级选举。11月7日，县委召开筹委会。会前从机关干部中抽出11人负责筹备，各村根据村庄大小，参会代表3—5人。会议应到代表1186名，实到代表807名，列席参加人员404名，主要任务是商讨研究召开各界人民代表会议事宜，并推出主席团。为使各界人民代表会议开得更好，发挥党员的带头作用和充分发扬民主，11月11日，组织召开全县各村支书联席会，320个行政村全部参加，首先进行党内贯彻，提出在各届人民代表会议上党员应注意的事项及其应发挥的作用，使党员初步学会发扬民主作风、与群众共商全县大事。之后各村召开村扩大干部会议、群众会，按照组织系统向下贯彻，支部从党内进行宣传，酝酿讨论代表条件、名额及选举等问题。12月17日，中共行唐县委印发的《各界代表会前各区召开支委联席会之参考材料》明确指出，各界代表会是在共产党的领导下，包括党、政、军代表，工人、农民代表，革命知识分子、医生、教员、妇女、青年代表、工商业界代表及若干开明人士等。各界代表会的中共党员代表最多不能超过二分之一。12月18日，《中共河北省行唐县委对当前工作的几点意见》提出要求，召开各界人民代表会议，必须与全县中心工作相结合，发动群众是民主建政的关键。

1950年1月4日，行唐县第一届各界人民代表会议常务委员会召开党组会议，研究县第一届各界人民代表会议第二次会议的召开时间、需报告的内容以及开会前的准备工作，决定以冬季生产、评产订量、民主建政为会议内容。2月，县第一届各界人民代表会议第三次会议召开之前，召开了县党组干事会，研究如何保证政策方针的落实。党组干事会由县委副书记陈永义、组织部部长王天信及各区区长等9人组成，要求以区为单位建立党组，区委书记为组长。2月26日至28日，在县第一届各界人民代表会议第三次会议上，县委书记常裕恒贯彻落实了生产政策，强调指出了农村经济发展的方向。10月25日，县第一届各界人民代表会议第四次会议上，县委书记常裕恒致开幕词时提出要求：要加强国家观点和国际主义观念，从国家利益出发，保卫世界和平，要求对政府拟定的草案，各位代表要认真讨论、修正，会上多发表意见，把会开好，鼓励代表们切实履职尽责。

第二节　人民代表

一、行唐县第一届各界人民代表会议第一次会议代表情况

（一）代表的选举产生

1949年10月17日，《行唐县政府关于认真执行省府及专署成立各级人民代表会的指示》中指出，县、区、村临时人民代表会的产生，一律用选举方式，不得指定、委派或聘请。县第一届各界人民代表会议村、区、县代表的选举划分为三种：第一种是小的村庄，人数较少，不划选区、不分组，由群众决定，用联记名、无记名的投票方法选举产生村代表；

第二种是一般村庄，原则上是划选区、划片或小生产组织，由群众决定而产生；第三种是以过去农会代表为基础再加改选整顿产生。代表的产生，采用“选举为主、推选为辅”的办法。区代表的产生，适当确定50户以下产生区出席代表1名，50户以上—150户产生区出席代表2名，150户以上—250户产生区出席代表3名，250户以上—350户产生区出席代表4名，350户以上产生区出席代表5名，再多的户不再增加。县代表的产生，250户以下产生县出席代表1名，250户以上—400户产生县出席代表2名，400户以上产生县出席代表3名。代表的选举、代表分配名额及占比情况不详。

（二）代表出席各界人民代表会议情况

县第一届各界人民代表会议第一次会议出席代表876名，列席会议人员350名，参加会议人员共1226名。出席代表中，农民代表649名，工人代表1名，军属代表95名，学生代表3名，荣誉军人代表19名，教育界代表3名，医生代表3名，工商界代表5名，开明人士代表5名，机关代表93名；中共党员代表人数占72%强（具体人数不详）；青年代表79名；妇女代表51名。

二、行唐县第一届各界人民代表会议第二次会议代表情况

（一）代表的选举产生

1949年12月2日，中央人民政府委员会第四次会议通过的《县各界人民代表会议组织通则》（以下简称《通则》）第五条对县各界人民代表会议代表的任期作出规定：“县各界人民代表会议未代行县人民代表大会职权以前，可每次推选，但连选得连任。”《通则》第二条对县各界人民代表会议的代表名额作出规定：“二十万至五十万人口的县，二百人至三百人左右。”行唐县辖行政村320个，21.6万人，确定代表名额200名。代表名额分配，每个行政村不够1名，按各区人数占比产生，大村每村1名，小村数村联合产生，各村农民代表共132名，占代表总数的66%，由区掌握分配；各界代表68名，占代表总数的34%，由县人民政府掌握分配，其中妇女代表按规定老区不应低于20%，在分配时由区、县掌握产生。代表的产生方法，各村农民代表是以农代会为基础，再从代表中互推1名县代表；其他各界代表通过组织选举与推选；开明人士、荣誉军人、劳动英雄由县直接聘请或委托各区聘请。代表的审查先由区进行登记与初步了解，到县再作最后审查。

（二）代表出席各界人民代表会议情况

县第一届各界人民代表会议第二次会议应到代表200名，出席代表195名，列席会议人员128名，参加会议人员共计323名。出席代表中，农民代表127名，工商代表10名，在乡知识分子与教员代表10名，区县机关代表28名，劳动英雄代表6名，青年学生代表6名，荣誉军人代表2名，开明人士代表4名，医生代表2名；妇女代表36名。

代表讨论各界人民代表会议报告，以小组会形式进行。小组会以区为单位划分，全县共7个区，划为7个小组，每组25—30人，各界代表也编在内。每组设组长1人，由各区区长担任；副组长2人，由区委书记和1名民主人士担任。

链接3：1945年8月至1949年12月行唐县行政区划情况

1945年8月28日增设第九区（城关区）。全县共9个区，辖310个村。9月22日，行唐县城解放。1946年4月，全县改为6个行政区。1948年5月，增设第七区，辖26个村，将曲阳县的8个村划归该区，1948年7月至1949年3月，将七区原曲阳县的8个村划归曲阳县。至1949年12月底，全县7个区，辖320个村。分别是：一区驻地口头，辖76个村；二区驻地东玉亭，辖48个村；三区驻地上碑，辖73个村；四区驻地余底，辖35个村；五区驻地留营，辖45个村；六区驻地城关，辖25个村；七区驻地故郡，辖18个村（1950年5月，全县区划变更，撤销七区，将其合并到第六区，驻地口头）。

三、行唐县第一届各界人民代表会议第三次会议代表情况

（一）代表的选举产生

根据1950年2月15日《河北省人民政府关于召开县区村三级人民代表会或各界人民代表会议并选举县区村三级人民政府的指示函》（民字第21号）规定，各级人民代表大会的代表，以人口为比例进行普选。县第一届各界人民代表会议第三次会议代表名额以第二次为基础，无代表村聘请劳模及生产积极分子参加，原县代表200名增加10%，确定县代表名额为220名。代表的选举、代表分配名额及占比情况不详。

（二）代表出席各界人民代表会议情况

县第一届各界人民代表会议第三次会议应到代表220名，出席代表188名，列席会议人员150名，参加会议人员共计338名。出席代表中，各村县代表160名，县区机关代表28名；妇女代表29名，农民代表92名，工商代表4名，医生代表3名，青年与学生代表4名，教师代表4名，荣誉军人代表1名，劳模代表4名，县区党政代表28名，开明人士代表4名，其他代表15名。

代表讨论各界人民代表会议报告，以小组会形式进行。小组会以区为单位划分，全县共7个区，划为7个小组，每组20—30人，各界代表也编在内。每组设组长1人，由各区区长担任；副组长2人，由区委书记和1名劳模担任。

四、行唐县第一届各界人民代表会议第四次会议代表情况

（一）代表的选举产生

代表的选举、代表分配名额及占比情况不详。

（二）代表出席各界人民代表会议情况

县第一届各界人民代表会议第四次会议应到代表220名，出席代表175名，列席会议人员479名，参加会议人员共计654名。

五、行唐县第一届各界人民代表会议第五次会议代表情况

（一）代表的选举产生

代表的选举、代表分配名额及占比情况不详。

（二）代表出席各界代表会议情况

县第一届各界人民代表会议第五次会议应到代表220名，出席代表176名。代表的选举、参会代表分类情况不详。

第三节　各界人民代表会议

一、行唐县第一届各界人民代表会议第一次会议

1949年11月12日至15日，县第一届各界人民代表会议第一次会议在县城召开，出席代表876人。会议听取和审查县人民政府《关于1949年农业生产、秋征任务的工作报告》，会议作出《关于征收分配决议》。会议选举产生行唐县第一届各界人民代表会议常务委员会主席、副主席、委员（名单见本章第六节《会议选举》）。

这次会议，主要解决了秋征中的一些具体问题。会议扩大了民主范围，发扬了民主，使县、区、村干部在思想上对民主精神认识更加明确，并领会了民主作风；明确了代表会的性质与任务，克服了“代表会是征粮组织”的想法；认清了“分配的公平、适当减灾”是完成秋征、不留尾欠的关键；展开了区与区、村与村的革命竞赛，增强了完成秋征任务的信心和决心。

二、行唐县第一届各界人民代表会议第二次会议

1950年1月8日至10日，县第一届各界人民代表会议第二次会议在县城召开，出席代表195人（应到200人）。会议听取和审查县人民政府秘书单文作《关于自第一届各界人民代表会议至今的工作报告》，公布《1950年全县地方经济开支情形》。会议通过县人民政府《1950年冬季生产、评产订量、民主建政工作（草案）》，并作出相应决议。

这次会议，广泛深入宣传冬季生产，解除了部分群众顾虑；提出“实事求是，广泛发扬民主，彻底统一清查，澄清土地亩数，向真实看齐评定产量，做到负担平衡，达到产量和负担固定的评产定量”总方针，并对为什么评产、评产方法和建立评议委员会、评议小组作出规定；会议指出民主建政要以冬季生产为中心，抓紧评产定量，二者相互结合进行。

三、行唐县第一届各界人民代表会议第三次会议

1950年2月26日至28日，县第一届各界人民代表会议第三次会议在县城召开，出席代表188人（应到220人）。会议听取和审查县长马浦作的《自第二届会至今的工作报告》，会议通过《行唐县1950年农副业增产计划（草案）》。会议选举产生行唐县第一届各界人民代表会议常务委员会主席、副主席、委员（名单见本章第六节《会议选举》）。

这次会议，贯彻了生产政策，指出全县生产总方针是恢复战前生产水平，增产粮食、棉花为主；团结生产是今后农村经济发展的方向。

四、行唐县第一届各界人民代表会议第四次会议

1950年10月25日至29日，县第一届各界人民代表会议第四次会议在县城召开，出席代表175人（应到220人）。会议听取和审查县长马浦作的《1950年秋征工作（草案）》，副县长高文作的《关于农业生产的报告》，会议作出《行唐县关于秋征工作决议》，并对秋耕生产工作作出具体安排。

这次会议，扭转了代表和列席人员怕麻烦、图省事思想，打消了平均减灾、扩大灾情的本位主义思想，领会了秋征的基本精神，明确了政策和任务的一致性，落实了民主，听取了民意，走好了群众路线。大家一致认为，会议发挥了民主，负担达到了公平合理。

五、行唐县第一届各界人民代表会议第五次会议

1950年11月12日至15日，县一届各界人民代表会议第五次会议在县城召开，出席代表176人（应到220人）。会议主要解决秋征的一些具体问题。会议选举产生县第一届各界人民代表会议常务委员会主席、副主席、委员（名单见本章第六节《会议选举》）。

这次会议，充分发扬了民主，扩大了民主范围，明确了民主精神，领会了民主作风。

链接4：关于行唐县第一届各界人民代表会议历次会议的说明

行唐县第一届各界人民代表会议先后召开5次会议。根据档案记载，原名称为行唐县第一届、第二届、第三届、第四届、第五届各界人民代表会议。经核查，1991年编的《河北省行唐县组织史资料（1925—1987）》和1998年出版的《行唐县志》第二十一编第一章第三节“各界人民代表会议”均按行唐县第一届各界人民代表会议第一次、第二次、第三次、第四次、第五次会议进行排列。为使全县史料编纂工作达到统一性，本志也采用了此种方法进行编排。

第四节　各界人民代表会议常务委员会

县一届各界人民代表会议第一次会议选举产生由15人组成的常务委员会，会议选举常裕恒为常务委员会主席，马浦、顾保珍为常务委员会副主席。该常务委员会为非常设机构。

按照《通则》第十条规定：“县各界人民代表会议休会期间，设常务委员会，由县各界人民代表会议选举主席一人、副主席若干人及委员若干人组成”。县第一届各界人民代表会议第三次会议、第五次会议均选举产生了常务委员会，选举主席1人、副主席2人，人员没有变动。常务委员会主要行使以下职权：一是协商并提出对县人民政府各方面的建议，及时总结工作，提出今后计划；二是联系各界代表，协助政府及各区机关克服困难，动员人民做好各项工作，推动各项事业发展；三是负责进行下届各界人民代表会议的筹备工作。

在各界人民代表会议召开前夕，常务委员会召集各有关部门召开筹备会议，研究具体措施，决定会议的召开时间和组织领导，协助县人民政府落实第一届各届人民代表会议通过的

各项决议，经常保持同人民代表的联系，动员全县人民积极投身到生产和各项建设事业中。

第五节　会议决议

一、行唐县第一届各界人民代表会议历次会议作出决议情况

县第一届各界人民代表会议历次会议作出决议3项。

表1-2　行唐县第一届各界人民代表会议决议一览表

时　间	会　次	事　项
1949年11月15日	第一次	关于征收分配决议
1950年1月10日	第二次	关于1950年冬季生产、评产订量、民主建政工作决议
1950年10月29日	第四次	关于秋征工作决议

二、决议选介

关于秋征工作决议

《关于秋征工作决议》（以下简称《决议》）于1950年10月在县第一届各界人民代表会议第四次会议上通过。

1950年是中华人民共和国成立第二年，开展秋征工作是为了巩固国防，同时要有重点地发展地方事业特别是经济、文化等方面的建设。

《决议》规定，根据省人民政府指示和全县实际，按全县总负担数，以丰产区照顾欠粮区、非灾村照顾灾村的精神，从分配依据、地粮附征与清尾欠、征收质量、入库手续等方面作出决议。

第六节　会议选举

县第一届各界人民代表会议第一次会议选举产生行唐县第一届各界人民代表会议常务委员会委员15名，设主席、副主席、委员。

主　席：

常裕恒（1949年11月—1951年7月）

副主席：

马　浦（1949年11月—1951年7月）

顾保珍（1949年11月—1951年7月）

委　员：

常裕恒	马　浦	顾保珍	陈永义
单　文	刘宝元	杨忠信	赵　伟
贾亚夫	梁拴昌	贾永安	顾　英

其他 3 人名单不详。

第七节　会议组织

一、行唐县第一届各界人民代表会议第一次会议

（一）代表会议筹备委员会

主　任：陈永义

副主任：人员名单不详。

委　员：11 名，人员名单不详。

（二）会议主席团

常裕恒	马　浦	顾保珍	单　文
陈永义	甄　荣	刘宝元	杨忠信
赵　伟	顾　英	刘　银	贾亚夫
梁拴昌	贾永安		

二、行唐县第一届各界人民代表会议第二次会议

（一）代表会议筹备委员会

常裕恒	马　浦	顾保珍	陈永义
单　文	刘宝元	杨忠信	顾　英
甄　荣	刘　银	贾亚夫	梁拴昌
贾永安			

（二）会议主席团

常裕恒	马　浦	顾保珍	陈永义
单　文	刘宝元	杨忠信	顾　英
甄　荣	刘　银	贾亚夫	梁拴昌
贾永安			

（三）会议秘书处

下设组宣股、总务股。秘书长、副秘书长及组宣股、总务股人员名单不详。

（四）会议提案审查委员会

人员名单不详。

（五）会议代表资格审查委员会

代表资格审查委员会委员 3 名，由各区负责干部参加。人员名单不详。

三、行唐县第一届各界人民代表会议第三次会议

（一）代表会议筹备委员会

常裕恒	马　浦	顾保珍	陈永义
单　文	刘宝元	杨忠信	顾　英
甄　荣	刘　银	贾亚夫	梁拴昌
贾永安			

（二）会议主席团

主席团成员 13 名，其中，机关代表和常务委员 4 名，民主人士 2 名，各区劳模、生产积极分子 7 名。人员名单不详。

（三）会议秘书处

人员名单不详。

（四）会议组宣审查代表委员会

人员名单不详。

四、行唐县第一届各界人民代表会议第四次会议

（一）会议主席团

人员名单不详。

（二）会议秘书处

秘　书　长：张　慰

副 秘 书 长：刘振生

组宣股股长：白　涛

总务股股长：苑庆祥

（三）会议代表资格审查委员会

人员名单不详。

五、行唐县第一届各界人民代表会议第五次会议

会议主席团、秘书处、代表资格审查委员会人员名单不详。

第二章　行唐县第二届各界人民代表会议

行唐县第二届各界人民代表会议的任期自 1951 年 7 月至 1952 年 3 月，共召开会议 2 次，听取和审查报告 3 个，作出决议 1 项，审查处理代表提案 241 件，选举 1 项。

表 1-3　行唐县第二届各界人民代表会议概况表

会　次	时　间	听取报告（个）	决议决定（项）	选举（项）
第一次	1951 年 7 月 20—23 日	2	—	1
第二次	1951 年 9 月 25—28 日	1	1	—

表 1-4　行唐县第二届各界人民代表会议代表提案概况表

会　次	类　别	数量（件）	合计（件）
第一次	镇反类	108	164
	生产类	49	
	其他	7	
第二次	抗美援朝类	22	77
	优抚工作类	16	
	生产建设类	39	

第一节　党的领导

行唐县第二届各界人民代表会议第一次会议召开前，行唐县相继召开了县代表、村代表、干部会及群众各种不拘形式的片会，以组织互助的方式解决了代表的生产困难问题和思想顾虑。经过半个月的充分酝酿和准备工作，推动会议能够顺利召开。

1951 年 9 月，中央召开华北地区县长会议。会议的中心任务是进一步巩固和发展人民民主专政，加强县级人民代表会议的工作，使各县在召开人民代表会议的基础上，积极创造条件，迅速代行人民代表大会的职权。县长马浦参加了这次会议，回县后，迅速组织召开县委委员会和扩大政务会，全面贯彻华北县长会议精神，全力推动各界人民代表会议代行人民代表大会职权工作。

第二节　人 民 代 表

一、行唐县第二届各界人民代表会议第一次会议代表情况

（一）代表的选举产生

代表的选举、代表分配名额及占比情况不详。

（二）代表出席各界人民代表会议情况

县第二届各界人民代表会议第一次会议应到代表201名，出席代表171名，机关列席会议人员24名，参加会议人员共计195名。出席代表中，农民代表108名，工商代表20名，教员代表16名，学生代表3名，县区机关代表18名，区联代表6名；男性代表138名，女性代表33名；中共党员代表79名。

二、行唐县第二届各界人民代表会议第二次会议代表情况

（一）代表的选举产生

代表的选举、代表分配名额及占比情况不详。

（二）代表出席各界人民代表会议情况

县第二届各界人民代表会议第二次会议应到代表200名，出席代表141名。出席代表中，农民代表121名，工商代表4名，教员代表2名，学生代表1名，县区机关代表11名，银行代表2名。

第三节　各界人民代表会议

一、行唐县第二届各界人民代表会议第一次会议

1951年7月20日至23日，县第二届各界人民代表会议第一次会议在县城召开，出席代表171人（应到201人）。会议听取和审查通过县人民政府《关于处理反革命罪犯的报告》《关于农业生产的工作报告》。会议审查处理代表提案164件。会议选举产生县第二届各界人民代表会议常务委员会主席、副主席、委员（名单见本章第六节《会议选举》）。

这次会议，报告了镇反（镇压反革命）工作，肯定了成绩，指出了缺点及今后的努力方向，贯彻了镇反政策，明确了量刑标准，开展了民主量刑；贯彻了生产方面反灾害斗争，确保棉苗成长，达到丰产实现；指出代耕工作是支援抗美援朝的实际行动。

二、行唐县第二届各界人民代表会议第二次会议

1951年9月25日至28日，县第二届各界人民代表会议第二次会议在县城召开，出席代表141人（应到200人）。会议听取和审查通过《关于镇反、生产工作和深入抗美援朝以实际行动壮大人民国防军的报告》。会议作出《行唐县第二届第二次各界人民代表会议提案处理决议》。会议审查处理代表提案77件。会议在第一届各界人民代表会议常务委员会的基础上补选了常务委员会委员。

召开这次会议，是为了抗美援朝、巩固边防、保卫祖国、保卫家乡，贯彻群众路线，完成扩军任务。会议内容主要是扩军、优抚、代耕、检查提案解决程度。会议主要解决了两个问题：一是政府执行县第二届各界代表一次会议事项的报告，包括镇反和农业生产工作；二是对扩军的意义、扩军条件、基本方法、扩军宣传和保卫工作提出了要求。会议明确了镇反政策，提高了认识，为镇反工作的长期性、有效打击和肃清反革命分子打下牢固基础；进一步明确了农业生产主要是反灾害斗争。

第四节　各界人民代表会议常务委员会

县第二届各界人民代表会议召开前，召开了县各界人民代表会议常务委员会会议，并吸收县公安、人民法院有关部门领导干部参加，研究讨论了会议议题，并确定了会议时间和进度。

1951年7月20日至23日，县第二届各界人民代表会议第一次会议召开，会议选举产生县第二届各界人民代表会议常务委员会，常务委员会仍为非常设机构，由主席、副主席、委员组成。

1951年8月18日，中央人民政府政务院公布《关于县各界人民代表会议常务委员会职权的补充规定》（政秘字第610号），将《通则》第十条列举的常务委员会的职责补充修订如下：一是组织与推动县人民代表会议代表，在各种场合，以各种方式，传达人民代表会议的决议及县人民政府政策法令，并协助推行；二是经常地联系人民代表会议代表、民主党派、人民团体、民主人士，并经过他们广泛地联系人民，协助政府动员人民进行各种工作，有计划地搜集各方面的意见，及时建议政府采择；三是接受人民的建议、询问、要求、申诉与批评，负责加以适当的处理，务使有着落、有交代；四是负责进行县人民民主统一战线工作，加强各民主党派、人民团体和民主人士的团结与合作；五是组织座谈会和学习会，协助与推动各民主党派、人民团体和民主人士关于时事、政策和理论的学习；六是接受与办理省或行署区（我国在解放初期设立的省级行政单位，1952年撤销）协商委员会委托事项与建议；七是负责进行下届各界人民代表会议的准备工作。

1951年9月25日至28日，县第二届各界人民代表会议第二次会议召开，会议根据《中国人民政治协商会议组织法》的有关规定，在第一届各界人民代表会议常务委员会的基

础上补选了常务委员会委员。

第五节 会议决议

县第二届各界人民代表会议作出的决议仅有1项记载，即1951年9月25日至28日召开的县第二届各界人民代表会议第二次会议通过的《行唐县第二届第二次各界人民代表会议提案处理决议》。

第六节 会议选举

县第二届各界人民代表会议第一次会议选举产生县第二届各界人民代表会议常务委员会委员16名，设主席、副主席、委员。

主　席：

常裕恒（1951年7月—1952年3月）

副主席：

马　浦（1951年7月—1952年3月）

顾保珍（1951年7月—1952年3月）

委　员：

常裕恒	马　浦	顾保珍	刘宝元
杨忠信	赵　伟	顾　英	贾亚夫
贾永安	梁拴昌	赵庆祥	仇洛云
孙洛会	甄朝禄	康彦辉（女）	

单　文（1951年7月—1951年10月）

第七节 会议组织

一、行唐县第二届第一次各界人民代表会议

（一）会议主席团

常裕恒	陈永义	马　浦	顾　英
刘宝元	单　文	赵　伟	顾保珍
贾亚夫	贾永安	梁拴昌	康彦辉（女）

（二）会议秘书处

秘 书 长：单　文

副秘书长：杨勤庆

组宣股股长：范英奎

副　股　长：李　元

总务股股长：张宗耀

副　股　长：苑庆祥

警保股股长：李义信

副　股　长：王子健　张　宏

（三）会议提案审查委员会

主　任：刘宝元

副主任：张国昌

委　员：刘凤藻　甄殿文　贾毅民

二、行唐县第二届第二次各界人民代表会议

（一）会议主席团

常裕恒	刘宝元	单　文	赵　伟
顾保珍	贾亚夫	贾永安	梁拴昌
刘振家	严廷锡	王济民	张耀瑞
贾荣卿	杨芬霄		

（二）会议秘书处

秘　书　长：范英奎

副 秘 书 长：白　涛

组宣股股长：魏国华

副　股　长：李文考

总务股股长：张宗耀

副　股　长：苑庆祥

（三）会议提案审查委员会

主　任：张文义

副主任：顾保珍

委　员：甄殿文　张树德　李国章

第三章　行唐县第三届各界人民代表会议

行唐县第三届各界人民代表会议的任期自1952年3月至1954年7月，共召开会议6次，听取和审查报告13个，作出决议决定7项，审查处理代表提案2144件，选举2项。

1952年3月18日至21日，县第三届各界人民代表会议第一次会议召开，这次会议决定暂不改选县长、副县长。1952年6月，经省批准，各界人民代表会议代行人民代表大会职权。县第三届各界人民代表会议第一次会议代行县人民代表大会如下职权：一是听取与审查县人民政府工作报告和下段工作计划草案；二是审查与通过县人民政府财政预算和决算；三是建议与决议县人民政府的建政事宜；四是向人民传达县各界人民代表会议决议案，并协助监督县人民政府实施。

表1-5　行唐县第三届各界人民代表会议概况表

会　次	时　间	听取报告（个）	决议决定（项）	选举（项）
第一次	1952年3月18—21日	3	1	1
第二次	1952年6月1—4日	2	2	—
第三次	1952年9月23—25日	2	2	1
第四次	1953年3月27—30日	2	1	—
第五次	1953年9月9—12日	2	1	—
第六次	1953年12月10—12日	2	—	—

表1-6　行唐县第三届各界人民代表会议代表提案概况表

会　次	类　别	数量（件）	合计（件）
第一次	生产类	443	737
	文教卫生类	113	
	财政税收类	83	
	优抚代耕类	59	
	公安司法类	29	
	抗美援朝类	10	

续表1-6

会　次	类　别	数量（件）	合计（件）
第二次	农林水利类	105	304
	政法类	47	
	文教卫生类	31	
	财经其他类	50	
	货款化肥类	71	
第三次	生产类	135	344
	文教卫生类	39	
	财政税收类	87	
	优抚代耕类	49	
	公安司法	8	
	其他	26	
第四次	税收类	25	389
	联社类	81	
	生产类	39	
	文教卫生类	66	
	工商类	16	
	财政类	21	
	优抚代耕类	75	
	其他	66	
第五次	政治法律类	64	353
	财政经济类	146	
	农林交通类	41	
	文教卫生类	75	
	其他	27	
第六次	无分类	13	13

链接5：关于行唐县第三届各界人民代表会议历次会议的说明

据档案记载，行唐县第三届各界人民代表会议第一次会议、第二次会议原名称为行唐县第一届各界人民代表会议第一次会议、第二次会议。经查阅1991年编的《河北省行唐县组织史资料（1925—1987）》之河北省行唐县政权系统组织史资料篇第一章基本完成社会主义改造和开始全面建设社会主义时期和1998年出版的《行唐县志》第二十一编第一章第三节各界人民代表会议均按行唐县第三届各界人民代表会议第一次会议、第二次会议记载；1952年9月23日及以后召开的各次会议，则按时间先后顺序分别编为第三届各界人民代表会议第三、四、五、六次会议。为使编纂工作达到全书统一性，本志也采用了此种方法进行编排。

第一节 党的领导

河北省人民政府委员会于1951年10月印发的《关于贯彻执行华北第一次县长会议决议的决定》指出："凡已召开人民代表大会的市、县、区，因实质上仍是各界人民代表会议性质，可经过大会通过改为代行人民代表大会职权的各界人民代表会议，使之名实相符。"根据此指示以及《通则》的有关规定，结合定县专署要求蠡县、行唐两县在全区率先召开代行人代会职权的各届人民代表会议的通知，行唐县于1952年3月18日至21日在县城召开了县第三届各届人民代表会议第一次会议。

1952年5月27日，中共行唐县委召开全体科、镇长以上干部会议，传达了定县地委及专署《关于组织起来开展轰轰烈烈的爱国增产竞赛运动的决定》指示精神，以部门为单位进行讨论，制定了部门的执行计划。5月29日，召开县委常委会，研究了县第三届各界人民代表会议第二次会议的各项准备工作。5月31日，召开县委常委会，广泛征求了常委们的意见，为县第三届各届人民代表会议第二次会议的召开统一了认识、奠定了思想基础。9月23日，县委书记陈永义在县第三届各届人民代表会议第三次会议上致开幕词时指出，召开此次会议，是为了有力支援抗美援朝战争、迎接规模经济建设、改善人民生活，要求会上加强对"三秋"（秋收、秋耕、秋播的合称）、整理村财政、扫盲、优抚工作的讨论研究，完成国家与人民的需要。1953年9月11日，县委书记陈永义在县第三届各界人民代表会议第五次会议上致闭幕词，要求会后把会议精神认真贯彻下去，有计划、有步骤地落实会议决议，政府要采取措施并认真执行，全体代表要认真向人民群众交代清楚，并动员他们为实现决议而努力，要密切联系群众，听取群众意见，并及时通过常务委员会向政府反映。12月10日，县委书记陈永义在县第三届各届人民代表会议第六次会议上作《关于国家在过渡时期的总路线与总任务的报告》，会议认为总路线是指路明灯，社会主义道路是大家共同富裕的道路。

中华人民共和国成立后，经过各行各业三年多的艰苦奋斗，至1953年底，全县基本完成了国民经济恢复时期的各项任务，人民群众的思想觉悟有了很大提高，用普选的方法选出了第三届各届人民代表会议第四、五、六次会议的代表，圆满完成了会议的各项议程。

第二节 人民代表

一、行唐县第三届各界人民代表会议第一次会议代表情况

（一）代表的选举产生

县各界人民代表会议代表的选举产生，采取直接、间接选举推选和协商邀请等混合方

法，候选人名单在群众中充分酝酿，组织群众协商讨论，选出代表。代表的选举、代表分配名额及占比情况不详。

（二）代表出席各界人民代表会议情况

县第三届各界人民代表会议第一次会议应到代表390名，出席代表342名。出席代表中，农民代表220名，地区代表12名，学生代表4名，中苏友好协会代表3名，工人代表5名，合作社代表4名，医生代表9名，工商界代表13名，青年代表5名，妇女代表13名，教育与知识分子代表10名，文艺代表2名，机关与军队代表21名，应邀参加的复员军代表2名，荣誉军人代表3名，工属代表3名，军属代表5名，烈属代表4名，民主人士代表4名。

二、行唐县第三届各界人民代表会议第二次会议代表情况

（一）代表的选举产生

代表的选举、代表分配名额及占比情况不详。

（二）代表出席各界人民代表会议情况

县第三届各界人民代表会议第二次会议出席代表355名，由党员、群众、妇女、烈军属、工商、青年学生、文教、开明民主人士、医生等各界代表组成。各界代表人员构成情况不详。

三、行唐县第三届各界人民代表会议第三次会议代表情况

（一）代表的选举产生

代表的选举、代表分配名额及占比情况不详。

（二）代表参加各界人民代表会议情况

县第三届各界人民代表会议第三次会议出席代表345名，其中，农民代表235名，地区代表11名，学生代表7名，中苏友好协会代表2名，工人代表4名，合作社代表5名，医生代表8名，工商界代表9名，青年代表3名，妇女代表6名，教育界知识分子代表11名，文艺代表2名，机关与军队代表21名，复员军代表2名，荣誉军人代表3名，工属代表3名，军属代表5名，烈属代表4名，民主人士代表4名。

四、行唐县第三届各界人民代表会议第四次会议代表情况

（一）代表的选举产生

代表的选举、代表分配名额及占比情况不详。

（二）代表出席各界人民代表会议情况

县第三届各界人民代表会议第四次会议应到代表365名，出席代表264名。出席代表中，农民代表187名，地区代表6名，机关代表9名，学生、工人、医生、商界、青年、妇女等方面代表62名。

五、行唐县第三届各界人民代表会议第五次会议代表情况

（一）代表的选举产生

代表的选举、代表分配名额及占比情况不详。

（二）代表出席各界人民代表会议情况

县第三届各界人民代表会议第五次会议出席代表 286 名。参会代表分类情况不详。

六、行唐县第三届各界人民代表会议第六次会议代表情况

（一）代表的选举产生

代表的选举、代表分配名额及占比情况不详。

（二）代表出席各界人民代表会议情况

县第三届各界人民代表会议第六次会议应到代表 362 名，出席代表 218 名。参会代表分类情况不详。

第三节　各界人民代表会议

一、行唐县第三届各界人民代表会议第一次会议

1952 年 3 月 18 日至 21 日，行唐县第三届各界人民代表会议第一次会议在县城召开，出席代表 342 人（应到 390 人）。会议听取定县专区派代表作的《安定人心，团结生产》的报告。会议审查通过县人民政府《防旱、抗旱、生产救灾、春耕播种、卫生防疫工作的计划（草案）》《行唐县 1951 年财政决算和 1952 年财政预算的报告》。会议审查处理代表提案 741 件。会议选举产生县第三届各界人民代表会议常务委员会主席、副主席、委员（名单见本章第六节《会议选举》）。这次会议暂不改选县长、副县长。

这次会议中心议题是：当前的防旱抗旱、生产救灾、优抚代耕，贯彻“三反”（在党政机关工作人员中开展反贪污、反浪费、反官僚主义）“五反”（在私营工商业者中开展“反行贿、反偷税漏税、反盗窃国家财产、反偷工减料、反盗窃国家经济情报”）政策。会议基本澄清了对“三反”“五反”政策的模糊认识，消除了思想顾虑，提高了认识，扫清了防旱抗旱、生产救灾、春耕播种道路上的障碍，明确了春耕期间区、村之间一律不搞“三反”。强调指出，“三反”是为了扫清增产节约道路上的障碍，是人民内部的事情，是为了挽救干部。树立了“人定胜天”的思想，明确了旱灾危害的严重性，认清了防旱的重要性。扭转了靠天等雨、单纯依靠贷款的侥幸心理，进一步明确了“人多力量大”“组织起来”的道路。

二、行唐县第三届各界人民代表会议第二次会议

1952 年 6 月 1 日至 4 日，行唐县第三届各界人民代表会议第二次会议在县城召开，出席

代表355人。会议听取地委报告员李秀敏作的《关于开展爱国增产运动的报告》。听取和审查县人民政府《关于1952年方针和任务及当前工作（草案）》，并通过相应决议。会议作出《关于组织起来普遍开展轰轰烈烈的农业爱国增产竞赛运动的决定》，通过《行唐县关于人民代表会议代行人民代表大会职权的建政计划》。会议审查处理代表提案304件。

这次会议，主要从思想上明确了开展爱国增产竞赛运动的伟大意义、增产丰产方针以及普遍提高单位面积产量的奋斗目标。会议指出，组织起来是农村经济发展的方向问题，要克服认为互助只是解决生产上人、畜不足的问题。当前要突出抓住小麦评比、选种工作，推动查苗、补苗、防旱、除虫工作重点，并对存在的问题提出解决意见。会议要求，加强具体领导，改进领导方法，会后各个部门要在党委的统一领导下，围绕全县中心工作计划完成部门工作，树立部门领导权威、大力推动组织力量，以发挥更大的作用，为广泛而深入地发展爱国增产竞赛，争取1952年农业生产计划彻底实现而奋斗。

三、行唐县第三届各界人民代表会议第三次会议

1952年9月23日至25日，行唐县第三届各界人民代表会议第三次会议在县城召开，出席代表345人。会议听取和审查县人民政府《关于三秋、村镇财政、扫盲工作草案》《行唐县地方财政1952年收支情况》，并作出《关于当前几个工作的决议》《关于行唐县地方财政1952年收支情况的决议》。会议审查处理代表提案344件。会议选举产生县第三届各界人民代表会议常务委员会主席、副主席、委员（名单见本章第六节《会议选举》）。

这次会议的中心议题是：开展小麦增产竞赛运动和整顿村财政。会议重点解决了开展小麦增产竞赛运动的相关问题，进一步树立了爱国主义思想，坚定了抗旱种麦信心，解决了单纯依靠政府的思想，交流了农业生产经验，有助于小麦窄行密植方法的推广；贯彻了村财政“保证、准许、禁止部分”的政策，给整理村财政打下了基础。

四、行唐县第三届各界人民代表会议第四次会议

1953年3月27日至30日，行唐县第三届各界人民代表会议第四次会议在县城召开，出席代表264人（应到365人）。会议听取和审查县人民政府《行唐县1953年农林生产工作计划（草案）》，并作出相应决议。会议听取《关于贯彻执行〈中华人民共和国婚姻法〉的报告》。会议审查处理代表提案389件。

这次会议的中心议题是：审查农林生产工作计划草案和听取《婚姻法》的贯彻执行情况。会议指出，农林生产总方针是“普遍增产，大面积丰产，创造新纪录，提高总产量”，明确农业、林业、畜牧、果品生产等方面增产的任务和要求及采取的措施。会议认为，在爱国主义教育下，进一步从思想上划清了新旧婚姻制度的界限，明确了新婚姻制度的好处和旧婚姻制度的害处。代表们一致认为，贯彻《婚姻法》是人民内部的思想改造问题，会后要把《婚姻法》学习好、宣传好、贯彻好。

五、行唐县第三届各界人民代表会议第五次会议

1953年9月9日至11日，行唐县第三届各界人民代表会议第五次会议在县城召开，出席代表286人。会议听取和审查县长周建民作的《行唐县人民政府半年来的工作报告》《关于1953年三秋工作计划（草案）》，并作出相应决议。会议审查处理代表提案353件。

这次会议，广泛集中了各方面的代表意见，体现了民主协商精神，根据省人民政府提出的小麦增产方针和任务，研究与分析了广大人民的思想、物质、地域条件等方面的实际情况，提出小麦增产目标，并形成决议，为全县国民经济建设和人民生活改善创造了良好条件。

六、行唐县第三届各界人民代表会议第六次会议

1953年12月10日至12日，行唐县第三届各界人民代表会议第六次会议在县城召开，出席代表218人（应到362人）。会议听取县委书记陈永义作的《关于国家在过渡时期的总路线与总任务的报告》，听取和审查通过县长周建民作的《关于实行粮食计划、收购计划供应实施方案（草案）的报告》。会议审查处理提案13件。

这次会议，贯彻了党在过渡时期的总路线（要在一个相当长的时期内，逐步实现国家的社会主义工业化，并逐步实现国家对农业、对手工业和对资本主义工商业的社会主义改造，是党在过渡时期的总路线和总任务）和粮食统购统销政策。会议指出，粮食是国家在过渡时期供应工业建设及国防建设等国计民生的重要物资，只有国家统一掌握才能保障全国城市、农村人人有饭吃，保障国家按照总路线实行经济建设，才能一步一步地走社会主义道路，巩固工农联盟。会议强调，实行粮食计划收购、计划供应，杜绝资本主义的发展，使广大农民可以在社会主义的大道上前进。全体与会代表一致表示要在总路线的指引下，为完成全县预计的1034.05万斤粮食收购任务而奋斗。

链接6：粮食统购统销政策

1953年10月16日，中共中央政治局讨论通过的《关于实行粮食的计划收购与计划供应的决议》规定，粮食统购统销政策包括计划收购、计划供应、市场管理和中央统一管理四部分：在农村向余粮户实行粮食计划收购（简称统购）的政策；对城市人民和农村缺粮人民，实行粮食计划供应（简称统销）的政策，亦即是实行适量的粮食定量配售的政策；实行由国家严格控制粮食市场，对私营粮食工商业进行严格管制，并严禁私商自由经营粮食的政策；实行在中央统一管理之下，由中央与地方分工负责的粮食管理政策。

第四节　各界人民代表会议常务委员会

1952年1月10日，县人民政府在《1952年的工作方针与任务（草案）》中强调："要认真执行华北县长会议决议，在县人民代表会议闭会期间，县人民政府即为县的行使权力机关，必须健全常务委员会的组织和会议制度，并加强经常工作。"3月14日，合并召开县选

举筹备委员会和县各界人民代表会议常务委员会会议，确定了第三届各界人民代表会议第一次会议内容及召开时间、步骤。3 月 18 日至 21 日，县第三届各界人民代表会议第一次会议在第二届各界人民代表会议常务委员会的基础上补选了第三届各界人代表会议常务委员会组成人员，常务委员会仍设主席、副主席、委员。4 月 19 日，召开县第三届各界人代表会议常务委员会会议，研究决定在全县范围内深入开展抗美援朝运动，成立抗美援朝分会，成员由以县长为主任的 15 人组成。

自 1952 年 5 月起，根据定县专署的指示精神，县第三届各界人民代表会议常务委员会改为常设机构，设专职驻会代表 1 人、办事员 1 人。县第三届各界人民代表会议常务委员会拟定了闭会期间的日常工作制度，包括工作制度、会议制度、汇报制度、学习制度，明确常务委员会各项工作，成为党领导下的重要政治机关。至 11 月，常务委员会接到各界代表来信来访 28 件，均及时给代表回信答复或积极联系有关部门协商解决；协助县工商界正式建立工商联合会，并附设工商界学习委员会，通过学习提高觉悟，巩固“五反”成果，奠定了新的经济发展方向；为庆祝苏联十月社会主义革命 35 周年纪念日，协同中苏友好协会，召集全县中苏友好专职会长组织宣传会议，动员各界人士参加“中苏友好月”活动。

1953 年 1 月 1 日至 31 日，为配合全县抗美援朝运动，常务委员会向各界代表发出“一封信”活动，驻会常务委员会委员亲赴乡村联系代表，掀起了轰轰烈烈的抗美援朝宣传运动。常务委员会全年给代表写信 6 次，共 1600 多件；访问代表 9 次，大大鼓舞了代表的积极性，培养了代表中的典型骨干；代表和群众来信来访 89 件次，常务委员会均及时推动有关部门进行处理，做到件件有着落、案案有交代。

1953 年 12 月 10 日至 12 日，县第三届各界人民代表会议第六次会议听取《关于国家在过渡时期的总路线与总任务的报告》。常务委员会根据河北省协商委员会关于学习党在过渡时期总路线的通知精神，在县委统一筹划下，与县委统战部一起展开了组织县各界人士对总路线的学习活动，同时结合学习了国家对粮食计划、收购计划供应的政策，适时协助了统购统销政策的贯彻落实。

1954 年春，县常务委员会普遍给代表写信，通过代表的宣传发动，广大群众掀起了喂猪、积肥、耙地、保墒、置修农具的热潮，在总路线和民主选举的指引、鼓舞下，生产热情大大提高。至 4 月初，通过三个多月的学习，各界人士对总路线的认识逐步提高，具体联系实事，进步显著。6 月 14 日，中央人民政府委员会第 30 次会议决定公布《中华人民共和国宪法草案》，交由全国人民讨论并征求意见。常务委员会根据省协商委员会推动各界代表人士参加讨论宪法草案并进行宣传的通知，在县宪法草案讨论委员会的领导下，常务常委会联系各界人士，通过召开学习委员会会议、分发宪法草案单行本和报纸社论，学习了宪法草案的伟大意义和有关精神，并指出，这一时期由学习国家在过渡时期的总路线转为开展学习宪法草案，还有计划地邀请民主人士、医务界、工商界、教育界共 26 名县知识较高的人员，举行了座谈宪法草案的茶话会，使《宪法》更加深入人心。

链接7：1952年行唐县各界人民代表会议常务委员会给代表的一封信

盛丕固代表：

近来生产忙吧？身体健康吧？

自9月下旬开代表会后至现在一个多月没有和你通过信，不知咱们所决议的事项回去后在宣传活动中群众有如何反映？可在来信或口头上与咱会多取联系。

最近，咱县召开扩大村干部会议，主要是以冬季生产、整党、扫盲三大工作为内容，其次是秋征、中苏友好宣传月，并抓住冬间使互助合作前进一步。

关于以上9月工作，望各位代表密切地联系村代表（通过漫谈讨论研究）和有关部门宣传教育动员群众及时地完成各个中心工作。

冬季生产是压倒一切的中心工作。当前，我们应抓住秋耕工作，今年争取不留一亩白茬地（农作物收割后没有再播种的土地），并要求深耕一寸。想着深耕地，必须教育群众大量购贷新式七寸步犁。说明：每个步犁是297000元（旧币，我国第一套人民币1万元合第二套人民币1元），到县农业供应社（水利推进社）购贷即可，争取村村要有新式步犁。结合完成秋征工作，在有整党任务的村庄，要大力地教育人民群众（不包括一切地富及一切坏分子）帮助本村党支部及整党工作组把党整好；没有整党任务的村庄，望密切地联系村代表与各个部门干部宣传教育群众积极地参加速成识字班，为完成咱县扫盲任务而奋斗，为迎接大规模的经济建设而奋斗。

今年11月7日，是苏联伟大的社会主义革命35周年纪念节。为庆祝这个节日，望各位代表帮助中苏友好协会，大量地用苏联建设成就的具体事实，在广大的人民群众中广泛地宣传苏联社会主义国家人民的生活及一切先进经验，进一步发扬中苏两国人民的友好团结精神。其工作自11月7日起（旧历九月二十日）到12月6日止（旧历十月二十日），作为中苏友好宣传月。

为了繁荣经济，迎接明年大规模的经济建设，咱县举办了物资交流大会，时间5天，11月3日起（农历九月十六）11月7日止，大戏两台，秧歌一台，大鼓书、各种展览、漫画等文艺。交流大会地址在城关，交流物品、各种货品俱全，望各位代表大量地宣传动员群众前来参加。如有推不出去的农产品，可以通过这个交流大会争取推销；如有所需，亦可于会购置。

关于以上几项工作，希望帮助有关部门大力推行，要求各位代表多搜集群众意见、要求、建议等问题，及时地向本会反映，达到常务委员会与各位代表及广大群众取得经常密切联系，并要求各位代表关于每个中心工作对各部门帮助的情况及时向本会反映为盼！

此致

敬礼

行唐县各界人民代表会议常务委员会

10月30日

链接 8：盛丕固代表简介

盛丕固，原名盛振基，行唐县玉亭乡李家庄村人。自幼读书，1938 年 2 月，开始从事革命教师工作。他兢兢业业，勤勉任职，至 1962 年，10 余次被评为中心学区、区、乡（公社）、县、定县专区模范教员，是 20 世纪 50 年代行唐县教育界的一面旗帜。1952—1965 年，盛丕固连续当选为县第三届各界人民代表会议及县第一届至第六届人民代表大会代表，曾与其他代表一起提交《县区领导可指示村干发动群众大力建校》《小学征收学费可给村留一部分解决修理家具的困难问题》《在团山乡、北河乡应成立一个中学班》等会议提案，均得到有关部门答复，这些提案为促进县域乡村教育事业发展发挥了积极作用。1973 年 9 月退休，1982 年转为离休。1987 年 11 月 26 日病逝，享年 84 岁。其事迹入录《行唐县志》（1991—2005）。

第五节　决议决定

一、行唐县第三届各界人民代表会议历次会议作出决议决定情况

县第三届各界人民代表会议历次会议共作出决议、决定 7 项。

表 1-7　行唐县第三届各界人民代表会议决议决定一览表

时　间	会　次	事　项
1952 年 6 月 4 日	第二次	关于 1952 年方针和任务及当前工作的决议
		关于组织起来普遍开展轰轰烈烈的农业爱国增产竞赛运动的决定
1952 年 9 月 25 日	第三次	关于当前几个工作的决议
		关于行唐县地方财政 1952 年收支情况的决议
1953 年 3 月 30 日	第四次	关于行唐县 1953 年农林生产工作的决议
1953 年 9 月 11 日	第五次	关于行唐县人民政府半年来的工作报告的决议
		关于行唐县 1953 年三秋工作的决议

二、决议决定选介

关于组织起来普遍开展轰轰烈烈的农业爱国增产竞赛运动的决定

《行唐县各界人民代表大会关于组织起来普遍开展轰轰烈烈的农业爱国增产竞赛运动的决定》（以下简称《决定》），于 1952 年 6 月 3 日在行唐县第三届各界人民代表会议第二次会议上通过。

《决定》指出，开展爱国增产竞赛的方针是“普遍提高单位面积产量，重点培养丰产典

型”。1952年6月18日《河北省1952年农业爱国增产奖励办法》（〔52〕农字第1号）规定：全县劳动力参加互助者达70%以上，产量较去年提高15%以上为增产区。全村组织劳动力90%以上，与90%的农民订立了增产计划，产量比去年提高20%以上为增产村。农业生产合作社、互助组和单干农民，每户平均产量比去年提高30%以上者，为增产组、社、户。合乎以上标准，而又高于附近户、社、组、村、区、县者，才能成为增产模范受到奖励。按照河北省的标准，明确了全县大田作物中水地、旱地作物的增产标准。

《决定》要求，开展爱国增产竞赛运动，要抓好深入的思想动员，要组织起来，广泛发动群众、依靠群众、走群众路线，从集中力量、统一领导、统一思想、统一行动4个中心环节作了详细规定。

《决定》强调，组织起来开展农业爱国增产竞赛运动，是农村中压倒一切的中心任务。这个运动的开展，对于普遍提高单位面积产量、争取增产丰收，完成全年农业生产计划和推动农业生产发展，进一步发展和提高劳动互助合作运动，鼓舞农民的爱国热情和生产积极性，推动农村各方面的工作和即将到来的大规模经济建设打下物质基础都有着决定性意义。

关于当前几个工作的决议

《关于当前几个工作的决议》（以下简称《决议》），于1952年9月26日在县第三届各界人民代表会议第三次会议上通过。

《决议》指出：一是做好“三秋”工作，突出抓住种麦为当前的中心任务，这一任务的完成，对保证国家经济建设、改善人民生活、平稳物价都至关重要。1952年，全县要求种麦14.5万亩，每亩平均产量133斤，培养5个丰产农业生产合作社、30个丰产互助组、80个丰产单干户。强调要抓好开发水利、开展爱国主义思想教育、组织起来适时播种、推广先进经验、开展小麦丰产竞赛等工作。二是整顿村镇地方财政，根据华北和省人民政府指示，认真执行中央关于“保证、准许、禁止”的方针。保证部分为：文教经费和村行政经费；准许部分为：小校、村公所修建，烈军属代耕，服务生产的小型事业，村剧团等文化娱乐，农民教育，村行政及人民代表会议、庆祝革命节集会等。可采取自愿捐献、按亩摊派、受益者负担（如开渠）、按劳负担（代耕）等办法；禁止部分为：除上述保证、准许各项外，其他一切加重人民负担、非合理摊派、非法开支均应禁止，一定要贯彻中央确定的“自愿、确实、必须”的原则。三是当前扫盲工作，主要对象是工农群众中的文盲和半文盲，全县文盲6.8万人，要争取在两年内全部扫除，要求贯彻“男女一齐发动”的方针，各级政府与代表会议，要把扫盲工作列入日程，及时研究解决问题，各级成立扫盲委员会，发挥统一领导作用，并做好教师训练工作。

关于1953年农林生产工作的决议

《关于1953年农林生产工作的决议》（以下简称《决议》），于1953年3月在县第三届各界人民代表会议第四次会议上通过。

《决议》指出，农林生产总方针是“普遍增产，大面积丰产，创造新纪录，提高总产量。”在1952年增产基础上，开展“普遍增产一二成、培养丰产三五亩”的爱国增产运动。

《决议》根据定县专署的生产精神，结合全县实际和1952年的生产基础，三者相结合，明确了农林生产任务与要求：农业方面主要是增加粮食，特别是增产细粮，扩大粮食播种面积，对棉花、粮食播种亩数、产量作了规定；林业方面主要以山区及沿河、沙荒为重点，有计划地营造水源林和防护林，对造林、植树、育苗、封山数量作了规定，开展春、夏、秋三季造林运动，严防烧山毁山；畜牧方面主要是大量繁殖牲畜；果品方面主要是在六区全部和四区、五区北部荒山大量培育果树等方面作出了具体规定。对于实现农林生产任务，也制定了具体措施。

《决议》强调，必须把农林生产发展与推进互助合作运动相结合，推广先进经验和先进技术，开展爱国增产群众性竞赛运动，以增产粮食为主，有力地增加工业原料和外销物资；普遍造林，贯彻组织起来的要求，大力发展合作造林；有条件、有计划地发展农牧业，贯彻“大量繁殖牲畜，提高质量”的增畜方针，开展爱国增畜运动，充实国家建设力量，改善群众生活，以支援抗美援朝战争最后的胜利。

关于1953年三秋工作决议

《关于1953年三秋工作决议》（以下简称《决议》），于1953年9月11日在行唐县第三届各界人民代表会议第五次会议上通过。

《决议》按照省人民政府提出的“全面增产，重点培养丰产，改良技术，提高单位面积产量，有条件地扩大种植面积，提高总产量，以满足国家和人民的需要”的小麦增产方针，要求在“三秋”工作中突出抓住种麦，结合县情，全县种麦13.5万亩。水地在每亩平均产150斤的基础上，增产8%；旱地在每亩平均产63斤的基础上，增产5%；改进和提高技术，加强小麦管理，争取小麦丰产。完成秋收后进行秋季评比工作，保护农民劳动成果，树立先进生产旗帜，总结交流生产经验；做好秋耕工作，指出普遍秋耕是防旱保墒、防除病虫害、保证增产的重要环节，要求作物普耕一遍、适当加深；加强“三秋”工作的领导，明确种麦是“三秋”工作中突出的中心任务，加强互助合作、改进领导方法，加强劳模培养、建立普遍增产、大面积丰产的基础。

第六节　会议选举

按照1951年11月1日《河北省人民政府定县区专员公署关于今冬民主政权建设工作的指示》（民建字第1号）关于“各县常务委员会的委员15人—30人”的规定，县第三届各界人民代表会议第一次会议选举产生县第三届各界人民代表会议常务委员会主席、副主席、委员。

主　席：

常裕恒（1952年3月—1952年6月）

陈永义（1952年9月—1955年1月，县第三届各界人民代表会议第三次会议补选）

副主席：

马　浦（1952 年 3 月—1952 年 3 月）

周建民（1952 年 9 月—1955 年 1 月，县第三届各界人民代表会议第三次会议补选）

委　员：

常裕恒	周建民	顾保珍	陈永义
刘宝元	贾亚夫	赵庆祥	郑　平
王德新	刘福海	贾永安	孙洛云

陈玉才（1952 年 3 月—1955 年 1 月）

康彦辉（女，1952 年 3 月—1952 年 3 月）

甄朝禄（1952 年 3 月—1952 年 6 月）

顾　英（1952 年 3 月—1952 年 7 月）

杨忠信（1952 年 3 月—1952 年 8 月）

第七节　会 议 组 织

一、行唐县第三届各界人民代表会议第一次会议

县第三届各界人民代表会议第一次会议主席团、秘书处及其下设股室、提案整理委员会人员名单均不详。

二、行唐县第三届各界人民代表会议第二次会议

（一）会议主席团

人员名单不详。

（二）会议秘书处

秘书长、副秘书长人员名单不详。

材料股股长：苏金永

副　股　长：田　杰

总务股股长：王民生

副　股　长：刘墨岭

生活股股长：赵爱平（女）

副　股　长：孙　合

警卫股股长：张　宏

（三）会议提案整理委员会

主　任：刘宝元

副主任：王田位

委　员：

门振业　　王田德　　刘景云　　盛维岗

侯天爵　　郭永章　　仝　法

三、行唐县第三届各界人民代表会议第三次会议

（一）筹备委员会

主　任：马　浦

副主任：常裕恒　顾保珍

委　员：12名，人员名单不详。

（二）会议主席团

人员名单不详。

（三）会议秘书处

秘　书　长：王田德

副 秘 书 长：赵　猛

材料股股长：刘凤藻

副　股　长：曹丕祥

生活指导股股长：贾亚夫

副　股　长：王　纯

总务股股长：刘墨岭

警卫股股长：李义信

（四）会议提案审查委员会

主　任：刘宝元

副主任：苏永祥

委　员：冯有贤　赵春炳　郭永章　杨丕章　康　廷

四、行唐县第三届各界人民代表会议第四次会议

（一）会议主席团

人员名单不详。

（二）会议秘书处

秘　书　长：严廷锡

副 秘 书 长：刘凤藻

材料股副股长：曹丕祥

生活指导股股长：赵爱平（女）

副　股　长：刘俊杰

总务股股长：刘墨岭

警卫股股长：李义信

（三）会议提案审查委员会

主　任：高树德

副主任：贾亚夫

委　员：

宋国卿	贾新才	刘　昌	李长秀
孟郝光	赵　锡	张士良	

五、行唐县第三届各界人民代表会议第五次会议

（一）会议主席团

郑　平	牛英俊	仇洛云	胜振芳
李彦林	门振业	周建民	陈永义
顾保珍	贾亚夫	赵庆祥	刘宝元
孙洛会			

（二）会议秘书处

秘　书　长：严廷锡

副 秘 书 长：李宏志

材料股股长：杨佐才

副　股　长：曹丕祥

生活指导股股长：刘俊杰

副　股　长：李云乡

总务股股长：刘墨岭

副　股　长：王民生

警卫股股长：李义信

（三）会议提案审查委员会

主　任：刘宝元

副主任：刘锡林

委　员：

贾荣卿	刘　斌	刘凤藻	冯有贤
段茂森	王百川	杨丕章	贾亚夫
刘景云	李云芹	刘维秋	

六、行唐县第三届各界人民代表会议第六次会议

会议主席团、秘书处及其下设股室、提案审查委员会人员名单均不详。

第 二 篇

行唐县第一届至第六届人民代表大会

（1954 年 7 月至 1966 年 5 月）

第一章　行唐县第一届人民代表大会

根据《中央人民政府委员会关于召开全国人民代表大会及地方各级人民代表大会的决议》《选举法》，行唐县于 1954 年 7 月召开行唐县第一届人民代表大会第一次会议。自此，行唐县人民代表大会制度正式建立，县人民代表大会重新编序。

由于当时尚未正式颁布《宪法》，县一届人大一次会议未选举县人民政府领导机构，县各界人民代表会议常务委员会仍维持现状。1955 年 1 月 16 日，召开原县各界人民代表会议常务委员会会议，宣告结束县各界人民代表会议常务委员会的组织机构及工作。1955 年 1 月 17 日至 19 日召开县一届人大三次会议，第一次按照《宪法》的规定选举产生了县人民政府县长、副县长和委员。1955 年 3 月 20 日，行唐县人民政府改称行唐县人民委员会。根据《宪法》《中华人民共和国地方各级人民代表大会和地方各级人民委员会组织法》（以下简称《组织法》）规定：地方各级人民委员会，即地方各级人民政府是地方各级人民代表大会的执行机关，又是地方各级国家行政机关。行唐县人民代表大会在休会期间不设常设机构，由县人民委员会负责人民代表大会各次会议的准备工作。县人民代表大会每届任期两年，每年举行两次会议。县人民委员会如果认为必要或者有五分之一以上代表提议，可以临时召集县人民代表大会会议。举行会议时，选举主席团主持会议。会议设秘书长 1 名、副秘书长若干名。秘书长人选由主席团提名，提交大会通过；副秘书长的人选由主席团决定。举行会议时，设立代表资格审查委员会，议案（提案）审查委员会和其他需要设立的委员会，在主席团领导下进行工作。

行唐县第一届人民代表大会任期自 1954 年 7 月至 1956 年 12 月，召开会议 5 次，听取和审查报告 9 个，通过决议 6 项，选举 4 项。县一届人大一次会议审查处理代表提案 502 件，其他会议审查处理代表提案情况不详。

链接 1：关于《组织法》的说明

《组织法》于 1954 年 9 月 21 日在一届全国人大一次会议上通过。1987 年 11 月 24 日，全国人民代表大会常务委员会作出《关于批准法制工作委员会关于对 1978 年底以前颁布的法律进行清理情况和意见报告的决定》，宣布该法失效。

链接 2：行唐县人民政府称谓演变

1938 年 2 月 24 日，行唐县抗日联合政府成立，8 月，改称行唐县抗日民主政府。1945 年 9 月，抗日战争胜利后，行唐县抗日民主政府改称行唐县民主政府。1949 年 10 月，中华人民共和国成立后，行唐县民主政府改称行唐县人民政府。1955 年 3 月 20 日，行唐县人民政府改称行唐县人民委员会。1967 年 11 月 18 日，行唐县革命委员会成立，统理全县党、政、财、文大权。1981 年 12 月 26 日，行唐县第七届人民代表大会第一次会议选举产生县人民政府领导机构。自此，县革命委员会结束，行唐县人民政府开始工作。

表 2-1　行唐县第一届人民代表大会历次会议概况表

会　次	时　间	听取报告（个）	决议决定（项）	选举（项）
第一次	1954 年 7 月 9—14 日	1	1	1
第二次	1954 年 11 月 5—7 日	1	1	—
第三次	1955 年 1 月 17—19 日	3	2	2
第四次	1955 年 11 月 18—20 日	1	1	—
第五次	1956 年 8 月 17—21 日	3	1	1

表 2-2　行唐县第一届人民代表大会第一次会议代表提案概况表

类　别	数量（件）	合计（件）
政治法律类	40	502
财政经济类	250	
农村交通类	130	
文教卫生类	36	
其他	46	

第一节　党的领导

1954 年，县委高度重视县一届人大一次会议的召开和基层选举工作，先后召开 8 次常委会会议研究有关事宜。在普选工作中，成立县委统一领导的县选举委员会，并抽调县委委员、干部共 105 人，深入基层进行普选法律法规、政策及意义的宣传，推动普选工作平稳、有序、按期推进，顺利完成了县人民代表大会代表的选举工作。在党、政领导下，抽出县委委员、干部共 54 人，与各界人民代表会议常务委员会一起着手大会的准备工作，确保了大会如期召开。

1955 年 1 月 19 日，在县一届人大三次会议上，县委书记周建民致闭幕词，要求按照中共中央《关于整顿和巩固农业生产合作社的通知》要求，把合作化运动转入控制发展、着重巩固阶段，号召代表把大会的精神和决议转化成带动全县广大人民投入生产建设的实际行动，推动行唐各项建设取得更大的胜利和成就。1955 年 11 月 18 日，在县一届人大四次会议上，县委书记周建民致开幕词时指出，为了给1956年农业增产创造有利条件，各位代表要认真听取和审议大会各项报告，积极提出今后改进工作的意见建议，为党委、政府下一步工作、决策、部署提供参考。1956年8月17日，在县一届人大五次会议上，县委书记周建民致开幕词，在肯定成绩的同时，要求代表们以实事求是的态度，对政府工作中的缺点、错误进行批判，把问题找准，把药方开好，把人民民主专政落到实处。

行唐县第一届人民代表大会任期内，全县上下贯彻落实党在过渡时期的总路线、总任务，大力发展生产，开展互助合作、统购统销等中心工作，到1956年完成国家对农业、手工业和资本主义工商业的社会主义改造，实现了由新民主主义向社会主义的转变。

第二节　人大代表

一、代表的选举产生

根据《选举法》《河北省各级人民代表大会选举实施细则》的规定，县第一届至第六届人民代表大会代表的产生，实行间接等额选举，由县辖各乡镇或公社（县域行政区划变更情况参见第十四篇乡镇人民代表大会第一章第一节《乡镇区划沿革》）人民代表大会选出，每届任期两年。乡镇或公社人民代表大会是国家最基层权力机关，代表由选民直接选举产生，不设常设机构。代表资格是：凡年满18周岁的公民，不分民族、种族、性别、职业、家庭出身、宗教信仰、财产状况、居住期限，除依照法律被剥夺政治权利者外，都有选举权和被选举权。选举的程序是：（一）建立选举机构。成立县选举委员会，主持全县选举工作，抽调专门人员负责选举具体事宜。（二）规定代表名额。根据《选举法》规定，本着“代表要体现广泛性、严肃性”的原则，按照各乡镇或公社人口和工人、农民等各界人士所占比例分配。（三）提出代表候选人。根据《选举法》有关规定，县乡各政党、人民团体，可以联合或单独推荐候选人，选民乡代表10人以上联名，也可以推荐县代表候选人。行唐县县代表候选人一般采用党、团、妇、合作社等团体负责干部协商联合提名，或采取领导与群众相结合的方式，由乡镇或公社总支邀请乡镇或公社人民政府、各人民团体联合提名，之后以选民小组或互助组、农业生产合作社为单位进行协商，确定初步代表候选人，然后由乡镇或公社代表到各选区组织选民讨论，按照多数人的意见确定正式代表候选人。（四）选举代表。乡镇或公社人民代表大会采用无记名投票或举手表决的方式选举县代表。

（一）行唐县第一届人民代表大会代表情况

根据《选举法》第十二条规定：县代表名额基数是140名，每5000人可增加1名代表；人口超过155万人的，代表总额不得超过450名。1954年，行唐县常住人口21.62万人，经研究并报河北省人民政府批准，确定代表名额为164名。1954年4月中旬，各乡镇均召开了第一届人民代表大会第二次会议，依法选举产生县第一届人民代表大会代表164名。其中，工人代表33名，占20.12%；农民代表112名，占68.29%；其他各界代表19名，占

11.59%。中共党员代表95名，占57.93%；妇女代表32名，占19.51%。

（二）行唐县出席河北省第一届人民代表大会代表情况

1954年7月14日，县一届人大一次会议依法选举产生行唐县出席河北省第一届人民代表大会代表3名。

二、代表名单

（一）行唐县第一届人民代表大会代表名单

县第一届人民代表大会代表名单不详。

（二）行唐县出席河北省第一届人民代表大会代表名单

陈永义　　贾亚夫　　赵春风(女)

第三节　会议概况

一、县一届人大一次会议

1954年7月9日至14日，县一届人大一次会议在县城召开。出席代表155人（应到164人）。会议听取和审查县人民政府县长周建民作的《行唐县政府十个月来工作总结及1954年下半年工作计划（草案）》的报告。会议通过相应决议。会议选举产生行唐县出席河北省第一届人民代表大会代表3名。本次会议未选举县人民政府领导机构，县第三届各界人民代表会议常务委员会继续行使其权力。

这次会议以贯彻党在过渡时期的总路线、总任务为指导思想，紧紧围绕人民群众关心的互助合作、增产节约、粮食统购统销等议题充分展开讨论。会议认为，根据党在过渡时期的总路线、总任务，县人民政府带领全县人民贯彻县第三届各界人民代表会议第六次会议精神，在农村开展了以互助合作为中心的大生产运动，并进行了粮食统购统销、基层选举和召开人民代表大会的准备工作，各项工作均取得了一定成绩。会议指出，1954年下半年，全县粮、棉、油料要大幅度增产，工业要有所发展，农业生产合作社、各种手工业生产合作社要扩容提质，任务非常繁重。会议要求，县人民政府要切实加强对各级干部全心全意为人民服务的思想教育和民主作风、阶级路线教育，密切干群关系，形成全县人民齐心协力抓生产、促增产的良好社会氛围；各位代表要进一步深入宣传粮食统购统销等政策，杜绝粮商粮贩的投机活动和囤积居奇，促进市场健康发展，以支持国家有计划的经济建设。

二、县一届人大二次会议

1954年11月5日至7日，县一届人大二次会议在县城召开。出席代表132人（应到164人）。会议听取和审查县人民政府县长严廷锡作的《关于1954年粮食、棉花、油料统购统销和农业税征收工作的方案（草案）》。会议通过相应决议。

会议认为，1954 年以来，行唐县贯彻执行国家统购统销政策，为实现“国家取得粮食、保证供应、团结农民、促进生产、稳定市场、支持国家建设”作出了积极贡献。会议指出，继续做好国家统购统销工作，完成农业税征收任务，对支持国家建设、支援灾区同胞、支援解放台湾意义重大，也是一项重要的政治任务，必须按时按量完成。会议号召，全体代表要以身作则，与全县人民共同努力，勤俭节约，艰苦奋斗，有力地推动县一届人大二次会议决议落到实处。

三、县一届人大三次会议

1955 年 1 月 17 日至 19 日，县一届人大三次会议在县城召开。出席代表 164 人（应到 164 人）。会议听取和审查县人民政府县长严廷锡作的《政府工作报告》《关于执行〈政务院征集补充兵员命令〉的报告（草案）》《关于整顿巩固农业生产合作社的报告》。会议通过相应决议。会议选举产生县人民政府县长、副县长、委员，县人民法院院长（名单见本章第六节《会议选举》）。

会议认为，县一届人大二次会议以来，县人民政府按照党在过渡时期的总路线、总任务，大力发展农业生产，积极稳步地进行了对农业、手工业及资本主义工商业的社会主义改造，超额完成了国家统购统销任务，同时扩大物资交流，整顿文化教育事业，全县各项工作成绩明显。会议指出，政务院补充兵员，是加强国防力量、巩固革命胜利、保卫和平建设、实现国防现代化的重要措施，必须大张旗鼓地宣传、不折不扣地完成。会议还指出，随着农业生产合作社的迅猛发展，新社数量大、辐射广却又良莠不齐。因此，要积极贯彻执行毛泽东主席提出的“停止发展，全力巩固”的总方针，着手对农业生产合作社的整顿、巩固与提高，先搞好生产，保证增产，为实现全国农业合作化奠定坚实基础，有力地支持国家建设和解放台湾的斗争。

四、县一届人大四次会议

1955 年 11 月 18 日至 20 日，县一届人大四次会议在县城召开。出席代表 115 人（应到 162 人）。会议组织学习《组织法》。会议听取和审查县长严廷锡作的《关于夏秋以来的工作报告》《关于冬季的工作安排》。会议通过相应决议。

会议认为，1955 年以来，通过大力宣传国家第一个五年计划和毛泽东主席《关于农业合作化问题》的指示，全县开展了爱国增产竞赛运动，农业发展稳中有进。会议指出，要巩固已取得的胜利，必须更加紧密地团结起来，继续深入发动群众，做好粮食“三定”（定产、定购、定销）、生产救灾、冬季积肥、冬耕冬灌等各项工作，为完成国家第一个五年计划、把中国建设成为一个伟大的社会主义国家而奋斗。

五、县一届人大五次会议

1956 年 8 月 17 日至 21 日，县一届人大五次会议在县城召开。出席代表 131 人（应到

162人）。会议听取和审查县长严廷锡作的《行唐县人民委员会关于1956年上半年工作的报告》《行唐县人民委员会第三季八、九月份工作安排（草案）的报告》，县人民法院院长高树德作的《关于1956年上半年法院工作的报告》。会议通过相应决议。会议增选县人民委员会副县长1名（名单见本章第六节《会议选举》）。

会议指出，当前全国正处在伟大的社会主义革命的高潮中，庞大的农村已经实现完全社会主义的农业合作化，农民正走在共同富裕的康庄大道上。在此感召下，全县人民经过社会主义教育和社会主义斗争的锻炼，政治觉悟有了很大提高，各项事业呈现蓬勃发展的态势。会议在对将生产指标定得过高、盲目追求高额增产等问题进行批判的基础上，提出了切合实际的工作安排。会议要求，领导干部要深入农业社、生产队，加强对农业增产竞赛的领导和具体指导，多措并举，保证实现农业增产。会议号召，全体代表要密切联系各界人士，团结一致，群策群力，为实现此次会议的决议而努力。

第四节　各界人民代表会议常务委员会

根据中国人民政治协商会议全国委员会、中央人民政府政务院5月13日联合通知，1954年7月，县一届人大一次会议闭幕后，结束各界人民代表会议常务委员会的日常工作。之后到1955年1月结束其组织机构及工作。各界人民代表会议常务委员会密切联系县委统战部，继续进行统一战线工作，从事向社会主义过渡时期对各阶层人民的教育和联络。

1954年7月至1955年1月，各界人民代表会议常务委员会在县委的统一领导和县人民政府的支持下，认真学习党在过渡时期的总路线、总任务及《宪法》，联系各界人民重点学习了一届全国人大一次会议文件、周恩来总理在中央政府委员会第三十三次会议上的报告和政协全国委员会、各民主党派、各人民团体发出的关于解放台湾的联合宣言，并加大了对互助合作、统购统销、义务兵役制等方面的宣传。开展向各界代表发出“一封信”活动2次。一次是宣传人民代表大会代替各界人民代表会议的精神和意义，要求大家继续以主人翁的姿态与政府密切联系，为支持国家大规模经济建设、支援灾区同胞、支援解放台湾作出积极贡献。一次是以增产节约为中心，结合县一届人大一次会议精神，要求驻乡常务委员和代表，带头学习党的对农政策、重要会议文件，征求对政府工作的意见建议。根据河北省协商委员会《关于学习第一届全国人大一次会议重要文件的计划》，拟出学习计划，由县委统战部印发充足的文件材料，通过邀请县委、政府领导作报告或解答文件重点和文件精神，召集辅导员会议传达学习步骤，联系辅导员和学习积极分子临时召集不定期的讨论会，辅导员和驻会干部上门辅导，引导学员写心得等方式，推动学习活动取得实效。1954年10月下旬，召开为期4天的中医代表座谈会，赞扬他们为人民生命健康服务的精神，要求加强政治学习和技术传承。根据河北省有关通知精神，开展捐献飞机大炮款的清理工作。仅两个月时间，完成了84个乡、321个村的清理工作，共清理出贪污款41.9万元，挪用款16万元，浪费、吃喝款40多万元。

第五节　会议决议

一、县一届人大历次会议作出决议情况

县一届人大历次会议共作出决议 6 项。

表 2-3　行唐县第一届人民代表大会历次会议决议一览表

时　间	会　次	事　项
1954 年 7 月 13 日	第一次	关于县政府十个月来工作总结及 1954 年下半年工作计划的决议
1954 年 11 月 7 日	第二次	关于 1954 年冬季生产、互助合作、农业税征收和粮、棉、油料统购统销的决议
1955 年 1 月 18 日	第三次	关于政府工作报告的决议 关于执行《政务院征集补充兵员命令》与整顿巩固农业生产合作社的决议
1955 年 11 月 20 日	第四次	关于县人民委员会工作报告的决议
1956 年 8 月 20 日	第五次	关于县人民委员会 1956 年上半年工作报告及 1956 年第三季八、九月份工作安排的报告的决议

二、决议选介

关于县政府十个月来工作总结及 1954 年下半年工作计划的决议

《关于县政府十个月来工作总结及 1954 年下半年工作计划的决议》（以下简称《决议》），于 1954 年 7 月 13 日在县一届人大一次会议上通过。

《决议》指出，1954 年下半年，要继续贯彻党在过渡时期的总路线，开展以发展互助合作为中心的农业增产运动，要求年内组织起来的农户要达到 70%。其中，生产合作社再增加 5801 户，达到占总农户的 25%。原有社以整顿巩固为主，扩大旧社，发展新社，带动提高互助组，要求组织起来的农户达到 80%；组织起来占农户 50% 的村庄普遍发展临时互助组，提高长年互助组，达到村村办社，要求 65% 的农户组织起来；工作基础弱、组织起来户数少的村庄，工作重点以发展各种类型互助组为主，有条件者重点办社，以树旗帜带动一般。

《决议》强调，只有通过农业合作这条道路才能推进农业大幅度增产。《决议》要求，一要坚持依靠贫农和中农的巩固联盟逐步发展互助合作、限制富农剥削这一阶级路线。二要

积极领导，稳步前进。三要严格掌握群众自愿、骨干坚强、章程合理这三个基本条件。四要在发展农业互助合作的同时，注意发展农村信用社和供销社。

关于1954年冬季生产、互助合作、农业税征收和粮、棉、油料统购统销的决议

《关于1954年冬季生产、互助合作、农业税征收和粮、棉、油料统购统销的决议》（以下简称《决议》），于1954年11月7日在县一届人大二次会议上通过。

《决议》根据中央提出的“多购购足，合理供应”方针，重点讨论决定粮、棉、油统购统销工作。（一）粮食购销。本着“国家需要，农民够吃，余多多购，余少少购，不余不购，不挤掉群众口粮和留一点余地”的原则，决定全县保证完成250万公斤粮食统购。办法是：征、购、销三位一体，征、购分算，统一交纳。同时计算缺粮，凭证定量供应。（二）棉花统购。贯彻“保证机织用棉和军用棉，节约民用絮棉，并稍许压缩土织土纺用棉”方针，确定纺织习惯区每人最多留皮棉1.5公斤，一般地区每人留1公斤。全县本年度保证完成177万公斤皮棉收购任务。为了掌握油源，征购部分争取全部或大部为籽棉。关闭棉花市场，不允许私营棉花商贩搞经营活动。（三）油脂统购。决议对花生、棉籽、胡麻籽、芝麻、油菜籽、芥菜籽、葵花籽、蓖麻籽八种主要油料一律实行统购。本着“出口任务必须保证，城市供应一般不增，农村供应适当放宽”的精神，全县本年度完成525万公斤花生统购任务。为保证任务完成，除留足种子和每人1.5公斤油脂（山区1公斤）外，全部卖给国家。统购期间，关闭油脂油料市场，禁止私商小贩经营食油、零售花生，由国营公司、供销社计划供应。

关于执行《政务院征集补充兵员命令》与整顿巩固农业生产合作社的决议

《关于执行〈政务院征集补充兵员命令〉与整顿巩固农业生产合作社的决议》（以下简称《决议》），于1955年1月18日在县一届人大三次会议上通过。

《决议》指出，县长严廷锡作的《关于执行〈政务院征集补充兵员命令〉的报告（草案）》《关于整顿巩固农业生产合作社的报告》，与会代表经过认真讨论，一致认为，征集补充兵员命令的公布，实际上是由志愿兵役制过渡到义务兵役制的开始，是国家军事制度的重大改革。整顿巩固农业生产合作社，提高社的质量，是实现1955年粮、棉、油料增产的必然要求。会议通过《决议》，号召全县人民紧密团结起来，1955年2月底前完成征集兵员430名的任务。同时，通过重点整顿、全面带动、互助互学等方式，全面促进农业生产合作社的巩固与提高。

关于行唐县人民委员会工作报告的决议

《关于行唐县人民委员会工作报告的决议》（以下简称《决议》），于1955年11月20日在县一届人大四次会议上通过。

《决议》对县人民委员会1955年以来的工作表示满意，认为下一步工作安排符合全县

实际和广大人民的要求。《决议》针对全县基本实现农业合作化，及时贯彻中央提出的“勤俭办社”“民主办社”方针，决定对全县农业社普遍开展审查。要求修订农业社全年收入、开支计划，克服开支过大现象；加强财务管理，处理好并社中的遗留问题；做好秋收预分工作；加强社员思想政治教育，克服本位自私，杜绝贪污；树立民主作风，切实防止与纠正强迫命令和贪污现象；坚决杜绝随便打人、扣人、停止社员出工等违法乱纪行为。

关于县人民委员会1956年上半年工作报告
及1956年第三季八、九月份工作安排的报告的决议

《关于县人民委员会1956年上半年工作报告及1956年第三季八九月份工作安排的报告的决议》（以下简称《决议》），于1956年8月20日在县一届人大五次会议上通过。

《决议》指出，1956年上半年以来，全县工作成绩显著，下半年工作安排中提出的任务要求，积极可靠，符合全县实际情况和广大人民群众的要求。

8、9月份的工作安排，强调以下四点。一是做好受灾群众的安置工作。对一切因雨受灾的群众和房屋倒塌的烈军属，要积极安置和帮助解决住房困难问题，并开展副业生产，增加农民收入，缩短灾荒。二是以农业生产为中心，做好生产救灾工作。从做好农作物田间管理、尽量扶起已倒伏的作物减少损失、防治与警惕病虫害、抓住时机大力开展压绿肥运动、鼓励社员大量养猪积肥、广泛开展大秋作物的选种工作、种麦每亩施肥量要求、做好秋收秋耕工作等方面提出要求。三是继续巩固农业生产合作社，提高社的质量。进一步贯彻“勤俭办社”的方针，要求审查与修订农业社的全年农业生产收入开支计划，克服开支过大的现象、加强财务管理，杜绝贪污，搞好农、副业生产，保证90%以上的社员增加收入。四是经济工作必须围绕生产并支持增产。从按照政策完成各种税收计划、实事求是地做好9月份以前的统销供应和秋征统购的准备工作、及时开展棉花收购、加强市场管理稳定物价、加强公路整修、支持农副业生产等方面作出安排。五是围绕中心，做好撤区并乡，加强知识分子工作，继续开展文化科学进军运动。要求按照县委撤区并乡工作方案安排，8月10日前完成并乡工作，9月上旬完成撤区工作，同时做好中小学教育和加强扫盲工作，建办收音站和俱乐部，促进文化传播，繁荣科学艺术。

第六节　会议选举

县一届人大选举产生县级国家机关工作人员21人次。

县人民政府（县人民委员会）

县　长：

严廷锡　　1955年1月县一届人大三次会议当选

副县长：

周吉庆　1955 年 1 月县一届人大三次会议当选

张泽民　1955 年 1 月县一届人大三次会议当选

苏永祥　1956 年 8 月县一届人大五次会议当选

委　员（县一届人大三次会议选举产生）：

孙惠文	门振业	李宏志	赵春风（女）
杨丕章	刘宝元	贾亚夫	杨淑珍（女）
郑　平	陈秉吉	王德新	赵庆祥
李喜贵	苏永祥	周建民	郭　旭

届中调整情况：

苏永祥，1956 年 8 月县一届人大五次会议当选为副县长。

县人民法院

院　长：

高树德　1955 年 1 月县一届人大三次会议当选

第七节　会议组织

一、县一届人大一次会议

（一）大会主席团

人员名单不详。

（二）大会秘书处

秘 书 长：王德新

副秘书长：李宏志

秘书处下设材料股、生活股、总务股、警卫股。

材料股股长：赵　猛

生活股股长：王百川

总务股股长：刘盛岭

警卫股股长：郑　平

（三）大会代表资格审查委员会

主　任：王兆瑞

委　员：王百川　甄风岐　赵爱平

（四）大会提案审查委员会

主　任：赵　伟

副主任：门振秦

委　员：

王德新	孙辅德	崔配庆	肖元远
刘凤藻	李喜贵	郭永章	李保信
甄三平			

二、县一届人大二次会议

（一）大会主席团

人员名单不详。

（二）大会秘书处

秘　书　长：王德新

副 秘 书 长：李宏志

秘书处下设材料股、生活股、总务股、警卫股。

材料股股长：王新贵

生活股股长：贾亚夫

总务股股长：田位山

警卫股股长：花贵奇

（三）大会代表资格审查委员会

人员名单不详。

三、县一届人大三次会议

（一）大会主席团

人员名单不详。

（二）大会秘书处

秘书长、副秘书长人员名单不详。

秘书处下设材料股、生活股、总务股、警卫股。

材料股股长：苏永祥

生活股股长：范英奎

总务股股长：刘根甲

警卫股股长：花贵奇

（三）大会代表资格审查委员会

主　任：成　振

委　员：郭永章　杨安县

四、县一届人大四次会议

（一）大会主席团

人员名单不详。

（二）大会秘书处

秘　书　长：李宏志

秘书处下设材料股、生活股、总务股、警卫股。

材料股股长：苏永祥

生活股股长：王百川

总务股股长：范　永

警卫股股长：花贵奇

（三）大会代表资格审查委员会

主　任：侯述堂

委　员：贾成富　杨安县

五、县一届人大五次会议

（一）大会主席团

马文星	王新德	王维周	仇洛云
刘宝元	严廷锡	苏永祥	李　英
杨淑珍（女）	张泽民	陈秉吉	周吉庆
周建民	郑　平	赵庆祥	赵春风（女）
侯进庚	贾亚夫	郭　旭	郭德言
梁生印			

（二）大会秘书处

秘书长：孙其文

大会副秘书长、秘书处下设各股股长及代表资格审查委员会人员名单不详。

第二章　行唐县第二届人民代表大会

行唐县第二届人民代表大会任期自1956年12月至1958年5月，召开会议3次，听取和审查报告13个，通过决议3项，选举1项。县二届人大历次会议共审查处理代表提案335件。

表2-4　行唐县第二届人民代表大会历次会议概况表

会　次	时　间	听取报告（个）	决议决定（项）	选举（项）
第一次	1956年12月16—20日	4	1	1
第二次	1957年6月20—23日	4	1	—
第三次	1958年1月9—12日	5	1	—

表2-5　行唐县第二届人民代表大会历次会议代表提案概况表

会　次	类　别	数量（件）	合计（件）
第一次	农林水牧类	79	222
	财经贸易类	67	
	文教卫生类	30	
	政法类	30	
	其他	16	
第二次	农林水牧类	19	113
	财经贸易类	57	
	文教卫生类	18	
	政法类	10	
	其他	9	
第三次	未专门收集代表提案		

第一节 党的领导

根据《国务院关于1956年选举工作的指示》（〔56〕国议周字第37号）《河北省1956年选举工作意见》及《石家庄专区1956年选举工作安排意见》，1956年10月15日，县人民委员会印发《行唐县1956年选举工作实施方案（草案）》，成立县委统一领导的县选举委员会，主持全县选举工作，下设办公室，负责各项具体工作；明确这次选举的重大意义，并对选举事项作出具体安排，要求各级党委成立专班，加强对选举工作的领导，把选举工作当成一项政治任务去完成。

1956年12月16日，在县二届人大一次会议上，县委书记周建民致开幕词，分析了当前的国际、国内形势，指出了影响全县生产建设快速发展的突出问题，简要阐述了全县社会主义改造取得的成果和下一步工作计划，号召大家发扬党的优良传统和作风，为把中国建设成为一个富强、先进的社会主义国家而奋斗。1957年2月7日，县人民委员会印发《关于改进县人民委员会领导的几点意见（初稿）》，总结了县一届人大一次会议以来在召开人民代表大会方面的经验和不足，就完善人民代表大会制度提出指导意见。强调指出，会议要充分发扬民主，加强与代表的沟通，认真处理代表提案，真正将人民当家作主落到实处。1958年1月9日，在县二届人大三次会议上，县委第一书记陈永义致开幕词，鼓励各位代表着眼大局、立足人民，全面细致地参与大会讨论，站在人民的立场建言献策，通过大辩论达到政治战线和思想战线的统一。

第二节 人大代表

一、行唐县第二届人民代表大会代表情况

按照国务院、河北省、石家庄专区关于1956年选举工作的有关通知精神，行唐县人民代表大会代表于1956年进行换届选举。根据《选举法》的规定，结合行唐县实际，《石家庄专区1956年选举工作安排意见》中，分配给行唐县第二届人民代表大会代表名额175名。根据各乡镇实际情况，县分配到各乡镇的代表名额分别是：城关镇18名，南贾素乡4名，李七里峰乡4名，坟台乡4名，贾庄乡7名，连家庄乡9名，独羊岗乡6名，只里乡4名，张霍口乡4名，安香乡4名，南张吾乡5名，左市同乡8名，东寺乡5名，上碑乡5名，龙门乡2名，北庄乡3名，铁匠庄乡3名，颖南乡2名，北城寨乡4名，下阎庄乡4名，南桥乡7名，北龙岗乡7名，官庄乡6名，北河乡4名，屹嵧头乡4名，西城仔乡2名，阳关乡4名，上方乡4名，口头乡5名，李台乡4名，上阎庄乡3名，瓜家峪乡2名，石桥乡3名，东彩庄乡3名，草泊头乡3名，九口子乡3名，团山乡2名，马化乡2名，杨家庄乡2名。选举工作于1956年10月下旬开始，11月中旬，各乡镇召开第二届乡镇人民代表大会第一

次会议，依法选举产生行唐县第二届人民代表大会代表175名。其中，农民代表87名，占49.71%；机关工作者代表68名，占38.86%；教育界代表8名，占4.57%；医务界代表3名，占1.71%；工人和其他各界代表9名，占5.14%。中共党员代表80名，占45.71%；妇女代表34名，占19.43%。

二、行唐县第二届人民代表大会代表名单

孙文斌(女)	范荣琴	刘朝姐(女)	杨敬秋
薛朝选	张连古	仇洛云	贾双兰(女)
赵庆祥	李金荣(女)	游仁山	董继道
陈立新	周建民	刘绍贞	苏洛同
杨士兰	王维周	康洛正	贾亚夫
付文英(女)	申玉林	刘德荣	杨素芳(女)
王英堂	高升堂	杨更新	李六合
王苗凤(女)	陈吉宗	杨颜林	马贵荣(女)
赵四女(女)	屈志伟	刘瑞舞	冯洛红
杨丕章	刘秀文(女)	侯述堂	王灯虎
郭洛福	王洛由	王建妮(女)	王老虎
霍汉三	戴洛仲	张清秀	任振国
任洛掌	马秉执	王德成	霍庆辰
任小瑞	樊行会	杨淑珍(女)	赵文锡
李增良	张泽民	鹿常在	张振国
范　永	张洛荣	仲风岐	米合贵
刘宝元	郭大龙(女)	彭铸君	张文玉
张云香(女)	刘洛行	王洛新	张洛培
盖保琴(女)	赵洛慎	赵立峰	王秀芳(女)
王兆瑞	王洛振	严廷锡	王洛凌
齐洛华	霍　彦	王洛双	李荣彦(女)
李强姐(女)	朱庆勋	孙辅德	毛丰禄
于小生	李洛存	祖志敏	于新和
李宏志	郭洛明	韩洛周	韩银岭
韩洛远	米书文(女)	赵风山	梁连贵
谷计成(女)	甄同合	褚扔妮(女)	张昌计
刘维秋	孙洛会	付洛定	申春花
李文斌	曹金顺(女)	李　拴	赵洛川
贾荣卿	王青彦(女)	王田增	付振英(女)

梁书梅（女）	李洛信	刘锡林	崔自强（女）
顾保珍	习荣章	王秀云（女）	张进生
苏永祥	盛丕固	盛　杰	王胤玉
严美才	习洛荣	耿五保	孙双芹（女）
孙其文	赵二保	杨三运	周吉庆
乔法子	李秋合	李瑞琴（女）	张振海
习俊法	王洛荣	郭　旭	郑　平
赵春风（女）	杨连银	赵凤花（女）	赵洛周
李　开	张　欣	张荣琴（女）	曹俊才
刘荣信	姜换成	郑自勤	刘荣国
陈红妮（女）	张凤岭	于　荣	胡进知
赵俊峰	季　成	赵洛良	王付芝（女）
王德修	李　信	李　英	李　秀
李　纯	耿俊德	王风文	王明文
解士英	王金丰	张平子	

第三节　会议概况

一、县二届人大一次会议

1956年12月16日至20日，县二届人大一次会议在县城召开。出席代表142人（应到175人）。会议听取和审查县长严廷锡作的《行唐县人民委员会关于两年来政府工作的报告》，县人民委员会《关于当前几项主要工作安排的报告（草案）》《1956年财政决算报告》，县人民法院院长高树德作的《行唐县人民法院工作报告》。会议通过相应决议。会议选举产生县长、副县长、县人民委员会委员（名单见本章第五节《会议选举》）。

会议指出，《关于农业合作化问题的指示》和《加快农业和农村发展的十七条意见》以及党的七届六中全会的决议，对社会主义农业合作化有着重要的指导意义。全县上下一致、共同努力，取得了对农业、手工业和资本主义工商业的社会主义改造的决定性胜利，农业合作化运动发展迅速，农产品显著增长，有力地促进了整个国民经济和文教卫生等各项事业的新发展。会议强调，当前要以发展农副业生产、改善经济、整顿巩固农业社为中心任务，同时做好兵役登记和部分灾区生产救灾工作。会议号召，各级领导干部要继续发扬谦虚谨慎、实事求是的工作作风，反对领导上的主观主义和官僚主义，把好社会主义的方向盘。全体代表要积极履职，动员群众一起把大会的精神贯彻好，把大会的决议落实好，为巩固社会主义改造的伟大成果、圆满完成第一个五年计划而努力。

二、县二届人大二次会议

1957年6月20日至23日，县二届人大二次会议在县城召开。出席代表142人（应到175人）。会议听取和审查副县长周吉庆作的《行唐县人民委员会关于1957年上半年工作情况的报告》、副县长张泽民作的《关于行唐县1956年财政决算和1957年财政预算的报告》、副县长苏永祥作的《行唐县1957年夏季粮食统购统销、农业税征收工作方案（草案）》，县人民法院院长高树德作的《关于1957年上半年法院工作的报告》。会议通过相应决议。

会议指出，1957年是全国实现全面合作化的第二年，是国家的第一个五年计划的末尾一年。1957年以来，在中国共产党和上级政府的领导下，通过学习党的八大精神和毛泽东主席在最高国务会议上《关于正确处理人民内部矛盾问题》的讲话，对1956年以来的工作进行了“回头看”，各级领导干部在积极转变作风的同时，与群众同甘共苦，发动群众开展了农副业生产运动，整顿巩固了农业合作社，适时完成了1957年春播，夏收年景不错，各项事业都在稳步发展。会议强调，要突出地做好农业生产和粮食征购销工作，切实保证实现粮棉增产和全面地完成各项建设计划，确保第一个五年计划目标任务的实现，还要不放松、加油干。会议号召，全县人民要紧密团结在中国共产党和中央人民政府周围，发扬艰苦勤劳的优良传统，同心同德，群策群力，为争取1957年农业大丰收和超额完成第一个五年计划、迎接第二个五年计划而奋斗。

三、县二届人大三次会议

1958年1月9日至12日，县二届人大三次会议在县城召开。出席代表123人（应到175人）。会议听取和审查县人民委员会《关于1957年政府工作的报告》《关于行唐县1957年财政决算和1958年财政预算的报告》，县长严廷锡作的《行唐县农业发展纲要（修正草案）》、副县长周吉庆作的《行唐县山区生产建设规划纲要（修正草案）》，县人民法院院长高树德作的《行唐县人民法院工作报告》。会议通过相应决议。

会议认为，为贯彻好县二届人大二次会议决议，全县范围内开展了以粮食增产为主的大丰收运动，大力整顿了合作社、生产队，推行了包工包产等制度，在旱、雹、风灾严重的情况下，受益于国家在资金、技术、农药、农械等方面的大力支持，行唐获得了平年偏丰的年景。生猪数量翻了一番，并出现了闻名全国的安香“万猪乡”。会议指出，看到成绩的同时，也应看到，国家经济建设发展速度与人民日益增长的需求相比，仍有不小的差距，缺粮问题还没有根本解决，山区粮食生产不足、果树产量不稳的问题不容忽视。会议强调，现在是一个大变革的时代，建设社会主义新社会的任务伟大而艰巨。会议审议通过的“两个纲要”有任务目标，有措施要求，翔实而客观。全县党、政、群、企等都要积极参加社会主义教育运动，提高对社会主义的认识，以空前的团结、革命的精神投身到生产和建设中去，贯彻好会议决议，落实好“两个纲要”，为国家的经济建设和人民的幸福生活而不懈努力。

第四节　会议决议

一、县二届人大历次会议作出决议情况

县二届人大历次会议共作出决议3项。

表2-6　行唐县第二届人民代表大会历次会议决议一览表

时　间	会次	事　项
1956年12月20日	第一次	行唐县第二届人民代表大会第一次会议决议
1957年6月22日	第二次	行唐县第二届人民代表大会第二次会议决议
1958年1月12日	第三次	行唐县第二届人民代表大会第三次会议决议

二、决议选介

行唐县第二届人民代表大会第一次会议决议

《行唐县第二届人民代表大会第一次会议决议》（以下简称《决议》），于1956年12月20日在县二届人大一次会议上通过。

《决议》指出，今冬明春农村工作要以发展农副业生产、改善经济工作、整顿农业社为中心任务。整顿巩固与提高农业社，重点解决：贯彻互利政策，整顿社的机构，加强社内管理（勤俭办社、民主办社），正确处理集体与社员个人利益的矛盾。整社要从民主总结一年来生产工作入手。在勤俭办社方面，着重解决两个问题：一是多种经营，主要是副业生产，坚持“大的集中，小的分散”，集体与个人应适当划分经营范围。要认真贯彻“按劳取酬，奖励技术，同工同酬，多劳多得”原则。二是财务问题，着重抓好紧缩开支，严格手续，推行不同形式的财务包干。解决社员入社遗留问题时，应按照“主要公有，次要私有”和“既照顾贫农社员利益，又要照顾中农利益”的原则进行处理。“对大中型农具、牲口要折价入社，分期偿还”；对林果入社要普遍进行检查，应归社的归社，应归私的归私；清理摊派股份基金，应以劳力计算分配，以户为单位摊派，既照顾社内生产需要又照顾社员负担能力；认真执行“五保”政策，一般采取“定工生产，定额补助，定人照顾”的办法。在民主办社方面，要在民主教育基础上，民主选举社队干部，健全社的组织，改进干部作风，加强劳动管理，推行劳动定额和包工包产。

行唐县第二届人民代表大会第二次会议决议

《行唐县第二届人民代表大会第二次会议决议》（以下简称《决议》），于1957年6月

22 日在县二届人大二次会议上通过。

《决议》对县人民委员会和县人民法院半年来的工作表示满意。《决议》指出，为保证完成 1957 年国家征购粮食 424 万斤、粮食统销指标 514 万斤、借征公粮连附加 310 万斤的任务，一是认真执行以社为单位计算余缺，进行粮食购销的办法，应征购的粮食由社统一向国家缴征缴售，农业社根据国家核定的指标向社员进行分配，社对社员分配后，经社员讨论通过、签字定案，报请粮食机关审查，再以户为单位签发购粮证。二是确定留粮时间，原则上以接上秋粮为限，留下 3 个月的消费，以达到保证劳动、支持生产的目的。三是农业税征收以征粮为主，农业社收获的全部夏粮在扣除口粮、饲料、种子应留的消费后有余的，按照税额先缴纳公粮；之后再有剩余的，按 90% 的购率进行统购。四是管好粮食市场，取缔粮食投机。

行唐县第二届人民代表大会第三次会议决议

《行唐县第二届人民代表大会第三次会议决议》（以下简称《决议》），于 1958 年 1 月 12 日在县二届人大三次会议上通过。

《决议》批准了县人民委员会、县人民法院的报告，对一年来全县工作成绩给予肯定。《决议》认为，《行唐县农业发展纲要（修正草案）》《行唐县山区生产建设规划纲要（修正草案）》这两个报告是适时必要的，它不仅给全县广大人民指出了奋斗方向，又给加速社会主义建设、提高人民生活带来了极其有利的积极因素，强调县人民委员会要责成各乡镇人民委员会认真执行，以求“两个纲要”彻底实现。

链接 3:《行唐县农业发展纲要（修正草案）》简介

《行唐县农业发展纲要（修正草案）》（以下简称《农业发展纲要》）指出，自实现农业合作化以来，生产有了迅速的恢复和发展，人民生活随之有了改善，但和国家经济建设及人民生活日益增长的需求相比还有差距，最突出的问题就是缺粮，这就增加了国家社会主义建设的负担。因此，要集中力量发展粮棉生产，同时发展农林业果树及其他多种经济，增加社员收入，逐步提高人民生活水平，支持国家社会主义建设。

《农业发展纲要》从农业增产、积极发展畜牧业以加强农业生产动力基础、加强林业果树建设以支持农业生产、积极挖掘生产资源以支持农业扩大再生产、加强领导等多个方面，提出目标，明确举措。

农业增产方面，根据不同地区的特点，提出了不同的发展要求：平原地区 15 个乡 119 个社，1958 年，粮食耕地亩产 587 斤，棉花亩产皮棉 71 斤，花生亩产 335 斤，大豆亩产 222 斤。1962 年，粮食耕地亩产 1125 斤，棉花亩产皮棉 154 斤，花生亩产 443 斤，大豆亩产 284 斤。1967 年，粮食耕地亩产 1300 斤，棉花亩产皮棉 300 斤，花生亩产 664 斤，大豆亩产 355 斤。丘陵地区 9 个乡 64 个社，1958 年，粮食耕地亩产 306 斤，棉花亩产皮棉 55 斤，花生亩产 225 斤，大豆亩产 185 斤。1962 年，粮食耕地亩产 640 斤，棉花亩产皮棉 103 斤，花生亩产 295 斤，大豆亩产 232 斤。1967 年，粮食耕地亩产 865 斤，棉花亩产皮棉 200

斤，花生亩产474斤，大豆亩产290斤。山区15个乡111个社，1958年，粮食耕地亩产220斤，棉花亩产皮棉35斤，花生亩产167斤，大豆亩产116斤。1962年，粮食耕地亩产487斤，棉花亩产皮棉78斤，花生亩230斤，大豆亩产142斤。1967年，粮食耕地亩产670斤，棉花亩产皮棉110斤，花生亩产400斤，大豆亩产177斤。为完成上述任务，从加强水利建设、消灭水旱灾害，大量养猪积肥、提高地力，扩大夏种面积、合理培植农作物并积极发展高产作物，扩大优良品种、积极推广先进农业技术，改良土壤、扩大耕种面积等方面提出实现农业增产的措施。

积极发展畜牧业以加强农业生产动力基础方面，1958年，养大家畜2500头、羊5万头、鸡35万只、鸭3万只、兔5万对；1962年，养大家畜5万头、羊10万头、鸡50万只、鸭6万只、兔13万对；1967年，养大家畜7万头、羊15万头、鸡70万只、鸭10万只、兔23万对。为完成上述任务，要求从积极发展耕畜、改变牲畜饲养形式、有计划地改良品种、加强兽医防治工作等方面去努力。

加强林业果树建设以支持农业生产方面，1958年，造林3.2万亩，四旁植树77万棵，抚育5.5万亩，封山养草1.6万亩，采种6800斤，育苗680亩，栽种各种果树35万棵。1962年，造林14万亩，四旁植树120万棵，抚育51万亩，封山养草8万亩，采种1.84万斤，育苗3910亩，栽种各种果树150万棵。1967年，造林10万亩，栽培各种果树200万棵。为完成上述任务，要求密切结合水土保持工作大力进行造林，加强现有果树管理，大力防除病虫害，增施肥料，加强修剪。提出各农业社要根据实际情况固定专人搞果树园，责成专人经常进行技术指导。

积极挖掘生产资源以支持农业扩大再生产方面，要求本着“有山靠山、有水靠水、统一规划、全面发展”的精神，发展多种经济。

《农业发展纲要》要求加强组织领导，县领导亲自挂帅，乡党委、政府领导及社队干部真抓实干，全党全民动员，群策群力，抓深抓透抓到底，确保各项目标实现。

链接4：《行唐县山区生产建设规划纲要（修正草案）》简介

《行唐县山区生产建设规划纲要（修正草案）》（以下简称《山区生产建设规划纲要》）指出，行唐县山区物产丰富，生产潜力大，但存在“十多十少”即人口多耕地少、旱地多水地少、种植多收获少、开地多利用少、荒山多林地少、果树多产品少、牧场多牛羊少、矿产多开采少、药材多采用少、水源多利用少。要改变这种局面，就要做好规划并抓好落实。

《山区生产建设规划纲要》对山区的各项生产建设提出的主要任务和要求是：农业生产方面，粮食1958年播种33.63万亩，总产量达到5968.09万斤；1962年播种41.62万亩，总产量达到13191.20万斤；1967年播种51.22万亩，总产量达到23475.60万斤。棉花1958年播种4.25万亩，亩产皮棉44斤；1962年播种4.25万亩，亩产皮棉96斤；1967年播种4.77万亩，亩产皮棉174斤。花生1958年播种1.70万亩，亩产214斤；1962年播种1.70万亩，亩产272斤；1967年播种1.77万亩，亩产447斤。为完成上述任务，要求围绕做好水土保持、积极兴修水利、增施肥料、保护和繁殖耕畜、发展培优高产作物、防治病虫害、做好技术推广、开垦荒地等方面去努力。果树生产方面，1958 年发展新果树 28.80 万株，果树产量达到 350 万斤；1962 年发展新果树 144 万株，果树产量达到 500 万斤；1967 年发展新果树 144 万株，果树产量达到 1000 万斤。为完成上述任务，要求加强果树管理，通过重点示范逐步推行整枝、施肥、灌溉等科学技术以保证增产。林业方面，到 1967 年，山区绿化后林地面积达到 30.70 万亩。畜牧业方面，到 1967 年，养大家畜 3.5 万头、羊 10 万只、猪 23 万口。为完成上述任务，从做好兽医防治工作、有计划地改良家畜品种、在保护好现有耕畜的基础上积极进行繁殖、积极总结和推广饲养管理技术等方面提出要求。同时，还从发展多种经济和文教、卫生、交通、邮电事业等方面提出要求，并提出具体举措。

《山区生产建设规划纲要》要求，必须加强对山区工作的领导，县成立了由县委副书记、副县长为主任的山区建设委员会，列入县委议事日程，定期进行研究，有计划地召开各种专门会议，树立重点，组织参观，进行评比。山区各乡、社党委、政府干部要全力以赴领导山区生产建设；半山区各乡、社也应具体分工，确定一个党委或社副主任分工管理。县供销社、银行等各部门要加强对山区生产建设的支持，根据县委计划作出部门支持山区建设的规划。农、林、牧等部门，应发挥部门和技术干部的专业作用。此外，根据山区特点，大力加强对山区干部和广大群众的政治思想引领，用愚公移山的顽强毅力，依靠与发动群众，充分发挥一切有利因素，拿出革命的干劲，把山区建设工作掀起一个高潮。

第五节　会议选举

县二届人大一次会议选举产生县级国家机关工作人员 19 名。

县人民委员会

县　长：

严廷锡　　1956 年 12 月县二届人大一次会议当选

副县长：

苏永祥　　1956 年 12 月县二届人大一次会议当选

周吉庆　　1956 年 12 月县二届人大一次会议当选

张泽民　　1956 年 12 月县二届人大一次会议当选

委　员（县二届人大一次会议选举产生）：

李宏志	周建民	贾亚夫	杨丕章
范　永	刘锡林	郭　旭	郑　平
赵春风(女)	赵庆祥	仇洛云	崔自强(女)
董继道	杨淑珍(女)	杨佐才	

第六节 会议组织

一、县二届人大一次会议

（一）大会主席团

人员名单不详。

（二）大会秘书处

秘　书　长：李宏志

副 秘 书 长：张风岭

秘书处下设材料股、生活股、总务股、警卫股。

材料股股长：杨丕章

生活股股长：张振国

总务股股长：范　永

警卫股股长：王景孺

（三）大会代表资格审查委员会

主　任：侯述堂

委　员：杨安县　李德祥　贾成富

（四）大会提案审查委员会

主　任：杨守业

副主任：刘锡林

委　员：王英堂　杨佐才　刘凤藻　孙　合　李　英　王景林

二、县二届人大二次会议

（一）大会主席团

王维周	仇洛云	刘宝元	刘锡林
孙其文	苏永祥	杨淑珍（女）	张风岭
张泽民	周吉庆	周建民	郑　平
赵庆祥	赵春风（女）	贾亚夫	郭　旭
盛　杰	崔自强（女）	解士英	

（二）大会秘书处

秘　书　长：孙其文

副 秘 书 长：李宏志

秘书处下设材料股、生活股、总务股、警卫股。

材料股股长：杨丕章

生活股股长：张振国

总务股股长：范　永

警卫股股长：高银柱

（三）大会代表资格审查委员会

主　任：侯述堂

委　员：杨安县　贾成富

（四）大会提案审查委员会

主　任：刘锡林

副主任：杨守业

委　员：

王英堂	张宝仁	李　英	刘维秋
杨佐才	刘　斌	杨　易	

三、县二届人大三次会议

（一）大会主席团

人员名单不详。

（二）大会秘书处

秘　书　长：孙其文

副 秘 书 长：李宏志

秘书处下设材料股、生活股、总务股、警卫股。

材料股股长：杨佐才

生活股股长：杨丕章

总务股股长：贾荣卿

警卫股股长：郑其瑞

（三）大会代表资格审查委员会

主　任：侯述堂

委　员：杨安县　顾维林

（四）大会提案审查委员会

主　任：杨守业

副主任：刘锡林

委　员：杨佐才　刘维秋　刘　斌　孙　合

第三章　行唐县第三届人民代表大会

行唐县第三届人民代表大会任期分为两个阶段，其中自 1958 年 5 月至 10 月为一个阶段。1958 年 10 月，行唐县、新乐县合并为新乐县，原行唐、新乐两县人民委员会合并为新乐县人民委员会。1962 年 1 月，恢复行唐县建制。1962 年 1 月至 12 月为一个阶段。县三届人大召开会议 1 次，听取和审查报告 4 个，通过决议 4 项，选举 3 项，审查处理代表提案 26 件。

表 2-7　行唐县第三届人民代表大会第一次会议代表提案概况表

类　别	数量（件）	合计（件）
农林水利类	11	26
财政贸易类	5	
交通工作类	5	
领导方法类	4	
卫生工作类	1	

第一节　党的领导

县第三届人民代表大会的选举工作，是在各级党委、政府的正确领导下进行的。1958 年 1 月 14 日，县委印发的《中共行唐县委关于县、乡第三届人民代表大会选举工作中几个问题的通知》（总号：〔58〕5）指出，这次选举对继续巩固与扩大人民民主统一战线、团结一切可能团结的力量、调动一切积极因素为社会主义服务意义重大；对县第三届人民代表大会代表选举、党与非党的比例作出适当安排，要求选举工作必须在党的统一领导下进行。

1958 年 5 月 18 日，在县三届人大一次会议开幕会上，县委第一书记陈永义致开幕词时指出，随着全民整风运动的深入开展，全县工人、农民、知识分子、工商业者正在各个不同战线上力争上游，为国家社会主义工业化和农业现代化奋斗着，号召大家继续鼓足干劲抓农业生产，同时执行工农业同时并举的方针，为提早实现《行唐县农业经济发展纲要》和推进《行唐县关于第二个五年发展地方工业规划（草案）》而努力。

行唐县第三届人民代表大会任期内，经历过困难和挑战，县委和县人民委员会按照中央提出的国民经济调整、巩固、充实、提高的“八字方针”，及时对国民经济进行了调整，充分发挥了人大代表作为党和政府与人民群众之间的桥梁和纽带作用，积极宣传党的方针政策，团结全县人民一起努力，全县各项建设事业逐步恢复、稳步发展。

第二节　人大代表

一、代表情况

（一）行唐县第三届人民代表大会代表情况

县第三届人民代表大会代表名额为175名。1958年2月，各乡镇召开第三届人民代表大会，依法选举产生县第三届人民代表大会代表175名，县三届人大一次会议代表资格审查委员会对这175名代表的资格进行审查，其中1名代表（李长秀）因工作调动申请辞职、1名代表被撤销代表资格，后补选代表1名（东寺乡付士才），最后确定县第三届人民代表大会代表174名。代表构成及占比不详。

（二）行唐县出席河北省第二届人民代表大会代表情况

根据河北省选举委员会1958年4月22日通知，石家庄市分配给行唐县出席河北省第二届人民代表大会代表名额2名。1958年5月20日，在县三届人大一次会议上，以无记名投票方式选举产生。

二、代表名单

（一）行唐县第三届人民代表大会代表名单

城关镇、南贾素乡、坟台乡代表团

范荣琴	张吉祥	韩银怀	杨士兰
刘绍贞	董继道	赵庆祥	杨敬秋
薛朝选	张连古	仇洛云	王维周
陈吉宗	高生堂	李洛文	康洛正
杨更新	陈永义	杨佐才	刘孟达
杨永勤	李　进	贾亚夫	韩守信
李金荣(女)	杨素芳(女)	刘朝姐(女)	孟小令(女)
贾双兰(女)	付文英(女)		

连家庄乡、独羊岗乡、贾庄乡、只里乡代表团

贾成富	李德祥	霍　彦	朱庆勋
王灯虎	王洛双	齐洛华	冯洛红

杨颜林	毛福合	宁新合	李洛存
赵洛周	张振山	孙辅德	杨丕章
刘瑞舞	侯述堂	李宏志	刘秀文（女）
李秀兰（女）	李强姐（女）	梁月琴（女）	赵四女（女）
祖志敏（女）	韩银玲（女）		

东留营乡、左市同乡、西安香乡代表团

范连瑞	李春祥	仲风歧	赵洛慎
张洛佩	刘洛行	米合贵	张洛荣
韩洛达	段洛恩	赵屏东	范　永
陈跃先	王兆瑞	刘宝元	盖宝琴
毛福姐（女）	刘颜琴（女）	耿佩荣（女）	郭大龙（女）

上碑乡、北城寨乡、上滋洋乡、下阎庄乡、东寺乡代表团

郭永章	李振国	范银兰	鹿常在
戴洛仲	杨　斌	王洛虎	范行会
郭　旭	杨玉记	王德辰	马秉执
张洛东	郭洛福	王洛陵	赵金乔
任洛掌	李洛信	甄同合	张昌计
张泽民	严廷锡	张振国	刘维秋
李常秀	王凤琴（女）	王建姐（女）	杨淑珍（女）
赵淑玲（女）	高美菊（女）	褚扔妮（女）	

南桥乡、北龙岗乡、屹嶝头乡、上方乡、阳关乡、北河乡代表团

侯增祥	赵介臣	王　志	周振杰
申春花	严美才	乔法子	顾保珍
李洛信	霍汉三	王印玉	盛丕固
付洛定	李文斌	赵洛川	李秉仁
王洛荣	杨五侦	高俊峰	刁荣章
盛玉山	刁洛荣	周吉庆	刘锡林
贾荣卿	盛　杰	孙其文	刘凤藻
王青彦（女）	付兰风（女）	梁书梅（女）	李瑞琴（女）
赵苗澜（女）	曹金顺（女）	王秀云（女）	李俊英（女）
崔自强（女）	孙双琴（女）	刘美荣（女）	

口头乡、杨家庄乡、九口子乡、秦台乡、上连庄乡、上阎庄乡代表团

陈秉吉	解士英	杨增志	李　拴
王立海	李　信	季　成	胡进志
赵树平	曹万志	张玉来	刘如意
张明文	杨连银	陈红妮	姜孟琴
刘　全	马庆瑞	张　欣	李　英
张凤岭	郑　平	孙凤歧	赵文芝(女)
曹俊荣(女)	刘秀琴(女)	田荣秀(女)	赵凤华(女)
张荣琴(女)			

（二）行唐县出席河北省第二届人民代表大会代表名单

王凤琴(女)　　贾亚夫

第三节　会议概况

1958年5月18日至20日，县三届人大一次会议在县城召开。出席代表141人（应到175人）。会议听取和审查行唐县县长严廷锡作的《政府工作报告》，县人民法院院长高树德作的《关于四年来的法院工作报告》，审查副县长张泽民作的《关于行唐县1957年财政决算和1958年财政预算的审查报告》和《行唐县关于第二个五年发展地方工业的规划（草案）》。会议通过相应决议。会议选举产生县长、副县长，县人民委员会委员，县人民法院院长（名单见本章第五节《会议选举》）。会议选举产生行唐县出席河北省第二届人民代表大会代表2名。

会议认为，1958年以来，在上级党委、政府的正确领导下，通过全民性的整风运动，在全县范围内形成了空前壮阔的“鼓足干劲，力争上游，多快好省地建设社会主义”的高潮，开展了以水、土、肥为重点，粮、棉、油为中心的农业生产运动，农业生产有很大发展，合作化制度在农村更加巩固，工业开始有所发展，口头水库、红领巾水库、群众灌渠等水利工程建设进展迅速，扫盲和普及教育、林牧业等各项工作也都取得了喜人的成就。会议指出，为确保全年各项指标的实现，生产是中心，要带动一切工作。要在抓好全面查苗、补苗、保苗大力发展农业生产的同时，执行工农业同时并举的方针，大力抓工业发展，并开展以除“四害”（老鼠、麻雀、苍蝇、蚊子）为中心的爱国卫生运动等工作。会议号召，各位代表要加强与群众的联系，密切结合当前各项任务，团结并带动广大人民苦战鏖战、大干狠干，为实现《农业经济发展纲要》和改变工业落后面貌而努力，掀起全县工农业生产相互促进、共同发展的社会主义建设新高潮。

第四节 会议决议

一、县三届人大一次会议作出决议情况

县三届人大一次会议于1958年5月20日共作出决议4项，分别是：《关于〈政府工作报告〉的决议》《关于〈行唐县第二个五年发展地方工业规划（草案）〉的决议》《关于〈行唐县1957年财政决算和1958年财政预算〉的决议》《关于〈行唐县人民法院工作报告〉的决议》。

二、决议选介

关于《行唐县第二个五年发展地方工业规划（草案）》的决议

关于《行唐县第二个五年发展地方工业规划（草案）》的决议（以下简称《决议》），于1958年5月20日在县三届人大一次会议上通过。

《决议》指出，《行唐县第二个五年发展地方工业规划（草案）》符合工农业并举和地方工业为农业服务的方针，同时也符合全县广大人民群众的利益。

《决议》强调，应发动全县人民在优先发展重工业的前提下，既大搞农业也大搞工业，达到工农业并举发展，使工业与农业相互促进、共同发展，以适应新形势发展和需要，要求全县人民动员起来，鼓足干劲，力争上游，为工农业双发展而努力奋斗。

链接5：《行唐县第二个五年发展地方工业规划（草案）》简介

《行唐县第二个五年发展地方工业规划（草案）》（以下简称《地方工业规划（草案）》）指出，行唐县从地下资源、社会经济资源、动力资源等方面都具备了加快发展工业的条件，全民性的整风、农业上的丰收，也给地方工业的发展奠定了思想基础和经济基础。但目前的情况，工业生产远远不能满足农业生产的需要，也不能满足人民生活的需要，这就迫切需要贯彻工农业同时并举的方针，积极全面地发展地方工业，建立起以农业技术改造为中心的工业体系，以适应新形势的需要。

《地方工业规划（草案）》明确了全县第二个五年发展地方工业总的任务是：为农业生产服务，为国家大工业服务，为城乡人民生活服务，为出口服务。一年基本实现水利化和高产化，三年基本农业耕作机械化、车轮基本胶轮化和农田肥料化（亩施肥100斤），农村初步实现电力化，一年实现农村修配网、邮电网和广播网，三年实现交通网，五年实现电气网。五年内县建厂矿40—50个、乡乡社社建厂3—5个，建厂总计1500个。1962年，地方工业总产值达8300万元。根据总任务提出了具体的任务和要求：五年内炼铁1500吨、生产水泥3.5万吨，三年内年产化肥3.51万吨，五年内建中小型发电站50—100个，三年增修简易公路240里等。

《地方工业规划（草案）》从加强党政对地方工业的领导、筹措资金解决地方工业中必须解决的问题、积极增制机器和扩大设配等多方面提出实现目标的举措。强调要加强党委、政府对地方工业的领导，把地方工业的领导问题，要列入重要议事日程，各级党委、政府主要领导干部在抓农业的同时，也要抓工业，同时建立组织机构，充实工业战线的干部力量，并要求乡、农业社也要有分管工业建设的领导。各级领导干部、县级各个部门特别是工业部门要大力支持工业建设，在领导方法上要抓两头带中间，抓评比、抓重点、抓新产品试制，搞先进厂、先进车间的试验田，鼓足干劲，掀起工业发展的高潮。

第五节　会议选举

县三届人大一次会议选举产生县级国家机关工作人员22名。

县人民委员会

县　长：

严廷锡　　1958年5月县三届人大一次会议当选

副县长：

周吉庆　　1958年5月县三届人大一次会议当选

孙其文　　1958年5月县三届人大一次会议当选

张泽民　　1958年5月县三届人大一次会议当选

委　员（县三届人大一次会议选举产生）：

王兆瑞	仇洛云	王凤琴（女）	刘宝元
刘锡林	李宏志	李　英	陈永义
郑　平	范　永	赵庆祥	崔自强（女）
贾亚夫	杨永勤	杨丕章	杨淑珍（女）
董继道			

县人民法院

院　长：

高树德　　1958年5月县三届人大一次会议当选

第六节　会议组织

一、大会主席团

仇洛云　　刘宝元　　刘锡林　　孙其文

严廷锡　李德祥　杨淑珍(女)　张泽民
陈永义　陈秉吉　范连瑞　范荣琴
周吉庆　郑　平　赵庆祥　侯增祥
贾亚夫　郭　旭　郭永章　盛　杰
崔自强(女)

二、大会秘书处

秘　书　长：孙其文
副秘书长：李宏志
秘书处下设材料股、生活股、总务股、警卫股。
材料股股长：杨丕章
生活股股长：张振国
总务股股长：高　连
警卫股股长：王景孺　高根喜

三、大会代表资格审查委员会

主　任：侯述堂
委　员：高进昌　杨安县　靳秀峰

四、大会财政预决算审查委员会

主　任：张泽民
副主任：孙其文
委　员：杨丕章　刘凤藻　张振国

五、大会提案审查委员会

主　任：刘锡林
副主任：郑　平
委　员：贾亚夫　高树德　刘　斌

第四章　行唐县第四届人民代表大会

行唐县第四届人民代表大会任期自1962年12月至1963年11月，召开会议1次，听取和审查报告4个，通过决议1项，选举2项，审查处理代表提案94件。

表2-8　行唐县第四届人民代表大会第一次会议代表提案概况表

类　别	数量（件）	合计（件）
农林水牧类	27	94
财政商业供销贸易类	42	
工业交通邮电类	6	
文教卫生类	16	
政法工作类	3	

第一节　党的领导

1962年3月，县人民委员会就第四届人民代表大会选举委员会组成人员名单向石家庄专署专门请示，收到《河北省石家庄专员公署关于行唐县选举委员会组成人员的批复》（秘赵字68号）后，迅速成立由县委书记处书记、县长严廷锡为主席的选举委员会，切实加强党的领导，推动基层选举工作顺利开展和如期完成。

1962年12月23日，在县四届人大一次会议上，县委书记傅凯致开幕词时指出，1958年三届人大一次会议以来的四年时间里，纠正严重"左"倾错误，战胜三年自然灾害，恢复和发展农业生产，都离不开党和政府的正确领导，得益于广大人民群众的支持和努力。1963年，要深入贯彻执行党的八届十中全会精神，以农业生产为中心，以整风整社为动力，全党全民进行社会主义教育，继续发扬谦虚谨慎、实事求是的工作作风，深入实际密切联系群众，树立与群众同甘共苦、艰苦朴素、勤俭办事的道德风尚，调动起全力同心进行社会主义建设的积极性，为取得明年农业大丰收、争取国民经济新高涨而奋斗。

链接6：县委书记处

1962年1月1日，行唐县恢复建制，省、地委批准建立并任命了中共行唐县委领导成员。新任命的县委领导机构设第一书记、书记处书记和常务委员会委员，书记处由5名书记、常务委员会由12名常委组成。1962年10月3日，根据上级指示精神，中共行唐县委撤销书记处和第一书记设置，改设为县委书记、副书记和常务委员会委员。

第二节 人大代表

1961年，行唐与新乐合县期间，已选出县人大代表180名，因区划变动或其他原因，减少15名代表，已选出的县人大代表只有165名。1962年1月，恢复行唐县建制后，根据《选举法》规定，按照河北省与石家庄专署指示，2月，各公社普遍召开四届一次人民代表大会，依法补选县人大代表29名，行唐县第四届人民代表大会代表共有194名。代表构成、占比及名单不详。

第三节 会议概况

1962年12月23日至26日，县四届人大一次会议在县城召开。出席代表161人（应到194人）。会议听取和审查副县长孙其文作的《行唐县人民委员会关于政府工作的报告》、副县长周吉庆作的《关于今冬明春工作安排意见（草案）的报告》，县财政科代理科长杨丕章作的《关于1958年至1961年财政决算与1962年财政预算情况的报告》，县人民法院院长高树德作的《关于四年来司法工作的报告》。会议通过《关于政府工作报告及今冬明春工作安排的决议》。会议选举产生县长、副县长，县人民委员会委员，县人民法院院长（名单见本章第五节《会议选举》）。

这次会议是在国民经济发展遇到了暂时困难之后，中共中央及时制定了调整国民经济的“八字方针”（调整、巩固、充实、提高）、《农村人民公社工作条例（修正草案）》（人民公社六十条）、《国营工业企业工作条例（草案）》等方针、政策，形势有了很大程度好转的形势下召开的。会议客观分析了1958年以来具体工作中的缺点、错误，进一步总结了社会主义革命和建设的经验，对鼓舞人民群众的革命干劲、推动生产建设的全面恢复和迅速发展，有着巨大的现实意义和深远的历史意义。会议号召全县人民更加紧密地团结起来，再接再厉，乘胜追击，为争取明年农业丰收、国民经济新发展、社会主义事业新胜利贡献力量。

第四节 会议决议

县四届人大一次会议于1962年12月26日作出决议1项：《关于〈政府工作报告〉及〈今冬明春工作安排〉的决议》。

链接7：关于《政府工作报告》及《今冬明春工作安排》的决议

《关于〈政府工作报告〉及〈今冬明春工作安排〉的决议》（以下简称《决议》）完全

同意并批准孙其文副县长作的《政府工作报告》和周吉庆副县长作的《今冬明春工作安排》的报告。

《决议》指出，1958年以来的农业生产虽然遭受了严重的自然灾害，但也有显著的增产。农村人民公社正在逐步走上健康发展的道路，工业生产正在稳步上升。市场情况已有显著好转，城乡人民生活有了新的改善。

《决议》认为，摆在全县人民面前的任务：（一）农业方面，要继续认真执行关于人民公社的各项政策，在全县范围内开展一个以水利、积肥、小麦管理、副业生产为主要内容的生产高潮，给争取明年丰收奠定下良好基础，保证完成和力争超额完成国家对粮食、棉花、油料的增产计划。同时要因地制宜地发展林、牧、副、渔业等生产。（二）工业部门，要进一步深入开展增产节约运动，全面完成和力争超额完成国家计划。（三）商业部门，要通过国营商业、合作社商业、集市贸易这三条渠道，大力组织农业品和工业品、农村和城市的交流，供应农村更多的生产资料，供应工业更多的生产原料，供应城乡人民更多的生活必需品。（四）科学文化教育部门，要加强科学、技术的研究，同时要加强对知识分子的团结教育工作，把他们培养成适合国家要求的合格人才。

《决议》强调，为了完成上述各方面任务，在国民经济建设工作中，必须加强计划工作，加强集中统一，量力而行，留有余地，学好精打细算，同时加强对干部和群众的毛泽东思想、社会主义、集体主义、爱国主义和国际主义的宣传教育，充分发挥各方面的作用，调动各方面的积极因素，多快好省地进行社会主义建设。

第五节　会议选举

县四届人大一次会议选举产生县级国家机关工作人员20名。

县人民委员会

县　长：

严廷锡　　1962年12月县四届人大一次会议当选

副县长：

孙其文　　1962年12月县四届人大一次会议当选

周吉庆　　1962年12月县四届人大一次会议当选

杨永勤　　1962年12月县四届人大一次会议当选

张泽民　　1962年12月县四届人大一次会议当选

委　员（县四届人大一次会议选举产生）：

傅　凯	刘锡林	史银竹（女）	李锡魁
李宏志	张振国	杨丕章	范　永
郭　旭	贾亚夫	杨淑珍（女）	董继道

曹俊荣（女）　贾小风（女）

县人民法院

院　长：

杨守业　1962 年 12 月县四届人大一次会议当选

第六节　会议组织

一、大会主席团

王兆兰	卢考业	史银竹（女）	孙　泽
孙其文	严　铭	李宏志	李锡魁
杨永勤	张泽民	周吉庆	侯述堂
曹　魁	傅　凯	甄凤歧	

二、大会执行主席

12 月 23 日

李宏志　孙其文　杨永勤　严　铭

12 月 24 日

曹　魁　孙　泽　杨永勤

12 月 25 日

傅　凯　史银竹（女）　甄凤歧

12 月 26 日

周吉庆　张泽民　侯述堂　卢考业

三、大会秘书处

秘 书 长：李宏志

副秘书长：孙　合　马庆瑞

秘书处下设材料股、生活股、总务股、警卫股。

材料股股长：赵玉宽

生活股股长：张振国

总务股股长：韩惠彬

警卫股股长：周玉明

四、大会代表资格审查委员会

主　任：高树德

副主任：顾维林

委　员：范庆祥　康喜芳　范贵勋

五、大会提案审查委员会

主　任：杨守业

副主任：刘锡林　郭岳嵩

委　员：贾荣卿　邵德臻　王天振　崔进德　高振英　闫清河

第五章　行唐县第五届人民代表大会

行唐县第五届人民代表大会任期自1963年11月至1965年12月，召开会议1次，听取和审查报告4个，通过决议1项，选举3项，审查处理代表提案149件。

表2-9　行唐县第五届人民代表大会第一次会议代表提案概况表

类　别	数量（件）	合计（件）
农林水牧电机类	55	149
财贸商业供销类	44	
财政税收金融类	16	
文教卫生类	8	
政法工作类	16	
工业交通邮电类	10	

第一节　党的领导

县委、政府领导都高度重视基层选举工作，成立由县委副书记、县长严廷锡任主席的县选举委员会，各公社成立由5—9人组成的选举机构，各生产大队也成立了选举领导小组。各级选举组织健全后，在县委统一领导下，召开专门会议，由县委书记傅凯对选举工作进行传达布置、提出要求。县委和各公社把选举工作列入党委议事日程，与整风整社、春耕生产同步研究、统一布置、统一配备力量，确保各项工作统筹兼顾、互不耽误。1963年3月11日，县人民委员会印发《行唐县人民委员会关于1963年选举工作的指示》（〔63〕民严字29号）；同年5月4日，印发《行唐县人民委员会关于批转县选举办公室关于当前选举工作情况和意见的报告》（〔63〕民杨字第60号），对选举事项进行明确，要求实时监督、及时通报选举过程中出现的问题并加以指导。

1963年11月8日，在县五届人大一次会议上，县委书记傅凯致开幕词，分析了目前形势，明确了当前任务，号召各位代表在党和政府的统一领导下，深入群众，依靠群众，发动群众，自力更生、艰苦奋斗，千方百计恢复和发展农业生产，为来年农业丰收助力，推动各项任务的圆满完成。

第二节　人大代表

一、代表的选举产生

（一）行唐县第五届人民代表大会代表的选举产生

行唐县基层选举工作于1963年3月初开始，同年5月底完成。全县各公社普遍召开五届一次社员代表大会，共依法选举产生县第五届人民代表大会代表199名。县五届人大一次会议召开前死亡1名（郭大龙），未补选。198名代表中，中共党员代表105名，占53.03%；妇女代表53名，占26.77%。

（二）行唐县出席河北省第三届人民代表大会代表的选举产生

1963年11月9日，县五届人大一次会议以举手表决的方式选举产生行唐县出席河北省第三届人民代表大会代表2名。

二、代表名单

（一）行唐县第五届人民代表大会代表名单

城关公社

曹庚戌(女)	张　敏	刘国成	苑庆祥
梁生印	赵屏东	刘少争	薛朝选
董继道	张洛伟	张建华(女)	刘洛散
王洛品	段兰姐(女)		

坟台公社

李锡魁	王维周	顾荣先	杨树生
刘洛川	盖书芹(女)	何林姐(女)	

齐村公社

史银竹(女)	张志敏	付文英(女)	马脏样
康洛迪	石殿保		

独羊岗公社

严润生	张树德	杨守业	王根彦(女)
高荣妮(女)	李金章	毛增福	

贾庄公社

宋根长　付梅枝（女）　肖洛永　韩友子
毛丰禄　曹金顺（女）　杨丕章

南桥公社

严廷锡　王立峰　张金魁　付苗玉（女）
宇贵荣（女）　王文斌　付洛定　孙兰会
申洛巴

北龙岗公社

刘锡林　严文汉　彭二进　宋东长
王青彦（女）　梁晓荣（女）

只里公社

汪文兰　张五女（女）　李宏志　韩荣妮（女）
赵洛洲　杨洛虎　高家峰

连家庄公社

刘建业　齐洛华　金　鑫　贾小风（女）
郭春来　吴书兰　张苗荣（女）　倪老风
李庆山

市同公社

刘风皂　仲风岐　杨书英（女）　刘洛合
张洛佩　梁洛双　王文英（女）　尹九花（女）
左　永

西安香公社

卢考业　张洛荣　卢芹秀（女）　范新姐（女）
卢葵印　张炳军　王　斌　傅　凯

南张吾公社

范　永　崔双月　闫成林　苏洛保
张九荣（女）　苏洛荣　杨永勤　郭大龙（女）

屹嶝头公社

孙其文	顾风祥	盛玉山	习洛荣
张秀荣(女)			

上方公社

曹　魁	任伯禄	郭　旭	张五风(女)
乔细春(女)	王洛荣	杨二皂	

西玉亭公社

王兆兰	王洛收	张小彦(女)	顾德修
李南文	张金荣(女)	贾　玉	

北河公社

习权位	杨庚申	盛丕固	严书琴(女)
张喜梅(女)			

赵阳关公社

周吉庆	张国栋	王树德	李合群
王立根	李文花(女)	苑玉堂	

南翟营公社

杨双彦	张洛东	王贵芳(女)	王建姐(女)
张贵贤	张洛行	严　明	

北城寨公社

高树德	王四喜	郭文中	侯登荣(女)
刘风瑞			

上滋洋公社

康占锋	杨同妮(女)	王风祥	霍书荣(女)
王振宋	王德晨		

任家庄公社

李泽民	袁炳新	刘书珍(女)	张三妮(女)

下阎庄公社

张振国	李振国	郭小翠（女）	张风兰（女）
张昌计	李迎春		

上碑公社

张泽民	杨淑珍（女）	秦国贞	卢景涛
贾留锁	王立秋	高四中	张风英（女）
樊兴会			

杨家庄公社

李正军	李绍文	霍汉三	任付琴（女）
张瑞青（女）			

九口子公社

刘振家	董　真	任连合	曹俊荣（女）
李劭明			

秦台公社

马庆瑞	裴延岗	高　敏	李清瑞（女）

口头公社

张志平	侯述堂	赵逢国	郑银竹（女）
胡秀荣（女）	王银怀	赵五十	

团山公社

赵　从	张二印	王素兰（女）

上阎庄公社

宇文宪	张补才	陈红妮	胡风章
赵其荣（女）			

上连庄公社

刘梅岭	邵德臻	赵树平	周国理
姜强妮（女）			

（二）行唐县出席河北省第三届人民代表大会代表名单

王立峰　　　　　严廷锡

第三节　会议概况

1963 年 11 月 8 日至 10 日，县五届人大一次会议在县招待所召开。出席代表 169 人（应到 198 人）。会议听取和审查县长严廷锡作的《政府工作报告》、副县长杨永勤作的《关于今冬各项工作的安排意见（草案）》，县人民委员会《关于 1962 年财政决算与 1963 年财政预算情况的报告》，县人民法院院长杨守业作的《行唐县人民法院工作报告》。会议通过《关于政府工作报告和今冬工作安排的决议》。会议选举产生县长、副县长，县人民委员会委员，县人民法院院长（名单见本章第五节《会议选举》）。会议选举产生行唐县出席河北省第三届人民代表大会代表 2 名。

会议指出，1963 年上半年旱象严重，8 月又经历了多年未有的特大暴雨。全县 25 万人民在党的领导下，依靠集体的力量和人民群众的智慧，积极开展了抗旱抗洪、生产自救、节约度荒的群众运动，各项工作仍取得了较好的成绩。这次会议对提振信心、调动一切积极因素，恢复和发展农业生产、全面完成各项工作任务意义重大。会议认为，当前的全县中心任务依然是生产救灾，千方百计恢复和发展农业生产。各级行政机关要改变作风，实地调研，踏踏实实走好群众路线，成为实现目标的中坚力量；广大群众要响应号召，自力更生，艰苦奋斗，鼓足干劲，力争上游，成为实现目标的主体力量。全县人民要同心同德，扎扎实实做好各项工作，争取生产救灾和各项工作取得更大的全面胜利。

第四节　会议决议

县五届人大一次会议于 1963 年 11 月 10 日作出决议 1 项：《关于〈政府工作报告〉和〈今冬工作安排〉的决议》。

链接 8：关于《政府工作报告》和《今冬工作安排》的决议

《关于〈政府工作报告〉和〈今冬工作安排〉的决议》（以下简称《决议》）完全同意并批准严廷锡县长作的《政府工作报告》和杨永勤副县长作的《关于今冬各项工作的安排意见（草案）》。

《决议》指出，1963 年 8 月 3 日至 9 日，全县虽然遭受了几十年未有的严重水灾，给人民生产生活带来严重困难。但在党的正确领导下，由于国家支援和广大群众的努力，终于战胜了洪水灾害，吃、穿、烧、住、医治都基本得到了安置，生产恢复了正常状态。这一切说明了人民公社和全县广大干部群众是经得起风险的、经得起考验的。

《决议》认为，摆在全县人民面前的任务是：以生产救灾为中心，依靠贫下中农，发动群众搞好生产救灾，千方百计恢复和发展农业生产，为 1964 年基本恢复到 1957 年生产水平

（主要是粮食）打下基础。

为了完成上述任务，《决议》决定：一要继续选派大批干部到基层与群众同甘共苦，认真贯彻执行“依靠群众，依靠集体，生产自救为主，辅之以国家救济”方针。要教育干部群众“低指标，瓜菜代，节约度荒”。二要把上级先后4次拨来的23万元救济款，19万公斤救济和统销粮、400吨救济煤、1万公斤土豆、23万尺棉布、2.15万公斤絮棉，发放到受灾最重、最困难的社员身上。三要认真贯彻生产救灾方针，坚持以农为主，以副养农，农副结合，综合经营，多种多样，因地制宜，靠山吃山，靠水吃水，集体为主，个体为辅，自力更生为主，国家和外地支援为辅。要管好冬小麦，修复水利工程，恢复和巩固道路桥梁，开展副业生产，冬闲变冬忙。四要安排好群众生活，达到“三保三不”（保人、保畜、保生产，不冻死人、不饿死人、不盲目外流）。

第五节　会议选举

县五届人大一次会议选举产生县级国家机关工作人员20名。

县人民委员会

县　长：

严廷锡　1963年11月县五届人大一次会议当选

副县长：

孙其文　1963年11月县五届人大一次会议当选

周吉庆　1963年11月县五届人大一次会议当选

杨永勤　1963年11月县五届人大一次会议当选

张泽民　1963年11月县五届人大一次会议当选

委　员（县五届人大一次会议选举产生）：

傅　凯	李锡魁	刘锡林	史银竹（女）
李宏志	张振国	杨丕章	范　永
郭　旭	薛朝选	董继道	杨淑珍（女）
曹俊荣（女）	贾小风（女）		

县人民法院

院　长：

杨守业　1963年11月县五届人大一次会议当选

第六节　会议组织

一、大会主席团

王兆兰	卢考业	史银竹(女)	刘锡林
孙其文	严廷锡	李宏志	李锡魁
杨永勤	杨淑珍(女)	张泽民	范　永
周吉庆	侯述堂	傅　凯	

二、大会执行主席

1963 年 11 月 8 日

严廷锡	孙其文	刘锡林	范　永
杨淑珍(女)			

1963 年 11 月 9 日

王兆兰	侯述堂	李宏志	卢考业

1963 年 11 月 10 日

李锡魁	史银竹(女)	周吉庆	杨永勤
张泽民			

三、大会秘书处

秘　书　长：李宏志

副秘书长：孙　合　马庆瑞

秘书处下设材料股、生活股、总务股、保卫股。

材料股股长：赵玉宽

生活股股长：张振国

总务股股长：韩惠斌

保卫股股长：周玉明

四、大会代表资格审查委员会

主　任：高树德

副主任：顾维林

委　员：苑庆祥　康喜芳　范贵勋

五、大会提案审查委员会

主　任：杨守业
副主任：刘锡林　郭岳嵩
委　员：贾荣卿　邵德臻　王天振　崔进德　高振英　闫清河

第六章　行唐县第六届人民代表大会

行唐县第六届人民代表大会第一次会议于1965年12月召开，听取和审查报告4个，通过决议1项，选举2项，审查处理代表提案92件。1966年5月，“文化大革命”开始，行唐县人民代表大会中断，直到1981年12月，行唐县第七届人民代表大会召开。

表2-10　行唐县第六届人民代表大会第一次会议代表提案概况表

类　别	数量（件）	合计（件）
农林水牧电机类	33	92
财贸类	28	
金融类	1	
文教卫生类	7	
政法工作类	15	
工业交通类	8	

第一节　党的领导

为完成基层选举工作，按照《河北省人民委员会选举工作办公室关于选举工作几个问题的通知》（〔65〕冀选字第1号）精神，行唐县成立由县委统一领导的县选举委员会，下设选举工作办公室，自1965年11月10日起，共印发《选举简报》5期，介绍公社选举典型经验，以点带面促进全县基层选举工作顺利完成。1965年12月10日，县人民委员会印发《关于通过社（乡）代表广泛搜集群众意见向县报送提案的通知》（〔65〕秘发字133号），对做好代表提案的搜集、解决、处理作出安排。

1965年12月31日，在县六届人大一次会议上，县临时常务委员会代理书记曹魁致开幕词时指出，县五届人大一次会议以来，全县广大人民遵循党的领导，苦干实干，奋发图强，取得了农业大丰收，交通、邮电、文教卫生等各项事业也都有不同程度的发展。要完成1966年的生产建设任务，更要听党的话，学习先进，解放思想，锐意进取，为夺取1966年农业更大丰收和其他建设事业的更大发展而努力。

链接9：中共行唐县临时常务委员会

1964年10月，县委根据地委指示，从全县抽调大批干部组成社会主义教育运动工作团（“四清”工作团）先后赴赵县、正定、栾城、北京进行“四清”（清政治、清经济、清组织、清思想）运动。由于县委及各基层党委的主要领导几乎全部去参加“四清”运动，中共石家庄地委就任命了中共行唐县临时常务委员会，主持县委领导工作，曹魁任代理书记。同时县委还任命了各基层党委的代理职务，直到1966年11月建立“四清”工作团党委，接管了全县领导工作，中共行唐县临时常务委员会撤销。

第二节 人大代表

一、行唐县第六届人民代表大会代表情况

根据《选举法》规定，结合行唐县实际，县第六届人民代表大会选举工作自1965年11月4日全面铺开，至月底结束，各公社召开六届一次社员代表大会，依法选举产生县第六届人民代表大会代表199名（查到的代表名单有191名）。191名代表中，工人代表4名，占2.09%；农民代表145名，占75.92%；机关工作者代表27名，占14.14%；文化教育界代表3名，占1.57%；医务界代表8名，占4.19%；其他各界代表4名，占2.09%。男性代表154名，占80.63%。妇女代表45名，占23.56%。中共党员代表102名，占53.40%；群众代表94名，占49.20%。

二、行唐县第六届人民代表大会代表名单

城关公社

曹　魁	张　敏	刘国成	刘洛散
申春华	张保谦	高栓吉	薛朝选
董继道	王洛品	段兰姐(女)	张洛为
张玲芹(女)	董梅彦(女)		

齐村公社

张清秀	史银竹(女)	张志敏	石殿保
康洛迪	马脏样		

独羊岗公社

梁生印	杨安县	郭瑞山	高荣妮(女)

韩小荣(女)	李金章	毛坤福	

坟台公社

石哲臣	李锡魁	张金魁	杨树生
王俊海	胡荣秀(女)	盖书芹(女)	

贾庄公社

曹金顺(女)	杨丕章	王金龙	付梅枝(女)
肖洛永	宋根常	韩友子	

南桥公社

王永祥	申巴子	严吉强	李掏气
左东才	宇桂荣(女)	付凡菊(女)	孙　合
王立峰			

北龙岗公社

苑庆祥	严文汉	彭二进	王青彦(女)
代　臬	田洛芳		

九口子公社

李喜英	曹俊荣(女)	李绍明	董　真
苗玉志			

秦台公社

马庆瑞	裴廷刚	高　敏	赵美灵(女)

口头公社

侯述堂	刘建业	赵五十	郑银竹(女)
胡秀荣(女)	赵子永	张志平	

杨家庄公社

赵　从	霍汉三	任富芹(女)	杨吉兰(女)
张振法	张　顺	刘满福	范荣起

上连庄公社

李正军	邵德臻	赵朋国	赵玉贵
何桃荣(女)			

南翟营公社

王　钧	严　铭	王建姐(女)	王贵芳(女)
李　敏	侯洛魁	张洛东	

北城寨公社

杨增志	郭文中	刘风瑞	高振英(女)
王四喜			

上碑公社

张泽民	赵忠贤	杨淑珍(女)	卢景涛
秦国贞	陈跃先	高四中	樊兴会
张兰菊(女)			

北河公社

李泽民	刁权位	盛丕固	王文要
严书芹(女)			

连家庄公社

王德新	贾小风(女)	刘银娥(女)	贾　玉
王同珍	郭　杰	齐洛华	张狗捆
张洛合			

左市同公社

左　永	马英杰	付士才	盖　晨
陈小六	刘洛飞	仝洛熟	梁银瑞(女)
左保珍(女)			

只里公社

严同岗	王　斌	刘伟秋	田荣辰(女)
张五女(女)	刁小毛	张洛泽	

西安香公社

刘锡林	李宏志	赵增福	张炳军
卢考业	范新姐(女)	郭青枝(女)	杜洛会

上滋洋公社

张连庆	王凤林	马士林	杨同妮(女)
周 欣	康占峰		

下阎庄公社

顾维林	张振国	张士平	甄银来
李正秀	张士青	李凤珍(女)	赵明连
郭小凡	梁书珍		

上方公社

郭 旭	王树义	任伯禄	杨二皂
刘海明	乔凤荣(女)	张红玉(女)	

西玉亭公社

张金荣(女)	张荣彦(女)	习振业	傅 凯
周栓昌	周国才	习洛来	

赵阳关公社

张国栋	李明恩	王秉海	王树德
苑玉堂	李文华(女)	范富义	

屹嵝头公社

赵 瑞	顾凤祥	习洛竹	张秀荣(女)
盛玉山			

上阎庄公社

宇文宪	刘兰琴(女)	张春生	赵起富
张补才			

第三节　会议概况

1965 年 12 月 31 日至 1966 年 1 月 2 日，县六届人大一次会议在县委小礼堂召开。出席代表 160 人（应到 199 人）。会议听取和审查代理县长刘锡林作的《政府工作报告》、副县长张泽民作的《关于今冬明春各项工作安排意见（草案）》，县财政科科长贾登科作的《关于 1964 年财政总决算和 1965 年财政总预算及执行情况的报告》，县人民法院代理院长孙明亭作的《关于司法工作的报告》。会议通过《关于政府工作报告和今冬明春工作安排的决议》。会议选举产生县长、副县长，县人民委员会委员，补选县人民法院院长（名单见本章第五节《会议选举》）。

会议是在全国政治经济形势大好，全县农业大丰收、工业有发展、各项社会事业势头良好的情况下召开的。会议总结了近两年来社会主义革命和社会主义建设的经验教训，肯定了社会主义制度的优越性，并对党领导下的人民群众面对困难不退缩、不抱怨，同心同德、共克时坚的精神和勇气给予高度评价。会议认为，夺取明年更大丰收，对实现国家第三个五年计划良好开局意义重大。为此，要学先进、搞样板、树旗帜，继续发扬艰苦奋斗、自力更生、苦干实干的革命精神，下硬功夫打硬仗，为实现 1966 年各项目标任务，争取社会主义革命和社会主义建设的新胜利而奋斗。

链接 10：行唐县 1965 年农业大丰收概况

1965 年夏季，全县小麦面积 14.36 万亩，亩产平均 210.50 斤，比历史最高产量的 1956 年提高了 29.02%。全年粮食占用耕地 38.90 万亩，粮食总产 1.37 亿斤，比 1963 年提高了 93.01%，比历史最高产量的 1958 年提高了 22.05%；平均亩产 343 斤，比 1963 年提高了 1.04 倍，比历史最高产量的 1958 年提高了 21.11%。棉花 9.09 万亩，总产皮棉 493.81 万斤，比 1963 年提高了 1.42 倍；平均亩产 54.80 斤，比 1963 年提高了 1.69 倍，比历史最高产量的 1958 年提高了 16.60%。其他农作物也获得了丰收。

第四节　会议决议

县六届人大一次会议于 1966 年 1 月 2 日作出决议 1 项：《关于〈政府工作报告〉和〈今冬明春工作安排〉的决议》。

链接 11：关于《政府工作报告》和《今冬明春工作安排》的决议

《关于〈政府工作报告〉和〈今冬明春工作安排〉的决议》（以下简称《决议》）完全同意并批准代县长刘锡林作的《政府工作报告》和副县长张泽民作的《关于今冬明春各项工作安排意见（草案）》。

《决议》认为，1965 年，行唐县虽然遇到了几十年来未有的特大旱灾，但经过全县人民和各行各业的积极努力，开展了坚持不懈的抗旱斗争，终于取得了大丰收，粮棉产量超过了历史上最高水平，其他工、交、财、贸、水、电、文教等也都取得了很大成就。

《决议》指出，1966年的主要任务是：以粮为纲，把粮食生产搞上去，夺取农业更大丰收，提高人民生活质量。为此，各行各业、各个部门的工作，都要以大搞粮食生产为目标，把支援农业列为中心。工业、手工业生产，要努力改进经营管理，根据农业生产需要积极增加产品，修制工具，提高质量，保证供应。交通、邮电工作，要积极发展邮电、运输事业，提高服务质量，保证生产、生活物资的运输。商业工作，要积极组织货源，满足生产、生活上需用的物资，特别是生产资料的供应，要跑在季节前面，供应到第一线。并要帮助群众发展多种经营，增加收入。同时，加强市场管理，打击投机倒把，维护社会主义经济，支持发展农业生产。财政金融工作，要为农业服务，积极筹措资金，支援生产。民政救灾和群众生活方面的工作，要围绕着生产搞好社会照顾和救济，把吃、穿、烧、住、治等方面安排妥当。文化教育工作，要面向生产，面向农村，积极发展半耕半读学校，努力提高教学质量，为农村培养大量的技术人才。卫生保健工作，要进一步提高技术，改进服务质量，大力培养半农半医的农村医生，保障农民健康。

第五节　会议选举

县六届人大一次会议选举产生县级国家机关工作人员20名。

县人民委员会

县　长：

周　欣　　1966年1月县六届人大一次会议当选

副县长：

杨永勤　　1966年1月县六届人大一次会议当选

刘锡林　　1966年1月县六届人大一次会议当选

张泽民　　1966年1月县六届人大一次会议当选

委　员（县六届人大一次会议选举产生）：

傅　凯	曹　魁	李锡魁	马庆瑞
史银竹(女)	李宏志	杨丕章	张振国
郭　旭	薛朝选	杨淑珍(女)	曹俊荣(女)
贾小风(女)	董继道	赵宪法	

县人民法院

院　长：

李明恩　　1966年1月县六届人大一次会议当选

第六节　会议组织

一、大会主席团

王树义	王德新	卢考业	申春华
史银竹（女）	刘建业	刘锡林	宇文宪
李锡魁	杨永勤	杨淑珍（女）	张泽民
邵德臻	周　欣	贾小风（女）	顾维林
曹　魁	康洛迪	傅　凯	

二、大会执行主席

1965 年 12 月 31 日

曹　魁	刘锡林	邵德臻	刘建业
杨淑珍（女）			

1966 年 1 月 1 日

顾维林	王树义	申春华	贾小风（女）
康洛迪			

1966 年 1 月 2 日

张泽民	李锡魁	宇文宪	卢考业
王德新			

三、大会秘书处

秘　书　长：王树义

副 秘 书 长：康占峰

秘书处下设材料股、生活股、总务股、保卫股。

材料股股长：苏廷忠

生活股股长：康保元

总务股股长：李五保

保卫股股长：宋建华

四、大会代表资格审查委员会

主　任：顾维林

副主任：苑庆祥

委　员：范贵勋　周秋辰

五、大会提案审查委员会

主　任：邵德臻

副主任：赵风章　王绪贤　孙明亭

委　员：顾福贵　刘振才　王田振　崔进德　刘　斌

第三篇

行唐县第七届人民代表大会

（1981 年 12 月至 1984 年 4 月）

第一章　党的领导

1981 年 12 月，行唐县第七届人民代表大会第一次会议首次依法选举产生行唐县第七届人民代表大会常务委员会。自县七届人民代表大会开始，县人大常委会成为代表人民意志行使国家权力的常设机关。县七届人大及其常委会坚持以党的十二大、十三大精神为指导，紧紧围绕实现党的总任务、总目标，自觉坚持和依靠县委的领导，认真履行《宪法》和法律赋予的职权，在组建中发挥作用，在探索中开拓前进，主动将县委决策部署贯注于人大各项工作之中，在出台决议决定、代表议案办理等重大事项上都得到了县委的支持和帮助，监督“一府两院”工作、组织县乡两级民主选举、建立代表工作机制、办理代表提案等各项工作逐步制度化、规范化，初步发挥了地方国家权力机关的作用。

县委深刻认识县级设立人大常委会是党的十一届三中全会以来为加强社会主义民主和法制建设所采取的一项重要措施。围绕摆正县委与人大的关系进行对照检查，切实加强对县人大常委会的领导；充分认识尊重和支持县人大常委会在干部任免、作出决议决定、执法检查等方面依法行使职权是尊重法律和发扬党的优良传统的表现，也是干部群众检验县委法制观念和思想方法的一个尺度。1981 年 12 月 26 日，县委书记孟九和在县七届人大一次会议开幕式上发表讲话，要求各级党委进一步理顺各方面关系，充分认识发挥人民代表大会作为国家权力机关作用的重要意义，切实加强和改善党对人大工作的领导；要求广大代表要以主人翁的姿态，认真行使宪法赋予的民主权利，充分反映人民群众的愿望。县委以自己的依法办事和实际行动尊重和支持县人大常委会开展工作，凡是《宪法》和法律规定须由县人大常委会审议、决定的事项，必由其审议决定。县人大常委会主任列席县委常委会会议；县委传达上级重要文件或精神时，县人大常委会主任参加。为发挥县人大的作用，结合人大密切联系群众、体现民意的特点，县委按照《宪法》和《地方组织法》的规定，围绕具有全局性和涉及法律方面的事项，向县人大常委会提出“山区贫困村怎样脱贫”“怎样运用法律手段保护和促进乡镇企业发展”“如何开好乡镇人代会”“按照《经济合同法》检查果园承包”等题目；县人大常委会及其党组发挥人大机关和人大老干部的作用，发动代表反映广大群众的需求，组织力量调查研究，作出了使县委满意的回答，提高了县人大常委会在群众中的权威性，推动了县域经济发展和社会稳定。大力加强县人大常委会领导班子建设，1983 年 11 月 28 日，县七届人大四次会议召开，县委书记朱进才在开幕式上作重要讲话，要求全体代表认真学习中央及省、地委关于进行机构改革的重要文件和邓小平关于进行机构改革的一系列精辟论述，深刻认识搞好机构改革、实现新老干部的合作交替是关系到党和国家路线、方针的连续性、稳定性的战略决策，是加快实现社会主义“四化”的重要保证。在提高认识、统一思想的基础上，通过全体代表民主选举，依法补选了县人大常委会主任、两名副主任，县人民政府县长、3 名副县长和县人民检察院检察长，胜利完成了县级人大机构改革的任务，并为科级机构改革奠定了组织基础。

1982 年 1 月 15 日，中国共产党行唐县人大常委会党组成立，县人大常委会主任赵猛任书记。县人大常委会党组认真贯彻执行党的十一届三中全会以来的路线、方针和政策，紧紧围绕“四化”建设这个中心，紧密联系工作实际，批极左，肃流毒，治内伤，拨乱反正；开展真理标准问题大讨论，正本清源，凝心聚力。定期召开党组会、民主生活会；制定和完善干部任免办法、联系代表办法、与“一府两院”互相列席会议办法、召开乡镇人代会意见、代表视察办法等各种规章制度；明确每周五为集中学习日，以学习法律、熟悉法律为重点，努力做到“法学理论系统学，基本法律经常学，联系实际重点学，新颁法律及时学”，切实加强自身建设，领导班子和全体党员的思想素质、业务能力和工作效率不断提升。

第一节 党的组织机构

中共行唐县人大常委会党组

书　记：赵　猛（1982 年 1 月—1983 年 9 月）
　　　　刘锡林（1983 年 11 月—1984 年 4 月）
副书记：梁生印（1982 年 1 月—1984 年 4 月）
　　　　刘清海（1982 年 1 月—1984 年 4 月）
成　员：杨守业（1982 年 1 月—1983 年 12 月）
　　　　赵文仲（1982 年 1 月—1983 年 12 月）
　　　　李喜贵（1982 年 1 月—1983 年 12 月）
　　　　王际书（1983 年 12 月—1984 年 4 月）
　　　　崔进德（1983 年 12 月—1984 年 4 月）

第二节 党组会议

一、党组会

县七届人大常委会党组有召开 2 次党组会的记载。

表 3-1　行唐县第七届人大常委会党组会情况一览表

序　号	时　间	会议议题
1	1984 年 1 月 24 日	研究县人大常委会关于选举工作的安排意见；研究关于成立选举委员会的报告
2	1984 年 3 月 19 日	研究县人大常委会党组成员深入到村了解推荐代表候选人问题；研究代表资格审查委员会人选

二、党组民主生活会

县七届人大常委会党组仅有召开 1 次党组民主生活会的记载。

1983 年 12 月 23 日，县人大常委会党组召开民主生活会，重点检查自身遵守制度及对新班子、新工作的思想认识问题，与会人员结合工作情况认真开展了批评与自我批评，既认识到自身存在的问题，也明确了今后的改进措施，增强了领导班子的凝聚力和战斗力。

第二章　人大代表

行唐县第七届人民代表大会代表名额 281 名。1981 年 12 月，召开县七届人大一次会议时实有代表 281 名；1983 年 2 月，召开县七届人大二次会议时实有代表 280 名；1983 年 9 月，召开县七届人大三次会议时实有代表 277 名；1983 年 11 月，召开县七届人大四次会议时实有代表 279 名。县七届人大常委会高度重视代表工作，探索建立代表工作机制，充分发挥代表联系群众的桥梁和纽带作用；尊重代表民主权利，认真办理代表提案及建议、批评和意见；深入开展代表视察检查、协商对话等活动，有效发挥了人大代表的监督作用。

第一节　选举产生

一、行唐县第七届人民代表大会代表的选举产生

根据《河北省县社两级人民代表大会选举实施细则》规定，确定行唐县第七届人大代表名额 281 名。县委、县革命委员会根据《选举法》《河北省县社两级人民代表大会选举实施细则》及中央、省、地委选举工作会议精神，对全县选举工作进行了研究。1981 年 10 月 9 日，根据《行唐县革命委员会关于成立选举委员会的通知》，成立了由 15 人组成的选举委员会，明确县革命委员会两名副主任主抓，选举委员会下设由 43 人组成的办公室，负责选举具体工作。1981 年 10 月 17 日，县革命委员会印发《关于选举工作的安排意见》，对县七届人民代表大会代表选举及召开县七届人大一次会议的时间、议程、方法步骤进行了安排部署。全县共设立 196 个选区，于 1981 年 12 月 16 日依法选举产生县七届人大代表 281 名。1981 年 12 月 22 日，县七届人大一次会议预备会议通过了代表资格审查委员会关于代表资格的审查报告，确认 281 名代表资格有效。

在 281 名代表中：男性代表 219 名，占 77.94%；妇女代表 62 名，占 22.06%。中共党员代表 139 名，占 49.47%；非中共党员代表 142 名，占 50.53%。汉族代表 281 名，占 100%。工人代表 5 名，占 0.71%；农民代表 216 名，占 76.87%；军人代表 1 名，占 0.36%；县直局长以上的领导干部代表 29 名，占 10.32%；科技干部代表 7 名，占 2.49%；教育界代表 2 名，占 0.71%；卫生界代表 2 名，占 0.71%；文艺工作者代表 1 名，占 0.36%。

1982 年 11 月，县七届人大常委会第五次会议决定：各公社的县人民代表组长由公社主

任兼任，原农村不脱产的代表组长均为副组长。1982 年修订的《地方组织法》第二章第二十三条规定："地方各级人民代表大会代表因故不能担任职务的时候，由原选举单位或者由原选区选民补选"。《河北省县社两级人民代表大会选举实施细则》第十章第四十四条规定："代表在任期内调离本行政区域的，其代表资格自行终止。缺额按本细则第四十三条补选；在本行政区域内变动工作单位和地点的，保留其代表资格"。按此精神，县代表如调出或迁出本公社者，可另行补选，缺男补男，缺女补女，缺党员的补党员，缺群众的补群众。县七届人大常委会在县七届人大二次会议召开前夕依法进行了补选。补选的县代表名单于 1983 年 1 月 10 日前报县人大常委会办公室，经审查发给代表当选证。1981 年 12 月至 1983 年 11 月，共补选县七届人大代表 7 名。

二、行唐县出席河北省第六届人民代表大会代表的选举产生

1983 年 2 月 24 日，行唐县第七届人民代表大会第二次会议依法选举产生出席河北省第六届人民代表大会代表 4 名。

第二节　代表名单

一、行唐县第七届人民代表大会代表名单（281 名）

赵阳关公社代表团

孙振其	赵宗义	赵清菊（女）	顾风义
何丙海	陈根连	李风荣（女）	王栓虎

屹嶍头公社代表团

刘　云	习荣修（女）	王占国	王香玲（女）
赵国良	王新荣（女）	李德平	

北龙岗公社代表团

刘东海	杜喜雷	李大乱	康素玲（女）
李老娃	郝振海	刘进才	刘玲菊（女）
阎昌海			

齐村公社代表团

张　涛	付吉林	范书琴（女）	仝天增
钱同法	赵文良		

上滋洋公社代表团

赵二乱	赵荣珍(女)	王运山	张　敏
李顺才	王根山	霍梅山	马丙生
牛风琴(女)			

上连庄公社代表团

张法新	赵玉贵	季　成	曹贵连(女)
王振庆	张二祥	赵金玲(女)	

城关公社代表团

王运同	高风鸣	杨守业	王善奎
刘清海	李正文	杨建民	刘锡林
杨振亚	栗士彦	侯述堂	李庆辰
孟九和	赵　猛	赵士义	孙银生
段兰姐(女)	盖合保	张保谦	李国旗
董梅彦(女)	李合才	史振芳	高吉风
赵金来	侯立冬	仇永星	杨常合

南翟营公社代表团

陈　强	李振峰	常　敏	鲍振江
陈贵香(女)	邵福星	张金桥	左书文(女)
仲臭货	焦小花		

东留营公社代表团

连玉保	王喜凤(女)	王洛明	范二霞
刘五妮	苏金才	苏凤兰(女)	刘保合
院小菊(女)	刘二丑	范同保	赵换朝

杨家庄公社代表团

李绍经	王中彦(女)	高玉生	张银兰(女)
仇香辰	王大货	王　平	

下阎庄公社代表团

王普伦	郭洛雪	李洛柱	甄六五

赵梅竹(女)	张风忠	王梅荣(女)	李付友
祁连雪	袁丙新	褚进义	

北城寨公社代表团

冯树林	王三元	侯发兵	曹发永
郭法玉	杨国芳(女)		

贾庄公社代表团

付秋海	杨连保	肖桃气	金素珍(女)
杨志敏	柳五海	宋小花(女)	宋五辈
柳素令(女)	王付荣(女)	马洛虎	王春海

独羊岗公社代表团

王培斌	韩小冷	封文章	毛小颜(女)
郑建军	靳荣姣(女)	高国平	宇文吉春
赵国义	赵中贤	潘果林	

口头公社代表团

李中伟	赵广文	王新有	黄士中
郑　云	苗东英(女)		

上阎庄公社代表团

刘义针	刘荣国	胡文卜	郑新合
赵青英(女)			

上方公社代表团

王忠义	杨守玉	刘银玲(女)	石荣玲(女)
乔风习	杨全有	郝栓玉	张六贞
高五香(女)			

坟台公社代表团

张树敏	韩胜军	高清润(女)	李洛欢
程洛好	王新华	胡荣秀(女)	黄小多
杨新忠			

秦台公社代表团

刘庆学	邢黑小	秦吉兴	赵麦秋
李秀英（女）			

连家庄公社代表团

白　杰	张清秀	王俊海	刘兵训
李六月	刘九如（女）	朱俊坡	刘费力
刘宝印	郭贵荣（女）	马造林	宋十月
杨梅风（女）			

左市同公社代表团

王景瑞	左秀荣（女）	霍双德	王小辰
王送粮	李玉中	张玉荣（女）	陈栓柱
张金兰（女）	高小荣（女）	段炮楼	张小旋

上碑公社代表团

张金堂	边树森	赵书英（女）	左大保
董秀云（女）	付老瑞	刘小白	肖登虎
刘全青	郭二寒	高如意	

西安香公社代表团

顾中信	孔十五	胡小乱	张　丑
靳新华	杜小社	卢荣华（女）	卢文江
范秀臣	范秀山		

南桥公社代表团

盛　杰	姚中林	严秋羊	付向阳
尤文芹（女）	阎降活	孙翠珍（女）	宇文海乱
宇文明秀（女）	赵文建	申银贞	

县直代表团

马玉祥	邵德臻	刘桂琴（女）	赵文仲
李喜贵	曹惠贞（女）	赵金平	梁生印
马志厚	王际书	张守道	贾亚夫

丁金水　牛兴敏　申玉林　曹金顺(女)

西玉亭公社代表团

马正民　王二小　顾青瑞(女)　郭永章
王贵荣(女)　耿三多　刘二兴　李　瑞
顾国军

只里公社代表团

李兰妮　陈老荣　高满圈　仝吉华
杨书俊(女)　王贵芝(女)　韩春喜　曹金凤(女)
张丙群

九口子公社代表团

马振林　李林堂　秦瑞灵(女)　仇金树(女)
赵　平　杨瑞竹　张爱民

北河公社代表团

李荣敏　王玉坤　赵云章　尤小锁
彭荣才(女)　崔双福

表 3-2　行唐县第七届人大代表届中调整情况表

人民代表大会	终止情况	补选情况
1981 年 12 月—1983 年 2 月第一次至第二次会议	调离 1 名，去世 1 名，罢免 1 名，人员名单不详	补选 2 名，人员名单不详
1983 年 9 月—1983 年 11 月第三次至第四次会议	病故 3 名，调出 4 名，人员名单不详	补选 5 名，人员名单不详

二、行唐县出席河北省第六届人民代表大会代表名单

马志厚　王兰英　阎昌海　杨争奇

第三节 代表工作

一、建立代表工作机制

县人大代表是县级国家权力机关组成人员，肩负着代表人民的利益和意志参与行使国家权力的重任。县七届人大常委会探索建立代表工作机制，为代表依法履职提供保障。1982年3月，县七届人大常委会根据《地方组织法》规定，在全县28个公社全部建立代表小组，并选出代表组长46名。代表可通过代表组长，向县人大常委会、各级政府反映群众意见，促进政府改进工作。

二、代表提案办理

人民代表向大会提出提案，是代表直接履行管理国家大事的重要途径。代表提案反映了全县人民普遍关心、迫切要求解决的问题，集中地代表了人民群众的愿望和要求。县人大常委会把催办代表提案作为一项极其重要的工作来抓。县七届人大一次、二次会议共收到代表提案389件。对这些提案，县人大常委会分别在大会提案审查委员会初步审查的基础上，进行认真地整理、归纳和分类，并召开专门会议，按照“归口办案”的原则逐一进行落实。在有关部门的大力协助下，除个别需报请上级批示并协助办理的问题外，都按时办理完毕。通过办理提案，既解决了群众亟待解决的问题，又密切了党和政府与人民群众的联系。

县七届人大一次会议共收到代表提案208件，其中立案185件。交政府有关部门研究办理180件；交县人民法院研究办理5件；不属于立案范围、转交各有关部门研究处理23件。县人大常委会召集有关部门进行专门研究，提出了具体办理要求，督促办理落实。1982年6月29日，县七届人大常委会第三次会议听取《行唐县人民政府关于行唐县第七届人民代表大会第一次会议提案处理情况的汇报》，除个别提案报请上级有关部门协助解决外，其他提案全部办理完毕。

1983年2月，县七届人大二次会议收到代表提案181件。交县人民政府办公室办理12件，交县公安局办理3件，交县人民法院研究办理3件，转交有关部门研究处理163件。1983年4月28日，县七届人大常委会第八次会议听取县人大常委会办公室《关于县七届人大二次会议提案处理情况向人大常委会第八次会议的汇报》，会后将办理情况印发给各位代表。

为进一步做好提案办理工作，1983年4月20日，县七届人大常委会第七次会议通过的《关于认真做好人民代表大会提案交办的决议》指出，认真办理和办好人大代表提案，是尊重人民管理国家权力、接受群众监督的重要标志。在人民代表大会举行时，由县提案审查委员会交办的提案或在闭会期间由县人大常委会交办的案件，各单位必须严肃对待，认真办理，并及时作出答复。要求县人民政府、人民法院、人民检察院及所属工作部门对交办的提案，由领导亲自参加，并根据实际情况，确定专人，在半年内办理完毕，做到件件有着落、事事有交代。强调提案办理完毕后，由领导审查，签名盖章，书面报县人大常委会。县人大常委会办公室审查汇总，再经主任办公会议正式研究，按照“先易后难”的原则，分两批印发各位代表。该决议的实行，为进一步做好代表提案办理工作提供了依据。

第三章 人民代表大会

根据1978年五届全国人大一次会议修订通过的《宪法》，中共中央在1979年7月27日提出“地方各级党委今年下半年应当积极做好召开地方各级人民代表大会的准备工作”的要求。经过两年多的准备，行唐县第七届人民代表大会第一次会议于1981年12月23日召开。这次会议的召开，标志着中断15年的县人民代表大会得以恢复。

行唐县第七届人民代表大会任期自1981年12月至1984年4月，共召开4次会议，听取报告12个，通过决议12项，选举9项。

表3-3 行唐县第七届人民代表大会历次会议概况表

会 次	时 间	议题（项）	听取报告（个）	决议决定（项）	选举表决（项）
第一次	1981年12月23—26日	6	5	3	4
第二次	1983年2月21—24日	8	6	5	2
第三次	1983年9月4—5日	2	1	1	—
第四次	1983年11月28—29日	2	—	3	3

第一节 会议概况

一、县七届人大一次会议

1981年12月23日至26日，县七届人大一次会议在县人民礼堂召开。出席代表281人（应到281人）。会议听取和审议县革命委员会主任刘锡林作的《同心同德，努力奋斗，加快全县经济建设步伐》的工作报告，县革命委员会副主任梁生印作的《关于行唐县1981年国民经济计划执行情况和1982年国民经济计划初步安排意见的报告》，县财政局局长高风鸣作的《关于行唐县1980年财政决算和1981年财政预算执行情况的报告》，县人民法院院长常俊英作的《行唐县人民法院工作报告》，县人民检察院检察长盛杰作的《行唐县人民检察院工作报告》。会议通过相应决议。根据《宪法》《地方组织法》规定，县人民代表大会设立常务委员会，会议选举产生县七届人大常委会组成人员，县人民政府县长、副县长，县人民法院院长，县人民检察院检察长（名单见本章第二节《会议选举》）。

这次会议是在全县人民深入学习、贯彻、落实党的十一届六中全会精神和会议通过的《关于建国以来党的若干历史问题的决议》，提高了认识，统一了思想，振作了精神，全县出现进一步安定团结、工农业生产和各项事业蓬勃发展的大好形势下召开的。会议指出，国家正处在拨乱反正、继往开来的伟大历史时期。摆在全县面前的任务是繁重的、困难是不少的，但行唐县是革命老区，有光荣的革命历史，有曾为革命做出过重要贡献的老干部、年富力强的中青年干部、勤劳勇敢的人民，并且具备平原、山地、丘陵、河川等比较优越的地势条件，自然资源丰富，现在搞“四化”（工业现代化、农业现代化、国防现代化、科学技术现代化）建设，没有理由落在后面。会议强调，今后的主要任务是：按照党中央的路线、方针、政策以及河北工作会议精神，紧密联系实际，落实党的各项政策，坚决搞好拨乱反正；切实把工作重点转移到“四化”建设上来，把工农业生产及各项经济建设搞上去，进一步提高人民生活水平；加强和改善思想政治工作，建设好社会主义精神文明；进一步加强社会主义民主，健全社会主义法制，打击各种犯罪活动，加强综合治理，维护正常的生产秩序、工作秩序和生活秩序，巩固与发展安定团结的政治局面。会议号召，全县人民要在马列主义、毛泽东思想的旗帜下，在县委的领导下，认真贯彻执行党的十一届三、四、五、六中全会及五届全国人大四次会议精神，满腔热情地、扎扎实实地做好工作，万众一心，艰苦奋斗，在社会主义的物质文明和精神文明建设中，不断取得新的成绩，夺取新的胜利。

二、县七届人大二次会议

1983年2月21日至24日，县七届人大二次会议召开。出席代表230人（应到280人）。会议听取和审议县人民政府县长刘锡林作的《政府工作报告》，县财政局局长高风鸣作的《关于行唐县1982年财政决算和1983年财政预算草案的报告》，县人大常委会副主任梁生印作的《行唐县人民代表大会常务委员会工作报告》，县人民法院代理院长甄斌毅作的《行唐县人民法院工作报告》，县人民检察院检察长盛杰作的《行唐县人民检察院工作报告》。会议通过相应决议。会议听取和审议县城乡建设局裴振乾作的《行唐县人民政府关于搞好村镇规划的意见（草案）》，通过《关于搞好城乡规划意见（草案）的决议》。会议选举产生县人民法院院长（名单见本章第二节《会议选举》）。选举产生行唐县出席河北省第六届人民代表大会代表4名。

会议指出，自1981年12月本届一次会议闭幕以来，县人大常委会克服缺乏机关用房、办公用具和工作人员等困难，边筹建机关，边学习，边工作，摸索前进，初步发挥了地方国家权力机关的作用。全县人民在中共行唐县委的领导下，全面贯彻落实中央“在经济上进一步实行调整，在政治上实现进一步安定，胜利实现我国历史性伟大转变”的战略方针，工农业生产及社会主义精神文明建设实现突破。会议强调，国家已经进入全面开创社会主义现代化建设新局面的历史时期，新的历史时期对经济和社会发展提出了新的要求。会议号召，面对历史的重任，全县人民要振奋精神，为加快“四化”建设进程而努力奋斗。

三、县七届人大三次会议

1983 年 9 月 4 日至 5 日，县七届人大三次会议在县人民礼堂召开。出席代表 233 人（应到 277 人）。会议听取和审议县人民政府县长刘锡林作的《关于农村中小学教育改革实施方案的报告》，并通过相应决议。会议批准县人大常委会《关于接受赵猛辞去第七届人大常委会主任职务向大会的报告》。

这次会议的主要议题是审议通过《关于农村中小学教育改革实施方案》。会议指出，办好农村中小学是提高农村人口文化科学水平、促进农业现代化、加速农村精神文明建设的基础。所以，教育改革是一件合民心、顺民意的大事，必须坚决地改、彻底地改、扎扎实实地改好。会议强调，教育改革涉及广大农村千家万户的利益，要改革，就不可避免地出现各种不同的认识，产生不同程度的阻力。会议号召各位代表要解放思想，实事求是，发扬民主，履行职责，结合全县教育现状，认真审议教育改革方案并依法作出决议，为顺利推进全县教育改革提供保障。

四、县七届人大四次会议

1983 年 11 月 28 日至 29 日，县七届人大四次会议在县人民礼堂召开。出席代表 217 人（应到 279 人）。会议通过《关于接受县人大常委会三位副主任辞职请求的决议》《关于接受县人民政府县长刘锡林请求免去县长和四位副县长职务的决议》《关于接受县人民检察院检察长盛杰请求免职的决议》。会议选举产生县人大常委会主任、两名副主任；县人民政府县长、两名副县长；县人民检察院检察长（名单见本章第二节《会议选举》）。

这次会议是在党的十二届二中全会之后召开的。会议指出，在党的十二大和六届全国人大一次会议精神指引下，全县认真贯彻执行《当前农村经济政策的若干问题》（中央〔1983〕1 号），狠抓农业生产责任制的落实及各项经济改革，整个经济战线呈现方兴未艾的大好局面。精神文明建设取得了一定成绩，“三优一学”“五讲四美三热爱”活动广泛开展，特别是爱国主义教育的热潮正在全县兴起，建设文明单位和文明村的活动内容不断丰富和深化，由治脏发展到治乱、治愚、治旧、治穷，向着“综合治理、全面建设”的方向发展。以建设符合“四化”（干部队伍的革命化、年轻化、知识化、专业化）标准的领导班子为主要内容的机构改革工作在上级党委的关怀和帮助下正积极健康地发展。会议强调，这次会议是全县机构改革的一个重大步骤，也是一次新老合作、新老交替的重要会议。党员干部都要提高自觉性，树立紧迫感，坚定不移地贯彻执行党中央制定的方针和政策，把机构改革搞好。会议要求，搞好新老干部的合作和交替，担当起对中青年干部“传、帮、带”的任务，扶上马，送一程，这是党和人民交给老同志的第一位的政治责任。希望也相信老同志一定会以极大的热情，支持帮助新上来的同志放手工作、大胆履行领导职责，在实践中锻炼得更加成熟、更加坚强。

第二节　会议选举

县七届人大历次会议，共选举产生县级国家机关工作人员32人次。

县人大常委会

主　任：

赵　猛　　1981年12月县七届人大一次会议当选

刘锡林　　1983年11月县七届人大四次会议当选

副主任：

梁生印　　1981年12月县七届人大一次会议当选

刘清海　　1981年12月县七届人大一次会议当选

杨守业　　1981年12月县七届人大一次会议当选

贾亚夫　　1981年12月县七届人大一次会议当选

赵文仲　　1981年12月县七届人大一次会议当选

李喜贵　　1981年12月县七届人大一次会议当选

王际书　　1983年11月县七届人大四次会议当选

马志厚　　1983年11月县七届人大四次会议当选

届中调整情况：

赵　猛，1983年6月28日，在县七届人大常委会第九次会议上辞去县人大常委会主任职务。

贾亚夫，1983年8月28日，在县七届人大常委会第十次会议上辞去县人大常委会副主任职务。

杨守业、赵文仲、李喜贵，1983年11月29日，在县七届人大四次会议上分别辞去县人大常委会副主任职务。

委　员（县七届人大一次会议选举产生）：

马志厚　　宇文海乱　　张首道　　侯述堂

曹金凤（女）　　曹金顺（女）　　傅向阳　　董梅彦（女）

届中调整情况：

马志厚，1983年11月29日，在县七届人大四次会议上当选为县人大常委会副主任。

县人民政府

县　长：

刘锡林　　1981年12月县七届人大一次会议当选

张　荣　　1983年11月县七届人大四次会议当选

届中调整情况：

刘锡林，1983 年 11 月 29 日，在县七届人大四次会议上辞去行唐县人民政府县长职务。

副县长：

阎昌海	1981 年 12 月县七届人大一次会议当选
李正文	1981 年 12 月县七届人大一次会议当选
赵士义	1981 年 12 月县七届人大一次会议当选
杨建民	1981 年 12 月县七届人大一次会议当选
王际书	1981 年 12 月县七届人大一次会议当选
曹惠贞（女）	1981 年 12 月县七届人大一次会议当选
李庆辰	1983 年 11 月县七届人大四次会议当选
杨争奇	1983 年 11 月县七届人大四次会议当选

届中调整情况：

李正文、赵士义、杨建民、王际书，1983 年 11 月 29 日，在县七届人大四次会议上分别免去行唐县人民政府副县长职务。

县人民法院

院　长：

常俊英	1981 年 12 月县七届人大一次会议当选
甄斌毅	1983 年 2 月县七届人大二次会议当选

届中调整情况：

常俊英，1983 年 1 月 23 日，在县七届人大常委会第六次会议上辞去县人民法院院长职务。

甄斌毅，1983 年 1 月 23 日，县七届人大常委会第六次会议决定其为县人民法院代理院长。

县人民检察院

检察长：

盛　杰	1981 年 12 月县七届人大一次会议当选
刘来福	1983 年 11 月县七届人大四次会议当选

届中调整情况：

盛　杰，1983 年 11 月 29 日，在县七届人大四次会议上辞去县人民检察院检察长职务。

链接 1：县七届人大常委会主任简历

赵猛，男，1923 年 10 月出生，汉族，中共党员，行唐县城寨乡北郝峪村人，初中学历。历任北郝峪、石槽沟、东沟村小学教师；原四地委党校学员；原四专署财政科见习会计；行唐县三区公所粮助员，北郝峪村支书，秦台、陈家庄、南郝峪小学教师；三七方区区委副组宣委员；行唐县委基点干事、县委宣传部、县人民政府秘书，县委宣传部副部长，县委常委、宣传部部长；新乐一机厂副厂长；行唐县委党校校长；石家庄地委宣传部教育科科长，地区“五七干校”学员、政工组长，地革委政治部宣传干事，石家庄电视机厂副厂长，石家庄地区科技情报所所长；行唐县委副书记；行唐县第七届人大常委会主任、党组书记。

刘锡林，男，1924 年 12 月出生，汉族，中共党员，行唐县龙州镇马凹村人，中专学历。历任行唐县四区办事处会计，县供销社会计，县委宣传部干事，县供销社计划科科长、副主任、主任；新乐县商业局局长；行唐县商业局局长，县计委主任，县供销社书记，县人民政府代理县长，县革委会常委、生产组组长、革委会副主任；赞皇县委副书记；行唐县革委会主任，县人民政府县长；行唐县第七届、第八届人大常委会主任、党组书记。

第三节　会议组织

一、县七届人大一次会议

（一）大会临时党组

书　记：孟九和

副书记：刘锡林　赵　猛　李正文　栗士彦

委　员：

梁生印	赵士义	杨振亚	阎昌海
丁金水	李庆辰	刘清海	

（二）大会主席团和秘书长

主席团：

丁金水	马志厚	马洛虎	王际书
阎昌海	刘清海	刘锡林	李正文
李庆辰	李喜贵	张法新	杨守业
杨建民	杨振亚	孟九和	赵士义
赵文仲	赵　猛	侯述堂	栗士彦
贾亚夫	梁生印	曹发永	曹金凤（女）
曹惠贞（女）			

秘书长：赵士义（兼）

（三）大会主席团常务主席

孟九和	刘锡林	赵　猛	栗士彦
李正文	赵士义	曹惠贞（女）	贾亚夫
曹发永			

（四）大会议案审查委员会

主 任 委 员：李庆辰

副主任委员：赵玉宽

委　　　员：王运通　申玉林　李秀峰　高风鸣

（五）大会代表资格审查委员会

主 任 委 员：栗士彦

副主任委员：杨建民

委　　　员：王善魁　孙寅生　郭永章

二、县七届人大二次会议

（一）大会主席团和秘书长

主席团：

丁金水	马志厚	马洛虎	习权位
石荣玲(女)	付向阳	宇文海乱	刘清海
杨守业	李庆辰	李喜贵	李国华
赵　猛	赵文仲	侯述堂	张法新
张守道	张清秀	梁生印	贾亚夫
栗士彦	曹金凤(女)	曹发永	曹金顺(女)
董梅彦(女)			

秘书长：刘清海(兼)

（二）大会主席团常务主席

李国华	赵　猛	梁生印	刘清海
习权位	杨守业	赵文仲	李喜贵
贾亚夫	栗士彦		

（三）大会代表资格审查委员会

主 任 委 员：栗士彦

副主任委员：杨安县

委　　　员：苑文章　侯述堂　郭永章　赵喜珍

（四）大会提案审查委员会

主 任 委 员：李庆辰

副主任委员：杨守业

委　　　员：

王树章	王运通	申玉林	李秀峰
范书侠	赵　从	高风鸣	裴振乾

三、县七届人大三次会议

（一）大会主席团和秘书长

主席团：

习权位	马志厚	付向阳	刘锡林
刘清海	阎昌海	宇文海乱	李国华
李正文	李喜贵	李庆辰	杨守业
杨建民	张守道	张法新	赵士义
赵文仲	侯述堂	栗士彦	贾亚夫
梁生印	曹金凤（女）	曹金顺（女）	曹发永
董梅彦（女）			

秘书长：刘清海（兼）

（二）大会主席团常务主席

李国华	刘锡林	栗士彦	习权位
梁生印	刘清海	阎昌海	李正文
赵士义	李庆辰	杨守业	赵文仲
李喜贵	贾亚夫		

四、县七届人大四次会议

（一）大会主席团和秘书长

主席团：

习权位	马志厚	付向阳	朱进才
刘锡林	刘清海	阎昌海	宇文海乱
李喜贵	李庆辰	杜墨楼	杨守业
杨建民	张　荣	张守道	张法新
张清秀	赵文仲	侯述堂	栗士彦
贾亚夫	梁生印	曹金凤（女）	曹发永
董梅彦（女）			

秘书长：刘清海（兼）

（二）大会主席团常务主席

朱进才	栗士彦	张　荣	刘锡林
习权位	梁生印	刘清海	贾亚夫
马志厚	杜墨楼		

第四章 人民代表大会常务委员会

根据《地方组织法》规定，1981 年 12 月，行唐县第七届人民代表大会第一次会议依法选举产生行唐县第七届人民代表大会常务委员会。自此，县人大常委会成为本级人民代表大会的常设机构，为进一步加强人大工作奠定了组织基础。县七届人大常委会任期两年 4 个月，其间坚持以党的十二大精神为指导，紧紧依靠县委，贯彻落实《宪法》《地方组织法》，以农村滥占耕地建房、教育、人事任免等重大事项为主题，组织召开常委会会议 16 次、主任会议 12 次，专题研究，常抓不懈，展示了人民代表大会制度的巨大优越性，促进了政治制度改革及县域经济社会持续、稳定、健康发展。

县七届人大常委会及其办公机构、机关人员从无到有、不断充实，各项工作从少到多、逐步开展，管理制度从点到面、日益健全，开创了人大工作的新局面。

表 3-4 行唐县第七届人大常委会主任、副主任概况表

职 务	姓 名	任职时间
主 任	赵 猛	1981 年 12 月—1983 年 6 月
	刘锡林	1983 年 11 月—1984 年 4 月
副主任	梁生印	1981 年 12 月—1984 年 4 月
	刘清海	1981 年 12 月—1984 年 4 月
	杨守业	1981 年 12 月—1983 年 11 月
	贾亚夫	1981 年 12 月—1983 年 8 月
	赵文仲	1981 年 12 月—1983 年 11 月
	李喜贵	1981 年 12 月—1983 年 11 月
	王际书	1983 年 11 月—1984 年 4 月
	马志厚	1983 年 11 月—1984 年 4 月

第一节　常委会会议

县七届人大常委会共召开常委会会议16次。

第一次会议　1981年12月27日召开，县人大常委会主任赵猛，副主任杨守业、李喜贵、梁生印、贾亚夫和7名委员出席会议。会议学习《地方组织法》。会议研究议定常委会会议制度、联系代表制度及办事机构设置，确定主任及委员分工；会议部署当前全县选举工作、整顿党风、完善生产责任制、社会治安治理等五项工作。

第二次会议　1982年3月16日至17日召开，县人大常委会主任赵猛，副主任梁生印、刘清海、杨守业、赵文仲、贾亚夫和6名委员出席会议。县人民政府副县长王际书，县人民检察院检察长盛杰列席会议。会议学习中共中央1982年17号文件、《全国人大常委会关于严惩严重破坏经济的罪犯的决定》及彭真在全国各省、市、自治区人大常委会负责人座谈会上的讲话。会议听取和审议县财政局局长高风鸣作的《1982年财政预算的报告》。会议通过人事任免事项（名单见本篇第七章《选举任免》）。会议座谈讨论县七届人大一次会议闭会以来的群众反映意见及其解决处理情况。

第三次会议　1982年6月27日至29日召开，县人大常委会主任赵猛，副主任梁生印、刘清海、杨守业、贾亚夫、赵文仲、李喜贵和6名委员出席会议。县人民政府副县长阎昌海，县人民法院、县人民检察院相关负责人列席会议。会议学习讨论《中华人民共和国宪法修改草案》。会议传达省人大常委会十五次会议精神。会议听取县人民政府《关于行唐县第七届人民代表大会第一次会议提案办理情况的汇报》。会议通过人事任免事项（名单见本篇第七章《选举任免》）。会议研究部署下一步工作。

第四次会议　1982年9月6日至7日召开，县人大常委会主任赵猛，副主任梁生印、杨守业、李喜贵、赵文仲、贾亚夫和6名委员出席会议。县人民政府副县长杨建民，县人民法院、县人民检察院相关负责人列席会议。会议集中学习邓小平在党的十二大上的开幕词和胡耀邦在党的十二大上作的报告。会议听取县人民政府副县长杨建民作的《关于1982年上半年工作情况的报告》、县人民法院副院长陈合喜作的《关于1982年上半年工作情况的报告》、县人民检察院副检察长张玉民作的《关于1982年上半年的工作情况向县人大常委会的报告》、县财政局局长高风鸣作的《关于1982年上半年财政预算执行情况的汇报》、县文教局副局长王义作的《关于教育工作情况的汇报》、县工商行政管理局副局长赵志云作的《1982年上半年工作汇报》、县七届人大常委会《关于视察工作情况的报告》。

第五次会议　1982年11月30日至12月1日召开，县人大常委会副主任梁生印、杨守业、赵文仲、贾亚夫、李喜贵和6名委员出席会议。会议进一步学习党的十二大文件。会议讨论通过《行唐县人大常委会关于切实解决滥占耕地建房的决议》。会议研究决定由各公社管委会主任担任代表组长。会议决定召开县七届人大二次会议及有关事宜。

第六次会议　1983年1月21日至23日召开，县人大常委会主任赵猛，副主任梁生印、刘清海、杨守业、赵文仲、贾亚夫、李喜贵和7名委员出席会议。会议学习《宪法》。会议讨论通过《关于动员全县人民认真学习、宣传和保证实施〈中华人民共和国宪法〉的决议》。会议听取召开县七届人大二次会议筹备情况的汇报；讨论《行唐县人大常委会工作报告（稿）》，提出补充和修改意见。会议通过《关于接受常俊英辞去行唐县人民法院院长职务请求的决定》。会议通过人事任免事项（名单见本篇第七章《选举任免》）。

第七次会议 1983年4月19日召开，县人大常委会副主任梁生印、杨守业、赵文仲、李喜贵和4名委员出席会议。会议学习河北省人大常委会冀人常办函〔83〕6号文件。会议讨论通过《关于严格控制人口增长，坚决推行结扎手术的决议》。

第八次会议 1983年4月28日至29日召开，县人大常委会主任赵猛，副主任梁生印、刘清海、杨守业、赵文仲、李喜贵和5名委员出席会议。会议学习中发〔1983〕10号文件及杨尚昆、习仲勋讲话。会议听取县人大常委会办公室《关于县七届人大二次会议提案处理情况向人大常委会第八次会议的汇报》，并讨论通过《关于认真做好人民代表提案交办的决议》。会议通过人事任免事项（名单见本篇第七章《选举任免》）。

第九次会议 1983年6月27日至28日召开，县人大常委会副主任梁生印、刘清海、杨守业、贾亚夫、赵文仲、李喜贵和6名委员出席会议。会议学习全国人大常委会委员长彭真在第六届全国人民代表大会第一次会议上的讲话。会议听取和审议县物价委员会副主任高福祥作的《关于市场物价管理情况的汇报》、县工商局副局长周国才作的《关于当前市场管理工作情况向县人大常委会的汇报》、县卫生局副局长杨金中作的《关于宣传、贯彻、执行〈食品卫生法〉工作情况的汇报》。会议通过《关于切实加强市场、物价和食品卫生管理工作的决议》。会议讨论通过县人大常委会《关于当前工作情况和对今后工作意见向县委的报告》。会议接受赵猛辞去县人大常委会主任职务的请求；会议根据县委提议，一致同意在县七届人大闭会期间由副主任梁生印负责县人大全面工作。

第十次会议 1983年8月28日召开，县人大常委会副主任梁生印、刘清海、杨守业、贾亚夫、赵文仲、李喜贵和5名委员出席会议。会议学习《邓小平文选》。会议听取县人大常委会《关于对上连庄、上滋洋、独羊岗等六公社视察情况的报告》。会议研究决定于9月4日至5日召开行唐县第七届人民代表大会第三次会议，研究大会议程、日程、大会组织、补选代表等有关事宜。会议接受贾亚夫辞去县人大常委会副主任职务的请求。会议通过人事任免事项（名单见本篇第七章《选举任免》）。

第十一次会议 1983年11月21日召开，县人大常委会副主任梁生印、刘清海、杨守业、赵文仲、李喜贵和6名委员出席会议。会议学习《邓小平文选》和中央有关机构改革的重要论述和指示。会议研究决定于11月28日至29日召开行唐县第七届人民代表大会第四次会议，研究大会议程、日程、大会组织、补选代表等有关事宜。

第十二次会议 1984年2月8日至9日召开，县人大常委会主任刘锡林，副主任梁生印、刘清海、王际书、马志厚和8名委员出席会议。县人民政府副县长阎昌海、杨争奇、李庆辰，县人民政协副主席杨建民，县人民法院院长甄斌毅，县人民检察院检察长刘来福列席会议。刘锡林主任传达河北省六届人大常委会第五次会议精神；刘清海副主任传达省委〔1983〕122号文件和省委书记解峰、省人大常委会副主任葛启在全省县、乡两级人民代表大会换届选举会议上的讲话。会议审查通过《行唐县县乡两级人民代表大会换届选举的意见》和县选举委员会组成人员名单。会议听取和审议县人民法院院长甄斌毅作的《关于严厉打击刑事犯罪活动情况的报告》、县民政局局长张庆瑞作的《关于优抚政策执行情况的报告》、县财政局局长高风鸣作的《关于1983年财政预决算执行情况的报告》。会议通过人事任免事项（名单见本篇第七章《选举任免》）。

链接2：行唐县人大常委会关于成立县选举委员会的通知（节选）

为做好县、乡两级人民代表大会换届选举工作，根据《中华人民共和国全国人民代表大会和地方各级人民代表大会选举法》《河北省县乡两级人民代表大会选举实施细则》的规定，成立县选举委员会。县选举委员会组成人员，业经县委研究同意，县七届人大常委会十二次会议通过任命，现通知如下：

一、县选举委员会组成人员

主　任：刘锡林

副主任：杜墨楼　阎昌海　许昆峥

委　员：

梁生印	刘清海	王际书	马志厚
高福祥	张庆瑞	石荣玲	严进皂
段风林	曹金凤	赵锦程	

二、选举委员会主要任务

县选举委员会在县人大常委会领导下进行工作。主要任务是：1. 主持本级人民代表大会代表的选举、组织学习，贯彻执行《中华人民共和国地方各级人民代表大会和地方各级人民政府组织法》《中华人民共和国全国人民代表大会和地方各级人民代表大会选举法》《河北省县乡两级人民代表大会选举实施细则》；2. 制定选举工作计划，训练选举工作人员；3. 组织选举宣传活动，进行社会主义民主与法制教育；4. 划分选区，分配代表名额，规定选举日期；5. 组织选民登记，审查选民资格，受理选民对选民资格问题的申诉，分发选民证；6. 按照《中华人民共和国全国人民代表大会和地方各级人民代表大会选举法》的规定，组织选民提名推荐、协商代表候选人，确定并公布代表候选人名单；7. 制定选举实施办法，派出代表主持投票站和选举大会的选举；8. 汇总、公布选举结果，发给代表当选证书；9. 受理对选举中违法行为的检举和控告；10. 承办选举工作的其他事宜。

三、选举委员会下设选举办公室，作为选举委员会的办事机构，负责选举工作的具体实施。

选举办公室（设在县人大常委会）组成人员

主　任：刘清海

副主任：

崔进德　　赵玉宽　　赵锦程　　石荣玲

刘墨刚　　张庆瑞

第十三次会议　1984年2月23日召开，县人大常委会主任刘锡林，副主任梁生印、刘清海、马志厚和7名委员出席会议。会议研究通过各乡镇选举委员会组成人员名单；原则决定了行唐县第八届人民代表大会代表名额。

链接3：选举委员会启用印章

1984年3月24日，行唐县人大常委会发文启用“行唐县选举委员会”和“行唐县选举委员会办公室”印章及28个乡（镇）选举委员会印章。

第十四次会议　1984年3月8日召开，县人大常委会主任刘锡林，副主任梁生印、刘清海、王际书、马志厚和6名委员出席会议。县人民法院院长甄斌毅列席会议。会议听取和讨论《行唐县选举委员会关于选举工作进展情况的报告》。会议通过人事任免事项（名单见本篇第七章《选举任免》）。

第十五次会议　1984年4月5日召开，县人大常委会主任刘锡林，副主任梁生印、刘清海、王际书、马志厚和6名委员出席会议。会议研究通过县七届人大常委会代表资格审查委员会名单，人员名单不详。会议通过人事任免事项（名单见本篇第七章《选举任免》）。

第十六次会议　1984年4月21日召开，县人大常委会主任刘锡林，副主任梁生印、刘清海、王际书、马志厚和6名委员出席会议。会议听取县人大常委会副主任刘清海作的县第八届人民代表大会筹备情况汇报；研究通过县八届人大一次会议召开时间、议程、主席团名单（草稿）等事宜；讨论通过《行唐县第七届人大常委会工作报告（稿）》。

第二节　主任会议

县七届人大常委会共召开主任会议12次。第1—8次会议由县人大常委会主任赵猛主持召开，第9—12次会议由县人大常委会主任刘锡林主持召开。县人大常委会各位副主任出席会议，办公室负责人列席会议。

表3-5　行唐县第七届人大常委会主任会议情况一览表

序号	时间	议题
1	1982年6月23日	学习《工作通讯》第五期；研究召开七届人大常委会第三次会议有关事项
2	1982年7月24—25日	听取视察情况汇报；研究人大常委会机构人员配备、汽车、办公用房问题；研究8月召开常委会议题问题
3	1982年11月2日	研究决定部分主任的工资户口、党员关系12月都介绍到县人大常委会；研究订报问题

续表3-5

序　号	时　间	议　题
4	1982年12月2日	研究制定学习制度、工作制度、请销假制度；筹备县七届人大二次会议事宜；研究建立人大机关党支部
5	1983年1月7日	学习省五届人大常委会第十八次会议文件；研究筹备召开县七届人大二次会议
6	1983年1月16日	传达学习省人大、省政协换届会议精神；研究向县七届人大二次会议提交的人大常委会工作报告（稿）；研究召开第六次常委会的时间，拟定1月22日召开；研究召开县七届人大二次会议的有关事宜
7	1983年6月2日	学习河北省委46号文件；研究安排视察工作
8	1983年6月22日	研究召开县七届人大常委会第九次会议的时间、议题
9	1983年8月9日	安排视察灾情；研究召开县七届人大常委会第十次会议的时间及议题；研究信访问题
10	1983年11月12日	研究换届后各主任工作分工；研究近期工作计划
11	1984年1月3日	研究召开县七届人大常委会第十二次会议有关事宜；研究开展教育、优抚、开发太行山三方面的视察工作
12	1984年1月18日	学习省六届人大常委会第五次会议精神；研究县人大常委会对县、乡换届选举的初步安排计划；研究召开县七届人大常委会第十二次会议的时间及议题

第三节　机构设置

1981年12月，县人大常委会建立后即设办公室，其职能是负责人代会的各项筹备工作和人大党组、常务委员会综合文件的起草，决议、决定的交办及上报下达，办理人事任免手续，负责代表联络及后勤服务，文书档案管理，受理群众来信来访等工作，办公室为局级单位。1982年3月10日，刻制、启用行唐县人民代表大会常务委员会办公室印章。

表3-6　行唐县第七届人大常委会机构人员概况表

机构名称	职　务	姓　名	任职时间
办公室	主　任	崔进德	1983年12月—1984年4月
	副主任	赵玉宽	1983年12月—1984年4月

第四节　机关工作

一、党建工作

1982 年 12 月 2 日，县七届人大常委会主任会议研究建立中共行唐县人大常委会机关党支部事宜。12 月 17 日，召开县人大机关党员会，参会中共党员 5 名（缺席 3 名），会议决定建立行唐县人大常委会机关党支部，选举赵玉宽为支部书记、苑文章为组织委员、仝彦敏为宣传委员。

二、政治学习

县七届人大常委会立足转变机关工作作风，大力加强政治思想工作，制定每周五集中学习制度，以学习法律、熟悉法律为重点，同时结合学习中央、省委、市委相关文件，使机关工作人员进一步摆正了党的政策与各项法律的关系、党委领导与依法行使职权的关系、人大与“一府两院”的法律监督关系，理论素养和业务能力显著提高；要求干部职工充分认识民主与法治建设的重要性，通过学法懂法，加强自身建设，努力成为掌握法律、依法履职的模范，成为联系代表、服务群众的模范，成为勤勉工作、廉洁从政的模范，为全县经济社会发展贡献力量。

三、制度建设

1982 年 12 月 3 日，根据党的十二大全面开创社会主义现代化建设新局面的要求和机关实际情况，经主任会议研究，县人大常委会办公室制定《学习制度》《工作制度》《会议制度》及《工作人员守则》，使机关工作人员学习、工作、作息制度化，提高了工作人员的革命化程度，增强了团队凝聚力，保证了县人大常委会工作的连续性。

第五章　监 督 工 作

县七届人大及其常委会坚持依法履职，监督工作在探索中前进，在实践中不断创新。

县人大常委会任期内围绕全县中心工作的重大问题，听取和审议“一府两院”专项工作报告及财政预算执行情况报告14项。

组织视察，加强对农业、教育、物价、卫生等方面的调查研究，任期内先后组织3次视察活动，分别对上连庄、九口子、秦台、杨家庄、上滋洋、独羊岗等12个乡、30多个大队和部分卫生院、学校、法庭进行视察。在肯定成绩的同时，对群众反映的山区师资不足、校舍不足或过简、医疗条件差、服务态度不好以及部分乡镇遭受水、旱灾害，请求政府支持抗灾、恢复生产等问题，及时地提出增加山区师资力量，促进整改工作顺利进行；加强财政管理，严格财经纪律；加强社会治安，严惩刑事犯罪等建设性意见，促进这些方面工作的改善和开展，引起了县人民政府的重视。仅1983年上半年，县人民政府就组织各乡、村新建校舍200多间，维修校舍400多间；通过考核，调整了不胜任的中小学教师，并把1982年大中专毕业生全部分配到山区，充实了山区师资力量，提高了山区教育质量。

县七届人大常委会依法监督和支持“一府两院”按照党的方针政策和国家法律、法规以及县人大常委会的决议决定开展工作。通过广泛征求人民群众对“一府两院”及相关职能部门工作的意见，深入贯彻党中央“调整、改革、整顿、提高”的方针，以提高经济效益、保证国民经济稳步前进为根本出发点，确保了全县始终保持正常的生产秩序、工作秩序和生活秩序，全县上下呈现安定团结的政治局面，加快了经济建设步伐。

第一节　听取和审议专项工作报告与计划预算报告

县七届人大常委会会议听取和审议“一府两院”专项工作报告 11 项、财政预算执行情况报告 3 项。

表 3-7　行唐县第七届人大常委会会议听取和审议专项工作报告与计划预算报告情况表

时　间	常委会会议	报告内容
1982 年 3 月 17 日	第二次	县财政局关于 1982 年财政预算的报告
1982 年 6 月 29 日	第三次	县人民政府关于行唐县第七届人民代表大会第一次会议提案办理情况的汇报
1982 年 9 月 6 日	第四次	县人民政府关于 1982 年上半年工作情况的报告；县人民法院上半年工作情况报告；县人民检察院关于 1982 年上半年的工作情况向县人大常委会的报告；县财政局关于 1982 年上半年财政预算执行情况的汇报；县文教局关于教育工作情况的汇报；县工商行政管理局 1982 年上半年工作汇报
1983 年 6 月 28 日	第九次	县物价委员会关于市场物价管理情况的汇报；县工商局关于当前市场管理工作情况向县人大常委会的汇报；县卫生局关于宣传、贯彻、执行《食品卫生法》工作情况的汇报
1984 年 2 月 9 日	第十二次	县人民法院关于严厉打击刑事犯罪活动情况的报告；县民政局关于优抚政策执行情况的报告；县财政局关于 1983 年财政预决算执行情况的报告

第二节　视察检查

县七届人大常委会心系民生，围绕物价、食品卫生、山区文化教育及农村社会治安等人民群众密切关注的热点、难点问题，任期内共组织县人大常委会委员和人大代表开展视察、检查活动 3 次。

1982 年 7 月 12 日至 19 日，县人大常委会副主任梁生印、刘清海、杨守业、贾亚夫、李喜贵带队，分两组对平原区的城关，丘陵区的南桥、北龙岗，山区的九口子、杨家庄、上阎庄 6 个公社进行视察，了解和察看了 4 所学校、3 个公社卫生院和两个人民法庭，与 20 名代表进行了座谈。这是县人大常委会首次组织的代表视察，这次视察，既调研农业生产、群众生活，又了解察看道路桥梁、社员治病、打官司告状及儿童上学等问题。视察组根据在这 6

个公社听、看、谈、访、议的结果撰写了视察报告。9月6日，县七届人大常委会第四次会议听取了视察报告。

1983年7月24日至27日，县人大常委会组织物价、工商、卫生、县社等部门的相关负责人和干部12人组成联合检查组，由县人大常委会副主任赵文仲、李喜贵带队，对口头、南桥、上碑、上方、西玉亭、城关6个集镇和东留营、西安香等部分公社的市场、物价和食品卫生管理工作进行了全面联查。检查重点是各集镇国营商店、饭店及个体摊点、饭馆。检查的内容主要是市场的经济秩序、物价政策的执行情况和《食品卫生法》的贯彻实施情况。通过检查，促进了全县市场面貌、食品卫生和物价状况向好的方向发展。

1983年8月11日至25日，县人大常委会副主任赵文仲、李喜贵带队，分别视察了上连庄、九口子、上滋洋、屹嶅头、只里和独羊岗6个不同地域类型的公社。重点了解山区、丘陵、平原不同地区自实行“大包干”生产责任制以来农业生产发生的可喜变化及出现的新情况、新问题，察看当前山区文化教育及农村社会治安的状况，并和部分人大代表进行座谈，征求了他们对“一府两院”工作的意见。因8月3日至5日，上连庄、九口子两公社连降暴雨，降雨量近200毫米，山洪暴发，致枣园、塘坝、道路、桥梁、耕地被冲毁，给人民群众的财产和生活造成了一定的损失和困难。视察期间，县人大常委会副主任赵文仲于8月10日至12日带队视察上连庄公社的南家庄、咬角、桑叶沟和九口子公社的高家峪、库沟大队，察看暴雨灾情，慰问受灾群众，鼓舞了干部群众抗灾救灾、恢复生产的信心。8月28日，县七届人大常委会第十次会议听取《行唐县人大常委会关于对上连庄、上滋洋、独羊岗等六个公社视察情况的报告》，对视察中发现的化肥供应不足、危险校舍、民办教员补贴及老弱孤寡的耕地浇水等亟待解决的问题，报告从完善“大包干”生产责任制、推进教育改革、进行社会治安综合治理三个方面进行了综合分析，并建议县人民政府和有关部门采取措施尽快予以解决。

第六章 决议决定

县七届人大及其常委会以经济建设为中心，任期内先后围绕重大事项作出决议决定18项，其中适时对国民经济计划执行情况、财政预决算情况作出决议决定，保障了全县财政平稳运行；作出《关于切实解决滥占耕地建房的决议》，刹住了农村滥占耕地建房的歪风；作出《关于动员全县人民认真学习、宣传和保证实施〈中华人民共和国宪法〉的决议》，为加快全县“四化”建设奠定了坚实的民主法制基础。

第一节 作出决议决定

一、县七届人大历次会议作出决议决定情况

县七届人大历次会议先后作出决议决定12项。

表3-8 行唐县第七届人民代表大会历次会议决议决定一览表

时 间	会 次	事 项
1981年12月26日	第一次	关于同心同德，努力奋斗，加快全县经济发展步伐报告的决议 关于行唐县1981年国民经济计划执行情况和1982年国民经济计划初步安排意见的报告、行唐县1980年财政决算和1981年财政预算执行情况的报告的决议 关于行唐县人民法院工作报告和行唐县人民检察院工作报告决议
1983年2月24日	第二次	关于政府工作报告的决议 关于批准县政府1982年财政决算和1983年财政预算报告的决议 关于搞好城乡规划意见的决议 关于行唐县人民法院工作报告和行唐县人民检察院工作报告的决议 关于行唐县人大常委会工作报告的决议
1983年9月5日	第三次	关于农村中小学教育改革实施方案的报告的决议

续表3-8

时　间	会　次	事　项
1983年11月29日	第四次	关于接受县人大常委会三位副主任辞职请求的决议 关于接受县人民政府县长刘锡林请求免去县长和四位副县长职务的决议 关于接受县人民检察院检察长盛杰请求免职的决议

二、县七届人大常委会历次会议作出决议决定情况

县七届人大常委会历次会议先后作出决议决定6项（不含人事任免事项）。

表3-9　行唐县第七届人大常委会历次会议决议决定一览表

时　间	常委会会议	事　项
1982年12月1日	第五次	关于切实解决滥占耕地建房的决议 关于召开行唐县七届人民代表大会第二次会议的决定
1983年1月23日	第六次	关于动员全县人民认真学习、宣传和保证实施《中华人民共和国宪法》的决议
1983年4月19日	第七次	关于严格控制人口增长，坚决推行结扎手术的决议
1983年4月29日	第八次	关于认真做好人民代表提案交办的决议
1983年6月28日	第九次	关于切实加强市场、物价和食品卫生管理工作的决议

第二节　决议决定选介

关于切实解决滥占耕地建房的决议

《关于切实解决滥占耕地建房的决议》（以下简称《决议》），于1982年12月1日县七届人大常委会第五次会议通过。

珍惜和节约每一寸土地是基本国策，是关系到子孙后代和国家根本利益的大问题。人口逐年增多，土地人均占有逐年减少。党中央和国务院三令五申，严禁城乡滥占耕地建房，但在一些地方滥占耕地建房的歪风却越刮越烈。因此，县七届人大常委会第五次会议作出《决议》。

《决议》要求全县人民和各级领导要自觉地与中央保持高度一致，认真贯彻中央国务院和省、地委的指示，坚决按照1982年11月22日县人民政府的通告执行，彻查、打击刹住滥占耕地建房现象；同时政府要积极搞好村镇规划，有领导、有步骤地把目前比较落后的村

镇建设成为具有高度物质文明和精神文明的新村镇。

关于动员全县人民认真学习、宣传和保证实施《中华人民共和国宪法》的决议

《关于动员全县人民认真学习、宣传和保证实施〈中华人民共和国宪法〉的决议》（以下简称《决议》），于1983年1月23日县七届人大常委会第六次会议通过。

1982年12月4日，五届全国人大五次会议通过了新《宪法》。新《宪法》是新的历史发展时期治国安邦的总章程，它的颁布和实施，标志着中国社会主义民主的发展和社会主义法制的建设进入一个新的阶段。《宪法》的权威关系到政治的安定和国家的命运，决不允许对《宪法》有任何损害。因此，县七届人大常委会第六次会议作出《决议》。

《决议》号召全县人民深入地学习、宣传新《宪法》，要求人人熟悉新《宪法》、自觉地执行新《宪法》，养成遵守《宪法》、维护《宪法》的观念和习惯。同时要求把学习、宣传、执行《宪法》同贯彻执行党的十二大精神紧密结合起来，开创各项工作的新局面。《决议》有力地推动了全县的"四化"建设和新《宪法》的贯彻实施。

关于切实加强市场、物价和食品卫生管理工作的决议

《关于切实加强市场、物价和食品卫生管理工作的决议》（以下简称《决议》）于1983年6月28日县七届人大常委会第九次会议通过。

随着商业体制的改革，全县集市贸易日益繁荣，购销两旺，经济效益和服务质量都有所提高。但有少数地方的国营企业和个体商贩违反市场管理，出现了以次充好、以假顶真、变相涨价、缺斤短两、服务质量差等现象，甚至还有些人进行黑市交易，欺行霸市，投机倒把，扰乱市场。为了进一步活跃经济，稳定物价，安定人民生活，切实加强市场、物价和食品卫生管理，县七届人大常委会第九次会议作出《决议》。

《决议》从整顿城乡市场，继续治理脏、乱、差；认真执行物价改革和购销政策，切实维护消费者的利益；加强国营和个体商贩的教育，开展文明经商；坚决取缔黑市，打击投机倒把违法活动；认真执行食品卫生制度；加强市场、物价、食品卫生管理工作的领导六个方面作出了明文规定。

《决议》强调除定期对市场、物价、食品卫生进行检查外，建议县人民政府组织物价委员会、财贸办公室、工商、县社、公安等有关部门对全县市场、物价、食品卫生、服务质量等进行全面大检查，对检查出来的问题要认真严肃处理，要通过大检查使全县市场面貌出现一个新局面。

关于农村中小学教育改革实施方案的报告的决议

《〈关于农村中小学教育改革实施方案的报告〉的决议》（以下简称《决议》），于1983年9月5日行唐县第七届人民代表大会第三次会议上通过。

中共中央、国务院〔1983〕16号文件明确指出："农村学校的任务，主要是提高新一代

和广大农村劳动者的文化科学水平，促进农村社会主义建设。一定要适应广大农民发展生产、劳动致富、渴望人才的要求。”中华人民共和国成立以来，全县教育事业有了一定的发展。但由于种种原因，发展仍比较缓慢，教育现状与国家要求差距很大，实行中小学教育改革，势在必行。县七届人大三次会议认为县人民政府《关于农村中小学教育改革实施方案的报告》对全县中小学教育的形势分析是符合实际情况的，提出的改革方法和步骤是稳妥可靠的，措施是有力可行的。所以，会议批准这个报告并作出了《决议》，为全县教育改革工作提供了法律保证。

《决议》要求，各级必须切实加强对农村中小学教育改革的领导，要把农村中小学教育改革工作列入各级领导的议事日程，经常研究和解决教育改革中的问题，加快教育改革的进程，保证教育方案的实施。《决议》号召，全县广大干部群众和教育工作者，尤其是领导干部，要坚决按照党的十二大确立的战略部署，把文化教育作为经济建设的战略重点，发扬艰苦创业的革命精神和扎扎实实的工作作风，坚决完成全县中小学教育改革的艰巨任务，为“四化”建设多培养人才，为开创全县社会主义现代化建设的新局面而努力奋斗。

链接4：1983年9月全县教育情况

中华人民共和国成立以来，全县教育事业有了相当的发展。1983年9月，全县有学校369所，在校生62491人，其中，国办高中3所（包括完全中学1所），学生1843人；农业中学1所，学生200人；重点初中1所，学生200人；社办初中34所，学生17278人；小学330所，学生42970人。全县共有教职工3127人，其中，县办中学（包括县师范、农中）314人，社中1161人，小学1652人。但由于各种原因，全县教育事业的发展仍比较缓慢，有些问题比较突出：一是教师水平低；二是教学设施差，还有危房和漏雨的房子，很多学校没有桌凳；三是绝大部分学校缺少教学仪器、图书资料、体育器材，甚至有的学校教师使用的粉笔、墨水、纸张都很困难。

根据党中央、国务院文件和省委书记高扬《关于办好农村中小学的意见》的指示和要求，结合全县具体情况，县人民政府拟定了改革实施方案。将分期分批把农村中小学划归民办：

第一批：从1983年10月起，只里公社中小学全部划归民办；

第二批：从1984年1月起，全县各公社最低将50%以上的中小学划归民办；有条件的公社可以多搞或全部搞完。

第三批：从1984年7月起，将剩余的社队中小学全部划归民办。

划归民办后的中小学，除公办教师的医疗费、福利费外，教师工资（包括奖金和各种补贴）及一切经费，全部由社队负担。

第七章　选举任免

县七届人大常委会任期内共任免县级国家机关工作人员 111 人次，接受辞职 3 名，为地方国家机关依法行政和公正司法提供了组织保障。

1984 年 2 月 8 日，县七届人大常委会第十二次会议审查和通过《行唐县县乡两级人民代表大会换届选举的意见》，任命县选举委员会，加强对县、乡换届选举工作的监督指导，至 4 月 20 日，依照法律程序圆满完成换届选举任务，选举产生县八届人大代表 291 名。

第一节　常委会选举任免情况

1982 年 3 月 17 日，县七届人大常委会第二次会议通过了县人民政府、县人民检察院相关人事任免事项。

决定免去：

张庆云的行唐县农业机械管理局局长职务

赵文仲的行唐县供销社主任职务

李喜贵的行唐县税务局局长职务

决定任命：

赵忠贤为行唐县人民政府办公室主任

杨振亚为行唐县公安局局长

裴振乾为行唐县文教局局长

邵德臻为行唐县商业局局长

米新民为行唐县信访局办公室主任

郭永章为行唐县人事局局长

王立海为行唐县畜牧局局长

李五保为行唐县粮食局局长

高风鸣为行唐县财政局局长

盖　珍为行唐县社队企业局局长

尤永和为行唐县交通局局长

王运同为行唐县卫生局局长

严进皂为行唐县劳动局局长

郭德延为行唐县工商行政管理局局长

麻俊英为行唐县计划生育办公室主任

张贵华为行唐县水利局局长

李昌根为行唐县对外贸易局局长

范书侠为行唐县物资局局长

乔俊恒为行唐县体育委员会主任

李　刚为行唐县税务局局长

张卜林为行唐县司法局局长

康占峰为行唐县供销社主任

任命：

葛占军、张玉民为行唐县人民检察院副检察长

刘歧峰、刘建文、贾登科、李文胖为行唐县人民检察院检察委员会委员

1982 年 6 月 29 日，县七届人大常委会第三次会议通过了县人民政府、县人民法院相关人事任免事项。

决定免去：

申玉林的行唐县工业局局长职务

王五香的行唐县矿山管理局局长职务

刘五保的行唐县二轻工业局局长职务

决定任命：

申玉林为行唐县经济委员会主任

曹万志为行唐县农业局局长

孙其柱为行唐县农业机械管理局局长

任命：

乔银生为行唐县人民法院副院长

刘汉杰为行唐县人民法院副院长

陈合喜为行唐县人民法院副院长

王玉祥为行唐县人民法院办公室主任兼审判员

顾荣先为行唐县人民法院刑事审判庭庭长

高明信为行唐县人民法院刑事审判庭副庭长

赵云荣为行唐县人民法院刑事审判庭审判员

顾福贵为行唐县人民法院民事审判庭庭长

任子玉为行唐县人民法院经济审判庭庭长

杨　奎为行唐县人民法院经济审判庭审判员

石连贵为行唐县人民法院城关人民法庭庭长

杨建英为行唐县人民法院城关人民法庭副庭长

刘秋生为行唐县人民法院城关人民法庭审判员

高玉良为行唐县人民法院城关人民法庭审判员

乔　敏为行唐县人民法院上碑人民法庭庭长

李白旦为行唐县人民法院西玉亭人民法庭庭长

周二过为行唐县人民法院口头人民法庭副庭长

1983 年 1 月 23 日，县七届人大常委会第六次会议通过了县人民法院相关人事任免事项。

决定：

甄斌毅为行唐县人民法院代理院长

任命：

甄斌毅、乔良生、刘汉杰、陈合喜、王玉祥、顾荣先、顾福贵为行唐县人民法院审判委员会委员

1983 年 4 月 29 日，县七届人大常委会第八次会议通过了县人民政府相关人事任免事项。

决定免去：

杨振亚的行唐县公安局局长职务

王善魁的行唐县民政局局长职务

张贵华的行唐县水利局局长职务

裴振乾的行唐县文教局局长职务

康占峰的行唐县供销社主任职务

李五保的行唐县粮食局局长职务

范书侠的行唐县物资局局长职务

决定任命：

张会敏为行唐县公安局局长

常俊英为行唐县粮食局局长

张庆云为行唐县县联社主任

张庆瑞为行唐县民政局局长

张桂林为行唐县统计局局长

付秋法为行唐县林业局局长

朱德明为行唐县水利局局长

范书侠为行唐县文教局局长

宇文宗为行唐县广播电视局局长

1983 年 8 月 28 日，县七届人大常委会第十次会议通过了县人民法院相关人事任免事项。

任命：

崔永敏为行唐县人民法院西安香人民法庭副庭长

1984 年 2 月 9 日，县第七届人大常委会第十二次会议通过了县人民政府相关人事任免事项。

决定任命：

刘慈江为行唐县人民政府办公室主任

张桂林为行唐县计划委员会主任

张朱贵为行唐县公安局局长

刘丙林为行唐县经济委员会主任

徐红军为行唐县农牧局局长

徐少雄为行唐县税务局局长

刁东海为行唐县司法局局长

贾　玉为行唐县粮食局局长

于俊国为行唐县卫生局局长

张庆云为行唐县商业局局长

王胤圣为行唐县多种经营委员会主任

付英杰为行唐县计划生育委员会主任

李小香为行唐县体育委员会主任

1984 年 3 月 8 日，县七届人大常委会第十四次会议通过了县人民法院相关人事任免事项。

任命：

秦连义、王玉祥为行唐县人民法院副院长

秦连义、王玉祥、顾荣先、顾富贵为行唐县人民法院审判委员会委员

杨文志、花五河、李晓凡、李占国、张风和、邸争国、魏书生、花双学、张河滩、刘根玉、刘秋来为行唐县人民法院审判员

1984 年 4 月 5 日，县七届人大常委会第十五次会议通过了县人民政府相关人事任免事项。

决定任命：

张法新为行唐县林业局局长

马培仁为行唐县审计局局长

第二节　常委会接受辞职情况

1983 年 1 月 23 日，县七届人大常委会第六次会议接受常俊英辞去行唐县人民法院院长职务。

1983 年 6 月 28 日，县七届人大常委会第九次会议接受赵猛辞去行唐县第七届人民代表大会常务委员会主任职务。

1983 年 8 月 28 日，县第七届人大常委会第十次会议接受贾亚夫辞去行唐县第七届人民代表大会常务委员会副主任职务。

第四篇

行唐县第八届人民代表大会

（1984年4月至1987年4月）

第一章　党的领导

行唐县第八届人民代表大会及其常务委员会解放思想，致力改革，始终把党中央和省、市委的决策部署作为开展人大工作的政治依据和行动方向，始终坚持和依靠县委领导，紧紧围绕县委的中心任务开展人大工作，切实履行《宪法》和法律赋予的职责。

县委把人大工作列入重要议事日程，每季度研究一次人大工作。人大的重要活动，县委常委会都专门研究，主要领导亲临指导。凡人大工作的请示报告，都能及时给予研究和答复，并为县人大常委会会议提出指导性和方向性的建议，特别是在各级干部依法选举、任命问题上，县委强调要按照法律法规办事。县委向县人大常委会提出明确要求，县委的工作违了法，也要提出建议来，党委的工作必须在法律范围内活动。县委尊重人大职权，县人大常委会主任列席县委常委会会议，副主任参与全县工作的决策会议。

县人大常委会党组建立请示汇报制度，自觉接受县委领导，争取县委的支持和帮助，关于召开人代会、对任命的干部进行政绩考察等重大事项，或涉及方针、政策性和全局性的问题都做到了事先请示、事后汇报，仅1986年就撰写请示报告30多篇，使县委的政治、经济、文化教育、卫生、民政等方面的决策部署贯穿于人大各项工作中、落实到惠民实事上。1985年11月至1986年6月，县人大常委会党组结合整党工作加强政治理论学习，对全体党员实事求是地进行了民主评议，进一步摆正了党的政策与各项法律的关系、党委领导与依法行使职权的关系、县人大与“一府两院”的法律监督关系，进一步提升了党组织的战斗力。

第一节　党的组织机构

中共行唐县人大常委会党组

书　记：刘锡林（1984年4月—1987年4月）
副书记：梁生印（1984年4月—1987年4月）
　　　　刘清海（1984年4月—1987年4月）
成　员：李喜贵（1984年4月—1984年12月）
　　　　王际书（1984年4月—1986年3月）
　　　　皮忠录（1985年12月—1987年4月）

杨建民（1986 年 4 月—1987 年 4 月）

崔进德（1984 年 4 月—1987 年 4 月）

第二节 党组会议

县八届人大期间，县人大常委会党组召开党组会 4 次。其中，1984 年召开党组会 1 次，1985 年召开党组会 2 次，1987 年召开党组会 1 次。

表 4-1 行唐县第八届人大常委会党组会情况一览表

序 号	时 间	会议议题
1	1984 年 12 月 5 日	关于人大机关建立问题向县委的建议；研究人事问题
2	1985 年 1 月 14 日	听取人大党支部机关整党工作汇报；讨论人大常委会党组在整党检查阶段对照检查的问题；研究召开县八届人大二次会议事宜
3	1985 年 4 月 11 日	传达县委整改意见；讨论人大的整改意见；学习整党文件
4	1987 年 4 月 2 日	研究关于县九届人大一次会议召开事项向县委的请示

第二章　人大代表

行唐县第八届人民代表大会代表名额291名。1984年4月，召开县八届人大一次会议时实有代表291名。县八届人大常务委员会高度重视代表工作，积极办理代表提案，探索建立代表联系制度，组织代表开展视察检查、协商对话等工作，推动了政府工作的开展，代表工作逐步走向制度化、正规化、经常化。

第一节　选举产生

按照《地方组织法》《选举法》和《河北省县乡两级人民代表大会选举实施细则》的规定，为做好县、乡两级人民代表大会选举工作，成立行唐县选举委员会，县七届人大常委会任命了由15人组成的县选举委员会组成人员，县选举委员会在县人大常委会的领导下，主持和领导全县选举工作。全县设立196个选区，于1984年4月10日，采取无记名投票的方式，进行了正式代表的选举。全县参选选民210666人，占选民总数的98.40%。共选出出席行唐县第八届人民代表大会的代表291名。其中，中共党员代表152名，占52.23%；妇女代表66名，占22.68%；工农代表108名，占37.11%；干部代表41名，占14.09%；知识分子代表57名，占19.59%。代表构成比例基本符合中央〔1981〕35号和省委〔1983〕122号文件的要求，符合相关法律法规的规定。1984年4月25日，经县第八届人民代表大会第一次会议代表资格审查委员会审查，291名代表全部符合条件，予以批准。

第二节　代表名单

县八届人大一次会议代表共291名。

城关镇代表团

张文堂	马国印	高风鸣	解士英
康瑞华(女)	范建民	盖合保	祖新来
仇三敬	张宝谦	董梅彦(女)	李国旗

齐村乡代表团

王成群	付吉林	范书芹（女）	仝庆和
赵文良	钱黑货		

坟台乡代表团

高和福	杨新社	刘来福	胡荣秀（女）
李胖祥	花中科	黄小多	程洛军
刘雪荣（女）	王新民	杨新中	

南桥乡代表团

霍振军	李庆辰	曹金凤（女）	范银荣（女）
王丙跃	申门楼	严秋羊	孙胜刚
宇文一	宇文明秀（女）	付向阳	张文学

贾庄乡代表团

仝吉华	王军英（女）	许昆峥	宋银海
杨连保	张桃乱	肖淘气	王文全
金新顺	高振歧	刘玉海	杨东瓜
王美荣（女）			

北龙岗乡代表团

孙银生	杨建民	贾香云（女）	褚德庆
李老娃	刘建文	顾振英（女）	李大乱
杨连生	刘进才		

西安香乡代表团

王景瑞	梁东来	高士敏	李英贤
米振海	张俊兰	卢文江	卢振书
张树森	崔二翠（女）	马秀芹	卢荣华（女）
靳新华	郭振明		

独羊岗乡代表团

徐　敏	张庆瑞	石文翠（女）	张中海
高国平	封文章	韩小玲	杨军平（女）

靳荣娇(女)	郑建军	宇文吉春	潘雪林
赵国文			

只里乡代表团

李荣民	朱进才	齐改俊	张丙科
韩玉芹(女)	陈洛荣	高满圈	郭国玲(女)
祝兵勇	王桂珍(女)	李三妮	

连家庄乡代表团

毛春久	王际书	董秀珍(女)	王费力
刘风江	李六月	李三梅	刘九茹(女)
祖会平(女)	杨正国	祝俊波	宋十月
鲁小青(女)	赵荣菊(女)		

东留营乡代表团

连玉保	刘锡林	王喜凤(女)	杜　林
苏根海	王洛明	李秋菊(女)	孟保平
范同保	刘洛国	刘保会	高云庭
邢兰喜			

左市同乡代表团

张　涛	王玉敏	程梅生	刘清海
梁生印	张连双	张金兰(女)	高小荣(女)
段炮楼	陈　云(女)	雷喜法	杨瑞庆
霍双德	陈拴柱		

南翟营乡代表团

宇文凯	仲瑞芹(女)	崔进德	王灯山
焦小花	吴小铁	左洛华	陈桂香(女)
李树林	邱荣兰(女)	张金桥	

北城寨乡代表团

花运河	王绪亮	贾风永	曹发永
王三元	吕芹荣(女)		

下阎庄乡代表团

王中义	王书玲(女)	王采义	赵家芹(女)
李三妮(女)	袁小虎	杨东合	李小娇(女)
杨得岗	李洛柱	褚进义	

上滋洋乡代表团

张福海	王运山	李顺财	牛凤琴(女)
赵兰锁	王进喜	张富荣(女)	霍二道
赵玉林			

上碑乡代表团

王文良	高福祥	胡祥瑞	梁银秀(女)
边树森	肖明章	高如意	代洛强
董秀云(女)	高玉环	张照合	刘五爱

上方乡代表团

姚中林	习权位	张连心	赵跃进
张增来	郝翠平(女)	乔法子	赵书芹(女)
张新妮	高银龙		

赵阳关乡代表团

秦平均	王祖凡	赵贵荣(女)	顾风义
李凤荣(女)	陈云祥	何丙海	赵青菊(女)

屹嶅头乡代表团

王平国	李国玲(女)	刘青彦(女)	王凤英(女)
赵玉建	田脏州	屈桂四	

西玉亭乡代表团

周过兵	杨争奇	常风林	顾喜良
习换军	刘秋玲(女)	刘国香	李　瑞
耿花妮	贾玲凤(女)		

北河乡代表团

刘秋涛	赵云章	李小忙(女)	王明玉
杭小脏	张志杰		

杨家庄乡代表团

范流保	张　荣	阎春香	仇殿瑞
杨会国	高秋分(女)	仇香连	高香贵

秦台乡代表团

尹银山	严贵敏	杜墨楼	李秀英(女)
赵六计	秦吉兴		

上阎庄乡代表团

孟江波	王吉位	赵青英(女)	安书敏
胡如文			

上连庄乡代表团

刘成功	赵海军	李福秀(女)	赵金玲(女)
张二祥	王振庆	季　成	刘玉民

九口子乡代表团

王永生	阎昌海	李清明	赵明生
陈风文	赵二娃	丁银凤(女)	秦瑞玲(女)

口头乡代表团

康玉山	赵广文	李宪法	苗东英(女)
严趁心	黄社会		

县直机关代表团

李怀清	曹惠贞(女)	习殿祥	马志厚
刘青荣(女)	甄斌毅	盖秀章	张吉祥
马青合	张永强	张作义	贾亚夫
贾梅竹(女)	姚金竹(女)	张守道	焦春昌
单连庆			

表 4-2　行唐县第八届人大代表届中调整情况表

人民代表大会	终止情况	补选情况
1984 年 4 月—1985 年 5 月 第一次至第二次会议	调离 5 名，人员名单不详	补选 4 名，人员名单不详
1985 年 5 月—1986 年 3 月 第二次至第三次会议	调离 1 名，人员名单不详	补选 2 名，人员名单不详

第三节　代 表 工 作

一、建立代表工作机制

县八届人大常委会探索建立代表工作机制，为代表依法履行职责提供保障。1984 年 5 月 4 日，印发《行唐县人大常委会关于明确各单位第八届人民代表大会代表组长、副组长的通知》（行人常〔1984〕9 号），规定以乡镇及县直机关代表团为单位组成代表小组，并明确了各代表小组正副组长。10 月 12 日，县八届人大常委会第四次会议通过《行唐县人大常委会关于联系县人民代表大会代表的办法》，从实行县人大常委会主任、副主任分片联系县人大代表责任制，定期召开座谈会征求意见、交流经验，组织代表视察和检查，吸收代表参加县人大常委会议题审议，认真办理代表议案，发挥乡镇人大联组的作用等 9 个方面作出规定。1986 年 6 月 4 日，县人大常委会办公室发文，建立代表联系制度，规定了联系内容和联系方法，在城关、口头镇设立代表接待站，县人大常委会正副主任定期在站接待代表；开展“一封信”活动，要求代表每半年根据收集的选区群众意见写一封信寄给常委会，不断密切代表与群众的联系；各代表小组长每半年向县人大常委会书面汇报一次代表活动情况及人民群众的批评、建议。通过多措并举，使代表工作机制更加成熟和稳固，进一步密切了同人大代表的联系，对于加强人民代表大会制度、改进和完善县人大常委会的工作、保障法律法规的贯彻实施、促进“两个文明”建设、全面反映基层民众的呼声具有重要意义。

二、组织代表开展视察

县人大常委会把组织开展视察检查作为人大代表在闭会期间依法履行代表职务的重要方式，每年定期不定期组织代表开展视察检查活动。为充分发挥县人大代表的监督、检查作用，更好地向国家机关反映人民群众的意见和要求，1986 年 9 月 11 日，县人大常委会办公室和县人民政府办公室联合印发《关于制发行唐县人民代表大会代表证和认真接待县人大代表检查工作的通知》，要求各有关部门和单位，对县人大代表持证检查工作应热情欢迎，认真接待，如实反映情况，诚恳听取意见。10 月 1 日，县人大常委会制发行唐县人民代表大会代表证，从此正式开展代表持证视察检查活动，为人大代表通过开展视察活动依法履职创造了有利条件。任期内，县人大常委会组织部分人大代表组成视察组，对林果业、乡镇企业、水利、交通安全、卫生、普法等工作进行视察，解决了一些关系人民群众切身利益的热点、难点问题，推动了政府工作的开展。

三、密切联系代表

县人大常委会为了加强同县人大代表的联系，发挥他们当家作主、管理国家大事的作用，经主任会议研究，在 1986 年 6 月下旬到 8 月上旬，采取代表集中到乡镇座谈、个别走访或上站反映情况等形式，深入到九口子、上连庄、口头、秦台、城寨、上滋洋、下阎庄、北河、城关 9 个乡镇进行座谈走访，共接触代表 53 人次，收集代表意见 59 条，并及时转交有关部门办理，取得了较好的效果。

四、代表提案办理

县八届人大二次会议共收到人大代表提案 115 件。其中，抗旱方面 42 件，职工福利方面 16 件，工业交通方面 8 件，农村政策方面 17 件，财贸方面 9 件，科教文卫方面 5 件，政法民政方面 4 件，其他方面 14 件。提案审查委员会对上述提案进行审查，提出了审查处理意见：1 件因提案人不是代表且内容也不具体而无法办理；其余 114 件转交县人民政府研究办理 112 件，交县人民法院研究办理 1 件，交农行办理 1 件。县八届人大常委会要求政府及有关部门在闭会后半年内将提案办理完毕，并将提案处理情况和办理结果及时报告，县人大常委会再答复代表。1985 年 7 月 10 日，县八届人大常委会第九次会议听取了提案办理情况的汇报。7 月 23 日，县人大常委会将提案办理情况反馈给各位代表，做到了件件有答复。

第三章　人民代表大会

行唐县第八届人民代表大会任期自1984年4月至1987年4月，共召开3次会议，听取报告19个，通过决议19项，选举6项。

表4-3　行唐县第八届人民代表大会历次会议概况表

会　次	时　间	议题（项）	听取报告（个）	决议决定（项）	选举表决（项）
第一次	1984年4月25—27日	8	6	6	4
第二次	1985年5月7—9日	8	6	6	1
第三次	1986年3月28—30日	9	7	7	1

第一节　会议概况

一、县八届人大一次会议

1984年4月25日至27日，县八届人大一次会议在县人民礼堂召开。出席代表272人（应到291人）。会议听取和审议县人民政府县长张荣作的《政府工作报告》；听取和审议县计划委员会主任张桂林作的《关于行唐县1984年国民经济和社会发展计划草案的报告》，审查了行唐县1984年国民经济和社会发展计划；听取和审议县财政局局长高风鸣作的《关于行唐县1983年财政决算和1984年财政预算草案的报告》，审查了行唐县1983年财政决算和1984年财政预算草案；听取和审议县人大常委会主任刘锡林作的《行唐县人民代表大会常务委员会工作报告》、县人民法院院长甄斌毅作的《行唐县人民法院工作报告》、县人民检察院检察长刘来福作的《行唐县人民检察院工作报告》。会议通过相应决议。会议通过《关于把枣树定为我县县树的决议》。会议选举产生县八届人大常委会组成人员，县人民政府县长、副县长，县人民法院院长，县人民检察院检察长（名单见本章第二节《会议选举》）。

这次会议是在整党学习、机构改革、体制改革的新形势下召开的。会议指出，适应新时期的新形势，搞好社会主义经济建设，要靠建设高度民主的社会主义制度来保证。大会通过的各项决议和选举产生新的领导班子，充分体现了党的总路线和总任务的精神，反映了全县人民的意愿。会议号召，全县人民尤其各级干部要认真贯彻执行这次大会的精神和各项决议，在各级党委的领导下，响应党中央提出的“勿忘团结奋斗，致力振兴中华”和省委提出的“振作精神，振兴河北”号召，在建设行唐、振兴行唐中团结一致、艰苦奋斗、开拓前进，以优异的成绩迎接中华人民共和国成立35周年。

二、县八届人大二次会议

1985年5月7日至9日，县八届人大二次会议在县人民礼堂召开。出席代表227人（应到290人）。会议听取和审议县人民政府代县长许昆峥作的《政府工作报告》；听取和审议县计划委员会主任张桂林作的《关于行唐县1985年国民经济和社会发展计划草案的报告》，审查了行唐县1985年国民经济和社会发展计划草案；听取和审议县财政局局长高风鸣作的《关于行唐县1984年财政预算执行情况和1985年财政预算草案的报告》，审查了行唐县1984年财政预算执行情况和1985年财政预算草案；听取和审议县人大常委会主任刘锡林作的《行唐县人民代表大会常务委员会工作报告》、县人民法院院长刁东海作的《行唐县人民法院工作报告》、县人民检察院检察长刘来福作的《行唐县人民检察院工作报告》。会议通过相应决议。会议通过《关于尊师重教的决议》。会议选举产生县人民政府县长（名单见本章第二节《会议选举》）。

这次会议是在全县整党、经济体制改革取得重大胜利，全县人民奋发努力、开拓前进、闹翻番、奔小康的大好形势下召开的。会议指出，1985年是以城市为重点推进经济体制改革的一年，是“六五”计划的最后一年。全县要贯彻执行“坚定不移，慎重初战，务求必胜”的行动方针，搞好经济体制改革，落实中央1号文件精神，加强民主法制建设，充分认识民主与法制的重要性，学法、懂法、执法、守法，依法保证经济建设的顺利发展。会议号召，全县人民群众要团结一致，艰苦奋斗，为完成本次大会确定的任务而努力奋斗，争取社会主义现代化建设的伟大胜利。

三、县八届人大三次会议

1986年3月28日至30日，县八届人大三次会议在县人民礼堂召开。出席代表227人（应到291人）。会议听取和审议县人民政府县长许昆峥作的《政府工作报告》；听取和审议县人民政府副县长李庆辰作的《关于第七个五年计划草案说明的报告》，审查了关于第七个五年计划草案说明；听取和审议县计划经济委员会主任张桂林作的《关于1986年国民经济和社会发展计划草案的报告》，审查了关于1986年国民经济和社会发展计划草案；听取和审议县财政局局长高风鸣作的《关于1985年财政决算和1986年财政预算草案的报告》，审查了关于1985年财政决算和1986年财政预算草案；听取和审议县人大常委会主任刘锡林作的《行唐县人民代表大会常委会工作报告》、县人民法院院长刁东海作的《行唐县人民法院工作报告》、县人民检察院检察长刘来福作的《行唐县人民检察院工作报告》。会议通过相应决议。会议通过《关于〈行唐县人民政府关于开发丘陵的议案〉的决议》《关于接受县人大副主任王际书辞职请求的决议》。会议选举产生县人大常委会副主任2名（名单见本章第二节《会议选举》）。

这次会议是在全县经济建设和各项事业都取得了新的成就、人民的精神面貌发生新的变化、生活日益提高的大好形势下召开的。会议指出，1986年是全面实施“七五”计划的第一年，也是党的十二大提出的五年内实现财政经济、党风和社会风气根本好转的关键一年，必须起好步、开好头，切实巩固和发展全县政治经济的大好形势，为“七五”期间的各项工作创造一个良好的开端。会议号召，全县人民要团结一致，统一思想，统一认识，统一步伐，坚持改革，奋发进取，为完成“七五”计划和这次大会确定的任务而努力奋斗。

第二节 会议选举

县八届人大历次会议，共选举产生县级国家机关工作人员23人次。

县人大常委会

主　任：

刘锡林　1984年4月县八届人大一次会议当选

副主任：

梁生印　1984年4月县八届人大一次会议当选

刘清海　1984年4月县八届人大一次会议当选

王际书　1984年4月县八届人大一次会议当选

张永强　1984年4月县八届人大一次会议当选

杨建民　1986年3月县八届人大三次会议当选

皮忠录　1986年3月县八届人大三次会议当选

届中调整情况：

王际书，1986年3月30日，在县八届人大第三次会议上辞去县人大常委会副主任职务。

委　员（县八届人大一次会议当选）：

刘玉民　杨建民　李怀清　赵贵荣（女）

姚金竹（女）　曹发永　曹金凤（女）　董梅彦（女）

届中调整情况：

杨建民，1986年3月30日，在县八届人大三次会议上当选为县人大常委会副主任。

县人民政府

县　长：

张　荣　　1984 年 4 月县八届人大一次会议当选

许昆峥　　1985 年 5 月县八届人大二次会议当选

届中调整情况：

张　荣，卸任县长的时间不详。

许昆峥，1984 年 10 月 12 日，县八届人大常委会第四次会议决定其为行唐县人民政府代理县长。

副县长：

阎昌海　　1984 年 4 月县八届人大一次会议当选

李庆辰　　1984 年 4 月县八届人大一次会议当选

杨争奇　　1984 年 4 月县八届人大一次会议当选

马志厚　　1984 年 4 月县八届人大一次会议当选

届中调整情况：

杨争奇，1985 年 11 月 1 日，县八届人大常委会第十一次会议决定免去其行唐县人民政府副县长职务。

周清祥，1985 年 11 月 1 日，县八届人大常委会第十一次会议决定任命其为行唐县人民政府副县长。

李庆辰，1986 年 9 月 6 日，县八届人大常委会第十六次会议决定免去其行唐县人民政府副县长职务。

赵郁民，1986 年 12 月 30 日，县八届人大常委会第十九次会议决定任命其为行唐县人民政府副县长。

阎昌海、马志厚，1987 年 3 月 17 日，县八届人大常委会第二十二次会议决定免去其行唐县人民政府副县长职务。

杜永新、麻俊英（女），1987 年 3 月 17 日，县八届人大常委会第二十二次会议决定任命其为行唐县人民政府副县长。

县人民法院

院　长：

刁东海　　1984 年 4 月县八届人大一次会议当选

县人民检察院

检察长：

刘来福　　1984 年 4 月县八届人大一次会议当选

第三节 会议组织

一、县八届人大一次会议

（一）大会临时党委

书　记：朱进才

副书记：张　荣　杜墨楼　刘锡林　梁东来

委　员：阎昌海　许昆峥　梁生印　刘清海

（二）大会主席团和秘书长

主席团：

习权位	马志厚	马国印	王际书
朱进才	刘锡林	刘清海	刘玉民
杜墨楼	许昆峥	杨建民	杨争奇
李庆辰	张　荣	张永强	张文堂
单连庆	赵海军	赵贵荣（女）	高福祥
贾亚夫	梁生印	梁东来	阎昌海
曹金凤（女）	曹发永	解士英	

秘书长：刘清海（兼）

（三）大会主席团常务主席

朱进才	张　荣	杜墨楼	梁东来
阎昌海	刘锡林	习权位	梁生印
刘清海	贾亚夫	张永强	

（四）大会代表资格审查委员会

主　任：梁生印

副主任：王际书　马志厚

委　员：杨建民　张庆瑞　严进皂　赵锦程　高福祥　曹金凤（女）

二、县八届人大二次会议

（一）大会临时党委

书　记：张　荣

副书记：刘锡林　甄斌毅

委　员：王玉楼　许昆峥　阎昌海　李彦同　梁生印　刘清海

（二）大会主席团和秘书长

主席团：

习权位	马志厚	马国印	王玉楼
王际书	仇香辰	许昆峥	阎昌海
刘玉民	刘清海	刘锡林	张文堂
张永强	张朱贵	张　荣	李庆辰
李怀清	李彦同	杨争奇	杨建民
武瑞田	赵贵荣（女）	赵海军	姚金竹（女）
贾亚夫	高福祥	梁生印	曹发永
曹金凤（女）	董梅彦（女）	甄斌毅	

秘书长：刘清海（兼）

（三）大会主席团常务主席

张　荣	许昆峥	甄斌毅	王玉楼
阎昌海	刘锡林	梁生印	刘清海
习权位	张永强	王际书	李彦同
贾亚夫			

（四）大会提案审查委员会

主任委员：王际书

副主任委员：杨建民

委　　员：李怀清　赵贵荣（女）　姚金竹（女）

三、县八届人大三次会议

（一）大会临时党委

书　记：张　荣

副书记：许昆峥　刘锡林

委　员：王玉楼　李彦同　甄斌毅　刘清海　梁生印　阎昌海

（二）大会主席团和秘书长

主席团：

习权位	马志厚	马国印	王玉楼
王际书	皮忠录	许昆峥	阎昌海
刘锡林	刘清海	刘玉民	吴瑞乾
张　荣	张朱贵	张永强	李彦同
李庆辰	李怀清	杨建民	赵贵荣（女）
姚金竹（女）	贾亚夫	梁生印	曹金凤（女）
曹发永	董梅彦（女）	甄斌毅	

秘书长：刘清海（兼）

（三）大会主席团常务主席

张　荣	许昆峥	甄斌毅	王玉楼
刘锡林	梁生印	刘清海	王际书
皮忠录	张永强	阎昌海	习权位
李彦同			

（四）大会议案委员会

主 任 委 员：王际书

副主任委员：杨建敏

委　　　员：李怀清　赵贵荣（女）　姚金竹（女）

第四章　人民代表大会常务委员会

县八届人大常委会紧紧依靠县委的领导，坚持四项基本原则，坚持改革开放，以“听命于党、立足于法、取信于民、服务中心”为指导思想，以经济建设为中心，任期内召开常委会会议23次、主任会议40次，研究决定县城总体规划、乡镇企业发展、打击经济犯罪等重大事项，为维护和发展安定团结的政治局面、促进全县经济体制改革和“两个文明”建设的发展发挥了地方国家权力机关的作用。

表4-4　行唐县第八届人大常委会主任、副主任概况表

职　务	姓　名	任职时间
主　任	刘锡林	1984年4月—1987年4月
副主任	梁生印	1984年4月—1987年4月
	刘清海	1984年4月—1987年4月
	王际书	1984年4月—1986年3月
	张永强	1984年4月—1987年4月
	杨建民	1986年3月—1987年4月
	皮忠录	1986年3月—1987年4月

第一节　常委会会议

县八届人大常委会共召开常委会会议23次。

第一次会议　1984年4月28日召开，县人大常委会主任刘锡林，副主任梁生印、刘清海、王际书、张永强和7名委员出席会议。会议学习《地方组织法》。会议研究制定人大机关有关工作制度，并对常委会主任、副主任工作进行分工。

第二次会议　1984年6月5日召开，县人大常委会主任刘锡林，副主任梁生印、刘清海、王际书、张永强和6名委员出席会议。会议学习彭真委员长的两个讲话。会议研究通过行唐县第八届人民代表大会常务委员会代表资格审查委员会组成人员名单。会议通过人事任免事项（名单见本篇第七章《选举任免》）。

链接：县八届人大常委会代表资格审查委员会组成人员

主 任 委 员：梁生印

副主任委员：王际书

委　　　员：杨建民　张永强　曹金凤（女）

调整情况：1986 年 3 月 30 日，县八届人大三次会议接受王际书辞去县八届人大常委会副主任、委员职务的请求，其县八届人大常委会代表资格审查委员会副主任委员职务相应终止，新任副主任委员不详。

第三次会议　1984 年 8 月 10 日召开，县人大常委会主任刘锡林，副主任梁生印、刘清海、王际书、张永强和 7 名委员出席会议。县人民政府副县长杨争奇列席会议。会议学习河北省委有关文件。会议讨论通过行唐县人民代表大会常务委员会《人事任免办法》《关于由村民委员会行使原大队管委会工作职权和工作任务的意见》。会议听取和审议县财政局局长高凤鸣作的《关于上半年财政预算执行情况的汇报》。会议通过《关于县、乡代表及乡长、副乡长出缺补选的意见》。会议通过人事任免事项（名单见本篇第七章《选举任免》）。

第四次会议　1984 年 10 月 12 日召开，县人大常委会主任刘锡林，副主任梁生印、刘清海、王际书、张永强和 8 名委员出席会议。县人民政府副县长阎昌海，县人民法院院长习东海，县人民检察院检察长刘来福列席会议。会议研究通过《行唐县人大常委会关于联系县人民代表大会代表的办法》。会议听取县农业局局长徐红军作的《关于 1984 年农业生产及秋收种麦情况的报告》、县林业局局长张法新作的《关于贯彻执行第八届人代会第一次会议关于把枣树定为我县县树的决议落实情况的报告》、县卫生局秘书王兆泰作的《关于贯彻国办发〔1984〕80 号文件情况的报告》。会议通过人事任免事项（名单见本篇第七章《选举任免》）。

第五次会议　1984 年 12 月 17 日至 18 日召开，县人大常委会主任刘锡林，副主任梁生印、刘清海、王际书、张永强和 5 名委员出席会议。县人民政府副县长李庆辰，县人民法院院长习东海，县人民检察院检察长刘来福，县委政法委员会书记杨安县列席会议。会议学习《中共中央关于经济体制改革的决定》。会议分别听取县人民法院、县人民检察院和县公安局《关于严厉打击刑事犯罪第二战役开展情况的报告》；听取县司法局《关于法律宣传教育工作的报告》；听取县林业局《关于秋冬季造林情况的汇报》，并于 18 日对杨家庄、口头、上滋洋 3 个乡的秋冬季造林情况进行了现场视察。会议通过人事任免事项（名单见本篇第七章《选举任免》）。

第六次会议　1985 年 2 月 12 日召开，县人大常委会主任刘锡林，副主任梁生印、刘清海、王际书和 5 名委员出席会议。会议听取和审议县城乡建设局提出的《行唐县县城总体规划纲要》；听取县人大常委会主任刘锡林作的《关于在 3 月下旬至 4 月之间召开第八届人代会第二次会议的说明》；讨论决定在召开人代会时增加"尊师重教"的决议议题。会议通过人事任免事项（名单见本篇第七章《选举任免》）。

第七次会议　1985 年 4 月 20 日召开，县人大常委会主任刘锡林，副主任梁生印、刘清海、王际书和8名委员出席会议。会议研究确定召开行唐县第八届人民代表大会第二次会议的时间、议程、日程和大会组织、补选代表等有关事宜；讨论通过《行唐县人大常委会工作报告（稿）》。会议通过人事任免事项（名单见本篇第七章《选举任免》）。

第八次会议　1985年5月10日召开，县人大常委会主任刘锡林，副主任梁生印、刘清海、王际书和8名委员出席会议。会议总结了召开县八届人大二次会议的经验和应注意的问题。会议学习人事任免的有关文件。会议决定组织视察小组视察抗旱。会议通过人事任免事项（名单见本篇第七章《选举任免》）。

第九次会议　1985年7月10日召开，县人大常委会主任刘锡林，副主任梁生印、刘清海、王际书和6名委员出席会议。县人民政府副县长马志厚，县人民法院、县人民检察院相关负责人列席会议。会议听取县人民政府副县长马志厚作的《关于贯彻落实县人大八届二次会议尊师重教的决议的情况报告》、县司法局副局长陈合喜作的《关于法制宣传和普及法律常识安排情况的报告》、县人大常委会副主任王际书作的《关于县八届人代会第二次会议代表提案办理情况的汇报》。会议通过人事任免事项（名单见本篇第七章《选举任免》）。

第十次会议　1985年8月7日召开，县人大常委会主任刘锡林，副主任刘清海、王际书和6名委员出席会议。会议通过《关于普及法律常识的决议》。会议通过人事任免事项（名单见本篇第七章《选举任免》）。

第十一次会议　1985年11月1日召开，县人大常委会主任刘锡林，副主任梁生印、刘清海、王际书、张永强和6名委员出席会议。县人民政府县长许昆峥、副县长李庆辰列席会议。会议听取和审议县长许昆峥作的《关于经济体制改革情况的报告》、副县长李庆辰作的《关于乡镇企业生产情况的报告》和《关于农副产品收购情况的报告》。会议通过人事任免事项（名单见本篇第七章《选举任免》）。

第十二次会议　1986年1月10日至11日召开，县人大常委会主任刘锡林，副主任梁生印、刘清海、王际书、张永强和6名委员出席会议。县人民政府副县长阎昌海，县人民检察院检察长刘来福列席会议。会议听取和审议县人民政府副县长阎昌海作的《关于减轻农民负担情况的报告》、县工商局局长赵志云作的《关于工商行政管理情况的报告》、县物价局副局长赵书彦作的《关于物价管理情况的报告》。县人大常委会主任刘锡林传达贯彻省人大召开的人大工作经验交流会议精神。会议通过人事任免事项（名单见本篇第七章《选举任免》）。会议议定行唐县第八届人民代表大会第三次会议的召开时间和主要议程。

第十三次会议　1986年3月6日召开，县人大常委会主任刘锡林，副主任梁生印、刘清海、张永强和8名委员出席会议。县人民政府县长许昆峥，县人民法院相关负责人列席会议。会议研究决定召开行唐县第八届人民代表大会第三次会议有关事宜，通过了《行唐县人大常委会工作报告（稿）》。会议通过人事任免事项（名单见本篇第七章《选举任免》）。

第十四次会议　1986年3月30日召开，县人大常委会主任刘锡林，副主任梁生印、刘清海、杨建民、皮忠录、张永强和7名委员出席会议。县人民政府副县长马志厚列席会议。会议研究通过关于补选县人大代表事宜。会议通过人事任免事项（名单见本篇第七章《选举任免》）。

第十五次会议 1986 年 5 月 29 日召开，县人大常委会主任刘锡林，副主任梁生印、刘清海、杨建民、皮忠录和 8 名委员出席会议。县人民政府副县长马志厚，县人民法院院长习东海，县人民检察院副检察长宋长征列席会议。会议听取县人民检察院副检察长宋长征作的《关于打击经济犯罪情况的报告》、县工商局局长任青堂作的《关于 1985 年以来执行〈经济合同法〉情况的报告》、县卫生局副局长王金全作的《关于〈食品卫生法〉贯彻执行情况的报告》、县司法局局长陈令祥作的《关于法制宣传和普及法律常识情况的报告》。会议通过人事任免事项（名单见本篇第七章《选举任免》）。

第十六次会议 1986 年 9 月 5 日至 6 日召开，县人大常委会主任刘锡林，副主任梁生印、刘清海、张永强、杨建民和 6 名委员出席会议。县人民政府副县长马志厚列席会议。全体与会人员视察习村庄速丰林毛白杨基地，南高里葡萄园，东安太庄岗坡地栽植苹果，周家庄、上连庄两村红枣基地和水平沟开挖情况及县医院、口头分院的医疗卫生情况。会议学习《中共中央关于全党必须加强社会主义法制的通知》。会议听取和审议县人大常委会副主任刘清海作的《关于联系代表工作的汇报》、县林业局局长张法新作的《关于雨季林业生产的报告》、县卫生局局长于俊国作的《关于医疗卫生工作的报告》、县审计局局长马培仁作的《关于审计工作的报告》。会议通过人事任免事项（名单见本篇第七章《选举任免》）。

第十七次会议 1986 年 11 月 13 日召开，县人大常委会主任刘锡林，副主任梁生印、刘清海、杨建民和 6 名委员出席会议。县人民政府相关负责人列席会议。会议听取和审议县乡镇企业局局长冯树林作的《关于 1986 年以来乡镇企业发展情况的报告》、县联社副主任黄小来作的《关于农副产品收购情况的报告》、县粮食局局长赵锦程作的《关于粮油收购情况的报告》、县水利局局长张亦昌作的《关于水利建设情况的报告》。会议听取县人民政府《关于人大代表所提意见办理结果的报告》。会议通过人事任免事项（名单见本篇第七章《选举任免》）。

第十八次会议 1986 年 11 月 24 日召开，县人大常委会主任刘锡林，副主任梁生印、刘清海、杨建民、皮忠录和 4 名委员出席会议。会议根据北京市朝阳区人民检察院 1986 年 11 月 21 日来函，讨论拟逮捕县人大代表潘某的相关事宜，同意对其依法处理。

第十九次会议 1986 年 12 月 30 日召开，县人大常委会主任刘锡林，副主任刘清海、张永强、杨建民和 5 名委员出席会议。县人民检察院相关负责人列席会议。会议传达省人大工作经验交流会精神和全省县、乡两级人代会换届选举工作会议精神。会议通过人事任免事项（名单见本篇第七章《选举任免》）。

第二十次会议 1987 年 2 月 5 日召开，县人大常委会主任刘锡林，副主任梁生印、刘清海、张永强、杨建民、皮忠录和 4 名委员出席会议。县人民政府相关负责人列席会议。会议审议批准《行唐县县乡两级人代会换届选举方案》；任命行唐县选举委员会组成人员。会议听取和审议县财政局局长高风鸣作的《关于 1986 年财政决算和 1987 年财政预算草案的汇报》。

第二十一次会议　1987 年 2 月 24 日召开，县人大常委会主任刘锡林，副主任梁生印、刘清海、张永强、杨建民、皮忠录和 7 名委员出席会议。会议学习中发〔1987〕6 号文件和全国人大常委会《关于加强法制教育维护安定团结的决定》。会议任命 28 个乡（镇）的选举委员会组成人员。

第二十二次会议　1987 年 3 月 17 日召开，县人大常委会主任刘锡林，副主任梁生印、刘清海、杨建民、张永强和 6 名委员出席会议。县人民政府县长许昆峥，县人民法院院长习东海列席会议。会议听取县司法局副局长陈合喜作的《关于宣传贯彻全国人大常委会〈关于加强法制教育维护安定团结的决定〉情况的报告》。会议通过人事任免事项（名单见本篇第七章《选举任免》）。

第二十三次会议　1987 年 4 月 15 日至 16 日召开，县人大常委会主任刘锡林，副主任梁生印、刘清海、张永强、杨建民和 7 名委员出席会议。县人民政府副县长杜永新，县人民法院院长习东海，县人民检察院检察长刘来福列席会议。会议听取县司法局副局长刘忠江作的《关于我县学习宣传贯彻全国人大常委会〈关于加强法制教育维护安定团结的决定〉情况的报告》、县人大常委会副主任刘清海作的《关于县、乡两级人代会换届选举结果和召开县第九届人代会第一次会议的报告》。会议作出《行唐县人大常委会关于召开行唐县第九届人民代表大会第一次会议的决定》，定于 4 月 25 日开幕，会期 4 天，并就大会议程、日程、主席团名单等各项草案提出了建议；会议审议通过《行唐县人大常委会工作报告（稿）》。会议通过人事任免事项（名单见本篇第七章《选举任免》）。

第二节 主任会议

县八届人大常委会共召开主任会议40次，由县人大常委会主任刘锡林主持召开。县人大常委会各位副主任出席会议，各科室负责人列席会议。

表4-5 行唐县第八届人大常委会主任会议情况一览表

序号	时间	议题
1	1984年5月14日	研究村民委员会建立工作；研究第二次常委会召开事宜；研究各主任组织视察工作分工；关于代表资格审查委员会设立事宜
2	1984年5月31日	学习河北省人大常委会工作要点；研究确定召开八届二次常委会的时间、议题；确定主任岗位职责；研究选举村民委员会问题；研究机关保卫工作
3	1984年6月3日	学习彭真在省、市、自治区人大主任座谈会上的讲话；研究人事任命；通过八届人大常委会代表资格审查委员会名单；研究选举村民委员会的工作；研究主任岗位责任制
4	1984年6月15日	县人大常委会主任刘锡林传达学习河北省六届人大常委会第七次会议精神
5	1984年6月25日	研究村民委员会的建立；研究干部任免办法
6	1984年8月4日	研究筹备八届人大常委会第三次会议；研究省人大经验交流会的材料；听取村民委员会选举进度；学习省委25号文件；研究制定学习工作制度；研究增加人大办公室人员问题
7	1984年8月13日	研究成立自来水视察小组；安排视察《食品卫生法》实施和卫生系统改革情况；研究如何起草县、乡选举工作经验交流会的材料；研究验收选举工作
8	1984年9月12日	传达学习省人大在张家口召开的选举工作交流会精神；研究县人大常委会各主任及机关干部工作分工问题
9	1984年10月5日	研究对政府交通安全的建议；研究召开第四次常委会的议程；研究联系人民代表的办法；总结人大常委会委员刘玉民绿化荒山、人工造林的经验；研究向省人大汇报发展红枣产业的材料
10	1984年12月4日	传达学习河北省人大常委会召开的人大工作经验交流会情况和河北省六届人大常委会第十次会议精神
11	1985年2月4日	传达学习县委电话会议精神；研究召开县八届二次人代会事宜；研究召开第六次常委会问题；研究县城建设问题

续表4-5

序　号	时　间	议　题
12	1985 年 3 月 19 日	研究八届人大第二次会议筹备工作
13	1985 年 4 月 2 日	研究 4 月 23 日召开第八届人民代表大会第二次会议事宜
14	1985 年 4 月 16 日	关于召开县八届二次人代会的安排；研究召开第七次常委会的时间
15	1985 年 4 月 29 日	研究补选代表；研究主席团人员的调整
16	1985 年 6 月 4 日	落实乡长的选举问题；听取人大代表提案解决情况；学习王任重讲话；研究联系代表问题
17	1985 年 7 月 3 日	研究第九次常委会召开时间、议题；研究乡长补选问题；研究县八届二次人代会上的决议、提案落实问题；研究人事任免
18	1985 年 7 月 10 日	研究部分乡长补选问题；学习政府发布的干部休假制度；研究法制教育决议
19	1985 年 10 月 10 日	传达 10 月 9 日县委会议精神；讨论第十二次常委会召开时间及议题安排
20	1985 年 12 月 10 日	研究第十二次常委会召开时间；学习全国人大工作通讯
21	1986 年 1 月 2 日至 3 日	学习传达省人大召开的工作经验交流会情况；研究八届人大常委会第十三次会议召开时间、议题等
22	1986 年 2 月 14 日	研究八届人大第十三次常委会筹备工作
23	1986 年 2 月 18 日	传达县委当前工作安排；研究第十三次常委会召开时间、会议议程；研究八届人大三次会议议程
24	1986 年 4 月 2 日	研究各主任分工；研究当前工作；研究向地区人大工作交流会提交报告的题目、内容
25	1986 年 7 月 28 日	研究布置当前几项工作；研究第十六次常委会议题
26	1986 年 8 月 19 日	研究通过关于果园承包调查报告；研究联系代表工作的报告；研究信访案件的处理
27	1986 年 9 月 1 日	研究第十六次常委会的准备工作
28	1986 年 10 月 3 日	研究通过省经验交流会使用的普法工作材料；近期几项工作安排
29	1986 年 10 月 13 日	关于考察干部工作前的学习和安排；研究组织代表视察问题；研究乡镇人代会召开
30	1986 年 10 月 24 日	研究干部考察情况汇报；关于组织代表视察；研究召开第十七次常委会事宜

续表4-5

序　号	时　间	议　题
31	1986 年 11 月 4 日	研究第十七次常委会召开时间、议题等问题；研究继续进行局级干部考察工作；研究连家庄乡乡镇企业调查报告
32	1986 年 12 月 1 日	研究关于考察人大任免干部的情况总结汇报，并准备向上级汇报
33	1986 年 12 月 20 日	传达学习省人大经验交流会和人大换届会议精神
34	1987 年 1 月 12 日	县人大常委会副主任皮忠录汇报地区人大工作经验交流会情况；研究第二十次常委会事项
35	1987 年 1 月 21 日	传达县委对换届选举工作的意见；研究人大机关增设三个科：财经科、政法科（兼职联系代表工作）、教科文卫科；研究第二十次常委会的时间、议题
36	1987 年 2 月 3 日	研究关于第二十次常委会事项；研究水利调查报告；研究其他工作事项
37	1987 年 2 月 11 日	研究修订 1987 年人大工作要点
38	1987 年 2 月 27 日	学习县委常委会关于增产节约的意见；研究选举工作事宜
39	1987 年 3 月 28 日	研究 4 月 2 日齐村选举现场会的准备工作；研究召开县九届一次人代会的准备工作
40	1987 年 4 月 11 日	研究第二十三次常委会准备工作；县人大常委会副主任刘清海汇报 4 月 10 日全县选举情况；研究县九届一次会议人大代表安排工作；讨论县人大常委会工作报告（稿）内容；研究齐村乡人代会准备工作

第三节　机构设置

截至 1984 年 4 月，县八届人大常委会仍设办公室。1987 年 3 月增设政治法律科、财政经济科、教育科学文化卫生科。

表 4-6　行唐县第八届人大常委会机构人员概况表

机构名称	职　务	姓　名	任职时间	说　明
办公室	主　任	崔进德	1984 年 4 月—1987 年 4 月	—
	副主任	赵玉宽	1984 年 4 月—1987 年 4 月	—
政治法律科	科　长		1987 年 3 月—1987 年 4 月	缺　职
财政经济科	科　长		1987 年 3 月—1987 年 4 月	缺　职
教育科学文化卫生科	科　长		1987 年 3 月—1987 年 4 月	缺　职

第四节　机关工作

一、思想建设

1984年，县八届人大常委会及其机关工作人员认真学习党中央和省、市委相关文件精神及《宪法》的有关规定，对人大工作的性质、任务、地位和作用有了更明确的认识。1985年，按照《中共中央关于整党的决定》，从11月6日至次年6月，县人大常委会组织机关干部围绕统一思想、整顿作风、加强纪律、纯洁组织四项任务，认真学习党的十一届三中全会以来的路线、方针、政策，联系思想和工作实际，总结经验，查找不足，开展批评与自我批评，并对每个党员进行了民主评议。这是一次深刻的实事求是思想路线教育，广大党员思想进一步解放，党组织战斗力明显提高。1987年，深入学习贯彻中共十三次代表大会精神，依据国家还处在社会主义初级阶段的理论，充分认识党的十一届三中全会以来改革开放的实践经验以及过去“左”的教训，进一步明确了社会主义初级阶段的主要矛盾、历史任务和基本要求，对于进一步做好人大工作具有指导性意义。

二、机关管理

县八届人大常委会办公室坚持执行《学习制度》《工作制度》《会议制度》；制定《办公室十项工作任务》，充实原来的《工作人员守则》，使人大机关人员学习、工作、作息制度更加完善。每月集中学习、总结、评比制度化，全体人员工作、学习制度化，政治素质、业务素质和工作效率不断提高，团队凝聚力和战斗力大大增强。县人大常委会办公室连续多年荣获县级文明单位、党风达标先进单位、先进党支部等荣誉称号，从未出现违法事件。认真做好老干部工作，落实老干部政治待遇，关心老干部的生活状况。具有丰富领导经验的老干部以极大的热情支持县人大工作，担负起对中青年干部的“传、帮、带”任务，继续为人大工作及经济社会发展贡献力量。

第五章 监督工作

依法监督和支持“一府两院”按照党的方针政策和国家法律法规以及人大的决议开展工作是《宪法》和法律赋予人大常委会的工作职责，也是县八届人大及其常委会的工作重点之一。县八届人大常委会自1984年4月换届以来，任期内先后听取和审议“一府两院”城乡规划建设、物价管理、整顿社会治安、严惩刑事犯罪、食品卫生管理等专项工作报告与财政预算执行情况报告31项。积极加强调查研究，服务经济建设，实现视察调研活动经常化、制度化。先后对果园纠纷、农产品收购、乡镇工业等方面进行视察调研，仅1986年，就写出调查报告22篇，提出建议100多条，为县委、县政府的决策和解决经济建设中的一些关键问题提出了参考意见。围绕食品卫生、交通安全、打井抗旱等事关人民群众切身利益的重大问题进行监督检查，并及时向县委提出建议，为全县改革开放和经济建设提供了坚强保障。

第一节 听取和审议专项工作报告与计划预算和审计工作报告

县八届人大常委会会议听取和审议“一府两院”专项工作报告30项、财政预算执行情况报告1项。

表4-7 行唐县第八届人大常委会会议听取和审议专项工作报告与计划预算和审计工作报告情况表

时　间	常委会会议	报告内容
1984年8月10日	第三次	县财政局关于上半年财政预算执行情况的汇报
1984年10月12日	第四次	县农业局关于1984年农业生产及秋收种麦情况的报告；县林业局关于贯彻执行第八届人代会第一次会议关于把枣树定为我县县树的决议的报告；县卫生局关于贯彻国办发〔1984〕80号文件情况的报告
1984年12月17日至18日	第五次	县人民法院、县人民检察院和县公安局关于严厉打击刑事犯罪第二战役开展情况的报告；县司法局关于法律宣传教育工作的报告；县林业局关于秋冬季造林情况的汇报

续表4-7

时　间	常委会会议	报告内容
1985 年 2 月 12 日	第六次	县城乡建设局行唐县县城总体规则纲要
1985 年 7 月 10 日	第九次	县人民政府关于贯彻落实县人大八届二次会议尊师重教的决议的情况报告；县司法局关于法制宣传和普及法律常识安排情况的报告
1985 年 11 月 1 日	第十一次	县人民政府关于经济体制改革情况的报告、关于乡镇企业生产情况的报告、关于农副产品收购工作情况的报告
1986 年 1 月 10—11 日	第十二次	县人民政府关于减轻农民负担情况的报告；县工商局关于工商行政管理情况的报告；县物价局关于物价管理情况的报告
1986 年 5 月 29 日	第十五次	县人民检察院关于打击经济犯罪情况的报告；县工商局关于 1985 年以来执行经济合同法情况的报告；县卫生局关于《食品卫生法》贯彻执行情况的报告；县司法局关于法制宣传和普及法律常识情况的报告
1986 年 9 月 6 日	第十六次	县林业局关于雨季林业生产的报告；县审计局关于审计工作的报告；县卫生局关于医疗卫生工作的报告
1986 年 11 月 3 日	第十七次	县乡镇企业局关于乡镇企业发展情况的报告；县粮食局关于农副产品收购情况的报告；县水利局关于水利建设情况的报告；县人民政府关于人大代表所提意见办理结果的报告
1987 年 3 月 17 日	第二十二次	县人民政府关于宣传贯彻《全国人大常委会关于加强法制教育维护安定团结的决定》情况的报告
1987 年 4 月 15 日	第二十三次	县司法局关于我县学习宣传贯彻《全国人大常委会关于加强法制教育维护安定团结的决定》情况的报告

第二节　法律法规实施情况的检查

县八届人大常委会组织开展执法检查 1 项。

1984 年 8 月，县人大常委会按照省人大通知精神，对《河北省食品卫生管理办法》贯彻执行情况进行检查。8 月 13 日，县人大常委会主任办公会进行研究部署。8 月 17 日，召开由县人民政府办公室及卫生、工商、畜牧、商业、县社、防疫站等 11 个单位负责人参加的食品卫生工作座谈会，学习座谈《河北省食品卫生管理办法》，县卫生防疫站对该管理办法的贯彻执行情况作了汇报。8 月 18 日，县人大常委会副主任王际书、张永强带领由 17 名相关单位负责人组成的 3 个检查小组，分别检查了城关、上碑两个集镇的 82 家饮、副食店和副食冷饮加工厂（其中国营和集体企业 18 家），同时还察看了两个农贸蔬菜市场。通过此次执法检查，进一步促进了《河北省食品卫生管理办法》在全县的贯彻落实，使人民群众受到了法制教育，增强了法制观念。

第三节 视察调查

县八届人大常委会重视开展视察、调查活动，任期内主要视察、调查活动有：

1984年9月25日至27日，县人大常委会副主任梁生印主持，对县交通安全管理工作进行调查。10月5日，县人大常委会主任办公会对调查情况进行研究，针对调查中发现的非法开车、管理体制薄弱等问题提出了建议。并将《行唐县人大常委会关于加强交通安全管理工作的建议》交县人民政府办理。11月16日，县人民政府对建议落实情况进行了答复。

1986年8月，根据县委安排，县人大常委会副主任皮忠录带领县人大常委会办公室和县林业局有关人员，利用10天时间，对果园面积大、纠纷多的4乡8村16个果园的果树承包纠纷问题进行调查。通过与乡、村干部及承、发包农户进行座谈，走访群众，实地查看果园，召开县人民法院、工商局、公证处、林业局等有关部门参加的座谈会，按照《中华人民共和国经济合同法》、地委提出的“大稳定、小调整、完善合同、调节利益”的原则和最高人民法院的相关要求撰写了调查报告，从解决问题的角度提出10条建议，为果园纠纷妥善解决提供了依据。县委根据建议统一了全县果园承包合同的格式，使问题得到逐步解决，保障了全县林果业的发展。

1986年9月5日，县人大常委会组成人员带领参加第十六次常委会的县卫生局、林业局等4个单位及县人大常委会办公室有关负责人视察习村庄速丰林毛白杨基地，南高里葡萄园，东安太庄岗坡地栽植苹果，周家庄、上连庄红枣基地和水平沟开挖情况及县医院、口头分院的医疗卫生情况。

1986年9月22日至10月4日，县人大常委会副主任梁生印、杨建敏多次深入连家庄乡乡办企业，对该乡化工厂、磷肥厂、面粉厂和习村造纸厂、东家帆布厂的生产经营情况进行调查。通过与乡政府、乡镇企业局、乡办企业相关负责人进行座谈，详细了解乡镇企业按照党的方针政策落实生产经营责任制的成功经验和存在的问题，并提出进一步完善生产经营责任制、加强宏观调控和重点扶持、引进资金和技术、旧厂革新、找准致富路等方面的建议。

1986年10月27日至29日，根据上级指示和县人大常委会的工作安排，县人大常委会副主任梁生印带领由4名人大代表及县司法局相关负责人组成的7人普法工作视察小组，对商业局、食品加工厂、城关镇、城关镇东街、只里乡、只里乡南州村、行唐中学、化工厂、老干部局的普法工作进行视察，对普法工作的开展起到了促进作用。

为解决粮、棉、油、烟收购中存在的问题，支持和促进商品生产的发展，1986年10月27日至29日，县人大常委会副主任刘清海带领由4名县人大代表组成的视察小组，视察了翟营、上碑、西玉亭棉站和粮站，县棉麻公司、县粮食局直属粮库、油库等9个单位。

1986年10月，县人大常委会主任、副主任带队，部分县人大代表参加，组成水利视察小组，对两大灌渠（群众灌渠、磁左灌渠）、上阎庄村浇水公司、下阎庄乡抗旱种麦情况、县打井队进行了视察。

第六章　决议决定

县八届人大及其常委会以经济建设为中心，依法、适时对国民经济和社会发展计划、财政决算和预算、把枣树定为“县树”、尊师重教、开发丘陵、普法工作、村民委员会工作职责和任务等重大事项作出决议决定21项，确保了全县经济平稳运行和社会稳定。

第一节　作出决议决定

一、县八届人大历次会议作出决议决定情况

县八届人大历次会议先后作出决议决定19项。

表4-8　行唐县第八届人民代表大会历次会议决议决定一览表

时　间	会　次	事　项
1984年4月27日	第一次	关于政府工作报告的决议 关于行唐县1984年国民经济和社会发展计划的决议 关于批准行唐县1983年财政决算和1984年财政预算的决议 关于行唐县人民代表大会常务委员会工作报告的决议 关于行唐县人民法院工作报告和行唐县人民检察院工作报告的决议 关于把枣树定为我县县树的决议
1985年5月9日	第二次	关于政府工作报告的决议 关于行唐县1985年国民经济和社会发展计划的决议 关于批准行唐县1984年财政决算和1985年财政预算报告的决议 关于行唐县人民代表大会常务委员会工作报告的决议 关于行唐县人民法院工作报告和行唐县人民检察院工作报告的决议 关于尊师重教的决议

续表4-8

时　间	会　次	事　项
1986 年 3 月 30 日	第三次	关于政府工作报告的决议 关于行唐县 1986 年国民经济和社会发展计划及“七五”计划的决议 关于行唐县 1985 年财政决算和 1986 年财政预算的决议 关于行唐县人民代表大会常务委员会工作报告的决议 关于行唐县人民法院、人民检察院工作报告的决议 关于行唐县人民政府关于开发丘陵的议案的决议 关于接受县人大副主任王际书辞职请求的决议

二、县八届人大常委会历次会议作出决议决定情况

县八届人大常委会历次会议先后作出决议决定 2 项。

表 4-9　行唐县第八届人大常委会历次会议决议决定一览表

时　间	常委会会议	事　项
1985 年 8 月 7 日	第十次	关于普及法律常识的决议
1987 年 4 月 16 日	第二十三次	行唐县人大常委会关于召开行唐县第九届人民代表大会第一次会议的决定

第二节　决议决定选介

关于把枣树定为我县县树的决议

《关于把枣树定为我县县树的决议》（以下简称《决议》），于 1984 年 4 月 27 日行唐县第八届人民代表大会第一次会议通过。

红枣在行唐县栽培历史悠久，面积大，分布广。1984 年，全县有 160 万株，常年产量七八百万斤。为保护和发展枣树资源，发挥地域优势，推动商品生产发展，促进农民发家致富，行唐县人民政府提出把枣树定为“县树”的议案。为此，行唐县第八届人民代表大会第一次会议作出《决议》。

《决议》规定：从决议之日起把枣树定为“县树”，全县人民都要为发展枣树生产贡献力量，丘陵、山区凡有枣树的地方要普及开沟断根育苗，大力推行嫁接和枣粮间作。从 1984 年起，每人每年至少栽枣树 15 棵，明年达到人均一亩枣树。要进一步落实政策，完善林业责任制。全县人民要以“县树”兴衰为荣辱，对破坏枣树资源的要严肃处理；对工作

失误造成资源破坏的要逐级追究领导责任。《决议》对保护枣树、繁荣县域经济、增加农民收入具有重要意义。

关于尊师重教的决议

《关于尊师重教的决议》（以下简称《决议》），于1985年5月9日行唐县第八届人民代表大会第二次会议通过。

党的十二大把教育确定为经济建设的战略重点之一，1985年国家又设立教师节，教育在“四化”建设中占据着十分重要的地位。为提高教师的社会地位，在全社会逐步形成尊重知识、尊重人才、尊重教师的新风尚，使教师工作真正成为社会上最受人尊敬、最值得羡慕的职业之一，行唐县第八届人民代表大会第二次会议通过《决议》。

《决议》从开展庆祝“教师节”活动、落实党的知识分子政策、维护教师的合法权益和学校的正常教学秩序、增加教育经费投入等方面作出具体要求，体现了对教师的关怀和对教育的重视，对全面提高广大教师的政治地位和社会地位起到了重要作用。

关于普及法律常识的决议

《关于普及法律常识的决议》（以下简称《决议》），于1985年8月7日行唐县第八届人大常委会第十次会议通过。

加强社会主义法制建设，在全县公民中普及法律常识是一项伟大的社会工程，是依法治国的重要一步，对于实现社会长治久安、促进经济体制改革和社会主义经济建设具有重要意义。根据全县法制建设实际情况，行唐县第八届人大常委会第十次会议作出《决议》。

《决议》对普及法律常识的意义进行了阐述，并对普法工作的内容、重点对象和领导都作出了明确规定，要求用5年的时间有计划、比较系统地向全体公民基本普及《宪法》《刑法》《婚姻法》《经济合同法》等与群众生活有密切关系的法律常识。《决议》对于推动全县普法工作具有重要意义。

关于《行唐县人民政府关于开发丘陵的议案》的决议

《关于〈行唐县人民政府关于开发丘陵的议案〉的决议》（以下简称《决议》），于1986年3月30日行唐县第八届人民代表大会第三次会议通过。

行唐县丘陵区有81村68233人，总面积252.67平方公里，占全县面积的26.26%。这里干旱缺水，土地瘠薄，植被率低，科技落后，文化教育水平低，生产方式单一，工农业生产和人民生活水平低于全县平均水平。为综合开发全县丘陵，加速全县经济建设，行唐县第八届人民代表大会第三次会议作出《决议》。

《决议》认为县人民政府议案客观地分析和概括了县域丘陵区的现状，明确了丘陵区开发的指导思想和规划目标，并制定了切实可行的措施政策。《决议》要求各级政府、各个部门要发扬务实精神，办实事，讲实效，按议案要求，认真组织实施。《决议》对于发展丘陵区经济、改善群众生产和生活条件起到积极的推动作用。

第七章　选举任免

1984 年 8 月 10 日，县八届人大常委会第三次会议审议通过《行唐县人民代表大会常务委员会人事任免办法》，明确了县人大常委会人事任免范围、程序和任命书的颁发等事项，使县人大常委会人事任免工作有章可循。县八届人大常委会共任免县级国家机关工作人员 126 人次，为地方国家机关依法行政和公正司法提供了组织保障。

在县委领导下，县八届人大常委会任期内依照法律程序圆满完成 1 次换届选举任务。1987 年 2 月 5 日，县八届人大常委会第二十次会议依法任命了行唐县选举委员会的 13 名组成人员，加强对县、乡（镇）人大代表换届选举工作的监督和指导。至 4 月 20 日，选举产生县九届人大代表 171 名。

第一节　常委会选举任免情况

1984 年 6 月 5 日，县八届人大常委会第二次会议通过了县人大常委会、县人民政府、县人民检察院相关人事任免事项。

任命：

崔进德为行唐县人大常委会办公室主任

赵玉宽为行唐县人大常委会办公室副主任

决定任命：

刘慈江为行唐县人民政府办公室主任

张桂林为行唐县计划委员会主任

张朱贵为行唐县公安局局长

刘丙林为行唐县多种经营委员会主任

徐红军为行唐县农牧局局长

于俊国为行唐县卫生局局长

张庆云为行唐县商业局局长

李小香为行唐县体育运动委员会主任

范书侠为行唐县文教局局长

马培仁为行唐县审计局局长

张法新为行唐县林业局局长

尤永和为行唐县交通局局长

高风鸣为行唐县财政局局长

宇文宗为行唐县广播电视局局长

贾　玉为行唐县粮食局局长

徐少雄为行唐县税务局局长

朱德明为行唐县水利局局长

张庆瑞为行唐县民政局局长

麻俊英为行唐县计划生育委员会主任

程全斌为行唐县经济委员会主任

陈令祥为行唐县司法局局长

任命：

阎香珍为行唐县人民检察院检察员

刘清林为行唐县人民检察院检察员

焦福江为行唐县人民检察院检察员

皮慧平为行唐县人民检察院检察员

杨新贞为行唐县人民检察院检察员

宋长征为行唐县人民检察院检察员

张地动为行唐县人民检察院检察员

王伯军为行唐县人民检察院检察员

张　晋为行唐县人民检察院检察员

1984 年 8 月 10 日，县八届人大常委会第三次会议通过了县人民政府相关人事任免事项。

决定任命：

赵志云为行唐县工商行政物价管理局局长

韩银昌为行唐县物资局局长

韩寅明为行唐县畜牧局局长

1984 年 10 月 12 日，县八届人大常委会第四次会议通过了县人民政府、县人民法院相关人事任免事项。

决定：

许昆峥为行唐县人民政府代理县长

免去：

张河滩的行唐县人民法院审判员职务

1984 年 12 月 17 日，县八届人大常委会第五次会议通过了县人民政府、县人民检察院相关人事任免事项。

决定免去：

范书侠的行唐县文教局局长职务

决定任命：

刘五保为行唐县城乡建设局局长

免去：

盛杰、张玉民、刘建文、刘奇峰、李文胖的行唐县人民检察院检察委员会委员职务

任命：

宋长征为行唐县人民检察院副检察长、检察委员会委员

张文才为行唐县人民检察院检察委员会委员

盛瑞平为行唐县人民检察院检察委员会委员

杨新贞为行唐县人民检察院检察委员会委员

1985 年 2 月 12 日，县八届人大常委会第六次会议通过了县人民政府相关人事任免事项。

决定免去：

张庆云的行唐县商业局局长职务

贾　玉的行唐县粮食局局长职务

决定任命：

张双全为行唐县粮食局局长

1985 年 4 月 20 日，县八届人大常委会第七次会议通过了县人民政府、县人民法院相关人事任免事项。

决定免去：

朱德明的行唐县水利局局长职务

李小香的行唐县体育运动委员会主任职务

张朱贵的行唐县公安局局长职务

刘慈江的行唐县人民政府办公室主任职务

免去：

李白旦的行唐县人民法院西安香法庭庭长职务

1985 年 5 月 10 日，县八届人大常委会第八次会议通过了县人民政府、县人民法院相关人事任免事项。

决定任命：

贾连海为行唐县商业局局长

李玉冰为行唐县文教局局长

任青堂为行唐县统计局局长

1985 年 7 月 10 日，县八届人大常委会第九次会议通过了县人民政府相关人事任免事项。

决定免去：

张庆瑞的行唐县民政局局长职务

决定任命：

刘义珍为行唐县民政局局长

1985 年 8 月 7 日，县八届人大常委会第十次会议通过了县人民政府相关人事任免事项。

决定免去：

程全斌的行唐县经济委员会主任职务

张桂林的行唐县计划委员会主任职务

决定任命：

张发旺为行唐县人民政府办公室主任

张桂林为行唐县计划经济委员会主任

冯树林为行唐县工业局局长

苑桂花为行唐县物价局局长

1985 年 11 月 1 日，县八届人大常委会第十一次会议通过了县人民政府相关人事任免事项。

决定免去：

杨争奇的行唐县人民政府副县长职务

决定任命：

周清祥为行唐县人民政府副县长

张亦昌为行唐县水利局局长

张晨声为行唐县公安局局长

1986 年 1 月 10 日，县八届人大常委会第十二次会议通过了县人民检察院相关人事任免事项。

任命：

高春法为行唐县人民检察院检察员

1986 年 3 月 6 日，县八届人大常委会第十三次会议通过了县人民政府、县人民法院相关人事任免事项。

决定免去：

张双全的行唐县粮食局局长职务

冯树林的行唐县工业局局长职务

刘丙林的行唐县多种经营委员会主任职务

决定任命：

张双全为行唐县工业局局长

冯树林为行唐县多种经营委员会主任

刘丙林为行唐县山区建设委员公主任

杨三宝为行唐县劳动人事局局长

免去：

顾荣先的行唐县人民法院审判委员会委员、刑事审判庭庭长职务

顾福贵的行唐县人民法院民事审判庭庭长职务

任命：

王清荣为行唐县人民法院民事审判庭庭长

高明信为行唐县人民法院刑事审判庭庭长

顾福贵为行唐县人民法院申诉执行庭庭长

花五河为行唐县人民法院民事审判庭副庭长

钱海军为行唐县人民法院经济审判庭副庭长

魏书生为行唐县人民法院城关法庭副庭长

邸争国为行唐县人民法院西玉亭法庭副庭长

王昌法、邢如意为行唐县人民法院审判员

1986 年 3 月 30 日，县八届人大常委会第十四次会议通过了县人民政府相关人事任免事项。

决定免去：

徐少雄的行唐县税务局局长职务

赵志云的行唐县工商行政管理局局长职务

任青堂的行唐县统计局局长职务

冯树林的行唐县多种经营委员会主任职务

决定任命：

赵志云为行唐县税务局局长

任青堂为行唐县工商行政管理局局长

冯树林为行唐县乡镇企业管理局局长

1986 年 5 月 29 日，县八届人大常委会第十五次会议通过了县人民政府相关人事任免事项。

决定免去：

刘五保的行唐县城乡建设局局长职务

决定任命：

赵锦程为行唐县粮食局局长

曹悦昌为行唐县科学技术委员会主任

赵凤筱为行唐县城乡建设局局长

1986 年 9 月 6 日，县八届人大常委会第十六次会议通过了县人民政府相关人事任免事项。

决定免去：

李庆辰的行唐县人民政府副县长职务

1986 年 11 月 13 日，县八届人大常委会第十七次会议通过了县人民法院相关人事任免事项。

任命：

李占国为行唐县人民法院刑事审判庭副庭长

马正祥为行唐县人民法院审判员

夏文祥为行唐县人民法院审判员

张发香为行唐县人民法院审判员

王建军为行唐县人民检察院检察员

李彦龙为行唐县人民检察院检察员

1986 年 12 月 30 日，县八届人大常委会第十九次会议通过了县人民政府、县人民检察院相关人事任免事项。

决定免去：

韩根昌的行唐县物资局局长职务

决定任命：

赵郁民为行唐县人民政府副县长

韩根昌为行唐县标准计量局局长

李五保为行唐县土地管理局局长

免去：

王秀峰、王玉海的行唐县人民检察院检察员职务

任命：

徐少雄为行唐县人民检察院副检察长、检察委员会委员

1987 年 3 月 17 日，县八届人大常委会第二十二次会议通过了县人民政府、县人民法院相关人事任免事项。

决定免去：

阎昌海的行唐县人民政府副县长职务

马志厚的行唐县人民政府副县长职务

决定任命：

杜永新为行唐县人民政府副县长

麻俊英为行唐县人民政府副县长

免去：

张凤和的行唐县人民法院副院长、审判委员会委员职务

1987 年 4 月 16 日，县八届人大常委会第二十三次会议通过了县人大常委会、县人民政府、县人民法院相关人事任免事项。

任命：

宇文宗为行唐县人大常委会教育科学文化卫生科科长

王玉祥为行唐县人大常委会政治法律科副科长

决定免去：

麻俊英的行唐县计划生育委员会主任职务

冯树林的行唐县乡镇企业管理局局长职务

宇文宗的行唐县广播电视局局长职务

决定任命：

张登山为行唐县乡镇企业管理局局长

冯树林为行唐县广播电视局局长

刘香忠为行唐县计划生育委员会主任

免去：

王玉祥的行唐县人民法院副院长、审判委员会委员职务

任命：

李白旦为行唐县人民法院副院长、审判委员会委员

第二节　任后监督

1986 年 10 月 20 日至 11 月 25 日，县八届人大常委会对县人大及其常委会任命的县人民政府委、办、局 31 名主任、局长，县人民法院 3 名正副院长，11 名正副庭长，15 名审判委员会委员和审判员，县人民检察院 3 名正副检察长，21 名检察委员会委员和检察员，共 30 个单位、84 名干部进行了政绩考察，并将结果向县委、县政府作了报告和反映，对干部转变领导作风、加强领导班子建设起到了积极的作用，为县委管理和使用干部提供了决策依据。

第五篇

行唐县第九届人民代表大会

（1987年4月至1990年4月）

第一章　党的领导

行唐县第九届人民代表大会及其常务委员会认真贯彻执行党的十三届五中全会精神，紧紧围绕党的中心工作，牢固树立为经济建设服务的指导思想，始终将县委的决策部署融入县人大各项工作中，通过会议决议、执法检查、视察调查等形式，积极为全县经济持续、稳定、协调发展服务。

县委注重发挥县人大作为国家权力机关的重要作用，根据《中共石家庄地委关于加强人大工作的意见》，进一步理顺县人大与“一府两院”的关系，提高对县人大及其常委会性质、地位和作用的认识，把人大工作列入重要议事日程，支持人大及其常委会依法行使职权，充分发挥其职能作用；善于通过县人大及其常委会把党的主张变为国家意志，把党管干部同县人大及其常委会选举或任免干部统一起来，凡依法应由县人大或其常委会选举或任免的干部，未经县人大或其常委会选举或任免前，一律不准正式任职或离职，不准对外公布。要求县人大常委会切实履行《宪法》和法律赋予的职责，依法行使好决定权、监督权、任免权；要密切联系人大代表，及时反映人民群众的意见和要求；要深入调查研究，为经济建设和改革服务；要加强人大常委会班子建设，努力提高议事活动的民主化；要坚持民主集中制的原则，集体行使职权，不搞“一言堂”；要加强制度化建设，增强人大工作的透明度。1989 年 2 月 15 日，为传达省、地人大工作会议精神，县委组织召开近 200 人参加的人大工作会议，会议由县委书记刘茂谦主持，县委副书记王玉楼在讲话时提出了加强人大工作的要求，使与会人员对县九届人大及其常委会的职权有了较全面的认识。县委重视和加强对人大工作的领导，充实了县人大常委会的领导机构和工作机构，换届选举、执法“双评”各有一名副书记直接领导。县九届人大常委会任期内，县委 3 次召开有关人大工作的会议，3 次以县委文件转发县人大常委会的报告，专门印发关于加强人大工作的通知，县人大常委会组织的会议，县委领导 9 次到会讲话，彻底打破了一些人对人大工作的偏见，树立了人大工作的权威，推动县九届人大常委会各项工作向规范化、制度化、正规化、科学化发展。

县人大常委会党组根据县委年度中心工作，确定全年工作要点。坚持请示报告制度，主动争取、自觉接受县委领导，在机构设置、人员编制、人代会召开、法律监督等重大事项上都及时向县委请示汇报，都得到了县委的支持和帮助。注重加强人大机关制度和思想建设，不断提升干部职工依法办事的能力和办事效率。紧跟中央部署，组织学习邓小平三次视察南方谈话及江泽民国庆 40 周年讲话，进一步增强全体党员的党性观念，转变工作作风，更加坚定了人大工作的政治方向。为惩治腐败，加强廉政建设，密切同群众的关系，县人大常委会党组除加强经常性教育、确保自身清正廉洁外，还大力配合县委支持“一府两院”狠抓此项工作，并根据人大职能，及时听取汇报，调整、清理有严重问题的领导干部，进一步增强了全县干部队伍的党性观念和为人民服务的宗旨意识。

第一节　党的组织机构

中共行唐县人大常委会党组

书　　记：康　一（1987 年 4 月—1990 年 4 月）
副 书 记：杨建民（1987 年 4 月—1990 年 3 月）
　　　　　皮忠录（1987 年 4 月—1990 年 3 月）
成　　员：杨安县（1988 年 3 月—1990 年 4 月）
　　　　　崔进德（1989 年 7 月—1990 年 4 月）
党组顾问：习权位

第二节　党组会议

县九届人大期间，县人大常委会党组共召开党组会 6 次。其中，1987 年召开党组会 1 次，1988 年召开党组会 1 次，1989 年召开党组会 1 次，1990 年召开党组会 3 次。

表 5-1　行唐县第九届人大常委会党组会情况一览表

序　号	时　间	会议议题
1	1987 年 7 月 2 日	传达学习县委常委会精神；研究九届人大常委会第三次会议议题
2	1988 年 4 月 11 日	讨论县委整改意见；研究人大的整改意见；学习整党文件
3	1989 年 11 月 20 日	传达地委有关县人民政府人事安排；研究县人大机关人员安排
4	1990 年 2 月 14 日	研究人事工作
5	1990 年 2 月 23 日	研究乡镇人大联组长改设为常务主席事宜
6	1990 年 2 月 28 日	研究县财政局局长任免事宜

第二章　人大代表

行唐县第九届人民代表大会代表名额171名。1987年4月召开县九届人大一次会议时实有代表171名。县九届人大常委会高度重视代表工作，完善《行唐县人大常委会关于联系县人大代表的办法》，进一步提高了广大代表参政议政的积极性，县九届人大一次至三次会议共收到代表提案、建议511件，均得到妥善处理，推动了政府工作的深入开展，进一步密切了党群、干群关系。

第一节　选举产生

一、行唐县第九届人民代表大会代表的选举产生

县八届人大常委会按照《地方组织法》《选举法》《河北省各级人民代表大会选举实施细则》的规定，依法成立了县选举委员会，在县人大常委会的领导下，主持和领导了整个选举工作。全县共划分选区148个，建立了28个乡选举委员会和148个选举领导小组。1987年4月10日，采取无记名投票的方式进行了正式选举。全县参选选民215994名，参选率97.10%。选出县第九届人民代表大会代表171名，其中，男代表134名，占78.36%；妇女代表37名，占21.64%。中共党员代表99名，占57.89%；非中共党员代表72名，占42.11%。汉族代表171名，占100%。工人代表4名，占2.34%；农民代表77名，占45.03%；脱产干部代表49名，占28.65%；知识分子代表41名，占23.98%。经县八届人大常委会代表资格审查委员会审查，县第九届人民代表大会171名代表全部符合条件，予以批准。

二、行唐县出席河北省第七届人民代表大会代表的选举产生

1988年3月8日，行唐县第九届人民代表大会第二次会议选举产生行唐县出席河北省第七届人民代表大会代表3名。

第二节 代表名单

一、行唐县第九届人民代表大会代表名单

县直代表团

许昆峥	周清祥	马志厚	张永强
刘荣秀（女）	韩国书	张贵华	张树德
韩斌章	杨贵祥	习干年	

城关镇代表团

杨文凤（女）	欧阳华	刘喜琴（女）	祖新来
仇三京	张保谦	李国旗	盖合保
皮忠录	崔进德	赵玉宽	杨建民
康　一	刘慈江	杨安县	

坟台乡代表团

薛东来	花中科	李小旗	秦海乱
杨银平（女）	胡荣秀（女）		

齐村乡代表团

张根深	石丁堂	付顺义	王玲珍（女）
马中文			

南桥镇代表团

赵建国	张　荣	曹素敏（女）	李二白
付向阳	宇文一	常连珍（女）	

独羊岗乡代表团

刘文旗	李英宪	贾增良	翟明香
郑建军	宇文吉春	杨梅英（女）	

贾庄乡代表团

郭新民	刘义针	柳玉海	杨焕军

张桃乱	宋建国	贾香云（女）	

北龙岗乡代表团

张　旗	赵翠琴（女）	彭贵珍（女）	杨晓朝
李路军			

西安香乡代表团

王大更	郭荣珍（女）	卢文江	靳新华
米振海	赵保柱		

只里乡代表团

常印章	张丙群	高满圈	李荣娥
齐致俊	李玲琴（女）		

连家庄乡代表团

毛春久	王文庆	杨正国	鲁小青
李六月	李新年	董秀珍（女）	王文朝

东留营乡代表团

严建国	范同保	王洛明	吕彦敏（女）
张　林	杨秀菊（女）	李建永	

左市同乡代表团

王东升	仝不丑	盖五凤（女）	雷喜法
盖大乱	霍金生	程梅生	

上碑镇代表团

鲁军旗	高如意	边树森	张铁旦
樊东玉	贾国珍（女）		

西玉亭乡代表团

李香社	孟焕文	李　瑞	王淑彦（女）
王玉楼			

屹嶅头乡代表团

申文和　王保国　屈贵儒　李国玲（女）

北河乡代表团

刘秋涛　刘九菊（女）　赵云章　张天才

上方乡代表团

孙承运　高歪子　乔占民　阎昌海
赵书琴（女）

赵阳关乡代表团

秦平均　李彦同　徐拴羊　赵贵荣（女）
罗有山

南翟营乡代表团

毛金锁　张同海　张进校　刘增珍（女）
张国利　王凤岐

下阎庄乡代表团

郭丙山　杨美英（女）　寇庆文　李小娇（女）
杨东河　张兵仁

上滋洋乡代表团

赵萼丰　张福海　李顺才　王进喜
王连云（女）

北城寨乡代表团

花运河　王三元　曹发永　霍福玲（女）

秦台乡代表团

高会东　李秀英（女）　邢扩军　杨开贵

上阎庄乡代表团

杨拴帮　王吉位　张银芝（女）　刘志刚

上连庄乡代表团

杨金红　　何四云　　刘玉民　　丁小俊(女)

口头镇代表团

郄秀丽　　李春菊(女)　　严趁心　　赵建中

九口子乡代表团

魏长法　　李景文(女)　　曹居宽　　孟英才

杨家庄乡代表团

尤永占　　高秋芬(女)　　王占敏　　张占法

表 5-2　行唐县第九届人大代表届中调整情况表

常委会会议	终止情况	补选情况
1988 年 2 月 2 日 第七次会议	调离：南桥镇张荣	南桥镇刘茂谦
1989 年 4 月 18 日 第十六次会议	调离：上方乡阎昌海、县直周清祥、赵阳关乡李彦同、上碑镇贾国珍	县直张发旺、赵阳关乡柳云增、上碑镇霍海英
1989 年 7 月 26 日 第十九次会议	调离：县直许昆峥	—

二、行唐县出席河北省第七届人民代表大会代表名单

马志厚　　王兰英(女)　　许昆峥

第三节　代表工作

一、密切联系代表

县九届人大常委会把加强同代表的联系作为人大常委会的一项基础工作，在总结上届经验的基础上，修正了联系代表的试行办法，于 1987 年 6 月 4 日县九届人大常委会第二次会议上通过了《行唐县人大常委会关于联系县人大代表的办法》，规定了常委会组成人员和工作部门联系代表的方法和要求，明确规定实行联系代表责任制。县人大常委会通过召开座谈会、走访、直接对话等方式保持同县人大代表的联系，听取他们的意见；组织代表参加视

察、检查、调研等工作；向代表印发《行唐县人民代表大会常务委员会公报》及有关代表地位、作用和活动的材料。6月30日，县人大常委会办公室发文，在县直和28个乡镇都建立了代表小组，并明确了各代表小组组长、副组长，方便县人大代表更好地行使职权、发挥作用。任期内共组织代表和委员进行视察18次，视察了200多个单位，使代表和委员掌握了实际情况，密切了人大同人民群众的联系。

1987年7月8日至15日，县人大常委会主任按乡分片召开代表座谈会，围绕代表如何活动、群众的意见和要求、防汛措施的落实等三个问题进行讨论，收集整理意见154条，转交“一府两院”进行了解决。8月18日至11月10日，各主任分头到71名农村代表家中走访，向他们说明贯彻县人大决议和代表提案的办理情况，听取和回答了他们提出的50多个问题，介绍了26位代表的事迹和经验。任期内共召开代表座谈会11次、走访代表150多人。通过走访、座谈，进一步激发了代表参政议政的积极性，发挥了代表上下沟通的桥梁作用，密切了代表同县人大常委会和“一府两院”的联系。

二、代表提案办理

为发挥代表的桥梁作用，县九届人大常委会在每次人代会前都将提案卡片印发给代表，请代表征求群众对国家机关的建议、批评和意见。县九届人大常委会把办理代表建议作为完善人民代表大会制度和促进民主政治建设的重要内容，改革办理方法，制定了办理代表建议的制度。凡能直接答复的在人代会上由“一府两院”领导人直接向代表解答；对一时难以办理的，转交有关部门纳入解决计划。县人大常委会加强监督检查，适时听取办理情况汇报。1989年8月8日，县人大常委会印发《关于认真办理代表建议、批评和意见的意见》（行人常〔1989〕5号），从提高对代表建议工作重要性的认识；提高代表建议办理工作的质量；逐步使代表建议办理规范化、制度化；开展对话，加强与委员、代表的联系；加强对代表建议办理工作的领导五个方面提出要求，促进提案办理工作的开展。

县九届人大一次至三次会议共收到代表提案、建议511件。县九届人大一次会议期间，共收到代表提案48件。1987年8月，县人民政府将研究办理情况逐条向县人大常委会作了汇报。县九届人大二次会议期间，改进提案办理工作，“一府两院”的领导同代表直接对话，当场解答代表问题239条。县九届人大三次会议期间，共收到76名代表提出的建议、批评和意见163件，其中，属于政策规定不能解决、需要说明情况的99件；反映比较集中的难点、需要“一府两院”及其工作部门列入重点、长期逐一解决的45件；建议问题重要、影响较大或应解决但长期未得到解决，需要向县人大常委会作专门汇报并向代表报告的6件。

党的十三届四中全会后，县九届人大常委会从稳定社会大局的高度，协助政府办理了代表们最关心的4件实事。一是县城生活用水长期不足。根据县人大建议，县人民政府召开专门会议研究水厂建设问题，抓紧施工，年底投入了使用。二是因饲料涨价等原因，奶牛数量下降，奶源不足，影响社会效益，威胁奶厂生存。根据代表建议，经过调查，建议政府制定了鼓励发展奶牛、羊的7条措施，调动了饲养户的积极性，奶牛、羊饲养量开始回升，稳定了奶厂生产。三是为寺北沟挂电。口头镇寺北沟村当时是全县唯一用电白点村，县人民政府领导调查后，决定县、村共同筹资，县电力局无偿提供人力和运输力，仅一个月时间，村里通电问题基本解决。四是消灭学校危房。消灭学校危房是群众关心和县委决定解决的一件大事。县人大积极协助，反复调查视察，并建议县财政出资帮助个别贫困村，在全县共消灭了620间学校危房。县九届人大常委会通过办理代表建议，达到了群众满意，调动了代表积极性，进一步密切了群众同政府的关系。

三、指导乡镇代表工作

1987年8月18日，县九届人大常委会制定《行唐县人大常委会关于乡镇人大代表联组工作试行办法》，明确乡镇人大联组是乡镇人代会闭会期间的工作组织，县人大常委会对乡镇人大联组在业务上指导、法律上监督、工作上联系。乡镇人大联组的建立，为充分发挥乡镇人代会及乡镇人大代表的作用创造了条件。

第三章 人民代表大会

行唐县第九届人民代表大会任期自1987年4月至1990年4月，共召开5次会议，听取报告18个，通过决议19项，选举8项。

表5-3 行唐县第九届人民代表大会历次会议概况表

会 次	时 间	议题（项）	听取报告（个）	决议决定（项）	选举表决（项）
第一次	1987年4月25—28日	7	6	6	4
第二次	1988年3月6—8日	7	6	6	1
第三次	1989年4月28—30日	8	6	7	1
第四次	1989年7月18—19日	2	—	—	1
第五次	1989年7月29日	1	—	—	1

第一节 会议概况

一、县九届人大一次会议

1987年4月25日至28日，县九届人大一次会议在县人民礼堂召开。出席代表167人（应到171人）。会议听取和审议县人民政府县长许昆峥作的《政府工作报告》；会议听取和审议县计划经济委员会主任张桂林作的《关于行唐县1987年国民经济和社会发展计划草案的报告》，审查了行唐县1987年国民经济和社会发展计划草案；听取和审议县财政局局长高风鸣作的《关于行唐县1986年财政决算和1987年财政预算草案的报告》，审查了行唐县1986年财政决算和1987年财政预算草案；听取和审议县人大常委会副主任皮忠录作的《行唐县人民代表大会常务委员会工作报告》、县人民法院院长习东海作的《行唐县人民法院工作报告》、县人民检察院检察长刘来福作的《行唐县人民检察院工作报告》。会议通过相应决议。会议选举产生县九届人大常委会组成人员，县人民政府县长、副县长，县人民法院院长，县人民检察院检察长（名单见本章第二节《会议选举》）。

这次会议以全国人民代表大会常务委员会《关于加强法制教育维护安定团结的决定》

为指针，坚持四项基本原则，发扬社会主义民主，依靠全体代表决定全县大事，充分反映了全县人民的意志和愿望。会议指出，全县要坚决贯彻执行全国人大六届五次会议精神，集中力量抓好经济领域、政治领域两件大事，坚持“两个文明”一起抓，大力开展增产节约、增收节支运动，深化改革，强化服务，突出效益，加快速度，使全县经济建设有较快增长；深入进行坚持四项基本原则教育，坚决反对资产阶级自由化。加强社会主义民主与法制建设，巩固和发展安定团结的政治局面。会议号召，全县干部群众要认真贯彻执行这次大会的精神和决议，在各级党委的领导下，同心同德，艰苦奋斗，开拓前进，为实现行唐早日繁荣富裕而努力奋斗。

二、县九届人大二次会议

1988年3月6日至8日，县九届人大二次会议在县人民礼堂召开。出席代表151人（应到171人）。会议听取和审议县人民政府县长许昆峥作的《政府工作报告》；听取和审议县计划经济委员会主任张桂林作的《关于行唐县1988年国民经济和社会发展计划草案》，审查了行唐县1988年国民经济和社会发展计划草案；听取和审议县财政局局长高风鸣作的《关于行唐县1987年财政决算和1988年财政预算草案的报告》，审查了1988年财政预算草案；听取和审议县人大常委会主任康一作的《行唐县人民代表大会常务委员会工作报告》、县人民法院院长刁东海作的《行唐县人民法院工作报告》、县人民检察院检察长刘来福作的《行唐县人民检察院工作报告》。会议通过相应决议。会议选举产生行唐县出席河北省第七届人民代表大会代表3名。

这次会议以党的十三大精神为指导，着眼于调动基层群众的积极性，体现人民当家作主管理国家的权力。会议指出，1988年是贯彻和落实党的“十三大”精神的一年，也是走好“十三大”确定的经济战略部署第二步的起步年。会议要求，全县要坚持社会主义初级阶段的基本路线，以经济建设为中心，坚持四项基本原则和改革开放，稳定经济，深化改革，紧中求活，稳中求快，把改革和建设推上一个新的台阶。

三、县九届人大三次会议

1989年4月28日至30日，县九届人大三次会议在县人民礼堂召开。出席代表135人（应到170人）。会议听取和审议县人民政府县长许昆峥作的《政府工作报告》；听取和审议县计划经济委员会主任张桂林作的《关于行唐县1989年国民经济和社会发展计划草案的报告》，审查了关于1989年国民经济和社会发展计划草案；听取和审议县财政局局长高风鸣作的《关于行唐县1988年财政决算和1989年财政预算草案的报告》，审查了关于1988年财政决算和1989年财政预算草案；听取和审议县人大常委会主任康一作的《行唐县人民代表大会常务委员会工作报告》、县人民法院院长刁东海作的《行唐县人民法院工作报告》、县人民检察院检察长刘来福作的《行唐县人民检察院工作报告》。会议通过相应决议。会议作出《关于加强农业的决定》。会议选举产生县人大常委会委员1名（名单见本章第二节《会议选举》）。

会议指出，自本届二次会议闭幕以来，县人大常委会在省人大、地区人大联组指导和县委的领导下，认真贯彻落实党的十三大和十三届三中全会精神，加强社会主义民主和法制建设，加强法律监督和工作监督，进一步完善职能，在推动全县经济建设和社会事业发展方面发挥了积极作用。会议号召，全县干部群众和各级人大代表要根据这次会议精神，认真总结经验，继续完善职能，以治理整顿、大上农业为重点，争取作出更大成绩。

四、县九届人大四次会议

1989年7月18日至19日，县九届人大四次会议在县人民礼堂召开。出席代表131人（应到169人）。会议传达党的十三届四中全会精神，学习邓小平、江泽民、李鹏的重要讲话。会议选举产生县人民政府县长（名单见本章第二节《会议选举》）。

五、县九届人大五次会议

1989年7月29日，县九届人大五次会议在县人民礼堂召开。出席代表140人（应到169人）。会议选举产生县人大常委会副主任1名（名单见本章第二节《会议选举》）。

第二节　会议选举

县九届人大历次会议，共选举产生县级国家机关工作人员25人次。

县人大常委会

主　任：

康　一　　1987年4月县九届人大一次会议当选

副主任：

杨建民　　1987年4月县九届人大一次会议当选
皮忠录　　1987年4月县九届人大一次会议当选
张永强　　1987年4月县九届人大一次会议当选
杨安县　　1987年4月县九届人大一次会议当选
崔进德　　1989年7月县九届人大五次会议当选

委　员（县九届人大一次会议选举产生）：

马志厚　刘玉民　刘荣秀（女）　杨秀菊（女）
张树德　赵玉宽　赵翠琴（女）　崔进德
曹素敏（女）　韩国书

县九届人大三次会议选举产生：李英宪

届中调整情况：

崔进德，1989 年 7 月 29 日，在县九届人大五次会议上当选县人大常委会副主任。

县人民政府

县　长：

许昆峥　　1987 年 4 月县九届人大一次会议当选

王玉楼　　1989 年 7 月县九届人大四次会议当选

届中调整情况：

许昆峥，1989 年 7 月 10 日，在县九届人大常委会第十八次会议上辞去行唐县人民政府县长职务。

副县长：

周清祥　　1987 年 4 月县九届人大一次会议当选

赵郁民　　1987 年 4 月县九届人大一次会议当选

麻俊英（女）1987 年 4 月县九届人大一次会议当选

杜永新　　1987 年 4 月县九届人大一次会议当选

届中调整情况：

康顺京，1988 年 12 月 28 日，县九届人大常委会第十三次会议决定任命其为行唐县人民政府副县长。

周清祥、麻俊英（女），1989 年 1 月 14 日，县九届人大常委会第十四次会议决定免去其行唐县人民政府副县长职务。

张发旺、马国印，1989 年 1 月 14 日，县九届人大常委会第十四次会议决定任命其为行唐县人民政府副县长。

康顺京、赵郁民，1989 年 11 月 24 日，县九届人大常委会第二十四次会议决定免去其行唐县人民政府副县长职务。

高建玺、张桂林，1989 年 11 月 24 日，县九届人大常委会第二十四次会议决定任命其为行唐县人民政府副县长。

张发旺，1989 年 12 月 26 日，县九届人大常委会第二十七次会议决定免去其行唐县人民政府副县长职务。

王三堂，1989 年 12 月 26 日，县九届人大常委会第二十七次会议决定任命其为行唐县人民政府副县长。

刘桂英（女），1990 年 3 月 22 日，县九届人大常委会三十次会议决定任命其为行唐县人民政府副县长。

县人民法院

院　长：

习东海　　1987 年 4 月县九届人大一次会议当选

届中调整情况：

习东海，1989 年 11 月 10 日，在县九届人大常委会第二十三次会议上辞去县人民法院院长职务。

朱惠保，1989 年 11 月 10 日，县九届人大常委会第二十三次会议任命其为县人民法院副院长，决定其为代理院长。

县人民检察院

检察长：

刘来福　　1987 年 4 月县九届人大一次会议当选

链接 1：县九届人大常委会主任简历

康一，男，1931 年出生，汉族，中共党员，行唐县南桥镇北桥村人。历任正定一区集委会干部，城关税务所干部；石家庄专署税务局收发员；获鹿县税务局干部，县委会干事，获鹿县委、井陉县委、桥西区委办公室副主任；获鹿县申后公社副主任、农村工作队副队长；石家庄地委组织部干事；新乐县委、县革命委员会办公室主任、常务副主任，县委常委、县革命委员会副主任；深泽县委常委、县人民政府副县长，县委常委、常务副县长；行唐县人民政府调研员；行唐县第九届人大常委会主任、党组书记。

第三节　会议组织

一、县九届人大一次会议

（一）大会临时党委

书　记：张　荣

副书记：许昆峥　王玉楼　阎昌海　康　一

委　员：周清祥　李彦同　杨建民　皮忠录

（二）大会主席团和秘书长

主席团：

马志厚	王文庆	王文朝	王玉楼
皮忠录	许昆峥	刘玉民	刘荣秀（女）
刘慈江	张永强	张　荣	张树德

杨安县	杨秀菊（女）	杨建民	李英贤
李彦同	周清祥	赵玉宽	赵翠琴（女）
阎昌海	康　一	崔进德	曹素敏（女）
韩国书			

秘书长：杨建民（兼）

（三）大会主席团常务主席

张　荣	许昆峥	王玉楼	阎昌海
周清祥	康　一	杨建民	皮忠录
张永强	马志厚	李彦同	

二、县九届人大二次会议

（一）大会临时党委

书　记：刘茂谦

副书记：许昆峥　王玉楼　康　一

委　员：阎昌海　李彦同　周清祥　杨建民　皮忠录　杨安县

（二）大会主席团和秘书长

主席团：

马志厚	王文朝	王玉楼	皮忠录
刘茂谦	刘玉民	刘荣秀（女）	张永强
张树德	杨安县	杨秀菊（女）	杨建民
李英贤	李彦同	赵玉宽	赵翠琴（女）
阎昌海	康　一	崔进德	曹素敏（女）
韩国书			

秘书长：杨建民（兼）

（三）大会主席团常务主席

刘茂谦	王玉楼	阎昌海	李彦同
康　一	杨建民	皮忠录	张永强
杨安县			

三、县九届人大三次会议

（一）大会临时党委

书　记：刘茂谦

副书记：许昆峥　王玉楼　康　一

委　员：张发旺　柳云增　杨建民　皮忠录　杨安县

（二）大会主席团和秘书长

主席团：

马志厚	王文朝	王玉楼	皮忠录
刘玉民	刘茂谦	刘荣秀（女）	张永强
张树德	杨安县	杨秀菊（女）	杨建民
李英贤	赵玉宽	赵翠琴（女）	柳云增
康　一	崔进德	曹素敏（女）	韩国书

秘书长：杨建民（兼）

（三）大会主席团常务主席

刘茂谦	王玉楼	康　一	柳云增
杨建民	皮忠录	杨安县	张永强

四、县九届人大四次会议

（一）大会临时党委

书　记：刘茂谦

副书记：王玉楼　康　一

委　员：张发旺　柳云增　杨建民　皮忠录　杨安县

（二）大会主席团和秘书长

主席团：

马志厚	王文朝	王玉楼	皮忠录
刘玉民	刘茂谦	刘荣秀（女）	张永强
张树德	杨安县	杨秀菊（女）	杨建民
李英宪	赵玉宽	赵翠琴（女）	柳云增
康　一	崔进德	曹素敏（女）	韩国书

秘书长：杨建民（兼）

（三）大会主席团常务主席

刘茂谦	王玉楼	康　一	柳云增
杨建民	皮忠录	杨安县	张永强

五、县九届人大五次会议

（一）大会临时党委

书　记：刘茂谦

副书记：王玉楼　康　一

委　员：张发旺　柳云增　杨建民　皮忠录　杨安县

（二）大会主席团和秘书长

主席团：

马志厚	王文朝	皮忠录	刘玉民
刘茂谦	刘荣秀（女）	张永强	张树德
杨安县	杨秀菊（女）	杨建民	李英宪
赵玉宽	赵翠琴（女）	柳云增	康　一
崔进德	曹素敏（女）	韩国书	

秘书长：杨建民（兼）

（三）大会主席团常务主席

刘茂谦	康　一	柳云增	杨建民
皮忠录	杨安县		

第四章　人民代表大会常务委员会

县九届人大常委会深入贯彻落实省、地人大会议精神，坚持以经济建设为中心，大力加强社会主义民主和法制建设，任期内就听取县人民政府工作报告、人事任免、乡镇换届选举、清理整顿文化市场、食品卫生、改善办学条件等事项组织召开常委会会议30次、主任会议71次，依法行使《宪法》和法律赋予的各项职权，推动全县改革和经济社会事业发展。

县九届人大常委会注重加强机关自身建设，干部职工的政治素养、业务能力不断提高，宣传和信访工作也卓有成效。

表5-4　行唐县第九届人大常委会主任、副主任概况表

职　务	姓　名	任职时间
主　任	康　一	1987年4月—1990年4月
副主任	杨建民	1987年4月—1990年4月
	皮忠录	1987年4月—1990年4月
	张永强	1987年4月—1990年4月
	杨安县	1987年4月—1990年4月
	崔进德	1987年4月—1990年4月

第一节　常委会会议

县九届人大常委会共召开常委会会议30次。

第一次会议　1987年4月29日召开，县人大常委会主任康一，副主任杨建民、皮忠录、张永强、杨安县和8名委员出席会议。县人大常委会顾问习权位和县八届人大常委会主任刘锡林，副主任梁生印、刘清海，县人民政府县长许昆峥列席会议。会议学习《地方组织法》。会议讨论《县人大常委会1987年工作要点》。会议审议通过县九届人大常委会代表资格审查委员会组成人员名单。会议通过人事任免事项（名单见本篇第七章《选举任免》）。

链接2：县九届人大常委会代表资格审查委员会组成人员

主任委员：杨建民

副主任委员：杨安县

委　　　员：马志厚　赵玉宽　赵翠琴（女）

第二次会议　1987 年 6 月 4 日召开，县人大常委会主任康一，副主任杨建民、皮忠录、张永强、杨安县和 7 名委员出席会议。县人大党组顾问刁权位，县人民政府相关负责人，县人民检察院检察长刘来福列席会议。会议听取和审议县人民政府《关于对〈土地管理法〉〈河北省土地管理条例〉宣传贯彻实施情况的报告》《关于贯彻实施〈经济合同法〉情况的报告》《关于贯彻执行〈食品卫生法（试行）〉情况的报告》。会议审议通过《行唐县人大常委会关于联系县人大代表的试行办法》。会议通过人事任免事项（名单见本篇第七章《选举任免》）。

第三次会议　1987 年 7 月 23 日至 24 日召开，县人大常委会主任康一，副主任杨建民、皮忠录、张永强、杨安县和 7 名委员出席会议。人大党组顾问刁权位，县人民政府副县长杜永新，县人民检察院检察长刘来福列席会议。会议听取和审议县人民政府《关于 1987 年上半年财政预算执行情况的报告》《关于"双增双节"情况的报告》《关于农业生产情况的报告》《关于执行县人大〈关于尊师重教的决议〉和贯彻实施〈义务教育法〉情况的报告》。会议通过人事任免事项（名单见本篇第七章《选举任免》）。

第四次会议　1987 年 9 月 18 日召开，县人大常委会主任康一，副主任杨建民、皮忠录和 8 名委员出席会议。县人民政府相关负责人列席会议。会议听取和审议县人民政府《关于加强市场管理、打击投机倒把、取缔无证商贩情况的报告》《关于强化物价管理制止乱涨价情况的报告》《关于贯彻实施〈中华人民共和国计量法〉情况的报告》《关于生产资料的供应和农副产品收购准备情况的报告》和《关于商业改革情况的报告》。

第五次会议　1987 年 11 月 17 日至 18 日召开，县人大常委会主任康一，副主任杨建民、皮忠录、杨安县和 9 名委员出席会议。县人民政府县长许昆峥，县人民法院院长刁东海，县人民检察院检察长刘来福列席会议。会议学习党的十三大文件。会议听取和审议县人民政府《关于乡镇企业发展情况的报告》《关于〈中华人民共和国治安管理处罚条例〉贯彻执行情况的报告》。会议通过人事任免事项（名单见本篇第七章《选举任免》）。

第六次会议　1988 年 1 月 8 日召开，县人大常委会主任康一，副主任杨建民、皮忠录、张永强、杨安县和 9 名委员出席会议。会议学习《全国人大常委会议事规则》《中华人民共和国村民委员会组织法（试行）》。会议听取县人大常委会副主任杨建民作的《关于对任命的干部进行考察情况的汇报》、县人大常委会办公室主任崔进德作的《关于召开九届人代会二次会议的意见》。会议决定县九届人大二次会议于 1988 年 3 月 6 日至 8 日召开，并通过会议议程、日程等事宜。会议审议通过《行唐县人大常委会 1988 年工作要点》。

第七次会议　1988 年 2 月 2 日召开，县人大常委会主任康一，副主任杨建民、皮忠录、张永强、杨安县和 7 名委员出席会议。县人民政府县长许昆峥，县人民法院院长刁东海列席会议。会议通过《行唐县人大常委会工作报告（稿）》。会议传达地区人大主任会议精神，对县人大常委会在 1988 年如何完善职能、加强法律监督的问题进行讨论研究。会议决定建立行唐县监察局。会议通过补选代表和代表资格的审查报告。会议通过人事任免事项（名单见本篇第七章《选举任免》）。

第八次会议 1988年4月6日召开，县人大常委会主任康一，副主任杨建民、皮忠录、张永强、杨安县和8名委员出席会议。县人民政府相关负责人列席会议。会议听取和审议县司法局副局长刘忠江作的《关于1987年普法情况和1988年普法安排的报告》、县土地管理局局长李五保作的《关于1987年宣传、贯彻、执行〈土地管理法〉情况及1988年工作安排意见的报告》。会议通过人事任免事项（名单见本篇第七章《选举任免》）。

第九次会议 1988年6月3日召开，县人大常委会主任康一，副主任杨建民、张永强、杨安县和9名委员出席会议。县人民政府相关负责人，县人民法院院长刁东海，县人民检察院检察长刘来福列席会议。会议听取县人民政府相关负责人作的《关于办理九届人代会二次会议代表提案情况的报告》、县城乡建设局局长李志军作的《关于县城建设和管理情况的报告》。会议审议通过《行唐县人大常委会议事办法》，修正《行唐县人大常委会人事任免办法》。会议通过人事任免事项（名单见本篇第七章《选举任免》）。

第十次会议 1988年8月9日召开，县人大常委会主任康一，副主任杨建民、皮忠录、张永强、杨安县和5名委员出席会议。县人民政府副县长杜永新，县人民检察院检察长刘来福列席会议。会议听取和审议县工业局局长张双全作的《关于贯彻执行〈企业法〉及全民工业企业当前经营情况的报告》、县民政局局长刘义珍作的《关于贯彻执行〈村民委员会组织法（试行）〉情况的报告》、县畜牧局副局长刘老虎作的《关于1988年畜牧工作的报告》。会议通过人事任免事项（名单见本篇第七章《选举任免》）。

第十一次会议 1988年9月29日召开，县人大常委会主任康一，副主任杨建民、皮忠录、张永强、杨安县和5名委员出席会议。县人民政府副县长杜永新，县人民法院院长刁东海，县人民检察院检察长刘来福列席会议。会议听取和审议县人民政府副县长杜永新作的《关于丘陵开发情况的报告》《关于对1987年3月4日发布的〈关于认真执行森林法，切实保护林木资源的布告〉审查情况的汇报》、县税务局局长左正国作的《关于1988年上半年税务工作的报告》。会议通过《关于在全县开展执法检查的决定》《实施法律实行部门责任制目录说明》。会议通过人事任免事项（名单见本篇第七章《选举任免》）。

第十二次会议 1988年10月25日召开，县人大常委会主任康一，副主任杨建民、皮忠录、张永强、杨安县和7名委员出席会议。县人民政府相关负责人，县人民法院院长刁东海列席会议。会议听取县物价局局长苑桂花作的《关于物价检查情况的报告》。会议通过人事任免事项（名单见本篇第七章《选举任免》）。

第十三次会议 1988年12月28日召开，县人大常委会主任康一，副主任杨建民、皮忠录、张永强、杨安县和8名委员出席会议。县人民政府副县长杜永新列席会议。会议围绕落实中央治理整顿方针和大力发展农业生产的指示精神，听取县人民政府相关负责人作的《关于"三查"工作的报告》、副县长杜永新作的《关于1988年农业生产情况和当前农田水利基本情况及1989年发展农业的设想》。会议通过人事任免事项（名单见本篇第七章《选举任免》）。

第十四次会议　1989年1月14日召开，县人大常委会主任康一，副主任杨建民、皮忠录、张永强、杨安县和8名委员出席会议。县人民政府县长许昆峥列席会议。会议学习全国人大常委会《关于加强民主法制、维护安定团结、保障改革建设顺利进行的决定》。会议对召开县九届人大三次会议事宜进行初步讨论。会议通过人事任免事项（名单见本篇第七章《选举任免》）。

第十五次会议　1989年3月10日召开，县人大常委会主任康一，副主任杨建民、杨安县和7名委员出席会议。县人民政府副县长马国印列席会议。会议传达省人大会议精神。会议研究讨论《行唐县人大常委会工作报告（稿）》。会议听取县司法局副局长刘忠江作的《关于普及法律常识的报告》。会议审议县人民政府《关于修改部分县城用地规划的议案》。

第十六次会议　1989年4月18日召开，县人大常委会主任康一，副主任杨建民、皮忠录、张永强、杨安县和9名委员出席会议。县人民政府副县长杜永新，县人民法院院长刁东海，县人民检察院检察长刘来福列席会议。会议组织常委会组成人员视察植树造林情况。听取县林业局局长张法新作的《关于植树造林情况的报告》。会议审议县人大常委会《关于九届人大三次会议各项建议（草案）及代表出缺补选情况的说明》。会议通过人事任免事项（名单见本篇第七章《选举任免》）。

第十七次会议　1989年6月26日至28日召开，县人大常委会主任康一，副主任杨建民、皮忠录、杨安县和10名委员出席会议。县人民政府副县长杜永新、马国印，县人民检察院检察长刘来福，县人民法院副院长李白旦列席会议。会议学习党的十三届四中全会公报和邓小平在接见北京戒严部队军以上干部的讲话。会议视察校舍及防汛设施。会议听取和审议县人民检察院检察长刘来福作的《关于打击经济犯罪情况的报告》、县文教局局长赵凤筱作的《关于改善办学条件的工作报告》、县农业局局长徐红军作的《关于1989年上半年农业生产情况的报告》、县水利局局长张亦昌作的《关于宣传贯彻实施〈水法〉的报告》。会议通过人事任免事项（名单见本篇第七章《选举任免》）。

第十八次会议　1989年7月10日召开，县人大常委会主任康一，副主任杨建民、皮忠录、张永强、杨安县和10名委员出席会议。会议传达党的十三届四中全会精神；学习邓小平5月31日、6月16日两次讲话和江泽民在党的四中全会上的讲话等内容。会议决定接受许昆峥辞去行唐县人民政府县长职务的请求。会议决定7月18日至19日召开县九届人大四次会议并通过会议有关事项。

第十九次会议　1989年7月26日召开，县人大常委会主任康一，副主任杨建民、皮忠录、张永强、杨安县和7名委员出席会议。会议研究决定召开县九届人大五次会议；会议通过补选代表和代表资格的审查报告。会议通过人事任免事项（名单见本篇第七章《选举任免》）。

第二十次会议　1989年9月1日至2日召开，县人大常委会主任康一，副主任杨建民、皮忠录、张永强、杨安县、崔进德和8名委员出席会议。县人民政府副县长张发旺，县人民法院院长刁东海，县人民检察院检察长刘来福列席会议。会议听取和审议县财政局局长高凤鸣作的《关于1989年1—7月份财政预算执行情况的报告》、县税务局局长左正国作的《关于税务工作的报告》、县监察局副局长赵上海作的《关于监察工作和廉政建设情况的报告》、县审计局局长马培仁作的《关于审计工作的报告》、县计经委主任张桂林作的《关于1989年上半年国民经济和社会发展计划执行情况的报告》。会议通过人事任免事项（名单见本篇第七章《选举任免》）。

第二十一次会议 1989年9月8日召开，县人大常委会主任康一，副主任杨建民、皮忠录、张永强、杨安县、崔进德和6名委员出席会议。会议学习最高人民法院、最高人民检察院《关于贪污、受贿、投机倒把等犯罪分子必须在限期内自首坦白的公告》，监察部《关于有贪污贿赂行为的国家行政机关工作人员必须在限期内主动交待问题的通告》及省人大常委会《关于彻底制止动乱严厉打击严重刑事犯罪维护社会安定的决议》《关于坚决惩治腐败加强廉政建设的决议》。会议传达地委人大主任会议精神。会议通报全县惩治腐败、查处大案要案的情况及县人民政府办理代表建议情况。会议作出撤职决定1项。

第二十二次会议 1989年10月9日召开，县人大常委会主任康一，副主任杨建民、皮忠录、杨安县、崔进德和5名委员出席会议。县委副书记甄斌毅，县人民政府副县长马国印，县人民法院院长刁东海，县人民检察院检察长刘来福列席会议。会议学习江泽民在庆祝中华人民共和国成立40周年大会上的讲话。会议传达河北省部分市县执法责任制座谈会精神。会议通过人事任免事项（名单见本篇第七章《选举任免》）。

第二十三次会议 1989年11月10日召开，县人大常委会主任康一，副主任杨建民、皮忠录、张永强、崔进德和8名委员出席会议。县人民政府副县长张发旺、康顺京列席会议。会议学习党的十三届五中全会公报。会议审议县工业局《关于当前工业生产情况的报告》、县二轻工业公司《关于当前改革及生产情况的报告》、县乡镇企业局《关于乡镇企业发展情况的报告》。会议审议通过《行唐县人民政府关于部分调整1989年财政预算的报告》。会议通过《关于接受刁东海辞去行唐县人民法院院长职务请求的决定》。会议通过人事任免事项（名单见本篇第七章《选举任免》）。

第二十四次会议 1989年11月24日召开，县人大常委会主任康一，副主任杨建民、皮忠录、张永强、杨安县、崔进德和8名委员出席会议。县人民政府副县长张发旺列席会议。会议学习讨论《中共中央关于进一步治理整顿和深化改革的决定》、江泽民和李鹏在中央工作会议上的讲话。会议通过人事任免事项（名单见本篇第七章《选举任免》）。

第二十五次会议 1989年12月1日召开，县人大常委会副主任杨建民、张永强、杨安县、崔进德和5名委员出席会议。会议审议通过县、乡两级人代会换届选举工作意见，任命选举委员会组成人员。会议作出《关于行唐县第十届人民代表大会代表名额和选举时间的决定》。

第二十六次会议 1989年12月14日召开，县人大常委会主任康一，副主任杨建民、张永强、杨安县、崔进德和5名委员出席会议。会议审议各乡镇申报的选举委员会组成人员名单，任命各乡镇选举委员会组成人员。

第二十七次会议　1989年12月26日召开，县人大常委会主任康一，副主任杨建民、皮忠录、杨安县、崔进德和7名委员出席会议。会议听取县公安局副局长王东生作的《关于扫除“六害”情况的工作报告》。会议学习省委三届八次（扩大）会议文件。会议通过人事任免事项（名单见本篇第七章《选举任免》）。

第二十八次会议　1990年2月16日召开，县人大常委会主任康一，副主任杨建民、皮忠录、张永强、崔进德和5名委员出席会议。县人民政府副县长高建玺，县人民法院院长朱惠保，县人民检察院检察长刘来福列席会议。会议学习中共中央〔1990〕1号、2号文件。会议通过人事任免事项（名单见本篇第七章《选举任免》）。

第二十九次会议　1990年2月28日召开，县人大常委会主任康一，副主任杨建民、皮忠录、张永强、杨安县、崔进德和5名委员出席会议。会议通过人事任免事项（名单见本篇第七章《选举任免》）。

第三十次会议　1990年3月22日召开，县人大常委会主任康一，副主任杨建民、皮忠录、张永强、杨安县、崔进德和7名委员出席会议。县人民政府副县长王三堂列席会议。会议通过代表资格审查委员会主任杨建民作的《关于县十届人大代表资格审查情况的报告》。会议听取县人大常委会副主任崔进德作的《关于召开行唐县第十届人民代表大会第一次会议的说明》，作出《关于召开十届人大一次会议的决定》，通过会议时间、地点、议程和主席团、秘书长建议名单（草稿）等事宜。会议原则通过了《行唐县人大常委会工作报告（稿）》。会议通过人事任免事项（名单见本篇第七章《选举任免》）。

第二节　主任会议

县九届人大常委会共召开主任会议71次，由县人大常委会主任康一主持召开，县人大常委会各位副主任出席会议，各科室负责人列席会议，县人民政府及相关部门负责人根据会议要求列席会议。

表5-5　行唐县第九届人大常委会主任会议情况一览表

序　号	时　间	议　题
1	1987年4月28日	研究九届一次常委会议题
2	1987年5月7日	研究各主任工作分工；研究如何加强与代表联系；研究如何开好常委会；研究如何发挥代表作用；加强调查研究
3	1987年5月15日	研究县、乡两级人代会换届工作总结；研究通过代表联络方法；研究人大常委会第二次会议议题
4	1987年5月27日	研究对人大任命的干部考察问题

续表5-5

序号	时间	议题
5	1987年6月6日	学习传达地区选举总结会议精神
6	1987年6月23日	汇总研究干部考察座谈情况；研究第三次常委会议题；研究联系代表座谈会
7	1987年6月30日	研究人大党组关于对所任命干部谈话情况的汇报材料；研究关于代表活动的材料；研究通过各乡镇代表小组正、副组长；研究察看防汛工作
8	1987年7月6日	研究乡镇代表联络组事宜
9	1987年7月11日	研究通过向县委请示建立乡镇人民代表联络组和配备联络组组长的建议；研究通过《代表联络组试行办法》；研究参加地区普法经验交流会的材料；通报前段时间与代表座谈情况
10	1987年7月30日	讨论反对官僚作风；杨安县汇报7月28日只里乡普法对话会情况
11	1987年8月13日	收看省反对官僚主义广播电视大会（8月12日下午）后的学习讨论
12	1987年8月21日	研究下一次常委会议题
13	1987年8月25日	研究行政机关中一般人员职务评定问题；研究视察独羊岗、齐村乡镇企业和综合服务工作的准备工作；研究继续做好代表走访工作
14	1987年8月31日	研究乡镇人大代表联络组配备程序问题；研究9月16日至17日代表视察工作；关于走访代表工作安排
15	1987年9月14日	研究安排视察物价、计量、市场管理工作；研究第四次常委会筹备工作
16	1987年10月8日	康一通报参加地区人大工作经验座谈情况；回顾县人大1987年工作经验及存在的问题；研究考察干部工作；研究第五次常委会议题
17	1987年10月29日	研究乡镇人大联络组配备和走访代表工作
18	1987年11月14日	研究召开第五次常委会有关事宜；关于考察干部的安排；研究人大科室工作任务暂行规定；研究培训联络组长工作
19	1987年11月20日	研究县体育场选址问题
20	1987年12月18日	研究汇报考察干部工作；研究起草1987年工作总结及1988年工作安排；研究筹备县九届二次人代会工作；研究第六次常委会召开时间及议题

续表5-5

序　号	时　间	议　题
21	1987 年 12 月 24 日	研究向县委常委会汇报考察人大任命干部情况
22	1987 年 12 月 28 日	研究向县委书面汇报考察干部工作有关内容；研究召开县九届二次人代会事宜；研究县人大常委会 1988 年工作要点（草案）
23	1988 年 1 月 4 日	研究县九届二次人代会各项准备工作；研究干部政绩文字报告和政绩通报内容
24	1988 年 1 月 12 日	安排近期下乡与代表座谈的工作；研究九届二次人代会议程
25	1988 年 1 月 21 日	研究县九届二次人代会日程与九届七次常委会事项
26	1988 年 2 月 1 日	传达学习地区各县人大主任会议精神；研究安排县人大近期几项工作；传达县局以上干部会精神
27	1988 年 2 月 8 日	研究春节慰问离退休同志；研究各主任值班；研究县九届二次人代会的准备工作
28	1988 年 2 月 24 日	研究县代表变动补选
29	1988 年 3 月 22 日	研究如何加强法律监督问题
30	1988 年 3 月 31 日	学习县委召开的“加强纪律，齐心协力抓经济”的会议精神；研究人大法律监督工作；安排调研工作
31	1988 年 5 月 9 日	研究人大常委会第九次会议召开时间、议题；研究县人大常委会监督意见（草案）；安排当前工作
32	1988 年 5 月 25 日	传达县委、地委会议精神；研究地区人大经验交流会汇报材料内容；研究乡联络组长的走访情况
33	1988 年 6 月 24 日	研究近期工作开展情况
34	1988 年 7 月 7 日	听取县水利局关于贯彻宣传《水法》情况；听取县卫生局关于《食品卫生法》落实情况的汇报
35	1988 年 7 月 14 日	传达地区人大工作经验交流会议精神；总结人大机关上半年工作
36	1988 年 8 月 22 日	研究部署考察干部、执法检查等工作
37	1988 年 9 月 20 日	研究地区人大联组关于各县人大年终评比问题；研究执法检查工作；研究第十一次人大常委会议题
38	1988 年 12 月 5 日	研究开展执法检查工作；研究关于参加地区联络组汇报事宜；研究人大常委会第十三次会议议题；研究考察人大任命的干部工作；研究起草 1988 年工作总结及 1989 年安排材料

续表5-5

序　号	时　间	议　题
39	1989 年 1 月 3 日	传达地区人大联络组召开的人大工作研讨会议精神；总结 1988 年工作，研究 1989 年工作
40	1989 年 1 月 20 日	传达省人大工作会议精神；讨论修改 1989 年工作要点；讨论关于加强人大工作的决议；研究人大机构建设
41	1989 年 2 月 22 日	研究县九届三次人代代会的准备事项；研究讨论关于向省、地人大报告贯彻省、地人大工作会议精神的报告；讨论县人大代表出缺补选
42	1989 年 3 月 6 日	研究县九届三次人代会召开时间；研究第十五次人大常委会召开时间及议题；布置当前几项工作
43	1989 年 3 月 20 日	研究人大机关编制和机构设置
44	1989 年 4 月 6 日	研究征求收集各乡镇人大联组对县九届三次人代会各项报告的意见工作
45	1989 年 4 月 10 日	传达学习全国人大代会精神和省政法研讨会精神
46	1989 年 4 月 20 日	研究筹备县九届三次人代会
47	1989 年 5 月 8 日	学习曲维镇有关学习、廉洁、集体领导的讲话；研究召开第十七次常委会事宜
48	1989 年 5 月 18 日	传达学习县委紧急会议精神和地区人大信访工作会精神；讨论《行唐县人大信访办法（草案）》；研究下次常委会议题
49	1989 年 5 月 25 日	听取县联社关于对 1989 年粮棉油“三挂钩”物资兑现情况的汇报
50	1989 年 6 月 1 日	听取县人民政府关于贯彻《食品卫生法》情况的汇报；研究安排人大近期工作
51	1989 年 6 月 19 日	研究委员视察及召开第十七次常委会事宜
52	1989 年 6 月 30 日	学习十三届四中全会文件，研究落实文件精神
53	1989 年 7 月 4 日	传达地委关于学习邓小平讲话的通知；研究下半年工作
54	1989 年 7 月 8 日	研究筹备召开县九届人大第四次会议事宜
55	1989 年 7 月 25 日	研究筹备召开县九届人大第五次会议事宜
56	1989 年 8 月 8 日	研究召开第二十次常委会事项；研究贯彻党十三届四中全会精神；讨论监督廉政建设工作
57	1989 年 8 月 18 日	听取县人民政府关于清理整顿文化市场情况的汇报

续表5-5

序　号	时　间	议　题
58	1989 年 8 月 30 日	研究第二十次常委会召开时间、议题；各科室汇报近期调查研究情况
59	1989 年 9 月 8 日	研究召开第二十次常委会事宜；传达学习地区人大座谈会精神；研究下一步工作
60	1989 年 9 月 22 日	通报县五大班子成员学习中央 7 号、9 号文件及邢崇智 9 月 14 日、15 日两次讲话精神；通过县人大工作机构职能暂行规定；研究执法检查法案；讨论机关廉政制度
61	1989 年 9 月 30 日	研究如何搞好全县执法责任制；研究第二十一次常委会议题
62	1989 年 10 月 18 日	研究执法责任制会议上的讲话材料
63	1989 年 11 月 14 日	讨论向县委提交的关于执法“双评”的报告内容
64	1989 年 11 月 20 日	学习地委换届选举会议精神及行唐县落实意见
65	1989 年 11 月 22 日	研究换届选举工作意见
66	1989 年 12 月 2 日	研究县、乡人大换届工作
67	1989 年 12 月	研究执法检查情况的总结
68	1990 年 1 月 8 日	研究 1989 年年度评比工作；研究春节慰问老干部事宜；研究 1989 年工作总结及 1990 年工作计划
69	1990 年 2 月 5 日	研究县人大常委会换届组成人员方案；研究乡镇人大联组长中的县人大代表人选；研究执法“双评”工作；研究换届选举工作；研究县人大 1990 年工作要点
70	1990 年 3 月 13 日	研究召开县十届一次人代会筹备工作
71	1990 年 3 月 21 日	研究县九届人大常委会第三十次会议召开时间及议题

第三节　机构设置

截至 1987 年 4 月，县九届人大常委会仍设办公室、政治法律科、财政经济科、教育科学文化卫生科。1989 年 6 月 20 日，根据《行唐县编制委员会关于县人大常委会机关增设机构、增加人员编制的批复》（行编字〔1989〕2 号），县人大常委会机关增设代表联系工作科，形成“一室四科”，县人大常委会机关行政编制由 16 人增加到 30 人。县九届人大常委会进一步明确科室职责，充实了常委会组成人员和科室人员，机关工作制度更加完善，较好地发挥了科室的职能作用。

表 5-6　行唐县第九届人大常委会机构人员概况表

机构名称	职　务	姓　名	任职时间	说　明
办公室	主　任	崔进德	1987 年 4 月—1990 年 2 月	—
		耿平均	1990 年 2 月—1990 年 4 月	—
	副主任	赵玉宽	1987 年 4 月—1988 年 10 月	—
		贾四喜	1989 年 10 月—1990 年 4 月	—
政治法律科	科　长	—	1987 年 4 月—1990 年 4 月	缺　职
	副科长	王玉祥	1987 年 11 月—1990 年 4 月	—
财政经济科	科　长	赵玉宽	1988 年 10 月—1990 年 2 月	—
		高会东	1990 年 2 月—1990 年 4 月	—
	副科长	田振法	1990 年 2 月—1990 年 4 月	—
教育科学文化卫生科	科　长	宇文宗	1987 年 11 月—1990 年 2 月	—
		张胜利	1990 年 2 月—1990 年 4 月	—
代表联系工作科	科　长	—	1987 年 4 月—1990 年 4 月	缺　职
	副科长	宇文国珍	1989 年 9 月—1990 年 4 月	—

第四节　机关工作

一、自身建设

（一）制度建设

县九届人大常委会强化常委会会议职能，先后制定和修改了常委会议事办法、联系代表试行办法、科室职能暂行规定、人事任免办法、人大联组工作试行办法、办理代表建议意见、办理常委会议题办法和执法检查决定等 8 项制度。这些制度的建立，使人大工作有章可循，向制度化、规范化迈进。县九届人大常委会结合县委、县政府年度中心工作，于每年年初确定全年工作要点，坚持用各项工作制度推进各项工作目标，提高了办事效率和水平。县九届人大常委会领导坚持每年下基层，结合全县中心工作、群众关心的热点和涉及法律的问题进行调查、视察、走访、座谈，机关工作人员精心指导乡镇人大联组开展工作，为正确行使人大职权打下了基础。

（二）思想建设

县九届人大常委会注重加强政治思想工作，组织学习邓小平视察南方谈话及江泽民国庆 40 周年讲话，进行反思，凝聚共识，增强了全体党员的党性观念，能够时刻保持正确的政治方向。坚持每周五集中学习法律，做到了“法学理论系统学，常用法律经常学，新颁法律及时学，结合例会重点学。”根据工作分工，各科室积极加强同有关部门的业务往来，将所学法律运用到实际工作中，既增强了法律意识和民主意识，又大大提高了依法履职的工作主动性。

（三）作风建设

县九届人大常委会立足于转变机关工作作风，围绕涉及全县重要决策和中心工作的重要问题、影响较大久拖未决的难点问题和群众要求迫切、反映强烈的热点问题，在机关大兴办实事之风。一是制定领导办实事目标责任制，县人大常委会主任、副主任和常委按照分工和本职工作特点，分别制定全年和分季度办实事计划，交县人大常委会讨论修订，公布于众，定期汇报落实情况。二是实行办实事公开通报制度，县人大常委会科级以上领导干部，每季向县委和县人大常委会党组汇报个人办实事的时间、内容和效果，利用文件形式公开通报，表扬好的、批评差的。四是开展办实事评议活动。“下评上”即请一般干部对领导干部办实事情况进行评价，“上评下”即由县人大常委对下属工作人员办实事情况逐人考察评议，“同级互评”即领导干部和一般干部分别以召开民主生活会的方式相互提意见、谈认识。通过采取以上强化激励措施，在县人大形成了上下争办实事的良好风气，工作效率大大提高，独立和协助“一府两院”处理、解决了县城水厂建设、消灭学校危房、执法检查等大量棘手问题，有效缓解了干群矛盾，赢得了广大干部群众的信任和支持。

二、宣传工作

县九届人大常委会高度重视人大宣传工作。1989 年编印《人大工作简报》13 期，并上报省、市人大及县委，下发县人民政府及有关部门，为领导决策提供参考。

县九届人大常委会把法律宣传当作分内之事。在监督、推动普法工作的同时，经常帮助普法部门一同宣传法律法规。1987 年 6 月至 9 月，协同“一府两院”、普法办、政法委、宣传部、公安局、土管局等部门在只里乡、城关镇分别召开了近 400 人参加的法律常识问答会，以案释法，举一反三，由执法部门主要领导深入浅出、通俗易懂地现场解答了广大群众涉及《宪法》《中华人民共和国刑法》《中华人民共和国继承法》等十几个法律法规的 85 个问题，群众对这种普法形式很满意，普遍反映听得懂、记得牢。事后县人大常委会又将问答内容整理成册，印发到县直和乡村，作为普法教材。行唐人大这种问答普法的做法，被《中国法制报》、省人大《工作通讯》等 5 家报刊报道推广。

三、信访工作

随着民主和法制的加强、建设和改革的深入，人民群众向人大机关的来信、来访日益增多。县人大常委会加强《宪法》《地方组织法》的学习，联系实际，对人大的地位、职权同信访的关系、人大同群众的关系、信访工作同人大监督等工作的关系展开讨论，检查思想，提高认识。建立信访制度，把信访工作列入主任会议和常委会的议事日程。主任会议每季度研究一次，每年向常委会全面汇报讨论一次，明确一名县人大常委会副主任、办公室主任和一名干事负责。信访工作实行统一接待，主任负责，分科办理，并列入责任目标。每年召开一次座谈会，征求意见，汇报信访办理情况，接受代表监督。具体程序是：一般案件由县人大常委会办公室提出意见，主管副主任签字转有关部门办理；需要报结果的案件，报主任审查决定或由主任会议研究；人大直接查处的案件，由主任会议或常委会议决定；建立主任接待日，每月接待一次来访群众。任期内以县人大代表的来信来访、违反法律法规的信访案件、经济建设中的大是大非问题、对国家机关工作人员违法案件的控告为重点，切实加强信访工作。强化与“一府两院”之间的协调，指导上访群众按照各自工作范围找主管部门解决问题，让群众和县人大常委会以《宪法》和法律赋予的职权为依据，做到既不失职又不越权，促进信访工作制度化。

在信访办理工作中，注意区别情况，抓住重点，采取息诉、转办、催办和直接办理四种方法。1988 年至 1989 年，共收到群众来信 48 件，接待上访群众 42 人。其中，事实清楚的 24 件，做好解释疏导；对一般性的问题，转“一府两院”有关部门办理 50 件；对 11 件较大案件转办，催要结果；对 5 起重大案件直接办理，从而使信访案件件件有着落，使写信上访的人都能得到回答，密切了县人大同人民群众的关系，促进了人大工作的开展，有效监督和推动了“一府两院”工作的不断深入。

第五章　监 督 工 作

县九届人大及其常委会在县委领导下，围绕“一个中心，两个基本点”（以经济建设为中心，坚持四项基本原则、坚持改革开放），以改革的精神完善职能，牢固树立为经济建设服务的指导思想，对全县植树造林、执法检查、物价检查等关系国计民生的重要事项切实加强工作监督，任期内听取和审议“一府两院”工作报告和财政预算执行情况报告45项。

为切实做到有法必依，真正用法律来保护国家、集体和个人利益，规范和约束各行各业各阶层人们的行为，保持政治、经济和社会的稳定，县九届人大常委会把加强法律监督、保障法律实施作为经常性工作来抓，结合党的中心工作、群众关心的热点问题进行调查、视察、走访座谈，有针对性地加强对政府和有关部门法律法规实施情况的监督和检查。从1988年开始，县人大常委会连续两年除了对治理整顿、惩治腐败、“扫黄”、计划生育等法律法规进行经常性检查外，每年还集中进行执法大检查。通过经常性检查和执法大检查使问题得到及时发现，错案能够得到纠正。1989年10月27日，县人大常委会召开推行执法责任制会议，县委书记刘茂谦在讲话中强调，推行执法责任制、开展执法检查是强化人大监督工作，推动和保证法律法规正确实施的重要举措，各级人大干部要增强法制观念，强化法律意识和民主意识，提高业务素质，认真履行法律监督职能，为全县经济建设和社会发展创造良好的政治环境。

第一节　听取和审议专项工作报告与计划预算报告

县九届人大常委会会议听取和审议“一府两院”专项工作报告43项、财政预算执行情况报告4项。

表5-7　行唐县第九届人大常委会会议听取和审议专项工作报告与计划预算报告情况表

时　间	常委会会议	报告内容
1987年6月7日	第二次	县人民政府关于宣传贯彻实施《土地管理法》《河北省土地管理条例》情况的报告、关于贯彻实施《经济合同法》情况的报告、关于贯彻执行《食品卫生法》情况的报告

续表5-7

时　间	常委会会议	报告内容
1987 年 7 月 23—24 日	第三次	县人民政府关于 1987 年上半年财政预算执行情况的报告、关于“双增双节”情况的报告、关于农业生产情况的报告、关于执行县人大《关于尊师重教的决议》和贯彻实施《义务教育法》情况的报告
1987 年 9 月 18 日	第四次	县人民政府关于加强市场管理、打击投机倒把、取缔无证商贩情况的报告、关于强化物价管理制止乱涨价情况的报告、关于贯彻实施《中华人民共和国计量法》情况的报告、关于生产资料的供应和农副产品收购准备情况的报告、关于商业改革情况的报告
1987 年 11 月 17—18 日	第五次	县人民政府关于乡镇企业发展情况的报告、关于《治安管理处罚条例》贯彻执行情况的报告
1988 年 4 月 6 日	第八次	县人民政府关于 1987 年普法情况和 1988 年普法安排的报告；县人民政府关于 1987 年宣传、贯彻、执行《土地管理法》情况及 1988 年工作安排意见的报告
1988 年 6 月 3 日	第九次	县人民政府关于县城建设和管理情况的报告、关于办理九届人代会二次会议代表提案情况的报告
1988 年 8 月 9 日	第十次	县人民政府关于贯彻执行《企业法》及全民工业企业当前经营情况的报告、关于贯彻实施《村民委员会组织法（试行）》情况的报告、关于 1988 年畜牧工作的报告
1988 年 9 月 29 日	第十一次	县人民政府关于 1988 年上半年税收工作的报告、关于丘陵开发情况的报告、关于对 1987 年 3 月 4 日发布的《关于认真执行〈森林法〉，切实保护林木资源的布告》审查情况的汇报
1988 年 10 月 25 日	第十二次	县物价局关于物价检查情况的报告
1988 年 12 月 28 日	第十三次	县人民政府关于“三查”工作的报告、关于 1988 年农业生产情况和当前农田水利基本情况及 1989 年发展农业的设想
1989 年 3 月 10 日	第十五次	县司法局普法工作汇报；县人民政府关于修改部分县城用地规划的议案
1989 年 4 月 18 日	第十六次	县人民政府关于植树造林情况的报告
1989 年 6 月 26—28 日	第十七次	县人民检察院关于打击经济犯罪情况的报告；县文教局关于改善办学条件的工作报告；县农业局关于 1989 年农业生产情况的报告；县水利局关于宣传、贯彻、实施《水法》的汇报

续表5-7

时　间	常委会会议	报告内容
1989年9月1—2日	第二十次	县人民政府关于1989年1—7月份财政预算执行情况的报告、关于税务工作的报告、关于监察工作和廉政建设情况的报告、关于审计工作的报告、关于1989年上半年国民经济和社会发展计划执行情况的报告
1989年11月10日	第二十三次	县工业局关于当前工业生产情况的报告；县二轻工业公司关于当前改革及生产情况的报告；县乡镇企业局关于乡镇企业发展情况的报告；县人民政府关于部分调整1989年财政预算的报告
1989年12月26日	第二十七次	县公安局关于扫除"六害"情况的工作报告

第二节　法律法规实施情况的检查

执法是普法的深入。为更好地监督执法，县九届人大常委会推动监督工作经常化、制度化。任期内较大型法律法规监督活动有：

1987年3月4日，县人民政府发布《关于认真执行〈森林法〉，切实保护林木资源的布告》（以下简称《布告》）。1988年9月，县人大常委会审查发现《布告》有5条9处与《森林法》《中华人民共和国森林法实施细则》《中华人民共和国民法通则》《治安管理处罚条例》等法律、法规的有关条文相抵触。经县人大常委会主任会议研究，责成县人民政府撤销。县人民政府撤销《布告》，并于1988年9月29日县九届人大常委会第十一次会议上作《关于对1987年3月4日发布的〈关于认真执行森林法，切实保护林木资源的布告〉审查情况的汇报》，向县人大常委会作出了说明。

1988年9月下旬到12月底，按照河北省第七届人大常委会第三次会议所作的《关于在全省开展执法检查的决定》要求，县人大常委会在县委的领导和支持下，对全"一府两院"及其所属部门从1986年开展普法工作以来贯彻实施《宪法》及其他法律、法规的情况进行检查，检查采取上下结合、内外结合、自查互查与重点抽查相结合的方式。县人大常委会于1988年9月9日发出通知，各部门开始学习、宣传，做好思想动员和组织准备工作。9月29日，县人大常委会第十一次会议作出《关于在全县开展执法检查的决定》，把执法检查纳入了法定轨道。10月初进行自查自纠，11月进行联查，12月进行重点抽查、总结、再教育，搞好制度建设和处理遗留问题，制定了改进措施。通过这次执法检查，增强了干部职工的法制观念，强化了执法机关的制度建设，解决了一些实际问题，推动了普法工作的持续开展。

1989年，县人大常委会依据1988年《关于在全县开展执法检查的决定》推行执法责任制，将执法检查贯穿全年。上半年，坚持经常性检查。2月28日，对县社、商业局、工业局等7个单位和部分公司1988年的经济合同进行了检查；3月14日至30日，县人大常委会成立检查组，对10个部门5个下属单位治理整顿方面涉及16个法律法规的贯彻执行情况进行检查，检查组根据检查情况撰写了执法检查报告。通过检查，提高了执法人员有法必依、执法必严、违法必究和依法办事的自觉性。下半年，结合贯彻省人大常委会在辛集市召开的部分市、县执法责任制座谈会精神，县人大常委会制定了推行执法责任制的方案和措施，并将该项工作作为第四季度的工作重点。10月，召开县直部门“一把手”参加的检查执法责任制会议，要求“一府两院”各部门结合治理整顿、结合业务特点，认真检查执法责任制实施情况。县人大常委会重申，执法责任制同任期目标责任制有机结合，列为换届后重新任命干部的依据。会后，“一府两院”普遍建立执法检查领导小组，结合工作，突出重点，开展“三查”（自查、互查、抽查）。县人大常委会把“三查”《刑法》《土地法》《企业法》等6个方面的贯彻执行情况作为重点进行抽查、调查，并写出调查报告。其中，在对《刑法》的调查中，先后到县直、乡、村35个单位召开座谈会22场，共收集意见67条。由县人大常委会政治法律科牵头，抽调司法部门18人，抽查公检法案卷16个，发现问题13个，并进行了处理。在执法检查的同时，县组成领导小组，在11个执法部门进行了“双评”，评出先进执法单位15个、模范执法工作者40人，召开授奖大会予以表彰，并推荐4人和3个单位受到地区表彰。这次执法检查，涉及48个单位、205个法律法规，历时两个多月。检查结束后，各单位向县人大常委会提交了书面报告，推动了执法责任制的深入实施。

第三节　视察调查

县九届人大常委会任期内围绕县委中心工作共组织开展视察调查活动18次。主要视察调查活动有：

1987年9月17日，县人大常委会11名委员视察齐村乡的乡镇企业及独羊岗乡的乡镇企业、综合服务工作。通过视察，委员们了解了这两个乡的乡镇企业发展情况，认识到发展乡镇企业是振兴农村经济的必由之路，发展乡镇企业成为农村经济工作的重点和致富的突破口。

1988年11月29日至12月1日，由县人大常委会主任、副主任、委员和人大代表组成视察组，县物价局、工商局、审计局和县社有关人员参加，对连家庄、西玉亭两个供销社的“三挂钩”（粮食合同定购同供应平价化肥、柴油及发放预购定金三挂钩政策）物资进行视察。通过查票证、查账目、与代表座谈，初步查清一些问题，并提出处理意见。12月5日，县人大常委会主任会议听取了视察情况的汇报，肯定“三挂钩”物资供应的成绩，并对存在的问题提出建议。

1989年4月18日，县人大常委会主任、副主任、委员组成视察组视察植树造林情况；4月21日视察全县学校危房修缮情况；6月26日视察校舍和防汛设施情况。三次视察对存在的问题都提出了建议。

第六章　决 议 决 定

县九届人大及其常委会围绕国民经济和社会发展、财政预决算、开展执法检查、听取和审议“一府两院”工作报告等重大事项，依法行使决定权，共作出决议决定22项。其中，县九届人大三次会议针对全县粮食产量徘徊、农业后劲不足等问题作出的《关于加强农业的决定》，对夺取农业丰收、增加农产品产量具有重要意义。

第一节　作出决议决定

一、县九届人大历次会议作出决议决定情况

县九届人大历次会议先后作出决议决定19项。

表5-8　行唐县第九届人民代表大会历次会议决议决定一览表

时　间	会　次	事　项
1987年4月28日	第一次	关于政府工作报告的决议 关于行唐县1987年国民经济和社会发展计划的决议 关于行唐县1986年财政预算执行情况和1987年财政预算的决议 关于行唐县人民代表大会常务委员会工作报告的决议 关于行唐县人民法院工作报告的决议 关于行唐县人民检察院工作报告的决议
1988年3月8日	第二次	关于政府工作报告的决议 关于行唐县1988年国民经济和社会发展计划的决议 关于行唐县1987年财政预算执行情况和1988年财政预算的决议 关于行唐县人民代表大会常务委员会工作报告的决议 关于行唐县人民法院工作报告的决议 关于行唐县人民检察院工作报告的决议

续表5-8

时　间	会　次	事　项
1989 年 4 月 30 日	第三次	关于政府工作报告的决议 关于行唐县 1989 年国民经济和社会发展计划的决议 关于行唐县 1988 年财政决算和 1989 年财政预算的决议 关于行唐县人民代表大会常务委员会工作报告的决议 关于行唐县人民法院工作报告的决议 关于行唐县人民检察院工作报告的决议 关于加强农业的决定

二、县九届人大常委会历次会议作出决议决定情况

县九届人大常委会历次会议先后作出决议决定 3 项（不含人事任免事项）。

表 5-9　行唐县第九届人大常委会历次会议决议决定一览表

时　间	常委会会议	事　项
1988 年 9 月 29 日	第十一次	关于在全县开展执法检查的决定
1989 年 12 月 1 日	第二十五次	关于行唐县第十届人民代表大会代表名额和选举时间的决定
1990 年 3 月 22 日	第三十次	关于召开十届人大一次会议的决定

第二节　决议决定选介

关于在全县开展执法检查的决定

《关于在全县开展执法检查的决定》（以下简称《决定》），于 1988 年 9 月 29 日行唐县第九届人民代表大会常务委员会第十一次会议通过。

为认真贯彻执行河北省第七届人大常委会第三次会议所作的《关于在全省开展执法检查的决定》，加强社会主义民主与法制建设，保障经济建设和改革开放的顺利进行，行唐县第九届人民代表大会常务委员会第十一次会议作出《决定》。

《决定》从执法检查的方式、检查内容、检查主要对象、执法检查时间、注意检查实效等方面作出具体规定。《决定》对执法检查顺利开展具有重要意义。

关于加强农业的决定

《关于加强农业的决定》（以下简称《决定》），于 1989 年 4 月 30 日行唐县第九届人民

代表大会第三次会议通过。

党的十一届三中全会以来，全县广大干部群众认真贯彻执行党的农村经济政策，在不断巩固和完善以家庭联产承包责任制为主体的双层经营体制的基础上，逐步调整农村产业结构，农村各生产要素组合逐步趋向优化，农村经济正向商品化、社会化、专业化的道路迈进。但是，近两年，由于对农业基础地位认识淡化，生产资料涨价过猛，种粮、种棉比较效益下降，使农民的生产积极性受到影响，出现了粮食生产徘徊、棉花产量滑坡、农业后劲不足等问题，影响到农产品的有效供给及市场物价稳定。为迅速扭转这种局面，强化农业基础，夺取农业丰收，增加农产品有效供给，行唐县第九届人民代表大会第三次会议作出《决定》。

《决定》从提高对农业重要性的认识、深化农村改革、增加资金投入、充分发挥科学技术在农业发展中的作用、加强农产品基地建设、加强农业基本建设和加强对农业的领导等七个方面作出具体规定。《决定》对保障全县农业的发展具有重要意义。

第七章 选举任免

1988 年 6 月 3 日，县九届人大常委会第九次会议修正《行唐县人民代表大会常务委员会人事任免办法》。依照党管干部与人大常委会依法任免干部相统一的原则，县九届人大常委会任期内共任免县级国家机关工作人员 132 人次、接受辞职 2 名，对 31 个单位的 84 名干部进行了政绩考察。

在县委领导下，县九届人大常委会任期内共完成 1 次换届选举任务。1989 年 12 月 1 日，县九届人大常委会第二十五次会议依法任命了县选举委员会组成人员，加强对县、乡镇换届选举工作的监督指导。经过准备部署、宣传发动、选民登记、提名和协商确定候选人、投票选举等阶段，至 1990 年 4 月 7 日，选出县十届人大代表 255 名。

第一节 常委会选举任免情况

1987 年 4 月 29 日，县九届人大常委会第一次会议通过了县人民政府相关人事任免事项。

决定任命：

张发旺为行唐县人民政府办公室主任

杨三宝为行唐县劳动人事局局长

张桂林为行唐县计划经济委员会主任

张双全为行唐县工业局局长

尤永合为行唐县交通局局长

赵凤筱为行唐县城乡建设环境保护局局长

冯树林为行唐县乡镇企业管理局局长

韩根昌为行唐县标准计量管理局局长

张晨声为行唐县公安局局长

陈令祥为行唐县司法局局长

刘义针为行唐县民政局局长

高风鸣为行唐县财政局局长

贾连海为行唐县商业局局长

赵锦程为行唐县粮食局局长
任青堂为行唐县工商行政管理局局长
赵志云为行唐县税务局局长
苑桂花为行唐县物价局局长
马培仁为行唐县审计局局长
徐红军为行唐县农业局局长
张法新为行唐县林业局局长
张亦昌为行唐县水利局局长
韩寅明为行唐县畜牧局局长
曹悦昌为行唐县科学技术委员会主任
李五保为行唐县土地管理局局长
刘丙林为行唐县开发太行山委员会主任
李玉冰为行唐县文教局局长
于俊国为行唐县卫生局局长
刘香忠为行唐县计划生育委员会主任

1987 年 6 月 4 日，县九届人大常委会第二次会议通过了县人民政府相关人事任免事项。

决定任命：

王成群为行唐县广播电视局局长

1987 年 7 月 24 日，县九届人大常委会第三次会议通过了县人民政府、县人民检察院相关人事任免事项。

决定免去：

李玉冰的行唐县文教局局长职务
赵凤筱的行唐县城乡建设环境保护局局长职务

决定任命：

赵凤筱为行唐县文教局局长
李志军为为城乡建设环境保护局局长
刘云为行唐县物资局局长

任命：

贾文科为行唐县人民检察院检察员、检察委员会委员

1987 年 11 月 18 日，县九届人大常委会第五次会议通过了县人民政府、县人民法院相关人事任免事项。

决定免去：

陈令祥的行唐县司法局局长职务

决定任命：

王景瑞为行唐县司法局局长

任命：

秦连义为行唐县人民法院副院长、审判委员会委员

1988 年 2 月 2 日，县九届人大常委会第七次会议通过了县人民政府、县人民法院相关人事任免事项。

决定免去：

赵志云的行唐县税务局局长职务

决定任命：

左正国为行唐县税务局局长

任命：

邸争国为行唐县人民法院西玉亭人民法庭庭长

周二过为行唐县人民法院口头人民法庭庭长

杨　奎为行唐县人民法院经济审判庭副庭长

杨建祥为行唐县人民法院审判员

郭发敏为行唐县人民法院审判员

1988 年 4 月 6 日，县九届人大常委会第八次会议通过了县人民政府相关人事任免事项。

决定任命：

刘进平为行唐县监察局局长

1988 年 6 月 3 日，县九届人大常委会第九次会议通过了县人民政府相关人事任免事项。

决定免去：

张发旺的行唐县人民政府办公室主任职务

1988 年 8 月 9 日，县九届人大常委会第十次会议通过了县人民政府、县人民检察院相关人事任免事项。

决定任命：

耿平均为行唐县人民政府办公室主任

免去：

马连义的行唐县人民检察院检察员职务

盛瑞平的行唐县人民检察院检察委员会委员、检察员职务

1988 年 9 月 29 日，县九届人大常委会第十一次会议通过了县人民法院、县人民检察院相关人事任免事项。

任命：

乔敏为行唐县人民法院西安香人民法庭庭长

刘金良为行唐县人民法院上碑人民法庭庭长

崔永敏为行唐县人民法院上碑人民法庭副庭长

杨合庆为行唐县人民法院审判员

赵根海为行唐县人民法院审判员

王绪越为行唐县人民法院审判员

王建军为行唐县人民检察院检察委员会委员

李振清为行唐县人民检察院检察员

耿志义为行唐县人民检察院检察员

杨小国为行唐县人民检察院检察员

王　林为行唐县人民检察院检察员

刘洪路为行唐县人民检察院检察员

1988 年 10 月 25 日，县九届人大常委会第十二次会议通过了县人大常委会、县人民政府、县人民法院相关人事任免事项。

免去：

赵玉宽的行唐县人大常委会办公室副主任职务

任命：

赵玉宽为行唐县人大常委会财政经济科科长

决定任命：

张玉荣为行唐县统计局局长

李中伟为行唐县烟草专卖局局长

任命：

张发香为行唐县人民法院西玉亭人民法庭副庭长

1988 年 12 月 28 日，县九届人大常委会第十三次会议通过了县人民政府相关人事任免事项。

决定任命：

康顺京为行唐县人民政府副县长

1989 年 1 月 14 日，县九届人大常委会第十四次会议通过了县人民政府相关人事任免事项。

决定免去：

周清祥的行唐县人民政府副县长职务

麻俊英的行唐县人民政府副县长职务

决定任命：

张发旺为行唐县人民政府副县长

马国印为行唐县人民政府副县长

1989 年 4 月 18 日，县九届人大常委会第十六次会议通过了县人民法院相关人事任免事项。

任命：

高明信为行唐县人民法院审判委员会委员

王青荣为行唐县人民法院审判委员会委员

任子玉为行唐县人民法院审判委员会委员

1989 年 6 月 28 日，县九届人大常委会第十七次会议通过了县人民政府、县人民法院相关人事任免事项。

决定免去：

张亦昌的行唐县水利局局长职务

任命：

李晓凡为行唐县人民法院行政审判庭副庭长

1989 年 7 月 26 日，县九届人大常委会第十九次会议通过了县人民法院相关人事任免事项。

免去：

刘金良的行唐县人民法院上碑人民法庭庭长职务

石连贵的行唐县人民法院城关人民法庭庭长职务

魏书生的行唐县人民法院城关人民法庭副庭长职务

花五河的行唐县人民法院民事审判庭副庭长职务

崔永敏的行唐县人民法院上碑人民法庭副庭长职务

张发香的行唐县人民法院西玉亭人民法庭副庭长职务

任命：

花五河为行唐县人民法院城关人民法庭庭长

张发香为行唐县人民法院坟台人民法庭庭长

魏书生为行唐县人民法院独羊岗人民法庭庭长

刘秋来为行唐县人民法院贾庄人民法庭庭长

刘秋生为行唐县人民法院南桥人民法庭庭长

刘根玉为行唐县人民法院东留营人民法庭庭长

花双学为行唐县人民法院上碑人民法庭庭长

杨文志为行唐县人民法院阳关人民法庭庭长

崔永敏为行唐县人民法院上方人民法庭庭长

刘金良为行唐县人民法院连家庄人民法庭庭长

高玉良为行唐县人民法院齐村人民法庭副庭长

杨建祥为行唐县人民法院上滋洋人民法庭副庭长

马正祥为行唐县人民法院西玉亭人民法庭副庭长

邢如意为行唐县人民法院秦台人民法庭副庭长

王昌法为行唐县人民法院下阎庄人民法庭副庭长

赵根海为行唐县人民法院申诉执行庭副庭长

1989 年 9 月 2 日，县九届人大常委会第二十次会议通过了县人大常委会、县人民政府相关人事任免事项。

任命：

贾四喜为行唐县人大常委会办公室副主任

宇文国珍为行唐县人大常委会代表联系工作科副科长

决定免去：

刘义针的行唐县民政局局长职务

1989 年 10 月 9 日，九届人大常委会第二十二次会议通过了县人民政府相关人事任免事项。

决定任命：

王志国为行唐县人民政府副县长

1989 年 11 月 10 日，县九届人大常委会第二十三次会议通过了县人民法院相关人事任免事项。

任命：

朱惠保为行唐县人民法院副院长，决定其为代理院长

1989 年 11 月 24 日，县九届人大常委会第二十四次会议通过了县人民政府相关人事任免事项。

决定免去：

康顺京的行唐县人民政府副县长职务

赵郁民的行唐县人民政府副县长职务

决定任命：

高建玺为行唐县人民政府副县长

张桂林为行唐县人民政府副县长

严　敏为行唐县水利局局长

1989 年 12 月 26 日，县九届人大常委会第二十七次会议通过了县人民政府相关人事任免事项。

决定免去：

张发旺的行唐县人民政府副县长职务

决定任命：

王三堂为行唐县人民政府副县长

1990 年 2 月 16 日，县九届人大常委会第二十八次会议通过了县人大常委会、县人民政府相关人事任免事项。

免去：

赵玉宽的行唐县人大常委会财政经济科科长职务

宇文宗的行唐县人大常委会教育科学文化卫生科科长职务

崔进德的行唐县人大常委会办公室主任职务

任命：

耿平均为行唐县人大常委会办公室主任

张胜利为行唐县人大常委会教育科学文化卫生科科长

高会东为行唐县人大常委会财政经济科科长

田振法为行唐县人大常委会财政经济科副科长

决定免去：

耿平均的行唐县人民政府办公室主任职务

李五保的行唐县土地管理局局长职务

金秋兰的行唐县对外贸易局局长（经理）职务

决定任命：

高和福为行唐县人民政府办公室主任

王绪祥为行唐县土地管理局局长

刘墨刚为行唐县对外贸易局局长

1990 年 2 月 28 日，县九届人大常委会第二十九次会议通过了县人民政府相关人事任免事项。

决定免去：

高风鸣的行唐县财政局局长职务

决定任命：

毛全球为行唐县财政局局长

1990 年 3 月 22 日，县九届人大常委会第三十次会议通过了县人民政府相关人事任免事项。

决定免去：

韩寅明的行唐县畜牧局局长职务

决定任命：

刘桂英为行唐县人民政府副县长

苗壮杰为行唐县民政局局长

刘成功为行唐县畜牧局局长

第二节　常委会接受辞职情况

1989 年 7 月 10 日，县九届人大常委会第十八次会议接受许昆峥辞去行唐县人民政府县长职务。

1989 年 11 月 10 日，县九届人大常委会第二十三次会议接受习东海辞去行唐县人民法院院长职务。

第三节 任后监督

1987 年 12 月 3 日至 22 日，县人大常委会在县委的领导下，由县人大常委会主任、委员和机关工作人员组成若干小组，由县人大常委会主任带队，对县人大任命的县人民政府委、办主任、局长，县人民法院和人民检察院正副职，逐单位逐人公开进行了 1987 年的政绩考察。

这次考察，共考察了 31 个单位的 34 名干部，其中，政治、业务素质都比较好，有较强的组织领导能力，具有开拓精神，能够依法办事，完成或超额完成年度目标的有 28 人，占被考察人数的 82%；政治、业务素质还好，基本上能完成责任目标，组织领导能力有些欠缺，班子成员不够协调的有 4 个单位 4 人，占被考察人数的 12%；虽有一定的业务知识，但缺乏组织指挥能力、政绩平庸的 2 人，占被考察人数的 6%。

考察结束后，县人大常委会及时向县委汇报了考察结果和意见。次年 1 月，又将考察情况向各乡镇、县直各单位及人大代表作了通报。这次考察把党管干部同民主选任、监督结合了起来，为县委管理和正确使用干部提供了依据。

第六篇

行唐县第十届人民代表大会

（1990年4月至1993年2月）

第一章　党的领导

行唐县第十届人民代表大会及其常务委员会在县委的正确领导下，深入贯彻党的十四大精神、邓小平南方谈话精神，自觉坚持和依靠党的领导，大力发扬“埋头苦干、带头实干”的兴县精神，依法扎实推进各项工作，实现向党负责和向人民负责高度统一，为坚持和完善人民代表大会制度、促进社会安定团结、推进全县改革开放和经济发展发挥了国家权力机关的作用。

县委重视、支持人大工作。1990 年 4 月 3 日，县委书记刘茂谦出席县十届人大一次会议召开之前的中共党员代表会并讲话，强调要充分认识这次换届选举是广大人民行使民主权利的体现，要以严肃认真的态度把会开好；充分认识开好这次人代会对民主建设、“两个文明”建设的重大意义，带头完成会议的各项任务；要履行人民代表的职责，发挥共产党员的先锋模范作用，做到认真学习，顾全大局，遵守大会的组织纪律。5 月 23 日，县人大常委会召开新任干部颁发任命书大会，县委书记刘茂谦参会并对新任干部提出带头学习中央重大方针、精诚合作、用纪律严格约束自己、认真坚持民主集中制、把自己置身于党的监督之下、坚持依法行政等为官从政的要求。12 月 15 日，县人大常委会隆重召开纪念县级以上地方人大常委会建立 10 周年座谈会。省人大常委会副秘书长黄贤、地区人大联络处主任李国华、县委副书记柳云增参加会议并讲话，对行唐人大卓有成效的工作给予充分肯定。1991 年 1 月 26 日，行唐县人大工作会议召开。县委副书记刘士英在会上讲话，强调要深入贯彻落实全市人大工作会议精神，充分认识人大的性质、地位和作用，切实加强党对人大工作的领导，高度重视和支持人大及其常委会行使职权；县、乡人大要大力加强自身建设，围绕党的中心工作推动人大工作开展。8 月 30 日，县委书记李遵英在县十届人大三次会议上讲话，要求县、乡党委要把人大工作列入议事日程，经常研究、解决问题，对于重大决策，要交人大按法定程序变为国家意志；县人大常委会要落实县委 1 月 21 日印发的《关于加强代表工作的决定》，进一步健全各项制度，使代表活动制度化、经常化；要加强同代表的联系，组织代表围绕党的中心工作开展多种形式的活动；要求县人大常委会要及时梳理分类代表建议，及时转交“一府两院”和有关部门办理。12 月 15 日，县委印发《关于进一步加强人大工作的决定》，从进一步提高对人大工作的认识、切实加强对人大的政治领导、积极支持人大依法行使监督权和人事任免权、进一步加强人大代表工作、紧紧围绕党的中心开展人大工作、努力搞好人大自身建设六个方面提出要求。1992 年 10 月 15 日，县委转发县人大常委会党组《关于县乡两级人代会换届选举工作的意见》的通知，要求各级党组织必须坚持以党的十四大和邓小平南方谈话为指针，以选好各级人大代表和各级领导班子为重点，统筹安排，精心指导；各级党委主要负责人要亲自抓换届选举工作。12 月 2 日，县委批转县人大常委会党组《关于建立农村村民代表会议制度的意见》的通知，基层民主政治建设得到进一步加强。

1990 年第二至第三季度，县人大常委会根据县委六中全会决定和县十届人大二次会议精神，按照县委的部署和要求，把整顿基层“七所八站”、纠正行业不正之风作为监督重点，深入乡村和基层单位调查研究，依靠代表，广泛联系选民，对重点单位进行评议，取得初步成效，县人大的做法得到了县委的肯定和支持。1990 年 11 月 20 日，地区人大常委会在行唐县召开石家庄地区纠正行业不正之风监督工作现场会，省人大主任郭志、地区人大工委联络处主任李国华对行唐人大采用评议形式监督纠风工作的做法给予充分肯定，强调行唐人大敢于监督、善于监督，纠风抓得准、查得细、处理快、影响好，经验值得借鉴。1991 年 9 月 4 日，县人大常委会党组制定《关于派人大代表进“三站”监督收购工作的意见》，中共行唐县委及时转发，明确提出解决代表进“三站”监督的活动经费、选好代表并进行培训等具体要求，对于切实把人大工作同党的中心任务有机结合起来，进一步增强同人民群众的关系，纠正行业不正之风，扎实推动农村经济发展和社会全面进步具有重要意义。

随着人民代表大会制度的加强和完善，县人大常委会党组的各项工作在实践中不断探索和总结，特别是党的十三届四中全会以来，县人大常委会党组对县委交办的工作，都召开党组会议认真研究，提出完成的建议，由主任会或常委会讨论办理。对换届选举、人事任免等重大事项，经县委批准或原则同意后，再由县人大常委会组织实施，既保证了县委对人大工作的领导，更好地把党的主张变为国家意志，也保证了县人大及其常委会更好地依法行使职权。县人大常委会党组始终坚持集体学习制度，不断提升政治理论水平和依法行政能力；召开民主生活会，开展批评与自我批评，强化廉洁奉公、勤政为民的工作作风，进一步增强了县人大干部队伍的纯洁性，工作效率大大提高。

第一节　党的组织机构

中共行唐县人大常委会党组

书　记：康　一（1990年4月—1993年2月）
副书记：刘来福（1990年4月—1993年2月）
　　　　崔进德（1990年4月—1992年12月）
成　员：杨安县（1990年4月—1990年7月）
　　　　杨争奇（1990年4月—1993年2月）
　　　　顾丙印（1990年4月—1993年2月）
　　　　杨桂林（1990年4月—1993年2月）
　　　　赵翠琴（女，1990年4月—1993年2月）
　　　　耿平均（1990年4月—1993年2月）
顾　问：杨安县（1990年7月—1991年12月）

第二节　党组会议

一、党组会

县十届人大常委会党组有19次召开党组会的记载。其中，1990年6次，1991年8次，1992年5次。

表6-1　行唐县第十届人大常委会党组会情况一览表

序　号	时　间	会议议题
1	1990年5月16日	研究政府序列正职调整情况；研究县人民法院、人民检察院副职调整情况；研究人大机关支部人员安排情况
2	1990年7月24日	听取对粮食部门返销粮供应问题的调查汇报；确定召开第四次常委会的时间、议题
3	1990年8月21日	讨论研究党组工作经验稿件；研究关于罢免个别代表资格的通报
4	1990年8月22日	通报县委研究的干部情况；研究下一步人大工作；讨论研究代表提出的批评、意见和建议
5	1990年9月12日	研究粮食系统问题；研究干部任免事项；研究财政预算执行情况

续表6-1

序　号	时　间	会议议题
6	1990年10月8日	研究人事工作；讨论9月30日县委五套班子会议研究粮食问题情况
7	1991年1月3日	关于传达贯彻省委人大工作会议精神的情况；研究代县委起草的《关于加强人大代表工作的决定（稿）》；关于召开县十届人大二次会议的请示
8	1991年3月5日	县委组织部常务副部长张福英介绍拟任副县长贾连海的情况、拟任广播局局长王中义的情况、拟任检察院副检察长杨新征的情况
9	1991年9月20日	县委组织部常务副部长张福英介绍拟任副县长陈二庆的情况
10	1991年10月15日	研究政府拟建北市场事宜，统一思想，为例会通过做准备
11	1991年10月28日	安排各主任工作分工；安排评议“七所八站”工作；研究关于西护城河南段疏通事项（新开路南段）；决定农业建设现场会后组织一次视察、评议后进行总结
12	1991年11月23日	传达地区人大工委评议“七所八站”工作会议精神；安排评议信息反馈工作；关于口头镇评议工作研究
13	1991年12月7日	传达县委常委会关于机构设置、研究干部需人大履行程序的指示；传达县委书记李遵英讲话精神
14	1991年12月11日	研究县人大常委会党组关于十届人大四次会议几项请示；研究关于县委领导出席地区人大工作会议讲话
15	1992年1月9日	通过县人大常委会党组关于县十届人大四次会议向县委的请示；研究1991年工作总结；研究春节前工作安排
16	1992年2月13日	传达地委思想作风整顿工作会议精神；研究人代会工作
17	1992年2月29日	商讨县委研究的干部变动情况、建立矿山管理公司与拟定人员情况；组织部介绍人员变动情况；讨论修铁路问题；传达县委常委会精神
18	1992年7月4日	研究干部任免事项
19	1992年10月6日	研究召开人代会和人大常委会事宜；研究县人大常委会党组关于换届选举向县委的报告意见、关于县乡代表名额、关于县选举委员会人员组成、关于选举工作试点事宜

二、党组民主生活会

县十届人大常委会党组仅有 1 次召开党组民主生活会的记载。

1992 年 2 月 29 日，召开以“认真开展批评与自我批评、健全完善制度”为主题的县人大常委会党组民主生活会。与会人员结合自身工作情况，就如何健全完善人大工作制度、做好本职工作、提高工作效率开展了深刻批评与自我批评。这次党组民主生活会统一了思想、达成了共识，为进一步完善行唐人大的各项工作和学习制度、更好地依法履职创造了条件。

第二章 人大代表

行唐县第十届人民代表大会代表名额 257 名。1990 年 4 月，召开县十届人大一次会议时实有代表 255 名。县十届人大常委会高度重视人大代表工作，建立常委会组成人员联系代表制度，确保决策科学化、民主化；持续开展调研，确保人大代表正确行使职权；认真办理人大代表建议，不断提高办理质量，各级人大代表在人民群众中的信任度和威望日益提高。

第一节 选举产生

根据《选举法》《地方组织法》《河北省县乡两级人民代表大会选举实施细则》规定和县委统一部署，从 1989 年 12 月 10 日开始进行换届选举工作，经过准备部署、宣传发动、选民登记和提名协商候选人等阶段，于 1990 年 3 月 17 日依法选举产生行唐县第十届人民代表大会代表 255 名。

经县九届人大常委会代表资格审查委员会审查，并经县九届人大常委会第三十次会议通过，确定选出的 255 名代表符合法律规定，代表资格有效。

在 255 名代表中，男性代表 199 名，占 78.04%；妇女代表 56 名，占 21.96%。中共党员代表 168 名，占 65.88%；群众代表 87 名，占 34.12%。蒙古族代表 1 名，占 0.39%；工人代表 8 名，占 3.14%；农民代表 146 名，占 57.25%；干部代表 70 名，占 27.45%；知识分子代表 48 名，占 18.82%。

第二节 代表名单

行唐县第十届人民代表大会的 255 名代表由 1 个县直代表团、28 个乡镇代表团组成。

县直代表团

刘茂谦	王玉楼	康　一	杨安县
张满兵	李芹花（女）	郭吉丑	马志厚
杨梅荣（女）	曹素敏（女）	王三堂	刘青荣（女）

徐红军	王玉平(女)	刘荣秀(女)	韩国书
张树德	杨争奇	韩连英	张永强
韩斌章	李英宪	刘文平(女)	

行唐镇代表团

顾丙印	李国旗	张保谦	刘青茹(女)
仇永星	赵翠琴(女)	左凤珍(女)	崔进德
刘士英	鲁丙祥	张过生	杨金红
杨桂林	祖新来	柳云增	刘来福
盖合保	孟先琴(女)	何建军	高吉子

坟台乡代表团

赵国林	花中科	乔建玲(女)	李小其
胡荣秀(女)	刘拴虎	黄军科	高吉星

齐村乡代表团

崔银章	申会国	马香翠(女)	白　杰
石丁堂	张保林		

独羊岗乡代表团

马吉云	王普伦	毛树德	郑俊芳(女)
赵喜珍	张合国	刘喜竹(女)	张　平
赵建平	翟明香		

贾庄乡代表团

杨文庆	毛春久	刘玉凤(女)	王战友
肖淘气	马老五	刘芹玲(女)	张　林
宋银海	杨焕军		

南桥镇代表团

霍振虎	王根彦(女)	王书国	申小平
皮忠录	付向阳	王金女(女)	孙玲法
宇文一			

北龙岗乡代表团

王合平	李小国	杜永新	彭贵珍(女)
张　琦	王福庭	张　洁(女)	刘进才

西安香乡代表团

卢平均	米栓香	毛金锁	刘增社
郭荣珍(女)	米振海	谷增虎	王书琴(女)
范银保			

只里乡代表团

高会东	韩荣贵	张丙群	郭国朝
杨银花(女)	杨二偏	李玲芹(女)	康勤合

连家庄乡代表团

郭三女(女)	董秀珍(女)	张青云	王文庆
刘六月	刘振平	崔景志	李德华
郭喜林	刘兰法	李生文	

东留营乡代表团

张秀菊(女)	韩志军	段大妮	张兰祥
刘保合	苏小五	王洛明	李连货
范同保			

左市同乡代表团

陈三楞	赵小六	仝不丑	苗秀英(女)
程梅生	段二法	高连道	李红欣(女)
霍金生	盖大乱		

上碑镇代表团

高连平(女)	刘二记	张铁旦	杨兵过
霍海英(女)	刘京祥	张玉庆	高如意
李麻烦			

南翟营乡代表团

盛瑞平	张三宝	张进校	杨书英(女)
刘根须	郭东海	左瑞林	吴银海
刘书玲(女)			

下阎庄乡代表团

袁小虎	刘振琴(女)	陈六月	任付才
高国胜	寇庆文	杨美英(女)	李根录
杨东合			

上滋洋乡代表团

魏长法	霍七十	王文良	李顺才
王银竹(女)	杨金娃	马兰菊(女)	

北城寨乡代表团

王三元	杨德文	曹永发	霍福玲(女)
易留香	王绪斌		

上方乡代表团

高歪子	习四喜	赵贵军	乔占敏
赵书芹(女)	杨中锁	王金英	张明亮

赵阳关乡代表团

刘小平	薛拿子	徐梅彦(女)	马五挪
苑多余	李建祥	耿平均	盖小荣

西玉亭乡代表团

任振玉	李少欣(女)	孟焕文	耿不俊
李太山	王书彦(女)	孙银生	

屹嶝头乡代表团

王保国	侯恩平(女)	耿中校	花运河
董彦文	赵同江		

北河乡代表团

严小国	赵发银	王更深	王丑妮（女）
张田才	刘秋桃		

口头镇代表团

王喜荣（女）	杨占国	赵广文	赵淘气
黄秋池	盖义江	刘双喜	

秦台乡代表团

秦　江	王银海	张建平	邢秀平
赵玉亮	牛春花（女）		

上阎庄乡代表团

刘志刚	高黑子	杨栓帮	张银芝（女）
郑春生	李兵臣		

上连庄乡代表团

刘玉民	丁小俊（女）	赵五中	张胜利
邓二平	赵国华		

九口子乡代表团

邢根红	胡栓堂	刘喜连	杨五利
陈凤文	曹选举	李京文	

杨家庄乡代表团

尤永占	王拴柱	常九香（女）	张大中
张付来	马连成	李明树	

表 6-2　行唐县第十届人大代表届中调整情况表

常委会会议	终止情况	补选情况
1990 年 8 月 1—2 日 第四次会议	去世：城关镇杨金红	口头镇杨顺国、秦台乡李国良、杨家庄乡王平国

续表

常委会会议	终止情况	补选情况
1991 年 8 月 19 日 第十四次会议	调离：县直刘茂谦、王玉楼	县直李遵英、高建玺
1992 年 3 月 10 日 第十八次会议	调离：北龙岗乡杜永新	北龙岗乡赵拴文
1993 年 2 月 24 日 第二十七次会议	—	县直张增根、刘桂荣、黄金生 九口子乡赵五中

第三节　代表工作

一、密切联系代表

县十届人大常委会指导各选举单位成立县直代表团和 28 个乡镇代表团，各乡镇人大及其主席团制定联系代表办法，健全代表小组，组织代表认真学习《宪法》、法律、法规，提升代表依法履职尽责的能力和水平，进一步增强代表的主人翁责任感。1991 年 1 月 21 日，中共行唐县委印发《关于加强人大代表工作的决定》（行发〔1991〕4 号），从进一步提高对人大代表地位的认识、积极支持人大代表履行职责、完善联系人民代表的办法、建立党政主要领导人联系人民代表制度、认真办理建议、组织代表开展多种形式的活动、努力提高代表素质、人大代表要尽职尽责、切实加强对代表工作的领导等 9 个方面作出决定。1991 年 9 月，组织代表到新乐市学习、交流“双联”工作，提升依法履职能力。1992 年 5 月 18 日，县人大常委会主任会议听取《中华人民共和国代表法》贯彻实施情况及人大代表服务经济情况的汇报，对人大代表如何更好履职作出安排部署。县十届人大常委会定期组织代表参加视察、调研等活动，鼓励代表积极发言，提出意见建议，实现了人代会期间的活动与闭会期间发挥代表作用的紧密结合。

链接 1：“双联”

“双联”即辖区市人大常委会组成人员联系市人大代表，市人大代表联系群众；县人大常委会组成人员联系县人大代表，县人大代表联系选举单位和群众。

二、代表建议、批评和意见办理

县十届人大一次会议共收到代表建议、批评和意见 192 件，其中会前收到 154 件，会议期间收到 38 件，经梳理转交县人民政府办理。1990 年 10 月 15 日，主任会议听取县人民政府《关于代表建议办理情况的汇报》。

县十届人大二次会议共收到代表建议、批评和意见 276 件，其中会前提出 118 件、会议期间提出63件、会上各代表小组评议“一府两院”工作时提出95件，经梳理转交县人民政府223件。1991年8月12日，县十届人大常委会第十三次会议听取和审议县人民政府《关于办理人大代表建议批评和意见情况的汇报》。同年8月30日，县十届人大常委会第三次会议确定1991年十个重点建议，即关于逐步增加对农业投入问题的建议、关于电价高问题的建议、关于渠道整修问题的建议、关于道路整修问题的建议、关于县城脏乱差问题的建议、关于土地管理混乱问题的建议、关于教育经费问题的建议、关于山区医疗问题的建议、关于计划生育问题的建议、关于城内个体摊点欺行霸市问题的建议。

县十届人大四次会议共收到代表建议、批评和意见105件，其中，会议期间收到40件，代表评议农口部门时提出65件，经梳理全部转交县人民政府办理。1992年4月30日，主任会议听取县人民政府《关于代表建议办理情况的汇报》。

三、指导乡镇人大工作

自1989年12月10日到1990年4月7日，县十届人大常委会按照省委〔1989〕16号文件规定，指导28个乡镇人大由联组改设主席团，将19个联组长改为常务主席，又新增2名，共21名常务主席，其中10名乡镇党委书记兼职常务主席，使乡镇人大主席团具有了常设性质，成为乡镇的三个机关之一。乡镇人大主席团成为常设机关，不仅可以主持乡镇人大工作，而且能够直接督促代表建议、批评和意见的办理。这是保持基层人代会工作的经常性和连续性、保障法律赋予乡镇人大及其主席团履行职责、加强和完善乡镇人民代表大会、推动基层社会主义民主政治建设所采取的重要措施。

乡镇人大设立常务主席后，县十届人大常委会于1990年5月20日及时制定《乡镇人民代表大会主席团工作试行办法》，使乡镇人大的工作有章可循。至1993年，县人大常委会采用以会代训方法，对各乡镇人大主席进行了3次培训，每年组织乡镇人大主席进行参观，给乡镇人大主席团提要求、布置任务并检查落实情况，让乡镇人大代表列席乡镇政府工作会议、评议政府工作，不断将各乡镇人大发挥监督作用、参与经济建设的新做法、新经验在全县推广、交流，推动了乡镇人大工作的开展。行唐县的做法被地区人大工委在全区推广。

第三章　人民代表大会

行唐县第十届人民代表大会任期自1990年4月至1993年2月，共举行5次会议。

表6-3　行唐县第十届人民代表大会历次会议概况表

会　次	时　间	议题（项）	听取报告（个）	决定决议（项）	选举（项）
第一次	1990年4月3—7日	8	6	8	4
第二次	1991年3月19—22日	11	6	9	—
第三次	1991年8月30日	2	—	—	1
第四次	1992年3月24—27日	8	6	6	—
第五次	1992年10月20日	1	—	—	2

第一节　会议概况

一、县十届人大一次会议

1990年4月3日至7日，县十届人大一次会议在县人民礼堂召开。出席代表244人（应到255人）。会议听取和审议县人民政府县长王玉楼作的《政府工作报告》；听取和审议县计划经济委员会副主任严春明作的《关于行唐县1989年国民经济和社会发展计划执行情况与1990年国民经济和社会发展计划草案的报告》，审查了行唐县1989年国民经济和社会发展计划执行情况与1990年国民经济和社会发展计划草案；听取和审议县财政局局长毛全球作的《关于行唐县1989年财政决算和1990年财政预算草案的报告》，审查了行唐县1989年财政决算和1990年财政预算草案；听取和审议县人大常委会主任康一作的《行唐县人民代表大会常务委员会工作报告》、县人民法院代理院长朱惠保作的《行唐县人民法院工作报告》、县人民检察院检察长刘来福作的《行唐县人民检察院工作报告》。会议通过相应决议。会议通过《关于建立劳动积累工制度的决议》和《关于十年绿化行唐大地的决议》。会议选举产生县十届人大常委会组成人员，县人民政府县长、副县长，县人民法院院长，县人民检察院检察长（名单见本章第二节《会议选举》）。

会议认为，县九届人大常委会在县委的正确领导下，以经济建设为中心，坚持四项基本原则，坚持改革开放，在学习和继续上届人大工作经验的基础上，以改革的精神完善职能，加强社会主义民主和法制建设，加强法律监督、工作监督，较好地发挥了权力机关在“两个文明”建设中的作用。会议要求，各级政府要高度重视代表提出的意见和建议，认真转变作风，密切联系群众，接受群众监督，努力提高政府决策的民主化、科学化水平，加强宏观管理，切实做到依法行政、纪律严明、执政为民。会议强调，要坚持持续、稳定、协调发展的方针，千方百计把农业搞上去，精心组织产品产业结构调整，搞好工业生产，着力解决人民群众普遍关心的生产资料供应、社会治安等问题。会议号召，全县人民要团结一致，同心同德，兢兢业业，通力合作，群策群力，为完成全县的各项工作任务而努力奋斗。

二、县十届人大二次会议

1991 年 3 月 19 日至 22 日，县十届人大二次会议在县人民礼堂召开。出席代表 236 人（应到 256 人）。会议听取和审议县人民政府县长王玉楼作的《政府工作报告》；听取和审议常务副县长王三堂作的《关于行唐县国民经济和社会发展十年规划和“八五”计划纲要草案的报告》，审查了行唐县国民经济和社会发展十年规划和“八五”计划纲要草案；听取和审议县计划经济委员会主任任青堂作的《关于行唐县 1990 年国民经济和社会发展计划执行情况与 1991 年国民经济和社会发展计划草案的报告》，审查了行唐县 1990 年国民经济和社会发展计划执行情况与 1991 年国民经济和社会发展计划草案；听取和审议县财政局局长毛全球作的《关于行唐县 1990 年财政决算和 1991 年财政预算草案的报告》，审查了行唐县 1990 年财政决算和 1991 年财政预算草案；听取和审议县人大常委会主任刘来福作的《行唐县人民代表大会常务委员会工作报告》、县人民法院院长朱惠保作的《行唐县人民法院工作报告》、县人民检察院检察长张法新作的《行唐县人民检察院工作报告》。会议通过相应决议。会议评议县人大常委会“一府两院”工作。会议审议通过《行唐县人民代表大会议事办法》。会议通过《关于大力加强科技工作的决议》和《关于大力发展烟叶生产的决议》。会议表彰了 1990 年度 11 个先进代表小组和 36 名先进人大代表。

会议认为，1991 年，县人大常委会在县委的正确领导和省、地人大的指导下，紧紧围绕党的中心工作，认真行使《宪法》和法律赋予的职权，努力履行监督职能，推动廉政建设，加强代表工作，深入调查研究，发挥民主决策作用，加强民主法治建设，促进了全县经济建设和精神文明建设。会议要求，县人民政府要以办理代表提出的意见和建议为契机，秉持“我为群众办实事”的服务理念，切实加强与人民群众的联系，把代表建议办理工作做到人民群众的心坎上，进一步密切党群干群关系，切实做到让人民满意。会议强调，要充分调动各级干部群众的工作积极性，努力克服各种不良倾向，集中精力，集中领导，致力于经济建设，保证国民经济的稳步发展和人民生活水平的不断改善。会议号召，全县人民要团结起来，求真务实，为全面完成十届人大二次会议各项决议而努力奋斗。

链接2：1990年度先进代表小组和先进代表名单

1991年3月19日上午，县十届人大二次会议结束后，对历经两个月时间自下而上、上下结合评选出的11个先进代表小组和36名先进人大代表进行了隆重表彰。名单如下：

一、先进代表小组名单

北龙岗乡代表小组	南翟营乡代表小组
贾　庄乡代表小组	屹嶅头乡代表小组
西玉亭乡代表小组	上滋洋乡代表小组
齐　村乡代表小组	左市同乡代表小组
只　里乡代表小组	独羊岗乡代表小组
南　桥镇代表小组	

二、先进代表名单

韩斌章	韩国书	曹素敏	张保谦
李国奇	高吉星	崔银章	马吉云
马洛玉	杨焕军	宇文一	王和平
郭荣珍	康勤合	李德华	王文庆
张兰祥	高连道	刘二记	刘根书
杨美英	王文良	王绪斌	高歪子
苑多余	马五挪	王保国	张田才
刘双喜	孙银生	王银海	李兵臣
李明术	赵国华	刘喜连	马连成

三、县十届人大三次会议

1991年8月30日，县十届人大三次会议在县人民礼堂召开。出席代表228人（应到256人）。会议依法补选县人民政府县长（名单见本章第二节《会议选举》）。会议表彰7个办理人大代表建议先进单位和38名先进人大代表。

这次会议的召开，是全县人民政治生活中的一件大事，对于进一步贯彻落实党的各项方针政策，推进全县的民主进程，团结动员全县人民振奋精神、埋头实干，努力实现“八五”计划和1991年各项任务，促进全县政治、经济、社会的稳定发展具有重要意义。会议指出，各级领导干部和县、乡两级人大代表都要从理论和实践的结合上深化对人大工作的认识。政府和“两院”要进一步摆正同人大的关系，维护国家根本政治制度和人民当家作主的权利，依法行使职权，认真执行人大决议决定，自觉接受人大监督。会议强调，要切实加强对人大工作的领导，党委要定期听取人大汇报，讨论研究人大工作，支持代表行使职权。县、乡人大要加强自身建设，加强党的路线、方针、政策的学习，要改进作风，围绕经济建设多搞调查研究，要不断完善各项制度，不断将全县的社会主义民主与法治建设推向前进。会议号召，全县人民要在党的十三届七中全会精神指引下，振奋精神，齐心协力，加快全县经济建设步伐，为实现十年规划和“八五”计划的宏伟目标而努力奋斗。

链接3：县十届人大三次会议表彰的7个办理代表建议先进单位和38名先进代表名单

一、办理代表建议先进单位

电力局	文教局	卫生局	交通局
政府办公室	县　社	法　院	

二、先进代表名单

张保谦	盖合保	高吉星	崔银章
王善伦	马吉云	张　林	王书国
付向阳	王福庭	王和平	郭荣珍
张丙群	李德华	郭喜林	张兰祥
苗秀英	盖大乱	张玉庆	左瑞林
刘根需	袁小虎	霍七十	杨德文
魏长法	盖小英	王书彦	董彦文
刘秋桃	张天才	赵广文	赵玉亮
高黑子	马连成	赵国华	杨五利
韩斌章	刘荣秀		

四、县十届人大四次会议

1992年3月24日至27日，县十届人大四次会议在县人民礼堂召开。出席代表244人（应到256人）。会议对1991年度9个模范代表小组和35名模范代表进行了表彰。会议听取和审议县人民政府县长王三堂作的《政府工作报告》；听取和审议县计划委员会主任严敏作的《关于行唐县1991年国民经济和社会发展计划执行情况与1992年国民经济和社会发展计划草案的报告》，审查了行唐县1991年国民经济和社会发展计划执行情况与1992年国民经济和社会发展计划草案；听取和审议县财政局局长毛全球作的《关于行唐县1991年财政决算和1992年财政预算草案的报告》，审查了行唐县1991年财政决算和1992年财政预算草案；听取和审议县人大常委会主任刘来福作的《行唐县人民代表大会常务委员会工作报告》、县人民法院副院长李白旦作的《行唐县人民法院工作报告》、县人民检察院检察长张法新作的《行唐县人民检察院工作报告》。会议通过相应决议。会议评议县农业局、林业局、水利局、畜牧局、农机局1991年的工作。会议通过《关于发扬“带头实干，埋头苦干”兴县精神的决定》。

会议认为，1991年，县人大常委会在县委领导和上级人大的指导下，紧紧围绕党的中心工作，努力履行《宪法》赋予的职责，着力加强社会主义民主和法治建设，强化监督，推动了全县经济发展和改革开放。会议要求，县、乡人民政府要解放思想，实事求是，大胆实践，认真总结经验。要牢固树立实干兴县的思想，坚决克服官僚主义和形式主义，切实转变作风，提高工作效率，深入调查研究，密切联系群众，多办实事，狠抓落实，把各项工作做得更好。会议强调，要进一步深化农村改革，继续稳定以家庭联产承包为主的责任制，努力提高农业综合生产能力，夺取农业全面丰收；要深化企业配套改革，加快技术改造和新产品研发；要努力转变政府职能，切实落实企业自主权；要认真实施“科技兴县”的发展战略，加快科技成果的推广和应用，促进科技与经济的结合。会议号召，全县人民要振奋精神，埋头苦干，开拓进取，以改革开放和“两个文明”建设的优异成绩，迎接党的十四大召开。

链接4：县十届人大四次会议表彰的1991年度9个模范代表小组和35名模范代表名单

一、模范代表小组

口头镇代表小组	南翟营乡代表小组	北龙岗乡代表小组
赵阳关乡代表小组	秦　台乡代表小组	连家庄乡代表小组
左市同乡代表小组	独羊岗乡代表小组	屹嶝头乡代表小组

二、模范代表名单

刘荣秀	韩斌章	盖合保	张保谦
花中科	石丁堂	马吉云	杨焕军
马洛五	付向阳	王和平	郭荣珍
杨良花	董秀珍	李生文	张兰祥
李宏欣	赵小六	刘二记	刘书玲
霍七十	袁小虎	杨美英	王三元
杨中锁	徐梅艳	孟焕文	耿中校
张田才	赵陶气	秦　江	高黑子
马连成	丁小俊	陈凤文	

五、县十届人大五次会议

1992年10月20日，县十届人大五次会议在县人民礼堂召开。出席代表217人（应到253人）。会议选举产生县人民政府县长、县人民法院院长（名单见本章第二节《会议选举》）。

会议指出，党的十四大全面总结改革开放十四年来的伟大成果和基本经验，制定出进一步深化改革、扩大开放的宏伟目标，提出了加快全国经济建设发展的新的历史任务。会议强调，认真学习党的十四大精神，是全党和全国人民当前的一项重要任务，也是人大部门和全体人大代表的首要任务，一定要深刻领会党的十四大精神实质，切实加强自身建设，强化职能，转变作风，把经济翻番作为人大工作的出发点和落脚点，努力做到参与意识更强、活动形式更多、工作效益更高、社会效益更好，以实际行动为推动全县“五开工程”（开矿办厂、开市通商、开街修路、开渠兴水、开荒造林）实施、达到三年经济翻番战略目标做出贡献。

第二节　会议选举

县十届人大历次会议，共选举任免县级国家机关工作人员 31 人次。

县人大常委会

主　任：

刘来福　　1990 年 4 月县十届人大一次会议当选

副主任：

崔进德　　1990 年 4 月县十届人大一次会议当选

杨争奇　　1990 年 4 月县十届人大一次会议当选

张永强　　1990 年 4 月县十届人大一次会议当选

顾丙印　　1990 年 4 月县十届人大一次会议当选

杨桂林　　1990 年 4 月县十届人大一次会议当选

赵翠琴（女）1990 年 4 月县十届人大一次会议当选

委　员（县十届人大一次会议选举产生）：

马志厚	康　一	耿平均	高会东
曹素敏（女）	刘荣秀（女）	胡荣秀（女）	刘玉民
韩国书	张丙群	李英宪	张树德

县人民政府

县　长：

王玉楼　　1990 年 4 月县十届人大一次会议当选

王三堂　　1991 年 8 月县十届人大三次会议当选

高建玺　　1992 年 10 月县十届人大五次会议当选

届中调整情况：

王玉楼，1991 年 7 月 9 日，在县十届人大常委会第十二次会议上辞去行唐县人民政府县长职务。

王三堂，1991 年 7 月 9 日，县十届人大常委会第十二次会议决定其为行唐县人民政府代理县长；1992 年 10 月 16 日，在县十届人大常委会第二十三次会议上辞去行唐县人民政府县长职务。

高建玺，1992 年 10 月 16 日，县十届人大常委会第二十三次会议决定其为行唐县人民政府代理县长。

副县长：

王三堂　　1990 年 4 月县十届人大一次会议当选

高建玺　　1990 年 4 月县十届人大一次会议当选

张桂林　　　1990 年 4 月县十届人大一次会议当选

马国印　　　1990 年 4 月县十届人大一次会议当选

王志国　　　1990 年 4 月县十届人大一次会议当选

刘桂英（女）1990 年 4 月县十届人大一次会议当选

届中调整情况：

贾连海，1991 年 3 月 7 日，县十届人大常委会第十次会议决定任命其为行唐县人民政府副县长。

陈二庆，1991 年 9 月 24 日，县十届人大常委会第十五次会议决定任命其为行唐县人民政府副县长。

李明国，1992 年 10 月 16 日，县十届人大常委会第二十三次会议决定任命其为行唐县人民政府副县长。

县人民法院

院　长：

朱惠保　　　1990 年 4 月县十届人大一次会议当选

刘泽民　　　1992 年 10 月县十届人大五次会议当选

届中调整情况：

朱惠保，1992 年 3 月 24 日，在县十届人大常委会第十九次会议上辞去县人民法院院长职务。

刘泽民，1992 年 10 月 16 日，县十届人大常委会第二十三次会议任命其为县人民法院副院长，决定其为代理院长。

县人民检察院

检察长：

张法新　　　1990 年 4 月县十届人大一次会议当选

第三节　会议组织

一、县十届人大一次会议

（一）大会临时党委

书　记：刘茂谦

副书记：王玉楼　康　一

委　员：柳增云　刘士英　王三堂　杜永新　刘来福　崔进德

（二）大会主席团和秘书长

主席团：

马志厚	王三堂	王玉楼	石丁堂
皮忠录	刘士英	刘玉民	刘来福
刘茂谦	刘荣秀（女）	杜永新	李英宪
杨安县	杨争奇	杨桂林	张丙群
张永强	张树德	柳云增	赵翠琴（女）
赵喜珍	胡荣秀（女）	顾丙印	徐红军
耿平均	高会东	康　一	曹素敏（女）
崔进德	崔景志	韩国书	彭贵珍（女）

秘书长：崔进德（兼）

（三）大会主席团常务主席

刘茂谦	王玉楼	柳云增	刘士英
王三堂	杜永新	康　一	皮忠录
张永强	杨安县	崔进德	刘来福
马志厚			

（四）代表资格审查委员会

主 任 委 员：崔进德

副主任委员：赵翠琴（女）

委　　　员：马志厚　李英宪　耿平均

二、县十届人大二次会议

（一）大会临时党委

书　记：刘茂谦

副书记：王玉楼　康　一

委　员：柳增云　刘士英　王三堂　杜永新　刘来福　崔进德

（二）大会主席团和秘书长

主席团：

马志厚	刘士英	刘玉民	刘来福
刘茂谦	刘荣秀（女）	杜永新	李英宪
杨安县	杨争奇	杨桂林	张丙群
张永强	张树德	柳云增	赵翠琴（女）
胡荣秀（女）	顾丙印	耿平均	高会东
康　一	曹素敏（女）	崔进德	崔景志
韩国书			

秘书长：崔进德（兼）

（三）大会主席团常务主席

刘茂谦	柳云增	刘士英	杜永新
康　一	刘来福	崔进德	杨争奇
张永强	顾丙印	杨桂林	赵翠琴(女)
杨安县			

（四）议案审查委员会

主 任 委 员：崔进德

副主任委员：耿平均

委　　　员：马志厚　毛金锁　韩国书

（五）财政经济审查委员会

主 任 委 员：杨争奇

副主任委员：杨桂林

委　　　员：李英宪　高会东　徐红军

三、县十届人大三次会议

（一）大会临时党委

书　记：李遵英

副书记：康　一　柳云增　刘士英

委　员：王三堂　杜永新　刘来福　高建玺　崔进德

（二）大会主席团和秘书长

主席团：

马志厚	刘士英	刘玉民	刘来福
刘荣秀(女)	杜永新	李英宪	李遵英
杨安县	杨争奇	杨桂林	张丙群
张永强	张树德	柳云增	胡荣秀(女)
赵翠琴(女)	顾丙印	耿平均	高会东
康　一	曹素敏(女)	崔进德	崔景志
韩国书			

秘书长：崔进德（兼）

（三）大会主席团常务主席

李遵英	柳云增	刘士英	杜永新
康　一	刘来福	崔进德	杨争奇
张永强	顾丙印	杨桂林	赵翠琴(女)
杨安县			

四、县十届人大四次会议

（一）大会临时党委

书　记：李遵英

副书记：王三堂　康　一

委　员：柳云增　刘士英　高建玺　赵拴文　刘来福　崔进德

（二）大会主席团和秘书长

主席团：

马志厚	刘士英	刘玉民	刘来福
刘荣秀（女）	李遵英	李英宪	杨安县
杨争奇	杨桂林	张丙群	张永强
张树德	柳云增	赵拴文	赵翠琴（女）
胡荣秀（女）	顾丙印	耿平均	高会东
康　一	曹素敏（女）	崔进德	崔景志
韩国书			

秘书长：崔进德（兼）

（三）大会主席团常务主席

李遵英	柳云增	刘士英	赵拴文
康　一	刘来福	崔进德	杨争奇
张永强	顾丙印	杨桂林	赵翠琴（女）
杨安县			

（四）议案审查委员会

主任委员：崔进德

副主任委员：耿平均

委　　员：马志厚　毛金锁　韩国书

（五）财政经济审查委员会

主任委员：杨争奇

副主任委员：杨桂林

委　　员：李英宪　高会东　徐红军

五、县十届人大五次会议

（一）大会临时党委

书　记：李遵英

副书记：康　一　柳云增

委　员：赵拴文　刘来福　高建玺　崔进德

（二）大会主席团和秘书长

马志厚	刘玉民	刘来福	刘荣秀（女）
李英宪	李遵英	杨安县	杨争奇
杨桂林	张丙群	张永强	张树德
柳云增	胡荣秀（女）	赵拴文	赵翠琴（女）
高会东	高建玺	顾丙印	耿平均
康　一	曹素敏（女）	崔进德	崔景志
韩国书			

秘书长：崔进德（兼）

（三）大会主席团常务主席

李遵英	柳云增	高建玺	赵拴文
康　一	刘来福	崔进德	杨争奇
张永强	顾丙印	杨桂林	赵翠琴（女）
杨安县			

第四章　人民代表大会常务委员会

县十届人大常委会贯彻全省人大工作会议精神，坚持以经济建设为中心，积极履行《宪法》和法律赋予的各项职权，加强机关作风建设，树立了为民、务实、清廉的良好形象。任期内先后召开常委会会议27次、主任会议78次，作出一系列决议决定，为推动全县社会主义物质文明和精神文明建设贡献了力量。

表6-4　行唐县第十届人大常委会主任、副主任概况表

职　务	姓　名	任职时间
主　任	刘来福	1990年4月—1993年2月
副主任	崔进德	1990年4月—1993年2月
	杨争奇	1990年4月—1993年2月
	张永强	1990年4月—1993年2月
	顾丙印	1990年4月—1993年2月
	杨桂林	1990年4月—1993年2月
	赵翠琴	1990年4月—1993年2月

第一节　常委会会议

县十届人大常委会共召开常委会会议27次。

第一次会议　1990年4月8日召开，县人大常委会主任刘来福，副主任崔进德、杨争奇、张永强、顾丙印、杨桂林、赵翠琴和10名委员出席会议。县八届人大常委会主任刘锡林和副主任梁生印、刘青海，县九届人大常委会副主任杨建民、皮忠录、杨安县列席会议。会议通报县人大常委会各主任分工，宣读县委关于人大常委会党组组成人员名单。会议学习《地方组织法》及中共中央〔1990〕5号文件。

第二次会议　1990年5月21日至22日召开，县人大常委会主任刘来福，副主任崔进德、杨争奇、张永强、顾丙印、杨桂林、赵翠琴和10名委员出席会议。县人大常委会党组顾问杨安县，县人民政府副县长王三堂，县人民法院院长朱惠保，县人民检察院检察长张法

新列席会议。会议通过人事任免事项（名单见本篇第七章《选举任免》）。会议通过行唐县第十届人大常委会代表资格审查委员会名单。会议听取和审议县司法局副局长刘忠江作的《关于普法工作的报告》、县联社主任李中伟作的《关于农业“三挂钩”物资供应情况的报告》、县城建局局长李志军作的《关于宣传贯彻〈城市规划法〉和县城建设管理情况的报告》。

链接5：县十届人大常委会代表资格审查委员会组成人员

主 任 委 员：崔进德

副主任委员：赵翠琴（女）

委　　　员：马志厚　李英宪　耿平均

第三次会议　1990年7月16日召开，县人大常委会主任刘来福，副主任崔进德、杨争奇、张永强、顾丙印、杨桂林、赵翠琴和8名委员出席会议。县人大常委会党组顾问杨安县列席会议。会议学习《地方组织法》第三十条。会议就县人民检察院检察长张法新报告的县十届人大代表程某某诬告陷害他人问题进行讨论，同意对其依法逮捕。

第四次会议　1990年8月1日至2日召开，县人大常委会主任刘来福，副主任崔进德、杨争奇、张永强、顾丙印、杨桂林、赵翠琴和10名委员出席会议。县人大常委会党组顾问杨安县，县人民政府副县长张桂林，县人民法院院长朱惠保，县人民检察院检察长张法新列席会议。会议听取和审议县人民法院院长朱惠保作的《法院工作报告》和《贯彻实施〈中华人民共和国行政诉讼法〉安排意见》、县公安局局长张晨生作的《关于“严打”和社会治安工作的报告》、县农业局局长徐红军作的《行唐县人民政府关于农业生产情况的报告》。会议通过人事任免事项（名单见本篇第七章《选举任免》）。会议研究决定提交原选区选民讨论罢免个别代表县十届人大代表资格罢免案。会议学习地区人大在赞皇县培训县人大常委会主任的材料。会议讨论通过县人大常委会联系代表试行办法、议事办法、人事任免办法和代表建议批评和意见办理办法。

第五次会议　1990年9月24日至25日召开，县人大常委会主任刘来福，副主任崔进德、杨争奇、张永强、顾丙印、杨桂林、赵翠琴和8名委员出席会议。县人大常委会党组顾问杨安县，县人民政府副县长王三堂、高建玺列席会议。会议听取和审议县计划经济委员会主任任青堂作的《关于1990年1—7月国民经济和社会发展计划执行情况的报告》、县财政局局长毛全球作的《关于1990年1—7月财政预算执行情况和当前财政形势的报告》、县税务局局长左争国作的《关于税务工作的报告（1—8月税收情况）》、县粮食局局长赵锦程作的《关于粮食系统纠正行业不正之风情况的报告》。会议审议通过《关于认真开展增收节支活动全面完成财政预算任务的决议》。会议通过人事任免事项（名单见本篇第七章《选举任免》）。

第六次会议　1990年10月10日召开，县人大常委会主任刘来福，副主任崔进德、杨争奇、张永强、顾丙印、杨桂林、赵翠琴和7名委员出席会议。县人大常委会党组顾问杨安县，县人民政府副县长王三堂列席会议。会议通过人事任免事项（名单见本篇第七章《选举任免》）。

第七次会议 1990年11月15日至16日召开，县人大常委会主任刘来福，副主任崔进德、杨争奇、张永强、顾丙印、杨桂林、赵翠琴和9名委员出席会议。县人大常委会党组顾问杨安县，县人民政府副县长高建玺、张桂林，县人民检察院检察长张法新，县人民法院相关负责人列席会议。会议组织委员视察农田水利基本建设情况；听取和审议县财政局局长毛全球作的《关于1990年财政预算部分调整情况的报告》、县人民政府办公室副主任盖沧渊作的《关于秋冬季农田水利基本建设情况的报告》。会议作出《行唐县人民政府关于加强农业系列化服务的决议》。会议通过人事任免事项（名单见本篇第七章《选举任免》）。

第八次会议 1990年11月29日召开，县人大常委会主任刘来福，副主任崔进德、杨争奇、顾丙印、杨桂林、赵翠琴和9名委员出席会议。县委副书记刘士英，县人大常委会党组顾问杨安县，县人民政府副县长高建玺列席会议。县人大常委会主任刘来福传达地区人大纠正行业不正之风工作监督现场会情况、领导讲话和《河北省乡镇人民代表大会工作暂行条例（征求意见稿）》；听取各乡镇人大主席团常务主席关于监督基层“七所八站”纠正行业不正之风情况的汇报；安排部署县人大常委会监督纠正行业不正之风工作；县委副书记刘士英讲话。会议审议通过《县人民政府关于将1983年制定的县城规划中兴唐大街东头国防路拐弯两侧的绿化用地改为建设用地的议案》。

链接6：“七所八站”

“七所八站”即县直部门派驻乡镇的所有基层单位，包括法庭、派出所、工商所、税务所、电管所、土管所、渠管所、财政所、民政所（司法所）、营业所、邮电所、供销社、农行、信用社、卫生院、粮站、棉站、烟站、农机站、兽医站、公路站等。“七所八站”是党和国家机关与人民群众的直接联系点，是群众观察党风、政风的窗口。

第九次会议 1990年12月15日召开，县人大常委会主任刘来福，副主任崔进德、张永强、顾丙印、杨桂林、赵翠琴和7名委员出席会议。县人大常委会党组顾问杨安县，县人民政府副县长王三堂列席会议。会议审议通过《行唐县人大常委会关于向退下来的七、八、九届人大常委会成员颁发荣誉证书的决定》《行唐县人民政府将原规划绿地改为交通大队办公楼和供销楼建设用地的议案》。会议通过人事任免事项（名单见本篇第七章《选举任免》）。

第十次会议 1991年3月7日召开，县人大常委会主任刘来福，副主任崔进德、杨争奇、张永强、顾丙印、杨桂林、赵翠琴和6名委员出席会议。县人大常委会党组顾问杨安县，县人民政府副县长王三堂，县人民法院院长朱惠保，县人民检察院相关负责人列席会议。会议通过《行唐县人大常委会关于召开十届人大二次会议的决定》；讨论通过《行唐县人大常委会工作报告（稿）》；讨论通过《代表资格审查委员会关于补选的县代表的代表资格审查报告》《行唐县人民代表大会议事办法（草案）》。会议听取县人大常委会代表联系科《关于评选1990年度先进代表小组和先进代表情况的汇报》，同意在大会预备会议前对11个先进代表小组、36名先进代表进行表彰。会议进一步传达省人大工作会议精神，学习邢崇智、郭志等领导的讲话。会议通过人事任免事项（名单见本篇第七章《选举任免》）。

第十一次会议　1991 年 6 月 1 日召开，县人大常委会主任刘来福，副主任崔进德、杨争奇、张永强、顾丙印、杨桂林、赵翠琴和 12 名委员出席会议。县人民政府副县长张桂林，县人民法院院长朱惠保，县人民检察院相关负责人列席会议。会议听取县财政局局长毛全球作的《关于 1991 年财政预算部分修定的报告》；听取县司法局副局长刘忠江作的《关于第一个五年普法规划实施情况和第二个五年普法规划的报告》，作出《关于继续开展法制宣传教育的决议》；听取县人大常委会政法科科长王玉祥作的《关于评议县人民法院、县人民检察院工作会议准备情况的汇报》。

第十二次会议　1991 年 7 月 9 日召开，县人大常委会主任刘来福，副主任崔进德、张永强、杨桂林、赵翠琴和 11 名委员出席会议。县委书记李遵英，县委组织部部长杜永新，县人民政府副县长高建玺列席会议。会议由县委组织部部长杜永新宣读石家庄地委的建议，并代表县委介绍王三堂的情况。会议通过《关于接受王玉楼辞去行唐县人民政府县长职务请求的决定》。会议通过人事任免事项（名单见本篇第七章《选举任免》）。

第十三次会议　1991 年 8 月 12 日至 13 日召开，县人大常委会主任刘来福，副主任崔进德、杨争奇、顾丙印、杨桂林、赵翠琴和 12 名委员出席会议。县人民政府副县长刘桂英、王志国，县人民法院院长朱惠保，县人民检察院检察长张法新，离退休老干部刘锡林、赵猛、刘清海、杨建民列席会议。会议组织委员视察县城卫生管理情况，听取和审议县城建局局长李志军作的《关于县城建设管理情况的报告》；听取县人民法院院长朱惠保、县人民检察院检察长张法新分别作的《关于人大评议整改阶段工作情况的报告》，县人民政府办公室副主任张杰作的《关于办理人大代表建议批评和意见情况的汇报》，县计划经济委副主任马青河作的《关于 1991 年上半年县办工业生产经营情况的报告》，县农业局局长徐红军作的《行唐县人民政府关于“三夏”工作的报告》，县计生委主任刘香忠作的《关于〈河北省计划生育条例〉贯彻执行情况的报告》。会议通过《关于奖励电力局等七个单位为办理代表建议先进单位的决定》《关于表彰先进人大代表的决定》。

第十四次会议　1991 年 8 月 19 日召开，县人大常委会主任刘来福，副主任崔进德、张永强、顾丙印、杨桂林、赵翠琴和 11 名委员出席会议。会议听取县人大常委会副主任崔进德作的《关于召开县十届人大三次会议的说明》，作出《关于召开十届人大三次会议的决定》，并决定在人代会期间对先进人大代表和办理代表建议先进单位进行表彰。会议审议通过代表资格审查委员会《关于补选代表的代表资格的审查报告》。

第十五会议　1991 年 9 月 24 日召开。县人大常委会主任刘来福，副主任崔进德、杨争奇、张永强、顾丙印、杨桂林、赵翠琴和 10 名委员出席会议。会议通过人事任免事项（名单见本篇第七章《选举任免》）。

第十六次会议　1991 年 10 月 19 日召开，县人大常委会主任刘来福，副主任崔进德、杨争奇、张永强、顾丙印、杨桂林、赵翠琴及 10 名委员出席会议。县人民政府副县长高建玺列席会议。会议审议并通过县人民政府《关于更改县城规划北市场位置的议案》。会议听取和审议县财政局局长毛全球作的《关于1991年1—9月份财政预算执行情况的报告》、县农办主任盖沧渊作的《关于今冬明春农田水利建设情况汇报》、县农业局局长徐红军作的《关于秋收种麦情况的汇报》《关于加强农田水利基本建设的决定》。会议通过人事任免事项（名单见本篇第七章《选举任免》）。

第十七次会议 1991年12月13日至14日召开，县人大常委会主任刘来福，副主任崔进德、张永强、顾丙印、赵翠琴和8名委员出席会议。县人民政府副县长高建玺、刘桂英，县人民法院、县人民检察院相关负责人列席会议。会议听取县商业局局长王春敏作的《关于1991年商业工作情况的汇报》、县乡镇企业局局长习瑞生作的《关于乡镇企业发展情况的报告》、县公安局局长张晨生作的《关于社会治安工作的报告》、县卫生局局长于俊国作的《关于1991年农村卫生工作情况的报告》；听取和审议县人民政府《关于农村宅基地实行有偿使用的规定的议案》，通过《行唐县人大常委会关于农村宅基地实行有偿使用的决议》。会议学习中共十三届中央委员会第八次会议公报——《中共中央关于进一步加强农业和农村工作的决定》。会议通过人事任免事项（名单见本篇第七章《选举任免》）。

第十八次会议 1992年3月10日召开，县人大常委会主任刘来福，副主任崔进德、杨争奇、张永强、顾丙印、杨桂林、赵翠琴和8名委员出席会议，县人民政府副县长陈二庆，县人民法院负责人，县人民检察院检察长张法新列席会议。会议审议并通过《关于召开十届人大四次会议的决定》；通过十届人大四次会议主席团、主席团常务主席、大会秘书长、议案审查委员会、财经审查委员会等各项名单（草案）；讨论通过《行唐县人大常委会工作报告（稿）》；通过县十届人大常委会代表资格审查委员会《关于补选代表资格的审查报告》。会议听取代表联系工作科《关于评选1991年度模范代表小组和模范代表的汇报》，同意在人代会前对9个代表小组、35名代表进行表彰。会议通过人事任免事项（名单见本篇第七章《选举任免》）。

第十九次会议 1992年3月24日召开，县人大常委会主任刘来福，副主任崔进德、杨争奇、张永强、顾丙印、杨桂林、赵翠琴和11名委员出席会议。会议通过《关于接受朱惠保辞去行唐县人民法院院长职务的请求的决定》。

第二十次会议 1992年4月30日召开，县人大常委会主任刘来福，副主任崔进德、杨争奇、张永强、顾丙印、杨桂林和10名委员出席会议。县人民检察院相关负责人列席会议。会议听取县人民检察院副检察长李文胖作的《关于人大代表韩某某非法拘禁村民情况的汇报》，许可县人民检察院对韩某某依法逮捕。

第二十一次会议 1992年6月10日召开，县人大常委会主任刘来福，副主任崔进德、杨争奇、张永强、顾丙印、杨桂林、赵翠琴和7名委员出席会议。县人民政府副县长陈二庆，县人民法院、县人民检察院相关负责人列席会议。会议听取和审议副县长陈二庆作的《关于改革开放情况的汇报》、县计经委书记任青堂作的《关于〈企业法〉实施情况的汇报》、县公安局副局长王东生作的《关于社会治安综合治理工作情况的汇报》、县土管局局长王绪祥作的《关于农村宅基地有偿使用进展情况的汇报》。会议通过代表资格审查委员会

《关于白庙、白庙庄选区罢免个别代表代表资格的审查报告》。

第二十二次会议　1992 年 8 月 12 日至 13 日召开，县人大常委会主任刘来福，副主任崔进德、杨争奇、张永强、杨桂林、赵翠琴和 8 名委员出席会议。县人民政府副县长高建玺、贾连海，县人民法院、县人民检察院相关负责人列席会议。会议审议乡镇企业局局长习瑞生作的《关于乡镇企业发展情况的报告》、县卫生局局长于俊国作的《关于贯彻实施〈食品卫生法〉情况的报告》、县城建局局长赵海军作的《关于贯彻实施〈城市规划法〉和县城建设及管理情况的报告》、县工商局局长刘丙林作的《行唐县市场建设和管理工作的汇报》。会议通过人事任免事项（名单见本篇第七章《选举任免》）。

第二十三次会议　1992 年 10 月 16 日召开，县人大常委会主任刘来福，副主任崔进德、杨争奇、张永强、顾丙印、杨桂林、赵翠琴和 11 名委员出席会议。县委书记李遵英，县人民法院、县人民检察院相关负责人列席会议。会议通过《关于接受王三堂辞去行唐县人民政府县长职务请求的决定》。会议通过人事任免事项（名单见本篇第七章《选举任免》）。会议研究关于召开十届人大五次会议的有关事宜，作出《关于召开十届人大五次会议的决定》。

第二十四次会议　1992 年 10 月 26 日至 28 日召开，县人大常委会主任刘来福，副主任崔进德、杨争奇、张永强、顾丙印、杨桂林、赵翠琴和 7 名委员出席会议。县人民政府副县长李明国、张桂林，县人民法院、县人民检察院相关负责人列席会议。会议学习党的十四大报告。会议研究审议换届选举的有关事宜，作出《关于行唐县第十届人民代表大会、乡镇第四届人民代表大会代表名额和选举时间的决定》。会议通过人事任免事项（名单见本篇第七章《选举任免》）。会议听取和审议县财政局副局长赵润德作的《关于 1992 年 1—9 月财政预算执行情况的报告》、县计委主任张双全作的《1992 年 1—8 月国民经济和社会发展计划执行情况的汇报》。会议视察农田水利基本建设情况，听取和审议《关于农业生产和今冬明春农田水利基本建设的汇报》。

第二十五次会议　1993 年 1 月 7 日召开，县人大常委会主任刘来福，副主任崔进德、杨争奇、张永强、顾丙印、杨桂林和委员 7 名出席会议。县人民政府副县长刘桂英，县人民法院、县人民检察院相关负责人列席会议。会议作出《关于在全县实施“五开”战略工程的决定》和《关于加强信访工作维护社会秩序的决定》。

第二十六次会议　1993 年 1 月 13 日召开，县人大常委会主任刘来福，副主任崔进德、杨争奇、张永强、顾丙印、杨桂林、赵翠琴和 6 名委员出席会议。县人民政府副县长李明国列席会议。会议通过人事任免事项（名单见本篇第七章《选举任免》）。

第二十七次会议　1993 年 2 月 24 日召开，县人大常委会主任刘来福，副主任崔进德、杨争奇、顾丙印、杨桂林、赵翠琴和 8 名委员出席会议。会议讨论通过《行唐县人大常务委员会工作报告（稿）》；通过代表资格审查委员会主任委员崔进德作的《关于县十一届人大代表资格审查情况的报告》；会议听取县人大常委会副主任崔进德作的《关于召开十一届人民代表大会的说明》，并作出《关于召开十一届人大一次会议的决定》。

第二节 主任会议

县十届人大常委会任期内共召开主任会议78次，由县人大常委会主任刘来福主持召开，县人大常委会各位副主任出席会议，各科室负责人列席会议，县人民政府及相关部门、“两院”负责人根据会议要求列席会议。

表6-5 行唐县第十届人大常委会主任会议情况一览表

序号	时间	议题
1	1990年1月8日	研究县人大常委会1989年度机关人员县级先进评比工作；研究春节前慰问老干部事宜；安排1989年工作总结和1990年工作计划
2	1990年2月5日	研究县人大常委会换届组成人员计划；安排执法“双评”（先进单位、先进个人）工作；确定乡长、联组长、人大代表人选；研究选举工作；研究1990年工作要点
3	1990年5月8日	研究普法工作；研究“三挂钩”工作；研究城建工作
4	1990年5月12日	学习《地方组织法》有关内容；明确人大常委会职权；县委副书记刘士英参加主任会座谈
5	1990年5月14日	研究下一步人大工作计划；安排丈量棉田、了解农民负担、“三挂钩”落实、《土地管理法》执行、执法检查、了解学校危房、走访代表、整顿机关作风等工作
6	1990年7月16日	研究个别县人大代表批捕的问题
7	1990年7月28日	听取县粮食局关于统销粮发放和收取油脂差价款问题的情况汇报
8	1990年7月30日	听取县财政局关于1990年农业税征收情况的报告；听取县卫生局关于食品卫生工作的报告；听取县水利局关于行唐县防汛抗旱指挥部1990年度防汛准备工作汇报；讨论下次例会工作；安排县人大常委会个别主任的分工；安排政法科起草执行执法责任制通知；要求人大监督工作要及时撰写周报或专题报告；明确个别科室职责；研究下乡经费问题
9	1990年9月24日	听取拟提交第五次常委会决定通过的《关于增收节支的决议（草稿）》

续表6-5

序　号	时　间	议　题
10	1990 年 10 月 15 日	听取县人民政府代表建议办理情况汇报；安排县人大常委会政法科对土管方面的建议调查及执法检查
11	1990 年 10 月 17 日	研究代表建议办理结果情况；听取县人大常委会政法科调查土地纠纷情况报告；研究关于县粮食局问题的材料
12	1990 年 10 月 26 日	研究县人大常委会开展执法检查的通知；听取县审计局关于城寨粮站调查情况的汇报
13	1990 年 10 月 30 日	研究执法检查工作安排；学习和研究省人大常委会关于总结人大常委会建立十周年的活动通知；研究关于粮食局的问题；研究关于回访代表问题
14	1990 年 11 月 6 日	听取县财政局关于 1990 年财政预算调整情况的汇报；听取县监察局对城寨、屹㟧头、九口子、秦台粮站问题查处情况的汇报；讨论纪念人大成立十周年活动计划
15	1990 年 11 月 23 日	贯彻 11 月 20 日地区在行唐县召开的人大纠正行业不正之风工作监督现场会精神，研究下一步做法
16	1990 年 11 月 26 日	研究近期召开一次人大常委会；听取县人大常委会政法科关于宅基纠纷情况调查汇报；宣读第七次常委会原则通过的《加强农业系列化服务的决议》的修改稿；讨论县委为加强人大工作出台的文件
17	1990 年 11 月 29 日	研究关于县人民政府向常委会提交城建规划部分变更的议案
18	1990 年 12 月 12 日	研究第八次常委会通过的交通大队修改的规划建设用地问题；研究第八次常委会通过的关于交通大队建设机关停车场事宜
19	1990 年 12 月 25 日至 26 日（扩大会）	传达贯彻省委全省人大工作会议精神、省委加强人大工作的决议（讨论稿）及省领导讲话；县委副书记刘士英到会并讲话
20	1991 年 1 月 4 日	听取县监察局、审计局两部门关于粮食局问题的汇报
21	1991 年 1 月 14 日	研究县人大常委会关于 1990 年全年工作总结的草稿及 1991 年工作安排；讨论拟定的关于评选先进代表小组通知
22	1991 年 1 月 21 日	讨论 1 月 22 日召开乡人大主席会议事项
23	1991 年 1 月 28 日	研究县十届二次人代会准备工作，拟定人代会会期 3 天；研究关于节前慰问老干部工作；传达省委人大工作会议精神

续表6-5

序号	时间	议题
24	1991年3月2日	县委同意十届二次人代会会期4天，确定会议日期；研究补选代表事项；研究第十次常委会召开时间；研究向县十届二次人代会提交的县人大常委会工作报告（稿）；拟定3月4日召开乡镇人大常务主席会
25	1991年3月5日	拟定3月7日召开第十次例会；通报县委同意召开县十届二次人代会，会期4天
26	1991年3月9日	传达地区关于各县召开人代会准备工作中存在的问题；安排关于人代会文件的下发事宜
27	1991年3月13日	研究人代会有关事项；研究评议“一府两院”事宜；评议人大代表建议
28	1991年3月18日	讨论县人大财经审查委员会的审查报告（草稿），建议1991年牢固树立过紧日子思想，开展增收节支，提高经济效益，加强税收征管，依法理财
29	1991年3月27日	拟定下次常委会内容；关于评议县人民法院、县人民检察院工作事项
30	1991年4月20日	研究评议县人民法院、县人民检察院工作情况；安排各主任下去进行座谈，了解情况
31	1991年4月29日	研究评议县人民法院、县人民检察院工作安排（第三阶段），重点是调查、阅卷
32	1991年5月20日	传达省、地区人大来县的精神，讨论评议“两院”工作
33	1991年5月23日	研究评议县“两院”的问题；研究评议地区“两院”问题；研究上方乡评议材料
34	1991年5月28日	研究6月4日评议“两院”工作会议的会前准备工作；研究第十一次常委会材料准备
35	1991年6月5日	对评议“两院”工作进行总结；讨论下一步评议工作如何开展、整改阶段怎么进行；安排行唐县代表到石家庄评议地区“两院”工作材料准备工作
36	1991年6月10日	商谈交办“两院”案件情况
37	1991年6月15日	研究关于北贾素纸箱厂问题
38	1991年6月24日	传达6月19日至21日地区人大评议“两院”情况；讨论第十二次例会及下半年工作安排

续表6-5

序　号	时　间	议　题
39	1991年7月5日	研究决定7月9日开一次例会，内容是：任命代理县长；学习江泽民总书记“七一”讲话精神
40	1991年7月15日	研究关于评议“七所八站”开展情况；研究评议“两院”案件办理情况；讨论下次例会准备情况
41	1991年7月16日	与“两院”有关领导座谈；讨论评议整改情况
42	1991年7月30日	研究关于第十三次例会的材料准备情况
43	1991年8月7日	研究确定第十三次例会的召开时间；研究个别案件的办理情况
44	1991年8月10日	讨论关于表扬办理代表建议先进单位和先进个人事项；研究补选代表事项；确定9月初召开全县人代会
45	1991年8月15日	研究人代会准备工作、表彰代表工作、补选两名出缺的代表、人代会讲话及表彰先进；决定人代会前开一次常委会
46	1991年8月24日	传达县人民政府关于抗旱会议的指示精神，并对主任分包抗旱工作进行安排部署
47	1991年8月26日	听取县第三次人代会准备情况
48	1991年9月5日	研究县人民法院几个案件情况；迎接八大新闻采访团事宜
49	1991年9月15日	研究“七所八站”怎么严格评议；听取“两院”案件办理情况汇报；听取第十五次例会准备情况
50	1991年9月17日	研究第十五次例会议题；研究北贾素纸箱厂案件；安排新闻单位采访工作；全面总结评议工作
51	1991年9月19日	安排到新乐人大学习“双联”工作；安排到水库、市同、独羊岗开展评议工作；安排市中院来县了解北贾素纸箱厂案件的准备工作
52	1991年10月9日	研究下次常委会议题；关于社教工作安排；听取评议“两院”整改情况汇报
53	1991年10月13日	传达10月1日至2日地区人大信访工作会议精神；传达省人大工作会议精神；评议口头“七所八站”情况
54	1991年10月15日	研究县人民政府拟建北市场事宜，统一思想，为例会通过做准备
55	1991年10月17日	讨论《关于加强农田水利基本建设的决议（草案）》
56	1991年11月13日	传达11月1日至2日地区人大工委信访工作会议精神；传达省代表工作会议精神，安排全县代表工作；研究第十七次常委会时间；关于口头“七所八站”情况；讨论评议案件情况

续表6-5

序　号	时　间	议　题
57	1991 年 12 月 7 日	学习十三届八中全会公报及社论；讨论宅基地有偿使用决定；宣读县人大常委会关于加强人大工作的决定（讨论稿）；汇报评议口头“七所八站”进度情况；讨论第十七次常委会准备情况；研究十届四次人代会准备工作；讨论 1991 年工作总结
58	1991 年 12 月 10 日	听取对商业、工业调查情况汇报；听取对乡镇企业调查情况汇报；听取对农村卫生工作调查情况报告
59	1991 年 12 月 11 日	研究关于土地有偿使用的决议（草稿）；研究人大党组关于十届四次人代会几项请示；研究关于县委领导出席地区人大会议工作的讲稿
60	1992 年 1 月 9 日	通过县人大常委会党组关于县十届人大四次会议向县委的请示、关于 1991 年工作总结；研究春节前工作安排
61	1992 年 2 月 13 日	传达地委思想作风整顿工作会议精神；研究人代会工作
62	1992 年 4 月 6 日	传达地区人大会议精神；研究如何评议“七所八站”工作；听取关于县十届人大四次会议和评议农口的建议办理情况；研究“兴县精神”的决定修改；安排关于 5 个执法检查计划；研究关于村民代表会的安排
63	1992 年 4 月 30 日	听取县人大常委会政治法律科汇报评议市中级人民法院三个案件进度情况；研究关于个别县人大代表资格是否罢免；汇报人代会评议农口的工作情况；讨论第二十一次常委会内容；传达地区人大工委关于学习《代表法》的通知；听取县人民政府关于代表建议办理情况的汇报
64	1992 年 5 月 18 日	评议地区“一处一局”收集材料情况；听取《代表法》贯彻及当前代表服务经济情况
65	1992 年 6 月 8 日	县人大常委会副主任崔进德传达 26 日至 27 日赴赵县参加村民代表会会议精神，汇报在市同乡搞试点情况；研究第二十一次常委会召开时间
66	1992 年 7 月 2 日	传达 7 月 1 日参加的全县项目调度会内容；介绍县人大参与的项目情况；讨论“给代表发的一封信”活动的下一步工作安排；研究建立村民代表会事项；决定召开第二十二次常委会
67	1992 年 7 月 20 日	研究乡镇人大主席外出考察事宜

续表6-5

序　号	时　间	议　题
68	1992年8月3日	研究第二十二次常委会召开事宜
69	1992年8月10日	研究第二十二次常委会议题的准备工作及任免事项
70	1992年9月7日	传达地区人大在新乐召开的《地方人大建设》发行会议精神以及省人大在唐山召开的征订会议领导讲话；研究第二十三次常委会会议议题
71	1992年9月28日	传达8月25日至27日省人大召开换届选举会议精神；传达地委书记短期培训班会议讲话精神
72	1992年10月6日	研究近期召开常委会事宜；研究换届选举工作、代表名额等事宜
73	1992年10月12日	研究安排近期工作；计划16日召开乡镇人大主席会议和第二十三次常委会；研究人事任免事项
74	1992年10月16日	传达地区换届选举会议精神；研究换届选举工作；研究县十届人大五次会议准备情况；听取第二十四次常委会准备情况
75	1992年10月23日	研究第二十四次常委会议议题；研究乡镇选举委员会调整问题；研究政府人事任免事宜
76	1992年11月3日	听取县人民法院关于北贾素纸箱厂承包案处理情况的汇报
77	1992年12月31日	讨论1992年年终总结；研究选举期间的值班及宣传报道工作
78	1993年1月6日	研究第二十五次常委会会议事宜；建议通过两个决定；研究信访和“五开”工程情况；讨论安排县十一届人代会有关工作；通报选举情况

第三节　机构设置

截至1990年4月，县十届人大常委会仍设办公室、政治法律科、财政经济科、教育科学文化卫生科、代表联系工作科。

表6-6　行唐县第十届人大常委会机构人员概况表

机构名称	职　务	姓　名	任职时间
办公室	主　任	耿平均	1990年4月—1993年2月
	副主任	贾四喜	1990年4月—1993年2月
政治法律科	科　长	王玉祥	1990年12月—1993年2月
	副科长	王玉祥	1990年4月—1990年12月

续表6-6

机构名称	职　务	姓　名	任职时间
财政经济科	科　长	高会东	1990 年 4 月—1993 年 2 月
	副科长	田振法	1990 年 4 月—1993 年 2 月
教育科学文化卫生科	科　长	张胜利	1990 年 4 月—1993 年 2 月
代表联系工作科	科　长	毛金锁	1990 年 4 月—1993 年 2 月
	副科长	宇文国珍	1990 年 4 月—1993 年 2 月

第四节　机关工作

一、思想建设

县十届人大常委会立足于推进全县民主与法制建设的进程及职权的行使，组织常委会组成人员及机关工作人员认真学习党的方针政策、学习江泽民建党 70 周年讲话、邓小平南方谈话、中央政治局全体会议精神和十四大文件；坚持周五学法日制度，学习《宪法》《地方组织法》及有关改革开放的一系列法律法规。通过学习，提高了坚持党的基本路线的自觉性，提高了政策水平、法律水平和依法履职能力。

二、制度建设

完善制度是做好工作的保证，县十届人大常委会把完善各项制度作为一项基础性工作来抓，通过认真总结过去的工作经验，先后制订《办理代表建议办法》《代表小组活动办法》《常委会议事办法》，修订《联系代表办法》《人事任免办法》等制度，同时指导各乡镇结合实际也制定一系列制度，使人大工作经验得到积累和丰富，不断向制度化、规范化发展。

三、作风建设

县十届人大常委会强调为基层服务，为经济建设服务，注重加强调查研究。从常委会成员到机关工作人员，都坚持实事求是、真抓实干，经常深入实际，联系群众，大搞调查研究，掌握第一手材料，为正确行使职权提供了依据。

第五章　监 督 工 作

县十届人大及其常委会坚持以邓小平理论和“三个代表”（中国共产党始终代表中国先进生产力的发展要求、始终代表中国先进文化的前进方向、始终代表中国最广大人民的根本利益）重要思想为指导，围绕全县改革、发展、稳定大局，认真履行《宪法》和法律赋予的监督职权。常委会会议适时听取和审议“一府两院”工作报告和计划、预算报告 41 项，主任会议听取专项工作报告 13 项；法律法规实施情况检查、视察调查、代表评议、评选“四最”干警等工作亮点突出，尤其评议工作卓有成效。

组织代表，联系选民，调查研究，对国家机关开展经常性的评议活动，是强化人大监督、拓宽监督渠道、加强民主与法制建设的新形式。县十届人大常委会围绕全县重大问题切实加强监督，真正做到敢于监督、善于监督。1990 年至 1993 年，县十届人大常委会尝试使用“评议”形式进行监督，经过三年的实践，摸索出一定的经验，拓宽和丰富了代表会外监督的渠道和方法。任期内，先后评议县粮食部门、“一府两院”、农口部门、基层“七所八站”的工作，参加了省、地人大组织的评议省、地“两院”“一处一局”的活动。评议活动的开展，进一步拓宽了人民群众对国家机关的监督渠道，把国家机关及其工作人员置于人民群众监督之下，纠正了行业的不正之风，促进了廉政建设和部门工作，提高了其接受监督的自觉性，推动了国家机关改进工作作风，密切了同人民群众的联系。行唐县人大常委会这种新的监督方式得到了全国人大和省、地人大的肯定。《人民日报》《人民代表报》及多家省、地报刊都刊登了行唐县人大常委会开展评议工作的做法和经验。

第一节　听取和审议专项工作报告与计划预算工作报告

县十届人大常委会会议听取和审议“一府两院”专项工作报告 34 项、计划预算报告 7 项。

表 6-7　行唐县第十届人大常委会会议听取和审议专项工作报告与计划预算报告情况表

时　间	常委会会议	报告内容
1990 年 5 月 21 日	第二次	县司法局关于普法工作的报告；县联社关于“三挂钩”物资供应情况的报告；县城建局关于宣传贯彻《城市规划法》和县城建设管理情况的报告
1990 年 8 月 1 日	第四次	县人民法院工作报告和贯彻实施《中华人民共和国行政诉讼法》安排意见；县公安局关于“严打”和社会治安工作的报告；县农业局关于农业生产情况的报告
1990 年 9 月 24 日	第五次	县计划经济委员会关于 1990 年 1—7 月国民经济和社会发展计划执行情况的报告；县财政局关于 1990 年 1—7 月财政预算执行情况和当前财政形势的报告；县税务局关于税务工作的报告（1—8 月税收情况）；县粮食局关于粮食系统纠正行业不正之风情况的报告
1990 年 11 月 15 日	第七次	县财政局关于 1990 年财政预算部分调整情况的报告；县人民政府关于秋冬季农田水利基本建设情况的报告
1991 年 6 月 1 日	第十一次	县财政局关于 1991 年财政预算部分调整的报告；县司法局关于第一个五年普法规划实施情况和第二个五年普法规划的报告
1991 年 8 月 12 日	第十三次	县城建局关于县城建设管理情况的报告；县人民法院、县人民检察院关于评议整改阶段工作情况的报告；县人民政府关于办理人大代表建议批评和意见情况的报告；县计经委关于 1991 年上半年县办工业生产经营情况的报告；县农业局关于“三夏”工作的报告；县计生委关于《河北省计划生育条例》贯彻执行情况的报告
1991 年 10 月 19 日	第十六次	县人民政府关于 1991 年 1—9 月份财政预算执行情况报告；县人民政府关于今冬明春农田水利建设情况汇报；县农业局关于秋收种麦情况的报告

续表6-7

时　间	常委会会议	报告内容
1991年12月13日	第十七次	县商业局关于1991年商业工作情况的汇报；县乡镇企业局关于乡镇企业发展情况的报告；县公安局关于社会治安工作的报告；县卫生局关于1991年农村卫生工作情况的报告；县人民政府关于农村宅基地实行有偿使用的规定的议案
1992年4月30日	第二十次	县人民检察院关于县人大代表韩某某非法拘禁村民情况的汇报
1992年6月30日	第二十一次	县人民政府关于改革开放情况的汇报；县计经委关于《企业法》实施情况的报告；县公安局关于社会治安综合治理工作情况的汇报；县土管局关于农村宅基地有偿使用进展情况的汇报
1992年8月12日	第二十二次	县乡镇企业局关于乡镇企业发展情况的报告；县卫生局关于贯彻实施《食品卫生法》情况的报告；县城建局关于贯彻实施《城市规划法》和县城建设及管理情况的报告；县工商局关于市场建设和管理工作的汇报
1992年10月26日	第二十四次	县计委关于1992年1—8月国民经济和社会发展计划执行情况的报告；县财政局关于1992年1—9月财政预算执行情况的报告；县农业局关于农业生产和今冬明春农田水利基本建设的汇报

第二节　主任会议听取专项工作报告

县十届人大常委会主任会议听取“一府两院”专项工作报告13项。

表6-8　行唐县第十届人大常委会主任会议听取专题工作汇报情况一览表

时　间	议　题
1990年7月28日	县粮食局关于统销粮发放和收取油脂差价款问题的情况汇报
1990年7月30日	县财政局关于1990年农业税征收情况的汇报；县卫生局关于食品卫生工作的汇报；县水利局关于1990年度防汛准备工作的汇报
1990年10月15日	县人民政府代表建议办理情况汇报
1990年10月26日	县审计局关于城寨粮站调查情况的汇报
1990年11月6日	县财政局关于1990年财政预算调整情况的汇报；县监察局对城寨、屹峪头、九口子、秦台粮站问题的汇报
1991年1月4日	县监察局、审计局关于粮食局问题的汇报
1991年9月15日	县人民法院、县人民检察院关于案件办理情况汇报
1992年11月3日	县人民法院关于北贾素纸箱厂承包案处理情况的汇报

第三节　法律法规实施情况的检查

县十届人大常委会把促进法律法规的宣传、贯彻、实施，提高全民法制观念作为加强法制建设的重要抓手，大力加强法律法规实施情况的检查力度。

1990年2月，县人大常委会副主任皮忠录带领财经科有关人员深入立德粉厂，对《企业法》实施情况进行调查，并形成调查报告，提出加强法律学习，建立强化法律意识的机制；加强党的领导，健全组织制度和监督制度；加强对资金的预测、监督和控制；坚持维护企业自主权；建立单位执法自查机构，制定自我约束制度，并定期或不定期进行自查，做到常抓不懈五个方面的建议。12月15日，县人大常委会办公室印发《行唐县人大常委会办公室、行唐县人民政府办公室关于土地管理法律法规执行情况大检查的通知》。根据省、地人大及政府关于土地管理法律法规执行情况大检查的联合通知精神，县人大常委会、县人民政府组成联合检查领导小组，成立以县人大常委会副主任顾丙印任组长，主管农业的副县长张桂林为副组长，人大常委会财经科科长、监察局局长、土管局局长、司法局副局长为成员的领导小组，办公室设在县土管局，对全县1986年以来土地管理法律法规执行情况进行全面检查。县领导小组于1991年11月13日对齐村、只里等6个乡镇进行抽查，于12月12日至13日听取乡镇汇报，并针对存在的问题提出了关于经常宣传土地管理法规、开展普法、加强监督检查、土地管理、人员配备、修订土地建设规划等建议。

1992年8月，成立由县人大常委会副主任顾丙印任组长、县人民政府副县长刘桂英任副组长的执法检查领导小组，对1992年土地管理工作进行执法检查。同时还对部门执法情况进行监督检查，促进了社会稳定，为县域经济发展创造了良好的环境。

截至1993年2月，县人大常委会根据全县实际情况和省、地人大的安排部署，相继对《河北省土地管理条例》《河北省计划生育条例》《河北省种子管理条例》《食品卫生法》《企业法》《义务教育法》等23部法律法规的贯彻实施情况进行检查，先后两次听取县司法局的“普法”工作报告，并针对相关法律的颁布组织学习，举办了纪念《宪法》颁布十周年活动，促进了法律法规的实施。

第四节　视察调查

县十届人大常委会任期内立足推动经济社会全面进步，重视开展视察、调查活动。主要视察、调查活动有：

1990年7月21日至24日，县人大常委会副主任赵翠琴、党组顾问杨安县带领政治法律科有关人员对口头、上方、城关三个乡镇的社会治安状况进行调查，并提出加强对执法人员的政治思想教育和业务培训；积极发挥基层民调、治保组织的作用；建立各种防范制度；加强对广大群众的法制教育，提高人们的法律意识；进一步开展“严打”工作，促进安定团结的政治局面等五个方面的意见、建议，得到县委主要领导的肯定。11 月 15 日，县十届人大常委会组成人员对农田水利基本建设情况进行视察，实地勘察了东玉女、草泊头、九口子、刘七里峰和岗头 5 个村的建设情况。

1991 年 7 月 9 日至 15 日，县人大、政协组成联合调查组对人大代表、政协委员反映的渠水利用率低、收费高、放水迟、误农时、浇地难等问题进行调查。通过召开座谈会、现场调查等形式找到了问题的原因，并提出五点建议。一是各级政府必须高度重视水利事业，加强领导。二是加强水法宣传。三是今冬明春的农田基本建设中，灌渠受益乡镇应以水利基本建设为主，搞好清淤和修整设施。四是发挥水利部门干部、职工的骨干作用，适当集中人力，突出重点，克服等、靠、要思想，亲自动手，节约开支，解决问题。五是以村为单位试办渠灌浇水公司，负责组织放水和收费，可提取适当报酬，取代个人承包，减轻农民负担。8 月 12 日，县人大常委会组织主任、委员、人大代表、离退休老干部及县人民政府 8 个部门、龙州镇相关人员对县城主要街道的卫生和管理情况进行视察。

1992 年 8 月 12 日，县十届人大常委会组成人员视察口头、上方两个乡镇的企业发展情况和口头、坟台及县城一些食品摊点的卫生情况、县城建设管理和市场建设管理情况。10 月 26 日，县十届人大常委会组织部分委员、代表视察北龙岗乡荒山、荒滩开发，连家庄、安香乡速生丰产林基地建设和九口子乡万亩枣园建设情况。

第五节　代表评议

县十届人大常委会重视代表评议工作，评议坚持公正客观，以事实为依据，以法律为准绳，在肯定部门主要成绩的同时，也从不同角度客观反映存在的问题，既有深度也有广度，使与会人员深受教育。任期内组织开展的较大规模的代表评议活动有：

一、评议“七所八站”

1990 年第二至第三季度，根据县委六中全会决议和县十届人大二次会议精神，针对一些代表反映部分基层粮站供应统销粮中存在的弄虚作假、贪污私分、食油掺假和私设“小金库”等问题，县十届人大常委会会同县纪委、检察院、审计、物价等部门和部分人大代表组成 31 个调查组，走访群众、代表上千人，调查粮食部门干部职工上百人次，对全县 24 个粮站进行了 45 次调查，联系选民上万人次。对查出的克扣统销粮指标、压级压价收购农民小麦等问题，转交有关职能部门进行查处，使粮食部门端正了工作作风，工作大有起色，一跃成为石家庄地区粮食系统先进单位。常委会又组织代表联系选民、征求意见，协助开展整顿基层“七所八站”工作。这些活动，有力地促进和推动了全县纠正行业不正之风和廉政建设工作。为推广行唐县的做法，1990 年 11 月 20 日，地区人大在行唐县召开了全区人大纠正行业不正之风工作监督现场会，省人大常委会主任郭志、地区人大工委联络处主任李国华高度评价了行唐县的做法。地区人大纠正行业不正之风工作监督现场会后，县人大常委会先后召开主任会议、第八次常委会和乡镇人大常务主席座谈会，学习现场会精神，开展省、地领导要求“全区学行唐，我们怎么办”的讨论，将监督纠正行业不正之风工作持续推进。1991 年 5 月，行唐县人大常委会在山西、河北两省人大工作经验交流会上作题为《认真履行监督职权　纠正粮食系统不正之风》的典型发言，受到与会者的一致好评。

1991 年 8 月 10 日，县人大常委会党组制定《关于派人大代表进“三站”监督收购工作的意见》。9 月 4 日，由中共行唐县委办公室转发（行发〔1991〕51 号），要求提高代表监督收购工作的认识，解决代表进“三站”监督的活动经费，选好代表并进行培训；实行代表进“三站”（粮油、棉、烟收购站）和“三上墙”（样品、质量、价格）的办法，防止压级、压价、人情收购等不正之风的发生，提高服务质量。11 月 21 日，根据县委的意见，县人大常委会组织人大代表召开评议“七所八站”部署动员会。县人大常委会副主任崔进德在讲话中指出，结合在农村开展的社教工作搞好对“七所八站”的评议整顿，对于全面贯彻党在农村的方针政策及落实党的十三届六中、七中全会精神，纠正行业不正之风，推动农村经济发展和社会全面进步具有重要作用。评议内容以 1990 年以来各所站执行国家法律、法令和政策情况，职业道德和服务态度情况，行业作风和廉政建设情况，为中心工作服务和本职业务工作情况为主。为使评议的结果量化和具体化，采用代表给被评议单位打分的办法，划分“信任、基本信任、不信任”三个档次。会议要求县直主管部门在对下安排工作时，要把评议工作统筹安排进去，要安排人员参加乡镇的动员会和评议会，协助乡镇抓好评议工作；被评人员要端正态度，虚心听取群众意见，接受代表的评议监督。会议强调，评议“七所八站”工作要贯彻党的十三届六中、七中全会精神，要在县委领导下、在县人大指导下进行，切实加强领导，统筹安排，加强各方面的思想教育工作，做到评议与教育相结合，互相促进，扎扎实实，取得成效，推动全县政治、经济和社会稳定协调发展。从 1991 年 11 月至 1992 年 4 月，县人大常委会组织县、乡人大代表结合农村社教对行唐、口头、杨家庄等 9 个乡镇的 141 个基层所站进行了评议，共收集建议、批评和意见 1087 条。通过评议，“七所八站”工作人员坚持党的基本路线、服务经济建设中心意识显著提升，服务态度、服务质量明显改善，一些单位“话难听、脸难看、门难进、事难办”等不正之风得到有效遏制，同人民群众的关系进一步增强，进一步树立起县人大常委会作为代表人民行使权力、支持人民当家作主的权力机关的形象和威信。

二、评议“两院”工作

县十届人大常委会依法组织代表对县人民法院、县人民检察院工作进行评议。1991 年 6 月 4 日，县人大常委会召开由省、县、乡 110 名代表参加的评议县人民法院、县人民检察院工作会议。县四大班子领导、政法办及政府系统 10 个行政执法部门负责人、公检法司全体人员列席会议，参会人员达 400 多人。省人大政法委、地区人大工委及市中级人民法院、人民检察院的领导和有关人员列席指导。会上，县人大常委会主任刘来福及 11 名代表登台发言，10 个乡镇代表书面发言，公正、客观、实事求是地评议了“两院”工作。这些评议促进了社会主义民主与法制建设，调动了代表参政议政的积极性，给人民行使民主权利提供了条件。截至1993年，代表对“两院”1990年以来的2448个案件进行了调查，联系选民7万余人次，召开座谈会544次，从群众反映的133个案件中确定50个重点案件进行了大会评议，并督促“两院”认真整改。“两院”虚心接受监督，认真自查自纠了23个方面81个案件的问题，对常委会交办的50个重点案件逐案研究，全部依法进行了解决。通过这次评议活动，调动了“两院”自查自纠的积极性，“两院”认真总结经验教训，加强学习，提高素质，转变了审判作风，加强了廉政建设，密切了警民关系，提高了依法办案的自觉性，推动了全县司法部门的工作。县十届人大常委会组织代表开展评议活动的做法，在全国引起了反响。行唐人大在山西、河北两省人大工作经验交流会上作了典型发言。全国人大常委会新闻局组织新华社、人民日报社等8家中央新闻单位来县联合进行了新闻采访。辽宁、贵州、山东、湖北及承德、永年、新乐等省内外的一些县市也到县考察、交流评议工作，进一步促进了全县人大工作的开展。

三、评议政府工作

1991年4月，县十届人大二次会议专门安排代表评议政府工作这一议程。县十届人大常委会从1990年12月开始制定评议方案，发动代表联系选民8万多人次，根据群众反映的问题，分乡确定评议重点。会上，全县29个代表团结合《政府工作报告》，实事求是地评议政府一年来的工作成绩和存在问题，共提出建议、批评和意见10个方面233条，密切了干群关系，增强了宗旨观念，促进政府部门工作作风的改善和相关工作的深入开展。

四、评议县农口五局

1992年3月26日，县人大常委会组织参加县十届人大四次会议的代表评议县农业局、林业局、水利局、畜牧局、农机局1991年的工作，共收到建议、批评和意见105条，会后总结梳理为40条，其中农业局8条、林业局6条、水利局19条、畜牧局4条、农机局3条。会后及时转交这5个部门办理和答复。6月上旬，主任会议专门听取这5个部门办理情况的汇报，并对一些建议的办理提出了意见，经过检查督导，取得了较好的效果。

五、参加省、地组织的评议

1991年至1992年，县十二届人大常委会组织县人大代表参加了省、地人大组织的对省高级人民法院、省人民检察院及市中级人民法院、市人民检察院的两次评议。1992年4月1日至7月上旬，根据地委办（92）16号文件精神，县人大常委会组织县人大代表参加了省、地人大组织的对“一处一局”（地区公安处和卫生局）从1991年1月1日至1992年3月底的工作进行的评议。行唐县人大代表的发言均得到肯定。

第六章 决议决定

县十届人大及其常委会以经济建设为中心，坚持四项基本原则，坚持改革开放，任期内将县城建设、乡镇企业发展、十年绿化行唐大地、市场建设、“五开”工程、社会治安综合治理、宅基地有偿使用、加强农田水利基本建设、信访工作、政治经济体制改革、成立行唐县法制教育中心等重大事项列入县人大常委会议事日程，圆满组织召开历次会议，经与会代表审议、表决，先后作出决定决议 39 项。

第一节 作出决议决定

一、县十届人大历次会议作出决议决定情况

县十届人大历次会议共作出决议决定 23 项。

表 6-9 行唐县第十届人民代表大会历次会议决议决定一览表

时间	会次	名称
1990 年 4 月 3 日	第一次	关于政府工作报告的决议
		关于行唐县 1989 年国民经济和社会发展计划执行情况与 1990 年国民经济和社会发展计划的决议
		关于行唐县 1989 年财政决算和 1990 年财政预算的决议
		关于行唐县人民代表大会常务委员会工作报告的决议
		关于行唐县人民法院工作报告的决议
		关于行唐县人民检察院工作报告的决议
		关于建立劳动积累工制度的决议
		关于十年绿化行唐大地的决议

续表6-9

时　间	会　次	名　称
1991 年 3 月 19 日	第二次	关于政府工作报告的决议 关于行唐县国民经济和社会发展十年规划和“八五”计划纲要的决议 关于行唐县 1990 年国民经济和社会发展计划执行情况与 1991 年国民经济和社会发展计划的决议 关于行唐县 1990 年财政决算和 1991 年财政预算的决议 关于行唐县人民代表大会常务委员会工作报告的决议 关于行唐县人民法院工作报告的决议 关于行唐县人民检察院工作报告的决议 关于大力加强科技工作的决议 关于大力发展烤烟生产的决议
1992 年 3 月 24 日	第四次	关于政府工作报告的决议 关于行唐县 1991 年国民经济和社会发展计划执行情况与 1992 年国民经济和社会发展计划的决议 关于行唐县 1991 年财政决算和 1992 年财政预算的决议 关于行唐县人民代表大会常务委员会工作报告的决议 关于行唐县人民法院工作报告的决议 关于行唐县人民检察院工作报告的决议

二、县十届人大常委会历次会议作出决议决定情况

县十届人大常委会历次会议共作出决议决定 16 项（不含人事任免事项）。

表 6-10　行唐县第十届人大常委会历次会议决议决定一览表

时　间	常委会会议	名　称
1990 年 9 月 24 日	第五次	关于认真开展增收节支活动全面完成财政预算任务的决议
1990 年 11 月 11 日	第七次	关于加强农业系列化服务的决议
1990 年 12 月 15 日	第九次	关于向退下来的七、八、九届人大常委会成员颁发荣誉证书的决定
1991 年 3 月 7 日	第十次	关于召开十届人大二次会议的决定
1991 年 6 月 1 日	第十一次	关于继续开展法制宣传教育的决议

续表6-10

时　间	常委会会议	名　称
1991 年 8 月 15 日	第十三次	关于奖励电力局等七个单位为“办理代表建议先进单位”的决定 关于表彰先进人大代表的决定
1991 年 8 月 19 日	第十四次	关于召开十届人大三次会议的决定
1991 年 10 月 19 日	第十六次	关于加强农田水利基本建设的决定
1991 年 12 月 13 日	第十七次	关于农村宅基地实行有偿使用的决议
1992 年 3 月 10 日	第十八次	关于召开县十届人大四次会议的决定
1992 年 10 月 16 日	第二十三次	关于召开十届人大五次会议的决定
1992 年 10 月 26 日	第二十四次	关于行唐县第十届人民代表大会、乡镇第四届人民代表大会代表名额和选举时间的决定
1993 年 1 月 7 日	第二十五次	关于在全县实施“五开”战略工程的决定 关于加强信访工作维护社会秩序的决定
1993 年 2 月 24 日	第二十七次	关于召开十一届人大一次会议的决定

第二节　决议决定选介

关于建立劳动积累工制度的决议

《关于建立劳动积累工制度的决议》（以下简称《决议》于 1990 年 4 月 7 日在行唐县第十届人民代表大会第一次会议上通过。

《决议》指出，建立劳动积累工制度是充分利用农村劳动力资源、大力增加农业投入、发展农村经济和集体福利事业的一条有效途径。全县各级国家机关、党政组织、人民团体以及学校、企业、事业、街道、农村等基层组织都要认真贯彻实施。

《决议》要求，劳动积累工的范围和数量，按照国务院、省政府、地区行政公署的有关规定，每个农村劳力（男 18—60 岁、女 18—55 岁）都应担负劳动积累工 20—30 个（平原乡村 20 个，丘陵、山区乡村 30 个）。农业开发、农田水利基本建设和集体福利建设任务大且有条件的乡村可以适当多搞一些。

负担劳动积累工是每个在册农村劳力应尽的责任和义务。除国家规定的伤残军人、民办教师、在校学生、烈军属和有特殊困难的农户劳动积累工可酌情减免外，兼营他业的农村劳力应争取亲自完成，也可采取变通办法完成。拥有汽车、拖拉机和马车的农户可用车工顶人工；在乡镇政府工作的半脱产人员如不便出工，可按本人日均工资以资抵工；其他农村劳力（包括个体工商户、劳务输出人员、各类企事业单位的临时工等）因故不能出工者，经同意可按当地工值以钱抵工。

劳动积累工的使用坚持“谁受益谁出工”的原则，以村级筹集为主。劳动积累工主要用于农田水利基本建设、植树造林、防汛抢险、公路建设、修缮校舍等。县乡统一组织的工程用工，可根据需要由各村或受益单位合理分摊。

《决议》强调，各乡镇要发动群众，民主讨论制定当地劳动积累工的制度和实施办法。出工情况可定期张榜公布，完工结算落实奖惩，保证把劳动积累工用足用好。各乡镇、农村要切实减轻农民负担，正确引导农民消费，深入向农民群众进行自力更生、艰苦奋斗、过紧日子的宣传教育，调动农民增加收入扩大再生产的积极性，动员农村劳力积极负担劳动积累工，并使之成为一项长期制度，不断完善。

关于十年绿化行唐大地的决议

《关于十年绿化行唐大地的决议》（以下简称《决议》）于1990年4月7日行唐县第十届人民代表大会第一次会议通过。

《决议》指出，植树造林、绿化国土是一项基本国策。从1990年起，全县人民要动员起来，奋战十年绿化行唐大地。全县十年绿化，规划完成造林34万亩。其中毛白杨速生丰产林5万亩、红枣4万亩、薪炭饲料林10万亩、鲜果林1万亩、防护林14万亩。全县绿化总面积达到61万亩，森林覆盖率达到40%。实现十年绿化行唐大地，要狠抓第一年，抓紧前三年，抓好后七年。1990年，造林5万亩，建设经济沟1.5万亩，实现平原绿化达标。1991—1992年，营造速生丰产林5万亩，建设经济沟3万亩。每年完成育苗1500亩以上。

《决议》要求，植树造林是造福子孙的伟大事业，全县各级国家机关、党政组织、人民团体以及学校、企业、事业、街道、农村等基层组织都要按照十年绿化行唐大地的规划，认真组织全民义务植树。每年3月为全县全民义务植树活动月。从1990年起，实行交纳绿化费制度。对无故不履行植树义务的，干部职工每人每年交纳4元，11岁以上的农民每人每年交纳2元，个体工商户每人每年交纳8元。

《决议》强调，十年绿化行唐大地是全县人民的共同任务。要抓紧营造，抓好管护，造管结合。各乡镇、村都要把造林、护林有机结合起来，依法护林，形成制度，不断完善，形成造林光荣、护林有功、毁林有罪的正常秩序，以有效保存巩固造林成果。该《决议》对于绿化大地、培育良好生态环境和人居环境具有重要意义。

关于加强农业系列化服务的决议

《关于加强农业系列化服务的决议》（以下简称《决议》）1990年11月16日行唐县第十届人大常委会第七次会议通过。

《决议》指出，加强农业系列化服务，是稳定和完善家庭联产承包责任制的有效途径，是深化农村改革、逐步完善双层经营体制、巩固集体经济、密切党群关系、发展农村生产力、促进农业持续发展的重要措施，是全县农民群众的迫切要求和愿望。近几年，各级政府积极探索推行各类作物生产的集团承包，有效地促进了农业发展。为迅速建立和完善一整套全方位社会化服务体系，加速全县农业发展步伐，特作如下决定：一、进一步完善农技管理、推广体系，提高服务质量。二、完善农机服务体系，开展农机综合服务。三、完善农业生产的物资体系建设，提高农产品商品率。四、要切实加强对农业系列化服务的领导。

《决议》的通过，是全县重视农业生产服务、加快推进农业持续稳定发展的重要之举。

关于大力加强科技工作的决议

《关于大力加强科技工作的决议》（以下简称《决议》）于1991年3月22日行唐县第十届人民代表大会第二次会议通过。

《决议》指出，大力加强科技工作必须从四个方面下功夫：一是切实加强对科技工作的领导。二是深化科技体制改革，促进科技与经济紧密结合。三是强化科技投入，形成全方位的科技投资环境。四是坚持完善鼓励政策。

《决议》的出台，对于认真贯彻“科技立县，教育为本”的战略方针，建立健全科技与生产紧密相结合的运行机制，使科技工作面向全县经济建设的主战场，使经济建设真正转到依靠科技进步和提高劳动者素质的轨道上来，实现持续、稳定、协调发展意义深远。

关于大力发展烟叶生产的决议

《关于大力发展烟叶生产的决议》（以下简称《决议》）于1991年3月22日行唐县第十届人民代表大会第二次会议通过。

《决议》指出，县域丘陵、山区约有16万亩耕地适宜种植烤烟，对于大力发展烤烟生产、加快丘陵山区脱贫致富步伐、开拓旱作农业道路、增加全县财政收入、振兴全县经济具有重要意义。十几年的生产实践，烟叶生产已经发展成为富民、富乡、富县的一项优势产业。《决议》要求，丘陵、山区乡村要把发展烟叶生产真正摆到经济建设的突出地位，做好深入细致的宣传教育工作，调动广大干部群众的种烟热情。认真落实下达的烟叶种植任务，把面积种足，明确专人负责，抓好系列化服务；要认真开展“质量、品种、效益年”活动，打好烟叶质量翻身仗。要拿出一部分保浇地，大力推广“NC89”“红花大金元”两个优良品种，一般次地也要推广608新品种，并积极探索次地良种的配套措施，尽快建立健全烤烟良繁体系与良繁基地；认真加强田间管理，每个乡村都要认真抓好新品种试验示范方，作为指挥田，带动烟叶生产质量上水平；要调整产业结构，适合种植烟叶的17个乡镇要围绕集中发展烟叶生产积极调整种植业结构，逐步实现烟叶规模生产，发展高效烟田；切实加强烟叶生产的全程服务，大力推广普及烟叶生产的先进科学技术，种烟乡镇的技校要突出教授烟叶生产知识，乡村都要设立专职或兼职的烟叶技术员，要为每户培养出1—2名烟叶生产“明白人”；要继续实行县人民政府关于烟叶生产的奖励政策，增加推广良种、上等级的考核内容。

关于在全县实施“五开”战略工程的决定

《关于在全县实施“五开”战略工程的决定》（以下简称《决定》）于1993年1月7日行唐县第十届人大常委会第二十五次会议通过。

《决定》指出，“五开”工程（开矿办厂、开市通商、开街修路、开渠兴水、开荒造林）是县域经济发展的基础性建设，是全县经济超常发展的当务之急，是贯彻落实党的十四大精神、加速改革开放的迫切需要，也是提高全县人民生活水平的战略举措。要提高认识，广泛宣传，使全县人民积极投入到这一建设实践中来。

《决定》要求：一是要进一步加强对十四大文件和邓小平理论、南方谈话的学习，解放思想，更换脑筋，以“三个有利于”（是否有利于发展社会主义生产力、是否有利于增强社会主义国家的综合国力、是否有利于提高人民的生活水平）为标准，指导和推动“五开”工程的实施。二是各级、各部门要从全县大局出发，紧紧围绕“五开”工程的总目标，因地制宜，把握重点，制定出切实可行的具体计划、措施并认真组织实施。三是国家机关、社会服务部门要积极转变职能，搞好服务。四是要加强社会治安综合治理，着力进行普法教育。五是县、乡人大要把实施“五开”工程列入议事日程，积极组织各级人大代表，搞好调查、视察，倾听群众意见，反映群众呼声，为“五开”工程献计献策，监督、支持、参与“五开”工程的实施。六是各级政府领导要把主要精力放到“五开”工程上来，要发扬“埋头苦干，带头实干”的兴县精神，不图虚名，加强调查研究，真抓实干。

第七章 选举任免

县十届人大常委会坚持干部“四化”标准和德才兼备、选贤任能、注重实绩的原则，任期内依法任免县级国家机关工作人员131人次，接受辞职3名；1992年11月11日至1993年2月28日，依照法律程序圆满完成县、乡两级人代会换届选举工作，选出县十一届人大代表262名。

第一节 常委会选举任免情况

1990年5月21日，县十届人大常委会第二次会议通过了县人民政府、县人民法院、县人民检察院相关人事任免事项。

决定任命：

高和福为行唐县人民政府办公室主任

杨三保为行唐县劳动人事局局长

任青堂为行唐县计划经济委员会主任

张双全为行唐县工业局局长

尤永合为行唐县交通局局长

李志军为行唐县城乡建设环境保护局局长

刘　云为行唐县物资局局长

刘进平为行唐县监察局局长

毛全球为行唐县财政局局长

苑桂花为行唐县物价局局长

马培仁为行唐县审计局局长

贾连海为行唐县商业局局长

赵锦程为行唐县粮食局局长

刘墨刚为行唐县对外贸易局局长

徐红军为行唐县农业局局长

刘成功为行唐县畜牧局局长

严　敏为行唐县水利局局长

王绪祥为行唐县土地管理局局长

赵凤筱为行唐县文教局局长

于俊国为行唐县卫生局局长

刘香忠为行唐县计划生育委员会主任

苗壮杰为行唐县民政局局长

张晨生为行唐县公安局局长

王景瑞为行唐县司法局局长

秦留兰为行唐县档案局局长

曹悦昌为行唐县科学技术委员会主任

席保成为行唐县标准计量局局长

习瑞生为行唐县乡镇企业局局长

冯树林为行唐县统计局局长

刘丙林为行唐县工商行政管理局局长

霍振军为行唐县烟草专卖局局长

连玉宝为行唐县林业局局长

康玉山为行唐县农业机械管理局局长

免去：

邸争国的行唐县人民法院西玉亭人民法庭庭长职务

李占国的行唐县人民法院刑事庭副庭长职务

杨和庆的行唐县人民法院副科审判员职务

任命：

邸争国为行唐县人民法院副院长、审判委员会委员

李占国为行唐县人民法院副院长、审判委员会委员

石　军为行唐县人民法院审判员

秦聚宝为行唐县人民法院审判员

辛秀平为行唐县人民法院审判员

王兴利为行唐县人民法院审判员

张连员为行唐县人民法院审判员

任命：

李文胖为行唐县人民检察院副检察长、检察委员会委员

1990 年 8 月 1 日至 2 日，县十届人大常委会第四次会议通过了县人民检察院相关人事任命事项。

任命：

刘东香为行唐县人民检察院检察员

杨红旗为行唐县人民检察院检察员

王进国为行唐县人民检察院检察员

花进峰为行唐县人民检察院检察员

刘文华为行唐县人民检察院检察员

范俊平为行唐县人民检察院检察员

仝秀芹为行唐县人民检察院检察员

1990 年 9 月 24 日，县十届人大常委会第五次会议通过了县人民政府相关人事任免事项。

决定任命：

王平成为行唐县经济技术协作办公室主任

1990 年 11 月 16 日，县十届人大常委会第六次会议通过了县人民政府相关人事任免事项。

决定免去：

贾连海的行唐县商业局局长职务

赵锦程的行唐县粮食局局长职务

决定任命：

王春敏为行唐县商业局局长

刘文旗为行唐县粮食局局长

1990 年 11 月 15 日，县十届人大常委会第七次会议通过了县人大常委会相关人事任免事项。

任命：

毛金锁为行唐县人大常委会代表联系工作科科长

1990 年 12 月 15 日，县十届人大常委会第九次会议通过了县人大常委会、县人民法院相关人事任免事项。

免去：

王玉祥的行唐县人大常委会政治法律科副科长职务

任命：

王玉祥为行唐县人大常委会政治法律科科长

免去：

崔永敏的行唐县人民法院上方人民法庭庭长职务

刘根玉的行唐县人民法院东留营人民法庭庭长职务

刘秋生的行唐县人民法院南桥人民法庭庭长职务

刘秋来的行唐县人民法院贾庄人民法庭庭长职务

魏书生的行唐县人民法院独羊岗人民法庭庭长职务

花五河的行唐县人民法院城关人民法庭庭长职务

高玉良的行唐县人民法院齐村人民法庭副庭长职务

张发香的行唐县人民法院坟台人民法庭庭长职务
马正祥的行唐县人民法院西玉亭人民法庭副庭长职务
杨建祥的行唐县人民法院上滋洋人民法庭副庭长职务
邢如意的行唐县人民法院秦台人民法庭副庭长职务
王昌法的行唐县人民法院下阎庄人民法庭副庭长职务
杨文志的行唐县人民法院阳关人民法庭庭长职务
刘金良的行唐县人民法院连家庄人民法庭庭长职务
乔　敏的行唐县人民法院西安香人民法庭庭长职务
杨　奎的行唐县人民法院经济审判庭副庭长职务
任子玉的行唐县人民法院经济审判庭庭长职务
周二过的行唐县人民法院口头人民法庭庭长职务

任命：

杨　奎为行唐县人民法院经济审判庭庭长
刘秋生为行唐县人民法院行政审判庭庭长
刘金良为行唐县人民法院刑事审判庭副庭长
郭发敏为行唐县人民法院经济审判庭副庭长
魏书生为行唐县人民法院城关人民法庭庭长
张发香为行唐县人民法院西玉亭人民法庭庭长
刘秋来为行唐县人民法院南桥人民法庭庭长
花五河为行唐县人民法院西安香人民法庭庭长
周二过为行唐县人民法院口头人民法庭庭长
乔　敏为行唐县人民法院城关人民法庭副庭长
杨建祥为行唐县人民法院口头人民法庭副庭长
邢如意为行唐县人民法院南桥人民法庭副庭长
王昌法为行唐县人民法院西安香人民法庭副庭长

1991 年 3 月 7 日，县十届人大常委会第十次会议通过了县人民政府、县人民检察院相关人事任免事项。

决定任命：

贾连海为行唐县人民政府副县长
王中义为行唐县广播电视局局长

任命：

杨新贞为行唐县人民检察院副检察长

1991 年 7 月 9 日，县十届人大常委会第十二次会议通过了县人民政府相关人事任免事项。

决定：

王三堂为行唐县人民政府代理县长

1991 年 9 月 24 日，县十届人大常委会第十五次会议通过了县人民政府相关人事任免事项。

决定任命：

陈二庆为行唐县人民政府副县长

1991 年 10 月 19 日，县十届人大常委会第十六次会议通过了县人民政府相关人事任免事项。

决定免去：

李志军的行唐县城乡建设环境保护局局长职务

刘墨刚的行唐县经济贸易局局长职务

决定任命：

赵海军为行唐县城乡建设环境保护局局长

耿书校为行唐县对外贸易局局长

1991 年 12 月 13 日，县十届人大常委会第十七次会议通过了县人民政府、县人民法院相关人事任免事项。

决定免去：

张双全的行唐县工业局局长职务

任青堂的行唐县计划经济委员会主任职务

决定任命：

陈二庆为行唐县经济委员会主任（兼）

张双全为行唐县计划经济委员会主任

免去：

花双学的行唐县人民法院上碑人民法庭庭长职务

任命：

杨文志为行唐县人民法院上碑人民法庭庭长

花双学为行唐县人民法院民事审判庭副庭长

张同社为行唐县人民法院审判员

左留章为行唐县人民法院审判员

仇志诚为行唐县人民法院审判员

刘志强为行唐县人民法院审判员

赵应征为行唐县人民法院审判员

1992 年 3 月 10 日，县十届人大常委会第十八次会议通过了县人民政府相关人事任免事项。

决定免去：

严　敏的行唐县水利局局长职务

刘进平的行唐县监察局局长职务

决定任命：

刘进平为行唐县水利局局长

陈建华为行唐县监察局局长

1992 年 8 月 13 日，县十届人大常委会第二十二次会议通过了县人民政府相关人事任免事项。

决定任命：

常印章为行唐县矿产资源开发管理局局长

1992 年 10 月 16 日，县十届人大常委会第二十三次会议通过了县人民政府、县人民法院相关人事任免事项。

决定：

高建玺为行唐县人民政府代理县长

决定任命：

李明国为行唐县人民政府副县长

任命：

刘泽民为行唐县人民法院副院长，决定其为代理院长

1992 年 10 月 26 日，县十届人大常委会第二十四次会议通过了县人民政府相关人事任免事项。

决定免去：

陈二庆的行唐县经济委员会主任职务

赵海军的行唐县城乡建设环境保护局局长职务

于俊国的行唐县卫生局局长职务

王春敏的行唐县商业局局长的职务

决定任命：

赵海军为行唐县经济委员会主任

赵同法为行唐县城乡建设环境保护局局长

于俊国为行唐县商业局局长

1993 年 1 月 13 日，县十届人大常委会第二十六次会议通过了县人民政府相关人事任免事项。

决定免去：

冯树林的行唐县统计局局长职务

刘　云的行唐县物资局局长职务

决定任命：

马正民为行唐县卫生局局长

冯树林为行唐县物资局局长

花海祥为行唐县统计局局长

第二节　常委会接受辞职情况

1991年7月9日，县十届人大常务委员会第十二次会议接受王玉楼辞去行唐县人民政府县长职务。

1992年3月24日，县十届人大常务委员会第十九次会议接受朱惠保辞去行唐县人民法院院长职务。

1992年10月16日，县十届人大常务委员会第二十三次会议接受王三堂辞去行唐县人民政府县长职务。

第七篇

行唐县第十一届人民代表大会

（1993年2月至1998年2月）

第一章　党的领导

行唐县第十一届人民代表大会及其常务委员会以邓小平建设有中国特色社会主义理论和党的基本路线为指导，全面贯彻落实省、市委要求以及市九届人大历次会议工作部署，认真落实县委的重大决策，主动服从和服务全县大局，推动人大工作实现新突破。

县委高度重视和支持人大工作。1993 年 2 月 12 日，县十一届人代会一次会议召开前，县委对县人大及“一府两院”候选人进行了专门研究，并依法对拟定的 16 名候选人向中共石家庄地委进行了请示。2 月 25 日，县十一届人代会一次会议召开，县委书记李遵英在大会闭幕式上作题为《恭恭敬敬当农民公仆 实实在在为农民服务》的重要讲话，指出广大农民是行唐的主人，广大代表乃至广大公职人员都是人民的公仆，必须时时处处同广大农民保持最密切的关系，绝不能颠倒主仆关系。12 月 2 日，县委批转县十一届人大常委会党组《关于建立村民代表会议制度的意见》，把村民代表会建设列入议事日程，加快了基层民主政治建设规范化、制度化进程。1995 年 3 月 11 日，县委书记李遵英在县十一届人大四次会议上讲话时指出，1995 年是全县改革开放深入推进、经济建设加快发展、社会事业扎实提高的一年，全县人民面临的困难更大、工作更艰巨，县委将把大力弘扬“以民为本”思想作为开展工作的基本思想准则和基本方针，希望县十一届人大常委会及广大代表充分发挥自身优势，一切为了人民，全心全意为人民服务，履行自身职责，落实监督职能，推动全县经济和各项社会事业再创新局面、再上新台阶。1996 年，县委转发县人大常委会党组《关于开展“代表议政日”活动的方案》，推动“代表议政日”活动持续进行，“一府两院”各项工作得到改善和提高。

县人大常委会党组深入学习党的十四大和十五大精神以及社会主义市场经济理论，切实加强自身建设和制度建设，创建“三讲”（讲学习、讲政治、讲正气）文明机关，大力改进机关作风，思想上行动上同以江泽民为核心的党中央保持高度一致，领导干部和党员的政治素养、政策水平、法律水平和依法履职能力不断提升。围绕发展社会主义市场经济和加强社会主义民主与发展建设，领导干部和党员秉持强烈的忧患意识、坚定的信心和对党对人民对历史负责的工作态度，自觉把为人民服务摆在首要位置，始终把县委提出的“以民为本”思想同做好人大工作紧密结合起来，始终把党的领导融入各项工作中，忧民所盼，解民所急，认真履行职权，为县域经济发展、社会进步及“两个文明”建设做出了积极贡献，加快了小康建设步伐。

第一节　党的组织机构

中共行唐县人大常委会党组

书　记：康　一（1993 年 2 月—1993 年 3 月）
刘来福（1993 年 3 月—1998 年 2 月）
副书记：刘来福（1993 年 2 月—1993 年 3 月）
崔进德（1992 年 12 月—1993 年 2 月）
黄金生（1993 年 3 月—1998 年 2 月）
成　员：杨争奇（1993 年 2 月—1993 年 3 月）
顾丙印（1993 年 2 月—1998 年 2 月）
赵翠琴（女，1993 年 2 月—1993 年 3 月）
徐红军（1993 年 3 月—1998 年 2 月）
张丙群（1993 年 3 月—1997 年 3 月）
耿平均（1993 年 2 月—1998 年 2 月）
顾　问：崔进德　杨桂林

第二节　党组会议

一、党组会

县十一届人大常委会党组有召开 3 次党组会的记载。其中，1993 年召开 2 次，1994 年召开 1 次。

表 7-1　行唐县第十一届人大常委会党组会情况一览表

序　号	时　间	会议议题
1	1993 年 3 月 26 日	研究任命政府局、委组成人员；研究建立代表资格审查委员会；审议《行唐县法制教育中心管理试行办法》；明确县人大常委会党组领导机构
2	1993 年 7 月 29 日	研究近期召开市人大、政协换届选举会议问题
3	1994 年 4 月 20 日	研究决定 4 月 21 日召开县人大常委会第十次例会，并确定了例会内容；对人大机关领导分工进行调整

二、党组民主生活会

县十一届人大常委会党组仅有1次召开党组民主生活会的记载。

1993年7月17日，县十一届人大常委会召开以学习县纪委〔1993〕2号文件和县委书记李遵英在全县“七一”表彰大会上的讲话为内容的党组民主生活会。党组成员围绕发扬党的艰苦奋斗的优良传统，聚焦实际工作中的反腐败问题，结合县委书记李遵英“七一”讲话中提出的做一名合格共产党员的要求，从人大机关办公条件、自己家里的设备是否存在铺张浪费现象、日常工作中是否存在大吃大喝现象、是否放松政治理论学习等方面，深入查摆思想、能力、廉政、言行等方面存在的问题，认真开展批评和自我批评。这次民主生活会统一了思想，明确了务实有效的整改措施，进一步增强了县十一届人大常委会领导班子的凝聚力和战斗力。

第二章 人大代表

行唐县第十一届人民代表大会代表名额 265 名。1993 年 2 月，召开县十一届人大一次会议时实有代表 262 名。县十一届人大常委会积极开拓代表工作新路子，任期内重视发挥代表作用，精心组织各行各业代表建言献策、畅抒己见，依法组织代表开展评议工作，对乡镇人大主席和人大代表进行培训，代表履职积极性、主动性、创造性进一步增强，履职能力明显提高。

第一节 选举产生

一、行唐县第十一届人民代表大会代表的选举产生

县第十一届人大代表的选举工作与第十届人民代表大会相同，候选人由各选区选民提名推荐，选区张榜，经过反复协商确定正式候选人，再由选民无记名投票，直接选出出席县人代会代表。在选举中，严格按照差额选举原则、选民联名推荐候选人制度和妇女候选人比例不低于候选人总数 20%的法律规定进行。全县共划分选区 29 个，建立 28 个乡镇选举委员会和 1 个县选举领导小组，于 1993 年 1 月进行正式选举。全县参选选民 244980 名，参选率 96. 5%。选出县十一届人大一次会议代表 258 名。2 月，根据《选举法》规定，有关选区补选 4 名。经县十届人大常委会代表资格审查委员会审查，补选的代表资格有效，参加县十一届人大一次会议的应到代表共 262 名。其中，工人代表 6 名，占 2. 29%；农民代表 140 名，占 53. 44%；知识分子代表 71 名，占 27. 1%；中共党员代表 173 名，占 66. 03%；妇女代表 59 名，占 22. 52%。代表的比例结构日趋合理、优化，代表的整体素质明显提高。1995 年《地方组织法》修订后，县级人民代表大会任期由 3 年改为 5 年。

二、行唐县出席河北省第八届人民代表大会代表的选举产生

1993 年 2 月 25 日，行唐县第十一届人民代表大会第一次会议依法选举产生行唐县出席河北省第八届人民代表大会代表 4 名。

三、行唐县出席石家庄市第九届人民代表大会代表的选举产生

1993年8月21日，行唐县第十一届人民代表大会第二次会议依法选举产生出席石家庄市第九届人民代表大会代表23名。

第二节　代表名单

一、行唐县第十一届人民代表大会代表名单

县直代表团

李遵英	张增根	高建玺	刘桂英(女)
徐红军	黄金生	兰梅山	王运刚
李景春	张永强	石荣玲(女)	刘文平(女)
刘荣秀(女)	杨学杰	杨争奇	韩斌章
李明国	黄肖来	杨吉秀(女)	韩国书
郭吉丑	郭双梅(女)	张胜利	杨梅荣(女)
曹素敏(女)	王玉平(女)	范书辰	张树德

行唐镇代表团

徐锁红(女)	王素会(女)	何海水	刘来福
柳云增	盖合保	祖新来	贾红海
杨桂林	李国奇	顾丙印	杨会娥(女)
崔进德	鲁丙祥	张过生	孟江波
赵翠琴(女)	尤永占	张保谦	

坟台乡代表团

赵国林	刘云峰	胡荣秀(女)	韩明中
高吉星	杨保祥	高小门	侯恩平

齐村乡代表团

崔银章	白　杰	石丁堂	张保林
申会国	孟小翠		

独羊岗乡代表团

顾根秋	马梅素（女）	苗壮杰	马吉云
刘芬玲（女）	刘喜竹（女）	王玉祥	翟明香
李荣雪	毛树德	杨合华	

贾庄乡代表团

马金平	孙志坚	肖老脏	李来龙
宋银海	毛春九	杨兰芝（女）	刘玉凤（女）
杨焕军	刘贵栓		

南桥镇代表团

王根彦	张延德	付向阳	张云香（女）
王书国	闫文学	宇文二沙	张　健
宇文金			

北龙岗乡代表团

王灵军	赵徐女（女）	王福庭	彭贵珍（女）
代　琪	刘进才	尤同军	

西安香乡代表团

张　辉	卢平均	谷增虎	米栓香
郭贵梅（女）	米振海	靳国良	毛金锁
王书琴（女）			

只里乡代表团

郭文兰	马瑞花	严建章	张丙群
高会东	韩根僧	康勤合	李玲芹（女）
杨二偏			

连家庄乡代表团

李生文	郭三妮（女）	崔景志	李德华
郭喜林	李根录	杨玉庆	高同合
张　志	刘振平	董秀珍（女）	

东留营乡代表团

段成志	董军旗	王香翠(女)	苏小五
王合文	韩瑞祥	刘白旦	赵元芳
陈香云(女)			

左市同乡代表团

盖大乱	赵进杰	刘兵国	杨文凤(女)
崔金生	陈三楞	李红欣	苗秀英
高连道	郭秋海		

上碑镇代表团

王小瑞(女)	刘　三	刘京祥	张占新
石喜辰	杨德海	刘彦华(女)	刘二记
张玉庆			

南翟营乡代表团

石义刚	高春法	张二胖	张长巴
刘根须	仲香翠	左瑞林	马士敏
刘书玲(女)			

下阎庄乡代表团

高国胜	寇庆文	任小三(女)	张青云
甄老软	祝荣庆	任付才	袁小虎
杨美英(女)			

上滋洋乡代表团

李小兴	王文良	张景元	李美秀(女)
霍七十	王银竹	许进国	

北城寨乡代表团

王三元	易留香	姚中林	郭仝彦(女)
刘小平	曹发永		

西玉亭乡代表团

宋香国	王国花（女）	孙银生	孟焕文
李太山	徐丽花（女）	李建军	

上方乡代表团

米志斌	张脏样	赵贵军	贾振道
魏长法	高小香	赵平荣（女）	赵书芹（女）

赵阳关乡代表团

耿平均	范建霞（女）	霍振虎	马五挪
徐梅彦（女）	薛拿子（女）	李老虎	阎银虎

屹嶅头乡代表团

张东升	花运河	王保国	耿中校
范惠兰（女）	常栓路		

北河乡代表团

王占京	刘秋桃	苏贵锁	贾二增
赵志黄	张中其	赵瑞花（女）	

口头镇代表团

赵和平	赵广文	赵秋菊	黄秋池
杨文林	杨顺通	李岭岗	

秦台乡代表团

李国良	秦二娃	邢扩军	牛春花（女）
王银海	钱玉中		

上阎庄乡代表团

刘斗臣	张占格	王三行	刘青云
杨中海	刘占山		

上连庄乡代表团

钱兰荣（女）	刘玉民	李春英	李明树

赵海顺　付国平

九口子乡代表团

赵五中　邢根红　周二桃　周整风
陈大白　曹乱香　李京文（女）　陈守敬

杨家庄乡代表团

常吉山　仇殿才　王平国　马连成
张付来　张黑妮（女）　张银虎

表 7-2　行唐县第十一届人大代表届中调整情况表

常委会会议	终止情况	补选情况
1996 年 4 月 1 日 第二十三次会议	—	县直吕贞祥、黄华伟、刘书群
1997 年 3 月 6 日 第二十八次会议	—	县直丁英辉、龙州镇曹爱国

二、行唐县出席河北省第八届人民代表大会代表名单

周　欣　高建玺　孙志坚　刘芬玲（女）

三、行唐县出席石家庄市第九届人民代表大会代表名单

王文朝　王玉平（女）　王脏妮　毛志勇
牛双同　任青堂　刘来福　刘荣秀（女）
宇文璞　杨吉秀（女）　花运河　李景春
李遵英　张惠良　庞灵江　胡荣秀（女）
郝振宇　郝惠良　郭吉丑　韩根僧
韩斌章　董素平（女）　薛拿子

第三节　代 表 工 作

一、建立代表工作机制

县十一届人大常委会认真坚持联系代表的各项制度，进一步加强制度建设。一是完善村民代表会制度。从 1993 年起，县人大常委会把村民代表会建设列入重要议程，严格落实

《行唐县村民代表会议制度》的相关规定，为基层民主政治建设规范化、制度化提供了制度保障。二是在农村广泛推行民主理财制度。通过广大代表和村民代表对乡村财务实行有效地审查和监督，有力地加强了村民代表会的建设，农村干群关系协调，不仅促进基层民主建设，也为农村经济发展创造了良好的软环境。三是实施“代表议政日”制度。1996 年，根据县委转发县人大常委会党组关于开展“代表议政日”活动的方案，进一步加大“代表议政日”的推广力度，多次召开乡镇人大工作汇报座谈会，深入基层了解情况，总结推广经验。1996 年 10 月 23 日，县人大常委会组织乡镇人大主席、副主席，部分市、县代表及机关工作人员开展议政活动，县委宣传部、县人民政府办公室、县精神文明办公室负责人参加。全县 15 个乡镇根据辖区的实际情况，普遍开展了多种形式的“代表议政日”活动 20 多次，提出批评、建议和意见 50 多条。经过认真督办，各部门认真办理，基本上达到了代表满意。代表议政活动的开展，提振了一些软、懒、散村委会班子的工作热情，使一些乡镇明确了乡镇企业的发展方向，一些村庄久拖不果的问题得到解决，代表满意率显著提高。

二、密切联系代表

县十一届人大常委会注重切实加强代表工作，密切联系各级人大代表。1994 年 5 月 20 日，县人大常委会组织行唐选区的省、市人大代表在县人大会议室集中学习市人大常委会副主任李新生 4 月 7 日关于代表工作的讲话，讨论《石家庄市人民代表大会代表工作条例（征求意见稿）》，讨论制定《代表小组活动制度》并安排了活动内容。会议要求加强与省、市人大代表的联系；省、市人大代表活动要形成制度，要根据形式和需要，依托代表行使职权，充分发挥代表在闭会期间的作用，经常组织代表围绕群众关心的热点问题进行视察、调查和执法检查。县人大常委会通过邀请代表列席常委会、召开多种形式的座谈会、主任下基层走访代表、组织视察调查及接待代表和群众的来信来访等形式，广泛听取代表的意见和建议，任期内共征集代表建议 500 多件，及时把代表的意见转化为常委会的意见和决定，使代表工作在推动经济建设和精神文明建设中发挥了更大作用。

三、代表议案、建议办理

县十一届人大一次会议共征集代表建议、批评和意见 118 件。县人大常委会及有关科室与政府有关部门多次研究办理方案，并催办落实，3 个月后将办理结果交代表再评议，不满意的重新办理，基本达到了代表满意，提高了代表的参政积极性，使代表工作更好地服务于改革、发展、稳定的大局。

县十一届人大三次会议共征集代表建议、批评和意见 51 件，其中会前征集代表建议 32 件、会中收到 19 件。“一府两院”接到建议后非常重视，会前收到的 32 件全部办理完毕，会中收到的建议会后也作出了书面答复。

县十一届人大四次会议共征集代表建议、批评和意见 55 件。经认真催办，各部门认真办理，基本上达到了代表满意。

县十一届人大六次会议共征集代表建议、批评和意见89件、议案12件。其中，89件建议涉及8个方面，包括农林方面11件、交通方面15件、水电方面13件、文教卫生17件、财税物价10件、城建土管8件、外贸保险9件、政法6件。县委书记李遵英对代表的建议极为关注，指示抓紧办、认真办，县人大常委会及时转政府及有关部门办理，并加强跟踪督办，全部予以回复。12件议案涉及水电、交通、财税、城建、土管、文教、卫生、广播等方面，政府将这些议案列入了1996年的工作计划，大会主席团决定转为建议处理，其中郭吉丑等14位代表提出的《关于尽快制定地方道路管理办法的议案》交大会审议，并作出了《关于尽快制定地方道路管理办法的决议》。

县十一届人大八次会议共收到代表建议、批评和意见53条。及时转县人民政府及有关部门办理，通过加强跟踪督办，全部予以回复。

四、指导乡镇人大工作

县十一届人大常委会为规范乡镇人大工作，进一步提高乡镇人大主席及代表的素质，多次组织乡镇人大主席及代表进行培训。1996年，因并乡扩镇，各乡镇人大换届选举工作提上日程。1997年9月25日，中共行唐县委办公室印发《行唐县乡镇人大机关机构改革方案》（行办发〔1997〕69号），规定全县15个乡镇各设人大主席1人、副主席1—2人。针对产生的新一届人大代表、调整的部分人大主席等新情况，县十一届人大常委会有计划、有步骤、分层次对乡镇人大主席和代表进行培训，重点学习《宪法》《选举法》《地方组织法》《代表法》等法律法规。通过学习，增强了乡镇人大主席和人大代表的责任意识，并在各条战线上发挥了积极作用。同时，县人大常委会专门编写了《乡镇人代会召开程序》等7个规范性文件下发到各乡镇，使乡镇人代会有章可循，逐步迈入制度化、法制化、规范化轨道。

第三章　人民代表大会

行唐县第十一届人民代表大会任期自 1993 年 2 月至 1998 年 2 月，共召开会议 8 次，听取报告 38 个，通过决议 6 项，选举 9 项。

表 7-3　行唐县第十一届人民代表大会历次会议概况表

会　次	时　间	议题（项）	听取报告（个）	决定决议（项）	选举（项）
第一次	1993 年 2 月 25—28 日	7	6	6	4
第二次	1993 年 8 月 21 日	1	—	—	2
第三次	1994 年 3 月 22—24 日	7	6	7	—
第四次	1995 年 3 月 9—11 日	6	6	—	—
第五次	1995 年 4 月 4 日	1	—	—	3
第六次	1996 年 4 月 3—5 日	7	6	7	—
第七次	1996 年 7 月 19 日	1	—	—	2
第八次	1997 年 3 月 13—15 日	7	6	6	1

第一节　会议概况

一、县十一届人大一次会议

1993 年 2 月 25 日至 28 日，县十一届人大一次会议在县人民礼堂召开。出席代表 248 人（应到 262 人）。会议听取和审议县人民政府县长高建玺作的《政府工作报告》；听取和审议县计划委员会主任张双全作的《关于行唐县 1992 年国民经济和社会发展计划执行情况与 1993 年国民经济和社会发展计划草案的报告》，审查了行唐县 1992 年国民经济和社会发展计划执行情况与 1993 年国民经济和社会发展计划草案；听取和审议县财政局局长毛全球作的《关于行唐县 1992 年财政决算和 1993 年财政预算草案的报告》，审查了行唐县 1992 年财政决算和 1993 年财政预算草案；听取和审议县人大常委会主任刘来福作的《行唐县人民代表大会常务委员会工作报告》、县人民法院院长刘泽民作的《行唐县人民法院工作报告》、县人民检察院检察长张法新作的《行唐县人民检察院工作报告》。会议通过相应决议。会议选举产生县第十一届人大常委会组成人员，县人民政府县长、副县长，县人民法院院长(名单见本章第二节《会议选举》)；选举产生行唐县出席河北省第八届人民代表大会代表。

会议指出，县十届人大一次会议以来，县人大常委会在县委的领导下，坚持党的基本路线和基本方针，积极履行《宪法》和法律赋予的职权，紧紧围绕党的十四大关于建立社会主义市场经济体制的总体目标，倾力服务于经济建设这个中心，进一步加强民主与法制建设，为坚持和完善人民代表大会制度、促进社会安定团结、推进全县改革开放和经济发展发挥了地方国家权力机关的作用。会议要求，全县各级领导干部及广大公职人员要时时处处同广大农民保持最密切的联系，深深扎根于农民之中，善于体察民情，了解民意，及时向党和政府反映农民的呼声、意见和要求；同广大农民同呼吸、共命运，从农民中来，到农民中去，善于把党和政府的政策、主张变为广大农民的自觉行动。会议号召，全县各级干部要高举“恭恭敬敬当农民公仆，实实在在为农民服务”的旗帜，在各自的岗位上恪尽职守，扎实工作，为实现全县经济超常发展、加快广大农民奔小康的进程做出应有的贡献。

二、县十一届人大二次会议

1993年8月21日，县十一届人大二次会议在县人民礼堂召开。出席代表227人（应到260人)。会议选举产生县人民检察院检察长；选举产生行唐县出席石家庄市第九届人民代表大会代表27名。

这次会议以党的十四大精神为指针，遵照市委安排部署，以法律为依据，充分发扬民主，选举出素质较高的市人大代表，为联系基层群众，反映社情民意打下坚实基础。

三、县十一届人大三次会议

1994年3月22日至24日，县十一届人大三次会议在县人民礼堂召开。出席代表227人(应到260人)。会议听取和审议县人民政府县长高建玺作的《政府工作报告》；听取和审议县计划委员会主任翟志勇作的《关于行唐县1993年国民经济和社会发展计划执行情况与1994年国民经济和社会发展计划草案的报告》，审查了行唐县1993年国民经济和社会发展计划执行情况与1994年国民经济和社会发展计划草案；听取和审议县财政局局长毛全球作的《关于行唐县1993年财政决算和1994年财政预算草案的报告》，审查了行唐县1993年财政决算和1994年财政预算草案；听取和审议县人大常委会主任刘来福作的《行唐县人民代表大会常务委员会工作报告》、县人民法院院长刘泽民作的《行唐县人民法院工作报告》、县人民检察院检察长曹爱国作的《行唐县人民检察院工作报告》。会议通过相应决议。会议作出《关于在全县农村实行民主理财制度的决定》。

会议指出，1994年是全面推进经济体制改革、加快建立社会主义市场经济体制的重要一年，是实现国民经济快速发展的关键一年，全县上下要继续以邓小平建设有中国特色社会主义理论和党的基本路线为指导，认真贯彻党的十四大和十四届三中全会精神，紧紧围绕抓住机遇、深化改革、扩大开放、促进发展、保持稳定这个大局和“兴县富民”的总体目标，加快建立社会主义市场经济体制步伐，保持全县国民经济持续、快速、健康发展，维护政治稳定和社会安定，促进社会全面进步。会议强调，必须牢牢把握经济建设这个中心，继续保持经济发展的良好势头。要坚持以小康建设统揽农村工作全局，在确保基本农产品稳定增长的前提下，积极向“山区红、丘陵绿、平原黄”的大农业区域发展目标迈进。各级政府要积极推进行政管理体制和机构改革，真抓实干，尽职尽责，创造性地开展工作。会议号召，全县人民要牢固树立“行唐第一”的观念，一要做进取负责的行唐人，二要说实在有用的行唐话，三要办兴县利民的行唐事。人大要发挥好桥梁、纽带作用，各位代表要树立全局理念，各级干部要发扬“带头实干，埋头苦干”的兴县精神，推动全县经济建设和各项事业更快更好地发展。

四、县十一届人大四次会议

1995 年 3 月 9 日至 11 日，县十一届人大四次会议在县人民礼堂召开。出席代表 248 人（应到 256 人）。会议听取和审议县人民政府县长高建玺作的《政府工作报告》；听取和审议县计划委员会主任王春敏作的《关于行唐县 1994 年国民经济和社会发展计划执行情况与 1995 年国民经济和社会发展计划草案的报告》，审查了行唐县 1994 年国民经济和社会发展计划执行情况与 1995 年国民经济和社会发展计划草案；听取和审议县财政局局长刘成功作的《关于行唐县 1994 年财政预算执行情况和 1995 年财政预算草案的报告》，审查了行唐县 1994 年财政预算执行情况和 1995 年财政预算草案；听取和审议县人大常委会主任刘来福作的《行唐县人民代表大会常务委员会工作报告》、县人民法院副院长宋长征作的《行唐县人民法院工作报告》、县人民检察院检察长曹爱国作的《行唐县人民检察院工作报告》。会议通过相应决议。

会议指出，1995 年是“八五”计划的最后一年，也是为“九五”计划的实施奠定基础的关键一年。全县要继续以邓小平建设有中国特色社会主义理论和党的基本路线为指导，认真贯彻党的十四大和十四届三中、四中全会精神，以翻番致富奔小康为目标，以社会主义市场经济为导向，以实施“五开”工程为重点，优化产业结构，发展区域经济，依靠科技进步，提高经济效益，实现国民经济持续、快速、健康发展和社会全面进步。会议强调，各级政府要围绕转变职能，全心全意为人民服务，廉政勤政，妥善解决涉及群众切实利益的热点问题。要求与会代表把“以民为本”的思想同贯彻党的十四届三中、四中全会精神结合起来，带头落实《政府工作报告》和“两会”提出的各项工作任务，开创各项工作新局面。会议号召，全县人民要牢牢抓住历史机遇，同心同德，励精图治，开拓进取，艰苦创业，为实现全县经济和社会发展目标而努力奋斗。

五、县十一届人大五次会议

1995 年 4 月 4 日，县十一届人大五次会议在县人民礼堂召开。出席代表 256 人（应到 257 人），会议选举产生县人大常委会委员 1 名、县人民法院院长、县人民检察院检察长（名单见本章第二节《会议选举》）。

这次会议的主要任务是选举。这是进一步健全社会主义民主、加强社会主义法制、增强人民群众民主意识和参政议政能力的又一次具体体现。广大代表明确自己的责任和使命，把执行党的纪律决定同执行国家法律法令有机结合起来，根据中央〔1990〕2 号文件精神，把落实市委和县委意图变为自觉行动，选出了真正一心为民、廉洁从政的干部。

六、县十一届人大六次会议

1996 年 4 月 3 日至 5 日，县十一届人大六次会议在县人民礼堂召开。出席代表 224 人（应到 257 人）。会议听取和审议县人民政府县长高建玺作的《政府工作报告》；听取和审议县计划经济局局长翟志勇作的《关于行唐县 1995 年国民经济和社会发展计划执行情况与 1996 年国民经济和社会发展计划草案的报告》，审查了行唐县 1995 年国民经济和社会发展计划执行情况与 1996 年国民经济和社会发展计划草案；听取和审议县财政局局长刘成功作的《关于行唐县 1995 年财政预算执行情况和 1996 年财政预算草案的报告》，审查了行唐县 1995 年财政预算执行情况和 1996 年财政预算草案；听取和审议县人大常委会主任刘来福作的《行唐县人民代表大会常务委员会工作报告》、县人民法院院长曹爱国作的《行唐县人民法院工作报告》、县人民检察院检察长张福英作的《行唐县人民检察院工作报告》。会议通过相应决议。会议通过《关于尽快制定地方道路管理办法的决议》。

会议认为，1995 年，县人大常委会在县委的领导下，认真贯彻落实党的十四届四中、五中全会精神，以建设有中国特色社会主义理论和党的基本路线为指导，继续把握“抓住机遇、深化改革、扩大开放、促进发展、保持稳定”的大局，贯彻落实县委“稳农、兴工、活商”的六字方针，加强社会主义民主与法制建设，认真履行各项职权，有力地推动了全县经济的发展和改革开放的顺利进行。会议指出，1996 年是“九五”计划的第一年，也是顺利实现“九五”奋斗目标的奠基之年，全县人民要以邓小平建设有中国特色社会主义理论为指导，全面贯彻落实党的十四届五中全会精神，坚定不移地以经济建设为中心，以实现“两个根本性转变”为导向，以增加总量、优化结构和提高效益为重点，全面实施“五开”战略工程，强化农业基础地位，加快培植主导产业，大力发展第三产业，积极推进科技进步，促进物质文明和精神文明共同进步、国民经济和社会事业协调发展。会议强调，保持稳定，创造良好的社会环境，是实现“九五”目标和经济发展的前提和保障。要正确处理好改革、发展和稳定的关系，大力加强精神文明和民主法制建设，加强社会主义、爱国主义、集体主义教育，弘扬正气，形成良好的社会风尚，为改革和发展创造良好的社会环境，为实现 1996 年乃至“九五”各项目标和任务而努力奋斗。

七、县十一届人大七次会议

1996 年 7 月 19 日，县十一届人大七次会议在县人民礼堂召开。出席代表 202 人（应到 253 人）。会议选举产生县人民政府县长、县人民法院院长（名单见本章第二节《会议选举》）。

八、县十一届人大八次会议

1997 年 3 月 13 日至 15 日，县十一届人大八次会议在县人民礼堂召开。出席代表 201 人（应到 255 人）。会议听取和审议县人民政府县长作的《政府工作报告》；听取和审议县计划经济局局长翟志勇作的《关于行唐县 1996 年国民经济和社会发展计划执行情况与 1997 年国民经济和社会发展计划草案的报告》，审查了行唐县 1996 年国民经济和社会发展计划执行情况与 1997 年国民经济和社会发展计划草案；听取和审议县财政局局长刘成功作的《关于行唐县 1996 年财政预算执行情况和 1997 年财政预算草案的报告》，审查了行唐县 1996 年财政预算执行情况和 1997 年财政预算草案；听取和审议县人大常委会主任刘来福作的《行唐县人民代表大会常务委员会工作报告》、县人民法院院长作的《行唐县人民法院工作报告》、县人民检察院检察长张福英作的《行唐县人民检察院工作报告》。会议通过相应决议。会议选举产生县人大常委会副主任 1 名（名单见本章第二节会议选举）。

会议认为，1996 年，县人大常委会在县委的领导下，认真贯彻落实党的十四届五中、六中全会精神，以建设有中国特色的社会主义理论和党的基本路线为指导，紧紧围绕推进全县经济和社会全面发展，抓大事，办实事，求实效，为促进全县改革开放和“两个文明”建设做出了积极贡献。会议指出，必须抓住当前宏观经济环境比较有利的时机，更加扎实地推进“两个根本性转变”，实施科教兴县与外向带动两大主体战略，努力走出一条资源型、科技型、市场型、效益型相结合的可持续发展的路子。会议强调，在集中精力加快改革开放和经济建设的同时，必须始终不渝地坚持“两手抓、两手都要硬”的方针，切实加强社会主义精神文明建设和民主法制建设。要认真做好维护社会稳定和社会治安综合治理工作，深入开展“严打”斗争，巩固和发展安定团结的政治局面。会议号召，全县人民要在邓小平建设有中国特色社会主义理论和党的基本路线指引下，在县委的坚强正确领导下，把握大局，再接再厉，同心同德，开拓前进，以全面完成全年国民经济和社会发展各项指标任务的实际行动向党的十五大献礼。

第二节　会议选举

县十一届人大历次会议，共选举产生县级国家机关工作人员33人次。

县人大常委会

主　任：

刘来福　　1993年2月县十一届人大一次会议当选

副主任：

黄金生　　1993年2月县十一届人大一次会议当选

顾丙印　　1993年2月县十一届人大一次会议当选

刘桂英（女）1993年2月县十一届人大一次会议当选

徐红军　　1993年2月县十一届人大一次会议当选

张丙群　　1993年2月县十一届人大一次会议当选

李景春　　1997年3月县十一届人大八次会议当选

届中调整情况：

张丙群，1997年3月6日，在县十一届人大常委会第二十八次会议上辞去县人大常委会副主任职务。

委　员：（县十一届人大一次会议选举产生）

刘玉民　刘芬玲(女)　刘荣秀(女)　米志斌

杨文凤(女)　张树德　胡荣秀(女)　耿平均

高会东　韩国书　曹素敏(女)

县十一届人大五次会议选举产生：韩斌章

县人民政府

县　长：

高建玺　　1993年2月县十一届人大一次会议当选

丁英辉　　1996年7月县十一届人大七次会议当选

届中调整情况：

高建玺，1996年7月17日，在县十一届人大常委会第二十五次会议上辞去行唐县人民政府县长职务。

丁英辉，1996年7月17日，县十一届人大常委会第二十五次会议决定任命其为行唐县人民政府副县长，决定其为代理县长。

副县长：

李明国　　1993年2月县十一届人大一次会议当选

张桂林　　　1993 年 2 月县十一届人大一次会议当选
马国印　　　1993 年 2 月县十一届人大一次会议当选
王志国　　　1993 年 2 月县十一届人大一次会议当选
贾连海　　　1993 年 2 月县十一届人大一次会议当选
陈二庆　　　1993 年 2 月县十一届人大一次会议当选
赵翠琴（女）1993 年 2 月县十一届人大一次会议当选

届中调整情况：

尤京文，1993 年 6 月 19 日，县十一届人大常委会第四次会议决定任命其为行唐县人民政府副县长（挂职）。

李明国，1995 年 3 月 3 日，县十一届人大常委会第十六次会议决定免去其行唐县人民政府副县长职务。

张增根，1995 年 3 月 3 日，县十一届人大常委会第十六次会议决定任命其为行唐县人民政府副县长。

李锡海，1995 年 7 月 27 日，县十一届人大常委会第十九次会议决定任命其为行唐县人民政府副县长（挂职）。

郝竹山，1996 年 5 月 30 日至 31 日，县十一届人大常委会第二十四次会议决定任命其为行唐县人民政府副县长。

陈二庆，1996 年 7 月 17 日，县十一届人大常委会第二十五次会议决定免去其行唐县人民政府副县长职务。

尤京文，1996 年 7 月 17 日，县十一届人大常委会第二十五次会议决定免去其行唐县人民政府副县长职务（挂职）。

李锡海，1996 年 7 月 17 日，县十一届人大常委会第二十五次会议决定任命其为行唐县人民政府副县长。

郝竹山，1996 年 12 月 13 日，县十一届人大常委会第二十七次会议决定免去其行唐县人民政府副县长职务。

毛全球，1996 年 12 月 13 日，县十一届人大常委会第二十七次会议决定任命其为行唐县人民政府副县长。

贾连海，1997 年 3 月 6 日，县十一届人大常委会第二十八次会议决定免去其行唐县人民政府副县长职务。

赵海军，1997 年 7 月 10 日，县十一届人大常委会第三十次会议决定任命其为行唐县人民政府副县长。

县人民法院

院　长：

刘泽民　　1993 年 2 月县十一届人大一次会议当选

曹爱国　　1995 年 4 月县十一届人大五次会议当选

贾文芳　　1996 年 7 月县十一届人大七次会议当选

届中调整情况：

刘泽民，1995 年 3 月 3 日，在县十一届人大常委会第十六次会议上辞去县人民法院院长职务。

曹爱国，1996 年 7 月 17 日，在县十一届人大常委会第二十五次会议上辞去县人民法院院长职务。

县人民检察院

检察长：

曹爱国　　1993 年 8 月县十一届人大二次会议当选

张福英　　1995 年 4 月县十一届人大五次会议当选

届中调整情况：

曹爱国，1993 年 5 月 25 日，县十一届人大常委会第三次会议任命其为县人检察院副检察长，决定其为代理检察长。

第三节　会议组织

一、县十一届人大一次会议

（一）大会临时党委

书　记：李遵英

副书记：高建玺　柳云增

委　员：刘来福　李明国　张增根　黄金生　崔进德

（二）大会主席团和秘书长

主席团：

刘玉民	刘芬玲（女）	刘来福	刘荣秀（女）
刘桂英（女）	米志斌	李明国	李遵英
杨文凤（女）	杨争奇	杨桂林	张云香（女）
张丙群	张永强	张树德	张增根
苗壮杰	柳云增	胡荣秀（女）	赵翠琴（女）
耿平均	顾丙印	徐红军	高会东
高建玺	黄金生	曹素敏（女）	崔进德
崔景志	韩国书		

秘书长：崔进德（兼）

（三）大会主席团常务主席

李遵英	高建玺	柳云增	李明国
刘来福	黄金生	张增根	崔进德

二、县十一届人大二次会议

（一）大会临时党委

书　记：李遵英

副书记：高建玺　柳云增

委　员：刘来福　张增根　李明国　黄金生

（二）大会主席团和秘书长

主席团：

刘玉民	刘芬玲（女）	刘来福	刘荣秀（女）
刘桂英（女）	米志斌	李明国	李遵英
杨文凤（女）	杨桂林	张丙群	张永强
张树德	张增根	柳云增	胡荣秀（女）
耿平均	顾丙印	徐红军	高会东
高建玺	黄金生	曹素敏（女）	崔进德
崔景志	韩国书		

秘书长：黄金生（兼）

（三）大会主席团常务主席

李遵英	高建玺	柳云增	李明国
张增根	刘来福	黄金生	顾丙印
刘桂英（女）	徐红军	张丙群	崔进德
张永强	杨桂林	崔景志	

三、县十一届人大三次会议

（一）大会临时党委

书　记：李遵英

副书记：高建玺　柳云增　刘来福

委　员：李明国　张增根　黄金生

（二）大会主席团和秘书长

主席团：

刘玉民	刘芬玲（女）	刘来福	刘荣秀（女）
刘桂英（女）	米志斌	李明国	李遵英
杨文凤（女）	杨桂林	张丙群	张永强

张树德	柳云增	胡荣秀(女)	耿平均
顾丙印	徐红军	高会东	高建玺
黄金生	曹素敏(女)	崔进德	崔景志
韩国书			

秘书长：黄金生（兼）

（三）大会主席团常务主席

李遵英	高建玺	柳云增	刘来福
李明国	张增根	黄金生	顾丙印
刘桂英(女)	徐红军	张丙群	崔进德
张永强	杨桂林		

（四）大会议案审查委员会

主 任 委 员：黄金生

副主任委员：崔进德

委　　　员：毛金锁　耿平均

四、县十一届人大四次会议

（一）大会临时党委

书　记：李遵英

副书记：高建玺　柳云增　刘来福

委　员：张增根　黄金生

（二）大会主席团和秘书长

主席团：

刘玉民	刘来福	刘芬玲(女)	刘荣秀(女)
刘桂英(女)	米志斌	李遵英	杨文凤(女)
杨桂林	张丙群	张永强	张增根
柳云增	胡荣秀(女)	耿平均	顾丙印
徐红军	高会东	高建玺	黄金生
曹素敏(女)	崔进德	崔景志	韩国书

秘书长：黄金生（兼）

（三）大会主席团常务主席

李遵英	高建玺	柳云增	刘来福
张增根	黄金生	顾丙印	刘桂英(女)
徐红军	张丙群		

（四）大会议案审查委员会

主　任：黄金生

副主任：顾丙印

委　员：毛金锁　耿平均

（五）大会代表资格审查委员会

主 任 委 员：黄金生

副主任委员：耿平均

委　　　员：杨文凤(女)　曹国书　曹素敏(女)

五、县十一届人大五次会议

大会临时党委、主席团和秘书长、主席团常务主席名单等情况不详。

六、县十一届人大六次会议

（一）大会临时党委

书　记：李遵英

副书记：高建玺　柳云增　刘来福

委　员：张增根　黄金生　吕贞祥

（二）大会主席团和秘书长

主席团：

刘玉民	刘来福	刘芬玲(女)	刘荣秀(女)
刘桂英(女)	吕贞祥	米志斌	李遵英
杨文凤(女)	张丙群	张增根	柳云增
胡荣秀(女)	耿平均	顾丙印	徐红军
高会东	高建玺	黄金生	曹素敏(女)
崔景志	韩国书	韩斌章	

秘书长：黄金生（兼）

（三）大会主席团常务主席

李遵英	高建玺	柳云增	张增根
吕贞祥	刘来福	黄金生	顾丙印
刘桂英(女)	徐红军	张丙群	

（四）大会议案审查委员会

主　任：黄金生

副主任：顾丙印

委　员：毛金锁　耿平均　韩国书

七、县十一届人大七次会议

（一）大会临时党委

书　记：李遵英

委　员：吕贞祥　张增根　刘来福　黄金生

（二）大会主席团和秘书长

主席团：

刘玉民	刘来福	刘芬玲（女）	刘荣秀（女）
刘桂英（女）	吕贞祥	米志斌	李遵英
杨文凤（女）	张丙群	张增根	胡荣秀（女）
耿平均	顾丙印	徐红军	高会东
黄金生	曹素敏（女）	韩国书	韩斌章

秘书长：黄金生（兼）

（三）大会主席团常务主席

李遵英	吕贞祥	张增根	刘来福
黄金生	顾丙印	刘桂英（女）	徐红军
张丙群			

八、县十一届人大八次会议

（一）大会临时党委

书　记：李遵英

副书记：丁英辉　刘来福

委　员：吕贞祥　张增根　曹爱国　黄金生

（二）大会主席团和秘书长

主席团：

丁英辉	刘玉民	刘芬玲（女）	刘来福
刘荣秀（女）	刘桂英（女）	吕贞祥	米志斌
李遵英	杨文凤（女）	张丙群	张增根
胡荣秀（女）	耿平均	顾丙印	徐红军
高会东	黄金生	曹素敏（女）	曹爱国
韩国书	韩斌章		

秘书长：黄金生（兼）

（三）大会主席团常务主席

李遵英	丁英辉	吕贞祥	张增根
刘来福	黄金生	顾丙印	刘桂英（女）
徐红军	张丙群		

（四）大会议案审查委员会

主　任：黄金生

委　员：耿平均　毛金锁　韩国书

第四章　人民代表大会常务委员会

县十一届人大常委会任期内共组织召开常委会议 33 次、主任会议 19 次。行唐县第十一届人民代表大会常务委员会设主任 1 名、副主任 6 名、委员 11 名。

表 7-4　行唐县第十一届人大常委会主任、副主任概况表

职　务	姓　名	任职时间
主　任	刘来福	1993 年 2 月—1998 年 2 月
副主任	黄金生	1993 年 2 月—1998 年 2 月
	顾丙印	1993 年 2 月—1998 年 2 月
	刘桂英	1993 年 2 月—1998 年 2 月
	徐红军	1993 年 2 月—1998 年 2 月
	张丙群	1993 年 2 月—1997 年 3 月
	李景春	1997 年 3 月 —1998 年 2 月

第一节　常委会会议

县十一届人大常委会共召开常委会会议 33 次。

第一次会议　1993 年 3 月 1 日召开，县人大常委会主任刘来福，副主任黄金生、顾丙印、刘桂英、徐红军、张丙群和 11 名委员出席会议。县人大常委会原领导刘锡林、刘清海、梁生印、杨建民、皮忠录、杨安县、崔进德、杨桂林，县人民政府副县长赵翠琴列席会议。会上几位老领导介绍做好人大工作的经验，并对新一届人大常委会提出希望；新一届常委会表示在县委领导下，继续发扬老班子廉政勤政的优良传统，加强内外团结，广泛联系代表和人民群众，依法履行职责，推动人大工作迈上新台阶。会议安排近期的各项工作。

第二次会议　1993 年 3 月 26 日召开，县人大常委会主任刘来福，副主任黄金生、顾丙印、刘桂英、徐红军、张丙群和 11 名委员出席会议。县人大常委会党组顾问崔进德、杨桂林，县人民政府副县长张桂林，县人民法院院长刘泽民，县人民检察院相关负责人列席会议。会议通过人事任免事项（名单见本篇第七章《选举任免》）。会议通过《行唐县法制教

育中心管理试行办法》。会议决定设立行唐县人民代表大会常务委员会代表资格审查委员会。

链接：县十一届人大常委会代表资格审查委员会组成人员

主 任 委 员：黄金生

副主任委员：耿平均

委　　员：杨文凤（女）　韩国书　曹素敏（女）

第三次会议　1993 年 5 月 25 日召开，县人大常委会主任刘来福，副主任黄金生、顾丙印、刘桂英、徐红军、张丙群和 10 名委员出席会议。县委副书记柳云增，县人大常委会党组顾问崔进德，县人民政府副县长陈二庆，县人民法院、县人民检察院相关负责人列席会议。会议听取和审议县人民政府副县长陈二庆作的《关于县办工业生产情况的汇报》、县林业局局长连玉宝作的《关于林业生产情况的报告》。会议通过人事任免事项（名单见本篇第七章《选举任免》）。

第四次会议　1993 年 6 月 19 日召开，县人大常委会主任刘来福，副主任黄金生、顾丙印、刘桂英、徐红军、张丙群和 5 名委员出席会议。县委副书记柳云增列席会议。会议通过人事任免事项（名单见本篇第七章《选举任免》）。

第五次会议　1993 年 8 月 17 日召开，县人大常委会主任刘来福，副主任黄金生、顾丙印、刘桂英、徐红军、张丙群和 10 名委员出席会议。县人民检察院检察长曹爱国列席会议。会议研究县十一届人大二次会议召开有关事宜；听取和审议县人大常委会办公室主任耿平均作的《关于召开县十一届二次人代会的说明》；县人民检察院检察长曹爱国代表公、检、法、司宣读《关于敦促犯罪分子投案自首的通告》，并通过相关决定。

第六次会议　1993 年 10 月 21 日至 22 日召开，县人大常委会主任刘来福，副主任黄金生、顾丙印、徐红军、张丙群、刘桂英和 9 名委员出席会议。县人民政府副县长李明国，县人民法院相关负责人列席会议。会议听取和审议县财政局局长毛全球作的《关于 1993 年财政预算执行情况的报告》、县计委主任翟志勇作的《关于行唐县 1993 年国民经济和社会发展计划执行情况与 1994 年国民经济和社会发展计划（草案）的报告》；听取和审议县建委主任赵同法作的《关于县城规划议案的报告》，设计室主任李景春作规划图说明；听取和审议县公安局局长李占国作的《关于“严打”工作的报告》。会议通过人事任免事项（名单见本篇第七章《选举任免》）。

第七次会议　1993 年 12 月 21 日召开，县人大常委会主任刘来福，副主任顾丙印、刘桂英、徐红军、张丙群和 8 名委员出席会议。县人民政府县长高建玺、副县长李明国，县人民法院院长刘泽民，县人民检察院检察长曹爱国列席会议。会议听取县人民政府《关于丘陵山区发展林果工作的报告》、县人民检察院检察长曹爱国作的《关于打击经济犯罪的报告》。会议通过人事任免事项（名单见本篇第七章《选举任免》）。

第八次会议　1994 年 3 月 14 日召开，县人大常委会主任刘来福，副主任黄金生、顾丙印、刘桂英和 13 名委员出席会议。县人大常委会党组顾问杨桂林、调研员张永强，县人民政府副县长贾连海，县人民法院院长刘泽民，县人民检察院相关负责人列席会议。会议审议关于召开十一届人大三次会议的说明并通过相应决定；会议讨论通过《行唐县人大常委会工作报告（稿）》《关于实行民主理财制度的决定（草案）》。会议通过人事任免事项（名单见本篇第七章《选举任免》）。

第九次会议　1994 年 3 月 22 日召开，县人大常委会主任刘来福，副主任黄金生、顾丙印、刘桂英、徐红军和 9 名委员出席会议。会议研究决定召开县十一届人民代表大会第三次会议时间为 3 月 22 日至 24 日，会期 3 天。

第十次会议　1994 年 4 月 21 日召开，县人大常委会主任刘来福，副主任黄金生、顾丙印、刘桂英、张丙群和 7 名委员出席会议。县人大常委会党组顾问杨桂林、调研员张永强，县人民法院、县人民检察院相关负责人列席会议。会议修正《行唐县法制教育中心管理办法（试行）》。会议通过人事任免事项（名单见本篇第七章《选举任免》）。

第十一次会议　1994 年 5 月 26 日至 27 日召开，县人大常委会主任刘来福，副主任黄金生、顾丙印、刘桂英、徐红军、张丙群和 7 名委员出席会议。县人民政府副县长马国印，县人民法院、人民检察院相关负责人列席会议。会议视察北城寨、北郝峪、中王庄、泉滋头、八里庄、西秀等村果树栽培管理及行唐县法制教育中心情况。会议听取和审议县林业局局长连玉宝作的《关于今春丘陵果树栽培和管理情况的报告》、县文教局副局长黄吉祥作的《关于解决适龄儿童入学难、小学毕业生升初中难情况的报告》、县公安局局长李占国作的《关于“严打”工作及干警队伍自身建设的情况报告》。

第十二次会议　1994 年 7 月 25 日至 26 日召开，县人大常委会主任刘来福，副主任黄金生、顾丙印、刘桂英、徐红军、张丙群和 13 名委员出席会议。县人民政府副县长马国印，县人民法院、人民检察院相关负责人列席会议。会议听取县文教局副局长黄吉祥作的《关于消灭学校危房和拖欠教师工资情况的报告》、县人民法院院长刘泽民作的《关于法院上半年审判工作的报告》、县粮食局局长刘文旗作的《关于落实国务院粮食价格改革情况的报告》。会议通过人事任免事项（名单见本篇第七章《选举任免》）。

第十三次会议　1994 年 9 月 15 日召开，县人大常委会主任刘来福，副主任黄金生、顾丙印、刘桂英、徐红军和 6 名委员出席会议。县人民政府常务副县长李明国，县人民法院院长刘泽民，县人民检察院相关负责人列席会议。会议听取县财政局局长毛全球作的《关于 1994 年 1—8 月份财政预算执行情况的报告》、县建设委员会主任赵同法作的《关于县城控制性建设规划落实情况及实验学校教学楼、园丁楼工程建设情况的报告》、县林业局副局长赵瑞珍作的《关于红枣基地县建设规划的报告》。会议作出《关于建设红枣基地县的决议》。

第十四次会议　1994 年 11 月 29 日召开，县人大常委会主任刘来福，副主任黄金生、顾丙印、刘桂英、徐红军、张丙群和 6 名委员出席会议。县人民政府常务副县长李明国、副县长张桂林，县人民法院、县人民检察院相关负责人列席会议。会议听取县工商局党组书记刘丙林作的《关于市场管理工作情况的报告》、县畜牧局局长刘成功作的《关于我县当前畜牧工作的报告》。会议作出《关于实行错案（过错）责任追究制度的决定》。会议通过县人民政府《关于建立村民代表会议制度的议案》。会议通过人事任免事项（名单见本篇第七章《选举任免》）。

第十五次会议　1994 年 12 月 20 日召开，县人大常委会副主任黄金生、顾丙印、刘桂英、徐红军、张丙群和 5 名委员出席会议。县人民法院、县人民检察院相关负责人列席会议。会议听取和审议县财政局局长毛全球作的《关于 1994 年财政预算安排调整的报告》。会议通过人事任免事项（名单见本篇第七章《选举任免》）。

第十六次会议　1995 年 3 月 3 日召开，县人大常委会主任刘来福，副主任黄金生、顾丙印、刘桂英、徐红军和 9 名委员出席会议。县人民政府县长高建玺，县人民法院副院长宋长征、县人民检察院副检察长杨新贞列席会议。会议研究召开县十一届人大四次会议有关事宜，通过会议议程（草案）、会议主席团成员、主席团常务主席及大会秘书长建议名单（草案）、议案审查委员会建议名单（草案）等有关具体事宜；讨论《行唐县人大常委会工作报告（稿）》。会议通过《关于召开十一届人大四次会议的决定》《关于接受刘泽民辞去行唐县人民法院院长职务的请求的决定》。会议通过人事任免事项（名单见本篇第七章《选举任免》）。

第十七次会议　此次会议情况不详。

第十八次会议　1995 年 5 月 30 日召开。会议通过人事任免事项（名单见本篇第七章《选举任免》）。其他情况不详。

第十九次会议　1995 年 7 月 27 日召开。会议通过人事任免事项（名单见本篇第七章《选举任免》）。其他情况不详。

第二十次会议　1995 年 9 月 20 日召开。会议通过人事任免事项（名单见本篇第七章《选举任免》）。其他情况不详。

第二十一次会议　1995 年 11 月 29 日召开。会议通过人事任免事项（名单见本篇第七章《选举任免》）。其他情况不详。

第二十二次会议　1996 年 3 月 1 日召开，县人大常委会主任刘来福，副主任黄金生、顾丙印、刘桂英、徐红军和 7 名委员出席会议。县人民政府副县长贾连海，县人民法院院长曹爱国，县人民检察院相关负责人列席会议。会议研究召开县十一届人大六次会议的有关事项，决定县十一届人大六次会议于 1996 年 3 月下旬在县城召开，并通过会议议程（草案）、会议主席团成员、主席团常务主席及大会秘书长建议名单（草案）、议案审查委员会建议名单（草案）等有关具体事宜；决定列席人员名单；讨论《行唐县人大常委会工作报告（稿）》。会议通过人事任免事项（名单见本篇第七章《选举任免》）。

第二十三次会议　1996 年 4 月 1 日召开，县人大常委会主任刘来福，副主任黄金生、顾丙印、刘桂英、徐红军和 8 名委员出席会议。会议审议通过县十一届人大常委会代表资格审查委员会《关于补选代表的代表资格的审查报告》。

第二十四次会议　1996 年 5 月 30 日至 31 日召开，县人大常委会主任刘来福，副主任黄金生、顾丙印、刘桂英、徐红军和 14 名委员出席会议。县人民政府副县长马国印，县人民法院、县人民检察院相关负责人列席会议。会议视察九口子乡林业生产情况，听取和审议县林业局《关于今春林业生产情况的工作报告》；听取县农财局《关于农村民主理财、财务公开情况的报告》。会议通过人事任免事项（名单见本篇第七章《选举任免》）。

第二十五次会议 1996年7月17日召开，县人大常委会主任刘来福，副主任黄金生、顾丙印、刘桂英、徐红军和8名委员出席会议。县人民政府副县长李锡海，县人民法院、县人民检察院相关负责人列席会议。会议作出《关于召开十一届人大七次会议的决定》《关于在全县公民中继续开展法制宣传教育的决议》。会议通知《关于接受高建玺、曹爱国辞职的决定》。会议通过人事任免事项（名单见本篇第七章《选举任免》）。

第二十六次会议 1996年9月19日召开，县人大常委会主任刘来福，副主任黄金生、刘桂英、徐红军和9名委员出席会议。县人民法院院长，县人民检察院相关负责人列席会议。会议听取和审议县技术监督局局长刘香中、县民政局局长陈建华分别作的述职报告。会议通过《行唐县人大常委会关于县人民政府向县人大常委会报告重大事项、通报重要情况和报送重要文件的规定》。会议通过人事任免事项（名单见本篇第七章《选举任免》）。

第二十七次会议 1996年12月13日召开，县人大常委会主任刘来福，副主任黄金生、刘桂英、徐红军和11名委员出席会议。县人民法院院长，县人民检察院相关负责人列席会议。会议听取和审议县计划经济局局长翟志勇作的《关于行唐县1996年国民经济和社会发展计划执行情况的报告》、县水利局局长王银路《关于几条主要灌渠水毁工程修复情况的报告》。会议通过人事任免事项（名单见本篇第七章《选举任免》）。

第二十八次会议 1997年3月6日召开，县人大常委会主任刘来福，副主任黄金生、顾丙印、刘桂英、徐红军和8名委员出席会议。县人民政府副县长李锡海，县人民法院院长，县人民检察院相关负责人列席会议。会议研究召开县十一届人大八次会议有关事宜，会议决定县十一届人大八次会议于1997年3月13日至15日在县城举行；会议通过大会议程（草案）、会议主席团成员、主席团常务主席及大会秘书长建议名单（草案）、议案审查委员会建议名单（草案），决定列席人员名单等有关具体事宜；通过代表资格审查委员会《关于补选2名县人大代表的代表资格审查报告》；审议通过《行唐县人大常委会工作报告（稿）》。会议通过《关于接受张丙群辞去县人大常委会副主任职务的决定》。会议通过人事任免事项（名单见本篇第七章《选举任免》）。

第二十九次会议 1997年5月8日至9日召开，主任刘来福，副主任黄金生、顾丙印、刘桂英、徐红军、李景春和10名委员出席会议。县人民政府副县长李锡海、马国印，县人民法院、县人民检察院相关负责人列席会议。会议听取和审议县农财局局长盖沧渊作的《关于贯彻落实中共中央、国务院〈关于切实做好减轻农民负担工作的决定〉情况的报告》、县人民政府副县长马国印作的《关于扶贫攻坚工作安排和实施情况的报告》。会议修订《关于加强信访工作维护社会秩序的决定》。会议通过人事任免事项（名单见本篇第七章《选举任免》）。

第三十次会议 1997年7月10日召开，县人大常委会主任刘来福，副主任顾丙印、刘桂英、徐红军、李景春和9名委员出席会议。县人民政府副县长马国印、毛全球，县人民法院、县人民检察院相关负责人列席会议。会议听取和审议县文教局局长赵凤筱作的《关于“普九”工作情况的报告》、县计划生育局局长孙贵堂作的《关于计划生育情况的汇报》。会议通过人事任免事项（名单见本篇第七章《选举任免》）。

第三十一次会议　1997年9月11日至12日召开，县人大常委会主任刘来福，副主任黄金生、顾丙印、徐红军、刘桂英、李景春和6名委员出席会议。县人民政府副县长张桂林、赵海军，县人民法院、县人民检察院相关负责人列席会议。会议听取和审议县财政局局长刘成功作的《关于1997年1—8月份财政预算执行情况的报告》、县农业局局长周振林作的《关于我县“吨粮县”建设情况的报告》、县科技局局长曹悦昌作的《关于〈行唐县1996—2000年科技兴县规划纲要〉实施情况的报告》、县环保局副局长李小斧作的《关于县城建设情况的报告》。会议通过人事任免事项（名单见本篇第七章《选举任免》）。

第三十二次会议　1997年11月18日召开，县人大常委会主任刘来福，副主任黄金生、顾丙印、刘桂英、李景春和8名委员出席会议。县人民政府副县长马国印，县人民法院、县人民检察院相关负责人列席会议。会议听取和审议县信访局局长王振良作的《关于1997年信访工作情况的报告》。会议通过人事任免事项（名单见本篇第七章《选举任免》）。

第三十三次会议　1998年2月9日召开，出席会议和列席会议人员不详。会议审议召开县十二届人大一次会议的有关事宜，听取县人大常委会代表资格审查委员会主任黄金生作的《关于县十二届人大代表资格审查情况的报告》，审查1名代表资格无效；会议通过县十二届人大一次会议议程、日程（草案），会议主席团、常务主席及大会秘书长、副秘书长、议案审查委员会、列席人员等各项建议名单（草案）和《行唐县人大常委会工作报告（稿）》。会议作出《关于召开十二届人大一次会议的决定》。

第二节 主任会议

县十一届人大常委会共召开主任会议19次，由县人大常委会主任刘来福主持召开，县人大常委会各位副主任出席会议，各科（委）室负责人列席会议，县人民政府及相关部门负责人根据会议要求列席会议。

表7-5 行唐县第十一届人大常委会主任会议情况一览表

序号	时间	议题
1	1993年3月4日	研究关于第二次常委会的建议议题，定于4月初召开；对县人大常委会副主任进行分工安排
2	1993年3月29日	研究迎接地区检查村民代表会工作；研究准备召开乡镇主席会、汇报换届工作
3	1993年4月15日	研究如何推广北龙岗乡小流域综合治理的经验；传达8月9日地区人大工作精神；安排地区人大交办的“四职一纠”工作；安排到税务局召开座谈会，听取税收工作汇报
4	1993年4月29日	研究下次例会听取的内容；研究机关办实体问题
5	1993年6月25日	研究评选“四最”干警活动；讨论促进村代会建章立制、接受人民群众监督事项
6	1993年7月20日	听取县公安局《关于县人大代表苏某某违法问题的汇报》
7	1993年8月21日	研究召开第五次常委会的时间及议题；关于县十一届人大二次会议筹备工作；研究公、检、法、司《关于敦促犯罪分子投案自首通告》议案的相关事项
8	1993年8月23日	听取政法部门“四最”干警复评结果的汇报；安排研究、推广北龙岗乡小流域综合治理经验；安排县人大常委会副主任分工下乡指导工作；研究县人民法院个别案件
9	1993年10月13日	研究关于第六次常委会召开时间；安排10月18日省人大来县检查工作的事宜；安排关于市人大来县检查工作的事宜；研究对重点案件的检查
10	1993年11月17日	研究第七次常委会建议议题；安排学习《邓小平文选》；研究惩治腐败问题的措施；安排填报省人大的调查问卷；对相关材料的撰写提出要求；听取县人大常委会代表科工作汇报；研究复查部分案件的报告；研究改善会议室设施问题

续表7-5

序　号	时　间	议　题
11	1993年12月10日	研究县人大常委会党组向县委请示《关于在全县农村实行民主理财制度的意见》；研究第七次常委会召开时间
12	1993年12月16日	传达市人大12月13日宣传工作会议精神，并对卫生宣传小组、奖励制度进行安排；传达市人大12月14日获鹿财经会议精神；传达12月14日上午县委常委会关于47名干部的任免和交流情况以及县人大任免5人的情况
13	1993年12月23日	研究县人大常委会党组向县委提交报告建立农村村民代表会理财小组有关工作，并安排到高邑县参观事项
14	1994年1月10日	讨论县人大常委会1993年工作总结和1994年工作重点；传达市人大召开省、市人代会前代表工作安排精神
15	1994年2月26日	研究决定县十一届人大常委会第八次会议的时间，定于3月14日上午召开，会期半天；讨论县人大常委会工作报告（稿）；决定十一届人大三次会议有关事宜；研究县人民政府《县城卫生暂行方法》
16	1994年4月20日	研究决定召开县十一届人大常委会第十次会议；商讨修订《行唐县法制教育中心管理办法》；研究人事任免；关于县人大常委会机关分工调整
17	1994年5月10日	通报县委书记李遵英主持召开的县人大主任座谈会情况；商讨第十一次常委会召开的时间及议题
18	1994年6月30日	研究县人大常委会第十二次常委会议议题；听取政治法律科相关案件调查汇报
19	1994年8月29日	审议通过县公检法部门制定的《错案（过错）责任追究办法》

第三节　机构设置

截至1993年2月，县十一届人大常委会仍设办公室、政治法律科、财政经济科、教育科学文化卫生科、代表联系科。1993年9月增设老干部科。1997年9月25日，中共行唐县委办公室印发《行唐县乡（镇）人大机关机构改革方案》（行办发〔1997〕69号），县人大机关从“一室四科”改设为“一室四委”，即办公室、财政经济工作委员会、教育科学文化卫生工作委员会、政治法律工作委员会、代表联络工作委员会。办公室附设老干部科、信访科，两科均为局级规格。县人大机关行政编制27名，其中各科室、委领导职数8名。

表 7-6　行唐县第十一届人大常委会机构人员情况表

机构名称	职　务	姓　名	任职时间	说　明
办公室	主　任	耿平均	1993 年 2 月—1998 年 2 月	—
	副主任	贾四喜	1993 年 2 月—1998 年 2 月	—
政治法律科	科　长	王玉祥	1993 年 2 月—1995 年 7 月	—
	副科长	花运河	1996 年 3 月—1997 年 9 月	—
政治法律工作委员会	主　任	—	1997 年 9 月—1998 年 2 月	缺　职
	副主任	花运河	1997 年 9 月—1998 年 2 月	—
财政经济科	科　长	高会东	1993 年 2 月—1997 年 9 月	—
	副科长	田振法	1993 年 2 月—1996 年 3 月	—
财政经济工作委员会	主　任	高会东	1997 年 9 月—1998 年 2 月	—
代表联络科	科　长	毛金锁	1993 年 2 月—1997 年 9 月	—
	副科长	宇文国珍	1993 年 2 月—1994 年 4 月	—
代表联络工作委员会	主　任	毛金锁	1997 年 9 月—1998 年 2 月	—
教育科学文化卫生科	科　长	张胜利	1993 年 2 月—1997 年 9 月	—
教育科学文化卫生工作委员会	主　任	张胜利	1997 年 9 月—1998 年 2 月	—
老干部科	科　长	高国胜	1994 年 12 月—1998 年 2 月	—
	副科长	李翠玲	1993 年 12 月—1998 年 2 月	—
信访科	科　长	—	1997 年 9 月—1998 年 2 月	缺　职

第四节　机关工作

一、自身建设

（一）加强理论学习

县十一届人大常委会围绕解放思想、增强干部职工的改革创新意识、奋发进取意识、民主法律意识，进一步激发机关上下的工作激情。始终坚持周五学习日制度，做到有考勤、有记录、有体会。一是学习党的方针政策、邓小平建设有中国特色社会主义理论、党的十四大、十五大文件。二是学习各种法律知识，对新颁布法律和有关市场经济方面的法律法规进行重点学习。通过学习，提高了机关干部的政治思想素质、依法履职能力以及政策水平和法律水平，增强了干部职工坚持党的基本路线的自觉性以及做好人大工作的信心和本领。

（二）加强制度建设

完善制度是做好工作的保证，为推动创建“三讲”文明机关活动的开展，县人大常委会总结过去的工作经验，对人大机关的各项制度进行修订和完善，各科室职责全部上墙公开，增加了透明度，增强了责任意识，加强和改进了机关作风，推动人大工作更加规范化、程序化、制度化，提升了机关工作效率和服务水平。1997 年，常委会对机关环境进行全面清理整治，机关面貌大为改观。

（三）加强老干部工作

为做好老干部工作，常委会老干部科充分发挥老干部资历深、经验丰富、威望高的优势，组织老干部到部分乡镇视察“两高一优”农业发展和水利建设情况，为这些地区脱贫致富奔小康想路子、出点子。组织老干部到阜平县、鹿泉市等地参观，丰富了老干部的业余生活。坚持周四组织老干部政治学习制度，定期向他们通报全县重大事项进展情况。关心老干部的生活，定期到老干部家中走访，及时解决报刊订阅、医疗就诊等生活方面的问题，多次组织老干部外出考察及参加各种有益的健身活动，使他们老有所乐、老有所为，充分调动老干部为全县经济建设发挥余热的积极性。

二、信访工作

县十一届人大常委会把受理群众来信来访工作作为联系群众、实施“鱼水工程”的重要内容，热情接待来访群众。1993 年，针对当时信访秩序混乱的状况，县人大常委会作出《关于加强信访工作维护社会秩序的决定》；1997 年又予以修订，强调各级干部实行责任制和实行逐级信访，并多次听取县人民政府信访工作汇报，使信访制度不断完善，全县信访工作和信访秩序保持了稳定态势。1998 年，县人大常委会对龙州镇个别粉条专业村因污水乱排导致空气污染造成群众集体上访问题进行重点监督，并交由相关部门妥善解决。县十一届人大常委会任期内共接待群众来信来访 600 余件次，均及时转交有关部门办理，使一批久拖不决的案件和问题得到了妥善解决。在坚持做好群众思想工作的基础上使信访人员息诉、罢访，化解矛盾率有了很大提高。

三、抗洪救灾

1996 年 8 月，境内遭受 30 多年来最大的一次暴雨灾害，县人大常委会积极配合县委、县政府行动，全力投入抗洪救灾。一是号召全县各级人大代表、机关工作人员发扬“公而忘私，患难与共，百折不挠，勇往直前”的精神，艰苦奋战，抗洪救灾，搞好生产自救。二是成立抗洪抢险突击队。从 8 月 3 日到 15 日，机关工作人员积极参与县城郜河大坝抢修和昼夜巡逻。三是主动向受灾群众捐款捐物，县人大常委会机关人员共捐救灾款 1000 多元。四是以“这次受灾最大的是农村，损失最大的是农业，问题最严重的是农民”为出发点，县人大常委会主任、副主任分头深入到口头水库、沙河沿岸察看水情，布置防洪工作，并组成 5 人救灾服务队，由县人大常委会主任刘来福带领到重灾乡、镇、村慰问受灾群众。市同乡毛照村紧靠部河，受灾严重，冲毁河坝2500米、粮田2320亩、棉田140多亩、防护林500多亩，倒塌房屋28间，县人大常委会主任刘来福、副主任徐红军、办公室主任耿平均等人脚踏淤泥，步行十几里沿部河堤坝实地察看，亲自指导该村的抗洪救灾和恢复生产工作。还积极向有关部门建议，给该村以物质帮助；组织村干部广泛发动群众，抓紧推进对大秋作物排水追肥等各项工作。干部群众对县人大的支持和关怀表示深深感谢，进一步密切了党群、干群关系，推动了“鱼水工程”的开展，促进了抗洪救灾工作。

四、助力脱贫攻坚

围绕扶贫攻坚、小康村建设履行职责。为改变行唐县贫困县的面貌，县十一届人大常委会坚持把扶贫工作纳入人大工作的重要日程。1997年春节刚过，主任、副主任分别带领科室人员翻山越岭，亲临现场进行勘察，3天行程800余里，走访了4个乡镇12个贫困村，通过召开各种形式的座谈会、了解实际情况，掌握了第一手材料，及时向县委、县政府提出了在贫困村兴修水利；开发岗坡次地，向岗坡次地要粮、要富裕；特困村兴修水利要集中财力重点扶持等建议。县委、县政府积极采纳，落实资金120多万元，为12个贫困村修建了水利工程，解决了村民的生产、生活用水困难问题。

五、法律宣传

1998年3月10日，县人大常委会办公室、县普法办公室、县工商行政管理局印发《关于在企业经营管理人员中开展法制宣传教育的三年规划》（行人大办〔1998〕2号），决定利用1998年至2000年三年时间，对企业经营管理人员进行法制宣传教育作出安排部署，促进了全县“三五”普法的深入开展。

第五章　监督工作

县十一届人大及其常委会高举邓小平理论伟大旗帜，坚持党的基本路线和基本方针，围绕兴县富民奔小康目标，以民本思想为基石，以加快发展为主调，以发展社会主义民主、健全社会主义法制为根本任务，推动人大工作与建设社会主义市场经济体制和加强社会主义民主政治建设的新形势、新要求相结合，切实履职尽责，加大依法监督力度，监督工作取得实效，开创了人大工作的新局面。

任期内，县十一届人大常委会会议围绕工业、农业、教育等方面共依法听取和审议"一府两院"专项工作报告和计划、预算报告33项。为全县财政平稳运行、经济持续增长提供了保障。视察活动以经济建设为中心，采取听取汇报与现场调研相结合的方式，通过对种植业、林业、乡镇企业、水利等方面进行视察调研，提高了决策的准确性，为县域国民经济的持续、协调发展奠定了坚实的基础。"四最"干警的评选，执法检查的深入推进，增强了全县人民的法律意识和法制观念，更好地发挥了法律对社会主义市场经济的保障作用。代表评议活动的持续开展，充分调动了广大代表参政的积极性，提高了议政水平，为做好人大工作奠定了基础；进一步增强了政府部门接受人大监督的自觉性，增强了国家机关工作人员的公仆意识，密切了干群关系，促进了机关形象建设。实行"两错"责任追究制度和旁听法院庭审工作的开展，提升了办案质量，有效遏制了冤假错案的发生，推动了社会主义民主法治建设。

第一节　听取和审议专项工作报告与计划预算工作报告

县十一届人大常委会听取和审议"一府两院"专项工作报告27项、计划预算报告6项。

表7-7　行唐县第十一届人大常委会会议听取和审议专项工作报告与计划预算报告情况表

时　间	常委会会议	报告内容
1993年5月25日	第三次	县人民政府关于县办工业生产情况的汇报；县林业局关于林业生产情况的报告

续表7-7

时　间	常委会会议	报告内容
1993年10月21日	第六次	县财政局1993年财政预算执行情况的报告；县计划委员会关于1993年国民经济和社会发展计划执行情况与1994年国民经济和社会发展计划（草案）的报告；县建设委员会关于县城规划议案的报告；县公安局关于“严打”工作的报告
1993年12月21日	第七次	县人民政府关于丘陵山区发展林果工作的报告；县人民检察院关于打击经济犯罪的报告
1994年5月26日	第十一次	县林业局关于今春丘陵果树栽培和管理情况的报告；县文教局关于解决适龄儿童入学难、小学毕业生升初中难情况的报告；县公安局关于“严打”工作及干警队伍自身建设的情况报告
1994年7月25日	第十二次	县文教局关于消灭学校危房和拖欠教师工资情况的报告；县人民法院关于上半年审判工作的报告；县粮食局关于落实国务院粮食价格改革情况的报告
1994年9月15日	第十三次	县财政局关于1994年1—8月份财政预算执行情况的报告；县建设委员会关于县城控制性建设规划落实情况及实验学校教学楼、园丁楼工程建设情况的报告；县林业局关于红枣基地县建设规划的报告
1994年11月29日	第十四次	县工商局关于市场管理工作情况的报告；县畜牧局关于我县当前畜牧工作的报告
1994年12月20日	第十五次	县财政局关于1994年财政预算安排调整的报告
1996年5月30日	第二十四次	县林业局关于今春林业生产情况的工作报告；县农财局关于农村民主理财、财务公开情况的报告
1996年12月13日	第二十七次	县计划经济局关于行唐县1996年国民经济和社会发展计划执行情况的报告；县水利局关于几条主要灌渠水毁工程修复情况的报告
1997年5月8日	第二十九次	县农财局关于贯彻落实中共中央、国务院《关于切实做好减轻农民负担工作的决定》情况的报告；县人民政府关于扶贫攻坚工作安排和实施情况的报告
1997年7月10日	第三十次	县文教局关于“普九”工作情况的报告；县计划生育局关于计划生育情况的汇报

续表7-7

时　间	常委会会议	报告内容
1997年9月11日	第三十一次	县财政局关于1997年1—8月份财政预算执行情况的报告；县农业局关于我县“吨粮县”建设情况的报告；县科技局关于《行唐县1996—2000年科技兴县规划纲要》实施情况的报告；县环保局关于县城建设情况的报告
1997年11月18日	第三十二次	县信访局关于1997年信访工作情况的报告

第二节　法律法规实施情况的检查

县十一届人大常委会高度重视法律法规贯彻实施情况的检查，根据检查中发现的实际问题提出意见、建议，督促政府及有关部门进行整改，提高依法行政的自觉性，适应社会主义市场经济的要求，从而促进了法律的实施。

1993年，组织委员和代表对《企业法》《土地管理法》《义务教育法》《国防教育法》《河北省计划生育条例》等法律法规的执行情况进行检查。10月8日至27日，根据市人大要求，县人大常委会和县政法委组织力量对1993年以来司法机关处理的部分案件进行重点检查。1994年，组织委员和代表对《中华人民共和国税法》《土地管理法》《环境保护法》《代表法》《河北省计划生育条例》等法律、法规的执行情况进行执法检查。1995年，组织委员和代表对《河北省计划生育条例》《中华人民共和国科技进步法》《河北省碘盐条例》《中华人民共和国注册会计师法》《中华人民共和国农业法》《中华人民共和国农业技术推广法》《中华人民共和国水资源保护法》进行检查。1996年，组织代表对《中华人民共和国会计法》《农业法》《农业技术推广法》《中华人民共和国预算外资金管理条例》《环境保护法》《土地管理法》等法律法规的落实情况进行检查。1997年6月6日，县人大常委会执法检查组对《消费者权益保护法》和《河北省保护消费者合法权益条例》的实施情况进行执法检查。7月22日至24日，县人大常委会与县纪检委等有关部门组成4个小组，由4名主任带队，对全县15个乡镇、51个县直单位的职权监督办法、配套制度上墙及落实情况进行检查。1998年，根据市人大会议精神，组织代表对《中华人民共和国劳动法》和《石家庄市城镇企业职工社会保险基金管理条例》贯彻落实情况进行执法检查。

第三节　视察调研

县十一届人大常委会围绕县委中心工作，适时组织委员、代表开展视察调研活动，采取听取汇报与现场调研相结合的方式，对群众关心的热点、难点问题及代表提出的意见和建议，以视察报告的形式向有关部门反馈，并督促及时整改。主要视察调研活动有：

1993 年，组织委员和代表视察县城建设和管理、市场建设、速生丰产林生产、小流域综合治理等项目。

1994 年，先后组织委员和代表对工业、林业、县城卫生、水利建设等方面进行视察、调查 36 次。

1995 年，组织委员和代表视察行唐县机械厂、立德粉厂，听取县办企业生产经营情况的汇报；两次组织代表分别视察余底奶牛基地建设、李七里峰及龙洞粉条加工、北郄凹铸造集团、南翟营炼铁厂、留营焦化厂、独羊岗工业小区、连家庄化工厂、造纸厂等乡镇企业。

1996 年，组织代表对城寨、上滋洋、屹嶅头等乡的林果业发展情况进行视察。4 月 8 日，组织委员和代表视察荒山开发情况，现场督办，为 6 户农民圆满解决了治山困难问题，达到了群众满意。5 月 30 日，组织主任、委员视察九口子乡辛庄村的千亩枣园建设情况。8 月，组织委员、代表视察口西渠及红北渠的修复工作。9 月，县人大常委会组织代表视察龙州商城、新开路蔬菜市场和东街批发市场。10 月 20 日至 21 日，县人大常委会主任、委员视察口西渠、群众渠及口头、南桥、城寨等乡镇灌渠修复情况。11 月 8 日，县人大常委会主任刘来福、副主任刘桂英冒雨到地处九口子乡海拔 810 米高的鳌鱼山顶，视察即将交付使用的两岭口电视差转台，现场督办县十一届人大四次会议上代表提出“山区人民看电视难”建议的办理情况。

1997 年 2 月 19 日至 21 日，组织主任、委员到玉亭乡、上方乡、口头镇、上阎庄乡的 12 个贫困村实地走访调查，寻找脱贫致富良计，座谈了解扶贫开发情况。3 月下旬，对 8 个乡镇、16 个贫困村的水、电配套设施进行考察，并给予现场指导。4 月中旬，组织部分县人大常委会委员、县人大常委会老干部及机关人员对水利工程进行视察。4 月 19 日，组织县人大常委会委员、科室人员及部分老干部，对红北渠、口西渠渠首渡槽重点水毁工程修复和农田水利基本建设情况进行视察。4 月下旬，县人大常委会对丘陵、山区农业结构调整情况进行调查。9 月 5 日，组织部分委员、代表，依据国务院新颁发的《社会力量办学条例》，对启明、曙光、龙州、育才 4 所私立中学进行实地视察。9 月，组织乡镇人大主席、乡镇长、水利部门对县内几条主要干支渠进行视察。

第四节　开展评议工作

为推动执法队伍建设，提高执法人员的素质和加大对政法工作的监督力度，1993 年 6 月 28 日，县十一届人大常委会办公室、县政法委办公室联合发文（人大办〔1993〕11 号），决定在政法部门 10 个基层庭所（法庭、派出所、司法所）开展办事最公道、作风最顽强、行为最廉洁、群众最放心“四最”干警评选活动，活动从 7 月 1 日开始，到 8 月 31 日，经过建立机构、宣传发动、调查研究及初评、复评和领导小组审定，共评出“四最”干警 23 名。持续开展评选活动，1994 年评出“四最”干警 35 名，1995 年评出“四最”干警 42 名。通过电视、广播、召开大会等形式进行表彰，弘扬了正气，促进了执法队伍建设，推动了全县廉政建设。

县十一届人大常委会把人大代表评议“一府两院”工作作为深化监督的有效载体，紧紧围绕县委中心工作，抓住群众关心的热点、难点问题开展评议，实事求是地解决问题。继续坚持代表进驻棉、粮、油“三站”监督收购，深化评议工作。1995年第三季度，组织各级人大代表对县工商行政管理工作进行评议，提出建议、批评和意见36条，要求工商局认真进行整改，行风行纪有了明显改进。1996年7月，县人大常委会组织部分市、县人大代表对石家庄市乡镇企业局工作进行了认真评议，提出10多条意见建议，上级领导认为“行唐县代表的评议意见和建议抓住了要害，对解决深层次问题具有较高价值”。1997年，在县十一届人大八次会议期间，组织代表对政法部门进行专题评议，提出建议、批评和意见35条，促进了全县政法部门秉公执法，加强了廉政建设。1998年4月，县人大常委会组织县人大代表对政法机关执法大检查情况进行评议，听取县人民法院、人民检察院、公安局执法检查情况汇报，并由人大代表进行评议。通过评议，有效遏制了行业不正之风，全县政法队伍素质进一步提高，促进执法更加公平公正。

第五节　推行“两错”责任追究制度

为认真贯彻落实省、市人大常委会关于推行“两错”责任追究制的要求，进一步加强对《宪法》等法律法规实施情况的监督，维护社会主义法治的尊严，保障公民的合法权益，促进执法机关廉政勤政建设，全心全意为人民服务，为全县物质文明和精神文明建设创造一个良好的法治环境，1994年11月29日，县十一届人大常委会第十四次会议作出《关于实行错案（过错）责任追究制度的决定》。县人大常委会把推行“两错”责任追究制作为加强执法监督的切入点，把督促执法机关抓紧落实作为工作重心，多次听取执纪执法部门执行情况的汇报，组织代表进行执法检查，增强监督力度。各执法部门相继制定和完善具体的追究办法和规定，有效防止和纠正了违法行为。

1996年9月26日，县人大常委会办公室印发《在全县公检法机关开展就案查执法活动安排意见》的通知，对在全县公检法机关进行就案查执法活动作了安排部署。这次活动历时两个多月，共自查案件2396件，其中经济案231件、刑事案201件、治安案1073件、民事案891件。在公、检、法三机关内抽查案件111件，纠正处理不当案件3件，纠正执法过错行为5起，追究“两错”责任人9人，退还不合理罚款和当事人的经济损失1.1万元，对办案人员经济罚款6000元。通过这次活动，进一步严肃了规范执法，保证了秉公办案，深化了“两错”责任追究制，促进了公检法机关的工作开展。在职权监督实施中，共查处行政过错5起，对4名不合格干部进行了下岗处理，公开向全县人民郑重宣布司法、行政执法人员的错误执法行为要依法受到追究，保障了执法的严肃性、公正性，推进了全县社会主义民主和法制建设。

第六节 推行民主理财制度

1993年12月28日至29日，县人大常委会组织各乡镇人大主席、农业局等部门36人赴高邑县参加省人大召开的农村理财现场会。回县后，县人大常委会立即召开座谈会安排部署，要求各乡镇人大主席团要在乡镇党委支持下大力宣传，抓好试点，把民主理财落到实处。为在农村广泛推行民主理财制度，县人大常委会于1994年3月作出《关于在全县农村实行民主理财制度的决议》，要求各村在村民代表会行使财务管理职能的基础上，民主建立村民理财小组，确保农村财务管理制度化和规范化。1995年，县人大常委会组织代表到基层调查，利用简报形式推广北龙岗乡民主理财经验。1996年初，县人大常委会在只里乡白庙村召开全县民主理财现场经验交流会。之后又多次组织代表下基层调查、视察，配合县委积极推动村务、政务“八公开”活动，深化了农村改革和基层民主政治建设。

第七节 旁听法院庭审

为保障严格执法，加大庭审透明度，1997年，县十一届人大常委会组织人大代表125人次，依法旁听法院庭审，加强对审判工作的监督，共旁听法院庭审25个案件，有力地促进了法官依法审案的自觉性。整个审判过程依法进行，法庭秩序大为好转。行唐县人大常委会的这一做法得到上级领导的好评，省、市人大均转发了行唐县的典型材料，并在全省推广。

第八节 深化职权监督

县十一届人大常委会依法推进职权监督，促进干部依法行政。1997年，县十一届人大常委会积极配合县委推进《领导干部职权监督办法》的实施，先后两次组织主任、委员、人大代表对全县15个乡镇、51个县直单位的领导干部进行检查，促使各单位完善了各项规章制度，增强了勤政、廉政、依法履行职责的自觉性，推进了党风、政风、行风建设，保证了各项工作依法顺利进行。

第六章 决议决定

县十一届人大及其常委会任期内作出决定决议41项，促进了全县经济发展，加快了民主法治建设进程。其中，《关于建立红枣基地县的决议》为调整全县产业结构、促进农民增收和特色产业发展提供了有效途径；《关于实行错案（过错）责任追究制度的决定》对于严明执法和加强法律监督意义深远；《关于在全县农村实行民主理财制度的决定》进一步推进了基层民主建设和农村经济工作的健康发展。

第一节 作出决议决定

一、县十一届人大历次会议作出决议决定情况

县十一届人大历次会议共作出决议决定32项。

表7-8 行唐县第十一届人民代表大会历次会议决议决定一览表

时 间	会 次	事 项
1993年2月25日	第一次	关于政府工作报告的决议 关于行唐县1992年国民经济发展和社会发展计划执行情况与1993年国民经济和社会发展计划的决议 关于行唐县1992年财政决算和1993年财政预算的决议 关于行唐县人民代表大会常务委员会工作报告的决议 关于行唐县人民法院工作报告的决议 关于行唐县人民检察院工作报告的决议
1994年3月24日	第三次	关于政府工作报告的决议 关于行唐县1993年国民经济和社会发展计划执行情况与1994年国民经济和社会发展计划的决议 关于行唐县1993年财政决算和1994年财政预算的决议 关于行唐县人民代表大会常务委员会工作报告的决议 关于行唐县人民法院工作报告的决议 关于行唐县人民检察院工作报告的决议 关于在全县农村实行民主理财制度的决定

续表7-8

时　间	会　次	事　项
1995 年 3 月 11 日	第四次	关于政府工作报告的决议 关于行唐县 1994 年国民经济和社会发展计划执行情况与 1995 年国民经济和社会发展计划的决议 关于行唐县 1994 年财政预算执行情况和 1995 年财政预算的决议 关于行唐县人民代表大会常务委员会工作报告的决议 关于行唐县人民法院工作报告的决议 关于行唐县人民检察院工作报告的决议
1996 年 4 月 3 日	第六次	关于政府工作报告的决议 关于 1995 年国民经济和社会发展计划执行情况与 1996 年国民经济和社会发展计划的决议 关于行唐县 1995 年财政预算执行情况和 1996 年财政预算的决议 关于行唐县人民代表大会常务委员会工作报告的决议 关于行唐县人民法院工作报告的决议 关于行唐县人民检察院工作报告的决议 关于尽快制定地方道路管理办法的决议
1997 年 3 月 15 日	第八次	关于政府工作报告的决议 关于行唐县 1996 年国民经济和社会发展计划执行情况与 1997 年国民经济和社会发展计划的决议 关于行唐县 1996 年财政预算执行情况和 1997 年财政预算的决议 关于行唐县人民代表大会常务委员会工作报告的决议 关于行唐县人民法院工作的报告决议 关于行唐县人民检察院工作报告的决议

二、县十一届人大常委会历次会议作出决议决定情况

县十一届人大常委会历次会议共作出决议决定 10 项。

表 7-9　行唐县第十一届人大常委会历次会议决议决定一览表

时　间	常委会会议	事　项
1993 年 8 月 27 日	第五次	关于敦促犯罪分子投案自首的决定
1994 年 3 月 14 日	第八次	关于召开十一届人大三次会议的决定

续表7-9

时　间	常委会会议	事　项
1994 年 9 月 15 日	第十三次	关于建设红枣基地县的决议
1994 年 11 月 29 日	第十四次	关于实行错案（过错）责任追究制度的决定
1995 年 3 月 3 日	第十六次	关于召开十一届人大四次会议的决定
1996 年 3 月 1 日	第二十二次	关于召开十一届人大六次会议的决定
1996 年 7 月 17 日	第二十五次	关于在全县公民中继续开展法制宣传教育的决议 关于召开十一届人大七次会议的决定
1997 年 3 月 6 日	第二十八次	关于召开十一届人大八次会议的决定
1998 年 2 月 9 日	第三十三次	关于召开十二届人大一次会议的决定

第二节　决议决定选介

关于在全县农村实行民主理财制度的决定

《关于在全县农村实行民主理财制度的决定》（以下简称《决定》）于 1994 年 3 月 24 日行唐县第十一届人民代表大会第三次会议通过。

《决定》指出，建立“村有乡管、民主理财、经济审计”三位一体的农村财务管理新机制，使民主决策、民主管理、民主监督制度化，是密切干群关系，推进基层民主政治建设，实现农村政治稳定和经济发展的有效措施，是搞好农村工作的治本之策。

《决定》要求，县、乡要建立民主理财领导小组，各村要在村民代表会行使财务管理职能的基础上，民主推选办事公道、关心集体、坚持原则、懂财务管理的人大代表和村民代表，建立村民理财小组，明确任务和职责，并以法律法规和政策为依据，结合实际建立和完善制度，保证农村财务管理工作制度化、规范化，保护农民利益，充分发挥人大代表和村民代表在推行民主理财制度中的作用。村民代表要强化主人翁意识，大胆依法监督村委会财务工作。村民理财小组要按规定向村民代表大会报告重大问题的审计结果。县人大常委会、乡镇人大主席团要抓好村民代表的培训工作，不断提高代表素质，真正发挥代表作用。

《决定》强调，县人大常委会，乡镇人大主席团，县、乡政府和职能部门一定要把推行农村民主理财制度当作农村工作的一件大事来抓，要切实加强对民主理财工作的检查监督，真正建立一支过硬的民主理财队伍，把民主理财工作抓出成效。同时，要把民主理财工作与农村班子建设、经济发展、村民的思想教育结合起来，进一步把农村基层民主建设推向前进。

关于尽快制定地方道路管理办法的决议

《关于尽快制定地方道路管理办法的决议》（以下简称《决议》）于1996年4月5日行唐县第十一届人民代表大会第六次会议通过。

《决议》认为，在各级党委和政府的领导下，全县地方道路建设取得了显著成绩，对促进全县国民经济飞速发展发挥了重要作用。但目前地方道路管理不善、路况较差等问题依然存在。

《决议》要求，各级领导和有关部门要把这项工作提高到事关全县改革开放和经济建设的高度来认识，要列入议事日程，作为农村小康建设和为人民群众办实事的一项重要内容，切实加强领导，搞好协调。县人民政府要参照《河北省公路条例》制定相应的管理办法，县、乡、村要建立相应的道路管理机构，交通局要在业务上给予指导，此项工作要在两个月内完成。本着“分级负责、多层次多渠道筹资”的原则，调动社会办交通的积极性，多方筹集修路资金。实行目标责任制，加强道路管护，保持路况完好。县、乡政府及业务部门要定期组织检查评比，此项工作要常年坚持下去。

《决议》的出台，为搞好地方道路养护管理、加快农村小康建设步伐、推动全县经济发展创造了条件。

关于建立红枣基地县的决议

《关于建立红枣基地县的决议》（以下简称《决议》）于1994年9月15日行唐县第十一届人大常委会第十三次会议通过。

《决议》指出，红枣是行唐县的拳头产品，建设红枣基地县是促进全县经济腾飞的一项战略性决策，是调整产业结构、提高经济效益、早日绿化太行、使山区农民脱贫致富奔小康的一条重要途径。

《决议》决定，红枣基地县建设从1994年开始，5年完成基地规模30万亩，其中新发展红枣20万亩。根据地理条件，枣区包括上连庄、上阎庄、九口子、杨家庄、口头、秦台、下阎庄、北城寨、上滋洋、屹嶅头、北河11个丘陵、山区乡镇。建设红枣基地县要坚持狠抓第一年、紧抓第二年、猛促第三年、抓好后两年。1994年发展3.5万亩，1995年发展4.7万亩，1996年栽植4.4万亩，1997年至1998年两年发展7.4万亩。每年完成育苗1000亩以上，同时，加强对现有10万亩中低产枣园的改造和管理。

《决议》要求，枣区乡（镇）、村要按照县林业规划小组的规划设计，坚持因地制宜、优质、高产、高效的原则，做好自己的近中期规划，切实抓好枣树科学管理和育苗新技术的推广。要认真落实各项林业政策，调动群众发展红枣产业的积极性。可采用股份制形式，实行国家、集体、个人或资金、劳力、土地入股、合作发展，也可以拍卖“四荒”种植枣树。要建立完善贸工农相结合的红枣生产加工销售服务体系，促进红枣加工增值，做好全程服务工作，使资源优势变为商品优势。成立行唐县红枣基地指挥部，枣区乡村也要成立专门领导班子，县、乡要制订奖罚制度，抓好典型。

建设红枣基地县是一项利在当今、福泽子孙的伟大事业，《决议》号召县、乡政府及职能部门、各级干部、各级人大代表和广大人民群众要积极行动起来，为建设红枣基地县贡献力量。

关于实行错案（过错）责任追究制度的决定

《关于实行错案（过错）责任追究制度的决定》（以下简称《决定》）于1994年11月29日行唐县第十一届人大常委会第十四次会议通过。

错案（过错）责任追究是强化对执法部门和执法人员的监督，最大限度地防止出现错案（过错），如果发现错案（过错）就追究有关执法人员的责任。实行错案（过错）责任追究制度是贯彻落实党的十四届三中全会关于“加强执法队伍建设，提高人员素质和执法水平，建立对执法违法的追究制度和赔偿制度”的具体措施。对于提高承办质量和效率、增强执法人员的法制观念和法律意识、改善执法状况、严厉打击各种犯罪分子、维护政治安定和社会稳定、保证全县各项事业的顺利进行必将产生巨大的促进作用。

《决定》指出，错案（过错）的主要内容：（1）应受理、立案而不予受理、立案的；（2）不应受理、立案而受理、立案的；（3）执法人员利用职权为当事人谋取不正当权益的；（4）未经批准超越审理或办理时限的；（5）执行或运用强制措施不当，造成严重后果的；（6）滥用诉讼保全措施或违反法律规定处理赃款赃物，给当事人造成损失的；（7）违反执法程序，执法文书不规范的；（8）压抑或欺骗当事人接受显失公正、公平调解协议的；（9）超越权限执法造成不良后果的；（10）执法单位或执法人员出具的鉴定在错案（过错）中起决定作用的；（11）扩大收、罚款界线，提高罚款标准，截留、挪用、坐支的；（12）因粗枝大叶、玩忽职守，造成事实疏漏、量刑不准、惩罚越限的；（13）非法拘禁、打骂、虐待和侮辱当事人的；（14）非法使用械具、刑讯逼供、诱供等造成冤假错案的；（15）因其他原因给当事人造成重大损失或不良影响的。

追究错案（过错）的总原则是坚持法律、制度面前人人平等，体现严厉惩处故意违法者；批评教育工作不负责任、不严肃执法者；帮助业务水平和执法水平不高者。对出现错案（过错）的责任者，由所在机关、行政执法监督检查机关依法追究，以保证执法廉洁公正。实施错案（过错）责任追究制度的具体实施办法有：（1）对错案（过错）内容的界定；（2）对错案（过错）的认定；（3）错案（过错）责任的划分；（4）错案（过错）责任的形式；（5）追究程序。实行错案（过错）责任追究，必须坚持执法工作程序化和执法文书规范化，从立案到结案都要有完整规范的文字记录。

《决定》要求，各执法单位应加强内部约束监督，县推行错案责任追究制度办公室要对执法部门的执法情况进行监督检查，并受理群众信访、举报。县人大常委会要定期听取“一府两院”此项工作的开展情况。实行错案（过错）责任追究制度，是执法责任制的延伸和完善，是加强执法监督力度的新举措，要成立县级领导小组和办公室，加强组织领导，确保这项工作的顺利开展。

关于在全县公民中继续开展法制宣传教育的决议

《关于在全县公民中继续开展法制宣传教育的决议》（以下简称《决议》）于1996年7月17日行唐县第十一届人大常委会第二十五次会议通过。

《决议》指出，根据中央部署，全民法制宣传教育在全县已进行了十年。十年普法，提高了全民的法律素质，推进了社会主义法制建设，促进了全县社会稳定和经济的发展。为适应建立和完善社会主义市场经济的需要，进一步增强全体公民的法制观念，促进改革开放，促进国民经济和社会发展、“九五”计划和2010年远景目标纲要的实现，推动依法治县进程，迫切需要继续开展法制宣传教育。

《决议》要求，一切有接受教育能力的公民都要接受法制宣传教育，做到知法、守法、依法维护国家集体利益，依法维护个人的合法权益，依法同违法犯罪行为作斗争。各部门各单位要把是否具备必要的法律知识和能严格依法办事作为干部考试、考核和任用的一项重要内容。司法机关、行政执法机关的执法人员除学习《宪法》和基本法律知识外，还要根据工作需要，参加法律知识培训，要熟练掌握和运用相关的法律法规，做到依法行政、公正司法。企、事业单位的厂长、经理及其他经营管理人员，要学习和掌握社会主义市场经济法律法规，做到严格依法经营管理，自觉维护市场经济秩序。农民要密切联系农村生产生活实际，学习有关法律法规，依法履行公民义务，依法维护自身权益。青少年要努力学习法律知识，从小遵纪守法，长大后做合格公民。

《决议》强调，普法教育要坚持分类指导的工作方法，要根据不同对象的特点，确定不同的目标、任务，要坚持以面授为主，同时采取多种形式，灵活多样地开展法制宣传教育，尤其要重视电视、广播、电影等大众传播媒介的作用，注重文艺宣传的形式，努力提高法制宣传的效果。法制宣传要坚持理论与实践相结合，密切联系社会主义现代化建设的实际，积极开展依法治村、治乡、治厂、治校、治店、治县等依法治理工作，促进全县的民主法制建设。全民普法是一项宏大的社会教育工程，是全社会的共同责任。各级人大和政府要加强对实施“三五”普法规划和《决议》的领导和监督，采取有力措施保障普法工作的顺利开展，为全县改革开放和社会主义现代化建设创造良好的法制环境。

第七章　选举任免

县十一届人大常委会选拔任用干部坚持干部队伍的“四化”方针和德才兼备原则，依法做好选举任免、述职评议及任后监督工作，任期内共任免县级国家机关工作人员230人次，接受辞职4名，对2名县人民政府部门主要负责人进行了述职评议。1996年3月22日，中共行唐县委批转《县人大常委会党组关于乡镇人代会换届选举工作的安排意见的通知》，对乡镇人代会换届选举的指导思想、任务、方法、步骤、时间安排等工作进行了安排部署，至7月10日，依照法律程序圆满完成换届选举工作，选出县十二届人大代表209名。

第一节　常委会选举任免情况

1993年3月26日，十一届人大常委会第二次会议通过了县人民政府相关人事任免事项。

决定任命：

杨三保为行唐县劳动人事局局长
赵海军为行唐县经济委员会主任
尤永和为行唐县交通局局长
冯树林为行唐县物资局局长
陈建华为行唐县监察局局长
毛全球为行唐县财政局局长
王绪祥为行唐县土地管理局局长
马正民为行唐县卫生局局长
刘香中为行唐县计划生育委员会主任
张晨声为行唐县公安局局长
王景瑞为行唐县司法局局长
曹悦昌为行唐县科学技术委员会主任
苑桂花为行唐县物价局局长
马培仁为行唐县审计局局长
于俊国为行唐县商业局局长

刘文旗为行唐县粮食局局长

刘成功为行唐县畜牧局局长

刘进平为行唐县水利局局长

康玉山为行唐县农业机械管理局局长

常印章为行唐县矿产资源开发管理局局长

王忠义为行唐县广播电视局局长

张永才为行唐县医药管理局局长

赵同法为行唐县建设委员会主任

赵凤筱为行唐县文教局局长

秦留兰为行唐县档案局局长

席保成为行唐县标准计量管理局局长

刁瑞生为行唐县乡镇企业管理局局长

花海祥为行唐县统计局局长

刘丙林为行唐县工商行政管理局局长

连玉宝为行唐县林业局局长

耿书校为行唐县对外经济贸易局局长

1993 年 5 月 25 日，县十一届人大常委会第三次会议通过了县人民政府、县人民法院、县人民检察院相关人事任免事项。

决定免去：

陈建华的行唐县监察局局长职务

刘香中的行唐县计划生育委员会主任职务

决定任命：

陈建华为行唐县民政局局长

严　敏为行唐县监察局局长

翟志勇为行唐县计划经济委员会主任

周振林为行唐县农业局局长

孙贵堂为行唐县计划生育委员会主任

免去：

李白旦的行唐县人民法院副院长、审判委员会委员职务

任命：

宋长征为行唐县人民法院副院长、审判委员会委员、审判员

免去：

宋长征的行唐县人民检察院副检察长、检察委员会委员职务

任命：

曹爱国为行唐县人民检察院副检察长，决定其为代理检察长

1993 年 6 月 19 日，县十一届人大常委会第四次会议通过了县人民政府相关人事任免事项。

决定任命：

尤京文为行唐县人民政府副县长（挂职）

李占国为行唐县公安局局长

1993 年 10 月 22 日，县十一届人大常委会第六次会议通过了县人民法院相关人事任免事项。

免去：

李占国的行唐县人民法院副院长、审判委员会委员、审判员职务

花五河的行唐县人民法院西安香人民法庭庭长、审判员职务

任命：

刘争国为行唐县人民法院副院长、审判委员会委员、审判员

1993 年 12 月 21 日，县十一届人大常委会第七次会议通过了县人大常委会、县人民政府、县人民法院相关人事任免事项。

任命：

李翠玲为行唐县人大常委会老干部科副科长

决定免去：

耿书校的行唐县对外贸易局局长职务

王忠义的行唐县广播电视局局长职务

决定任命：

张玉杰为行唐县对外贸易局局长职务

丁吉彬为行唐县广播电视局局长

免去：

刘秋生的行唐县人民法院行政庭庭长职务

花双学的行唐县人民法院民庭副庭长职务

杨　奎的行唐县人民法院经济庭庭长职务

郭发敏的行唐县人民法院经济庭副庭长职务

李晓凡的行唐县人民法院行政庭副庭长职务

赵根海的行唐县人民法院执行庭副庭长职务

杨文志的行唐县人民法院上碑人民法庭庭长职务

张发香的行唐县人民法院西玉亭人民法庭副庭长职务

杨建祥的行唐县人民法院口头人民法庭副庭长职务

任命：

刘秋生为行唐县人民法院告诉申诉审判庭庭长、审判委员会委员

花双学为行唐县人民法院民事审判庭庭长、审判委员会委员

杨　奎为行唐县人民法院经济审判一庭庭长、审判委员会委员

郭发敏为行唐县人民法院经济审判二庭庭长

李晓凡为行唐县人民法院行政审判庭庭长

赵根海为行唐县人民法院执行庭庭长

杨建祥为行唐县人民法院上碑人民法庭庭长

张发香为行唐县人民法院西安香人民法庭庭长

杨文志为行唐县人民法院西玉亭人民法庭庭长

王兴利为行唐县人民法院民事审判庭副庭长

王绪越为行唐县人民法院城关人民法庭副庭长

赵应征为行唐县人民法院城关人民法庭副庭长

左留章为行唐县人民法院口头人民法庭副庭长

张建芳为行唐县人民法院玉亭人民法庭副庭长

刘根玉为行唐县人民法院南桥人民法庭副庭长

1994 年 3 月 14 日，县十一届人大常委会第八次会议通过了县人民法院、县人民检察院相关人事任免事项。

任命：

孙增福为行唐县人民法院审判员

李　明为行唐县人民法院审判员

范进才为行唐县人民法院审判员

严　虎为行唐县人民法院审判员

董瑞林为行唐县人民法院审判员

王二才为行唐县人民法院审判员

常连海为行唐县人民法院审判员

尹瑞林为行唐县人民法院审判员

安马群为行唐县人民法院审判员

王永跃为行唐县人民法院审判员

张建芳为行唐县人民法院审判员

左正国为行唐县人民检察院副检察长、检察委员会委员、检察员

赵国华为行唐县人民检察院检察员

张跃进为行唐县人民检察院检察员

赵建竹为行唐县人民检察院检察员

辛占柱为行唐县人民检察院检察员

1994 年 4 月 21 日，县十一届人大常委会第十次会议通过了县人大常委会、县人民政府相关人事任免事项。

免去：

宇文国珍的行唐县人大常委会代表联系工作科副科长职务

决定免去：

席保成的行唐县计量局局长职务

苑桂花的行唐县物价局局长职务

决定任命：

刘香中为行唐县计量局局长

耿书校为行唐县物价局局长

1994 年 7 月 26 日，县十一届人大常委会第十二次会议通过了县人民政府相关人事任免事项。

决定免去：

刘丙林的行唐县工商行政管理局局长职务

马正民的行唐县卫生局局长职务

决定任命：

李中伟为行唐县工商行政管理局局长

王海陆为行唐县卫生局局长

任青堂为行唐县交通局局长

1994 年 11 月 29 日，县十一届人大常委会第十四次会议通过了县人民检察院相关人事任免事项。

任命：

梁新丽为行唐县人民检察院检察员

1994 年 12 月 20 日，县十一届人大常委会第十五次会议通过了县人大常委会、县人民法院相关人事任免事项。

任命：

高国胜为行唐县人大常委会办公室老干部科科长

张祥华为行唐县人民法院副院长、审判员

1995 年 3 月 3 日，县十一届人大常委会第十六次会议通过了县人民政府、县人民检察院相关人事任免事项。

决定免去：

李明国的行唐县人民政府副县长职务

决定任命：

张增根为行唐县人民政府副县长

决定免去：

毛全球的行唐县财政局局长职务

翟志勇的行唐县计划委员会主任职务

马培仁的行唐县审计局局长职务

刘成功的行唐县畜牧局局长职务

刘文旗的行唐县粮食局局长职务

决定任命：

王吉秋为行唐县畜牧局局长

刘成功为行唐县财政局局长

王春敏为行唐县计划委员会主任

刘文奇为行唐县审计局局长

张登山为行唐县粮食局局长

免去：

李文胖的行唐县人民检察院副检察长、检察委员会委员职务

任命：

盖英才为行唐县人民检察院检察员

刘保社为行唐县人民检察院检察员

仇卫东为行唐县人民检察院检察员

1995 年 5 月 30 日，县十一届人大常委会第十八次会议通过了县人民政府、县人民检察院相关人事任免事项。

决定免去：

刘进平的行唐县水利局局长职务

决定任命：

王银路为行唐县水利局局长

任命：

花进峰为行唐县人民检察院检察委员会委员

王　林为行唐县人民检察院检察委员会委员

张　晋为行唐县人民检察院检察委员会委员

1995 年 7 月 27 日，县十一届人大常委会第十九次会议通过了县人大常委会、县人民政府相关人事任免事项。

免去：

王玉祥的行唐县人大常委会政治法律科科长职务

决定任命：

李锡海为行唐县人民政府副县长（挂职）

免去：

宋长征的行唐县人民法院副院长、审判委员会委员、审判员职务

1995 年 9 月 20 日，县十一届人大常委会第二十次会议通过了县人民政府、县人民检察院相关人事任免事项。

决定免去：

冯树林的行唐县物资局局长职务

任命：

李占国为行唐县人民检察院副检察长、检察委员会委员、检察员

1995年11月29日，县十一届人大常委会第二十一次会议通过了县人民政府、县人民检察院相关人事任免事项。

决定免去：

赵海军的行唐县经济委员会主任职务

决定任命：

赵海军为行唐县经济贸易委员会主任

1996年3月1日，县十一届人大常委会第二十二次会议通过了县人大常委会、县人民政府、县人民法院、县人民检察院相关人事任免事项。

免去：

田振法的行唐县人大常委会财政经济科副科长职务

任命：

花运河为行唐县人大常委会政治法律科副科长

决定免去：

王春敏的行唐县计划委员会主任职务

决定任命：

翟志勇为行唐县计划局局长

任命：

盛瑞平为行唐县人民法院副院长、审判委员会委员、审判员

免去：

高明信的行唐县人民法院刑事庭庭长、审判委员会委员职务

杨　奎的行唐县人民法院经济一庭庭长、审判委员会委员职务

魏书生的行唐县人民法院城关人民法庭庭长职务

杨文志的行唐县人民法院玉亭人民法庭庭长职务

郭发敏的行唐县人民法院经济二庭庭长、审判员职务

王兴利的行唐县人民法院民事庭副庭长职务

刘金良的行唐县人民法院刑事庭副庭长职务

左留章的行唐县人民法院口头人民法庭副庭长职务

张建芳的行唐县人民法院玉亭人民法庭副庭长职务

赵应征的行唐县人民法院城关人民法庭副庭长职务

任命：

刘金良为行唐县人民法院刑事庭庭长

左留章为行唐县人民法院城关人民法庭庭长

张建芳为行唐县人民法院玉亭人民法庭庭长

赵应征为行唐县人民法院经济一庭庭长

王永耀为行唐县人民法院刑事庭副庭长

免去：

徐少雄的行唐县人民检察院副检察长职务

王建军的行唐县人民检察院检察委员会委员、检察员职务

1996 年 5 月 31 日，县十一届人大常委会第二十四次会议通过了县人民政府、县人民法院相关人事任免事项。

决定任命：

郝竹山为行唐县人民政府副县长

任命：

刘子辰为行唐县人民法院审判员

王彦青为行唐县人民法院审判员

李瑞玲为行唐县人民法院审判员

陈书芬为行唐县人民法院审判员

马树芳为行唐县人民法院审判员

张国军为行唐县人民法院审判员

李彦良为行唐县人民法院审判员

1996 年 7 月 17 日，县十一届人大常委会第二十五次会议通过了县人民政府相关人事任免事项。

决定免去：

陈二庆的行唐县人民政府副县长职务

尤京文的行唐县人民政府副县长职务（挂职）

决定任命：

丁英辉为行唐县人民政府副县长、决定其为代理县长

李锡海为行唐县人民政府副县长

1996 年 9 月 19 日，县十一届人大常委会第二十六次会议通过了县人民法院相关人事任免事项。

免去：

董瑞林的行唐县人民法院经济二庭副庭长职务

任命：

董瑞林为行唐县人民法院经济二庭庭长

范进才为行唐县人民法院经济二庭副庭长

安马群为行唐县人民法院口头人民法庭副庭长

李　明为行唐县人民法院民事审判庭副庭长

刘志强为行唐县人民法院安香人民法庭副庭长

王二才为行唐县人民法院玉亭人民法庭副庭长

仇志成为行唐县人民法院上碑人民法庭副庭长

辛秀平为行唐县人民法院告诉申诉审判庭副庭长

1996年12月13日，县十一届人大常委会第二十七次会议通过了县人民政府、县人民法院、县人民检察院相关人事任免事项。

决定免去：

郝竹山的行唐县人民政府副县长职务

决定任命：

毛全球为行唐县人民政府副县长

决定免去：

于俊国的行唐县商贸局局长职务

决定任命：

康贵平为行唐县商贸局局长

任命：

甄合乡为行唐县人民法院审判员

高国忠为行唐县人民检察院检察员

王建林为行唐县人民检察院检察员

1997年3月6日，县十一届人大常委会第二十八次会议通过了县人民法院相关人事任免事项。

免去：

王绪越的行唐县人民法院城关人民法庭副庭长职务

常连海的行唐县人民法院执行庭副庭长职务

安马群的行唐县人民法院口头人民法庭副庭长职务

李晓凡的行唐县人民法院行政庭庭长职务

刘秋来的行唐县人民法院南桥人民法庭庭长职务

周二过的行唐县人民法院口头人民法庭庭长职务

张建芳的行唐县人民法院玉亭人民法庭庭长职务

任命：

王绪越为行唐县人民法院玉亭人民法庭庭长

常连海为行唐县人民法院南桥人民法庭庭长

安马群为行唐县人民法院口头人民法庭庭长

王兴利为行唐县人民法庭行政庭庭长

李晓凡为行唐县人民法院审判监督庭庭长

马树芳为行唐县人民法院执行庭副庭长

张宝林为行唐县人民法院审判监督庭副庭长

张连员为行唐县人民法庭行政庭副庭长

张建芳为行唐县人民法院民事庭副庭长

王大门为行唐县人民法院城关人民法庭副庭长

杜军平为行唐县人民法院口头人民法庭副庭长

甄合乡为行唐县人民法院南桥人民法庭副庭长

1997 年 5 月 9 日，县十一届人大常委会第二十九次会议通过了县人民法院相关人事任免事项。

任命：

杜军平为行唐县人民法院审判员

张保林为行唐县人民法院审判员

王大门为行唐县人民法院审判员

王趁心为行唐县人民法院审判员

贾坤林为行唐县人民法院审判员

杨文星为行唐县人民法院审判员

刘建永为行唐县人民法院审判员

范进军为行唐县人民法院审判员

孔根明为行唐县人民法院审判员

1997 年 7 月 10 日，县十一届人大常委会第三十次会议通过了县人民政府相关人事任免事项。

决定任命：

赵海军为行唐县人民政府副县长

1997 年 9 月 12 日，县十一届人大常委会第三十一次会议通过了县人民政府、县人民法院相关人事任免事项。

决定免去：

王海陆的行唐县卫生局局长职务

决定任命：

刘建章为行唐县卫生局局长

任命：

程瑞祥为行唐县人民法院审判员

张连山为行唐县人民法院审判员

1997 年 11 月 18 日，县十一届人大常委会第三十二次会议通过了县人民法院相关人事任免事项。

任命：

董瑞林为行唐县人民法院审判委员会委员

刘金良为行唐县人民法院审判委员会委员

陈鸿敏为行唐县人民法院审判员

赵永会为行唐县人民法院审判员

第二节　常委会接受辞职情况

1995年3月3日，县十一届人大常委会第十六次会议接受刘泽民辞去行唐县人民法院院长职务。

1996年7月17日，县十一届人大常委会第二十五次会议接受高建玺辞去行唐县人民政府县长职务、曹爱国辞去行唐县人民法院院长职务。

1997年3月6日，县十一届人大常委会第二十八次会议接受张丙群辞去行唐县第十一届人民代表大会常务委员会副主任职务。

第三节　述职评议

1996年9月19日，县十一届人大常委会对县技术监督局局长刘香中、民政局局长陈建华进行述职评议。其中技术监督局局长刘香中的述职报告受到一致好评。会后常委会书面向科局级干部转发此报告，要求对照自身查找差距，制定措施，进一步强化全心全意为人民服务的思想，尽职尽责干好本职工作，在社会上树立良好干部形象。

第八篇

行唐县第十二届人民代表大会

（1998年2月至2003年4月）

第一章　党的领导

行唐县第十二届人民代表大会及其常务委员会坚持以邓小平理论和“三个代表”重要思想为指导，围绕“合力抓经济、奋力奔小康、全力保稳定”这一主题，靠扎实务实的工作作风、严谨细致的工作态度，推动人民代表大会制度在实践中得到了加强和发展，为保障全县改革开放和现代化建设的健康发展做出了积极贡献，人大的社会地位和权威不断提高。

中共行唐县委高度重视人大工作，从换届后对新一届人大常委会提出希望和要求，到对人大常委会讨论决定的重大问题、重要决议及开展的重要活动都予以大力支持。为贯彻省、市委关于加强人大工作的要求，进一步坚持和完善人民代表大会制度，更好地发挥县人大及其常委会的作用，促进依法治县和民主法治建设，推动全县改革开放和各项建设事业健康发展，1999 年 5 月 4 日，印发《中共行唐县委关于进一步加强人大工作的决定》，从进一步提高对人民代表大会制度的认识、全力支持人大及其常委会依法行使职权、充分尊重人大代表的权利并发挥其作用、切实加强党委对人大工作的领导四个方面提出要求，对于进一步把人大工作同党的中心工作有机结合起来，把党的主张通过法定程序转化为国家意志，保障党的路线、方针、政策和党委决策的贯彻落实，密切党和政府同人民群众的联系，促进全县改革开放和经济建设产生积极影响。5 月 7 日，县委召开依法治县和人大工作会议，对进一步加强人大工作、推进全县社会主义民主法治建设、保障和促进改革开放和现代化建设具有重要意义。

县人大常委会党组围绕“与时俱进，不断推进人大工作创新”的要求，始终把中央、省、市委决策部署作为推进各项工作的政治依据和前进指南。大力加强政治思想建设，组织常委会组成人员和党员干部认真学习邓小平理论，中共十五大、十六大精神和“三个代表”重要思想，特别是把“三个代表”重要思想学教活动同做好新时期人大工作相结合，不断深化学习效果，提高大家的政治素质、理论水平、政策水平和法治观念，不断增强审议和决策能力，领导班子和全体党员的责任意识、大局意识和前瞻意识进一步增强。按照中央、省、市、县委的统一部署，常委会领导班子成员集中开展以“讲学习、讲政治、讲正气”为主要内容的党性党风教育活动，大家本着对党的事业负责、对人大工作负责、对自身负责的态度，认真学习理论，积极剖析问题，切实进行整改，高标准地抓好了教育的各个环节和步骤，使领导班子成员提高了思想认识，坚定了政治信念，激发了进取精神，为适应新形势、新任务进一步做好人大工作奠定了坚实的思想基础。

第一节　党的组织机构

中共行唐县人大常委会党组

书　记：张法新（1998 年 2 月—2000 年 1 月）
　　　　赵翠琴（女，2000 年 1 月—2003 年 4 月）
副书记：黄金生（1998 年 3 月—2000 年 11 月）
成　员：耿平均（1998 年 2 月—1998 年 4 月）
　　　　刘成功（1998 年 2 月—2003 年 4 月）
　　　　王绪祥（1998 年 2 月—2003 年 4 月）
　　　　王景瑞（1998 年 2 月—2003 年 4 月）
　　　　赵建才（1998 年 4 月—1999 年 7 月）
　　　　靳国良（1999 年 7 月—2003 年 4 月）
　　　　王进才（2001 年 3 月—2003 年 4 月）

第二节　党组会议

县十二届人大常委会党组召开党组会的时间、次数、议题等相关情况不详。

第二章　人大代表

行唐县第十二届人民大会代表名额210名。1998年2月，召开县十二届人大一次会议时实有代表208名。县十二届人大常委会注重发挥代表联系群众的桥梁与纽带作用，印发《关于进一步加强和改进人大代表工作充分发挥代表作用的意见》，积极为代表活动创造条件。组织人大代表围绕食品卫生、义务教育、农业等方面开展活动，调动代表为群办实事、办好事的责任感和积极性，代表工作日益规范化、制度化。

第一节　选举产生

一、行唐县第十二届人民代表大会代表的选举产生

根据有关法律规定和县委统一部署，从县十一届人大任期届满后，开始进行换届选举工作，经过准备部署、宣传发动、选民登记和提名协商候选人等阶段，于1998年2月依法选举产生行唐县第十二届人民代表大会代表209名。

经县十一届人大常委会代表资格审查委员会审查，并经县十一届人大常委会第三十一次会议通过，确定选出的209名代表符合法律规定，代表资格有效。

在209名代表中，男代表171名，占81.82%；妇女代表38名，占18.18%。中共党员代表143名，占68.42%，非中共党员代表66名，占31.52%。工人代表5名，占2.39%；农民代表132名，占63.16%；干部代表72名，占34.45%。军人代表1名，占0.48%。汉族代表208名，占99.52%；蒙古族代表1名，占0.48%。知识分子代表61名，占29.19%。经县十一届代表资格审查委员会审查，并报县十一届人大常委会第三十三次会议通过，对新选出的1名代表的代表资格进行审查，不符合代表条件，其代表资格无效。

二、行唐县出席石家庄市第十届人民代表大会代表的选举产生

1998年2月17日至19日，行唐县第十二届人民代表大会第一次会议依法选举产生行唐县出席石家庄市第十届人民代表大会代表19名。

三、行唐县出席石家庄市第十一届人民代表大会代表的选举产生

2003 年 1 月 23 日，行唐县第十二届人民代表大会第六次会议依法选举产生行唐县出席石家庄市第十一届人民代表大会代表 19 名。

第二节　代表名单

一、行唐县第十二届人民代表大会代表名单

县直代表团

李玉山	高和福	张法新	丁英辉
李锡海	王绪祥	刘芬玲（女）	张福英
贾文芳	王景瑞	耿平均	毛金锁
花运河	刘成功	杨文凤（女）	贾　路（女）
王国华	杨吉秀（女）	郭吉丑	王玉平（女）
王玉录	王进忠	曹素敏（女）	王吉朝
付志永	贾新义	张建平	

龙州镇代表团

仇长法	陈建国	刘桂英（女）	祖新来
黄金生	孙中敏	柳文秀	盖合保
尤永占	张增根	曹爱国	王俊池
孟国香	杨玲娥（女）	徐锁红（女）	黄金贵
李银法	杨进忠	胡荣秀（女）	盖三臬
程根柱	马二旦	霍振虎	钱树强
康根香			

独羊岗乡代表团

翟建军	孙秋海	张胜利	杨兰珍
严建章	毛树德	徐红军	封东瑞（女）
马吉云	刘彦辰	刘小寿	宋银海
王兵群	靳建社	张银凤（女）	杨同路
刘小月			

南桥镇代表团

闫文学	孟兰君（女）	彭桂珍（女）	梁大平
刘进才	代　琦	康拴梅	毛新丽（女）
严秋羊	袁昌绪	金志平	刘焕文
高会东	付向阳		

安香乡代表团

韩瑞祥	宇文春平	耿香道	杜二傻
张晓丽（女）	苏春来	卢进城	刘白旦
李进忠	丁合泉	米振海	孙连梅
李连锁	王书琴（女）	范金虎	陈根柱

只里乡代表团

康建会	郭六子	王春竹（女）	秦书香
苏贵锁	李建永	王荣贵	郭三女（女）
刘小华	顾丙印	韩根僧	郭根书
张秋双	马瑞花（女）	杨二偏	韩大娃
张栓平			

市同乡代表团

霍二嘎	陈四喜	郭玲云	段昌东
李春海	马五挪	杨瑞庆	刘东海

翟营乡代表团

李信东	高春法	张二胖	毛春亮
刘建鹏	胡同刚	李五玲（女）	仲香翠（女）
任付才	袁丙新	杨二妮（女）	甄吉林
袁小虎	王福路		

城寨乡代表团

张二狗	张兰琴（女）	张玉敏	李建义
杨忠海	李根柱	赵国荣（女）	张连香
霍大眼			

上碑镇代表团

高成子	刘五爱	杨香玲	刘京祥
张喜中	杨荣庆	王合军	

上方乡代表团

马发社	王大雪	周　斌	薛拿子
李瑞红(女)	杨三生	陈根堂	徐梅彦(女)
李　凯	高乱胡	肖秋来	

玉亭乡代表团

苑会兰(女)	刁公美	耿中校	孙大造
顾振永	郭建平	李军海	王占国
王明院	王国华		

北河乡代表团

王洪章	刘九菊	贾　二	路书平
刘来福	康彪勇		

口头镇代表团

马连成	李同喜	张进才	常吉山
邢扩军	赵建华	张双喜	牛春华
李景春	赵小立	严趁心	黄秋池
李连荣(女)	张建良		

上阎庄乡代表团

赵国渠	张占格(女)	赵登梅	王树友
宁志会			

九口子乡代表团

杨　平	温　健	周二桃	周整风
杨瑞芬(女)	赵素英(女)	姜金县	刘玉民
赵国华			

表 8-1　行唐县第十二届人大代表届中调整情况表

常委会会议	终止情况	补选情况
2000 年 2 月 14 日 第十五次会议	去世：安香乡韩瑞祥 调离：县直张法新	安香乡皮小国 县直赵翠琴
2000 年 8 月 17 日 第十九次会议	—	靳国良
2000 年 12 月 27—28 日 第二十二次会议	—	恢复：上方乡肖秋来
2001 年 2 月 15 日 第二十三次会议	调离：龙州镇张增根、黄金生	张平军、王进才

二、行唐县出席石家庄市第十届人民代表大会代表名单

丁英辉	马绍忠	王风珍（女）	王玉平（女，蒙古族）
王丽红（女）	王洪章	白锁贵	刘文红（女）
杨素梅（女）	李振芳	张法新	张增根
周占林	庞灵江	赵书芹（女）	赵臭小
郭吉丑	高书辰	翟俊杰	

届中调整情况：1999 年 12 月 10 日，县十二届人大常委会第十二次会议依法补选张昌信为行唐县出席石家庄市第十届人民代表大会代表。

三、行唐县出席石家庄市第十一届人民代表大会代表名单

王华清（女）	边春友	孔祥珠	韩国岐
丁英辉	张平军	赵翠琴（女）	罗假妮
张建光	董素平（女）	庞灵江	赵青法
王永保	王玉平（女，蒙古族）	李素荣（女）	贺撷英（女）
张金国	高银锁	李文平	

第三节　代 表 工 作

一、完善人大代表制度

根据人大代表与群众关系密切、反映群众心声的特点，通过法律法规培训和完善规章制

度使代表依法正常履行职责。针对换届后新代表占70%的情况，县人大常委会把209名县人大代表根据所从事的行业特点划分为20个代表活动小组，建立、完善了闭会期间的代表活动制度。为保证代表活动经费，县人大常委会下发文件，对各乡镇提出具体要求，并专门听取乡镇汇报。1998年，组织代表学习《代表法》《地方组织法》等与代表工作有关的法律法规，研究制定《行唐县人大代表联系办法》《行唐县"一府两院"向代表通报重要工作和重大事项的规定》《行唐县代表建议、批评和意见办理办法》《行唐县代表活动办法》等制度，对联系代表的方法、内容及办理代表建议、批评和意见的时限与质量都提出明确要求，使代表工作逐步走向制度化、规范化、法制化轨道。同时，推荐安排人大代表担任执纪执法部门的执法监督员和行风监督员。2000年4月，印发《行唐县人大常委会关于加强代表学习 提高代表素质的决定》，有计划、有步骤、分层次对人大代表进行培训，重点学习了《宪法》《选举法》《地方组织法》《代表法》等法律法规，广大代表的依法履职能力显著提升，并在各条战线上发挥了积极作用。9月13日，推荐8名县人大代表作为县人民法院人民陪审员；9月21日，依法任命3名妇联干部作为县人民法院妇女儿童维权合议庭特邀人民陪审员，拓宽了代表的知情、知政渠道。

二、密切联系代表

县人大常委会视代表工作为人大工作的基础，认真贯彻执行《代表法》，坚持联系代表的各项制度，坚持依托代表行使职权，充分发挥代表在闭会期间的作用。持续开展代表议政活动，1998年5月上旬，在全县开展县、乡两级人大代表和村民代表参加的小康建设专题议政活动，代表共提建议253条，其中215条被县、乡两级政府和村委会采纳，进一步增强县人民政府及相关部门接受人大监督的自觉性，促进了机关形象建设；进一步加强和改进代表工作，推进了基层民主政治建设。1999年8月4日，县人大常委会印发《行唐县人大常委会关于在县人大代表中开展"国徽在心，责任在身"活动的意见》，对活动的指导思想、活动内容、组织要求、加强领导和搞好服务等方面作出部署。这次活动由县人大常委会统一安排、负责指导，各乡镇人大主席团具体组织实施。活动的广泛开展，对于进一步增强人大代表"人民选我当代表、我当代表为人民"的自豪感和依法履职的责任感以及充分发挥代表作用产生深远影响。有针对性地组织部分市、县人大代表对农业开发、乡镇企业、个体私营企业及群众关心的食品卫生、县城建设、物价等热点问题进行视察，代表们提出许多建设性意见，对促进全县经济建设起到积极的推动作用。

三、代表建议办理

县人大常委会站在讲政治的高度，强调依法办理，及时跟踪指导；各承办单位积极办理，注重办理质量。结合实际情况，充分发挥办理代表建议对于促进全县改革开放、经济建设和社会稳定工作的重要作用，不断推进政府承办工作的法制化、规范化进程，使承办工作质量逐年提高。

县十二届人大一次会议共收到代表提出的建议、批评和意见30件，涉及农业、水利、林业、电力、文教、城建、土管、交通、卫生、公安、法院等部门，全部按时办理完毕；县十二届人大二次会议收到代表建议、批评和意见20条，其中议案转建议2条；县十二届人大四次会议收到代表提出的建议、批评和意见24件，涉及城建、电力、水利、土管、交通、卫生、公安、法院、环保等14个部门，全部按时办理完毕，其中代表满意的16件，问题得到解决或基本解决的13件。

四、指导乡镇人大工作

针对不同时期的工作任务，县十二届人大常委会先后组织5期全县乡镇人大主席培训班，多次召开各乡镇人大主席座谈会，沟通工作情况，互相学习借鉴，达到了共同提高的目的。为使新一届乡镇人代会工作走上制度化、法律化、规范化轨道，县人大常委会专门编写了《乡镇人代会召开程序》等7个规范性文件，并下发至各乡镇，使乡镇人代会有章可循，会议质量大大提高。加强对村民代表会议工作的指导，1998年，将城寨乡中王庄村、安香乡东正村及东留营村落实村民代表会议评议村“两委”干部、村代会决定村中重大事项实行村民自治的经验在全县推广，对促进全县村民自治和依法治村起到积极作用。按照市人大、县委的安排部署，县十二届人大常委会任期内指导完成了两次乡镇换届选举工作，促进了乡镇人大工作的规范化、制度化建设。

第三章　人民代表大会

行唐县第十二届人民代表大会任期自 1998 年 2 月至 2003 年 4 月，共组织召开 6 次会议，听取报告 30 个，通过决议 30 项，选举 7 项。

表 8-2　行唐县第十二届人民代表大会历次会议概况表

会　次	会议日期	议题（项）	听取报告（个）	决定决议（项）	选举（项）
第一次	1998 年 2 月 17—19 日	7	6	6	5
第二次	1999 年 3 月 5—7 日	6	6	6	—
第三次	2000 年 2 月 21—23 日	7	6	6	1
第四次	2001 年 2 月 26—28 日	7	6	6	3
第五次	2002 年 3 月 3—5 日	6	6	6	—
第六次	2003 年 1 月 23 日	1	—	—	1

第一节　会议概况

一、县十二届人大一次会议

1998 年 2 月 17 日至 19 日，县十二届人大一次会议在县人民礼堂召开。出席代表 207 人（应到 208 人）。会议听取和审议县人民政府常务副县长张增根作的《政府工作报告》；会议听取和审议县计划经济局局长翟志勇作的《关于行唐县 1997 年国民经济和社会发展计划执行情况与 1998 年国民经济和社会发展计划草案的报告》，审查了行唐县 1997 年国民经济和社会发展计划执行情况与 1998 年国民经济和社会发展计划草案；听取和审议县财政局局长刘成功作的《关于行唐县 1997 年财政预算执行情况和 1998 年财政预算草案的报告》，审查了行唐县 1997 年财政预算执行情况和 1998 年财政预算草案；听取和审议县人大常委会主任刘来福作的《行唐县人民代表大会常务委员会工作报告》、县人民法院院长作的《行唐县人民法院工作报告》、县人民检察院检察长张福英作的《行唐县人民检察院工作报告》。会议通过相应决议。会议选举产生县第十二届人大常委会组成人员，县人民政府县长、副县长，县人民法院院长，县人民检察院检察长（名单见本章第二节《会议选举》）；选举产生行唐县出席石家庄市第十届人民代表大会代表。

会议指出，1998 年和今后的工作主旋律是“合力抓经济、奋力奔小康、全力保稳定”，发展经济、实现小康、强县富民是全县最集中、最迫切的要求。会议要求，全县广大干部群众要迅速统一认识，把精力集中到经济建设上来，把思想统一到加快发展上来。要强化中心意识，全力推进县域经济快速增长；要强化发展意识，根据活跃经济工作全局的重点，强力突破；要强化统揽意识，进一步加快小康建设步伐；要强化带动意识，用各级领导班子、领导干部的良好形象，鼓舞人心，推动工作。会议强调，要持续坚持把农业放在经济工作的首位，以小康建设总揽全局，着力推进农业产业化，重点培育“红白黄”（红枣、乳业、烤烟）三大特色产业，确保农业增产、农民增收、农村稳定。要进一步增强历史责任感和时代紧迫感，切实加强自身建设，进一步解放思想，更新观念，大胆探索，深化改革，创造性地开展工作，在全县形成合力抓经济促发展的生动局面。会议号召，各位代表与全县人民一道，高举党的十五大精神旗帜，在县委的正确领导下，牢牢抓住历史机遇，顽强拼搏，努力进取，努力把全县的改革开放和现代化事业不断推向前进。

二、县十二届人大二次会议

1999 年 3 月 5 日至 7 日，县十二届人大二次会议在县人民礼堂召开。出席代表 198 人(应到 210 人)。会议听取和审议县人民政府县长张增根作的《政府工作报告》；会议听取和审议县计划经济局局长翟志勇作的《关于行唐县 1998 年国民经济和社会发展计划执行情况与 1999 年国民经济和社会发展计划草案的报告》，审查了行唐县 1998 年国民经济和社会发展计划执行情况与 1999 年国民经济和社会发展计划草案；听取和审议县财政局局长王进才作的《关于行唐县 1998 年财政预算执行情况和 1999 年财政预算草案的报告》，审查了行唐县 1998 年财政预算执行情况和 1999 年财政预算草案；听取和审议县人大常委会主任张法新作的《行唐县人民代表大会常务委员会工作报告》、县人民法院院长刘献作的《行唐县人民法院工作报告》、县人民检察院检察长张福英作的《行唐县人民检察院工作报告》。会议通过相应决议。

会议指出，1999 年是 20 世纪的最后一年，全县上下要高举邓小平理论伟大旗帜，全面贯彻落实党的十五大和十五届三中全会精神，以扩大内需、开拓城乡市场为基本立足点，以广泛开展顺民心、合民意、保平安、帮民富为主题的领导干部形象年活动为契机，着力调整结构，培育发展特色经济，进一步稳定和加强农业，深化企业改革，大力发展第三产业，促进城乡人民收入持续增长，提高城乡人民生活水平，促进国民经济持续快速发展和社会全面进步。会议强调，要继续把农业放在经济工作的首位，重点培育红枣、乳业、烤烟、红薯加工四大特色产业。要继续推进县乡企业改革，抓好重点项目建设。要认真实施可持续发展战略，推进社会事业全面进步。要坚持“两手抓、两手硬”的方针，大力推进社会主义精神文明建设，加强社会治安综合治理，巩固和稳定安定团结的政治局面。会议号召，全县人民要在县委的领导下，同心同德，开拓进取，以两个文明建设的优异成绩迎接中华人民共和国成立50周年。

三、县十二届人大三次会议

2000年2月21日至24日，县十二届人大三次会议在县人民礼堂召开。出席代表186人（应到209人）。会议听取和审议县人民政府县长张增根作的《政府工作报告》；会议听取和审议县计划经济局局长翟志勇作的《关于行唐县1999年国民经济和社会发展计划执行情况与2000年国民经济和社会发展计划草案的报告》，审查了行唐县1999年国民经济和社会发展计划执行情况与2000年国民经济和社会发展计划草案；听取和审议县财政局局长王进才作的《关于行唐县1999年财政预算执行情况和2000年财政预算草案的报告》，审查了行唐县1999年财政预算执行情况和2000年财政预算草案；听取和审议县人大常委会副主任黄金生作的《行唐县人民代表大会常务委员会工作报告》、县人民法院院长刘献作的《行唐县人民法院工作报告》、县人民检察院检察长张福英作的《行唐县人民检察院工作报告》。会议通过相应决议。会议选举产生行唐县人大常委会主任（名单见本章第二节《会议选举》）。

会议指出，2000年是世纪交替之年，也是完成“九五”计划的最后一年，各级人民政府要以邓小平理论和党的基本路线为指导，深入贯彻党的十五大和十五届三中、四中全会精神，深化改革，扩大开放，确保国民经济持续快速健康发展。会议强调，要在加快科技、教育、环保等各项事业的发展的同时，积极推进依法行政，依法严厉打击各种犯罪活动。各级人民政府要加强自身建设，深入开展反腐败斗争，履行好人民赋予的权力。会议号召，全县人民要统一思想、坚定信心、抓住机遇、锐意进取、团结一致、艰苦奋斗，夺取全县改革开放和现代化建设的新胜利，以优异成绩迎接新世纪的到来。

四、县十二届人大四次会议

2001年2月26日至28日，县十二届人大四次会议在县人民礼堂召开。出席代表210人（应到210人）。会议听取和审议县人民政府代县长张平军作的《关于行唐县国民经济和社会发展第十个五年计划的报告》，听取和审议县计划经济局局长翟志勇作的《关于行唐县2000年国民经济和社会发展计划执行情况与2001年国民经济和社会发展计划草案的报告》，审查了行唐县2000年国民经济和社会发展计划执行情况与2001年国民经济和社会发展计划草案；听取和审议县财政局局长王进才作的《行唐县2000年财政预算执行情况和2001年财政预算草案的报告》，审查了行唐县2000年财政预算执行情况和2001年财政预算草案；听取和审议县人大常委会主任赵翠琴作的《行唐县人民代表大会常务委员会工作报告》、县人民法院院长刘献作的《行唐县人民法院工作报告》、县人民检察院检察长张福英作的《行唐县人民检察院工作报告》。会议通过相应决议。会议补选行唐县人民政府县长、县人大常委会副主任1名、县人大常委会委员1名（名单见本章第二节《会议选举》）。

会议认为，2000年，全县人民坚持以邓小平理论、党的十五大精神和“三个代表”重要思想为指导，紧紧围绕改革、发展、稳定大局，认真贯彻依法治国基本方略，抓重点，求实效，促进改革开放和现代化建设事业的顺利进行。会议强调，广大党员干部要不断增强大局意识、责任意识和前瞻意识，深入开展调查研究，积极探索履行职权的方法和途径，加快改革开放步伐。会议号召，全县上下要在县委的领导下，以更加求真务实的工作作风，开拓进取，不断创新，为尽快实现县委八届四次会议确定的向建设经济强县迈进的宏伟目标而努力奋斗。

五、县十二届人大五次会议

2002 年 3 月 3 日至 5 日，县十二届人大五次会议在县人民礼堂召开。出席代表 198 人（应到 209 人）。会议听取和审议县长张平军作的《政府工作报告》；会议听取和审议县计划经济局局长翟志勇作的《关于行唐县 2001 年国民经济和社会发展计划执行情况与 2002 年国民经济和社会发展计划草案的报告》，审查了行唐县 2001 年国民经济和社会发展计划执行情况与 2002 年国民经济和社会发展计划草案；听取和审议县财政局局长左国芳作的《关于行唐县 2001 年财政预算执行情况和 2002 年财政预算草案的报告》，审查了行唐县 2001 年财政预算执行情况和 2002 年财政预算草案；听取和审议县人大常委会主任赵翠琴作的《行唐县人民代表大会常务委员会工作报告》、县人民法院院长刘献作的《行唐县人民法院工作报告》、县人民检察院检察长张福英作的《行唐县人民检察院工作报告》。会议通过相应决议。

这次会议是以党的十五届五中、六中全会精神为指导，在认真总结过去一年工作的基础上召开的。会议认为，2001 年，各级政府在县委的领导下，紧紧围绕全县改革、发展、稳定的大局，高举邓小平理论伟大旗帜，以“三个代表”重要思想为指导，全面贯彻落实江泽民“七一”讲话，党的十五大，十五届五中、六中全会精神，大力加强社会主义民主法治建设，改进工作作风，提高了工作质量和水平。会议强调，全县要加大农业结构调整力度，加快“两红一白”（红枣、红薯、乳业）三大特色产业发展，努力增加农民收入，扎实推进企业改革发展，大力发展非公有制经济，努力提高对外开放水平，加强精神文明和民主法治建设，强化社会治安综合治理。会议号召，全县人民要在县委的领导下，振奋精神，扎实工作，努力开创全县经济建设和各项事业的新局面，以改革发展的新成绩迎接党的十六大召开。

六、县十二届人大六次会议

2003 年 1 月 23 日，县十二届人大六次会议在县人民礼堂召开。出席代表 207 人（应到 207 人）。会议选举产生行唐县出席石家庄市第十一届人民代表大会代表 19 名。

会议认为，县人大常委会在县委领导下，坚持以邓小平理论和“三个代表”重要思想为指导，紧紧围绕全县改革、发展、稳定大局，认真履行《宪法》和法律赋予的各项职责，大力推进民主法治建设，靠扎实务实的工作作风，严谨细致的工作态度，努力把各项工作推上了新的台阶，为保障全县改革开放和现代化建设的健康发展做出了积极的贡献。会议强调，县人大常委会要按照内强素质、外树形象的要求，大力倡导团结协作的精神，使领导班子的凝聚力和战斗力不断增强。

第二节 会议选举

县十二届人大历次会议共选举任免县级国家机关工作人员 32 人次。

县人大常委会

主 任：

张法新　　1998 年 2 月县十二届人大一次会议当选

赵翠琴（女）2000 年 2 月县十二届人大三次会议当选

届中调整情况：

张法新，2000 年 1 月 25 日，在县十二届人大常委会第十四次会议上辞去县人大常委会主任职务。

副主任：

黄金生　　1998 年 2 月县十二届人大一次会议当选

刘桂英（女）1998 年 2 月县十二届人大一次会议当选

刘成功　　1998 年 2 月县十二届人大一次会议当选

王绪祥　　1998 年 2 月县十二届人大一次会议当选

王景瑞　　1998 年 2 月县十二届人大一次会议当选

王进才　　2001 年 2 月县十二届人大四次会议当选

届中调整情况：

黄金生，2000 年 10 月 26 日，在县十二届人大常委会第二十一次会议上辞去县人大常委会副主任、委员职务。

委 员（县十二届人大一次会议选举产生）：

王玉录　王吉朝　毛金锁　刘芬玲（女）

杨文凤（女）　杨吉秀（女）　李景春　郭吉丑

胡荣秀（女）　耿平均　梁大平　曹素敏（女）

薛拿子

县十二届人大四次会议选举产生：靳国良

届中调整情况：

耿平均，1998 年 6 月 4 日，在县十二届人大常委会第二次会议上辞去县人大常委会委员职务。

王吉朝，1998 年 8 月 20 日，在县十二届人大常委会第三次会议上辞去县人大常委会委员职务。

王玉录、梁大平，1999 年 4 月 1 日，在县十二届人大常委会第八次会议上辞去县人大常委会委员职务。

刘芬玲（女），2000 年 1 月 25 日，在县十二届人大常委会第十四次会议上辞去县人大常委会委员职务。

链接 1：县十二届人大常委会主任简历

张法新，男，1945 年 12 月出生，汉族，中共党员，河北省元氏县人，大学学历。历任宽城县农村工作队队员；行唐县上连庄乡下乡知青、代课教师、工作组干部，县农林局、林业局干部，上连庄公社管委会主任、党委书记，县林业局局长、党组书记，县人民检察院检察长、党组书记，县委常委、纪委书记，县委副书记、纪委书记，县委副书记；行唐县第十二届人大常委会主任、党组书记。

赵翠琴，女，1948 年 11 月生，汉族，中共党员，行唐县只里乡贾洛营村人，大专学历。历任行唐县贫下中农宣传队驻西伏流村队长，北贯素工作组组长，城寨公社妇女干部，秦台公社党委副书记，留营公社党委副书记，翟营公社、翟营乡党委书记，县妇联会主席，行唐县第十一届人大常委会副主任、党组成员，县人民政府副县长、党组成员；行唐县第十二届、第十三届人大常委会主任、党组书记。

县人民政府

县　长：

张增根　　1998 年 2 月县十二届人大一次会议当选

张平军　　2001 年 2 月县十二届人大四次会议当选

届中调整情况：

张增根，2001 年 2 月 15 日，在县十二届人大常委会第二十三次会议上辞去行唐县人民政府县长职务。

张平军，2001 年 2 月 15 日，县十二届人大常委会第二十三次会议决定任命其为行唐县人民政府副县长，决定其为代理县长。2003 年 3 月 31 日，在县十二届人大常委会第三十六次会议上辞去行唐县人民政府县长职务。

副县长：

李锡海　　1998 年 2 月县十二届人大一次会议当选

赵翠琴（女）1998 年 2 月县十二届人大一次会议当选

毛全球　　1998 年 2 月县十二届人大一次会议当选

赵海军　　1998 年 2 月县十二届人大一次会议当选

贾文芳　　1998 年 2 月县十二届人大一次会议当选

陈会强　　1998 年 2 月县十二届人大一次会议当选

届中调整情况：

赵翠琴、毛全球，2000 年 1 月 25 日，县十二届人大常委会第十四次会议决定免去其行唐县人民政府副县长职务。

赵同法、温书义、刘芬玲（女），2000 年 1 月 25 日，县十二届人大常委会第十四次会议决定任命其为行唐县人民政府副县长。

张俊立，2000 年 9 月 21 日，县十二届人大常委会第二十次会议决定任命其为行唐县人民政府副县长。

徐拥政，2002 年 6 月 26 日，县十二届人大常委会第三十二次会议决定任命其为行唐县人民政府副县长。

李锡海，2003 年 3 月 31 日，在县十二届人大常委会第三十六次会议上辞去行唐县人民政府副县长职务。

县人民法院

院　长：

刘　献　1998 年 2 月县十二届人大一次会议当选

届中调整情况：

刘　献，2003 年 4 月 17 日，在县十二届人大第三十七次会议上辞去县人民法院院长职务。

县人民检察院

检察长：

张福英　1998 年 2 月县十二届人大一次会议当选

届中调整情况：

张福英，2003 年 4 月 17 日，在县十二届人大第三十七次会议上辞去县人民检察院检察长职务。

第三节　会议组织

一、县十二届人大一次会议

（一）大会临时党委

书　记：丁英辉

副书记：张增根　李玉山　高和福　张法新　刘来福

（二）大会主席团和秘书长

主席团：

丁英辉　王绪祥　王景瑞　刘玉民

刘成功	刘芬玲(女)	刘来福	刘桂英(女)
李玉山	李景春	李锡海	杨文凤(女)
张法新	张增根	胡荣秀(女)	耿平均
顾丙印	徐红军	高会东	高和福
黄金生	曹爱国	曹素敏(女)	

秘书长：黄金生（兼）

（三）大会主席团常务主席

丁英辉	张增根	李玉山	高和福
张法新	刘来福	黄金生	顾丙印
刘桂英(女)	徐红军	李景春	

（四）代表资格审查委员会

主 任 委 员：黄金生

副主任委员：毛金锁

委　　　员：王吉朝　杨文凤(女)　曹素敏(女)

（五）议案审查委员会

主 任 委 员：黄金生

副主任委员：赵建才

委　　　员：毛金锁　张胜利　郭吉丑

二、县十二届人大二次会议

（一）大会临时党委

书　记：丁英辉

副书记：人员名单不详。

委　员：人员名单不详。

（二）大会主席团和秘书长

主席团：主席团成员 23 名，丁英辉、张增根、张法新，其余 20 名人员名单不详。

秘书长：黄金生（兼）

（三）大会主席团常务主席

丁英辉	张增根	李玉山	高和福
张法新	李锡海	黄金生	刘桂英(女)
刘成功	王绪祥	李景春	

（四）议案审查委员会

主　任：黄金生

副主任：毛金锁

委　员：张胜利　郭吉丑

（五）计划预算审查委员会

主　任：王景瑞

副主任：李景春

委　员：高会东　王玉平（女）

三、县十二届人大三次会议

（一）大会临时党委

书　记：丁英辉

副书记：张增根　李玉山　高和福　赵翠琴（女）

委　员：曹爱国　李锡海　黄金生

（二）大会主席团和秘书长

主席团：

丁英辉	王绪祥	王景瑞	毛金锁
刘成功	刘桂英（女）	李玉山	李景春
李锡海	杨文凤（女）	杨吉秀（女）	赵翠琴（女）
张增根	郭吉丑	胡荣秀（女）	高和福
黄金生	曹爱国	曹素敏（女）	薛拿子

秘书长：黄金生（兼）

（三）大会主席团常务主席

丁英辉	张增根	李玉山	高和福
赵翠琴（女）	李锡海	黄金生	刘桂英（女）
刘成功	王绪祥	王景瑞	

（四）计划预算审查委员会

主任委员：王景瑞

副主任委员：李景春

委　　员：高会东　王玉平（女）

（五）议案审查委员会

主任委员：黄金生

副主任委员：毛金锁

委　　员：张胜利　郭吉丑

四、县十二届人大四次会议

（一）大会临时党委

书　记：丁英辉

副书记：张平军　李玉山　高和福　赵翠琴（女）

委　员：曹爱国　李锡海　王景瑞

（二）大会主席团和秘书长

主席团：

丁英辉	王进才	王绪祥	王景瑞
毛金锁	刘成功	李玉山	李景春
李锡海	杨文凤(女)	杨吉秀(女)	赵翠琴(女)
张平军	郭吉丑	胡荣秀(女)	高和福
曹爱国	曹素敏(女)	靳国良	薛拿子

秘书长：王景瑞（兼）

（三）大会主席团常务主席

丁英辉	张平军	李玉山	高和福
赵翠琴(女)	李锡海	王景瑞	刘成功
王绪祥	王进才		

（四）计划预算审查委员会

主 任 委 员：王景瑞

副主任委员：李景春

委　　　员：高会东　王玉平(女)

（五）议案审查委员会

主 任 委 员：刘成功

副主任委员：毛金锁

委　　　员：张胜利　郭吉丑

五、县十二届人大五次会议

（一）大会临时党委

书　记：丁英辉

副书记：张平军　李玉山　高和福　赵翠琴(女)

委　员：李锡海　王景瑞　曹爱国

（二）大会主席团和秘书长

主席团：

丁英辉	王进才	王绪祥	王景瑞
毛金锁	李玉山	李景春	李锡海
刘成功	刘桂英(女)	杨文凤(女)	杨吉秀(女)
张平军	赵翠琴(女)	郭吉丑	胡荣秀(女)
高和福	曹爱国	曹素敏(女)	靳国良
薛拿子			

秘书长：王景瑞（兼）

（三）大会主席团常务主席

丁英辉	张平军	李玉山	高和福
赵翠琴(女)	李锡海	刘桂英(女)	刘成功
王绪祥	王景瑞	王进才	

（四）议案审查委员会

主 任 委 员：刘成功

副主任委员：毛金锁

委　　　员：张胜利　郭吉丑

六、县十二届人大六次会议

（一）大会临时党委

书　记：丁英辉

副书记：张平军　高和福　夏生华　曹爱国　赵翠琴(女)

委　员：李锡海　王景瑞　齐振宝

（二）大会主席团和秘书长

主席团：人员名单不详。

秘书长：人员名单不详。

（三）大会主席团常务主席

丁英辉	张平军	高和福	曹爱国
赵翠琴(女)	李锡海	刘成功	王绪祥
王景瑞	王进才		

第四章　人民代表大会常务委员会

县十二届人大常委会任期内围绕荒山开发、社会保障、局级干部评议、粮食体制改革、私立学校建设、县城建设、水土保持等重大事项，先后召开常委会会议 37 次、主任会议 36 次。县十二届人大常委会设主任 1 人、副主任 6 人、委员 14 人。

表 8-3　行唐县第十二届人大常委会主任、副主任概况表

职　务	姓　名	任职时间
主　任	张法新	1998 年 2 月—2000 年 1 月
	赵翠琴	2000 年 2 月—2003 年 4 月
副主任	黄金生	1998 年 2 月—2000 年 10 月
	刘桂英	1998 年 2 月—2003 年 4 月
	刘成功	1998 年 2 月—2003 年 4 月
	王绪祥	1998 年 2 月—2003 年 4 月
	王景瑞	1998 年 2 月—2003 年 4 月
	王进才	2001 年 2 月—2003 年 4 月

第一节　常委会会议

县十二届人大常委会共召开常委会会议 37 次。

第一次会议　1998 年 4 月 16 日召开，县人大常委会主任张法新，副主任黄金生、刘成功、王绪祥、王景瑞和 12 名委员出席会议。县人民政府常务副县长李锡海，县人民法院、县人民检察院相关负责人列席会议。会议审议县人大常委会副主任黄金生作的《县十一届人大常委会代表资格审查委员会的报告》。会议审议通过县十二届人大常委会代表资格审查委员会和议案审查委员会人选名单。会议通过人事任免事项（名单见本篇第七章《选举任免》）。

链接 2：县十二届人大常委会代表资格审查委员会组成人员

主 任 委 员：黄金生

副主任委员：毛金锁

委　　　员：王吉朝　杨文凤（女）　曹素敏（女）

调整情况：1998 年 8 月 20 日，县十二届人大常委会第三次会议接受王吉朝辞去县十二届人大常委会委员职务的请求，其县十二届人大常委会代表资格审查委员会委员职务相应终止。2000 年 10 月 26 日，县十二届人大常委会第二十一次会议接受黄金生辞去县十二届人大常委会副主任、委员职务的请求，其县十二届人大常委会代表资格审查委员会主任委员职务相应终止，新任主任委员不详。

第二次会议　1998 年 6 月 4 日召开，县人大常委会主任张法新，副主任黄金生、刘桂英、刘成功、王绪祥、王景瑞和 9 名委员出席会议。县人民政府原副县长马国印，县人民法院院长刘献，县人民检察院检察长张福英列席会议。会议通过《行唐县人民代表大会常务委员会议事规则》。会议接受耿平均辞去行唐县第十二届人民代表大会常务委员会委员职务的请求。会议听取和审议县公安局局长蒋洪泽、县人民法院院长刘献、县人民检察院检察长张福英分别作的《执法情况的报告》。会议进行案件评议。

第三次会议　1998 年 8 月 20 日召开，县人大常委会主任张法新，副主任黄金生、刘桂英、刘成功、王绪祥、王景瑞和 8 名委员出席会议。县人民政府副县长陈会强，县人民法院、县人民检察院相关负责人列席会议。会议听取和审议县财政局局长刘成功作的《关于 1998 年 1—6 月份预算执行情况及财政工作思路的报告》、县粮食局局长张登山作的《关于粮食体制改革和粮食收购政策执行情况的报告》。会议通过人事任免事项（名单见本篇第七章《选举任免》）。会议接受王吉朝辞去行唐县人大常委会委员职务的请求。

第四次会议　1998 年 10 月 20 日召开，县人大常委会主任张法新，副主任黄金生、刘桂英、刘成功、王绪祥、王景瑞和 10 名委员出席会议。县人民政府相关负责人，县人民法院院长刘献，县人民检察院检察长张福英列席会议。会议听取和审议县城建环保局局长赵同法作的《关于城建工作情况的报告》、县文教局局长左国芳作的《关于社会力量办学情况的报告》。会议通过人事任免事项（名单见本篇第七章《选举任免》）。会议视察香港路、恒阳大街建设情况和行唐县启明中学、六一小学、育才小学等 3 所民办学校。

第五次会议　1998 年 12 月 17 日召开，县人大常委会主任张法新，副主任黄金生、刘桂英、刘成功、王景瑞和 7 名委员出席会议。县人民政府副县长毛全球列席会议。会议传达市关于 1999 年乡级人大换届选举的会议精神；讨论通过《行唐县 1999 年乡镇人大换届选举方案》。会议学习《中华人民共和国村民委员会组织法》。

第六次会议　1998 年 12 月 19 日召开，县人大常委会主任张法新，副主任黄金生、刘桂英、刘成功、王景瑞和 7 名委员出席会议。会议审议通过县公安局副局长张东生作的《关于对县人大代表张某某拟裁决行政拘留处罚的报告》。

第七次会议　1999 年 2 月 4 日召开，县人大常委会主任张法新，副主任刘桂英、刘成功、王绪祥、王景瑞和 9 名委员出席会议。县人民法院副院长盛瑞平，县人民检察院副检察长李建敏列席会议。会议研究召开县十二届人大二次会议的有关事宜；听取县人大常委会主任张法新作的《关于县十二届人民代表大会第二次会议筹备工作的安排意见》；会议通过县十二届人大二次会议的议程、日程（草案）及主席团和秘书长、议案审查委员会、计划预算审查委员会、主席团常务主席、执行主席分组、列席人员等建议名单；讨论通过《行唐县人大常委会工作报告（稿）》。会议通过《关于召开十二届人民代表大会第二次会议的决定》。

第八次会议　1999 年 4 月 1 日召开，县人大常委会主任张法新，副主任黄金生、刘桂英、刘成功、王绪祥、王景瑞和 7 名委员出席会议。县人民政府副县长毛全球，县人民法院院长刘献，县人民检察院副检察长李建敏列席会议。会议听取和审议县农业局副局长王增军作的《关于〈中华人民共和国种子管理条例〉贯彻执行情况的报告》、县社主任马国经作的《关于农药、化肥经营管理情况的报告》、县人民法院院长刘献作的《关于超期限案件及久执未结案件情况的报告》。会议通过人事任免事项（名单见本篇第七章《选举任免》）。会议接受王玉录、梁大平辞去行唐县人大常委会委员职务的请求。

第九次会议　1999 年 6 月 4 日召开，县人大常委会主任张法新、副主任黄金生、刘桂英、刘成功、王绪祥、王景瑞和 6 名委员出席会议。县人民政府副县长陈会强，县人民法院副院长盛瑞平、县人民检察院副检察长杨新贞列席会议。会议听取和审议县人民政府副县长陈会强作的《关于行唐县十二届人民代表大会第二次会议代表建议办理情况的报告》、县民政局局长作的《关于〈村民委员会组织法〉贯彻落实情况的报告》。会议讨论通过《行唐县人大常委会关于个案监督的决定（草案）》。

第十次会议　1999 年 8 月 10 日召开，县人大常委会主任张法新，副主任黄金生、刘成功、王绪祥、王景瑞和 7 名委员出席会议。县人民政府副县长赵海军，县人民法院副院长盛瑞平、县人民检察院副检察长杨新贞列席会议。会议视察北部山区防汛抗旱情况。听取和审议县水务局局长王银路作的《关于今年以来抗旱防汛工作情况的汇报》。会议通过人事任免事项（名单见本篇第七章《选举任免》）。

第十一次会议　1999 年 10 月 26 日召开，县人大常委会主任张法新，副主任黄金生、刘成功、王绪祥、王景瑞和 8 名委员出席会议。县人民政府相关负责人，县政协副主席董素平，县人民法院院长刘献，县人民检察院副检察长杨新贞列席会议。会议听取和审议县建设局局长赵同法作的《关于县城建设工作情况的报告》、县交通局局长任青堂作的《关于公路建设工作情况的报告》。会议通过县人民法院人民陪审员名单。会议通过人事任免事项（名单见本篇第七章《选举任免》）。

链接 3：县人民法院人民陪审员名单

毛金锁	曹素敏	花运河	王俊池
赵建华	刘五爱	陈根柱	顾振勇
祖银兰	王同香	董素平	严新海
康连贵	崔青龙	曹丽娜	

第十二次会议　1999 年 12 月 10 日召开，县人大常委会主任张法新，副主任黄金生、

王绪祥、王景瑞和9名委员出席会议。会议依法补选行唐县出席石家庄市第十届人民代表大会代表1名。

第十三次会议 1999年12月24日召开，县人大常委会主任张法新，副主任黄金生、刘成功、王景瑞和7名委员出席会议。县人民政府相关负责人，县人民法院副院长盛瑞平列席会议。会议听取和审议县计划经济局局长翟志勇作的《1999年国民经济和社会发展计划执行情况的报告》、县财政局局长王进才作的《1999年预算执行情况和2000年财政工作设想报告》。会议审议讨论《行唐县县城总体规划》，并作出《关于批准〈行唐县城总体规划〉的决议》。

第十四次会议 2000年1月25日召开，县人大常委会主任张法新，副主任黄金生、刘成功、王绪祥、王景瑞和7名委员出席会议。县人民政府副县长赵海军，县人民检察院检察长张福英、县人民法院相关负责人列席会议。会议接受张法新辞去县人大常委会主任职务、刘芬玲辞去县人大常委会委员职务。会议通过人事任免事项（名单见本篇第七章《选举任免》）。

第十五次会议 2000年2月14日召开，县人大常委会党组书记赵翠琴，副主任刘成功、王绪祥、王景瑞和7名委员出席会议。县人民政府副县长赵同法，县人民法院院长刘献，县人民检察院检察长张福英列席会议。会议研究召开县十二届人大三次会议的有关事宜；会议通过补选代表的代表资格的审查报告；通过会议建议议程草案，会议主席团、常务主席名单及大会秘书长、副秘书长建议名单；讨论通过《行唐县人大常委会工作报告（稿）》。

第十六次会议 2000年4月12日召开，县人大常委会主任赵翠琴，副主任黄金生、王绪祥、王景瑞和7名委员出席会议。县人民政府副县长刘芬玲列席会议。会议表决通过县公安局关于对县人大代表李某某依法办理的请示。

第十七次会议 2000年4月26日召开，县人大常委会主任赵翠琴，副主任黄金生、王绪祥、王景瑞和6名委员出席会议。县人民法院、县人民检察院相关负责人列席会议。会议视察上阎庄乡荒山开发植树育果情况和上方乡西井底养殖业发展情况。会议听取和审议县林业局局长连玉宝作的《关于今春林业发展情况的报告》、县文教局局长左国芳作的《关于我县减轻学生负担情况的报告》。会议通过人事任免事项（名单参见本篇第七章《选举任免》）。会议通过县人民法院关于对县人大代表甄某某涉嫌犯有诬告陷害罪准备开庭审理的请示。

第十八次会议 2000年6月30日召开，县人大常委会主任赵翠琴，副主任黄金生、刘成功、王绪祥、王景瑞和8名委员出席会议。县人民政府副县长温书义，县人民法院院长刘献，县人民检察院相关负责人列席会议。会议听取县公安局《关于未结轻微伤害案件办理情况的报告》；会议听取县土地管理局局长赵五中、国税局局长王志平分别作的《述职报告》并进行评议。会议通过《行唐县人大常委会关于加强对村民会议村民代表会议建设的实施办法》。会议通过人事任免事项（名单见本篇第七章《选举任免》）。

第十九次会议　2000 年 8 月 17 日召开，县人大常委会主任赵翠琴，副主任黄金生、刘成功、王绪祥和 7 名委员出席会议。县人民政府副县长赵同法、温书义，县人民法院院长刘献，县人民检察院检察长张福英列席会议。会议听取和审议县人民检察院副检察长王丁作的《关于反贪工作情况的报告》、县乡镇企业局局长刁瑞生作的《关于个体私营经济发展情况的报告》。会议通报补选县十二届人民代表大会代表的情况。会议通过人事任免事项（名单见本篇第七章《选举任免》）。

第二十次会议　2000 年 9 月 21 日召开，县人大常委会主任赵翠琴，副主任黄金生、刘成功、王绪祥、王景瑞和 7 名委员出席会议。会议通过人事任免事项（名单见本篇第七章《选举任免》）。会议组织部分老干部视察山区红枣生产情况。

第二十一次会议　2000 年 10 月 26 日召开，县人大常委会主任赵翠琴，副主任刘成功、王景瑞和 7 名委员出席会议。县人民法院院长刘献，县人民检察院相关负责人列席会议。会议听取县人民法院副院长张祥华作的《关于"两错"责任追究制落实情况的报告》。会议通过《关于接受黄金生辞去行唐县人大常委会副主任、委员职务请求的决定》。

第二十二次会议　2000 年 12 月 27 日召开，县人大常委会主任赵翠琴，副主任刘成功、王绪祥、王景瑞和 7 名委员出席会议。县人民检察院相关负责人列席会议。会议听取和审议《行唐县人大常委会工作报告（稿）》；会议听取和审议《行唐县人大常委会 2001 年工作要点（稿）》；听取和审议县财政局局长王进才作的《行唐县 2000 年预算执行情况和 2001 年财政设想的报告》；审议县人民政府办公室副主任刘书平作的《关于第十二届人民代表大会第三次会议代表建议办理情况的报告》。会议审议通过行唐县人大常委会代表资格审查委员会《关于恢复肖秋来行唐县第十二届人大代表资格的申请》。会议决定县十二届人大四次会议的召开时间。会议通过人事任免事项（名单见本篇第七章《选举任免》）。

第二十三次会议　2001 年 2 月 15 日召开，县人大常委会主任赵翠琴，副主任刘成功、王绪祥、王景瑞和 4 名委员出席会议。县人民政府副县长李锡海，县人民法院院长刘献，县人民检察院相关负责人列席会议。会议审议通过县十二届人大常委会代表资格审查委员会《关于补选张平军、王进才为县十二届人大代表的资格审查报告》；研究关于召开县十二届人大四次会议的有关事项，通过会议时间、日程安排及列席人员名单。会议审议县人大常委会、县人民政府、县人民法院、县人民检察院、县财政局、计划局的 6 个报告。会议通过《关于接受张增根辞去行唐县人民政府县长职务请求的决定》。会议通过人事任免事项（名单见本篇第七章《选举任免》）。

第二十四次会议　2001 年 2 月 26 召开，县人大常委会主任赵翠琴，副主任刘成功、王绪祥、王景瑞和 4 名委员出席会议。会议同意县公安局关于对县人大代表李某某采取司法强制措施的报告。

第二十五次会议　2001 年 4 月 16 日召开，县人大常委会主任赵翠琴，副主任刘成功、王绪祥、王景瑞、王进才和 6 名委员出席会议。县人民政府副县长张俊立，县人民检察院相关负责人列席会议。会议视察市场建设、市场管理和化肥农药经营管理情况。会议通过人事任免事项（名单见本篇第七章《选举任免》）。会议听取县经济贸易委员会主任赵士平作的《关于工业企业改制情况的报告》、县技术监督管理局局长苑建国作的《关于技术监督工作情况的报告》。

第二十六次会议 2001年6月28日召开，县人大常委会主任赵翠琴，副主任刘成功、王绪祥、王景瑞、王进才和9名委员出席会议。县人民政府副县长刘芬玲，县人民检察院相关负责人列席会议。会议研究通过县公安局关于对县人大代表张某某需采取强制措施的报告；会议通过人事任免事项（人员名单不详）。会议听取和审议县卫生局局长刘建章、县计生局局长孙贵堂分别作的《述职报告》。

第二十七次会议 2001年8月30日召开，县人大常委会主任赵翠琴，副主任刘成功、王绪祥、王景瑞、王进才和9名委员出席会议。县人民政府副县长温书义，县人民法院、县人民检察院相关负责人列席会议。会议视察县刑拘所、看守所管理情况。会议听取和审议县人民政府副县长温书义作的《关于办理十二届四次人代会代表建议、批评和意见情况的报告》、县人民法院副院长盛瑞平作的《关于自诉案件审理情况的报告》、县公安局副局长张东升作的《关于打击刑事犯罪确保社会稳定情况的报告》。

第二十八次会议 2001年10月29日召开。出席人员和列席人员情况不详。会议听取和审议县扶贫办主任李根柱作的《行唐县人民政府关于2001年扶贫工作报告》、县科技局局长张玉庆作的《关于〈河北省科学技术普及条例〉贯彻执行情况报告》。

第二十九次会议 2001年12月24日召开，县人大常委会主任赵翠琴，副主任刘成功、王绪祥、王景瑞、王进才和5名委员出席会议。会议听取《行唐县人大常委会工作报告（稿）》和《2002年人大常委会工作要点（稿）》。会议通过人事任免事项（名单见本篇第七章《选举任免》）。会议听取县财政局局长左国芳作的《县财政局关于2001年财政预算执行情况和2002年财政工作安排的报告》。

第三十次会议 2002年2月22日召开，县人大常委会主任赵翠琴，副主任刘成功、王绪祥、王景瑞、王进才和5名委员出席会议。会议研究通过召开县十二届人大五次会议相关事项；决定县十二届人大五次会议于2002年3月下旬在县人民礼堂召开。

第三十一次会议 2002年4月18日召开，县人大常委会主任赵翠琴，副主任刘成功、王绪祥、王景瑞、王进才和7名委员出席会议。县人民政府副县长赵海军，县人民法院相关负责人列席会议。会议审议县人民法院关于对县人大代表杨某某进行开庭审理的请示；会议听取和审议县水务局局长王银路作的《关于我县水土保持生态环境监督执法工作情况的汇报》。

第三十二次会议 2002年6月26日召开，县人大常委会主任赵翠琴，副主任刘成功、王绪祥、王景瑞、王进才和7名委员出席会议。县人民政府副县长刘芬玲，县人民法院、人民检察院相关负责人列席会议。会议听取和审议县卫生局局长刘建章作的《关于贯彻实施〈中华人民共和国食品卫生法〉工作情况的报告》。会议通过人事任免事项（名单见本篇第七章《选举任免》）。

第三十三次会议　2002 年 8 月 29 日召开，县人大常委会主任赵翠琴，副主任刘成功、王绪祥、王景瑞、王进才和 6 名委员出席会议。县人民政府常务副县长李锡海，县人民检察院相关负责人列席会议。会议听取县人民政府常务副县长李锡海作的《行唐县人民政府关于办理县十二届人大五次会议代表建议、批评和意见情况的报告》、县财政局党组书记苑宝林作的《关于行唐县 2002 年 1—6 月份财政预算执行情况的报告》、县建设局局长作的《行唐县人民政府关于全县建筑执法情况的报告》。

第三十四次会议　2002 年 10 月 24 日召开，县人大常委会主任赵翠琴，副主任刘成功、王绪祥、王景瑞、王进才和 5 名委员出席会议。县人民政府副县长徐拥政，县人民法院院长刘献，县人民检察院相关负责人列席会议。会议听取和审议县人民法院院长刘献作的《关于行唐县人民法院执法情况的报告》、县人事劳动和社会保障局局长翟志勇作的《关于全县社会保障工作情况的报告》。

第三十五次会议　2003 年 1 月 10 日召开。会议其他相关情况不详。

第三十六次会议　2003 年 3 月 31 日召开。县人大常委会主任赵翠琴，副主任王绪祥、王景瑞、王进才和 7 名委员出席会议。县人民法院副院长王建军、县人民检察院副检察长郭发敏列席会议。会议审议通过《行唐县人大常委会工作报告（稿）》。会议通过《关于接受张平军辞去行唐县人民政府县长职务、李锡海辞去行唐县人民政府副县长职务请求的决定》。会议通过人事任免事项（名单见本篇第七章《选举任免》）。

第三十七次会议　2003 年 4 月 17 日召开。除县人大常委会主任赵翠琴外，其他出席会议人员名单不详。会议决定县十三届人大一次会议于 2003 年 4 月 27 日至 30 日召开。会议通过《关于接受刘献辞去行唐县人民法院院长职务的请求的决定》《关于接受张福英辞去行唐县人民检察院检察长职务的请求的决定》。会议通过人事任免事项（名单见本篇第七章《选举任免》）。

第二节　主任会议

县十二届人大常委会共召开主任会议 36 次，其中第 1—21 次会议由县人大常委会主任张法新主持召开、第 22—36 次会议由县人大常委会主任赵翠琴主持召开，县人大常委会各位副主任出席会议，各委室负责人列席会议，县人民政府及相关部门、“两院”负责人根据会议要求列席会议。

表 8-4　行唐县第十二届人大常委会主任会议情况一览表

序　号	时　间	议　题
1	1998 年 4 月 15 日	研究县人大、政府、法院、检察院的人事任免事项；研究县人大代表张国旗的代表资格认定

续表8-4

序号	时间	议题
2	1998年5月14日	讨论《行唐县人大常委会议事规则》；安排市人大代表活动，会期不少于两天；安排县、乡代表议政日活动；听取县政法部门的执法检查工作报告、对典型案件进行评议；研究县人大代表韩某某作为被告县人民法院刑庭开庭审理问题，并同意法院开庭审理；研究县人大常委会委员辞职事项；安排班子民主生活会，月底召开
3	1998年5月26日	决定第二次常委会召开时间、内容和议程；评议法院案件；决定组织代表视察城建工作
4	1998年8月5日（扩大会）	研究上半年工作总结；讨论第三次常委会议题；研究下半年工作重点；研究不驻会常委分组
5	1998年10月6日	听取县人民政府关于私立学校建校的报告；听取县人民政府关于县城建设的报告；安排下午视察工作；讨论人事任免；定于10月8日召开乡镇人大主席会
6	1998年10月19日	研究10月20日召开第四次常委会的议程
7	1998年11月4日	传达县委常委会会议精神，涉及县人大工作的重点是开展基层调研；安排县十二届人代会第二次会议材料准备工作；办公室拟定一个活动；研究决定上稿奖励方案，年终搞一个评比；确定信访科长每月补助30元，自1998年2月执行
8	1998年12月2日	讨论县十二届人大第二次会议的召开时间、地点；研究乡镇人大换届选举事项；宣传贯彻《中华人民共和国村民委员会组织法》；讨论第五次常委会召开时间，定于12月17日；安排《地方人大建设》征订事项
9	1998年12月19日	听取县公安局对县人大代表张某某拟裁决行政拘留处罚的报告，同意该报告，拟交县人大常委会审议通过；研究第六次常委会会议议题及时间，定于12月19日召开
10	1999年1月7日	讨论年终财务决算事项；研究年终评比奖励事项
11	1999年1月14日	研究第七次常委会召开时间，定于2月4日；听取十二届二次人代会筹备请示报告；安排文印工作；安排档案整理工作
12	1999年2月24日	讨论新到人员的工作安排、住房问题；关于县十二届二次人代会筹备工作，由办公室筹备

续表8-4

序　号	时　间	议　题
13	1999年3月17日	县人大常委会主任张法新传达市人大主任会、座谈会会议精神；研究决定县十二届二次人代会的代表建议交县人民政府有关部门尽快解决事宜；讨论第八次常委会议程、时间、列席人员；县人大常委会各主任分工安排
14	1999年4月1日	听取县农业局关于《中华人民共和国种子法》贯彻执行情况的报告；听取县社关于农药化肥经营管理情况的报告；听取县人民法院关于案件超年限的久置未结案件情况的报告；研究人事任免事项
15	1999年5月18日（扩大会）	县人大主任张法新主持学习县委书记在常委会上的讲话；讨论第九次常委会议题
16	1999年6月1日	听取县人民检察院关于对县人大代表肖某某采取措施的汇报；许可检察院依法拘留，报县人大常委会审议
17	1999年6月7日	听取县公安局、县人民法院关于县人大代表肖某某经济案件的汇报
18	1999年7月8日	听取县公安局、县人民法院关于县人大代表甄某某案件的汇报
19	1999年7月20日	研究第十次常委会议题，时间定于8月10日
20	1999年9月23日	按照县委办通知，研究关于“双节”期间抓好三项工作（慰问、廉政建设、优抚工作）落实；安排机关人员分工
21	1999年10月10日	讨论关于县人民法院提请陪审员事宜；研究政府办理代表建议中“三个不满意”的意见；讨论第十一次常委会议题，定于10月26日召开；安排各委室公章统一刻制
22	2000年4月10日	讨论召开第十六次常委会的时间（定于4月12日）；关于召开第十六次常委会研究县人大代表李某某案件；原则拟定4月23日召开老干部座谈会，听取老干部对人大工作的意见建议
23	2000年4月19日（扩大会）	关于市人大三项执法检查；讨论下午召开老干部座谈会议题；听取县人民法院关于县人大代表肖某某案件的汇报
24	2000年4月24日	讨论关于第十七次常委会相关事宜（定于4月26日）；研究召开三项执法检查动员会，拟定于29日至30日召开；办公室与政法工委对县人民检察院两名拟任检察员进行考察并写出报告；听取县人民法院关于对县人大代表甄某某开庭审理的请示；研究出台《行唐县人大常委会关于加强代表学习、提高代表素质的决定》

续表8-4

序　号	时　间	议　题
25	2000 年 4 月 25 日	通报 4 月 24 日县委常委会内容；讨论自我批评发言提纲；研究决定“五一”原则上不放假，放假期间“三讲”不放假；安排工作调研事项
26	2000 年 7 月 8 日	研究关于思想政治工作和深入基层调研事宜；研究县人大常委会各主任分工安排；传达省委政法委文件
27	2000 年 7 月 25 日	研究关于农村“两委”换届工作的调查；研究关于政法系统开展政治工作的调查；讨论出台《县人大党组关于进一步加强和改进人大代表工作，充分发挥代表作用的意见》；学习省人大《调查与研究》中的司法监督内容；研究第十九次常委会议题
28	2000 年 8 月 11 日	研究关于第十九次常委会召开时间（定于 8 月 17 日）、地点、议题；研究《县人大党组关于进一步加强和改进人大代表工作，充分发挥代表作用的意见》；研究内部工作分工安排；研究人事任免事项
29	2001 年 4 月 4 日	讨论关于 2001 年常委会议题安排意见；讨论关于第二十五次常委会安排意见（定于 4 月 16 日召开）
30	2001 年 7 月 10 日	研究“打假”工作；安排评选县级先进单位；研究修缮房屋事宜；关于 2000 年度实绩考核；听取县人大常委会副主任刘成功关于人大代表建议、批评和意见办理情况汇报；安排召开第二十七次常委会事项
31	2001 年 8 月	研究召开第二十七次常委会时间（定于 8 月 30 日）、议题；听取县人大常委会副主任关于培训班情况汇报
32	2002 年 3 月 14 日	讨论关于县十二届人代会代表的建议；研究关于乡镇人大换届选举工作实施方案；研究关于第三十一次常委会召开的时间（定于 4 月底）
33	2002 年 4 月 3 日	研究第三十一次常委会议题；听取县人民法院关于对县人大代表杨某某开庭审理的请示；安排机关值班工作，要求人员 24 小时值守
34	2002 年 6 月 12 日	关于贾四喜任人大督导员，拟报例会上通过；研究第三十二次常委会议题，听取县人民政府关于《食品卫生法》贯彻实施情况的汇报

续表8-4

序　号	时　间	议　题
35	2003 年 1 月 2 日	研究换届选举工作、县十二届人大六次会议选举出席市人大代表；讨论第三十五次常委会召开时间、议题；讨论拟定乡镇人大主席会于 1 月 11 日召开
36	2003 年 3 月 21 日	研究十三届人代会换届工作，确定召开换届工作会、代表名额分配，县选举领导机构及县领导小组、组长人选，代表名额预留 8 名

第三节　机构设置

截至 1998 年 2 月，县十二届人大常委会仍设办公室、财政经济工作委员会、政治法律工作委员会、代表联络工作委员会、教育科学文化卫生工作委员会，办公室内设老干部科、信访科。

表 8-5　行唐县第十二届人大常委会机构人员概况表

机构名称	职　务	姓　名	任职时间
办公室	主　任	耿平均	1998 年 2 月—1998 年 4 月
		赵建才	1998 年 4 月—1999 年 10 月
		靳国良	1999 年 10 月—2003 年 4 月
	副主任	贾四喜	1998 年 2 月—1999 年 4 月
		付军朝	2000 年 6 月—2001 年 10 月
		刘京伟	2000 年 12 月—2003 年 4 月
老干部科	科　长	高国胜	1998 年 2 月—1999 年 10 月
	副科长	李翠玲	1998 年 2 月—1999 年 10 月
		毛春良	2002 年 6 月—2003 年 4 月
信访科	科　长	闫贵祥	1998 年 8 月—2003 年 4 月
	副科长	李翠玲	1999 年 10 月—2003 年 4 月
财政经济工作委员会	主　任	高会东	1998 年 2 月—1999 年 4 月
		贾四喜	1999 年 4 月—2002 年 6 月
政治法律工作委员会	主　任	花五河	1999 年 4 月—2002 年 6 月
	副主任	花运河	1998 年 2 月—1999 年 4 月
		孙　辉	1999 年 4 月—2003 年 4 月

续表8-5

机构名称	职　务	姓　名	任职时间
代表联络工作委员会	主　任	毛金锁	1998 年 2 月—1999 年 4 月
教育科学文化卫生工作委员会	主　任	张胜利	1998 年 2 月—2001 年 4 月

第四节　机关工作

一、自身建设

（一）加强政治建设

围绕“与时俱进，不断推进人大工作创新”的要求，利用周五学习日，组织常委会组成人员和机关干部深入学习邓小平理论、党的十五大、十六大精神和“三个代表”重要思想，特别是把“三个代表”重要思想学教活动同做好新时期人大工作相结合，深化学习效果，不断提高大家的政治素质和理论水平，不断提升人大的议政、决策和监督水平。1999年，按照中央和省、市、县委的统一部署，集中开展以“讲学习、讲政治、讲正气”为主要内容的党性、党风教育活动，高标准地完成了教育活动的各个环节和步骤，全体党员的理想信念更加坚定，工作激情高昂，为进一步做好人大工作提供了强有力的政治思想保障。

（二）加强制度建设

1998 年 5 月，县十二届人大常委会及办公室先后修订完善了《行唐县人大常委会议事规则》及周五集中学习、机关值班、车辆管理、文印、老干部服务等多项制度，促进了相关工作的顺利开展。每年年初制定各委室责任目标，年终总结考核，进一步激发了干部职工的工作积极性，各项工作有序进行。常委会机关连年被中共行唐县县委评为“实绩突出单位”，机关支部连年被评为县直机关优秀支部，受到机关离退休老干部、人大代表等各方面的好评，在社会上树立了人大机关的良好形象。

二、宣传工作

围绕提高广大干部群众的民主法制意识，县十二届人大常委会坚持集中宣传和经常性宣传相结合，积极开展民主法制和人大工作的宣传。任期内在全县组织开展以《农业法》《土地管理法》《村委会组织法》等法律法规和《河北省农村土地承包管理条例》《河北省村集体财务管理条例》《河北省村务公开条例》等八项地方性法规为重点，以乡、村基层干部和基层执法人员为对象的农村法律法规集中宣传活动，促进了农村法律法规的普及和实施，提高了广大农村干部群众和基层执法人员的法律意识，推动了农村工作的开展。2000 年 9 月 21 日，县人大常委会与县人民政府、县委宣传部在县人民礼堂联合举行土地管理法律法规知识竞赛。省人大常委会农经委主任李广恩、农经委办公室副主任范瑞晨、市人大常委会副主任褚明海出席会议。这次竞赛，增强了土地管理人员和人民群众学法、守法、用法的自觉性，对全县集中宣传贯彻农村法律法规起到了推动作用，促进了依法治县活动的开展。行唐人大的做法受到上级领导的充分肯定。2000 年被省人大、市委、市人大评为农村法律法规宣传工作先进单位。

县人大常委会机关切实加强对人大工作和人大代表履行职责情况的宣传报道，加大对人民代表大会制度的宣传力度，不断提高向《地方人大建设》《石家庄人大》《石市人大信息》等刊物投稿的数量和质量。1998 年至 2003 年，机关委室多名干部的作品被市人大评为宣传信息好作品，县人大常委会连续五年被市人大常委会评为宣传信息工作先进单位。

三、信访工作

县十二届人大常委会把信访接待作为了解社情民意的渠道，对群众来信来访坚持做到热情接待、及时处理。以涉法信访案件、人大代表的信访案件、县委交办的有可能引发群众上访的信访案件为重点，按照“分级负责、归口办理”的原则，督促有关部门办结；对重大信访案件，人大常委会主任亲自阅批督办，任期内解决了一批重要的信访案件，维护了公民的合法权益。常委会主要领导还带领机关工作人员组成工作队进驻信访问题较多的村庄，较好地解决了诸如土地调整、承包费拖欠等一系列农村热点、难点问题。1999 年，县人大常委会被评为全市人大系统信访工作先进单位。2001 年，全国人大《信访工作简报》刊登行唐县人大信访工作的先进经验。任期内共受理人民群众来信来访 964 件次，转办其中 269 件。

四、老干部工作

人大机关经常组织机关离退休老干部对全县种植业、水利、教育、城建等工作进行视察、座谈，听取他们的意见和建议。为做好服务工作，实行定期探访制度，定期组织政治理论学习、开展文化健身、外出参观考察等活动，从生活上贴心照顾老干部，使他们能够安度晚年，同时继续为全县改革开放和经济社会发展发贡献力量。

第五章 监督工作

县十二届人大及其常委会认真贯彻党的十五大提出的依法治国的基本方略，立足于推进依法治县进程，以改革开放和经济建设为中心，以监督工作规范化、制度化为目标，依靠扎实务实的工作作风、严谨细致的工作态度，围绕“突出重点，讲求时效”的要求，对群众反映强烈的案件及执法中存在的问题，依法加强监督，落实整改，促进严明执法；围绕“代表最广大人民的根本利益”的要求，针对“两红一白”特色产业、荒山开发、扶贫工作、个体私营企业、社会力量办学、市场建设、城乡道路建设等工作，积极强化工作监督；围绕“坚持党管干部与严格依法办事相统一”的要求，做好人事任免和被任命干部的监督工作。任期内，县十二届人大常委会适时听取和审议“一府两院”关于城镇建设、计划生育、非公有制经济发展、企业改制、社会保障、食品卫生、打击刑事犯罪、维护社会稳定等工作报告38项。根据县人民代表大会授权，审批年度预决算，督促政府发展生产、培植财源、增收节支，为保障全县改革开放和现代化建设的健康、稳定、持续发展作出了积极的贡献。

第一节 听取和审议专项工作报告与计划预算工作报告

县十二届人大常委会会议听取和审议“一府两院”专项工作报告32项、计划预算报告6项。

表 8-6 行唐县第十二届人大常委会会议听取和审议专项工作报告与计划预算报告情况表

时间	常委会会议	报告内容
1998年6月4日	第二次	县人民法院、人民检察院、公安局执法情况的报告
1998年8月20日	第三次	县财政局关于1998年1—6月份预算执行情况及财政工作思路的报告；县粮食局关于粮食体制改革和粮食收购政策执行情况的报告
1998年10月20日	第四次	县城建环保局关于城建工作情况的报告；县文教局关于社会力量办学情况的报告

续表8-6

时　间	常委会会议	报告内容
1999 年 4 月 1 日	第八次	县农业局关于《中华人民共和国种子管理条例》贯彻执行情况的报告；县社关于农药、化肥经营管理情况的报告；县人民法院关于超期限案件及久执未结案件情况的报告
1999 年 6 月 4 日	第九次	县人民政府《关于行唐县十二届人民代表大会第二次会议代表建议办理情况的报告》；县民政局关于《村民委员会组织法》贯彻落实情况的报告
1999 年 8 月 10 日	第十次	县水务局关于今年以来抗旱防汛工作情况的汇报
1999 年 10 月 26 日	第十一次	县建设局关于县城建设工作情况的报告；县交通局关于公路建设工作情况的的报告
1999 年 12 月 24 日	第十三次	县计划经济局关于 1999 年国民经济和社会发展计划执行情况的报告；县财政局关于 1999 年预算执行情况和 2000 年财政工作设想的报告
2000 年 4 月 26 日	第十七次	县林业局关于今春林业发展情况的报告；县文教局关于我县减轻学生负担情况的报告
2000 年 6 月 30 日	第十八次	县公安局关于未结轻微伤害案件办理情况的报告
2000 年 8 月 17 日	第十九次	县人民检察院关于反贪工作情况的报告；县乡镇企业局关于个体私营经济发展情况的报告
2000 年 10 月 26 日	第二十一次	县人民法院关于“两错”责任追究制落实情况的报告
2000 年 12 月 27 日	第二十二次	县财政局关于行唐县 2000 年预算执行情况和 2001 年财政设想的报告；县人民政府办公室关于第十二届人民代表大会第三次会议代表建议办理情况的报告
2001 年 4 月 16 日	第二十五次	县经贸委关于工业体制改革情况的报告；县技术监督管理局关于技术监督工作情况的报告
2001 年 8 月 30 日	第二十七次	县人民政府关于办理十二届四次人代会代表建议、批评和意见情况的报告；县人民法院关于自诉案件审理情况的报告；县公安局关于打击刑事犯罪确保社会稳定情况的报告
2001 年 10 月 29 日	第二十八次	县人民政府关于 2001 年扶贫工作报告；县科技局关于《河北省科学技术普及条例》贯彻执行情况报告
2001 年 12 月 24 日	第二十九次	县财政局 2001 年财政预算执行情况和 2002 年财政工作安排的报告

续表8-6

时　间	常委会会议	报告内容
2002 年 2 月 22 日	第三十一次	县水务局关于全县水土保持生态环境监督执法工作情况的汇报
2002 年 6 月 26 日	第三十二次	县人民政府关于贯彻实施《中华人民共和国食品卫生法》工作情况的报告
2002 年 8 月 29 日	第三十三次	县人民政府关于办理县十二届人大五次会议代表建议、批评和意见情况的报告；县财政局关于行唐县 2002 年 1—6 月份财政预算执行情况的报告；县建设局关于全县建筑执法工作情况的报告
2002 年 10 月 24 日	第三十四次	县人民法院执法情况的报告；县人事劳动和社会保障局关于全县社会保障情况的报告

第二节　主任会议听取专项工作报告

县十二届人大常委会主任会议听取“一府两院”专项工作报告 14 项。

表 8-7　行唐县第十二届人大常委会主任会议听取专题工作汇报情况一览表

时　间	议　题
1998 年 5 月 14 日	县政法部门的执法检查报告
1998 年 10 月 6 日	县人民政府关于私立学校建校的报告；县人民政府关于县城建设的报告
1998 年 12 月 19 日	县公安局关于县人大代表张某某拟裁决行政拘留处罚的报告
1999 年 4 月 1 日	县农业局关于《种子法》贯彻执行情况的报告；县社关于农药化肥经营管理情况的报告；县人民法院关于案件超年限的久置未结案件情况的报告
1999 年 6 月 1 日	县人民检察院关于对县人大代表肖某某采取措施的汇报
1999 年 6 月 7 日	县公安局、人民法院关于县人大代表肖某某经济案件的汇报
1999 年 7 月 8 日	县公安局、人民法院关于县人大代表甄某某案件汇报
2000 年 4 月 19 日	县人民法院关于县人大代表肖某某案件的汇报
2000 年 4 月 24 日	县人民法院关于对县人大代表甄某某开庭审理的请示
2002 年 4 月 3 日	县人民法院关于对县人大代表杨某某开庭审理的请示
2002 年 6 月 12 日	县人民政府关于《食品卫生法》贯彻实施情况的汇报

第三节　法律法规实施情况的检查

县十二届人大常委会针对法律执行中存在的突出问题，集中力量，先后组织对政法、食品安全、社会保障、农业、环保、义务教育、打击制售假冒伪劣商品、水土保持、土地管理、档案等方面的工作开展执法检查。其中，1998 年 8 月，为贯彻落实《中华人民共和国档案法》和《河北省档案管理工作条例》，县人大常委会、县人民政府组织检查组，对各乡（镇）档案工作进行执法检查。1999 年，县人大常委会对贯彻落实《环境保护法》《母婴保健法》《河北省母婴保健条例》等法律法规进行检查，并向有关部门提出建议和整改意见。2000 年 3 月 13 日，组织市、县人大代表及人大各工委负责人、有关部门工作人员 40 多人，深入县城内的批发市场、菜市场、生产资料市场对《消费者权益保护法》贯彻实施情况进行检查，并组织座谈。7 月 28 日，按照市人大常委会《关于加强电子游戏经营场所监督检查的通知》要求，县人大常委会组织县文教局、公安局、工商局等部门的执法人员对全县电子游戏经营场所进行执法检查。2002 年，县人大常委会联合有关部门对贯彻落实《食品卫生法》和《河北省城乡集市食品卫生监督管理条例》等情况进行执法检查。2003 年，重点对《传染病防治法》《动物防疫法》《河北省动物防疫条例》《森林法》《工会法》《职业教育法》进行执法检查。

检查中，坚持把执法主体作为检查重点，采取执法检查领导小组与人大有关工委及人大代表参与相结合、专门调研与问卷调查相结合、执法检查与加强宣传教育、开展就案查执法相结合等方式，加强对重点案件的督导，积极协调解决检查中发现的各种问题，并督促有关机关和部门落实县人大常委会的检查意见和建议，推动有关法律法规的实施，“一府两院”及有关执法部门认真落实执法检查中提出的意见、建议，进一步加强了执法和司法工作，改善了全县的法制环境。

第四节　视察调查

县十二届人大常委会以经济建设为中心，围绕县人大常委会会议的中心议题和县委中心工作，持续组织开展专题视察、调查活动。主要视察、调查活动有：

1998 年 4 月 8 日，县人大常委会主任张法新带队深入独羊岗乡余底村对奶牛养殖、鲜奶收购等方面进行调查。8 月 10 日，组织委员视察北部山区鲁家庄和齐家峪红枣挂果、九口子乡万亩枣园建设和口头水库防汛情况。8 月 31 日，组织部分委员、人大代表对县城的生熟肉食品加工与销售、中小餐馆餐具消毒、冷饮制品质量等方面的食品卫生情况进行视察。10 月 20 日，组织委员、代表视察香港路、恒阳大街建设情况及启明中学、六一小学、育才中学等 3 所民办学校。

1999 年 8 月 10 日，组织委员、代表视察北部山区防汛抗旱情况。

2000 年 4 月 26 日，组织参加县十二届人大常委会第十七次会议的委员、代表视察上阎庄乡荒山开发植树育果情况和上方乡西井底养殖业发展情况。7 月 13 日，深入龙州镇、行唐县经济开发区、口头水库对《环境保护法》贯彻实施情况进行视察。9 月 19 日至 20 日，县人大常委会组织部分市人大代表围绕环境保护、社会保障、义务教育和社会力量办学等方面，实地视察蓝天立德粉、白云化工、三鹿乳业、天然聚缘有机肥料等企业环境治理情况和公办只里中学、安香中学，民办启明中学、六一小学 4 所学校义务教育和社会力量办学情况。9 月 21 日，参加县十二届人大第二十次常委会会议的主任、委员、部分老干部视察山区红枣生产情况。11 月 23 日至 24 日，县人大常委会组织行唐选区的省、市人大代表围绕调整农业产业结构、加快高新技术产业发展、维护社会稳定和医疗机构改革等四项内容，实地视察牛下口红薯脯加工生产、西市庄村枣苗育秧基地、柏枞村优种猪养殖场及县中医院的硬件建设、竞争上岗、医疗改革启动等情况。

2001 年 4 月 16 日，县人大常委会主任、委员视察市场建设、市场管理和化肥农药经营管理情况。8 月 30 日，县人大常委会主任、委员视察县刑拘所、看守所管理情况。9 月，组织市人大代表对社会力量办学情况以及市场打假工作进行全面视察。同年，组织委员、代表对荒山开发、植树造林、红枣生产情况进行视察、调查，对中山机械厂、青翔铸造厂等企业进行视察。

2002 年，县人大常委会组成人员及人大离退休老领导对农贸市场、龙州商城建设及农资经营管理情况进行视察。7 月 4 日至 5 日，组织辖区 18 名市人大代表深入农业方面东寺庄和辛庄村两个万亩枣园、南埌坝养牛、南桥综合养殖基地和建设中的口头红枣市场，工业方面建设中的奶啤厂、改进中的三九酒业，国防教育方面河合度假村的民兵训练基地和城建方面新建公园等地进行视察。

第五节　代表评议

1998 年 6 月，县十二届人大常委会为进一步提高政法队伍素质，组织县人大代表对政法机关执法大检查情况进行评议，先由县公安局、县人民法院、县人民检察院领导分别对本单位执法检查情况进行汇报，而后由人大代表进行评议。1998 年 5 月 19 日，县人大常委会召开由乡镇人大主席参加以如何搞好小康建设为主题的专题议政活动汇报会。县人大常委会主任张法新主持会议，要求各乡镇深刻领会这次专题议政活动的意义，县、乡、村要建立议政指导小组，明确议政内容，树好典型；切实加强指导，确保活动不走过场。县十二届人大常委会推动代表评议工作持续开展，成效显著。

第六节　大力推行“两制”

推行执法责任制和“两错”责任追究制是解决有法不依、执法不严、违法不究的有效措施。县十二届人大常委会把推行“两制”作为贯彻依法治国基本方略、推进依法治县的切入点，在县委的领导下，与“一府两院”同心协力，统一行动，从抓具体工作入手，推动“两制”工作的开展。经主任会议研究，认真制定并报请县委批转《关于进一步实施和深化我县执法责任制的安排意见》，召开由各乡镇、县直各单位主要领导参加的深化执法责任制动员大会。县委、县人大领导做动员讲话，提出明确要求，强调各执法单位要根据各自的工作实际，尽快制定方案和落实措施。同时，常委会采取突出重点、全面推进的方法，有针对性地解决工作中存在的问题。经与“一府两院”共同努力，共确认县直执法主体 62 个，将 432 部法律法规分解落实到有关执法部门，对涉及多个执法部门的 15 部综合性法律法规，确定主管部门及协管部门，明确了执法责任。为便于监督，督促各执法单位建立了规范的公示牌或橱窗，有力地促进了严格执法和公正执法。同时围绕深化“两错”责任追究工作，县人大常委会于 1999 年 6 月制定通过了《关于个案监督决定》，使个案监督工作走上了更加规范化、程序化的轨道，对行政执法部门和司法部门的监督更加有章可循。

五年间，县人大常委会在受理的申诉、控告、检举案件中转办 269 件，并筛选出 32 件群众反映强烈的有影响案件实施重点监督，有力地维护了法律的尊严和人民群众的利益，社会效果良好。行唐县《关于个案监督决定》的实施及具体做法在 1999 年全省“两制”经验交流会上作重点发言，受到了省、市人大的充分肯定。

第七节　人事任免监督

县十二届人大常委会坚持依法任免与党管干部相结合的原则，不断改进和完善任免程序，任期内组织对县人民法院、县人民检察院中层拟任命干部实行任前法律和人大知识考试制度，对考试不合格人员暂缓任命或不予任命。任命前，认真审查推荐材料，广泛联系代表、群众，加强对拟任命干部的任前了解。1998 年 4 月，县人大常委会对新任命的 22 名政府组成人员隆重举行集中颁发任命书仪式，县人大常委会主任张法新向被任命干部提出要求和希望，进一步增强了被任命干部的人民代表大会意识、民主法制意识和自觉接受人大监督意识。任期内共依法任免国家机关工作人员 174 人次（不含第二十六次常委会会议任免人数）。

第八节　强化扶贫监督

县十二届人大常委会从关注贫困群众出发，切实加强对扶贫工作的监督。在听取扶贫工作汇报的基础上，组织代表和委员深入乡村调查摸底，从扶贫项目立项考察到项目验收进行跟踪监督，确保了有限的扶贫资金用好、用到位，促进了全县扶贫工作的开展。

第六章 决议决定

县十二届人大及其常委会任期内依法作出国民经济和社会发展、人大常委会工作报告、个案监督、县城规划等决议决定33项。其中1999年12月24日县人大常委会第十三次会议通过的《行唐县县城总体规划》确定了县城龙州镇发展的近期和远期规划目标，为提高县城综合实力，增强县城辐射力、吸引力，打造发达、文明、开放的小城镇描绘了宏伟蓝图。

第一节 作出决议决定

一、县十二届人大历次会议作出决议决定情况

县十二届人大历次会议共作出决议决定32项。

表8-8 行唐县第十二届人民代表大会历次会议决议决定一览表

时间	会次	事项
1998年2月19日	第一次	关于政府工作报告的决议 关于行唐县1997年国民经济发展和社会发展计划执行情况与1998年国民经济和社会发展计划的决议 关于行唐县1997年财政决算和1998年财政预算的决议 关于行唐县人民代表大会常务委员会工作报告的决议 关于行唐县人民法院工作报告的决议 关于行唐县人民检察院工作报告的决议

续表8-8

时　间	会　次	事　项
1999 年 3 月 2 日	第二次	关于政府工作报告的决议 关于行唐县 1998 年国民经济发展和社会发展计划执行情况与 1999 年国民经济和社会发展计划的决议 关于行唐县 1998 年财政决算和 1999 年财政预算的决议 关于行唐县人民代表大会常务委员会工作报告的决议 关于行唐县人民法院工作报告的决议 关于行唐县人民检察院工作报告的决议 关于接受耿平均辞去行唐县人大常委会委员职务的请求决定 关于接受王吉朝辞去行唐县人大常委会委员职务的请求决定
2000 年 2 月 24 日	第三次	关于政府工作报告的决议 关于行唐县 1999 年国民经济发展和社会发展计划执行情况与 2000 年国民经济和社会发展计划的决议 关于行唐县 1999 年财政执行情况和 2000 年预算的决议 关于行唐县人民代表大会常务委员会工作报告的决议 关于行唐县人民法院工作报告的决议 关于行唐县人民检察院工作报告的决议
2001 年 2 月 28 日	第四次	关于行唐县国民经济和社会发展第十个五年计划的决议 关于行唐县 2000 年国民经济发展和社会发展计划执行情况与 2001 年国民经济和社会发展计划的决议 关于行唐县 2000 年财政执行情况和 2001 年预算的决议 关于行唐县人民代表大会常务委员会工作报告的决议 关于行唐县人民法院工作报告的决议 关于行唐县人民检察院工作报告的决议
2002 年 3 月 5 日	第五次会议	关于政府工作报告的决议 关于行唐县 2001 年国民经济和社会发展计划执行情况与 2002 年国民经济和社会发展计划的决议 关于行唐县 2001 年财政执行情况和 2002 年预算的决议 关于行唐县人民代表大会常务委员会工作报告的决议 关于行唐县人民法院工作报告的决议 关于行唐县人民检察院工作报告的决议

二、县十二届人大常委会历次会议作出决议决定情况

县十二届人大常委会会议共作出决议决定3项。

表 8-9　行唐县第十二届人大常委会历次会议决议决定一览表

时　间	常委会会议	事　项
1999 年 2 月 4 日	第七次	关于召开十二届人民代表大会第二次会议的决定
1999 年 6 月 4 日	第九次	关于个案监督的决定
1999 年 12 月 24 日	第十三次	关于批准《行唐县县城总体规划》的决议

第二节　决议决定选介

关于个案监督的决定

《关于个案监督的决定》（以下简称《决定》）于1999年6月4日县第十二届人大常委会第九次会议通过。

个案监督，指人大及其常委会对同级司法、行政执法机关应受理和办理的一些具体案件的监督，分一般监督和重点监督两种方式。人大常委会对司法机关、行政执法机关进行个案监督应在《宪法》和法律规定的范围内进行。人大常委会授权主任会议处理个案监督的重要日常工作，并依法行使作出法律监督书的职权，需要作出决议决定的重大案件，由主任会议决定提请人大常委会会议审议。《决定》共分五章二十二条。

个案监督的范围是：县人民政府及其所属行政执法机关、县人民法院、县人民检察院及其他有法定执法处罚权的部门、单位办理的有关刑事、民事、经济、行政、执行、处罚等案件，包括办案程序和实体处理两个方面。个案监督的重点：1. 上级人大常委会批转要求报结果的案件；2. 执法人员滥用职权、徇私枉法、贪赃枉法、执法犯法的案件；3. 县人民代表大会选举及常委会任命的国家机关工作人员违法、犯罪案件；4. 错案和重大执法过错案件；5. 涉及县级以上人大代表的违法犯罪案件；6. 群众反映强烈、社会影响较大、造成严重后果的案件；7. 司法机关、行政执法机关应受理而不受理的案件；8. 县人大常委会认为需要监督的其他案件。被监督机关和办案责任人员有下列行为之一应当追究责任：1. 拒不执行上级和本级人民代表大会及其常委会决议、决定和法律监督书的；2. 阻碍或者干扰人大常委会调查的；3. 在工作报告、特定问题调查、接受质询、案件情况汇报中弄虚作假、敷衍塞责的；4. 对人大常委会的交办要结及有关建议、意见不办理、不答复、不报告、有意拖延的。人大常委会或人大常委会主任会议根据情况可作如下处理：1. 责成有关机关和责任人作出书面检查；2. 对有关机关及其责任人通报批评；3. 建议有关部门给予相应处

分；4. 属于人民代表大会及其常委会选举任命的人员可依法提出罢免或者撤销其职务；5. 对造成错案，后果严重的，可交有关部门依法追究行政、民事、刑事等责任。

《决议》还从交办案件报结果、临案旁听、审查法律文书、案件审查等方面作出具体规定。

《决定》的出台，既有利于加强人大及其常委会对司法机关、行政执法机关工作监督的力度，又能保证司法机关、行政执法机关依法公正行使职权，减少错案的发生和纠正错案。

关于批准《行唐县县城总体规划》的决议

《关于批准〈行唐县县城总体规划〉的决议》（以下简称《决议》）于 1999 年 12 月 24 日县十二届人大常委会第十三次会议通过。

《决议》肯定《行唐县县城总体规划》提出的原则、指导思想、近期远期规划目标、规划区界定范围以及规划实施方案符合国家有关规定和县域的实际情况，制定和实施这个规划对于发展生产，保护生态环境，改善县城景观，增强县城的辐射力、吸引力和综合服务能力，促进科技文化教育事业的发展，加强精神文明建设，实现经济繁荣、功能齐全、环境优美、生活方便、文明开放的小城镇目标具有十分重要的意义。

《决议》强调，县城总体规划必须坚持以经济建设为中心，统筹兼顾，面对现实，着眼未来，力求取得经济效益、社会效益、环境效益的统一。县人民政府要将县城总体规划作为建设文明开放小城镇、振兴经济建设的战略任务，并在总体规划指导下，尽快编制控制性详细规划和修建性详细规划，并制定出适合地方特点的实施细则，以保证总体规划的顺利实施。

《决议》要求，一要搞好县城规划宣传工作，达到人人了解县城规划、自觉执行县城规划。二要建设一支高素质的专业技术人员队伍，保证各项工作高标准、高质量地完成。三要广开渠道，为县城建设和管理筹措充足的资金，保证规划的顺利实施。

第七章 选举任免

县十二届人大常委会任期内先后依法选举任免县级国家机关工作人员174人次（不含第二十六次常委会会议任免人数），接受辞职12名；依法对4名县人民政府主要负责人进行述职评议。依照法律程序圆满完成换届选举工作，选出县十三届人大代表202名。依法补选行唐县出席石家庄市第十届人民代表大会代表1名。

第一节 常委会选举任免情况

1998年4月16日，县十二届人大常委会第一次会议通过了县人大常委会、县人民政府、县人民法院、县人民检察院相关人事任免事项。

任命：

赵建才为行唐县人大常委会办公室主任

决定免去：

严　敏的行唐县监察局局长职务

毛全球兼任的行唐县人民政府办公室主任职务

赵海军兼任的行唐县经济贸易委员会主任职务

刘成功的行唐县财政局局长职务

王绪祥的行唐县土地管理局局长职务

王景瑞的行唐县司法局局长职务

赵凤筱的行唐县文教局局长职务

决定任命：

高华树为行唐县人民政府办公室主任

陈建华为行唐县民政局局长

杨三保为行唐县劳动人事局局长

耿平均为行唐县监察局局长

刘文奇为行唐县审计局局长

刘香中为行唐县技术监督局局长

李中伟为行唐县工商行政管理局局长

翟志勇为行唐县计划经济局局长

刘建章为行唐县卫生局局长

孙贵堂为行唐县计划生育局局长

曹悦昌为行唐县科学技术局局长

周振林为行唐县农业局局长

赵五中为行唐县土地管理局局长

蒋洪泽为行唐县公安局局长

花海祥为行唐县统计局局长

张登山为行唐县粮食局局长

康贵平为行唐县商贸局局长

赵士平为行唐县经济贸易委员会主任

习瑞生为行唐县乡镇企业局局长

任青堂为行唐县交通局局长

赵同法为行唐县城乡建设环境保护局局长

左国芳为行唐县文教局局长

任命：

李占国为行唐县人民法院副院长、审判委员会委员、审判员

免去：

李占国的行唐县人民检察院副检察长、检察委员会委员、检察院检察员职务

任命：

王　丁为行唐县人民检察院副检察长、检察委员会委员、检察院检察员

李建敏为行唐县人民检察院副检察长、检察委员会委员、检察院检察员

1998 年 8 月 20 日，县十二届人大常委会第三次会议通过了县人大常委会、县人民政府相关人事任免事项。

任命：

闫贵祥为行唐县人大常委会信访科科长

决定任命：

王吉朝为行唐县司法局局长

1998 年 10 月 20 日，县十二届人大常委会第四次会议通过了县人民法院相关人事任免事项。

免去：

严　虎的行唐县人民法院行政庭副庭长职务

李　明的行唐县人民法院民事庭副庭长职务

张发香的行唐县人民法院安香人民法庭庭长职务

王绪越的行唐县人民法院玉亭人民法庭庭长职务

王二才的行唐县人民法院玉亭人民法庭副庭长职务

任命：

严　虎为行唐县人民法院玉亭人民法庭庭长

李　明为行唐县人民法院安香人民法庭庭长

刘建永为行唐县人民法院玉亭人民法庭副庭长

王绪越为行唐县人民法院南桥人民法庭副庭长

1999 年 4 月 1 日，县十二届人大常委会第八次会议通过了县人大常委会、县人民政府相关人事任免事项。

免去：

高会东的行唐县人大常委会财政经济科科长职务

毛金锁的行唐县人大常委会代表联系科科长职务

花运河的行唐县人大常委会政治法律科副科长职务

贾四喜的行唐县人大常委会办公室副主任职务

任命：

花五河为行唐县人大常委会政治法律科科长

贾四喜为行唐县人大常委会财政经济科科长

孙　辉为行唐县人大常委会政治法律科副科长

决定免去：

高华树的行唐县人民政府办公室主任职务

陈建华的行唐县民政局局长职务

杨三保的行唐县劳动人事局局长职务

刘香中的行唐县技术监督局局长职务

曹悦昌的行唐县科学技术局局长职务

决定任命：

盖义江为行唐县人民政府办公室主任

王进才为行唐县财政局局长

李军法为行唐县民政局局长

张满仓为行唐县劳动人事局局长

苑建国为行唐县技术监督局局长

张玉庆为行唐县科学技术局局长

免去：

刘争国的行唐县人民法院副院长、审判委员会委员职务

任命：

王建军为行唐县人民法院副院长、审判委员会委员、审判员

1999 年 8 月 10 日，县十二届人大常委会第十次会议通过了县人大常委会相关人事任免

事项。

免去：

贾四喜的行唐县人大常委会财政经济科科长职务

花五河的行唐县人大常委会政治法律科科长职务

孙　辉的行唐县人大常委会政治法律科副科长职务

张胜利的行唐县人大常委会教育科学文化卫生科科长职务

高国胜的行唐县人大常委会老干部科科长职务

闫贵祥的行唐县人大常委会信访科科长职务

李翠玲的行唐县人大常委会老干部科副科长职务

赵建才的行唐县人大常委会办公室主任职务

任命：

靳国良为行唐县人大常委会办公室主任

贾四喜为行唐县人大常委会财政经济工作委员会主任

花五河为行唐县人大常委会政治法律工作委员会主任

孙　辉为行唐县人大常委会政治法律工作委员会副主任

张胜利为行唐县人大常委会教育科学文化卫生工作委员会主任

高国胜为行唐县人大常委会办公室老干部科科长

闫贵祥为行唐县人大常委会办公室信访科科长

李翠玲为行唐县人大常委会办公室信访科副科长

1999 年 10 月 26 日，县十二届人大常委会第十一次会议通过了县人民法院、县人民检察院相关人事任免事项。

免去：

邸争国的行唐县人民法院副院长、审判委员会委员职务

刘秋生的行唐县人民法院民事审判庭庭长职务

张建芳的行唐县人民法院民事审判庭副庭长职务

杜军平的行唐县人民法院口头人民法庭副庭长职务

仇志诚的行唐县人民法院上碑人民法庭副庭长职务

任命：

张建芳为行唐县人民法院民事审判庭庭长

孔根明为行唐县人民法院民事审判庭副庭长

陈书芬为行唐县人民法院民事审判庭副庭长

李瑞玲为行唐县人民法院刑事审判庭副庭长

尹瑞林为行唐县人民法院经济第一审判庭副庭长

张国军为行唐县人民法院经济第二审判庭副庭长

张连山为行唐县人民法院南桥人民法庭副庭长

杨文星为行唐县人民法院口头人民法庭副庭长

刘子辰为行唐县人民法院上碑人民法庭副庭长

杜军平为行唐县人民法院城关人民法庭副庭长

仇志诚为行唐县人民法院安香人民法庭副庭长

张荣兰为行唐县人民法院审判员

罗云峰为行唐县人民法院审判员

闫万俊为行唐县人民法院审判员

免去：

左正国的行唐县人民检察院副检察长、检察委员会委员职务

任命：

孟建勇为行唐县人民检察院检察员

1999 年 12 月 10 日，县十二届人大第十二次会议依法补选石家庄市第十届人民代表大会代表 1 名。

选举：

张昌信为行唐县出席石家庄市第十届人民代表大会代表

2000 年 1 月 25 日，县十二届人大常委会第十四次会议通过了县人民政府相关人事任免事项。

决定免去：

赵翠琴的行唐县人民政府副县长职务

毛全球的行唐县人民政府副县长职务

决定任命：

赵同法为行唐县人民政府副县长

温书义为行唐县人民政府副县长

刘芬玲为行唐县人民政府副县长

2000 年 4 月 26 日，县十二届人大常委会第十七次会议通过了县人民检察院相关人事任免事项。

任命：

杨保君为行唐县人民检察院检察员

郭忠歧为行唐县人民检察院检察员

2000 年 6 月 30 日，县十二届人大常委会第十八次会议通过了县人大常委会、县人民法院、县人民检察院相关人事任免事项。

免去：

高国胜的行唐县人大常委会办公室老干部科科长职务

任命：

付军朝为行唐县人大常委会办公室副主任

王兴利为行唐县人民法院副院长、审判委员会委员

郭发敏为行唐县人民检察院副检察长、检察委员会委员

2000 年 8 月 17 日，县十二届人大常委会第十九次会议通过了县人民政府、县人民法院相关人事任免事项。

决定免去：

赵同法的行唐县建设局局长职务

张登山的行唐县粮食局局长职务

决定任命：

马士堂为行唐县建设局局长

刘进平为行唐县粮食局局长

免去：

杨新贞的行唐县人民检察院副检察长、检察委员会委员职务

2000 年 9 月 21 日，县十二届人大常委会第二十次会议通过了县人民政府相关人事任免事项。

决定任命：

张俊立为行唐县人民政府副县长

任命：

孟英慧、田世玲、仇翠玲为行唐县人民法院妇女儿童维权合议庭特邀人民陪审员。

2000 年 12 月 27 日，县十二届人大常委会第二十二次会议通过了县人大常委会、县人民检察院相关人事任免事项。

任命：

刘京伟为行唐县人大常委会办公室副主任

免去：

王　林的行唐县人民检察院检察员、检察委员会委员职务

任命：

张地动为行唐县人民检察院检察委员会委员

皮会平为行唐县人民检察院检察委员会委员

赵建竹为行唐县人民检察院检察委员会委员

2001 年 2 月 15 日，县十二届人大常委会第二十三次会议通过了县人民政府相关人事任免事项。

决定免去：

张增根的行唐县人民政府县长职务

决定任命：

张平军为行唐县人民政府副县长，决定其为代理县长

2001 年 4 月 16 日，县十二届人大常委会第二十五次会议通过了县人大常委会相关人事

任免事项。

免去：

张胜利的行唐县人大常委会教科文卫工作委员会主任职务

2001 年 12 月 24 日，县十二届人大常委会第二十九次会议通过了县人民检察院相关人事任免事项。

任命：

刘文华为行唐县人民检察院检察委员会委员

王　欣为行唐县人民检察院检察员

张中兴为行唐县人民检察院检察员

2002 年 6 月 26 日，县十二届人大常委会第三十二次会议通过了县人大常委会、县人民政府相关人事任免事项。

决定任命：

徐拥政为行唐县人民政府副县长

免去：

贾四喜的行唐县人大常委会财经工作委员会主任职务

花五河的行唐县人大常委会政治法律工作委员会主任职务

任命：

毛春良为行唐县人大常委会办公室老干部科副科长

决定免去：

翟志勇的行唐县计划经济局局长职务

张满仓的行唐县劳动人事局局长职务

高同和的行唐县文教局局长职务

赵五中的行唐县土地管理局局长职务

赵士平的行唐县经济贸易委员会主任职务

周振林的行唐县农业局局长职务

刘文奇的行唐县审计局局长职务

孙贵堂的行唐县计划生育局局长职务

习瑞生的行唐县乡镇企业局局长职务

决定任命：

翟志勇为行唐县人事劳动和社会保障局局长

张满仓为行唐县发展计划局局长

乔英钧为行唐县农业局局长

高同和为行唐县教育局局长

王海陆为行唐县文化体育局局长

赵五中为行唐县国土资源管理局局长

封国生为行唐县审计局局长

赵士平为行唐县经济贸易局局长

刘占琪为行唐县计划生育局局长

免去：

盛瑞平的行唐县人民法院副院长、审判委员会委员职务

张祥华的行唐县人民法院副院长、审判委员会委员职务

李占国的行唐县人民法院副院长、审判委员会委员职务

刘秋生的行唐县人民法院审判委员会委员职务

刘金良的行唐县人民法院审判委员会委员、刑事审判庭庭长职务

花双学的行唐县人民法院审判委员会委员、立案庭庭长职务

李晓凡的行唐县人民法院审判监督庭庭长职务

刘根玉的行唐县人民法院南桥法庭副庭长职务

2003 年 3 月 31 日，县十二届人大常委会第三十六次会议通过了县人民政府人事任免事项。

决定任命：

李震国为行唐县人民政府副县长，决定其为代理县长

2003 年 4 月 17 日，县十二届人大常委会第三十七次会议通过了县人民政府、县人民法院、县人民检察院人事任免事项。

决定免去：

陈会强、赵同法、温书义、张俊立、徐拥政的县人民政府副县长职务。

决定任命：

王　强为行唐县人民政府副县长

闫国文为行唐县人民政府副县长

任命：

李惊涛为行唐县人民法院副院长，决定其为代理院长

任命：

尹新民为行唐县人民检察院副检察长，决定其为代理检察长

第二节　常委会接受辞职情况

1998 年 6 月 4 日，县十二届人大常务委员会第二次会议接受耿平均辞去行唐县第十二届人民代表大会常务委员会委员职务。

1998 年 8 月 20 日，县十二届人大常委会第三次会议接受王吉朝辞去行唐县第十二届人民代表大会常务委员会委员职务。

1999 年 4 月 1 日，县十二届人大常委会第八次会议接受王玉录、梁大平辞去行唐县第

十二届人民代表大会常务委员会委员职务。

2000 年 1 月 25 日，县十二届人大常委会第十四次会议接受张法新辞去行唐县第十二届人民代表大会常务委员会主任职务、刘芬玲辞去行唐县第十二届人民代表大会常务委员会委员职务。

2000 年 10 月 26 日，县十二届人大常委会第二十一次会议接受黄金生辞去行唐县第十二届人民代表大会常务委员会副主任职务。

2001 年 2 月 15 日，县十二届人大常委会第二十三次会议接受张增根辞去行唐县人民政府县长职务。

2003 年 3 月 31 日，县十二届人大常委会第三十六次会议接受张平军辞去行唐县人民政府县长职务、李锡海辞去行唐县人民政府副县长职务。

2003 年 4 月 17 日，县十二届人大常委会第三十七次会议接受刘献辞去行唐县人民法院院长职务。

2003 年 4 月 17 日，县十二届人大常委会第三十七次会议接受张福英辞去行唐县人民检察院检察长职务。

第三节　述职评议

开展述职评议，是县十二届人大常委会依照《宪法》和法律对被任命人员采取的一种监督形式，即由被任命人员向县人大常委会述职，再由常委会组成人员和列席代表对被任命人员履行职务情况进行评议。

为提高述职评议实效，县十二届人大常委会进一步改进评议组织程序和方法。评议对象由县十二届人大常委会研究确定，避免随意性；评议内容突出被评议人员依法行政、廉政建设、落实县人大及其常委会决议决定以及班子建设和自身业务能力提高情况，增强述职评议工作的针对性和严肃性。评议中坚持实事求是、客观公正原则，既充分肯定成绩，又明确指出存在的问题、提出改进的意见和建议。2000 年 6 月 30 日，县十二届人大常委会组织县人大常委会组成人员重点对县土地管理局局长赵五中、国家税务局局长王志平进行评议。2001 年 6 月 28 日，组织县人大常委会组成人员及部分人大代表重点对县计划生育局局长孙贵堂、卫生局局长刘建章进行评议。

通过开展述职评议，进一步增强了被任命干部的法律意识、公仆意识、依法履职意识和执政为民意识，进一步提高了县人大的监督力度和监督成效。

第九篇

行唐县第十三届人民代表大会

（2003 年 4 月至 2007 年 4 月）

第一章　党的领导

行唐县第十三届人民代表大会及其常务委员会自2003年4月换届以来，坚持以邓小平理论和“三个代表”重要思想为指导，深入贯彻党的十六大和十六届五中、六中全会精神，紧紧围绕全县改革、发展、稳定大局，唱响“踏实干事、一心为民、团结进取、共谋发展”主旋律，认真履行《宪法》和法律赋予的各项职责，大力推进民主法治建设，为保障全县改革开放和现代化建设做出了积极贡献。

县委高度重视县人大工作。2003年4月29日，县委书记张平军在县十三届人大一次会议闭幕式上强调，各乡镇、各部门要自觉接受群众监督，特别是要接受人大监督，听取代表意见，以合民心的工作思路、顺民愿的工作方法和服民望的工作状态，扎扎实实地为行唐发展、农民增收做出应有的贡献。2006年3月22日，县委书记李旭阳在县十三届人大四次会议闭幕式上指出，各位代表要建立牢固的群众基础，倾听群众呼声，通过深入调查研究，把群众的愿望转化为决策依据；紧紧围绕加速行唐跨越式发展，履行职责，献计献策，依法监督，促进依法行政和公正司法。

县十三届人大常委会党组以提高依法履职能力为重点，注重加强自身建设。为推进人大工作增强核心动力，任期内开展了保持共产党员先进性教育活动和“肃风正位”活动，建立党员长期受教育、永葆先进性的长效机制，进一步强化政治意识、宗旨意识、大局意识，突出问题导向，坚持监督者受监督，切实增强贯彻党的基本理论、基本路线、基本纲领、基本经验的自觉性和坚定性；加强思想、组织和作风建设，完善议事制度和工作制度，深入调查研究，努力维护好、实现好最广大人民的根本利益。

第一节　党的组织机构

中共行唐县人大常委会党组

书　记：赵翠琴（女，2003年4月—2006年3月）

　　　　高和福（2006年3月—2007年4月）

副书记：赵翠琴（女，2006年3月—2007年4月）

　　　　王进才（2003年5月—2007年4月）

成　员：刘成功（2003 年 4 月—2003 年 5 月）
　　　　王绪祥（2003 年 4 月—2003 年 5 月）
　　　　王景瑞（2003 年 4 月—2003 年 5 月）
　　　　王进才（2003 年 4 月—2003 年 5 月）
　　　　王吉秋（2003 年 5 月—2007 年 4 月）
　　　　温玲翠（女，2003 年 5 月—2007 年 4 月）
　　　　靳国良（2003 年 4 月—2003 年 9 月）
　　　　刘文华（2003 年 9 月—2007 年 4 月）

第二节　党组会议

一、党组会

县十三届人大期间，仅有 2005 年 3 次党组会的记载。

表 9-1　行唐县第十三届人大常委会党组会情况一览表

序　号	时　间	会议议题
1	2005 年 2 月 25 日	安排人大常委会党组及人大办机关党员先进性教育活动
2	2005 年 3 月 18 日	讨论制定县人大常委会领导班子工作先进性标准
3	2005 年 5 月 30 日	党员汇报交流先进性教育第三阶段整改措施及整改情况

二、党组民主生活会

县十三届人大期间，仅有 2 次党组民主生活会的记载。

2003 年 11 月 24 日，县人大常委会党组召开以“民主集中制建设”为主题的专题民主生活会。在学习省委《关于加强民主集中制建设的决定》和市、县委有关工作安排和广泛征求意见的基础上，开展批评与自我批评，查问题、找根源，提高思想认识，研究改进措施，当好人民公仆。

2005 年 4 月 19 日，县人大常委会党组召开以“保持共产党员先进性”为主题的专题民主生活会。会上，党组成员对照保持共产党员先进性的基本要求，结合个人在工作、思想、学习、生活等方面的党性修养进行了深刻剖析，认真查摆了问题，严肃开展了批评和自我批评。这次民主生活会，通过查找问题，沟通思想，增进了团结，促进了工作。

第二章　人大代表

行唐县第十三届人民代表大会代表名额 202 名。2003 年 4 月，召开县十三届人大一次会议时实有代表 202 名。县十三届人大常委会代表联系制度不断完善，建立了市、县、乡三级人大代表梯形联系网络，代表履职能力进一步提高。

第一节　选举产生

根据有关法律规定，按照县委统一部署，各乡镇和县直选举单位依法选举产生县十三届人大代表 202 名，其中，工人代表 4 名，占 1.98%；农民代表 121 名，占 59.90%；知识分子代表 25 名，占 12.38%；干部代表 52 名，占 25.74%。中共党员代表 132 名，占 65.35%。党外人士代表 70 名，占 34.65%；妇女代表 41 名，占 20.30%。

第二节　代表名单

一、行唐县第十三届人民代表大会代表名单

县直代表团

刘鸣利	严香云(女)	孟英会(女)	李震国
李素荣(女)	顾　敏	李惊涛	尹新民
王景瑞	高和福	赵翠琴(女)	苑建国
吴志林	赵宝玉	郭吉丑	王进才
齐振宝	严军祥	孟三岗	

龙州镇代表团

史梅菊(女)	任主力	姚永志	张平军
高文彦	徐锁红(女)	张二娃	王吉秋
盖合保	李振国	高国甫	仝二丑

钱树强	曹爱国	康淘气	盖三臭
程喜偶	高瞎混	黄吉海	杨振祥
刘发财	杨　平	杨瑞锁	卢晓欣(女)
李金辉	侯建玲(女)		

南桥镇代表团

付向阳	何国群	金　霞(女)	贾文芳
刘振国	孙焕军	宇文小杠	孟兰君(女)
张新征	王玲翠(女)	李征校	康秋雨
杨江增	刘进才		

独羊岗乡代表团

刘书平(女)	李　杰	赵二建	靳建设
王绪祥	毛树德	赵卫海	高荣海
翟建军	韩小锁	杨同亮	郭丽娟(女)
宋义国	袁民杰	金臭香	杨兰珍(女)
杨志平			

只里乡代表团

王合江	张秋双	刘京伟	韩根僧
赵小嘎	李根良	赵彦芹(女)	刘轱辘
孟文锁	郭喜林	刘素玲(女)	谷长玲
刘正月	李文江	刘军平	赵书青(女)
杨玉庆			

安香乡代表团

赵宝林	郭建华(女)	赵金梅	杨灵振
邢兰喜	苏春来	李进中	孙连梅
范进中	刘白旦	杜二傻	王淑芹(女)
耿建平	曹振华	王贵来	

翟营乡代表团

高春法	王国庆	韩小忠	刘建鹏
李会芹(女)	王文菊(女)	仲香翠(女)	袁连云
袁兵新	杨春生	甄吉林	梁扩军

赵小月	李书新		

市同乡代表团

霍二嘎	陈四喜	郭玲云(女)	李春海
岳晓华	杨瑞庆	张胜利	盖二满

城寨乡代表团

王小平	邢宝芳(女)	张连香	王春喜
李建义	郭银海	陈合社	张玉敏
何秋玲(女)			

上碑镇代表团

刘京祥	韩英翔	张子红	杨香玲(女)
刘五爱	贾玉法	康志强	

上方乡代表团

刘彩霞	乔书敏	李瑞红(女)	杨三生
高银锁	薛拿子	陈根堂	王银山
范文平	徐梅彦(女)	温玲翠(女)	赵为民

北河乡代表团

白保国	王　磊	刘文华	刘九菊(女)
王洪章	刘进京		

玉亭乡代表团

赵玉环	习进良	孙大道	宇文换女(女)
顾振勇	李素敏(女)	李春生	王兰群
张二梅	崔建刚		

口头镇代表团

杨军习	赵香荣(女)	宋贞祥	袁光义
李连荣(女)	郭振平	严趁心	秦荣合
赵小春	赵建华	常玉堂	张秀玲(女)
马连成			

九口子乡代表团

赵国华	刘玉民	胡振中	姜金县
赵素英（女）	陈春梅（女）	杨坚头	杨吉增
孟振平	贾成林		

上阎庄乡代表团

王树友	杨同振	胡清秀（女）	贾增良
郑门楼			

表 9-2　行唐县第十三届人大代表届中调整情况表

常委会会议	终止情况	补选情况
2004 年 10 月 22 日 第九次会议	辞职：县直孟英会	—
2006 年 3 月 16 日 第十七次会议	调离：龙州镇张平军、县直赵宝玉 去世：九口子乡姜金县、南桥镇刘振国	龙州镇李旭阳

二、行唐县出席石家庄市第十一届人民代表大会代表届中调整情况

李震国，在 2003 年 6 月 19 日县十三届人大常委会第一次会议上补选为行唐县出席石家庄市第十一届人民代表大会代表。

边春友，在 2004 年 12 月 30 日县十三届人大常委会第十一次会议上辞去行唐县出席石家庄市第十一届人民代表大会代表职务。

第三节　代表工作

一、完善代表联系制度

县十三届人大常委会努力为代表履行职务提供服务，指导各选举单位建立代表活动小组；制定人大常委会主任、副主任代表接待日制度，明确接待时间、地点、内容及代表反映问题办理程序，建立市、县、乡三级人大代表梯形联系网络，密切同代表的联系；组织代表集中学习《代表法》《地方组织法》《选举法》等与代表工作有关的法律法规，进一步提高代表履行职务的能力。

二、组织代表开展活动

县人大常委会围绕项目建设、退耕还林、环境保护、城容城貌管理、社会主义新农村建

设、“村村通”、“万村千乡”工程等群众普遍关心的问题，组织代表开展调研、视察和检查等活动。推荐安排50余名人大代表担任有关执法部门的执法监督员、行风监督员，参加有关部门组织的听证会、民主评议等活动。组织驻行唐县的市人大代表开展跨县区视察活动，拓宽代表知情知政、参政议政的渠道。

三、代表建议督办

县人大常委会听取和审议县人民政府关于办理代表建议情况的报告并对办理工作进行跟踪监督，提高了代表建议的办理效果。县十三届人大代表提出的155件代表建议、批评和意见全部办结并答复代表，较好地解决了代表反映的一批实际问题，代表对办理结果的满意率大大提高。

第三章　人民代表大会

行唐县第十三届人民代表大会任期5年，自2003年4月至2007年4月，共召开会议4次，听取报告24个，作出决议决定25项，选举9项。

表9-3　行唐县第十三届人民代表大会历次会议概况表

会　次	时　间	议题（项）	听取报告（个）	决议决定（项）	选举表决（项）
第一次	2003年4月28—29日	7	6	6	8
第二次	2004年2月18—19日	6	6	6	—
第三次	2005年3月9—10日	6	6	6	—
第四次	2006年3月20—22日	8	6	7	1

第一节　会议概况

一、县十三届人大一次会议

2003年4月28日至29日，县十三届人大一次会议在县人民礼堂召开，出席代表202人（应到202人）。会议听取和审议县人民政府代理县长李震国作的《政府工作报告》；听取和审议县发展计划局局长张满仓作的《关于行唐县2002年国民经济和社会发展计划执行情况与2003年国民经济和社会发展计划草案的报告》，审查了行唐县2002年国民经济和社会发展计划执行情况与2003年国民经济和社会发展计划草案；听取和审议县财政局局长左国芳作的《关于行唐县2002年预算执行情况和2003年预算草案的报告》，审查了行唐县2002年县预算执行情况和2003年预算草案；听取和审议县人大常委会主任赵翠琴作的《行唐县人民代表大会常务委员会工作报告》、县人民法院代理院长李惊涛作的《行唐县人民法院工作报告》、县人民检察院代理检察长作的《行唐县人民检察院工作报告》。会议通过相应决议。会议选举产生县十三届人大常委会组成人员，县人民政府县长、副县长，县人民法院院长，县人民检察院检察长（名单见本章第二节《会议选举》）。

会议指出，今后五年是全面完成“十五”计划，并为全面建设小康社会奠定坚实基础的五年。2003 年是全面贯彻落实党的十六大精神的第一年，也是实施“十五”计划的关键之年。这次会议，在认真总结过去五年工作的同时，重点明确了今后五年规划特别是 2003 年的奋斗目标和主要工作任务。会议强调，党的十六大对新世纪、新阶段的改革开放和社会主义现代化建设做出了全面部署，落实十六大确定的目标任务，特别是发展社会主义民主政治、建设社会主义政治文明对人大工作提出了新的要求。县十三届人大常委会要在中共行唐县委领导下，担负起时代赋予我们的重任，以对全县人民高度负责的态度，紧紧围绕全面推进小康社会的目标，把加强社会主义民主法治建设，推进依法治县作为根本任务，认真履行《宪法》和法律赋予的各项职责，解放思想，实事求是，与时俱进，开拓创新，保障全县改革开放和现代化建设事业顺利进行，把人大工作做得更加出色，为全县经济发展和社会进步做出新的更大的贡献。会议要求，全体与会人员和各级干部要强化“以民为本”思想，始终把为人民谋福利作为最大的责任，在为民服务中聚民心、聚民智、聚民力，团结和带领广大人民群众把行唐建设得更加富裕、更加民主、更加昌盛。

二、县十三届人大二次会议

2004 年 2 月 18 日至 19 日，县十三届人大二次会议在县人民礼堂召开，出席代表 195 人（应到 202 人）。会议听取和审议县人民政府县长李震国作的《政府工作报告》；听取和审议县发展计划局局长张满仓作的《关于行唐县 2003 年国民经济和社会发展计划执行情况与 2004 年国民经济和社会发展计划草案的报告》，审查了行唐县 2003 年国民经济和社会发展计划执行情况与 2004 年国民经济和社会发展计划草案；听取和审议县财政局局长左国芳作的《关于行唐县 2003 年预算执行情况和 2004 年预算草案的报告》，审查了行唐县 2003 年预算执行情况和 2004 年预算草案；听取和审议县人大常委会主任赵翠琴作的《行唐县人民代表大会常务委员会工作报告》、县人民法院院长李惊涛作的《行唐县人民法院工作报告》、县人民检察院检察长作的《行唐县人民检察院工作报告》。会议通过相应决议。

会议指出，2004 年是实现“十五”计划的关键一年，必须坚持以邓小平理论和“三个代表”重要思想为指导，全面贯彻党的十六大和十六届二中、三中全会精神，树立全面、协调、可持续的发展观和全心全意为人民谋利益的政绩观，以结构调整为主线、以科技进步和改革开放为动力，围绕“实干发展、富民强县”的奋斗目标，立足行唐县资源优势，抓实项目和城镇建设，突出“两红一白”特色产业，强化五项重点经济工作，加快推进农业产业化、农村工业化、农村城镇化进程，努力建设社会主义物质文明、政治文明和精神文明，实现国民经济持续、协调、健康发展和社会全面进步。会议要求，县人大常委会要在中共行唐县委的领导下，紧紧围绕促进经济和社会全面发展、推进政治文明建设，以监督和代表工作为重点，认真行使《宪法》和法律赋予的各项职权，抓住全县经济社会发展中的重点问题和群众关心的热点问题，审议决定重大事项，加强法律监督和工作监督；健全工作制度，认真落实民主集中制，自觉接受代表和群众的监督，努力提高履行职责的水平，为加快发展、富民强县做出新的贡献。会议号召，全县人民要在中共行唐县委的领导下，高举邓小平理论伟大旗帜，全面践行“三个代表”重要思想，高扬“实心打基础、全心干事业、一心谋发展”主旋律，万众一心，奋发图强，为全面建设小康社会、加快富民强县步伐努力奋斗。

三、县十三届人大三次会议

2005年3月9日至10日，县十三届人大三次会议在县人民礼堂召开，出席代表198人（应到202人）。会议听取和审议县人民政府县长李震国作的《政府工作报告》；听取和审议县发展计划局局长张满仓作的《关于行唐县2004年国民经济和社会发展计划执行情况与2005年国民经济与社会发展计划草案的报告》，审查了行唐县2004年国民经济和社会发展计划执行情况与2005年国民经济与社会发展计划草案；听取和审议县财政局局长左国芳作的《关于行唐县2004年预算执行情况和2005年预算草案的报告》，审查了行唐县2004年预算执行情况和2005年预算草案；听取和审议县人大常委会主任赵翠琴作的《行唐县人民代表大会常务委员会工作报告》、县人民法院院长李惊涛作的《行唐县人民法院工作报告》、县人民检察院检察长作的《行唐县人民检察院工作报告》。会议通过相应决议。

会议指出，2005年是全面实现“十五”计划目标、衔接“十一五”发展的重要一年，各级各部门要以邓小平理论和“三个代表”重要思想为指导，围绕“实干发展、富民强县”目标，以项目建设总揽经济工作全局，以民营经济为主体，坚持工业立县、产业富民、多业并促，加强城镇建设，突出以人为本，注重统筹兼顾，优化发展环境，构建和谐社会，实现经济更好更快发展和社会全面进步。会议要求，县人大常委会要牢固树立和落实科学发展观，紧紧围绕全县工作大局，认真履行《宪法》和法律赋予的各项职责，要以提高发展社会主义民主政治能力为重点，加强政治思想建设；要以两项执法检查为重点，加强法律监督；要以个案监督工作为重点，加强人大信访工作；要以强化项目建设、计划、预算工作监督为重点，加强经济工作监督；要以开展述职评议活动为重点，加强人事任免和任后监督；要以组织开展代表争先创优活动为重点，加强和改进代表工作，为进一步加快依法治县步伐、创造安定和谐的社会环境、保障和促进全县经济社会全面协调可持续发展，做出新的贡献。会议号召，全县人民要在中共行唐县委领导下，高举邓小平理论和“三个代表”重要思想伟大旗帜，同心同德，和衷共济，为全面建设小康社会、加快富民强县步伐贡献力量。

四、县十三届人大四次会议

2006年3月20日至22日，县十三届人大四次会议在县人民礼堂召开，出席代表202人（应到202人）。会议听取和审议县人民政府县长李震国作的《政府工作报告》；审查了《行唐县国民经济和社会发展第十一个五年规划纲要草案》；听取和审议县发展计划局局长张满仓作的《关于行唐县2005年国民经济和社会发展计划执行情况与2006年国民经济和社会发展计划草案的报告》，审查了行唐县2005年国民经济和社会发展计划执行情况与2006年国民经济和社会发展计划草案；听取和审议县财政局局长左国芳作的《关于行唐县2005年预算执行情况和2006年预算草案的报告》，审查了行唐县2005年预算执行情况和2006年预算草案；听取和审议县人大常委会主任赵翠琴作的《行唐县人民代表大会常务委员会工作报告》、县人民法院院长李惊涛作的《行唐县人民法院工作报告》、县人民检察院检察长作的《行唐县人民检察院工作报告》。会议通过相应决议。会议选举产生县人大常委会副主任1名（名单见本章第二节《会议选举》）。

会议指出，2006年是实施“十一五”规划的开局之年，做好人大工作，对促进“十一五”规划的顺利实施具有重要意义。在新的一年里，县人大常委会要在中共行唐县委的领导下，以邓小平理论和“三个代表”重要思想为指导，认真贯彻党的十六大、十六届五中全会和县委全会精神，按照中央和省、市委关于进一步发挥人大代表作用、加强人大常委会制度建设要求，坚持把党的领导、人民当家作主和依法治国有机统一起来，认真履行《宪法》和法律赋予的各项职责，立足大局，突出重点，讲求实效，推动全县人大工作再上一个新台阶，为全面建设小康社会、构建“和谐行唐”做出新贡献。

第二节　会议选举

县第十三届人大历次会议，共选举产生县级国家机关工作人员29名。

县人大常委会

主　任：

赵翠琴（女）　2003年4月县十三届人大一次会议当选

副主任：

王进才　2003年4月县十三届人大一次会议当选

王吉秋　2003年4月县十三届人大一次会议当选

高国甫　2003年4月县十三届人大一次会议当选

温玲翠（女）　2003年4月县十三届人大一次会议当选

高和福　2006年3月县十三届人大四次会议当选

委　员（县十三届人大一次会议选举产生）：

刘文华	刘京伟	刘鸣利	李素荣(女)
宇文换女(女)	杨坚头	严香云(女)	孟三岗
孟英会(女)	赵宝玉	高银锁	郭吉丑
顾　敏	康秋余		

届中调整情况：

孟英会（女），2004年10月22日，在县十三届人大常委会第九次会议上辞去县人大常委会委员职务。

赵宝玉，2006年3月16日，在县十三届人大常委会第十七次会议上辞去县人大常委会委员职务。

县人民政府

县　长：

李震国　　2003 年 4 月县十三届人大一次会议当选

副县长：

贾文芳　　2003 年 4 月县十三届人大一次会议当选

闫国文　　2003 年 4 月县十三届人大一次会议当选

王　强　　2003 年 4 月县十三届人大一次会议当选

赵海军　　2003 年 4 月县十三届人大一次会议当选

刘芬玲（女）　2003 年 4 月县十三届人大一次会议当选

李　杰　　2003 年 4 月县十三届人大一次会议当选

届中调整情况：

王　强，2006 年 3 月 16 日，在县十三届人大常委会第十七次会议上辞去行唐县人民政府副县长职务。

贾文芳、闫国文、李　杰，2006 年 6 月 16 日，县十三届人大常委会第十九次会议决定免去其行唐县人民政府副县长职务。

田耀筠、张群书，2006 年 6 月 16 日，县十三届人大常委会第十九次会议决定任命其为行唐县人民政府副县长。

王春立、赵士平，2006 年 8 月 16 日，县十三届人大常委会第二十次会议决定任命其为行唐县人民政府副县长。

县人民法院

院　长：

李惊涛　　2003 年 4 月县十三届人大一次会议当选

县人民检察院

检察长：

尹新民　　2003 年 4 月县十三届人大一次会议当选

届中调整情况：

尹新民，2006 年 12 月 27 日，在县十三届人大常委会第二十二次会议上辞去县人民检察院检察长职务。

兰志伟（女），2006 年 12 月 27 日，县十三届人大常委会第二十二次会议任命其为县人民检察院副检察长，决定其为代理检察长。

第三节　会议组织

一、县十三届人大一次会议

（一）大会临时党委

书　记：张平军

副书记：李震国　赵翠琴（女）

委　员：高和福　曹爱国　袁民杰　齐振宝　王进才

（二）大会主席团和秘书长

主席团：

王吉秋	王进才	王绪祥	王景瑞
刘文华	刘京伟	刘鸣利	齐振宝
李素荣(女)	李震国	宇文换女(女)	杨坚头
严香云(女)	孟三岗	孟英会(女)	张平军
赵宝玉	赵翠琴(女)	贾文芳	袁民杰
高和福	高国甫	高银锁	郭吉丑
顾　敏	康秋余	曹爱国	温玲翠(女)

秘书长：王进才(兼)

（三）大会主席团常务主席

张平军	赵翠琴(女)	李震国	高和福
曹爱国	袁民杰	齐振宝	王进才

（四）大会计划预算审查委员会

主任委员：王景瑞

副主任委员：刘文华

委　　员：严香云(女)　赵宝玉

（五）大会议案审查委员会

主任委员：王进才

副主任委员：刘京伟

委　　员：孟英会(女)　郭吉丑

二、县十三届人大二次会议

（一）大会临时党委

书　记：张平军

副书记：李震国　赵翠琴（女）

委　员：高和福　曹爱国　袁民杰　齐振宝　王进才

（二）大会主席团和秘书长

主席团：

王吉秋	王进才	刘文华	刘京伟
刘鸣利	齐振宝	李素荣（女）	李震国
宇文换女（女）	杨坚头	严香云（女）	孟三岗
孟英会（女）	张平军	赵宝玉	赵翠琴（女）
贾文芳	袁民杰	高和福	高国甫
高银锁	郭吉丑	顾　敏	曹爱国
温玲翠（女）			

秘书长：王进才（兼）

（三）大会主席团常务主席

赵翠琴（女）	王进才	王吉秋	高国甫
温玲翠（女）			

（四）大会计划预算审查委员会

主 任 委 员：温玲翠（女）

副主任委员：刘鸣利

委　　　员：严香云（女）　赵宝玉

（五）大会议案审查委员会

主 任 委 员：王进才

副主任委员：刘京伟

委　　　员：孟英会（女）　郭吉丑

三、县十三届人大三次会议

（一）大会临时党委

书　记：张平军

副书记：李震国　赵翠琴（女）

委　员：高和福　曹爱国　袁民杰　齐振宝　王进才

（二）大会主席团和秘书长

主席团：

王吉秋	王进才	刘文华	刘京伟
刘鸣利	齐振宝	李素荣（女）	李震国
宇文换女（女）	杨坚头	严香云（女）	孟三岗
张平军	赵宝玉	赵翠琴（女）	贾文芳

袁民杰	高和福	高国甫	高银锁
郭吉丑	顾　敏	曹爱国	温玲翠(女)

秘书长：王进才(兼)

(三) 大会主席团常务主席

赵翠琴(女)	王进才	王吉秋	高国甫
温玲翠(女)	刘文华		

(四) 大会计划预算审查委员会

主 任 委 员：温玲翠(女)

副主任委员：刘鸣利

委　　员：严香云(女)　赵宝玉

(五) 大会议案审查委员会

主 任 委 员：王进才

副主任委员：刘京伟

委　　员：顾　敏　郭吉丑

四、县十三届人大四次会议

(一) 大会临时党委

书　记：李旭阳

副书记：李震国　赵翠琴（女）

委　员：高和福　曹爱国　袁民杰　齐振宝　王进才

(二) 大会主席团和秘书长

主席团：

王吉秋	王进才	刘文华	刘京伟
刘鸣利	齐振宝	李旭阳	李素荣(女)
李震国	宇文换女(女)	杨坚头	严香云(女)
孟三岗	赵翠琴(女)	贾文芳	袁民杰
高和福	高国甫	高银锁	郭吉丑
顾　敏	曹爱国	温玲翠(女)	

秘书长：王进才（兼）

(三) 大会主席团常务主席

赵翠琴(女)	王进才	王吉秋	高国甫
温玲翠(女)	刘文华		

(四) 大会计划预算审查委员会

主 任 委 员：温玲翠(女)

副主任委员：刘鸣利

委　　　员：严香云(女)　孟三岗

（五）大会议案审查委员会

主 任 委 员：王进才

副主任委员：刘京伟

委　　　员：顾　敏　郭吉丑

第四章　人民代表大会常务委员会

县十三届人大常委会自2003年4月选举产生以来，坚持以邓小平理论和“三个代表”重要思想为指导，深入贯彻党的十六大和十六届五中、六中全会精神，转变思想观念，改进履职方式，各项工作都取得了新进展，有效推动了全县的民主与法治建设，促进了全县经济建设和社会各项事业的发展。

表9-4　行唐县第十三届人大常委会主任、副主任概况表

职　务	姓　名	任职时间
主　任	赵翠琴	2003年4月—2007年4月
副主任	王进才	2003年4月—2007年4月
	王吉秋	2003年4月—2007年4月
	高国甫	2003年4月—2007年4月
	温玲翠	2003年4月—2007年4月
	高和福	2006年3月—2007年4月

第一节　常委会会议

县十三届人大常委会共召开常委会会议24次。

第一次会议　2003年6月19日召开，县人大常委会主任赵翠琴，副主任王进才、王吉秋、高国甫、温玲翠和13名委员出席会议。县人民政府县长李震国，县人民法院院长李惊涛，县人民检察院检察长列席会议。会议听取和审议县卫生局局长刘建章作的《关于预防抗击“非典”工作情况的报告》。会议通过人事任免事项，补选行唐县出席石家庄市第十一届人民代表大会代表1名（名单见本篇第七章《选举任免》）。

第二次会议　2003年8月26日召开，县人大常委会主任赵翠琴，副主任王进才、王吉秋、高国甫、温玲翠和12名委员出席会议。县人民政府副县长李杰，县人民法院院长李惊涛，县人民检察院检察长列席会议。会议听取和审议县人民法院院长李惊涛作的《关于案件执行工作情况的报告》、县人民检察院检察长作的《关于预防和查办职务犯罪工作情况的

报告》、县人民政府副县长李杰作的《关于办理县十三届人大一次会议代表建议、批评、意见工作情况的报告》；审议通过《关于“一府两院”向县人大常委会报告重大事项、通报重要情况和报送重要文件的规定草案》。会议通过人事任免事项（名单见本篇第七章《选举任免》）。

第三次会议 2003年10月23日召开，县人大常委会主任赵翠琴，副主任王进才、王吉秋、高国甫、温玲翠和11名委员出席会议。县人民政府副县长李杰，县人民法院院长李惊涛，县人民检察院检察长，县政协副主席、财政局局长左国芳列席会议。会议听取和审议县政协副主席、财政局局长左国芳作的《关于2003年1—9月份预算执行情况的报告》、县发展计划局局长张满仓作的《关于2003年1—9月份国民经济和社会发展计划执行情况的报告》、县公安局副局长张吉辰作的《关于社会治安管理情况的报告》。会议通过人事任免事项（名单见本篇第七章《选举任免》）。

第四次会议 2004年1月7日召开，县人大常委会主任赵翠琴，副主任王进才、王吉秋、高国甫、温玲翠和8名委员出席会议。会议讨论通过《行唐县人大常委会工作报告（稿）》《行唐县人大常委会2004年工作要点》。

第五次会议 2004年2月13日召开，县人大常委会主任赵翠琴，副主任王进才、王吉秋、高国甫、温玲翠和12名委员出席会议。会议审议通过县十三届人大二次会议时间、议程（草案）、日程（草案）、各项名单建议（草案）及有关事宜，并作出《关于召开县十三届人大二次会议的决定》。

第六次会议 2004年4月20日召开，县人大常委会主任赵翠琴，副主任王进才、王吉秋、高国甫、温玲翠和11名委员出席会议。县人民政府常务副县长，副县长李杰列席会议。会议听取和审议县人民政府常务副县长作的《关于重点项目建设情况的报告》、副县长李杰作的《关于行唐县金泉薯业科技有限公司红薯淀粉污水处理项目建设进展情况的报告》；听取县人大常委会各视察组关于对2004年政府重点项目建设调研视察情况的汇报。

第七次会议 2004年6月24日召开，县人大常委会主任赵翠琴，副主任王进才、王吉秋、高国甫、温玲翠和12名委员出席会议。县人民政府常务副县长，县人民法院院长李惊涛，县人民检察院检察长列席会议。会议听取和审议县人民政府《关于办理县十三届人大二次会议代表建议、批评、意见情况的报告》、县人民法院院长李惊涛作的《关于案件执行情况的报告》、县人民检察院检察长作的《关于自侦案件立案情况的报告》。会议通过人事任免事项（名单见本篇第七章《选举任免》）。

第八次会议 2004年8月24日召开，县人大常委会主任赵翠琴，副主任王进才、王吉秋、高国甫、温玲翠和10名委员出席会议。县人民政府常务副县长列席会议。会议听取和审议县教育局副局长霍振虎作的《关于整合教育资源、优化教育结构工作情况的报告》、县畜牧局副局长仇银柱作的《关于奶牛养殖业发展情况的报告》、县卫生局局长刘建章作的《关于创建国家农村中医工作先进县情况的报告》。会议讨论县人民政协办公室主任盖义江宣读的《中共行唐县委、行唐县人民政府关于进一步优化经济发展环境的试行意见》。

第九次会议　2004年10月22日召开，县人大常委会主任赵翠琴，副主任王进才、王吉秋、高国甫、温玲翠和12名委员出席会议。县人民政府常务副县长，县人民法院院长李惊涛，县人民检察院检察长列席会议。会议通过《关于接受孟英会辞去行唐县人大常委会委员职务请求的决定》。会议通过人事任免事项（名单见本篇第七章《选举任免》）。

第十次会议　2004年11月8日召开，县人大常委会主任赵翠琴，副主任王进才、王吉秋、温玲翠和12名委员出席会议。县人民法院副院长王建军列席会议。会议研究通过县人民法院《关于开庭审理县人大代表霍某某被诉故意伤害一案的有关情况汇报》，许可开庭审理。

第十一次会议　2004年12月30日召开，县人大常委会主任赵翠琴，副主任王进才、王吉秋、高国甫、温玲翠和11名委员出席会议。县人民政府副县长闫国文，县人民法院院长李惊涛，县人民检察院检察长列席会议。会议听取和审议县公安局局长高云作的《关于打击刑事犯罪工作情况的报告》，讨论通过《行唐县人大常委会工作报告（稿）》。会议通过《关于接受边春友辞去行唐县出席石家庄市第十一届人民代表大会代表职务请求的决定》。

第十二次会议　2005年2月28日召开，县人大常委会主任赵翠琴，副主任王进才、王吉秋、温玲翠和7名委员出席会议。会议审议通过县十三届人大三次会议议程（草案）及列席人员名单、主席团和秘书长名单等各项名单（草案），作出《关于召开县十三届人大三次会议的决定》。

第十三次会议　2005年5月27日召开，县人大常委会主任赵翠琴，副主任王进才、王吉秋、高国甫、温玲翠和9名委员出席会议。县人民政府副县长闫国文、赵海军列席会议。会议对食品打假工作进行视察。会议听取和审议县人民政府副县长闫国文作的《关于开展食品打假工作的报告》、县人民政府副县长赵海军作的《关于农村宅基地管理使用情况的报告》。会议通过人事任免事项（名单见本篇第七章《选举任免》）。

第十四次会议　2005年7月22日召开，县人大常委会主任赵翠琴，副主任王进才、高国甫、温玲翠和11名委员出席会议。县人民政府常务副县长，副县长李杰，县人民法院院长李惊涛列席会议。会议听取和审议县人民政府常务副县长作的《关于办理县十三届人民代表大会第三次会议代表建议意见工作情况的报告》；审议通过《行唐县人大常委会关于对选举和任命人员述职评议试行办法》和《行唐县人民政府关于城容城貌和环境卫生管理办法》。会议听取县监察局局长耿平均、县建设局局长履职情况报告并进行履职评议。

第十五次会议　2005年9月27日召开，县人大常委会主任赵翠琴，副主任王进才、王吉秋、高国甫和9名委员出席会议。县人民政府副县长闫国文，县人民法院院长李惊涛，县人民检察院相关负责人列席会议。会议视察县人民法院基层法庭建设情况。会议听取和审议县人民法院院长李惊涛作的《关于法院队伍建设工作情况报告》、县公安局局长高云作的《关于治安管理工作情况报告》。会议通过人事任免事项（名单见本篇第七章《选举任免》）。

第十六次会议　2005年11月23日召开，县人大常委会主任赵翠琴，副主任王进才、王吉秋、高国甫、温玲翠和7名委员出席会议。县人民政府副县长王强列席会议。会议听取和审议县人民政府副县长王强作的《关于项目建设情况报告》。会议听取县民政局局长和县农业局局长乔英钧履职情况报告，并进行履职评议。会议通过人事任免事项（名单见本篇第七章《选举任免》）。

第十七次会议 2006年3月16日召开，县人大常委会主任赵翠琴，副主任王进才、高国甫、温玲翠和8名委员出席会议。县人民法院相关负责人列席会议。会议审议通过县十三届人大四次会议议程（草案）、日程（草案）及主席团和秘书长名单、列席人员名单（草案）和《行唐县人大常委会工作报告（稿）》，作出《关于召开县十三届人大四次会议的决定》。会议通过县十三届人大常委会代表资格审查委员会《关于补选代表的审查报告》；通过《关于接受王强辞去行唐县人民政府副县长职务请求的决定》《关于接受赵宝玉辞去行唐县人大常委会委员职务请求的决定》。会议通过人事任免事项（名单见本篇第七章《选举任免》）。

第十八次会议 2006年4月28日召开，县人大常委会主任赵翠琴，副主任高和福、王进才、高国甫和9名委员出席会议。县人民政府副县长赵海军列席会议。会议视察矿产开采治理情况。会议听取和审议县人民政府副县长赵海军作的《关于矿产资源管理工作情况的报告》。会议通过人事任免事项（名单见本篇第七章《选举任免》）。

第十九次会议 2006年6月16日召开，县人大常委会主任赵翠琴，副主任高和福、王进才、温玲翠和9名委员出席会议。县人民政府县长李震国，县人民法院院长李惊涛、副院长王兴利，县人民检察院副检察长花进峰列席会议。会议听取和审议县公安局局长高云作的《关于打黑除恶工作情况报告》。会议听取县人民法院副院长王兴利和县人民检察院副检察长花进峰履职情况报告，并进行履职评议。会议通过人事任免事项（名单见本篇第七章《选举任免》）。

第二十次会议 2006年8月16日召开，县人大常委会主任赵翠琴，副主任高和福、王进才、高国甫、温玲翠和9名委员出席会议。县人民政府常务副县长田耀筠，县人民法院院长李惊涛，县人民检察院检察长列席会议。会议听取和审议县人民政府常务副县长田耀筠作的《关于行唐县第十三届人民代表大会第四次会议代表建议办理情况的报告》、县教育局局长高同和作的《关于农村义务教育阶段贫困家庭学生“两免一补”政策落实情况的报告》。会议通过人事任免事项（名单见本篇第七章《选举任免》）。

第二十一次会议 2006年10月26日召开，县人大常委会主任赵翠琴，副主任高和福、王进才、王吉秋、高国甫、温玲翠和9名委员出席会议。县人民政府常务副县长田耀筠，县人民法院院长李惊涛，县人民检察院副检察长郭发敏列席会议。会议听取和审议县财政局局长米志斌作的《关于1—9月份财政预算执行情况报告》；听取和审议县环境保护局局长和县卫生局局长苑宝林履职情况报告并通过履职情况的评议意见。会议通过人事任免事项（名单见本篇第七章《选举任免》）。

第二十二次会议 2006年12月27日召开，县人大常委会主任赵翠琴，副主任高和福、王进才、王吉秋、高国甫、温玲翠和9名委员出席会议。县人民政府常务副县长田耀筠，县人民法院院长李惊涛，县人民检察院副检察长郭发敏列席会议。会议视察县人民政府2006年重点项目建设情况。会议听取和审议县人民政府常务副县长田耀筠作的《关于重点项目建设工作情况的报告》；审议通过《行唐县人大常委会工作报告（稿）》《行唐县人大常委会2007年工作要点（草案）》。会议通过《关于接受尹新民辞去行唐县人民检察院检察长、检察委员会委员职务请求的决定》。会议通过人事任免事项（名单见本篇第七章《选举任免》）。

第二十三次会议　2007年1月31日召开，县人大常委会主任赵翠琴，副主任高和福、王进才、王吉秋、高国甫、温玲翠和8名委员出席会议，县人民政府副县长赵海军，县人民法院副院长张同社列席会议。会议审议通过县选举委员会名单、《关于乡镇选举委员会组成人员的决定》《关于县乡两级人民代表大会同步换届选举工作的决定》。审议通过县人大常委会《关于对行唐县城市总体规划（2006—2020年）（草案）审查的决议》。

第二十四次会议　2007年4月11日召开，县人大常委会主任赵翠琴，副主任王进才、王吉秋、高国甫、温玲翠和7名委员出席会议。县人民政府常务副县长田耀筠，县人民检察院代理检察长兰志伟，县人民法院相关负责人列席会议。会议审议通过《行唐县人大常委会2007年工作要点（草案）》《行唐县人大常委会工作报告（稿）》，审议通过县十三届人大常委会代表资格审查委员会《关于代表资格审查报告》《行唐县十四届人大一次会议筹备情况的报告》，通过召开县十四届人大一次会议的时间、议程（草案）、日程（草案）及主席团成员、常务主席和秘书长名单（草案）、列席人员名单（草案）、议案审查委员会名单（草案）、计划预算审查委员会名单（草案）。会议通过人事任免事项（名单见本篇第七章《选举任免》）。

第二节　主任会议

县十三届人大常委会有7次召开主任会议的记载，由县人大常委会主任赵翠琴主持召开。县人大常委会各位副主任出席会议。各委室负责人列席会议。

表9-5　行唐县第十三届人大常委会主任会议情况一览表

序　号	时　间	议　题
1	2003年5月28日	研究落实市人大要求的防“非典”药物经营情况调研视察工作；研究县人大常委会主任、副主任工作分工；研究2003年常委会议议题安排及调研活动；研究办公室具体工作及工作纪律和作风
2	2003年6月3日	研究召开县十三届人大常委会第一次会议有关事宜；研究各委室年度工作目标情况
3	2003年6月16日	研究高某某诉刘某某债务一案

续表9-5

序号	时间	议题
4	2003年6月26日	学习《代表法》《行唐县人大常委会议事规则》
5	2007年1月8日	会议传达市人大关于县乡人大换届选举会议精神；研究关于县乡人大换届选举工作实施意见；研究县人大常委会党组关于县乡人大换届选举工作向县委的请示及县乡人大代表名额确定及分配说明
6	2007年1月30日	研究县乡人大换届选举工作；听取《行唐县城市总体规划（2006—2020年）（草案）》的汇报
7	2007年4月10日	研究关于召开县第十四届人民代表大会第一次会议有关事宜

第三节 机构设置

截至2003年4月，县十三届人大常委会仍设办公室（附设老干部科和信访科，规格均为正科）、政治法律工作委员会、财政经济工作委员会、代表联络工作委员会、教育科学文化卫生工作委员会。

表9-6 行唐县第十三届人大常委会机构人员概况表

机构名称	职务	姓名	任职时间	说明
办公室	主任	靳国良	2003年4月—2003年10月	—
		刘文华	2003年10月—2007年4月	—
	副主任	刘文华	2003年4月—2003年10月	—
		王建坡	2004年10月—2007年4月	—
政治法律工作委员会	主任	孙辉	2006年8月—2007年4月	—
	副主任	孙辉	2003年4月—2006年8月	—
财政经济工作委员会	主任	—	2003年4月—2007年4月	缺职
代表联络工作委员会	主任	刘京伟	2003年10月—2007年4月	—
	副主任	刘京伟	2003年4月—2003年10月	—
教育科学文化卫生工作委员会	主任	—	2003年4月—2007年4月	缺职
老干部科	科长	—	2003年4月—2007年4月	缺职
	副科长	毛春良	2003年4月—2007年4月	—
		贾西海	2004年10月—2007年4月	—

续表9-6

机构名称	职　务	姓　名	任职时间	说　明
信访科	科　长	闫贵祥	2003 年 4 月—2006 年 4 月	—
		韩文海	2006 年 4 月—2007 年 4 月	—
	副科长	李翠玲	2003 年 4 月—2003 年 10 月	—

第四节　机关工作

一、自身建设

县十三届人大常委会加强思想政治建设，组织县人大常委会组成人员和机关干部认真学习邓小平理论、“三个代表”重要思想和党的十六大精神，切实提高政治素质和理论水平。按照中央、省、市、县委的统一部署，县人大常委会领导班子成员及人大机关全体党员集中开展了保持共产党员先进性教育活动。在教育活动中，大家本着对党的事业负责、对人大工作负责、对自身负责的态度，认真开展学习，积极剖析问题，切实进行整改，高标准地完成了教育活动各个环节和步骤工作。通过开展保持共产党员先进性教育活动，领导班子成员和机关党员干部提高了思想认识，坚定了政治信念，激发了进取精神，为进一步做好人大工作提供了政治思想保证。加强干部队伍建设，按照县委“肃风正位”活动安排，建立干部队伍管理长效机制，认真抓好常委会和机关干部队伍建设，提高干部队伍素质，提升机关工作水平。

二、宣传工作

县人大常委会以纪念《宪法》颁布实施 50 周年、人民代表大会制度成立 50 周年为契机，组织开展《宪法》和人大制度宣传活动。2006 年 8 月 23 日，十届全国人大常委会议通过的《中华人民共和国各级人民代表大会常务委员会监督法》颁布后，在组织县人大常委会组成人员及机关干部学习的基础上，又举办了全县代表学习培训班。按照《监督法》的要求，对县人大常委会工作制度进行梳理，着手建立与《监督法》相适应的工作制度，为确保《监督法》的正确有效实施打下坚实基础。认真做好人大信息工作，提高向省、市人大刊物报送信息稿件的数量和质量，努力强化宣传效果。2005 年，县人大常委会主任赵翠琴撰写的《完善制度，强化措施，切实提高个案监督水平》调研文章获全市人大调研成果三等奖。

三、信访工作

任期内，县人大常委会共接待人民群众来信来访 534 件次，从中选择 8 件具有代表性的典型案件，按照集体行使职权的原则，实施重点个案监督。为使个案监督准确有力，有些案件采取主任会议与办案机关负责人及办案人员集体谈话的形式，坚持有错必纠、全错全纠、部分错部分纠的原则，督促办案机关纠正错案，既为人民群众伸张了正义，又推动了公正司法进程，为确保全县的社会稳定做出了贡献。县人大常委会连续多年被市人大常委会评为全市人大常委会信访工作先进单位。

四、老干部工作

为给老干部发挥余热创造便利条件，县人大常委会通过召开老干部座谈会，组织老干部视察等方式，征求老干部对全县经济和社会发展等方面的宝贵意见。任期内围绕项目建设、经济发展、“村村通”工程、荒山开发、矿山管理、红枣产业做大做强等内容组织老干部进行视察，并及时将老干部的建议意见向县委、县政府进行反馈。

第五章　监督工作

新颁布的《监督法》对人大常委会行使监督权应遵循的原则、监督方式和程序等作出了统一的法律规范，为人大常委会履行监督职权提供了更为坚实的法理依据和法制保障。县十三届人大及其常委会认真贯彻执行《监督法》，不断加强和改进监督工作，围绕全县经济社会发展，积极开展监督。县人大常委会听取和审议“一府两院”关于立县项目建设、优化教育结构、农村义务教育“两免一补”政策落实、创建全国中医工作先进县、“非典”防治、扫黑除恶等方面专项工作报告29项。围绕县委中心工作，开展专题视察、调查活动14次。坚持密切与人大代表的联系，切实保障群众的民主权利，认真做好代表工作。推荐安排50余名人大代表担任有关执法部门的执法监督员、行风监督员和参加有关部门组织的听证会、民主评议等活动。加强对社会稳定工作的监督，针对社会反映强烈的黑恶势力、职务犯罪等问题，听取相关部门工作汇报，开展视察检查，督促县公安局、县人民法院、县人民检察院切实加强和改进工作。组织代表开展执法检查，加强对重点案件的督导，协调解决发现的问题，推动法律法规的实施。坚持依法任免与党管干部相结合的原则，强化对被任命干部的监督，组织对被任命干部开展述职评议，先后对县建设局、农业局、民政局、监察局、环保局、卫生局6名局长及县人民法院分管案件执行的副院长、县人民检察院分管刑事工作的副检察长进行了述职评议。通过开展述职评议工作，被任命干部进一步增强了法律意识、公仆意识和执政为民意识，提高了依法履行职责的水平和能力。

第一节　听取和审议专项工作报告与计划预算和审计工作报告

县十三届人大常委会常委会议共听取和审议县“一府两院”专项工作报告32项、计划预算和审计工作报告3项。

表9-7　行唐县第十三届人大常委会会议
听取和审议专项工作报告与计划预算工作报告情况表

时　间	常委会会议	报告内容
2003年6月19日	第一次	县人民政府关于预防抗击“非典”工作情况的报告

续表9-7

时　间	常委会会议	报告内容
2003 年 8 月 26 日	第二次	县人民法院关于案件执行工作情况的报告；县人民检察院关于预防和查办职务犯罪工作情况的报告；县人民政府关于办理县十三届人大一次会议代表建议、批评、意见工作情况的报告
2003 年 10 月 23 日	第三次	县财政局 1—9 月份预算执行情况的报告；县发展计划局 1—9 月份国民经济和社会发展计划执行情况的报告；县公安局关于社会治安管理工作情况的报告
2004 年 4 月 20 日	第六次	县人民政府关于重点项目建设情况的报告；县人民政府关于行唐县金泉薯业科技有限公司红薯淀粉污水处理项目建设进展情况的报告
2004 年 6 月 24 日	第七次	县人民政府关于办理县十三届人大二次会议代表建议、批评、意见情况的报告；县人民法院关于案件执行情况的报告；县人民检察院关于自侦案件立案情况的报告
2004 年 8 月 24 日	第八次	县人民政府关于整合教育资源、优化教育结构工作情况的报告；县人民政府关于奶牛养殖发展情况的报告；县人民政府关于创建国家农村中医工作先进县情况的报告
2004 年 12 月 30 日	第十一次	县公安局关于打击刑事犯罪工作情况的报告
2005 年 5 月 27 日	第十三次	县人民政府关于开展食品打假工作的报告；县人民政府关于农村宅基地审批发放管理情况的报告
2005 年 7 月 22 日	第十四次	县人民政府关于办理县十三届人民代表大会第三次会议代表建议意见工作情况的报告
2005 年 9 月 27 日	第十五次	县人民法院关于法院队伍建设工作情况报告；县公安局关于治安管理工作情况报告
2005 年 11 月 23 日	第十六次	县人民政府关于项目建设情况报告；县民政局、县农业局主要负责人履职情况报告
2006 年 4 月 28 日	第十八次	县人民政府关于矿产资源管理情况的报告
2006 年 6 月 16 日	第十九次	县人民政府关于打黑除恶工作情况的报告；县人民法院副院长和县人民检察院副检察长履职情况报告
2006 年 8 月 16 日	第二十次	县人民政府关于行唐县第十三届人民代表大会第四次会议代表建议办理情况的报告；县人民政府关于农村义务教育阶段贫困家庭学生“两免一补”政策落实情况的报告
2006 年 10 月 26 日	第二十一次	县人民政府关于 1—9 月份财政预算执行情况报告；县环保局、县卫生局主要负责人履职情况报告
2006 年 12 月 27 日	第二十二次	县人民政府 2006 年重点项目建设工作情况的报告

第二节　法律法规实施情况的检查

县十三届人大常委会先后组织开展了对《森林法》《动物防疫法》《河北省动物防疫条例》《职业教育法》《环境保护法》《食品卫生法》《土地管理法》《农业法》《中华人民共和国科技成果转化法》《中华人民共和国法官法》《中华人民共和国检察官法》《中华人民共和国人民警察法》等12部法律条例落实情况的执法检查。仅有对《动物防疫法》《河北省动物防疫条例》及《环境保护法》两次执法检查记载。

2003年11月4日至6日，县人大常委会组织县防治动物重大疾病指挥部成员单位对各乡镇《动物防疫法》《河北省动物防疫条例》贯彻实施情况进行了检查。11月12日，县人大常委会办公室、县人民政府办公室联合印发《关于对各乡镇〈动物防疫法〉〈河北省动物防疫条例〉贯彻落实及动物防疫工作督查情况的通报》。

2004年6月上旬，根据省、市人大常委会关于开展环保法律法规实施情况执法检查工作的安排部署，县人大常委会副主任温玲翠带领县人大常委会执法检查组，组织开展环保执法检查活动。此次执法检查，省、市、县三级上下联动，统一步骤，采取全面检查与重点检查相结合、自查自纠与抽查相结合的方法进行，推动执法检查有序开展，取得了实效。

第三节　视察调研

县十三届人大常委会围绕县委中心工作和县人大常委会工作安排，开展专题视察、调研活动14次，有记载的视察、调研活动5次。

2003年5月29日，县人大常委会组织县人大代表深入龙州商城、药材公司、维明超市视察抗“非典”药品经营管理及供应情况。

2004年4月起，县人大常委会对《政府工作报告》中安排的三鹿乳业扩建等16个在建重点项目，连续多次进行实地视察调研。

2005年5月27日，县人大常委会组织县人大常委会组成人员对食品打假工作进行视察。

2006年4月28日，县人大常委会组织县人大常委会组成人员深入口头镇、九口子乡视察矿产开采治理情况。

2006年12月27日，县人大常委会组织县人大常委会组成人员深入迈尔斯通电子、三五一九鞋业、永青饲料、三鹿太行万吨奶粉4个重点项目现场视察县人民政府2006年重点项目建设情况。

第六章　决议决定

县十三届人大及其常委会把事关全县改革和发展的重大问题作为人大履职的重要内容，依法行使重大事项决定权，适时对计划、预算及预算调整、决算等重大问题作出决议决定30项，保障了经济社会平稳运行。

第一节　作出决议决定

一、县十三届人大历次会议作出决议决定情况

县十三届人大历次会议共作出决议决定25项。

表9-8　行唐县第十三届人民代表大会历次会议决议决定一览表

时　间	会　次	事　项
2003年4月29日	第一次	关于政府工作报告的决议 关于行唐县2002年国民经济和社会发展计划执行情况与2003年国民经济和社会发展计划的决议 关于行唐县2002年预算执行情况和2003年预算和县总预算的决议 关于行唐县人民代表大会常务委员会工作报告的决议 关于行唐县人民法院工作报告的决议 关于行唐县人民检察院工作报告的决议
2004年2月19日	第二次	关于政府工作报告的决议 关于行唐县2003年国民经济和社会发展计划执行情况与2004年国民经济和社会发展计划的决议 关于行唐县2003年预算执行情况和2004年预算和县总预算的决议 关于行唐县人民代表大会常务委员会工作报告的决议 关于行唐县人民法院工作报告的决议 关于行唐县人民检察院工作报告的决议

续表9-8

时　间	会　次	事　项
2005年3月10日	第三次	关于政府工作报告的决议 关于行唐县2004年国民经济和社会发展计划执行情况与2005年国民经济和社会发展计划的决议 关于行唐县2004年预算执行情况和2005年预算和县总预算的决议 关于行唐县人民代表大会常务委员会工作报告的决议 关于行唐县人民法院工作报告的决议 关于行唐县人民检察院工作报告的决议
2006年3月22日	第四次	关于政府工作报告的决议 关于行唐县国民经济和社会发展第十一个五年规划纲要的决议 关于行唐县2005年国民经济和社会发展计划执行情况与2006年国民经济和社会发展计划的决议 关于行唐县2005年预算执行情况和2006年预算和县总预算的决议 关于行唐县人民代表大会常务委员会工作报告的决议 关于行唐县人民法院工作报告的决议 关于行唐县人民检察院工作报告的决议

二、县十三届人大常委会历次会议作出决议决定情况

县十三届人大常委会历次会议共作出决议决定5项（不含人事任免事项）。

表9-9　行唐县第十三届人大常委会历次会议决议决定一览表

时　间	常委会会议	事　项
2004年2月13日	第五次	关于召开县十三届人大二次会议的决定
2005年2月28日	第十二次	关于召开县十三届人大三次会议的决定
2006年3月16日	第十七次	关于召开县十三届人大四次会议的决定
2007年1月31日	第二十三次	关于县乡两级人民代表大会同步换届选举工作的决定 关于对《行唐县城市总体规划（2006—2020年）（草案）》审查的决议

第二节　决议决定选介

关于行唐县国民经济和社会发展第十一个五年规划纲要的决议

《关于行唐县国民经济和社会发展第十一个五年规划纲要的决议》（以下简称《决议》），于2006年3月22日行唐县第十三届人民代表大会第四次会议审议通过。

《行唐县国民经济和社会发展第十一个五年规划纲要》根据《中共行唐县委关于制定国民经济和社会发展第十一个五年规划的建议》编制，共分九章：第一章，现实基础和发展环境；第二章，总体要求、指导原则和奋斗目标；第三章，发展壮大特色产业；第四章，突出工业经济支柱；第五章，加快转变经济增长方式；第六章，积极推进社会主义新农村建设；第七章，深入推进体制创新和改革开放；第八章，努力促进社会进步与社会和谐；第九章，规划的组织与实施。确定“十一五”主要目标：实现地区生产总值年均增长13%左右，人均地区生产总值达到2万元左右（按2000年价格计算）。不断提高财政收入占地区生产总值比重，资源利用效率显著提高，单位地区生产总值能源消耗比“十五”末下降20%以上；生态环境得到改善，耕地减少状况得到有效控制；形成一批拥有自主知识产权和知名品牌、市场竞争力较强的优势企业；社会主义市场经济体制比较完善，开放型经济达到新的水平；社会事业全面发展，科技、教育、人才的支撑作用明显增强；社会保障体系比较健全，贫困人口明显减少；城乡居民收入水平和生活质量普遍提高；人口自然增长率控制在6.8‰之内；民主法治建设和精神文明建设取得新进展，社会治安和安全生产状况进一步好转，和谐行唐建设取得明显成效。

《决议》要求采取多种形式，广泛宣传，深入动员，在全县范围内形成广泛关注规划、自觉参与规划实施的浓厚氛围，为圆满完成“十一五”规划确定的各项目标奠定基础。

第七章　选 举 任 免

县十三届人大常委会严格按照省、市、县委的要求和法律规定，依法做好选举任免和人大换届工作，选举产生行唐县出席石家庄市第十一届人民代表大会代表1名，任期内依法选举产生行唐县第十四届人民代表大会代表205名；先后任免县级国家机关工作人员176人次，接受辞职5名，对3名县人民政府部门主要负责人、1名法官、1名检察官进行了履职评议。

第一节　常委会选举任免情况

2003年6月19日，县十三届人大常委会第一次会议选举产生行唐县出席石家庄市第十一届人民代表大会代表1名，通过了县人民政府相关人事任免事项。

选举：

李震国为行唐县出席石家庄市第十一届人民代表大会代表

决定任命：

盖义江为行唐县人民政府办公室主任

张满仓为行唐县发展计划局局长

赵士平为行唐县经济贸易局局长

高同和为行唐县教育局局长

张玉庆为行唐县科学技术局局长

高　云为行唐县公安局局长

耿平均为行唐县监察局局长

李军法为行唐县民政局局长

王吉朝为行唐县司法局局长

左国芳为行唐县财政局局长

翟志勇为行唐县人事劳动和社会保障局局长

赵五中为行唐县国土资源局局长

马士堂为行唐县建设局局长

任青堂为行唐县交通局局长

乔英钧为行唐县农业局局长

王海陆为行唐县文化体育局局长

刘建章为行唐县卫生局局长

刘占琪为行唐县计划生育局局长

封国生为行唐县审计局局长

范景武为行唐县环境保护局局长

毛春亮为行唐县统计局局长

2003 年 8 月 26 日，县十三届人大常委会第二次会议通过了县人民法院相关人事任免事项。

任命：

吕兵文为行唐县人民法院副院长、审判委员会委员、审判员（挂职）

2003 年 10 月 23 日，县十三届人大常委会第三次会议通过了县人大常委会、县人民法院相关人事任免事项。

免去：

靳国良的行唐县人大常委会办公室主任职务

刘文华的行唐县人大常委会办公室副主任职务

刘京伟的行唐县人大常委会代表联络工作委员会副主任职务

李翠玲的行唐县人大常委会办公室信访科副科长职务

任命：

刘文华为行唐县人大常委会办公室主任

刘京伟为行唐县人大常委会代表联络工作委员会主任

刘振平、温欣、高永会为行唐县人民法院审判员

张战强为行唐县人民检察院检察员

2004 年 6 月 24 日，县十三届人大常委会第七次会议通过了县人民法院、县人民检察院相关人事任免事项。

免去：

吕兵文的行唐县人民法院副院长职务

任命：

仝秀琴为行唐县人民检察院检察委员会委员

2004 年 10 月 22 日，县十三届人大常委会第九次会议通过了县人民政府、县人民法院、县人民检察院相关人事任免事项。

决定免去：

刘占琪的行唐县计划生育局局长职务

王吉朝的行唐县司法局局长职务

决定任命：

孟英会为行唐县计划生育局局长

刘占琪为行唐县司法局局长

免去：

王兴利的行唐县人民法院行政审判庭庭长职务

张连员的行唐县人民法院行政审判庭副庭长职务

孙增福的行唐县人民法院刑事审判庭副庭长职务

张建芳的行唐县人民法院民事审判庭庭长职务

董瑞林的行唐县人民法院经济审判二庭庭长职务

刘志强的行唐县人民法院安香人民法庭副庭长职务

杨文星的行唐县人民法院口头人民法庭副庭长职务

尹瑞林的行唐县人民法院经济审判一庭副庭长职务

刘建永的行唐县人民法院玉亭人民法庭副庭长职务

杜军平的行唐县人民法院城关人民法庭副庭长职务

张国军的行唐县人民法院经济审判二庭副庭长职务

任命：

张连员为行唐县人民法院刑事审判庭庭长

孙增福为行唐县人民法院行政审判庭庭长

陈鸿敏为行唐县人民法院立案庭庭长

张建芳为行唐县人民法院民事审判第一庭庭长

董瑞林为行唐县人民法院民事审判第二庭庭长

刘志强为行唐县人民法院民事审判第一庭副庭长

杜军平为行唐县人民法院民事审判第二庭副庭长

刘建永为行唐县人民法院城关人民法庭副庭长

杨文星为行唐县人民法院南桥人民法庭副庭长

尹瑞林为行唐县人民法院安香人民法庭副庭长

高永会为行唐县人民法院口头人民法庭副庭长

闫万俊为行唐县人民法院执行庭副庭长

刘振平为行唐县人民法院行政审判庭副庭长

王　军为行唐县人民法院审判员

彭立勇为行唐县人民法院审判员

刘　畅为行唐县人民法院审判员

花进峰为行唐县人民检察院副检察长

2005 年 5 月 27 日，县十三届人大常委会第十三次会议通过了县人民法院相关人事任免事项。

任命：

张伟、张东霞、王开锋、刘书芬、崔志强、肖立朋、郭状、刘红卫、申磊、甄京龙、杨斌、马笼、刘哲、齐伟娜、李莉、王会、王辉、王春玉、薛桥伟、董连贵为行唐县人民法院人民陪审员。

2005 年 9 月 27 日，县十三届人大常委会第十五次会议通过了县人民政府、县人民法院相关人事任免事项。

决定免去：

翟志勇的行唐县人事劳动和社会保障局局长职务

孟英会的行唐县计划生育局局长职务

刘建章的行唐县卫生局局长职务

决定任命：

杨　平为行唐县人事劳动和社会保障局局长

王荣林为行唐县计划生育局局长

苑宝林为行唐县卫生局局长

免去：

张建芳的行唐县人民法院民事审判第一庭庭长职务

任命：

张同社为行唐县人民法院副院长

张建芳为行唐县人民法院副院长、审判委员会委员

2005 年 11 月 23 日，县十三届人大常委会第十六次会议通过了县人民政府相关人事任免事项。

决定免去：

耿平均的行唐县监察局局长职务

决定任命：

刘伏生为行唐县监察局局长

2006 年 3 月 16 日，县十三届人大常委会第十七次会议通过了县人民政府、县人民法院相关人事任免事项。

决定免去：

王　强的行唐县人民政府副县长职务

免去：

刘振平的行唐县人民法院行政审判庭副庭长职务

高永会的行唐县人民法院口头人民法庭副庭长职务

马树芳的行唐县人民法院执行庭副庭长职务

杜军平的行唐县人民法院民事审判第二庭副庭长职务

孙增福的行唐县人民法院行政审判庭庭长职务

李　明的行唐县人民法院安香人民法庭庭长职务
范进才的行唐县人民法院上碑人民法庭庭长职务
左留章的行唐县人民法院城关人民法庭庭长职务
赵应征的行唐县人民法院经济审判第一庭庭长职务
董瑞林的行唐县人民法院民事审判第二庭庭长职务
安马群的行唐县人民法院口头人民法庭庭长职务
严　虎的行唐县人民法院玉亭人民法庭庭长职务
常连海的行唐县人民法院南桥人民法庭庭长职务
辛秀平的行唐县人民法院告诉申诉庭副庭长职务
闫万俊的行唐县人民法院执行庭副庭长职务

任命：

刘振平为行唐县人民法院安香人民法庭庭长
高永会为行唐县人民法院民事审判第二庭庭长
马树芳为行唐县人民法院执行庭庭长
杜军平为行唐县人民法院上碑人民法庭庭长
孙增福为行唐县人民法院城关人民法庭庭长
李　明为行唐县人民法院民事审判第一庭庭长
范进才为行唐县人民法院行政审判庭庭长
左留章为行唐县人民法院玉亭人民法庭庭长
赵应征为行唐县人民法院审判监督庭庭长
刘梅林为行唐县人民法院南桥人民法庭庭长
张国军为行唐县人民法院口头人民法庭庭长
彭立勇为行唐县人民法院上碑人民法庭副庭长
李云东为行唐县人民法院上碑人民法庭副庭长
范进军为行唐县人民法院南桥人民法庭副庭长
耿化力为行唐县人民法院民事审判第二庭副庭长
温　欣为行唐县人民法院民事审判第二庭副庭长
王　军为行唐县人民法院口头人民法庭副庭长
刘春玲为行唐县人民法院审判员
李云东为行唐县人民法院审判员
赵海峰为行唐县人民法院审判员
刁平利为行唐县人民法院审判员
赵国军为行唐县人民法院审判员
周慧杰为行唐县人民法院审判员
石　君为行唐县人民法院审判员

耿化力为行唐县人民法院审判员

赵　阳为行唐县人民法院审判员

张金路为行唐县人民法院审判员

张军海为行唐县人民法院审判员

范吉英为行唐县人民法院审判员

刘梅林为行唐县人民法院审判员

2006 年 4 月 28 日，县十三届人大常委会第十八次会议通过了县人大常委会相关人事任免事项。

免去：

闫贵祥的行唐县人大常委会办公室信访科科长职务

任命：

韩文海为行唐县人大常委会办公室信访科科长

2006 年 6 月 16 日，行唐县第十三届人大常委会第十九次会议通过了县人民政府、县人民法院相关人事任免事项。

决定免去：

贾文芳、闫国文、李杰的行唐县人民政府副县长职务

左国芳的行唐县财政局局长职务

决定任命：

田耀筠、张群书为行唐县人民政府副县长

米志斌为行唐县财政局局长

任命：

王淑芳、张素华为行唐县人民法院审判员。

2006 年 8 月 16 日，县十三届人大常委会第二十次会议通过了县人大常委会、县人民政府、县人民法院、县人民检察院相关人事任免事项。

免去：

孙　辉的行唐县人大常委会政治法律工作委员会副主任职务

任命：

孙　辉为行唐县人大常委会政治法律工作委员会主任

决定免去：

赵士平的行唐县经济贸易局局长职务

张满仓的行唐县发展计划局局长职务

决定任命：

王春立、赵士平为行唐县人民政府副县长

张满仓为行唐县发展和改革局局长

张二毛为行唐县安全生产监督管理局局长

免去：

王建军的行唐县人民法院副院长职务

陈鸿敏的行唐县人民法院立案庭庭长职务

免去：

王　丁的行唐县人民检察院副检察长、检察委员会委员职务

张地动的行唐县人民检察院检察委员会委员职务

任命：

刘保社、杨红旗为行唐县人民检察院检察委员会委员

2006年10月26日，县十三届人大常委会第二十一次会议通过了县人民法院相关人事任免事项。

免去：

刘志强的行唐县人民法院民事审判第一庭副庭长职务

任命：

刘志强为行唐县人民法院立案庭庭长

赵国军为行唐县人民法院安香人民法庭副庭长

2006年12月27日，县十三届人大常委会第二十二次会议通过了县人民检察院相关人事任免事项。

任命：

兰志伟为行唐县人民检察院副检察长、检察委员会委员，决定其为代理检察长

2007年4月11日，县十三届人大常委会第二十四次会议通过了县人民政府相关人事任免事项。

决定任命：

陈树旗为行唐县人民政府办公室主任

刘鸣利为行唐县教育局局长

高同和为行唐县审计局局长

李丛刚为行唐县公安局局长

第二节　常委会接受辞职情况

2004年10月22日，县十三届人大常委会第九次会议接受孟英会辞去行唐县第十三届人民代表大会常务委员会委员职务。

2004年12月30日，县十三届人大常委会第十一次会议接受边春友辞去行唐县出席石家庄市第十一届人民代表大会代表职务。

2006年3月16日，县十三届人大常委会第十七次会议接受王强辞去行唐县人民政府副县长职务，接受赵宝玉辞去行唐县第十三届人民代表大会常务委员会委员职务。

2006年12月27日，县十三届人大常委会第二十二次会议接受尹新民辞去行唐县人民检察院检察长、检察委员会委员职务。

第三节 履职评议

县十三届人大常委会先后对3名县人民政府部门主要负责人进行履职评议。

表9-10 行唐县第十三届人大常委会对县政府部门主要负责人履职评议情况表

时间	常委会会议	被评议人员	职务
2005年7月22日	第十四次	耿平均	县监察局局长
2005年11月23日	第十六次	乔英钧	县农业局局长
2006年10月26日	第二十一次	苑宝林	县卫生局局长

县十三届人大常委会对1名法官和1名检察官进行履职评议。

表9-11 行唐县第十三届人大常委会对法官、检察官履职评议情况表

时间	常委会会议	被评议人员	职务
2006年6月16日	第十九次	王兴利	县人民法院副院长
		花进峰	县人民检察院副检察长

第十篇

行唐县第十四届人民代表大会

（2007年4月至2012年2月）

第一章 党的领导

行唐县第十四届人民代表大会及其常务委员会坚持以邓小平理论和“三个代表”重要思想为指导，深入贯彻党的十七大和十七届三中、四中、五中全会精神，坚持科学发展观，紧紧围绕建设开放、文明、生态、和谐新行唐这一目标，认真履行《宪法》和法律赋予的职责，充分发挥地方国家权力机关的作用，有效保障和促进了县城经济社会全面、协调、健康发展。

2007年4月，县委书记李旭阳在县十四届人大一次会议闭幕式上的讲话中指出，在新形势、新任务、新要求面前，县人大常委会要牢牢把握大局，认真履行职责，积极有为地当好依法行政的监督员、公正司法的评审员、人民群众的联络员以及和谐发展的参议员，不断开创新时期人大工作的新局面。2008年7月17日，县委常委会会议听取县人大常委会党组书记、主任高和福作的《关于行唐县人大常委会工作情况的汇报》，对县人大常委会工作给予充分肯定，同时对做好新时期人大工作提出了新要求。为规范乡镇人大工作程序、推进基层社会主义民主法治建设，10月23日，中共行唐县委办公室转发了县人大常委会党组《关于进一步加强乡镇人大工作的意见》，强调要充分发挥乡镇人大的职能作用，组织好乡镇人民代表大会代表会议、主席团成员会议，开展好日常工作、代表活动；在思想建设方面，要加强学习；在制度建设方面，要讲求实效；在作风建设方面，要提高工作效能。要求乡镇党委把人大工作列入重要议事日程，乡镇政府要自觉接受人大监督，为做好新形势下的乡镇人大工作营造良好的社会氛围，使党的主张和意图变成人民的意志，贯彻到社会生活的各个方面和广大人民群众中去。2010年7月9日，县委书记李震国到县人大常委会机关就机关规范化建设进行调研指导，对县人大常委会围绕县委的决策部署推进全县经济社会发展做出的贡献给予了充分肯定，同时要求县人大常委会党组站在新的起点上，按照县委“高标准、严要求、一切工作规范化”的工作理念，在监督工作上要见新实效，在履职能力上要有新提升，在发挥代表作用上要有新举措。

县人大常委会党组在中共行唐县委的坚强领导下，加强学习，提升素质，坚持和完善人民代表大会制度，围绕县委中心工作和全县工作大局，大力弘扬“顾全大局、务实奉献、不怕艰难、敢拼必胜”的行唐精神，积极把党的主张和重大决策，转变为广大人民群众的自觉行动，保证了县委重要决策的落实，为推进全县改革开放和社会主义现代化建设事业做出新的更大的贡献。

第一节 党的组织机构

中共行唐县人大常委会党组

书　记：高和福（2007 年 4 月—2011 年 6 月）
　　　　赵士平（2011 年 6 月—2012 年 2 月）
副书记：高和福（2011 年 6 月—2012 年 2 月）
　　　　王吉秋（2007 年 4 月—2012 年 2 月）
成　员：温玲翠（女，2007 年 4 月—2012 年 2 月）
　　　　宫国恩（2007 年 4 月—2012 年 2 月）
　　　　米志斌（2011 年 8 月—2012 年 2 月）
　　　　刘文华（2007 年 4 月—2010 年 3 月）
　　　　刘　鸣（2010 年 3 月—2012 年 2 月）

第二节 党组会议

一、党组会

县十四届人大期间，县人大常委会党组有召开 8 次党组会的记载。其中 2007 年召开 1 次，2008 年召开 1 次，2009 年召开 1 次，2011 年召开 3 次，2012 年召开 1 次。

表 10-1　行唐县第十四届人大常委会党组会情况一览表

序　号	时　间	会议议题
1	2007 年 5 月 20 日	研究通过《中共行唐县人大常委会党组会议议事规则》《行唐县人大常委会主任会议议事规则》《行唐县人大常委会主任、副主任联系代表办法》《行唐县人大常委会来信来访办理规则》《行唐县人大常委会机关学习制度》《行唐县人大常委会机关公文处理细则》
2	2008 年 9 月 18 日	传达全县领导干部会议精神；安排部署县人大常委会机关关于开展"三鹿"婴幼儿奶粉安全事件处置分包乡镇工作和开展"查找不足、履行职责、促进工作"集中教育活动的事宜
3	2009 年 8 月 27 日	学习传达县委国庆安保常委扩大会议精神；学习县委书记李震国讲话；对县人大常委会各主任和人大机关各驻村工作队队员做好国庆安保工作进行安排部署

续表10-1

序　号	时　间	会议议题
4	2009年10月10日	学习贯彻党的十七届四中全会精神
5	2011年2月11日	围绕石家庄市优化发展环境广播电视大会精神和全县融入石家庄市东部工业突破区两个方面内容进行座谈讨论
6	2011年7月6日	学习贯彻胡锦涛总书记在庆祝中国共产党成立90周年大会上的重要讲话精神
7	2011年9月5日	传达学习县第十一次党代会精神，并对深入贯彻落实会议精神作出安排部署
8	2012年2月13日	听取并研究县人大常委会党组《关于召开县十五届人民代表大会第一次会议准备情况的报告》；研究县人大常委会党组《关于召开县十五届人民代表大会第一次会议的请示》

二、党组民主生活会

县十四届人大期间，县人大常委会党组召开党组民主生活会5次。

2007年4月28日，县人大常委会党组召开以“加强领导干部作风建设”为主题的党组民主生活会，会议学习了《中共石家庄市委纪律检查委员会、石家庄市委组织部关于以加强领导干部作风建设为主题开好党员领导干部专题民主生活会的通知》。县人大常委会党组书记、副书记、成员对照通知要求，结合各自思想工作实际作了发言。

2008年12月1日，县人大常委会党组召开“吸取教训、转变作风、重塑形象、科学发展”主题教育活动专题民主生活会，县人大常委会党组成员对照“三鹿”婴幼儿奶粉事件带来的惨痛教训，结合自身工作作风和思想作风上存在的问题，深入开展批评与自我批评，会议既严肃又热烈，取得了良好的效果。

2009年6月8日，县人大常委会党组召开学习实践科学发展观专题民主生活会，党组成员分别就县人大常委会党组及个人自身思想和分管工作实际，查找了存在的差距，分析了原因，明确了改进方向。

2011年8月17日，县人大常委会党组召开以“坚持以人为本执政为民理念发扬密切联系群众优良作风”为主题的民主生活会，学习《中国共产党第十七届中央委员会第五次全体会议公报》和《中国共产党党员领导干部廉洁从政若干准则》，党组成员分别发言，查摆在践行党的宗旨和加强党性修养方面的差距，有针对性地提出整改措施，为下一步工作明确了努力的方向。

2011年10月25日，县人大常委会党组召开学习“约法八章”民主生活会，学习胡锦涛“七一”讲话和河北省委《关于各级领导干部共同遵守的约法八章》。党组成员对照“约法八章”认真剖析自身存在的不足和差距，提出今后努力的方向。这次民主生活会，对提高县人大常委会班子的政治素养，更好地树立正确的权力观、人生观和价值观有重要指导意义。

链接1：约法八章

“约法八章”：一是坚持民主集中制；二是自觉服从省委领导；三是严肃政治纪律和保密纪律；四是加强和维护团结；五是高度负责地干好工作；六是始终做到光明磊落；七是严明会议纪律；八是严格遵守党员领导干部廉洁从政的若干规定。

第二章 人大代表

行唐县十四届人民代表大会代表名额为210名。2007年4月，召开县十四届人大一次会议时实有代表203名。县十四届人大常委会深化代表工作，组织县、乡代表互动工作，积极开展代表述职、专题议政、评议基层法庭和派出所负责人，拓展代表履职方式，评选优秀代表和承办代表建议先进单位，提高代表建议办理质量。

第一节 选举产生

一、行唐县第十四届人民代表大会代表的选举产生

2007年的县、乡人大换届选举，是乡镇人大的任期由3年改为5年后，首次进行的县、乡两级人大同步换届选举。按照有关法律规定和《中共行唐县委关于批转中共行唐县人大常委会党组〈关于行唐县县乡两级人民代表大会同步换届选举工作的意见〉通知》（行发〔2007〕4号）要求，全县县、乡人民代表大会同步换届选举工作从2007年1月1日开始，至4月30日前结束。

县十四届人民代表大会代表名额为210名，预留名额4名，实际分配到选区的名额为206名。根据《选举法》的规定和县换届选举安排意见，各选区依法选举产生了行唐县第十四届人民代表大会代表205名。

经县十三届人大常委会代表资格审查委员会对205名人大代表的代表资格进行审查，205名代表中有1名代表已调离本行政区域，根据有关规定代表资格自行终止；另1名代表暂停执行代表职务。2007年4月10日，经县十三届人大常委会第二十四次会议通过，203名代表资格有效。在当选的203名代表中，其中，工农代表59名，占代表总数的29.06%；干部代表46名，占代表总数的22.67%。少数民族代表2名，占代表总数的0.99%；知识分子代表41名，占20.2%。中共党员代表137名，占67.49%；非中共党员代表66名，占代表总数的32.51%；妇女代表44名，占代表总数的21.67%；县第十三届人大代表继续当选的77名，占代表总数的37.93%。代表的知识结构有了较大改善和提高，具有本科及其以上文化程度的34名，占16.75%。代表年龄更趋合理，35岁以下的16名，占代表总数的7.88%；36岁至55岁的中青年代表163名，占代表总数的80.3%；56岁以上的27名，占

代表总数的 13.3% 。

二、行唐县出席石家庄市第十二届人民代表大会代表的选举产生

2008 年 1 月 19 日至 22 日，县十四届人大二次会议选举产生行唐县出席石家庄市第十二届人民代表大会代表 18 名。

第二节　代表名单

一、行唐县第十四届人民代表大会代表名单

县直代表团

李旭阳	仇翠玲(女)	李震国	闫素卫
李荣素(女)	华素梅(女)	兰志伟(女)	王玉录
王永宝	李志革	刘建忠	王进才
王文秀(女)	王智信	殷　平	李梅山
付书娟(女)	郭荣芬(女)	齐振宝	倪增池
王新平	盛新玲(女)	石香文	

龙州镇代表团

张建慧	程彦国	高国甫	李建平
高二东	盖合保	杨永志	王吉秋
姚永志	武素彦(女)	赵明祥	高文彦
丁金翠	李兰英	钱　敏	黄吉海
杨振祥	胡荣秀(女)	马二旦	盖建林
王林鹏	高振旗	钱树强	仝二丑
康淘气			

独羊岗乡代表团

赵翠琴(女)	赵二建	韩双成	高荣海
任青山	赵五芹	靳建设	王小六
王国章	韩新尧	宋永平	赵根良
杨兰珍(女)	杨国勇	刘小月	刘书平(女)

南桥镇代表团

付向阳	何国群	严会林	樊栓香
宇文小杠	孙焕军	张新征	田耀筠
孟兰君（女）	李文英（女）	王玲翠（女）	王胜伟
刘　军	刘金祥	张胜利	

安香乡代表团

刘　芬（女）	严新会	卢文学	尹文平
马丽芳（女）	丁和全	郭永成	王永壮
焦振江	苏栓来	赵金梅（女）	赵根堂
孟文锁	刘白旦	苏春来	

只里乡代表团

高和福	韩根僧	宫国恩	张秋双
刘　鸣	张军丽（女）	刘　纪	杨荣素
刘京伟	麻新英	刘军平	谷臭货
刘正月	付建设	杨玉庆	宁振勇
张小燕（女）			

市同乡代表团

梁　然（女）	杨瑞庆	张玉海	李春海
赵壮道	顾会欣	杨同振	霍卫星

上碑镇代表团

仝兴敦	范平心	刘京祥	张考菊
张　欣（女）	袁光义		

翟营乡代表团

岳建章	高春法	李会中	韩小忠
邸彦芳（女）	张雷云	王文菊（女）	张素娟（女）
李惊涛	杨春生	甄吉林	梁扩军
赵晓月			

城寨乡代表团

刘小平(女)	郭银海	封双根	张玉敏
陈合社	李梅双(女)	张连香	霍新中
李连才			

上方乡代表团

赵为民	郑会贞	乔书敏	李瑞红(女)
杨五月	高银锁	张庆喜	贾军辉
陈根堂	范文平	徐梅彦(女)	温玲翠(女)

玉亭乡代表团

赵宝林	付东辉	王兰群	刘春生
刁彦会(女)	李文平	范哲敏(女)	王合军
盛亚军	赵贵米		

北河乡代表团

刘文华	杨润月	赵英海	白保国
刘九菊(女)	王永良		

口头镇代表团

常玉堂	贾增良	李林芳(女)	杜四迪
严趁心	秦荣合	赵建华	李素文
崔建刚	常小四	杨冬梅(女)	刘兰瑞(女)
马连成			

九口子乡代表团

杨吉增	贾成林	周俊兰(女)	杨坚头
孟振平	刘玉敏	苗留保	赵素英(女)
赵国华	胡振中		

上阎庄乡代表团

姜孟泽	高　岚	孙喜爱(女)	李书新
张石琛			

表 10-2　行唐县第十四届人大代表届中调整情况表

常委会会议	终止情况	补选情况
2008 年 1 月 17 日 第六次会议	—	只里乡李翠玲 翟营乡高彦明 上碑镇康志强 南桥镇张　骉
2009 年 2 月 16 日 第十二次会议	调离：县直殷平、李旭阳，南桥镇田耀筠 去世：玉亭乡王兰群	上碑镇刘亚林 玉亭乡李建敏 县直卞胜 恢复 1 名，人员名单不详
2010 年 3 月 3 日 第二十次会议	调离：县直兰志伟、盛新玲、闫素卫、卞胜 去世：口头镇严趁心	南桥镇高华树 九口子乡张天吉 北河乡王建良 安香乡孙国群 县直吕素维
2011 年 3 月 1 日 第二十六次会议	调离：龙州镇张建慧、翟营乡李惊涛 去世：独羊岗乡王小六 辞职：市同乡顾会欣	县直何步云 龙州镇杨澜波 翟营乡梁锁山 市同乡李义芳
2011 年 10 月 20 日 第三十二次会议	调离：只里乡宫国恩	—

二、行唐县出席石家庄市第十二届人民代表大会代表名单

王华清(女)	胡儒钗	韩国歧	李旭阳
李震国	高和福	毛建军	仲锡军
杨润月	欧阳晨	贾秀梅(女)	顾　敏
徐中玲(女)	高银锁	米东会(女)	李素荣(女)
高永会	康连贵		

届中调整情况：

吕素维（女），2010 年 1 月 6 日，县十四届人大常委会第十九次会议补选为行唐县出席石家庄市第十二届人民代表大会代表。

第三节　代 表 工 作

一、代表履职能力持续提升

县人大常委会认真贯彻实施《代表法》，依法明确代表的权利义务，积极开展代表培训活动，提高代表素质，规范代表的履职行为。邀请代表列席县人大常委会会议，组织代表参加县人大常委会组织的视察调研、执法检查、行风评议，邀请代表参加代表建议办理情况通报会和参加法院案件庭审等活动，向代表发放县人大常委会公报，加强代表与“一府两院”的联系，切实保障代表的知情权。不断深化代表工作，进一步健全代表履职的激励监督机制，组织优秀人大代表和优秀代表建议评选活动，表彰优秀履职代表和优秀代表建议，组织指导部分选举单位开展县人大代表向选民述职评议活动，先后组织170多名县人大代表进行述职，提高了代表依法履职的积极性和选民参政议政的热情，代表们认真践行“人民选我当代表，我当代表为人民”的庄严承诺，对推动全县各项事业发展做出了积极贡献。

二、提高乡镇人大工作水平

县人大常委会研究制定《关于进一步加强乡镇人大工作的意见》，经县委常委会研究通过，指导乡镇人大建立健全9项工作制度。坚持邀请乡镇人大主席列席县人大常委会会议、向各乡镇人大发送县人大常委会工作计划、公报、简报和信息。举办乡镇人大主席培训暨工作经验交流会，提高乡镇人大主席履职能力和水平。各乡镇人大积极为代表知情知政、开展活动搞好服务，认真组织代表开展视察、调研、评议、向选民述职、搜集社情民意等工作，组织发动代表积极参与县、乡中心工作，充分发挥代表作用。县人大常委会还注重安排县、乡人大互动工作，如代表述职、专题议政和评议基层法庭庭长和派出所所长工作，对乡镇人大工作实行考核，充分发挥了县、乡人大整体监督优势，全县人大工作进一步活跃，整体工作水平得到提升。

三、代表建议办理取得实效

2008年9月，根据县委主要领导批示精神，经县人大常委会主任会议研究，县人大常委会代表联络工作委员会主办的《代表建议》创刊，《代表建议》是代表参政议政、建言献策反映社情民意的“直通车”，是领导决策的参考。县十四届人大一次会议代表提出代表建议、批评和意见91件，问题已经解决或已有重大突破，受到代表充分肯定的59件，占65%；有实质性进展，有计划列入下一年度解决的19件，占21%；因财力、物力限制，需列入政府工作规划，逐步解决的13件，占14%。

县十四届人大二次会议代表提出代表建议、批评和意见82件，办结82件，办结率、代表满意率和办理质量明显提高。

县十四届人大三次会议代表提出提出代表建议、批评和意见120件，全部办理完毕，如硬化南窦庄至上滋洋道路等建议得到圆满解决。

县十四届人大四次会议代表提出代表建议、批评和意见128件，全部办结。一批代表多年提、联名提、连续提的建议得到解决。如县城污水处理、生活垃圾处理、修建公厕、加强县城治安巡防队和技防措施落实、硬化乡村道路等大批代表关注、群众关心的热点难点问题得到解决。

县十四届人大五次会议代表提出代表建议、批评和意见121件，由县人民政府部门主办100件，由乡人民政府主办21件，代表满意的117件，基本满意的3件，理解的1件，拒签0件，代表满意率96.7%。

表10-3　行唐县第十四届人大常委会2007—2011年重点督办代表建议情况一览表

年　度	建　议
2007年	关于加强网吧的强化管理，还青少年一个洁净空间的建议；关于加大对矿山开采治理力度的建议；关于制定规范奶业发展问题的建议；关于建立行唐县信息网络，宣传行唐的建议；关于优化教育布局，配备合格师资，提高教育质量的建议；关于加强基层卫生院建设问题的建议；关于及时修建团贾线公路问题的建议；关于电力供应不足，农民有意见的问题的建议；关于尽快实施城区东扩道路建设问题的建议；关于黑恶势力猖獗，人民出行无安全感问题的建议
2008年	关于进一步加强治安管理，杜绝扒手偷窃问题的建议；关于提高山区教师待遇问题的建议；关于县医院住院收取病例查询费和供暖时间短问题的建议；关于帮助翟家庄旱庄人畜饮水及浇地问题的建议；关于解决余底村北铁道边变压器负荷大问题的建议；关于秦村通公交车问题的建议；关于维修西环至桥头道路问题的建议；关于解决农村宅基地批新不交旧问题的建议；关于物价局加大对供电公司收费监管力度问题的建议；关于增加农村信用社服务窗口，提高服务质量问题的建议
2009年	关于进一步加强社会治安整治力度的建议；关于加强乡村文化娱乐场所建设的建议；关于加强网吧经营管理的建议；关于优化师资结构，加强山区师资力量，发展行唐县教育事业的建议；关于整顿垃圾污染河道问题的建议；关于现有水资源合理使用问题的建议；关于迎宾路与东外环交叉口修转盘问题的建议；关于旧城改造问题的建议；关于增设金融服务网点，提高服务质量的建议；关于给翟营乡中学单独上变压器的建议
2010年	关于采取措施，使农民大面积小麦死亡损失降到最低点的建议；关于群众灌区防水的建议；关于组建县城治安巡防队的建议；关于维修岸秦线任家庄村东路段危桥桥梁的建议；关于行慈公路部分路段整修的建议；关于加大企业污染治理力度问题的建议；关于垃圾处理问题的建议；关于县城道路维修问题的建议；关于解决村民生活用电困难问题的建议；关于牛王寨旅游开发项目的建议

续表10-3

年　度	建　议
2011 年	关于解决官庄村老百姓吃水困难的建议；关于加强农业科学技术培训的建议；关于加强社会治安问题的建议；关于修建东市庄至西市庄连接道路的建议；关于修建范家佐村内道路的建议；关于落实公共厕所的实际应用的建议；关于提高乡村医疗卫生建设和服务水平的建议；关于加快教育布局调整建议；关于解决侯阳关村抗旱浇地用电困难的建议；关于整体开发历史文化资源的建议

四、评选先进单位和优秀代表

2008 年 3 月 27 日，县十四届人大常委会评出 2007 年度承办代表建议先进单位 8 个，履职优秀人大代表 20 名。2010 年 4 月 9 日，县十四届人大常委会评出 2009 年度承办代表建议先进单位 7 个，履职优秀人大代表 14 名。2011 年 4 月 20 日，县十四届人大常委会评出 2010 年度承办代表建议先进单位 7 个，履职优秀人大代表 16 名。

表 10-4　行唐县第十四届人大常委会表彰的先进单位和优秀县人大代表名表

时　间	人大代表建议承办先进单位	优秀县人大代表
2008 年 3 月 27 日	政府办、公安局、财政局、龙州镇、交通局、供电局、城建局、水务局	李素荣、盛新玲、姚永志、程彦国、张新征、韩根僧、卢文学、王永壮、宋永平、杨瑞庆、韩小中、李连才、张考菊、高银锁、赵贵米、王合军、杨润月、秦荣河、苗留保、高　岚
2010 年 4 月 9 日	政府办、公安局、交通局、供电局、城建局、环境保护局、教育局	姚永志、盖合保、张考菊、王合军、张新征、王永壮、李连才、李建敏、杨瑞庆、苏春来、刘建忠、张玉敏、韩小忠、甄吉林
2011 年 4 月 20 日	政府办、公安局、交通局、供电局、城建局、教育局、农业局	盖合保、张考菊、张新征、王永壮、李连才、李建敏、张玉海、刘建忠、韩小忠、马连成、苗留保、赵五芹、杨玉庆、徐梅彦、杨润月、高　岚

第三章　人民代表大会

行唐县第十四届人民代表大会任期自 2007 年 4 月至 2012 年 2 月，共召开会议 5 次，听取报告 30 个，作出决议决定 31 项，选举表决 10 项。

表 10-5　行唐县第十四届人民代表大会历次会议概况表

会　次	时　间	议题（项）	听取报告（个）	决议决定（项）	选举表决（项）
第一次	2007 年 4 月 16—18 日	7	6	6	4
第二次	2008 年 1 月 19—22 日	7	6	6	1
第三次	2009 年 2 月 17—20 日	6	6	6	—
第四次	2010 年 3 月 10—12 日	7	6	6	2
第五次	2011 年 3 月 3—5 日	7	6	7	3

第一节　会 议 概 况

一、县十四届人大一次会议

2007 年 4 月 16 日至 18 日，县十四届人大一次会议在县人民礼堂召开，出席代表 203 人（应到 203 人）。会议听取和审议县人民政府县长李震国作的《政府工作报告》；听取和审议县发展和改革局局长张满仓作的《关于行唐县 2006 年国民经济和社会发展计划执行情况与 2007 年国民经济和社会发展计划草案的报告》，审查了行唐县 2006 年国民经济和社会发展计划执行情况与 2007 年国民经济和社会发展计划草案；听取和审议县财政局局长米志斌作的《关于行唐县 2006 年财政预算执行情况和 2007 年财政预算草案的报告》，审查了行唐县 2006 年财政预算执行情况和 2007 年财政预算草案；听取和审议县人大常委会主任赵翠琴作的《行唐县人民代表大会常务委员会工作报告》、县人民法院院长李惊涛作的《行唐县人民法院工作报告》、县人民检察院代检察长兰志伟作的《行唐县人民检察院工作报告》。会议通过相应决议。会议选举产生县第十四届人大常委会组成人员，县人民政府县长、副县长，县人民法院院长，县人民检察院检察长（名单见本章第二节《会议选举》）。

这次会议是在全县经济社会发展和民主政治建设的新阶段召开的一次承前启后、继往开来的大会。会议审议通过了政府工作报告和其他各项报告，选举产生了新一届国家机关工作人员，为推进全县经济社会各项事业发展提供了坚强保证。会议指出，2007 年是深入贯彻落实科学发展观，积极推进全县经济社会发展和党的建设的突破年，新一届县人大常委会要以邓小平理论和“三个代表”重要思想为指导，全面贯彻省、市、县党代会精神，更好地坚持和完善人民代表大会制度，不断探索，勇于创新，使人大常委会的职能作用得到更进一步发挥。

二、县十四届人大二次会议

2008 年 1 月 19 日至 22 日，县十四届人大二次会议在县人民礼堂召开，出席代表 206 人（应到 206 人）。会议听取和审议县人民政府县长李震国作的《政府工作报告》；听取和审议县发展和改革局局长张胜利作的《关于行唐县 2007 年国民经济和社会发展计划执行情况与 2008 年国民经济和社会发展计划草案的报告》，审查了行唐县 2007 年国民经济和社会发展计划执行情况与 2008 年国民经济和社会发展计划草案；听取和审议县财政局局长米志斌作的《关于行唐县 2007 年财政预算执行情况和 2008 年财政预算草案的报告》，审查了行唐县 2007 年财政预算执行情况和 2008 年财政预算草案；听取和审议县人大常委会主任高和福作的《行唐县人民代表大会常务委员会工作报告》、县人民法院院长李惊涛作的《行唐县人民法院工作报告》、县人民检察院检察长兰志伟作的《行唐县人民检察院工作报告》。会议通过相应决议。会议选举产生行唐县出席石家庄市第十二届人民代表大会代表 18 名。

会议指出，这次会议是一次发扬民主、集思广益的大会，是一次凝聚人心、共谋发展的大会，更是一次团结进取、勇创伟业的大会，对于进一步团结和动员全县人民投身经济建设、推动社会发展、全面完成县委十届三次全会和“攻坚年”确定的各项目标任务，必将起到十分重要的作用。会议要求，2008 年是推动经济社会又好又快发展、建设和谐、文明、开放、富裕新行唐的攻坚之年，县十四届人大常委会要深入学习贯彻党的十七大精神，以邓小平理论和“三个代表”重要思想为指导，以科学发展观为统领，坚持和完善人民代表大会制度，围绕县委中心工作和全县工作大局，围绕落实县十四届人大二次会议决议，依法履行职能，坚持与时俱进，进一步增强监督的针对性和实效性，充分发挥人大代表的主体作用，始终主动作为、大胆开拓，以出色的工作赢得人民的信赖。各级各部门要加强和人大的沟通联系，共同营造团结、民主、和谐、顺畅的政治局面。全县广大干部要牢固树立以民为本的思想，始终把“统筹兼顾、集中攻坚、好中求快、争先发展”作为主基调，大力弘扬“顾全大局、务实奉献、不怕艰难、敢拼必胜”的行唐精神，在全县形成“服务发展、共促和谐、聚力攻坚、谋求跨越”的良好局面。

三、县十四届人大三次会议

2009年2月17日至20日，县十四届人大三次会议在县人民礼堂召开，出席代表206人（应到206人）。会议听取和审议县人民政府县长李震国作的《政府工作报告》；听取和审议县发展和改革局局长张胜利作的《关于行唐县2008年国民经济和社会发展计划执行情况与2009年国民经济和社会发展计划草案的报告》，审查了行唐县2008年国民经济和社会发展计划执行情况与2009年国民经济和社会发展计划草案；听取和审议县财政局局长米志斌作的《关于行唐县2008年财政预算执行情况和2009年财政预算草案的报告》，审查了行唐县2008年财政预算执行情况和2009年财政预算草案；听取和审议县人大常委会主任高和福作的《行唐县人民代表大会常务委员会工作报告》、县人民法院院长李惊涛作的《行唐县人民法院工作报告》、县人民检察院检察长兰志伟作的《行唐县人民检察院工作报告》。会议通过相应决议。

会议指出，2009年是全面贯彻落实党的十七大精神，推进经济社会又好又快发展的重要一年。做好全年的人大工作，对于进一步加强民主法治建设、推动科学发展、促进社会和谐，以优异成绩迎接中华人民共和国成立60周年，具有十分重要的意义。会议要求，新的一年里，广大干部要以邓小平理论和“三个代表”重要思想为指导，深入贯彻落实科学发展观，坚持和完善人民代表大会制度，围绕保增长、保变样、保民生、保稳定工作大局，围绕落实县十四届人大三次会议各项决议，依法履行职责，不断增强工作实效，为建设“开放、文明、生态、和谐”新行唐做出新的贡献。会议号召，面对新的历史条件下新的时代命题和艰巨任务，县人大常委会要在中共行唐县委的领导下，高举中国特色社会主义伟大旗帜，解放思想，锐意进取，扎实工作，为加强社会主义民主法治建设、开创全县科学发展新局面贡献力量。

四、县十四届人大四次会议

2010年3月10日至12日，县十四届人大四次会议在县人寿保险礼堂召开，出席代表206人（应到206人）。会议听取和审议县人民政府代县长吕素维作的《政府工作报告》；听取和审议县发展和改革局局长张胜利作的《关于行唐县2009年国民经济和社会发展计划执行情况与2010年国民经济和社会发展计划草案的报告》，审查了行唐县2009年国民经济和社会发展计划执行情况与2010年国民经济和社会发展计划草案；听取和审议县财政局局长米志斌作的《关于行唐县2009年县财政预算执行情况和2010年县财政预算草案的报告》，审查了行唐县2009年县财政预算执行情况和2010年县财政预算草案；听取和审议县人大常委会主任高和福作的《行唐县人民代表大会常务委员会工作报告》、县人民法院院长李惊涛作的《行唐县人民法院工作报告》、县人民检察院检察长兰志伟作的《行唐县人民检察院工作报告》。会议通过相应决议。会议选举产生县人大常委会委员2名，县人民政府县长。（名单见本章第二节《会议选举》）。

会议指出，2010 年是实施“十一五”规划的最后一年，也是如期实现全县城镇面貌“三年大变样”的关键一年。做好全年的工作，对于进一步加强民主法治建设，推动加快经济发展方式转变，保持经济平稳较快发展，全面推进生态行唐建设，启动实施“十二五”规划奠定良好基础，具有十分重要的意义。会议强调，时代赋予的使命神圣而光荣，人民寄予的期望殷切而厚重。县委十届五次全会确定了新的奋斗目标，绘就了新的蓝图，广大党员、干部要在中共行唐县委的领导下，高举中国特色社会主义伟大旗帜，全面贯彻落实科学发展观，振奋精神，创业创新，扎实工作，为加强社会主义民主法治建设，全面推进开放、文明、生态、和谐新行唐建设努力奋斗。

五、县十四届人大五次会议

2011 年 3 月 3 日至 5 日，县十四届人大五次会议在县人寿保险礼堂召开，出席代表 201 人（应到 206 人）。会议听取和审议县人民政府县长吕素维作的《行唐县人民政府关于国民经济和社会发展第十二个五年规划草案的报告》；听取和审议县发展和改革局局长张胜利作的《关于行唐县 2010 年国民经济和社会发展计划执行情况与 2011 年国民经济和社会发展计划草案的报告》，审查了行唐县 2010 年国民经济和社会发展计划执行情况与 2011 年国民经济和社会发展计划草案；听取和审议县财政局局长米志斌作的《关于行唐县 2010 年县本级预算和县总预算执行情况和 2011 年县本级预算和县总预算草案的报告》，审查了行唐县 2010 年县本级预算和县总预算执行情况和 2011 年县本级预算和县总预算草案；听取和审议县人大常委会主任高和福作的《行唐县人民代表大会常务委员会工作报告》、县人民法院代理院长梁锁山作的《行唐县人民法院工作报告》、县人民检察院代理检察长何步云作的《行唐县人民检察院工作报告》。会议通过相应决议和《关于加快推进“生态行唐”建设的决议》。会议选举产生县人大常委会委员 2 名，县人民法院院长，县人民检察院检察长（名单见本章第二节《会议选举》）。

会议指出，2011 年是实施“十二五”规划的开局之年。做好 2011 年的工作，对促进“十二五”开好局、起好步，具有非常重要的意义。会议强调，县十四届人大常委会要在中共行唐县委的领导下，全面贯彻党的十七大和十七届三中、四中、五中全会和县委十届六次全会精神，以邓小平理论和“三个代表”重要思想为指导，深入贯彻落实科学发展观，自觉服从服务于全县大局，认真履行《宪法》和法律赋予的各项职责，为推进全县尽快融入石家庄市东部工业突破区、实现跨越赶超、全面加快“生态行唐”建设步伐做出新的更大贡献。

第二节　会议选举

县第十四届人大历次会议，共选举产生县级国家机关工作人员 41 名。

县人大常委会

主　任：

高和福　　2007 年 4 月县十四届人大一次会议当选

副主任：

王吉秋　　2007 年 4 月县十四届人大一次会议当选

高国甫　　2007 年 4 月县十四届人大一次会议当选

温玲翠（女）　2007 年 4 月县十四届人大一次会议当选

宫国恩　　2007 年 4 月县十四届人大一次会议当选

届中调整情况：

宫国恩，2011 年 10 月 20 日，在县十四届人大常委会第三十二次会议上辞去行唐县人大常委会副主任职务。

委　员（县十四届人大一次会议选举产生）：

王玉录	王永保	王新平	仇翠玲(女)
石香文	付书娟(女)	闫素卫	刘文华
刘京伟	孙焕军	杨坚头	花素梅(女)
李素荣(女)	李梅山	郭荣芬(女)	高银锁
盛亚军	盛新玲(女)	麻新英	盖建林

2010 年 3 月县十四届人大四次会议选举产生：邸彦芳(女)　杨永志

2011 年 3 月县十四届人大五次会议选举产生：刘　鸣　康志强

届中调整情况：

闫素卫，2009 年 6 月 25 日，在县十四届人大常委会第十四次会议上辞去县人大常委会委员职务。

盛新玲（女），2009 年 12 月 18 日，在县十四届人大常委会第十八次会议上辞去县人大常委会委员职务。

石香文，2010 年 8 月 26 日，在县十四届人大常委会第二十三次会议上辞去县人大常委会委员职务。

盖建林，2011 年 10 月 20 日，在县十四届人大常委会第三十二次会议上辞去县人大常委会委员职务。

县人民政府

县　长：

李震国　　2007 年 4 月县十四届人大一次会议当选

吕素维（女）　2010 年 3 月县十四届人大四次会议当选

届中调整情况：

李震国，2009 年 8 月 5 日，在县十四届人大常委会第十五次会议上辞去行唐县人民政府县长职务。

吕素维（女），2009 年 8 月 5 日，县十四届人大常委会第十五次会议决定任命其为行唐县人民政府副县长，决定其为代理县长。

副县长：

田耀筠　　2007 年 4 月县十四届人大一次会议当选

高华树　　2007 年 4 月县十四届人大一次会议当选

张群书　　2007 年 4 月县十四届人大一次会议当选

王春立　　2007 年 4 月县十四届人大一次会议当选

董素平（女）　2007 年 4 月县十四届人大一次会议当选

白金旗　　2007 年 4 月县十四届人大一次会议当选

届中调整情况：

田耀筠，2009 年 2 月 16 日，在县十四届人大常委会第十二次会议上辞去行唐县人民政府副县长职务。

李　冰，2009 年 8 月 5 日，县十四届人大常委会第十五次会议决定任命其为行唐县人民政府副县长。

张群书，2011 年 4 月 28 日，县十四届人大常委会第二十七次会议决定免去其行唐县人民政府副县长职务。

袁永福，2011 年 6 月 14 日，县十四届人大常委会第二十八次会议决定任命其为行唐县人民政府副县长。

高华树、王春立、白金旗，2011 年 9 月 8 日，县十四届人大常委会第三十一次会议决定免去其行唐县人民政府副县长职务。

张聚华、张占宗、高文成，2011 年 9 月 8 日，县十四届人大常委会第三十一次会议决定任命其为行唐县人民政府副县长职务。

李　冰，2011 年 12 月 28 日，县十四届人大常委会第三十四次会议决定免去其行唐县人民政府副县长职务。

敦　盾（女），2011 年 12 月 28 日，县十四届人大常委会第三十四次会议决定任命其为行唐县人民政府副县长。

县人民法院

院　长：

李惊涛　　2007 年 4 月县十四届人大一次会议当选

梁锁山　　2011 年 3 月县十四届人大五次会议当选

届中调整情况：

梁锁山，2011 年 3 月 1 日，县十四届人大常委会第二十六次会议任命其为县人民法院副院长，决定其为代理院长

县人民检察院

检察长：

兰志伟（女） 2007 年 4 月县十四届人大一次会议当选

何步云 2011 年 3 月县十四届人大五次会议当选

届中调整情况：

兰志伟（女），2010 年 3 月 3 日，在县第十四届人大常委会第二十次会议上辞去县人民检察院检察长职务。

何步云，2010 年 12 月 28 日，县十四届人大常委会第二十五次会议任命其为县人民检察院副检察长，决定其为代理检察长。

链接 2：县十四届人大常委会主任简历

高和福，男，1954 年 12 月出生，汉族，中共党员，行唐县城寨乡北郝峪村人，大专学历。历任行唐县城寨公社、水利局、县人民政府办公室、政协办公室干部，玟台乡乡长、党委书记，留营乡党委书记，县人民政府办公室主任，县委常委、县委办公室主任，县委副书记兼政法委书记；行唐县第十三届人大常委会党组书记、副主任，行唐县第十四届人大常委会主任、党组书记。

第三节 会议组织

一、县十四届人大一次会议

（一）大会临时党委

书　记：李旭阳

副书记：李震国　张建慧　赵翠琴（女）　高和福

委　员：齐振宝　王进才　王吉秋　温玲翠（女）

（二）大会主席团和秘书长

主席团：

王吉秋	王进才	石香文	田耀筠
刘　军	刘文华	刘京伟	齐振宝
杨永志	杨同振	杨坚头	李书新
李旭阳	李素荣（女）	李震国	张建慧
张胜利	孟文锁	孟振平	赵二建
赵为民	赵英海	赵宝林	赵翠琴（女）
宫国恩	袁光义	郭银海	高国甫
高和福	高银锁	崔建刚	温玲翠（女）

秘书长：王吉秋（兼）

（三）大会主席团常务主席

李旭阳	李震国	张建慧	赵翠琴（女）
高和福	齐振宝	王进才	王吉秋
高国甫	温玲翠（女）		

（四）大会代表资格审查委员会

主任委员：王吉秋

副主任委员：刘京伟　盖建林

委　　员：王玉录　王新平　仇翠玲（女）　李梅山

（五）大会计划预算审查委员会

主任委员：温玲翠（女）

副主任委员：石香文　刘建忠

委　　员：王新平　刘　鸣　付书娟（女）　闫素卫

（六）大会议案审查委员会

主任委员：高国甫

副主任委员：刘京伟　刘文华

委　　员：王玉录　李素荣（女）　顾会欣　盛新玲（女）

二、县十四届人大二次会议

（一）大会临时党委

书　记：李旭阳

副书记：李震国　张建慧　高和福

委　员：齐振宝　王吉秋　温玲翠（女）　宫国恩

（二）大会主席团和秘书长

主席团：

王玉录	王吉秋	王永保	王新平
仇翠玲（女）	石香文	田耀筠	付书娟（女）
闫素卫	刘文华	刘京伟	齐振宝
孙焕军	杨永志	杨同振	杨坚头
花素梅（女）	李书新	李旭阳	李素荣（女）
李梅山	李翠玲（女）	李震国	张　骉
张建慧	孟文锁	孟振平	赵二建
赵为民	赵英海	赵宝林	宫国恩
郭荣芬（女）	郭银海	高国甫	高和福
高彦明	高银锁	盛亚军	盛新玲（女）
崔建刚	康志强	麻新英	盖建林
温玲翠（女）			

秘书长：王吉秋(兼)

（三）大会主席团常务主席

李旭阳	李震国	张建慧	高和福
齐振宝	王吉秋	高国甫	温玲翠(女)
宫国恩			

（四）大会计划预算审查委员会

主 任 委 员：高国甫

副主任委员：石香文　刘建忠

委　　　员：王新平　刘　鸣　李梅山　闫素卫

（五）大会议案审查委员会

主 任 委 员：王吉秋

副主任委员：刘京伟　刘文华

委　　　员：王玉录　李素荣(女)　顾会欣　盛新玲(女)

三、县十四届人大三次会议

（一）大会临时党委

书　记：李震国

副书记：张建慧　高和福

委　员：齐振宝　王吉秋　温玲翠(女)　宫国恩

（二）大会主席团和秘书长

主席团：

王玉录	王吉秋	王永保	王新平
仇翠玲(女)	石香文	付书娟(女)	刘文华
刘亚林	齐振宝	杨永志	杨同振
李书新	李素荣(女)	李翠玲(女)	李震国
张　骉	张建慧	孟文锁	孟振平
赵二建	赵为民	赵英海	赵宝林
宫国恩	郭荣芬(女)	郭银海	高国甫
高和福	高彦明	盛新玲(女)	麻新英
康志强	温玲翠(女)		

秘书长：王吉秋(兼)

（三）大会主席团常务主席

李震国	张建慧	高和福	齐振宝
王吉秋	高国甫	温玲翠(女)	宫国恩

（四）大会计划预算审查委员会

主任委员：温玲翠(女)

副主任委员：石香文　刘建忠

委　　员：王新平　刘　鸣　闫素卫　李梅山

（五）大会议案审查委员会

主任委员：王吉秋

副主任委员：刘京伟　刘文华

委　　员：王玉录　李素荣(女)　顾会欣　盛新玲(女)

四、县十四届人大四次会议

（一）大会临时党委

书　记：李震国

副书记：吕素维（女）　张建慧　高和福

委　员：齐振宝　王吉秋　温玲翠(女)　宫国恩

（二）大会主席团和秘书长

主席团：

王玉录	王吉秋	王永保	王建良
王新平	仇翠玲(女)	石香文	付书娟(女)
吕素维(女)	刘　鸣	刘文华	刘亚林
齐振宝	杨永志	杨同振	杨澜波
李义芳	李书新	李素荣(女)	李翠玲(女)
李震国	张　骉	张天吉	孟文锁
赵为民	赵英海	赵宝林	宫国恩
郭荣芬(女)	郭银海	高华树	高国甫
高和福	高彦明	麻新英	康志强
温玲翠(女)			

秘书长：王吉秋(兼)

（三）大会主席团常务主席

李震国	吕素维(女)	张建慧	高和福
齐振宝	王吉秋	高国甫	温玲翠(女)
宫国恩			

（四）大会计划预算审查委员会

主任委员：温玲翠（女）

副主任委员：石香文　刘建忠

委　　员：王新平　刘　鸣　盖建林　李梅山

（五）大会议案审查委员会

主任委员：王吉秋

副主任委员：刘文华　刘京伟

委　　员：王玉录　李素荣(女)　顾会欣

五、县十四届人大五次会议

（一）大会临时党委

书　记：李震国

副书记：吕素维（女）　杨澜波　高和福

委　员：齐振宝　王吉秋　温玲翠(女)　宫国恩

（二）大会主席团和秘书长

主席团：

王玉录	王吉秋	王永保	王建良
王新平	仇翠玲(女)	石香文	付书娟(女)
吕素维(女)	刘　鸣	刘文华	刘亚林
齐振宝	杨永志	杨同振	杨澜波
李义芳	李书新	李素荣(女)	李翠玲(女)
李震国	张　骉	张天吉	孟文锁
赵为民	赵英海	赵宝林	宫国恩
郭荣芬(女)	郭银海	高华树	高国甫
高和福	高彦明	麻新英	康志强
温玲翠(女)			

秘书长：王吉秋(兼)

（三）大会主席团常务主席

李震国	吕素维(女)	杨澜波	高和福
齐振宝	王吉秋	高国甫	温玲翠(女)
宫国恩			

（四）大会计划预算审查委员会

主任委员：温玲翠(女)

副主任委员：石香文　刘建忠

委　　员：王新平　刘　鸣　盖建林　李梅山

（五）大会议案审查委员会

主任委员：王吉秋

副主任委员：刘文华　刘京伟

委　　员：王玉录　李素荣(女)　付东辉

第四章　人民代表大会常务委员会

县十四届人大常委会自2007年4月选举产生以来，在中共行唐县委领导下，坚持以邓小平理论和“三个代表”重要思想为指导，深入贯彻党的十六大和十六届五中、六中全会精神，坚持科学发展观，确保人大工作的政治方向。

表10-6　行唐县第十四届人大常委会主任、副主任概况表

职　务	姓　名	任职时间
主　任	高和福	2007年4月—2012年2月
副主任	王吉秋	2007年4月—2012年2月
	高国甫	2007年4月—2012年2月
	温玲翠	2007年4月—2012年2月
	宫国恩	2007年4月—2010年10月

第一节　常委会会议

县十四届人大常委会共召开常委会会议35次。

第一次会议　2007年4月26日召开，县人大常委会主任高和福，副主任王吉秋、高国甫、温玲翠、宫国恩和19名委员出席会议。县人民政府常务副县长田耀筠，县人民法院院长李惊涛，县人民检察院检察长兰志伟列席会议。会议学习《监督法》《地方组织法》及县委书记李旭阳在县委理论学习中心组学习暨常委扩大会议上的讲话，书面印发胡锦涛2004年9月15日在首都纪念全国人民代表大会成立50周年大会上的讲话和吴邦国2004年9月16日在社会主义民主与法治建设座谈会上的讲话。会议通报《行唐县人大常委会2007年工作要点》和行唐县人大常委会2007年会议议题及工作安排。会议审议通过县十四届人大常委会代表资格审查委员会名单草案。

链接3：县十四届人大常委会代表资格审查委员会组成人员

主 任 委 员：王吉秋

副主任委员：刘京伟　盖建林

委　　员：王玉录　王新平　仇翠玲(女)　李梅山

调整情况：2011 年 10 月 20 日，县十四届人大常委会第三十二次会议接受盖建林辞去县十四届人大常委会委员职务的请求，其县十四届人大常委会代表资格审查委员会委员职务相应终止。

第二次会议　2007 年 6 月 28 日召开，县人大常委会主任高和福，副主任王吉秋、高国甫、温玲翠、宫国恩和 17 名委员出席会议。县人民政府副县长王春立、张群书，县人民法院院长李惊涛，县人民检察院检察长兰志伟列席会议。会议听取和审议县人民政府副县长张群书作的《关于城乡社会保障制度落实情况的报告》；审议通过《行唐县第十四届人大常委会议事规则》《行唐县人大常委会关于代表建议、批评和意见的提出及办理规定》《行唐县人大常委会与“一府两院”联系办法》；会议通过县人大常委会执法检查组《关于〈中华人民共和国安全生产法〉执法检查情况通报》，县人大常委会视察组《关于新型农村合作医疗建立运行情况的通报》和《关于市人大代表来我县视察情况的通报》。会议通过人事任免事项（名单见本篇第七章《选举任免》）。

第三次会议　2007 年 8 月 28 日召开，县人大常委会主任高和福，副主任王吉秋、高国甫、温玲翠、宫国恩和 17 名委员出席会议。县人民政府常务副县长田耀筠、副县长白金旗，县人民法院院长李惊涛，县人民检察院副检察长郭法敏列席会议。会议听取和审议县人民政府副县长白金旗作的《关于打黑除恶及社会治安综合治理工作的报告》，县人大常委会调研组副组长刘京伟作的《关于县政府打黑除恶及社会治安综合治理情况的调研报告》；听取和审议县人民政府副县长白金旗作的《关于我县文化市场管理工作的报告》，县人大常委会调研组副组长刘文华作的《关于我县文化市场管理工作的调研报告》；听取和审议县人民检察院副检察长郭法敏作的《关于完善检察监督制度促进公正司法情况的报告》，县人大常委会调研组组长王吉秋作的《关于县检察院完善检察监督制度促进公正司法工作情况的调研报告》；听取和审议县人民政府副县长田耀筠作的《关于 2007 年上半年预算执行情况的报告》《关于 2007 年上半年国民经济和社会发展计划执行情况的报告》，县人大常委会调研组副组长石香文作的《关于县政府财政预算上半年执行情况的调研报告》《关于县政府上半年国民经济和社会发展计划执行情况的调研报告》；审议通过《行唐县人大常委会关于听取和审议县政府、县法院和县检察院专项工作报告的意见（试行）》和《行唐县人大常委会执法检查工作的规定（试行）》。会议通过相关人事任免事项（名单见本篇第七章《选举任免》）。

第四次会议　2007 年 10 月 26 日召开，县人大常委会主任高和福，副主任王吉秋、高国甫、宫国恩和 13 名委员出席会议。县人民政府常务副县长田耀筠，县人民法院院长李惊涛，县人民检察院检察长兰志伟列席会议。会议学习传达党的十七大精神。听取和审议县人民政府常务副县长田耀筠作的《关于重点项目建设专项工作情况的报告》，县人大常委会调研组副组长刘文华作的《关于县政府重点项目建设专项工作情况的视察调研报告》；听取和审议县财政局局长米志斌作的《关于 2006 年度财政总决算情况的报告》，县人大常委会调研组副组长胡玉白作的《关于县政府2006年度财政决算情况的调研报告》；听取和审议县审计局局长高同和作的《关于2006年度县本级财政预算执行和其他财政收支情况的审计工作报告》；听取和审议县人民政府常务副县长田耀筠作的《关于办理县十四届人大一次会议代表建议的情况报告》，县人大常委会调研组副组长刘京伟作的《关于县政府办理县十四届人大一次会议代表建议情况的调研报告》；听取和审议县人民法院院长李惊涛作的《关于完善审判监督制度，促进公正司法情况的报告》，县人大常委会调研组副组长孙辉作的《关于完善审判监督制度，促进公正司法情况的调研报告》。会议审议通过《行唐县人民代表大会常务委员会预算审查监督实施办法》《行唐县人民代表大会常务委员会人事任免办法》。

第五次会议　2007年12月20日召开，县人大常委会主任高和福，副主任王吉秋、宫国恩和17名委员出席会议。县人民政府常务副县长田耀筠，县人民法院副院长王兴利，县人民检察院党组副书记韩翠平列席会议。会议听取和审议县人民政府常务副县长田耀筠作的《关于2007年〈政府工作报告〉落实情况的报告》，县人大常委会调研组副组长刘文华作的《关于2007年县〈政府工作报告〉落实情况的调研报告》；听取和审议县人民政府常务副县长田耀筠作的《关于新型农村合作医疗制度运行情况的报告》，县人大常委会调研组副组长赵力杰作的《关于新型农村合作医疗制度运行情况的调研报告》；听取县人大常委会执法检查组副组长刘京伟作的《关于〈食品卫生法〉执法检查情况的报告》，县人大常委会调研组副组长张晓密作的《关于免除农村义务教育阶段学杂费情况的调研报告》。会议审议通过县人大常委会办公室主任刘文华作的《关于召开县十四届人民代表大会第二次会议筹备工作的报告》。会议通过人事任免事项（名单见本篇第七章《选举任免》）。

第六次会议　2008年1月17日召开，县人大常委会主任高和福，副主任王吉秋、高国甫、宫国恩和15名委员出席会议。县人民法院院长李惊涛，县人民检察院检察长兰志伟列席会议。会议审议通过《行唐县人大常委会关于召开行唐县第十四届人民代表大会第二次会议的决定》《行唐县第十四届人民代表大会第二次会议议程（草案）》《行唐县第十四届人民代表大会第二次会议日程（草案）》《行唐县第十四届人民代表大会第二次会议主席团和秘书长名单（草案）》《行唐县第十四届人民代表大会第二次会议主席团常务主席名单（草案）》《行唐县第十四届人民代表大会第二次会议副秘书长名单（草案）》《行唐县第十四届人民代表大会第二次会议列席人员名单（草案）》《行唐县第十四届人民代表大会第二次会议议案审查委员会名单（草案）》《行唐县第十四届人民代表大会第二次会议计划预算审查委员会名单（草案）》《行唐县第十四届人民代表大会代表资格审查委员会关于代表资格的审查报告》《行唐县人大常委会财经工委关于2008年财政预算的初审报告》《行唐县第十四届人民代表大会常务委员会工作报告（稿）》；审议通过县人民检察院《关于对县十四届人大代表李某某呈请拘留的报告》。

第七次会议　2008年3月27日召开，县人大常委会主任高和福，副主任王吉秋、高国甫、温玲翠、宫国恩和18名委员出席会议。县人民政府副县长董素平，县人民法院院长李惊涛，县人民检察院副检察长花进峰列席会议。会议听取和审议县人民政府副县长董素平作的《关于惠农政策落实情况的报告》，县人大常委会调研组组长王吉秋作的《关于惠农政策落实情况的调研报告》；听取和审议县人大常委会执法检查组组长高国甫作的《关于开展〈中华人民共和国农民专业合作社法〉执法检查情况的报告》；书面听取县人民政府《关于新上项目工作的报告》。会议审议通过《行唐县人大常委会2008年工作要点》。会议听取县人大常委会代联工委主任刘京伟作的《行唐县第十四届人大第二次会议议案审查委员会关于代表建议、批评和意见情况的通报》。

第八次会议 2008年5月28日召开，县人大常委会主任高和福，副主任高国甫、宫国恩和16名委员出席会议。县人民政府常务副县长田耀筠，县人民法院院长李惊涛，县人民检察院检察长兰志伟列席会议。会议听取和审议县人民政府常务副县长田耀筠作的《关于县城规划详规及城乡规划制定和落实情况的报告》，县人大常委会执法检查组组长宫国恩作的《关于〈中华人民共和国城乡规划法〉执法检查情况报告》；听取和审议县人民法院院长李惊涛作的《关于县法院人民陪审员制度建立运行情况的报告》、县人民检察院检察长兰志伟作的《关于县检察院警务区建设情况的报告》。会议通过《行唐县人大常委会关于公民旁听县人民代表大会常务委员会会议办法（草案）》。

第九次会议 2008年7月25日召开，县人大常委会主任高和福，副主任王吉秋、高国甫、温玲翠、宫国恩和16名委员出席会议。县人民政府常务副县长田耀筠，县人民法院院长李惊涛，县人民检察院检察长兰志伟列席会议。会议听取和审议县人民政府常务副县长田耀筠作的《关于2008年上半年国民经济和社会发展计划执行情况的报告》《关于“十一五”规划实施情况的中期评估报告》《关于2008年上半年财政预算执行情况的报告》《关于2007年度县本级决算草案情况的报告》，县人大常委会调研组组长宫国恩作的《关于“十一五”规划实施情况中期评估报告的调研报告》，县人大常委会调研组组长温玲翠作的《关于2008年上半年财政预算执行情况的调研报告》；听取和审议县审计局局长高同和作的《关于2007年度县本级财政预算执行和其他财政收支情况的审计工作报告》。会议通过相应决议。会议听取和审议县人大常委会办公室主任刘文华作的《关于制定行唐县第十四届人民代表大会常务委员会组成人员守则（草案）情况的说明》，通过《行唐县第十四届人民代表大会常务委员会组成人员守则（草案）》；听取和审议县人大常委会政治法律工委主任孙辉作的《关于制定〈县人民政府向县人大常委会提请决定重大事项、通报重要情况和报送重要文件规定（草案）〉情况的说明》，通过《行唐县人大常委会关于县人民政府向县人大常委会提请决定重大事项、通报重要情况和报送重要文件的规定（草案）》。会议通过人事任免事项（名单见本篇第七章《选举任免》）。

第十次会议 2008年9月26日召开，县人大常委会主任高和福，副主任王吉秋、高国甫、温玲翠、宫国恩和19名委员出席会议。县人民政府副县长白金旗，县人民法院院长李惊涛，县人民检察院检察长兰志伟列席会议。会议听取和审议县人民政府副县长白金旗作的

《关于人口和计划生育奖励扶助政策落实情况的报告》，县人大常委会调研组组长宫国恩作的《关于县政府落实计生奖励扶助政策的调研报告》；听取和审议县人民政府副县长白金旗作的《关于办理县十四届人大二次会议代表建议情况的报告》，县人大常委会调研组组长王吉秋作的《关于对县政府办理县十四届人大二次会议代表建议工作的调研报告》；听取和审议县人民法院院长李惊涛作的《关于行政审判工作情况的报告》，县人大常委会调研组组长王吉秋作的《关于县法院行政案件审判情况的调研报告》；听取和审议县发展和改革局局长张胜利作的《关于制定行唐生态县建设规划（文本）情况的说明》《关于行唐县“十一五”规划纲要调整和完善方案》、县财政局局长米志斌作的《关于调整2008年财政预算的报告》。会议通过相应决议。会议听取县人民政府办公室主任陈树旗作的《关于处理“三鹿”牌婴幼儿奶粉重大食品安全事件工作情况的报告》；书面听取县人民政府《关于我县支援四川地震灾区捐款及救助情况的报告》。

第十一次会议　2008年11月25日召开，县人大常委会主任高和福，副主任王吉秋、高国甫、温玲翠、宫国恩和19名委员出席会议。县人民政府常务副县长田耀筠，县人民法院院长李惊涛，县人民检察院相关负责人列席会议。会议听取和审议县人民政府常务副县长田耀筠作的《关于重点项目建设情况的报告》，县人大常委会调研组组长温玲翠作的《关于县政府重点项目建设情况的调研报告》；听取和审议县人民政府常务副县长田耀筠作的《关于2008年〈政府工作报告〉落实情况的报告》，县人大常委会调研组组长高国甫作的《关于县政府2008年〈政府工作报告〉落实情况的调研报告》。会议通过人事任免事项（名单见本篇第七章《选举任免》）。

第十二次会议　2009年2月16日召开，县人大常委会主任高和福，副主任王吉秋、高国甫、温玲翠、宫国恩和19名委员出席会议。县人民政府副县长王春立，县人民法院院长李惊涛，县人民检察院检察长兰志伟列席会议。会议审议通过《行唐县第十四届人民代表大会第三次会议议程（草案）》《行唐县第十四届人民代表大会第三次会议主席团和秘书长名单（草案）》《行唐县第十四届人民代表大会第三次会议常务主席名单（草案）》《行唐县第十四届人民代表大会第三次会议副秘书长名单（草案）》《行唐县第十四届人民代表大会代表资格审查委员会关于代表资格的审查报告》《行唐县人大常委会财经工委关于2008年县级预算及县总预算执行情况和2009年县级预算及县总预算的初审报告》《行唐县人大常委会2009年工作要点（草案）》。会议作出《关于召开行唐县第十四届人民代表大会第三次会议的决定》。会议通过《关于接受田耀筠辞去行唐县人民政府副县长职务请求的决定》。

第十三次会议　2009年4月23日召开，县人大常委会主任高和福，副主任王吉秋、高国甫、温玲翠、宫国恩和16名委员出席会议。县人民政府副县长张群书，县人民法院院长李惊涛，县人民检察院检察长兰志伟列席会议。会议听取和审议县农业局局长高秋敏作的《关于2008年度良种补贴落实情况的报告》，并进行满意度测评，听取县人大常委会调研组组长高国甫作的《关于县农业局贯彻落实国家良种补贴政策情况的调研报告》；听取和审议县人民法院院长李惊涛作的《关于开展“三位一体”大调解工作有关情况的报告》，县人大常委会调研组组长王吉秋作的《关于县法院“三位一体”大调解工作情况的调研报告》；听取和审议县人大常委会执法检查组组长王吉秋作的《关于开展〈国务院关于加强市县政府依法行政的决定〉执法检查情况的报告》；听取县人大常委会办公室主任刘文华作的《行唐县人大常委会对县政府及其部门、县法院、县检察院专项工作报告进行满意度测评的实施意见》《行唐县人大常委会关于建立人大常委会组成人员履职档案的实施办法》情况的说明；听取县人大常委会政法工委主任孙辉作的关于制定《行唐县人大常委会关于重大涉法信访案件评查试行办法》《行唐县人大常委会对基层法庭庭长、派出所所长述职评议试行办法》情况的说明；听取县人大常委会代表联络工委主任刘京伟作的《行唐县人大常委会关于乡镇人大工作实行考核的实施办法》情况的说明；审议通过《行唐县人大常委会关于对县政府及其部门、县法院、县检察院专项工作报告进行满意度测评的实施意见》《行唐县人大常委会关于建立人大常委会组成人员履职档案的实施办法》《行唐县人大常委会关于重大涉法信访案件评查试行办法》《行唐县人大常委会对基层法庭庭长、派出所所长述职评议试行办法》《行唐县人大常委会关于乡镇人大工作实行考核的实施办法》。会议通过人事任免事项（名单见本篇第七章《选举任免》）。

第十四次会议 2009年6月25日召开，县人大常委会主任高和福，副主任高国甫，温玲翠，宫国恩和18名委员出席会议。县人民法院院长李惊涛，县人民检察院检察长兰志伟列席会议。会议听取和审议县人民检察院检察长兰志伟作的《县检察院关于发挥检察职能，为农村改革发展提供司法保障情况的报告》，县人大常委会调研组组长温玲翠作的《关于县检察院发挥检察职能，为农村改革发展提供司法保障情况的调研报告》；听取和审议县人民政府办公室主任陈树旗作的《县政府关于办好人民满意教育情况的报告》，县人大常委会调研组组长宫国恩作的《关于县政府办好人民满意教育情况的调研报告》；听取和审议县监察局局长刘军作的《县监察局关于深化行政审批制度改革、规范收费行为情况的报告》并进行满意度测评，县人大常委会调研组组长高国甫作的《关于县监察局深化行政审批制度改革、规范收费行为情况的的调研报告》。会议通过《关于接受闫素卫辞去行唐县人大常委会委员职务请求的决定》。会议通过人事任免事项（名单见本篇第七章《选举任免》）。

第十五次会议 2009年8月5日召开，县人大常委会主任高和福，副主任高国甫、温玲翠、宫国恩和18名委员出席会议。县人民法院、县人民检察院相关负责人列席会议。会议通过《关于接受李震国辞去行唐县人民政府县长职务请求的决定》。会议通过人事任免事项（名单见本篇第七章《选举任免》）。

第十六次会议 2009年8月19日召开，县人大常委会主任高和福，副主任高国甫、温玲翠、宫国恩和14名委员出席会议。县人民政府常务副县长高华树，县人民法院院长李惊涛，县人民检察院相关负责人列席会议。会议听取和审议县发展和改革局局长张胜利作的《关于2009年度上半年国民经济和社会发展计划执行情况的报告》《关于2009年度国民经济和社会发展计划个别指标调整情况的报告》，县人大常委会调研组组长温玲翠作的《关于县政府2009年上半年国民经济和社会发展计划执行情况的调研报告》、县十四届人民代表大会计划预算审查委员会《关于2009年度计划调整情况的审查说明》；听取和审议县财政局局长米志斌作的《关于2009年上半年财政预算执行情况的报告》《关于2009年度预算调整情况的报告》《关于2008年度财政决算草案情况的报告》，县人大常委会调研组组长温玲翠作的《关于县政府2009上半年财政预算执行情况的调研报告》、县十四届人民代表大会计划预算审查委员会《关于2009年预算调整情况的审查说明》；听取和审议县审计局局长李平福作的《关于2008年度本级财政预算执行和其他财政收支情况的审计报告》并进行满意度测评，听取县人大常委会调研组组长温玲翠作的《关于县2008年度本级财政预算执行和其他财政收支情况审计工作的调研报告》。会议通过相应决议。会议通过人事任免事项（名单见本篇第七章《选举任免》）。

第十七次会议　2009年10月28日召开，县人大常委会主任高和福，副主任王吉秋、高国甫、温玲翠、宫国恩和16名委员出席会议。县人民政府常务副县长高华树，县人民法院、县人民检察院相关负责人列席会议。会议听取和审议县人民政府常务副县长高华树作的《关于办理县十四届人大三次会议代表建议情况的报告》，县人大常委会调研组组长王吉秋作的《关于县十四届人大三次会议代表建议办理情况的调研报告》；听取和审议县人民政府常务副县长高华树作的《关于行唐县污水处理厂项目贷款事宜的报告》《行唐县经济建设投资有限公司向石家庄发展投资有限责任公司融资情况的报告》《关于向石家庄发展投资有限责任公司融资情况的报告》，县人大常委会副主任温玲翠作的《关于对县政府提交的县污水处理厂项目贷款事宜报告的审查说明》《行唐县经济建设投资有限公司向石家庄发展投资有限责任公司融资情况报告的审查说明》《行唐县人民政府向石家庄发展投资有限责任公司融资情况的审查说明》；听取和审议县人民政府常务副县长高华树作的《关于2009年1至9月份重点项目建设情况的报告》，县人大常委会调研组组长温玲翠作的《关于县政府重点项目建设情况的调研报告》；听取和审议县建设局局长苏文杰作的《关于城镇面貌“三年大变样”工作开展情况的报告》，县人大常委会调研组组长温玲翠作的《关于城镇面貌“三年大变样”工作开展情况的报告》；听取和审议县畜牧局局长王清泽作的《关于奶业发展情况的报告》，县人大常委会调研组组长高国甫作的《关于奶业发展情况的调研报告》；书面听取县人大常委会学习考察组《关于城镇面貌“三年大变样”学习考察报告》。会议作出《行唐县人大常委会关于批准〈县人民政府关于行唐县污水处理厂项目贷款事宜的报告〉的决定》《行唐县人大常委会关于批准〈县人民政府关于县经济建设投资有限公司向石家庄发展投资有限责任公司融资情况的报告〉的决定》《行唐县人大常委会关于批准〈县人民政府关于向石家庄发展投资有限责任公司融资情况的报告〉的决定》。

第十八次会议　2009年12月18日召开，县人大常委会主任高和福，副主任王吉秋、高国甫、温玲翠、宫国恩和14名委员出席会议。县人民政府常务副县长高华树，县人民法院院长李惊涛，县人民检察院相关负责人列席会议。会议听取和审议县人民政府常务副县长高华树作的《关于2009年政府工作报告落实情况的报告》，县人大常委会调研组组长高国甫作的《关于2009年〈政府工作报告〉落实情况的调研报告》；听取和审议县财政局局长米志斌作的《关于2009年专项资金使用情况的报告》，县人大常委会调研组组长温玲翠作的《关于2009年专项资金使用情况的调研报告》；听取和审议县公安局政委白岐山作的《关于县公安局打击痞霸、维护社会治安秩序情况的报告》并进行满意度测评，听取县人大常委会调研组组长王吉秋作的《关于打击痞霸、维护社会治安秩序情况的调研报告》；听取和审议县人大常委会执法检查组组长王吉秋作的《关于开展〈中华人民共和国政府信息公开条例〉执法检查情况的报告》。会议通过《关于接受盛新玲辞去行唐县人大常委会委员职务请求的决定》。

第十九次会议 2010年1月6日召开，县人大常委会主任高和福，副主任王吉秋、高国甫、温玲翠、宫国恩和16名委员出席了会议。县人民政府常务副县长高华树，县人民法院院长李惊涛，县人民检察院相关负责人列席会议。会议补选行唐县出席石家庄市第十二届人民代表大会代表1名（名单见本篇第七章《选举任免》）。

第二十次会议 2010年3月3日召开，县人大常委会主任高和福，副主任王吉秋、高国甫、温玲翠、宫国恩和17名委员出席会议。县人民政府常务副县长高华树，县人民法院院长李惊涛，县人民检察院相关负责人列席会议。会议审议通过《行唐县第十四届人民代表大会第四次会议议程（草案）》《行唐县第十四届人民代表大会第四次会议主席团和秘书长名单（草案）》《行唐县第十四届人民代表大会第四次会议常务主席名单（草案）》《行唐县第十四届人民代表大会第四次会议副秘书长名单（草案）》《行唐县第十四届人民代表大会第四次会议列席人员名单（草案）》《行唐县第十四届人民代表大会第四次会议议案审查委员会名单（草案）》《行唐县第十四届人民代表大会第四次会议计划预算审查委员会名单（草案）》《行唐县第十四届人民代表大会常务委员会代表资格审查委员会关于补选代表的代表资格的审查报告》《行唐县人大常委会工作报告（稿）》。会议作出《关于召开行唐县第十四届人民代表大会第四次会议的决定》。会议通过《关于接受兰志伟辞去行唐县人民检察院检察长职务请求的决定》。

第二十一次会议 2010年4月28日召开，县人大常委会主任高和福，副主任王吉秋、高国甫、宫国恩和18名委员出席会议。县人民法院院长李惊涛，县人民检察院相关负责人列席会议。会议听取和审议县财政局局长米志斌、县农业局局长高秋敏、县畜牧局局长王清泽分别作的《关于惠农政策落实情况的报告》。会议通过人事任免事项（名单见本篇第七章《选举任免》）。

第二十二次会议 2010年6月25日召开，县人大常委会主任高和福，副主任王吉秋、高国甫、温玲翠、宫国恩和16名委员出席会议。县人民政府常务副县长高华树，县人民法院院长李惊涛，县人民检察院相关负责人列席会议。会议听取和审议县发展和改革局局长张胜利作的《关于“两园一区”建设情况的报告》，县人大常委会调研组组长温玲翠作的《关于“两园一区”建设情况的调研报告》；听取和审议县人民法院院长李惊涛作的《关于为县域经济发展提供司法保障和服务工作开展情况的报告》，县人大常委会调研组组长王吉秋作的《关于县法院为县域经济发展提供司法保障和服务工作开展情况的调研报告》；听取和审议县人民检察院副检察长花进峰作的《关于发挥检察职能、确保惠农资金安全运行情况报告》，县人大常委会调研组组长王吉秋作的《关于县检察院发挥检察职能、确保惠农资金安全运行情况的调研报告》；听取和审议县人民政府督查室副主任付永志作的《关于建立行政执法责任制和执法公示制情况的报告》、县行政服务中心副主任仇建新作的《关于优质、高效、便捷服务情况的报告》；听取和审议县监察局局长刘军作的《关于清理规范收费情况的报告》，县公安局政委白岐山、县住房和城乡建设局局长苏文杰分别作的《关于清理和规范收费，建立行政执法责任制和执法公示制工作开展情况的报告》，县人大常委会调研组组长王吉秋作的《关于清理和规范收费，建立行政执法责任制和执法公示制工作开展情况的调研报告》。会议对县人民法院、县人民检察院、县公安局、县住房和城乡建设局进行满意度测评。

第二十三次会议　2010 年 8 月 26 日召开，县人大常委会主任高和福，副主任王吉秋、高国甫、温玲翠、宫国恩和 17 名委员出席会议。县人民政府常务副县长高华树，县人民法院院长李惊涛，县人民检察院相关负责人列席会议。会议听取县国税局局长崔振铎、地税局局长司国芳分别作的《关于组织税收情况的报告》并进行满意度测评；听取和审议县发展和改革局局长张胜利作的《关于上半年国民经济和社会发展计划执行情况的报告》，县人大常委会调研组组长温玲翠作的《关于上半年国民经济和社会发展计划执行情况的调研报告》；听取和审议县财政局局长米志斌作的《关于财政预算上半年执行情况的报告》，县人大常委会调研组组长温玲翠作的《关于上半年财政预算执行情况的调研报告》；听取和审议县财政局局长米志斌作的《关于 2009 年度县本级财政决算草案报告》，县人大常委会财经工委副主任胡玉白作的《关于县政府 2009 年度县本级财政决算草案情况的报告的初审意见》；听取和审议县审计局局长李平福作的《关于 2009 年度县本级财政预算执行和其他财政收支情况的审计报告》；听取和审议县财政局局长米志斌作的《关于预算调整情况的报告》，县人大常委会财经工委副主任胡玉白作的《关于县政府预算调整情况报告的初审意见》。会议通过相应决议。会议审议通过《行唐县第十四届人民代表大会常务委员会人事任免办法（试行）修正稿》。会议通过《关于接受石香文辞去行唐县人大常委会委员职务请求的决定》。会议通过人事任免事项（名单见本篇第七章《选举任免》）。

第二十四次会议　2010 年 10 月 28 日召开，县人大常委会主任高和福，副主任王吉秋、高国甫、温玲翠、宫国恩和 16 名委员出席会议。县人民政府常务副县长高华树，县人民法院、县人民检察院相关负责人列席会议。会议听取和审议县人民政府常务副县长高华树作的《关于办理县十四届人大四次会议代表建议、批评和意见情况的报告》，对县公安局、交通运输局、住房和城乡建设局办理代表建议情况进行满意度测评，听取和审议县人大常委会调研组组长王吉秋作的《关于县政府代表建议办理情况的调研报告》；听取和审议县发展和改革局局长张胜利作的《关于重点项目建设情况的报告》；听取和审议县住房和城乡建设局局长苏文杰作的《关于开展城镇面貌“三年大变样”工作情况的报告》并进行满意度测评，县人大常委会调研组组长温玲翠作的《关于城镇面貌“三年大变样”工作情况的调研报告》；听取和审议县人大常委会执法检查组《关于开展〈中华人民共和国水污染防治法〉执法检查情况的报告》。会议通过人事任免事项（名单见本篇第七章《选举任免》）。

第二十五次会议 2010 年 12 月 28 日召开，县人大常委会主任高和福，副主任王吉秋、高国甫、温玲翠、宫国恩和 14 名委员出席会议。县人民政府常务副县长高华树，县人民法院院长李惊涛，县人民检察院相关负责人列席会议。会议听取和审议县公安局政委白岐山作的《关于技防、人防措施落实情况和县城、基层治安联防队伍建设情况的报告》，县人大常委会调研组组长王吉秋作的《关于县公安局技防、人防措施落实情况和县城、基层治安联防队伍建设情况的调研报告》，并对公安局进行满意度测评；听取和审议县人民政府常务副县长高华树作的《关于〈政府工作报告〉落实情况的报告》，听取县发展和改革局局长张胜利、县教育局局长刘鸣利、县卫生局局长苑宝林、县农业局局长高秋敏分别作的《关于〈政府工作报告〉落实情况报告》并进行满意度测评；听取县发展和改革局局长张胜利作的《县政府关于制定“十二五”规划情况的报告》。会议通过人事任免事项（名单见本篇第七章《选举任免》）。

第二十六次会议 2011 年 3 月 1 日召开，县人大常委会主任高和福，副主任王吉秋、高国甫、温玲翠、宫国恩和 17 名委员出席会议。县人民政府常务副县长高华树，县人民法院院长李惊涛，县人民检察院相关负责人列席会议。会议审议通过县十四届人民代表大会第五次会议议程草案和各项名单建议草案等有关事项，作出《关于召开行唐县第十四届人民代表大会第五次会议的决定》。会议通过人事任免事项（名单见本篇第七章《选举任免》）。

第二十七次会议 2011 年 4 月 28 日召开，县人大常委会主任高和福，副主任王吉秋、高国甫、温玲翠、宫国恩和 16 名委员出席会议。县人民政府副县长李冰，县人民法院、县人民检察院相关负责人列席会议。会议学习 2011 年中央一号文件。会议听取和审议县人民政府《关于中小型水库除险加固、灌渠修复、河道治理和小型农田水利建设情况的报告》《关于城镇面貌“三年上水平”工作开展情况的报告》《关于重点项目建设情况的报告》。会议通过人事任免事项（名单见本篇第七章《选举任免》）。会议通过《关于接受张群书辞去行唐县人民政府副县长职务请求的决定》。

第二十八次会议 2011 年 6 月 14 日召开，县人大常委会主任高和福，副主任王吉秋、高国甫、温玲翠、宫国恩和 19 名委员出席会议。会议通过人事任免事项（名单见本篇第七章《选举任免》）。

第二十九次会议　2011 年 6 月 24 日召开，县人大常委会主任高和福，副主任王吉秋、高国甫、温玲翠、宫国恩和 14 名委员出席会议。县人民政府常务副县长高华树，县人民法院院长梁锁山，县人民检察院检察长何步云列席会议。会议听取和审议县人民法院院长梁锁山作的《关于推进量刑规范化制度建设情况的报告》，并进行满意度测评；听取和审议县人民检察院检察长何步云作的《关于加强刑事立案和诉讼活动法律监督情况的报告》，并进行满意度测评；听取和审议县监察局局长刘军、县行政服务中心副主任仇建新、县物价局局长赵二建分别作的《关于优化发展环境、开展“效能革命”工作情况的报告》，并进行满意度测评。会议通过人事任免事项（名单见本篇第七章《选举任免》）。

第三十次会议　2011 年 8 月 17 日召开，县人大常委会主任高和福，副主任高国甫、温玲翠、宫国恩和 14 名委员出席会议。县人民政府副县长王春立，县人民法院院长梁锁山，县人民检察院检察长何步云列席会议。会议听取和审议县发展和改革局局长张胜利作的《关于 2011 年上半年国民经济和社会发展计划执行情况的报告》，县人大常委会调研组组长温玲翠作的《关于 2011 年上半年国民经济和社会发展计划执行情况的调研报告》；听取和审议县财政局局长米志斌作的《关于财政预算上半年执行情况的报告》，县人大常委会调研组组长温玲翠作的《关于 2011 年上半年财政预算执行情况的调研报告》；听取县财政局局长米志斌作的《关于 2010 年度县本级财政决算情况的报告》、县审计局局长李平福作的《关于 2010 年度县本级财政预算执行和其他财政收支情况的审计报告》。会议通过相应决议。

第三十一次会议　2011 年 9 月 8 日召开，县人大常委会主任高和福，副主任王吉秋、高国甫、温玲翠、宫国恩和 17 名委员出席会议。县人民政府副县长董素平，县人民法院院长梁锁山，县人民检察院相关负责人列席会议。会议通过人事任免事项（名单见本篇第七章《选举任免》）。

第三十二次会议　2011 年 10 月 20 日召开，县人大常委会主任高和福，副主任王吉秋、高国甫、温玲翠、宫国恩和 18 名委员出席会议。县人民政府副县长张聚华，县人民法院院长梁锁山，县人民检察院检察长何步云列席会议。会议听取和审议县人民政府副县长张聚华作的《关于县十四届人大五次会议代表建议办理情况的报告》，县公安局局长白岐山、县住房和城乡建设局局长苏文杰、县交通局局长分别作的《关于办理县十四届人大五次会议代表建议情况的报告》，并进行满意度测评。会议通过《关于接受宫国恩辞去行唐县人大常委会副主任职务请求的决定》《关于接受盖建林辞去行唐县人大常委会委员职务请求的决定》。会议通过人事任免事项（名单见本篇第七章《选举任免》）。

第三十三次会议　2011 年 11 月 14 日召开，县人大常委会主任高和福，副主任王吉秋、高国甫、温玲翠和 14 名委员出席会议。县人民政府常务副县长张聚华，县人民法院院长梁锁山，县人民检察院检察长何步云列席会议。会议审议通过《行唐县人大常委会关于县乡人大换届选举时间的决定（草案）》《行唐县县、乡选举委员会名单（草案）》。会议通过人事任免事项（名单见本篇第七章《选举任免》）。

第三十四次会议 2011年12月28日召开，县人大常委会主任高和福，副主任王吉秋、高国甫、温玲翠和13名委员出席会议。县人民政府副县长高文成，县人民法院院长梁锁山，县人民检察院检察长何步云列席会议。会议听取和审议县公安局局长白岐山作的《关于加强县城技防措施落实和农村巡防队建设情况的报告》，县人大常委会调研组组长王吉秋作的《关于对县公安局加强县城技防措施落实和农村巡防队建设情况的调研报告》，并进行满意度测评；听取和审议县人民政府办公室主任赵为民、县卫生局局长苑宝林、县民政局局长杨永志分别作的《2011年民生实事完成情况报告》，并进行满意度测评，听取县人大常委会调研组《关于对我县落实8个方面35件民生实事情况的调研报告》。会议审议通过县人大常委会代表资格审查委员会副主任委员刘京伟作的《关于县十五届人民代表大会代表资格审查的报告》。会议通过人事任免事项（名单见本篇第七章《选举任免》）。

第三十五次会议 2012年2月18日召开，县人大常委会主任高和福，副主任王吉秋、高国甫、温玲翠和12名委员出席会议。县人民政府常务副县长张聚华，县人民法院院长梁锁山，县人民检察院检察长何步云列席会议。会议听取和审议县人大常委会办公室主任刘鸣作的《关于召开县十五届人大一次会议安排意见的报告》，作出《关于召开行唐县第十五届人民代表大会第一次会议的决定》；听取和审议县人大常委会代联工委主任刘京伟作的《关于办理县十四届人大五次会议代表建议情况的报告》；会议通过县十五届人大一次会议议程、日程（草案），主席团和秘书长、常务主席、副秘书长、议案审查委员会、计划预算审查委员会、列席人员名单（草案）和《行唐县人大常委会工作报告（稿）》；审议通过县人大常委会代表资格审查委员会《关于代表资格的审查报告》《行唐县第十五届人民代表大会代表资格审查委员会主任委员、副主任委员、委员名单（草案）》。

第二节 主任会议

县十四届人大常委会共召开主任会议46次，由县人大常委会主任高和福主持召开。县人大常委会各位副主任出席会议，各委室负责人列席会议，县人民政府及相关部门、县人民法院、县人民检察院负责人根据会议要求列席会议。

表10-7 行唐县第十四届人大常委会主任会议情况一览表

序号	时间	议题
1	2007年4月23日	研究通过县人大常委会主任、副主任分工；研究关于召开县十四届人大常委会第一次会议的有关事项。

续表10-7

序　号	时　间	议　题
2	2007年5月21日	研究通过县人大常委会机关各委室提请县人大常委会主任会议通过的《行唐县人大常委会主任会议事规则》《行唐县人大常委会党组会议事规则》《行唐县人大常委会机关公文处理细则》等6项工作制度和办法
3	2007年6月4日	通报近期县委安排的工作；研究驻无极县的市人大代表到行唐视察事项；研究新农合建立运行情况视察有关事项；研究《安全生产法》执法检查方案；通报向县十四届人大常委会第二次会议提请任免人员情况；研究对县人民政府关于社会保障机制落实和打黑除恶及社会综合治理专项工作报告听取实施方案的有关情况；确定县十四届人大常委会第二次会议召开时间
4	2007年8月3日	研究关于召开县十四届人大常委会第三次会议的有关事项；研究提请县人大常委会会议通过的关于《行唐县人大常委会执法检查规定》《行唐县人大常委会听取和审议县政府、县法院、县检察院专项工作报告的意见（试行稿）》
5	2007年8月20日	听取县十四届人大常委会第三次会议有关准备工作情况的汇报；通报县人大常委会主任、副主任分包督办重点代表建议工作情况
6	2007年9月20日	听取县人大常委会办公室关于召开县十四届人大常委会第四次会议有关工作情况的建议安排；研究确定县十四届人大常委会第四次会议议程；研究县人大常委会组成人员编组工作；研究关于召集“一府两院”负责人学习县人大常委会三项制度事项
7	2007年11月27日	研究县十四届人大常委会第五次会议议程；研究关于听取和审议《行唐县人民政府工作报告》落实情况报告和新型农村合作医疗制度运行情况报告的实施意见；研究关于对政府工作报告落实情况进行调研视察的安排意见；研究关于开展《食品卫生法》执法检查具体方案；研究县人大常委会关于开展学习贯彻十七大精神“电力先锋杯”人大知识竞赛活动的安排意见；研究关于召开县十四届人大二次会议的有关事项
8	2008年3月5日	研究关于召开县十四届人大常委会第七次会议的有关事项；研究关于开展《农民专业合作社法》执法检查的实施意见；研究关于听取和审议县人民政府惠农政策落实情况报告的实施意见；研究关于开展《农民专业合作社法》学习培训的安排意见。就县人大常委会2008年工作要点征求县人民政府县长、县人民法院院长、县人民检察院检察长的意见

续表10-7

序　号	时　间	议　题
9	2008年4月28日	学习《城乡规划法》及河北省委办公厅、省人民政府办公厅关于在全省开展城镇面貌“三年大变样”活动的有关文件；研究确定关于召开县十四届人大常委会第八次会议有关事项；审议县人大常委会关于听取和审议县人民政府县城规划详规及城乡规划制定和落实情况报告的实施方案、关于开展《城乡规划法》执法检查的实施方案、关于围绕县城镇面貌“三年大变样”活动开展调研活动的安排方案；审议县人大常委会关于听取和审议县人民检察院警务区建设情况报告的实施方案；听取和审议县人民法院陪审员制度建立运行情况报告的实施方案；审议行唐县人大常委会关于公民旁听县人民代表大会常务委员会会议办法（草案）；审议行唐县人大常委会关于规范性文件备案审查办法（草案）；研究确定县十四届人大常委会第八次会议的列席人员
10	2008年6月17日	研究通过召开县十四届人大常委会第九次会议有关事项；研究安排近期几项工作
11	2008年8月14日	研究关于召开县十四届人大常委会第十次会议有关事项；研究安排近期几项工作
12	2008年8月25日	传达全县领导干部会议精神，对县人大常委会机关各委室分包的“迎、保、促”下一阶段工作进行安排部署；通过关于县十四届人大常委会第十次会议召开时间、地点及列席人员等有关事项；听取县人大常委会各委室关于县十四届人大常委会第十次会议各项议题安排准备情况的汇报；听取县人大常委会办公室、县人大常委会教科文卫工委关于组织民主法治建设内容及《人口与计划生育法》学习培训工作安排情况的汇报
13	2008年10月20日	学习中共十七届三中全会审议通过的《中共中央关于推进农村改革发展若干重大问题的决定》；听取县人大常委会办公室关于召开县十四届人大常委会第十一次会议有关工作情况的建议安排；听取县人大常委会代表联络工委关于召开全县乡镇人大工作会议的安排意见
14	2008年12月9日	听取县人大常委会代表联络工委关于《行唐县民代表大会代表述职评议试行办法》起草情况的说明，讨论通过《行唐县人民代表大会代表述职评议试行办法》；讨论县人大常委会代联工委起草的《行唐县人大常委会关于活跃代表工作的办法》；听取《行唐县人大常委会关于乡镇人大工作实行百分考核的实施意见》

续表10-7

序　号	时　间	议　题
15	2009年3月5日	研究征求县人民政府、县人民法院、县人民检察院对县人大常委会2009年工作要点和重点工作安排的意见
16	2009年3月24日	听取县人大常委会政法工委关于行唐县人大常委会开展《国务院关于加强市县政府依法行政的决定》执法检查的实施意见；听取县人大常委会政法工委关于行唐县人大常委会听取和审议县"三位一体"大调解体系建设情况报告的实施意见；听取县人大常委会关于行唐县人大常委会听取和审议县农业局良种补贴落实情况报告的实施意见；研究县十四届人大常委会第十三次会议有关事项
17	2009年5月15日	听取县公安局关于对一名县人大代表采取行政拘留措施请示报告情况的说明和请示报告；听取县人大常委会代表联络工委关于县人大常委会向县人民法院推荐人民陪审员有关情况的说明；对各乡镇人民代表大会主席团及县直代表小组推荐的人选名单进行了审查筛选；研究确定向县人民法院推荐人民陪审员10名；听取和讨论县人大常委会党组学习实践科学发展观活动查找问题和征求意见汇总梳理初稿，并提出修改意见；学习内参选编刊登的上海市人大常委会主任刘云耕撰写的《铁了心"坚持"静下心"完善"-对坚持和完善人民代表大会制度的思考》一文
18	2009年5月25日	县十四届人大常委会第十四次会议安排意见；听取县人民检察院关于发挥检察职能，为农村改革发展提供司法保障情况的汇报；听取县人民政府关于办好人民满意教育情况的汇报；讨论通过县人大常委会调研组关于听取和审议县人民检察院关于发挥检察职能，为农村改革发展提供司法保障情况的实施意见和关于听取和审议县人民政府行政服务中心行政审批手续、减少收费项目情况的实施意见；听取讨论县人大常委会办公室关于进一步提高常委会审议质量的意见
19	2009年7月20日	研究关于召开县十四届人大常委会第十五次会议有关事宜；听取和讨论县人民政府关于2009年度财政预算上半年执行情况及2009年度预算调整情况报告的实施意见、县审计局关于2008年度本级财政预算执行和其他财政收支情况审计报告的实施意见、县人民政府关于2009年度上半年国民经济和社会发展计划执行情况及2009年度国民经济和社会发展计划调整情况报告的实施意见，议定按照此次会议提出的意见修改后印发实施；研究《行唐县人大常委会学习实践科学发展观活动整改落实方案》

续表10-7

序　号	时　间	议　题
20	2009 年 8 月 4 日	研究通过关于召开县十四届人大常委会第十五次会议有关事宜
21	2009 年 8 月 17 日	研究通过关于召开县十四届人大常委会第十六次会议有关事宜
22	2009 年 9 月 15 日	研究通过关于召开县十四届人大常委会第十七次会议有关事宜；研究通过关于召开县十四届人大常委会第二十二次主任会议听取有关部门汇报有关事宜；研究通过县人大常委会有关委室关于成立调研视察组和开展调研视察的实施意见。
23	2009 年 10 月 27 日	研究通过关于召开县十四届人大常委会第十七次会议有关事宜；听取县交通局关于公路建设情况的汇报、县财政局关于家电下乡和汽车、摩托车下乡财政兑付工作情况的汇报
24	2009 年 11 月 14 日	研究通过关于召开县十四届人大常委会第十八次会议有关事宜；研究通过关于召开县十四届人大常委会第二十四次主任会议有关事宜；安排部署关于整理县人大常委会委员履职档案、评议部分基层派出所所长、法庭庭长、培训市县乡人大代表、推荐部分优秀县人大代表担任县人民法院人民陪审员等有关工作
25	2009 年 12 月 14 日	听取县民政局关于救灾救济资金使用情况的汇报；听取县水务局关于县城自来水管网改造情况的汇报；听取县人大常委会办公室关于县十四届人大常委会第十八次会议筹备情况的说明；研究讨论县人大常委会调研组关于开展《政府工作报告》事项落实情况、专项资金使用情况、打击痞霸、维护社会治安秩序情况的调研报告及县人大常委会执法检查组关于开展《中华人民共和国政府信息公开条例》执法检查情况的报告；通过县十四届人大常委会第十八次会议列席人员和会议各项报告报告人名单；听取讨论县人大常委会办公室关于县人大常委会机关春节前有关工作安排方案（草案）；安排部署县人大常委会各委室 2009 年工作总结及 2010 年工作谋划工作，县人大代表补选和乡镇人大工作考核工作；研究关于县人大常委会任命人员向人大常委会进行年度书面述职工作
26	2010 年 2 月 26 日	传达县委常委会会议精神；研究通过关于召开县十四届人大常委会第二十次会议有关事宜；县人大常委会 2010 年会议议题及活动计划安排，县人大常委会主任会议 2010 年听取有关部门工作汇报的计划安排
27	2010 年 3 月 18 日	研究县人大常委会 2010 年工作要点；研究县人民政府、县人民法院、县人民检察院专项工作报告并进行满意度测评的实施方案（草案）

续表10-7

序　号	时　间	议　题
28	2010年3月29日	研究通过关于召开县十四届人大常委会第二十一次会议有关事项；研究通过县人大常委会调研组关于听取和审议县财政局、县农业局、县畜牧局关于惠农政策落实情况报告的实施意见；研究通过关于召开2009年承办代表建议先进单位履职优秀代表表彰暨2010年代表建议交办会议有关事宜
29	2010年4月21日	听取县十四届人大常委会第二十一次会议筹备情况的汇报；研究县财政局、农业局、畜牧局关于惠农政策落实情况的汇报稿；研究县人大常委会调研组关于县财政局、农业局、畜牧局关于惠农政策落实情况的调研报告；研究通过县人大常委会主任会议、县人民法院和县人民检察院提请县人大常委会审议的人事任免事项
30	2010年6月8日	听取县林业局关于全县林权制度改革和农产品安全体系建设情况，县农业局、县畜牧局关于农产品安全体系建设情况，县招商局、县发展和改革局关于项目谋划情况，县国土资源局关于开展土地储备情况，县卫生局关于县医院病房楼建设情况，县就业局关于农村劳动力转移情况的汇报；研究通过关于召开县十四届人大常委会第二十二次会议有关事项
31	2010年7月20日至22日	听取县教育局关于推进全县校舍安全改造工程进展情况的汇报；听取行唐一中工作情况的汇报并进行了视察；听取县工商局、卫生局、技术监督局关于食品安全体系建设情况的汇报，并视察县技术监督局检测室建设情况；听取县财政局关于融资平台建设情况、县环保局关于污水处理厂运行情况、县建设局关于县城生活垃圾填埋场及公园建设情况、县人民政府办公室关于重点代表建议办理情况的汇报；研究通过关于召开县十四届人大常委会第二十三次会议有关事宜
32	2010年8月19日	研究县十四届人大常委会第二十三次会议有关事项
33	2010年9月28日	听取县文广新局关于全县乡镇文化站和新农村书屋建设情况汇报；听取县发展和改革局关于玉晶玻璃二期工程进展情况的汇报，并实地视察玉晶玻璃二期工程；听取县发展和改革局关于“十二五”规划编制情况的汇报；研究通过关于召开县十四届人大常委会第二十四次会议有关事宜
34	2010年10月26日	研究县十四届人大常委会第二十四次会议有关事项

续表10-7

序号	时间	议题
35	2010年11月24日	听取县民政局关于“三院合一”建设情况的汇报；龙州镇政府关于城中村改造情况的汇报；县工商局关于农贸市场、龙州商城改造情况的汇报；研究通过关于召开县十四届人大常委会第二十五次会议有关事宜
36	2011年3月23日	听取关于2011年县人大常委会会议听取和审议专项工作报告与计划预算审计工作报告、主任会议议题、执法检查工作、视察工作、调研工作和工作活动等六项计划草案的简要说明，并原则通过以上各项工作计划
37	2011年4月12日	听取县发展和改革局关于乳业聚集区建设情况的汇报，县工信局关于提升我县现有工业企业水平、发展传统优势工业情况的汇报，县卫生局关于乡镇卫生院和村卫生室建设情况的汇报；研究通过召开县人大常委会第二十七次会议的有关事项
38	2011年4月26日	听取县教育局关于“下山扶贫教育工程”工作情况的汇报；县人民政府办公室关于县十四届人大五次会议各代表团以及专题审议组对“十二五”规划纲要报告审议意见落实情况的汇报；研究通过召开县人大常委会第二十七次会议的有关事项
39	2011年5月24日	听取县招商局关于招商引资优惠政策制定落实情况，县交通运输局关于县、乡、村道路建设情况，县住房和城乡建设局关于城中村改造情况，县工业和信息化局关于煤炭物流中心建设情况的汇报；听取关于“温岭市参与式预算”管理模式的学习考察报告；听取关于《行唐人大三十年》的编辑说明；研究通过召开县人大常委会第二十八次会议的有关事项
40	2011年6月21日	听取县物价局关于控物价、惠民生工作开展情况的汇报，县人民法院关于涉及民生案件审判工作开展情况的汇报；研究通过召开县人大常委会第二十九次会议的有关事项
41	2011年7月21日	听取县财政局关于加强税收征管以电控税工作开展情况、县国土资源局关于用地指标跑办和使用情况、县文广新局关于文体设施建设情况、县教育局关于行唐一中搬迁工作进展情况、县卫生局关于中医院搬迁工作进展情况的汇报；研究通过关于召开县人大常委会第三十次会议有关事项

续表10-7

序　号	时　间	议　题
42	2011年8月12日	研究通过关于召开县十四届人大常委会第三十次会议有关事项；研究讨论县人大常委会调研组关于对县人民政府2011年上半年国民经济和社会发展计划执行情况的调研报告、关于对县人民政府2011年上半年财政预算执行情况的调研报告；研究通过县人大常委会关于组织市、县、乡人大代表开展代表专题议政活动的安排意见
43	2011年9月15日	专题传达学习全省领导干部会议精神和全县三年上水平暨2号路综合改造提升动员会议精神
44	2011年11月11日	研究县十四届人大常委会第三十三次会议有关事项
45	2011年12月15日	研究县十四届人大常委会第三十四次会议有关事项
46	2012年2月13日	研究县十五届人大一次会议有关事项

第三节　机构设置

截至2007年4月，县十四届人大常委会仍设办公室（附设老干部科和信访科，规格均为正科）、政治法律工作委员会、财政经济工作委员会、代表联络工作委员会、教育科学文化卫生工作委员会，行政编制12名，工勤人员3名，老干部服务人员3名。2007年10月，核销老干部服务人员3名，增加行政编制3名，至2012年2月，内设机构和编制未变。

表10-8　行唐县第十四届人大常委会机构人员概况表

机构名称	职　务	姓　名	任职时间	说　明
办公室	主　任	刘文华	2007年4月—2010年4月	—
		刘　鸣	2010年4月—2012年2月	—
	副主任	王建坡	2007年4月—2012年2月	—
		杨永刚	2009年4月—2012年2月	—
	副主任科员	胡玉白	2007年5月—2009年4月	—
政治法律工作委员会	主　任	孙　辉	2007年4月—2011年6月	—
		李学军	2011年6月—2012年2月	—
财政经济工作委员会	主　任	—	2007年4月—2012年2月	缺　职
	副主任	胡玉白	2009年4月—2012年2月	—

续表10-8

机构名称	职　务	姓　名	任职时间	说　明
代表联络工作委员会	主　任	刘京伟	2007 年 4 月—2012 年 2 月	—
	副主任	—	2007 年 4 月—2012 年 2 月	缺　职
教育科学文化卫生工作委员会	主　任	张晓密	2007 年 12 月—2010 年 4 月	—
		赵力杰	2010 年 10 月—2012 年 2 月	—
	副主任	赵力杰	2007 年 6 月—2010 年 10 月	—
		谷大娃	2007 年 6 月—2010 年 10 月	—
老干部科	科　长	毛春良	2007 年 6 月—2009 年 4 月	—
	副科长	毛春良	2007 年 4 月—2007 年 6 月	—
		贾西海	2007 年 4 月—2012 年 2 月	—
		王晓光	2011 年 11 月—2012 年 2 月	—
信访科	科　长	韩文海	2007 年 4 月—2010 年 4 月	—
	副科长	张金贵	2010 年 10 月—2012 年 2 月	—

第四节　机关工作

一、自身建设

县十四届人大常委会加强机关规范化建设。按照县委“肃风正位”和“解放思想大讨论”的要求，着眼于增强常委会组成人员的履职能力，建立了县人大常委会组成人员履职档案，增强县人大常委会组成人员责任意识、调研能力、文字和口头表达能力。明确机关委室岗位职责，对标先进定标准，以开展“双创双树”（创新工作，树立新标准；创新理念，树立新形象）主题实践活动为契机，真正把“创先争优”体现到人大常委会依法履职的各个环节，落实到人大常委会工作的各个方面。在县委、县政府的关心支持下，以机关迁入新址为契机，改善办公设施、营造优美环境、强化日常管理、提高工作效率，保证了人大常委会及机关工作高效运转。围绕县委不同时期的工作重心，承担和参与了全县招商引资、重点项目建设、城镇面貌“三年大变样”、分包乡镇等重点工作，积极参与四氯化硅处置、问题奶粉清查等一批突发时事件的处置工作。

二、宣传工作

县人大常委会利用宪法日、国庆节等节点，加强对人民代表大会制度的宣传，扩大人民代表大会制度的影响，努力营造有利于人大发挥监督作用，树立人大权威的舆论氛围。县十四届人大常委会印发《行唐县人民代表大会常务委员会公报》共36期，发放到“一府两院”、各乡镇及全体人大代表手中，增强人大常委会工作的透明度，把县人大常委会的工作置于全体人大代表和全县人民监督之下。先后组织开展学习贯彻十七大精神“电力先锋杯”人大知识竞赛、纪念改革开放30周年人大工作回顾展、地方人大设立常委会30周年等活动，编辑完成《行唐人大三十年》《行唐县第十四届人大纪念册》，回顾总结地方人大设立以来的成功经验和做法，不断加强和完善县人大常委会各项工作，努力树立人大应有的地位和权威。利用县新闻媒体及时宣传人民代表大会、人大常委会、主任会议情况和重要活动情况，积极参与省市人大组织的活动，主动向省市人大报送信息稿件，并有多篇稿件被省市人大刊物刊用，展现了人大工作的良好风貌。

三、信访工作

县人大常委会进一步规范人大机关信访受理、交办、反馈和督查工作制度，对来信来访认真接访接待、过问和督办，全年共受理人民群众来信来访件198人次。县人大常委会各主任深入县信访接待中心和分包乡镇，认真接待群众来信来访，帮助基层化解了一批信访案件，积极做好分包乡镇的信访工作。

四、老干部工作

县人大常委会通过重阳节、春节召开老干部座谈会，征求老干部对全县经济和社会发展等方面的宝贵意见。几年来围绕生态行唐建设、城镇面貌“三年大变样”、乳业产业做大做强等内容组织老干部进行视察，并及时将老干部的建议意见向县委、县政府进行反馈。同时，认真帮助老干部解决生活中的困难，明确专人负责，经常入户走访，了解老干部身体状况和思想动态，为老干部健康愉快生活营造了宽松和谐的环境。

五、支援四川抗震救灾及灾后重建工作

“5·12”四川汶川特大地震对灾区人民的生命财产造成重大损失。在中共行唐县委领导下，县人大常委会积极投入到支援灾区抗震救灾及灾后重建工作。动员机关干部职工，踊跃向灾区人民捐款，帮助灾区群众解决实际困难。听取了县人民政府关于支援四川地震灾区捐款及救助情况的报告，并提出加强对所捐款物的使用管理，确保救灾款物落实到位，有力支援灾区完成抗震救灾和恢复重建的各项任务。

第五章 监督工作

县十四届人大及其常委会围绕县委的决策部署，切实履行《宪法》和法律赋予的职责，坚持以“贴近中心、贴近县情、贴近民生”为监督工作的着力点，监督支持“一府两院”开展工作。依法行使重大事项决定权，对县“十一五”规划中期评估、“十二五”规划制定，依法进行审议，并作出决定。加强对财政预算、国民经济和社会发展计划的监督，围绕重点项目工作开展监督。按照县委“工业立县、项目强县、产业富民、和谐发展”战略，采用集体视察和专项视察相结合，对玉晶玻璃、明旺乳业等重点项目进行视察，向县人民政府提出有关方面建议。支持政府不断解放思想，加大招商引资力度，引进一批对全县经济发展有拉动作用、对县财政有支撑作用的立县大项目。经过全县上下不懈努力，一举改变了行唐没有大项目、好项目的历史，更为加快行唐经济发展蓄积了后劲，增添了活力。围绕城镇面貌“三年大变样”工作开展监督。召开城建工作座谈会，组织到承德、怀来、宽城学习考察，借鉴外地好的经验和做法。听取和审议县人民政府关于城镇面貌“三年大变样”工作开展情况的报告，视察迎宾2号路建设和县社大楼拆除、县城主要街道改造升级、城中村改造等重点城建工程项目，推动了城建重点项目落实。

围绕“三农”工作开展监督。县人大常委会组织部分委员和代表深入调研，听取和审议县人民政府关于全县乳业发展情况的报告，并提出意见建议，全县乳业不仅没有垮下去，反而扩大了规模，提升了档次，实现了重生。围绕民生实事开展监督。将人代会上代表建议反映集中的“打黑除恶、社会治安综合治理、黑网吧整治、整顿矿山开采秩序”及教育、卫生、文化、社保等热点问题列入监督议题，加大监督力度，保证了各项民生实事得到较好落实。开展《国务院关于加强市县政府依法行政的决定》《中华人民共和国政府信息公开条例》实施情况的执法检查，指导执法部门建立完善执法责任制并向社会公开，提高办事效率，建设为民政府。先后听取和审议县人民法院、县人民检察院、县公安局关于为县域经济发展提供司法保障等情况的报告，针对存在的问题，提出整改意见并督促落实，为人民群众安居乐业创造了良好的治安环境，县城社会治安秩序明显好转，群众的满意度明显提升。在监督工作中，县人大常委会认真贯彻落实《监督法》，围绕增强监督实效这一中心环节，改进监督工作，健全监督工作制度，规范监督工作的程序，促进人大监督工作的制度化和规范化，增强人大行使监督权的可操作性和有效性。加强跟踪监督，提高监督工作的效果。县人大常委会高度重视抓好决议事项和审议意见的督办落实，要求县“一府两院”限期落实人大常委会的审议意见，提高了人大常委会监督工作的实际效果。

第一节　听取和审议专项工作报告与计划预算和审计工作报告

县十四届人大常委会常委会议共听取和审议县“一府两院”专项工作报告70项、计划预算和审计工作报告18项。

表10-9　行唐县第十四届人大常委会会议听取和审议专项工作报告与计划预算和审计工作报告情况表

时　间	常委会会议	报告内容
2007年6月28日	第二次	县人民政府关于城乡社会保障制度落实情况的报告；《安全生产法》执法检查情况报告
2007年8月28日	第三次	县人民政府关于打黑除恶及社会治安综合治理工作、文化市场管理工作的报告；县人民检察院关于完善检察监督制度促进公正司法情况的报告；县人民政府关于2007年上半年预算执行情况、国民经济和社会发展计划执行情况的报告
2007年10月26日	第四次	县人民政府关于重点项目建设专项工作情况报告；县人民政府关于2006年度财政总决算情况的报告；县审计局关于2006年度县本级财政预算执行和其他财政收支情况的审计工作报告；县人民法院关于完善审判监督制度，促进公正司法情况的报告；县人民政府关于办理县十四届人大一次会议代表建议情况的报告
2007年12月20日	第五次	县人民政府关于2007年《政府工作报告》落实情况的报告；县人民政府关于新型农村合作医疗制度运行情况的报告
2008年3月27日	第七次	县人民政府关于惠农政策落实情况的报告；县人民政府关于新上项目工作的报告
2008年5月28日	第八次	县人民政府关于县城规划详规及城乡规划制定和落实情况的报告；县人民法院关于人民陪审员制度建立运行情况的报告；县人民检察院关于警务区建设情况的报告
2008年7月25日	第九次	县人民政府关于2008年上半年国民经济和社会发展计划执行情况的报告；县人民政府关于“十一五”规划实施情况的中期评估报告；县人民政府关于2008年上半年财政预算执行情况的报告；县人民政府关于2007年度县本级决算草案情况的报告；县审计局关于2007年度县本级财政预算执行和其他财政收支情况的审计工作报告

续表10-9

时　间	常委会会议	报告内容
2008 年 9 月 26 日	第十次	县人民政府关于人口和计划生育奖励扶助政策落实情况的报告；县人民政府关于办理县十四届人大二次会议代表建议情况的报告；县人民法院关于行政审判工作情况的报告；县人民政府关于制定行唐生态县建设规划（文本）情况的说明，关于行唐县“十一五”规划纲要调整和完善方案，关于调整 2008 年财政预算调整的报告；县人民政府关于处理“三鹿”婴幼儿奶粉重大食品安全事件工作情况的报告；县人民政府关于我县支援四川地震灾区捐款及救助情况的报告
2008 年 11 月 25 日	第十一次	县人民政府关于重点项目建设情况的报告；县人民政府 2008 年《政府工作报告》落实情况的报告
2009 年 4 月 23 日	第十三次	县农业局关于 2008 年度良种补贴落实情况的报告；县人民法院关于开展“三位一体”大调解工作有关情况的报告
2009 年 6 月 25 日	第十四次	县人民检察院关于发挥检察职能，为农村改革发展提供司法保障情况的报告；县人民政府关于办好人民满意教育情况的报告；县监察局关于深化行政审批制度改革、规范收费行为情况的报告
2009 年 8 月 19 日	第十六次	县发展和改革局关于 2009 年度上半年国民经济和社会发展计划执行情况的报告、关于 2009 年度国民经济和社会发展计划个别指标调整情况的报告；县财政局关于 2009 年上半年财政预算执行情况的报告、关于 2009 年度预算调整情况的报告、关于 2008 年度财政决算草案情况的报告；县审计局关于 2008 年度本级财政预算执行和其它财政收支情况的审计报告
2009 年 10 月 28 日	第十七次	县人民政府关于办理县十四届人大三次会议代表建议情况、重点项目建设情况的报告；县建设局关于城镇面貌“三年大变样”工作开展情况的报告；县畜牧局关于奶业发展情况的报告；县人民政府关于行唐县污水处理厂项目贷款事宜的报告、关于向石家庄发展投资有限责任公司融资情况的报告；县经济建设投资有限公司向石家庄发展投资有限责任公司融资情况的报告
2009 年 12 月 18 日	第十八次	县人民政府关于 2009 年《政府工作报告》落实情况的报告；县财政局关于专项资金使用情况的报告；县公安局关于打击痞霸、维护社会治安秩序情况的报告
2010 年 4 月 28 日	第二十一次	县财政局、县农业局、县畜牧局关于惠农政策落实情况的报告

续表10-9

时　间	常委会会议	报告内容
2010年6月25日	第二十二次	县发展和改革局关于“两园一区”建设情况的报告；县人民法院关于为县域经济发展提供司法保障和服务工作开展情况的报告；县人民检察院关于发挥检察职能、确保惠农资金安全运行情况报告；县人民政府关于建立行政执法责任制和执法公示制情况的报告；县行政服务中心关于优质、高效、便捷服务情况的报告；县监察局关于清理规范收费情况的报告；县公安局、县住房和城乡建设局关于清理和规范收费，建立行政执法责任制和执法公示制工作开展情况的报告
2010年8月26日	第二十三次	县国税局、地税局关于组织税收情况的报告；县发展和改革局关于上半年国民经济和社会发展计划执行情况的报告；县财政局关于财政预算上半年执行情况的报告、关于2009年度县本级财政决算草案报告、关于预算调整情况的报告；县审计局关于2009年度县本级财政预算执行和其它财政收支情况的审计报告
2010年10月28日	第二十四次	县人民政府关于办理县十四届人大四次会议代表建议、批评和意见情况的报告；县发展和改革局关于重点项目建设情况的报告；县住房和城乡建设局关于开展城镇面貌“三年大变样”工作情况的报告
2010年12月28日	第二十五次	县人民政府及县发展和改革局、教育局、卫生局、农业局关于《政府工作报告》落实情况的报告；县公安局关于技防、人防措施落实情况和县城、基层治安联防队伍建设情况的报告；县人民政府关于制定“十二五”规划情况的报告
2011年4月28日	第二十七次	县人民政府关于中小型水库除险加固、灌渠修复、河道治理和小型农田水利建设情况、关于城镇面貌“三年上水平”工作开展情况、关于重点项目建设情况的报告
2011年6月24日	第二十九次	县人民法院关于推进量刑规范化制度建设情况的报告；县人民检察院关于加强刑事立案和诉讼活动法律监督情况的报告；县监察局、行政服务中心、物价局关于优化发展环境、开展“效能革命”工作情况的报告
2011年8月17日	第三十次	县发展和改革局关于2011年上半年国民经济和社会发展计划执行情况的报告；县财政局关于财政预算上半年执行情况的报告；县财政局关于2010年度县本级财政决算情况的报告；县审计局关于2010年度县本级财政预算执行和其他财政收支情况的审计报告
2011年10月20日	第三十二次	县人民政府及县公安局、住建局、交通局关于县十四届人大五次会议代表建议办理情况的报告
2011年12月28日	第三十四次	县公安局关于加强县城技防措施落实和农村巡防队建设情况的报告；县人民政府及县卫生局、民政局关于2011年民生实事完成情况的报告

第二节　主任会议听取专题工作汇报

县十四届人大常委会主任会议共听取专题工作汇报41项。

表10-10　行唐县第十四届人大常委会主任会议听取专题工作汇报情况一览表

时　间	汇报内容
2009年5月25日	县人民检察院关于发挥检察职能，为农村改革发展提供司法保障情况的汇报；县人民政府关于办好人民满意教育情况的汇报
2009年10月27日	县交通局关于公路建设情况的汇报；县财政局关于家电下乡和汽车、摩托车下乡财政兑付工作情况的汇报
2009年12月14日	县民政局关于救灾救济资金使用情况的汇报；县水务局关于县城自来水管网改造情况的汇报
2010年6月8日	县林业局关于全县林权制度改革和农产品安全体系建设情况的汇报；县农业局关于农产品安全体系建设情况的汇报；县畜牧局关于农产品安全体系建设情况的汇报；县招商局、县发展和改革局关于项目谋划情况的汇报；县国土资源局关于开展土地储备情况的汇报；县卫生局关于县医院病房楼建设情况的汇报；县就业局关于农村劳动力转移情况的汇报
2010年7月20日至22日	县教育局关于推进全县校舍安全改造工程进展情况的汇报；县工商局、卫生局、技术监督局关于食品安全体系建设情况的汇报；县财政局关于融资平台建设情况的汇报；县环保局关于污水处理厂运行情况的汇报；县建设局关于县城生活垃圾填埋场及公园建设情况的汇报；县人民政府办公室关于重点代表建议办理情况的汇报
2010年9月28日	县文化广电新闻和出版局关于全县乡镇文化站和新农村书屋建设情况的汇报；县发展和改革局关于玉晶玻璃二期工程进展情况的汇报；县发展和改革局关于“十二五”规划编制情况的汇报
2010年11月24日	县民政局关于“三院合一”建设情况的汇报；龙州镇政府关于城中村改造情况的汇报；县工商局关于农贸市场、龙州商城改造情况的汇报
2011年4月12日	县发展和改革局关于乳业聚集区建设情况的汇报；县工信局关于提升现有工业企业水平、发展传统优势工业情况的汇报；县卫生局关于乡镇卫生院和村卫生室建设情况的汇报
2011年4月26日	县教育局关于“下山扶贫教育工程”工作情况的汇报；县人民政府办公室关于县十四届人大五次会议各代表团以及专题审议组对“十二五”规划纲要报告审议意见落实情况的汇报
2011年5月24日	县招商局关于招商引资优惠政策制定落实情况的汇报；县交通运输局关于县、乡、村道路建设情况的汇报；县住房和城乡建设局关于城中村改造情况的汇报；县工业和信息化局关于煤炭物流中心建设情况的汇报

续表10-10

时　间	汇报内容
2011 年 6 月 21 日	县物价局关于控物价、惠民生工作开展情况的汇报；县人民法院关于涉及民生案件审判工作开展情况的汇报
2011 年 7 月 21 日	县财政局关于加强度收征管、以电控税工作开展情况的汇报；县国土资源局关于用地指标跑办和使用情况的汇报；县文广新局关于文体设施建设情况的汇报；县教育局关于行唐一中搬迁工作进展情况的汇报；县卫生局关于中医院搬迁工作进展情况的汇报

第三节　法律法规实施情况的检查

县十四届人大常委会组织开展执法检查 7 次。

1. 2007 年 5 月下旬至 6 月 20 日，县人大常委会主任高和福带领执法检查组对《安全生产法》贯彻实施情况开展执法检查。6 月 28 日，县十四届人大常委会第二次会议听取和审议县人大常委会执法检查组关于开展《安全生产法》执法检查情况的报告。

2. 2007 年 11 月至 12 月，县人大常委会主任高和福带领执法检查组对《食品卫生法》贯彻实施情况开展执法检查。12 月 20 日，县十四届人大常委会第五次会议听取和审议县人大常委会执法检查组关于开展《食品卫生法》执法检查情况的报告。

3. 2008 年 3 月中旬，县人大常委会主任高和福带领执法检查组对《农民专业合作社法》贯彻实施情况开展执法检查。3 月 27 日，县十四届人大常委会第七次会议听取和审议县人大常委会执法检查组关于开展《农民专业合作社法》执法检查情况的报告。

4. 2008 年 5 月 12 至 16 日，县人大常委会副主任王吉秋、温玲翠带领执法检查组对《城乡规划法》贯彻实施情况开展执法检查。5 月 28 日，县十四届人大常委会第八次会议听取和审议县人大常委会执法检查组关于开展《城乡规划法》执法检查情况的报告。

5. 2009 年 4 月上旬，县人大常委会主任高和福带领执法检查组对《国务院关于加强市县政府依法行政的决定》贯彻实施情况开展执法检查。4 月 23 日，县十四届人大常委会第十三次会议听取和审议了县人大常委会执法检查组关于开展《国务院关于加强市县政府依法行政的决定》执法检查情况的报告。

6. 2009 年 11 月至 12 月上旬，县人大常委会主任高和福带领执法检查组对《政府信息公开条例》贯彻实施情况开展执法检查。12 月 18 日，县十四届人大常委会第十八次会议听取和审议了县人大常委会执法检查组关于开展《政府信息公开条例》执法检查情况的报告。

7. 2010 年 10 月 11 日至 13 日，县人大常委会副主任高国甫带领县人大常委会执法检查组，对全县贯彻实施《水污染防治法》的情况进行执法检查。10 月 28 日县十四届人大常委会第二十四次会议听取和审议了县人大常委会执法检查组关于开展《水污染防治法》执法检查情况的报告。

第四节 视察调研

县十四届人大常委会共组织开展视察调研活动36次，其中视察活动10次，调研活动26次。

表10-11 行唐县第十四届人大常委会2007—2011年视察活动选录

时 间	视察内容	责任单位
2007年6月	关于全县新型农村合作医疗建设运行情况	教科文卫工委
2007年12月4—12日	关于重点项目建设、交通建设、县城建设、农村沼气池建设、农村人畜饮水工程、扶贫开发各项目点工作落实情况	人大常委会办公室
2010年5月17日	关于上碑镇东街村新民居建设情况	人大常委会办公室
2010年7月20—22日	关于行唐一中工作情况 关于县技术监督局检测室建设情况	人大常委会办公室 教科文卫工委
2010年9月28日	关于玉晶玻璃二期工程建设情况	财经工委
2010年12月	关于玉亭乡核桃基地、南桥瓷砖厂、口头医院、口头中学、二号路建设、垃圾填埋场、安香乡农业开发等12个相关单位项目建设情况	人大常委会办公室 教科文卫工委
2011年4月21日	关于只里乡、南桥镇卫生院和北高里村、北桥村卫生室，东安太庄苹果示范基地、南掌头村核桃示范基地，江河水库加固工程建设情况	人大常委会办公室 教科文卫工委
2011年9月21日	关于县建材和装饰材料市场、县煤炭物流中心及下山扶贫教育工程建设情况	财经工委 教科文卫工委
2011年12月	关于人防、技防、物防措施落实情况	政法工委

表10-12 行唐县第十四届人大常委会2007—2011年调研活动选录

时 间	调研内容	责任单位
2007年12月4—12日	关于《政府工作报告》事项落实情况	人大常委会办公室
2008年7月上中旬	关于2008年上半年国民经济和社会发展计划执行情况 关于“十一五”规划实施情况的中期评估 关于2008年上半年财政预算执行情况 关于2007年度县本级决算情况	财经工委
2008年9月上中旬	关于落实计生奖励扶助政策情况	教科文卫工委

续表10-12

时　间	调研内容	责任单位
2010 年 3 月 29 日	关于惠农政策落实情况	人大常委会办公室
2010 年 6 月上中旬	关于为县域经济发展提供司法保障和服务工作开展情况 关于发挥检察职能、确保惠农资金安全运行情况 关于县人民政府有关部门建立行政执法责任制和执法公示制情况	政法工委
	关于“两园一区”建设情况	人大常委会办公室
2010 年 8 月 2 日	关于税收征管工作进展情况	财经工委
2010 年 8 月上中旬	关于上半年国民经济和社会发展计划执行情况 关于上半年财政预算执行情况	财经工委
2010 年 8 月 13—15 日	关于文化市场管理工作	教科文卫工委
2010 年 10 月上旬	关于县人民政府办理代表建议工作情况	代联工委
2010 年 10 月 5 日	关于城镇面貌“三年大变样”工作情况	人大常委会办公室
2010 年 12 月下旬	关于 2010 年《政府工作报告》落实情况	人大常委会办公室
	关于基层人防、技防建设，打造平安行唐情况	政法工委
2011 年 4 月中下旬	关于重点项目建设情况 关于城镇建设区县乡三年上水平工作安排和进展情况 关于中小型水库除险加固、灌渠修复、河道治理和小型农田水利建设情况	财经工委
2011 年 6 月中旬	关于优化发展环境、开展“效能革命”工作情况	财经工委
2011 年 7 月—8 月	关于上半年国民经济和社会发展计划情况 关于上半年预算执行情况	财经工委
2011 年 9 月 22 日	关于食品安全体系建设情况	财经工委

第五节　监督工作选介

一、关注民生热点

县十四届人大常委会持续加大监督力度，广泛关注民生。2008 年 6 月 21 日，县人大常委会组织常委会委员、部分代表视察城镇建设时，恰逢县医院太平间办丧事，群众纷纷向视察组反映，这里的殡仪活动严重扰民。根据群众反映，视察组成员经过多方走访，深入调研发现，由于缺少殡仪场所，县人民医院和县中医医院附近的城镇居民就在两所医院的太平间举行殡葬仪式，对医院附近居民的生产生活造成了严重干扰，也成了困扰两个医院管理的主要问题。这两所医院建院时间长，医疗水平高，是全县人民投医看病 的主要场所。地处县城中心的两所医院四周商铺林立，人口密度高，好多个部门也在周边办公。让周围群众有意见的是，有的殡仪活动不顾及附近居民的感受，深更半夜就开始放炮，严重干扰了他们的生活。县十二届、十三届人大代表也曾多次提出治理建议，县公安局还颁布过禁止丧事放炮的通告，但这一现象没有得到有效治理。

2007 年、2008 年县人代会上，代表们连续两年提出要求规范殡仪行为、治理放炮扰民问题的建议。代表们指出，城区内频繁开展殡仪活动、丧事放炮无节制的陋习严重影响社会秩序。县委、县政府高度重视县人大代表的这些建议，多次调度有关部门，明确要求要采取切实有效措施，还群众安宁。2008 年 7 月，县委、人大、政协等有关领导亲临现场进行调研，责成县民政局承办，要求限期拿出切实可行的方案，一定要从根本上进行解决。2008 年 10 月 20 日，远离城区、设施齐全的殡仪服务中心投入使用。

县殡仪服务中心的建成运行，县人民医院、中医医院两个太平间的关停，不仅还了人民群众安宁平静的生活环境，而且极大提升了县城的环境质量，缓解了交通堵塞的压力，受到人大代表和人民群众的高度称赞。

二、督导城建工作

县十四届人大常委会按照县委创建宜居宜业县城，以“三年大变样”为契机，努力推动城镇建设上水平的工作部署，加大督导力度。2008 年 5 月 12 至 16 日，县人大常委会副主任温玲翠带领执法检查组对《城乡规划法》贯彻实施情况开展执法检查。5 月 28 日，县十四届人大常委会第八次会议听取和审议县人大常委会执法检查组关于《城乡规划法》执法检查情况报告，督促政府及有关部门科学编制城镇建设规划，实现各种规划全覆盖，使县城总体规划、各项详规更具有前瞻性、引领性、协调性和操作性。支持政府维护规划的严肃性，努力在全县上下、社会各界形成“规划一张图，审批一支笔，建设一盘棋”的广泛共识。大力支持县城建设，先后听取迎宾 2 号路、自来水厂、污水处理厂、生活垃圾填埋场、公园建设、城中村改造、县社大楼拆除、拆违工程等情况的报告并进行视察，提出了意见和建议。支持县人民政府坚持高起点谋划、高标准设计、高质量建设，以县社大楼拆除为突破口，拉开了县城西扩南跨的总框架，以“两场”和龙州公园建成为标志，县城功能进一步完善，县城面貌发生了巨大变化，县城建设成为全县近年来规模最大、投资最多、速度最快、成效最为显著的时期。围绕强化县城管理，组织开展调研视察活动，建议政府及有关部门建立科学高效、运转协调、保障有力的大城管体制，实现县城管理全方位覆盖，全时段监控，精细化管理，努力提升县城精细化管理水平，增强老百姓对县城管理的认可度和满意度，县人民政府及有关部门认真采纳各项建议，抓住机遇，强力攻坚，努力提升城市管理水平，得到了社会各界的广泛好评。

三、助推乳业发展

县委、县政府将乳业发展作为调整农业结构、促进农民增收、加快经济发展的重要切入点，制定出台了一系列优惠政策，鼓励扶持发展规模化养殖，形成了比较完备的饲料生产、奶牛养殖、乳品加工、机械制造等“一条龙”的乳业产业体系。2008 年乳业产值 10.08 亿元，占农业总产值的34.5%，成为全县第一大主导产业，先后获得“河北省农业标准化十强县”“全国牛奶生产强县”“国家奶牛养殖标准示范园”等荣誉称号。

2008年“三鹿”婴幼儿奶粉事件的发生，使行唐县乳业受到重创，鲜奶滞销，企业停产，全县乳业面临生死存亡的严峻考验。县人大常委会主动作为，挺膺担当，组成了以主管主任为组长，部分常委会委员和人大代表参加的调研组，于10月上中旬先后到县畜牧局、玉亭乡、只里乡、安香乡、市同乡进行视察调研，走访奶牛养殖小区、奶牛养殖户深入了解情况，多次组织召开座谈会。2009年10月28日县十四届人大常委会第十七次会议，听取和审议县人民政府《关于乳业发展情况的报告》和县人大常委会调研组《关于乳业发展情况的调研报告》。县人大常委会针对存在问题提出建议：一是加强政府导向作用，明确乳业发展方向、目标和措施，严格执行中央、省、市补贴政策，大力扶持规模化养殖小区建设，全面提升奶牛养殖效益。协调金融、保险部门，支持买牛资金需要，降低养殖风险。二是继续加强市场监管，各职能部门要加强全程无缝监管，严防不合格的鲜奶流入市场，确保原料奶安全卫生，乳制品工业产值的逐步恢复，奶源供需状况发生变局，据此防止出现争抢奶源问题。三是增强社会服务体系，大力扶持奶农合作社和中介服务组织，努力提高奶业生产的组织化程度。四是扶持壮大龙头企业，尽快恢复乳制品加工企业生产，以龙头企业辐射带动作用，增强市场占有率和竞争力。县人民政府以实现乳业重新振兴和科学持续发展作为当前重中之重的工作，对县人大常委会提出的审议意见，逐一进行整改落实，确立了“养殖规模化、管理规范化、经营产业化”的发展思路，围绕优质、高效、生态、安全做文章，倾力推进标准化奶牛小区建设，加强鲜奶质量监管体系和制度建设，严格乳制品企业监管，努力打造华北最大、最安全和最放心的绿色生态奶源基地。截至2009年底，全县建成标准化奶牛养殖区109个，其中存栏300—500头的15个，500—1000头的90个，1000头以上的4个，全县奶牛存栏7.67万头，产奶牛全部实现入区饲养，日产鲜奶500吨，全部销往蒙牛、伊利、君乐宝、三元、旺旺等企业，实现了小区奶站与乳品加工企业的无缝对接，行唐乳业步入跨越式发展的快车道。

第六章 决议决定

县十四届人大及其常委会把事关全县改革发展的重大问题作为人大履职的重要内容，依法行使决定权。按照法定要求，适时对计划预算、生态建设等作出决议决定，先后作出决议决定48项。

第一节 作出决议决定

一、县十四届人大历次会议作出决议决定情况

县十四届人大历次会议共作出决议决定31项。

表10-13 行唐县第十四届人民代表大会历次会议决议决定一览表

时 间	会 次	事 项
2007年4月16日	第一次	关于政府工作报告的决议
		关于行唐县2006年国民经济和社会发展计划执行情况与2007年国民经济和社会发展计划的决议
		关于行唐县2006年预算执行情况和2007年预算的决议
		关于行唐县人民代表大会常务委员会工作报告的决议
		关于行唐县人民法院工作报告的决议
		关于行唐县人民检察院工作报告的决议

续表10-13

时　间	会　次	事　项
2008 年 1 月 19 日	第二次	关于政府工作报告的决议 关于行唐县 2007 年国民经济和社会发展计划执行情况与 2008 年国民经济和社会发展计划的决议 关于行唐县 2007 年预算执行情况和 2008 年预算的决议 关于行唐县人民代表大会常务委员会工作报告的决议 关于行唐县人民法院工作报告的决议 关于行唐县人民检察院工作报告的决议
2009 年 2 月 17 日	第三次	关于政府工作报告的决议 关于行唐县 2008 年国民经济和社会发展计划执行情况与 2009 年国民经济和社会发展计划的决议 关于行唐县 2008 年县本级预算和县总预算执行情况和 2009 年县本级预算和县总预算的决议 关于行唐县人民代表大会常务委员会工作报告的决议 关于行唐县人民法院工作报告的决议 关于行唐县人民检察院工作报告的决议
2010 年 3 月 10 日	第四次	关于政府工作报告的决议 关于行唐县 2009 年国民经济和社会发展计划执行情况与 2010 年国民经济和社会发展计划的决议 关于行唐县 2009 年县本级预算和县总预算执行情况与 2010 年县本级预算和县总预算的决议 关于行唐县人民代表大会常务委员会工作报告的决议 关于行唐县人民法院工作报告的决议 关于行唐县人民检察院工作报告的决议
2011 年 3 月 3 日	第五次	关于政府工作报告的决议 关于行唐县 2010 年国民经济和社会发展计划执行情况与 2011 年国民经济和社会发展计划的决议 关于行唐县 2010 年县本级预算和县总预算执行情况与 2011 年县本级预算和县总预算的决议 关于行唐县人民代表大会常务委员会工作报告的决议 关于行唐县人民法院工作报告的决议 关于行唐县人民检察院工作报告的决议 关于加快推进“生态行唐”建设的决议

二、县十四届人大常委会历次会议作出决议决定情况

县十四届人大常委会历次会议共作出决议决定17项（不含人事任免事项）。

表10-14 行唐县第十四届人大常委会历次会议决议决定一览表

时　间	常委会会议	事　项
2008年1月17日	第六次	关于召开行唐县第十四届人民代表大会第二次会议的决定
2008年7月25日	第九次	关于2007年度财政决算的决议
2008年9月26日	第十次	关于县人民政府2008年财政预算调整的决议 关于行唐生态县建设规划的决议 关于对行唐县“十一五”规划纲要调整和完善方案的决议
2009年2月16日	第十二次	关于召开行唐县第十四届人民代表大会第三次会议的决定
2009年8月19日	第十六次	关于2009年国民经济和社会发展计划个别指标调整方案的决议 关于2009年财政预算调整方案的决议 关于2008年财政决算的决议
2009年10月28日	第十七次	关于批准县人民政府关于《行唐县污水处理厂项目贷款事宜的报告》的决定 关于批准县人民政府《关于县经济建设投资有限公司向石家庄发展投资有限责任公司融资情况的报告》的决定 关于批准县人民政府《关于向石家庄发展投资有限责任公司融资情况的报告》的决定
2010年3月3日	第二十次	关于召开行唐县第十四届人民代表大会第四次会议的决定
2010年8月26日	第二十三次	关于2009年度县本级财政决算的决议 关于2010年财政预算调整方案的决议
2011年3月1日	第二十六次	关于召开行唐县第十四届人民代表大会第五次会议的决定
2012年2月18日	第三十五次	关于召开行唐县第十五届人民代表大会第一次会议的决定

第二节　决议决定选介

关于加快推进“生态行唐”建设的决议

《关于加快推进“生态行唐”建设的决议》（以下简称《决议》）于2011年3月5日行唐县第十四届人民代表大会第五次会议通过。

《决议》指出，县委十届六次全会科学分析形势，把握时代要求，顺应群众期盼，确立了以“加快建设风清气正、凝心聚力的政治生态，统筹兼顾、迸发活力的经济生态，生活

富裕、幸福和谐的社会生态，崇尚文明、昂扬向上的文化生态和山清水秀、舒适宜居的自然生态”为内涵的“生态行唐”建设的战略思路和奋斗目标，是引领全县科学发展、跨越发展的总纲领。

《决议》认为，2011 年开始的“十二五”时期，是全县经济社会加快发展的黄金时期，是全面建设小康社会的关键时期，是深化改革开放、加快转变经济发展方式的攻坚时期，也是必须抓好用好的重要战略机遇期。全县上下要充分认识新形势下全面加快“生态行唐”建设的重要性和紧迫性，切实增强全面建设“生态行唐”的使命感和责任感，以融入石家庄东部工业突破区为契机，以建设“生态行唐”为目标，集全民之智，聚全县之力，解放思想、抢抓机遇、迎接挑战、奋勇争先，加快推进政治、经济、文化、社会和自然生态建设，全面加快“生态行唐”建设步伐。

《决议》强调，积极落实全面加快“生态行唐”建设，必须明确思路目标，要进一步解放思想，彻底把思想观念和精神状态从“求稳怕乱”“区位受限”“按部就班”“招商太难”等心理中解放出来，打破束缚发展的思想禁锢，纠正迟滞发展步伐的陈旧思维，摒弃制约科学发展的消极心态，通过思想大解放破解发展难题；要进一步坚持发展不动摇，一以贯之地坚持“实干发展、富民强县”总目标，高扬“全党抓经济、重点抓工业、集中精力上项目”主旋律，努力实现以工业突破为重点的经济结构战略性调整，快速提升县域经济综合实力；要进一步优化发展环境，以更加坚决有力的措施，打造健康文明的人文环境、和谐稳定的社会环境、公平有序的市场环境、全民参与的创业环境和优质高效的政务环境；要进一步创新体制机制，以开展“效能革命”为抓手，推进体制、机制创新，消除束缚经济发展的体制、机制障碍，努力营造政策围着行唐大局转、机制围着发展需要转、服务围着市场主体转的浓厚氛围，促进“生态行唐”建设的健康快速发展。

《决议》要求，要充分发挥市场主体和人民群众在“生态行唐”建设中的主体作用，把市场主体和人民群众的积极性最大限度地引导到全面建设“生态行唐”中来，做到谋划思路向市场主体和人民群众问计，查找问题听市场主体和人民群众意见，落实措施靠市场主体和人民群众参与，努力形成上下互动、合力推进的良好局面。各级人大代表要充分发挥自身优势，发挥党和政府联系人民群众的桥梁纽带作用，在推进“生态行唐”建设中当先锋、做模范、起表率，用实际行动创造无愧时代的新业绩。

《决议》的通过，为号召全县人民形成合力，积极投身于全面加快“生态行唐”建设的伟大实践，全面加快“生态行唐”建设、实现全县经济社会历史性跨越提供了坚强保障。

第七章　选举任免

县十四届人大常委会严格按照省、市、县委的要求和法律规定，依法做好选举任免和人大换届工作，选举产生行唐县出席石家庄市第十二届人民代表大会代表1名，先后任免县级国家机关工作人员203人次，接受辞职9名，为加强部门政权建设提供了组织保障。

第一节　常委会选举任免情况

2007年6月28日，县十四届人大常委会第二次会议通过了县人大常委会、县人民政府、县人民法院、县人民检察院相关人事任免事项。

免去：

毛春良的行唐县人大常委会办公室老干部科副科长职务

任命：

毛春良为行唐县人大常委会办公室老干部科科长

赵力杰为行唐县人大常委会教育科学文化卫生工委副主任

谷大娃为行唐县人大常委会教育科学文化卫生工委副主任

决定免去：

刘伏生的行唐县监察局局长职务

乔英钧的行唐县农业局局长职务

决定任命：

陈树旗为行唐县人民政府办公室主任

张满仓为行唐县发展和改革局局长

刘鸣利为行唐县教育局局长

张玉庆为行唐县科学技术局局长

李丛刚为行唐县公安局局长

刘　军为行唐县监察局局长

赵国渠为行唐县民政局局长

刘占琪为行唐县司法局局长

米志斌为行唐县财政局局长

杨　平为行唐县人事劳动和社会保障局局长
马士堂为行唐县建设局局长
李军法为行唐县交通局局长
高秋敏为行唐县农业局局长
王海陆为行唐县文化体育局局长
苑宝林为行唐县卫生局局长
王荣林为行唐县人口和计划生育局局长
高同和为行唐县审计局局长
范景武为行唐县环境保护局局长
毛春亮为行唐县统计局局长
张二毛为行唐县安全生产监督管理局局长

免去：

董瑞林的行唐县人民法院审判委员会委员职务
赵应征的行唐县人民法院审判监督庭庭长职务
高永会的行唐县人民法院民事审判第二庭庭长职务
彭立勇的行唐县人民法院上碑人民法庭副庭长职务
范进军的行唐县人民法院南桥人民法庭副庭长职务
温　欣的行唐县人民法院民事审判第二庭副庭长职务
王　军的行唐县人民法院口头人民法庭副庭长职务
孔根明的行唐县人民法院民事审判庭副庭长职务
左留章的行唐县人民法院玉亭人民法庭庭长职务

任命：

陈鸿敏为行唐县人民法院审判委员会委员
张连员为行唐县人民法院审判委员会委员
赵应征为行唐县人民法院审判委员会委员，民事审判第二庭庭长
高永会为行唐县人民法院审判委员会委员，审判监督庭庭长
周慧杰为行唐县人民法院玉亭人民法庭庭长
彭立勇为行唐县人民法院未成年案件综合审判庭庭长
范进军为行唐县人民法院城关人民法庭副庭长
温　欣为行唐县人民法院行政审判庭副庭长
王　军为行唐县人民法院南桥人民法庭副庭长
王淑芳为行唐县人民法院城关人民法庭副庭长
刘春玲为行唐县人民法院安香人民法庭副庭长
王彦青为行唐县人民法院上碑人民法庭副庭长
罗云峰为行唐县人民法院未成年案件综合审判庭副庭长

张素华为行唐县人民法院民事审判第一庭副庭长

习平力为行唐县人民法院行政审判庭副庭长

仇卫东为行唐县人民检察院检察委员会委员

郭忠岐为行唐县人民检察院检察委员会委员

张立洲为行唐县人民检察院检察员

2007 年 8 月 28 日，行唐县第十四届人大常委会第三次会议通过了县人民政府相关人事任免事项。

决定免去：

张玉庆的行唐县科学技术局局长职务

决定任命：

袁光义为行唐县科学技术局局长

2007 年 12 月 20 日，县十四届人大常委会第五次会议通过了县人大常委会、县人民政府、县人民法院相关人事任免事项。

任命：

张晓密为行唐县人大常委会教科文卫工委主任

决定任命：

张胜利为行唐县发展和改革局局长

任命：

刘梅林为行唐县人民法院专职审判委员会委员

左留章为行唐县人民法院玉亭人民法庭庭长

常连海为行唐县人民法院安香人民法庭庭长

范进军为行唐县人民法院执行庭庭长

耿化力为行唐县人民法院审监庭庭长

王　军为行唐县人民法院上碑人民法庭庭长

刘振平为行唐县人民法院民事审判第一庭庭长

杜军平为行唐县人民法院未成年人案件综合审判庭庭长

周慧杰为行唐县人民法院南桥人民法庭庭长

张荣兰为行唐县人民法院未成年人案件综合审判庭副庭长

石　君为行唐县人民法院民事审判第二庭副庭长

张金路为行唐县人民法院民事审判第二庭副庭长

李宏伟为行唐县人民法院上碑人民法庭副庭长

赵海峰为行唐县人民法院南桥人民法庭副庭长

石　军为行唐县人民法院执行庭副庭长

2008 年 7 月 25 日，县十四届人大常委会第九次会议通过了县人民法院相关人事任免事项。

免去：

耿化力的行唐县人民法院审判监督庭庭长职务

任命：

耿化力为行唐县人民法院城市建设案件综合审判庭庭长

张军海为行唐县人民法院审判监督庭庭长

赵　阳为行唐县人民法院城市建设案件综合审判庭副庭长

2008 年 11 月 25 日，县十四届人大常委会第十一次会议通过了县人民法院、县人民检察院相关人事任免事项。

免去：

王建军的行唐县人民法院审判委员会委员职务

郭发敏的行唐县人民检察院副检察长、检察委员会委员职务

2009 年 4 月 23 日，县十四届人大常委会第十三次会议通过了县人大常委会、县人民政府、县人民法院、县人民检察院相关人事任免事项。

免去：

毛春良的行唐县人大常委会办公室老干部科科长职务

任命：

胡玉白为行唐县人大常委会财经工委副主任

杨永刚为行唐县人大常委会办公室副主任

决定免去：

高同和的行唐县审计局局长职务

决定任命：

李平福为行唐县审计局局长

任命：

赵素丽为行唐县人民法院审判员

张战强为行唐县人民检察院检察委员会委员

免去：

杨红旗、张晋、皮会平的行唐县人民检察院检察委员会委员职务。

2009 年 6 月 25 日，县十四届人大常委会第十四次会议通过了县人民法院相关人事任免事项。

免去：

张同社的行唐县人民法院副院长、审判委员会委员职务

孙增福的行唐县人民法院城关人民法庭庭长职务

任命：

刘梅林为行唐县人民法院副院长

马树芳为行唐县人民法院城关人民法庭庭长

2009年8月5日，县十四届人大常委会第十五次会议通过了县人民政府相关人事任免事项。

决定免去：

马士堂的行唐县建设局局长职务

决定任命：

吕素维为行唐县人民政府副县长，决定其为代理县长

李　冰为行唐县人民政府副县长

2009年8月19日，县十四届人大常委会第十六次会议通过了县人民政府相关人事任免事项。

决定任命：

苏文杰为行唐县建设局局长

2010年1月6日，县十四届人大常委会第十九次会议选举产生行唐县出席石家庄市第十二届人民代表大会代表1名。

选举：

吕素维为行唐县出席石家庄市第十二届人民代表大会代表

2010年4月28日，县十四届人大常委会第二十一次会议通过了县人大常委会、县人民法院、县人民检察院相关人事任免事项。

免去：

韩文海的行唐县人大常委会办公室信访科科长职务

张晓密的行唐县人大常委会教科文卫工委主任职务

任命：

刘　鸣为行唐县人大常委会办公室主任

免去：

张国军的行唐县人民法院口头人民法庭庭长职务

张军海的行唐县人民法院审监庭庭长职务

刘志强的行唐县人民法院立案庭庭长职务

李云东的行唐县人民法院上碑人民法庭副庭长职务

李宏伟的行唐县人民法院上碑人民法庭副庭长职务

任命：

李云东为行唐县人民法院立案庭庭长

刘　畅为行唐县人民法院刑庭副庭长

赵素丽为行唐县人民法院城关人民法庭副庭长

刘志强为行唐县人民法院审监庭庭长

张军海为行唐县人民法院口头人民法庭庭长

张国军为行唐县人民法院行政审判庭庭长

姚永志、程彦国、胡荣秀、赵五芹、张新征、付向阳、王合军、谷臭货、苏春来、杨瑞庆、张考菊、陈根堂、张玉敏、张雷云、苗留保、张石琛、刘九菊、秦荣河、王国章、刘军平、张秋生、杨顺国、刘建波、徐中玲、张东海、赵雪芹、霍建军、马香菊、刘荣和、李会芹为行唐县人民法院人民陪审员

高彦丽、李建国、张勇军为行唐县人民检察院检察员

2010 年 8 月 26 日，县十四届人大常委会第二十三次会议通过了县人民政府相关人事任免事项。

决定免去：

李丛刚的行唐县公安局局长职务

毛春亮的行唐县统计局局长职务

王海陆的行唐县文化体育局局长职务

杨　平的行唐县人事劳动和社会保障局局长职务

丁吉林的行唐县食品药品监督管理局局长职务

苏文杰的行唐县建设局局长职务

李军法的行唐县交通局局长职务

决定任命：

石香文为行唐县食品药品监督管理局局长

贾俊峰为行唐县统计局局长

杨　平为行唐县人力资源和社会保障局局长

苏文杰为行唐县城乡建设局局长

李军法为行唐县交通运输局局长

2010 年 10 月 28 日，县十四届人大常委会第二十四次会议通过了县人大常委会相关人事任免事项。

免去：

赵力杰的行唐县人大常委会教育科学文化卫生工委副主任职务

谷大娃的行唐县人大常委会教育科学文化卫生工委副主任职务

任命：

赵力杰为行唐县人大常委会教育科学文化卫生工委主任

张金贵为行唐县人大常委会办公室信访科副科长

2010 年 12 月 28 日，县十四届人大常委会第二十五次会议通过了县人民政府、县人民检察院相关人事任免事项。

决定任命：

白岐山为行唐县公安局局长

任命：

何步云为行唐县人民检察院检察委员会委员、副检察长，决定其为代理检察长

王玉录为行唐县人民检察院检察员、检察委员会委员、副检察长

2011 年 3 月 1 日，县十四届人大常委会第二十六次会议通过了县人民法院相关人事任免事项。

任命：

梁锁山为行唐县人民法院审判委员会委员、副院长，决定其为代理院长

2011 年 4 月 28 日，县十四届人大常委会第二十七次会议通过了县人民法院相关人事任免事项。

免去：

刘荣和、付向阳的行唐县人民法院人民陪审员职务

任命：

陈合社、白保国、朱振国、安素娟、苏春荣为行唐县人民法院人民陪审员。

2011 年 6 月 14 日，县十四届人大常委会第二十八次会议通过了县人民政府相关人事任免事项。

决定任命：

袁永福为行唐县人民政府副县长

2011 年 6 月 24 日，县十四届人大常委会第二十九次会议通过了县人大常委会、县人民政府、县人民检察院相关人事任免事项。

免去：

孙　辉的行唐县人大常委会政治法律工委主任职务

任命：

李学军为行唐县人大常委会政治法律工委主任

决定免去：

赵国渠的行唐县民政局局长职务

张二毛的行唐县安监局局长职务

决定任命：

杨永志为行唐县民政局局长

王连锁为行唐县安监局局长

免去：

花进峰的行唐县人民检察院副检察长职务

任命：

孟建勇为行唐县人民检察院检察委员会委员、副检察长

2011 年 9 月 8 日，县十四届人大常委会第三十一次会议通过了县人民政府相关人事任免事项。

决定免去：

高华树的行唐县人民政府副县长职务

王春立的行唐县人民政府副县长职务

白金旗的行唐县人民政府副县长职务

刘　军的行唐县监察局局长职务

决定任命：

张聚华为行唐县人民政府副县长

张占宗为行唐县人民政府副县长

高文成为行唐县人民政府副县长

2011年10月20日，县十四届人大常委会第三十二次会议通过了县人民政府相关人事任免事项。

决定免去：

陈树旗的行唐县人民政府办公室主任职务

米志斌的行唐县财政局局长职务

杨　平的行唐县人力资源和社会保障局局长职务

刘鸣利的行唐县教育局局长职务

决定任命：

赵为民为行唐县人民政府办公室主任

陈树旗为行唐县财政局局长

盖建林为行唐县人力资源和社会保障局局长

邸　健为行唐县教育局局长

2011年11月14日，县十四届人大常委会第三十三次会议通过了县人大常委会相关人事任免事项。

任命：

王晓光为行唐县人大常委会办公室老干部科副科长

2011年12月28日，县十四届人大常委会第三十四次会议通过了县人民政府、县人民法院、县人民检察院相关人事任免事项。

决定免去：

李　冰的行唐县人民政府副县长职务

决定任命：

敦　盾为行唐县人民政府副县长

任命：

盖渍旭为行唐县人民法院审判员

张中兴为行唐县人民检察院检察委员会委员

张立洲为行唐县人民检察院检察委员会委员

第二节　常委会接受辞职情况

2009年2月16日，县十四届人大常委会第十二次会议接受田耀筠辞去行唐县人民政府副县长职务。

2009年6月25日，县十四届人大常委会第十四次会议接受闫素卫辞去行唐县第十四届人民代表大会常务委员会委员职务。

2009年8月5日，县十四届人大常委会第十五次会议接受李震国辞去行唐县人民政府县长职务。

2009年12月18日，县十四届人大常委会第十八次会议接受盛新玲辞去行唐县第十四届人民代表大会常务委员会委员职务。

2010年3月3日，县第十四届人大常委会第二十次会议接受兰志伟辞去行唐县人民检察院检察长职务。

2010年8月26日，县十四届人大常委会第二十三次会议接受石香文辞去行唐县第十四届人民代表大会常务委员会委员职务。

2011年4月28日，县十四届人大常委会第二十七次会议接受张群书辞去行唐县人民政府副县长职务。

2011年10月20日，县十四届人大常委会第三十二次会议接受宫国恩辞去行唐县第十四届人民代表大会常务委员会副主任职务，接受盖建林辞去行唐县第十四届人民代表大会常务委员会委员职务。

第 十 一 篇

行唐县第十五届人民代表大会

（2012 年 2 月至 2017 年 2 月）

第一章　党的领导

行唐县第十五届人民代表大会及其常务委员会坚持以邓小平理论、“三个代表”重要思想、科学发展观为指导，深入贯彻党的十八大和十八届三中、四中、五中、六中全会精神，全面落实以习近平同志为核心的党中央治国理政的新理念、新思想、新战略和对人大工作的新要求，紧紧围绕“突出项目立县，推进转型突破，实现实力跃升，建设和谐行唐”总目标和“1234”发展战略，认真履行《宪法》和法律赋予的职责，围绕中心，服务大局，开拓创新，扎实工作，为推进全县经济社会发展和民主法治建设做出了积极贡献。

2014 年 1 月 22 日，县委书记姜阳在县十五届人大四次会议闭幕式上讲话指出，县人大及其常委会要主动适应发展要求，认真履行《宪法》和法律赋予的各项职权，紧紧围绕发展想问题、做决策、办事情，用发展的眼光审视形势，按发展的思路谋划工作，靠发展的办法解决问题，推动人大工作在开拓中前进、在创新中提高，服从服务于全县发展的大局。“一府两院”要虚心接受县人大及其常委会的监督，认真执行人大的决议决定，重大事项及时向人大报告。各部门、各单位对人大代表提出的建议、批评和意见，要及时办理，做到件件有落实，事事有回音。2015 年 1 月 8 日，县委第一次常委会会议研究通过《中共行唐县委关于进一步改进和加强人大工作的意见》，明确县委要切实把人大工作摆上工作全局，每年至少听取一次人大工作汇报，每届一般召开一次人大工作会议，有针对性地解决人大工作中的突出问题。县委召开涉及全局性的工作会议、组织重大活动、通报重要情况，应要求县人大常委会领导和机关各部门负责人参加。2016 年 11 月 7 日县委第二十五次常委会会议，研究审议《中共行唐县人大常委会党组关于行唐县县乡两级人民代表大会换届选举工作的意见》，要求各级党委要切实担负起对换届选举工作的领导责任，周密部署换届选举工作，确保换届选举工作依法规范有序进行。县、乡党委分别成立换届选举领导小组，加强对换届选举工作的统筹协调，及时研究和解决换届选举中的重要问题；要把贯彻落实中央和省、市委关于换届选举的工作部署要求和相关法律规定，作为党委特别是党委书记履行政治责任的主要内容，并严格责任追究，做到有错必纠、有责必问；要发挥人大常委会党组、大会临时党委和党员选民、党员代表的作用，引导选民和代表正确行使选举权和被选举权，保障参选率。

县十五届人大常委会党组在中共行唐县委的坚强领导下，不断加强自身建设，积极适应新形势、新任务、新要求，深入开展党的群众路线教育实践活动、“三严三实”专题教育、“两学一做”学习教育、解放思想大讨论等活动，不断提高依法履行职责的能力和水平。坚持依法办事，充分发扬民主，集体行使职权；不断加强党风廉政建设，自觉遵守中央八项规定精神，坚决反对“四风”，牢记职责，继续前进，为坚决打赢脱贫攻坚战、全面建成小康社会、建设激情开放、跨越赶超、美丽幸福新行唐做出新的更大的贡献。

链接1：“1234”发展战略

“1234”，1即主攻产业项目突破；2即推进优化产业结构、优化发展环境；3即打造新城区、新园区、新农村；4即推动招商引资全员化、县域经济特色化、财政收入多元化、发展秩序规范化。

第一节　党的组织机构

中共行唐县人大常委会党组

书　记：赵士平（2012年2月—2017年1月）
　　　　高华树（2017年1月—2017年2月）
副书记：高和福（2012年2月—2012年9月）
　　　　王吉秋（2012年2月—2015年11月）
　　　　刘鸣利（2016年8月—2017年2月）
成　员：温玲翠（女，2012年2月—2016年11月）
　　　　宫国恩（2012年2月—2013年5月）
　　　　米志斌（2012年2月—2017年2月）
　　　　刘鸣利（2015年3月—2016年8月）
　　　　刘　鸣（2012年2月—2017年2月）

第二节　党组会议

一、党组会

县十五届人大期间，县人大常委会党组召开党组会39次。其中，2012年召开党组会6次，2013年召开党组会12次，2014年召开党组会11次，2015年召开党组会8次，2016年召开党组会2次。

表 11-1　行唐县第十五届人大常委会 2012 年党组会情况一览表

序　号	时　间	会议议题
1	3 月 12 日	研究通过行唐县人大常委会党组议事规则
2	4 月 17 日	研究县人民政府提请的人事任免事项
3	5 月 29 日	学习全县三级干部会议精神；研究县人民法院提请的人事任免事项
4	9 月 24 日	研究县人民政府提请的人事任免事项；学习传达市委关于进一步加强人大工作的决定
5	12 月 11 日	召开学习贯彻十八大精神动员会；县人大常委会主任讲党课
6	12 月 28 日	传达县委“学习党的十八大精神，坚持讲政治、顾大局、守纪律，着力改善发展环境和生态环境，进一步保持党的先进性和纯洁性”为主题的民主生活会通知精神；学习习近平总书记在党的十八届中央政治局第一次集中学习时的讲话；研究县人大常委会班子 2012 年述职述廉报告

表 11-2　行唐县第十五届人大常委会 2013 年党组会情况一览表

序　号	时　间	会议议题
1	1 月 4 日	学习传达中央八项规定；学习党章；研究调整县人大常委会各主任工作分工
2	3 月 18 日	研究县十五届人大二次会议有关事项
3	3 月 22 日	传达市县有关“赶考日”党性教育和民主生活会通知精神；学习中央八项规定和“六项禁令”
4	5 月 3 日	研究县人大常委会、县人民政府提请的人事任免事项
5	5 月 15 日	安排部署“解放思想、改革开放、创新驱动、科学发展”大讨论活动
6	5 月 17 日	传达县委书记姜阳、代理县长王彦芳在县委十一届三次全会上的讲话；学习县委开展大讨论活动有关文件精神
7	6 月 20 日	研究行唐县第十五届人大常委会议事规则，行唐县人大常委会关于县人大常委会组成人员联系代表、代表联系选民办法，行唐县人大常委会关于任命人员述职评议试行办法，行唐县人大常委会关于规范性文件备案审查工作的规定，行唐县人大常委会定期征询企业意见制度；研究县十五届人大三次会议有关事项

续表11-2

序　号	时　间	会议议题
8	7月3日	研究县人大常委会、县人民法院、县人民检察院提请的人事任免事项
9	8月28日	研究县人大常委会、县人民政府、县人民法院提请的人事任免事项
10	10月28日	研究县人大常委会、县人民政府提请的人事任免事项
11	11月18日	学习党的十八届三中全会通过的中共中央关于全面深化改革若干问题的决定
12	12月19日	研究补选市人大代表和县人大代表辞职有关事项；研究县人大常委会班子2013年度述职述廉报告（稿）

表11-3　行唐县第十五届人大常委会2014年党组会情况一览表

序　号	时　间	会议议题
1	1月9日	听取县人大常委会办公室县十五届人民代表大会第四次会议准备情况的报告；研究通过向县委常委会会议提交的行唐县人大党委会党组关于召开县十五届人民代表大会第四次会议准备情况的报告、行唐县人大党委会党组关于召开县十五届人民代表大会第四次会议的请示，县十五届人民代表大会第四次会议议程、日程（草案）及临时党委、主席团和秘书长、列席人员等各项会议名单草案
2	2月19日	研究讨论县人大常委会党组关于开展党的群众路线教育实践活动的实施方案；研究成立县人大常委会党组的群众路线教育实践活动领导小组；安排部署党的群众路线教育实践活动
3	2月27日	研究讨论县人大常委会2014年工作要点和2014年工作安排；研究讨论以党的群众路线教育实践活动为统领的“1+7”专项工作方案
4	3月19日	研究讨论党的群众路线教育实践活动为统领的“1+7”专项工作方案；安排县人大常委会党组教育实践活动征求意见工作
5	4月10日	研究推进县人大机关党的群众路线教育实践活动；研究县人大常委会、县人民政府、县人民法院、县人民检察院提请的人事任免事项
6	6月9日	学习传达市县领导班子专题民主生活会工作方案；研究讨论县人大常委会党组班子和成员对照检查材料
7	7月9日	研究讨论县人大常委会党组查找问题专题会议安排方案，对县人大常委会各主任专题民主生活会发言提出要求
8	8月18日	研究讨论县人大常委会班子党的群众路线教育实践活动专题民主生活会整改方案

续表11-3

序　号	时　间	会议议题
9	10月22日	学习传达习近平总书记在庆祝全国人大成立60周年大会上的讲话精神；研究安排党的群众路线教育实践活动测评和总结大会有关事项
10	11月4日	学习传达党的十八届四中全会精神
11	12月10日	学习传达中共河北省委关于进一步改进和加强人大工作的决定；学习市委关于认真贯彻落实省委关于进一步改进和加强人大工作的决定的通知

表11-4　行唐县第十五届人大常委会2015年党组会情况一览表

序　号	时　间	会议议题
1	2月6日	研究讨论行唐县人大常委会工作报告（稿），行唐县人大常委会党组关于召开县十五届人大第五次会议的请示，向县委提交的县十五届人大五次会议议程、日程（草案）及各项名单（草案）
2	6月1日	党组书记赵士平“三严三实”专题教育讲党课；安排部署县人大常委会“三严三实”专题教育工作；研究县人民法院、县人民检察院提请的人事任免事项
3	7月7日	安排机关维修改造工作；研究讨论县人大常委会会议室改造工作；安排机关自身建设有关事宜
4	8月25日	学习传达《中国共产党党组工作条例》；研究县人民政府提请的人事任免事项
5	10月5日	学习传达中共全国人大常委会党组关于加强县乡人大工作和建设的若干意见；学习传达行唐县“解放思想、抢抓机遇、奋发作为、协同发展”大讨论实施方案；研究讨论行唐县人大常委会“解放思想、抢抓机遇、奋发作为、协同发展”大讨论实施方案；研究讨论行唐县人大常委会党组工作规则；研究县人民政府提请的人事任免事项
6	10月10日	研究巡视准备工作；研究解放思想大讨论有关工作
7	11月29日	学习传达党的十八届五中全会精神；学习《中国共产党廉洁自律准则》《中国共产党纪律处分条例》；研究讨论建立秦台村“代表之家”联络站有关事宜；学习传达行唐县巡视工作动员会精神；研究讨论县人大常委会2016年预算编制有关事宜
8	12月9日	研究讨论行唐县人大常委会关于加强乡镇人大工作的指导意见；研究讨论县人大常委会、县人民政府提请的人事任免事项

表 11-5　行唐县第十五届人大常委会 2016 年党组会情况一览表

序　号	时　间	会议议题
1	2016 年 1 月 8 日	召开县人大常委会党组“三严三实”专题民主生活会
2	2016 年 11 月 4 日	研究行唐县县乡两级人民代表大会换届选举工作意见、行唐县第十六届县代表名额分配表、连任代表建议名单

二、党组民主生活会

县十五届人大期间，县人大常委会党组有 4 次召开民主生活会的记载。

2012 年 12 月 28 日，县人大常委会党组召开以“学习党的十八大精神，坚持讲政治、顾大局、守纪律，着力改善发展环境和生态环境，进一步保持党的先进性和纯洁性”为主题的民主生活会。党组成员按照要求分别作了深刻的批评和自我批评，进一步增强了政治意识、大局意识，是一次深刻的增强党性的活动。

2013 年 3 月 22 日，县人大常委会党组召开以“重温进京赶考，弘扬两个务必”为主题的民主生活会。党组成员依次作对照检查发言，进一步增强了不怕困难、锐意进取、真抓实干，全心全意为人民服务的历史使命感。

2014 年 7 月 23 日，县人大常委会党组召开党的群众路线教育实践活动专题民主生活会。这次民主生活会以落实“照镜子、正衣冠、洗洗澡、治治病”为总要求，以“为民、务实、清廉”为主题，以反对“四风”，服务群众为重点。党组成员紧密联系思想工作和生活经历，深入剖析班子和个人作风建设现状和“四风”方面突出问题，并从理想信念、党性修养、政治纪律、组织纪律、财经纪律和“三严三实”要求等方面深挖根源，促使牢固树立群众观念，切实改进工作作风，提高群众工作本领。

2016 年 1 月 8 日，县人大常委会党组召开“三严三实”主题民主生活会。党组成员对照“三严三实”做了深刻的批评和自我批评，提出切实有效的整改措施，大大增强了党组成员依法履职意识。

第二章　人大代表

行唐县第十五届人民代表大会代表名额210名。2012年2月，召开县十五届人大一次会议时实有代表207名。县十五届人民代表大会健全代表工作体制，加强代表学习培训，创建“人大代表之家（站）”，建立“双联双评”激励机制，充分发挥了人大代表的作用，增强了人大工作的生机与活力。

链接2：双联双评

“双联双评”是指在县人大代表中开展县人大常委会组成人员联系县人大代表、县人大代表联系选举单位和人民群众；县人大代表评议县人大常委会组成人员、选举单位和人民群众评议县人大代表的活动。

第一节　选举产生

一、行唐县第十五届人民代表大会代表的选举产生

根据《选举法》的规定和中共行唐县委转发中共行唐县人大常委会党组《关于县、乡两级人民代表大会换届选举工作的意见》（行发〔2011〕32号），县十五届人民代表大会应分配名额210名，预留机动名额3名，实际分配到16个选区的名额207名。

2011年12月20日，依法选举产生县十五届人民代表大会代表207名，经县第十四届人民代表大会代表资格审查委员会审查，代表资格有效，由县十四届人大常委会第三十四次会议通过。207名代表中，男性代表162名，占78.26%；妇女代表45名，占21.74%。中共党员代表145名，占70.05%；非中共党员代表62名，占29.95%。知识分子代表83名，占40.10%；工人代表7名，占3.38%；农民代表92名，占44.44%；干部代表56名，占27.53%；非公有制经济及社会各阶层代表31名，占14.98%；连任代表101名，占48.79%。

二、行唐县出席石家庄市第十三届人民代表大会代表的选举产生

2013年3月24日至26日，县十五届人大二次会议选举产生行唐县出席石家庄市第十三届人民代表大会代表24名。

第二节 代表名单

一、行唐县第十五届人民代表大会代表名单

县直代表团

王彦伟	孔立新（女）	仇翠玲（女）	吕素维（女）
刘建忠	李梅山	李素荣（女）	李震国
罗假妮	范国荣（女）	范聪丽（女）	柳增良
韩英翔			

龙州镇代表团

丁金翠（女）	马二旦	王林鹏	石会刚
仝小四	刘书平（女）	孙国会	李建平
张群书	张聚华	武素彦（女）	杨振祥
杨澜波	胡荣秀（女）	赵士平	赵建敏
宫国恩	姚永志	钱　敏	钱树强
高文彦	高振旗	康志云（女）	盖合保
程彦国			

南桥镇代表团

王立强	王玲翠（女）	申会刚	付春校
白喜毛	刘金国	刘荣河	宇文小杠
孙焕军	杨振永	严会林	何国群
张明霞（女）	张　骉	张新征	高和福

只里乡代表团

付建设	宁振勇	乔合群	刘　鸣
刘军平	刘京伟	刘金梅（女）	杨玉庆
杨建红	杨建国	杨素荣（女）	李翠华（女）
李翠玲（女）	谷长岭	张秋双	赵国才
祖会平	郭建欣	麻新英	

独羊岗乡代表团

王文秀（女）	石秀娟（女）	米志斌	任青山

刘小五	杨国永	李吉章	李苗玲(女)
李学军	宋二小	金志欣(女)	金建忠
封小香	赵英海	赵根良	柳卫振
郭青荣(女)	韩双成	韩新尧	

安香乡代表团

丁和泉	王永壮	尹文平	卢文学
刘　芬(女)	刘根平	孙国群	杨同振
苏春来	李翠兰(女)	张文合	张洛奔
陈大力	孟文锁	赵玉江	高国甫
梁兰花			

市同乡代表团

王栓军	杨瑞庆	李义芳	李春海
张玉海	孟国旗	赵壮道	高　卫
盖彦军	梁　然(女)		

翟营乡代表团

王小偏	王文菊(女)	孙建林	邸彦芳(女)
张素娟(女)	张　斌	张雷云	杨彦芳
高春法	高彦明	贾增良	梁扩军
梁锁山	韩小中	甄吉林	

城寨乡代表团

王国翠(女)	左丽敏(女)	刘小平(女)	张玉敏
李连才	杨贵敏	封双根	秦　军
郭玉琼			

上碑镇代表团

仝兴敦	刘亚林	刘京祥	李　强
张考菊	麻会彦(女)	康志强	樊春雷

上方乡代表团

王吉秋	王丽慧(女)	刘娇英(女)	张九龄
张庆喜	杨三生	范晓东	郑会征

赵立杰	郝援平	徐梅彦(女)	郭银海
高银锁			

玉亭乡代表团

习　凯	王秀娥(女)	付东辉	刘春生
何步云	李文平	杨永志	杨新峰
范哲敏(女)	赵玉环		

北河乡代表团

尤义龙	王军朝	王建良	张同贵
杨润月	温玲翠(女)		

口头镇代表团

马连成	王林芳(女)	王建侠	王晓娜(女)
王喜才	杨冬梅(女)	严小五	岳建章
赵建华	秦荣河	郭大勇	常小四
盖义江			

九口子乡代表团

左　欣(女)	杨吉增	苗留保	胡振忠
赵建中	赵宝林	赵喜银	赵素英(女)
贾成林			

上阎庄乡代表团

刘发水	孙喜爱(女)	李书新	姜梦泽
高　岚			

表 11-6　行唐县第十五届人大代表届中调整情况表

常委会会议	终止情况	补选情况
2013 年 3 月 21 日 第八次会议	去世：南桥镇孙焕军、宇文小杠，九口子乡苗留保、高春法 调离：县直李震国、王彦伟 代表资格终止：独羊岗乡金建忠 辞职：独羊岗乡赵英海、市同乡李义芳、上碑镇仝兴敦、口头镇岳建章	县直姜阳，口头镇甄泽亮、张树敏，独羊岗乡白录平，市同乡肖东朝，上方乡申胜利，只里乡温少辉，城寨乡屈中敏，玉亭乡仝香忠

续表

常委会会议	终止情况	补选情况
2013年6月21日 第十次会议	调离：县直吕素维、龙州镇张群书	县直王彦芳
2013年12月31日 第十四次会议	去世：城寨乡张玉敏 调离：龙州镇杨澜波 辞职：龙州镇宫国恩、王林鹏，独羊岗乡任青山，上方乡郑会征，玉亭乡付东辉，安香乡孟文锁、孙国群，只里乡刘京伟，上方乡郭银海，九口子乡赵宝林，上阎庄乡李书新，上碑镇刘亚林	龙州镇袁永福、庞英须，翟营乡王占勇，只里乡徐中玲，独羊岗乡陈彦军，南桥镇张智勇，上碑镇黄晓峰，口头镇刘轶，上阎庄乡杨天，安香乡钱立伟，玉亭乡刘建良
2015年3月3日 第二十一次会议	去世：独羊岗乡柳卫振 调离：龙州镇张聚华、独羊岗乡王文秀、安香乡杨同振 辞职：独羊岗乡李学军、玉亭乡仝香忠、南桥镇杨振永、只里乡郭建欣、城寨乡杨贵敏、口头镇张树敏、翟营乡贾增良、九口子乡杨吉增	北河乡王琳、龙州镇王小三、九口子乡毛志鹏、上方乡孙立新、口头镇李志永、只里乡李杰、玉亭乡刘鸣利、城寨乡刘彦辉、独羊岗乡盖军路
2016年2月15日 第二十九次会议	去世：市同乡肖东朝 调离：县直姜阳 辞职：南桥镇张骉、张智勇，翟营乡高彦明	县直杨立中，龙州镇高华树，安香乡张胜利，南桥镇盖进良、盖东军，独羊岗乡刘根军、薛东成、韩增琪，九口子乡王树平

二、行唐县出席石家庄市第十三届人民代表大会代表名单

王华清（女）	胡儒钗	韩保来	郭登洲
姜　阳	吕素维（女）	赵士平	杨永志
甄泽亮	高永会	杨润月	张金魁
卢成军	卢丽芳（女）	李建平	盖彦军
毛建军	刘金国	米东会（女）	徐中玲（女）
李素荣（女）	贾秀梅（女）	刘显海	王　丽（女）

届中调整情况：

王彦芳，2013年12月31日，在县十五届人大常委会第十四次会议上补选为行唐县出席石家庄市第十三届人民代表大会代表。

第三节 代表工作

一、坚持代表主体地位

县人大常委会尊重人大代表的地位和作用，保障代表依法履职，在调研视察、执法检查、工作评议和满意度测评等活动中，尽可能扩大代表参与范围，发挥“大兵团”优势，形成“大监督”合力，让人大工作更加贴民生、接地气。

二、搭建代表履职平台

县人大常委会把“人大代表之家”建设作为深化代表工作的重要抓手，着力在抓规范、促运行上下功夫。通过对提建议、监督工作、履职优秀的代表进行表彰，进一步激发人大代表履职的积极性。2015 年 6 月，组织开展市县两级人大代表“双联”活动，县人大常委会制定“双联双评”活动办法，拓展和深化了“三严三实”教育内容，进一步加强了市县两级人大代表同全县人民群众的联系和在基层民主政治建设中的作用。通过对优秀代表的表彰，进一步激发了广大代表履职的积极性和创造性。创新代表履职方式，选择 91 名素质高、能力强的人大代表到“一府两院”28 个部门担任联络员，深化活跃代表专业小组活动，注重发挥代表联络员作用。

三、发挥乡镇人大作用

县人大常委会坚持邀请乡镇人大主席列席县人大常委会会议，举办乡镇人大主席培训暨工作经验交流会，研究制定《关于加强乡镇人大工作的指导意见》。各乡镇人大积极发挥职能作用，利用“人大代表之家”履职平台，多种形式活跃人大工作，乡镇人民代表大会职权得到有效发挥。各乡镇党委积极支持、政府主动配合乡镇人大工作，促进了乡镇人大工作不断迈上新台阶。

四、代表建议办理

县人大常委会按照全覆盖、动态化、台账式的目标要求，积极推动代表建议办理工作精细化、高效化。通过改进交办方式、组织专项督查和集中视察、听取和审议专项报告、开展满意度测评等一系列措施，进一步提高了代表建议办理质量。代表建议承办单位以高度的政治责任感和使命感，将人大代表建议办理与本职业务一同推进，确保了人大代表建议办理效率和质量。县十五届人大历次会议提出的 566 件代表建议均按时办理完毕，代表满意率达 95%以上。

县十五届人大一次会议，县人民政府系统承办代表建议、批评和意见 135 件，全部办复。已经落实或正在落实的 59 件，占 43.70%；已经上报计划正在积极跑办的 55 件，占

40.74%；因条件限制一时无法落实，向代表解释说明的21件，占15.56%，县人民政府及各承办部门共走访代表170多人次，满意率100%。

县十五届人大二次会议，县人民政府系统承办代表建议、批评和意见98件，全部办复。已经解决或正在解决的66件，占67.35%；已经上报计划正在跑办的25件，占25.51%；因条件限制一时无法落实，向代表解释说明的7件，占7.14%。代表对答复意见表示满意的95件，基本满意的1件，表示理解的1件，拒签的1件，满意率98.98%。

县十五届人大四次会议，共收到人大代表对"一府两院"各方面工作的建议、批评和意见89件，其中县人民政府系统承办88件，县人民法院承办1件。县人民政府承办88件建议已全部答复，答复已解决或基本解决的54件，占61.4%；答复已作出计划的21件，占23.9%；因条件限制一时无法落实，向代表解释说明的13件，占14.7%。代表表示满意的87件，满意率98.86%，表示基本满意的1件，满意率1.14%。

县十五届人大五次会议，县人民政府系统承办代表建议、批评和意见121件，已落实76件，占62.8%；正在落实31件，占25.6%；列入规划的10件，占8.3%；因条件限制暂时没有解决对代表作出解释说明的4件，占3.3%。代表对答复意见表示满意的117件，基本满意的3件，表示理解的1件，满意率为96.7%。

县十五届人大六次会议，县人民政府系统承办代表建议、批评和意见123件，得到解决或基本解决的有94件，占76.4%；列入规划逐步解决的有27件，占21.9%；因条件限制暂时没有解决对代表作出解释说明的2件，占1.7%。代表对答复意见表示满意的118件，占96%；基本满意的5件，占4%。

表11-7　行唐县第十五届人大常委会2012—2016年重点督办代表建议情况一览表

年　度	建　议
2012年	关于南河村人畜饮水管道更换问题的建议；关于修建白庙村到南关跨部河桥问题的建议；关于警笛扰民问题的建议；关于翟营乡翟家庄村新钻深井电力配套问题的建议；关于新农合制度落实问题的建议；关于窦庄小学合并到秦台小学的建议；关于加强农村文化建设提高农村文化投入问题的建议；关于解决县城御城花园取暖问题的建议；关于解决新开路、幸福路等街道两侧违法占道问题的建议；关于推进行唐县煤炭市场运作的建议
2013年	关于在北河乡万亩核桃基地建设水利设施的建议；关于建立县城外环及沿干线公路环境保洁长效机制的建议；关于农民进城车辆路边停车不以罚款为目的应以教育为主的建议；关于解决交通检查造成人为堵车现象的建议；关于迁移实验学校东侧变压器的建议；关于教师师资配备的建议；关于新农合补偿政策及卫生室运管机制的建议；关于充分发挥农村书屋作用，加强图书管理的建议；关于尽快出台旧城改造政策的建议；关于加强县城公共厕所管理的建议

续表11-7

年　度	建　议
2014 年	关于建设行唐县文体活动中心的建议；关于解决新农合运行中存在问题的建议；关于教师力量公平配置和整合教育资源，加强我县职业技能培训的建议；关于交警在县城道路上乱贴罚单问题的建议；关于让人民吃上放心水一事的建议；关于加大县城人口密集场所治安管理力度，维护人民群众利益的建议；关于加快县城集中供暖进度，推进大气污染治理的建议；关于加快县城公厕使用与管理的建议；关于县城至西外环路段铺设下水管道的建议；关于增设银行营业网点、服务窗口和 ATM 机的建议
2015 年	关于规范新农合运行与管理的建议；关于城乡道路建设的建议；关于建立联村垃圾填埋场的建议；关于建设行唐县文体活动中心的建议；关于规范县城住宅小区物业管理的建议；关于许由煤炭市场污染及治理的建议；关于上方乡马路集市占道影响交通问题的建议；关于优化城乡客运线路的建议；关于南市场综合整治问题的建议；关于上碑镇集贸市场改造升级的建议
2016 年	关于颍水河后期管理的建议；关于太行山绿化的建议；关于精准扶贫工作的建议；关于解决县医院门诊楼危重病人通道问题的建议；关于加快城区供水管网更新改造的建议；关于加强县城公园管理的建议；关于加强和完善新农合运行的建议；关于农村生活垃圾处理问题的建议；关于磁左渠节水配套改造的建议；关于加强司法鉴定管理，更好服务人民群众的建议

五、评选先进单位和优秀代表

2015 年 4 月 15 日，县十五届人大常委会评出 2014 年度先进乡镇人民代表大会 5 个，人大代表建议承办先进单位 6 个，优秀县人大代表 21 名，其中，提建议优秀代表 7 名，监督工作优秀代表 7 名，履职优秀代表 7 名。2016 年 11 月 4 日，县十五届人大常委会评出县十五届优秀县人大代表 60 名。

表 11-8　行唐县第十五届人大常委会表彰的先进单位和优秀县人大代表名表

时　间	承办人大代表建议先进单位	先进乡镇人大	优秀县人大代表
2015 年 4 月 15 日	公安局、教育局、水务局、住房和城乡建设局、人民法院、中国农业银行股份有限公司行唐县支行	上方乡人民代表大会 市同乡人民代表大会 口头镇人民代表大会 安香乡人民代表大会 独羊岗乡人民代表大会	提建议优秀代表：张秋双、范晓东、封双根、盖合保、康志云、盖彦军、甄吉林 监督工作优秀代表：仇翠玲、刘轶、李翠玲、杨永志、杨瑞庆、姚永志、程彦国 履职优秀代表：孙立新、钱立伟、张文合、张考菊、张新征、孟国旗、杨润月

续表11-8

时　间	承办人大代表建议先进单位	先进乡镇人大	优秀县人大代表
2016年11月4日	—	—	李素荣、盖合保、孙国会、姚永志、康志云、李建平、石会刚、孙建林、马二旦、韩增琪、刘根军、薛东城、韩双成、李吉章、封小香、刘金国、张新征、申会刚、严会林、刘荣河、尹文平、陈大力、刘　芬、张文合、苏春来、梁兰花、乔合群、张秋双、杨玉庆、杨建国、杨建红、杨素荣、杨瑞庆、盖彦军、张玉海、李春海、张考菊、樊春雷、甄吉林、邸彦芳、张　彬、秦　军、郭玉琼、高银锁、范晓东、徐梅彦、刘春生、范　哲、杨润月、尤义龙、王喜才、常小四、严小五、赵建华、王建侠、赵喜银、胡振忠、赵建中、王树平、高　岚

第三章 人民代表大会

行唐县第十五届人民代表大会任期5年，自2012年2月至2017年2月，共召开6次会议，听取报告31个，作出决议决定31项，选举表决8项。

表11-9 行唐县第十五届人民代表大会历次会议概况表

会 次	时 间	议题（项）	听取报告（个）	决议决定（项）	选举表决（项）
第一次	2012年2月19—22日	7	6	6	4
第二次	2013年3月24—26日	7	6	6	2
第三次	2013年6月25日	1	—	—	1
第四次	2014年1月20—22日	6	6	6	—
第五次	2015年3月9—11日	7	6	6	1
第六次	2016年2月18—19日	7	7	7	—

第一节 会议概况

一、县十五届人大一次会议

2012年2月19日至22日，县十五届人大一次会议在县人寿保险礼堂召开，出席代表203人（应到207人）。会议听取和审议县人民政府县长吕素维作的《政府工作报告》；听取和审议县发展和改革局局长张胜利作的《关于行唐县2011年国民经济和社会发展计划执行情况与2012年国民经济和社会发展计划草案的报告》，审查了行唐县2011年国民经济和社会发展计划执行情况与2012年国民经济和社会发展计划草案；听取和审议县财政局局长陈树旗作的《关于行唐县2011年县本级预算和县总预算执行情况和2012年县本级预算和县总预算草案的报告》，审查了行唐县2011年县本级预算和县总预算执行情况和2012年县本级预算和县总预算草案；听取和审议县人大常委会主任高和福作的《行唐县人民代表大会常务委员会工作报告》、县人民法院院长梁锁山作的《行唐县人民法院工作报告》、县人民检察院检察长何步云作的《行唐县人民检察院工作报告》。会议通过相应决议。会议选举产生县第十五届人大常委会组成人员，县人民政府县长、副县长，县人民法院院长，县人民检察院检察长（名单见本章第二节《会议选举》）。

会议指出，2012 年是深入贯彻落实科学发展观，推进“十二五”规划实施的关键一年，是全县融入东部、跨越赶超的重要一年。会议强调，全县上下要以邓小平理论和“三个代表”重要思想为指导，深入实践科学发展观，以加快转变发展方式为主线，以融入石家庄东部工业突破区为主攻点，坚持“实干发展、富民强县”目标，推进“工业立县、项目强县、产业富民、和谐发展”战略，高扬“全党抓经济、重点抓工业、集中精力上项目”主旋律，以跨越赶超的步伐，推进工业化、城镇化“双轮”驱动，实施“文化兴县”战略，加强社会管理创新，保障和改善民生，加强和创新党的建设，全力打造石家庄北部重要增长极，努力开创“生态行唐”建设新局面。会议要求，新一届县人大常委会要深入贯彻落实科学发展观，按照省、市、县党代会精神要求，坚持和完善人民代表大会制度，顺应时代新要求和人民群众的新期盼，站在民主法治建设的前沿阵地上不辱使命，不负重托，为建设“幸福石家庄，和谐新行唐”，以优异成绩迎接党的“十八大”胜利召开。

二、县十五届人大二次会议

2013 年 3 月 24 日至 26 日，县十五届人大二次会议在县人寿保险礼堂召开，出席代表 199 人（应到 205 人）。会议听取和审议县人民政府县长吕素维作的《政府工作报告》；听取和审议县发展和改革局局长张胜利作的《关于行唐县 2012 年国民经济和社会发展计划执行情况与 2013 年国民经济和社会发展计划草案的报告》，审查了行唐县 2012 年国民经济和社会发展计划执行情况与 2013 年国民经济和社会发展计划草案；听取和审议县财政局局长陈树旗作的《关于行唐县 2012 年县本级预算和县总预算执行情况与 2013 年县本级预算和县总预算草案的报告》，审查了行唐县 2012 年县本级预算和县总预算执行情况与 2013 年县本级预算和县总预算草案；听取和审议县人大常委会主任赵士平作的《行唐县人民代表大会常务委员会工作报告》、县人民法院院长梁锁山作的《行唐县人民法院工作报告》、县人民检察院检察长何步云作的《行唐县人民检察院工作报告》。会议通过相应决议。会议选举产生县人大常委会委员 1 名（名单见本章第二节《会议选举》）。会议选举产生行唐县出席石家庄市第十三届人民代表大会代表 24 名。

会议指出，2013 年是全面贯彻落实党的十八大精神的开局之年，是为全面建成小康社会奠定坚实基础的重要一年。会议强调，各级各部门要按照县委十一届二次全会工作部署，围绕“突出项目立县，推进转型突破，实现实力跃升，建设和谐行唐”总目标和“1234”发展战略，主攻产业项目，优化产业结构，改善“两个环境”，打造新城区、新园区、新农村，推进招商引资全员化、县域经济特色化、财政收入多元化、发展秩序规范化，着力保障和改善民生，全力维护社会稳定，推动经济社会持续健康发展。会议要求，县人大常委会要在县委的正确领导下，高举中国特色社会主义伟大旗帜，以邓小平理论、“三个代表”重要思想、科学发展观为指导，全面贯彻落实党的十八大和全国十二届人大一次会议精神，为行唐全面建成小康社会而努力奋斗。

三、县十五届人大三次会议

2013 年 6 月 25 日，县十五届人大三次会议在县人寿保险礼堂召开，出席代表 201 人（应到 204 人）。会议选举产生县人民政府县长（名单见本章第二节《会议选举》）。

四、县十五届人大四次会议

2014 年 1 月 20 日至 22 日，县十五届人大四次会议在县人寿保险礼堂召开，出席代表 184 人（应到 201 人）。会议听取和审议县人民政府县长王彦芳作的《政府工作报告》；听取和审议县发展和改革局局长张胜利作的《关于行唐县 2013 年国民经济和社会发展计划执行情况与 2014 年国民经济和社会发展计划草案的报告》，审查了行唐县 2013 年国民经济和社会发展计划执行情况与 2014 年国民经济和社会发展计划草案；听取和审议县财政局局长陈树旗作的《关于行唐县 2013 年县本级预算和县总预算执行情况与 2014 年县本级预算和县总预算草案的报告》，审查了行唐县 2013 年县本级预算和县总预算执行情况与 2014 年县本级预算和县总预算草案；听取和审议县人大常委会主任赵士平作的《行唐县人民代表大会常务委员会工作报告》、县人民法院院长梁锁山作的《行唐县人民法院工作报告》、县人民检察院检察长何步云作的《行唐县人民检察院工作报告》。会议通过相应决议。

会议指出，2014 年是深入贯彻落实党的十八届三中全会精神的开局之年，是全面深化改革的第一年，也是落实“十二五”规划的关键一年。各级各部门要全面贯彻落实党的十八大和十八届三中全会精神，以深入开展党的群众路线教育实践活动为动力，紧紧围绕“突出项目立县，推进转型突破，实现实力跃升，建设和谐行唐”总目标，牢牢把握国家和省、市实施扶贫攻坚的重大历史机遇，强力推进工业化、城镇化和农业现代化，解放思想、改革创新，创优环境、好中求快，加速绿色崛起，为圆满完成“十二五”奋斗目标、全面建成小康社会奠定坚实基础。会议强调，县十五届人大常委会要在中共行唐县委的坚强领导下，解放思想、开拓进取、扎实工作，不断推进人大工作与时俱进、创新发展，为开创行唐全面建成小康社会新局面贡献力量。

五、县十五届人大五次会议

2015 年 3 月 9 日至 11 日，县十五届人大五次会议在县人寿保险礼堂召开。出席代表 182 人（应到 198 人）。会议听取和审议县人民政府县长王彦芳作的《政府工作报告》；听取和审议县发展和改革局局长张胜利作的《关于行唐县 2014 年国民经济和社会发展计划执行情况与 2015 年国民经济和社会发展计划草案的报告》，审查了行唐县 2014 年国民经济和社会发展计划执行情况与 2015 年国民经济和社会发展计划草案；听取和审议县财政局局长陈树旗作的《关于行唐县 2014 年县本级预算和县总预算执行情况与 2015 年县本级预算和县总预算草案的报告》，审查了行唐县 2014 年县本级预算和县总预算执行情况与 2015 年县本级预算和县总预算草案；听取和审议县人大常委会主任赵士平作的《行唐县人民代表大会常务委员会工作报告》、县人民法院院长梁锁山作的《行唐县人民法院工作报告》、县人民检察院检察长何步云作的《行唐县人民检察院工作报告》。会议通过相应决议。会议选举产生县人大常委会副主任1名、委员2名（名单见本章第二节《会议选举》）。

会议指出，2015年，是全面建成小康社会的攻坚之年，是全面深化改革的关键之年，是全面推进依法治国的开局之年，是全面从严治党的强化之年，也是全面完成“十二五”规划的收官之年，做好全年的各项工作意义十分重大。会议要求，全县上下要紧紧围绕“突出项目立县，推进转型突破，实现实力跃升，建设和谐行唐”总目标，牢牢把握“京津冀协同发展”重大机遇，主动适应经济发展新常态，突出创新驱动，狠抓项目建设，统筹城乡发展，推进依法行政，优化两个环境，全力保障和改善民生，加快跨越赶超、绿色崛起步伐，为圆满完成“十二五”规划目标、奋力开启“十三五”新征程、全面建成小康社会奠定坚实基础。会议强调，县十五届人大常委会要在中共行唐县委的坚强领导下，团结动员全县人民，与时俱进适应新常态，奋发有为共谋新发展，为实现县委十一届五次全会提出的目标任务、开创行唐全面建成小康社会，奏响激情开放、跨越赶超、美丽幸福新行唐的和谐乐章。

六、县十五届人大六次会议

2016年2月18日至19日，县十五届人大六次会议在县人寿保险礼堂召开，出席代表196人（应到201人）。会议听取和审议县人民政府县长王彦芳作的《政府工作报告》；听取和审议县发展和改革局局长张胜利作的《关于行唐县2015年国民经济和社会发展计划执行情况与2016年国民经济和社会发展计划草案的报告》，审查了行唐县2015年国民经济和社会发展计划执行情况与2016年国民经济和社会发展计划草案；听取和审议县财政局局长陈树旗作的《关于行唐县2015年县本级预算和县总预算执行情况与2016年县本级预算和县总预算草案的报告》，审查了行唐县2015年县本级预算和县总预算执行情况与2016年县本级预算和县总预算草案；听取和审议县人大常委会主任赵士平作的《行唐县人民代表大会常务委员会工作报告》、县人民法院院长梁锁山作的《行唐县人民法院工作报告》、县人民检察院检察长何步云作的《行唐县人民检察院工作报告》；审查了《行唐县国民经济和社会发展第十三个五年规划纲要（草案）》。会议通过相应决议。

会议指出，2016年是“十三五”规划的开局之年，是确保如期脱贫出列的攻坚之年，是决胜全面建成小康社会的发力之年。会议要求，各级各部门要全面贯彻党的十八大和十八届二中、四中、五中全会，省委八届十二次全会、市委九届七次全会和县委十一届六次全会精神，以马列主义、毛泽东思想、邓小平理论、“三个代表”重要思想、科学发展观为指导，深入贯彻习近平总书记系列重要讲话精神，坚持中央“四个全面”战略布局，抓住京津冀协同发展重大历史机遇，落实石家庄市中东西区域协调发展战略要求，主动适应经济发展新常态，牢固树立创新、协调、绿色、开放、共享发展理念，坚守发展、生态、民生三条底线，深化改革开放，激发主体活力，着力打基础、破瓶颈、谋长远，大力推进新型工业化、信息化、城镇化和农业现代化，努力建设激情开放、跨越赶超、美丽幸福新行唐，确保如期实现脱贫出列，确保如期实现全面小康。会议强调，县人大常委会要把2016年作为人大工作的“加强年”，紧紧围绕县委十一届六次全会决策部署，坚持问题导向，强化责任担当，全面履职尽责，坚定信心、群策群力、激情进取、奋发作为，为实现“十三五”发展良好开局、开创全面建成小康社会新局面而努力奋斗。

第二节 会议选举

县十五届人大历次会议，共选举产生县级国家机关工作人员39名。

县人大常委会

主 任：

赵士平　　2012年2月县十五届人大一次会议当选

副主任：

王吉秋　　2012年2月县十五届人大一次会议当选

高国甫　　2012年2月县十五届人大一次会议当选

温玲翠（女）　2012年2月县十五届人大一次会议当选

米志斌　　2012年2月县十五届人大一次会议当选

刘鸣利　　2015年3月县十五届人大五次会议当选

届中调整情况：

王吉秋，2015年3月3日，在县十五届人大常委会第二十一次会议上辞去县人大常委会副主任职务。

温玲翠（女），2016年11月1日，在县十五届人大常委会第三十三次会议上辞去县人大常委会副主任职务。

委 员（县十五届人大一次会议选举产生）：

李翠玲（女）	康志强	柳增良	刘 鸣
刘京伟	赵立杰	李学军	仇翠玲（女）
高 卫	罗假妮	孔立新（女）	李梅山
梁 然（女）	范国荣（女）	李素荣（女）	麻新英
杨国永	刘金国	王永壮	孙焕军

2013年3月县十五届人大二次会议选举产生：高 岚

2015年3月县十五届人大五次会议选举产生：徐中玲（女） 刘建忠

届中调整情况：

孙焕军，2012年4月去世，其代表资格自然终止，其县人大常委会委员职务相应终止。

刘京伟，2013 年 12 月 31 日，在县十五届人大常委会第十四次会议上辞去县人大代表职务，其县人大常委会委员职务相应终止。

李学军，2015 年 3 月 3 日，在县十五届人大常委会第二十一次会议上辞去县人大代表职务，其县人大常委会委员职务相应终止。

县人民政府

县　长：

吕素维（女）　2012 年 2 月县十五届人大一次会议当选

王彦芳　2013 年 6 月县十五届人大三次会议当选

届中调整情况：

吕素维（女），2013 年 5 月 4 日，在县十五届人大常委会第九次会议上辞去行唐县人民政府县长职务。

王彦芳，2013 年 5 月 4 日，县十五届人大常委会第九次会议决定任命其为行唐县人民政府副县长，决定其为代理县长。

副县长：

张聚华　2012 年 2 月县十五届人大一次会议当选

袁永福　2012 年 2 月县十五届人大一次会议当选

董素平（女）　2012 年 2 月县十五届人大一次会议当选

敦　盾（女）　2012 年 2 月县十五届人大一次会议当选

张占宗　2012 年 2 月县十五届人大一次会议当选

高文成　2012 年 2 月县十五届人大一次会议当选

届中调整情况：

郑新南，2012 年 9 月 25 日，县十五届人大常委会第五次会议决定任命其为行唐县人民政府副县长。

王彦芳，2013 年 5 月 4 日，县十五届人大常委会第九次会议决定任命其为行唐县人民政府副县长。

叶晓林，2013 年 8 月 30 日，县十五届人大常委会第十二次会议决定任命其为行唐县人民政府副县长。

张聚华、张占宗，2013 年 10 月 29 日，县十五届人大常委会第十三次会议决定免去其行唐县人民政府副县长职务。

叶晓林，2014 年 4 月 24 日，县十五届人大常委会第十六次会议决定免去其行唐县人民政府副县长职务。

李　军，2014 年 4 月 24 日，县十五届人大常委会第十六次会议决定任命其为行唐县人民政府副县长。

崔增民，2015 年 8 月 27 日，县十五届人大常委会第二十四次会议决定任命其为行唐县人民政府副县长。

曹　铂、赵为民，2015 年 10 月 12 日，县十五届人大常委会第二十五次会议决定任命其为行唐县人民政府副县长。

陈树旗，2015 年 12 月 17 日，县十五届人大常委会第二十八次会议决定任命其为行唐县人民政府副县长。

袁永福、敦盾（女）、高文成、赵为民、曹铂，2017 年 1 月 26 日，县十五届人大常委会第三十五次会议决定免去其行唐县人民政府副县长职务。

庞英须、池玉清、宫世友，2017 年 1 月 26 日，县十五届人大常委会第三十五次会议决定任命其为行唐县人民政府副县长。

县人民法院

院　长：

梁锁山　　　2012 年 2 月县十五届人大一次会议当选

届中调整情况：

梁锁山，2017 年 1 月 26 日，县十五届人大常委会第三十五次会议免去其县人民法院院长职务。

李　勇，2017 年 1 月 26 日，县十五届人大常委会第三十五次会议任命其为县人民法院副院长，决定其为代理院长。

县人民检察院

检察长：

何步云　　　2012 年 2 月县十五届人大一次会议当选

届中调整情况：

何步云，2017 年 1 月 26 日，县十五届人大常委会第三十五次会议免去其县人民检察院检察长职务。

褚士彬，2017 年 1 月 26 日，县十五届人大常委会第三十五次会议任命其为县人民检察院副检察长，决定其为代理检察长。

链接 3：县十五届人大常委会主任简历

赵士平，男，1959 年 11 月出生，汉族，中共党员，行唐县市同乡西塔子庄村人，大专学历。历任行唐县市同公社中学教师，县经委干部，机械厂党总支副书记，机械厂副厂长，陶瓷厂厂长、支部书记，机械厂厂长、党总支书记，县经委副主任、主任，县经贸局局长，县人民政协副主席，县人民政府副县长，县委常委、县委办公室主任；行唐县第十四届人大常委会党组书记，县第十五届人大常委会主任、党组书记。

第三节　会议组织

一、县十五届人大一次会议

（一）大会临时党委

书　记：吕素维（女）

副书记：杨澜波　高和福　赵士平

委　员：张群书　王吉秋　温玲翠（女）　米志斌

（二）大会主席团和秘书长

主席团：

王吉秋	王建良	仇翠玲（女）	孔立新（女）
吕素维（女）	刘　鸣	刘亚林	刘京伟
米志斌	杨同振	杨澜波	李义芳
李书新	李翠玲（女）	张　骉	张群书
张聚华	孟文锁	柳增良	赵士平
赵英海	赵国才	赵宝林	宫国恩
郭银海	高国甫	高和福	高彦明
麻新英	盖义江	康志强	韩英翔
温玲翠（女）			

秘书长：王吉秋（兼）

（三）大会主席团常务主席

吕素维（女）	杨澜波	高和福	张群书
赵士平	王吉秋	高国甫	温玲翠（女）
米志斌			

（四）大会代表资格审查委员会

主任委员：王吉秋

副主任委员：刘京伟　康志强

委　　员：仇翠玲（女）　李学军　韩英翔　李梅山

（五）大会计划预算审查委员会

主任委员：温玲翠（女）

副主任委员：康志强　刘建忠

委　　员：仇翠玲（女）　杨永志　孔立新（女）　李梅山

（六）大会议案审查委员会

主任委员：王吉秋

副主任委员：柳增良　刘京伟

委　　　员：李翠玲（女）　李素荣（女）　付东辉

二、县十五届人大二次会议

（一）大会临时党委

书　记：姜　阳

副书记：吕素维（女）　杨澜波　赵士平

委　员：王吉秋　温玲翠（女）　米志斌

（二）大会主席团和秘书长

主席团：

王吉秋	王建良	仇翠玲（女）	孔立新（女）
申胜利	仝香忠	白录平	吕素维（女）
刘　鸣	刘亚林	刘京伟	米志斌
杨同振	杨澜波	李书新	李翠玲（女）
肖东朝	张　骉	张聚华	孟文锁
屈中敏	柳增良	赵士平	赵宝林
宫国恩	姜　阳	高国甫	高和福
高彦明	康志强	麻新英	盖义江
韩英翔	温少辉	温玲翠（女）	甄泽亮

秘书长：王吉秋（兼）

（三）大会主席团常务主席

姜　阳	王彦芳	杨澜波	赵士平
王吉秋	高国甫	温玲翠（女）	
米志斌			

（四）大会计划预算审查委员会

主 任 委 员：温玲翠（女）

副主任委员：康志强　刘建忠

委　　　员：仇翠玲（女）　杨永志　孔立新（女）　李梅山

（五）大会议案审查委员会

主 任 委 员：王吉秋

副主任委员：柳增良　刘京伟

委　　　员：李翠玲（女）　李素荣（女）　付东辉

三、县十五届人大三次会议

（一）大会临时党委

书　记：姜　阳

副书记：王彦芳　杨澜波　赵士平

委　员：王吉秋　温玲翠(女)　米志斌

（二）大会主席团和秘书长

主席团：

王吉秋	王建良	王彦芳	仇翠玲(女)
孔立新(女)	申胜利	仝香忠	白录平
刘　鸣	刘亚林	刘京伟	米志斌
杨同振	杨澜波	李书新	李翠玲(女)
肖东朝	张　骉	张聚华	孟文锁
屈中敏	柳增良	赵士平	赵宝林
宫国恩	姜　阳	高国甫	高和福
高彦明	康志强	麻新英	盖义江
韩英翔	温少辉	温玲翠(女)	甄泽亮

秘书长：王吉秋(兼)

（三）大会主席团常务主席

姜　阳	王彦芳	杨澜波	赵士平
王吉秋	高国甫	温玲翠(女)	米志斌

四、县十五届人大四次会议

（一）大会临时党委

书　记：姜　阳

副书记：王彦芳　张聚华　赵士平

委　员：庞英须　王吉秋　温玲翠(女)　米志斌

（二）大会主席团和秘书长

主席团：

王占勇	王吉秋	王建良	王彦芳
仇翠玲(女)	孔立新(女)	申胜利	白录平
仝香忠	刘　鸣	刘　轶	米志斌
李翠玲(女)	杨　天	杨同振	肖东朝
张　骉	张聚华	陈彦军	庞英须
屈中敏	赵士平	赵国才	柳增良
姜　阳	袁永福	徐中玲(女)	高国甫
高和福	高彦明	黄晓峰	麻新英
康志强	盖义江	韩英翔	温少辉
温玲翠(女)	甄泽亮		

秘书长：王吉秋(兼)

（三）大会主席团常务主席

姜　阳	王彦芳	张聚华	赵士平
庞英须	王吉秋	高国甫	温玲翠(女)
米志斌			

（四）大会计划预算审查委员会

主 任 委 员：温玲翠(女)

副主任委员：康志强　刘建忠

委　　　员：仇翠玲（女）　杨永志　孔立新（女）　李梅山

（五）大会议案审查委员会

主 任 委 员：王吉秋

副主任委员：柳增良　徐中玲(女)

委　　　员：李翠玲(女)　李素荣(女)　郭建欣　孟国旗

五、县十五届人大五次会议

（一）大会临时党委

书　记：姜　阳

副书记：王彦芳　张聚华　赵士平

委　员：庞英须　王吉秋　温玲翠(女)　米志斌

（二）大会主席团和秘书长

主席团：

王占勇	王吉秋	王建良	王彦芳
仇翠玲(女)	孔立新(女)	申胜利	白录平
仝香忠	刘　鸣	刘　铁	米志斌
李翠玲(女)	杨　天	杨同振	肖东朝
张　骉	张聚华	陈彦军	庞英须
屈中敏	赵士平	赵国才	柳增良
姜　阳	袁永福	徐中玲(女)	高国甫
高和福	高彦明	黄晓峰	麻新英
康志强	盖义江	韩英翔	温少辉
温玲翠(女)	甄泽亮		

秘书长：王吉秋(兼)

（三）大会主席团常务主席

姜　阳	王彦芳	赵士平	庞英须
王吉秋	高国甫	温玲翠(女)	米志斌

（四）大会计划预算审查委员会

主 任 委 员：温玲翠（女）

副主任委员：康志强　刘建忠

委　　　员：仇翠玲（女）　杨永志　孔立新（女）　李梅山

（五）大会议案审查委员会

主 任 委 员：王吉秋

副主任委员：柳增良　徐中玲（女）

委　　　员：李翠玲（女）　李素荣（女）　郭建欣　孟国旗

六、县十五届人大六次会议

（一）大会临时党委

书　记：杨立中

副书记：王彦芳　高华树　赵士平

委　员：庞英须　温玲翠（女）　米志斌　刘鸣利

（二）大会主席团和秘书长

主席团

王占勇	王吉秋	王建良	王彦芳
王　琳（女）	仇翠玲（女）	孔立新（女）	申胜利
白录平	刘　鸣	刘鸣利	刘　铁
米志斌	张胜利	杨　天	杨立中
李翠玲（女）	陈彦军	庞英须	屈中敏
孟国旗	柳增良	赵士平	赵国才
袁永福	徐中玲（女）	高华树	高国甫
高和福	黄晓峰	康志强	麻新英
盖义江	盖进良	韩英翔	温少辉
温玲翠（女）	甄泽亮		

秘书长：刘鸣利（兼）

（三）大会主席团常务主席

杨立中	王彦芳	高华树	赵士平
庞英须	高国甫	温玲翠（女）	米志斌
刘鸣利			

（四）大会计划预算审查委员会

主 任 委 员：刘鸣利

副主任委员：康志强　刘建忠

委　　　员：李翠玲（女）　杨永志　孔立新（女）　李梅山　韩增琪　刘根军

（五）大会议案审查委员会

主 任 委 员：刘鸣利

副主任委员：柳增良　徐中玲（女）

委　　　员：仇翠玲（女）　李素荣（女）　孟国旗　孙立新

第四章　人民代表大会常务委员会

县十五届人大常委会以邓小平理论和“三个代表”重要思想为指导，深入贯彻落实科学发展观，自觉服从服务于全县大局，认真履行《宪法》和法律赋予的职责，扎实推进全县民主法治建设，保障和促进了全县科学发展。任期内召开常委会议36次，主任会议39次，围绕全县中心工作，依法监督，为加快推进全县经济社会又好又快发展做出新的更大贡献。

表11-10　行唐县第十五届人大常委会主任、副主任概况表

职　务	姓　名	任职时间	说　明
主　任	赵士平	2012年2月—2017年2月	—
副主任	王吉秋	2012年2月—2015年3月	—
	高国甫	2012年2月—2017年2月	—
	温玲翠	2012年2月—2016年11月	退　休
	米志斌	2012年2月—2017年2月	—
	刘鸣利	2015年3月—2017年2月	2015年1月职级并行为副处级

第一节　常委会会议

县十五届人大常委会共召开常委会会议36次。

第一次会议　2012年3月22日召开，县人大常委会主任赵士平，副主任王吉秋、高国甫、温玲翠、米志斌和17名委员出席会议。县人民政府副县长敦盾，县人民法院院长梁锁山，县人民检察院检察长何步云列席会议。会议学习《监督法》《行唐县人大常委会议事规则》《关于建立县人大常委会组成人员履职档案的办法》。会议审议通过《行唐县人大常委会关于预算审查监督办法（草案）》《行唐县预算初审办法（草案）》《行唐县人大常委会经济工作监督办法（草案）》《行唐县人大常委会关于对县政府、县法院和县检察院进行专题询问的暂行办法（草案）》《行唐县人大常委会关于组建和开展代表专业小组活动的办法（草案）》《行唐县人大常委会关于派遣县人大代表到重点单位担任联络员的办法（草

案）》《行唐县人大常委会人事任免办法（修正稿）》；审议通过《行唐县人大常委会2012年工作要点（草案）》《行唐县第十五届人民代表大会常务委员会代表资格审查委员会名单（草案）》。

链接4：县十五届人大常委会代表资格审查委员会组成人员

主 任 委 员：王吉秋

副主任委员：刘京伟　刘　鸣

委　　　员：康志强　李素荣（女）　李学军　赵力杰

调整情况：

2013年12月31日，县十五届人大常委会第十四次会议接受刘京伟辞去县十五届人民代表大会代表职务的请求，其县十五届人大常委会委员、县十五届人大常委会代表资格审查委员会副主任委员职务相应终止。2015年3月3日，县十五届人大常委会第二十一次会议接受李学军辞去县十五届人民代表大会代表职务的请求，其县十五届人大常委会委员、县十五届人大常委会代表资格审查委员会委员职务相应终止。

第二次会议　2012年4月18日召开，县人大常委会主任赵士平，副主任王吉秋、高国甫、温玲翠、米志斌和16名委员出席会议。县人民政府副县长高文成，县人民法院院长梁锁山，县人民检察院检察长何步云列席会议。会议通过人事任免事项（名单见本篇第七章《选举任免》）。

第三次会议　2012年5月30日召开，县人大常委会主任赵士平，副主任王吉秋、高国甫、温玲翠、米志斌和16名委员出席会议。县人民政府副县长敦盾，县人民法院副院长王兴利，县人民检察院检察长何步云列席会议。会议听取和审议县人民法院副院长王兴利作的《关于健全立案制度，方便群众诉讼工作情况的报告》并进行满意度测评，听取县人大常委会调研组组长王吉秋作的《关于县法院健全立案制度，方便群众诉讼工作情况的调研报告》；听取和审议县人民检察院检察长何步云作的《关于落实〈河北省人大常委会关于加强人民检察院法律监督工作的决议〉工作情况的报告》并进行满意度测评，听取县人大常委会调研组组长王吉秋作的《关于县人民检察院落实〈河北省人大常委会关于加强人民检察院法律监督工作的决议〉工作情况的调研报告》。会议通过人事任免事项（名单见本篇第七章《选举任免》）。

第四次会议　2012年7月25日召开，县人大常委会主任赵士平，副主任王吉秋、高国甫、温玲翠、米志斌和16名委员出席会议。县人民政府副县长高文成，县人民法院院长梁锁山，县人民检察院相关负责人列席会议。会议听取县卫生局局长苑宝林作的《关于我县医疗卫生体制改革专题讲座》；听取和审议县人民政府副县长高文成作的《关于支持中小企业发展专项资金安排使用情况的报告》《关于扶持创业专项资金安排使用情况的报告》，县人大常委会调研组组长温玲翠作的《关于县政府支持中小企业发展专项资金和扶持创业专项资金安排使用情况的调研报告》；听取和审议县司法局局长刘占琪作的《关于开展社区矫正工作情况的报告》，并进行满意度测评，听取县人大常委会调研组组长王吉秋作的《关于县司法局开展社区矫正工作情况的调研报告》。

第五次会议　2012 年 9 月 25 日召开，县人大常委会主任赵士平，副主任王吉秋、高国甫、温玲翠、米志斌和 12 名委员出席会议。县人民政府常务副县长张聚华，县人民法院、县人民检察院相关负责人列席会议。会议听取和审议县发展和改革局局长张胜利作的《关于 2012 年 1 至 6 月国民经济和社会发展计划执行情况的报告》，县人大常委会调研组组长温玲翠作的《关于 2012 年 1 至 6 月国民经济和社会发展计划执行情况的调研报告》；听取和审议县财政局局长陈树旗作的《关于 2012 年 1 至 6 月财政预算执行情况的报告》，县人大常委会调研组组长温玲翠作的《关于 2012 年 1 至 6 月财政预算执行情况的调研报告》；听取和审议县财政局局长陈树旗作的《关于 2011 年县本级财政决算情况的报告》，县人大常委会财经工委主任刘建忠作的《〈关于县政府 2011 年度县本级财政决算草案情况报告〉的初审意见》；听取和审议县审计局局长李平福作的《关于 2011 年县本级财政预算执行和其他财政收支情况的审计报告》；表决通过关于 2011 年度县本级财政决算（草案），并通过相应决议；表决通过县公安局关于对一名县人大代表采取刑事强制措施的请示。会议通过人事任免事项（名单见本篇第七章《选举任免》）。

第六次会议　2012 年 11 月 29 日召开，县人大常委会主任赵士平，副主任王吉秋、高国甫、温玲翠、米志斌和 13 名委员出席会议。县人民政府党组副书记赵海军，县人民法院院长梁锁山，县人民检察院检察长何步云列席会议。会议听取和审议县人民政府党组副书记赵海军及县交通运输局局长、县住建局局长苏文杰分别作的《关于办理县十五届人大一次会议代表建议情况的报告》，并进行满意度测评；听取和审议县人民政府党组副书记赵海军及县教育局局长邸健、县水务局局长李凯分别作的《关于民生工程落实情况的报告》，并进行满意度测评；听取和审议县审计局局长李平福作的《关于 2011 年审计报告所列问题整改处理情况的报告》。会议通过人事任免事项（名单见本篇第七章《选举任免》）。

第七次会议　2013 年 1 月 11 日召开，县人大常委会主任赵士平，副主任王吉秋、高国甫、温玲翠、米志斌和 15 名委员出席会议。县人民政府常务副县长张聚华，县人民法院院长梁锁山，县人民检察院检察长何步云列席会议。会议听取和审议县发展和改革局局长张胜利作的《关于调整部分经济指标的报告》，并通过相应决议。

第八次会议　2013 年 3 月 21 日召开，县人大常委会主任赵士平，副主任王吉秋、高国甫、温玲翠、米志斌和 15 名委员出席会议。县人民法院院长梁锁山，县人民检察院检察长何步云列席会议。会议听取县人大常委会办公室主任刘鸣作的《关于县十五届人民代表大会第二次会议筹备工作的报告》，通过《关于召开行唐县第十五届人民代表大会第二次会议的决定》；通过有关县人大代表的辞职请求；审议通过县人大常委会《代表资格审查委员会关于代表资格的审查报告》《行唐县第十五届人民代表大会第二次会议议程（草案）》及大会主席团和秘书长、计划预算审查委员会、议案审查委员会、常务主席、副秘书长建议名单（草案）、列席人员名单（草案）；审议通过《关于〈行唐县 2012 年国民经济和社会发展计划执行情况与 2013 年计划（草案）〉〈2012 年县本级预算及县总预算执行情况和 2013 年预算（草案）〉的初审报告》；审议通过《行唐县人大常委会工作报告（稿）》《行唐县人大常委会2013年工作要点（草案）》。会议通过人事任免事项（名单见本篇第七章《选举任免》）。

第九次会议 2013年5月4日召开，县人大常委会主任赵士平，副主任王吉秋、高国甫、温玲翠、米志斌和17名委员出席会议。会议通过《关于接受吕素维辞去行唐县人民政府县长职务请求的决定》。会议通过人事任免事项（名单见本篇第七章《选举任免》）。

第十次会议 2013年6月21日召开，县人大常委会主任赵士平，副主任王吉秋、高国甫、温玲翠、米志斌和17名委员出席会议。县人民法院院长梁锁山，县人民检察院检察长何步云列席会议。会议审议通过《行唐县人大常委会关于县人大常委会组成人员联系代表、代表联系选民办法》《行唐县人大常委会关于任命人员述职评议试行办法》《行唐县人大常委会关于规范性文件备案审查工作的规定》《行唐县人大常委会定期征询企业意见制度》。会议听取县人大常委会办公室主任刘鸣作的《关于县第十五届人民代表大会第三次会议筹备工作的报告》，作出《关于召开行唐县第十五届人民代表大会第三次会议的决定》；审议通过《代表资格审查委员会关于代表资格的审查报告》《行唐县第十五届人民代表大会第三次会议议程（草案）》《行唐县第十五届人民代表大会第三次会议大会主席团和秘书长、常务主席、副秘书长建议名单（草案）、列席人员名单（草案）》。

第十一次会议 2013年7月4日召开，县人大常委会主任赵士平，副主任王吉秋、高国甫、温玲翠、米志斌和12名委员出席会议。县人民政府党组副书记赵海军，县人民法院院长梁锁山，县人民检察院检察长何步云列席会议。会议听取和审议县水务局局长李凯作的《关于郜河县城段综合整治情况的报告》，县人大常委会调研组组长高国甫作的《关于郜河县城段综合整治情况的调研报告》；听取和审议县人民政府党组副书记赵海军作的《关于建立健全保障性住房建设公平分配和运营机制情况的报告》，县人大常委会调研组组长米志斌作的《关于建立健全保障性住房建设公平分配和运营机制情况的调研报告》；听取和审议县国土局局长孟振平作的《关于土地综合利用情况的报告》，县人大常委会调研组组长米志斌作的《关于土地综合利用情况的调研报告》；会议对县住建局、国土局进行满意度测评。会议通过人事任免事项（名单见本篇第七章《选举任免》）。

第十二次会议 2013年8月30日召开，县人大常委会主任赵士平，副主任王吉秋、高国甫、温玲翠、米志斌和18名委员出席会议。县人民政府相关负责人，县人民法院院长梁锁山，县人民检察院检察长何步云列席会议。会议听取和审议县发展和改革局局长张胜利作的《关于2013年上半年国民经济和社会发展计划执行情况的报告》，县人大常委会调研组副组长刘建忠作的《关于2013年上半年国民经济和社会发展计划执行情况的调研报告》；听取和审议县发展和改革局局长张胜利作的《关于调整2013年国民经济和社会发展计划部分指标的议案》，县人大常委会财政经济工作委员会主任刘建忠作的《关于行唐县人民政府关于调整2013年国民经济和社会发展计划部分指标的议案的审查报告》；听取和审议县财政局局长陈树旗作的《关于行唐县2013年上半年预算执行情况的报告》，县人大常委会调研组副组长刘建忠作的《关于县 2013 年上半年预算执行情况的调研报告》；听取和审议县财政局局长陈树旗作的《关于行唐县 2012 年度财政决算情况的报告》，听取县人大常委会财政经济工作委员会主任刘建忠作的《关于 2012 年县财政决算的审查报告》；听取县审计局局长李平福作的《关于 2012 年度县本级财政预算执行和其他财政收支情况的审计工作报告》；会议对发展和改革局、财政局工作进行满意度测评。会议通过相应决议。会议通过人事任免事项（名单见本篇第七章《选举任免》）。

第十三次会议　2013 年 10 月 29 日召开，县人大常委会副主任王吉秋、高国甫、温玲翠、米志斌和 14 名委员出席会议。县人民政府副县长董素平，县人民法院院长梁锁山，县人民检察院检察长何步云列席会议。会议听取和审议县人大常委会执法检查组副组长胡玉白作的《关于〈中华人民共和国大气污染防治法〉执法检查情况的报告》；听取县审计局局长李平福作的《关于社会保险基金审计情况的报告》；听取和审议县人民检察院检察长何步云作的《关于发挥检察职能加强行政执法部门法律监督情况的报告》并进行满意度测评。会议通过人事任免事项（名单见本篇第七章《选举任免》）。

第十四次会议　2013 年 12 月 31 日召开，县人大常委会主任赵士平，副主任王吉秋、高国甫、温玲翠和 13 名委员出席会议。县人民政府党组副书记赵海军，县人民法院院长梁锁山，县人民检察院检察长何步云列席会议。会议审议通过县人民政府党组副书记赵海军作的《关于〈行唐县城乡总体规划（2013—2030 年）〉的报告》，并作出相应决议；听取和审议县人民政府办公室主任赵为民作的《关于〈政府工作报告〉完成情况的报告》《关于代表建议办理情况的报告》，县监察局局长李翠玲作的《关于保障惠民政策和民生项目资金落实情况的报告》；书面听取县人民法院《关于实施新民诉法、保障司法公正情况的报告》、县公安局《关于实施“天网”工程、构建立体化治安防控体系情况的报告》。会议对县民政局、林业局、工信局承担的政府工作报告事项完成情况，县水务局、卫生局、城管局、供电局代表建议办理情况，县监察局保障惠民政策和民生项目资金落实情况进行满意度测评。会议通过《关于接受宫国恩等 11 名同志辞去行唐县第十五届人民代表大会代表职务请求的决定》。会议补选行唐县出席石家庄市第十三届人民代表大会代表 1 名（名单见本篇第七章《选举任免》）。

第十五次会议　2014 年 1 月 14 日召开，县人大常委会主任赵士平，副主任王吉秋、高国甫、温玲翠和 13 名委员出席会议。县人民政府副县长叶晓林，县人民法院副院长王兴利，县人民检察院检察长何步云列席会议。会议听取县人大常委会办公室主任刘鸣作的《关于县十五届人民代表大会第四次会议筹备工作的报告》，作出《关于召开行唐县第十五届人民代表大会第四次会议的决定》；审议通过县人大常委会代表资格审查委员会《关于代表资格的审查报告》、行唐县第十五届人民代表大会第四次会议议程（草案）、大会主席团和秘书长、计划预算审查委员会、议案审查委员会、常务主席、副秘书长名单（草案）、列席人员名单（草案）和《行唐县人大常委会工作报告（稿）》。

第十六次会议　2014 年 4 月 24 日召开，县人大常委会主任赵士平，副主任王吉秋、高国甫、温玲翠、米志斌和11名委员出席会议。县人民政府副县长董素平，县人民法院院长梁锁山，县人民检察院检察长何步云列席会议。会议听取和审议县发展和改革局局长张胜利作的《关于“十二五”规划中期评估情况的报告》。会议通过人事任免事项（名单见本篇第七章《选举任免》）。

第十七次会议 2014年6月25日召开，县人大常委会主任赵士平，副主任王吉秋、高国甫、温玲翠、米志斌和12名委员出席会议。县人民政府副县长李军，县人民法院院长梁锁山，县人民检察院检察长何步云列席会议。会议听取和审议县住建局局长孟文锁作的《关于“打造颍水两岸，建设一城三区”情况的报告》；听取和审议县人大常委会执法检查组组长王吉秋作的《关于〈中华人民共和国刑事诉讼法〉执法检查情况的报告》、县人大常委会执法检查组组长高国甫作的《关于〈中华人民共和国水法〉执法检查情况的报告》、县人大常委会执法检查组组长温玲翠作的《关于〈中华人民共和国食品安全法〉执法检查情况的报告》。

第十八次会议 2014年9月18日召开，县人大常委会主任赵士平，副主任王吉秋、高国甫、温玲翠、米志斌和14名委员出席会议。县人民政府副县长高栋梁，县人民法院院长梁锁山，县人民检察院副检察长孟建勇列席会议。会议学习《预算法》。书面听取县发展和改革局《关于2014年上半年国民经济和社会发展计划执行情况的报告》；听取和审议县财政局局长陈树旗作的《关于2014年上半年财政预算执行情况的报告》《关于2013年度县本级财政决算（草案）情况的报告》、县审计局局长李平福作的《关于2013年度县本级财政预算执行和其他财政收支情况的审计报告》、县财政局局长陈树旗作的《关于2014年财政预算调整的报告》、县发展和改革局局长张胜利作的《关于2014年国民经济和社会发展计划调整的报告》。会议通过相应决议。

第十九次会议 2014年10月30日召开，县人大常委会主任赵士平，副主任王吉秋、高国甫、温玲翠、米志斌和16名委员出席会议。县人民政府常务副县长，副县长高文成，县人民法院院长梁锁山，县人民检察院检察长何步云列席会议。会议专题学习《宪法》。会议听取县人大常委会财经工委主任刘建忠作的《关于2014年预算监督工作情况的报告》；听取和审议县国土局局长孟振平作的《关于土地综合整治及利用情况的报告》、县卫生局局长苑宝林作的《关于新农合运行情况的报告》、县人民政府办公室主任赵为民作的《关于代表建议办理情况的报告》、县人民检察院检察长何步云作的《关于发挥法律监督职能，强化行政执法监督情况的报告》；书面听取县人民法院《关于代表建议办理情况的报告》。会议对县交通局、公安局、教育局代表建议办理情况进行满意度测评。

第二十次会议 2014年12月30日召开，县人大常委会主任赵士平，副主任王吉秋、高国甫、米志斌和17名委员出席会议。县人民政府常务副县长，县人民法院院长梁锁山，县人民检察院检察长何步云列席会议。会议听取和审议县人民政府办公室主任赵为民作的《关于政府工作报告完成情况和5个方面30件民生实事落实情况的报告》、县人民法院院长梁锁山作的《行唐县人民法院工作报告完成情况的报告》、县人民检察院检察长何步云作的

《行唐县人民检察院工作报告完成情况的报告》，并对承办民生实事的县人民政府17个部门和县人民法院、县人民检察院的工作进行满意度测评。

第二十一次会议　2015年3月3日召开，县人大常委会主任赵士平，副主任王吉秋、高国甫、温玲翠、米志斌和13名委员出席会议。县人民政府常务副县长，县人民法院院长梁锁山，县人民检察院检察长何步云列席会议。会议听取县人大常委会办公室主任刘鸣作的《关于县十五届人大五次会议筹备工作的报告》，作出《关于召开行唐县第十五届人民代表大会第五次会议的决定》；审议通过行唐县第十五届人民代表大会第五次会议议程（草案）、主席团和秘书长、常务主席、副秘书长、议案审查委员会、计划预算审查委员会、列席人员等各项名单（草案），《行唐县2014年县本级预算及县总预算执行情况和2015年预算（草案）的初步审查报告》《行唐县人大常委会工作报告（稿）》；会议通过《关于接受王吉秋辞去行唐县人大常委会副主任职务的请求的决定》；会议通过有关代表的辞职请求决定和县人大常委会代表资格审查委员会《关于第十五届人民代表大会第五次会议代表资格的审查报告》。

第二十二次会议　2015年4月29日召开，县人大常委会主任赵士平，副书记王吉秋，副主任米志斌、刘鸣利和16名委员出席会议。县人民政府副县长高文成，县人民法院院长梁锁山，县人民检察院检察长何步云列席会议。会议听取和审议县公安局局长池玉清作的《关于严厉打击入室盗窃现象，维护社会治安情况的报告》、县农业局局长高秋敏作的《关于促进农业增效、农民增收情况的报告》；书面听取县人大常委会执法检查组《关于检查〈安全生产法〉贯彻实施情况的报告》；听取和审议县安监局局长王连锁作的《关于贯彻实施〈安全生产法〉情况的报告》，并进行满意度测评；会议审议通过《行唐县人大常委会2015年工作要点》《行唐县人大常委会会议组织召开办法》《行唐县人大常委会关于执法检查工作的规定》等9个文件。会议通过人事任免事项（名单见本篇第七章《选举任免》）。

第二十三次会议　2015年6月29日至30日召开，县人大常委会主任赵士平，副书记王吉秋，副主任高国甫、米志斌、刘鸣利和20名委员出席会议。县人民政府副县长高文成，县人民法院院长梁锁山，县人民检察院检察长何步云列席会议。会议听取和审议县人民政府副县长高文成作的《关于近两年全县城乡道路建设情况及今后两年道路建设规划情况的报告》，县人大常委会调研组《关于近两年全县城乡道路建设情况及今后两年道路建设规划情况的调研报告》；听取和审议县卫生局局长苑宝林作的《关于新农合规范运行情况的报告》，县人大常委会调研组组长米志斌作的《关于新农合规范运行情况的调研报告》，并进行提问；听取县人民法院5名法官、县人民检察院5名检察官履职情况的报告，并进行述职评议。会议通过人事任免事项（名单见本篇第七章《选举任免》）。

第二十四次会议　2015年8月27日召开，县人大常委会主任赵士平，副书记王吉秋，副主任高国甫、刘鸣利和17名委员出席会议。县人民政府副县长敦盾，县人民法院院长梁锁山，县人民检察院副检察长孟建勇列席会议。会议听取和审议县财政局局长李翠玲作的《关于2015年上半年预算执行情况的报告》《关于2014年决算（草案）情况的报告》、县审计局局长李平福作的《关于2014年县本级财政预算执行和其他财政收支情况的审计工作报告》《关于政府投资项目审计情况的报告》、县发展和改革局局长张胜利作的《关于2015年上半年计划执行情况的报告》。会议通过相应决议。会议通过人事任免事项（名单见本篇第七章《选举任免》）。

第二十五次会议 2015年10月12日召开，县人大常委会主任赵士平，县人大常委会党组副书记王吉秋，副主任高国甫、米志斌、刘鸣利和16名委员出席会议。县人民政府副县长高文成，县人民法院院长梁锁山，县人民检察院检察长何步云列席会议。会议通过人事任免事项（名单见本篇第七章《选举任免》）。

第二十六次会议 2015年11月2日召开，县人大常委会主任赵士平，副主任高国甫、米志斌、刘鸣利和15名委员出席会议。县人民政府副县长曹铂，县人民法院副院长王兴利，县人民检察院检察长何步云列席会议。会议听取和审议县人大常委会执法检查组组长米志斌作的《关于全县贯彻实施〈中华人民共和国城乡规划法〉〈河北省城乡规划条例〉〈石家庄城乡规划条例〉执法检查情况的报告》，县人大常委会执法检查组组长温玲翠作的《关于全县贯彻实施〈中华人民共和国预算法〉执法检查情况的报告》；书面听取县人民政府《关于贯彻实施〈中华人民共和国城乡规划法〉〈河北省城乡规划条例〉〈石家庄城乡规划条例〉和〈行唐县城乡总体规划〉情况的报告》《关于贯彻实施〈中华人民共和国预算法〉情况的报告》，并对县规划局、财政局、审计局、监察局进行满意度测评；书面听取县人民政府《关于〈行唐县经济开发区项目建设管理暂行办法〉落实情况的报告》《关于"一城三区"建设情况的报告》。

第二十七次会议 2015年11月30日召开，县人大常委会主任赵士平，副主任高国甫、米志斌、刘鸣利和17名委员出席会议。县人民政府副县长赵为民，县人民法院院长梁锁山，县人民检察院副检察长孟建勇列席会议。会议听取和审议县人民政府副县长赵为民作的《关于代表建议办理情况的报告》；听取县人大常委会委员履职情况的报告；书面听取市人大代表履职情况的报告；会议对22个代表建议承办部门、20名常委会委员和16名市人大代表进行满意度测评。

第二十八次会议 2015年12月17日、24日召开，县人大常委会主任赵士平，副主任高国甫、米志斌、刘鸣利和18名委员出席会议。县人民政府副县长曹铂，县人民法院院长梁锁山，县人民检察院副检察长孟建勇列席会议。会议分两个阶段，12月17日的会议，听取和审议县人大常委会执法检查组组长刘鸣利作的《关于检查〈中华人民共和国行政诉讼法〉贯彻实施情况的报告》、县人大常委会执法检查组组长米志斌作的《关于检查〈中华人民共和国环境保护法〉贯彻实施情况的报告》、县人大常委会调研组《关于进一步深化行政执法监督，规范行政执法行为情况的调研报告》；审议通过《行唐县人大常委会关于实施宪法宣誓制度的办法》《行唐县人大常委会关于加强乡镇人大工作的指导意见》；书面听取县人民政府《关于〈中华人民共和国环境保护法〉贯彻实施情况的报告》《关于政府工作报告完成情况的报告》《关于16项利民惠民实事完成情况的报告》《关于环境状况和环境保护目标完成情况的报告》；书面听取县人民法院《关于〈中华人民共和国行政诉讼法〉贯彻实施情况的报告》《关于2015年度工作目标完成情况的报告》；听取和审议县人民检察院检察长何步云作的《关于进一步深化行政执法监督，规范行政执法行为情况的报告》；书面听取县人民检察院《关于2015年度工作目标完成情况的报告》。12月24日的会议，审查和批准县人民政府《关于2015年新增地方政府债券资金使用方案的议案（草案）》和县人民政府《关于2015年县本级预算调整方案的议案（草案）》，并通过相应决议。会议通过人事任免事项（名单见本篇第七章《选举任免》）。

第二十九次会议　2016年2月15日召开，县人大常委会主任赵士平，副主任高国甫、温玲翠、米志斌、刘鸣利和18名委员出席会议。县人民政府副县长赵为民，县人民法院院长梁锁山，县人民检察院检察长何步云列席会议。会议听取县人大常委会办公室主任刘鸣作的《关于县十五届人大六次会议筹备工作的报告的说明》，作出《关于召开行唐县第十五届人民代表大会第六次会议的决定》；审议通过行唐县第十五届人民代表大会第六次会议议程（草案）、主席团和秘书长、常务主席、副秘书长、议案审查委员会、计划预算审查委员会、列席人员等各项名单（草案），《关于行唐县2015年县本级预算及县总预算执行情况和2016年县本级预算及县总预算（草案）初审结果的报告》《行唐县人大常委会工作报告（稿）》。会议通过有关代表的辞职请求决定和代表资格审查委员会《关于补选代表资格的审查报告》。

第三十次会议　2016年4月29日召开，县人大常委会主任赵士平，副主任高国甫、温玲翠、米志斌、刘鸣利和18名委员出席会议。县人民政府副县长高文成、陈树旗，县人民法院副院长张建芳，县人民检察院检察长何步云列席会议。会议听取和审议县扶贫办主任盖进良作的《关于2018年脱贫摘帽和2016年扶贫工作举措及达到的目标情况的报告》；听取县人民政府及玉亭乡、翟营乡政府分别作的《关于太行山生态绿化工程建设情况的报告》；听取和审议县人大常委会执法检查组副组长高永会作的《关于检查〈中华人民共和国道路交通安全法〉实施情况的报告》，书面听取县人民政府《关于贯彻实施〈中华人民共和国道路交通安全法〉情况的报告》。听取和审议县人民政府《关于2015年政府债务限额的议案》，并通过相应决议。

第三十一次会议　2016年6月28日召开，县人大常委会主任赵士平，副主任高国甫、温玲翠、米志斌、刘鸣利和17名委员出席会议。县人民政府副县长曹铂，县人民法院院长梁锁山，县人民检察院副检察长孟建勇列席会议。会议听取和审议县商务局局长刘京伟作的《关于电子商务进农村工作开展情况的报告》、县水务局局长董建才作的《关于城区供水管网改造建设情况的报告》；听取和审议县人大常委会执法检查组组长温玲翠作的《关于检查〈中华人民共和国审计法〉实施情况的报告》；听取和审议通过县人民政府《关于2016年政府债务限额的议案和预算调整的议案》，并通过相应决议。会议通过人事任免事项（名单见本篇第七章《选举任免》），并首次按照《行唐县人大常委会关于实施宪法宣誓制度的办法》举行了任命人员宪法宣誓仪式。

第三十二次会议 2016年8月30日召开，县人大常委会主任赵士平，副主任刘鸣利、高国甫、温玲翠、米志斌和16名委员出席会议。县人民政府副县长曹铂、高文成、陈树旗，县人民法院院长梁锁山，县人民检察院检察长何步云列席会议。会议书面听取县人民政府《关于2016年上半年国民经济和社会发展计划执行情况的报告》《关于2015年决算（草案）情况的报告》《关于2016年上半年预算执行情况的报告》《关于2015年县本级预算执行和其他财政收支情况的审计工作报告》《关于规范行政执法行为促进依法行政情况的报告》；听取和审议县人民法院院长梁锁山作的《关于行政诉讼案件审判法律监督情况的报告》，县人民检察院检察长何步云作的《关于行政执法法律监督情况的报告》。听取和审议县人民政府《关于提请审议行唐县农村基础设施及灾后重建扶贫开发项目贷款资本金和还款资金列入县级财政预算的议案》，并通过相应决议。

第三十三次会议 2016年11月1日召开，县人大常委会主任赵士平，副主任刘鸣利、高国甫、米志斌和15名委员出席会议。县人民政府副县长高文成，县人民法院院长梁锁山，县人民检察院副检察长孟建勇列席会议。会议听取和审议县人民政府副县长高文成作的《关于县十五届人大六次会议代表建议办理情况的报告》，并对15个承办部门办理代表建议工作进行满意度测评，听取县人大常委会调研组副组长徐中玲作的《关于县十五届人大六次会议代表建议办理情况的调研报告》；会议书面听取县人民政府《关于〈中华人民共和国森林法〉贯彻实施情况的报告》，县人大常委会执法检查组副组长常吉章作的《关于检查〈中华人民共和国森林法〉实施情况的报告》；会议书面听取《关于〈石家庄市供热用热条例〉贯彻实施情况的报告》，县人大常委会执法检查组副组长胡玉白作的《关于检查〈石家庄市供热用热条例〉实施情况的报告》。会议通过《关于接受温玲翠辞去行唐县人大常委会副主任职务请求的决定》。

第三十四次会议 2016年12月30日召开，县人大常委会主任赵士平，副主任刘鸣利、高国甫、米志斌和15名委员出席会议。县人民政府副县长敦盾，县人民法院院长梁锁山，县人民检察院检察长何步云列席会议。会议听取和审议县人民政府办公室主任高秋敏作的《关于政府工作报告完成情况及利民惠民实事完成情况的报告》、县环保局局长苏文杰作的《关于环境状况和环境保护目标完成情况的报告》、县审计局局长孟振平作的《关于2015年县本级预算执行和其他财政收支情况审计工作报告所列突出问题整改处理结果情况的报告》；听取和审议县人民法院院长梁锁山作的《关于县法院工作报告完成情况的报告》、县人民检察院检察长何步云作的《关于县检察院工作报告完成情况的报告》；听取和审议县人大常委会“双查双评”工作小组副组长张会娟作的《关于“双查双评”工作开展情况的报告》；听取和审议县人民政府《关于2016年国民经济和社会发展计划调整的议案》《关于2016年财政预算调整的议案》《关于县政府2016年政府债务限额的议案》，并通过相应决议。

第三十五次会议 2017年1月26日召开，县人大常委会主任赵士平，副主任刘鸣利、高国甫、米志斌和16名委员出席会议。县人民政府副县长陈树旗，县人民法院副院长孙辉，县人民检察院副检察长孟建勇列席会议。会议通过人事任免事项（名单见本篇第七章《选举任免》），并举行宪法宣誓仪式。

第三十六次会议　2017年2月17日召开，县人大常委会主任赵士平，副主任刘鸣利、高国甫、米志斌和18名委员出席会议。县人民法院代理院长李勇，县人民检察院代理检察长褚士彬列席会议。会议听取和审议县人大常委会办公室主任刘鸣作的《关于县十六届人大一次会议准备情况的报告》，作出《关于召开行唐县第十六届人民代表大会第一次会议的决定》；审议通过行唐县第十六届人民代表大会第一次会议议程（草案）、主席团和秘书长、常务主席、副秘书长、议案审查委员会、计划预算审查委员会、列席人员名单（草案）和《行唐县人大常委会工作报告（稿）》；听取和审议县人大常委会财政经济工作委员会张兹娟作的《关于2016年县本级预算及县总预算执行情况和2017年县本级预算及县总预算（草案）初审结果报告》；审议通过县人大常委会代表资格审查委员会《关于代表资格的审查报告》，通过关于接受有关代表辞职请求的决定。

第二节　主任会议

县十五届人大常委会召开主任会议61次，由县人大常委会主任赵士平主持召开。县人大常委会各位副主任出席会议，各委室负责人列席会议，县人民政府及相关部门、“两院”负责人根据会议要求列席会议。

表11-11　行唐县第十五届人大常委会主任会议情况一览表

序　号	时　间	议　题
1	2012年3月12日	研究并原则通过行唐县人大常委会关于预算审查监督的办法（草案）等制度，行唐县人大常委会2012年工作要点及全年工作活动计划；研究确定关于召开县十五届人大常委会第一次会议的有关事项
2	2012年4月24日	听取县行政服务中心关于加强行政服务中心建设、提高行政效能情况的汇报；听取县人大常委会政法工委关于对县人民法院各庭室负责人评议情况的汇报；研究县人大常委会关于召开派遣县人大代表到重点单位担任联络员动员会议有关文件材料；研究关于组建和开展民营经济和农业农村代表专业小组活动的方案；研究关于召开县十五届人大常委会第三次会议的安排意见；审议通过人事任免事项
3	2012年5月15日	听取县文广新局关于文化建设及发展规划工作情况的汇报；听取县公安局关于打黑除恶、优化经济发展环境情况的汇报；研究通过关于听取审议县人民法院社会管理创新、健全立案制度、方便群众诉讼、化解社会矛盾工作、县人民检察院落实《河北省人大常委会关于加强人民检察院法律监督工作的决议》工作情况报告的实施意见；传达学习县委关于端正会风、严肃会纪的文件精神

续表11-11

序号	时间	议题
4	2012年6月15日	听取县财政局关于政府性债务资金和融资资金使用情况的汇报和关于政府采购工作情况的汇报；听取县工业园关于兴开公司借款情况的汇报；听取县人大常委会代表联络工委和农业农村工委关于民营经济、农业农村专业代表小组活动安排方案的汇报；听取县人大常委会代表联络工委关于县人大代表联络员活动进展情况的汇报；研究县人大常委会教科文卫工委调研视察关于学校安全管理工作的安排方案；听取县人大常委会调研组关于对县人民政府支持中小企业发展专项资金和扶持创业专项资金安排使用情况开展调研的实施意见
5	2012年7月17日	听取县国税局、县地税局关于2012年上半年依法征税情况汇报；听取县财政局关于2012年预算及上半年预算资金支出情况汇报
6	2012年8月21日	听取县财政局关于2011年一般预算超收收入安排使用情况的汇报
7	2012年11月27日	听取县环保局关于环境执法工作开展情况的汇报；听取县安监局关于安全生产工作情况的汇报；听取常委会有关委室关于县十五届人大常委会第六次会议准备情况的汇报
8	2012年12月31日	研究通过关于调整县人大常委会主任、副主任工作分工及委室联系单位的意见；研究通过关于县人大常委会机关车辆管理有关规定；研究通过了关于县人大常委会机关部分委室人员调整岗位的意见；再次安排部署关于县人大常委会各委室梳理本委室所涉及法律法规工作
9	2013年3月14日	收看十二届全国人大一次会议新闻发言人傅莹关于预算报告答记者问视频；人大财经工委领学有关法律法规；听取县财政局关于2013年财政收支预算安排情况的汇报；听取县发展和改革局关于2013年国民经济和社会发展计划安排情况的汇报；听取人大财经工委关于对2013年县本级及全县政府预算（草案）和2013年国民经济和社会发展计划（草案）的初审意见；研究讨论县人大常委会2013年工作要点（草案）和2013年工作安排表
10	2013年4月7日	研究通过行唐县人大常委会2013年工作安排；研究通过规范性文件备案审查制度；研究通过定期征询企业意见制度；研究通过县人大常委会组成人员联系代表、代表联系选民办法；研究通过县人大常委会对选举和任命人员述职评议试行办法
11	2013年4月23日	听取县人民检察院关于发挥检察职能加强行政执法部门法律监督工作安排情况的汇报；听取县监察局关于保障惠民政策和民生项目资金落实工作安排情况的汇报；研究通过细化农业农村代表专业小组活动实施方案和细化民营经济代表专业小组活动实施方案

续表11-11

序　号	时　间	议　题
12	2013年5月27日	听取关于调研企业转型升级工作情况的汇报；听取关于开展农业农村代表专业小组活动情况；听取关于调研县城管理工作情况的汇报；听取关于开展民营经济代表专业小组活动情况的汇报；听取关于"解放思想、改革开放、创新驱动、科学发展"大讨论活动开展情况的汇报；研究行唐县第十五届人大常委会议事规则；研究通过行唐县人大常委会主任碰头会制度
13	2013年5月28日	听取县人大常委会关于2013年县人大常委会工作安排的说明；通过2013年县人大常委会工作安排
14	2013年6月4日	听取县人大常委会各主任关于上周工作完成情况的总结，研究6月份工作及本周重点工作安排
15	2013年6月19日	听取县人民政府关于规范性文件备案情况的汇报；听取县人民法院关于典型涉法涉诉信访案件审判情况的汇报；听取相关委室视察调研情况汇报；研究常委会事宜
16	2013年7月2日	听取各委室上周工作情况的汇报；听取各委室关于常委会议题准备情况汇报；听取各委室7月份活动情况谋划准备工作的汇报；听取各委室7月份主任会议议题准备工作的汇报
17	2013年7月22日	听取县人大常委会有关委室关于7月份主任会议议题准备情况的汇报，对8月份重点工作进行安排部署
18	2013年7月25日	听取县人民政府关于公共资源交易市场建设情况的汇报；听取县人行关于支持中小微企业发展情况的汇报；听取县交通运输局关于城乡道路建设情况的汇报；听取县司法局关于规范人民调解员队伍建设努力化解民间矛盾情况的汇报
19	2013年8月27日	听取县招商局关于重点项目招商引资优惠政策落实情况的汇报；听取县社保局关于被征地农民社会保障情况的汇报；听取县扶贫办关于扶贫工作情况的汇报；听取县发展和改革局关于"十二五"规划中期评估报告延期提交的说明；听取县财政局关于推迟调整2013年财政预算的汇报；研究通过关于县十五届人大常委会第十二次会议有关调研报告
20	2013年9月27日	听取县开发区关于行唐经济开发区建设情况的汇报；听取县民政局关于养老事业开展情况的汇报
21	2013年10月22日	听取县人民政府关于政府性资金和财政性资金投资300万元以上项目建设情况的汇报；听取县计生局关于人口和计划生育工作情况的汇报；听取县人大常委会政法工委关于县人民政府规范性文件备案审查情况的汇报

续表11-11

序号	时间	议题
22	2014年1月24日	学习河北省党的群众路线教育实践活动第一批总结暨第二批部署电视电话会议精神
23	2014年2月17日	研究讨论关于2014年部门预算；研究讨论关于2014年工作谋划
24	2014年4月22日	听取县经济开发区关于引进战略投资者市场化开发情况的汇报、县住建局关于谋划安排城区集中供热情况的汇报；听取县人民政府关于简政放权和建立权力清单制度情况的汇报；听取县公积金管理部关于住房公积金管理情况的汇报；书面听取县林业局关于春季造林绿化工作开展情况的汇报；听取县烟叶公司关于烟叶种植生产经营情况的汇报
25	2014年5月28日	听取县城乡规划局关于城乡总体规划落实情况的汇报；听取县发展和改革局关于《河北省各级人民代表大会常务委员会经济工作监督条例》执行情况的汇报；听取县统计局关于《统计法》执行情况的汇报；听取全县第一季度经济运行情况的分析
26	2014年6月12日	听取县人民法院关于执行工作情况的汇报；听取县扶贫办关于扶贫工作开展情况的汇报；研究通过行唐县人大常委会公文处理暂行规定
27	2014年7月2日	听取县人大常委会各委室关于2014年上半年工作开展情况及7月份工作谋划情况的汇报
28	2014年7月9日	研究通过县人大常委会议题
29	2014年9月29日	听取县人民政府清理规范农民专业合作社非法吸储情况的汇报；听取县农财局关于土地承包经营权确权试点工作情况的汇报；听取县公共资源交易中心工作开展情况的汇报；听取县民政局关于低保救助情况的汇报
30	2014年10月22日	听取县人民政府关于十大重点代表建议办理情况的汇报；听取县人大常委会财经工委关于政府性债务调研情况的汇报和2015年财政预算编制安排意见、县人大常委会农业农村工委关于“六件实事”办理情况的汇报；研究通过行唐县人大常委会来信来访办理规则、行唐县人大常委会公文暂行规定等制度
31	2014年11月10日	研究县人大常委会第十八次常委会审议意见；研究县人大常委会第十九次常委会审议意见；听取有关委室11月份工作谋划情况的汇报；听取有关委室主任会议准备情况汇报
32	2014年11月21日	听取县财政局关于《河北省各级人民代表大会常务委员会预算审查监督条例》执行情况的汇报；听取县畜牧局关于奶牛养殖小区提档升级情况的汇报；听取县计生局关于计生特殊困难家庭帮扶工作情况的汇报

续表11-11

序　号	时　间	议　题
33	2014 年 12 月 10 日	研究代县委起草的《中共行唐县委关于落实省委〈关于进一步改进和加强人大工作决定〉的意见稿》；研究《石家庄市人大常委会关于加强和改进全口径预算审查监督工作的实施意见》；研究 12 月份常委会议议题
34	2015 年 2 月 28 日	研究提交县委常委会关于县十五届人大五次会议有关事宜；研究县人大常委会关于县十五届人大五次会议有关报告；研究人代会有关资料和会务安排
35	2015 年 4 月 28 日	听取县住建局关于保障性住房建设和分配情况的汇报；听取县扶贫办关于农户自立服务社创办及运行情况；听取县农业局关于加强农业综合执法情况的汇报；研究关于召开县十五届人大常委会第二十二次会议有关事宜；通过行唐县人大常委会关于对县人民法院法官和县人民检察院检察官开展履职评议的暂行办法
36	2015 年 5 月 29 日	听取县人民法院关于司法公开情况的汇报；听取县人民政府办关于农村环境卫生集中专项整治情况的汇报；听取县人民检察院关于检务公开及大厅运行情况的汇报
37	2015 年 7 月 20 日	研究主任会议议题准备情况；研究对县人民政府办公室、发展和改革局等 13 个部门进行工作评议事宜；研究主任会议议题有关材料
38	2015 年 7 月 23 日	听取县人民检察院关于查处涉农领域职务犯罪，服务“三农”情况的汇报；听取县水务局关于中小河流治理情况的汇报；听取县教育局关于幼儿园建设管理情况的汇报；听取县人民政府办公室关于政府工作报告上半年完情况的汇报
39	2015 年 7 月 27 日	研究讨论机关人员公务出差发放差旅费事宜
40	2015 年 8 月 3 日	研究 8 月份常委会有关事项；研究人大机关办公用房调整方案
41	2015 年 8 月 20 日	研究 8 月份常委会议题有关材料；研究第二十三次常委会有关审议意见研究处理情况；研究县人民政府提请的人事任免事项
42	2015 年 9 月 6 日	研究县人大常委会 9 月份工作
43	2015 年 10 月 14 日	听取县人民政府关于重点代表建议办理情况的汇报；听取县住建局关于集中供热实施情况的汇报；听取县城管局关于县城精细化管理情况的汇报；书面听取县农业局关于设施蔬菜建设发展情况的汇报；听取县卫生局关于城乡医疗基础设施建设情况的汇报；听取县民政局关于开展社会救助工作情况的汇报
44	2015 年 11 月 9 日	研究 11 月 11 日主任会有关材料；研究对市人大代表常委会组成人员进行测评有关事宜；研究解放思想大讨论方案及动员会安排意见；研究组织各乡镇人大主席学习《代表法》《地方组织法》有关事宜；研究人大代表补选有关事宜；研究人大机关自身建设工作

续表11-11

序号	时间	议题
45	2015年11月11日	研究《环境保护法》《行政诉讼法》执法检查实施方案；学习讨论《河北省各级人民代表大会常务委员会讨论决定重大事项条例》
46	2015年11月25日	研究县人大常委会第二十七次会议的安排意见；研究县人大常委会关于县人民政府办理代表建议情况的调研报告；听取县人大常委会办公室关于县人大常委会委员履职情况材料汇编准备情况汇报；听取代联工委关于市人大代表履职评议材料汇编和代表建议承办部门汇报材料汇编准备情况汇报
47	2015年12月10日	听取各委室汇报2015年主要工作；研究常委会会议议题有关材料
48	2016年2月25日	传达行唐县公务用车改革会议精神；研究县人大常委会公务用车改革工作
49	2016年3月11日	研究《道路交通安全法》执法检查方案
50	2016年3月17日	研究通过行唐县人大常委会机关委室工作考核办法
51	2016年3月31日	研究4月份常委会会议议题；研究各主任外出考察有关事宜；研究机关活动室建设有关事项
52	2016年5月6日	研究县人大常委会会议议题；听取各分管主任关于五月份工作安排和六月份常委会议题安排情况的汇报
53	2016年6月6日	研究6月份主任会会议议题；研究6月份常委会会议议题
54	2016年6月15日	听取县财政局关于行政性收费和罚没款管理情况的汇报；听取县农开办关于农业开发项目实施情况的汇报；研究6月份县人大常委会会议有关事宜
55	2016年6月17日	研究常委会议题材料准备情况
56	2016年7月12日	研究6月份县人大常委会审议意见；研究4月份县人大常委会审议意见研究处理情况的报告
57	2016年8月19日	研究县人大常委会第三十二次会议议题
58	2016年10月9日	听取县人大常委会相关委室关于10月份常委会议题准备情况的汇报；听取9月份主任会议题及关于可供整理的土地资源情况议题的准备情况汇报；听取法官、检察官评议准备情况的汇报；研究十六届人大连任代表推荐条件；研究十五届人大及其常委会纪念册编辑方案
59	2016年10月20日	听取县人民政府办关于土地整治和政府性基金预算完成情况的汇报；研究县人大常委会第三十三次会议材料及连任代表推荐条件
60	2016年12月9日	研究12月份常委会会议议题准备工作
61	2016年12月26日	研究12月份常委会会议有关事宜；研究被确定为正式代表候选人的县、乡选举委员会组成人员辞职和任命新乡镇选举委员会组成人员有关事项

第三节　机构设置

截至2012年2月，县十五届人大常委会仍设办公室（附设老干部科和信访科，规格均为正科）、政治法律工作委员会、财政经济工作委员会、代表联络工作委员会、教育科学文化卫生工作委员会；2013年11月设农业农村工作委员会，规格为正科，人大常委会机关增加行政编制3名；2014年10月，设立人大办代表服务中心，为办公室下属事业单位，规格为股级，事业编制3名，2016年3月调整为2名；至2017年2月，内设机构和编制未变。

表11-12　行唐县第十五届人大常委会机构人员概况表

机构名称	职务（职级）	姓　名	任职时间	说　明
办公室	主　任	刘　鸣	2012年2月—2017年2月	—
	副主任	王建坡	2012年2月—2013年3月	—
		杨永刚	2012年2月—2012年9月	—
		王晓光	2015年12月—2017年2月	—
	主任科员	李军青	2012年2月—2017年1月	—
	正科级干部	孙绍华	2017年1月—2017年2月	—
	副主任科员	靳立杰	2015年1月—2017年2月	—
	副科级干部	王秀莲	2013年11月—2017年2月	—
		贾　娜	2016年8月—2017年2月	—
政治法律工作委员会	主　任	李学军	2012年2月—2015年3月	—
财政经济工作委员会	主　任	刘建忠	2013年6月—2017年1月	—
		孟国旗	2017年1月—2017年2月	2017年1月任调研员
	副主任	胡玉白	2012年2月—2017年1月	—
		王冰心	2013年8月—2015年12月	—
	主任科员	张兹娟	2017年1月—2017年2月	—
代表联络工作委员会	主　任	刘京伟	2012年2月—2013年9月	—
		徐中玲	2014年2月—2016年4月	—
		王冰心	2017年1月—2017年2月	—
教育科学文化卫生工作委员会	主　任	赵力杰	2012年2月—2017年2月	—
	副主任	常吉章	2013年7月—2017年1月	—
	主任科员		2015年1月—2017年2月	—

续表11-12

机构名称	职务（职级）	姓　名	任职时间	说　明
农业农村工作委员会	主　任	段立新	2017年1月—2017年2月	—
	副主任	王冰心	2015年12月—2017年1月	—
老干部科	科　长	王建坡	2013年3月—2017年1月	—
		刘发水	2017年1月—2017年2月	—
	副科长	贾西海	2012年2月—2014年2月	—
		王晓光	2012年4月—2015年12月	—
		陈连香	2014年4月—2017年1月	—
	主任科员	陈连香	2015年1月—2017年2月	—
信访科	科　长	徐中玲	2013年8月—2014年2月	—
		胡玉白	2017年1月—2017年2月	—
	副科长	张金贵	2012年4月—2013年6月	—
		李　欣	2014年4月—2017年2月	—

第四节　机关工作

一、坚持正确政治方向

县人大常委会始终把思想政治建设放在首位，结合“三严三实”专题教育、解放思想大讨论等活动，深入学习习近平总书记系列重要讲话精神。围绕县委中心工作开展活动，坚持重大工作、重要事项向县委请示报告，自觉接受和依靠县委领导，进一步增强政治意识、法治意识、担当意识，提高围绕中心、服务大局能力。

二、坚持突出问题导向

县人大常委会着力提高人大常委会会议质量，会前组成专题调研组，明确议题目的，培训学习法律政策，抓住关键，选准切入点，深入调研掌握第一手情况；会上加强分组审议，集思广益形成小组意见，小组代表大会审议发言，坚持用法律说话、用事实说话，不唱赞歌直指问题，有理有据提出建议；会后由主任会议集体研究形成人大常委会审议意见，连同重点审议发言一并交“一府两院”研究处理，并及时跟进督办，确保人大常委会审议意见有效落实。

三、坚持监督者受监督

县人大常委会围绕县人大常委会组成人员参加常委会会议、为民履职代言等情况，组织代表开展评议人大常委会组成人员活动，满意率最低的98%。对人大常委会调研组、执法检查组的报告每次都在人大常委会上进行测评排队，进一步强化人大常委会组成人员及机关工作人员的责任意识，提高人大常委会整体工作水平。

四、坚持用制度管人管事

县人大常委会先后制定完善了《关于执法检查工作的规定》《关于“一府两院”向县人大代表通报重要工作和重大事项的规定》等16项工作制度。同时，还修订完善了10项机关内部管理制度，使人大常委会及机关的各项工作进一步制度化、规范化。

五、坚持做好宣传工作

县人大常委会加强对人民代表大会制度的宣传，扩大人民代表大会制度的影响，努力营造有利于人大发挥监督作用舆论氛围。县十五届人大常委会共印发人大常委会文件101个，人大常委会办公室文件108个，编辑出版《行唐县第十五届人民代表大会及其常务委员会纪念册》，利用县新闻媒体及时宣传人民代表大会、人大常委会、主任会议情况和重要活动情况，积极参与省、市人大组织的活动，主动向省、市人大报送信息稿件，并有多篇稿件被省、市人大刊物刊用。

六、坚持做好信访工作

县人大常委会高度重视人民群众来信来访，通过交办和督办，较好地化解了一些社会矛盾。按照县委统一安排，常委会各主任认真落实分包乡镇和接访制度，积极做好信访工作。

七、坚持发挥老干部余热

县人大常委会通过召开老干部座谈会，组织老干部视察等方式，征求老干部对全县经济和社会发展等方面的宝贵意见。围绕项目建设、城镇建设、红枣产业做大做强等组织老干部进行视察，并及时将老干部的意见建议进行反馈，供县委、县政府决策参考。

八、坚持驻村帮扶出真招

按照县委的统一安排，县人大常委会办公室对口帮扶南桥镇柳树沟村。县人大常委会高度重视，派出精干驻村工作组，主任会定期研究帮扶工作，根据柳树沟村实际情况，制定了帮扶脱贫计划，先后实施了安全饮水、林下产业、道路硬化、田间水利工程、光伏发电、服装加工等项目。2016年打深水井1眼，解决了柳树沟村长期以来村民吃水难问题；争取财政补贴每亩500元，在核桃林下种植中药材300余亩，有效增加了贫困户的收入；先后硬化村内、田间路2300余米，改善了生活生产条件；2017年新建村服装缝纫加工厂1座、小学房顶安装村集体光伏发电，壮大了村集体经济。

第五章　监督工作

县十五届人大及其常委会始终关注全县经济社会发展的中心工作，依法做好监督。先后对重点项目、园区开发进行专题调研，督促县人民政府抓紧完善园区政策，紧紧抓住“京津冀”协同发展重大机遇，努力把园区做大做强。听取县人民政府“一城三区”建设、省级园林县城创建等汇报，全力支持县城做大做强做美。针对县城多个住宅小区入室盗窃现象多发频发，群众反映较大的问题，及时安排听取县人民政府社会治安情况专项工作报告，建议政府加强社会治安管理，健全完善社会治安防控设施，增强防控实效，提升了人民群众的安全感。依法组织开展《环境保护法》《行政诉讼法》《安全生产法》等5部法律法规的执法检查，针对问题提出具体的整改意见和建议。加强规范性文件备案审查，对县人民政府发布的《行唐县中小企业助保金管理办法》《行唐县城区集体土地征收管理暂行办法》《行唐县城区污水处理费征收管理办法》等11项规范性文件进行了合法性审查，积极推进法治政府建设，打造良好的法治环境。依法做好任免工作，对“一府两院”提请任命的干部人选，严格实行任前法律知识考试、供职承诺测评、任职表态发言、颁发任命书等程序，促进国家公职人员恪尽职守、勤政为民。加强国家工作人员监督，县人大常委会坚持监督事与监督人相结合，组织人大代表通过调研、走访服务对象、暗访等形式了解部门工作情况，对12个部门开展工作评议。

第一节　听取和审议专项工作报告与计划预算和审计工作报告

县十五届人大常委会常委会议共听取和审议县“一府两院”专项工作报告33项、计划预算和审计工作报告31项。

表11-13　行唐县第十五届人大常委会会议
听取和审议专项工作报告与计划预算和审计工作报告情况表

时　间	常委会会议	报告内容
2012年5月30日	第三次	县人民法院关于健全立案制度、方便群众诉讼工作情况的报告；县人民检察院关于落实《河北省人大常委会关于加强人民检察院法律监督工作的决议》工作情况的报告

续表11-13

时　间	常委会会议	报告内容
2012 年 7 月 25 日	第四次	县人民政府关于支持中小企业发展专项资金安排使用情况的报告；关于扶持创业专项资金安排使用情况的报告；县司法局关于开展社区矫正工作情况的报告；县卫生局关于医疗卫生体制改革专题讲座
2012 年 9 月 25 日	第五次	县人民政府关于 2012 年 1—6 月国民经济和社会发展计划执行情况的报告；县人民政府关于 2012 年 1—6 月财政预算执行情况的报告；县人民政府关于 2011 年县本级财政决算情况的报告；县审计局关于 2011 年县本级财政预算执行和其他财政收支情况的审计报告
2012 年 11 月 29 日	第六次	县人民政府、县交通运输局、住建局关于办理县十五届人大一次会议代表建议情况的报告；县人民政府、县教育局、水务局关于民生工程落实情况的报告；县审计局关于 2011 年审计报告所列问题整改处理情况的报告
2013 年 1 月 11 日	第七次	县人民政府关于调整部分经济指标的报告
2013 年 7 月 4 日	第十一次	县水务局关于郜河县城段综合整治情况的报告；县人民政府关于建立健全保障性住房建设公平分配和运营机制情况的报告；县国土局关于土地综合利用情况的报告
2013 年 8 月 30 日	第十二次	县发展和改革局关于 2013 年上半年国民经济和社会发展计划执行情况的报告；县发展和改革局关于调整 2013 年国民经济和社会发展计划部分指标的议案；县财政局关于行唐县 2013 年上半年预算执行情况的报告；县财政局关于行唐县 2012 年度财政决算情况的报告；县审计局关于 2012 年度县本级财政预算执行和其他财政收支情况的审计工作报告
2013 年 10 月 29 日	第十三次	县审计局关于社会保险基金审计情况的报告；县人民检察院关于发挥检察职能加强行政执法部门法律监督情况的报告
2013 年 12 月 31 日	第十四次	县人民政府关于《行唐县城乡总体规划》（2013—2023 年）的报告；县人民政府关于政府工作报告完成情况的报告；关于代表建议办理情况的报告；县监察局关于保障惠民政策和民生项目资金落实情况的报告；县人民法院实施新民诉法、保障司法公正情况的报告；县公安局关于实施“天网”工程、构建立体化治安防控体系情况的报告
2014 年 4 月 24 日	第十六次	县发展和改革局关于“十二五”规划中期评估情况的报告

续表11-13

时　间	常委会会议	报告内容
2014年6月25日	第十七次	县住建局关于“打造颍水两岸，建设一城三区”情况的报告；
2014年9月18日	第十八次	县国土局关于土地综合整治及利用情况的报告；县卫生局关于新农合运行情况的报告；县人民政府办公室关于代表建议办理情况的报告；县人民检察院关于发挥法律监督职能，强化行政执法监督情况的报告；县人民法院关于代表建议办理情况的报告
2014年10月30日	第十九次	县人民政府关于土地综合整治及利用情况的报告，关于新农合运行情况的报告，关于代表建议办理情况的报告；县人民检察院关于发挥法律监督职能，强化行政执法监督情况的报告；县人民法院代表建议办理情况的报告
2014年12月30日	第二十次	县人民政府关于政府工作报告完成情况和5个方面30件民生实事落实情况的报告；县人民法院、县人民检察院工作报告完成情况的报告
2015年4月29日	第二十二次	县公安局关于严厉打击入室盗窃现象，维护社会治安情况的报告；县农业局关于促进农业增效、农民增收情况的报告；县安监局关于贯彻实施《安全生产法》情况的报告
2015年6月29日至30日	第二十三次	县人民政府关于近两年全县城乡道路建设情况及今后两年道路建设规划情况的报告；县卫生局关于新农合规范运行情况的报告；县人民法院5名法官、县人民检察院5名检察官履职情况的报告
2015年8月27日	第二十四次	县人民政府关于2015年上半年预算执行情况的报告，关于2014年决算草案情况的报告，关于2014年县本级财政预算执行和其他财政收支情况的审计工作报告，关于政府投资项目审计情况的报告，关于2015年上半年计划执行情况的报告
2015年11月2日	第二十六次	县人民政府关于贯彻实施《城乡规划法》《河北省城乡规划条例》《石家庄城乡规划条例》《行唐县城乡总体规划》情况的报告；县人民政府关于贯彻实施《预算法》情况的报告；县人民政府关于行唐县经济开发区项目建设管理暂行办法落实情况的报告、关于“一城三区”建设情况的报告
2015年11月30日	第二十七次	县人民政府关于代表建议办理情况的报告
2015年12月17日	第二十八次	县人民政府关于《环境保护法》贯彻实施情况的报告，关于政府工作报告完成情况的报告，关于16项利民惠民实事完成情况的报告，关于环境状况和环境保护目标完成情况的报告；县人民法院关于《行政诉讼法》贯彻实施情况的报告，关于2015年度工作目标完成情况的报告；县人民检察院关于进一步深化行政执法监督、规范行政执法行为情况的报告，关于2015年度工作目标完成情况的报告

续表11-13

时　间	常委会会议	报告内容
2016年4月29日	第三十次	县人民政府关于2018年脱贫摘帽和2016年扶贫工作举措及达到的目标情况的报告；县人民政府与玉亭乡、翟营乡政府关于太行山生态绿化工程建设情况的报告；县人民政府关于贯彻实施《道路交通安全法》情况的报告；县人民政府关于2015年政府债务限额的议案
2016年6月28日	第三十一次	县商务局关于电子商务进农村工作开展情况的报告；县水务局关于城区供水管网改造建设情况的报告；县人民政府关于2016年政府债务限额的议案和预算调整的议案
2016年8月30日	第三十二次	县人民政府关于2016年上半年国民经济和社会发展计划执行情况的报告，关于2015年决算草案情况的报告；县人民政府关于2016年上半年预算执行情况的报告，关于2015年县本级预算执行和其他财政收支情况的审计工作报告；关于规范行政执法行为促进依法行政情况的报告；县人民法院关于行政诉讼案件审判的法律监督情况的报告；县人民检察院关于行政执法法律监督情况的报告；县人民政府关于提请审议行唐县农村基础设施及灾后重建扶贫开发项目贷款资本金和还款资金列入县级财政预算的议案
2016年11月1日	第三十三次	县人民政府关于县十五届人大六次会议代表建议办理情况的报告；县人民政府关于《森林法》贯彻实施情况的报告，关于《石家庄市供热用热条例》贯彻实施情况的报告
2016年12月30日	第三十四次	县人民政府关于政府工作报告完成情况及利民惠民实事完成情况的报告，关于环境状况和环境保护目标完成情况的报告，关于2015年县本级预算执行和其他财政收支情况审计工作报告所列突出问题整改处理结果情况的报告；县人民法院工作报告完成情况的报告；县人民检察院工作报告完成情况的报告；县人民政府关于2016年国民经济和社会发展计划调整的议案，关于2016年财政预算调整的议案，关于县人民政府2016年政府债务限额的议案

第二节　主任会议听取专题工作汇报

县十五届人大常委会主任会议共听取“一府两院”专题工作汇报70项。

表11-14　行唐县第十五届人大常委会主任会议听取专题工作汇报情况一览表

时　间	汇报内容
2012年4月24日	县行政服务中心关于加强行政服务中心建设、提高行政效能情况的汇报

续表11-14

时　间	汇报内容
2012年5月15日	县文广新局关于文化建设及发展规划工作情况的汇报；县公安局关于打黑除恶、优化经济发展环境情况的汇报
2012年6月15日	县财政局关于政府性债务资金和融资资金使用情况的汇报、关于政府采购工作情况的汇报；县工业园关于兴开公司借款情况的汇报
2012年7月17日	县国税局、县地税局关于2012年上半年依法征税情况汇报；县财政局关于2012年预算及上半年预算资金支出情况汇报
2012年8月21日	县财政局关于2011年一般预算超收收入安排使用情况的汇报
2012年11月27日	县环保局关于环境执法工作开展情况的汇报；县安监局关于安全生产工作情况的汇报
2013年3月14日	县财政局关于2013年财政收支预算安排情况的汇报；县发展和改革局关于2013年国民经济和社会发展计划安排情况的汇报
2013年4月23日	县人民检察院关于发挥检察职能加强行政执法部门法律监督工作安排情况的汇报；县监察局关于保障惠民政策和民生项目资金落实工作安排情况的汇报
2013年6月19日	县人民政府关于规范性文件备案情况的汇报；听取县人民法院关于典型涉法涉诉信访案件审判情况的汇报
2013年7月25日	县人民政府关于公共资源交易市场建设情况的汇报；县人行关于支持中小微企业发展情况的汇报；县交通运输局关于城乡道路建设情况的汇报；县司法局关于规范人民调解员队伍建设努力化解民间矛盾情况的汇报
2013年8月27日	县招商局关于重点项目招商引资优惠政策落实情况的汇报；县社保局关于被征地农民社会保障情况的汇报；县扶贫办关于扶贫工作情况的汇报；县发展和改革局关于“十二五”规划中期评估报告延期提交的说明；县财政局关于推迟调整2013年财政预算的报告
2013年9月27日	县开发区关于行唐经济开发区建设情况的汇报；县民政局关于养老事业开展情况的汇报
2013年10月22日	县人民政府关于政府性资金和财政性资金投资300万元以上项目建设情况的汇报；县计生局关于人口和计划生育工作情况的汇报
2014年4月22日	县经济开发区关于引进战略投资者市场化开发情况的汇报；县住建局关于谋划安排城区集中供热情况的汇报；县人民政府关于简政放权和建立权力清单制度情况的汇报；县公积金管理部关于住房公积金管理情况的汇报；县林业局关于春季造林绿化工作开展情况的汇报；县烟叶公司关于烟叶种植生产经营情况的汇报

续表11-14

时　间	汇报内容
2014 年 5 月 28 日	县城乡规划局关于城乡总体规划落实情况的汇报；县发展和改革局关于《河北省各级人民代表大会常务委员会经济工作监督条例》执行情况的汇报；县统计局关于《统计法》执行情况及全县第一季度经济运行情况的分析的汇报
2014 年 6 月 12 日	县人民法院关于执行工作情况的汇报；县扶贫办关于扶贫工作开展情况的汇报
2014 年 9 月 29 日	县人民政府清理规范农民专业合作社非法吸储情况的汇报；县农财局关于土地承包经营权确权试点工作情况的汇报；县公共资源交易中心工作开展情况的汇报；县民政局关于低保救助情况的汇报
2014 年 10 月 22 日	县人民政府关于十大重点代表建议办理情况的汇报
2014 年 11 月 21 日	县财政局关于《河北省各级人民代表大会常务委员会预算审查监督条例》执行情况的汇报；县畜牧局关于奶牛养殖小区提档升级情况的汇报；县计生局关于计生特殊困难家庭帮扶工作情况的汇报
2015 年 4 月 28 日	县住建局关于保障性住房建设和分配情况的汇报；县扶贫办关于农户自立服务社创办及运行情况的汇报；县农业局关于加强农业综合执法情况的汇报
2015 年 5 月 29 日	县人民法院关于司法公开情况的汇报；县人民政府办关于农村环境卫生集中专项整治情况的汇报；县人民检察院关于检务公开及大厅运行情况的汇报
2015 年 7 月 23 日	县人民检察院关于查处涉农领域职务犯罪，服务“三农”情况的汇报；县水务局关于中小河流治理情况的汇报；县教育局关于幼儿园建设管理情况的汇报；县人民政府办公室关于政府工作报告上半年完成情况的汇报
2015 年 10 月 14 日	县人民政府关于重点代表建议办理情况的汇报；县住建局关于集中供热实施情况的汇报；县城管局关于县城精细化管理情况的汇报；县农业局关于设施蔬菜建设发展情况的汇报；县卫生局关于城乡医疗基础设施建设情况的汇报；县民政局关于开展社会救助工作情况的汇报
2016 年 6 月 15 日	县财政局关于行政性收费和罚没款管理情况的汇报；县农开办关于农业开发项目实施情况的汇报
2016 年 10 月 20 日	县人民政府办公室关于土地整治和政府性基金预算完成情况的汇报

第三节　法律法规实施情况的检查

县十五届人大常委会组织开展执法检查 12 次。

1. 2013 年 10 月 12 日，县人大常委会副主任米志斌带领执法检查组，对全县大气污染防治工作进行专项视察检查。10 月 29 日，县十五届人大常委会第十三次会议听取和审议县人大常委会执法检查组关于《大气污染防治法》执法检查情况的报告。

2. 2014 年 4 月下旬，县人大常委会副主任王吉秋带领执法检查组，对县公安局、司法局贯彻落实《刑事诉讼法》情况进行执法检查。6 月 25 日，县十五届人大常委会第十七次会议听取和审议县人大常委会执法检查组关于《刑事诉讼法》执法检查情况的报告。

3. 2014 年 5 月 15 日，县人大常委会副主任温玲翠带领执法检查组，对全县贯彻落实《食品安全法》情况进行执法检查。6 月 25 日，县十五届人大常委会第十七次会议听取和审议县人大常委会执法检查组关于《食品安全法》执法检查情况的报告。

4. 2014 年 6 月中旬，县人大常委会副主任高国甫带领执法检查组，对全县贯彻落实《水法》情况进行执法检查。6 月 25 日，县十五届人大常委会第十七次会议听取和审议县人大常委会执法检查组关于《水法》执法检查情况的报告。

5. 2015 年 4 月上中旬，县人大常委会副主任刘鸣利带领执法检查组，对全县贯彻落实《安全生产法》情况进行执法检查。4 月 29 日，县十五届人大常委会第二十二次会议听取和审议县人大常委会执法检查组关于《安全生产法》执法检查情况的报告。

6. 2015 年 10 月上旬，县人大常委会副主任米志斌带领执法检查组，对全县贯彻实施《城乡规划法》情况进行执法检查。2015 年 11 月 2 日，县十五届人大常委会第二十六次会议，听取和审议县人大常委会执法检查组关于《城乡规划法》执法检查情况的报告。

7. 2015 年 11 月 16—23 日，县人大常委会副主任刘鸣利带领执法检查组，对全县贯彻实施《行政诉讼法》情况进行执法检查。12 月 17 日，县十五届人大常委会第二十八次会议听取和审议县人大常委会执法检查组关于《行政诉讼法》执法检查情况的报告。

8. 2015 年 11 月下旬至 12 月上旬，县人大常委会副主任米志斌带领执法检查组，对全县贯彻实施《环境保护法》情况进行执法检查。12 月 17 日，县十五届人大常委会第二十八次会议听取和审议县人大常委会执法检查组关于《环境保护法》执法检查情况的报告。

9. 2016 年 3 月 14 日，县人大常委会副主任刘鸣利带领执法检查组，对全县贯彻实施《道路交通安全法》情况进行执法检查。4 月 29 日，县十五届人大常委会第三十次会议听取和审议县人大常委会执法检查组关于《道路交通安全法》执法检查情况的报告。

10. 2016 年 6 月上旬，县人大常委会副主任温玲翠带领执法检查组，对全县贯彻实施《审计法》情况，分别到审计局、财政局等单位进行执法检查。6 月 28 日，县十五届人大常委会第三十一次会议听取和审议县人大常委会执法检查组关于《审计法》执法检查情况的报告。

11. 2016 年 9 月 12 日，县人大常委会副主任高国甫带领执法检查组，对全县《森林法》贯彻实施情况，到县农林畜牧局进行执法检查。11 月 1 日，县十五届人大常委会第三十三次会议听取和审议县人大常委会执法检查组关于《森林法》执法检查情况的报告。

12. 2016 年 9 月 29 日，县人大常委会副主任米志斌带领执法检查组，对全县贯彻落实《石家庄市供热用热条例》情况进行执法检查。11 月 1 日，县十五届人大常委会第三十三次会议听取和审议县人大常委会执法检查组关于《石家庄市供热用热条例》执法检查情况的报告。

第四节　视察调研

县十五届人大常委会组织开展视察调研活动 56 次，其中视察活动 17 次，调研活动 39 次。

表 11-15　行唐县第十五届人大常委会 2012—2016 年视察活动选录

时　间	视察内容	责任单位
2012 年 6 月 26 日	关于学校安全工作情况	教科文卫工委
2012 年 7 月 24 日	关于拆违和项目建设工作	人大常委会办公室 财经工委
2013 年 7 月 31 日	关于团山红生态农业开发区和孔雀湖生态旅游度假区建设情况	农业农村工委 教科文卫工委
2013 年 10 月 16 日	关于县中医院搬迁项目进展情况	教科文卫工委
2013 年 11 月 14 日	关于只里中心校教育教学、学校安全管理、校安工程建设、校园冬季取暖等工作	教科文卫工委
2014 年 6 月 6 日	关于磁河大桥除险加固工程及颍水河董磁沟大桥后续工程	农业农村工委
2014 年 6 月 19 日	关于对小型水库除险加固、河道治理工作建设情况	农业农村工委
2014 年 6 月 20 日	关于“打造颍水两岸，建设一城三区”和水污染防治工作	人大常委会办公室
2014 年 7 月下旬	关于农业开发项目建设情况	农业农村工委
2015 年 4 月 3 日	关于春季造林绿化工作	农业农村工委
2015 年 9 月 18 日	关于重点代表建议办理情况	代联工委工委
2016 年 3 月 23 日	关于太行山生态绿化工程建设情况	农业农村工委
2016 年 4 月 15 日	关于扶贫脱贫工作开展情况	农业农村工委
2016 年 5 月 17 日	关于安香乡养驴市场建设情况	农业农村工委
2016 年 5 月 23 日	关于上碑镇西岗农业开发项目实施情况	农业农村工委
2016 年 9 月 13 日	关于 2016 年重点代表建议办理情况	代联工委
2016 年 12 月 21 日	关于 2016 年十项利民惠民实事完成情况	人大常委会办公室

表 11-16　行唐县第十五届人大常委会 2012—2016 年调研活动选录

时　间	调研内容	责任单位
2012 年 5 月 21 日	关于落实省、市人大常委会《关于加强人民检察院法律监督工作的决议》的工作情况 关于县人民法院健全立案制度、方便群众诉讼工作情况	政法工委
2012 年 6 月 27 日	关于基层建设年活动情况	人大常委会办公室
2012 年 7 月上旬	关于 2012 年支持中小企业发展和创业专项资金使用情况	财经工委
2012 年 7 月 23 日	关于县司法局社区矫正情况	政法工委
2012 年 8 月下旬	关于 2012 年上半年国民经济和社会发展计划执行情况 关于 2012 年上半年预算执行情况	财经工委
2013 年 5 月中下旬	关于农村环境综合整治、幸福乡村计划和基层组织建设	农业农村工委
2013 年 6 月 6 日	关于急救站和卫生监督所建设情况	教科文卫工委
2013 年 6 月上旬	关于郜河县城段综合整治情况	政法工委
2013 年 6 月上旬	关于土地综合利用情况、建立健全保障性住房建设、公平分配和运营机制情况	人大常委会办公室
2013 年 7 月上旬	关于县行政服务中心规范化、标准化建设、公共资源交易市场建设情况 关于 2013 年上半年国民经济和社会发展计划执行情况 关于 2013 年上半年财政预算执行情况	财经工委
2013 年 8 月下旬	关于失地农民的社会保障情况	人大常委会办公室
2013 年 11 月上旬	关于县十五届人大二次会议以来代表建议办理情况	代联工委
2013 年 12 月 19 日	关于县监察局保障惠民政策和民生项目资金落实情况	政法工委
2014 年 3 月 7 日	关于县开发区市场化运作引进战略投资者开发情况	财经工委
2014 年 4 月 8 日	关于县人民政府十二五规划中期评估情况	财经工委
2014 年 4 月 16 日	关于县城集中供热安排情况	人大常委会办公室
2014 年 7 月下旬	关于 2014 年上半年国民经济和社会发展计划执行情况 关于 2014 年上半年预算执行情况	财经工委
2014 年 8 月下旬	关于项目入驻、招商优惠政策、土地存储等情况	财经工委
2014 年 9 月 23 日	关于清理规范农民专业合作社非法吸储情况	财经工委
2014 年 10 月 23 日	关于土地综合整治及利用情况	农业农村工委
2014 年 11 月上旬	关于全县奶牛养殖小区提档升级工作进展情况	农业农村工委

续表11-16

时　间	调研内容	责任单位
2014 年 11 月 27 日	关于 2015 年预算编制情况 关于 2015 年计划编制情况	财经工委
2014 年 12 月上旬	关于 2014 年《政府工作报告》提出的 35 个方面、129 项目标任务和 5 个方面 30 件民生实事完成情况	人大常委会办公室
	关于县人民法院、县人民检察院工作目标完成情况	政法工委
2015 年 4 月下旬	关于促进农业增效、农民增收情况 关于农业综合执法情况	农业农村工委
2015 年 6 月上旬	关于农村环境卫生集中专项整治情况	农业农村工委
2015 年 6 月 3 日	关于全县城乡公路建设及今后两年公路建设规划情况	财经工委
2015 年 10 月 14 日	关于加快山区开发情况	农业农村工委
2016 年 4 月 12 日	关于对太行山生态绿化建设情况	农业农村工委
2016 年 5 月 10 日	关于农业开发项目实施情况	农业农村工委
2016 年 5 月 16 日	关于城区供水管网改造建设情况	农业农村工委
2016 年 7 月 4 日	关于土地承包经营权确权工作情况	农业农村工委
2016 年 12 月 21 日	关于 2016 年十项利民惠民实事完成情况	人大常委会办公室
2016 年 12 月 21 日	关于全县环境状况和环境保护目标完成情况	人大常委会办公室

第五节　监督工作选介

一、推动园区做大做强

县十五届人大常委会围绕县委实施开发区建设强力攻坚的工作部署，深入开展督导检查。2014 年 8 月，县人大常委会主任、副主任、部分县人大常委会委员、县人大代表组成专题调研组，围绕开发区（园区）项目建设情况，通过听取汇报、召开座谈会、走访企业等形式，对园区 24 家重点工业企业进行调研，从明确产业定位、理顺招商思路、加强项目论证、规范协议履行、集约节约用地、提升园区管理等方面，提出意见建议，督促县人民政府抓紧完善园区政策，加快园区开发建设，紧紧抓住京津冀协同发展重大机遇，突出抓好招商引资，促进全县经济转型跨越，开发区成为全县对外开放主战场、转型升级示范区和重要经济增长极。

二、督导“一城三区”建设

“打造颍水两岸，建设一城三区，实现产城教融合”是县委顺应形势发展要求和人民群众期盼作出的一项重大决策，县人大常委会及时跟进，审议批准了新的城乡总体规划，开展

《城乡规划法》执法检查，督促支持县人民政府及有关部门强化规划即法的理念和规划的刚性约束，确保一张蓝图干到底。2013 年 6 月上旬，县人大常委会调研组对颍水两岸综合整治情况进行专题调研，实地查看颍水两岸综合整治规划和施工现场，听取县水务局关于颍水两岸综合整治情况的汇报。7 月 4 日，县十五届人大常委会第十一次会议听取县人民政府《关于颍水两岸综合整治情况的报告》。2014 年 6 月 20 日，县人大常委会组织部分县人大常委会委员、县人大代表，围绕“打造颍水两岸，建设一城三区”进展情况，到香港路、启新大桥、文体中心、颍水大道等施工现场进行视察，听取县规划局、水务局、住建局等部门情况汇报，针对存在的问题，提出建设性的意见建议。2014 年 6 月 25 日县十五届人大常委会第十七次会议、2015 年 11 月 2 日县十五届人大常委会第二十六次会议，先后两次听取和审议县人民政府关于“一城三区”建设情况报告，提出立足做“百年工程”、用好市场化运作模式、搞好全方位统筹协调等意见建议，有力推动了该项工作的开展，为打造人文生态的颍水河、绿色智慧的新城区、繁荣宜居的老城区、活力十足的开发区贡献了人大力量。

第六章　决议决定

县十五届人大及其常委会坚持从政治上把握大方向，积极作为，依法用好重大事项决定权，先后作出决议决定56项，其中县人民代表大会31项，县人大常委会25项，保障了党的主张通过法定程序转化全县人民的共同意志和自觉行动。

第一节　作出决议决定

县十五届人大及其常委会共作出决议决定56项。

一、县十五届人大历次会议作出决议决定情况

县十五届人大历次会议共作出决议决定31项。

表11-17　行唐县第十五届人民代表大会历次会议决议决定一览表

时　间	会　次	事　项
2012年2月19日	第一次	关于政府工作报告的决议 关于行唐县2011年国民经济和社会发展计划执行情况与2012年国民经济和社会发展计划的决议 关于行唐县2011年县本级预算和县总预算执行情况与2012年县本级预算和县总预算的决议 关于行唐县人民代表大会常务委员会工作报告的决议 关于行唐县人民法院工作报告的决议 关于行唐县人民检察院工作报告的决议

续表11-17

时　间	会　次	事　项
2013 年 3 月 24 日	第二次	关于政府工作报告的决议 关于行唐县 2012 年国民经济和社会发展计划执行情况与 2013 年国民经济和社会发展计划的决议 关于行唐县 2012 年县本级预算和县总预算执行情况与 2013 年县本级预算和县总预算的决议 关于行唐县人民代表大会常务委员会工作报告的决议 关于行唐县人民法院工作报告的决议 关于行唐县人民检察院工作报告的决议
2014 年 1 月 20 日	第四次	关于政府工作报告的决议 关于行唐县 2013 年国民经济和社会发展计划执行情况与 2014 年国民经济和社会发展计划的决议 关于行唐县 2013 年县本级预算和县总预算执行情况与 2014 年县本级预算和县总预算的决议 关于行唐县人民代表大会常务委员会工作报告的决议 关于行唐县人民法院工作报告的决议 关于行唐县人民检察院工作报告的决议
2015 年 3 月 9 日	第五次	关于政府政府工作报告的决议 关于行唐县 2014 年国民经济和社会发展计划执行情况与 2015 年国民经济和社会发展计划的决议 关于行唐县 2014 年县本级预算和县总预算执行情况与 2015 年县本级预算和县总预算的决议 关于行唐县人民代表大会常务委员会工作报告的决议 关于行唐县人民法院工作报告的决议 关于行唐县人民检察院工作报告的决议
2016 年 2 月 18 日	第六次	关于政府工作报告的决议 关于行唐县 2015 年国民经济和社会发展计划执行情况与 2016 年国民经济和社会发展计划的决议 关于行唐县 2015 年县本级预算和县总预算执行情况与 2016 年县本级预算和县总预算的决议 关于行唐县人民代表大会常务委员会工作报告的决议 关于行唐县人民法院工作报告的决议 关于行唐县人民检察院工作报告的决议 关于行唐县国民经济和社会发展第十三个五年规划纲要的决议

二、县十五届人大常委会历次会议作出决议决定情况

县十五届人大常委会历次会议共作出决议决定25项（不含人事任免事项）。

表 11-18　行唐县第十五届人大常委会历次会议决议决定一览表

时　间	常委会会议	事　项
2012年9月25日	第五次	关于行唐县2011年度县本级财政决算的决议
2013年1月11日	第七次	关于调整部分经济指标的决议
2013年3月21日	第八次	关于召开行唐县第十五届人民代表大会第二次会议的决定
2013年6月21日	第十次	关于召开行唐县第十五届人民代表大会第三次会议的决定
2013年8月30日	第十二次	关于调整2013年行唐县国民经济和社会发展计划部分指标的议案的决定 关于2012年财政决算的决议
2013年12月13日	第十四次	关于对《行唐县城乡总体规划（2013—2030年）》审查的决议
2014年1月14日	第十五次	关于召开行唐县第十五届人民代表大会第四次会议的决定
2014年9月18日	第十八次	关于批准行唐县2013年财政决算的决议 关于批准《行唐县人民政府关于调整2014年国民经济和社会发展计划部分指标的报告》的决议
2015年3月3日	第二十一次	关于召开行唐县第十五届人民代表大会第五次会议的决定
2015年12月17日	第二十八次	关于2015年新增地方政府债券资金使用方案的决议 关于2015年县本级预算调整方案的决议
2015年12月17日	第二十九次	关于召开行唐县第十五届人民代表大会第六次会议的决定
2016年4月29日	第三十次	关于批准《行唐县人民政府关于提请审议批准2015年政府债务限额的议案》的决议
2016年6月28日	第三十一次	关于批准《行唐县人民政府关于提请审议批准2016年政府债务限额的议案》的决议 关于批准2016年县本级预算调整方案的决议
2016年8月30日	第三十二次	关于《行唐县2015年县本级预算执行和其他财政收支情况的审计工作报告》的决议 关于行唐县2015年财政预决算的决议 关于《行唐县农村基础设施及灾后重建扶贫开发项目贷款资本金和还款资金列入县级财政预算议案》的决议

续表11-18

时　间	常委会会议	事　项
2016年12月30日	第三十四次	关于《调整2016年国民经济和社会发展计划部分指标的议案》决议 关于批准2016年县本级财政预算调整的决议 关于《县人民政府2016年政府债务限额方案》的决议 关于批准《行唐县人民政府关于提请审议石家庄市行唐县改善农村人居环境建设一期项目专项资金逐年列入县级财政预算的议案》的决议
2017年2月17日	第三十六次	关于召开行唐县第十六届人民代表大会第一次会议的决定

第二节　决议决定选介

关于对《行唐县城乡总体规划（2013—2030年）》的决议

行唐县人大常委会关于对《行唐县城乡总体规划（2013—2030年）》（以下简称《总体规划》）的决议（以下简称《决议》），于2013年12月31日县十五届人大常委会第十四次会议通过。

《决议》认为，《总体规划》提出今后十七年的主要奋斗目标，统筹了城乡，突出了特色，是符合建设和谐行唐总要求的，经过全县人民努力奋斗是能够实现的。

《决议》要求，县人民政府及有关部门应当严格遵守，自觉维护《总体规划》的权威性和严肃性，不得擅自改变，保持《总体规划》的长期性和稳定性。

链接5：行唐县城乡总体规划（2013—2030年）简介

规划重点。一是统筹城乡，实现一体化发展；二是促进产业集聚，加快产城融合；三是拉大城市框架，做大做强中心城区；四是做优城市环境，突出城市特色；五是完善城市功能，提高城市承载能力。

规划主要内容：（一）发展定位，现代制造业基地及节能型新材料生产基地，华北乳制品及绿色农产品深加工基地，休闲旅游度假基地；（二）发展规模，到2030年，县域总人口51.5万人，城镇化水平达到63.7%左右；城市建设用地控制在9705公顷；（三）产业发展规划布局为南工、中农、北娱；（四）城市空间布局为一个中心城市、2个中心乡镇（口头镇、上方乡）。

中心城区城市性质为石家庄北部以发展农牧产品加工、矿产品深加工和现代制造业为主的宜居宜业特色中等城市，发展方向为“打造颍水两岸，建设一城三区”。规划城区用地布局结构为“两心一网三轴三区”：“两心”为老城传统商业中心和新区集行政、商业、商务、会展、娱乐、康体于一体的现代商业中心。“一网”为利用颍水和旧渠道串联而成的环城水系网，塑造滨水特色城市空间，提升城市品位。“三轴”为玉城大街、升仙桥路、兴阳路三条城市空间拓展轴。“三区”为颍水北老城区、颍水南新城区和经济开发区。老城区，以居住改造、传统商业提升和历史文化旅游为重点，整体改善老城区环境质量。新城区，依托颍水景观带建设新区综合服务发展轴，重点培育现代服务和居住功能，打造现代化的人居环境空间。经济开发区，重点布置矿产品深加工和新型材料、家居等现代制造业，打造成为现代化的产业集聚区。突出城市景观风貌特色，将打造人文环境与城市开敞空间建设相结合，挖掘行唐历史文化资源，突出滨水城市特色，打造“水灵、文昌、城靓”的城市风貌。

第七章　选举任免

县十五届人大常委会严格按照法律规定和省、市、县委的要求，依法做好人大换届工作和选举任命，选举产生行唐县出席石家庄市第十三届人民代表大会代表 1 名，任免县级国家机关工作人员 173 人次，任命县人民法院人民陪审员 109 名，接受辞职 3 名，对 5 名法官、5 名检察官进行了履职评议。

第一节　常委会选举任免情况

2012 年 4 月 18 日，县十五届人大常委会第二次会议通过了县人民政府相关人事任免事项。

决定任命：

李军法为行唐县交通运输局局长

白岐山为行唐县公安局局长

赵为民为行唐县人民政府办公室主任

张胜利为行唐县发展和改革局局长

邸　健为行唐县教育局局长

袁光义为行唐县科学技术局局长

杨永志为行唐县民政局局长

刘占琪为行唐县司法局局长

陈树旗为行唐县财政局局长

盖建林为行唐县人力资源和社会保障局局长

范景武为行唐县环境保护局局长

苏文杰为行唐县住房和城乡建设局局长

高秋敏为行唐县农业局局长

苑宝林为行唐县卫生局局长

王荣林为行唐县人口和计划生育局局长

李平福为行唐县审计局局长

贾俊峰为行唐县统计局局长

王连锁为行唐县安监局局长

石香文为行唐县食品药品监督管理局局长

2012 年 5 月 30 日，县十五届人大常委会第三次会议通过了县人民法院相关人事任免事项。

免去：

刘志强的行唐县人民法院审判监督庭庭长职务

常连海的行唐县人民法院安香人民法庭庭长职务

王　军的行唐县人民法院上碑人民法庭庭长职务

杜军平的行唐县人民法院少年庭庭长职务

任命：

刘志强为行唐县人民法院上碑人民法庭庭长

常连海为行唐县人民法院少年庭庭长

2012 年 9 月 25 日，县十五届人大常委会第五次会议通过了县人民政府、县人民检察院相关人事任免事项。

决定任命：

郑新南为行唐县人民政府副县长

免去：

王玉录的行唐县人民检察院副检察长、检察委员会委员、检察员职务

2012 年 11 月 29 日，县十五届人大常委会第六次会议通过了县人大常委会、县人民法院、县人民检察院相关人事任免事项。

免去：

杨永刚的行唐县人大常委会办公室副主任职务

任命：

盖渍旭为行唐县人民法院审判监督庭庭长

赵兰振、赵斌、邱晓谦、马鲁娜、刘慧、刘佳为行唐县人民检察院检察员

2013 年 3 月 21 日，县十五届人大常委会第八次会议通过了县人大常委会相关人事任免事项。

免去：

王建坡的行唐县人大常委会办公室副主任职务

任命：

王建坡为行唐县人大常委会办公室老干部科科长

2013 年 5 月 4 日行唐县第十五届人大常委会第九次会议通过了县人民政府相关人事任免事项。

决定免去：

白岐山的行唐县公安局局长职务

决定任命：

王彦芳为行唐县人民政府副县长，决定其为代理县长

池玉清为行唐县公安局局长

2013 年 7 月 4 日，县十五届人大常委会第十一次会议通过了县人大常委会、县人民法院相关人事任免事项。

免去：

张金贵的行唐县人大常委会办公室信访科副科长职务

张金路的行唐县人民法院民事审判第二庭副庭长职务

范进军的行唐县人民法院执行庭庭长职务

马树芳的行唐县人民法院城关人民法庭庭长职务

张中兴的行唐县人民检察院检察委员会委员职务

任命：

刘建忠为行唐县人大常委会财政经济工作委员会主任

常吉章为行唐县人大常委会教育科学文化卫生工作委员会副主任

张金路为行唐县人民法院城关人民法庭庭长

范进军为行唐县人民法院安香人民法庭庭长

杜军平为行唐县人民法院审判委员会委员

温　欣为行唐县人民法院审判委员会委员

刘振平为行唐县人民法院审判委员会委员

韩彦军为行唐县人民检察院副检察长、检察委员会委员、检察员

2013 年 8 月 30 日，县十五届人大常委会第十二次会议通过了县人大常委会、县人民政府、县人民法院相关人事任免事项。

任命：

徐中玲为行唐县人大常委会办公室信访科科长

王冰心为行唐县人大常委会财政经济工作委员会副主任

决定免去：

苏文杰的行唐县住房和城乡建设局局长职务

王荣林的行唐县人口和计划生育局局长职务

刘占琪的行唐县司法局局长职务

决定任命：

叶晓林为行唐县人民政府副县长

李翠玲为行唐县监察局局长

孟文锁为行唐县住房和城乡建设局局长

盖庆昌为行唐县人口和计划生育局局长

郭银海为行唐县司法局局长

任命：

毛东香为行唐县人民法院审判员

2013 年 10 月 29 日，县十五届人大常委会第十三次会议通过了县人大常委会、县人民政府相关人事任免事项。

免去：

刘京伟的行唐县人大常委会代表联络工作委员会主任职务

决定免去：

张聚华的行唐县人民政府副县长职务

张占宗的行唐县人民政府副县长职务

2013 年 12 月 31 日，县十五届人大常委会第十四次会议

选举：

王彦芳为行唐县出席石家庄市第十三届人民代表大会代表

2014 年 4 月 24 日，县十五届人大常委会第十六次会议通过了县人大常委会、县人民政府、县人民法院、县人民检察院相关人事任免事项。

免去：

徐中玲的行唐县人大常委会办公室信访科科长职务

贾西海的行唐县人大常委会办公室老干部科副科长职务

任命：

徐中玲为行唐县人大常委会代表联络工作委员会主任

李　欣为行唐县人大常委会办公室信访科副科长

陈连香为行唐县人大常委会办公室老干部科副科长

决定免去：

叶晓林的行唐县人民政府副县长职务

范景武的行唐县环境保护局局长职务

苑宝林的行唐县卫生局局长职务

决定任命：

李　军为行唐县人民政府副县长

赵宝林为行唐县环境保护局局长

韩东华为行唐县城乡规划局局长

盖庆昌为行唐县卫生局局长

免去：

刘春玲的行唐县人民法院安香人民法庭副庭长职务

李云东的行唐县人民法院立案庭庭长职务

张国军的行唐县人民法院行政庭庭长职务

左留章的行唐县人民法院玉亭人民法庭庭长职务

任命：

李云东为行唐县人民法院执行一庭庭长

王　军为行唐县人民法院执行二庭庭长

刘春玲为行唐县人民法院立案庭庭长

韩小中、张九龄、任青山、仇国芳、崔三牛、段彦茹、范瑞江、康主义、李宾、李吉章、李领海、梁兰花、刘斌、刘记云、刘丽娜、孟建平、孟书印、米志峰、田金缀、王吉文、王佳、王林鹏、徐敏、宇文贵欣、宇文会明、张建文、张立敏、张然、赵书彦、赵峥为行唐县人民法院人民陪审员

王欣、高艳丽为行唐县人民检察院检察委员会委员

2015 年 4 月 29 日，县十五届人大常委会第二十二次会议通过了县人民政府相关人事任免事项。

决定免去：

石香文的行唐县食品药品监督管理局局长职务

决定任命：

高彦明为行唐县食品药品监督管理局局长兼工商行政管理局局长

张　骉为行唐县质量技术监督局局长

2015 年 6 月 30 日，县十五届人大常委会第二十三次会议通过了县人民法院、县人民检察院相关人事任免事项。

免去：

石　君的行唐县人民法院民事审判第二庭副庭长职务

周慧杰的行唐县人民法院南桥人民法庭庭长职务

赵海峰的行唐县人民法院南桥人民法庭副庭长职务

盖渍旭的行唐县人民法院审判监督庭庭长职务

耿化力的行唐县人民法院城市建设综合审判庭庭长职务

刘志强的行唐县人民法院上碑人民法庭庭长职务

王　军的行唐县人民法院执行二庭庭长职务

李云东的行唐县人民法院执行一庭庭长职务

王彦青的行唐县人民法院上碑人民法庭副庭长职务

任命：

石　君为行唐县人民法院执行一庭庭长

赵海峰为行唐县人民法院上碑人民法庭庭长

周慧杰为行唐县人民法院审判监督庭庭长

刘志强为行唐县人民法院南桥人民法庭庭长

耿化力为行唐县人民法院行政审判庭庭长

王彦青为行唐县人民法院南桥人民法庭副庭长

杨山林为行唐县人民法院审判员、上碑人民法庭副庭长

赵　斌为行唐县人民检察院检察委员会委员

刘旭佳为行唐县人民检察院检察员

袁余霞为行唐县人民检察院检察员

米小正、刘文正、张荣旺、贾占军、温明亮、王冲、李新霞、李小白、米靖、张子园、贾小方、张发旺、赵岗子、杨小峰、杨焕军、杨存才、王红霞、张伟、张贵芳、曹荣金、张扩军、赵建刚、周双喜、杨拴住、季国辉、苗连福、赵吉堂、赵三吨、边戊戌、王中祥、李玉来、王兰义、张保存、刘五爱、田玉峰、祁建强、刘振江、雷发水、柳宁、周云霞、姜孟泽、孙喜爱、乔建军、霍进学、张建林、陈立国、张庆龙、杨根成、高文桌、王淑芬、王建成、安立军、王秋保、刁小玲、袁国英、王登山、张喜祥、张雷云、王小三、苗菲、李军民、杨文平、杨文海、张建波、钱俊平、孔立新、张国英、高永辉、陈振国、顾素玲、姚永志、康连贵、李会芹、刘彦其 74 人为行唐县人民法院人民陪审员

2015 年 8 月 27 日，县十五届人大常委会第二十四次会议通过了县人民政府相关人事任免事项。

决定任命：

崔增民为行唐县人民政府副县长

2015 年 10 月 12 日县行唐第十五届人大常委会第二十五次会议通过县人民政府相关人事任免事项。

决定免去：

盖庆昌的行唐县人口和计划生育局局长兼卫生局局长职务

邸　健的行唐县教育局局长职务

袁光义的行唐县科学技术局局长职务

高秋敏的行唐县农业局局长职务

决定任命：

曹　铂为行唐县人民政府副县长

赵为民为行唐县人民政府副县长

盖庆昌为行唐县卫生和计划生育局局长

高彦明为行唐县市场监督管理局局长

邸　健为行唐县文化教育局局长

王荣林为行唐县农林畜牧局局长

2015 年 12 月 17 日，县十五届人大常委会第二十八次会议通过县人大常委会、县人民政府相关人事任免事项。

免去：

王晓光的行唐县人大常委会办公室老干部科副科长职务

王冰心的行唐县人大常委会财政经济工作委员会副主任职务

任命：

王晓光为行唐县人大常委会办公室副主任

王冰心为行唐县人大常委会农业农村工作委员会副主任

决定任命：

陈树旗为行唐县人民政府副县长

2016 年 6 月 28 日，县十五届人大常委会第三十一次会议通过了县人大常委会、县人民政府、县人民法院相关人事任免事项。

免去：

徐中玲的行唐县人大常委会代表联络工作委员会主任职务

决定免去：

赵为民的行唐县人民政府办公室主任职务

陈树旗的行唐县财政局局长职务

李军法的行唐县交通运输局局长职务

张胜利的行唐县发展和改革局局长职务

韩东华的行唐县城乡规划局局长职务

孟文锁的行唐县住房和城乡建设局局长职务

杨永志的行唐县民政局局长职务

赵宝林的行唐县环境保护局局长职务

李平福的行唐县审计局局长职务

李翠玲的行唐县监察局局长职务

决定任命：

高秋敏为行唐县人民政府办公室主任

孟文锁为行唐县发展和改革局局长

李翠玲为行唐县财政局局长

申胜利为行唐县住房和城乡建设局局长

严爱民为行唐县城乡规划局局长

康志强为行唐县交通运输局局长

张天吉为行唐县民政局局长

苏文杰为行唐县环境保护局局长

孟振平为行唐县审计局局长

王建良为行唐县监察局局长

免去：

王兴利的行唐县人民法院副院长职务

任命：

孙　辉为行唐县人民法院副院长、审判委员会委员、审判员

朱振国、霍振相、谷岳军、刘彦平、杨栓旗为行唐县人民法院人民陪审员

2017 年 1 月 26 日，县十五届人大常委会第三十五次会议通过了县人大常委会、县人民政府、县人民法院、县人民检察院相关人事任免事项。

免去：

王建坡的行唐县人大常委会办公室老干部科科长职务

刘建忠的行唐县人大常委会财政经济工作委员会主任职务

常吉章的行唐县人大常委会教育科学文化卫生工作委员会副主任职务

陈连香的行唐县人大常委会办公室老干部科副科长职务

胡玉白的行唐县人大常委会财政经济工作委员会副主任职务

王冰心的行唐县人大常委会农业农村工作委员会副主任职务

任命：

刘发水为行唐县人大常委会办公室老干部科科长

段立新为行唐县人大常委会农业农村工作委员会主任

孟国旗为行唐县人大常委会财政经济工作委员会主任

胡玉白为行唐县人大常委会办公室信访科科长

王冰心为行唐县人大常委会代表联络工作委员会主任

决定免去：

袁永福的行唐县人民政府副县长职务

敦　盾的行唐县人民政府副县长职务

高文成的行唐县人民政府副县长职务

赵为民的行唐县人民政府副县长职务

曹　铂的行唐县人民政府副县长职务

决定任命：

庞英须为行唐县人民政府副县长

池玉清为行唐县人民政府副县长

宫世友为行唐县人民政府副县长

免去：

梁锁山的行唐县人民法院院长、审判委员会委员、审判员职务

任命：

李　勇为行唐县人民法院副院长、审判委员会委员、审判员，决定其为行唐县人民法院代理院长

免去：

何步云的行唐县人民检察院检察长、检察委员会委员、检察员职务

任命：

褚士彬为行唐县人民检察院副检察长、检察委员会委员、检察员，决定其为行唐县人民检察院代理检察长

第二节　常委会接受辞职情况

2013 年 5 月 4 日，县十五届人大常委会第九次会议接受吕素维辞去行唐县人民政府县长职务。

2015 年 3 月 3 日，县十五届人大常委会第二十一次会议接受王吉秋辞去行唐县第十五届人民代表大会常务委员会副主任职务。

2016 年 11 月 1 日，县十五届人大常委会第三十三次会议接受温玲翠辞去行唐县第十五届人民代表大会常务委员会副主任职务。

第三节　履职评议

县十五届人大常委会对 5 名县人民法院法官和 5 名县人民检察院检察官进行履职评议。

表 11-19　行唐县第十五届人大常委会对法官、检察官履职评议情况表

时　间	常委会会议	被评议人员	职　务
2015 年 6 月 29 日	第二十三次	刘梅林	县人民法院副院长
		盖渍旭	县人民法院审判监督庭庭长
		安马群	县人民法院口头人民法庭庭长
		罗云峰	县人民法院未成年案件综合审判庭副庭长
		刁平利	县人民法院审判员
		孟建勇	县人民检察院副检察长
		王　欣	县人民检察院检察委员会委员
		杨保君	县人民检察院民事行政监察科科长
		仇卫东	县人民检察院检察委员会委员
		张勇军	县人民检察院检察员

第 十 二 篇

行唐县第十六届人民代表大会

（2017 年 2 月至 2021 年 7 月）

第一章 党的领导

行唐县第十六届人民代表大会及其常务委员会坚持党的全面领导，全面贯彻党的十九大和十九届二中、三中、四中、五中全会精神，树牢“四个意识”，坚定“四个自信”，做到“两个维护”，始终在政治立场、政治方向、政治原则、政治道路上同以习近平同志为核心的党中央保持高度一致，自觉做习近平新时代中国特色社会主义思想的坚定信仰者，做党中央和省、市、县委决策部署的坚决执行者，做人民代表大会制度的忠实实践者。

县委始终高度重视人大工作，不断加强和改进对人大工作的指导，支持人大及其常委会依法行使各项职权。2018 年 7 月 2 日，县委第二十一次常委会会议研究通过《关于健全县人大讨论决定重大事项制度、县政府重大决策出台前向县人大报告的实施意见》，明确县委支持和保证人大依法行使重大事项决定权，确保党的主张通过法定程序转变为国家意志。2019 年 9 月 27 日，县委第四十二次常委会议研究通过了县人大常委会党组提交的《关于民生实事项目人大票决制的实施办法（草案）》，规定在民生实事项目提出阶段，县人大、县人民政府将征集的初步候选项目报县委常委会研究；审议票决阶段，县人大提出具体票决办法，经县委常委会研究通过后提交县人民代表大会；实施反馈阶段，县人大将监督视察、满意度测评等情况报告县委，为县委及时全面掌握工作进度、作出决策提供支撑。2020 年 4 月 14 日，县委转发县人大常委会党组《关于开展“6+1”联动监督工作的实施意见》的通知，指出县人大及其常委会要自觉坚持党对人大工作的领导，紧紧围绕中央重大决策部署和省委、市委、县委工作安排，干事担当，依法开展联动监督，注重整改实效。12 月 8 日，县委印发《关于进一步加强和做好人大工作的意见》，明确提出要健全党委领导人大工作制度，每年县委常委会至少听取 1 次县人大常委会党组工作汇报，县委主要负责人带头参加县人大重要活动，县人大常委会主要负责人列席县委常委会议。2021 年 3 月 5 日，在县十六届人大五次会议闭幕会上，县委书记杨立中要求，县人大及其常委会要进一步增强责任感、使命感，全面担负起《宪法》和法律赋予的职责，增进同人民群众的密切联系，做到与党同心、与政府同力、与人民同声，齐心协力把行唐的事情办得更好、抓得更实。5 月 25 日，县委第十九次常委会议研究通过了《行唐县人大常委会关于开展四项联动监督的工作方案》，指出开展四项联动监督是推进全县高质量发展的有力举措，是落实“我为群众办实事”的重要抓手，是创新人大监督方式、提升人大整体工作的有效途径，四项联动监督小组要紧盯任务落实，突出痛点难点，确保取得实效。县委的领导成为人大依法行使重大事项决定权和监督权的坚强支持和可靠保证。

县十六届人大常委会党组把加强党的全面领导贯穿于人大依法履职的全过程，牢牢把握人大工作正确的政治方向，严格落实重大事项请示报告制度，主动向县委请示报告重大工作和重要情况，自觉维护县委在全县总揽全局、协调各方的领导权威。县人大常委会党组每年的工作要点，都会根据县委工作部署研究、决定重点工作，并及时征求县委意见，根据县委要求修改完善，确保人大与党委同心同向、同频共振、合力合拍。县人大常委会党组把加强党性修养作为终身课题，扎实开展“不忘初心、牢记使命”主题教育和党史学习教育，隆重举行庆祝中国共产党成立100周年活动。始终坚持服务大局，紧紧抓住惠农政策落实、统筹疫情防控等事关全县改革发展稳定的重大问题、重要工作实施监督，推动落实；始终坚持履职为民，把保障改善民生作为人大工作的出发点和落脚点，自觉维护广大人民群众的根本利益，用心用情铸刻人民至上；始终严守纪律规矩，不断增强政治判断力、政治领悟力、政治执行力，任何时候、任何情况下都做到政治信仰不变、政治立场不移、政治方向不偏。认真执行民主集中制，充分发挥人大代表在民主法治建设中的主体作用，与时俱进，开拓创新，充满活力，努力在服务改革、促进发展、维护稳定、造福群众中履职尽责，勇敢担当，为推动全县经济社会各项事业发展做出了积极贡献。

第一节　党的组织机构

中共行唐县人大常委会党组

书　记：高华树（2017年2月—2021年7月）
副书记：赵为民（2021年5月—2021年7月）
　　　　刘鸣利（2017年2月—2021年7月）
成　员：赵士平（2017年2月—2019年12月）
　　　　米志斌（2017年2月—2018年8月）
　　　　杨永志（2017年2月—2021年7月）
　　　　盖建林（2017年2月—2021年7月）
　　　　盖进良（2020年1月—2021年7月）
　　　　王建良（2021年6月—2021年7月）
　　　　王永伟（2017年12月—2021年7月）

第二节　党组会议

一、党组会

县十六届人大期间，县人大常委会党组召开党组会21次。其中，2017年召开2次，2018年召开6次，2019年召开3次，2020年召开6次，2021年7月前召开4次。

表 12-1　行唐县第十六届人大常委会党组会情况一览表

序　号	时　间	会议议题
1	2017 年 2 月 27 日	研究常委会主任、副主任工作分工
2	2017 年 3 月 15 日	研究召开县人大常委会党组民主生活会 2016 年度问题整改情况有关事宜
3	2018 年 1 月 6 日	学习习近平新时代中国特色社会主义思想和党的十九大精神，研读《习近平谈治国理政》第一卷、第二卷和《习近平新时代中国特色社会主义思想三十讲》
4	2018 年 5 月 29 日	传达县委组织部转发市委组织部《关于定期开展“走亲”活动发挥“三位一体”帮扶作用的通知》精神；通过县人大常委会办公室关于开展“拉家常增感情”主题活动的安排方案
5	2018 年 6 月 22 日	听取并通过县人大常委会办公室关于开展“迎七一、感党恩”扶贫先扶志入户走访活动的安排方案
6	2018 年 7 月 11 日	听取并通过县人大常委会办公室关于做好 7 月份帮扶责任人“走亲”活动的安排方案
7	2018 年 8 月 23 日	听取并通过县人大常委会办公室关于做好 8 月份帮扶责任人“走亲”活动的安排方案
8	2018 年 9 月 19 日	听取并通过县人大常委会办公室关于做好 9 月份帮扶责任人“走亲”活动的安排方案
9	2019 年 1 月 11 日	研究召开县人大常委会党组民主生活会 2018 年度问题整改情况有关事宜
10	2019 年 9 月 12 日	研究县人大常委会党组开展“不忘初心、牢记使命”主题教育事宜
11	2019 年 12 月 5 日	集中讨论研究党组领导班子检视剖析材料
12	2020 年 1 月 3 日	研究提交县委常委会关于召开十六届人大四次会议的请示；部署人民代表大会组织工作
13	2020 年 2 月 5 日	传达全省疫情工作会议精神和当前几项重要工作；传达全市疫情工作会议精神
14	2020 年 3 月 13 日	传达疫情防控要求
15	2020 年 4 月 12 日	研究关于开展“6+1”联动监督工作实施意见
16	2020 年 11 月 25 日	学习党的十九届五中全会精神、省委九届十一次全会精神、市委十届十次全会精神
17	2020 年 12 月 6 日	关于“人大代表之家（站）”建设经费安排；关于各乡“6+1”人大代表活动经费补贴
18	2021 年 2 月 7 日	学习《领导干部报告个人有关事项规定》《领导干部个人有关事项报告查核结果处理办法》

续表12-1

序　号	时　间	会议议题
19	2021 年 4 月 20 日	研究筛选十大重点代表建议；研究确定乡人大代表总额；调整代表资格审查委员会人员
20	2021 年 5 月 13 日	研究“四项联动监督”方案；研究提出连任代表建议名单
21	2021 年 5 月 18 日	研究派选代表建议名单；研究连任代表建议名单

二、党组民主生活会

县十六届人大期间，县人大常委会党组召开党组民主生活会 9 次。

2017 年 2 月 28 日，县人大常委会党组召开县人大常委会党组班子 2016 年度问题整改情况民主生活会。县人大常委会党组书记高华树就人大常委会党组关于贯彻执行中央八项规定精神、落实加强作风建设措施的情况作了汇报，通报县人大常委会党组 2016 年民主生活会整改措施落实情况和本次民主生活会征求意见情况，代表党组班子深入查摆在理想信念、政治规矩、工作作风、担当作为、组织生活、落实全面从严治党责任、抓工作促发展等 7 个方面存在的问题，并进行个人对照检查。其他班子成员分别作对照检查。在批评和自我批评过程中，剖析根源，明确整改措施，进一步统一了思想，增强了凝聚力，为推进激情开放、跨越赶超、建设美丽幸福新行唐提供坚强组织保障。

2018 年 2 月 12 日，县人大常委会党组召开县人大常委会班子 2017 年度问题整改情况民主生活会。此次民主生活会的主题是：认真学习领会习近平新时代中国特色社会主义思想，坚定维护以习近平同志为核心的党中央权威和集中统一领导，全面贯彻落实党的十九大各项决策部署。县人大常委会党组书记高华树通报人大常委会党组 2017 年民主生活会整改措施落实情况和本次民主生活会征求意见情况。党组班子及班子成员围绕深入学习党的十九大精神和习近平总书记关于进一步纠正“四风”、加强作风建设的重要指示精神，针对在学习贯彻习近平新时代中国特色社会主义思想等 6 个方面存在的问题逐条进行对照检查，认真开展批评和自我批评，明确努力方向，促进了人大常委会班子思想建设和作风建设再上新台阶。

2018 年 8 月 18 日，县人大常委会党组召开班子巡视整改专题民主生活会。此次民主生活会的主题是：认真贯彻习近平新时代中国特色社会主义思想和党的十九大精神，切实肩负起全面从严治党的政治责任，强力推进中央及省委巡视反馈意见整改落实，以高度的政治自觉、思想自觉加强县人大常委会班子自身建设。县人大常委会党组书记高华树通报中央、省委巡视反馈意见整改工作进展情况及本次生活会征求意见情况，代表党组班子及个人作对照检查发言。其他班子成员深刻查摆剖析，敢于对号入座，主动认领班子集体问题，不躲不绕查找个人问题，做到思想认识到位、责任主动认领、整改态度端正，是一次严肃、团结、成功的民主生活会。

2018 年 12 月 20 日，县人大常委会党组召开县人大常委会巡视整改专题民主生活会。

县人大常委会党组书记高华树代表党组班子围绕学习习近平新时代中国特色社会主义思想和党的十九大精神、党的组织建设、作风建设、纪律建设等6个方面作对照检查，并作个人对照检查。其他班子成员分别作对照检查。这次民主生活会，自我批评具体实在，相互批评出于公心、直截了当，剖析原因切中要害，整改措施可操作、能落实，成效明显。

2019年1月12日，县人大常委会党组召开县人大常委会班子2018年度民主生活会。此次民主生活会主题是：强化创新理论武装，树牢“四个意识”，坚定“四个自信”，勇于担当作为，以求真务实作风坚决把党中央和省、市、县委决策部署落到实处。县人大常委会党组班子和班子成员立足找准问题、解决问题，重点从贯彻落实市委整改要求、认真学习贯彻习近平新时代中国特色社会主义思想、坚定贯彻新发展理念、贯彻执行“中央八项规定”精神等方面查找班子及自身存在的差距和不足，问题查摆深刻，剖析根源透彻，整改措施可行，既开出了红脸出汗的辣味，又开出了凝聚共识、狠抓落实的良好氛围。

2019年12月6日，县人大常委会党组召开“不忘初心、牢记使命”专题民主生活会。党组成员紧扣学习贯彻习近平新时代中国特色社会主义思想这一主线，聚焦“不忘初心、牢记使命”这一主题，按照习近平总书记关于“四个对照”“四个找一找”的要求，深入查摆思想、政治、作风、能力、廉政等方面存在的问题，认真开展批评和自我批评，剖析产生问题的根源，研究提出务实有效的整改措施。这次民主生活会，打扫了思想上和政治上的灰尘，进一步增强了领导班子的凝聚力和战斗力，激发了“干事创业敢担当、为民服务解难题、清正廉洁作表率”的干劲，达到了预期的效果。

2020年1月15日，县人大常委会党组召开县人大常委会班子民主生活会。会上，通报2019年“不忘初心、牢记使命”主题教育民主生活会整改措施落实情况和本次民主生活会征求意见情况。党组班子进行对照检查及个人发言，依次开展了批评和自我批评。

2020年4月18日，县人大常委会党组召开“查问题、转作风、鼓干劲、争上游”的专题民主生活会。会议认真学习全市“提振精神、改进作风、加强纪律”的会议精神和全县“查问题、转作风、鼓干劲、争上游”行动要求，决定深入开展作风整顿，全面加强纪律建设。党组班子进行对照检查及个人发言，依次开展了批评和自我批评。

2021年2月7日，县人大常委会党组召开“整改措施落实情况”民主生活会。会上，通报了县人大常委会党组2020年贯彻执行中央八项规定精神情况和持续解决形式主义问题、深化拓展基层减负工作情况；2019年民主生活会整改措施落实情况；2020年民主生活会征求意见情况。党组班子进行对照检查及个人发言，依次开展了批评和自我批评。

第二章 人大代表

行唐县第十六届人民代表大会代表名额 210 名。2017 年 2 月，召开县十六届人大一次会议时实有代表 204 名。县十六届人大常委会充分尊重人大代表在国家权力机关中的主体地位和作用，不断加强和改进代表工作，积极为代表知情知政和履行职责创造条件、搭建平台、提供服务，增强了人大工作的生机与活力。

第一节 选举产生

一、行唐县第十六届人民代表大会代表的选举产生

2017 年，全县人口 460015 人，18 周岁以上的选民 316403 人，登记选民占全县总人口的 68.5%；实际参加投票选举的选民 215715 人，委托他人代为投票的选民共 3501 人，投票选民总人数共计 219216 人，占选民总人数的 69.3%。全县 169 个县代表选区共确定正式代表候选人 375 名，选举产生行唐县第十六届人民代表大会代表 204 名。其中，工人代表 10 名，占 4.9%；农民代表 88 名，占 43.13%；专业技术人员代表 30 名，占 14.7%；党政干部代表 61 名，占 29.9%；企业负责人代表 15 名，占 7.35%。妇女代表 45 名，占 22.05%。非中共党员代表 72 名，占 35.29%。连任代表 89 名，占 43.62%。

二、行唐县出席石家庄市第十四届人民代表大会代表的选举产生

根据《中共石家庄市委关于做好石家庄市第十四届人民代表大会代表选举工作的通知》要求，2017 年 2 月 24 日，县十六届人大一次会议采用无记名投票方式，差额选举产生行唐县出席石家庄市第十四届人民代表大会代表 26 名（含市分配到行唐县参选领导 2 名）。其中市直参选代表 2 名，工农代表 12 名，干部代表 3 名，专业技术人员代表 8 名，民主党派和无党派代表人士 1 名。

第二节　代表名单

一、行唐县第十六届人民代表大会代表名单

县直代表团

王建良	王彦芳	田　志	宇文哲
李　志	杨大虎	杨立中	杨永志
范国荣(女)	罗假妮	庞英须	孟立会(女)
柳增良			

龙州镇代表团

马二旦	王小三	王玉民(女)	王振乾
石会刚	孙国会	李建平	李昭君
张海双	杨荣会(女)	杨振祥	肖云翠(女)
范国辉	赵士平	胡玉白(女)	姚永志
郭趁义	贾追良	钱　敏	高华树
高秋英(女)	高振期	康文利	康志云(女)
盖合保			

独羊岗乡代表团

马国群	刘　鸣	刘小五	刘利平
刘根军	米志斌	孙彩林	李　杰
杨志强	宋利伟	张会娟(女)	张朝晖(女)
陈彦军	金志强	金国庆	柳立永
韩二货	韩增琪	鲁会智	

南桥镇代表团

王丽伟(女)	申会刚	付志敏	刘金国
刘荣河	孙占伟	严　浩	严会林
张新征	赵会敏	赵建强	高国甫
康军秀(女)	梁　坤	魏丽扬(女)	

安香乡、开发区代表团

丁合泉	王　珺（女）	王永壮	尹文平
卢文学	吕俊生	闫　伟	米四清
苏春来	李翠兰（女）	张文合	张志强
张胜利	陈大力	段立新	钱立伟
董小英（女）			

只里乡代表团

习惠军	王冰心（女）	白健民	乔合群
安俊红（女）	李会军	杨玉庆	杨建国
杨素荣（女）	张会斌	张秋双	张素霞（女）
侯爱民	徐二才	高丽真（女）	翟立刚
褚士彬			

市同乡代表团

王如意	王拴军	杨瑞庆	张玉海
张跃辉	范晓龙	孟国旗	赵会芬（女）
高会军	郭　彬（女）	盖彦军	

上碑镇代表团

王同祥	刘素珍（女）	杨正月	张考菊
王永强	黄晓峰	董素平（女）	甄玲霞（女）

城寨乡代表团

于晓波	刘彦辉	严　凤（女）	张国利
封国成	秦　军	钱根皂	郭玉琼
董足忠			

翟营乡代表团

王占勇	王拴马	卢璇璇（女）	李文琪
李青记	李　勇	邸彦芳（女）	张　欣（女）
张　彬	张建敏	赵立杰	贾秀梅（女）
高俊甫（女）	康　霞（女）	甄素勇	

上方乡代表团

王军飞	刘丽芬（女）	刘建才	刘娇英（女）
李　龙	程建卫	范吉成	郑建强
盖建林	徐梅彦（女）	张永伟	高瑞章
薛东成			

玉亭乡代表团

刘鸣利	刘建良	刘春生	孙智民
杨新峰	张立军	范哲敏（女）	赵　杰
赵国才	潘　青（女）		

北河乡代表团

王琳（女）	王军朝	尤义龙	牛华山
韩立峰	贾少鹏		

口头镇代表团

王　鹏	王喜才	康同乐	严小五
何晓芳（女）	张晨静（女）	郄俊花（女）	赵风军
赵建华	常小四	康红旗	盖义江

九口子乡代表团

王树平	李爱芬（女）	杨永刚	张兹娟（女）
赵立宾	赵喜良	胡　隆	胡振忠
贾彦强			

上阎庄乡代表团

尤树新	孙喜爱（女）	康忠会	高　岚
姜孟泽			

表 12-2　行唐县第十六届人大代表届中调整情况表

常委会会议	终止情况	补选情况
2018 年 1 月 24 日 第七次会议	辞职：龙州镇王小三，玉亭乡刘建良	县直胡文革，龙州镇严和军，独羊岗乡王永伟、刘玉洪，玉亭乡刘永民

续表12-2

常委会会议	终止情况	补选情况
2019年1月25日 第十六次会议	辞职：县直胡文革、杨大虎，龙州镇胡玉白，南桥镇赵会敏，只里乡徐二才，独羊岗乡刘鸣、张朝晖，安香乡张志强、钱立伟、段立新，市同乡郭彬，翟营乡王占勇、康霞、赵力杰，城寨乡刘彦辉，上碑镇黄晓峰、王永强，上方乡张永伟，玉亭乡赵国才，北河乡王琳、韩立峰，口头镇陈彦军，上阎庄乡尤树新	龙州镇孙绍华，南桥镇靳会珍，只里乡赵永鹏，独羊岗乡陈树旗、刁晓敏，安香乡孙立新、赵振卿，市同乡王志刚，翟营乡盖东军、赵惠芹、高文强，城寨乡尚辉，上碑镇钱正义、崔爱军，上方乡刁庆晓，玉亭乡盖新文，北河乡李立强，口头镇孙海涛、郭大勇
2020年1月12日 第二十六次会议	调离：县直田志、城寨乡严凤 辞职：县直庞英须，安香乡张胜利，口头镇孙海涛、康同乐，上方乡郑建强，南桥镇赵建强，上阎庄乡康忠会，九口子乡胡隆，玉亭乡刘永民，龙州镇严和军，上碑镇崔爱军，独羊岗乡刁晓敏	县直李秀娟、梁志彦、李书新，南桥镇盖进良、孟震，口头镇封亮、赵海龙，上阎庄乡欧阳正仲、秦淑敏，龙州镇赵建章，安香乡赵志军，上方乡郑伟凯，城寨乡李志勇，北河乡范小涛，独羊岗乡郭佳，上碑镇杜同考，玉亭乡顾士杰，九口子乡刘丽琼
2021年3月1日 第三十四次会议	调离：县直李秀娟，翟营乡李勇 辞职：县直李书新，龙州镇郭趁义，南桥镇靳会珍，只里乡翟立刚、赵永鹏、李会军，独羊岗乡刘玉洪、郭佳，安香乡孙立新、赵振卿，市同乡孟国旗，翟营乡盖东军，上方乡刁庆晓，玉亭乡顾士杰,口头镇赵海龙，九口子乡张兹娟	县直刘占、赵为民、张胜利，龙州镇王河夏，南桥镇毛志峰，只里乡杨建生、吴桂楠，独羊岗乡李建新，安香乡黄海晖、祝振良，市同乡毛志鹏、韩金刚，翟营乡郭彬、尹敬田，上方乡于鹏，玉亭乡段立期，口头镇刘永民、张志国，九口子乡安志英、韩文胜

二、行唐县出席石家庄市第十四届人民代表大会代表名单

胡儒钗	韩保来	杨立中	王彦芳
高华树	王　勇	王冠秀	宇文会娟（女）
闫晨霞（女）	张　龙	赵　青（女）	崔晨光
韩立娟（女）	张爱民	毛建军	皮君韬（女）
李　刚	杨　阳	宋子辉	张宏杰
金瑞强	封　娟（女）	赵三吨	贾　茹（女）
曹振国	薛　蕾（女）		

届中调整情况：

2017 年 3 月 23 日，县十六届人大常委会第一次会议补选米志奇、赵洪、程鹏起为行唐县出席石家庄市第十四届人民代表大会代表。

第三节　代 表 工 作

一、深化开展代表联动监督活动

县十六届人大常委会认真贯彻落实省、市人大工作部署，持续深入开展代表联动监督工作。2018 年和 2019 年，连续两年组织省、市、县、乡四级人大代表 320 人，组成 15 个代表小组，围绕脱贫攻坚、大气污染防治、优化营商环境开展三项联动监督，各代表小组采取座谈、暗访、视察、问卷调查等方式，走访调研，开展执法检查，问卷调查 320 份，察看调研点 200 余个，县人大常委会听取和审议县人民政府专项工作报告，形成审议意见。2020 年，聚焦违法违规圈占土地、违规违建项目、资源能源项目、房地产开发项目、矿山综合治理、地下水超采综合治理 6 个重点领域和加强公共卫生管理，开展了人大系统“6+1”联动监督，组织省、市、县、乡四级人大代表 390 名，组成 7 个代表小组，分别开展监督活动。县人大常委会听取和审议政府各领域工作报告和各代表小组视察报告，并对 7 个责任部门进行了专题询问。2021 年 5 月，围绕优化营商环境、农业结构调整、地下水超采治理、加强公共医疗卫生服务开展四项联动监督，组织省、市、县、乡四级人大代表 408 名，组成 9 个代表小组，通过一系列联动监督，充分发挥了各级人大代表在联动监督中的作用。

二、不断活跃代表工作

县人大常委会积极拓宽代表履职途径和渠道，广泛组织各领域代表参加视察、调研、执法检查、考察、列席县人大常委会会议等活动，定期向代表发送《行唐县人民代表大会常务委员会公报》，有效保障了代表的参与权、知情权。组织代表参与各类会议和活动 4000 余人次，有效激发了代表的履职积极性，促进了代表作用的发挥。积极动员全县各级人大代表

结合自身实际，主动参与到全县中心工作中来。在脱贫攻坚工作中，全县各级人大代表发挥专业和行业优势，助力脱贫攻坚，涌现出省人大代表刘金国（2017年荣获全国脱贫攻坚奋进奖）、市人大代表贾茹（2019年全国脱贫攻坚奉献奖）等一批致力扶贫事业的优秀人大代表，得到了国家和省、市、县荣获各级党委、人大、政府的肯定。

三、增强代表履职能力

县人大常委会坚持把代表培训作为提高代表素质增强履职能力的必修课，举办人大代表培训班和十九大精神学习报告会，邀请省市专家对代表进行全员培训，系统学习《宪法》《地方组织法》《代表法》《监督法》等法律法规。每次开展调研、视察、执法检查前，都组织代表集中学习相关业务知识和法律法规，让代表由外行变内行，提高代表活动质量。不断强化代表履职监督，制定了《关于在县人大代表中开展“双联双评”活动的办法》，扎实开展县人大常委会组成人员联系县人大代表、县人大代表联系选民和群众，县人大代表评议县人大常委会组成人员、选民评议县人大代表活动，并建立了代表履职档案，促使代表接地气、贴民生，更加履职尽责，激励代表在全县各项事业中更好更多发挥作用。

四、加强乡镇人大工作

县人大常委会主动加强对乡镇人大工作的监督和业务指导，督促乡镇人大建立完善选举、监督、会议等工作机制和工作制度，并对乡镇人大换届选举、召开人代会和重要监督活动及时进行安排部署，推动乡镇人大依法依规开展工作。为充分发挥代表作用，切实增强代表在闭会期间的履职实效，县人大常委会从场地、资金等软硬件设施上给予有力保障，高标准、规范化实施“家（站）”建设，2017年全县15个乡镇首次实现“人大代表之家”全覆盖。持续支持“家（站）”建设提档升级，着力打造平台、完善机制、提升水平，促进“家（站）”建设和代表活动高效有序进行。依托“家（站）”开展代表培训、代表视察、代表述职、评议基层站所、联动监督、问卷调查等活动，充分发挥“家（站）”在代表建议督办、加强基层监督、密切联系群众、提升基层人大工作水平等方面的积极作用。加强与乡镇人大的联系，坚持邀请乡镇人大主席列席县人大常委会会议，参加调研、视察、执法检查等活动。通过召开乡镇人大主席工作会议、深入乡镇调研督导、指导乡镇人大开展监督活动等方式，促进县、乡两级人大互联互动，推进全县人大工作整体水平有效提升。

五、代表意见建议办理

县人大常委会采取对口督办、重点督办、联合督办、跟踪督办相结合的方式，组织代表开展视察调研，满意度测评，听取和审议县人民政府代表建议办理情况报告，召开督办会、调度会、“面复会”，把解决实际问题摆在首位，代表建议办理取得明显实效。

县十六届人大一次会议共收到代表提出的建议、批评和意见116件，经大会议案审查委员会梳理汇总为106件，其中10件被确定为重点督办的代表建议。得到解决或基本解决的有 60 件，占 56.6%；列入计划逐步解决的有 34 件，占 32.08%；因条件限制不能解决、向代表作出说明解释的有 12 件，占 11.32%。满意和基本满意的建议 102 件，满意率 96.22%。

县十六届人大二次会议共收到代表提出的建议、批评和意见 123 件，经大会议案审查委员会整理、合并汇总为 87 件。其中，县人民政府承办 84 件，县人民法院承办 1 件，县综治办承办 2 件。在县人民政府办理的 84 件代表建议中，解决和基本解决的建议 38 件，占 45.23%；正在解决和列入规划的建议 34 件，占 40.48%；没有解决、已向代表解释说明的建议 12 件，占 14.29%。满意和基本满意的建议 84 件，满意率 100%。

县十六届人大三次会议共收到代表提出的建议、批评和意见 83 件，经大会议案审查委员会整理、合并汇总为 65 件。其中，县人民政府承办 64 件，县人民法院承办 1 件。已经解决和基本解决的建议 41 件，占 63.07%；正在解决和列入规划的建议 17 件，占 26.15%；没有解决、已向代表解释说明的建议 6 件，占 9.23%；拒签 1 件。满意和基本满意的建议 63 件，满意率 96.92%。

县十六届人大四次会议共收到代表提出的建议、批评和意见 146 件，经大会议案审查委员会梳理合并归纳为 137 件，已经解决和基本解决的建议 68 件，占 49.63%；正在解决和列入规划的建议 46 件，占 33.57%；没有解决、已向代表解释说明的建议 16 件，占 11.67%。满意和基本满意的建议 129 件，满意率 94.16%。

县十六届人大五次会议共收到代表提出的建议、批评和意见 156 件，经大会议案审查委员会梳理汇总确定为 135 件。得到解决或基本解决的 80 件，占 59.25%；正在解决或列入规划的 28 件，占 20.74%；解释说明的 25 件，占 18.51%。满意和基本满意的建议 133 件，满意率 98.51%。

表 12-3　行唐县第十六届人大常委会 2017—2021 年重点督办代表建议情况一览表

年　度	建议内容
2017 年	关于加快国家红枣公园建设的建议；关于加快新城区建设和棚户区改造的建议；关于打造旅游精品路，改造提升牛王寨片区休闲游，推动脱贫成效的建议；关于整治城区内“四车”交通乱象的建议；关于城市建设、项目建设真正落实多规合一的建议；关于新井线常香段道路维修的建议；关于加大县城小街巷环境卫生整治力度，创建文明县城的建议；关于加大对违法建筑的整治力度，提升县城品位的建议；关于加大职业技能培训，助推脱贫攻坚的建议；关于严厉打击河道非法采砂，加大社会综合环境治理力度的建议
2018 年	关于完善故郡遗址规划，建设遗址公园的建议；关于规范乡村卫生室、诊所、药房进货渠道的建议；关于煤炭基地整改转型的建议；关于及早谋划、建设热源站，扩大供热范围的建议；关于加强农村生活生产用电设施的建议；关于进一步加快颍水大道全线贯通的建议；关于支持推进我县探索“田园综合体”发展模式的建议；关于加快推进红枣公园建设的建议；关于对新城区土地收储，加快项目建设的建议；关于提高教育质量，打造“名师、名校、名校长”的建议

续表12-3

年 度	建议内容
2019年	关于社保卡个人账户信息快速查询的建议；关于进一步提高供热质量的建议；关于解决农村“煤改气”存在安全隐患的建议；关于加强防贫长效机制建设的建议；关于解决公墓道路拥堵现象的建议；关于加强非贫困村基础设施建设、促进经济发展的建议；关于规范沙河采砂及整治的建议；关于加大招商引资力度，推动项目建设的建议；关于加强优秀教师培训力度，打造一支名师队伍，让名师成为提高教学质量的“源头活水”的建议；关于推动全县农业产业发展的建议
2020年	关于加强枣树管理的建议；关于加强县城精细化管理的建议；关于加强村级卫生室建设，充实卫生室医生的建议；关于提升特色产业路综合水平的建议；关于加大对县城房地产市场管理力度的建议；关于加强对万亩红薯先进种植技术及储存、加工项目支持的建议；关于从源头解决县城周边村晾晒畜禽粪便问题的建议；关于将颍水大道建设成为旅游景观大道的建议；关于加大农村环境综合整治力度的建议；关于加强农产品质量安全监管，提升特色农业产业高质量发展的建议
2021年	关于发展乡村旅游业提升全县旅游吸引力的建议；关于加强县城停车位设置管理和非机动车管理，规范交通秩序的建议；关于将新城区开发区纳入县城公共交通圈的建议；关于我县产业路效益提升，解决产业路“断头路”的建议；关于加强枣疯病防治的建议；关于加强农村安全用电管理、农村天然气取暖设施安全维护的建议；关于解决农业面源污染的建议；关于进一步加强对扶贫龙头企业金融扶持力度的建议；关于加强乡镇执法人员培训的建议；关于加强对食品安全监督管理工作的建议

第三章　人民代表大会

行唐县第十六届人民代表大会任期自2017年2月至2021年7月，共召开5次会议，听取报告30个，作出决议决定32项，选举17项。

表12-4　行唐县第十六届人民代表大会历次会议概况表

会　次	时　间	议题（项）	听取报告（个）	决议决定（项）	选举表决（项）
第一次	2017年2月22—24日	7	6	6	6
第二次	2018年1月26—29日	7	6	6	2
第三次	2019年1月27—30日	7	6	6	2
第四次	2020年1月18—21日	8	6	6	4
第五次	2021年3月4—5日	9	6	8	3

第一节　会议概况

一、县十六届人大一次会议

2017年2月22日至24日，县十六届人大一次会议在县文体中心礼堂召开。出席代表202人（应到204人）。会议听取和审议县人民政府县长王彦芳作的《政府工作报告》；听取和审议县发展和改革局局长张胜利作的《关于行唐县2016年国民经济和社会发展计划执行情况与2017年国民经济和社会发展计划草案的报告》，审查了行唐县2016年国民经济和社会发展计划执行情况与2017年国民经济和社会发展计划草案；听取和审议县财政局局长陈树旗作的《关于行唐县2016年县本级预算和县总预算执行情况与2017年县本级预算和县总预算草案的报告》，审查了行唐县2016年县本级预算和县总预算执行情况与2017年县本级预算和县总预算草案；听取和审议县人大常委会主任赵士平作的《行唐县人民代表大会常务委员会工作报告》、县人民法院代理院长李勇作的《行唐县人民法院工作报告》、县人民检察院代理检察长褚士彬作的《行唐县人民检察院工作报告》。会议通过相应决议。会议选举产生县十六届人大常委会组成人员，县人民政府县长、副县长，县人民法院院长，县人民检察院检察长；会议选举产生行唐县出席石家庄市十四届人民代表大会代表26名，表决通过县十六届人大各专门委员会组成人员名单（名单见本章第二节《会议选举》和第四节《专门委员会》）。

这次会议，是在全县改革发展的关键时期召开的一次承前启后、继往开来的大会，会议选举产生了新一届县级国家机关工作人员，为行唐各项事业发展提供了坚强保证。未来五年是行唐发展实现弯道取直、后发赶超的关键期，也是打赢脱贫硬仗、实现全面小康的决胜期，更是全县上下奋发作为、跨越发展的战略机遇期。会议指出，新一届县委绘就了未来五年的宏伟蓝图，全县上下要齐心协力，坚守发展、生态、民生三条底线，强化创新、协调、绿色、开放、共享五大理念，以推进供给侧结构性改革为主线，继续解放思想、奋发进取，攻坚克难、真抓实干，大力推进新型工业化、城镇化和农业现代化提速发展，不断增进民生福祉，坚决打赢精准脱贫“攻坚战”，实现经济社会跨越发展，确保如期全面建成小康社会。会议强调，新一届县人大常委会要在县委的坚强领导下，不负全县人民的重托，为建设激情开放、跨越赶超、美丽幸福新行唐做出新的更大的贡献，以优异成绩迎接党的十九大胜利召开。

二、县十六届人大二次会议

2018年1月26日至29日，县十六届人大二次会议在县文体中心礼堂召开。出席代表201人（应到207人）。会议听取和审议县人民政府县长王彦芳作的《政府工作报告》；听取和审议县发展和改革局局长孟文锁作的《关于行唐县2017年国民经济和社会发展计划执行情况与2018年国民经济和社会发展计划草案的报告》，审查了行唐县2017年国民经济和社会发展计划执行情况与2018年国民经济和社会发展计划草案；听取和审议县财政局局长李翠玲作的《关于行唐县2017年县本级预算和县总预算执行情与和2018年县本级预算和县总预算草案的报告》，审查了行唐县2017年县本级预算和县总预算执行情况与2018年县本级预算和县总预算草案；听取和审议县人大常委会主任高华树作的《行唐县人民代表大会常务委员会工作报告》、县人民法院院长李勇作的《行唐县人民法院工作报告》、县人民检察院检察长褚士彬作的《行唐县人民检察院工作报告》。会议通过相应决议。会议选举产生县监察委员会主任和县十六届人大常委会委员3名（名单见本章第二节《会议选举》）。

会议指出，2018年是全面贯彻落实党的十九大和十九届二中全会精神的开局之年，是决胜全面建成小康社会、实施“十三五”规划承上启下的关键一年，是加快建设“激情开放、跨越赶超、美丽幸福新行唐”突破之年。会议要求，各级各部门要坚决贯彻落实稳中求进的总基调，结合实际奋发有为，努力做到稳中求快、稳中求好；要毫不动摇地抓好脱贫攻坚这件头等大事，推动经济高质量发展，落实乡村振兴战略。会议强调，县人大常委会要在县委的正确领导下，紧紧围绕县委十二届三次全会决策部署，严格按照法定职权和法定程序，主动履职、积极作为，在服务改革、促进发展、维护稳定、改善民生和法治行唐建设中发挥人大应有的作用，在创新上求突破，在奋进上谋发展，谱写新时代激情开放、跨越赶超、美丽幸福新行唐的崭新篇章。

三、县十六届人大三次会议

2019 年 1 月 27 日至 30 日，县十六届人大三次会议在县文体中心礼堂召开。出席代表 198 人（应到 203 人）。会议听取和审议县人民政府县长王彦芳作的《政府工作报告》；听取和审议县发展和改革局局长王占勇作的《关于行唐县 2018 年国民经济和社会发展计划执行情况与 2019 年国民经济和社会发展计划草案的报告》，审查了行唐县 2018 年国民经济和社会发展计划执行情况与 2019 年国民经济和社会发展计划草案；听取和审议县财政局局长李翠玲作的《关于行唐县 2018 年县本级预算和县总预算执行情况与 2019 年县本级预算和县总预算草案的报告》，审查了行唐县 2018 年县本级预算和县总预算执行情况与 2019 年县本级预算和县总预算草案；听取和审议县人大常委会主任高华树作的《行唐县人民代表大会常务委员会工作报告》、县人民法院院长李勇作的《行唐县人民法院工作报告》、县人民检察院检察长褚士彬作的《行唐县人民检察院工作报告》。会议通过相应决议。会议选举产生县十六届人大常委会委员 2 名；会议表决通过县十六届人民代表大会社会建设委员会主任委员、副主任委员、委员，县城市建设和环境保护委员会副主任委员、教育科学文化卫生委员会副主任委员（名单见本章第二节《会议选举》和第四节《专门委员会》）。

会议指出，2019 年是中华人民共和国成立 70 周年，是全县决胜脱贫攻坚实现全面建成小康社会的关键一年，也是人大工作“提升年”。会议强调，县人大常委会要高举习近平新时代中国特色社会主义思想伟大旗帜，认真学习贯彻党的十九大和十九届二中、三中全会精神，深入贯彻落实习近平总书记关于坚持和完善人民代表大会制度的重要思想，强化政治引领，树牢“四个意识”，坚定“四个自信”，践行“两个维护”，坚持党的领导、人民当家作主、依法治国有机统一，紧紧围绕县委十二届五次全会确定的目标任务，忠实履职、主动担当，坚决推动中央和省、市、县委决策部署落地落实，为建设激情开放、跨越赶超、美丽幸福新行唐做出新的更大的贡献，以优异成绩迎接中华人民共和国成立 70 周年。

四、县十六届人大四次会议

2020 年 1 月 18 日至 21 日，县十六届人大四次会议在县文体中心礼堂召开。出席代表 200 人（应到 206 人）。会议听取和审议县人民政府县长王彦芳作的《政府工作报告》；听取和审议县发展和改革局局长王占勇作的《关于行唐县 2019 年国民经济和社会发展计划执行情况与 2020 年国民经济和社会发展计划草案的报告》，审查了行唐县 2019 年国民经济和社会发展计划执行情况与 2020 年国民经济和社会发展计划草案；听取和审议县财政局局长李翠玲作的《关于行唐县 2019 年县本级预算和县总预算执行情况与 2020 年县本级预算和县总预算草案的报告》，审查了行唐县 2019 年县本级预算和县总预算执行情况与 2020 年县本级预算和县总预算草案；听取和审议县人大常委会主任高华树作的《行唐县人民代表大会常务委员会工作报告》、县人民法院院长李勇作的《行唐县人民法院工作报告》、县人民检察院检察长褚士彬作的《行唐县人民检察院工作报告》。会议通过相应决议。会议首次票决确定 2020 年民生实事项目 10 件。会议选举产生县十六届人大常委会副主任 1 名、委员 2 名，县监察委员会主任；会议表决通过县十六届人大教育科技文化卫生委员会主任委员（名单见本章第二节《会议选举》和第四节《专门委员会》）。

会议指出，2020 年是全面建成小康社会、实现第一个百年奋斗目标和“十三五”规划的收官之年。会议要求，全县上下要深入贯彻落实党的十九大和十九届二中、三中、四中全会精神，坚决贯彻执行党的基本理论、基本路线、基本方略，全面落实习近平总书记对河北工作重要指示批示和中央经济工作会、农村工作会决策部署，认真落实省、市、县委全会精神，坚持稳中求进工作总基调，坚持新发展理念，坚持以供给侧结构性改革为主线，以深化改革开放为动力，以“全市争先、全省进位、事争一流”为标准，以开展“三创四建”活动为抓手，深度融入省会“4+4”现代产业体系和“四种类型经济”，倾力打造“1+2”现代产业体系，坚决打赢三大攻坚战，扎实做好“六稳”工作，统筹推进稳增长、促改革、调结构、惠民生、防风险、保稳定，加快推进经济社会高质量发展，确保全面建成小康社会，确保“十三五”规划圆满收官。会议强调，县人大及其常委会要高举习近平新时代中国特色社会主义思想伟大旗帜，坚持党的领导、人民当家作主、依法治国有机统一，全面贯彻、不断完善人民代表大会制度，全面担负起《宪法》和法律赋予的各项职责，按照县委十二届七次全会确定的目标任务，扎实开展工作，为全县经济社会发展和民主法治建设做出积极贡献。

五、县十六届人大五次会议

2021 年 3 月 4 日至 5 日，县十六届人大五次会议在县文体中心礼堂召开。出席代表 188 人（应到 206 人）。会议听取和审议县人民政府县长王彦芳作的《政府工作报告》；审查了行唐县国民经济和社会发展第十四个五年规划和 2035 年远景目标纲要草案；听取和审议县发展和改革局局长王占勇作的《关于行唐县 2020 年国民经济和社会发展计划执行情况与 2021 年国民经济和社会发展计划草案的报告》，审查了行唐县 2020 年国民经济和社会发展计划执行情况与 2021 年国民经济和社会发展计划草案；听取和审议县财政局局长翟立刚作的《关于行唐县 2020 年县本级预算和县总预算执行情况与 2021 年县本级预算和县总预算草案的报告》，审查了行唐县 2020 年县本级预算和县总预算执行情况与 2021 年县本级预算和县总预算草案；听取和审议县人大常委会主任高华树作的《行唐县人民代表大会常务委员会工作报告》、县人民法院代理院长尹敬田作的《行唐县人民法院工作报告》、县人民检察院检察长褚士彬作的《行唐县人民检察院工作报告》。会议通过相应决议。会议票决确定 2021 年民生实事项目 10 件。会议通过《关于接受高华树辞去行唐县第十六届人民代表大会常务委员会主任职务请求的决定》。会议选举产生县十六届人民代表大会常务委员会主任（名单见本章第二节《会议选举》）。

会议指出，2021 年是中国共产党百年华诞，是全面建设社会主义现代化国家新征程的开启之年，也是行唐打赢脱贫攻坚战、全面建成小康社会后乘势而上夺取新胜利的起步之年。会议要求，全县上下要按照县委十二届九次全会确定的目标任务，深入开展“三重四创五优化”活动，打造现代产业体系，建设高品质产业集群，提升开发区发展能级，提高经济发展质量效益。要立足“实现巩固拓展脱贫攻坚成果同乡村振兴有效衔接”核心大事，用足用好5年过渡期各项政策，持续抓好防贫动态监测和帮扶，加大发展规划、政策资源、帮扶力量、机构职能统筹衔接力度，实现脱贫攻坚工作体系全面转向乡村振兴。要始终把人民放在心中最高位置，抓好年度民生实事；要加强和创新社会治理，确保社会安定有序；要持续抓好常态化疫情防控，全力维护人民群众生命安全和身体健康。会议强调，县人大及其常委会要进一步增强责任感使命感，倍加珍惜党和人民的信任，实干担当、服务大局、拼搏竞进，为加快建设激情开放、跨越赶超、美丽幸福新行唐贡献智慧和力量。

链接1：“三重四创五优化”

2021年2月18日，省委、省政府召开“三重四创五优化”活动暨20项民生工程动员部署会议，明确提出要认真开展“三重四创五优化”活动。“三重四创五优化”活动：“三重”即抓重大国家战略、重大项目建设、重大民生工程；“四创”即创新，创业，创全国文明城市、国家卫生城市、国家森林城市，创平安河北、法治河北；“五优化”即优化政治生态、优化经济结构、优化自然生态、优化营商环境、优化基层治理。

表12-5　行唐县第十六届人大代表票决确定民生实事项目一览表

时　间	会　次	民生实事项目
2020年1月21日	第四次	实施特色产业路建设工程；实施城市增绿提质工程；实施农业生产能力提升工程；实施农村人居环境整治工程；实施农村饮水安全巩固提升工程；实施九年一贯制学校建设工程；实施地下水超采综合治理工程；实施农村冬季取暖清洁能源替代工程；实施乡村卫生健康服务提升工程；实施历史文化博物馆建设工程
2021年3月5日	第五次	城乡道路畅通工程；农村基础设施改造提升工程；教育基础设施提升工程；颍水河及沿岸景观提升工程；乡村防疫能力建设工程；医疗资源升级扩容工程；城乡客运公交一体化改造工程；城市居住环境改善工程；高标准农田建设工程；水生态环境治理工程

第二节　会议选举

县十六届人大历次会议共选举产生县级国家机关工作人员65名。

县人大常委会

主　任：

高华树　　2017年2月县十六届人大一次会议当选

赵为民　　2021年3月县十六届人大五次会议当选

届中调整情况：

高华树，2021 年 3 月 5 日，在县十六届人大五次会议上辞去县人大常委会主任职务。

副主任：

刘鸣利　　2017 年 2 月县十六届人大一次会议当选

董素平（女）　　2017 年 2 月县十六届人大一次会议当选

杨永志　　2017 年 2 月县十六届人大一次会议当选

盖建林　　2017 年 2 月县十六届人大一次会议当选

盖进良　　2020 年 1 月县十六届人大四次会议当选

届中调整情况：

盖建林，2019 年 1 月 30 日，在县十六届人大常委会第十七次会议上辞去县人大常委会副主任职务。

委员（县十六届人大一次会议选举产生）：

王永壮	王冰心（女）	王建良	牛华山
白建民	刘　鸣	刘素珍（女）	严小五
李　志	李建平	杨大虎	杨荣会（女）
张　欣（女）	张会娟（女）	张兹娟（女）	罗假妮
孟国旗	赵力杰	赵惠芬（女）	胡玉白（女）
段立新	贾秀梅（女）	高　岚	盖彦军
甄玲霞（女）	魏丽杨（女）		

县十六届人大二次会议选举产生：王永伟　胡文革　柳增良

县十六届人大三次会议选举产生：孙绍华　赵惠芹（女）

县十六届人大四次会议选举产生：李书新　赵志军

县十六届人大五次会议选举产生：封　亮　高会军　韩金刚

届中调整情况：

王建良，2018 年 1 月 24 日，在县十六届人大常委会第七次会议上辞去县人大常委会委员职务。

杨大虎、胡玉白（女）、刘鸣、段立新、赵力杰，2019 年 1 月 25 日，在县十六届人大常委会第十六次会议上辞去县人大代表职务，其县人大常委会委员职务自行终止。

柳增良，2020 年 1 月 12 日，在县十六届人大常委会第二十六次会议上辞去县人大常委会委员职务。

孟国旗、张兹娟（女），2021 年 3 月 1 日，在县十六届人大常委会第三十四次会议上辞去县人大代表职务，其县人大常委会委员职务自行终止。

县人民政府

县　长：

王彦芳　　　　　2017 年 2 月县十六届人大一次会议当选

届中调整情况：

王彦芳，2021 年 5 月 25 日，在县十六届人大常委会第三十七次会议上辞去行唐县人民政府县长职务。

梁志彦，2021 年 5 月 25 日，县十六届人大常委会第三十七次会议决定其为行唐县人民政府代理县长。

副县长：

池玉清　　　　　2017 年 2 月县十六届人大一次会议当选
陈树旗　　　　　2017 年 2 月县十六届人大一次会议当选
庞英须　　　　　2017 年 2 月县十六届人大一次会议当选
宫世友　　　　　2017 年 2 月县十六届人大一次会议当选
徐中玲（女）　　2017 年 2 月县十六届人大一次会议当选
甄泽亮　　　　　2017 年 2 月县十六届人大一次会议当选

届中调整情况：

王纪清，2017 年 6 月 30 日，县十六届人大常委会第三次会议决定任命其为行唐县人民政府副县长（挂职，时间一年）。2018 年 8 月 30 日，县十六届人大常委会第十一次会议决定免去其行唐县人民政府副县长（挂职）职务。

邵　玉（女），2017 年 6 月 30 日，县十六届人大常委会第三次会议决定任命其为行唐县人民政府副县长（挂职，时间一年）。2018 年 8 月 30 日，县十六届人大常委会第十一次会议决定免去其行唐县人民政府副县长（挂职）职务。

杨万强，2018 年 8 月 30 日，县十六届人大常委会第十一次会议决定任命其为行唐县人民政府副县长（挂职，时间二年）。

韩存环，2018 年 9 月 28 日，县十六届人大常委会第十二次会议决定任命其为行唐县人民政府副县长（挂职，时间一年）。2019 年 10 月 24 日，县十六届人大常委会第二十四次会议决定免去其行唐县人民政府副县长（挂职）职务。

庞英须，2019 年 1 月 8 日，县十六届人大常委会第十五次会议决定免去其行唐县人民政府副县长职务。

陈树旗，2019 年 1 月 30 日，县十六届人大常委会第十七次会议决定免去其行唐县人民政府副县长职务。

梁志彦，2019 年 5 月 10 日，县十六届人大常委会第十九次会议决定任命其为行唐县人民政府副县长。

张胜利，2019年5月10日，县十六届人大常委会第十九次会议决定任命其为行唐县人民政府副县长。2021年3月4日，县十六届人大常委会第三十五次会议决定免去其行唐县人民政府副县长职务。

宫世友，2019年5月10日，县十六届人大常委会第十九次会议决定免去其行唐县人民政府副县长职务。

赵　欣，2019年5月10日，县十六届人大常委会第十九次会议决定任命其为行唐县人民政府副县长。2021年6月4日，县十六届人大常委会第三十八次会议决定免去其行唐县人民政府副县长职务。

池玉清，2020年1月12日，县十六届人大常委会第二十六次会议决定免去其行唐县人民政府副县长职务。

张红卫，2020年1月12日，县十六届人大常委会第二十六次会议决定任命其为行唐县人民政府副县长。

赵　然、王冀明，2021年6月4日，县十六届人大常委会第三十八次会议决定任命其为行唐县人民政府副县长。

县监察委员会

主　任：

程军宏　　2018年1月县十六届人大二次会议当选

宋　佳　　2020年1月县十六届人大四次会议当选

届中调整情况：

程军宏，2019年12月24日，县十六届人大常委会第二十五次会议免去其县监察委员会主任职务。

宋　佳，2019年12月24日，县十六届人大常委会第二十五次会议任命其为县监察委员会副主任，决定其为代理主任。

县人民法院

院　长：

李　勇　　2017年2月县十六届人大一次会议当选

尹敬田　　2021年3月县十六届人大五次会议当选

届中调整情况：

李　勇，2020年7月17日，县十六届人大常委会第三十次会议免去其县人民法院院长职务。

尹敬田，2020年7月17日，县十六届人大常委会第三十次会议任命其为县人民法院副院长，决定其为代理院长。

县人民检察院

检察长：

褚士彬　　　2017年2月县十六届人大一次会议当选

届中调整情况：

褚士彬，2021年5月25日，在县十六届人大常委会第三十七次会议上辞去县人民检察院检察长职务。

雷春利，2021年5月25日，县十六届人大常委会第三十七次会议任命其为县人民检察院副检察长，决定其为代理检察长。

链接2：县十六届人大常委会主任简历

高华树，男，1963年1月出生，汉族，中共党员，行唐县翟营乡南翟营村人，大学学历。历任行唐县林业局干部，县人民政府办公室科员、综合资料组组长、副主任、党组副书记，县经委副主任、党组副书记，贾庄乡党委书记，玉亭乡党委书记，口头镇党委书记，县人民政府办公室主任，县委办公室主任，县委常委、县委办公室主任，县委常委、县人民政府副县长，县委常委、县人民政府常务副县长；石家庄高新技术产业开发区管委会副主任、工委委员（正县级）；中共行唐县委副书记（正县级）；行唐县第十五届人大常委会党组书记，县十六届人大常委会主任、党组书记。

赵为民，男，1968年8月出生，汉族，中共党员，行唐县南桥镇南龙岗村人，研究生学历。历任赞皇县文教局干部、县委办公室干事；行唐县老干部局干事，玉亭乡党委组织委员，九口子乡副乡长，共青团行唐县委副书记、书记，上方乡党委副书记、乡长、书记，县人民政府办公室主任、党组书记，县人民政府副县长，县委常委、县委办公室主任、三级调研员；行唐县第十六届人大常委会主任、党组副书记，县十七届人大常委会主任、党组书记。

第三节　会议组织

一、县十六届人大一次会议

（一）大会临时党委

书　记：杨立中

副书记：王彦芳　田　志　高华树　赵士平

委　员：　张海双　刘鸣利　米志斌

（二）大会主席团和秘书长

主席团：

王占勇	王彦芳	王　琳（女）	田　志
白健民	刘　鸣	刘鸣利	米志斌
严　凤（女）	李　志	杨立中	杨永刚
杨永志	张　欣（女）	张志强	张胜利
张海双	陈彦军	庞英须	郑建强
赵士平	赵国才	赵建强	高会军
高华树	高国甫	郭趁义	黄晓峰
康同乐	康忠会	盖义江	盖建林
董素平（女）	翟立刚		

秘书长：刘鸣利（兼）

（三）大会主席团常务主席

杨立中	王彦芳	田　志	赵士平
高华树	张海双	刘鸣利	高国甫
米志斌			

（四）大会议案审查委员会

主 任 委 员：杨永志

副主任委员：柳增良　王冰心（女）

委　　　员：杨大虎　孟国旗　王小三　刘建良

（五）大会计划预算审查委员会

主 任 委 员：杨永志

副主任委员：孟国旗　张兹娟（女）

委　　　员：段立新　韩增琪　刘根军　贾秀梅（女）　张　欣（女）　孟立会（女）

二、县十六届人大二次会议

（一）大会临时党委

书　记：杨立中

副书记：王彦芳　田　志　高华树

委　员：张海双　刘鸣利　杨永志　盖建林

（二）大会主席团和秘书长

主席团：

王占勇	王永伟	王冰心（女）	王彦芳
王　琳（女）	牛华山	田　志	白健民
刘玉洪	刘鸣利	米志斌	严　凤（女）

李　志	杨立中	杨永刚	杨永志
张志强	张　欣(女)	张胜利	张海双
陈彦军	罗假妮	庞英须	郑建强
柳增良	赵士平	赵国才	赵建强
高华树	高会军	郭趁义	黄晓峰
康忠会	盖义江	盖建林	董素平(女)
翟立刚			

秘书长：刘鸣利(兼)

（三）大会主席团常务主席

杨立中	王彦芳	田　志	高华树
张海双	刘鸣利	董素平(女)	杨永志
盖建林			

（四）大会议案审查委员会

主任委员：杨永志

副主任委员：柳增良　王冰心(女)

委　　　员：杨大虎　孟国旗　钱立伟　张永伟

（五）大会计划预算审查委员会

主任委员：杨永志

副主任委员：孟国旗　张兹娟(女)

委　　　员：段立新　韩增琪　刘根军　贾秀梅(女)　张　欣(女)　孟立会(女)

三、县十六届人大三次会议

（一）大会临时党委

书　记：杨立中

副书记：王彦芳　田　志　高华树

委　员：张海双　刘鸣利　杨永志　盖建林

（二）大会主席团和秘书长

主席团：

王永伟	王冰心(女)	王彦芳	牛华山
田　志	白健民	刘玉洪	刘鸣利
孙立新	孙海涛	李　志	李立强
杨立中	杨永刚	杨永志	严　凤(女)
张　欣(女)	张胜利	张海双	陈树旗
罗假妮	郑建强	柳增良	赵士平
赵建强	高华树	高会军	郭趁义

钱正义	康忠会	盖义江	盖东军
盖建林	盖新文	董素平(女)	翟立刚

秘书长：刘鸣利(兼)

（三）大会主席团常务主席

杨立中	王彦芳	田　志	高华树
张海双	刘鸣利	董素平(女)	杨永志
盖建林			

（四）大会议案审查委员会

主 任 委 员：杨永志

副主任委员：柳增良　王冰心(女)

委　　　员：孟国旗　胡　隆　刘永民

（五）大会计划预算审查委员会

主 任 委 员：杨永志

副主任委员：孟国旗　张兹娟(女)

委　　　员：赵惠芹(女)　韩增琪　刘根军　贾秀梅(女)　张　欣(女)　王玉民(女)

四、县十六届人大四次会议

（一）大会临时党委

书　记：杨立中

副书记：王彦芳　李秀娟(女)　高华树

委　员：张海双　刘鸣利　杨永志

（二）大会主席团和秘书长

主席团：

王永伟	王冰心(女)	王彦芳	牛华山
白健民	刘玉洪	刘鸣利	孙立新
李　志	李书新	李立强	李志永
李秀娟(女)	杨立中	杨永刚	杨永志
张　欣(女)	张海双	陈树旗	欧阳正仲
罗假妮	郑伟凯	孟　震	封　亮
柳增良	钱正义	高华树	高会军
郭趁义	盖义江	盖东军	盖进良
盖建林	盖新文	梁志彦	董素平(女)
翟立刚			

秘书长：刘鸣利(兼)

（三）大会主席团常务主席

杨立中	王彦芳	李秀娟（女）	高华树
张海双	刘鸣利	董素平（女）	杨永志

（四）大会议案审查委员会

主 任 委 员：杨永志

副主任委员：李书新　王冰心（女）

委　　　员：孟国旗　靳会珍（女）　赵永鹏　王志刚

（五）大会计划预算审查委员会

主 任 委 员：杨永志

副主任委员：孟国旗　张兹娟（女）

委　　　员：韩增琪　刘根军　李会军

五、县十六届人大五次会议

（一）大会临时党委

书　记：杨立中

副书记：王彦芳　刘　占　高华树　赵为民

委　员：张海双　刘鸣利　杨永志　盖进良

（二）大会主席团和秘书长

主席团：

王永伟	王冰心（女）	王河夏	王彦芳
牛华山	毛志鹏	白健民	刘　占
刘永民	刘鸣利	安志英（女）	李　志
李立强	李志永	杨立中	杨永刚
杨永志	杨建生	张　欣（女）	张胜利
张海双	陈树旗	欧阳正仲	罗假妮
郑伟凯	孟　震	封　亮	赵为民
柳增良	钱正义	高华树	郭　彬（女）
黄海晖	盖义江	盖进良	盖建林
盖新文	梁志彦	董素平（女）	

秘书长：刘鸣利（兼）

（三）大会主席团常务主席

杨立中	王彦芳	刘　占	高华树
赵为民	张海双	刘鸣利	董素平（女）
杨永志	盖进良		

（四）大会议案审查委员会

主任委员：盖进良

副主任委员：高会军　王冰心(女)

委　　员：王志刚　张　欣(女)　尚　辉

（五）大会计划预算审查委员会

主任委员：杨永志

副主任委员：孟国旗　张兹娟(女)

委　　员：韩增琪　刘根军　李会军

第四节　专门委员会

一、机构设置

2015年6月，中共中央转发《中共全国人大常委会党组关于加强县乡人大工作和建设的若干意见》，明确提出“县级人大可以设立法制、财政经济等专门委员会”。同年8月，新修正的《地方组织法》明确规定：“县、自治县、不设区的市、市辖区的人民代表大会根据需要，可以设法制委员会、财政经济委员会等专门委员会。各专门委员会的主任委员、副主任委员和委员的人选，由主席团在代表中提名，大会通过。”据此，行唐县第十六届人民代表大会设法制委员会、财政经济委员会、城乡建设和环境保护委员会、教育科技文化卫生委员会、社会建设委员会5个专门委员会。县十六届人大一次会议表决通过了法制委员会、财政经济委员会、城乡建设和环境保护委员会、教育科技文化卫生委员会组成人员名单。县十六届人大三次会议表决通过县十六届人民代表大会社会建设委员会组成人员名单，城乡建设和环境保护委员会、教育科技文化卫生委员会副主任委员名单。县十六届人大四次会议表决通过县十六届人民代表大会教育科技文化卫生委员会主任委员名单。

（一）行唐县第十六届人民代表大会法制委员会

主任委员：刘鸣利(兼)

副主任委员：张会娟(女)

委　　员：薛东成　王树平　刘荣河

（二）行唐县第十六届人民代表大会财政经济委员会

主任委员：杨永志(兼)

副主任委员：张兹娟(女)

委　　员：韩增琪　刘根军　李会军

（三）行唐县第十六届人民代表大会城乡建设和环境保护委员会

主任委员：董素平(女,兼)

副主任委员：胡玉白(女)　孙绍华

委　　员：贾秀梅（女）　杨荣会（女）　王振乾　王玉民（女）

届中调整情况：

2019 年 1 月 30 日，县十六届人民代表大会第三次会议选举孙绍华为行唐县第十六届人民代表大会城乡建设和环境保护委员会副主任委员。

（四）行唐县第十六届人民代表大会教育科技文化卫生委员会

主任委员：盖建林（兼）　董素平（女，兼）

副主任委员：赵力杰　赵惠芹（女）

委　　员：张　欣（女）　李　志　侯爱民

届中调整情况：

2019 年 1 月 30 日，县十六届人民代表大会第三次会议选举赵惠芹为行唐县第十六届人民代表大会教育科技文化卫生委员会副主任委员。

2020 年 1 月 21 日，县十六届人民代表大会第四次会议选举董素平为行唐县第十六届人民代表大会教育科技文化卫生委员会主任委员。

（五）行唐县第十六届人民代表大会社会建设委员会

主任委员：刘鸣利

副主任委员：王永伟

委　　员：王宝华（女）　王　珺（女）　翟媛媛（女）　贾新彦

二、主要工作

（一）行唐县第十六届人民代表大会法制委员会

县十六届人大法制委员会充分发挥在法制工作方面常设专门机构的作用，协助县人大常委会开展《消防法》《公证法》《反家庭暴力法》《治安管理处罚法》《人民调解法》《河北省行政执法监督条例》等执法检查，推动了法律法规的正确贯彻实施。积极配合县人大常委会开展司法监督工作，坚持每年参与法官、检察官履职评议，严格案件评查；参与县人民检察院“检察开放日活动”，旁听县人民法院案件审理等工作，提出有针对性的意见建议。协助做好省、市人大立法调研征求意见工作。开展规范性文件备案审查工作，努力维护法制统一，提高备案审查能力。参与省、市人大常委会关于三项联动监督、“6+1”联动监督等视察工作，对工作中存在的问题提出意见建议。

（二）行唐县第十六届人民代表大会财政经济委员会

县十六届人大财政经济委员会积极落实中央和省、市、县委决策部署和县十六届人大历次会议有关决议落实及各项财经议题。依法履行监督职责，认真做好历次会议关于计划、预算的审批监督工作，创新计划、预算、政府债务、国有资产监督方式，创新审计问题整改情况报告文本形式，做好《行唐县国民经济和社会发展“十四五”规划和 2035 年远景目标纲要》的调研初审。针对新形势下的新问题开展工作，以经济建设为中心，对园区建设、产业新城建设、市政基础实施建设、公园绿地进行视察调研和审查，推动相关工作开展。

（三）行唐县第十六届人民代表大会城乡建设和环境保护委员会

县十六届人大城乡建设和环境保护委员会深入贯彻习近平生态文明思想，把新型城镇化和美丽乡村建设作为监督工作的重中之重，协助县人大常委会开展《城乡规划法》《城市市容和环境卫生管理条例》执法检查，听取审议“一城三区”建设情况报告，对颍水河县城段综合整治、市政基础设施建设、县城绿化美化亮化、太行山生态绿化进行调研视察，推动全县新型城镇化与美丽乡村建设双轮驱动、互促共进。连续3年协助县人大常委会开展《大气污染防治法》执法检查，连续5年对县人民政府环境状况和环境目标完成情况进行调研，支持县人民政府坚守发展和生态两条底线，采取积极措施开展环境整治，促进生态环境改善。

（四）行唐县第十六届人民代表大会教育科技文化卫生委员会

县十六届人大教育科技文化卫生委员会坚持“以人民为中心”的发展理念，围绕群众反映的热点、难点问题，协助县人大常委会对《中医药法》《传染病防治法》《文物保护法》等实施情况开展执法检查，对乡镇综合文化站和村民文化活动中心建设、公立医院综合改革、卫生院国医堂建设、62所薄弱学校改造、“名师、名校、名校长”工程开展、全域旅游发展等情况进行调研，对民办教育发展、教育基础设施建设、“河北省中医药强县”申报创建、精神卫生、文物保护利用等情况进行视察，推动民生领域各项事业健康发展。配合省、市、县人大常委会开展加强公共卫生管理联动监督，维护人民群众生命安全和身体健康。

（五）行唐县第十六届人民代表大会社会建设委员会

县十六届人大社会建设委员会根据自身工作职责，与县人大常委会办公室密切配合，紧盯《政府工作报告》和民生实事落实情况，组织代表开展专题调研，实地查看民生实事项目落实情况，听取和审议县人民政府专项工作报告和县人大常委会调研组调研报告；紧盯创业就业政策落实，听取科技创新、大众创业政策落实等工作汇报，视察大众创业基地建设；紧盯安全生产，听取县人民政府安全生产管理情况报告，跟踪《中华人民共和国食品安全法》执法检查审议意见办理，推动加强公共安全综合治理，保障人民群众生命和财产安全。

第四章　人民代表大会常务委员会

县十六届人大常委会自2017年换届以来，推进和见证着全县“十三五”规划全面完成，“十四五”规划顺利开局，全面建成小康社会、决战决胜脱贫攻坚圆满收官；推进和见证着全县综合实力显著增强，城乡面貌明显改观，各项事业全面发展，民生福祉不断提高；推进和见证着人民代表大会制度不断完善，人大工作实践不断深化。县人大及其常委会与时俱进、创新发展，努力在服务改革、促进发展、维护稳定、造福群众中履职尽责、实干担当，为推动全县经济社会各项事业发展做出了积极贡献。

表12-6　行唐县第十六届人大常委会主任、副主任概况表

职　务	姓　名	任职时间	说　明
主　任	高华树	2017年2月—2021年3月	2000年6月任一级调研员
	赵为民	2021年3月—2021年7月	2000年3月任三级调研员
副主任	刘鸣利	2017年2月—2021年7月	2000年1月任三级调研员
	董素平	2017年2月—2021年7月	2000年1月任三级调研员
	杨永志	2017年2月—2021年7月	2020年6月任三级调研员
	盖建林	2017年2月—2019年1月	2020年6月任三级调研员
	盖进良	2020年1月—2021年7月	—

第一节　常委会会议

县十六届人大常委会共召开常委会会议40次。

第一次会议　2017年3月23日召开，县人大常委会主任高华树，副主任刘鸣利、董素平、杨永志、盖建林和22名委员出席会议。县人民政府副县长徐中玲，县人民法院院长李勇，县人民检察院检察长褚士彬列席会议。会议审议通过《行唐县人大常委会议事规则草案》等制度、《行唐县第十六届人大常委会2017年工作要点草案》。会议通过人事任免事项，补选行唐县出席石家庄市第十四届人民代表大会代表3名（名单见本篇第七章《选举任免》）。

第二次会议 2017年4月10日召开，县人大常委会主任高华树，副主任刘鸣利、杨永志、盖建林和23名委员出席会议。县人民政府县长王彦芳，县委副书记田志，县人民法院院长李勇，县人民检察院检察长褚士彬列席会议。会议审议通过《行唐县第十六届人大常委会2017年工作要点》《行唐县第十六届人大一次会议十大重点建议》。会议通过人事任免事项（名单见本篇第七章《选举任免》）。

第三次会议 2017年6月30日召开，县人大常委会主任高华树，副主任刘鸣利、董素平、杨永志和22名委员出席会议。县人民法院院长李勇，县人民检察院检察长褚士彬列席会议。会议审议通过《行唐县人大常委会关于设立行唐县第十六届人大常委会代表资格审查委员会的决定》；会议听取县人民法院5名法官和县人民检察院5名检察官履职情况的报告，并进行了履职评议；书面听取《行唐县人民政府关于〈动物防疫法〉实施情况的报告》，听取和审议县人大常委会执法检查组副组长段立新作的《关于检查〈动物防疫法〉实施情况的报告》；书面听取《行唐县人民政府关于〈城市市容和环境卫生管理条例〉实施情况的报告》，听取和审议县人大常委会执法检查组副组长胡玉白作的《关于检查〈城市市容和环境卫生管理条例〉实施情况的报告》；书面听取《行唐县人民政府关于〈食品安全法〉实施情况的报告》，听取和审议县人大常委会执法检查组副组长孟国旗作的《关于检查〈食品安全法〉实施情况的报告》。会议通过人事任免事项（名单见本篇第七章《选举任免》）。

链接3：县十六届人大常委会代表资格审查委员会组成人员

主任委员：杨永志

副主任委员：柳增良　王冰心（女）

委　　员：牛华山　王建良　孟国旗　赵力杰

调整情况：2018年1月24日，县十六届人大常委会第七次会议接受王建良辞去县十六届人大常委会委员职务的请求，其县十六届人大常委会代表资格审查委员会委员职务相应终止；2019年1月25日，县十六届人大常委会第十六次会议接受赵力杰辞去县十六届人大常委会委员职务的请求，其县十六届人大常委会代表资格审查委员会委员职务相应终止；2020年1月12日，县十六届人大常委会第二十六次会议接受柳增良辞去县十六届人大常委会委员职务的请求，其县十六届人大常委会代表资格审查委员会副主任委员职务相应终止。2021年3月1日，县十六届人大常委会第三十四次会议接受孟国旗辞去县十六届人大常委会委员职务的请求，其县十六届人大常委会代表资格审查委员会委员职务相应终止。

2021年4月30日，县十六届人大常委会第三十六次会议调整县十六届人大常委会代表资格审查委员会组成人员如下：

主任委员：盖进良

副主任委员：高会军　王冰心（女）

委　　员：牛华山　赵志军　赵惠芹（女）

第四次会议 2017年8月29日召开，县人大常委会主任高华树，副主任刘鸣利、董素平、杨永志、盖建林和21名委员出席会议。县人民政府常务副县长庞英须，县人民政府副县长、公安局局长池玉清，县人民法院院长李勇，县人民检察院检察长褚士彬列席会议。会议书面听取《行唐县人民政府关于2017年上半年〈政府工作报告〉完成情况的报告》《行唐县人民政府关于2017年上半年国民经济和社会发展计划执行情况的报告》；听取和审议县财政局局长李翠玲作的《关于2017年上半年财政预算执行情况的报告》《关于2016年度县本级财政决算草案情况的报告》《关于2016年度县本级财政预算执行和其他财政收支情况的审计工作报告》；审议《行唐县人民政府关于提请审议批准2017年政府债务限额的议案》。会议审议通过相应决议。书面听取《行唐县人民政府关于〈中华人民共和国消防法〉实施情况的报告》，听取和审议县人大常委会执法检查组副组长张会娟作的《关于检查〈中华人民共和国消防法〉实施情况的报告》。

第五次会议　2017年10月31日召开，县人大常委会主任高华树，副主任刘鸣利、董素平、杨永志、盖建林和23名委员出席会议。县人民政府副县长徐中玲，县人民法院院长李勇，县人民检察院检察长褚士彬列席会议。会议听取县财政局局长李翠玲作的《关于提请审议2017年县本级预算调整方案（草案）的议案》，县人大常委会财经工委主任科员张兹娟作的《关于〈县政府关于2017年县本级预算调整方案（草案）〉的审查报告》，审议通过相应决议；听取和审议县人民政府办公室副主任付永志作的《关于行政执法监督工作的报告》，县十六届人民代表大会法制委员会副主任委员张会娟作的《关于对部分行政执法部门行政执法案件的评查报告》；听取和审议县人民政府办公室主任高秋敏作的《关于县第十六届人大第一次会议代表建议办理情况的报告》，县人大常委会代表联络工委主任王冰心作的《关于县第十六届人大第一次会议代表建议、批评和意见办理情况的调研报告》，并对部分承办部门进行满意度测评；听取和审议县卫生和计划生育局局长盖庆昌作的《关于全面提高乡村医疗卫生服务水平情况的报告》，县人大常委会教科文卫工委主任赵力杰作的《关于全面提高乡村医疗卫生服务水平情况的调研报告》。会议传达学习党的十九大报告精神。

第六次会议　2017年12月26日召开，县人大常委会主任高华树，副主任刘鸣利、董素平、杨永志、盖建林和20名委员出席会议。县人民政府副县长徐中玲，县人民法院院长李勇，县人民检察院检察长褚士彬，县开发区党组书记张胜利列席会议。会议听取和审议县人民政府办公室主任高秋敏作的《关于2017年〈政府工作报告〉完成情况的报告》，县人大常委会调研组副组长王永伟作的《关于县政府2017年〈政府工作报告〉完成情况的调研报告》；书面听取《行唐县人民政府关于年度环境状况和环境目标完成情况的报告》，听取和审议县人大常委会调研组副组长胡玉白作的《关于年度环境状况和环境目标完成情况的调研报告》；书面听取《行唐县人民政府关于〈中医药法〉实施情况的报告》，听取和审议县人大常委会执法检查组副组长赵力杰作的《关于检查〈中医药法〉实施情况的报告》；听取县发展和改革局局长孟文锁作的《关于调整2017年国民经济和社会发展计划部分指标的报告（草案）》，县人大常委会财经工委主任科员张兹娟作的《〈关于调整2017年国民经济和社会发展计划部分指标的报告（草案）〉的审查报告》；听取县财政局局长李翠玲作的《关于提请审议批准2017年政府债务限额的议案》；听取县财政局局长李翠玲作的《关于2017年县本级预算调整方案（草案）》，县人大常委会财经工委主任科员张兹娟作的《〈关于2017年县本级预算调整方案（草案）〉的审查报告》；听取县发展和改革局局长孟文锁作的《关于提请审议2017年度易地扶贫搬迁工程向河北易地扶贫搬迁开发有限公司融资有关事项的议案》，审议通过相应决议；听取和审议县人民法院院长李勇作的《行唐县人民法院工作目标完成情况的报告》、县人民检察院检察长褚士彬作的《行唐县人民检察院工作目标完成情况的报告》。会议通过人事任免事项（名单见本篇第七章《选举任免》）。

第七次会议 2018年1月24日召开，县人大常委会主任高华树，副主任刘鸣利、董素平、杨永志、盖建林和23名委员出席会议。县人民政府副县长徐中玲，县人民法院院长李勇，县人民检察院检察长褚士彬列席会议。会议听取县人大常委会办公室主任王永伟作的《关于县十六届人大二次会议准备情况的报告》，作出《行唐县人大常委会关于召开县十六届人大二次会议的决定》；审议通过县十六届人大二次会议议程（草案）、日程（草案）、县十六届人大二次会议主席团和秘书长、常务主席、副秘书长、议案审查委员会、计划预算审查委员会、列席人员等各项建议名单（草案）、《行唐县人大常委会工作报告（稿）》；听取和审议县发展和改革局局长孟文锁作的《行唐县2017年国民经济和社会发展计划执行情况与2018年国民经济和社会发展计划（草案）》，审议通过县人大常委会财经工委主任孟国旗作的《行唐县2017年国民经济和社会发展计划执行情况与2018年国民经济和社会发展计划（草案）初审结果报告》；听取和审议县财政局局长李翠玲作的《行唐县2017年县本级预算及县总预算执行情况和2018年县本级预算及县总预算（草案）》，审议通过县人大常委会财经工委主任科员张兹娟作的《关于行唐县2017县本级预算及县总预算执行情况和2018年县本级预算及县总预算（草案）初审结果报告》；审议通过《关于接受王小三、刘建良辞去行唐县第十六届人民代表大会代表职务请求的决定》《行唐县人大常委会代表资格审查委员会关于行唐县第十六届人民代表大会代表的代表资格审查报告》；通过《关于接受王建良辞去行唐县第十六届人大常委会委员职务请求的决定》。会议通过人事任免事项（名单见本篇第七章《选举任免》）。

第八次会议 2018年1月29日召开，县人大常委会主任高华树，副主任刘鸣利、董素平、杨永志、盖建林和26名委员出席会议。县人民政府常务副县长庞英须，县监察委员会主任程军宏，县人民法院院长李勇，县人民检察院检察长褚士彬列席会议。会议通过人事任免事项（名单见本篇第七章《选举任免》）。

第九次会议 2018年4月25日召开，县人大常委会主任高华树，副主任刘鸣利、董素平、杨永志、盖建林和22名委员出席会议。县人民政府副县长池玉清、甄泽亮，县监察委员会主任程军宏，县人民法院、人民检察院相关负责人列席会议。会议听取和审议县人民政府副县长甄泽亮作的《关于〈中华人民共和国城乡规划法〉贯彻实施情况的报告》，县人大常委会执法检查组副组长胡玉白作的《关于检查〈中华人民共和国城乡规划法〉贯彻实施情况的报告》；听取和审议县司法局局长郭银海作的《关于〈中华人民共和国公证法〉贯彻实施情况的报告》，县人大常委会执法检查组副组长张会娟作的《关于检查〈中华人民共和国公证法〉贯彻实施情况的报告》。会议学习《宪法》《中华人民共和国监察法》。

第十次会议　2018年6月28日召开，县人大常委会主任高华树，副主任刘鸣利、董素平、杨永志、盖建林和22名委员出席会议。县人民政府副县长徐中玲，县人民法院院长李勇，县人民检察院检察长褚士彬，县监察委员会相关负责人列席会议。会议听取县人民法院5名法官和县人民检察院2名检察官履职情况的报告，并进行履职评议；听取和审议县审计局局长孟振平作的《关于〈中华人民共和国审计法〉贯彻实施情况的报告》，县人大常委会执法检查组副组长孟国旗作的《关于检查〈中华人民共和国审计法〉实施情况的报告》。

第十一次会议　2018年8月30日召开，县人大常委会主任高华树，副主任刘鸣利、董素平、杨永志、盖建林和21名委员出席会议。县人民政府常务副县长庞英须，副县长陈树旗、宫世友，县人民法院院长李勇，县监察委员会、县人民检察院相关负责人列席会议。会议听取和审议县人民政府副县长陈树旗作的《关于扶贫脱贫攻坚工作情况的报告》、县人民政府副县长宫世友作的《关于全县大气污染防治工作情况的报告》、县人民政府常务副县长庞英须作的《关于优化营商环境工作情况的报告》；书面听取《行唐县人民政府关于2018年上半年国民经济和社会发展计划执行情况的报告》，听取和审议县人大常委会调研组副组长孟国旗作的《关于2018年上半年国民经济和社会发展计划执行情况的调研报告》；书面听取《行唐县人民政府关于2018年上半年财政预算执行情况的报告》，听取和审议县人大常委会调研组副组长张兹娟作的《关于2018年上半年预算执行情况的调研报告》；听取县审计局局长孟振平作的《关于2017年度县本级财政预算执行和其他财政收支情况的审计工作报告》《关于2017年度县本级财政决算（草案）情况的报告》，县人大常委会财经工委主任科员张兹娟作的《关于行唐县2017年度县本级财政决算（草案）的审查报告》；听取和审议县财政局局长李翠玲作的《关于2018年县本级预算调整方案（草案）》，县人大常委会财经工委主任科员张兹娟作的《〈关于2018年县本级预算调整方案（草案）〉的审查报告》，会议审议通过相应决议。审议通过县人民政府《关于撤销独羊岗乡设立独羊岗镇的议案》。会议通过人事任免事项（名单见本篇第七章《选举任免》）。

第十二次会议　2018年9月28日召开，县人大常委会主任高华树，副主任刘鸣利、董素平、杨永志、盖建林和18名委员出席会议。县人民政府副县长宫世友、韩存环，县监察委员会、县人民法院、县人民检察院相关负责人列席会议。会议审议通过《行唐县人大常委会关于深入学习宣传和贯彻实施〈中华人民共和国宪法〉的决定》。会议通过人事任免事项（名单见本篇第七章《选举任免》）。

第十三次会议　2018年10月30日召开，县人大常委会主任高华树，副主任刘鸣利、董素平、杨永志、盖建林和22名委员出席会议。县人民政府常务副县长庞英须，县人民法院院长李勇，县人民检察院检察长褚士彬，县监察委员会相关负责人列席会议。会议听取县人民政府常务副县长庞英须作的《关于行唐县华夏幸福产业新城PPP项目的报告》，审议通过相应决议；听取和审议县人民政府副县长陈树旗作的《关于现代农业园区建设情况的报告》，县人大常委会调研组副组长胡玉白作的《关于现代农业园区建设情况的调研报告》；书面听取《行唐县人民检察院关于公益诉讼工作情况的报告》，审议通过相应决定；听取和审议县人民政府办公室副主任付永志作的《近三年来关于行政执法监督整改落实情况的报告》，县人大常委会案件评查组副组长张会娟作的《关于对部分行政执法部门行政执法案件的评查报告》；听取和审议县人民政府办公室主任高秋敏作的《关于县第十六届人大第二次会议代表建议办理情况的报告》，县人大常委会调研组副组长王冰心作的《关于县第十六届人大第二次会议代表建议、批评和意见办理情况的调研报告》；听取县人民政府《关于提请审议批准2018年政府债务限额议案的说明》《关于2018年县本级预算调整方案（草案）的说明》，县人大常委会财经工委主任科员张兹娟作的《县人大常委会财政经济工作委员会〈关于2018年县本级预算调整方案（草案）〉的审查报告》，审议通过相应决议。

第十四次会议 2018年12月28日召开，县人大常委会主任高华树，副主任刘鸣利、董素平、杨永志、盖建林和20名委员出席会议。县人民政府副县长甄泽亮，县人民法院院长李勇，县人民检察院检察长褚士彬，县监察委员会相关负责人列席会议。会议听取和审议县发展和改革局局长孟文锁作的《关于调整2018年国民经济和社会发展计划部分指标的报告（草案）》，县人大常委会财经工委主任孟国旗作的《〈关于调整2018年国民经济和社会发展计划部分指标的报告（草案）〉的审查报告》，审议通过相应决议；听取和审议县人民政府办公室主任高秋敏作的《关于2018年〈政府工作报告〉及利民惠民实事完成情况的报告》，县人大常委会调研组副组长王永伟作的《关于县政府2018年〈政府工作报告〉及利民惠民实事完成情况的调研报告》；听取和审议县人民政府办公室主任高秋敏作的《关于年度环境状况和环境目标完成情况的报告》；听取县监察委员会主任程军宏作的《关于2018年监察工作开展情况的报告》、县人民法院院长李勇作的《关于2018年度工作目标完成情况的报告》、县人民检察院检察长褚士彬作的《关于2018年度工作目标完成情况的报告》。

第十五次会议 2019年1月8日召开，县人大常委会主任高华树，副主任刘鸣利、董素平、盖建林和19名委员出席会议。县人民政府副县长徐中玲，县人民法院院长李勇，县人民检察院检察长褚士彬，县监察委员会相关负责人列席会议。会议通过人事任免事项（名单见本篇第七章《选举任免》）。

第十六次会议 2019年1月25日召开，县人大常委会主任高华树，副主任刘鸣利、董素平、杨永志和16名委员出席会议。县人民政府副县长甄泽亮，县人民法院院长李勇，县人民检察院检察长褚士彬，县监察委员会相关负责人列席会议。会议听取和审议县人大常委会办公室主任王永伟作的《关于县第十六届人大三次会议准备情况的报告》，作出《关于召开行唐县第十六届人民代表大会第三次会议的决定》；审议通过行唐县第十六届人民代表大会第三次会议议程（草案）、主席团和秘书长、常务主席、副秘书长、议案审查委员会、计划预算审查委员会、列席人员等各项名单（草案），通过《行唐县人大常委会工作报告（稿）》；听取和审议县发展和改革局局长王占勇作的《行唐县2018年国民经济和社会发展计划执行情况与2019年国民经济和社会发展计划（草案）》，审议通过县人大常委会财经工委主任孟国旗作的《行唐县2018年国民经济和社会发展计划执行情况与2019年国民经济和社会发展计划（草案）初审结果报告》；听取和审议县财政局局长李翠玲作的《行唐县2018年县本级预算及县总预算执行情况和2019年县本级预算及县总预算（草案）》，审议通过县人大常委会财经工委主任科员张兹娟作的《关于行唐县2018年县本级预算及县总预算执行情况和2019年县本级预算及县总预算（草案）初审结果报告》。会议通过《关于接受胡文革等6名代表辞去行唐县第十六届人民代表大会代表职务请求的决定》。会议通过人事任免事项（名单见本篇第七章《选举任免》）。

第十七次会议　2019年1月30日召开，县人大常委会主任高华树，副主任刘鸣利、董素平、杨永志和22名委员出席会议。县人民政府副县长杨万强，县监察委员会主任程军宏，县人民法院院长李勇，县人民检察院检察长褚士彬列席会议。会议审议通过《关于接受盖建林辞去行唐县人大常委会副主任职务请求的决定》。会议通过人事任免事项（名单见本篇第七章《选举任免》）。

第十八次会议　2019年4月25日召开，县人大常委会主任高华树，副主任刘鸣利、杨永志和20名委员出席会议。县人民政府副县长甄泽亮，县监察委员会、县人民法院、县人民检察院相关负责人列席会议。会议书面听取《行唐县人民政府关于〈中华人民共和国安全生产法〉贯彻实施情况的报告》，听取和审议县人大常委会执法检查组副组长孟国旗作的《关于检查〈中华人民共和国安全生产法〉实施情况的报告》；书面听取《行唐县人民政府关于〈中华人民共和国反家庭暴力法〉贯彻实施情况的报告》《行唐县人民法院关于〈中华人民共和国反家庭暴力法〉贯彻实施情况的报告》，听取和审议县人大常委会执法检查组副组长张会娟作的《关于检查〈中华人民共和国反家庭暴力法〉贯彻实施情况的报告》。会议通过人事任免事项（名单见本篇第七章《选举任免》）。

第十九次会议　2019年5月10日召开，县人大常委会主任高华树，副主任刘鸣利、董素平、杨永志和19名委员出席会议。县人民政府副县长梁志彦、杨万强、张胜利、赵欣，县监察委员会主任程军宏，县人民检察院检察长褚士彬，县人民法院相关负责人列席会议。会议通过人事任免事项（名单见本篇第七章《选举任免》）。

第二十次会议　2019年6月26日召开，县人大常委会主任高华树，副主任刘鸣利、董素平、杨永志和20名委员出席会议。县人民政府常务副县长梁志彦，县监察委员会主任程军宏，县人民法院院长李勇，县人民检察院检察长褚士彬列席会议。会议听取县财政局局长李翠玲作的《关于行唐县2019年政府债务限额的说明》，审议通过《关于批准〈行唐县人民政府关于提请审议批准2019年政府债务限额的议案〉的决议》；听取县财政局局长李翠玲作的《关于行唐县2019年新增政府债务限额分配及预算调整方案（草案）》的说明》，县人大常委会财经工委主任科员张兹娟作的《〈关于2019年县本级预算调整方案（草案）〉的审查报告》，审议通过《关于批准2019年县本级预算调整方案（草案）的决议》；听取县自然资源和规划局局长严爱民作的《关于国有土地、矿产资源存量及运行情况报告》、县水利局局长胡文革作的《关于全县水资源存量及运营情况的报告》，县人大常委会财经工委主任科员张兹娟作的《关于行唐县资源性国有资产存量及运营情况的审查报告》，审议通过《关于行唐县资源性国有资产存量及运营情况报告的决议》；听取和审议县发展和改革局局长王占勇作的《关于全县“十三五”规划中期评估情况的报告》，县人大常委会调研组副组长孟国旗作的《关于“十三五”规划实施情况中期评估的调研报告》；听取县人民法院5名法官履职情况的报告，并进行履职评议。审议通过《行唐县人大常委会关于在县人大代表中开展“双联双评”活动的办法》。会议通过人事任免事项（名单见本篇第七章《选举任免》）。

第二十一次会议 2019年8月29日召开，县人大常委会主任高华树，副主任董素平、杨永志和20名委员出席会议。县人民政府常务副县长梁志彦，县人民检察院检察长褚士彬，县监察委员会、县人民法院相关负责人列席会议。会议听取和审议县发展和改革局局长王占勇作的《关于2019年上半年国民经济和社会发展计划执行情况的报告》，县人大常委会调研组副组长孟国旗作的《关于2019年上半年国民经济和社会发展计划执行情况的调研报告》；听取和审议县财政局局长李翠玲作的《关于2019年上半年财政预算执行情况的报告》，听取县人大常委会调研组副组长张兹娟作的《关于2019年上半年预算执行情况的调研报告》；听取和审议县财政局局长李翠玲作的《关于2018年度县本级财政决算（草案）情况的报告》，县人大常委会财经工委主任科员张兹娟作的《关于行唐县2018年度县本级财政决算（草案）的审查报告》，审议通过相应决议；听取县审计局局长孟文锁作的《关于2018年度县本级财政预算执行和其它财政收支情况的审计工作报告》，审议通过相应决议；听取和审议县文化广电体育和旅游局局长单春玲作的《关于〈中华人民共和国文物保护法〉实施情况的报告》，县人大常委会执法检查组副组长赵惠芹作的《关于检查〈中华人民共和国文物保护法〉实施情况报告》。

第二十二次会议 2019年9月25日召开，县人大常委会主任高华树，副主任刘鸣利、董素平、杨永志和18名委员出席会议。县人民政府副县长池玉清，县人民法院院长李勇，县人民检察院检察长褚士彬，县监察委员会相关负责人列席会议。会议听取2名市人大常委会委员和22名市人大代表履职情况报告并进行评议。会议通过《关于确定人民陪审员名额数的决定》。会议通过人事任免事项（名单见本篇第七章《选举任免》）。

第二十三次会议 2019年9月30日召开，县人大常委会主任高华树，副主任刘鸣利、董素平和19名委员出席会议。县人民政府副县长张胜利，县人民检察院检察长褚士彬，县监察委员会、县人民法院相关负责人列席会议。会议听取县人大常委会代表联络工委主任王冰心作的《关于提请县人大常委会许可对县十六届人大代表钱某采取取保候审强制措施的情况说明》，表决通过《关于暂时停止县十六届人大代表钱某执行人大代表职务的决定》。

第二十四次会议 2019年10月24日召开，县人大常委会主任高华树，副主任刘鸣利、董素平和21名委员出席会议。县人民政府副县长池玉清，县人民法院院长李勇，县监察委员会，县人民检察院相关负责人列席会议。会议听取和审议县人民政府办公室主任高秋敏作的《关于十六届人大三次会议代表建议办理情况的报告》，书面听取《行唐县人大常委会调研组关于十六届人大三次会议代表建议办理情况的调研报告》，对部门代表建议办理情况进行满意度测评；听取和审议县财政局局长李翠玲作的《关于提请审议批准2019年政府债务限额的议案》《关于提请审议2019年新增政府债务限额分配及预算调整方案的议案》，县人大常委会财经工委主任科员张兹娟作的《关于2019年本级预算调整方案（草案）的审查报告》，通过相关决议；书面听取《行唐县人民政府关于全域旅游发展情况的报告》，听取和审议县人大常委会调研组副组长赵惠芹作的《关于县全域旅游发展情况的调研报告》；书面听取《行唐县人民政府关于〈中华人民共和国治安管理处罚法〉实施情况的报告》，听取和审议县人大常委会执法检查组副组长张会娟作的《关于检查〈中华人民共和国治安管理处罚法〉贯彻实施情况的报告》；书面听取《行唐县人民政府关于〈中华人民共和国大气污染防治法〉和〈河北省大气污染防治条例〉实施情况的报告》，听取和审议县人大常委会执法检查组副组长孙绍华作的《关于检查〈中华人民共和国大气污染防治法〉〈河北省大气污染防治条例〉贯彻实施情况的报告》；书面听取《行唐县人民政府关于〈河北省农村扶贫开发条例〉实施情况的报告》，听取和审议县人大常委会执法检查组副组长赵志军作的《关于检查〈河北省农村扶贫开发条例〉贯彻实施情况的报告》；书面听取《行唐县人民政府关于〈河北省优化营商环境条例〉实施情况的报告》，听取和审议县人大常委会执法检查组副组长孟国旗作的《关于检查〈河北省优化营商环境条例〉贯彻实施情况的报告》；审议通过《关于实行民生实事项目人大代表票决制的决定》。会议通过人事任免事项（名单见本篇第七章《选举任免》）。

第二十五次会议　2019年12月24日召开，县人大常委会主任高华树，副主任刘鸣利、董素平、杨永志和20名委员出席会议。县人民政府副县长徐中玲，县人民检察院检察长褚士彬，县监察委员会、县人民法院相关负责人列席会议。会议听取和审议县人民政府副县长徐中玲作的《关于2019年〈政府工作报告〉及利民惠民实事完成情况的报告》，县人大常委会调研组副组长王永伟作的《关于县政府2019年〈政府工作报告〉和利民惠民实事完成情况的调研报告》；听取和审议县农业农村局局长杨大虎作的《关于〈中华人民共和国农产品质量安全法〉实施情况的报告》，县人大常委会执法检查组副组长赵志军作的《关于检查〈中华人民共和国农产品质量安全法〉贯彻实施情况的报告》；听取县人民法院院长李勇作的《行唐县人民法院关于2019年度工作目标完成情况的报告》、县人民检察院检察长褚士彬作的《行唐县人民检察院关于2019年度工作目标完成情况的报告》。会议通过人事任免事项（名单见本篇第七章《选举任免》）。

第二十六次会议　2020年1月12日召开，县人大常委会主任高华树，副主任刘鸣利、董素平、盖建林及和20名委员出席会议。县人民政府常务副县长梁志彦，县人民检察院检察长褚士彬，县监察委员会、县人民法院相关负责人列席会议。会议听取县人大常委会办公室主任王永伟作的《关于县第十六届人大四次会议准备情况的报告》，作出《行唐县人大常委会关于召开行唐县第十六届人民代表大会第四次会议的决定》；审议通过《行唐县第十六届人民代表大会第四次会议议程（草案）》《行唐县第十六届人民代表大会第四次会议日程（草案）》、行唐县第十六届人民代表大会第四次会议主席团和秘书长、常务主席、副秘书长、议案审查委员会、列席人员等各项名单（草案）和《行唐县人大常委会工作报告（稿）》；听取和审议县发展和改革局局长王占勇作的《行唐县2019年国民经济和社会发展计划执行情况与2020年国民经济和社会发展计划（草案）》，审议通过县人大常委会财经工委主任孟国旗作的《关于行唐县2019年国民经济和社会发展计划执行情况与2020年国民经济和社会发展计划（草案）的初审结果报告》；听取和审议县财政局局长李翠玲作的《行唐县2019年预算执行情况和2020年预算（草案）》，审议通过《关于行唐县2019年预算执行情况和2020年预算（草案）的初审结果报告》；审议通过《关于接受有关常委辞职请求的决定》《关于接受有关代表辞职请求的决定》《行唐县人大常委会代表资格审查委员会关于代表资格的审查报告》。会议通过人事任免事项（名单见本篇第七章《选举任免》）。

第二十七次会议 2020年3月13日召开，县人大常委会主任高华树，副主任刘鸣利、董素平、杨永志、盖进良和19名委员出席会议。县人民政府副县长杨万强，县监察委员会、县人民法院、县人民检察院相关负责人列席会议。会议听取县人大常委会代表联络工委主任王冰心作的《关于提请行唐县人大常委会许可对县十六届人大代表王某某采取刑事强制措施的情况说明》，通过《行唐县人大常委会关于许可对县十六届人大代表王某某采取刑事强制措施的决定》。

第二十八次会议 2020年4月22日召开，县人大常委会主任高华树，副主任刘鸣利、董素平、杨永志、盖进良和20名委员出席会议。县人民政府副县长徐中玲，县人民检察院检察长褚士彬，县监察委员会、县人民法院相关负责人列席会议。会议听取和审议县司法局局长郭银海作的《关于〈中华人民共和国人民调解法〉贯彻实施情况的报告》，县人大常委会执法检查组副组长张会娟作的《关于检查〈中华人民共和国人民调解法〉贯彻实施情况的报告》；听取和审议县人民政府经研室副主任陈鸿志作的《关于2019年环境状况和环境保护目标完成情况的报告》，县人大常委会视察组副组长孙绍华作的《关于2019年环境状况和环境保护目标完成情况的视察报告》；听取县人民政府办公室副科级干部杨永辉作的《关于落实省、市人大常委会关于做好新冠肺炎疫情防控工作两个"决定"贯彻落实情况的报告》。

第二十九次会议 2020年6月30日召开，县人大常委会主任高华树，副主任刘鸣利、董素平、杨永志和20名委员出席会议。县人民政府常务副县长梁志彦，县人民检察院检察长褚士彬，县监察委员会、县人民法院相关负责人列席会议。会议审议《行唐县人民政府关于提请审议批准2020年政府债务限额的议案》，通过相关决议；审议《行唐县人民政府关于提请审议2020年新增政府债务限额分配及预算调整方案的议案》《行唐县人大常委会财政经济委员会审查报告》，通过相关决议；听取和审议县财政局局长李翠玲作的《关于2019年度国有资产综合分析报告》，县人大常委会财经工委主任科员张兹娟作的《关于全县2019年度国有资产管理情况的初审报告》；听取和审议县农业农村局局长杨大虎作的《关于围绕特色产业路发展特色产业情况的报告》，县人大常委会调研组副组长赵志军作的《关于围绕特色产业路发展特色产业情况的调研报告》；听取县人民法院5名法官履职情况的报告，并进行履职评议。会议通过人事任免事项（名单见本篇第七章《选举任免》）。

第三十次会议　2020年7月17日召开，县人大常委会主任高华树，副主任刘鸣利、董素平、杨永志、盖进良和21名委员出席会议。县人民政府副县长甄泽亮、赵欣，县人民法院代理院长尹敬田，县人民检察院检察长褚士彬，县监察委员会相关负责人列席会议。会议听取和审议县人民政府《关于“6+1”工作进展情况的报告》，县人民政府“6+1”各领域专项工作报告，并开展专题询问；听取和审议“6+1”联动监督各代表小组视察报告，听取各代表小组评议结果。会议通过人事任免事项（名单见本篇第七章《选举任免》）。

第三十一次会议　2020年8月27日召开，县人大常委会主任高华树，副主任刘鸣利、董素平、杨永志、盖进良和22名委员出席会议。县人民政府副县长张胜利，县人民法院代理院长尹敬田，县监察委员会、县人民检察院相关负责人列席会议。会议听取和审议县发展和改革局局长王占勇作的《关于2020年上半年国民经济和社会发展计划执行情况的报告》、县统计局局长王建峰作的《行唐县2020年上半年经济运行分析报告》，县人大常委会调研组副组长孟国旗作的《关于行唐县2020年上半年国民经济和社会发展计划执行情况的调研报告》；听取和审议县发展和改革局局长王占勇作的《关于调整“十三五”规划纲要部分指标的报告（草案）》，县人大常委会财经工委主任孟国旗作的《关于〈调整行唐县“十三五”规划纲要部分指标的报告（草案）〉的审查报告》，通过相关决议；听取和审议县财政局局长李翠玲作的《关于2020年上半年财政预算执行情况的报告》，县人大常委会调研组副组长张兹娟作的《关于行唐县2020年上半年财政预算执行情况的调研报告》；听取和审议县财政局局长李翠玲作的《关于2019年度县本级财政决算（草案）情况的报告》、县审计局局长孟文锁作的《关于2019年度县本级财政预算执行和其他财政收支情况的审计工作报告》，听取县人大常委会财经工委主任科员张兹娟作的《关于2019年度县本级财政决算的审查报告》，通过相关决议；听取县人大常委会代表联络工委主任王冰心作的《关于提请行唐县人大常委会许可对县十六届人大代表贾某某采取刑事强制措施的情况说明》，通过《行唐县人大常委会关于许可对县十六届人大代表贾某某采取刑事强制措施的决定》。会议通过人事任免事项（名单见本篇第七章《选举任免》）。

第三十二次会议　2020年10月27日召开，县人大常委会主任高华树，副主任刘鸣利、董素平、杨永志、盖进良和19名委员出席会议，县人民政府副县长徐中玲、赵欣，县人民检察院检察长褚士彬，县监察委员会相关负责人列席会议。会议听取和审议县人民政府办公室主任刘永峰作的《关于第十六届人大第四次会议代表建议办理情况的报告》，县人大常委会调研组副组长王冰心作的《关于十六届人大四次会议以来代表建议、批评和意见办理情况的调研报告》，并对办理情况进行满意度测评；书面听取县人民政府《关于提请审议批准2020年政府债务限额的议案》，通过相关决议；听取和审议县财政局局长翟立刚作的《关于提请审议2020年新增政府债务限额分配及预算调整方案的议案》，听取县人大常委会财经工委主任科员张兹娟作的《关于2020年预算调整方案（草案）的审查报告》，通过相关决议；书面听取县人民政府《关于〈河北省优化营商环境条例〉贯彻实施情况的报告》，听取和审议县人大常委会执法检查组副组长孟国旗作的《关于〈河北省优化营商环境条例〉贯彻实施情况的执法检查报告》；书面听取县人民政府《关于〈河北省行政执法监督条例〉贯彻实施情况的报告》，听取和审议县人大常委会执法检查组副组长张会娟作的《关于〈河北省行政执法监督条例〉贯彻实施情况的执法检查报告》；书面听取县人民政府《关于〈河北省农村扶贫开发条例〉贯彻实施情况的报告》，听取和审议县人大常委会执法检查组副组长赵志军作的《关于〈河北省农村扶贫开发条例〉贯彻实施情况的执法检查报告》；书面听取县人民政府《关于〈中华人民共和国大气污染防治法〉和〈河北省大气污染防治条例〉贯彻实施情况的报告》，听取和审议县人大常委会执法检查组副组长孙绍华作的《关于〈中华人民共和国大气污染防治法〉和〈河北省大气污染防治条例〉贯彻实施情况的执法检查报告》；书面听取县人民政府《关于〈中华人民共和国传染病防治法〉贯彻实施情况的报告》，听取和审议县人大常委会执法检查组副组长赵惠芹作的《关于〈中华人民共和国传染病防治法〉贯彻实施情况的执法检查报告》。会议通过人事任免事项（名单见本篇第七章《选举任免》）。

第三十三次会议 2020年12月29日召开，县人大常委会主任高华树，副主任刘鸣利、董素平、杨永志和21名委员出席会议。县人民政府常务副县长梁志彦，县人民法院代理院长尹敬田，县监察委员会、县人民检察院相关负责人列席会议。会议听取和审议县人民政府常务副县长梁志彦作的《关于2020年〈政府工作报告〉及民生实事完成情况的报告》，县人大常委会调研组副组长王永伟作的《关于县政府2020年〈政府工作报告〉和民生实事完成情况的调研报告》，书面听取民生实事责任部门完成情况的报告，对民生实事完成情况进行满意度测评；听取和审议县发展和改革局局长王占勇作的《关于调整2020年国民经济和社会发展计划部分指标的报告（草案）》，县人大常委会财经工委主任孟国旗作的《关于〈行唐县人民政府关于调整2020年国民经济和社会发展计划部分指标的报告（草案）的审查报告》，通过相关决议；听取县人民法院代理院长尹敬田作的《行唐县人民法院关于2020年度工作目标完成情况的报告》、县人民检察院检察长褚士彬作的《行唐县人民检察院关于2020年度工作目标完成情况的报告》；听取县审计局局长孟文锁作的《关于〈2019年度县本级财政预算执行和其他财政收支情况的审计工作报告〉问题整改情况的报告》。

第三十四次会议 2021年3月1日召开，县人大常委会主任高华树，副主任刘鸣利、董素平、杨永志、盖进良和17名委员出席会议。县人民政府副县长杨万强，县人民法院代理院长尹敬田，县监察委员会、县人民检察院相关负责人列席会议。会议听取县人大常委会办公室主任王永伟作的《关于县第十六届人大五次会议准备情况的报告》，作出《行唐县人大常委会关于召开行唐县第十六届人民代表大会第五次会议的决定》；审议通过《行唐县第十六届人民代表大会第五次会议议程（草案）》《行唐县第十六届人民代表大会第五次会议日程（草案）》、行唐县第十六届人民代表大会第五次会议主席团和秘书长、常务主席、副秘书长、议案审查委员会、列席人员等各项名单（草案）和《行唐县人大常委会工作报告（稿）》；听取和审议县发展和改革局局长王占勇作的《行唐县国民经济和社会发展第十四个五年规划和2035年远景目标纲要（草案）》，听取县人大常委会财经工委主任韩金刚作的《关于行唐县国民经济和社会发展第十四个五年规划和 2035 年远景目标纲要（草案）初审结果报告》；听取和审议县发展和改革局局长王占勇作的《行唐县 2020 年国民经济和社会发展计划执行情况与 2021 年国民经济和社会发展计划（草案）的报告》，听取县人大常委会财经工委主任韩金刚作的《关于行唐县 2020 年国民经济和社会发展计划执行情况与 2021 年国民经济和社会发展计划（草案）初审结果报告》；听取和审议县财政局局长翟立刚作的《行唐县 2020 年预算执行情况和 2021 年预算（草案）的报告》，县人大常委会财经工委副主任韩文胜作的《关于行唐县 2020 年预算执行情况的报告和 2021 年预算（草案）初步审查报告》；审议通过《关于接受有关代表辞职请求的决定》《代表资格审查委员会关于代表资格的审查报告》。会议通过人事任免事项（名单见本篇第七章《选举任免》）。

第三十五次会议　2021 年 3 月 4 日召开，县人大常委会主任高华树，副主任刘鸣利、董素平、盖进良和 19 名委员出席会议。县人民政府常务副县长梁志彦，县人民法院代理院长尹敬田，县人民检察院检察长褚士彬，县监察委员会相关负责人列席会议。会议通过人事任免事项（名单见本篇第七章《选举任免》）。

第三十六次会议　2021 年 4 月 30 日召开，县人大常委会主任赵为民，副主任刘鸣利、董素平、杨永志、盖进良和 18 名委员出席会议。县人民政府副县长甄泽亮，县监察委员会、县人民法院、县人民检察院相关负责人列席会议。会议听取和审议县卫生健康局局长盖庆昌作的《关于新型冠状病毒疫情防控情况的报告》、县生态环境局党组成员孟卫力作的《2020 环境状况和环境保护目标完成情况的报告》；听取县人大常委会政法工委副主任张会娟作的《县人大常委会关于 2020 年规范性文件备案审查情况的工作报告》，通过《行唐县人大常委会关于规范性文件备案审查工作实行年度报告的若干规定》。通过《关于县乡两级人民代表大会换届选举的决定》《关于重新确定县乡人民代表大会代表名额的决定》《关于任命行唐县人大换届选举委员会的决定》《关于任命乡镇人大换届选举委员会的决定》《关于调整行唐县第十六届人大常委会代表资格审查委员会组成人员的决定》《关于许可对县十六届人大代表刘某某采取强制措施的决定》；学习习近平总书记和省、市、县委领导在各级党史教育动员会议上的讲话精神。

第三十七次会议　2021 年 5 月 25 日召开，县人大常委会主任赵为民，副主任刘鸣利、董素平、杨永志、盖进良和 22 名委员出席会议。县人民政府常务副县长梁志彦，县人民法院院长尹敬田，县人民检察院检察长雷春利，县监察委员会相关负责人列席会议。会议通过《关于接受王彦芳辞去行唐县人民政府县长职务请求的决定》《关于接受褚士彬辞去行唐县人民检察院检察长、检察委员会委员、检察员职务请求的决定》。会议通过人事任免事项（名单见本篇第七章《选举任免》）。

第三十八次会议　2021 年 6 月 4 日召开，县人大常委会主任赵为民，副主任刘鸣利、董素平、杨永志、盖进良和 16 名委员出席会议。县人民政府副县长甄泽亮，县监察委员会、县人民法院、县人民检察院相关负责人列席会议。会议通过《县人大常委会关于许可对县十六届人大代表乔某某采取强制措施的决定》；通过县委常委、政法委书记赵欣任县选举委员会主任的提名。会议通过人事任免事项（名单见本篇第七章《选举任免》）。

第三十九次会议 2021 年 6 月 8 日召开，县人大常委会主任赵为民，副主任刘鸣利、董素平、杨永志、盖进良和 19 名委员出席会议。县人民政府副县长张红卫，县人民法院院长尹敬田，县人民检察院检察长雷春利，县监察委员会相关负责人列席会议。会议通过《行唐县人大常委会关于接受王永壮辞去行唐县第十六届人民代表大会代表职务申请的决定》。

第四十次会议 2021 年 7 月 16 日召开，县人大常委会主任赵为民，副主任刘鸣利、董素平、杨永志、盖进良和 15 名委员出席会议。县人民政府副县长甄泽亮，县监察委员会主任宋佳，县人民法院院长尹敬田，县人民检察院相关负责人列席会议。会议听取县人大常委会办公室主任王永伟作的《关于县第十七届人大一次会议准备情况的报告》，作出《行唐县人大常委会关于召开行唐县第十七届人民代表大会第一次会议的决定》；审议通过《行唐县第十七届人民代表大会第一次会议议程（草案）》《行唐县第十七届人民代表大会第一次会议日程（草案）》、行唐县第十七届人民代表大会第一次会议主席团和秘书长、常务主席、副秘书长、议案审查委员会、列席人员等各项名单（草案）和《行唐县人大常委会工作报告（稿）》《行唐县人大常委会代表资格审查委员会关于代表资格的审查报告》。会议通过人事任免事项（名单见本篇第七章《选举任免》）。

第二节 主任会议

县十六届人大常委会共召开主任会议 62 次，其中第 1—56 次会议由县人大常委会主任高华树主持，第 57—62 次会议由县人大常委会主任赵为民主持。县人大常委会各位副主任出席会议，各委室负责人列席会议，县人民政府及相关部门、县监察委员会、“两院”负责人根据会议要求列席会议。

表 12-7 行唐县第十六届人大常委会主任会议情况一览表

序号	时间	议题
1	2017 年 3 月 20 日	研究第一次常委会会议议题
2	2017 年 4 月 8 日	研究第二次常委会会议议题
3	2017 年 6 月 9 日	听取县水务局关于太行山生态绿化水源工程建设情况的汇报；听取县人力资源和社会保障局关于全县工伤保险实施情况的汇报；听取县发展和改革局关于第一季度经济运行情况的汇报；听取县财政局关于公教人员工资发放及存在问题情况的汇报；研究通过行唐县人大常委会关于设立行唐县第十六届人大常委会代表资格审查委员会的决定（草案）
4	2017 年 6 月 26 日	研究第三次常委会会议议题

续表12-7

序　号	时　间	议　题
5	2017 年 7 月 28 日	听取县人民法院员额制法官履职情况的汇报；听取县人民政府关于打击违法占地违法建设工作情况的汇报；听取县水务局关于引横济口工程建设情况的汇报；听取县人民政府办关于《政府工作报告》上半年完成情况的汇报
6	2017 年 8 月 22 日	听取县财政局关于购买服务项目落实情况的汇报；听取县住建局、交通局、公安局关于代表建议办理情况的汇报；听取县农林畜牧局关于中药材发展情况的汇报
7	2017 年 8 月 27 日	研究第四次常委会会议议题
8	2017 年 10 月 11 日	听取县人民检察院关于加强行政执法和刑事司法衔接工作情况的汇报；听取县水务局关于河道采砂治理情况的汇报；听取县文教局关于落实《中华人民共和国公共文化服务保障法》情况的汇报；听取县人民政府办公室关于重点建议办理情况的汇报
9	2017 年 10 月 25 日	研究第五次常委会会议议题
10	2017 年 11 月 22 日	听取县人民政府关于雾霾治理情况的汇报；听取县住建局关于集中供热工程建设情况的汇报；听取县人民政府关于现代农业园区建设情况的汇报；听取县司法局关于基层法律服务所及其法律工作者管理情况的汇报；听取县畜牧工作总站关于全县肉驴养殖发展情况的汇报
11	2017 年 12 月 15 日	听取县审计局 2016 年度本级预算执行和其他财政收支审计问题整改情况汇报；听取县扶贫和农业开发办公室关于脱贫攻坚工作的汇报
12	2017 年 12 月 23 日	研究第六次常委会会议议题
13	2018 年 1 月 20 日	研究十六届人大二次会议有关事项；研究第七次常委会会议议题
14	2018 年 4 月 20 日	听取县人民法院关于执行工作情况的报告；听取县水务局关于全县水利设施发挥效益情况的汇报；听取县人大代联工委关于全县“代表之家”建设及代表活动情况的汇报；听取县人大常委会办公室驻南桥镇柳树沟村工作组工作汇报；研究关于召开县第十六届人大常委会第九次会议的有关事宜；研究第九次常委会会议议题
15	2018 年 5 月 29 日	听取县司法局关于“七五”普法工作情况的汇报；听取县卫生健康和计划生育局关于全县医疗队伍建设情况的汇报；听取县发展和改革局关于第一季度经济运行情况汇报；听取县农林畜牧局关于《种子法》实施情况的汇报

续表12-7

序 号	时 间	议 题
16	2018年6月25日	研究第十次常委会会议议题
17	2018年7月27日	听取县人民政府关于安全生产管理情况的汇报；听取县社关于农村产权服务站建设情况的汇报；听取县供电公司关于农村电力设施建设情况汇报；听取县人民政府办公室关于《政府工作报告》上半年完成情况的汇报；研究了开展扶贫脱贫攻坚、大气污染防治、优化营商环境联动监督有关事宜
18	2018年8月26日	研究第十一次常委会会议议题
19	2018年9月27日	听取县人民检察院关于法律监督工作情况的汇报；听取县人民政府办公室关于重点建议办理情况的汇报；听取县卫计局关于全县公立医院改革情况的汇报；研究第十二次常委会会议议题
20	2018年10月18日	听取县人民政府关于城区天然气普及、供应及使用情况的汇报；听取县文教局关于全县学前教育工作情况汇报；听取县农财局关于全县农村土地承包经营权确权工作情况的汇报；听取县人民政府关于产业新城PPP项目的汇报
21	2018年10月28日	研究第十三次常委会会议议题
22	2018年12月7日	听取县人民政府关于城区商品房价格调控及棚户区改造情况的汇报；听取县人民政府关于全县农村宅基地和集体建设用地使用权确权发证情况汇报；听取县审计局关于审计查出问题整改情况汇报
23	2018年12月26日	研究第十四次常委会会议议题
24	2019年1月6日	研究第十五次常委会会议议题
25	2019年1月21日	研究十六届人大三次会议有关事项，研究第十六次常委会会议议题
26	2019年3月26日	听取县自然资源和规划局、农业农村局、医疗保障局、市场监督管理局、应急管理局机构改革后工作运行情况汇报
27	2019年4月21日	研究第十八次常委会会议议题
28	2019年5月8日	研究第十九次常委会会议议题
29	2019年5月28日	听取县发展和改革局关于第一季度经济运行情况的汇报；听取县财政局关于2018年完工项目绩效评价情况的汇报；听取县行政审批局关于推动政府服务“一网通办”商事制度改革的工作汇报；听取县教育局关于全县民办教育情况的汇报

续表12-7

序　号	时　间	议　题
30	2019 年 6 月 22 日	研究第二十次常委会会议议题
31	2019 年 7 月 24 日	听取县人民政府办公室关于《政府工作报告》上半年完成情况的汇报；听取县人民检察院和政府相关部门关于《县人大常委会关于加强检察机关公益诉讼工作的决定》执行情况的汇报；听取县交通局关于农村产业路建设情况的汇报；听取县农业农村局关于农村集体产权制度改革工作情况的汇报；听取县卫生健康局关于公立医院项目建设情况的汇报
32	2019 年 8 月 26 日	研究第二十一次常委会会议议题
33	2019 年 9 月 12 日	听取县人民政府关于土地收储、土地整理情况汇报；听取县人民政府关于新城区建设和老城区改造进展情况汇报；听取县人民法院关于基层法庭管辖、审理民事案件情况的汇报；听取县人民政府办公室关于重点建议办理情况的汇报；听取县文化广电体育和旅游局关于全民健身活动开展情况的汇报；听取县水利局关于横山岭水库引水、颍水河上游河道综合整治、颍水大道二期工程建设情况的汇报
34	2019 年 9 月 23 日	研究第二十二次常委会会议议题
35	2019 年 9 月 29 日	研究第二十三次常委会会议议题
36	2019 年 10 月 21 日	研究第二十四次常委会会议议题
37	2019 年 11 月 26 日	听取县人民政府关于集中供热和“双代（电代煤、气代煤）”工作进展情况的汇报；听取自然资源和规划局关于 2019 年国家红枣公园建设进展情况的汇报；听取农业农村局关于厕所改造工作情况的汇报；听取县教育局关于教育集团组建情况的汇报；听取县审计局关于问题整改情况的汇报
38	2019 年 12 月 20 日	研究第二十五次常委会会议议题
39	2020 年 1 月 9 日	研究十六届人大四次会议有关事宜；研究第二十六次常委会会议议题
40	2020 年 3 月 12 日	研究第二十七次常委会会议议题
41	2020 年 3 月 25 日	听取县人力资源和社会保障局关于 2014 年以来行政事业单位退休职工工资重新计算、补发进度情况及职工上班工资与退休金衔接情况的汇报；听取县税务局关于开发区（南区）2011—2019 年落户企业实缴税金情况、2019 年税收稽查情况、2020 年税收任务及一季度完成情况的汇报；听取县住房公积金管理部关于住房公积金管理工作情况的汇报；听取县水利局关于横山岭水库引水情况的汇报
42	2020 年 4 月 17 日	研究第二十八次常委会会议议题；研究人大代表建议

续表12-7

序号	时间	议题
43	2020年5月21日	研究推进“6+1”联动监督工作
44	2020年5月27日	听取县财政局关于2019年财政资金绩效管理情况的汇报；听取县财政局关于新冠疫情防控资金支出情况的汇报；听取县发展和改革局关于第一季度全县国民经济和社会发展计划运行情况的汇报；听取县统计局关于第一季度经济运行分析情况的汇报；听取县医疗保障局关于医疗保障工作情况的汇报；听取县行政审批局关于持续深化“放管服”改革工作的汇报；听取县人民检察院机构改革后工作运行情况的汇报
45	2020年6月17日	研究第二十九次常委会会议议题；学习十三届全国人大三次会议精神
46	2020年7月16日	研究第三十次常委会会议议题
47	2020年7月29日	听取县人民政府关于《政府工作报告》上半年完成情况及民生实事项目进展情况的汇报；听取县人民政府关于文化产业发展工作情况的汇报；听取县人民法院、司法局关于《河北省法律援助条例》贯彻实施情况的汇报；听取县供电公司关于农村电网建设情况的汇报；听取县自然资源和规划局关于“枣疯病”治理情况的汇报
48	2020年8月25日	研究第三十一次常委会会议议题
49	2020年9月30日	安排文明县城创建、扶贫等当前重点工作
50	2020年9月30日	听取县人民政府关于扫黑除恶专项斗争工作情况的汇报，关于科技创新情况的汇报，关于规范房地产市场秩序情况的汇报，关于县城建设情况的汇报；听取县人民政府办公室关于重点建议办理情况的汇报；听取县教育局关于教育质量提升情况的汇报；听取县农业农村局关于现代农业园区建设及产业扶贫工作情况的汇报
51	2020年10月23日	研究第三十二次常委会会议议题
52	2020年11月26日	听取县人民政府关于医疗卫生服务体系建设情况的汇报，集中供热和“双代”工作进展情况的汇报；听取县人民法院民事审判监督工作、执行工作监督情况的汇报；听取县人力资源和社会保障局关于大众创业政策措施落实情况的汇报；听取县自然资源和规划局关于落实《全国人民代表大会常务委员会关于全面禁止非法野生动物交易、革除滥食野生动物陋习、切实保障人民群众生命健康安全的决定》做好全县陆生野生动物保护情况的汇报；听取县畜牧工作总站关于乳业产业集群建设情况的汇报；听取县民政局关于各项民政救助政策落实情况的汇报；听取县人大常委会代联工委关于乡镇“人大代表之家（站）”建设工作情况的汇报

续表12-7

序　号	时　间	议　题
53	2020年12月22日	研究第三十三次常委会会议议题
54	2021年1月26日	研究安排十六届人大五次会议有关事宜；安排年度民主生活会有关事宜
55	2021年2月19日	研究十六届人大五次会议有关事宜；研究安排人代会期间疫情防控工作；研究补选代表有关事宜；研究提请三十四次人大常委会人事任免事项
56	2021年2月26日	研究第三十四次常委会会议议题
57	2021年4月28日	研究第三十六次常委会会议议题
58	2021年5月25日	研究第三十七次常委会会议议题
59	2021年5月26日	听取县文化广电体育和旅游局关于全县非物质文化遗产传承保护情况的汇报；听取县行政审批局关于实施审批服务效能提升工程的工作汇报；听取县发展和改革局关于第一季度全县国民经济和社会发展计划运行情况的汇报；听取县统计局关于第一季度经济运行分析情况的汇报；听取县财政局关于第一季度财政运行分析情况、关于新冠疫情防控资金支出情况的汇报
60	2021年6月4日	研究第三十八次常委会会议议题
61	2021年6月8日	研究第三十九次常委会会议议题
62	2021年7月12日	研究县十七届人大一次会议有关事项；研究部署县十七届人大一次会议期间疫情防控工作；研究第四十次常委会会议议题

第三节　机构设置

截至2017年2月，县十六届人大常委会仍设办公室（附设老干部科、信访科，规格为正科）、政治法律工作委员会、财政经济工作委员会、代表联络工作委员会、教育科技文化卫生工作委员会、农业农村工作委员会。

表 12-8　行唐县第十六届人大常委会机构人员情况表

机构名称	职务（职级）	姓　名	任职时间	说　明
办公室	主　任	刘　鸣	2017 年 2 月—2017 年 3 月	—
		王永伟	2017 年 12 月—2021 年 7 月	2020 年 3 月任一级主任科员
	副主任	王晓光	2017 年 2 月—2019 年 1 月	—
		王彦飞	2019 年 1 月—2021 年 7 月	—
	主任科员	高新卓	2018 年 1 月—2019 年 1 月	—
		苏红斌	2019 年 9 月—2020 年 1 月	—
	正科级干部	孙绍华	2017 年 2 月—2019 年 6 月	—
	副主任科员	靳立杰	2017 年 2 月—2021 年 7 月	2019 年 6 月任四级主任科员
		赵翔平	2019 年 6 月—2021 年 7 月	—
		李丽菲	2020 年 12 月—2021 年 7 月	—
	副科级干部	王秀莲	2017 年 2 月—2021 年 7 月	—
		贾　娜	2017 年 2 月—2021 年 7 月	—
政治法律工作委员会	主　任	—	2017 年 2 月—2021 年 7 月	缺　职
	副主任	张会娟	2019 年 1 月—2021 年 7 月	—
财政经济工作委员会	主　任	孟国旗	2017 年 2 月—2021 年 3 月	2017 年 2 月任副调研员，2019 年 6 月任四级调研员
		韩金刚	2021 年 3 月—2021 年 7 月	—
	副主任	韩金刚	2018 年 1 月—2021 年 3 月	—
		韩文胜	2021 年 3 月—2021 年 7 月	—
	主任科员	张兹娟	2017 年 2 月—2020 年 12 月	—
代表联络工作委员会	主　任	王冰心	2017 年 2 月—2021 年 7 月	—
	副主任	刘　宏	2021 年 3 月—2021 年 7 月	—
教育科技文化卫生工作委员会	主　任	赵力杰	2017 年 2 月—2019 年 1 月	2020 年 5 月任一级主任科员。
		赵惠芹	2019 年 1 月—2021 年 7 月	—
	副主任	—	2017 年 2 月—2021 年 7 月	缺　职
	主任科员	常吉章	2017 年 2 月—2018 年 12 月	2019 年 6 月任二级主任科员

续表12-8

机构名称	职务（职级）	姓　名	任职时间	说　明
农业农村工作委员会	主　任	段立新	2017 年 1 月—2019 年 1 月	—
		赵志军	2019 年 6 月—2021 年 7 月	—
	副主任	赵志军	2018 年 1 月—2019 年 6 月	—
	主任科员	董根平	2019 年 5 月—2019 年 6 月	2019 年 6 月任二级主任科员
老干部科	科　长	刘发水	2017 年 2 月—2019 年 1 月	—
		孙绍华	2019 年 6 月—2021 年 7 月	—
	副科长	仇英军	2019 年 1 月—2021 年 7 月	2019 年 1 月任人大办主任科员，6 月任人大办二级主任科员。
信访科	科　长	胡玉白	2017 年 2 月—2019 年 1 月	—
		陈连香	2019 年 1 月—2021 年 7 月	—
	副科长	李　欣	2017 年 2 月—2019 年 1 月	—
		黄新会	2019 年 6 月—2021 年 7 月	2020 年 3 月任三级主任科员，5 月任人大办二级主任科员
	主任科员	陈连香	2017 年 2 月—2019 年 1 月	—

第四节　机关工作

一、自身建设

县十六届人大常务委员会自 2017 年换届以来，在县委的坚强领导下，坚持以习近平新时代中国特色社会主义思想为指导，坚持党的领导、人民当家作主、依法治国有机统一，狠抓思想政治建设。结合开展庆祝中华人民共和国成立 70 周年和中国共产党成立 100 周年、“不忘初心、牢记使命”主题教育、党史学习教育等活动，深入学习贯彻习近平新时代中国特色社会主义思想，坚定中国特色社会主义理想信念。严格落实“一岗双责”，严格执行党风廉政建设责任制，规范党内政治生活，全面落实请示报告、民主生活会、组织生活会等制度。深入推进“一问责八清理”专项整治、思想作风纪律整顿等整治工作。强化制度建设，先后修订完善《行唐县人大常委会议事规则》《行唐县人大常委会人事任免办法》等工作制度 15 项，学习、纪律、财务等机关管理制度 8 项，专门委员会工作规则和委室工作职责 14 项，深入开展“三深化三提升”“效能革命”“作风效能建设年”和“振奋精神、改进作风、加强纪律”等活动，深化纠正“四风”和作风纪律专项整治，打造了一支忠诚、干净、担当的高素质人大干部队伍。

中共行唐县人大常委会机关党组

书　记：王永伟（2019 年 4 月—2021 年 7 月）

副书记：王晓光（2019 年 4 月—2021 年 7 月）

成　员：贾　娜（女，2019 年 5 月—2021 年 7 月）

二、宣传工作

县人大常委会深入开展民主法治和人大制度宣传，不断深化宣传主题，拓宽宣传渠道，扩大宣传队伍，为动员全县各方面积极投身民主法治建设，加快推进依法治县进程，营造了浓厚的舆论氛围。强化法律宣传，坚持《宪法》和法律至上，聚焦法治行唐建设，2018 年 9 月 28 日，作出《关于深入学习宣传和贯彻实施〈中华人民共和国宪法〉的决定》，大力弘扬宪法精神，并听取政府普法工作情况报告，督促相关部门加大普法力度，提高全民学法、尊法、守法、用法意识。强化代表学习，把组织代表学习、宣传、贯彻《民法典》作为重要任务，向代表发放《中华人民共和国民法典》读本，依托乡镇“人大代表之家”“代表联络站”，组织代表认真学习、广泛宣传、带头遵守，积极推动《民法典》的实施。强化信息发布，坚持党管宣传原则，充分利用报刊、网络、电台等媒体优势，同时结合撰写工作简报以及向省、市报送信息等多种形式，多角度宣传人民代表大会制度的优势，为人大工作营造良好氛围。

三、信访工作

县人大常委会高度重视信访工作，坚持把切实维护群众合法权益放在首位，把解决实际问题作为信访工作的核心，深入扎实地开展各项工作，有力地推动了信访工作的开展。认真受理人民群众的来信来访和申诉、控告，共接待人民群众来信 67 件次、来访 135 人次，转办督办达到 100%，办结率达到 96%。

四、老干部工作

县人大常委会认真贯彻落实党的老干部工作政策，对老干部政治上尊重、思想上关心、生活上照顾，积极做好老干部工作。落实政治待遇，认真组织老干部开展理论学习活动，及时传达中央和省、市、县委重要决策部署，深入学习党的十九大和十九届二中、三中、四中、五中全会精神，为老干部订阅党刊党报，发放政治学习资料。关心老干部生活，帮助老干部及时协调解决出行、就医等实际困难。

五、疫情防控工作

2020 年新冠疫情发生后，县人大常委会将疫情防控工作作为重要的政治任务，迅速行动、依法履职，听取县人民政府关于《河北省人大常委会关于依法全力做好新型冠状病毒肺炎疫情防控工作的决定》和《石家庄市人大常委会关于统筹做好新冠肺炎疫情防控和经济社会发展工作的决定》贯彻落实情况的报告、新冠疫情防控资金支出情况的汇报、陆生野生动物保护情况的汇报，开展《传染病防治法》执法检查和加强公共卫生管理工作联动监督，督促政府持续加大资金投入、完善防控物资装备、增强医疗卫生服务队伍力量、强化动物疫源疫情的监测预警。县人大常委会各位主任在疫情期间连续深入联系的6个乡镇和30个小区防疫一线，指导疫情防控工作。同时严格落实疫情防控措施，机关人员主动参与联防联控、群防群治，为新冠疫情防控和经济社会发展贡献了人大力量。

第五章 监督工作

县十六届人大及其常委会自2017年换届以来，紧紧围绕全县中心工作开展监督，听取和审议“一府一委两院”专项工作报告81项，计划预算和审计工作报告30项，开展执法检查22次，视察调研77次，满意度测评6次。

开展“十三五”规划中期评估情况调研，审查批准《行唐县国民经济和社会发展第十四个五年规划和2035年远景目标纲 要》。连续三年开展《河北省优化营商环境条例》执法检查，听取县人民政府优化营商环境工作报告，开展了《消防法》《安全生产法》等22次执法检查，促进法律法规在全县的有效贯彻实施。对行政执法部门依法行政情况开展监督，对16个执法部门238个行政执法案卷开展案件评查，发现问题411个，针对查出的问题，提出评查建议，交政府及相关部门整改落实，切实维护群众的合法权益。对全县20名法官和7名检察官进行履职评议，实现了法官、检察官履职评议全覆盖，有效促进了司法公开公正。聚焦民生关切，2020年首次实行民生实事项目人大代表票决制，围绕集中供暖和“双代”、农村厕所改造、土地确权、薄弱学校改造、全民健身、文物保护、新冠疫情防控、国医堂建设等开展视察调研，推动了社会各项事业的发展。

开展联动监督。认真贯彻落实省、市、县委人大工作部署，持续深化开展代表联动监督工作。2018年围绕脱贫攻坚、大气污染防治、优化营商环境开展三项联动监督，2019年围绕“河北发展、人大尽责”开展主题实践活动，2020年聚焦违法违规圈占土地、违规违建项目、资源能源项目、房地产开发项目、矿山综合治理、地下水超采综合治理6个重点领域和加强公共卫生管理，开展了人大系统“6+1”联动监督，县人大常委会听取和审议政府各领域工作报告和各代表小组视察报告，并对7个责任部门进行了专题询问。2021年聚焦优化营商环境、农业结构调整、地下水超采治理、加强公共医疗卫生服务开展四项联动监督。在一系列联动监督中，县人大常委会坚持问题导向和目标导向，组织全县省、市、县、乡四级人大代表运用视察、代表评议、专题询问等各种监督手段，以敢啃硬骨头、勇打攻坚战的精神，推出一组组监督措施，打出一套套组合拳，连续跟踪监督，合力攻坚，有效解决了一批重点领域的突出问题和难点问题，取得了良好的社会效果。

第一节　听取和审议专项工作报告与计划预算和审计工作报告

县十六届人大常委会常委会议共听取和审议“一府一委两院”专项工作报告81项，计划预算审计工作报告30项。

表12-9　行唐县第十六届人大常委会会议听取和审议专项工作报告与计划预算和审计工作报告情况表

时　间	常委会会议	报告内容
2017年6月30日	第三次	县人民政府关于《动物防疫法》《城市市容和环境卫生管理条例》《食品安全法》实施情况的报告
2017年8月29日	第四次	县人民政府关于2017年上半年《政府工作报告》完成情况的报告；县人民政府关于2017年上半年国民经济和社会发展计划执行情况的报告；县人民政府关于2017年上半年财政预算执行情况、关于2016年度县本级财政决算（草案）情况、关于2016年度县本级财政预算执行和其他财政收支情况的审计工作报告；县人民政府关于提请审议批准2017年政府债务限额的议案；县人民政府关于《食品安全法》实施情况的报告
2017年10月31日	第五次	县人民政府关于行政执法监督工作报告；县人民政府关于县第十六届人大第一次会议代表建议办理情况报告；县人民政府关于全面提高乡村医疗卫生服务水平情况的报告
2017年12月26日	第六次	县人民政府关于2017年《政府工作报告》完成情况的报告；县人民政府关于年度环境状况和环境目标完成情况及《中医药法》实施情况的报告；县人民政府关于调整2017年国民经济和社会发展计划部分指标的报告（草案）；县人民政府关于2017年县本级预算调整方案（草案）；县人民政府关于提请审议2017年度易地扶贫搬迁工程向河北易地扶贫搬迁开发有限公司融资有关事项的议案；县人民法院关于县人民法院工作目标完成情况的报告；县人民检察院关于县人民检察院工作目标完成情况的报告
2018年1月24日	第七次	行唐县2017年国民经济和社会发展计划执行情况与2018年国民经济和社会发展计划（草案）；行唐县2017年县本级预算及县总预算执行情况和2018年县本级预算及县总预算（草案）
2018年4月25日	第九次	县人民政府关于《城乡规划法》《公证法》贯彻实施情况的报告
2018年6月28日	第十次	县人民政府关于《审计法》贯彻实施情况的报告；县人民法院关于5名法官履职情况的报告；县人民检察院2名检察官履职情况的报告

续表12-9

时 间	常委会会议	报告内容
2018 年 8 月 30 日	第十一次	县人民政府关于扶贫脱贫攻坚、大气污染防治、优化营商环境工作的报告；县人民政府关于 2018 年上半年国民经济和社会发展计划执行情况的报告；县人民政府关于 2018 年上半年财政预算执行情况的报告；县人民政府关于 2017 年度县本级财政预算执行和其他财政收支情况的审计工作的报告；2017 年度县本级财政决算（草案）情况的报告；县人民政府关于 2018 年县本级预算调整方案（草案）；县人民政府关于撤销独羊岗乡设立独羊岗镇的议案
2018 年 10 月 30 日	第十三次	县人民政府关于行唐县华夏幸福产业新城 PPP 项目的报告；关于现代农业园区建设情况的报告；县人民检察院关于公益诉讼工作情况的报告；县人民政府近三年来关于行政执法监督整改落实情况的报告；县人民政府关于县第十六届人大第二次会议代表建议办理情况的报告；县人民政府关于提请审议批准 2018 年政府债务限额议案的说明；县人民政府关于 2018 年县本级预算调整方案（草案）的说明
2018 年 12 月 28 日	第十四次	县人民政府关于调整 2018 年国民经济和社会发展计划部分指标的报告（草案）；关于 2018 年政府工作报告及利民惠民实事完成情况的报告；县人民政府关于年度环境状况和环境目标完成情况的报告；县监察委员会关于 2018 年监察工作开展情况的报告；县人民法院关于 2018 年度工作目标完成情况的报告；县人民检察院关于 2018 年度工作目标完成情况的报告
2019 年 1 月 25 日	第十六次	行唐县 2018 年国民经济和社会发展计划执行情况与 2019 年国民经济和社会发展计划（草案）；行唐县 2018 年县本级预算及县总预算执行情况和 2019 年县本级预算及县总预算（草案）
2019 年 4 月 25 日	第十八次	县人民政府关于《安全生产法》贯彻实施情况的报告；县人民政府、县人民法院关于《反家庭暴力法》贯彻实施情况的报告
2019 年 6 月 26 日	第二十次	县人民政府关于行唐县 2019 年政府债务限额的说明；县人民政府关于行唐县 2019 年新增政府债务限额分配及预算调整方案（草案）的说明；县人民政府关于国有土地、矿产资源存量及运行情况报告；县人民政府关于全县水资源存量及运营情况的报告；县人民政府关于全县“十三五”规划中期评估情况的报告；县人民法院 5 名法官履职情况的报告
2019 年 8 月 29 日	第二十一次	县人民政府关于 2019 年上半年国民经济和社会发展计划执行情况的报告；县人民政府关于 2019 年上半年财政预算执行情况的报告；县人民政府关于 2018 年度县本级财政预算执行和其他财政收支情况的审计工作报告；县人民政府关于 2018 年度县本级财政决算（草案）情况的报告；县人民政府关于《文物保护法》实施情况的报告

续表12-9

时　间	常委会会议	报告内容
2019 年 10 月 24 日	第二十四次	县人民政府关于十六届人大三次会议代表建议办理情况的报告；县人民政府关于全域旅游发展情况的报告；县人民政府关于《治安管理处罚法》实施情况的报告；县人民政府关于《大气污染防治法》和《河北省大气污染防治条例》实施情况的报告；县人民政府关于《河北省农村扶贫开发条例》实施情况的报告；县人民政府关于《河北省优化营商环境条例》实施情况的报告；县人民政府关于提请审议批准 2019 年政府债务限额的议案；县人民政府关于提请审议 2019 年新增政府债务限额分配及预算调整方案的议案
2019 年 12 月 24 日	第二十五次	县人民政府关于 2019 年政府工作报告及利民惠民实事完成情况的报告；县人民政府关于《中华人民共和国农产品质量安全法》实施情况的报告；县人民法院 2019 年度工作目标完成情况的报告；县人民检察院 2019 年度工作目标完成情况的报告
2020 年 1 月 12 日	第二十六次	行唐县 2019 年国民经济和社会发展计划执行情况与 2020 年国民经济和社会发展计划（草案）；行唐县 2019 年预算执行情况和 2020 年预算（草案）
2020 年 4 月 22 日	第二十八次	县人民政府关于《人民调解法》贯彻实施情况的报告；县人民政府关于环境状况和环境保护目标完成情况的报告；县人民政府关于落实省、市人大常委会关于做好新冠疫情防控工作两个“决定”情况的报告
2020 年 6 月 30 日	第二十九次	县人民政府关于提请审议批准 2020 年政府债务限额的议案；县人民政府关于提请审议 2020 年新增政府债务限额分配及预算调整方案的议案；县人民政府关于 2019 年度国有资产情况的报告；县人民政府关于围绕特色产业路发展特色产业情况的报告；县人民法院 5 名法官履职情况的报告
2020 年 7 月 17 日	第三十次	县人民政府关于“6+1”工作进展情况的汇报，政府“6+1”各领域专项工作报告
2020 年 8 月 27 日	第三十一次	县人民政府关于 2020 年上半年国民经济和社会发展计划执行情况的报告；关于 2020 年上半年经济运行情况的分析报告；县人民政府关于调整“十三五”规划纲要部分指标的报告；县人民政府关于 2020 年上半年财政预算执行情况的报告；县人民政府关于 2019 年度县本级财政决算（草案）情况的报告；县审计局关于 2019 年度县本级财政预算执行和其他财政收支情况的审计工作报告

续表12-9

时　间	常委会会议	报告内容
2020 年 10 月 27 日	第三十二次	县人民政府关于第十六届人大第四次会议代表建议办理情况的报告；县人民政府关于提请审议批准 2020 年政府债务限额的议案；县人民政府关于提请审议 2020 年新增政府债务限额分配及预算调整方案的议案；县人民政府关于《河北省优化营商环境条例》《河北省行政执法监督条例》《河北省农村扶贫开发条例》《大气污染防治法》和《河北省大气污染防治条例》《传染病防治法》贯彻实施情况的报告
2020 年 12 月 29 日	第三十三次	县人民政府关于 2020 年政府工作报告及民生实事完成情况的报告；县人民政府关于调整 2020 年国民经济和社会发展部分指标的报告；县人民法院 2020 年度工作目标完成情况的报告；县人民检察院 2020 年度工作目标完成情况的报告；县审计局关于《2019 年度县本级财政预算执行和其他财政收支情况的审计工作报告》问题整改情况的报告
2021 年 4 月 30 日	第三十六次	县人民政府关于新型冠状病毒疫情防控情况的报告；县人民政府关于环境状况和环境保护目标完成情况的报告

第二节　主任会议听取专题工作汇报

县十六届人大常委会主任会议共听取县“一府一委两院”专题工作汇报 105 项。

表 12-10　行唐县第十六届人大常委会主任会议听取专题工作汇报情况一览表

时　间	汇报内容
2017 年 6 月 9 日	县水务局关于太行山生态绿化水源工程建设情况的汇报；县人力资源和社会保障局关于全县工伤保险实施情况的汇报；县发展和改革局关于第一季度经济运行情况的汇报；县财政局关于公教人员工资发放及存在问题情况的汇报
2017 年 7 月 28 日	县人民法院关于员额制法官履职情况的汇报；县人民政府关于打击违法占地违法建设工作情况的汇报；县水务局关于引横济口工程建设情况的汇报；县人民政府办公室关于《政府工作报告》上半年完成情况的汇报
2017 年 8 月 22 日	县财政局关于购买服务项目落实情况的汇报；县住建局、交通局、公安局关于代表建议办理情况的汇报；县农林畜牧局关于中药材发展情况的汇报
2017 年 10 月 11 日	县人民检察院关于加强行政执法和刑事司法衔接工作情况的汇报；县水务局关于河道采砂治理情况的汇报；县文教局关于落实《公共文化服务保障法》情况的汇报；县人民政府办公室关于重点建议办理情况的汇报

续表12-10

时　间	汇报内容
2017 年 11 月 22 日	县人民政府关于雾霾治理情况的汇报；县住建局关于集中供热工程建设情况的汇报；县人民政府关于现代农业园区建设情况的汇报；县司法局关于基层法律服务所及其法律工作者管理情况的汇报；县畜牧工作总站关于全县肉驴养殖发展情况的汇报
2017 年 12 月 15 日	县审计局关于 2016 年度本级预算执行和其他财政收支审计问题整改情况汇报；县扶贫和农业开发办公室关于脱贫攻坚工作的汇报
2018 年 4 月 20 日	县人民法院关于执行工作情况的报告；县水务局关于全县水利设施发挥效益情况的汇报
2018 年 5 月 29 日	县司法局关于" 七五" 普法工作情况的汇报；县卫生健康和计划生育局关于全县医疗队伍建设情况的汇报；县发展和改革局关于第一季度经济运行情况汇报；县农林畜牧局关于《种子法》实施情况的汇报
2018 年 7 月 27 日	县人民政府关于安全生产管理情况的汇报；县社关于农村产权服务站建设情况的汇报；县供电公司关于农村电力设施建设情况汇报；县人民政府办公室关于《政府工作报告》上半年完成情况的汇报
2018 年 9 月 27 日	县人民检察院关于法律监督工作情况的汇报；县人民政府办公室关于重点建议办理情况的汇报；县卫生健康和计划生育局关于全县公立医院改革情况的汇报
2018 年 10 月 18 日	县人民政府关于城区天然气普及、供应及使用情况的汇报；县文教局关于全县学前教育工作情况汇报；县农财局关于全县农村土地承包经营权确权工作情况的汇报；县人民政府关于产业新城 PPP 项目的汇报
2018 年 12 月 7 日	县人民政府关于城区商品房价格调控及棚户区改造情况的汇报；县人民政府关于全县农村宅基地和集体建设用地使用权确权发证情况汇报；县审计局关于审计查出问题整改情况汇报
2019 年 3 月 26 日	县自然资源和规划局、农业农村局、医疗保障局、市场监督管理局、应急管理局机构改革后工作运行情况的汇报
2019 年 5 月 28 日	县发展和改革局关于第一季度经济运行情况的汇报；县财政局关于 2018 年完工项目绩效评价情况的汇报；县行政审批局关于推动政府服务“一网通办”商事制度改革的工作汇报；县教育局关于全县民办教育情况的汇报
2019 年 7 月 24 日	县人民政府办公室关于《政府工作报告》上半年完成情况的汇报；县人民检察院和政府相关部门关于《县人大常委会关于加强检察机关公益诉讼工作的决定》执行情况的汇报；县交通局关于农村产业路建设情况的汇报；县农业农村局关于农村集体产权制度改革工作情况的汇报；县卫生健康局关于公立医院项目建设情况的汇报

续表12-10

时　间	汇报内容
2019年9月12日	县人民政府关于土地收储、土地整理情况汇报；县人民政府关于新城区建设和老城区改造进展情况汇报；县人民法院关于基层法庭管辖、审理民事案件情况的汇报；县人民政府办公室关于重点建议办理情况的汇报；县文化广电体育和旅游局关于全民健身活动开展情况的汇报；县水利局关于横山岭水库引水、颍水河上游河道综合整治、颍水大道二期工程建设情况的汇报
2019年11月26日	县人民政府关于集中供热和"双代"工作进展情况的汇报；县自然资源和规划局关于2019年国家红枣公园建设进展情况的汇报；县农业农村局关于厕所改造工作情况的汇报；县教育局关于教育集团组建情况的汇报；县审计局关于问题整改情况的汇报
2020年3月25日	县人力资源和社会保障局关于2014年以来行政事业单位退休职工工资重新计算、补发进度情况及职工上班工资与退休金衔接情况的汇报；县税务局关于开发区（南区）2011年-2019年落户企业实缴税金情况、2019年税收稽查情况、2020年税收任务及一季度完成情况的汇报；县住房公积金管理部关于住房公积金管理工作情况的汇报；县水利局关于横山岭水库引水情况的汇报
2020年5月27日	县财政局关于2019年财政资金绩效管理情况的汇报；县财政局关于新冠疫情防控资金支出情况的汇报；县发展和改革局关于第一季度全县国民经济和社会发展计划运行情况的汇报；县统计局关于第一季度经济运行分析情况的汇报；县医疗保障局关于医疗保障工作情况的汇报；县行政审批局关于持续深化“放管服”改革工作的汇报；县人民检察院关于机构改革后工作运行情况的汇报
2020年7月29日	县人民政府关于《政府工作报告》上半年完成情况及民生实事项目进展情况的汇报；县人民政府关于文化产业发展工作情况的汇报；县人民法院、司法局关于《法律援助条例》贯彻实施情况的汇报；县供电公司关于农村电网建设情况的汇报；县自然资源和规划局关于“枣疯病”治理情况的汇报
2020年9月30日	县人民政府关于扫黑除恶专项斗争工作情况的汇报，关于科技创新情况的汇报，关于规范房地产市场秩序情况的汇报，关于县城建设情况的汇报；县人民政府办公室关于重点建议办理情况的汇报；县教育局关于教育质量提升情况的汇报；县农业农村局关于现代农业园区建设及产业扶贫工作情况的汇报

续表12-10

时　间	汇报内容
2020 年 11 月 26 日	县人民政府关于医疗卫生服务体系建设情况的汇报，集中供热和“双代”工作进展情况的汇报；县人民法院关于民事审判监督工作、执行工作监督情况的汇报；县人力资源和社会保障局关于大众创业政策措施落实情况的汇报；县自然资源和规划局关于落实《全国人民代表大会常务委员会关于全面禁止非法野生动物交易、革除滥食野生动物陋习、切实保障人民群众生命健康安全的决定》做好全县陆生野生动物保护情况的汇报；县畜牧工作总站关于乳业产业集群建设情况的汇报；县民政局关于各项民政救助政策落实情况的汇报
2021 年 5 月 26 日	县文化广电体育和旅游局关于全县非物质文化遗产传承保护情况的汇报；县行政审批局关于实施审批服务效能提升工程的工作汇报；县发展和改革局关于第一季度全县国民经济和社会发展计划运行情况的汇报；县统计局关于第一季度经济运行分析情况的汇报；县财政局关于第一季度财政运行分析情况、关于新冠疫情防控资金支出情况的汇报

第三节　法律法规实施情况的检查

县十六届人大常委会共组织开展执法检查 22 次。

1. 2017 年 5 月 24 日，县人大常委会副主任杨永志带领县人大常委会执法检查组，对贯彻落实《食品安全法》情况进行执法检查。6 月 30 日，县十六届人大常委会第三次会议听取和审议执法检查组副组长孟国旗作的《关于检查〈中华人民共和国食品安全法〉实施情况的报告》。

2. 2017 年 5 月 27 日，县人大常委会副主任董素平带领县人大常委会执法检查组，对贯彻落实《城市市容和环境卫生管理条例》情况进行执法检查。6 月 30 日，县十六届人大常委会第三次会议听取和审议执法检查组副组长胡玉白作的《关于检查〈城市市容和环境卫生管理条例〉实施情况的报告》。

3. 2017 年 5 月 26 日，县人大常委会副主任董素平带领县人大常委会执法检查组，对贯彻落实《动物防疫法》情况进行执法检查。6 月 30 日，县十六届人大常委会第三次会议听取和审议执法检查组副组长段立新作的《关于检查〈中华人民共和国动物防疫法〉实施情况的报告》。

4. 2017 年 8 月 11 日，县人大常委会副主任刘鸣利带领县人大常委会执法检查组对贯彻落实《消防法》情况进行执法检查。8 月 29 日，县十六届人大常委会第四次会议听取和审议执法检查组副组长张会娟作的《关于检查〈中华人民共和国消防法〉实施情况的报告》。

5. 2017 年 11 月 23 日，县人大常委会副主任盖建林带领县人大常委会执法检查组，对贯彻落实《中医药法》情况进行执法检查。12 月 26 日，县十六届人大常委会第六次会议听取执法检查组《关于检查〈中华人民共和国中医药法〉实施情况的报告》。

6. 2018 年 3 月 29 日，县人大常委会副主任董素平带领县人大常委会执法检查组，对贯彻落实《城乡规划法》情况进行执法检查。4 月 25 日，县十六届人大常委会第九次会议听取和审议执法检查组副组长胡玉白作的《关于检查〈中华人民共和国城乡规划法〉实施情况的报告》。

7. 2018 年 3 月 30 日，县人大常委会副主任刘鸣利带领县人大常委会执法检查组，对贯彻落实《公证法》情况进行执法检查。4 月 25 日，县十六届人大常委会第九次会议听取和审议执法检查组副组长张会娟作的《关于检查〈中华人民共和国公证法〉实施情况的报告》。

8. 2018 年 6 月 15 日，县人大常委会副主任杨永志带领县人大常委会执法检查组，对贯彻落实《审计法》情况进行执法检查。6 月 28 日，县十六届人大常委会第十次会议听取和审议执法检查组副组长张兹娟作的《关于检查〈中华人民共和国审计法〉实施情况的报告》。

9. 2019 年 3 月 26 日，县人大常委会副主任杨永志带领县人大常委会执法检查组，对贯彻落实《安全生产法》情况进行执法检查。4 月 25 日，县十六届人大常委会第十八次会议听取和审议执法检查组副组长孟国旗作的《关于检查〈中华人民共和国安全生产法〉实施情况的报告》。

10. 2019 年 4 月 2 日，县人大常委会副主任刘鸣利带领县人大常委会执法检查组，对贯彻落实《反家庭暴力法》情况进行执法检查。4 月 25 日，县十六届人大常委会第十八次会议听取和审议执法检查组副组长张会娟作的《关于检查〈中华人民共和国反家庭暴力法〉实施情况的报告》。

11. 2019 年 7 月 26 日，县人大常委会副主任董素平带领县人大常委会执法检查组，对贯彻落实《文物保护法》情况进行执法检查。8 月 29 日，县十六届人大常委会第二十一次会议听取和审议执法检查组副组长赵惠芹作的《关于检查〈中华人民共和国文物保护法〉实施情况的报告》。

12. 2019 年 9 月 25 日，县人大常委会副主任董素平带领县人大常委会执法检查组，对贯彻落实《河北省农村扶贫开发条例》情况进行执法检查。10 月 24 日，县十六届人大常委会第二十四次会议听取和审议执法检查组副组长赵志军作的《关于检查〈河北省农村扶贫开发条例〉实施情况的报告》。

13. 2019 年 9 月 28 日，县人大常委会副主任杨永志带领县人大常委会执法检查组，对贯彻落实《河北省优化营商环境条例》情况进行执法检查。10 月 24 日，县十六届人大常委会第二十四次会议听取和审议执法检查组副组长孟国旗作的《关于检查〈河北省优化营商环境条例〉实施情况的报告》。

14. 2019 年 10 月 9 日，县人大常委会副主任刘鸣利带领县人大常委会执法检查组，对贯彻落实《治安管理处罚法》进行执法检查。10 月 24 日，县十六届人大常委会第二十四次会议听取和审议执法检查组副组长张会娟作的《关于检查〈中华人民共和国治安处罚法〉实施情况的报告》。

15. 2019 年 10 月 11 日，县人大常委会副主任董素平带领县人大常委会执法检查组，对贯彻落实《大气污染防治法》《河北省大气污染防治条例》情况进行执法检查。10 月 24 日，县十六届人大常委会第二十四次会议听取和审议执法检查组副组长孙绍华作的《关于检查〈中华人民共和国大气污染防治法〉〈河北省大气污染防治条例〉实施情况的报告》。

16. 2019 年 11 月 28 日，县人大常委会副主任董素平带领县人大常委会执法检查组，对贯彻落实《农产品质量安全法》情况进行执法检查。12 月 24 日，县十六届人大常委会第二十五次会议听取和审议执法检查组副组长赵志军作的《关于检查〈中华人民共和国农产品质量安全法〉实施情况的报告》。

17. 2020 年 3 月 26 日，县人大常委会副主任刘鸣利带领县人大常委会执法检查组，对贯彻落实《人民调解法》进行执法检查。4 月 22 日，县十六届人大常委会第二十八次会议听取和审议执法检查组副组长张会娟作的《关于检查〈中华人民共和国人民调解法〉实施情况的报告》。

18. 2020 年 9 月 22 日，县人大常委会副主任刘鸣利带领县人大常委会执法检查组，对贯彻落实《河北省行政执法监督条例》进行执法检查。10 月 27 日，县十六届人大常委会第三十二次会议听取和审议执法检查组副组长张会娟作的《关于检查〈河北省行政执法监督条例〉实施情况的报告》。

19. 2020 年 9 月 23 日，县人大常委会副主任杨永志带领县人大常委会执法检查组，对贯彻落实《河北省优化营商环境条例》进行执法检查。10 月 27 日，县十六届人大常委会第三十二次会议听取和审议执法检查组副组长孟国旗作的《关于检查〈河北省优化营商环境条例〉实施情况的报告》。

20. 2020 年 9 月 23 日，县人大常委会副主任盖进良带领县人大常委会执法检查组，对贯彻落实《河北省农村扶贫开发条例》进行执法检查。10 月 27 日，县十六届人大常委会第三十二次会议听取和审议执法检查组副组长赵志军作的《关于检查〈河北省农村扶贫开发条例〉实施情况的报告》。

21. 2020 年 9 月 28 日，县人大常委会常委会副主任董素平带领县人大常委会执法检查组，对贯彻落实《大气污染防治法》《河北省大气污染防治条例》情况进行执法检查。10 月 27 日，县十六届人大常委会第三十二次会议听取和审议执法检查组副组长孙绍华作的《关于检查〈中华人民共和国大气污染防治法〉〈河北省大气污染防治条例〉实施情况的报告》。

22. 2020 年 9 月 29 日，县人大常委会常委会副主任董素平带领县人大常委会执法检查组，对贯彻落实《传染病防治法》情况进行执法检查。10 月 27 日，县十六届人大常委会第三十二次会议听取和审议执法检查组副组长赵惠芹作的《关于检查〈中华人民共和国传染病防治法〉实施情况的报告》。

第四节　视察调研

县十六届人大常委会共组织开展视察调研活动77次，其中视察活动39次，调研活动38次。

表12-11　行唐县第十六届人大常委会2017—2021年视察活动选录

时　间	视察内容	牵头单位
2017年4月27日	关于南桥镇柳树沟村核桃、苹果基地建设情况	农业农村工委
2017年8月3日	关于上半年预算执行情况	财经工委
2017年8月9日	关于中药材发展情况	农业农村工委
2017年8月17日	关于河包口村扶贫工作进展情况	财经工委
2017年8月23日	关于上阎庄乡扶贫工作进展情况	农业农村工委
2018年4月12日	关于落实《河北省人大常委会关于促进农作物秸秆综合利用和禁止露天焚烧的决定》情况	农业农村工委
2018年4月15日	关于水利设施发挥效益情况	农业农村工委
2018年5月22日	关于黄庵小镇建设进展情况	财经工委
2018年6月12日	关于分包企业安全生产情况	农业农村工委
2018年6月21日	关于三项联动监督明察暗访情况	政法工委
2018年7月5日	关于中医药“双创”基地建设情况	农业农村工委
2018年7月18日	关于河长制工作落实情况	农业农村工委
2018年8月8日	关于扶贫脱贫攻坚情况	农业农村工委
2018年8月9日	关于大气污染防治情况	城建环资委员会
2018年8月10日	关于优化营商环境情况	财经工委
2019年6月5日	关于全县中药材产业发展情况	农业农村工委
2019年6月19日	关于“河北省中医药强县”申报创建情况	教科文卫工委
2019年7月3日	关于太行山生态绿化、通道绿化等绿化提质工程	城建环资委员会
2019年8月21日	关于公园游园建设管理情况	城建环资委员会
2019年8月22日	关于品牌农业建设情况	农业农村工委
2020年4月29日	关于第一季度国民经济和社会发展情况	财经工委
2020年6月9日	关于地下水超采综合治理情况	农业农村工委
2020年6月10日	关于矿山综合治理情况	政法工委

续表12-11

时　间	视察内容	牵头单位
2020 年 6 月 11 日	关于加强公共卫生管理情况	教科文卫工委
2020 年 6 月 12 日	关于清理规范违法违规圈占土地情况 关于清理规范房地产开发项目情况	城建环资委员会
2020 年 6 月 12 日	关于清理规范违建项目情况 关于清理规范资源能源项目情况	财经工委
2020 年 6 月 19 日	关于城乡环卫一体化情况	城建环资委员会
2020 年 6 月 23 日	关于教育基础设施建设情况	教科文卫工委
2020 年 6 月 24 日	关于万亩药材、万亩苹果示范区建设情况	农业农村工委
2020 年 7 月 10 日	关于文物保护利用情况	教科文卫工委
2020 年 8 月 26 日	关于城市增绿提质工程情况	城建环资委员会
2020 年 8 月 28 日	关于农业“一减四增”工作开展情况	农业农村工委
2021 年 4 月 9 日	关于扶贫龙头企业生产经营情况	农业农村工委
2021 年 4 月 18 日	关于规范性文件审查报备工作情况	政法工委
2021 年 4 月 27 日	关于第一季度国民经济和社会发展计划执行情况	财经工委
2021 年 5 月 11 日	关于全县基层公共医疗卫生服务情况	教科文卫工委
2021 年 5 月 19 日	关于 2021 年扶贫办、农业农村局、水利局、畜牧工作总站乡村振兴和扶贫项目进展情况	农业农村工委
2021 年 5 月 26 日	关于精神卫生工作开展情况	教科文卫工委

表 12-12　行唐县第十六届人大常委会 2017—2020 年调研活动选录

时　间	调研内容	牵头单位
2017 年 3 月 29 日	关于教师周转宿舍建设情况	教科文卫工委
2017 年 4 月 17 日	关于九口子乡黄庵小镇规划建设情况	城建环资委员会
2017 年 4 月 19 日	关于噪声污染防治情况	城建环资工委
2017 年 5 月 7 日	关于九口子乡高家峪村扶贫攻坚和美丽乡村建设情况	农业农村工委
2017 年 5 月 26 日	关于乡镇综合文化站、村民文化活动中心建设情况	教科文卫工委
2017 年 6 月 22 日	关于城市公立医院综合改革进展情况	教科文卫工委
2017 年 7 月 12 日	关于引横济口工程建设情况	农业农村工委
2017 年 7 月 16 日	关于上方、玉亭两个卫生院国医堂建设情况	教科文卫工委
2017 年 7 月 21 日	关于《政府工作报告》上半年完成情况 关于对 2017 年上半年国民经济和社会发展计划执行情况	人大常委会办公室 财经工委

续表12-12

时间	调研内容	牵头单位
2017年8月3日	关于上半年预算执行情况	财经工委
2017年8月18日	关于河道采砂治理情况	农业农村工委
2017年8月24日	关于62所薄弱学校改造情况	教科文卫工委
2017年9月14日	关于城乡环卫一体化实施情况	城建环资委员会
2017年9月20日	关于山区经济沟+生态农业建设情况	农业农村工委
2017年9月26日	关于“名师、名校、名校长”工程开展情况	教科文卫工委
2017年12月6日	关于《政府工作报告》完成情况	人大常委会办公室
2017年12月19日	关于2017年度环境状况和环境目标完成情况	城建环资委员会
2018年2月23日	关于九口子乡黄庵小镇建设及资金使用情况	财经工委
2018年4月15日	关于水利设施发挥效益情况	农业农村工委
2018年5月2日	关于2018年第一季度经济运行情况	财经工委
2018年7月5日	关于中医药“双创”基地建设工作	教科文卫工委
2018年10月10日	关于现代农业园区建设情况	农业农村工委
2018年12月14日	关于县人民政府2018年《政府工作报告》完成情况	人大常委会办公室
2019年3月17日	关于现代农业园区建设情况	农业农村工委
2019年5月22日	关于县第十三个五年规划中期评估情况	财经工委
2019年7月18日	关于2019年上半年财政预算执行情况	财经工委
2019年7月20日	关于2019年上半年国民经济和社会发展计划执行情况	财经工委
2019年10月10日	关于全域旅游发展情况	教科文卫工委
2019年10月15日	关于代表建议办理情况	代联工委
2019年12月13日	关于《政府工作报告》完成情况	人大常委会办公室
2020年4月8日	关于县人民政府环境状况和环境保护目标完成情况	城建环资委员会
2020年4月9日	关于上碑镇脱贫攻坚、信访情况	代联工委
2020年5月30日	关于农村产业发展发挥特色产业路作用情况	农业农村工委
2020年8月19日	关于2020年上半年财政预算完成情况	财经工委
2020年8月21日	关于2020年上半年国民经济和社会发展计划执行情况	财经工委
2020年10月13日	关于县十六届人大四次会议代表建议办理情况	代联工委
2020年12月15日	关于2020年《政府工作报告》及民生实事完成情况	人大常委会办公室

第五节　监督工作选介

一、监督清理规范房地产开发项目完成情况

2020年，县委提出要维护规划刚性，坚决拆除违反城乡规划的未批先建、超规违建、超期临建、私搭乱建等建筑，坚决遏制擅自提高容积率、随意增高楼层等现象，规范房地产市场秩序。为落实县委决策部署，县人大常委会组织市、县、乡三级人大代表，对全县清理规范房地产开发项目工作开展视察。4月下旬，对视察组成员就《清理规范房地产开发项目监督工作方案》及相关法律法规等内容进行了培训；5月中旬，视察组到县解决房地产遗留问题办公室查阅房地产档案；6月上旬，视察组实地查看中京铭都、盛景天城、锦绣景城、碧水绿洲、天韵家园、衡阳福居、天河景致、金桥水岸等项目点，听取县人民政府房地产开发项目清理规范工作汇报，与政府和部门进行座谈交流，征求代表的意见建议，充分了解全县清理规范房地产项目完成情况。7月17日，县十六届人大常委会第三十次会议听取和审议《行唐县人民政府关于清理规范房地产开发项目工作的专项报告》以及县人大常委会执法检查组《关于清理规范房地产开发项目工作的视察报告》，提出加强房地产领域法律法规宣传教育、加强宏观调控力度、加大对违法房地产打击力度、健全防控长效机制等意见建议。县人民政府逐一整改落实，全县房地产开发秩序得到进一步规范。

二、助力现代农业园区建设

县委提出要推进农业园区化，围绕实现“一乡一农业园区”，落实扶持发展现代农业园区十条措施，加快建设神树湾、团山红等30个现代农业园区，力争更多园区跻身国家和省市行列。为加快全县现代农业园区建设步伐，进一步推动全县现代农业的健康快速发展，县人大常委会连续两年对全县现代农业园区建设情况进行调研。2018年10月10日，县人大常委会调研组实地查看了口头镇团山红现代农业园区、上阎庄乡多利庄园现代农业园区和神树湾现代农业园区的建设情况，听取县人民政府、口头镇、上阎庄乡及农林畜牧局、财政局等相关部门关于全县现代农业园区建设工作开展情况的汇报。10月30日，县十六届人大常委会第十三次会议听取《县人民政府关于现代农业园区建设情况的报告》和县人大常委会调研组《关于现代农业园区建设情况的调研报告》，提出加大推介力度、加强与龙头企业的合作，创新发展模式、利用“旅游+”“生态+”“互联网+”等模式延伸产业链条，强化服务管理、加大技术、资金等方面的支持力度，加强园区管理、积极培育知名品牌等意见建议。县人民政府及有关部门认真研究落实，全县农业园区呈现良好发展态势。

三、推进产业路带动特色产业发展

要想富，先修路。坎坷崎岖的山路，泥泞狭窄的乡间小道，不仅是制约山乡特色种养殖

产业发展的“瓶颈”，更是行唐广大人民群众改变贫穷落后面貌、实现乡村振兴的“拦路虎”。县委适时作出了修建特色产业路，带动特色产业发展，推动乡村振兴的工作部署。

2016年，全县总投资7.9亿元，一期产业路10条280千米，包括安太珍果路、张家庄中华寿桃路、枣区环路等，覆盖12个乡镇180个行政村，完工并投入使用。以产业路为纽带，逐步形成了以北河、上阎庄等乡镇为中心的5个万亩药材种植基地、“安太”苹果种植基地、城寨“中华寿桃”种植基地、沟北反季节韭菜等特色产业种植基地；建成了上王庄多利庄园、上滋洋卧龙岗等核桃种植示范基地。产业路吸引石家庄君盛牧业“万头牧场”落户北河乡安家峪村，石家庄峪口禽业有限公司入驻上方乡、只里乡。

为推动全县特色产业高质量发展，加快乡村振兴战略实施步伐，2020年5月30日，县人大常委会对全县围绕特色产业路发展特色产业情况进行调研。调研组沿特色产业路先后实地查看了九口子乡鳌鱼红枣基地、城寨乡城寨有机山庄和玉亭乡河北千千紫农业开发有限公司，并召开座谈会，听取了县人民政府和县农业农村局、自然资源和规划局、交通局等部门工作情况的汇报。2020年6月30日，县十六届人大常委会第二十九次会议听取和审议县人民政府《关于围绕特色产业路发展特色产业情况的报告》和县人大常委会调研组的调研报告，提出建立健全产业路管护长效机制，高标准编制特色产业发展规划，加大技术、资金支持力度，培育优势品牌、提高全县特色农产品品牌的知名度和竞争力，延伸产业链条，促进一、二、三产融合发展等意见建议，形成审议意见，转县人民政府研究办理，促进了全县特色产业健康持续发展。

第六章　决 议 决 定

县十六届人大及其常委会坚持自觉服从服务于全县改革、发展、稳定大局，立足于支持和促进县“一府一委两院”的工作，县人民代表大会先后作出决议决定32项，县人大常委会先后作出决议决定43项（不包含人事任免事项）。

第一节　作出决议决定

一、县十六届人大历次会议作出决议决定情况

县十六届人大历次会议共作出决议决定32项。

表12-13　行唐县第十六届人民代表大会历次会议决议决定一览表

时　间	会　次	事　项
2017年2月24日	第一次	关于政府工作报告的决议 关于行唐县2016年国民经济和社会发展计划执行情况与2017年国民经济和社会发展计划的决议 关于行唐县2016年县本级预算及县总预算执行情况和2017年县本级预算及县总预算的决议 关于行唐县人民代表大会常务委员会工作报告的决议 关于行唐县人民法院工作报告的决议 关于行唐县人民检察院工作报告的决议
2018年1月29日	第二次	关于政府工作报告的决议 关于行唐县2017年国民经济和社会发展计划执行情况与2018年国民经济和社会发展计划的决议 关于行唐县2017年县本级预算及县总预算执行情况和2018年县本级预算及县总预算的决议 关于行唐县人民代表大会常务委员会工作报告的决议 关于行唐县人民法院工作报告的决议 关于行唐县人民检察院工作报告的决议

续表12-13

时　间	会　次	事　项
2019 年 1 月 30 日	第三次	关于政府工作报告的决议 关于行唐县 2018 年国民经济和社会发展计划执行情况与 2019 年国民经济和社会发展计划的决议 关于行唐县 2018 年县本级预算及县总预算执行情况和 2019 年县本级预算及县总预算的决议 关于行唐县人民代表大会常务委员会工作报告的决议 关于行唐县人民法院工作报告的决议 关于行唐县人民检察院工作报告的决议
2020 年 1 月 21 日	第四次	关于政府工作报告的决议 关于行唐县 2019 年国民经济和社会发展计划执行情况与 2020 年国民经济和社会发展计划的决议 关于行唐县 2019 年预算执行情况和 2020 年预算的决议 关于行唐县人民代表大会常务委员会工作报告的决议 关于行唐县人民法院工作报告的决议 关于行唐县人民检察院工作报告的决议
2021 年 3 月 5 日	第五次	关于政府工作报告的决议 关于行唐县 2020 年国民经济和社会发展计划执行情况与 2021 年国民经济和社会发展计划的决议 关于行唐县 2020 年预算执行情况和 2021 年预算的决议 关于行唐县国民经济和社会发展第十四个五年规划和 2035 年远景目标纲要的决议 关于行唐县人民代表大会常务委员会工作报告的决议 关于行唐县人民法院工作报告的决议 关于行唐县人民检察院工作报告的决议 关于接受高华树辞去行唐县第十六届人民代表大会常务委员会主任职务请求的决定

二、县十六届人大常委会历次会议作出决议决定情况

县十六届人大常委会历次会议共作出决议决定 43 项（不含人事任免事项）。

表 12-14　行唐县第十六届人大常委会历次会议决议决定一览表

时　间	常委会会议	事　项
2017 年 6 月 30 日	第三次	关于设立行唐县第十六届人民代表大会常务委员会代表资格审查委员会的决定
2017 年 8 月 29 日	第四次	关于《行唐县 2016 年度县本级预算执行和其他财政收支情况的审计工作报告》的决议；关于批准《行唐县人民政府关于提请审议批准 2017 年政府债务限额的议案》的决议
2017 年 10 月 31 日	第五次	关于批准 2017 年县本级预算调整方案的决议
2017 年 12 月 26 日	第六次	关于批准《行唐县人民政府关于调整 2017 年国民经济和社会发展计划部分指标的报告》的决议；关于批准《行唐县人民政府关于提请审议批准 2017 年政府债务限额的议案》的决议；关于批准《2017 年县本级预算调整方案》的决议；关于批准《行唐县人民政府关于提请审议 2017 年度易地扶贫搬迁工程向河北易地扶贫搬迁开发投资有限公司融资有关事项的议案》的决议
2018 年 8 月 30 日	第十一次	关于《行唐县 2017 年度县本级预算执行和其他财政收支情况的审计工作报告》的决议；关于《行唐县 2017 年财政决算》的决议；关于批准《2018 年县本级预算调整方案》的决议
2018 年 9 月 28 日	第十二次	关于深入学习宣传和贯彻实施《中华人民共和国宪法》的决定
2018 年 10 月 30 日	第十三次	关于加强检察机关提起公益诉讼工作的决定；关于《行唐县人民政府关于行唐县产业新城 PPP 项目情况的报告》的决议；关于批准《行唐县人民政府关于提请审议批准 2018 年政府债务限额的议案》的决议；关于批准《2018 年县本级预算调整方案》的决议
2018 年 12 月 28 日	第十四次	关于批准《行唐县人民政府关于调整 2018 年国民经济和社会发展计划部分指标的报告》的决议
2019 年 1 月 25 日	第十六次	关于召开行唐县第十六届人民代表大会第三次会议的决定
2019 年 6 月 26 日	第二十次	关于批准《行唐县人民政府关于提请审议批准 2019 年政府债务限额的议案》的决议；关于批准 2019 年县本级预算调整方案的决议；关于行唐县资源性国有资产存量及运营情况报告的决议
2019 年 8 月 29 日	第二十一次	关于《行唐县 2018 年度县本级预算执行和其他财政收支情况的审计工作报告》的决议；关于行唐县 2018 年财政决算的决议

续表12-14

时　间	常委会会议	事　项
2019年9月25日	第二十二次	关于确定人民陪审员名额数的决定
2019年10月24日	第二十四次	关于批准《行唐县人民政府关于提请审议批准2019年政府债务限额的议案》的决议；关于批准2019年县本级预算调整方案的决议；关于实行民生实事项目人大代表票决制的决定
2020年1月12日	第二十六次	关于召开行唐县第十六届人民代表大会第四次会议的决定
2020年6月30日	第二十九次	关于批准《行唐县人民政府关于提请审议批准2020年政府债务限额的议案》的决议；关于批准2020年预算调整方案的决议
2020年8月27日	第三十一次	关于批准《县政府关于调整行唐县“十三五”规划纲要部分指标的报告》的决议；关于行唐县2019年财政决算的决议；关于《行唐县2019年度县本级预算执行和其他财政收支情况的审计工作报告》的决议
2020年10月27日	第三十二次	关于批准《行唐县人民政府关于提请审议批准2020年政府债务限额的议案》的决议；关于批准2020年预算调整方案的决议
2020年12月29日	第三十三次	关于批准《行唐县人民政府关于调整2020年国民经济和社会发展计划部分指标的报告》的决议
2021年3月1日	第三十四次	关于召开行唐县第十六届人民代表大会第五次会议的决定
2021年4月30日	第三十六次	关于县乡两级人民代表大会换届选举的决定；关于重新确定县乡人民代表大会代表名额的决定；关于任命行唐县人大换届选举委员会的决定；关于任命乡镇人大换届选举委员会的决定；关于调整行唐县第十六届人大常委会代表资格审查委员会组成人员的决定
2021年7月16日	第四十次	关于召开行唐县第十七届人民代表大会第一次会议的决定

第二节　决议决定选介

关于学习宣传和贯彻实施《中国人民共和国宪法》的决定

《关于学习宣传和贯彻实施〈中国人民共和国宪法〉的决定》（以下简称《决定》），于2018年9月28日在县第十六届人大常委会第十二次会议上通过。

为深入学习宣传和贯彻实施《宪法》，根据党中央和省、市、县委部署，按照全国人大和省、市人大要求，结合我县实际，会议作出《决定》。

《决定》从充分认识学习宣传和贯彻实施《宪法》的重大意义，深入推进《宪法》的学习宣传，全面推动《宪法》的贯彻实施等几个方面提出了具体要求，坚决维护《宪法》权威，切实保证《宪法》实施。

关于加强检察机关提起公益诉讼工作的决定

《关于加强检察机关提起公益诉讼工作的决定》（以下简称《决定》），于2018年10月30日在县第十六届人大常委会第十三次会议上通过。

为贯彻落实习近平新时代中国特色社会主义思想，充分发挥检察机关法律监督职能，进一步加强和规范检察机关提起公益诉讼工作，切实加强对国家利益和社会公共利益保护，促进依法行政和法治政府建设，根据《中华人民共和国民事诉讼法》《中华人民共和国行政诉讼法》等有关规定及《石家庄市人大常委会关于加强检察机关公益诉讼工作的决议》，结合行唐县实际，会议作出《决定》。

《决定》从提高政治站位，充分认识公益诉讼在服务大局中的重要意义；检察机关依法履职，积极开展公益诉讼；行政机关积极配合，依法支持公益诉讼；加强协调联动，形成保护公益合力；县人大及其常委会加强对公益诉讼监督和支持等几个方面提出了具体要求，将公益诉讼工作作为围绕中心、服务大局的重要举措，努力服务县域经济社会全面发展。

关于实行民生实事项目人大代表票决制的决定

《关于实行民生实事项目人大代表票决制的决定》（以下简称《决定》），于2019年10月24日在县第十六届人大常委会第二十四次会议上通过。

为深入贯彻落实党中央《关于健全人大讨论决定重大事项制度、各级政府重大决策出台前向本级人大报告的实施意见》精神，推动民生实事项目决策民主化、科学化、法制化，确保民生实事项目落地落实，根据省委、省人大常委会的安排部署和《石家庄市人大常委会关于实行民生实事项目人大代表票决制的决定》的有关要求，会议作出《决定》。

《决定》从提高政治站位，统一思想认识；把握基本要求，严格依法办事；抓好工作落实，推动民生实事项目人大代表票决制扎实开展；加强组织领导，确保民生实事项目人大代表票决制取得实效等几个方面提出了具体要求，为全县实行民生实事项目人大代表票决制工作提供了依据。

第七章　选举任免

县十六届人大常委会坚持党管干部和人大依法行使选举任免权相统一的原则，严格依法做好选举任免、履职评议等工作。先后任免县级国家机关工作人员180人次，任命县人民法院人民陪审员107名，接受辞职5名，选举出席石家庄市人民代表大会代表3名，对27名法官和7名检察官进行了履职评议。严格贯彻执行《行唐县人大常委会人事任免办法》《行唐县人大常委会关于任命人员述职评议试行办法》《行唐县人大常委会关于实施宪法宣誓制度的办法》等制度，不断健全完善人事任免和任后监督机制，对“一府一委两院”提请任命的干部人选，通过任前法律知识考试、供职承诺测评、任职表态发言、颁发任命书、宪法宣誓等程序，增强被任命人员的宪法意识、责任意识和公仆意识。

第一节　常委会选举任免情况

2017年3月23日，县十六届人大常委会第一次会议选举产生了行唐县出席石家庄市第十四届人民代表大会代表3名，通过县人大常委会、县人民政府相关人事任免事项。

选举：

米志奇、程鹏起、赵洪为行唐县出席石家庄市第十四届人民代表大会代表

决定免去：

刘　鸣的行唐县人大常委会办公室主任职务

盖建林的行唐县人力资源和社会保障局局长职务

王荣林的行唐县农林畜牧局局长职务

贾俊峰的行唐县统计局局长职务

决定任命：

李书新为行唐县人力资源和社会保障局局长

赵英海为行唐县农林畜牧局局长

王建峰为行唐县统计局局长

刘进城为行唐县行政审批局局长

2017年4月10日，县十六届人大常委会第二次会议通过了县人民政府相关人事任免事项。

决定任命：

池玉清为行唐县公安局局长

王建良为行唐县监察局局长

高秋敏为行唐县人民政府办公室主任

孟文锁为行唐县发展和改革局局长

王连锁为行唐县安全生产监督管理局局长

邸　健为行唐县文化教育局局长

张天吉为行唐县民政局局长

郭银海为行唐县司法局局长

李翠玲为行唐县财政局局长

申胜利为行唐县住房和城乡建设局局长

严爱民为行唐县城乡规划局局长

康志强为行唐县交通运输局局长

盖庆昌为行唐县卫生和计划生育局局长

孟振平为行唐县审计局局长

苏文杰为行唐县环境保护局局长

高彦明为行唐县市场监督管理局局长

张　骉为行唐县质量技术监督局局长

2017年6月30日，县十六届人大常委会第三次会议通过了县人民政府相关人事任免事项。

决定任命：

王纪清为行唐县人民政府副县长（挂职、时间一年）

邵　玉为行唐县人民政府副县长（挂职、时间一年）

2017年12月26日，县十六届人大常委会第六次会议通过了县人大常委会相关人事任免事项。

任命：

王永伟为行唐县人大常委会办公室主任

2018年1月24日，县十六届人大常委会第七次会议通过了县人大常委会相关人事任免事项。

任命：

韩金刚为行唐县人大常委会财政经济工作委员会副主任

赵志军为行唐县人大常委会农业农村工作委员会副主任

2018年1月29日，县十六届人大常委会第八次会议通过了县人民政府、县监察委员会相关人事任免事项。

决定免去：

王建良的行唐县监察局局长职务

任命：

王建良为行唐县监察委员会副主任

高新忠为行唐县监察委员会副主任

孙新国为行唐县监察委员会委员

郭永军为行唐县监察委员会委员

2018 年 8 月 30 日，县十六届人大常委会第十一次会议通过了县人民政府相关人事任免事项。

决定免去：

王纪清的行唐县副县长（挂职）职务

邵　玉的行唐县副县长（挂职）职务

决定任命：

杨万强为行唐县人民政府副县长（挂职，时间二年）

2018 年 9 月 28 日，县十六届人大常委会第十二次会议通过了县人民政府相关人事任免事项。

决定任命：

韩存环为行唐县人民政府副县长（挂职，时间一年）

2019 年 1 月 8 日，县十六届人大常委会第十五次会议通过了县人大常委会、县人民政府相关人事任免事项。

免去：

王晓光的行唐县人大常委会办公室副主任职务

胡玉白的行唐县人大常委会办公室信访科科长职务

李　欣的行唐县人大常委会办公室信访科副科长职务

段立新的行唐县人大常委会农业农村工委主任职务

赵力杰的行唐县人大常委会教科文卫工委主任职务

刘发水的行唐县人大常委会办公室老干部科科长职务

决定免去：

庞英须的行唐县人民政府副县长职务

严爱民的行唐县城乡规划局局长职务

邸　健的行唐县文化教育局局长职务

盖庆昌的行唐县卫生和计划生育局局长职务

孟文锁的行唐县发展和改革局局长职务

郭银海的行唐县司法局局长职务

赵英海的行唐县农林畜牧局局长职务

申胜利的行唐县住建局局长职务

孟振平的行唐县审计局局长职务

张　骉的行唐县质量技术监督局局长职务

高彦明的行唐县市场监督管理局局长职务

王连锁的行唐县安监局局长职务

决定任命：

严爱民为行唐县自然资源和规划局局长

邸　健为行唐县教育局局长

盖庆昌为行唐县卫生健康局局长

王占勇为行唐县发展和改革局局长

盖进良为行唐县扶贫开发办公室主任

张志强为行唐县司法局局长

陈彦军为行唐县住建局局长

胡文革为行唐县水利局局长

王　琳为行唐县农业农村局局长

单春玲为行唐县文化广电体育和旅游局局长

钱立伟为行唐县退役军人事务局局长

石文胜为行唐县应急管理局局长

赵国才为行唐县市场监督管理局局长

刘成江为行唐县医疗保障局局

2019 年 1 月 25 日，县十六届人大常委会第十六次会议通过了县人大常委会相关人事任免事项。

任命：

赵惠芹为行唐县人大常委会教育科学文化卫生工作委员会主任

陈连香为行唐县人大常委会办公室信访科科长

王彦飞为行唐县人大常委会办公室副主任

仇英军为行唐县人大常委会办公室老干部科副科长

张会娟为行唐县人大常委会政法工作委员会副主任

2019 年 1 月 30 日，县十六届人大常委会第十七次会议通过了县人民政府相关人事任免事项。

决定免去：

陈树旗的行唐县人民政府副县长职务

2019 年 4 月 25 日，县十六届人大常委会第十八次会议通过了县人民政府、县监察委员会、县人民检察院相关人事任免事项。

决定任命：

孟文锁为行唐县审计局局长

免去：

张立洲的行唐县人民检察院检察委员会委员职务

仇卫东的行唐县人民检察院检察委员会委员职务。

任命：

张立洲为行唐县监察委员会委员

杨军辉为行唐县监察委员会委员

仇卫东为行唐县监察委员会委员

2019 年 5 月 10 日，县十六届人大常委会第十九次会议通过了县人民政府相关人事任免事项。

决定免去：

宫世友的行唐县人民政府副县长职务

决定任命：

梁志彦为行唐县人民政府副县长

张胜利为行唐县人民政府副县长

赵　欣为行唐县人民政府副县长

2019 年 6 月 26 日，县十六届人大常委会第二十次会议通过了县人大常委会、县人民政府相关人事任免事项。

免去：

赵志军的行唐县人大常委会农业农村工作委员会副主任职务

任命：

孙绍华为行唐县人大常委会办公室老干部科科长

赵志军为行唐县人大常委会农业农村工作委员会主任

黄新会为行唐县人大常委会办公室信访科副科长

决定免去：

李书新的行唐县人力资源和社会保障局局长职务

王　琳的行唐县农业农村局局长职务

决定任命：

王　琳为行唐县人力资源和社会保障局局长

杨大虎为行唐县农业农村局局长

2019 年 9 月 25 日，县十六届人大常委会第二十二次会议通过了县人民法院相关人事任免事项。

任命：

范双全、郭艮平、韩丽、韩露、韩淑贞、黄荣芹、贾树林、李晨霞、李娟、李小风、李英花、刘卜、刘海霞、刘云丽、卢参军、卢遥、钱淑娴、乔先强、宋宁宁、孙盼、王会英、王丽红、王丽沙、王振恒、闫炜、严风、杨鑫、杨昭、张杰、赵翠玉、赵兰丑、周晨丽、左会敏 33 人为行唐县人民法院人民陪审员，任期五年。

2019 年 10 月 24 日，县十六届人大常委会第二十四次会议通过了县人民政府、县人民法院相关人事任免事项。

决定免去：

韩存环的行唐县人民政府副县长（挂职）职务

免去：

赵海峰的行唐县人民法法院上碑人民法庭庭长职务

杨山林的行唐县人民法法院上碑人民法庭副庭长职务

刘振平的行唐县人民法法院民事审判第一庭庭长职务

陈淑芬的行唐县人民法法院民事审判第一庭副庭长职务

耿化力的行唐县人民法法院行政审判庭庭长职务

刘志强的行唐县人民法法院南桥人民法庭庭长职务

石　君的行唐县人民法法院执行一庭庭长职务

赵素丽的行唐县人民法法院城关人民法庭副庭长职务

张连员的行唐县人民法法院刑事审判庭庭长职务

常连海的行唐县人民法法院未成年人案件综合审判庭庭长职务

李瑞玲的行唐县人民法法院刑事审判庭副庭长职务

张金路的行唐县人民法法院城关人民法庭庭长职务

范进军的行唐县人民法法院安香人民法庭庭长职务

刁平利的行唐县人民法法院行政审判庭副庭长职务

刘春玲的行唐县人民法法院立案庭庭长职务

周会杰的行唐县人民法法院审判监督庭庭长职务

石　军的行唐县人民法法院执行庭副庭长职务

赵　阳的行唐县人民法法院城市建设综合审判庭副庭长职务

王彦清的行唐县人民法法院南桥人民法庭副庭长职务

刘子辰的行唐县人民法法院上碑人民法庭副庭长职务

任命：

赵海峰为行唐县人民法法院刑事审判庭庭长

杨山林为行唐县人民法法院立案庭（诉讼服务中心）庭长

刘振平为行唐县人民法法院民事审判庭庭长

陈淑芬为行唐县人民法法院民事审判庭副庭长

耿化力为行唐县人民法法院行政审判庭（综合审判庭）庭长

刘志强为行唐县人民法法院城关人民法庭庭长

石　君为行唐县人民法法院安香人民法庭庭长

赵素丽为行唐县人民法法院上碑人民法庭庭长

王趁心为行唐县人民法法院玉亭人民法庭庭长

王　军为行唐县人民法法院南桥人民法庭庭长

2019 年 12 月 24 日，县十六届人大常委会第二十五次会议通过了县监察委员会、县人民检察院相关人事任免事项。

免去：

程军宏的行唐县监察委员会主任职务

高新忠的行唐县监察委员会副主任职务

任命：

宋　佳为行唐县监察委员会副主任、代理主任

孙新国为行唐县监察委员会副主任

免去：

仇卫东的行唐县人民检察院检察员职务

张立洲的行唐县人民检察院检察员职务

丁二进的行唐县人民检察院检察员职务

李建国的行唐县人民检察院检察员职务

高国忠的行唐县人民检察院检察员职务

赵兰振的行唐县人民检察院检察员职务

辛占柱的行唐县人民检察院检察员职务

2020 年 1 月 12 日，县十六届人大常委会第二十六次会议通过了县人民政府相关人事任免事项。

决定免去：

池玉清的行唐县人民政府副县长、公安局局长职务

决定任命：

张红卫为行唐县人民政府副县长、公安局局长

2020 年 6 月 30 日，县十六届人大常委会第二十九次会议通过了县人民检察院相关人事任免事项。

任命：

马鲁娜为行唐县人民检察院检察委员会委员

2020 年 7 月 17 日，县十六届人大常委会第三十次会议通过了县人民法院相关人事任免事项。

免去：

李　勇的行唐县人民法院院长、审判委员会委员、审判员职务

任命：

尹敬田为行唐县人民法院副院长、审判委员会委员、审判员，决定其为行唐县人民法院代理院长。

2020 年 8 月 27 日，县十六届人大常委会第三十一次会议通过了县人民法院相关人事任免事项。

任命：

杨洁、刘栋、仝军、杨悦、张立、李溪、仝帅、王永、张星、毛伟、李鑫、赵莉、

李欣、刘沙、王显、封雪、李明、杨茜、李伟、李霞、米靖、刁聪伟、赵翔宇、崔宾志、肖雄凯、徐翠霞、范哲敏、康连贵、贾文霞、王为民、马素明、金二牛、范秀丽、赵新敏、梁新英、郭伟敏、郭朋展、韩晶鑫、李恩泽、任满军、杜海敏、胡亚捷、杨英强、米顺波、张亚飞、孟江芳、郭争光、刁素平、孙亚雄、刘利军、韩雨声、杨佳月、范伟红、李国林、陈国杰、谷利新、吴拴象、刘俊杰、刁新章、王宇琦、刘丽欣、苏利花、范伟乐、刘长星、张盼华、郭文香、张国英、刘世军、杨卫玲、王京朝、赵国庆、丁民强、康聪丽、蒲晶晶等74人为行唐县人民法院人民陪审员，任期五年

2020年10月27日，县十六届人大常委会第三十二次会议通过了县人民政府相关人事任免事项。

决定免去：

邸　健的行唐县教育局局长职务

盖进良的行唐县扶贫开发办公室主任职务

李翠玲的行唐县财政局局长职务

康志强的行唐县交通运输局局长职务

张天吉的行唐县民政局局长职务

杨大虎的行唐县农业农村局局长职务

决定任命：

刘永锋为行唐县人民政府办公室主任

翟立刚为行唐县财政局局长

郭趁义为行唐县教育局局长

申胜利为行唐县民政局局长

李会军为行唐县农业农村局局长

盖军路为行唐县扶贫开发办公室主任

邸　健为行唐县交通运输局局长

2021年3月1日，县十六届人大常委会第三十四次会议通过了县人大常委会、县监察委员会相关人事任免事项。

免去：

孟国旗的行唐县人大常委会财政经济工作委员会主任职务

韩金刚的行唐县人大常委会财政经济工作委员会副主任职务

任命：

韩金刚为行唐县人大常委会财政经济工作委员会主任

韩文胜为行唐县人大常委会财政经济工作委员会副主任

刘　宏为行唐县人大常委会代表联络工作委员会副主任

免去：

仇卫东的行唐县监察委员会委员职务

任命：

严　良为行唐县监察委员会委员

2021 年 3 月 4 日，县十六届人大常委会第三十五次会议通过了县人民政府相关人事任免事项。

决定免去：

张胜利的行唐县人民政府副县长职务

2021 年 5 月 25 日，县十六届人大常委会第三十七次会议通过了县人民政府、县人民检察院相关人事任免事项。

决定：

梁志彦为行唐县人民政府代理县长

任命：

雷春利为行唐县人民检察院副检察长、检察委员会委员、检察员，决定其为行唐县人民检察院代理检察长

2021 年 6 月 4 日，县十六届人大常委会第三十八次会议通过了县人民政府相关人事任免事项。

决定免去：

赵　欣的行唐县人民政府副县长职务

陈彦军的行唐县住房和城乡建设局局长职务

胡文革的行唐县水利局局长职务

王建峰的行唐县统计局局长职务

赵国才的行唐县市场监督管理局局长职务

李会军的行唐县农业农村局局长职务

单春玲的行唐县文化广电体育和旅游局局长职务

决定任命：

赵　然为行唐县人民政府副县长

王冀明为行唐县人民政府副县长

李志永为行唐县住房和城乡建设局局长

钱正义为行唐县水利局局长

赵书会为行唐县统计局局长

赵建强为行唐县市场监督管理局局长

2021 年 7 月 16 日，县十六届人大常委会第四十次会议通过了县人民政府相关人事任免事项。

决定免去：

盖军路的行唐县扶贫开发办公室主任职务

决定任命：

盖军路为行唐县乡村振兴局局长

第二节　常委会接受辞职情况

2018 年 1 月 24 日，县十六届人大常委会第七次会议接受王建良辞去行唐县第十六届人民代表大会常务委员会委员职务。

2019 年 1 月 30 日，县十六届人大常委会第十七次会议接受盖建林辞去行唐县第十六届人民代表大会常务委员会副主任职务。

2020 年 1 月 12 日，县十六届人大常委会第二十六次会议接受柳增良辞去行唐县第十六届人民代表大会常务委员会委员职务。

2021 年 5 月 25 日，县十六届人大常委会第三十七次会议接受王彦芳辞去行唐县人民政府县长职务，接受褚士彬辞去行唐县人民检察院检察长、检察委员会委员、检察员职务。

第三节　履 职 评 议

县十六届人大常委会先后对 27 名县人民法院法官和 7 名县人民检察院检察官进行履职评议。

表 12-15　行唐县第十六届人大常委会对法官、检察官履职评议情况表

时　间	常委会会议	被评议人员	职　务
2017 年 6 月 30 日	第三次	温　欣	县人民法院审判委员会专职委员
		王淑芳	县人民法院纪检监察室主任
		刘春玲	县人民法院立案庭庭长
		石　君	县人民法院执行局综合处负责人
		赵素丽	县人民法院城关法庭副庭长
		刘保社	县人民检察院副检察长
		张立洲	县人民检察院反贪局副局长
		高国忠	县人民检察院预防科科长
		盖英才	县人民检察院环保科科长
		马鲁娜	县人民检察院未成年人刑事检察科科长

续表12-15

时　间	常委会会议	被评议人员	职　务
2018年6月28日	第十次	孙　辉	县人民法院副院长
		刘振平	县人民法院民一庭庭长
		赵海峰	县人民法院刑事庭审判员
		张军海	县人民法院口头法庭庭长
		杨山林	县人民法院城关法庭副庭长
		郭忠岐	县人民检察院纪检组长
		张战强	县人民检察院检察委员会专职委员
2019年6月26日	第二十次	高永会	县人民法院审判委员会专职委员
		王趁心	县人民法院研究室副主任
		张金路	县人民法院民三庭负责人
		刘志强	县人民法院城关法庭负责人
		耿化力	县人民法院上碑法庭负责人
2020年6月30日	第二十九次	彭立勇	县人民法院执行局局长
		杜军平	县人民法院审判委员会专职委员
		陈淑芬	县人民法院民事庭副庭长
		尹瑞林	县人民法院口头法庭副庭长
		周会杰	县人民法院执行局法官

第 十 三 篇

行唐县第十七届人民代表大会

（2021 年 7 月至 2023 年 12 月）

第一章　党的领导

行唐县第十七届人民代表大会及其常务委员会坚持以习近平新时代中国特色社会主义思想为统领，深入学习贯彻党的二十大和二十届二中全会精神，切实增强“四个意识”、坚定“四个自信”，坚决捍卫“两个确立”、做到“两个维护”，深入贯彻落实中央和省、市、县委人大工作会议提出的新部署、新要求，自觉坚定政治信仰、政治立场、政治方向，切实担负起《宪法》和法律赋予的责任，推动各项人大工作实现重大突破。

2021 年 7 月 24 日，在县十七届人大一次会议闭幕式上，县委书记韩旭指出，县委将一如既往地重视人大工作，加强和改进对人大工作的领导，支持和保证人大依法履行职责；县人大及其常委会要继续加强自身建设，推进工作制度化、法制化、规范化，广泛开展视察、调研、检查活动，积极建言献策，督促政府有关部门办好实事，办实好事，办成大事；各级各部门要大力支持人大工作，认真办理人大代表意见建议，努力为人大工作开展创造条件。9 月 22 日，县委第四次常委会会议听取了县人大常委会党组提交的《关于开展“6+1”联动监督“回头看”和四项联动监督情况的报告》。12 月 16 日，县委第十一次常委会会议听取了县人大常委会党组党建工作汇报，对县人大常委会党组的工作给予充分肯定，要求县人大常委会党组结合全县工作安排和人民群众的期盼，广泛征集人大代表和基层群众意见建议，与县人民政府共同谋划好民生实事项目，要以加强党建为引领，提升人大自身建设和工作水平。2022 年 3 月 1 日，县委印发贯彻落实《中共河北省委关于新时代坚持和完善人民代表大会制度和改进人大工作的实施意见》的通知，对切实加强党对人大工作的全面领导，全面提升人大工作质量和水平，充分发挥人大代表主体作用，巩固和提升县乡人大建设水平，着力加强人大及其常委会自身建设等方面提出了明确要求，为做好新时期人大工作指明了方向。4 月 11 日，县委第二十三次常委会会议研究通过县人大常委会党组提交的《行唐县人大常委会关于开展五项联动监督的工作方案》，要求县人大常委会切实凝聚监督合力，加强指导督促，做到抓常抓长，真正解决一批影响高质量发展的短板问题。

县人大常委会党组始终围绕县委中心开展工作，不折不扣贯彻落实县委决策部署，坚持重大事项、重大问题向县委请示报告制度，及时通过法定程序把县委重大决策和重要意图变为人民群众的自觉行动。积极争取县委对人大及其常委会依法行使职权的领导和支持，为人大常委会开展工作创造良好的政治环境。把带头贯彻执行县委决策部署作为人大工作的根本任务，紧扣党代会、人代会、“十四五”规划确定的目标任务和人民群众普遍关心、关注的热点难点问题，认真开展调查研究，适时作出决议、决定。自觉把坚持党的领导、充分发扬民主和严格依法办事高度统一起来，实现党管干部与人大依法选举任免干部有机结合，不断完善法律知识考试、供职测评、表态发言、颁发任命书、《宪法》宣誓等程序，保证选举任免工作程序合法、客观公正，确保党的主张经过人大法定程序成为全县人民的共同意志。落实“学思想、强党性、重实践、建新功”总要求，切实履行“一岗双责”，严格遵守中央八项规定，全面加强党风廉政建设，为加快建设现代化美丽新行唐做出积极贡献。

第一节　党的组织机构

中共行唐县人大常委会党组

书　记：高华树（2021年7月—2021年8月）
　　　　赵为民（2021年8月—　　　　）
副书记：赵为民（2021年7月—2021年8月）
　　　　刘鸣利（2021年7月—　　　　）
　　　　甄泽亮（2022年8月—2023年6月）
成　员：高华树（2021年8月—2022年1月）
　　　　杨永志（2021年7月—2022年1月）
　　　　盖建林（2021年7月—2022年1月）
　　　　盖进良（2021年7月—　　　　）
　　　　王建良（2021年7月—2023年9月）
　　　　王永伟（2021年7月—　　　　）

第二节　党组会议

一、党组会

截至2023年12月，县十七届人大常委会党组召开党组会14次，其中，2021年召开党组会4次，2022年召开党组会1次，2023年召开党组会9次。

表 13-1　行唐县第十七届人大常委会党组会情况一览表

序　号	时　间	会议议题
1	2021 年 7 月 30 日	研究部署 2021 年下半年工作；安排部署学党史、学政策、学法律、学业务“四学”活动；加强机关建设；学习县十三次党代会精神
2	2021 年 8 月 19 日	研究提交县十七届人大常委会第一次会议议题；研究分组讨论审议事宜，并实行联组发言；学习市十一次党代会精神
3	2021 年 11 月 26 日	学习党的十九届六中全会精神、中央人大工作会议精神及省第十次党代会精神；研究党史学习教育民主生活会准备事宜；研究人大代表之家提升建设及活动经费安排；安排新一届代表培训工作
4	2021 年 12 月 22 日	安排党史学习专题民主生活会事宜
5	2022 年 3 月 30 日	学习全国十三届人大五次会议精神，全国人大工作报告，栗战书委员长在闭幕会上的讲话；研究“三重一大”事项（重大决策事项、重要人事任免事项、重大项目安排事项和大额度资金使用事项）
6	2023 年 1 月 17 日	研究县人大常委会主任分工
7	2023 年 1 月 28 日	研究补选石家庄市十五届人民代表大会代表有关事宜
8	2023 年 2 月 6 日	2022 年度民主生活会会前学习
9	2023 年 9 月 13 日	研究县人民政府提请人事任免事项
10	2023 年 9 月 19 日	传达全县主题教育有关部署要求
11	2023 年 10 月 8 日	研究主题教育有关问题清单、调研课题事项
12	2023 年 10 月 12 日	通报有关案件情况
13	2023 年 11 月 28 日	研究县人民政府提请人事任免事项
14	2023 年 12 月 27 日	总结 2023 年工作，谋划 2024 年工作；研究主题教育问题清单

二、党组民主生活会

截至 2023 年 12 月，县人大常委会党组召开党组民主生活会 3 次。

2022 年 1 月 10 日，县人大常委会党组召开以“党史学习教育”为主题的民主生活会。会议通报 2020 年度民主生活会整改措施落实情况，2021 年度民主生活会征求意见情况。县人大常委会党组书记赵为民代表党组班子进行对照检查，并进行个人发言，指出存在的主要问题，产生问题的原因剖析及整改措施。其他党组成员进行个人对照检查发言。

2023 年 2 月 9 日，县人大常委会党组召开以全面贯彻习近平新时代中国特色社会主义思想，深刻领悟“两个确立”的决定性意义，增强“四个意识”，坚定“四个自信”，做到“两个维护”为主题的 2022 年度民主生活会。通报 2021 年民主生活会整改落实情况，2022 年度民主生活会征求意见情况。县人大常委会党组书记赵为民代表党组班子进行对照检查，并进行个人对照检查发言，指出存在的主要问题，对问题原因进行分析并提出整改措施。其他党组成员进行个人对照检查发言。

2023 年 10 月 13 日，县人大常委会党组召开以“开展批评和自我批评”为主题的民主生活会。县人大常委会党组书记赵为民代表党组班子进行对照检查，并进行个人对照检查发言，指出存在的主要问题，对问题原因进行分析并提出整改措施。其他党组成员进行个人对照检查发言。

第二章　人大代表

行唐县第十七届人民代表大会代表名额223名，召开县十七届人大一次会议时实有代表218名。县十七届人大常委会着力强化代表工作的时代特色和实践创新，加强代表培训，深化“网上代表之家”建设，改进提升代表票决民生实事工作，切实提升代表建议办理质效，代表工作取得新进步。

第一节　选举产生

一、行唐县第十七届人民代表大会代表的选举产生

根据《河北省人民代表大会常务委员会印发〈关于重新确定县级人民代表大会代表总名额的决定〉和〈关于重新确定市县两级人民代表大会常务委员会组成人员名额的决定〉的通知》，明确县十七届人大代表名额223名，分配到各乡镇219名，预留机动名额4名。

2021年6月11日，县、乡人大代表同步换届选举。这次换届选举，共产生县人大代表219名。全县2020年年底户籍人口460211人，常住人口375819人，加权平均值418015人，截至2021年6月11日，经确认有选民资格并依法登记造册选民304459人，登记选民占全县总人口的72.83%；参加本次投票选举的选民215432人，占选民总人数的70.76%。应选县人大代表219名，实选出219名。当选代表符合《宪法》和相关法律法规规定的代表基本条件，当选代表资格全部有效。

在219名县人大代表中：农民代表95名，占43.38%；工人代表11名，占5.02%；专业技术人员代表42名，占19.18%；企业负责人代表10名，占4.57%；党政干部代表61名，占27.85%。妇女代表64名，占29.22%。非中共党员代表77名，占35.16%。连任代表88名，占40.18%。35岁以下代表39名，占17.81%；36岁至55岁代表160名，占73.06%；56岁以上代表20名，占9.13%。大专以上学历代表142名，占64.84%。

只里乡闫斌去世，代表资格自然终止。截至2021年7月16日，行唐县第十七届人民代表大会实有代表218名。

二、行唐县出席石家庄市第十五届人民代表大会代表的选举产生

根据《中共石家庄市人大常委会党组关于市县乡三级人民代表大会换届选举工作的意见》，行唐县应选举行唐县出席石家庄市第十五届人大代表22名。2021年7月24日，县十七届人大一次会议选举产生行唐县出席石家庄市第十五届人大代表27名（含5名市直参选代表）。

第二节　代表名单

一、行唐县第十七届人民代表大会代表名单

县直代表团

刁晨坡	仝　彤(女)	刘素珍(女)	李　志
宋　佳	张军霞(女)	张　欣(女)	罗假妮
周建红	封　亮	赵　然	梁志彦
韩　旭(女)			

龙州镇代表团

王河夏	王海燕	仇淑玲(女)	刘　朋
米　杰	安　惠(女)	孙绍华	李昭君
杨　萍(女)	杨荣会(女)	谷建芳(女)	邸书风
张三白	陈文平	赵为民	赵金艳(女)
胡翰涛	姚建合	钱　恩	高书军
高华树	高会军	郭大勇	康志云(女)
盖合保			

独羊岗乡代表团

毛少波	王永伟	王志强	王建良
刘　佳(女)	刘　硕	刘利平	孙占伟
李建新	李增卫	杨永刚	宋利伟
张会娟(女)	金志强	金国庆	贾新彦(女)
钱　静(女)	崔建强	韩增琪	翟媛媛(女)

南桥镇代表团

马艳丽(女)	毛志峰	付会彬	刘金国

刘荣河	齐瑞普	孙立朝	严　浩
严会林	李伟红(女)	何　飞	张　伟(女)
范卫卫	康同乐	董素平(女)	

安香乡、开发区代表团

王　珺(女)	卢惠军	仝淑坤(女)	闫　伟
刘根军	李翠兰(女)	陈大立	范双全
周京坡	单　雷	赵志军	柳增良
祝振良	郭建永	黄海晖	彭　曈
董小英(女)	甄荣辉		

只里乡代表团

马力强	王冰心(女)	王宝花(女)	付小惠(女)
白健民	刘志国	刘昊明	李国贞
杨玉庆	杨永志	杨建生	张旭波
张朋飞	张胜利	高利真(女)	韩志辉

市同乡代表团

王如意	王明哲(女)	毛志鹏	左振英
张增志	范晓龙	单红亮	赵建永
郭永坡	盖彦军	韩立娟(女)	韩金刚

上碑镇代表团

刘彦辉	杜同考	李伟江	杨正月
杨占卫	张　冬(女)	黄梅彦(女)	曹　静(女)
盖进良	甄玲霞(女)		

城寨乡代表团

王　贤	王胖妮(女)	王凌君	王锟铭
牛华山	刘森森	严和军	李　静(女)
张建设	封国成	钱根皂	

翟营乡代表团

尹敬田	仝立辉	边晨凯	李　朋
李文琪	李青记	李素芳(女)	杨　坤

邸彦芳（女）	赵惠芹（女）	侯　悦	袁　青（女）
梁会成	靳会珍（女）	霍彦雷	

上方乡代表团

刘丽芬（女）	孙其龙	李　广	李　欢（女）
肖爱敏	张　磊	张玉娟（女）	范吉成
郑伟凯	高伟霞（女）	盖建林	薛东成
霍建军			

上阎庄乡代表团

刘彦伯（女）	刘彦位	赵　雷	赵永鹏
姜　峰	秦淑敏（女）		

玉亭乡代表团

于振峰	习立新	王立坤	刘鸣利
杨新峰	张立军	赵大平（女）	段立期
顾丽霞（女）	曹晓宇（女）	韩立峰	

北河乡代表团

尤　震	尤义龙	仲建明	刘豪然（女）
严　浩	周慧欣（女）	胡　隆	康　静（女）

口头镇代表团

王　鹏	付彦红（女）	刘永民	宇文玉瑗（女）
李孟媛（女）	杨河山	杨增光	张志国
张晨静（女）	郄俊花（女）	赵三吨	赵龙梅（女）
贾进功	康红旗	雷春利	

九口子乡代表团

王树平	王银翠（女）	刘丽琼	安志英（女）
杨风彦（女）	张同喜	张彦利	赵书霞（女）
贾彦强	韩文胜		

表 13-2　行唐县第十七届县人大代表届中调整情况表

常委会会议	终止情况	补选情况
2022 年 5 月 31 日 第十次会议	调离：龙州镇高会军	—
2023 年 1 月 11 日 第十四次会议	调离：县直宋佳，龙州镇刘朋 辞职：龙州镇王河夏，只里乡马力强，安香乡柳增良，市同乡毛志鹏，翟营乡边晨凯，上碑镇刘彦辉，玉亭乡段立期，口头镇张志国，九口子乡安志英、刘丽琼，上阎庄乡秦淑敏	县直张春，龙州镇赵建章，只里乡张巧、郭帅，独羊岗乡赵欣，安香乡陈彦军、李猛胜，市同乡尹力，翟营乡杜虎，上碑镇郭佳，玉亭乡张志涛，口头镇卢会刚，九口子乡赵振卿、梁奇，北河乡常前，上阎庄乡朱亚男
2023 年 8 月 24 日 第十九次会议	辞职：独羊岗乡王建良	—

二、行唐县出席石家庄市第十五届人民代表大会代表名单

王冠秀	王　勇	王　鹏	卢丽芳(女)
皮君韬(女)	许新立	李　盼	杨　阳
杨挺博	张　伟	张科杰	张爱民
范卫卫	范丛娟(女)	金瑞强	郑　巍
赵为民	赵　青(女)	赵路新	贾春昌
贾　茹(女)	高英敏(女)	盖彦军	梁志彦
韩立娟(女)	韩　旭(女)	楚行宇	

届中调整情况：

2022 年，石家庄市公安局张科杰调离原工作岗位；2022 年 1 月 14 日，县十七届人大常委会第六次会议补选康海潮为行唐县出席石家庄市第十五届人大代表；2023 年，石家庄市公安局康海潮调离原工作岗位；2023 年 1 月 28 日，县十七届人大常委会第十五次会议补选高飞为行唐县出席石家庄市第十五届人民代表大会代表。

第三节 代表工作

一、拓展代表活动渠道

县十七届人大常委会坚持尊重代表主体地位，不断优化机制，创新代表履职实践，依法保障代表充分发挥作用。丰富闭会期间代表履职活动，坚持邀请代表列席常委会会议，组织人大代表开展视察调研、执法检查、工作评议、满意度测评等，不断提高基层代表对常委会日常工作的参与度。保障代表知情权，定期向代表发送常委会公报，推送人大工作动态信息。启动“网上人大代表之家”建设，将代表履职从线下延伸到线上，拓宽代表履职渠道，更好促进代表和群众互动。2023年选择有工作热情、有场地、有专业特长的市县人大代表，建立人大代表工作室12家，宣传政策，对选民群众解惑释疑，将代表履职触角延伸到社会最基层，全力打通代表联系群众“最后一千米”。

二、增强代表履职实效

县人大常委会注重发挥代表示范引领作用，在疫情防控、经济社会发展、深化改革、乡村振兴等全县重点工作中，积极倡导代表察民情、解民意、汇民智，助力经济社会发展，以实际行动展现代表风采。2021年8月9日，县人大常委会向全县人大代表发出《关于发挥人大代表作用助力农村人居环境整治的倡议书》，充分发挥人大代表的示范带头作用，助力人居环境整治提升。加强代表学习培训，结合人大工作实际，采取会议培训、专题培训和网络学习相结合的方式，开展代表履职培训，切实提高代表政治素质和依法履职能力。

三、代表意见建议办理

县人大常委会审议通过《关于县人民代表大会代表建议、批评和意见的处理规定》，把代表建议办理作为保障人大代表主体作用发挥的重要方面，狠抓代表建议办理专项督查，组织人大代表实地视察，听取县人民政府及相关单位建议办理情况的汇报，提出监督意见，持续跟踪督办、较真落实，坚持解决问题与答复代表并重，一些连年提、重复提的代表建议得到有效解决，更好回应群众关切。

县十七届人大一次会议共收到代表建议、批评和意见113件。得到解决的有75件，占66.37%；正在解决或列入规划的有24件，占21.24%；因客观情况无法解决、向人大代表做出解释说明的14件，占12.39%。已全部办理完毕，办结率100%，代表满意率100%。

县十七届人大二次会议共收到代表建议、批评和意见95件。得到解决的有71件，占74.74%；正在解决或列入规划的有8件，占8.42%；因客观情况无法解决、向人大代表做出解释说明的16件，占16.84%。已全部办理完毕并答复代表，办结率100%，代表满意率100%。

县十七届人大三次会议共收到代表建议、批评和意见 109 件。得到解决的 73 件，占 66.97%；正在解决或列入规划的有 16 件，占 14.68%；因客观情况无法解决、向人大代表作出解释说明的 20 件，占 18.35%。已全部办理完毕，办结率 100%，代表满意率 100%。

表 13-3　行唐县第十七届人大常委会 2022—2023 年重点督办代表建议情况一览表

年　度	建议内容
2022 年	关于建设县级物流配送中心，打通物流进农村“最后一千米”的建议；关于在县域筹建拘留所的建议；关于加快农业特色产业发展的建议；关于尽快修建上方乡西井底村西公墓道路及防洪设施的建议；关于白庙新社区建设项目的建议；关于尽快解决养殖类粪污污染问题的建议；关于加快推动县域传统产业升级产业集群化建设的建议；关于保护红枣产业发展的建议；关于加大对全县中药材种植产业扶持力度的建议；关于加强农村文化建设的建议
2023 年	关于加快升仙桥路改造提升的建议；关于依托安太庄片区打造乡村振兴示范区的建议；关于下大力解决农村地区粪污无害化处理的建议；关于加大农业特色产业扶持力度的建议；关于谋划推进颖水河西坝道路整修的建议；关于进一步优化营商环境的建议；关于加强农村医疗卫生服务水平的建议；关于建设乡村振兴人才库的建议；关于解决红北区浇灌问题的建议；关于加强对非脱贫村基础设施建设力度的建议

第三章 人民代表大会

行唐县第十七届人民代表大会始于2021年7月，书至2023年12月，共召开3次会议，听取报告16个，通过决议16项，选举10项。

表13-4 行唐县第十七届人民代表大会历次会议概况表

会　次	会议日期	议题（项）	听取报告（个）	决议决定（项）	选举表决（项）
第一次	2021年7月21—24日	5	4	4	7
第二次	2022年1月27—29日	7	6	6	1
第三次	2023年1月12—14日	8	6	6	2

第一节 会议概况

一、县十七届人大一次会议

2021年7月21日至24日，县十七届人大一次会议在县文体中心礼堂召开。出席代表212人（应到218人）。会议听取和审议县人民政府代理县长梁志彦作的《政府工作报告》、县人大常委会主任赵为民作的《行唐县人民代表大会常务委员会工作报告》、县人民法院代理院长尹敬田作的《行唐县人民法院工作报告》、县人民检察院代理检察长雷春利作的《行唐县人民检察院工作报告》。会议作出相应决议。会议选举产生县十七届人大常委会组成人员，县人民政府县长、副县长，县监察委员会主任，县人民法院院长，县人民检察院检察长。会议表决通过县十七届人民代表大会法制委员会、财政经济委员会、城乡建设和环境资源委员会、教育科技文化卫生委员会、社会建设委员会组成人员名单。会议选举产生行唐县出席石家庄市第十五届人民代表大会代表27名（名单见本篇第二章第二节《代表名单》及本章第二节《会议选举》和第四节《专门委员会》）。

这次会议，是全县上下深入学习贯彻习近平总书记“七一”重要讲话精神，落实县十三次党代会部署要求，开启行唐崭新历程关键时刻召开的一次十分重要的会议。会议指出，县十三次党代会描绘了行唐未来五年的宏伟蓝图，提出了统筹推进“五位一体”总体布局、协调推进“四个全面”战略布局、以推动高质量发展为主线、以富民强县为目标、以满足人民群众对美好生活的向往为方向，综合实力进入第一梯队，全产业链体系更加优化，城乡建设品质提升，两个环境逐步改善，民生福祉显著增强的宏伟目标。会议强调，县十七届人大及其常委会要认真落实县第十三次党代会提出的目标任务，强化政治引领，树牢“四个意识”，坚定“四个自信”，做到“两个维护”，坚持党的领导、人民当家作主、依法治国有机统一，要紧紧围绕全县工作大局，全面担负起《宪法》、法律赋予的各项职责，拼搏竞进、实干担当，为全力打造产业基础牢固、城市独具魅力、百姓安居乐业、社会和谐平安的美丽行唐贡献智慧和力量。

二、县十七届人大二次会议

2022 年 1 月 27 日至 29 日，县十七届人大二次会议在县文体中心礼堂召开。出席代表 193 人（应到 217 人）。会议听取和审议县人民政府县长梁志彦作的《政府工作报告》；听取和审议县发展和改革局局长王占勇作的《关于行唐县 2021 年国民经济和社会发展计划执行情况与 2022 年国民经济和社会发展计划草案的报告》，审查了行唐县 2021 年国民经济和社会发展计划执行情况与 2022 年国民经济和社会发展计划草案；听取和审议县财政局局长翟立刚作的《关于行唐县 2021 年县本级预算和县总预算执行情况与 2022 年县本级预算和县总预算草案的报告》，审查了行唐县 2021 年县本级预算和县总预算执行情况和 2022 年县本级预算和县总预算草案；听取和审议县人大常委会主任赵为民作的《行唐县人民代表大会常务委员会工作报告》、县人民法院院长尹敬田作的《行唐县人民法院工作报告》、县人民检察院检察长雷春利作的《行唐县人民检察院工作报告》。会议作出相应决议。会议票决确定 2022 年民生实事 10 件。

会议指出，2022 年的行唐，蓝图绘就、目标明确，上下一心、充满豪情。各级各部门要始终坚定决心，鼓足干劲、聚力发展。要把产业转型升级、打造百亿集群作为关键支撑；要把巩固脱贫成果、加快乡村振兴作为核心大事；要把城市更新提质、实现蝶变发展作为重要引领。要始终恪守初心，为民造福、为民解忧；要全力满足人民群众的美好生活向往，全力撑起人民群众的和谐安宁天空。会议强调，县人大及其常委会要坚持以习近平新时代中国特色社会主义思想为指导，全面落实党的十九大和十九届历次全会及省、市、县党代会精神，在县委的坚强领导下，要进一步加强自身建设，创新工作机制，提升履职能力，加强“四个机关”建设，推动制度优势更好地转化为治理效能。要按照中央和省、市委人大工作会议部署要求，围绕发展全过程人民民主，紧紧围绕县委十三届三次全会确定的目标任务，拼搏竞进、苦干实干，合力加快建设现代化经济强县活力行唐，以优异成绩迎接党的二十大胜利召开。

三、县十七届人大三次会议

2023 年 1 月 13 日至 14 日，县十七届人大三次会议在县文体中心礼堂召开。出席代表

189 人（应到 219 人）。会议听取和审议县人民政府县长梁志彦作的《政府工作报告》；听取和审议县发展和改革局局长毛志鹏作的《关于行唐县 2022 年国民经济和社会发展计划执行情况与 2023 年国民经济和社会发展计划草案的报告》，审查了行唐县 2022 年国民经济和社会发展计划执行情况与 2023 年国民经济和社会发展计划草案；听取和审议县财政局局长翟立刚作的《行唐县 2022 年县本级预算和县总预算执行情况与 2023 年县本级预算和县总预算草案的报告》，审查了行唐县 2022 年县本级预算和县总预算执行情况和 2023 年县本级预算和县总预算草案；听取和审议县人大常委会主任赵为民作的《行唐县人民代表大会常务委员会工作报告》、县人民法院院长尹敬田作的《行唐县人民法院工作报告》、县人民检察院检察长雷春利作的《行唐县人民检察院工作报告》，会议作出相应决议。会议票决确定 2023 年民生实事 10 件。会议选举产生县监察委员会主任，县人大常委会委员 1 名（名单见本章第二节《会议选举》）。

这次会议，是在全面贯彻落实党的二十大精神的开局之年召开的一次重要会议。会议指出，2023 年是石家庄市“经济总量过万亿、实现弯道超车的跃升之年、展示之年”，行唐正处于优势叠加的战略机遇期、乘势而上的跃升突破期、加速奔跑的赓续奋斗期。会议要求，全县人民必须昂扬斗志、乘势而上，以“跑”的状态、“抢”的意识、“拼”的精神、“干”的劲头，奋力奏响加快建设现代化美丽新行唐的时代最强音。必须聚焦目标任务，不断夯实发展根基，要在推动县域经济发展、推进乡村全面振兴、加快县城蝶变发展上持续发力，推动全县高质量发展不断迈上新台阶、实现新跃升；必须坚守人民立场，不断增进民生福祉，要切实惠民利，全力解民忧，着力保民安；必须坚持担当作为，不断创造崭新业绩，要雷厉风行、日夜兼程，说了就算、定了就干、干就干好，要事争一流，唯旗是夺，要紧盯末端、狠抓落实，把该挑的担子挑起来、把该扛的责任扛起来、把该抓的事情抓起来，推动各项事业在全市全省乃至全国争先进、有位次。会议强调，县人大及其常委会要进一步增强责任感和使命感，创新工作机制，提升履职能力，努力成为让党放心、人民群众满意的政治机关、国家权力机关、工作机关、代表机关。全县人民要更加紧密地团结在党中央周围，坚持以习近平新时代中国特色社会主义思想为指导，深入学习党的二十大精神，在省委、市委、县委坚强领导下，干字当头、蹄疾步稳，以奔跑的姿态加快建设现代化美丽新行唐。

表 13-5　行唐县第十七届人大代表票决确定民生实事项目一览表

时　间	会　次	民生实事项目
2022 年 1 月 29 日	第二次	实施农村道路硬化提升工程；实施玉城大街综合整治工程；实施全民健身中心建设工程；实施人居环境样板村打造工程；实施不动产登记解遗工程；实施老旧小区改造工程；实施城区消防救援能力提升工程；实施教育基础设施提升工程；实施部河下游人工湿地建设工程；实施农村饮水安全巩固提升工程

续表13-5

时　间	会　次	民生实事项目
2023 年 1 月 15 日	第三次	农村道路畅通工程；教育基础设施提升工程；高标准农田建设工程；地下水超采综合治理工程；“混凝土进村”工程；公共体育设施完善工程；城区绿化提质工程；龙兴桥拼宽改造工程；城区管网改造提升工程；稳岗就业促进工程

第二节　会议选举

截至 2023 年 12 月，县十七届人大召开 3 次会议，共选举产生县级国家机关工作人员 51 名。

县人大常委会

主　任：

赵为民　　2021 年 7 月县十七届人大一次会议当选

副主任：

刘鸣利　　2021 年 7 月县十七届人大一次会议当选

董素平（女）　2021 年 7 月县十七届人大一次会议当选

盖进良　　2021 年 7 月县十七届人大一次会议当选

王建良　　2021 年 7 月县十七届人大一次会议当选

届中调整情况：

王建良，2023 年 8 月 24 日，在县十七届人大常委会第十九次会议上辞去县人大代表职务，其县人大常委会副主任职务相应终止。

委　员（县十七届人大一次会议选举产生）：

刁晨坡	王永伟	王冰心(女)	牛华山
仝　彤(女)	刘志国	刘丽芬(女)	刘荣河
刘素珍(女)	刘森森	孙绍华	严　浩
杨荣会(女)	张立军	张会娟(女)	张军霞(女)
张晨静(女)	范晓龙	罗假妮	封　亮
赵志军	赵金艳(女)	赵惠芹(女)	姚建合
顾丽霞(女)	郭建永	黄梅彦(女)	韩志辉
韩金刚			

县十七届人大三次会议选举产生：甄泽亮

届中调整情况：

刘荣河，2021 年 8 月 20 日，在县十七届人大常委会第一次会议上辞去县人大常委会委员职务。

封　亮，2022 年 4 月 26 日，在县十七届人大常委会第九次会议上辞去县人大代表职务，其县人大常委会委员职务相应终止。

县人民政府

县　长：

梁志彦　　2021 年 7 月县十七届人大一次会议当选

届中调整情况：

梁志彦，2023 年 11 月 28 日，在县十七届人大常委会第二十三次会议上辞去行唐县人民政府县长职务。

黄昭波，2023 年 11 月 28 日，县十七届人大常委会第二十三次会议决定任命其为行唐县人民政府副县长，决定其为代理县长。

副县长：

赵　然　　2021 年 7 月县十七届人大一次会议当选

甄泽亮　　2021 年 7 月县十七届人大一次会议当选

徐中玲（女）　2021 年 7 月县十七届人大一次会议当选

张红卫　　2021 年 7 月县十七届人大一次会议当选

高会军　　2021 年 7 月县十七届人大一次会议当选

王冀明　　2021 年 7 月县十七届人大一次会议当选

届中调整情况：

肖宁宁（女），2021 年 9 月 26 日，县十七届人大常委会第三次会议决定任命其为行唐县人民政府副县长。2023 年 9 月 13 日，县十七届人大常委会第二十次会议决定免去其行唐县人民政府副县长职务。

张红卫，2022 年 1 月 29 日，县十七届人大常委会第八次会议决定免去其行唐县人民政府副县长职务。

张　磊，2022 年 4 月 26 日，县十七届人大常委会第九次会议决定任命其为行唐县人民政府副县长。

柳增良，2022 年 5 月 31 日，县十七届人大常委会第十次会议决定任命其为行唐县人民政府副县长。

巩少鹏，2022 年 5 月 31 日，县十七届人大常委会第十次会议决定任命其为行唐县人民政府副县长。

甄泽亮、高会军，2022 年 5 月 31 日，县十七届人大常委会第十次会议决定免去其行唐县人民政府副县长职务。

赵　然，2023 年 8 月 24 日，县十七届人大常委会第十九次会议决定免去其行唐县人民政府副县长职务。

常　良，2023 年 9 月 13 日，县十七届人大常委会第二十次会议决定任命其为行唐县人民政府副县长。

宋一鸣（女），2023 年 10 月 12 日，县十七届人大常委会第二十一次会议决定任命其为行唐县人民政府副县长（挂职）。

县监察委员会

主　任：

宋　佳　　2021 年 7 月县十七届人大一次会议当选

王　蒙　　2023 年 1 月县十七届人大三次会议当选

届中调整情况：

宋　佳，2023 年 1 月 11 日，在县十七届人大常委会第十四次次会议上辞去县监察委员会主任职务。

县人民法院

院　长：

尹敬田　　2021 年 7 月县十七届人大一次会议当选

县人民检察院

检察长：

雷春利　　2021 年 7 月县十七届人大一次会议当选

第三节　会议组织

一、县十七届人大一次会议

（一）大会临时党委

书　记：韩　旭(女)

副书记：梁志彦　周建红　高华树　赵为民

委　员：胡翰涛　宋　佳　刘鸣利　杨永志　盖进良

（二）大会主席团和秘书长

主席团：

刁晨坡	王永伟	王冰心(女)	王河夏
王建良	牛华山	毛志鹏	刘永民
刘鸣利	刘彦辉	安志英(女)	严和军
杨永刚	杨永志	杨建生	杨荣会(女)
张晨静(女)	张胜利	罗假妮	周建红

郑伟凯	封　亮	赵　然	赵为民
赵永鹏	胡　隆	胡翰涛	柳增良
高华树	黄海晖	康同乐	盖进良
盖建林	梁志彦	董素平（女）	韩　旭（女）
韩立峰	靳会珍（女）		

秘书长：刘鸣利（兼）

（三）大会主席团常务主席

韩　旭（女）	梁志彦	周建红	高华树
赵为民	胡翰涛	刘鸣利	董素平（女）
杨永志	盖进良		

（四）大会议案审查委员会

主 任 委 员：盖进良

副主任委员：王冰心（女）

委　　　员：刘丽琼　杜同考　杨荣会（女）　邸书风　黄梅彦（女）

二、县十七届人大二次会议

（一）大会临时党委

书　记：韩　旭（女）

副书记：梁志彦　周建红　赵为民

委　员：胡翰涛　宋　佳　刘鸣利　盖进良　王建良

（二）大会主席团和秘书长

主席团：

刁晨坡	王永伟	王冰心（女）	王河夏
王建良	牛华山	毛志鹏	刘永民
刘鸣利	刘彦辉	安志英（女）	严和军
杨永刚	杨永志	杨建生	杨荣会（女）
张晨静（女）	张胜利	罗假妮	周建红
郑伟凯	封　亮	赵　然	赵为民
赵永鹏	胡　隆	胡翰涛	柳增良
高华树	黄海晖	康同乐	盖进良
盖建林	梁志彦	董素平（女）	韩　旭（女）
韩立峰	靳会珍（女）		

秘书长：刘鸣利（兼）

（三）大会主席团常务主席

韩　旭（女）	梁志彦	周建红	赵为民
胡翰涛	刘鸣利	董素平（女）	盖进良
王建良			

（四）大会议案审查委员会

主 任 委 员：盖进良

副主任委员：王冰心（女）

委　　员：刘丽琼　刘　朋　段立期　仝　彤（女）　黄梅彦（女）

三、县十七届人大三次会议

（一）大会临时党委

书　记：韩　旭（女）

副书记：梁志彦　周建红　赵为民

委　员：刘鸣利　甄泽亮　盖进良　王建良

（二）大会主席团和秘书长

主席团：

刁晨坡	王永伟	王冰心（女）	王建良
牛华山	尹　力	刘永民	刘鸣利
严和军	杨永刚	杨永志	杨建生
杨荣会（女）	张　巧（女）	张　春	张志涛
张晨静（女）	张胜利	陈彦军	罗假妮
周建红	郑伟凯	赵　欣	赵　然
赵为民	赵永鹏	赵建章	赵振卿
胡　隆	高华树	郭　佳	黄海晖
常　前	康同乐	盖进良	盖建林
梁志彦	董素平（女）	韩　旭（女）	韩立峰
靳会珍（女）	甄泽亮		

秘书长：刘鸣利（兼）

（三）大会主席团常务主席

韩　旭（女）	梁志彦	周建红	赵为民
刘鸣利	甄泽亮	董素平（女）	盖进良
王建良			

（四）大会议案审查委员会

主 任 委 员：盖进良

副主任委员：王冰心（女）

委　　　员：王锟铭　仝　彤（女）　康　静（女）　郭　帅　梁　奇

第四节　专门委员会

一、机构设置

行唐县第十七届人民代表大会设法制委员会、财政经济委员会、城乡建设和环境资源委员会、教育科技文化卫生委员会、社会建设委员会5个专门委员会。县十七届人大一次会议，表决通过法制委员会、财政经济委员会、城乡建设和环境资源委员会、教育科技文化卫生委员会、社会建设委员会组成人员名单。

（一）行唐县第十七届人民代表大会法制委员会

主 任 委 员：刘鸣利

副主任委员：张会娟（女）

委　　　员：薛东成　王树平　刘荣河

（二）行唐县第十七届人民代表大会财政经济委员会

主 任 委 员：王建良

副主任委员：韩金刚

委　　　员：刘根军　米　杰　韩文胜　韩增琪

届中调整情况：

2023年8月24日，县十七届人大常委会第十九次会议接受王建良辞去县十七届人大代表职务的请求，其县十七届人大财政经济委员会主任委员职务相应终止。

（三）行唐县第十七届人民代表大会城乡建设和环境资源委员会

主 任 委 员：董素平（女）

副主任委员：孙绍华

委　　　员：刘丽芬（女）　杨荣会（女）　邸书风　张军霞（女）

（四）行唐县第十七届人民代表大会教育科技文化卫生委员会

主 任 委 员：董素平（女）

副主任委员：赵惠芹（女）

委　　　员：刁晨坡　李　志　张　欣（女）　赵金艳（女）　顾丽霞（女）

（五）行唐县第十七届人民代表大会社会建设委员会

主 任 委 员：刘鸣利

副主任委员：王永伟

委　　　员：王　珺（女）　王宝花（女）　贾新彦（女）　翟媛媛（女）

二、主要工作

（一）行唐县第十七届人民代表大会法制委员会

县第十七届人大法制委员会认真贯彻落实科学发展观，紧紧围绕县人大常委会工作要点和工作目标，协助县人大常委会对《社区矫正法》《法律援助法》《民事诉讼法》《河北省警务辅助人员管理条例》《河北省乡镇和街道综合行政执法条例》等实施情况开展执法检查，推动法律法规的正确贯彻实施。积极配合县人大常委会开展司法监督工作，坚持每年参与法官、检察官履职评议，严格案件评查；参与县人民检察院“检察开放日活动”，旁听县人民法院案件审理等工作，提出有针对性的意见建议，促推司法公平公正。开展规范性文件备案审查工作，努力维护法制统一，提高备案审查能力。参与省、市人大常委会关于“6+1”联动监督“回头看”、对全省法院民事执行工作开展联动监督等视察工作，对工作中存在的问题，提出意见建议，跟踪督促整改落实；协助做好省、市人大常委会立法调研征求意见等工作。

（二）行唐县第十七届人民代表大会财政经济委员会

县十七届人大财政经济委员会主动适应经济发展新常态，坚定不移贯彻新发展理念，坚守发展、生态和民生三条主线，以项目建设、精准脱贫、乡村振兴、城乡发展、民生改善、污染防治等为监督重点，促进全县经济社会持续、平稳、健康发展。认真履行计划、预算审查监督职能，协助常委会听取和审议计划预算执行和决算情况报告、审计工作及问题整改情况报告、国有资产管理情况报告、政府债务管理情况报告，审查批准年度预算调整方案和年度决算，在人民代表大会会议上，审查年度计划和预算。对疫情防控专项资金、大项目资金开展动态监督，切实推进财政资金发挥使用效益。协助常委会连续两年3次对《优化营商环境条例》《河北省优化营商环境条例》实施情况开展执法检查，开展《中华人民共和国消费者权益保护法》和《河北省消费者权益保护条例》、《安全生产法》等执法检查。协助县人大常委会对交通局主要负责人进行履职评议。完成《石家庄市优化营商环境条例》《石家庄市数字经济促进条例》《石家庄市人大常委会关于加强预算审查监督的决定》《石家庄市人大常委会政府债务审查监督工作规程》等地方性法规征求意见稿的反馈工作。

（三）行唐县第十七届人民代表大会城乡建设和环境资源委员会

县十七届人大城乡建设和环境保护委员会坚持以环境质量改善、生态品质提升为工作导向，每年开展环境状况和环境保护目标完成情况专题调研；参加县人大常委会开展的颍水河生态经济文化带建设、玉城大街整治工程、特色街道综合整治及亮化工程、老旧小区改造工程视察活动；协助县人大常委会对《大气污染防治法》《河北省大气污染防治条例》《城乡规划法》《石家庄市城市管理综合执法条例》等实施情况开展执法检查；参与城市生活垃圾分类管理联动监督等工作，积极推动行唐生态环境持续改善和县域治理水平不断提升。

（四）行唐县第十七届人民代表大会教育科技文化卫生委员会

县十七届人大教育科技文化卫生委员会立足教育、科技、文化、体育、旅游、卫生、医疗保障等工作健康长足发展，协助县人大常委会对《体育法》《河北省全民健身条例》《中医药法》《河北省中医药条例》《义务教育法》《职业教育法》等实施情况开展执法检查，对乡村旅游发展、中小学校“三集中两覆盖”布局调整规划情况进行调研，对科技创新主体培育、医疗保障、公共文化服务设施建设、科技创新、基层医疗卫生服务能力建设等进行视察，促进相关工作有效开展。协助常委会对县文化广电体育和旅游局主要负责人进行履职评议。对中小学校“三集中两覆盖”布局调整规划情况进行调研，为县委领导决策提供参考。配合省、市、县人大常委开展加强公共卫生管理、医疗卫生服务、科技成果转化、旅游发展联动监督，推动相关领域工作健康发展。

（五）行唐县第十七届人民代表大会社会建设委员会

县十七届人大社会建设委员会坚持着力推动社会综合治理上水平，与县人大常委会办公室密切配合，紧盯《政府工作报告》和民生实事落实情况，组织代表开展专题调研，实地查看民生实事项目落实情况，听取审议县人民政府专项工作报告和人大调研报告；紧盯社会和医疗保障，听取县人民政府慢特病医保政策落实、职工基本医疗保障、民政救助政策落实情况等工作汇报，开展医疗保障视察；紧盯安全生产，开展《安全生产法》执法检查，促进政府落实安全生产责任，保障人民群众生命和财产安全。

第四章　人民代表大会常务委员会

2021 年 7 月，县十七届人大一次会议选举产生常委会组成人员 29 人。县十七届人大常委会坚持党的领导，自觉把人大工作置于县委领导之下，做到县委有部署、人大有行动、工作有落实；把服务县域经济高质量发展作为工作重点，依法行使各项职权，使每一次监督都能推动工作落实，每一个决定都广泛凝聚共识，每一项选举任免都符合党心民意；把更好地满足人民对美好生活的向往作为人大工作的出发点和落脚点，让改革发展成果更多地惠及人民群众。

表 13-6　行唐县第十七届人大常委会主任、副主任概况表

职务（职级）	姓　名	任职时间	说　明
主　任	赵为民	2021 年 7 月—	2021 年 7 月任三级调研员
副主任	刘鸣利	2021 年 7 月—	2021 年 7 月任三级调研员
	董素平	2021 年 7 月—	2021 年 7 月任三级调研员
	盖进良	2021 年 7 月—	—
	王建良	2021 年 7 月—2023 年 8 月	—
一级调研员	高华树	2021 年 7 月—2023 年 2 月	2023 年 2 月退休
三级调研员	杨永志	2021 年 7 月—	—
	盖建林	2021 年 7 月—2022 年 10 月	2022 年 10 月任二级调研员，12 月退休

第一节　常委会会议

截至 2023 年 12 月，县十七届人大常委会共召开常委会会议 24 次。

第一次会议　2021 年 8 月 20 日召开，县人大常委会主任赵为民，副主任刘鸣利、盖进良和 27 名委员出席会议。县人民政府常务副县长赵然、副县长张红卫，县监察委员会主任宋佳，县人民法院院长尹敬田，县人民检察院检察长雷春利列席会议。会议审议通过《行唐县人大常委会议事规则》《行唐县人大常委会组成人员守则》《行唐县人大常委会关于听

取和审议县人民政府、县监察委员会、县人民法院、县人民检察院专项工作报告的规定》《行唐县人大常委会关于对县人民政府、县人民法院、县人民检察院专项工作进行满意度测评的规定》《行唐县人大常委会执法检查工作的规定》《行唐县人大常委会关于预算审查监督的规定》《行唐县人大常委会专题询问实施办法》《行唐县人大常委会人事任免和监督办法》《行唐县人大常委会关于对行唐县人民政府工作部门主要负责人开展履职评议的暂行办法》《行唐县人大常委会关于对县人民法院法官和县人民检察院检察官开展履职评议的暂行办法》《行唐县人大常委会关于在县人大代表中开展“双联双评”活动的办法》《行唐县人大常委会关于宪法宣誓工作实施办法》。会议通过《关于接受刘荣河辞去行唐县人大常委会委员职务请求的决定》和《行唐县人大常委会关于设立行唐县第十七届人民代表大会常务委员会代表资格审查委员会的决定》。会议通过人事任免事项（名单见本篇第七章《选举任免》）。

链接：县十七届人大常委会代表资格审查委员会组成人员

主 任 委 员：盖进良

副主任委员：王冰心（女）

委　　　员：牛华山　张会娟(女)　赵志军　赵惠芹(女)

第二次会议　2021 年 8 月 31 日召开，县人大常委会主任赵为民，副主任刘鸣利、董素平、盖进良和 25 名委员出席会议。县人民政府常务副县长赵然，县人民法院院长尹敬田，县人民检察院检察长雷春利列席会议。会议听取和审议县发展和改革局局长王占勇作的《关于 2021 年上半年国民经济和社会发展计划执行情况的报告》、县统计局局长赵书会作的《关于 2021 年上半年经济运行情况的分析报告》，县人大常委会调研组副组长韩金刚作的《关于行唐县 2021 年上半年国民经济和社会发展计划执行情况的调研报告》；听取和审议县财政局局长翟立刚作的《关于 2021 年上半年财政预算执行情况的报告》，县人大常委会调研组副组长韩金刚作的《关于行唐县 2021 年上半年财政预算执行情况的调研报告》；听取和审议县财政局局长翟立刚作的《关于 2020 年度财政决算（草案）情况的报告》、县审计局局长孟文锁作的《关于 2020 年度本级财政预算执行和其他财政收支情况的审计工作报告》，县人大常委会财经工委主任韩金刚作的《关于行唐县 2020 年度财政决算（草案）的审查报告》；听取和审议县财政局局长翟立刚作的《关于政府债务限额的说明》《关于行唐县 2021 年预算调整方案（草案）的说明》，县人大常委会财经工委主任韩金刚作的《关于行唐县 2021 年预算调整方案（草案）的审查报告》；听取和审议县财政局局长翟立刚作的《关于 2020 年度国有资产综合分析报告》，听取县人大常委会财经工委主任韩金刚作的《关于行唐县 2020 年度国有资产管理情况的初审报告》。会议通过相关决议。听取县人民法院 5 名法官、县人民检察院 5 名检察官履职情况的报告，并进行履职评议。会议通过《行唐县人大常委会关于许可对县十七届个别人大代表采取强制措施的说明》。

第三次会议　2021 年 9 月 26 日召开，县人大常委会主任赵为民，副主任刘鸣利、董素平、盖进良和 23 名委员出席会议。县人民政府常务副县长赵然，县人民检察院检察长雷春利，县人民法院相关负责人列席会议。会议听取和审议县人民政府常务副县长赵然作的《关于“6+1”联动监督整改落实“回头看”和四项联动监督相关领域工作情况的报告》，县人大常委会办公室主任王永伟作的《关于“6+1”联动监督整改落实“回头看”和四项联动监督相关领域工作情况的报告》。会议通过人事任免事项（名单见本篇第七章《选举任免》）。

第四次会议　2021 年 10 月 29 日召开，县人大常委会主任赵为民，副主任刘鸣利、董素平、盖进良和 26 名委员出席会议。县人民政府常务副县长赵然，县人民法院院长尹敬田，县监察委员会、县人民检察院相关负责人列席会议。书面听取《行唐县人民法院民事执行工作情况的报告》，听取和审议县人大常委会执法检查组副组长《关于县法院民事执行工作情况监督情况的报告》；听取和审议县司法局局长张志强作的《关于〈河北省乡镇和街道综合行政执法条例〉贯彻实施情况的报告》，县人大常委会执法检查组副组长张会娟作的《关于检查〈河北省乡镇和街道综合行政执法条例〉贯彻实施情况的报告》；书面听取县人民政府《关于“三重四创五优化”工作情况的报告》；听取和审议县财政局副局长张旭光作的《关于行唐县 2021 年政府债务限额的说明》《关于 2021 年行唐县预算调整方案（草案）的说明》，县人大常委会财经工委主任韩金刚作的《关于 2021 年预算调整方案（草案）的审查报告》；书面听取县人民政府《关于〈中华人民共和国预算法实施条例〉贯彻实施情况的报告》，听取和审议县人大常委会执法检查组副组长韩金刚作的《关于检查〈中华人民共和国预算法实施条例〉贯彻实施情况的报告》；书面听取县人民政府《关于〈中华人民共和国城乡规划法〉贯彻实施情况的报告》，听取和审议县人大常委会执法检查组副组长孙绍华作的《关于检查〈中华人民共和国城乡规划法〉贯彻实施情况的报告》；书面听取县人民政府《关于生活垃圾分类管理实施情况的报告》，听取和审议县人大常委会调研组副组长孙绍华作的《关于行唐县生活垃圾分类管理工作的调研报告》；书面听取县人民政府《关于全县乡村旅游发展情况的报告》，听取和审议县人大常委会调研组副组长赵惠芹作的《关于全县乡村旅游发展情况的调研报告》。表决通过《行唐县人大常委会关于批准〈行唐县人民政府关于提请审议批准 2021 年新增政府债务限额的议案〉的决议》《行唐县人大常委会关于批准 2021 年预算调整方案（草案）的决议》。

第五次会议　2021 年 12 月 24 日召开，县人大常委会主任赵为民，副主任刘鸣利、董素平、盖进良和 23 名委员出席会议。县人民政府常务副县长赵然，县人民法院院长尹敬田，县人民检察院检察长雷春利，县监察委员会相关负责人列席会议。会议传达学习十九届六中全会、中央和省、市委人大工作会议、省第十次党代会精神。会议书面听取《行唐县人民政府关于 2021 年〈政府工作报告〉及民生实事项目完成情况的报告》，听取县交通运输局局长邸健、县住房和城乡建设局局长李志永、县农业农村局局长赵建强、县水利局局长钱正义、县教育局局长郭趁义、县卫生健康局局长盖庆昌分别作的《关于承担民生实事完成情况的报告》，县人大常委会视察组副组长王永伟作的《关于县政府 2021 年〈政府工作报告〉和民生实事完成情况的视察报告》，对民生实事完成情况进行满意度测评；听取和审议县人民政府常务副县长赵然作的《关于 2021 年人大建议办理情况的报告》，县农业农村局局长赵建强、县交通运输局局长邸健、县住房和城乡建设局局长李志永、县公安局局长张红卫、县自然资源和规划局局长严爱民、县城市管理综合行政执法局局长李志永、县文化广电体育和旅游局党组书记孙立新、县教育局局长郭趁义、县卫生健康局局长盖庆昌分别作的《关于 2021 年人大代表建议办理情况的报告》，县人大常委会视察组副组长王冰心作的《关于县十六届人大五次会议代表建议、批评和意见办理情况的视察报告》；书面听取《行唐县人民政府关于 2021 年巩固拓展脱贫攻坚成果同乡村振兴有效衔接工作报告》，听取和审议县人大常委会调研组副组长王冰心作的《关于巩固拓展脱贫攻坚成果与乡村振兴有效衔接工作情况的调研报告》；听取和审议县文化广电体育和旅游局党组书记孙立新作的《关于〈中华人民共和国体育法〉〈河北省全民健身条例〉贯彻实施情况的报告》，县人大常委会执法检查组副组长赵惠芹作的《关于检查〈中华人民共和国体育法〉〈河北省全民健身条例〉贯彻实施情况的报告》；听取和审议县财政局局长翟立刚作的《关于行唐县 2021 年政府债务限额的说明》《关于提请行唐县 2021 年预算调整方案（草案）的说明》，听取县人大常委会财经工委主任韩金刚作的《关于 2021 年预算调整方案（草案）的审查报告》；听取县审计局局长孟文锁作的《关于 2020 年度县本级财政预算执行及其他财政收支情况审计查出问题整改情况的报告》；听取县人民法院院长尹敬田作的《行唐县人民法院关于 2021 年工作目标完成情况的报告》、县人民检察院检察长雷春利作的《行唐县人民检察院关于 2021 年工作目标完成情况的报告》；听取县人大常委会政法工委副主任张会娟作的《行唐县人大常委会关于 2021 年备案审查工作情况的报告》。表决通过《行唐县人大常委会关于批准〈行唐县人民政府关于提请审议调整 2021 年政府债务限额的议案〉的决议》《行唐县人大常委会关于批准 2021 年预算调整方案（草案）的决议》。会议通过人事任免事项（名单见本篇第七章《选举任免》）。

第六次会议 2022 年 1 月 14 日召开，县人大常委会主任赵为民，副主任刘鸣利、董素平和 23 名委员出席会议。县人民政府常务副县长赵然，县监察委员会、县人民法院、县人民检察院相关负责人列席会议。会议补选行唐县出席石家庄市第十五届人民代表大会代表 1 名（名单见本篇第七章《选举任免》）。

第七次会议 2022 年 1 月 19 日召开，县人大常委会主任赵为民，副主任刘鸣利、董素平和 22 名委员出席会议。县人民政府常务副县长赵然，县人民法院院长尹敬田，县人民检察院检察长雷春利列席会议。会议听取县人民政府常务副县长赵然作的《关于十七届人大一次会议代表建议办理情况的报告》，对部分承办部门办理情况进行满意度测评；听取县人大常委会办公室主任王永伟作的《关于县第十七届人大二次会议准备情况的报告》，作出《行唐县人大常委会关于召开县第十七届人民代表大会第二次会议的决定》；审议通过行唐县第十七届人民代表大会第二次会议议程（草案）、日程（草案）及主席团和秘书长、常务主席、副秘书长、议案审查委员会、列席人员等各项名单（草案），审议《行唐县人大常委会工作报告（稿）》；听取和审议县发展和改革局局长王占勇作的《关于行唐县 2021 年国民经济和社会发展计划执行情况与 2022 年国民经济和社会发展计划（草案）的报告》，县人大常委会财经工委主任韩金刚作的《关于行唐县 2021 年国民经济和社会发展计划执行情况与 2022 年国民经济和社会发展计划（草案）的初审报告》；听取和审议县财政局局长翟立刚作的《关于行唐县 2021 年预算执行情况和 2022 年预算（草案）的报告》，县人大常委会财经工委主任韩金刚作的《关于行唐县 2021 年预算执行情况和 2022 年预算（草案）的初审报告》；审议《行唐县第十七届人大常委会代表资格审查委员会关于个别代表的代表资格审查报告》。会议通过人事任免事项（名单见本篇第七章《选举任免》）。

第八次会议　2022 年 1 月 29 日召开，县人大常委会主任赵为民，副主任刘鸣利、董素平和 27 名委员出席会议。县人民政府常务副县长赵然，县监委会主任宋佳，县人民法院院长尹敬田，县人民检察院检察长雷春利列席会议。会议通过人事任免事项（名单见本篇第七章《选举任免》）。

第九次会议　2022 年 4 月 26 日召开，县人大常委会主任赵为民，副主任刘鸣利、董素平、盖进良和 26 名委员出席会议。县人民政府副县长肖宁宁，县人民法院院长尹敬田，县人民检察院检察长雷春利，县监察委员会相关负责人列席会议。会议听取和审议石家庄市生态环境局行唐分局局长卢勇作的《关于 2021 年环境状况和环境保护目标完成情况的报告》，县人大常委会视察组副组长孙绍华作的《关于 2021 年环境状况和环境保护目标完成情况的视察报告》；听取和审议石家庄市生态环境局行唐分局局长卢勇作的《关于〈中华人民共和国大气污染防治法〉〈河北省大气污染防治条例〉贯彻实施情况的报告》，县人大常委会执法检查组副组长孙绍华作的《关于检查〈中华人民共和国大气污染防治法〉〈河北省大气污染防治条例〉贯彻实施情况的报告》；听取和审议县司法局局长张志强作的《关于〈中华人民共和国社区矫正法〉贯彻实施情况的报告》，县人大常委会执法检查组副组长张会娟作的《关于检查〈中华人民共和国社区矫正法〉贯彻实施情况的报告》。会议通过《关于接受封亮辞去行唐县第十六届人民代表大会代表职务请求的决定》。会议通过人事任免事项（名单见本篇第七章《选举任免》）。

第十次会议　2022 年 5 月 31 日召开，县人大常委会主任赵为民，副主任刘鸣利、董素平、盖进良和 22 名委员出席会议。县人大常委会党组副书记甄泽亮，县人民政府副县长徐中玲，县人民法院院长尹敬田，县监察委员会、县人民检察院相关负责人列席会议。会议书面听取《行唐县人民政府关于重点项目建设工作情况的报告》《行唐县人大常委会视察组重点项目建设工作的视察报告》；书面听取《行唐县人民政府关于优化营商环境工作情况的报告》《行唐县人大常委会视察组关于优化营商环境工作的视察报告》；书面听取《行唐县人民政府关于地下水超采综合治理工作情况的报告》《行唐县人大常委会视察组关于地下水超采综合治理工作的视察报告》；书面听取《行唐县人民政府关于农村人居环境整治提升工作情况的报告》《行唐县人大常委会视察组关于农村人居环境整治提升工作的视察报告》；书面听取《行唐县人民政府关于 2022 年生活垃圾分类管理工作情况的报告》《行唐县人大常委会视察组关于城市生活垃圾分类管理工作的视察报告》；听取和审议县人民检察院检察长雷春利作的《关于加强民事检察工作情况的报告》，通过《行唐县人大常委会关于进一步加强新时代检察机关民事检察监督工作的决定》。会议通过人事任免事项（名单见本篇第七章《选举任免》）。

第十一次会议 2022年6月28日召开，县人大常委会主任赵为民，副主任刘鸣利、董素平、盖进良和23名委员出席会议。县人大常委会党组副书记甄泽亮，县人民政府副县长王冀明，县监察委员会主任宋佳，县人民法院院长尹敬田，县人民检察院检察长雷春利列席会议。会议听取和审议县人民政府副县长王冀明作的《关于“6+1”联动监督“回头看”整改落实情况的报告》，县人大常委会办公室主任王永伟作的《关于“6+1”联动监督“回头看”情况的报告》；书面听取县人民政府各领域“回头看”整改落实情况的报告，县人大常委会各领域“回头看”情况的报告；听取县监察委员会主任宋佳作的《关于开展整治群众反映强烈问题工作情况的报告》；听取和审议县审计局副局长曹鸿博作的《关于〈中华人民共和国审计法〉贯彻实施情况的报告》，县人大常委会执法检查组副组长韩金刚作的《关于检查〈中华人民共和国审计法〉贯彻实施情况的报告》；听取县人民法院张金路、石君、盖渍旭、王军、耿化力5名法官和县人民检察院张战强、高彦丽、王欣、赵斌4名检察官的履职情况报告，县人大常委会法官检察官履职评议工作小组的履职评议报告，并进行测评。

第十二次会议 2022年9月22日召开，县人大常委会主任赵为民，副主任刘鸣利、董素平、盖进良和24名委员出席会议。县人大常委会党组副书记甄泽亮，县人民政府副县长王冀明，县人民法院院长尹敬田，县人民检察院检察长雷春利，县监察委员会相关负责人列席会议。会议听取和审议县发展和改革局局长毛志鹏作的《关于2022年上半年国民经济和社会发展计划执行情况的报告》、县审计局局长赵书会作的《2022年上半年经济运行情况的分析报告》，县人大常委会调研组副组长韩金刚作的《关于行唐县2022年上半年国民经济和社会发展计划执行情况的调研报告》；听取和审议县财政局局长翟立刚作的《关于2022年上半年财政预算执行情况的报告》，县人大常委会调研组副组长韩金刚作的《关于2022上半年财政预算执行情况的调研报告》；听取和审议县财政局局长翟立刚作的《关于2021年度财政决算（草案）情况的报告》，县审计局副局长曹鸿博作的《关于2021年度财政预算执行、决算草案及其他财政收支情况的审计工作报告》，县人大常委会财经工委主任韩金刚作的《关于行唐县2021年度财政决算（草案）的审查结果报告》，表决通过《行唐县人大常委会关于批准2021年度财政决算的决议》；听取和审议县卫生健康局局长封亮作的《关于〈中华人民共和国中医药法〉〈河北省中医药条例〉贯彻实施情况的报告》，县人大常委会执法检查组副组长赵惠芹作的《关于检查〈中华人民共和国中医药法〉〈河北省中医药条例〉贯彻实施情况的报告》；听取和审议县农业农村局局长赵建强作的《关于〈中华人民共和国乡村振兴促进法〉贯彻实施情况的报告》，县人大常委会执法检查组副组长赵志军作的《关于检查〈中华人民共和国乡村振兴促进法〉贯彻实施情况的报告》；听取和审议县民政局局长申胜利作的《关于撤销上方乡设立上方镇的情况说明》，表决通过《行唐县人民代表大会常务委员会关于同意撤销上方乡设立上方镇行政区划调整方案的意见》。会议通过人事任免事项（名单见本篇第七章《选举任免》）。

第十三次会议　2022 年 12 月 23 日召开，县人大常委会主任赵为民，副主任刘鸣利、盖进良和 14 名委员出席会议。县人大常委会党组副书记甄泽亮，县人民政府常务副县长赵然，县人民检察院检察长雷春利，县监察委员会、县人民法院相关负责人列席会议。会议听取和审议县公安局政委卫立平作的《关于〈河北省公安机关警务辅助人员管理条例〉贯彻实施情况的报告》，县人大常委会执法检查组副组长张会娟作的《关于检查〈河北省公安机关警务辅助人员管理条例〉贯彻实施情况的报告》；听取和审议县教育局局长郭趁义作的《关于〈中华人民共和国义务教育法〉贯彻实施情况的报告》，县人大常委会执法检查组副组长赵惠芹作的《关于检查〈中华人民共和国义务教育法〉贯彻实施情况的报告》；听取和审议县发展和改革局局长毛志鹏作的《关于〈河北省优化营商环境条例〉贯彻实施情况的报告》，县人大常委会执法检查组副组长韩金刚作的《关于检查〈河北省优化营商环境条例〉贯彻实施情况的报告》；听取和审议县人民政府副县长赵然作的《关于 2022 年人大代表建议办理情况的报告》，县人大常委会视察组副组长王冰心作的《关于县十七届人大二次会议代表建议办理情况的视察报告》；书面听取《行唐县人民政府关于 2022 年〈政府工作报告〉及民生实事完成情况的报告》《行唐县人大常委会视察组关于县政府 2022 年〈政府工作报告〉和民生实事完成情况的视察报告》；听取县人民法院院长尹敬田作的《行唐县人民法院 2022 年工作目标完成情况的报告》、县人民检察院检察长雷春利作的《行唐县人民检察院 2022 年工作目标完成情况的报告》；听取县人大常委会政法工委主任张会娟作的《关于规范性文件备案审查情况的工作报告》；听取县审计局副局长曹鸿博作的《关于〈2021 年度县本级财政预算执行及其他财政收支情况审计工作报告〉问题整改情况的报告》；听取和审议县财政局局长翟立刚作的《关于行唐县 2022 年政府债务限额的说明》《关于行唐县 2022 年财政预算调整方案（草案）的说明》，听取县人大常委会财经工委主任韩金刚作的《关于 2022 年预算调整方案（草案）的审查报告》，表决通过《行唐县人大常委会关于批准〈行唐县人民政府关于提请审议批准 2022 年政府债务限额的议案〉的决议》《行唐县人大常委会关于批准 2022 年预算调整方案（草案）的决议》。审议通过《行唐县人大常委会关于县人民代表大会代表建议、批评和意见的处理规定》《行唐县第十七届人大常委会代表资格审查委员会关于个别代表的代表资格的审查报告》《行唐县人大常委会关于恢复个别代表职务的决定》。会议通过人事任免事项（名单见本篇第七章《选举任免》）。

第十四次会议　2023 年 1 月 11 日召开，县人大常委会主任赵为民，副主任刘鸣利、董素平、盖进良和 18 名委员出席会议。县人大常委会党组副书记甄泽亮，县人民政府副县长肖宁宁，县人民检察院检察长雷春利，县监察委员会、县人民法院相关负责人列席会议。会议书面听取《行唐县人大常委会办公室关于县第十七届人民代表大会第三次会议准备情况的报告》，作出《行唐县人大常委会关于召开行唐县第十七届人民代表大会第三次会议的决定》，审议通过行唐县第十七届人民代表大会第三次会议议程（草案）、日程（草案）、主席团和秘书长、常务主席、副秘书长、议案审查委员会、列席人员等各项名单（草案）和

《行唐县人大常委会工作报告（稿）》；听取和审议县发展和改革局局长毛志鹏作的《关于行唐县2022年国民经济和社会发展计划执行情况与2023年国民经济和社会发展计划（草案）的报告》，县人大常委会财经工委主任韩金刚作的《关于行唐县2022年国民经济和社会发展计划执行情况与2023年国民经济和社会发展计划（草案）的审查结果报告》；听取和审议县财政局局长翟立刚作的《关于行唐县2022年预算执行情况和2023年预算（草案）的报告》，县人大常委会财经工委主任韩金刚作的《关于行唐县2022年预算执行情况和2023年预算（草案）的审查结果报告》；审议通过《行唐县第十七届人大常委会代表资格审查委员会关于个别代表的代表资格审查报告》。会议通过《关于接受宋佳辞去行唐县监察委员会主任职务请求的决定》。

第十五次会议　2023年1月28日召开，县人大常委会主任赵为民，副主任刘鸣利、董素平、盖进良和22名委员出席会议。县人民政府、县监察委员会、县人民法院、县人民检察院相关负责人列席会议。会议补选行唐县出席石家庄市第十五届人民代表大会代表1名（名单见本篇第七章《选举任免》）。

第十六次会议　2023年4月27日召开，县人大常委会主任赵为民，副主任董素平、盖进良和25名委员出席了会议。县人民政府副县长柳增良，县人民检察院检察长雷春利，县监察委员会、县人民法院相关负责人列席会议。会议听取和审议石家庄市生态环境局行唐分局局长卢勇作的《关于2022年环境状况和环境保护目标完成情况的报告》，县人大常委会视察组副组长孙绍华作的《关于2022年度环境状况和环境保护目标完成情况的视察报告》；听取和审议县司法局局长张志强作的《关于〈中华人民共和国法律援助法〉贯彻实施情况的报告》，县人大常委会执法检查组副组长张会娟作的《关于检查〈中华人民共和国法律援助法〉贯彻实施情况的报告》；听取县人大常委会代表联络工委主任王冰心作的《关于〈行唐县人大常委会关于上方乡撤乡设镇后有关事项的决定（草案）〉的说明》，审议通过《行唐县人大常委关于上方乡撤乡设镇后有关事项的决定》。会议通过人事任免事项（名单见本篇第七章《选举任免》）。

第十七次会议　2023年5月31日召开，县人大常委会主任赵为民，副主任董素平、盖进良和委员26人出席会议。县人民政府副县长巩少鹏，县监察委员会、县人民法院、县人民检察院相关负责人列席会议。会议听取和审议县人民政府副县长巩少鹏作的《行唐县人民政府关于国土空间总体规划编制有关情况的报告》。

第十八次会议　2023年6月28日召开，县人大常委会主任赵为民，副主任董素平、盖进良和22名委员出席会议。县人民政府副县长肖宁宁，县人民法院院长尹敬田，县监察委员会、县人民检察院相关负责人列席会议。会议学习习近平总书记在二十届中央政治局第五次集体学习时的重要讲话精神；听取和审议县应急管理局局长石文胜作的《关于〈中华人民共和国安全生产法〉贯彻实施情况的报告》，县人大常委会执法检查组副组长韩金刚作的《关于检查〈中华人民共和国安全生产法〉贯彻实施情况的报告》；听取和审议县住房和城乡建设局局长王河夏作的《关于〈石家庄市城市管理综合执法条例〉贯彻实施情况的报告》，县人大常委会执法检查组副组长孙绍华作的《关于检查〈石家庄市城市管理综合执法条例〉贯彻实施情况的报告》；听取和审议县发展和改革局局长毛志鹏作的《关于优化营商环境工作情况的报告》，书面听取《行唐县人大常委会视察组关于优化营商环境工作的视察报告》；听取和审议县农业农村局局长赵建强作的《关于促进种业振兴工作情况的报告》，书面听取《行唐县人大常委会视察组关于促进种业振兴工作的视察报告》；听取和审议县科学技术和工业信息化局局长刁庆晓作的《关于科技成果转化工作情况的报告》，书面听取《行唐县人大常委会视察组关于科技成果转化工作的视察报告》；听取和审议县文化广电体育和旅游局局长卢彦冬作的《关于旅游发展工作情况的报告》，书面听取《行唐县人大常委会视察组关于旅游发展工作的视察报告》。

第十九次会议　2023 年 8 月 24 日召开，县人大常委会主任赵为民，副主任刘鸣利、董素平、盖进良和 23 名委员出席会议。县人民政府副县长张磊，县人民法院院长尹敬田，县人民检察院检察长雷春利，县监察委员会相关负责人列席会议。会议听取和审计县公安局、交通运输局、农业农村局、文化广电体育和旅游局、民政局、行政审批局主要负责人履职情况报告，县人大常委会履职评议报告并进行满意度测评；听取和审议县发展和改革局局长毛志鹏作的《关于 2023 年上半年国民经济和社会发展计划执行情况的报告》、县统计局局长柳永良作的《2023 年上半年经济运行情况的报告》，县人大常委会调研组副组长韩金刚作的《关于行唐县 2023 年上半年国民经济和社会发展计划执行情况的调研报告》；听取和审议县财政局局长翟立刚作的《关于 2023 年上半年财政预算执行情况的报告》，县人大常委会调研组副组长韩金刚作的《关于行唐县 2023 年上半年财政预算执行情况的调研报告》；听取和审议县财政局局长翟立刚作的《关于 2022 年度财政决算（草案）情况的报告》、县审计局局长严爱民作的《关于 2022 年度县本级财政预算执行、决算草案及其他财政财务收支情况的审计工作报告》，县人大常委会财经工委主任韩金刚作的《关于行唐县 2022 年财政决算（草案）的审查结果报告》，表决通过《行唐县人大常委会关于批准 2022 年财政决算的决议》；听取和审议县农业农村局局长赵建强作的《关于加快推进乡村建设情况的报告》，县人大常委会调研组副组长赵志军作的《关于加快推进乡村建设情况的调研报告》。会议通过《行唐县人民代表大会常务委员会关于接受王建良辞职请求的决定》。会议通过人事任免事项（名单见本篇第七章《选举任免》）。

第二十次会议　2023 年 9 月 13 日召开，县人大常委会主任赵为民，副主任刘鸣利、盖进良和 21 名委员出席会议。县人民政府副县长徐中玲，县人民法院院长尹敬田，县人民检察院检察长雷春利，县监察委员会相关负责人列席会议。会议通过人事任免事项（名单见本篇第七章《选举任免》）。

第二十一次会议　2023 年 10 月 12 日召开，县人大常委会主任赵为民，副主任刘鸣利、董素平和 20 名委员出席会议。县人民政府副县长王冀明，县人民法院院长尹敬田，县人民检察院检察长雷春利，县监察委员会相关负责人列席会议。会议通过人事任免事项（名单见本篇第七章《选举任免》）。

第二十二次会议　2023年10月31日召开，县人大常委会主任赵为民，副主任刘鸣利、董素平、盖进良和25名委员出席会议。县人民政府副县长王冀明，县人民法院院长尹敬田，县监察委员会、县人民检察院相关负责人列席会议。会议学习习近平总书记在《求是》杂志上发表的重要文章《开辟马克思主义中国化时代化新境界》和《人民日报》评论文章《把实的要求贯穿主题教育全过程》。听取和审议县人民政府副县长王冀明作的《关于2023年人大代表建议办理情况的报告》，县人大常委会视察组副组长王冰心作的《关于县十七届人大三次会议代表建议办理情况的视察报告》，对部分建议承办单位进行满意度测评；听取和审议县农业农村局局长赵建强作的《关于〈河北省乡村振兴促进条例〉贯彻实施情况的报告》，县人大常委会执法检查组副组长赵志军作的《关于检查〈河北省乡村振兴促进条例〉贯彻实施情况的报告》；听取和审议县教育局局长郭趁义作的《关于〈中华人民共和国职业教育法〉贯彻实施情况的报告》，县人大常委会执法检查组副组长赵惠芹作的《关于检查〈中华人民共和国职业教育法〉贯彻实施情况的报告》；听取县财政局局长翟立刚作的《关于2022年国有资产管理情况的综合报告》《关于政府债务情况的报告》。会议通过《行唐县人大常委会关于对县人民法院法官和县人民检察院检察官开展履职评议的暂行办法》。

第二十三次会议　2023年11月28日召开，县人大常委会主任赵为民，副主任刘鸣利、董素平、盖进良和24名委员出席会议。县人民政府副县长、代理县长黄昭波，县监察委员会主任王蒙，县人民法院院长尹敬田，县人民检察院相关负责人列席会议。会议通过《关于接受梁志彦辞去行唐县人民政府县长职务请求的决定》。会议通过人事任免事项（名单见本篇第七章《选举任免》）。

第二十四次会议　2023年12月19日召开，县人大常委会主任赵为民，副主任刘鸣利、董素平和20名委员出席会议。县人民政府副县长宋一鸣，县监察委员会、县人民法院、县人民检察院相关负责人列席会议。会议学习中央经济工作会议精神。会议书面听取《行唐县人民政府关于2023年〈政府工作报告〉及省市民生工程、县民生实事完成情况的报告》《行唐县人大常委会视察组关于县政府2023年〈政府工作报告〉和省市民生工程、县民生实事完成情况的视察报告》，对县人民政府民生实事完成情况进行满意度测评；书面听取《行唐县人民政府关于提请审议2023年新增政府债务限额的议案》，表决通过《行唐县人大常委会关于批准2023年新增政府债务限额的决议》；听取和审议县财政局局长翟立刚作的《关于行唐县2023年预算调整方案（草案）的说明》，听取县人大常委会财经工委主任韩金刚作的《关于2023年预算调整方案（草案）的审查报告》，表决通过《行唐县人大常委会关于批准2023年财政预算调整方案的决议》；听取县人民法院《关于被评议人员履职情况的总体报告》，赵海峰、周会杰、范进军、杨山林、王淑芳5名法官个人履职情况报告，并进行履职测评；听取县人民法院院长尹敬田作的《行唐县人民法院2023年工作目标完成情况的报告》、县人民检察院检察长雷春利作的《行唐县人民检察院2023年工作目标完成情况的报告》；听取县审计局局长严爱民作的《关于〈2022年度县本级财政预算执行、决算草案及其他财政财务收支情况的审计工作报告〉问题整改情况的报告》；听取县人大常委会政法工委主任张会娟作的《关于2023年规范性文件备案审查情况的工作报告》。通过《行唐县人大常委会关于许可对县十七届人大代表杨某某采取强制措施的决定》。会议通过人事任免事项（名单见本篇第七章《选举任免》）。

第二节　主任会议

截至2023年12月，县十七届人大常委会共召开主任会议28次，由县人大常委会主任赵为民主持召开。县人大常委会各位副主任出席会议，各委室负责人列席会议，县人民政府及相关部门、县监察委员会、“两院”负责人根据会议要求列席会议。

表13-7　行唐县第十七届人大常委会主任会议情况一览表

序号	时间	议题
1	2021年7月30日	研究部署下半年工作；听取县乡村振兴局、农业农村局、水利局、畜牧工作总站关于2021年乡村振兴和扶贫项目进展情况的汇报；听取县人民检察院关于未成年人检察工作情况的汇报；听取县教育局关于全县义务教育发展情况的汇报
2	2021年8月19日	研究县十七届人大常委会第一次会议议题
3	2021年8月27日	研究县十七届人大常委会第二次会议议题
4	2021年9月24日	研究县十七届人大常委会第三次会议议题
5	2021年9月28日	听取县人民政府关于基层乡镇审批服务及综合执法工作情况的汇报；听取县人民政府关于代表建议办理情况的汇报；听取县住建局关于国家园林城创建工作情况的汇报；听取县农业农村局关于高标准农田建设工程实施情况汇报
6	2021年10月28日	研究县十七届人大常委会第四次会议议题
7	2021年11月26日	听取县人民政府关于扶贫资产资本监督管理情况的汇报；听取县人民政府关于省级卫生县城创建工作情况的汇报；听取县人民政府关于2022年预算编制工作情况的汇报
8	2021年12月22日	研究县十七届人大常委会第五次会议议题
9	2022年2月25日	研究县人大常委会2022年工作要点；研究十大重点建议
10	2022年3月30日	听取县金融发展服务中心关于存贷款情况和防范金融风险情况的汇报；听取人行、农行、农联社、邮政银行、建行关于服务县域经济情况的汇报和2022年工作安排；听取县人民政府关于慢病、特病医保政策落实情况的汇报
11	2022年4月21日	研究县十七届人大常委会第九次会议议题

续表13-7

序号	时间	议题
12	2022年5月26日	听取县人民政府关于第一季度国民经济和社会发展计划运行情况、经济运行分析情况、财政运行分析情况、“两个五千米”建设提升、房地产历史遗留问题、托育服务体系建设、人居环境样板村打造工程实施情况的汇报
13	2022年6月23日	研究县十七届人大常委会第十一次会议议题
14	2022年7月27日	听取县人民检察院关于控告申诉检察工作情况的汇报；县人民政府关于乡村综合服务站改造提升工作的汇报；县人民政府关于2022年农村饮水安全巩固提升工程实施情况的汇报
15	2022年9月20日	研究县十七届人大常委会第十二次会议议题
16	2022年9月29日	听取县人民法院关于民事审判监督管理情况的汇报；听取县人民政府关于重点建议办理、实施不动产登记解遗工程、打造全产业链乳业集群工作、培育包装产业集群工作、培育装备制造产业集群工作、壮大新型建材产业集群工作等情况的汇报
17	2022年12月12日	听取县人民政府关于2023年预算编制工作、2022年省市级乡村振兴示范区建设、县域科技创新能力提升、冬季供暖和余热进城、县域电动自行车规范管理等情况的汇报
18	2022年12月21日	研究县十七届人大常委会第十三次会议议题
19	2023年3月1日	研究县十七届人大三次会议十项重点代表建议；研究2023年工作要点
20	2023年3月24日	听取县人民政府关于疫情防控资金、债券资金和政府投资重点项目资金使用，职工基本医疗保障等情况的汇报
21	2023年4月25日	研究县十七届人大常委会第十六次会议议题
22	2023年6月14日	听取县人民检察院关于落实《行唐县人大常委会关于进一步加强新时代检察机关民事检察监督工作的决定》情况汇报；听取县人民政府关于第一季度国民经济和社会发展计划运行情况、经济运行分析情况、财政运行分析情况、普惠幼儿园发展情况、巩固拓展脱贫成果工作情况的汇报
23	2023年6月27日	研究县十七届人大常委会第十八次会议议题
24	2023年7月28日	听取县人民政府关于深化“放管服”改革工作情况、地下水超采综合治理农村灌溉水源置换项目实施情况、筹建县域拘留所进展情况、省市民生工程和县民生实事进展情况的汇报
25	2023年8月18日	研究县十七届人大常委会第十九次会议议题

续表13-7

序　号	时　间	议　题
26	2023年10月18日	听取县人民法院关于人民陪审员管理及作用发挥情况的汇报；听取县人民政府关于打造全产业链乳业集群、培育包装产业集群、培育装备制造产业集群、壮大新型建材产业集群、耕地资源保护、公共体育服务体系建设、大力发展现代农业、人大代表重点建议办理等工作情况的汇报
27	2023年11月29日	听取县人民政府关于反电信网络诈骗、冬季供暖和余热进城、“全国基层中医药工作示范县”创建、高标准农田建设等工作情况的汇报
28	2023年12月15日	研究县十七届人大常委会第二十四次会议议题

第三节　机构设置

截至2021年7月，县十七届人大常委会机关仍设办公室（附设老干部科和信访科，规格均为正科；设人大代表服务中心，是人大办下属事业单位，规格股级）、政治法律工作委员会、财政经济工作委员会、代表联络工作委员会、教育科学文化卫生工作委员会、农业农村工作委员会。

表13-8　行唐县第十七届人大常委会机构人员概况表

机构名称	职务（职级）	姓　名	任职时间	说　明
办公室	主　任	王永伟	2021年7月—	2021年7月任一级主任科员，2022年10月任四级调研员
	副主任	王彦飞	2021年7月—	—
	一级主任科员	郑建强	2023年2月—	—
	二级主任科员	常吉章	2021年7月—2022年10月	退休
	三级主任科员	靳立杰	2023年12月—	—
	四级主任科员	李丽菲	2021年7月—	—
		赵翔平	2021年7月—2023年9月	退休
	副科级干部	王秀莲	2021年7月—	—
		贾　娜	2021年7月—	—
政治法律工作委员会	主　任	—	2021年7月—2022年4月	缺　职
		张会娟	2022年4月—	—
	副主任	张会娟	2021年7月—2022年4月	—

续表13-8

机构名称	职务（职级）	姓　名	任职时间	说　明
财政经济工作委员会	主　任	韩金刚	2021 年 7 月—	—
	副主任	韩文胜	2021 年 7 月—	—
	四级调研员	孟国旗	2021 年 7 月—	—
代表联络工作委员会	主　任	王冰心	2021 年 7 月—	—
	副主任	刘　宏	2021 年 7 月—	—
教育科学文化卫生工作委员会	主　任	赵惠芹	2021 年 7 月—	—
	副主任	—	2021 年 7 月—	缺职
农业农村工作委员会	主　任	赵志军	2021 年 7 月—	—
	二级主任科员	董根平	2021 年 7 月—	—
老干部科	科　长	孙绍华	2021 年 7 月—	—
	副科长	仇英军	2021 年 7 月—	2021 年 7 月任二级主任科员
信访科	科　长	陈连香	2021 年 7 月—2023 年 8 月	2023 年 8 月任一级主任科员
		单林虎	2023 年 8 月—	—
	副科长	黄新会	2021 年 7 月—	2021 年 7 月人大办二级主任科员

第四节　机 关 工 作

一、加强机关政治建设

县十七届人大常委会始终把机关工作置于常委会机关党组领导之下，立足人大工作实际，结合庆祝中国共产党成立 100 周年系列活动，通过讲党课、听党史、参观红色教育基地、交流研讨学习心得等各种措施，扎实深入开展党史学习教育。深入学习贯彻习近平总书记在庆祝中国共产党成立 100 周年大会上的重要讲话、中央人大工作会议精神，特别是把习近平总书记关于坚持和完善人民代表大会制度的重要论述和学习贯彻党的二十大精神作为思想定向导航，筑牢思想根基。深刻认识和把握党的重大理论成果、重要历史结论，把“两个确立”在思想上扎牢、在行动上落实，切实增强“四个意识”，坚定“四个自信”，做到“两个维护”。

中共行唐县人大常委会机关党组

书　记：王永伟（2021 年 7 月—　　　　　）

副书记：王晓光（2021 年 7 月—　　　　　）

成　员：贾　娜（女，2021 年 7 月—　　　　　）

二、提升队伍能力素质

县人大常委会强化制度建设，坚持用制度管人管事，完善机关各委室工作职责、机关学习、机关财务管理、文电办理等各项规章制度，促进县人大常委会及机关工作科学有序、规范高效开展。强化履职能力建设，积极适应新形势新要求，不断加强对人民代表大会制度和法律法规、业务知识的学习，努力以先进的理论武装头脑、指导实践、推动工作，不断提高调研能力、审议能力和依法解决问题的能力，并坚持实事求是和密切联系群众的优良作风，深入基层、深入群众，掌握实情，找准问题，切实提高依法履职能力水平。2023 年 3 月 9 日，县人大常委会组织开展金融系统与人大代表企业银企对接活动，帮助解决金融机构存贷比低、企业融资难等问题。县委书记韩旭对此作出批示，“人大组织此次活动很好，意义重大，当前全力以赴抓投资、上项目、促发展”。全力以赴支持民营经济发展是重点，人大要进一步发挥优势，在经济发展主战场上贡献人大力量。

三、提高宣传工作效能

县人大常委会加强宣传工作，充分利用各类宣传阵地和新闻媒体，加大对人大制度和人大工作的宣传力度，尽可能使更多的人民群众了解人大工作、关心人大工作、参与人大工作。做到全省有声音、全市有场面、社会有影响。2022 全年省、市人大和县级媒体采用人大信息稿件 20 多篇，2023 年县人大工作被省人大采用信息 5 篇，被市人大采用信息 19 篇。2023 年 8 月，县人大常委会主任赵为民撰写的《推进民生实事票决制践行全过程人民民主—关于县级民生实事人大代表票决制的研究与思考》一文荣获石家庄市人大制度研究会理论研讨会优秀论文二等奖、河北省人大制度研究会 2023 年优秀研究成果二等奖。县人大常委会重视加强对人大重要会议、重大活动、重点工作的宣传报道，突出对人大代表履职尽责先进事迹的宣传，积极推广代表在联系选民、反映民声、为民办事方面的好经验、好做法，全方位、多角度唱出人大制度好声音，讲出人大工作好故事，写出代表履职好新闻。

四、强化党风廉政建设

县人大常委会充分发挥人大机关党组领导作用，严格落实“一岗双责”，坚持党要管党，从严治党，严格执行党风廉政建设责任制，规范党内政治生活，全面落实请示报告、民主生活会、组织生活会等制度，深刻检视剖析，开展批评与自我批评。深入推进机关作风整顿等整治工作，不断强化自身讲政治、讲法纪、讲规矩的理念和定力，模范遵守、严格执行党章党规党纪以及国家法律法规，以实际行动筑牢廉洁从政防线，着力营造人大机关积极向上、风清气正的政治生态。

第五章　监督工作

县十七届人大及其常委会勇担监督之责，尽职尽责服务发展大局。截至2023年12月，县十七届人大常委会共听取和审议“一府一委两院”专项工作报告及计划预算和审计工作报告102项，组织开展执法检查17次、视察调研63次。

持续强化监督职能，组织开展《预算法》执法检查和预算执行情况调研，听取和审议县人民政府关于预算执行、财政运行分析、财政决算、审计工作等专项报告，依法审议通过政府债务限额议案和预算调整议案，保障了财政资金安全。聚力乡村振兴，调研巩固拓展脱贫攻坚成果同乡村振兴有效衔接工作情况、乡村旅游发展情况，视察乡村振兴和扶贫项目进展、扶贫龙头企业生产经营、新增农业园区、有机农业创新工程示范县建设情况，巩固脱贫攻坚成果。加强法律监督，严格执法检查，组织开展《预算法实施条例》《城乡规划法》《河北省乡镇和街道综合行政执法条例》《职业教育法》《民事诉讼法》等25部法律法规的执法检查，配合市人大开展《水土保持法》和《石家庄市水土保持条例》执法检查。

聚焦重点领域开展联动监督。2021年9月开始，针对优化营商环境、农业结构调整、地下水超采治理、公共医疗卫生服务领域的关键环节和突出问题开展四项联动监督，同时开展“6+1”联动监督“回头看”。2022年5月至6月，开展重点项目建设、优化营商环境、地下水超采综合治理、农村环境整治提升、城市生活垃圾分类管理五项联动监督和“6+1”联动监督“回头看”；2023年5月，聚焦优化营商环境、促进种业振兴、科技成果转化、旅游业发展四个重点领域开展四项联动监督。

第一节　听取和审议专项工作报告与计划预算和审计工作报告

截至2023年12月，县十七届人大常委会常委会议共听取和审议“一府一委两院”专项工作报告78项、计划预算和审计工作报告24项。

表 13-9　行唐县第十七届人大常委会会议
听取和审议专项工作报告与计划预算和审计工作报告情况表

时　间	常委会会议	报告内容
2021 年 8 月 31 日	第二次	县人民政府关于 2021 年上半年国民经济和社会发展计划执行情况的报告、2021 年上半年经济运行情况的分析报告；县人民政府关于 2021 年上半年财政预算执行情况的报告；县人民政府关于 2020 年度财政决算（草案）情况的报告、2020 年度财政预算执行和其他财政收支情况的审计工作报告；县人民政府关于政府债务限额的说明；县人民政府关于行唐县 2021 年预算调整方案（草案）的说明；县人民法院关于 5 名法官履职情况的报告；县人民检察院关于 5 名检察官履职情况的报告；县人民政府关于 2020 年度国有资产综合分析报告
2021 年 9 月 26 日	第三次	县人民政府关于“6+1”联动监督整改落实“回头看”和四项联动监督相关领域工作情况的报告
2021 年 10 月 29 日	第四次	县人民法院关于民事执行工作情况的报告；县人民政府关于《河北省乡镇和街道综合行政执法条例》贯彻实施情况的报告；县人民政府关于“三重四创五优化”工作情况的报告；县人民政府关于行唐县 2021 年政府债务限额的说明；县人民政府关于 2021 年预算调整方案（草案）的说明；县人民政府关于《预算法实施条例》贯彻实施情况的报告；县人民政府关于《城乡规划法》贯彻实施情况的报告；县人民政府关于生活垃圾分类管理实施情况的报告；县人民政府关于全县乡村旅游发展工作情况的报告
2021 年 12 月 24 日	第五次	县人民政府关于《政府工作报告》及民生实事完成情况的报告；县人民政府相关部门关于承担民生实事完成情况的报告；县人民政府关于 2021 年人大代表建议办理情况的报告；县人民政府相关部门关于人大代表建议办理情况的报告；县人民政府关于巩固拓展脱贫攻坚成果与乡村振兴有效衔接工作情况的报告；县人民政府关于行唐县 2021 年政府债务限额的说明；县人民政府关于行唐县 2021 年预算调整方案（草案）的说明；县人民政府关于《体育法》《河北省全民健身条例》贯彻实施情况的报告；县人民政府关于《2020 年度县本级财政预算执行和其他财政收支情况的审计工作报告》问题整改情况的报告；县人民法院关于 2021 年工作目标完成情况的报告；县人民检察院关于 2021 年工作目标完成情况的报告
2022 年 1 月 19 日	第七次	县人民政府关于代表建议办理情况的报告；县人民政府关于 2021 年国民经济社会发展计划执行情况与 2022 年国民经济和社会发展计划（草案）的报告；县人民政府关于 2021 年预算执行情况和 2022 年预算（草案）的报告

续表13-9

时　间	常委会会议	报告内容
2022年4月26日	第九次	县人民政府关于2021年环境状况和环境保护目标完成情况的报告；县人民政府关于《大气污染防治法》《河北省大气污染防治条例》贯彻实施情况的报告；县人民政府关于《中华人民共和国社区矫正法》贯彻实施情况的报告
2022年5月31日	第十次	县人民政府关于重点项目建设工作情况的报告；县人民政府关于优化营商环境工作情况的报告；县人民政府关于地下水超采综合治理工作情况的报告；县人民政府关于农村人居环境整治提升工作情况的报告；县人民政府关于城市生活垃圾分类管理工作情况的报告；县人民检察院关于加强民事检察工作情况的报告
2022年6月28日	第十一次	县人民政府关于“6+1”联动监督“回头看”整改落实情况的报告；县人民政府各领域“回头看”整改落实情况的报告；县监察委员会关于开展整治群众反映强烈问题工作情况的报告；县人民政府关于《中华人民共和国审计法》贯彻实施情况的报告；县人民法院关于5名法官履职情况的报告；县人民检察院关于4名检察官履职情况的报告
2022年9月22日	第十二次	县人民政府关于2022年上半年国民经济和社会发展计划执行情况的报告、2022年上半年经济运行情况的分析报告；县人民政府关于2022年上半年财政预算执行情况的报告；县人民政府关于2021年度财政决算（草案）情况的报告、2021年度财政预算执行和其他财政收支情况的审计工作报告；县人民政府关于《中医药法》《河北省中医药条例》贯彻实施情况的报告；县人民政府关于《乡村振兴促进法》贯彻实施情况的报告；县人民政府关于撤销上方乡设立上方镇的情况说明
2022年12月23日	第十三次	县人民政府关于《河北省公安机关警务辅助人员管理条例》贯彻实施情况的报告；县人民政府关于《义务教育法》贯彻实施情况的报告；县人民政府关于《河北省优化营商环境条例》贯彻实施情况的报告；县人民政府关于县十七届人大二次会议代表建议办理情况的报告；县人民政府关于《政府工作报告》及民生实事完成情况的报告；县人民法院2022年工作目标完成情况的报告；县人民检察院2022年工作目标完成情况的报告；县人民政府关于《2021年度县本级财政预算执行和其他财政收支情况的审计工作报告》问题整改情况的报告；县人民政府关于行唐县2022年政府债务限额的说明；县人民政府关于行唐县2022年财政预算调整方案（草案）的说明
2023年1月11日	第十四次	县人民政府关于2022年国民经济和社会发展计划执行情况与2023年国民经济和社会发展计划（草案）的报告；县人民政府关于2022年预算执行情况和2023年预算（草案）的报告

续表13-9

时　间	常委会会议	报告内容
2023 年 4 月 27 日	第十六次	县人民政府关于 2022 年环境状况和环境保护目标完成情况的报告；县人民政府关于《法律援助法》贯彻实施情况的报告
2023 年 5 月 31 日	第十七次	县人民政府关于国土空间总体规划编制有关情况的报告
2023 年 6 月 28 日	第十八次	县人民政府关于《安全生产法》贯彻实施情况的报告；县人民政府关于《石家庄市城市管理综合执法条例》贯彻实施情况的报告；县人民政府关于优化营商环境工作情况的报告；县人民政府关于促进种业振兴工作情况的报告；县人民政府关于科技成果转化工作情况的报告；县人民政府关于旅游发展工作情况的报告
2023 年 8 月 24 日	第十九次	县人民政府关于 2023 年上半年国民经济和社会发展计划执行情况的报告、2023 年上半年经济运行情况的分析报告；县人民政府关于 2023 年上半年财政预算执行情况的报告；县人民政府关于 2022 年度财政决算（草案）情况的报告、2022 年度财政预算执行和其他财政收支情况的审计工作报告；县公安局、县交通运输局、县农业农村局、县文化广电体育和旅游局、县民政局、县行政审批局主要负责人履职情况报告；县人民政府关于加快推进乡村建设情况的报告
2023 年 10 月 31 日	第二十二次	县人民政府关于县十七届人大三次会议代表建议办理情况的报告；县人民政府关于《河北省乡村振兴促进条例》贯彻实施情况的报告；县人民政府关于《职业教育法》贯彻实施情况的报告；县人民政府关于国有资产管理情况综合报告；县人民政府关于政府债务情况的报告
2023 年 12 月 19 日	第二十四次	县人民政府关于《政府工作报告》和省市民生工程、县民生实事完成情况的报告；县人民政府关于提请审议 2023 年新增政府债务限额的议案；县人民政府关于行唐县 2023 年预算调整方案（草案）的说明；县人民法院关于被评议人员履职情况的总体报告；县人民法院 2023 年工作目标完成情况的报告；县人民检察院 2023 年工作目标分解完成情况的报告；县人民政府关于《2022 年度县本级财政预算执行和其他财政收支情况的审计工作报告》问题整改情况的报告

第二节 主任会议听取专题工作汇报

截至2023年12月，县十七届人大常委会主任会议共听取县“一府一委两院”专题工作汇报67项。

表13-10 行唐县第十七届人大常委会主任会议听取专题工作汇报情况一览表

时间	汇报内容
2021年7月30日	县乡村振兴局、农业农村局、水利局、畜牧工作总站关于2021年乡村振兴和扶贫项目进展情况的汇报；县人民检察院关于未成年人检察工作情况的汇报；县教育局关于全县义务教育发展情况的汇报
2021年9月28日	县人民政府关于基层乡镇审批服务及综合执法工作情况的汇报；县人民政府关于代表建议办理情况的汇报；县住建局关于国家园林城工作情况的汇报；县农业农村局关于高标准农田建设工程实施情况汇报
2021年11月26日	县人民政府关于扶贫资产资本监督管理情况的汇报；县人民政府关于省级卫生县城创建工作情况的汇报；县人民政府关于2022年预算编制工作情况的汇报
2022年3月30日	县金融发展服务中心关于存贷款情况和防范金融风险情况的汇报；县人行、农行、农联社、邮政银行、建行关于服务县域经济情况的汇报和2022年工作安排；县人民政府关于慢病、特病医保政策落实情况的汇报
2022年5月26日	县人民政府关于第一季度国民经济和社会发展计划运行情况、经济运行分析情况、财政运行分析情况、“两个五千米”建设提升、房地产历史遗留问题、托育服务体系建设、人居环境样板村打造工程实施情况的汇报
2022年7月27日	县人民检察院关于控告申诉检察工作情况的汇报；县人民政府关于乡村综合服务站改造提升工作的汇报；县人民政府关于2022年农村饮水安全巩固提升工程实施情况的汇报
2022年9月29日	县人民法院关于民事审判监督管理情况的汇报；县人民政府关于重点建议办理、实施不动产登记解遗工程、打造全产业链乳业集群工作、培育包装产业集群工作、培育装备制造产业集群工作、壮大新型建材产业集群工作等情况的汇报
2022年12月12日	县人民政府关于2023年预算编制工作、2022年省市级乡村振兴示范区建设、县域科技创新能力提升、冬季供暖和余热进城、县域电动自行车规范管理等情况的汇报
2023年3月24日	县人民政府关于疫情防控资金、债券资金和政府投资重点项目资金使用，职工基本医疗保障等情况的汇报

续表13-10

时　间	汇报内容
2023 年 6 月 14 日	县人民检察院关于落实《行唐县人大常委会关于进一步加强新时代检察机关民事检察监督工作的决定》情况的汇报；县人民政府关于第一季度国民经济和社会发展计划运行情况、经济运行分析情况、财政运行分析情况、普惠幼儿园发展情况、巩固拓展脱贫成果工作情况的汇报
2023 年 7 月 28 日	县人民政府关于深化“放管服”改革工作情况、地下水超采综合治理农村灌溉水源置换项目实施情况、筹建县域拘留所进展情况、省市民生工程和县民生实事进展情况的汇报
2023 年 10 月 18 日	县人民法院关于人民陪审员管理及作用发挥情况的汇报；县人民政府关于打造全产业链乳业集群、培育包装产业集群、培育装备制造产业集群、壮大新型建材产业集群、耕地资源保护、公共体育服务体系建设、大力发展现代农业、人大代表重点建议办理等工作情况的汇报
2023 年 11 月 29 日	县人民政府关于反电信网络诈骗、冬季供暖和余热进城、“全国基层中医药工作示范县”创建、高标准农田建设等工作情况的汇报

第三节　法律法规实施情况的检查

截至 2023 年 12 月，县十七届人大常委会共组织开展执法检查 17 次。

1. 2021 年 9 月 27 日，县人大常委会副主任刘鸣利带领县人大常委会执法检查组，对《河北省关于基层乡镇和街道综合行政执法条例》贯彻实施情况开展执法检查。10 月 29 日，县十七届人大常委会第四次会议听取和审议县人大常委会执法检查组副组长张会娟作的《关于检查〈河北省关于基层乡镇和街道综合行政执法条例〉贯彻实施情况的报告》。

2. 2021 年 9 月 27 日，县人大常委会副主任董素平带领县人大常委会执法检查组，对《城乡规划法》贯彻实施情况开展执法检查。10 月 29 日，县十七届人大常委会第四次会议，听取和审议县人大常委会执法检查组副组长孙绍华作的《关于检查〈中华人民共和国城乡规划法〉贯彻实施情况的报告》。

3. 2021 年 9 月 28 日，县人大常委会执法检查组对《预算法实施条例》贯彻实施情况开展执法检查。10 月 29 日，县十七届人大常委会第四次会议听取和审议县人大常委会执法检查组副组长韩金刚作的《关于检查〈中华人民共和国预算法实施条例〉贯彻实施情况的报告》。

4. 2021 年 12 月 14 日，县人大常委会副主任董素平带领县人大常委会执法检查组，对《体育法》《河北省全民健身条例》贯彻实施情况开展执法检查。12 月 24 日，县十七届人大常委会第五次会议听取和审议县人大常委会执法检查组副组长赵惠芹作的《关于检查〈中华人民共和国体育法〉〈河北省全民健身条例〉贯彻实施情况的报告》。

5. 2022 年 3 月 31 日，县人大常委会副主任刘鸣利带领县人大常委会执法检查组，对《社区矫正法》贯彻实施情况开展执法检查。4 月 26 日，县十七届人大常委会第九次会议听取和审议县人大常委会执法检查组副组长张会娟作的《关于检查〈中华人民共和国社区矫正法〉贯彻实施情况的报告》。

6. 2022 年 4 月 14 日，县人大常委会副主任董素平带领县人大常委会执法检查组，对《大气污染防治法》《河北省大气污染防治条例》贯彻实施情况开展执法检查。4 月 26 日，县十七届人大常委会第九次会议听取和审议县人大常委会执法检查组副组长孙绍华作的《关于检查〈中华人民共和国大气污染防治法〉〈河北省大气污染防治条例〉贯彻实施情况的报告》。

7. 2022 年 6 月 9 日，县人大常委会执法检查组对《审计法》贯彻实施情况开展执法检查。6 月 28 日，县十七届人大常委会第十一次会议听取和审议县人大常委会执法检查组副组长韩金刚作的《关于检查〈中华人民共和国审计法〉贯彻实施情况的报告》。

8. 2022 年 7 月 22 日，县人大常委会副主任董素平带领县人大常委会执法检查组，对《中医药法》《河北省中医药条例》贯彻实施情况开展执法检查。9 月 22 日，县十七届人大常委会第十二次会议听取和审议县人大常委会执法检查组副组长赵惠芹作的《关于检查〈中华人民共和国中医药法〉〈河北省中医药条例〉贯彻实施情况的报告》。

9. 2022 年 8 月 5 日，县人大常委会副主任盖进良带领县人大常委会执法检查组，对《乡村振兴促进法》贯彻实施情况开展执法检查。9 月 22 日，县十七届人大常委会第十二次会议听取和审议县人大常委会执法检查组副组长赵志军作的《关于检查〈中华人民共和国乡村振兴促进法〉贯彻实施情况的报告》。

10. 2022 年 9 月 22 日，县人大常委会执法检查组对《河北省优化营商环境条例》贯彻实施情况开展执法检查。12 月 23 日，县十七届人大常委会第十三次会议听取和审议县人大常委会执法检查组副组长韩金刚作的《关于检查〈河北省优化营商环境条例〉贯彻实施情况的报告》。

11. 2022 年 9 月 29 日，县人大常委会副主任刘鸣利带领县人大常委会执法检查组，对《河北省公安机关警务辅助人员管理条例》贯彻实施情况开展执法检查。12 月 23 日，县十七届人大常委会第十三次会议听取和审议县人大常委会执法检查组副组长张会娟作的《关于检查〈河北省公安机关警务辅助人员管理条例〉贯彻实施情况的报告》。

12. 2022 年 10 月 9 日，县人大常委会副主任董素平带领县人大常委会执法检查组，对《义务教育法》贯彻实施情况开展执法检查。12 月 23 日，县十七届人大常委会第十三次会议听取和审议县人大常委会执法检查组副组长赵惠芹作的《关于检查〈中华人民共和国义务教育法〉贯彻实施情况的报告》。

13. 2023 年 4 月 13 日，县人大常委会副主任刘鸣利带领县人大常委会执法检查组，对

《法律援助法》贯彻实施情况开展执法检查。4月27日，县十七届人大常委会第十六次会议听取和审议县人大常委会执法检查组副组长张会娟作的《关于检查〈中华人民共和国法律援助法〉贯彻实施情况的报告》。

14. 2023年6月5日，县人大常委会执法检查组对《安全生产法》贯彻实施情况开展执法检查。6月28日，县十七届人大常委会第十八次会议听取和审议县人大常委会执法检查组副组长韩金刚作的《关于检查〈中华人民共和国安全生产法〉贯彻实施情况的报告》。

15. 2023年6月13日，县人大常委会副主任董素平带领县人大常委会执法检查组，对《石家庄市城市管理综合执法条例》贯彻实施情况开展执法检查。6月28日，县十七届人大常委会第十八次会议听取和审议县人大常委会执法检查组副组长孙绍华作的《关于检查〈石家庄市城市管理综合执法条例〉贯彻实施情况的报告》。

16. 2023年10月18日，县人大常委会副主任董素平带领县人大常委会执法检查组，对《职业教育法》贯彻实施情况开展执法检查。10月31日，县十七届人大常委会第二十二次会议听取和审议行唐县人大常委会执法检查组副组长赵惠芹作的《关于检查〈中华人民共和国职业教育法〉贯彻实施情况的报告》。

17. 2023年9月13日，县人大常委会副主任盖进良带领县人大常委会执法检查组，对《河北省乡村振兴促进条例》贯彻实施情况开展执法检查。10月31日，县十七届人大常委会第二十二次会议听取和审议县人大常委会执法检查组副组长赵志军作的《关于检查〈河北省乡村振兴促进条例〉贯彻实施情况的报告》。

第四节　视察调研

截至2023年12月，县十七届人大常委会共组织开展视察调研活动63次，其中视察活动47次，调研活动16次。

表13-11　行唐县第十七届人大常委会2021—2023年视察活动选录

时　间	视察内容	责任委室
2021年8月11日	关于全县科技创新主体培育情况 关于医疗保障工作开展情况	教科文卫工委
2021年8月22日	关于新增农业园区工作开展情况	农业农村工委
2021年9月1日	关于县颍水河沿岸文化经济基础建设项目	城建环资委员会
2021年11月3日	关于全域生态有机农业创新工程示范县工作开展情况	农业农村工委

续表13-11

时　间	视察内容	责任委室
2022 年 1 月 10 日	关于行唐（省级）经济开发区园区建设情况	代联工委
2022 年 5 月 17 日	关于地下水超采综合治理情况 关于农村人居环境整治提升工作开展情况	农业农村工委
2022 年 5 月 18 日	关于县重点项目建设情况 关于优化营商环境工作情况	财经工委
2022 年 6 月 9 日	关于老牛沟硅石矿、屹峪头硅石矿、石鑫矿业及霍家庄云母矿四处矿山的生态环境情况及恢复治理情况	政法工委
2022 年 6 月 17 日	关于加强公共卫生管理“回头看”工作开展情况	教科文卫工委
2022 年 6 月 20 日	关于清理规范违规违建项目“回头看”工作开展情况 关于清理规范资源能源项目“回头看”工作开展情况	财经工委
2022 年 6 月 21 日	关于清理规范房地产开发项目“回头看”工作开展情况 关于清理违法违规占用土地“回头看”工作开展情况	城建环资委员会
2022 年 6 月 29 日	关于加强粮食安全保障工作开展情况	农业农村工委
2022 年 7 月 12 日	关于 2022 年人大代表建议办理情况	代联工委
2022 年 7 月 18 日	关于颍水河生态经济文化带建设（二期）情况	城建环资委员会
2022 年 7 月 25 日	关于全县乡村振兴示范区建设工作开展情况	农业农村工委
2022 年 7 月 28 日	关于 2022 年民生实事进展情况	人大常委会办公室
2022 年 8 月 25 日	关于 2022 年 10 个非贫困村、9 个脱贫村饮水安全巩固提升工程实施情况	农业农村工委
2022 年 10 月 28 日	关于现代农业园区建设工作开展情况	农业农村工委
2022 年 12 月 28 日	关于职业教育发展情况 关于公共文化基础设施建设情况	教科文卫工委
2022 年 12 月 28 日	关于颍水河生态经济文化带建设情况 关于县城街道综合整治及亮化提升情况	城建环资委员会
2023 年 4 月 15 日	关于全县基层医疗卫生服务能力建设情况	教科文卫工委
2023 年 6 月 2 日	关于科技成果转化联动监督情况	教科文卫工委

续表13-11

时　间	视察内容	责任委室
2023 年 6 月 8 日	关于优化营商环境联动监督工作	财经工委
2023 年 6 月 14 日	关于促进种业振兴联动监督情况	农业农村工委
2023 年 6 月 15 日	关于旅游发展联动监督情况	教科文卫工委
2023 年 6 月 22 日	关于全县“混凝土进村”工程实施情况	农业农村工委
2023 年 7 月 12 日	关于基层医疗卫生服务能力建设情况	教科文卫工委
2023 年 7 月 20 日	关于县交通局局长邸健的履职情况	财经工委
2023 年 7 月 22 日	关于 2023 年民生实事项目进展情况	代联工委
2023 年 7 月 25 日	关于县农业农村局局长赵建强的履职情况	农业农村工委
2023 年 8 月 2 日	关于县民政局局长申胜利的履职情况	代联工委
2023 年 8 月 3 日	关于县公安局局长张磊的履职情况	政法工委
2023 年 8 月 4 日	关于县文化广电体育和旅游局局长卢彦冬的履职情况	教科文卫工委
2023 年 8 月 7 日	关于县行政审批局局长刘进城的履职情况	城建环资委员会
2023 年 9 月 28 日	关于人大代表建议办理情况	代联工委
2023 年 11 月 6 日	关于县城城市更新提质情况	城建环资委员会
2023 年 11 月 15 日	关于口头镇苏户村生态清洁小流域建设情况	农业农村工委
2023 年 11 月 16 日	关于“森林城”创建工作	城建环资委员会
2023 年 12 月 25 日	关于《政府工作报告》和民生实事项目完成情况	人大常委会办公室
2023 年 12 月 28 日	关于南桥镇安太庄片区“省级乡村振兴衔接示范区”创建情况	农业农村工委

表 13-12　行唐县第十七届人大常委会 2021—2023 年调研活动选录

时　间	调研内容	责任委室
2021 年 8 月 3 日	关于 2021 年上半年财政预算执行情况	财经工委
2021 年 8 月 11 日	关于 2021 年上半年国民经济和社会发展计划执行情况	财经工委
2021 年 9 月 27 日	关于生活垃圾分类管理实施情况	城建环资委员会
2021 年 9 月 29 日	关于乡村旅游发展情况	教科文卫工委
2021 年 10 月 12 日	关于县人民法院民事执行工作情况	政法工委
2021 年 11 月 20 日	关于代表建议办理情况	代联工委
2021 年 12 月 10 日	关于巩固拓展脱贫攻坚成果与乡村振兴有效衔接工作开展情况	农业农村工委
2021 年 12 月 15 日	关于 2021 年《政府工作报告》及民生实事完成情况	人大常委会办公室
2022 年 4 月 14 日	关于县人民政府 2021 年环境状况和环境保护目标完成情况	城建环资委员会
2022 年 5 月 17 日	关于县人民政府生活垃圾分类管理工作	城建环资委员会
2022 年 8 月 3 日	关于上半年财政预算执行情况	财经工委
2022 年 8 月 11 日	关于上半年国民经济和社会发展计划执行情况	财经工委
2023 年 3 月 29 日	关于 2022 年度环境状况和环境保护目标完成情况	城建环资委员会
2023 年 7 月 25 日	关于 2023 年上半年财政预算执行情况	财经工委
2023 年 8 月 14 日	关于加快推进乡村建设情况	农业农村工委
2023 年 8 月 21 日	关于 2023 年上半年国民经济和社会发展计划执行情况	财经工委

第五节　监督工作选介

一、推动巩固拓展脱贫攻坚成果与乡村振兴有效衔接

2021年6月，《乡村振兴促进法》正式实施，为乡村振兴工作开展提供了法律支撑和保障。7月19日，县第十三次党代会提出聚力核心大事，实现巩固拓展脱贫攻坚成果同乡村振兴有效衔接发展思路。围绕贯彻县委决策部署，县人大常委会连续3年把相关议题列入县人大常委会工作要点，点面结合、分步实施、持续深入地开展监督。2021年7月以来，县人大常委会先后4次召开主任会议听取县人民政府及县乡村振兴局、农业农村局等相关部门关于巩固拓展脱贫攻坚成果和乡村振兴进展情况的汇报，督促县人民政府及相关部门多措并举，积极推进乡村振兴和扶贫项目落地落实。9月22日至26日，县人大常委会分5组深入17个村，重点围绕一般脱贫户、脱贫不稳定户、边缘户易致贫户等重点人群开展走访调研，及时发现并帮助解决存在的突出困难和问题。2022年10月18日至27日，结合乡村振兴实现“产业振兴、人才振兴、文化振兴、生态振兴、组织振兴”五个方面和推进城乡融合发展的要求，县人大常委会分5批深入9个乡镇了解产业振兴情况及制约其发展的问题，督促各乡镇把工作重点和党委、政府的中心工作结合起来，为乡村振兴的发展大局服务。2021年12月10日，2023年8月14日，县人大常委会两次对全县巩固拓展脱贫攻坚成果与乡村振兴有效衔接工作进行专题调研视察，提出意见建议。2022年8月5日、2023年9月13日，两次对全县贯彻实施《乡村振兴促进法》《河北省乡村振兴促进条例》情况进行执法检查，县十七届人大常委会第十二次会议、第二十二次会议，分别听取和审议县人大常委会执法检查组的执法检查报告，提出强化法律法规学习宣传，加快产业项目建设，健全长效机制，强化政策引领、资金支持、技术支撑，加强与龙头企业合作等意见建议。为夯实乡村振兴示范区示范引领作用，县人大常委会以听取报告、实地调研视察的形式多次对乡村振兴示范区建设情况开展监督，通过以点带面达到“做好几个点、示范一大片”的引领作用。县人大常委会通过多种方式、一系列的监督，对准当前存在的问题及当下推进工作的难点，梳理细化，形成问题清单，转县人民政府及有关部门研究办理。县人民政府积极破解农业农村发展中面临的难题，实现巩固拓展脱贫攻坚成果与乡村振兴有效衔接。

二、助推旅游产业健康发展

2021年7月19日，县十三次党代会提出：“抓好文物和非物质文化遗产保护传承和利用，找准文化元素与文化产业结合点，把千年文脉、红色资源、民俗故事变成产业效益。”强调要做好故郡遗址发掘保护，让宝贵文化遗产绽放新光彩，培育发展文化旅游新业态。县人大常委会积极贯彻落实县党代会精神，综合运用调研、监督等方式，在推进旅游产业发展方面持续发力。为全面贯彻落实党的十九大关于乡村振兴战略精神，促进宜居、宜业、宜

游、宜养乡村旅游目的地建设，全面提升乡村旅游发展质量和服务水平，县人大常委会于9月29日组织调研组开展专题调研，听取政府及有关部门情况汇报，并进行座谈交流，针对乡村旅游发展中存在的问题，提出丰富乡村旅游产品、完善配套设施、加大宣传力度、规范乡村旅游管理等方面的意见和建议；10月29日，在县十七届人大常委会第四次会议上，听取和审议县人民政府《关于全县乡村旅游发展情况的报告》和县人大常委会调研组调研报告，形成审议意见并转县人民政府研究处理。2023年，按照省委提出的“建设文旅融合、全域全季的旅游强省”、市委提出的“加快建设现代化、国际化美丽省会城市”和县委提出的“加快建设现代化美丽新行唐”目标要求，聚焦《旅游法》和《河北省旅游条例》贯彻实施，围绕依法治旅兴旅、优化旅游营商环境等监督内容，充分发挥人大职能优势，县人大常委会于6月15日至16日组织市、县、乡三级代表小组开展旅游发展联动监督视察工作，听取县人民政府及有关部门的情况汇报，并提出持续优化旅游营商环境、推进全域旅游发展、突出品牌打造、构建旅游公共服务体系等方面的意见建议。6月28日，县十七届人大常委会第十八次会议，听取和审议县人民政府《关于旅游发展工作情况的报告》，形成审议意见印发政府，并跟踪问效，促进了全县旅游业健康发展。

三、助力优化营商环境

2021年7月19日，县第十三次党代会明确提出“出台招商奖励办法，营造爱商亲商浓厚氛围”。县人大常委会坚决贯彻县委决策部署，把优化营商环境列入监督重点，充分发挥人大优势，打出一套人大监督“组合拳”。2022年9月22日，县人大常委会执法检查组对全县贯彻实施《河北省优化营商环境条例》情况开展执法检查；12月23日，县十七届人大常委会第十三次会议听取和审议县人民政府关于《河北省优化营商环境条例》贯彻实施情况的报告和县人大常委会执法检查报告。2023年6月8日，县人大常委会组织代表小组围绕河北省优化营商环境联动监督重点内容，实地视察开发区融达包装、雷力工具、德高涂料、上利石泵业等企业以及开发区政务服务大厅、县行政服务中心，听取县人民政府及相关部门工作落实情况汇报，并提出意见建议；6月28日，县十七届人大常委会第十八次会议听取和审议县人民政府关于优化营商环境工作情况的报告和县人大常委会的视察报告，形成审议意见，转县人民政府研究办理。县人民政府积极整改落实，全县亲清政商关系更加完善，服务政府、效能政府、法治政府建设再上新台阶。

第六章　决 议 决 定

县十七届人大及其常委会坚持把事关全县改革发展的重大问题作为人大履职的重点内容，依法行使重大事项决定权，切实发挥决议决定统一思想、凝聚共识、推动落实的作用。截至 2023 年 12 月，共作出决议决定 25 项，保障了经济社会平稳运行，促进了司法水平的提升。

第一节　作出决议决定

一、县十七届人大历次会议作出决议决定情况

截至 2023 年 12 月，县十七届人大历次会议共作出决议决定 16 项。

表 13-13　行唐县第十七届人民代表大会历次会议决议决定一览表

时　间	会　议	事　项
2021 年 7 月 24 日	第一次	关于政府工作报告的决议
		关于行唐县人民代表大会常务委员会工作报告的决议
		关于行唐县人民法院工作报告的决议
		关于行唐县人民检察院工作报告的决议
2022 年 1 月 29 日	第二次	关于政府工作报告的决议
		关于行唐县 2021 年国民经济和社会发展计划执行情况与 2022 年国民经济和社会发展计划的决议
		关于行唐县 2021 年预算执行情况和 2022 年预算的决议
		关于行唐县人民代表大会常务委员会工作报告的决议
		关于行唐县人民法院工作报告的决议
		关于行唐县人民检察院工作报告的决议

续表13-13

时　间	会　议	事　项
2023年1月14日	第三次	关于政府工作报告的决议 关于行唐县2022年国民经济和社会发展计划执行情况与2023年行唐县国民经济和社会发展计划的决议 关于行唐县2022年预算执行情况和2023年预算的决议 关于行唐县人民代表大会常务委员会工作报告的决议 关于行唐县人民法院工作报告的决议 关于行唐县人民检察院工作报告的决议

二、县十七届人大常委会历次会议作出决议决定情况

截至2023年12月，县十七届人大常委会历次会议共作出决议决定9项（不含人事任免事项）。

表13-14　行唐县第十七届人大常委会历次会议决议决定一览表

时　间	常委会会议	事　项
2021年8月20日	第一次	关于设立行唐县第十七届人民代表大会常务委员会代表资格审查委员会的决定
2021年10月29日	第四次	关于批准行唐县人民政府关于提请审议批准2021年新增政府债务限额的议案的决议 关于批准2021年预算调整方案的决议
2021年12月24日	第五次	关于批准行唐县人民政府关于提请审议调整2021年政府债务限额的议案的决议 关于批准2021年预算调整方案的决议
2022年5月31日	第十次	关于进一步加强新时代检察机关民事检察监督工作的决定
2023年4月27日	第十六次	关于上方乡撤乡设镇后有关事项的决定
2023年12月19日	第二十四次	关于批准2023年新增政府债务限额的决议 关于批准2023年财政预算调整方案的决议

第二节　决议决定选介

关于进一步加强新时代检察机关民事检察监督工作的决定

《关于进一步加强新时代检察机关民事检察监督工作的决定》（以下简称《决定》），于2022年5月31日在县第十七届人大常委会第十次会议上通过。

为进一步加强新时代检察机关民事检察监督工作，依据《中共中央关于加强新时代检察机关法律监督工作的意见》《中华人民共和国民事诉讼法》《人民检察院民事诉讼监督规则》，充分发挥国家法律监督机关作用，保障《宪法》、法律的统一正确实施，依法解决人民群众反映强烈的民事审判程序和执行程序中存在的突出问题，不断提升检察机关工作质量和水平，结合全县实际，会议作出《决定》。

《决定》的主要内容：构建多元化民事检察监督工作格局，强化能动监督意识，落实检察官办案责任制；依法启动民事诉讼监督机制，完善对生效民事裁判申诉的受理审查机制；发挥民事检察听证制度功能，结合案件类型、争议焦点，积极拓展听证方式；加强对虚假诉讼案件的理论研究和实证分析，准确界定虚假诉讼认定标准；强化民事执行工作监督职能；依法制发检察建议，健全检察建议、提请抗诉等法律监督方式；加强法律监督能力建设，加强办案队伍专业化、职业化建设，配齐补强民事检察专业化办案团队等几个方面提出具体要求，对于不断提升检察机关工作质量和水平具有重要意义。

第七章 选举任免

县十七届人大常委会严格按照有关要求和法律规定，依法做好选举任免工作。截至2023年12月，先后任免县级国家机关工作人员98人次，接受辞职3名，补选行唐县出席石家庄市第十五届人大代表2名，对6名政府部门主要负责人、15名法官、9名检察官进行了履职评议。加强干部任后监督，依法开展对政府工作部门、县人民法院、县人民检察院任命人员履职评议，满意度测评等活动，促使干部履职尽责，恪尽职守，为加强行唐政权建设提供有力保障。

第一节 常委会选举任免情况

2021年8月20日，县十七届人大常委会举行第一次会议暨集中任命大会通过了县人民政府、县监察委员会、县人民法院相关人事任免事项。

决定免去：

刘成江的行唐县医疗保障局局长职务

决定任命：

张红卫为行唐县公安局局长

刘永锋为行唐县人民政府办公室主任

刘进城为行唐县行政审批局局长

申胜利为行唐县民政局局长

钱立伟为行唐县退役军人事务局局长

王　琳为行唐县人力资源和社会保障局局长

孟文锁为行唐县审计局局长

王占勇为行唐县发展和改革局局长

赵书会为行唐县统计局局长

翟立刚为行唐县财政局局长

石文胜为行唐县应急管理局局长

邸　健为行唐县交通运输局局长

李志永为行唐县住房和城乡建设局局长

严爱民为行唐县自然资源和规划局局长

郭趁义为行唐县教育局局长

盖庆昌为行唐县卫生健康局局长

张志强为行唐县司法局局长

赵建强为行唐县市场监督管理局局长

钱正义为行唐县水利局局长

盖军路为行唐县乡村振兴局局长

免去：

王建良的行唐县监察委员会副主任职务

任命：

孟建勇为行唐县监察委员会副主任

免去：

刘梅林的行唐县人民法院副院长、审判委员会委员、审判员职务

2021 年 9 月 26 日，县十七届人大常委会第三次会议通过了县人民政府相关人事任免事项。

决定免去：

赵建强的行唐县市场监督管理局局长职务

决定任命：

肖宁宁为行唐县人民政府副县长（挂职）

赵建强为行唐县农业农村局局长

盖新文为行唐县医疗保障局局长

2021 年 12 月 24 日，县十七届人大常委会第五次会议通过了县人民法院、县人民检察院相关人事任免事项。

免去：

张建芳的行唐县人民法院副院长、审判委员会委员、审判员职务

孙　辉的行唐县人民法院副院长、审判委员会委员、审判员职务

杜军平的行唐县人民法院审判委员会委员、审判员职务

高永会的行唐县人民法院审判委员会委员、审判员职务

任命：

刘保社为行唐县人民法院副院长、审判委员会委员、审判员

郭忠岐为行唐县人民法院审判委员会委员、审判员

免去：

刘保社的行唐县人民检察院副检察长、检察委员会委员、检察员职务

韩彦军的行唐县人民检察院副检察长职务

郭忠岐的行唐县人民检察院检察委员会委员、检察员职务

任命：

张建芳为行唐县人民检察院副检察长、检察委员会委员、检察员

杜军平为行唐县人民检察院检察委员会委员、检察员

2022 年 1 月 14 日，县十七届人大常委会第六次会议选举产生行唐县出席石家庄市第十五届人民代表大会代表 1 名。

选举：

康海潮为行唐县出席石家庄市第十五届人民代表大会代表

2022 年 1 月 19 日，县十七届人大常委会第七次会议通过了县人民检察院相关人事任免事项。

免去：

孟建勇的行唐县人民检察院副检察长职务

2022 年 1 月 29 日，县十七届人大常委会第八次会议通过了县人民政府相关人事任免事项。

决定免去：

张红卫的行唐县人民政府副县长职务

决定任命：

卢彦冬为行唐县文化广电体育和旅游局局长

2022 年 4 月 26 日，县十七届人大常委会第九次会议通过了县人大常委会、县人民政府、县人民法院相关人事任免事项。

免去：

张会娟的行唐县人大常委会政治法律工作委员会副主任职务

任命：

张会娟为行唐县人大常委会政治法律工作委员会主任

决定免去：

张红卫的行唐县公安局局长职务

孟文锁的行唐县审计局局长职务

盖庆昌的行唐县卫生健康局局长职务

决定任命：

张　磊为行唐县人民政府副县长

封　亮为行唐县卫生健康局局长

康忠会为行唐县市场监督管理局局长

免去：

张连员的行唐县人民法院审判委员会委员职务

任命：

彭立勇为行唐县人民法院审判委员会委员

赵海峰为行唐县人民法院审判委员会委员

耿化力为行唐县人民法院审判委员会委员

盖渍旭为行唐县人民法院审判委员会委员

杨山林为行唐县人民法院审判委员会委员

王　军为行唐县人民法院审判委员会委员

王　璇为行唐县人民法院审判员

2022 年 5 月 31 日，县十七届人大常委会第十次会议通过了县人民政府、县人民法院、县人民检察院相关人事任免事项。

决定免去：

甄泽亮的行唐县人民政府副县长职务

高会军的行唐县人民政府副县长职务

决定任命：

柳增良为行唐县人民政府副县长

巩少鹏为行唐县人民政府副县长

张　磊为行唐县公安局局长

免去：

韩彦军的行唐县人民检察院检察委员会委员、检察员职务

任命：

彭立勇为行唐县人民法院副院长

温　欣为行唐县人民法院副院长

张战强为行唐县人民检察院副检察长

马鲁娜为行唐县人民检察院副检察长

刘　慧为行唐县人民检察院检察委员会委员

2022 年 9 月 22 日，县十七届人大常委会第十二次会议通过了县人民政府、县人民法院相关人事任免事项。

决定免去：

王占勇的行唐县发展和改革局局长职务

李志永的行唐县住房和城乡建设局局长职务

王　琳的行唐县人力资源和社会保障局局长职务

决定任命：

王河夏为行唐县住房和城乡建设局局长

毛志鹏为行唐县发展和改革局局长

王占勇为行唐县人力资源和社会保障局局长

免去：

张军海的行唐县人民法院口头人民法庭庭长职务

任命：

周会杰为行唐县人民法院口头人民法庭庭长

2022 年 12 月 23 日，县十七届人大常委会第十三次会议通过了县人民政府、县监察委员会相关人事任免事项。

决定免去：

盖军路的行唐县乡村振兴局局长职务

康忠会的行唐县市场监督管理局局长职务

决定任命：

张旭光为行唐县乡村振兴局局长

王学蒙为行唐县市场监督管理局局长

免去：

孙新国的行唐县监察委员会副主任职务

2023 年 1 月 28 日，县十七届人大常委会第十五次会议选举产生行唐县出席石家庄市第十五届人民代表大会代表 1 名。

选举：

高　飞为行唐县出席石家庄市第十五届人民代表大会代表

2023 年 4 月 27 日，县十七届人大常委会第十六次会议通过了县人民政府、县人民法院相关人事任免事项。

决定免去：

赵书会的行唐县统计局局长职务

严爱民的行唐县自然资源和规划局局长职务

决定任命：

柳永良为行唐县统计局局长

严爱民为行唐县审计局局长

免去：

王　军的行唐县人民法院南桥人民法庭庭长职务

刘振平的行唐县人民法院民事审判庭庭长职务

任命：

王　军为行唐县人民法院民事审判庭庭长

王淑芳为行唐县人民法院南桥人民法庭庭长

王　璇为行唐县人民法院民事审判庭副庭长

刘春玲为行唐县人民法院审判委员会委员

2023 年 8 月 24 日，县十七届人大常委会第十九次会议通过了县人大常委会、县人民政府相关人事任免事项。

免去：

陈连香的行唐县人大常委会办公室信访科科长职务

任命：

单林虎为行唐县人大常委会办公室信访科科长

决定免去：

赵　然的行唐县人民政府副县长职务

2023年9月13日，县十七届人大常委会第二十次会议通过了县人民政府相关人事任免事项。

决定免去：

肖宁宁的行唐县人民政府副县长职务

决定任命：

常　良为行唐县人民政府副县长

2023年10月12日，县十七届人大常委会第二十一次会议通过了县人民政府、县监察委员会、县人民法院相关人事任免事项。

决定任命：

宋一鸣为行唐县人民政府副县长（挂职）

免去：

郭永军的行唐县监察委员会委员职务

任命：

唐德帅为行唐县人民法院审判员

赵　烁为行唐县人民法院审判员

2023年11月28日，县十七届人大常委会第二十三次会议通过了县人民政府相关人事任免事项。

决定任命：

黄昭波为行唐县人民政府副县长，决定其为代理县长

2023年12月19日，县十七届人大常委会第二十四次会议通过了县人民政府、县人民法院、县人民检察院相关人事任免事项。

决定免去：

柳永良的行唐县统计局局长职务

盖新文的行唐县医疗保障局局长职务

决定任命：

柳永良为行唐县医疗保障局局长

石　坚为行唐县统计局局长

免去：

彭立勇的行唐县人民法院副院长、审判委员会委员、审判员职务

任命：

唐德帅为行唐县人民法院审判委员会委员

免去：

张战强的行唐县人民检察院副检察长、检察委员会委员、检察员职务

任命：

焦海明为行唐县人民检察院副检察长、检察委员会委员、检察员

第二节 常委会接受辞职情况

2021 年 8 月 20 日，县十七届人大常委会第一次会议接受刘荣河辞去行唐县第十七届人民代表大会常务委员会委员职务。

2023 年 1 月 11 日，县十七届人大常委会第十四次会议接受宋佳辞去行唐县监察委员会主任职务。

2023 年 11 月 28 日，县十七届人大常委会第二十三次会议接受梁志彦辞去行唐县人民政府县长职务。

第三节 履职评议

截至 2023 年 12 月，县十七届人大常委会对 6 名县人民政府部门主要负责人进行了履职评议。

表 13-15 行唐县第十七届人大常委会对县政府部门主要负责人履职评议情况表

时间	常委会会议	被评议人员	职务
2023 年 8 月 24 日	第十九次	张磊	县公安局局长
		邸健	县交通运输局局长
		赵建强	县农业农村局局长
		卢彦冬	县文化广电体育和旅游局局长
		申胜利	县民政局局长
		刘进城	县行政审批局局长

截至 2023 年 12 月，县十七届人大常委会先后对 15 名县人民法院法官和 9 名县人民检察院检察官进行履职评议。

表 13-16　行唐县第十七届人大常委会对法官、检察官履职评议情况表

时　间	常委会会议	被评议人员	职　务
2021 年 8 月 31 日	第二次	张建芳	县人民法院党组成员、副院长、四级高级法官
		高永会	县人民法院审判委员会专职委员、一级法官
		温　欣	县人民法院审判委员会专职委员、一级法官
		刘振平	县人民法院审判委员会委员、民事审判庭庭长、一级法官
		王趁心	县人民法院玉亭人民法庭庭长、一级法官
		韩彦军	县人民检察院党组成员、副检察长、一级检察官
		郭忠岐	县人民检察院党组成员、检察委员会专职委员、四级高级检察官
		马鲁娜	县人民检察院检察委员会委员、第二检察部主任
		刘　慧	县人民检察院第一检察部副主任、一级检察官
		张勇军	县人民检察院第三检察部副主任
2022 年 6 月 28 日	第十一次	张金路	县人民法院民事审判庭一级法官
		石　君	县人民法院安香人民法庭庭长、一级法官
		盖渍旭	县人民法院审判管理办公室主任、一级法官
		王　军	县人民法院南桥人民法庭庭长
		耿化力	县人民法院一级法官
		张战强	县人民检察院党组副书记、副检察长、检察委员会委员、一级检察官
		高彦丽	县人民检察院检察委员会专职委员、一级检察官
		王　欣	县人民检察院第一检察部主任、检察委员会委员、一级检察官
		赵　斌	县人民检察院第三检察部主任、检察委员会委员、一级检察官
2023 年 12 月 19 日	第二十四次	赵海峰	县人民法院刑事庭庭长
		周会杰	县人民法院口头人民法庭庭长、一级法官
		范进军	县人民法院诉讼服务中心主任
		杨山林	县人民法院立案庭庭长
		王淑芳	县人民法院南桥人民法庭庭长、一级法官

第十四篇

乡镇人民代表大会

（1984 年 1 月至 2023 年 12 月）

第一章　概　　况

行唐县乡镇人民代表大会（以下简称乡镇人大）始建于1954年初，书至2023年12月。各乡镇（公社）人大共换届16次，其中，1954年初至1965年5月，各乡镇（公社）人大换届5次；1958年8月，人民公社成立，乡镇人民代表大会改名为公社社员代表大会。1966年5月，“文化大革命”运动开始，公社人大工作中断15年；1981年10月，行唐县重新启动县、社两级人大换届选举，至2023年12月，公社（乡镇）换届11次。根据现有档案史料，1954年初至1984年1月，各乡镇（公社）人大以沿革的方式进行记述；1984年1月至2023年12月，各乡镇人大重新记届，分乡镇记述。

第一节　乡镇区划沿革

1949年10月，中华人民共和国建立后，行唐县设立7个区公所，一区驻万里，二区驻东玉亭，三区驻上碑，四区驻余底，五区驻东留营，六区驻城关，七区驻故郡，共辖320个村公所。

1950年1月，为充分发挥县城在政治、文化、交通运输和经济建设中的中心作用，县人民政府将行政区划重新编排，仍设7个区。一区驻城关，二区驻余底，三区驻东留营，四区驻上碑，五区驻南桥，六区驻武庄，七区驻万里，仍辖320个村公所。

1950年5月，县人民政府重新调整行政区划，将六区、七区合并成六区，区址在口头。其他区址和领导机构不变。

1953年4月至7月，行唐县根据河北省人民政府的指示，本着有利领导、方便生产的精神，实行“划乡建政”。在6个区公所基础上设立84个规模较小的乡镇政府，仍辖320个村公所。

1955年3月，各区公所名称由数字改为区公所驻地名称，各乡镇人民政府同时改称乡人民委员会。

1956年6月至8月，全县进行撤区并乡工作，将84个乡合并为1个区、39个乡镇人民委员会。行唐县根据河北省人民委员会指示，将北凹乡区域及乡政府人员划归灵寿县管辖。新设立的乡人民委员会设乡长、副乡长、行政助理员若干人。

1958年3月，撤销口头区，将原来的口头区、39个乡镇调整为27个乡镇，各乡人民委员会均设乡长、副乡长、秘书。

1958年8月，全县由27个乡镇人民委员会改为红旗、东风、跃进、钢铁、火箭5个人民公社管理委员会，下设46个生产站。

1958年10月，行唐县与新乐县合并称新乐县。行唐县建制撤销以后，原行唐县辖区内的5个人民公社管理委员会划归新乐县人民委员会领导。

1959年1月，各人民公社改为驻地名称，分别为城关、西安香、上碑、上方、口头人民公社管理委员会，因与新乐县合并，城关人民公社称行唐人民公社。在46个生产站的基础上建立51个生产管理区。

1960年3月，再次调整区划，将51个生产管理区合并为31个生产管理区。

1960年11月，除保留口头人民公社管理委员会所辖的6个生产管理区外，其余4个人民公社全部撤销生产管理区。

1961年5月，新乐县人民委员会根据《全国农村人民公社条例（草案）》和上级有关精神，撤销5个人民公社管委会，建立5个工作委员会（简称工委），撤销全部生产管理区，在原31个生产管理区的基础上，建立31个规模较小的人民公社。

1962年1月，新乐、行唐两县分设，恢复行唐县建制。除南协神人民公社归新乐县人民委员会领导外，其余原行唐辖区的30个人民公社管理委员会归行唐县人民委员会管辖。

1964年3月，行唐县人民委员会为适应生产发展需要和方便领导，调整了行政区划，全县由30个人民公社管理委员会调整为28个人民公社管理委员会，331个生产大队。

1966年5月，"文化大革命"开始。

1967年11月18日，行唐县革命委员会成立。

1968年2月至4月，全县28个公社革命委员会分三批成立，确立了原公社管理委员会职权，实行"一元化"领导。

1972年7月10日，行唐县革命委员会在口头设立办事处，为县革命委员会派出机构，辖口头、秦台、上阎庄、上连庄、九口子、杨家庄6个公社革命委员会。

1976年10月，"文化大革命"结束。全县仍为28个人民公社革命委员会，331个生产大队革命委员会。

1981年1月，全县28个人民公社革命委员会改为人民公社管理委员会，331个生产大队革命委员会改为331个大队管理委员会。

1982年12月4日，将北龙岗人民公社所辖的石城村划归曲阳县，全县由331个大队管理委员会改为330个。

1984年1月17日，根据河北省委、省政府批示，农村行政体制进行改革，行唐县将各人民公社管理委员会改为1镇（省人民政府批准城关建镇时间为1985年4月）、27个乡人民政府。同时撤销口头办事处，口头乡人民政府归县人民政府直接领导，各生产大队管理委员会改为村民委员会。

1985年4月，经河北省人民政府批准，南桥、上碑、口头3个乡改为建制镇，至此，全县共有4镇（城关、南桥、上碑、口头）、24乡、330个村民委员会。

1988年，行唐县城关镇改为行唐镇。

1995年11月起，按照省市统一安排部署，行唐县进行并乡扩镇。至1996年1月，全县由原来的4个镇24个乡合并为4个镇11个乡。坆台乡、齐村乡并入行唐镇，改称龙州镇；贾庄乡并入独羊岗乡；北龙岗乡并入南桥镇；东留营乡并入西安香乡，改称安香乡；连家庄乡并入只里乡；左市同乡改称市同乡；下阎庄乡并入南翟营乡，改称翟营乡；上滋洋乡并入北城寨乡，改称城寨乡；赵阳关乡并入上方乡；屹嶅头乡并入西玉亭乡，改称玉亭乡；秦台乡、杨家庄乡并入口头镇；上连庄乡并入九口子乡；上碑镇、北河乡、上阎庄乡不变。

2011年3月18日，行唐县机构编制委员会下发《关于设立行唐县工业园的通知》，设立行唐县工业园。工业园设立党的工作委员会和管理委员会，分别作为县委、县政府的派出机构，将原安香乡的西正、东正庄、岳霍口、东留营、西留营、东伏流、北张吾7个村划归工业园领导。根据县委、县政府的授权对辖区行使管理、督导、协调、服务职能，逐步探索建立与行政区划合并统一的区域管理体制。2011年7月6日行唐县工业园被河北省政府正式纳入省级开发区（园区）管理序列，称河北行唐经济开发区，分南区（行唐工业园）和北区（石家庄北部工业区）。

2023年1月29日，《河北省民政厅关于同意行唐县撤销上方乡设立上方镇的批复》（冀民函〔2023〕4号）批准，上方乡改称上方镇。全县由4镇11乡改为5镇10乡。

第二节　乡镇人民代表大会沿革

1954年4月中旬，根据《选举法》的规定，全县各乡镇均召开了第一届人民代表大会第二次会议，依法选举产生行唐县第一届人民代表大会代表164名。

1954年9月，第一届全国人大一次会议通过的《宪法》和《组织法》，明确地方各级人民代表大会是地方国家权力机关，直辖市、县、市、市辖区、乡、民族乡、镇的人民代表大会每届任期两年；正式确定了乡镇人民代表大会的法律地位，规定了乡镇人民代表大会的职权、组织机构和活动方式。

1956年10月下旬至11月中旬，行唐县县、乡两级换届选举，依法选举产生县人大代表175名，选出乡人大代表。

1958年2月，行唐县县、乡两级换届选举，依法选举产生县人大代表175名。

1963年3月至5月，行唐县县、社两级换届选举，依法选举产生县人大代表199名、社员代表1831名。各公社召开五届首次社员代表大会，选举产生公社管理委员会组成人员474名，公社监察委员会组成人员220名，人民陪审员93名。

1965年11月4日至月底，行唐县县、社两级换届选举，依法选举产生县人大代表199名、社员代表1825名。

1966年5月，“文化大革命”运动开始。1968年2月至4月，28个公社革命委员会成立，实行一元化领导，社级人大工作中断。

1979年7月1日，五届全国人大二次会议通过的《地方组织法》和新修订的《选举法》，将候选人和应选人的等额选举改成差额选举，把直接选举人民代表大会代表的范围扩大到县一级。

1981年10月16日至12月26日，行唐县县、社两级换届选举，依法选出县人大代表281名，选出公社代表。各公社召开公社人民代表大会，选举公社管理委员会主任、副主任、委员。

1982年12月4日，五届全国人大五次会议通过新《宪法》规定，人民公社政社分开，设立乡镇人民代表大会和乡镇人民政府，规定了乡镇人民代表大会的性质、任务、职权和任职年限。五届全国人大五次会议还对《地方组织法》进行第一次修正，改公社为乡，规定乡镇人大每届任期3年。

1984年2月18日至4月20日，行唐县县、乡两级人大进行换届选举，依法选举出县人大代表291名、乡镇人大代表2022名。4月11日至20日，各乡镇召开第一届人民代表大会第一次会议，选举产生了28个乡镇人民政府乡镇长、副乡镇长。从此，各乡镇人大工作逐渐铺开、步入正轨。

1986年12月2日，六届全国人大常委会第十八次会议通过了修改《地方组织法》的决定，对乡镇人民代表大会建设作了若干重要修改和补充。乡镇人民代表大会及其机构设置进入了一个新的历史阶段。

依照《地方组织法》的规定，乡镇政权组织为乡镇人民代表大会和乡镇人民政府，乡、镇的人民代表大会和人民政府每届任期3年。乡镇人民代表大会的职权是：在本行政区域内，保证《宪法》、法律、行政法规发布和上级人民代表大会及其常务委员会决议的遵守和执行；在职权范围内通过和发布决议；根据国家计划，决定本行政区域内的经济、文化事业和公共事业的建设计划；审查和批准本行政区域内的财政预算和预算执行情况的报告；决定本行政区域内的民政工作的实施计划；选举本级人民代表大会主席、副主席；选举乡镇长、副乡镇长；听取和审查乡镇人民政府的工作报告；撤销乡镇人民政府的不适当的决定和命令；保护社会主义的全民所有制的财产和劳动群众集体的财产，维护社会秩序，保障公民的人身权利、民主权利和其他权利；保护各种经济组织的合法权益；保障少数民族的权利；保障《宪法》和法律赋予妇女的男女平等、同工同酬和婚姻自由等各项权利。明确乡、民族乡、镇的人民代表大会举行会议的时候，选举主席团。由主席团主持会议，并负责召集下一次的本级人民代表大会会议。

1987年2月14日至4月20日，行唐县县、乡两级人大进行换届选举，依法选举出县人大代表171名、乡镇人大代表1069名。4月11日至20日，各乡镇召开第二届人民代表大会第一次会议，听取乡镇政府工作报告，选举产生了28个乡镇人民政府乡镇长、副乡镇长。建立了乡镇人大联络组。8月18日，中共行唐县委转发了县人大常委会《关于乡镇人大代表联组工作试行办法》的通知，对乡镇代表联组的性质、与各方面关系、产生方法、主要任务、应注意的问题等方面进行了规范。明确指出，乡镇人大代表联组，是乡镇人代会闭会期间的工作组织；在乡镇党委领导下开展工作；县人大常委会对乡镇人大代表联组在业务上进行指导，法律上实行监督，工作上加强联系；乡镇人大代表联组长要及时向乡镇党委请示和汇报工作，重大问题需经党委研究同意后进行。11 个乡镇先后配备了专职联络组长。

1989 年 9 月 21 日，中共行唐县委批转《县人大常委会党组〈关于乡镇人大联组长工作情况的报告〉的通知》（行发〔1989〕29 号），要求各乡镇党委一定要明确乡镇人大联组工作的性质和任务，加强组织领导，便于其围绕中心开展工作。要让联组长列席党委会议；党委要带头学习和掌握法律，严格依法办事；要加强和完善人民代表大会制度，充分发挥乡镇人民代表大会职能，推进社会民主政治建设。

1989 年 12 月下旬至 1990 年 4 月 7 日，行唐县县、乡两级人大进行换届选举，依法选举出县人大代表 255 名、乡镇人大代表 1473 名。各乡镇相继召开了第三届人民代表大会第一次会议，选举产生了 28 个乡镇人大常务主席，乡镇长 28 名、副乡镇长 62 名。

1990 年初，省人大常委会根据省委〔1989〕16 号文件规定，决定将乡镇人大联络组改设为乡镇人大主席团，并设常务主席。1990 年 6 月 12 日，中共行唐县委转发了县人大常委会《行唐县乡镇人大主席团常务主席会议纪要》《行唐县乡镇人民代表大会主席团工作试行办法》，明确了乡镇人大主席团的组成人员和任期、主要职责、主席团会议的召开时间、常务主席的产生方法和工作职责等内容，使乡镇人大工作有章可循。乡镇人大主席团的主要职责为：1. 在本行政区域内保证《宪法》、法律法规和上级人民代表大会及其常务委员会决议决定的贯彻执行。2. 主持本级本次人民代表大会会议；负责召集下一次的本级人民代表大会会议；负责督促本级人民代表大会决议决定的贯彻执行。3. 根据乡镇人民代表大会的决议决定，听取乡镇政府的工作汇报；组织对重大问题的调查研究；对乡镇政府及其工作人员实行监督。4. 受理本级人民政府和人民代表大会代表五人以上联名提出的重大议案，决定是否提交人民代表大会审议或列入大会议程。5. 密切联系代表，受理本乡镇人民代表大会代表提出的对各方面工作的建议、批评和意见，及时转交有关机关和组织研究处理，并负责答复代表；组织本乡镇政府领导人同本级人民代表大会代表见面，解答提出的问题。6. 领导本届人民代表大会代表资格审查委员会的工作，负责组织选民依法对本级人民代表大会代表的罢免和补选。7. 乡镇人民代表大会举行会议时，提出或接受对乡镇人民政府乡镇长、副乡镇长的罢免案，并提交大会审议。8. 受理本级人民政府乡镇长、副乡镇长的辞职案，提交人民代表大会决定。9. 办理本级人民代表大会和上一级人民代表大会常务委员会交付或委托的其他工作。

1992 年 11 月 11 日至 1993 年 2 月 28 日，行唐县县、乡两级人大进行换届选举，依法选举出县人大代表 262 名、乡镇人大代表 1500 名。1993 年 1 月 6 日至 3 月 5 日，各乡镇召开第四届人民代表大会第一次会议，听取乡镇政府工作报告，审议和批准国民经济计划、财政预决算，选举产生了 28 个乡镇人大主席团常务主席，乡镇长、副乡镇长。

1995 年 2 月 28 日，八届全国人大常委会第十二次会议通过的关于修改《地方组织法》

的决定明确规定：乡镇人民代表大会主席团主席、副主席由本级人民代表大会从代表中选出，任期同本级人民代表大会任期相同；乡镇的人民代表大会主席、副主席不得担任国家行政机关的职务；如果担任国家行政机关的职务，必须向本级人民代表大会辞去主席、副主席职务。根据《地方组织法》，各乡镇人民代表大会设置主席、副主席。

1996年3月28日至7月10日，行唐县乡镇人大进行换届选举，依法选举出乡镇人大代表848人。1996年5月16日至7月10日，各乡镇召开新一届人民代表大会第一次会议，听取和审议乡镇政府工作报告，审议和批准国民经济计划、财政预决算，选举产生了乡镇人大主席、副主席17名，乡镇长15名、副乡镇长101名。

1998年12月21日至1999年3月底，行唐县乡镇人大进行换届选举。1999年1月28日至3月底，各乡镇召开新一届人民代表大会第一次会议，听取和审议乡镇政府工作报告，审议和批准国民经济计划、财政预决算，选举产生乡镇人大主席、副主席，乡镇长、副乡镇长。

2002年3月至7月，行唐县乡镇人大进行换届选举。2002年6月至7月，各乡镇召开新一届人民代表大会第一次会议，听取和审议乡镇政府工作报告，审议和批准国民经济计划、财政预决算，选举产生新一届乡镇人大主席、副主席，乡镇长、副乡镇长。

2004年3月14日，十届全国人大二次会议通过的《中华人民共和国宪法修正案》第三十条：《宪法》第九十八条“省、直辖市、县、市、市辖区的人民代表大会每届任期五年。乡、民族乡、镇的人民代表大会每届任期三年。”修改为：“地方各级人民代表大会每届任期五年。”自此乡、民族乡、镇的人民代表大会的每届任期由3年改为5年。

2007年1月至4月，行唐县县、乡镇人大进行换届选举，依法选举出县人大代表205名、乡镇人大代表821名。2007年1月1日至3月底，各乡镇召开新一届人民代表大会第一次会议，听取和审议乡镇政府工作报告，审议和批准国民经济计划、财政预决算，选举产生了乡镇人大主席、副主席，乡镇长、副乡镇长。

2011年10月至2012年2月，行唐县县、乡镇人大进行换届选举，依法选举出县人大代表207名、乡镇人大代表828名。2012年2月11日至26日，各乡镇先后召开新一届人民代表大会第一次会议，听取和审议有关报告，选举产生了乡镇人大主席、副主席，乡镇长、副乡镇长。2011年3月18日，设立行唐县工业园既河北行唐经济开发区后，因开发区不是一级政权组织，故区内人员参加选举仍由安香乡组织，换届选举工作由安香乡和开发区共同组织实施。

2016年11月4日至2017年2月底，行唐县县、乡镇人大进行换届选举，依法选举出县人大代表206名、乡镇人大代表829名。2016年11月10日至2017年1月底，各乡镇召开新一届人民代表大会第一次会议，听取和审议乡镇政府工作报告，审议和批准国民经济计划、财政预决算，选举产生了乡镇人大主席、副主席，乡镇长、副乡镇长。

2021年4月20日至7月底，行唐县县、乡镇人大进行换届选举，依法选举出县人大代表219名、乡镇人大代表916名。2021年4月20日至6月底，各乡镇召开新一届人民代表大会第一次会议，选举产生了乡镇人大主席、副主席，乡镇长、副乡镇长。

2023 年 4 月 27 日，县十七届人大常委会第十六次会议决定，原上方乡人民代表大会更名为上方镇人民代表大会。

从 1984 年 4 月全县乡镇恢复人民代表大会制度初，每年至少举行一次人民代表大会，闭会后积极开展各项日常工作，组织开展各项活动。1990 年初，开始设立乡镇人大常务主席、副主席；1995 年 2 月，各乡镇人大设置主席、副主席。各乡镇人大在县人大常委会的指导帮助下，各项活动更加常态化、制度化、规范化。一是有计划地开展乡镇人大系列活动，根据本乡镇的具体情况，组织开展视察、调研、评议等活动，为各乡镇人民政府的决策提供依据；二是组织代表参加县人大常委会的视察、调研、执法检查等活动；三是应县人大常委会的要求，乡镇人大主席或副主席参加县人大常委会有关会议，参与监督全县工作，提高履职水平。近几年来，县人大常委会对乡镇人大的帮助和指导进一步加强，乡镇人大更好地履行自己的职责，对全县各项事业的发展进步发挥了应有作用。

第二章　龙州镇人民代表大会

龙州镇人民代表大会始于1984年4月，书至2023年12月。1984年1月，城关公社改为城关镇，1988年城关镇改为行唐镇。分为两个阶段，其中，1984年4月至1996年1月并乡扩镇前为行唐镇（含城关镇）、坟台乡、齐村乡人民代表大会，各4届；1996年1月并乡扩镇后至2023年12月为龙州镇人民代表大会，共7届。

第一节　并乡扩镇前人民代表大会

一、行唐镇（含城关镇）人民代表大会

1984年4月至1995年12月，行唐镇（含城关镇）人民代表大会共4届。第一届召开3次会议，第二届召开3次会议，第三届召开5次会议，第四届召开9次会议。

（一）第一届人民代表大会

第一次会议　1984年4月召开。会议听取和审议镇长张文堂作的《城关镇政府工作报告》，听取和审议《财政预决算情况的报告》。会议选举张文堂为镇人民政府镇长，王绪斌、申多余为镇人民政府副镇长。

第二次会议　1985年3月召开。会议选举杨文风为镇人民政府镇长。免去张文堂的镇长职务。

第三次会议　1985年11月召开。会议选举鲁炳祥为镇人民政府副镇长。

（二）第二届人民代表大会

第一次会议　1987年4月召开。会议听取和审议镇长杨文风作的《城关镇政府工作报告》。会议选举杨文风为镇人民政府镇长，鲁炳祥、王绪斌、申多余为镇人民政府副镇长。

第二次会议　1988年9月召开。会议免去申多余的副镇长职务。

第三次会议　1989年8月召开。会议选举鲁炳祥为镇人民政府镇长，张劲波为镇人民政府副镇长。免去杨文风的镇长职务，鲁炳祥的副镇长职务。

（三）第三届人民代表大会

第一次会议　1990年3月24日召开。出席代表50人（应到53人）。会议听取和审议镇长鲁炳祥作的《行唐镇政府工作报告》，听取和审议《财政预决算情况的报告》。会议选

举杨金红为镇第三届人大常务主席；选举鲁炳祥为镇人民政府镇长，王林鹏、张劲波、盖俊英为镇人民政府副镇长。免去王绪斌的副镇长职务。

第二次会议　1991年1月15日召开。出席代表43人（应到53人）。会议听取和审议镇长鲁炳祥作的《行唐镇政府工作报告》，听取和审议《关于1990年财政决算和1991年财政预算（草案）报告》。会议选举尤永占为镇人大常务主席，孟江波为人大常务副主席。

第三次会议　1991年1月30日召开。出席代表43人（应到53人）。会议听取和审议《代表资格审查报告》；传达学习省委、县委人大工作会议文件。会议选举陈拴贞为镇人民政府副镇长。

第四次会议　1991年4月10日召开。出席代表53人（应到53人）。会议听取和审议行唐镇科工委《关于农民技术培训规划和科技扶持企业规划的议案》。

第五次会议　1992年3月22日召开。出席代表54人（应到54人）。会议听取和审议镇长鲁炳祥作的《行唐镇政府工作报告》，听取和审议《1991年财政决算和1992年财政预算情况的报告》《发展镇村集体企业的决定》《人大主席团工作报告》。会议免去张劲波的副镇长职务。

（四）第四届人民代表大会

第一次会议　1993年3月5日召开。出席代表51人（应到54人）。会议听取和审议镇长鲁炳祥作的《行唐镇政府工作报告》，听取和审议《人大主席团工作报告》《镇财政预决算报告》。会议选举尤永占为镇第四届人大常务主席，孟江波为镇人大常务副主席；选举鲁炳祥为镇人民政府镇长，王林鹏、陈拴贞、盖俊英为镇人民政府副镇长。

第二次会议　1993年5月15日召开。出席代表37人（应到54人）。会议审议并通过《行唐镇人民政府镇长选举办法》。会议选举张二毛为镇人民政府镇长。免去鲁炳祥的镇长职务。

第三次会议　1993年12月25日召开。出席代表39人（应到54人）。会议听取和审议镇长张二毛作的《关于改进工作作风的报告》，听取和审议《镇1994年统筹及提留方案》。会议选举石磊鑫为镇人民政府副镇长。

第四次会议　1994年3月12日召开。出席代表54人（应到54人）。会议听取和审议镇长张二毛作的《行唐镇政府工作报告》，听取和审议《财政预决算报告》。

第五次会议　1994年5月25日召开。出席代表31人（应到53人）。会议选举韩文海为镇人民政府副镇长。免去王林鹏的副镇长职务。

第六次会议　1994年11月24日召开。出席代表36人（应到52人）。会议听取和审议《关于1995年度统筹预算方案》。

第七次会议　1995年3月24日召开。出席代表52人（应到52人）。会议听取和审议镇长张二毛作的《行唐镇政府工作报告》，听取和审议《1994年财政预算执行情况和1995年财政预算的报告》《人大主席团报告》。大会收到代表建议8件。

第八次会议　1995年9月28日召开。出席代表33人（应到51人）。会议选举杨瑞锁为镇人民政府副镇长。免去韩文海的副镇长职务。

第九次会议 1995 年 12 月 21 日召开。出席代表 33 人（应到 51 人）。会议听取和审议镇长张二毛作的《行唐镇政府工作报告》，听取和审议《1995 年财政预算执行情况和 1996 年统筹提留方案的报告》。

二、坟台乡人民代表大会

1984 年 4 月至 1996 年 1 月，坟台乡人民代表大会共 4 届。第一届召开 4 次会议，第二届召开 4 次会议，第三届召开 4 次会议，第四届召开 3 次会议。

（一）第一届人民代表大会

第一次会议 1984 年 4 月召开。会议听取和审议乡长高和福作的《坟台乡政府工作报告》。会议选举高和福为乡人民政府乡长，严建国为乡人民政府副乡长。免去高景翠的副乡长职务。

第二次会议 1984 年 7 月召开。会议选举王大更为乡人民政府乡长。免去高和福的乡长职务。

第三次会议 1985 年 6 月召开。会议选举王景瑞为乡人民政府乡长，赵争国为乡人民政府副乡长。免去王大更的乡长职务。

第四次会议 1986 年 7 月召开。会议选举薛东来为乡人民政府乡长。免去王景瑞的乡长职务。

（二）第二届人民代表大会

第一次会议 1987 年 4 月 17 日召开。出席代表 39 人（应到 39 人）。会议听取和审议乡长薛东来作的《坟台乡政府工作报告》，听取和审议《选举办法》《代表资格审查报告》，通过了《乡规民约》的决议。

第二次会议 1988 年 12 月 23 日召开。出席代表 38 人（应到 38 人）。会议听取和审议乡长孙贵堂作的《坟台乡政府工作报告》，听取和审议《代表资格审查结果》《政府工作人员为政清廉若干规定》。

第三次会议 1989 年 6 月 1 日召开。出席代表 25 人（应到 39 人）。会议听取和审议乡长孙贵堂作的《坟台乡政府工作报告》，听取和审议《代表资格审查结果》《关于加强农业生产的决定》《关于拥护中央重大决策维护国家安定团结的决定》《选举办法》。会议选举李根柱为乡人民政府副乡长。

第四次会议 1989 年 8 月 31 日召开。出席代表 28 人（应到 40 人）。会议听取和审议高吉星作的《坟台乡政府工作报告》，听取和审议《代表资格审查报告》《选举办法》。会议选举高吉星为乡人民政府乡长。免去孙贵堂的乡长职务。

（三）第三届人民代表大会

第一次会议 1990 年 5 月召开。出席代表 53 人（应到 53 人）。会议听取和审议乡长高吉星作的《坟台乡政府工作报告》，听取和审议《财政预决算报告》。会议选举孙贵堂为乡第三届人大常务主席；选举高吉星为乡人民政府乡长，李五喜、李根柱为乡人民政府副乡长。

第二次会议　1990年8月召开。会议选举韩明忠为乡人大常务主席。免去孙贵堂的人大主席职务。

第三次会议　1992年12月召开。会议选举韩文路为乡人大常务副主席；选举孔德平为乡人民政府副乡长。

第四次会议　1993年4月召开。会议选举李根柱为乡人民政府乡长。免去李根柱、孔德平的副乡长职务。

（四）第四届人民代表大会

第一次会议　1993年5月召开。出席代表55人（应到55人）。会议听取和审议乡长李根柱作的《坟台乡政府工作报告》，听取和审议《财政预决算报告》。会议选举韩明忠为乡第四届人大常务主席，韩文路为乡人大常务副主席；选举李根柱为乡人民政府乡长，李五喜、郝玉柱为乡人民政府副乡长。

第二次会议　1993年9月召开。会议选举李成群为乡人民政府副乡长。

第三次会议　1995年4月召开。会议选举宋辰祥为乡人民政府副乡长。免去郝玉柱的副乡长职务。

三、齐村乡人民代表大会

1984年4月至1996年1月，齐村乡人民代表大会共4届。第一届召开5次会议，第二届召开3次会议，第三届有第一次、第二次会议记载，第四届召开3次会议。

（一）第一届人民代表大会

第一次会议　1984年4月13日召开。出席代表65人（应到65人）。会议听取和审议乡长王成群作的《齐村乡政府工作报告》，听取和审议《提案审查报告》。大会收到代表建议26件。会议选举王成群为乡人民政府乡长，常景、安素娟为乡人民政府副乡长。

第二次会议　1984年7月召开。会议免去常景的副乡长职务。

第三次会议　1985年2月召开。会议选举张根深为乡人民政府乡长。免去王成群的乡长职务。

第四次会议　1985年12月召开。会议免去安素娟的副乡长职务。

第五次会议　1986年9月召开。会议选举宋香国、张军华为乡人民政府副乡长。

（二）第二届人民代表大会

第一次会议　1987年4月召开。会议听取和审议乡长张根深作的《齐村乡政府工作报告》。会议选举张根深为乡人民政府乡长，张军华为乡人民政府副乡长。免去宋香国的副乡长职务。

第二次会议　1988年6月召开。会议选举申文合为乡人民政府乡长。免去张根深的乡长职务。

第三次会议 1989年10月召开。会议选举申会国为乡人民政府乡长。免去申文合的乡长职务。

（三）第三届人民代表大会

第一次会议 1990年4月召开。出席代表48人（应到65人）。会议听取和审议乡长申会国作的《齐村乡政府工作报告》，听取和审议《财政预决算报告》。会议选举白杰为乡第三届人大常务主席；选举申会国为乡人民政府乡长，单江生、张新征、花立平为乡人民政府副乡长。免去张军华的副乡长职务。

第二次会议 1992年2月召开。会议免去花立平的副乡长职务。

（四）第四届人民代表大会

第一次会议 1993年5月召开。出席代表50人（应到65人）。会议听取和审议乡长申会国作的《齐村乡人民政府工作报告》，听取和审议《财政预决算报告》。会议选举高国胜为乡第四届人大常务主席；选举申会国为乡人民政府乡长，单江生、张新征、李振涛为乡人民政府副乡长。免去白杰的人大常务主席职务。

第二次会议 1993年12月召开。会议选举李军青为乡人民政府副乡长。

第三次会议 1994年12月召开。会议选举严建章为乡人大常务主席；选举刘芬玲为乡人民政府乡长。免去高国胜的人大常务主席职务；免去申会国的乡长职务。

第二节　并乡扩镇后人民代表大会

1996年1月，行唐县并乡扩镇，齐村乡、坟台乡并入行唐镇，改称龙州镇。1996年6月至2023年12月，龙州镇人民代表大会共7届，届数重新排序。第一届有第一次、第四次、第五次会议记载，第二届召开3次会议，第三届有第一次、第二次会议记载，第四届召开3次会议，第五届召开6次会议，第六届召开8次会议，第七届召开5次会议。

一、第一届人民代表大会

第一次会议 1996年6月25日召开。出席代表71人（应到77人）。会议听取和审议镇长霍振虎作的《龙州镇政府工作报告》，听取和审议《财政预决算报告》。会议选举尤永占为镇第一届人大主席，韩文路为镇人大副主席；选举霍振虎为镇人民政府镇长，盖俊英、陈拴贞、宋辰祥、李军青、李五喜、杨瑞锁为镇人民政府副镇长。

第四次会议 1998年3月20日召开。出席代表53人（应到53人）。会议听取和审议镇长霍振虎作的《龙州镇政府工作报告》，听取和审议《财政预决算报告和1998年度统筹提留方案说明的报告》。会议选举靳清华为镇人大副主席。

第五次会议 1998年5月5日至9日召开。出席代表66人（应到75人）。会议选举李根柱为镇人民政府镇长。免去霍振虎的镇长职务。

二、第二届人民代表大会

第一次会议　1999年2月27日召开。出席代表57人（应到63人）。会议听取和审议镇长李根柱作的《龙州镇政府工作报告》，听取和审议《财政预决算报告》。会议选举陈拴贞为镇第二届人大主席，宋辰祥、李五喜为镇人大副主席；选举李根柱为镇人民政府镇长，陈建国、赵新华、李军青、李梅青、盖俊英为镇人民政府副镇长。免去尤永占的人大主席职务，靳清华、韩文路的人大副主席职务；免去陈拴贞、宋辰祥、李五喜、杨瑞锁的副镇长职务。

第二次会议　1999年4月2日召开。出席代表63人（应到63人）。会议听取并通过经管站站长杨国民作的《关于〈龙州镇1999年度村提留统筹方案（草案）〉的说明》。

第三次会议　2001年3月召开。会议选举张志良为镇人民政府镇长。免去李根柱的镇长职务。

三、第三届人民代表大会

第一次会议　2002年6月9日召开。出席代表63人（应到70人）。会议听取和审议镇长张志良作的《龙州镇政府工作报告》，听取和审议《代表资格审查报告》《财政预算的报告》。会议选举杨瑞锁为镇第三届人大主席，宋辰祥、李五喜为镇人大副主席；选举张志良为镇人民政府镇长，王琳、李军青、赵新华为镇人民政府副镇长。免去陈拴贞的人大主席职务；免去盖俊英、李梅青、陈建国的副镇长职务。

第二次会议　2003年9月召开。会议选举高彦明为镇人民政府镇长。免去张志良的镇长职务。

四、第四届人民代表大会

第一次会议　2007年3月31日召开。出席代表70人（应到72人）。会议听取和审议镇长高彦明作的《龙州镇政府工作报告》，听取和审议《龙州镇人大工作报告》《龙州镇2006年预算执行情况和2007年预算（草案）的报告》。会议选举王林鹏为镇第四届人大主席，张彦军为镇人大副主席；选举高彦明为镇人民政府镇长，李军青、赵新华为镇人民政府副镇长。免去杨瑞锁的人大主席职务；免去王琳的副镇长职务。

第二次会议　2007年4月召开。会议选举屈中敏为镇人民政府镇长，刘建平为镇人民政府副镇长。免去高彦明的镇长职务，赵新华的副镇长职务。

第三次会议　2011年3月召开。会议选举杨建生、张小军为镇人民政府副镇长。免去李军青的副镇长职务。

五、第五届人民代表大会

第一次会议　2012年2月28日召开。出席代表73人。会议听取和审议镇长屈中敏作的

《龙州镇政府工作报告》，听取和审议《财政预决算报告》。会议选举王林鹏为镇第五届人大主席，张彦军为镇人大副主席；选举屈中敏为镇人民政府镇长，刘建平、杨建生、张小军为镇人民政府副镇长。

第二次会议 2012 年 8 月召开。会议选举仝兴敦为镇人民政府镇长。免去屈中敏的镇长职务，杨建生的副镇长职务。

第三次会议 2013 年 2 月召开。会议选举徐二才为镇人民政府副镇长。免去王林鹏的人大主席职务。

第四次会议 2013 年 12 月召开。会议选举王小三为镇人大主席；选举赵永鹏、严和军为镇人民政府副镇长。免去刘建平、张小军的副镇长职务。

第五次会议 2014 年 3 月召开。会议选举刘建刚为镇人民政府副镇长。

第六次会议 2016 年 8 月召开。会议选举王河夏为镇人民政府镇长。免去仝兴敦的镇长职务。

六、第六届人民代表大会

第一次会议 2017 年 1 月 27 日召开。会议听取和审议镇长王河夏作的《龙州镇政府工作报告》，听取和审议《财政预决算报告》。会议选举王小三为镇第六届人大主席，赵文浩为镇人大副主席；选举王河夏为镇人民政府镇长，赵永鹏、刘建刚、赵建敏为镇人民政府副镇长。免去张彦军的人大副主席职务；免去严和军的副镇长职务。

第二次会议 2018 年 1 月 23 日召开。出席代表 68 人（应到 79 人）。会议选举严和军为镇人大主席。免去王小三的人大主席职务；免去刘建刚的副镇长职务。

第三次会议 2018 年 9 月召开。会议选举吴桂楠为镇人民政府副镇长。

第四次会议 2019 年 1 月召开。会议选举卢会刚、赵文浩为镇人民政府副镇长。免去赵文浩的人大副主席职务；免去赵永鹏、赵建敏的副镇长职务。

第五次会议 2019 年 11 月 20 日召开。出席代表 61 人（应到 79 人）。会议选举张欣为镇人大副主席。

第六次会议 2020 年 1 月召开。会议选举赵建章为镇人大主席。免去严和军的人大主席职务；免去吴桂楠的副镇长职务。

第七次会议 2020 年 10 月 14 日召开。出席代表 59 人（应到 77 人）。会议选举王海燕为镇人民政府副镇长。

第八次会议 2021 年 2 月 7 日召开。出席代表 60 人（应到 75 人）。会议选举韩立峰为镇人民政府镇长，赵军为镇人民政府副镇长。免去王河夏的镇长职务，卢会刚的副镇长职务。

七、第七届人民代表大会

第一次会议 2021 年 6 月 16 日召开。会议听取和审议赵建章作的《龙州镇政府工作报告》，听取和审议《财政预决算报告》。会议选举刘朋为镇第七届人大主席，袁翊朝为镇人大副主席；选举赵建章为镇人民政府镇长，赵军、赵文浩、王海燕为镇人民政府副镇长。免去赵建章的人大主席职务，张欣的人大副主席职务；免去韩立峰的镇长职务。

第二次会议　2022 年 12 月召开。会议免去刘朋的镇人大主席职务。

第三次会议　2023 年 5 月 12 日召开。出席代表 65 人（应到 77 人）。会议免去赵建章的镇长职务。

第四次会议　2023 年 6 月 17 日召开。出席代表 57 人（应到 74 人）。会议选举祝振良为镇人民政府镇长。

第五次会议　2023 年 8 月 11 日召开。出席代表 59 人（应到 77 人）。会议选举高扬为镇人大主席。免去赵文浩的副镇长职务。

第三章　独羊岗乡人民代表大会

独羊岗乡人民代表大会始于1984年4月，书至2023年12月。分为两个阶段，其中，1984年4月至1996年1月并乡扩镇前为独羊岗乡、贾庄乡人民代表大会，各4届；1996年1月并乡扩镇后至2023年12月为独羊岗乡人民代表大会，共7届。

第一节　并乡扩镇前人民代表大会

一、独羊岗乡人民代表大会

1984年4月至1996年1月，独羊岗乡人民代表大会共4届。第一届召开5次会议，第二届召开4次会议，第三届召开8次会议，第四届召开6次会议。

（一）第一届人民代表大会

第一次会议　1984年4月召开。会议听取和审议徐敏作的《独羊岗乡政府工作报告》，听取和审议《关于独羊岗乡1983年预算执行情况和1984年预算（草案）的报告》。会议选举徐敏为乡人民政府乡长，张旗为乡人民政府副乡长。

第二次会议　1984年7月召开。会议选举刘文旗为乡人民政府乡长。免去徐敏的乡长职务。

第三次会议　1985年7月召开。会议选举孙贵堂为乡人民政府副乡长。免去张旗的副乡长职务。

第四次会议　1986年3月召开。会议选举杨合华为乡人民政府副乡长。

第五次会议　1987年3月召开。会议选举孟江波为乡人民政府副乡长。免去孙贵堂、杨合华的副乡长职务。

（二）第二届人民代表大会

第一次会议　1987年4月召开。会议听取和审议乡长刘文旗作的《独羊岗乡政府工作报告》，听取和审议《关于独羊岗乡1986年预算执行情况和1987年预算（草案）的报告》。会议选举刘文旗为乡人民政府乡长，孟江波为乡人民政府副乡长。

第二次会议　1988年6月召开。会议选举张根深为乡人民政府乡长。免去刘文旗的乡长职务。

第三次会议　1989 年 6 月召开。会议选举刘芬玲为乡人民政府副乡长。

第四次会议　1989 年 8 月召开。会议选举赵建平为乡人民政府乡长。免去张根深的乡长职务。

（三）第三届人民代表大会

第一次会议　1990 年 3 月 27 日召开。出席代表 43 人。会议听取和审议乡长赵建平作的《独羊岗乡政府工作报告》，听取和审议《关于独羊岗乡 1989 年预算执行情况和 1990 年预算（草案）的报告》，通过了《独羊岗乡政府关于大力发展棉花生产的决议》。会议选举王普伦为乡第三届人大常务主席；选举赵建平为乡人民政府乡长，孟江波、刘芬玲、张晓鹏、阎栋良为乡人民政府副乡长。

第二次会议　1990 年 12 月召开。会议免去孟江波的副乡长职务。

第三次会议　1991 年 1 月召开。会议选举杨合华为乡人民政府副乡长。

第四次会议　1991 年 8 月召开。会议选举李军法为乡人民政府乡长。免去赵建平的乡长职务。

第五次会议　1991 年 11 月召开。会议选举霍光明为乡人民政府副乡长。

第六次会议　1992 年 5 月召开。会议选举顾根秋为乡人大常务主席。免去王普伦的人大常务主席职务。

第七次会议　1992 年 7 月召开。会议选举杨合华为乡人民政府乡长。免去李军法的乡长职务，杨合华的副乡长职务。

第八次会议　1992 年 12 月召开。会议选举王永坤为乡人民政府副乡长。免去张晓鹏的副乡长职务。

（四）第四届人民代表大会

第一次会议　1993 年 4 月召开。出席代表 51 人。会议听取和审议乡长杨合华作的《独羊岗乡政府工作报告》，听取和审议《关于独羊岗乡 1992 年预算执行情况和 1993 年预算（草案）的报告》。会议选举马五挪为乡第四届人大常务主席；选举杨合华为乡人民政府乡长，刘芬玲、阎栋良、霍光明、王永坤为乡人民政府副乡长。

第二次会议　1993 年 5 月召开。会议免去霍光明的副乡长职务。

第三次会议　1993 年 9 月召开。会议选举张文才为乡人民政府乡长。免去杨合华的乡长职务。

第四次会议　1993 年 12 月召开。会议选举崔建岗为乡人民政府副乡长。

第五次会议　1994 年 12 月召开。会议免去刘芬玲的副乡长职务。

第六次会议　1995 年 9 月召开。会议选举唐玉林为乡人民政府副乡长。

二、贾庄乡人民代表大会

1984 年 4 月至 1996 年 1 月，贾庄乡人民代表大会共 4 届。第一届召开 6 次会议，第二届召开 8 次会议，第三届召开 6 次会议，第四届召开 3 次会议。

（一）第一届人民代表大会

第一次会议 1984年4月召开。会议听取和审议仝吉华作的《贾庄乡政府工作报告》，听取和审议《贾庄乡第一届人代会资格审查报告》《贾庄乡第一届人民代表大会筹备工作情况的报告》《关于贾庄乡1983年预算执行情况和1984年预算（草案）的报告》《关于贾庄乡人大主席团工作报告》。会议选举仝吉华为乡人民政府乡长，马书玲为乡人民政府副乡长。

第二次会议 1985年5月召开。会议选举刘成功为乡人民政府乡长。免去仝吉华的乡长职务。

第三次会议 1986年5月召开。会议免去刘成功的乡长职务。

第四次会议 1986年7月召开。会议选举郭新民为乡人民政府乡长。

第五次会议 1986年9月召开。会议选举刘小平为乡人民政府副乡长。

第六次会议 1987年3月召开。会议选举郄金环为乡人民政府副乡长。

（二）第二届人民代表大会

第一次会议 1987年4月召开。会议听取和审议乡长郭新民作的《贾庄乡政府工作报告》，听取和审议《贾庄乡第二届人代会资格审查报告》《贾庄乡第二届人民代表大会筹备工作情况的报告》《关于贾庄乡1986年预算执行情况和1987年预算（草案）的报告》《关于贾庄乡人大主席团工作报告》。会议选举郭新民为乡人民政府乡长，马书玲、刘小平、郄金环为乡人民政府副乡长。

第二次会议 1987年5月召开。会议免去马书玲的副乡长职务。

第三次会议 1988年5月召开。会议免去郭新民的乡长职务。

第四次会议 1988年6月召开。会议选举孙昌会为乡人民政府乡长。

第五次会议 1989年2月召开。会议选举张晓密为乡人民政府副乡长。

第六次会议 1989年8月召开。会议选举张林为乡人民政府乡长。免去孙昌会的乡长职务。

第七次会议 1990年1月召开。会议选举赵贞国为乡人民政府副乡长。

第八次会议 1990年2月召开。会议免去刘小平的副乡长职务。

（三）第三届人民代表大会

第一次会议 1990年4月召开。出席代表45人。会议听取和审议乡长张林作的《贾庄乡政府工作报告》，听取和审议《关于贾庄乡1989年预算执行情况和1990年预算（草案）的报告》。会议选举毛春久为乡第三届人大常务主席；选举张林为乡人民政府乡长，郄金环、赵贞国、张晓密为乡人民政府副乡长。

第二次会议 1990年8月召开。会议选举高风山为乡人民政府副乡长。

第三次会议 1990年10月召开。会议免去高风山的副乡长职务。

第四次会议 1990年11月召开。会议选举李来龙为乡人民政府乡长。免去张林的乡长职务。

第五次会议　1991年11月召开。会议选举岳晓华为乡人民政府副乡长。免去郄金环的副乡长职务。

第六次会议　1993年1月召开。会议免去赵贞国的副乡长职务。

（四）第四届人民代表大会

第一次会议　1993年4月召开。出席代表49人。会议听取和审议高小根作的《贾庄乡政府工作报告》，听取和审议《关于贾庄乡1992年预算执行情况和1993年预算（草案）的报告》。会议选举毛春久为乡第四届人大常务主席；选举高小根为乡人民政府乡长，张晓密、傅军朝、岳晓华为乡人民政府副乡长。免去李来龙的乡长职务。

第二次会议　1994年4月召开。会议选举刘小寿为乡人民政府乡长。免去高小根的乡长职务，岳晓华的副乡长职务。

第三次会议　1995年9月召开。会议选举孟文锁为乡人民政府副乡长。

第二节　并乡扩镇后人民代表大会

1996年1月，行唐县并乡扩镇，贾庄乡并入独羊岗乡。1996年7月至2023年12月，独羊岗乡人民代表大会共7届。第五届召开4次会议，第六届召开5次会议，第七届召开8次会议，第八届召开6次会议，第九届召开9次会议，第十届召开10次会议（第五次会议召开时间、内容不详），第十一届召开2次会议。

一、第五届人民代表大会

第一次会议　1996年7月5日召开。出席代表62人。会议听取和审议刘小寿作的《独羊岗乡政府工作报告》，听取和审议《关于独羊岗乡1995年预算执行情况和1996年预算（草案）的报告》。会议选举严建章为乡第五届人大主席；选举刘小寿为乡人民政府乡长，张晓密、孟文锁、阎栋良、唐玉林、张瑞林、张新征、刁永杰、毛志永、崔建岗、田振杰为乡人民政府副乡长。

第二次会议　1997年7月召开。会议选举祝书为乡人民政府副乡长。免去张晓密的副乡长职务。

第三次会议　1998年4月召开。会议选举赵会群为乡人民政府乡长。免去刘小寿的乡长职务。

第四次会议　1998年8月召开。会议选举王桂平为乡人民政府副乡长。

二、第六届人民代表大会

第一次会议　1999年2月29日召开。出席代表62人。会议听取和审议乡长赵会群作的《独羊岗乡政府工作报告》，听取和审议《关于独羊岗乡1998年预算执行情况和1999年预算（草案）的报告》。会议选举李同喜为乡第六届人大主席，刁永杰为乡人大副主席；选举赵会群为乡人民政府乡长，唐玉林、张新征、田振杰、王桂平为乡人民政府副乡长。免去严建章的人大主席职务；免去孟文锁、阎栋良、张瑞林、刁永杰、毛志永、崔建岗、祝书的副乡长职务。

第二次会议 2000 年 6 月召开。会议选举顾会欣为乡人民政府副乡长。免去唐玉林的副乡长职务。

第三次会议 2001 年 3 月召开。会议免去田振杰的副乡长职务。

第四次会议 2002 年 4 月召开。会议选举杨林（挂职）为乡人民政府副乡长。

第五次会议 2002 年 6 月召开。会议选举赵二建为乡人民政府乡长。免去赵会群的乡长职务。

三、第七届人民代表大会

第一次会议 2002 年 6 月 11 日召开。出席代表 57 人。会议听取和审议乡长赵二建作的《独羊岗乡政府工作报告》，听取和审议《关于独羊岗乡 2001 年预算执行情况和 2002 年预算（草案）的报告》。会议选举赵卫海为乡第七届人大主席，刁永杰为乡人大副主席；选举赵二建为乡人民政府乡长，王桂平、李成群、赵国军、杨林为乡人民政府副乡长。免去李同喜的人大主席职务；免去顾会欣、张新征的副乡长职务。

第二次会议 2003 年 5 月召开。会议选举张智勇为乡人民政府副乡长。

第三次会议 2003 年 12 月召开。会议选举王占勇为乡人民政府副乡长。免去刁永杰的人大副主席职务；免去王桂平的副乡长职务。

第四次会议 2004 年 9 月召开。会议免去赵卫海的人大主席职务。

第五次会议 2006 年 3 月召开。会议选举任青山为乡人大主席。

第六次会议 2006 年 4 月召开。会议选举李成群为乡人大副主席；选举康中会为乡人民政府副乡长。免去李成群、赵国军的副乡长职务。

第七次会议 2006 年 7 月召开。会议免去王占勇的副乡长职务。

第八次会议 2007 年 1 月召开。会议选举黄晓峰为乡人民政府乡长。免去赵二建的乡长职务。

四、第八届人民代表大会

第一次会议 2007 年 3 月 31 日召开。出席代表 62 人。会议听取和审议乡长黄晓峰作的《独羊岗乡政府工作报告》，听取和审议《关于独羊岗乡 2006 年预算执行情况和 2007 年预算（草案）的报告》。会议选举任青山为乡第八届人大主席，李成群为乡人大副主席；选举黄晓峰为乡人民政府乡长，张智勇、康中会为乡人民政府副乡长。

第二次会议 2009 年 5 月召开。会议免去张智勇的副乡长职务。

第三次会议 2009 年 6 月召开。会议选举张立强为乡人民政府副乡长。

第四次会议 2009 年 8 月召开。会议选举白录平为乡人民政府乡长。免去黄晓峰的乡长职务。

第五次会议　2010 年 10 月召开。会议免去康中会的副乡长职务。

第六次会议　2011 年 3 月 27 日召开。出席代表 41 人（应到 60 人）。会议选举孙绍华为乡人民政府副乡长。

五、第九届人民代表大会

第一次会议　2012 年 2 月 17 日召开。出席代表 54 人。会议听取和审议乡长白录平作的《独羊岗乡政府工作报告》，听取和审议《关于独羊岗乡 2011 年预算执行情况和 2012 年预算（草案）的报告》。会议选举任青山为乡第九届人大主席，李成群为乡人大副主席；选举白录平为乡人民政府乡长，张立强、孙绍华为乡人民政府副乡长。

第二次会议　2012 年 9 月召开。会议选举刘玉洪为乡人民政府乡长。免去白录平的乡长职务。

第三次会议　2013 年 3 月召开。会议免去任青山的人大主席职务。

第四次会议　2013 年 6 月召开。会议选举张智勇为乡人大主席；选举赵建强为乡人民政府乡长。免去刘玉洪的乡长职务。

第五次会议　2014 年 2 月召开。会议选举李成群为乡人民政府副乡长。免去张智勇的人大主席职务，李成群的人大副主席职务；免去孙绍华的副乡长职务。

第六次会议　2014 年 3 月召开。会议选举盖军路为乡人大主席。

第七次会议　2016 年 5 月召开。会议免去赵建强的乡长职务。

第八次会议　2016 年 6 月召开。会议免去盖军路的人大主席职务。

第九次会议　2016 年 8 月召开。会议选举张朝晖为乡人大主席；选举张玉伟为乡人民政府乡长。

六、第十届人民代表大会

第一次会议　2017 年 1 月 21 日召开。出席代表 57 人。会议听取和审议乡长张玉伟作的《独羊岗乡政府工作报告》，听取和审议《关于独羊岗乡 2016 年预算执行情况和 2017 年预算（草案）的报告》。会议选举张朝晖为乡第十届人大主席，高明灿为乡人大副主席；选举张玉伟为乡人民政府乡长，安静宇、杨斌为乡人民政府副乡长。

第二次会议　2018 年 2 月 20 日召开。会议选举崔梦琳为乡人大副主席。免去高明灿的人大副主席职务。

第三次会议　2019 年 2 月 27 日召开。会议选举习晓敏为乡人大主席；选举尤树新为乡人民政府乡长，秦林霞为乡人民政府副乡长。免去张朝晖的人大主席职务；免去张玉伟的乡长职务，杨斌的副乡长职务。

第四次会议　2019 年 5 月 8 日召开。出席代表 49 人。会议选举陈清为乡人大副主席。免去崔梦琳的人大副主席职务。

第六次会议 2020年1月17日召开。出席代表56人。会议选举郭佳为乡人大主席；高明灿为乡人民政府副乡长。免去刁晓敏的人大主席职务；免去安静宇的副乡长职务。

第七次会议 2020年6月11日召开。出席代表56人。会议选举黄璞为乡人民政府副乡长。

第八次会议 2020年10月10日召开。出席代表54人。会议选举贾瑞康为乡人民政府副乡长。

第九次会议 2021年2月9日召开。出席代表45人。会议选举李建新为乡人大主席；选举米立勋为乡人民政府副乡长。免去郭佳的乡人大主席职务。

第十次会议 2021年3月30日召开。出席代表47人。会议选举潘鸿儒为乡人大副主席。免去陈清的人大副主席职务。

七、第十一届人民代表大会

第一次会议 2021年6月26日至28日召开。会议听取和审议尤树新作的《独羊岗乡政府工作报告》，听取和审议《关于独羊岗乡2020年预算执行情况和2021年预算（草案）的报告》《关于独羊岗乡人大主席团报告》。会议选举李建新为乡第十一届人大主席，潘鸿儒为乡人大副主席；选举尤树新为乡人民政府乡长，康磊、米立勋、贾瑞康为乡人民政府副乡长。

第二次会议 2023年2月2日召开。会议听取和审议乡长尤树新作的《独羊岗乡政府工作报告》，听取和审议《关于独羊岗乡2022年预算执行情况和2023年预算（草案）的报告》《关于独羊岗乡人大主席团报告》。

第四章　南桥镇人民代表大会

南桥镇人民代表大会始于1984年1月，书至2023年12月。分为两个阶段，其中，1984年1月至1996年1月并乡扩镇前为南桥乡（镇）（1984年1月至1985年4月为南桥乡）、北龙岗乡人民代表大会，各4届；1996年1月并乡扩镇后至2023年12月为南桥镇人民代表大会，共7届。

第一节　并乡扩镇前人民代表大会

一、南桥乡（镇）人民代表大会

1984年1月至1996年1月，南桥乡（镇）人民代表大会共4届。1985年4月，经河北省人民政府批准，南桥乡改称南桥镇。第一届有第一次会议记载，第二届有第一次会议记载，第三届有第一次会议记载，第四届有第一次、第三次会议记载。

（一）第一届人民代表大会

第一次会议　1984年1月17日召开。会议选举霍振军为南桥乡人民政府乡长，贾玉芬为乡人民政府副乡长。

（二）第二届人民代表大会

第一次会议　1987年4月召开。会议选举赵建国为镇人民政府镇长，王和文、康勤合为镇人民政府副镇长。

（三）第三届人民代表大会

第一次会议　1990年4月召开。出席代表57人。会议听取和审议镇长霍振虎作的《南桥镇政府工作报告》，听取和审议《关于南桥镇1989年预算执行情况和1990年预算（草案）的报告》。会议选举王书国为镇第三届人大常务主席；选举霍振虎为镇人民政府镇长，傅盼江、宇文门楼、李梅青、刘进京为镇人民政府副镇长。

（四）第四届人民代表大会

第一次会议　1993年3月召开。出席代表55人。会议听取和审议镇长张廷德作的《南桥镇政府工作报告》，听取和审议《关于南桥镇1992年预算执行情况和1993年预算（草案）的报告》。会议选举王书国为镇第四届人大常务主席；选举张廷德为镇人民政府镇长，刘进京、宇文门楼、张秋生、赵素敏、李梅青为镇人民政府副镇长。

第三次会议 1995年9月召开。会议选举董素平、赵海珠、孟国旗为镇人民政府副镇长。免去李梅青、张秋生的副镇长职务。

二、北龙岗乡人民代表大会

1984年1月至1996年1月，北龙岗乡人民代表大会共4届。第一届有第一次会议记载，第二届有第一次会议记载，第三届有第一次会议记载，第四届有第一次会议记载。

（一）第一届人民代表大会

第一次会议 1984年1月17日召开。会议选举孙银生为乡人民政府乡长，刘兵国、王秋国为乡人民政府副乡长。

（二）第二届人民代表大会

第一次会议 1987年4月召开。会议选举张琪为乡人民政府乡长，刘兵国为乡人民政府副乡长。

（三）第三届人民代表大会

第一次会议 1990年3月召开。出席代表49人。会议听取和审议乡长张琪作的《北龙岗乡政府工作报告》，听取和审议《关于北龙岗乡1989年预算执行情况和1990年预算（草案）的报告》；通过乡政府《关于加强农业发展烤烟林果的决定》。会议选举王福庭为乡第三届人大常务主席；选举张琪为乡人民政府乡长，宋香国、郭顺增为乡人民政府副乡长。

（四）第四届人民代表大会

第一次会议 1993年3月召开。出席代表48人。会议听取和审议乡长王灵军作的《北龙岗乡政府工作报告》，听取和审议《关于北龙岗乡1992年预算执行情况和1993年预算（草案）的报告》。会议选举王福庭为乡第四届人大常务主席；选举王灵军为乡人民政府乡长，董建才、田来喜、郭顺增为乡人民政府副乡长。

第二节　并乡扩镇后人民代表大会

1996年1月，行唐县并乡扩镇，北龙岗乡并入南桥镇。1996年6月至2023年12月，南桥镇人民代表大会共7届。第五届有第一次、第三次、第四次会议记载，第六届召开4次会议，第七届有第一次、第二次会议记载，第八届有第一次、第七次、第八次会议记载，第九届有第一次会议记载，第十届有第一次、第三次、第四次、第五次、第六次、第七次、第八次、第九次、第十次会议记载，第十一届召开3次会议。

一、第五届人民代表大会

第一次会议 1996年6月12日召开。出席代表51人。会议听取和审议镇长袁昌绪作的《南桥镇政府工作报告》，听取和审议《关于南桥镇1995年预算执行情况和1996年预算

（草案）的报告》。会议选举金志平为镇第五届人大主席；选举袁昌绪为镇人民政府镇长，刘进京、李二丑、李建龙、陈建国、杨江增、孟国旗、贾俊峰、梁大平、董建才、赵海珠为镇人民政府副镇长。

第三次会议　1997年4月3日召开。出席代表43人。会议听取和审议镇长袁昌绪作的《南桥镇政府工作报告》，听取和审议《关于南桥镇1996年预算执行情况和1997年预算（草案）的报告》，听取和审议《关于南桥镇1996年国民经济和社会发展计划执行情况与1997年国民经济和社会发展计划（草案）的报告》。

第四次会议　1997年12月16日召开。出席代表45人。会议听取和审议《1997年乡统筹村提留方案的说明》。

二、第六届人民代表大会

第一次会议　1999年3月1日召开。出席代表57人。会议听取和审议镇长陈树旗作的《南桥镇政府工作报告》，听取和审议《关于南桥镇1998年预算执行情况和1999年预算（草案）的报告》。会议选举金志平为镇第六届人大主席，李二丑为镇人大副主席；选举陈树旗为镇人民政府镇长，孟国旗、赵海珠、杨江增、李建龙为镇人民政府副镇长。

第二次会议　2000年3月29日召开。出席代表45人。会议听取和审议镇长陈树旗作的《南桥镇政府工作报告》，听取和审议副镇长孟国旗作的《关于南桥镇1999年预算执行情况和2000年预算（草案）的报告》，听取和审议郭玉杰作的《2000年乡统筹村提留方案》。

第三次会议　2000年8月10日召开。出席代表43人。会议选举刘振国为镇人大主席；杨贵敏为镇人民政府副镇长。免去杨江增的副镇长职务。

第四次会议　2001年4月10日召开。出席代表41人。会议听取和审议镇长陈树旗作的《南桥镇政府工作报告》，听取和审议副镇长孟国旗作的《关于南桥镇2000年预算执行情况和2001年预算（草案）的报告》。

三、第七届人民代表大会

第一次会议　2002年6月11日召开。出席代表58人。会议听取和审议镇长杨江增作的《南桥镇政府工作报告》，听取和审议《关于南桥镇2001年预算执行情况和2002年预算（草案）的报告》。会议选举刘振国为镇第七届人大主席；选举杨江增为镇人民政府镇长，孟国旗、杨贵敏、贾俊峰、刘斌为镇人民政府副镇长。

第二次会议　2002年12月12日召开。出席代表42人。会议选举张金贵为镇人民政府副镇长。免去贾俊峰的副镇长职务。

四、第八届人民代表大会

第一次会议　2007年4月1日至23日召开。出席代表46人。会议听取和审议唐玉林作的《南桥镇政府工作报告》，听取和审议《关于南桥镇2006年预算执行情况和2007年预算

（草案）的报告》。会议选举樊栓香为镇第八届人大主席，马健为镇人大副主席；选举唐玉林为镇人民政府镇长，张金贵、杨贵敏为镇人民政府副镇长。免去杨江增的镇长职务，王桂平的副镇长职务。

第七次会议 2010 年 8 月 16 日召开。出席代表 31 人（应到 57 人）。会议选举杨振勇为镇人大主席。

第八次会议 2011 年 3 月 31 日召开。出席代表 31 人（应到 57 人）。会议选举习晓敏为镇人大副主席；选举盖进良为镇人民政府镇长，赵志军、盖军路为镇人民政府副镇长。免去马健的人大副主席职务；免去唐玉林的镇长职务，杨贵敏的副镇长职务。

五、第九届人民代表大会

第一次会议 2012 年 2 月 24 日召开。出席代表 56 人。会议听取和审议镇长盖进良作的《南桥镇政府工作报告》，听取和审议《关于南桥镇 2011 年预算执行情况和 2012 年预算（草案）的报告》。会议选举杨振勇为镇第九届人大主席，习晓敏为镇人大副主席；选举盖进良为镇人民政府镇长，赵志军、盖军路为镇人民政府副镇长。

六、第十届人民代表大会

第一次会议 2017 年 1 月 20 日至 23 日召开。会议听取和审议杨东作的《南桥镇政府工作报告》，听取和审议《关于南桥镇 2016 年预算执行情况和 2017 年预算（草案）的报告》。会议选举赵会敏为镇第十届人大主席，赵海龙为镇人大副主席；选举杨东为镇人民政府镇长，张强、杜同考为镇人民政府副镇长。

第三次会议 2019 年 1 月 24 日召开。出席代表 41 人（应到 56 人）。会议选举靳会珍为镇第十届人大主席；选举孟震、刘朋为镇人民政府副镇长。免去赵会敏的人大主席职务。

第四次会议 2019 年 5 月 8 日召开。出席代表 45 人（应到 56 人）。会议传达学习了《行唐县人大常委会贯彻落实省市人大常委会“河北发展、人大尽责”主体实践活动实施方案》《行唐县人大常委会关于深入学习贯彻习近平总书记重要讲话和十三届全国人大二次会议精神的通知》《行唐县人大常委会关于检查〈中华人民共和国安全生产法〉实施情况报告》《行唐县人大常委会关于检查〈中华人民共和国反家庭暴力法〉实施情况报告》。会议免去杨东的镇长职务。

第五次会议 2019 年 12 月 12 日召开。会议传达学习了河北省委人大会议工作精神和党的十九届四中全会公报。

第六次会议 2020 年 1 月 9 日召开。出席代表 39 人（应到 56 人）。会议选举康同乐为镇人民政府镇长。免去赵海龙的人大副主席职务；免去杜同考的副镇长职务。

第七次会议 2020 年 6 月 11 日召开。出席代表 42 人（应到 54 人）。会议选举王军旭为镇人民政府副镇长。

第八次会议 2020 年 10 月 15 日召开。出席代表 37 人（应到 53 人）。会议选举张新会为镇人民政府副镇长。免去王军旭的副镇长职务。

第九次会议　2021年2月7日至9日召开。出席代表41人（应到55人）。会议听取和审议镇长康同乐作的《南桥镇政府工作报告》，听取和审议《关于南桥镇2020年预算执行情况和2021年预算（草案）的报告》。会议选举毛志峰为镇人大主席；选举杨立坤为镇人民政府副镇长。免去靳会珍的人大主席职务。

第十次会议　2021年3月16日召开。出席代表56人。会议选举刘聪为镇人大副主席。

七、第十一届人民代表大会

第一次会议　2021年6月25日召开。出席代表46人。会议听取和审议尚辉作的《南桥镇政府工作报告》，听取和审议人大主席毛志峰作的《南桥镇人民代表大会工作报告》。会议选举毛志峰为镇第十一届人大主席，申会岗为镇人大副主席；选举尚辉为镇人民政府镇长，杨立坤、张新会、尹丁丁为镇人民政府副镇长。免去刘聪的人大副主席职务；免去康同乐的镇长职务，孟震，刘朋的副镇长职务。

第二次会议　2022年2月12日召开。出席代表51人（应到59人）。会议听取和审议镇长尚辉作的《南桥镇政府工作报告》，听取和审议《南桥镇人民代表大会主席团工作报告》《南桥镇2021年财政预算执行情况及2022年预算（草案）的报告》及各基层站所工作报告。

第三次会议　2023年3月31日召开。出席代表48人（应到59人）。会议听取和审议镇长尚辉作的《南桥镇政府工作报告》，听取和审议《南桥镇人民代表大会主席团工作报告》《南桥镇2022年财政预算执行情况及2023年预算（草案）的报告》及各基层站所工作报告。会议免去杨立坤的副镇长职务。

第五章　安香乡人民代表大会

安香乡人民代表大会始于1984年4月，书至2023年12月。分为两个阶段，其中，1984年4月至1996年1月并乡扩镇前为西安香乡、东留营乡人民代表大会，各4届；1996年1月并乡扩镇后至2023年12月为安香乡人民代表大会，共7届。

第一节　并乡扩镇前人民代表大会

一、西安香乡人民代表大会

1984年4月至1996年1月，西安香乡人民代表大会共4届。第一届有第一次会议记载，第二届有第一次会议记载，第三届有第一次会议记载，第四届有第一次会议记载。

（一）第一届人民代表大会

第一次会议　1984年4月19日召开。会议听取和审议乡长王景瑞作的《西安香乡政府工作报告》。会议选举王景瑞为乡人民政府乡长，王东升、陈国林、谷增虎为乡人民政府副乡长。

（二）第二届人民代表大会

第一次会议　1987年4月召开。会议听取和审议乡长王大更作的《西安香乡政府工作报告》。会议选举王大更为乡人民政府乡长，谷增虎、赵宝山为乡人民政府副乡长。

（三）第三届人民代表大会

第一次会议　1990年3月9日召开。出席代表54人。会议听取和审议乡长毛金锁作的《西安香乡政府工作报告》，听取和审议《关于西安香乡1989年预算执行情况和1990年预算（草案）的报告》。会议选举谷增虎为乡第三届人大常务主席；选举毛金锁为乡人民政府乡长，赵宝山、王军英为乡人民政府副乡长。

（四）第四届人民代表大会

第一次会议　1993年3月5日召开。出席代表54人（应到59人）。会议听取和审议乡长靳国良作的《西安香乡政府工作报告》，听取和审议《关于西安香乡1992年预算执行情况和1993年预算（草案）的报告》。会议选举谷增虎为乡第四届人大常务主席；选举靳国良为乡人民政府乡长，刁永杰、焦春香、王军英、于新国为乡人民政府副乡长。

二、东留营乡人民代表大会

1984 年 4 月至 1996 年 1 月，东留营乡人民代表大会共 4 届。第一届有第一次会议记载，第二届有第一次、第二次会议记载，第三届有第一次、第三次、第五次会议记载，第四届有第一次、第六次会议记载。

（一）第一届人民代表大会

第一次会议　1984 年 4 月 13 日召开。会议听取和审议乡长连玉保作的《东留营乡政府工作报告》。会议选举连玉保为乡人民政府乡长，康瑞君、张斌义为乡人民政府副乡长。

（二）第二届人民代表大会

第一次会议　1987 年 4 月 15 日召开。会议听取和审议乡长严建国作的《东留营乡政府工作报告》。会议选举严建国为乡人民政府乡长，康瑞君为乡人民政府副乡长。

第二次会议　1988 年 5 月 14 日召开。出席代表 41 人（应到 65 人）。会议听取和审议乡长严建国作的《东留营乡政府工作报告》。

（三）第三届人民代表大会

第一次会议　1990 年 4 月召开。出席代表 55 人。会议听取和审议韩志军作的《东留营乡政府工作报告》，听取和审议《关于东留营乡 1989 年预算执行情况和 1990 年预算（草案）的报告》。会议选举严建国为乡第三届人大常务主席；选举韩志军为乡人民政府乡长，王福连、张斌义、范桂敏为乡人民政府副乡长。

第三次会议　1991 年 3 月 26 日召开。出席代表 42 人（应到 53 人）。会议听取和审议乡长韩志军作的《东留营乡政府工作报告》，听取和审议《关于东留营乡 1990 年预算执行情况和 1991 年预算（草案）的报告》。

第五次会议　1992 年 4 月 18 日召开。会议听取和审议乡长韩志军作的《东留营乡政府工作报告》，听取和审议《关于东留营乡 1991 年预算执行情况和 1992 年预算（草案）的报告》《人大主席团工作报告》。

（四）第四届人民代表大会

第一次会议　1993 年 4 月召开。出席代表 55 人（应到 59 人）。会议听取和审议乡长王合文作的《东留营乡政府工作报告》，听取和审议《关于东留营乡人大主席团工作报告》《关于东留营乡 1992 年预算执行情况和 1993 年预算（草案）的报告》。会议选举韩瑞祥为乡第四届人大常务主席；选举王合文为乡人民政府乡长，李建龙、赵子华、盖增顺、宇文门楼为乡人民政府副乡长。

第六次会议　1994 年 12 月 25 日召开。出席代表 36 人（应到 59 人）。会议听取和审议《东留营乡政府 1995 年提留方案》。会议选举杨平为乡人民政府乡长。免去王合文的乡长职务。

第二节 并乡扩镇后人民代表大会

1996年1月，行唐县并乡扩镇，东留营乡并入西安香乡，改称安香乡。1996年7月至2023年12月，安香乡人民代表大会共7届。第五届召开4次会议，第六届有第一次会议记载，第七届有第一次、第二次、第三次会议记载，第八届有第一次、第三次会议记载，第九届召开3次会议，第十届有第一次、第三次、第四次、第五次、第六次会议记载，第十一届召开5次会议。

一、第五届人民代表大会

第一次会议 1996年7月5日召开。出席代表62人（应到66人）。会议听取和审议乡长刘东海作的《安香乡政府工作报告》，听取和审议《关于安香乡1995年预算执行情况和1996年预算（草案）的报告》。会议选举韩瑞祥为乡第五届人大主席，康彪勇为乡人大副主席；选举刘东海为乡人民政府乡长，于新国、王博、王秋妮、王军英、石明星、刘云平、李秋生、杨同振、韩峰、盖增顺为乡人民政府副乡长。

第二次会议 1996年12月20日召开。会议听取和审议《1997年度提留统筹方案》。

第三次会议 1997年1月24日召开。出席代表60人（应到63人）。会议听取和审议宇文春平作的《安香乡政府工作报告》，听取和审议《关于安香乡1996年预算执行情况和1997年预算（草案）的报告》《安香乡农业发展规划报告》《安香乡企业发展规划报告》。会议选举韩二贵为乡人大副主席；选举宇文春平为乡人民政府乡长，王琳为乡人民政府副乡长。

第四次会议 1997年7月召开。会议听取和审议《1997年度乡统筹村提留方案》。会议选举郭浩锋、金建国为乡人民政府副乡长。免去王秋妮、刘云平的副乡长职务。

二、第六届人民代表大会

第一次会议 1999年2月17日召开。出席代表56人（应到64人）。会议听取和审议乡长陈士明作的《安香乡政府工作报告》，听取和审议《关于安香乡1998年预算执行情况和1999年预算（草案）的报告》。会议选举皮小国为乡第六届人大主席，韩二贵为乡人大副主席；选举陈士明为乡人民政府乡长，于新国、王琳、郭浩峰、韩峰为乡人民政府副乡长。

三、第七届人民代表大会

第一次会议 2002年6月5日召开。出席代表54人（应到63人）。会议听取和审议赵宝林作的《安香乡政府工作报告》，听取和审议《关于安香乡2001年预算执行情况和2002年预算（草案）的报告》《关于安香乡人大主席团工作报告》。会议选举杨灵振为乡第七届人大主席，侯新联为乡人大副主席；选举赵宝林为乡人民政府乡长，于新国、张新征、郭浩峰为乡人民政府副乡长。

第二次会议　2003 年 12 月召开。会议选举孟文锁为乡人民政府乡长，严新会为乡人民政府副乡长。免去赵宝林的乡长职务，张新征的副乡长职务。

第三次会议　2005 年 9 月 6 日召开。出席代表 50 人（应到 59 人）。会议选举李义芳为乡人民政府乡长。免去孟文锁的乡长职务。

四、第八届人民代表大会

第一次会议　2007 年 3 月 31 日召开。出席代表 56 人（应到 63 人）。会议听取和审议乡长李义芳作的《安香乡政府工作报告》，听取和审议《关于安香乡 2006 年预算执行情况和 2007 年预算（草案）的报告》《关于安香乡人大主席团工作报告》。会议选举严新会为乡第八届人大主席，侯新联为乡人大副主席；选举李义芳为乡人民政府乡长，孙国群、黄新会为乡人民政府副乡长。

第三次会议　2010 年 8 月 6 日召开。出席代表 48 人（应到 58 人）。会议选举杨天为乡人民政府乡长。免去李义芳的乡长职务。

五、第九届人民代表大会

第一次会议　2012 年 2 月 24 日召开。出席代表 46 人（应到 47 人）。会议听取和审议乡长杨天作的《安香乡政府工作报告》，听取和审议《关于安香乡 2011 年预算执行情况和 2012 年预算（草案）的报告》。会议选举孙国群为乡第九届人大主席，侯新联为乡人大副主席；选举杨天为乡人民政府乡长，黄新会为乡人民政府副乡长。

第二次会议　2013 年 5 月 7 日召开。出席代表 39 人（应到 45 人）。会议听取和审议张志强作的《安香乡政府工作报告》，听取和审议《关于安香乡 2012 年预算执行情况和 2013 年预算（草案）的报告》《关于安香乡人大主席团工作报告》。会议选举李文革为乡人大副主席；选举张志强为乡人民政府乡长，崔爱军为乡人民政府副乡长。免去孙国群的人大主席职务，侯新联的人大副主席职务；免去杨天的乡长职务。

第三次会议　2013 年 9 月 23 日召开。出席代表 34 人（应到 47 人）。会议听取和审议乡长张志强作的《安香乡政府工作报告》，听取和审议《关于安香乡人大主席团工作报告》。会议选举钱立伟为乡人大主席。

六、第十届人民代表大会

第一次会议　2017 年 1 月 21 日召开。出席代表 42 人（应到 45 人）。会议听取和审议乡长孙立新作的《安香乡政府工作报告》，听取和审议《关于安香乡 2016 年预算执行情况和 2017 年预算（草案）的报告》。会议选举钱立伟为乡第十届人大主席；选举高璞为乡人大副主席；选举孙立新为乡人民政府乡长，赵明、赵振卿为乡人民政府副乡长。

第三次会议 2019年2月18日召开。出席代表40人（应到44人）。会议选举赵振卿为乡人大主席；选举黄海晖为乡人民政府乡长，温军霞、毛志峰为乡人民政府副乡长。免去钱立伟的人大主席职务。

第四次会议 2020年4月30日召开。出席代表31人（应到45人）。会议选举梁军民为乡人民政府副乡长。

第五次会议 2021年2月8日召开。出席代表40人（应到43人）。会议选举祝振良为乡人大主席；选举赵振卿为乡人民政府乡长，高璞为乡人民政府副乡长。免去赵振卿的人大主席职务；免去毛志峰的副乡长职务。

第六次会议 2021年2月召开。会议选举孔娇为乡人大副主席；选举王倩为乡人民政府副乡长。免去白鹤飞的乡人大副主席职务；免去温军霞的副乡长职务。

七、第十一届人民代表大会

第一次会议 2021年6月26日至28日召开。出席代表54人（应到77人）。会议听取和审议乡长赵振卿作的《安香乡政府工作报告》；听取和审议《关于安香乡人大主席团工作报告》。会议选举祝振良为乡第十一届人大主席，曹振国为乡人大副主席；选举赵振卿为乡人民政府乡长，刘静璇、高璞、梁军民为乡人民政府副乡长。

第二次会议 2022年1月14日召开。出席代表53人（应到77人）。会议听取和审议乡长赵振卿作的《安香乡政府工作报告》，听取和审议《关于安香乡人大主席团工作报告》。

第三次会议 2023年2月16日召开。出席代表52人（应到75人）。会议听取和审议乡党委书记黄海晖作的《安香乡政府工作报告》；听取和审议《关于安香乡人大主席团工作报告》。会议免去赵振卿的乡长职务。

第四次会议 2023年6月26日召开。出席代表52人（应到75人）。会议选举张纪刚为乡人大主席。免去祝振良的人大主席职务。

第五次会议 2023年12月22日召开。出席代表53人（应到75人）。会议选举康静为乡人民政府乡长。

第六章　只里乡人民代表大会

只里乡人民代表大会始于1984年4月，书至2023年12月。分为两个阶段，其中，1984年4月至1996年1月并乡扩镇前为只里乡、连家庄乡人民代表大会，各4届；1996年1月并乡扩镇后至2023年12月为只里乡人民代表大会，共7届。

第一节　并乡扩镇前人民代表大会

一、只里乡人民代表大会

1984年4月至1996年1月，只里乡人民代表大会共4届。第一届召开3次会议，第二届召开4次会议，第三届召开5次会议，第四届召开6次会议。

（一）第一届人民代表大会

第一次会议　1984年4月召开。会议听取和审议乡长李荣敏作的《只里乡政府工作报告》。会议选举李荣敏为乡人民政府乡长，余金竹为乡人民政府副乡长。

第二次会议　1985年1月召开。会议选举常印章为乡人民政府乡长。免去李荣敏的乡长职务。

第三次会议　1987年3月召开。会议选举陈银发为乡人民政府副乡长。

（二）第二届人民代表大会

第一次会议　1987年4月18日召开。会议听取和审议乡长常印章作的《只里乡政府工作报告》。会议选举常印章为乡人民政府乡长，余金竹、陈银发为乡人民政府副乡长。

第二次会议　1987年10月召开。会议免去陈银发的副乡长职务。

第三次会议　1989年6月召开。会议选举仝保久为乡人民政府副乡长。

第四次会议　1990年2月召开。会议选举郭国朝为乡人民政府乡长。免去常印章的乡长职务。

（三）第三届人民代表大会

第一次会议　1990年3月28日召开。出席代表54人。会议听取和审议乡长郭国朝作的《只里乡政府工作报告》，听取和审议《只里乡1989年预算执行情况和1990年预算（草案）的报告》。会议选举康勤合为乡第三届乡人大常务主席；选举郭国朝为乡人民政府乡长，杨荣庆、李兵武、余金竹为乡人民政府副乡长。免去仝保久的副乡长职务。

第二次会议 1990年12月19日召开。会议选举严建章为乡人民政府乡长。免去郭国朝的乡长职务。

第三次会议 1991年2月2日召开。会议听取和审议乡长严建章作的《只里乡政府工作报告》，听取和审议《关于只里乡1990年预算执行情况和1991年预算（草案）的报告》。会议选举陈国林为乡人民政府副乡长。

第四次会议 1992年2月27日召开。会议听取和审议乡长严建章作的《只里乡政府工作报告》，听取和审议《只里乡1991年预算执行情况和1992年预算（草案）的报告》。

第五次会议 1992年8月13日召开。会议选举陈银发、康建会为乡人民政府副乡长。免去杨荣庆的副乡长职务。

（四）第四届人民代表大会

第一次会议 1993年2月29日召开。出席代表57人。会议听取和审议乡长严建章作的《只里乡政府工作报告》，听取和审议《只里乡1992年预算执行情况和1993年预算（草案）的报告》。会议选举康勤合为乡第四届人大常务主席；选举严建章为乡人民政府乡长，赵宝山、陈银发、康建会、王银山为只里乡人民政府副乡长。

第二次会议 1994年4月召开。会议选举李建龙为乡人民政府副乡长。

第三次会议 1994年12月召开。会议选举张国玉为乡人民政府乡长。免去严建章的乡长职务，康建会的副乡长职务。

第四次会议 1995年3月召开。会议选举康建会为乡人民政府乡长。免去张国玉的乡长职务。

第五次会议 1995年4月召开。会议选举李春英、刘鸣为乡人民政府副乡长。

第六次会议 1995年9月召开。会议免去王银山的副乡长职务。

二、连家庄乡人民代表大会

1984年4月至1996年1月，连家庄乡人民代表大会共4届。第一届召开3次会议，第二届召开3次会议，第三届召开6次会议，第四届召开6次会议。

（一）第一届人民代表大会

第一次会议 1984年4月召开。会议选举毛春久为乡人民政府乡长。

第二次会议 1984年7月召开。会议选举王保京为乡人民政府副乡长。

第三次会议 1987年3月召开。会议选举马国京为乡人民政府副乡长。

（二）第二届人民代表大会

第一次会议 1987年4月18日召开。出席代表30人（应到43人）。会议听取并审议乡长毛春久作的《连家庄乡政府工作报告》。会议选举毛春久为乡人民政府乡长，王保京、马国京为乡人民政府副乡长。

第二次会议 1988年5月召开。会议免去马国京的副乡长职务。

第三次会议　1988年10月召开。会议选举李德华为乡人大联络组组长；选举张青云为乡人民政府乡长。免去毛春久的人大联络组组长、乡长职务。

（三）第三届人民代表大会

第一次会议　1990年3月27日召开。出席代表57人（应到61人）。会议听取并审议了乡长张青云作的《连家庄乡政府工作报告》，听取和审议《连家庄乡财政预决算报告》。会议选举李德华为乡第三届人大常务主席；选举张青云为乡人民政府乡长，王保京、董素平为乡人民政府副乡长。

第二次会议　1991年2月召开。会议选举张书合为乡人民政府副乡长。

第三次会议　1991年8月召开。会议选举李根录为乡人民政府乡长。免去张青云的乡长职务。

第四次会议　1991年11月召开。会议选举王智为乡人民政府副乡长。

第五次会议　1992年7月召开。会议选举王合江为乡人民政府副乡长。免去王保京的副乡长职务。

第六次会议　1992年10月召开。会议选举董少华为乡人民政府副乡长。免去张书合的副乡长职务。

（四）第四届人民代表大会

第一次会议　1993年3月4日召开。出席代表57人。会议听取和审议张书堂作的《连家庄乡政府工作报告》，听取和审议《连家庄乡1992年预算执行情况和1993年预算（草案）的报告》。会议选举李德华为乡第四届人大常务主席；选举张书堂为乡人民政府乡长，董素平、王智、王合江、董少华为乡人民政府副乡长。免去李根录的乡长职务。

第二次会议　1993年4月召开。会议选举习永杰为乡人民政府副乡长。

第三次会议　1994年4月召开。会议免去王合江的副乡长职务。

第四次会议　1994年12月召开。会议选举张二梅为乡人民政府副乡长。免去王智的副乡长职务。

第五次会议　1995年6月召开。会议选举麻建敏为乡人民政府副乡长。

第六次会议　1995年9月召开。会议选举冯云玲为乡人民政府副乡长。免去董素平的副乡长职务。

第二节　并乡扩镇后人民代表大会

1996年1月，行唐县并乡扩镇，连家庄乡并入只里乡。1996年7月至2023年12月，只里乡人民代表大会共7届。第五届有第一次、第五次会议记载，第六届召开4次会议，第七届召开6次会议，第八届召开6次会议，第九届召开8次会议，第十届召开5次会议，第十一届召开4次会议。

一、第五届人民代表大会

第一次会议 1996年7月9日召开。出席代表65人。会议听取和审议乡长康建会作的《只里乡政府工作报告》，听取和审议《关于只里乡1995年预算执行情况和1996年预算（草案）的报告》。会议选举韩明忠为乡第五届人大主席；选举康建会为乡人民政府乡长，张二梅、李春英、刘鸣、冯云玲、董少华、麻建敏、李成群、单江生为乡人民政府副乡长。

第五次会议 1997年12月16日召开。出席代表41人。会议选举苏贵锁为乡人大主席。

二、第六届人民代表大会

第一次会议 1999年3月10日召开。出席代表66人。会议听取和审议乡长甄兰计作的《只里乡政府工作报告》，听取和审议《关于只里乡1998年预算执行情况和1999年预算（草案）的报告》。会议选举王合江为乡第六届人大主席，高贵章为乡人大副主席；选举甄兰计为乡人民政府乡长，李春英、李成群、麻建敏、赵青云、牛豪为乡人民政府副乡长。

第二次会议 1999年7月召开。会议选举宫国恩为乡人民政府乡长。免去甄兰计的乡长职务。

第三次会议 2000年6月召开。会议选举霍振东为乡人民政府副乡长。

第四次会议 2002年5月召开。会议选举孟文锁为乡人民政府乡长。免去宫国恩的乡长职务。

三、第七届人民代表大会

第一次会议 2002年6月11日召开。出席代表63人。会议听取和审议乡长孟文锁作的《只里乡政府工作报告》，听取和审议《关于只里乡2001年预算执行情况和2002年预算（草案）的报告》。会议选举王合江为乡第七届人大主席，高贵章为乡人大副主席；选举孟文锁为乡人民政府乡长，安向阳、胡翠花、麻建敏、霍振东为乡人民政府副乡长。免去李春英、李成群、赵青云、牛豪的副乡长职务。

第二次会议 2003年5月召开。会议选举宁振永为乡人民政府副乡长。

第三次会议 2003年12月召开。会议选举崔建刚为乡人民政府乡长。免去孟文锁的乡长职务，霍振东的副乡长职务。

第四次会议 2005年9月9日召开。出席代表47人（应到63人）。会议选举温少辉为乡人民政府乡长。免去崔建刚的乡长职务。

第五次会议 2006年3月召开。会议选举刘鸣为乡人大主席。免去王合江的人大主席职务。

第六次会议 2006年4月召开。会议免去高贵章的人大副主席职务。

四、第八届人民代表大会

第一次会议　2007年3月31日召开。出席代表55人。会议听取和审议乡长温少辉作的《只里乡政府工作报告》，听取和审议《关于只里乡2006年预算执行情况和2007年预算（草案）的报告》。会议选举刘鸣为乡第八届人大主席，肖兰保为乡人大副主席；选举温少辉为乡人民政府乡长，安向阳、宁振永、麻建敏为乡人民政府副乡长。免去胡翠花的副乡长职务。

第二次会议　2008年11月召开。会议免去肖兰保的人大副主席职务。

第三次会议　2010年3月召开。会议免去刘鸣的人大主席职务。

第四次会议　2010年8月18日召开。出席代表48人（应到63人）。会议选举郭建欣为乡人大主席。

第五次会议　2010年10月召开。会议免去安向阳的副乡长职务。

第六次会议　2011年4月8日召开。出席代表52人（应到63人）。会议选举高四敏为乡人大副主席；刘彦辉为乡人民政府副乡长。

五、第九届人民代表大会

第一次会议　2012年2月23日召开。出席代表55人。会议听取和审议乡长温少辉作的《只里乡政府工作报告》，听取和审议《只里乡2011年预算执行情况和2012年预算（草案）的报告》。会议选举郭建欣为乡第九届人大主席，高四敏为乡人大副主席；选举温少辉为乡人民政府乡长，宁振永、麻建敏、刘彦辉为乡人民政府副乡长。

第二次会议　2012年9月召开。会议选举高会军为乡人民政府乡长，黄进峰为乡人民政府副乡长；免去温少辉的乡长职务，刘彦辉的副乡长职务。

第三次会议　2013年11月召开。会议免去高四敏的人大副主席职务。

第四次会议　2013年12月召开。会议选举樊展旗为乡人大副主席。

第五次会议　2014年2月召开。会议免去郭建欣的人大主席职务。

第六次会议　2014年3月召开。会议选举李杰为乡人大主席；选举郭趁义为乡人民政府乡长。免去高会军的乡长职务。

第七次会议　2016年5月召开。会议免去郭趁义的乡长职务。

第八次会议　2016年8月召开。会议选举杨建生为乡人民政府乡长。

六、第十届人民代表大会

第一次会议　2017年1月23日召开。出席代表57人。会议听取和审议乡长杨建生作的《只里乡政府工作报告》，听取和审议《关于只里乡2016年预算执行情况和2017年预算（草案）的报告》。会议选举徐二才为乡第十届人大主席，杨建国为乡人大副主席；选举杨建生为乡人民政府乡长，张国荣、尹力、麻建敏为乡人民政府副乡长。免去李杰的人大主席职务，樊展旗的人大副主席职务；免去宁振永、黄进峰的副乡长职务。

第二次会议 2019年5月10日召开。出席代表49人（应到61人）。会议选举赵永鹏为乡人大主席，霍卫霞为乡人大副主席；选举马力强、霍建军为乡人民政府副乡长。免去徐二才的乡人大主席职务，杨建国的人大副主席职务；免去张国荣、尹力的副乡长职务。

第三次会议 2020年6月9日召开。出席代表43人（应到61人）。会议选举杨军立为乡人民政府副乡长。免去麻建敏的副乡长职务。

第四次会议 2021年2月8日召开。出席代表47人（应到57人）。会议选举吴桂楠为乡人大主席；选举尹力为乡人民政府乡长，史会、郭松为乡人民政府副乡长。免去赵永鹏的人大主席职务；免去杨建生的乡长职务，马力强、霍建军的副乡长职务。

第五次会议 2021年3月29日至3月31日召开。出席代表55人（应到57人）。会议选举王学蒙为乡人大副主席。免去霍卫霞的人大副主席职务。

七、第十一届人民代表大会

第一次会议 2021年6月26日召开。会议听取和审议乡长尹力作的《只里乡政府工作报告》，听取和审议《关于只里乡人大主席团工作报告》。会议选举马力强为乡第十一届人大主席，王学蒙为乡人大副主席；选举尹力为乡人民政府乡长，杨军立、赵元哲、郭松为乡人民政府副乡长。

第二次会议 2022年2月16日召开。会议听取和审议乡长尹力作的《只里乡政府工作报告》，听取和审议《关于只里乡2020年预算执行情况和2021年预算（草案）的报告》。

第三次会议 2022年12月23日至25日召开。出席代表61人（应到73人）。会议选举郭帅为乡人大主席；选举刘丽琼为乡人民政府乡长。免去马力强的人大主席职务，王学蒙的人大副主席职务；免去尹力的乡长职务。

第四次会议 2023年2月16日召开。会议听取和审议乡长刘丽琼作的《只里乡政府工作报告》，听取和审议《关于只里乡2022年预算执行情况和2023年预算（草案）的报告》。

第七章　市同乡人民代表大会

市同乡人民代表大会始于1984年4月，书至2023年12月。分两个阶段，其中，1984年4月至1996年1月并乡扩镇前为左市同乡人民代表大会，共4届；1996年1月并乡扩镇后至2023年12月为市同乡人民代表大会，共7届。

第一节　并乡扩镇前人民代表大会

1984年4月至1996年1月，左市同乡人民代表大会共4届。第一届有第一次会议记载，第二届有第一次会议记载，第三届有第一次会议记载，第四届有第一次、第七次会议记载。

一、第一届人民代表大会

第一次会议　1984年4月召开。会议选举张涛为乡人民政府乡长，选举刘振林、张会敏、段二法、张志良为乡人民政府副乡长。

二、第二届人民代表大会

第一次会议　1987年4月召开。会议选举段二法为乡人民政府乡长，张志良、刘兵国为乡人民政府副乡长。

三、第三届人民代表大会

第一次会议　1990年3月召开。出席代表55人。会议听取和审议乡长段二法作的《左市同乡政府工作报告》《关于左市同乡1989年预算执行情况和1990年预算（草案）的报告》《左市同乡关于发展棉花生产的决定》，会议选举苗秀英为乡第三届人大常务主席；选举段二法为乡人民政府乡长，刘小寿、张志良、王玉敏、仝保久、王荣林、赵青云为乡人民政府副乡长。

四、第四届人民代表大会

第一次会议　1993年3月召开。出席代表53人。会议听取和审议乡长刘兵国作的《左市同乡政府工作报告》《关于左市同乡1992年预算执行情况和1993年预算（草案）的报告》。会议选举苗秀英为乡第四届人大常务主席；选举刘兵国为乡人民政府乡长，张志良、仝保久、王荣林、赵青云为乡人民政府副乡长。

第七次会议 1994年12月19日召开。出席代表49人（应到59人）。会议选举李凯为乡人民政府乡长。免去刘兵国的乡长职务。

第二节 并乡扩镇后人民代表大会

1996年1月，行唐县并乡扩镇，左市同乡改称市同乡。1996年6月至2023年12月，市同乡人民代表大会共7届。第五届有第一次会议记载，第六届有第一次、第三次、第四次、第五次会议记载，第七届有第一次会议记载，第八届有第一次、第三次、第四次会议记载，第九届召开8次会议，第十届有第一次、第三次、第四次、第五次、第六次会议记载，第十一届召开4次会议。

一、第五届人民代表大会

第一次会议 1996年6月6日召开。出席代表53人。会议听取和审议乡长李凯作的《市同乡政府工作报告》《关于市同乡1995年预算执行情况和1996年预算（草案）的报告》。会议选举毛春久为乡第五届人大主席；选举李凯为乡人民政府乡长，仝保久、赵青云、金建国、张双文、张蟲、王振峰为乡人民政府副乡长。

二、第六届人民代表大会

第一次会议 1999年3月11日召开。出席代表53人。会议听取和审议乡长刘东海作的《市同乡政府工作报告》，听取和审议《关于市同乡1998年预算执行情况和1999年预算（草案）的报告》。会议选举马五挪为乡第六届人大主席；选举刘东海为乡人民政府乡长，张双文、刘云平、冯云玲为乡人民政府副乡长。

第三次会议 2000年4月14日召开。会议听取和审议副乡长张双文作的《市同乡2000年度提留方案报告的决议（草案）》《市同乡关于村委会公章和民主理财小组公章管理的规定（草案）》。

第四次会议 2000年7月21日召开。出席代表43人（应到52人）。会议选举岳晓华为乡人大主席。免去马五挪的人大主席职务。

第五次会议 2001年4月6日召开。出席代表41人（应到51人）。会议听取和审议张胜利作的《市同乡政府工作报告》。会议选举张胜利为乡人民政府乡长。免去刘东海的乡长职务。

三、第七届人民代表大会

第一次会议 2002年6月9日召开。出席代表43人（应到50人）。会议听取和审议乡长张胜利作的《市同乡政府工作报告》《关于市同乡2001年预算执行情况和2002年预算（草案）的报告》《市同乡政府呈报、审批市同乡总体规划报告》。会议选举岳晓华为乡第七届人大主席；选举张胜利为乡人民政府乡长，刘云平、冯云玲为乡人民政府副乡长。免去张双文的副乡长职务。

四、第八届人民代表大会

第一次会议　2007年3月31日召开。出席代表44人（应到50人）。会议听取和审议乡长贾俊峰作的《市同乡政府工作报告》。会议选举顾会欣为乡第八届人大主席；选举贾俊峰为乡人民政府乡长，刘玉洪、甄书平为乡人民政府副乡长。

第三次会议　2010年8月19日召开。出席代表34人（应到45人）。会议选举孟国旗为乡人大主席。免去顾会欣的乡人大主席职务。

第四次会议　2011年3月23日召开。出席代表43人（应到45人）。会议选举高新卓、徐中玲为乡人民政府副乡长。

五、第九届人民代表大会

第一次会议　2012年2月26日召开。出席代表37人（应到47人）。会议听取和审议乡长肖东朝作的《市同乡政府工作报告》《关于市同乡2011年预算执行情况和2012年预算（草案）的报告》《市同乡政府呈报、审批市同乡总体规划报告》。会议选举孟国旗为乡第九届人大主席，麻得肥为人大副主席；选举肖东朝为乡人民政府乡长，高新卓、徐中玲为乡人民政府副乡长。

第二次会议　2012年10月18日召开。出席代表46人（应到52人）。会议听取和审议郭趁义作的《市同乡政府工作报告》。会议选举郭趁义为乡人民政府乡长。免去肖东朝的乡长职务。

第三次会议　2013年7月3日召开。出席代表37人（应到47人）。会议听取和审议乡长郭趁义作的《市同乡政府工作报告》。免去高新卓的副乡长职务。

第四次会议　2013年8月28日召开。出席代表34人（应到46人）。会议选举石磊为乡人民政府副乡长。免去徐中玲的副乡长职务。

第五次会议　2014年5月16日召开。会议选举高会军为乡人民政府乡长。免去郭趁义的乡长职务。

第七次会议　2016年4月15日召开。会议听取和审议乡长高会军作的《市同乡政府工作报告》《关于市同乡2015年预算执行情况和2016年预算（草案）的报告》。

第八次会议　2016年8月22日召开。会议选举毛志鹏为乡人民政府乡长，段楠为乡人民政府副乡长。免去高会军的乡长职务。

六、第十届人民代表大会

第一次会议 2017年1月23日召开。出席代表49人（应到54人）。会议听取和审议乡长毛志鹏作的《市同乡政府工作报告》。会议选举郭彬为乡第十届人大主席，王凯为乡人大副主席；选举毛志鹏为乡人民政府乡长，石磊、王伟朋、段楠为乡人民政府副乡长。免去孟国旗的人大主席职务，麻得肥的人大副主席职务；免去徐书坤的副乡长职务。

第三次会议 2019年2月18日召开。出席代表44人（应到50人）。会议听取和审议乡长毛志鹏作的《市同乡政府工作报告》。免去郭彬的人大主席职务；免去王伟朋、石磊的副乡长职务。

第四次会议 2019年10月25日召开。出席代表37人（应到52人）。会议选举刘晨茜为乡第十届人大副主席。免去王凯的人大副主席职务。

第五次会议 2020年6月13日召开。出席代表36人（应到51人）。会议听取和审议乡长毛志鹏作的《市同乡政府工作报告》。会议选举张健为乡人民政府副乡长。

第六次会议 2021年2月6日召开。出席代表44人（应到50人）。会议听取和审议赵永鹏作的《市同乡政府工作报告》。会议选举赵永鹏为乡人民政府乡长。免去毛志鹏的乡长职务。

七、第十一届人民代表大会

第一次会议 2021年6月30日召开。出席代表52人（应到57人）。会议选举赵建永为乡第十一届人大主席，周立娜为乡人大副主席；选举盖瑛玮为乡人民政府乡长，郝雷鸣、郭梦娇、贾庄为乡人民政府副乡长。

第二次会议 2022年3月12日召开。出席代表52人（应到57人）。会议听取和审议乡长盖瑛玮作的《市同乡政府工作报告》。

第三次会议 2023年3月4日召开。出席代表44人（应到55人）。会议选举刘云龙为乡人民政府副乡长。免去郭梦娇的副乡长职务。

第四次会议 2023年12月19日召开。出席代表43人（应到53人）。会议选举郭梦解为乡人民政府副乡长。免去盖瑛玮的乡长职务，贾庄的副乡长职务。

第八章　上碑镇人民代表大会

上碑镇人民代表大会始于1984年4月，书至2023年12月。分两个阶段，其中，1984年4月至1996年1月并乡扩镇前为上碑乡（镇）人民代表大会（1984年4月至1985年4月为上碑乡），共4届；1996年1月并乡扩镇后至2023年12月为上碑镇人民代表大会，共7届。

第一节　并乡扩镇前人民代表大会

1984年4月至1996年1月，上碑乡（镇）人民代表大会共4届。1985年4月，经河北省人民政府批准，上碑乡改称上碑镇。第一届有第一次、第二次会议记载。第二届有第一次会议记载，第三届有第一次、第二次、第三次、第五次、第六次会议记载，第四届召开7次会议。

一、第一届人民代表大会

第一次会议　1984年4月召开。会议选举王文良为乡人民政府乡长。

第二次会议　1985年7月23日召开。会议听取和审议乡长王文良作的《上碑乡人民政府工作报告》。

二、第二届人民代表大会

第一次会议　1987年4月18日召开。出席代表31人（应到41人）。会议听取和审议镇长鲁军旗作的《上碑镇政府工作报告》，听取和审议《上碑镇第二届人代会资格审查报告》。会议选举鲁军旗为镇人民政府镇长，代少林、左瑞林为镇人民政府副镇长。

三、第三届人民代表大会

第一次会议　1990年3月28日召开。出席代表46人（应到56人）。会议听取和审议张玉庆作的《上碑镇政府工作报告》，听取和审议《上碑镇第三届人代会资格审查报告》《上碑镇第三届人民代表大会筹备工作情况的报告》。会议选举张玉庆为镇人民政府镇长，王合军、王风来、康保国为镇人民政府副镇长。

第二次会议 1990年9月22日召开。出席代表38人（应到56人）。会议选举石喜辰为镇人大常务主席。

第三次会议 1991年3月30日召开。出席代表44人（应到56人）。会议听取和审议镇长张玉庆作的《上碑镇政府工作报告》，听取和审议《上碑镇第三届人民代表大会筹备工作情况的报告》《关于上碑镇1990年预算执行情况和1991年预算（草案）的报告》《关于上碑镇人大主席团工作报告》。会议选举单老壮为镇人民政府副镇长。选举谷跃华、王吉林、石德才为镇人大主席团成员。

第五次会议 1992年7月18日召开。会议听取和审议镇长张玉庆作的《上碑镇政府工作报告》，听取和审议《关于上碑镇1991年预算执行情况和1992年预算（草案）的报告》《关于上碑镇人大主席团工作报告》。

第六次会议 1992年9月25日召开。出席代表34人（应到53人）。会议选举张林为镇人大主席团成员。

四、第四届人民代表大会

第一次会议 1993年3月4日召开。出席代表54人（应到57人）。会议听取和审议镇长张玉庆作的《上碑镇政府工作报告》《关于上碑镇1992年财政决算和1993年预算（草案）的报告》，听取和审议《上碑镇第四届人代会资格审查报告》《上碑镇第四届人民代表大会筹备工作情况的报告》《关于上碑镇人大主席团工作报告》。会议选举石喜晨为镇第四届人大主席；选举张玉庆为镇人民政府镇长，王合军、王风来、单老壮、张庆义、康保国为镇人民政府副镇长。

第二次会议 1993年8月10日召开。出席代表48人（应到57人）。会议补选张志良为镇人民政府副镇长。免去单老壮的副镇长职务。

第三次会议 1993年10月27日召开。出席代表49人（应到57人）。会议选举刘建章为镇人民政府镇长。免去张玉庆的镇长职务。

第四次会议 1994年3月18日召开。出席代表43人（应到57人）。会议听取和审议镇长刘建章作的《上碑镇政府工作报告》，听取和审议《关于上碑镇1993年财政决算和1994年预算（草案）的报告》《关于上碑镇人大主席团工作报告》。

第五次会议 1994年6月4日召开。出席代表46人（应到57人）。会议选举杨荣庆为镇人民政府镇长。免去刘建章的镇长职务。

第六次会议 1995年3月21日召开。出席代表39人（应到57人）。会议听取和审议镇长杨荣庆作的《上碑镇政府工作报告》，听取和审议《关于上碑镇1994年财政决算和1995年预算（草案）的报告》《上碑镇第四届人代会资格审查报告》《关于上碑镇人大主席团工作报告》。

第七次会议 1995年9月26日召开。出席代表38人（应到57人）。会议选举杨风朝、赵云国为镇人民政府副镇长。

第二节　并乡扩镇后人民代表大会

1996年1月，行唐县并乡扩镇，上碑镇区域规模未变动。1996年6月至2023年12月，上碑镇人民代表大会共7届。第五届有第一次会议记载，第六届有第一次、第二次、第三次、第四次会议记载，第七届有第一次、第二次会议记载，第八届有第一次、第二次、第三次、第四次会议记载，第九届有第一次、第二次、第三次会议记载，第十届有第一次、第二次、第三次、第五次、第六次、第八次会议记载，第十一届召开4次会议。

一、第五届人民代表大会

第一次会议　1996年6月6日召开。出席代表42人（应到50人）。会议听取和审议镇长杨荣庆作的《上碑镇政府工作报告》，听取和审议《上碑镇第五届人代会资格审查报告》《上碑镇第五届人民代表大会筹备工作情况的报告》《关于上碑镇1995年预算执行情况和1996年预算（草案）的报告》《关于上碑镇人大主席团工作报告》。会议选举石喜晨为镇第五届人大主席；选举杨荣庆为镇人民政府镇长，王合军、张庆义、张志良、赵云国、赵进宝、杨风朝为镇人民政府副镇长。

二、第六届人民代表大会

第一次会议　1999年2月28日召开。出席代表33人（应到47人）。会议听取和审议镇长杨荣庆作的《上碑镇政府工作报告》，听取和审议《上碑镇第六届人代会资格审查报告》《关于上碑镇1998年预算执行情况和1999年预算（草案）的报告》《关于上碑镇人大主席团工作报告》。会议选举王合军为镇第五届人大主席，杨风朝为镇人大副主席；选举杨荣庆为镇人民政府镇长，张志良、赵云国、赵进宝、岳建章、刘运良为镇人民政府副镇长。

第二次会议　2000年3月24日召开。出席代表38人（应到46人）。会议听取和审议《关于上碑镇2000年度乡统筹村提留费的决议》。

第三次会议　2000年9月4日召开。出席代表29人（应到46人）。会议选举段立新为镇人民政府副镇长。免去赵云国的副镇长职务。

第四次会议　2001年4月8日召开。出席代表33人（应到47人）。会议听取和审议赵云国作的《上碑镇政府工作报告》，听取和审议《关于上碑镇2000年预算执行情况和2001年预算（草案）的报告》。会议选举赵云国为镇人民政府镇长。免去王合军的人大主席职务；免去张志良的镇长职务。

三、第七届人民代表大会

第一次会议　2002年6月15日召开。出席代表43人（应到48人）。会议听取和审议康志强作的《上碑镇政府工作报告》，听取和审议《上碑镇政府2001年财政预算执行情况和 2002 年财政预算（草案）的报告》《关于上碑镇人大主席团工作报告》。会议选举贾玉法为镇第七届人大主席；选举康志强为镇人民政府镇长，岳建章、段立新为镇人民政府副镇长。

第二次会议 2003 年 12 月 23 日召开。出席代表 37 人（应到 48 人）。会议选举赵志军为镇人民政府副镇长。

四、第八届人民代表大会

第一次会议 2007 年 3 月 30 日召开。出席代表 40 人（应到 46 人）。会议听取和审议镇长康志强作的《上碑镇政府工作报告》，听取和审议《上碑镇第八届人代会资格审查报告》《上碑镇政府 2006 年财政预算执行情况和 2007 年财政预算（草案）的报告》《关于上碑镇人大主席团工作报告》。会议选举仝兴敦为镇第八届人大主席，张连合为镇人大副主席；选举康志强为镇人民政府镇长，赵志军、刘轶为镇人民政府副镇长。

第二次会议 2007 年 4 月召开。会议选举甄泽亮为镇人民政府镇长，苑增军为镇人民政府副镇长。免去康志强的镇长职务，刘轶的副镇长职务。

第三次会议 2008 年 11 月召开。会议免去甄泽亮的镇长职务。

第四次会议 2009 年 4 月召开。会议选举王琳为镇人民政府镇长。

五、第九届人民代表大会

第一次会议 2012 年 2 月 26 日召开。出席代表 40 人（应到 44 人）。会议听取和审议镇长王琳作的《上碑镇政府工作报告》，听取和审议《上碑镇政府 2012 年财政预算执行情况和 2013 年财政预算（草案）的报告》《关于上碑镇人大主席团工作报告》。会议选举仝兴敦为镇第九届人大主席，黄海晖为镇人大副主席；选举王琳为镇人民政府镇长，常吉章、钱正义为镇人民政府副镇长。

第二次会议 2013 年 8 月 9 日召开。出席代表 33 人（应到 45 人）。会议选举段立新为镇人民政府镇长，韩金刚、张朝晖为镇人民政府副镇长。免去王琳的镇长职务，常吉章、钱正义的副镇长职务。

第三次会议 2014 年 4 月 15 日召开。出席代表 39 人（应到 44 人）。会议选举仇英军、郭佳为镇人民政府副镇长。免去韩金刚、张朝晖的副镇长职务。

六、第十届人民代表大会

第一次会议 2017 年 1 月 22 日召开。出席代表 39 人（应到 49 人）。会议听取和审议钱正义作的《上碑镇政府工作报告》，听取和审议《上碑镇政府 2016 年财政预算执行情况和 2017 年财政预算（草案）的报告》《关于上碑镇人大主席团工作报告》。会议选举王永强为镇第十届人大主席，崔耀磊为镇人大副主席；选举钱正义为镇人民政府镇长，郭佳、左春光为镇人民政府副镇长。

第二次会议　2019 年 2 月 14 日召开。出席代表 31 人（实到 46 人）。会议听取和审议刘彦辉作的《上碑镇政府工作报告》。会议选举崔爱军为镇人大主席；选举刘彦辉为镇人民政府镇长，王勇为镇人民政府副镇长。免去王永强的人大主席职务；免去钱正义的镇长职务，郭佳的副镇长职务。

第三次会议　2019 年 5 月 24 日召开。出席代表 35 人（应到 47 人）。会议选举赵春梅为镇人大副主席。免去崔耀磊的人大副主席职务。

第五次会议　2020 年 1 月 15 日召开。出席代表 36 人（应到 45 人）。会议选举杜同考为镇人大主席；选举张玉旗为镇人民政府副镇长。免去崔爱军的人大主席职务；免去王勇的副镇长职务。

第六次会议　2020 年 6 月 15 日召开。出席代表 33 人（应到 46 人）。会议选举宁军辉为镇人民政府副镇长。

第八次会议　2021 年 2 月召开。出席代表 32 人（应到 46 人）。会议选举郄楠为镇人大副主席。免去赵春梅的人大副主席职务。

七、第十一届人民代表大会

第一次会议　2021 年 6 月 26 日到 6 月 28 日召开。出席代表 45 人（应到 53 人）。会议听取和审议吴桂楠作的《上碑镇政府工作报告》，听取和审议《上碑镇第十一届人代会资格审查报告》《上碑镇第十一届人民代表大会筹备工作情况的报告》《上碑镇政府 2020 年财政预算执行情况和 2021 年财政预算（草案）的报告》《关于上碑镇人大主席团工作报告》。会议选举杜同考为镇第十一届人大主席，郄楠为镇人大副主席；选举吴桂楠为镇人民政府镇长，史帅、张玉旗、宁军辉为镇人民政府副镇长。

第二次会议　2022 年 2 月 15 日召开。出席代表 42 人（应到 53 人）。会议听取和审议镇长吴桂楠作的《上碑镇政府工作报告》，听取和审议《上碑镇政府 2021 年财政预算执行情况和 2022 年财政预算（草案）的报告》《关于上碑镇人大主席团工作报告》。会议票决了民生实事项目。

第三次会议　2022 年 6 月 15 日召开。出席代表 40 人（应到 53 人）。会议选举郭佳为镇人民政府镇长。免去吴桂楠的镇长职务。

第四次会议　2022 年 10 月 29 日召开。出席代表 44 人（应到 53 人）。会议选举张志国为镇人民政府镇长。免去郭佳的镇长职务。

第九章　翟营乡人民代表大会

翟营乡人民代表大会始于1984年1月，书至2023年12月。分为两个阶段，其中，1984年1月至1996年1月并乡扩镇前为南翟营乡、下阎庄乡人民代表大会，各4届；1996年1月并乡扩镇后至2023年12月为翟营乡人民代表大会，共7届。

第一节　并乡扩镇前人民代表大会

一、南翟营乡人民代表大会

1984年1月至1996年1月，南翟营乡人民代表大会共4届。第一届召开3次会议，第二届召开3次会议，第三届召开7次会议，第四届有第一次、第三次、第四次、第六次、第七次、第八次会议记载。

（一）第一届人民代表大会

第一次会议　1984年1月召开。会议听取和审议宇文凯作的《南翟营乡政府工作报告》。会议选举宇文凯为乡人民政府乡长，赵进宝为乡人民政府副乡长。

第二次会议　1985年7月13日召开。会议听取和审议王东升作的《南翟营乡政府工作报告》。

第三次会议　1986年6月召开。会议听取和审议乡长王东升作的《南翟营乡政府工作报告》。

（二）第二届人民代表大会

第一次会议　1987年4月10日召开。会议选举出毛金锁等6名县人大代表，张河水等41名乡人大代表。

第二次会议　1988年12月14日召开。出席代表28人（应到37人）。会议选举盛瑞平为乡人民政府乡长，王建军、董彦文为乡人民政府副乡长。免去毛金锁的乡长职务、高义的副乡长职务。

第三次会议　1989年12月15日召开。出席代表26人（应到36人）。会议选举张同顺为乡人民政府副乡长。免去董彦文的副乡长职务。

（三）第三届人民代表大会

第一次会议　1990 年 3 月 28 日召开。出席代表 46 人（应到 57 人）。会议听取和审议乡长盛瑞平作的《南翟营乡政府工作的报告》，听取和审议《南翟营乡 1989 年财政决算和 1990 年财政预算（草案）的报告》。会议选举左瑞林为乡人大常务主席；选举盛瑞平为乡人民政府乡长，张同顺、谷大娃为乡人民政府副乡长。

第二次会议　1990 年 8 月 30 日召开。出席代表 41 人（应到 57 人）。会议听取和审议《关于劳动积累工制度的规定》。会议选举尹淑平为乡人民政府科技副乡长。

第三次会议　1991 年 1 月 30 日召开。出席代表 55 人（应到 57 人）。会议听取和审议乡长盛瑞平作的《南翟营乡政府工作报告》，听取和审议《南翟营乡 1990 年财政决算和 1991 年财政预算（草案）的报告》。

第四次会议　1991 年 4 月 13 日召开。出席代表 36 人（应到 55 人）。会议选举杨拴锁为乡人民政府副乡长。

第五次会议　1991 年 11 月 4 日召开。出席代表 35 人（应到 53 人）。会议选举石义岗为乡人民政府乡长。免去盛瑞平的乡长职务。

第六次会议　1992 年 1 月 23 日召开。出席代表 36 人（应到 53 人）。会议选举王东法为乡人民政府副乡长。

第七次会议　1992 年 3 月 21 日召开。出席代表 36 人（应到 53 人）。会议听取和审议乡长石义岗作的《南翟营乡政府工作报告》，听取和审议《南翟营乡 1991 年财政决算和 1992 年财政预算（草案）的报告》。

（四）第四届人民代表大会

第一次会议　1993 年 3 月 4 日召开。会议听取和审议乡长石义岗作的《南翟营乡政府工作报告》，听取和审议《南翟营乡财政预决算报告》。会议选举石义岗为乡人民政府乡长，尹淑平、王东法、杨拴锁为乡人民政府副乡长。

第三次会议　1994 年 3 月 19 日召开。出席代表 58 人（应到 58 人）。会议听取和审议乡长石义岗作的《南翟营乡政府工作报告》，听取和审议《南翟营乡 1993 年财政决算和 1994 年财政预算（草案）的报告》《南翟营乡实行民主理财的决定》。

第四次会议　1994 年 8 月 12 日召开。出席代表 35 人（应到 57 人）。会议选举康志强为乡人民政府副乡长。免去杨拴锁的副乡长职务。

第六次会议　1995 年 3 月 28 日召开。出席代表 58 人（应到 58 人）。会议听取和审议乡长石义岗作的《南翟营乡政府工作报告》，听取和审议《南翟营乡 1994 年财政决算和 1995 年财政预算（草案）的报告》。

第七次会议　1995 年 4 月 25 日召开。出席代表 30 人（应到 56 人）。会议选举毛春亮为乡人民政府乡长，仇军卫为乡人民政府副乡长。免去石义岗的乡长职务。

第八次会议　1995 年 9 月 26 日召开。出席代表 33 人（应到 55 人）。会议选举李辉明为乡人民政府副乡长。

二、下阎庄乡人民代表大会

1984年1月至1996年1月，下阎庄乡人民代表大会共4届。第一届召开5次会议，第二届召开3次会议，第三届有第一次、第二次、第四次会议记载，第四届召开5次会议。

（一）第一届人民代表大会

第一次会议 1984年1月召开。会议听取和审议王忠义作的《下阎庄乡政府工作报告》。会议选举王忠义为乡人民政府乡长，王福连为乡人民政府副乡长。

第二次会议 1984年3月召开。会议选举孙承运为乡人民政府副乡长。

第三次会议 1985年7月召开。会议免去孙承运的副乡长职务。

第四次会议 1985年8月召开。会议选举盖俊英为乡人民政府副乡长。

第五次会议 1986年7月召开。会议选举郭兵山为乡人民政府乡长。免去王忠义的乡长职务。

（二）第二届人民代表大会

第一次会议 1987年4月17日召开。会议听取和审议乡长郭兵山作的《下阎庄乡政府工作报告》。

第二次会议 1989年6月7日召开。会议听取和审议乡长郭兵山作的《下阎庄乡政府工作报告》，听取和审议《关于加强农业的决定（草案）》。会议选举王合江为乡人民政府副乡长。

第三次会议 1989年9月17日召开。会议选举李根录为乡人民政府乡长。免去郭兵山的乡长职务。

（三）第三届人民代表大会

第一次会议 1990年3月28日召开。出席代表49人（应到54人）。会议听取和审议乡长李根录作的《下阎庄乡政府工作报告》，听取和审议《财政收支情况报告》。会议选举高国胜为乡第三届人大常务主席；选举李根录为乡人民政府乡长，王合江、赵会群为乡人民政府副乡长。

第二次会议 1991年3月14日召开。会议听取和审议乡长李根录作的《下阎庄乡政府工作报告》。

第四次会议 1992年3月30日召开。会议听取和审议张青云作的《下阎庄乡政府工作报告》，听取和审议《关于乡政府调整土地的报告》《关于筹措资金归还石粉厂欠款的方案》。

（四）第四届人民代表大会

第一次会议 1993年3月5日召开。出席代表41人（应到53人）。会议听取和审议乡长张青云作的《下阎庄乡政府工作报告》，听取和审议《财政预决算报告》。会议选举王福连为乡第四届人大常务副主席；选举张青云为乡人民政府乡长，段和平为乡人民政府副乡长。

第二次会议　1994年4月15日召开。会议听取和审议《关于在全乡发展“两高一优”产业的决定》《关于1993年财政决算和1994年财政预算（草案）的报告》。会议选举范景武为乡人民政府乡长。免去张青云的乡长职务。

第三次会议　1994年8月31日召开。出席代表46人（应到53人）。会议选举张彦军、王海生为乡人民政府副乡长。

第四次会议　1995年3月1日召开。出席代表45人（应到54人）。会议听取和审议乡长作的《下阎庄乡政府工作报告》，听取和审议《关于1994年财政预算执行情况和1995年财政预算（草案）的报告》《下阎庄乡人大主席团工作报告》。

第五次会议　1995年3月12日召开。会议选举李来龙为乡人民政府乡长，赵科新、王惠民为乡人民政府副乡长。免去范景武的乡长职务，王海生的副乡长职务。

第二节　并乡扩镇后人民代表大会

1996年1月，行唐县并乡扩镇，下阎庄乡并入南翟营乡，改称翟营乡。1996年6月至2023年12月，翟营乡人民代表大会共7届。第五届召开5次会议，第六届召开5次会议，第七届召开4次会议，第八届有第一次、第五次会议记载，第九届召开3次会议，第十届有第一次、第三次、第四次、第五次、第六次会议记载，第十一届召开5次会议。

一、第五届人民代表大会

第一次会议　1996年6月11日召开。出席代表55人（应到61人）。会议听取和审议乡长毛春亮作的《翟营乡政府工作报告》，听取和审议《财政预算（草案）报告》。会议选举毛春亮为乡人民政府乡长，尹淑平、左庆国、傅军朝、李辉明、张三旦、张彦军、赵平均、郭银海为乡人民政府副乡长。

第二次会议　1997年4月8日召开。出席代表55人（应到61人）。会议听取和审议乡长毛春亮作的《翟营乡政府工作报告》，听取和审议《1996年国民经济和社会发展计划执行情况与1997年国民经济和社会发展计划（草案）的报告》。1997年5月20日再次召开，出席代表45人（应到61人）。会议听取和审议乡长毛春亮作的《翟营乡政府工作报告》，《1997年乡统筹村提留预算情况》。

第三次会议　1997年12月13日召开。出席代表44人（应到61人）。会议听取和审议《关于翟营乡1997年财政预算执行情况和1998年财政预算（草案）的报告》《1997年乡统筹村提留决算和1998年乡统筹村提留预算（草案）的报告》。

第四次会议　1998年3月12日召开。会议听取和审议《关于翟营乡1997年财政预算执行情况和1998年财政预算（草案）的报告》。

第五次会议　1998年4月29日召开。出席代表49人（应到59人）。会议听取和审议《1998年度乡统筹村提留预算报告》。会议选举刘军为乡人民政府乡长。免去毛春亮的乡长职务。

二、第六届人民代表大会

第一次会议 1999年2月28日召开。出席代表54人（应到58人）。会议听取和审议乡长刘军作的《翟营乡政府工作报告》，听取和审议《关于翟营乡1998年财政预算执行情况和1999年财政预算（草案）的报告》《翟营乡乡规民约》。会议选举段和平为乡第六届人大主席，卢新春为乡人大副主席；选举刘军为乡人民政府乡长，尹淑平、张彦军、杨振永为乡人民政府副乡长。

第二次会议 1999年4月20日召开。出席代表40人（应到58人）。会议听取和审议《1999年度乡统筹和村提留预算（草案）》。

第三次会议 1999年8月3日召开。出席代表67人（应到67人）。会议听取和审议《关于强化人民代表参政议政的实施意见》《翟营乡关于减轻农民负担工作大检查的自查报告》。

第四次会议 1999年12月7日召开。出席代表51人（应到58人）。会议听取和审议《1998年度乡统筹村提留决算和1999年度乡统筹村提留预算调整报告》《翟营乡政府关于做好1999年度村提留乡统筹费征收工作的实施意见》。会议选举姚培龙为乡人民政府副乡长。

第五次会议 2000年4月29日召开。出席代表42人（应到58人）。会议听取和审议《翟营乡2000年度乡统筹村提留预算报告》《1999—2000年人大工作总结》。

三、第七届人民代表大会

第一次会议 2002年6月10日召开。会议听取和审议李书新作的《翟营乡政府工作报告》，听取和审议《翟营乡人大工作报告》《财政预决算报告》《关于2001年财政预算执行情况和2002年财政预算（草案）的报告》。会议选举王国庆为乡第七届人大主席；选举李书新为乡人民政府乡长，杨振永、姚培龙、刘玉华、杨会合为乡人民政府副乡长。

第二次会议 2003年5月8日召开。出席代表47人（应到58人）。会议听取和审议乡长李书新作的《翟营乡政府工作报告》。会议选举张庆芳为乡人民政府副乡长。

第三次会议 2003年12月召开会议听取和审议乡长李书新作的《翟营乡政府工作报告》。

第四次会议 2006年3月召开。会议选举岳建章为乡人大主席。

四、第八届人民代表大会

第一次会议 2007年3月31日召开。会议听取和审议赵国才作的《翟营乡政府工作报告》，听取和审议《乡人大工作报告》《关于2006年财政预算执行情况和2007年财政预算（草案）的报告》。会议选举岳建章为乡第八届人大主席；选举赵国才为乡人民政府乡长，张庆芳、常吉章为乡人民政府副乡长。免去杨会合的副乡长职务。

第五次会议　2011年4月13日召开。出席代表48人（应到57人）。会议听取和审议乡长赵国才作的《翟营乡政府工作报告》，听取和审议《关于2010年财政预算执行情况和2011年财政预算的报告》。会议选举李兴涛、康霞为乡人民政府副乡长。免去常吉章、张庆芳的副乡长职务。

五、第九届人民代表大会

第一次会议　2012年2月26日召开。出席代表59人（应到60人）。会议听取和审议副乡长康霞作的《翟营乡政府工作报告》，听取和审议《翟营乡2011年财政预算执行情况和2012年财政预算（草案）报告》《翟营乡人大工作报告》。会议选举贾增良为乡第九届人大主席，安静宇为乡人大副主席；选举康霞、李兴涛为乡人民政府副乡长。

第二次会议　2012年10月22日召开。出席代表56人（应到60人）。会议选举杨大虎为乡人民政府乡长。

第三次会议　2016年8月25日召开。出席代表39人（应到58人）。会议听取和审议盖东军作的《翟营乡政府工作报告》，听取和审议《翟营乡人大工作报告》。会议选举康霞为乡人大主席；选举盖东军为乡人民政府乡长。免去杨大虎的乡长职务。

六、第十届人民代表大会

第一次会议　2017年1月20日召开。会议听取和审议乡长盖东军作的《翟营乡政府工作报告》，听取和审议《翟营乡2016年财政预算执行情况和2017年财政预算（草案）报告》《关于翟营乡人大主席团工作报告》。会议选举康霞为乡第十届人大主席，杨昆为乡人大副主席；选举盖东军为乡人民政府乡长，徐书坤、张勇为乡人民政府副乡长。

第三次会议　2019年1月31日至2月2日召开。出席代表38人（应到57人）。会议听取和审议王永强作的《翟营乡政府工作报告》，听取和审议《关于翟营乡人大主席团工作报告》《关于翟营乡2018年预算执行情况和2019年预算报告》。会议选举高文强为乡人大主席；选举王永强为乡人民政府乡长，石伟为乡人民政府副乡长。免去康霞的人大主席职务；免去盖东军的乡长职务，张勇、徐书坤的副乡长职务。

第四次会议　2019年10月10日召开。出席代表37人（应到56人）。会议听取和审议翟营乡司法所等各所工作报告。会议选举刘然为乡人大副主席。免去杨昆的人大副主席职务。

第五次会议　2020年6月13日至15日召开。出席代表38人（应到56人）。会议听取和审议乡长王永强作的《翟营乡政府工作报告》，听取和审议《翟营乡2019年预算执行情况报告》《翟营乡人大主席团工作报告》。会议选举郭建刚为乡人民政府副乡长。

第六次会议　2021年1月29日至31日召开。出席代表38人（应到52人）。会议选举郭佳为乡人民政府乡长，康珊珊、边晨凯为乡人民政府副乡长。免去王永强的乡长职务，石伟、李东辉的副乡长职务。

七、第十一届人民代表大会

第一次会议　2021年6月25日至27日召开。出席代表61人（应到68人）。会议听取和审议乡长郭佳作的《翟营乡政府工作报告》，听取和审议《翟营乡人大工作报告》。会议选举边晨凯为乡第十一届人大主席，刘聪为乡人大副主席；选举郭佳为乡人民政府乡长，康珊珊、郭建刚、郝志伟为乡人民政府副乡长。

第二次会议　2022年2月15日召开。出席代表61人（应到68人）。会议听取和审议乡长郭佳作的《翟营乡政府工作报告》，听取和审议《翟营乡人民代表大会工作报告》《翟营乡2021年财政预算执行情况及2022年预算（草案）的报告》。会议票决了民生实事项目。

第三次会议　2022年4月1日召开。出席代表48人（应到68人）。会议选举杜虎为乡人大主席。免去边晨凯的人大主席职务。

第四次会议　2023年1月5日召开。出席代表49人（应到68人）。会议听取和审议刘品言作的《翟营乡政府工作报告》，听取和审议《翟营乡第十一届人民代表大会第四次会议选举办法（草案）》。会议选举刘品言为乡人民政府乡长。免去郭佳的乡长职务，康珊珊、郝志伟的副乡长职务。

第五次会议　2023年11月17日召开。出席代表46人（应到68人）。会议听取和审议《翟营乡第十一届人民代表大会第五次会议选举办法（草案）》。会议选举王旭、赵金玥为乡人民政府副乡长。免去郭建刚的副乡长职务。

第十章　城寨乡人民代表大会

城寨乡人民代表大会始于1984年4月，书至2023年12月。分为两个阶段，其中，1984年4月至1996年1月并乡扩镇前为北城寨乡、上滋洋乡人民代表大会，各4届；1996年1月并乡扩镇后至2023年12月为城寨乡人民代表大会，共7届。

第一节　并乡扩镇前人民代表大会

一、北城寨乡人民代表大会

1984年4月至1996年1月，北城寨乡人民代表大会共4届。第一届召开3次会议，第二届有第一次会议记载，第三届有第一次会议记载，第四届有第一次会议记载。

（一）第一届人民代表大会

第一次会议　1984年4月19日召开。出席代表54人（应到57人）。会议听取和审议乡长花运河作的《北城寨乡政府工作报告》。大会收到代表建议21件。会议选举花运河为乡人民政府乡长，张会敏为乡人民政府副乡长。

第二次会议　1985年7月23日召开。出席代表35人（应到57人）。会议听取和审议乡长花运河作的《北城寨乡政府工作报告》。

第三次会议　1986年4月14日召开。出席代表39人（应到57人）。会议听取和审议乡长花运河作的《北城寨乡政府工作报告》。会议选举王和文、刘银秀为乡人民政府副乡长。免去张会敏的副乡长职务。

（二）第二届人民代表大会

第一次会议　1987年4月19日召开。出席代表32人（应到35人）。会议听取和审议乡长赵贵军作的《北城寨乡政府工作报告》。会议选举杨德文为乡人大联络组长；选举赵贵军为乡人民政府乡长，刘银秀、高义为乡人民政府副乡长。免去王和文的副乡长职务。

（三）第三届人民代表大会

第一次会议　1990年3月28日召开。出席代表47人。大会收到代表建议9件。会议听取和审议《北城寨乡政府工作报告》《财政预决算报告》。会议选举杨德文为乡人大常务主席；选举王绪斌为乡人民政府乡长，高义、刘青海、王建成为乡人民政府副乡长。免去刘银秀的副乡长职务。

（四）第四届人民代表大会

第一次会议 1993年3月5日召开。出席代表43人。会议听取和审议乡长刘小平作的《北城寨乡政府工作报告》，听取和审议《财政预决算报告》。会议选举姚钟麟为乡第四届人大常务副主席；选举刘小平为乡人民政府乡长，高义、王建成为乡人民政府副乡长。免去王绪斌的乡长职务，刘青海的副乡长职务。

二、上滋洋乡人民代表大会

1984年1月至1996年1月，上滋洋乡人民代表大会共4届。第一届有第一次会议记载，第二届有第一次会议记载，第三届有第一次会议记载，第四届有第一次会议记载。

（一）第一届人民代表大会

第一次会议 1984年1月召开。会议选举赵玉林为乡人民政府乡长，耿秀莲、王林鹏为乡人民政府副乡长。

（二）第二届人民代表大会

第一次会议 1987年4月召开。会议选举赵葶丰为乡人民政府乡长，王林鹏为乡人民政府副乡长。

（三）第三届人民代表大会

第一次会议 1990年3月召开。出席代表51人。会议听取和审议乡长魏长法作的《上滋洋乡政府工作报告》，听取和审议《财政预决算报告》《上滋洋乡乡规民约》。会议选举魏长法为乡人民政府乡长，王会敏、杜文香为乡人民政府副乡长。免去赵葶丰的乡长职务，王林鹏的副乡长职务。

（四）第四届人民代表大会

第一次会议 1993年3月7日召开。出席代表46人。会议听取和审议乡长许进国作的《上滋洋乡政府工作报告》，听取和审议《财政预决算报告》。会议选举王文良为乡第四届人大常务主席；选举许进国为乡人民政府乡长，王会敏、杜文香、王根海、张会敏为乡人民政府副乡长。

第二节　并乡扩镇后人民代表大会

1996年1月，行唐县并乡扩镇，上滋洋乡并入北城寨乡，改称城寨乡。1996年6月至2023年12月，城寨乡人民代表大会共7届。第五届有第一次、第二次会议记载，第六届有第一次、第四次、第五次、第六次会议记载，第七届有第一次会议记载，第八届召开5次会议，第九届有第一次、第二次会议记载，第十届召开7次会议，第十一届召开3次会议。

一、第五届人民代表大会

第一次会议　1996年6月12日召开。出席代表45人。会议听取和审议乡长李根柱作的《城寨乡政府工作报告》，听取和审议《财政预决算报告》。会议选举周斌为乡第五届人大主席；选举李根柱为乡人民政府乡长，王建成、王根海、肖建设、康志强、郭建欣、郭浩峰、高金山为乡人民政府副乡长。免去温健的人大主席职务。

第二次会议　1998年4月9日召开。会议选举王建成为乡人民政府乡长。免去李根柱的乡长职务，王建成的副乡长职务。

二、第六届人民代表大会

第一次会议　1999年3月1日召开。出席代表46人（应到代表49人）。会议听取和审议严俊泉作的《城寨乡政府工作报告》，听取和审议《财政预决算报告》。会议选举刘振国为乡第六届人大主席；选举严俊泉为乡人民政府乡长，郭建欣、胡翠花、梁大平、任五群为乡人民政府副乡长。免去杨中海的人大主席职务；免去郭浩峰、康志强、肖建设、王根海的副乡长职务。

第四次会议　2000年6月28日召开。会议选举王智为乡人大主席；选举王荣林为乡人民政府乡长。免去刘振国的人大主席职务；免去严俊泉的乡长职务。

第五次会议　2000年11月10日召开。会议选举柳进良为乡人民政府副乡长。

第六次会议　2001年4月10日召开。会议听取和审议《城寨乡政府工作报告》，听取和审议《财政预决算报告》。

三、第七届人民代表大会

第一次会议　2002年6月10日召开。出席代表49人。会议听取和审议郭银海作的《城寨乡政府工作报告》，听取和审议《财政预决算报告》。会议选举陈合社为乡第七届人大主席；选举郭银海为乡人民政府乡长，郭建欣、梁大平、任五群为乡人民政府副乡长。免去王智的人大主席职务。

四、第八届人民代表大会

第一次会议　2007年3月31日召开。出席代表49人。会议听取和审议乡长刘亚林作的《城寨乡政府工作报告》，听取和审议《财政预决算报告》。会议选举陈合社为乡第八届人大主席，李文刚为乡人大副主席；选举刘亚林为乡人民政府乡长，赵建华、贾晓宇为乡人民政府副乡长。免去郭银海的乡长职务，郭建欣、梁大平、任五群的副乡长职务。

第二次会议　2007年4月23日召开。会议选举李文刚为乡人大副主席；选举郑建强为乡人民政府副乡长。免去李文刚、赵建华的副乡长职务。

第三次会议　2008年11月14日召开。会议选举杨喜林为乡人民政府乡长。免去刘亚林的乡长职务。

第四次会议 2010年7月15日召开。会议免去陈合社的人大主席职务，李文刚的人大副主席职务。

第五次会议 2011年3月召开。会议选举杨贵敏为乡人大主席，胡建敏为乡人大副主席；选举韩立峰、丁文志为乡人民政府副乡长。免去郑建强、贾晓宇的副乡长职务。

五、第九届人民代表大会

第一次会议 2012年2月23日召开。出席代表50人。会议听取和审议乡长杨喜林作的《城寨乡政府工作报告》，听取和审议《财政预决算报告》。会议选举杨贵敏为乡第九届人大主席，胡建敏为乡人大副主席；选举杨喜林为乡人民政府乡长，韩立峰、丁文志为乡人民政府副乡长。

第二次会议 2014年3月27日召开。会议选举刘彦辉为乡人大主席；选举严凤为乡人民政府乡长，邸冰玉、王志刚为乡人民政府副乡长。免去杨贵敏的人大主席职务；免去杨喜林的乡长职务，韩立峰、丁文志的副乡长职务。

六、第十届人民代表大会

第一次会议 2017年1月22日召开。出席代表53人。会议听取和审议乡长李志永作的《城寨乡政府工作报告》，听取和审议《财政预决算报告》。会议选举刘彦辉为乡第十届人大主席；张玉旗为乡人大副主席；选举李志永为乡人民政府乡长，邸冰玉、贾利军为乡人民政府副乡长。免去胡建敏的人大副主席职务；免去严凤的乡长职务，王志刚的副乡长职务。

第二次会议 2019年1月15日召开。会议选举尚辉为乡人大主席；选举王亚、赵海清为乡人民政府副乡长。免去刘彦辉的人大主席职务；免去邸冰玉、贾利军的副乡长职务。

第三次会议 2020年3月15日至17日召开。出席代表39人（应到代表50人），会议听取和审议严和军作的《城寨乡政府工作报告》，听取和审议《财政预决算报告》《城寨乡人大工作报告》。会议选举严和军为乡人民政府乡长。免去张玉旗的人大副主席职务；免去李志永的乡长职务。

第四次会议 2020年6月11日至13日召开。出席代表39人（应到代表50人），会议选举王雄为乡人民政府副乡长。

第五次会议 2020年10月13日至15日召开。出席代表39人（应到代表49人）。会议选举梁彦军为乡人民政府副乡长。免去王雄的副乡长职务。

第六次会议 2021年2月7日至9日召开。出席代表41人（应到代表48人）。会议选举郝环环、赵冬为乡人民政府副乡长。免去王亚、赵海清的副乡长职务。

第七次会议 2021年3月23日召开。出席代表41人（应到代表48人）。会议听取并审议了乡长严和军作的《城寨乡政府工作报告》。会议选举范波为乡人大副主席。

七、第十一届人民代表大会

第一次会议　2021 年 6 月 26 日至 28 日召开。出席代表 46 人（应到代表 56 人）。会议听取和审议范小涛作的《城寨乡政府工作报告》，听取和审议《城寨乡人大主席团工作报告》。大会收到代表建议 6 件。会议选举王锟铭为乡第十一届人大主席，孔娇为乡人大副主席；选举范小涛为乡人民政府乡长，郝环环、李东辉、梁彦军为乡人民政府副乡长。免去尚辉的人大主席职务，范波的人大副主席职务；免去严和军的乡长职务，赵冬的副乡长职务。

第二次会议　2022 年 2 月 17 日召开。出席代表 47 人（应到代表 56 人）。会议听取和审议乡长范小涛作的《城寨乡政府工作报告》，听取和审议《财政预决算报告》。大会收到代表建议 5 件。

第三次会议　2023 年 2 月 9 日召开。出席代表 46 人（应到代表 56 人）。会议听取和审议乡长范小涛作的《城寨乡政府工作报告》，听取和审议《财政预决算报告》。大会收到代表建议 6 件。

第十一章　上方镇人民代表大会

上方镇人民代表大会始于1984年4月，书至2023年12月。分为3个阶段，其中，1984年4月至1996年1月并乡扩镇前为上方乡、赵阳关乡人民代表大会，各4届；1996年1月并乡扩镇后至2023年4月为上方乡人民代表大会，共7届；2023年4月，上方乡人民代表大会更名为上方镇人民代表大会，至2023年12月为上方镇人民代表大会，共1届。

第一节　并乡扩镇前人民代表大会

一、上方乡人民代表大会

1984年4月至1996年1月，上方乡人民代表大会共4届。第一届有第一次会议记载，第二届有第一次会议记载，第三届有第一次会议记载，第四届有第一次、第二次会议记载。

（一）第一届人民代表大会

第一次会议　1984年4月召开。会议听取和审议乡长姚中林作的《上方乡政府工作报告》，听取和审议《关于上方乡1983年预算执行情况和1984年预算（草案）的报告》。会议选举姚中林为乡人民政府乡长，王合军为乡人民政府副乡长。

（二）第二届人民代表大会

第一次会议　1987年4月召开。会议听取和审议乡长孙承运作的《上方乡政府工作报告》，听取和审议《关于上方乡1986年预算执行情况和1987年预算（草案）的报告》。会议选举孙承运为乡人民政府乡长，傅国平为乡人民政府副乡长。

（三）第三届人民代表大会

第一次会议　1990年3月召开。出席代表54人。会议听取和审议乡长赵贵军作的《上方乡政府工作报告》，听取和审议《关于上方乡1989年预算执行情况和1990年预算（草案）的报告》。会议选举米志斌为乡第三届人大常务主席（兼）；选举赵贵军为乡人民政府乡长，傅国平、贾俊峰为乡人民政府副乡长。

（四）第四届人民代表大会

第一次会议　1993年4月召开，出席代表54人。会议听取和审议乡长赵贵军作的《上方乡政府工作报告》，听取和审议《关于上方乡1992年预算执行情况和1993年预算（草案）的报告》。会议选举魏长法为乡第四届人大主席，王秋国为乡人大常务副主席；选举赵贵军为乡人民政府乡长，石进国、赵书祥、宇文璞为乡人民政府副乡长。

第二次会议　1993 年 9 月召开。会议选举牛吉运为乡人大常务副主席。免去王秋国的乡人大常务副主席职务。

二、赵阳关乡人民代表大会

1984 年 4 月至 1996 年 1 月，赵阳关乡人民代表大会共 4 届。第一届有第一次会议记载，第二届有第一次会议记载，第三届有第一次、第四次会议记载，第四届召开 7 次会议。

（一）第一届人民代表大会

第一次会议　1984 年 4 月召开。会议听取和审议乡长秦平均作的《赵阳关乡政府工作报告》，听取和审议《关于赵阳关乡 1983 年预算执行情况和 1984 年预算（草案）的报告》。会议选举秦平均为乡人民政府乡长，王书国为乡人民政府副乡长。

（二）第二届人民代表大会

第一次会议　1987 年 4 月召开。会议听取和审议乡长秦平均作的《赵阳关乡政府工作报告》，听取和审议《关于赵阳关乡 1986 年预算执行情况和 1987 年预算（草案）的报告》。会议选举秦平均为乡人民政府乡长，赵进保为乡人民政府副乡长。

（三）第三届人民代表大会

第一次会议　1990 年 3 月 27 日召开。出席代表 40 人（应到 50 人）。会议听取和审议乡长刘小平作的《赵阳关乡政府工作报告》，听取和审议《关于赵阳关乡 1989 年预算执行情况和 1990 年预算（草案）的报告》，通过了《乡规民约》《关于发展棉花和烤烟的决定》。会议选举马五挪为乡第三届人大常务主席；选举刘小平为乡人民政府乡长，赵进宝、李秋生为乡人民政府副乡长。

第四次会议　1992 年 3 月 20 日召开。会议听取和审议乡长刘小平作的《赵阳关乡政府工作报告》，通过了《赵阳关乡关于发展棉花的决定》《赵阳关乡乡规民约》。

（四）第四届人民代表大会

第一次会议　1993 年 3 月 3 日召开。出席代表 47 人（应到 51 人）。会议听取和审议乡长霍振虎作的《赵阳关乡政府工作报告》，听取和审议《关于赵阳关乡 1992 年财政预算执行情况和 1993 年财政预算（草案）的报告》。会议选举杨中海为乡第四届人大常务主席；选举霍振虎为乡人民政府乡长，赵进宝、李秋生、李二丑、尚士祥为乡人民政府副乡长。

第二次会议　1993 年 12 月 23 日召开。出席代表 39 人（应到 51 人）。会议听取和审议《关于赵阳关乡 1993 年财政预算执行情况和 1994 年财政预算（草案）的报告》。会议选举李秀香为乡人民政府副乡长。免去李秋生、尚士祥的副乡长职务。

第三次会议　1994 年 3 月 18 日召开。出席代表 47 人（应到 51 人）。会议听取和审议乡长霍振虎作的《赵阳关乡政府工作报告》，听取和审议《关于赵阳关乡 1993 年财政预算执行情况和 1994 年财政预算（草案）的报告》。

第四次会议 1994 年 12 月 22 日召开。出席代表 47 人（应到 51 人）。会议听取和审议《关于赵阳关乡 1994 年财政预算执行情况和 1995 年财政预算（草案）的报告》。会议选举靳国良为乡人民政府乡长。免去霍振虎的乡长职务。

第五次会议 1995 年 4 月 21 日召开。会议选举郄彦军为乡人民政府副乡长。

第六次会议 1995 年 9 月 13 日召开。出席代表 48 人（应到 48 人）。会议选举郑香明为乡人民政府副乡长。免去李二丑的副乡长职务。

第七次会议 1995 年 12 月 22 日召开。出席代表 48 人（应到 48 人）。会议听取和审议乡长靳国良作的《赵阳关乡政府工作报告》，听取和审议《关于赵阳关乡 1995 年财政决算和 1996 年财政预算（草案）的报告》，通过了《乡规民约》。

第二节 并乡扩镇后人民代表大会

1996 年 1 月，行唐县并乡扩镇，赵阳关乡并入上方乡。1996 年 6 月至 2023 年 4 月，上方乡人民代表大会共 7 届。第五届有第一次、第二次、第四次会议记载，第六届有第一次会议记载，第七届召开 4 次会议，第八届召开 5 次会议，第九届召开 6 次会议，第十届有第一次、第三次、第四次、第五次、第六次、第七次、第八次会议记载，第十一届召开 3 次会议。

一、第五届人民代表大会

第一次会议 1996 年 6 月 6 日召开。出席代表 50 人。会议听取和审议乡长宇文春平作的《上方乡政府工作报告》，听取和审议《关于上方乡 1995 年预算执行情况和 1996 年预算（草案）的报告》。会议选举杨中海为乡第五届人大主席；选举宇文春平为乡人民政府乡长，李秀香、赵新征、康保国、郑会征、仝兴敦、任青山、赵梅彦、赵雪芹、赵子华、郑香明为乡人民政府副乡长。

第二次会议 1996 年 12 月召开。会议选举李凯为乡人民政府乡长。免去宇文春平的乡长职务，赵子华、郑香明的副乡长职务。

第四次会议 1998 年 11 月召开。会议选举温玲翠为乡人民政府乡长。免去李凯的乡长职务。

二、第六届人民代表大会

第一次会议 1999 年 3 月 28 日召开。出席代表 50 人。会议听取和审议乡长温翠玲作的《上方乡政府工作报告》，听取和审议《关于上方乡 1997 年预算执行情况和 1998 年预算（草案）的报告》。会议选举周斌为乡第六届人大主席；选举温玲翠为乡人民政府乡长，康保国、郑会征、仝兴敦、赵雪芹为乡人民政府副乡长。

三、第七届人民代表大会

第一次会议　2002年6月10日召开。出席代表47人（应到55人）。会议听取和审议赵为民作的《上方乡政府工作报告》，听取和审议《上方乡人大主席团工作报告的决议（草案）》《上方乡2001年总预算执行情况和2002年本级预算和总预算（草案）》《上方乡第一次会议授权的决定》。会议选举王银山为乡第七届人大主席；选举赵为民为乡人民政府乡长，张彦军、郑会征、康保国为乡人民政府副乡长。

第二次会议　2003年10月17日召开。出席代表31人（应到54人）。会议听取和审议李翠玲作的《上方乡政府工作报告》，听取和审议《上方乡2002年总预算执行情况和2003年本级预算和总预算》。会议选举李翠玲为乡人民政府乡长，黄海为乡人民政府副乡长。免去赵为民的乡长职务。

第三次会议　2004年4月4日召开。出席代表36人（应到54人）。会议听取和审议乡长李翠玲作的《上方乡政府工作报告决议》，听取和审议《上方乡2003年总预算执行情况和2004年本级预算和总预算》。会议选举黄会斌为乡人民政府副乡长。免去郑会征、黄海的副乡长职务。

第四次会议　2006年5月20日召开。出席代表41人（应到54人）。会议选举郑会征为乡第七届人大主席；选举刘玉华为乡人民政府副乡长。免去王银山的人大主席职务。

四、第八届人民代表大会

第一次会议　2007年3月31日召开。出席代表49人（应到54人）。会议选举郑会征为乡第八届人大主席；选举李翠玲为乡人民政府乡长，刘玉华、严辉为乡人民政府副乡长。

第二次会议　2007年5月26日召开。出席代表42人（应到52人）。会议选举盖连义为乡人大副主席；选举申胜利为乡人民政府乡长。免去李翠玲的乡长职务。

第三次会议　2008年5月25日召开。出席代表41人（应到51人）。会议通过了《上方乡2007—2020年总体规划》。

第四次会议　2009年10月23日召开。出席代表36人（应到51人）。会议选举孟爱军为乡人大副主席。免去盖连义的人大副主席职务。

第五次会议　2011年3月29日召开。出席代表38人（应到48人）。会议选举张铁牛为乡人大副主席；选举孟爱军、李艳晖为乡人民政府副乡长。免去孟爱军的人大副主席职务；免去刘玉华、严辉的副乡长职务。

五、第九届人民代表大会

第一次会议　2012年2月26日召开。出席代表50人（应到55人）。会议听取和审议乡长申胜利作的《上方乡政府工作报告》，听取和审议《关于上方乡第九届人民代表大会工作报告》《2011年总预算执行情况和2012年本级预算和总预算（草案）》。会议选举郑会征为乡第九届人大主席，张铁牛为乡人大副主席；选举申胜利为乡人民政府乡长，孟爱军为乡人民政府副乡长。

第二次会议　2012 年 10 月 21 日召开。出席代表 48 人（应到 55 人）。会议选举严辉为乡人民政府乡长。免去申胜利的乡长职务。

第三次会议　2013 年 8 月 20 日召开。出席代表 42 人（应到 53 人）。会议选举孙立新、陈雷为乡人民政府副乡长。免去郑会征的人大主席职务；免去孟爱军的副乡长职务。

第四次会议　2014 年 3 月 19 日召开。出席代表 46 人（应到 55 人）。会议选举孙立新为乡人大主席。免去孙立新的副乡长职务。

第五次会议　2014 年 9 月 19 日召开。出席代表 42 人（应到 55 人）。会议选举刁庆晓为乡人民政府副乡长。

第六次会议　2016 年 8 月 28 日召开。出席代表 40 人（应到 50 人）。会议选举高俊英为乡人大主席。免去孙立新的人大主席职务。

六、第十届人民代表大会

第一次会议　2017 年 1 月 21 日至 23 日召开。出席代表 50 人（应到 55 人）。会议听取和审议高俊英作的《上方乡政府工作报告》，听取和审议《2016 年财政预算执行情况及 2017 年财政预算（草案）报告》《上方乡人大主席团工作报告》。会议选举张永伟为乡第十届人大主席，刘卉为乡人大副主席；选举高俊英为乡人民政府乡长，陈雷、刁庆晓为乡人民政府副乡长。

第三次会议　2019 年 2 月 22 日至 24 日召开。出席代表 33 人（应到 51 人）。会议听取和审议郭彬作的《上方乡政府工作报告》，听取和审议《上方乡 2018 年财政预算执行情况和 2019 财政预算（草案）报告》。会议选举刁庆晓为乡第十届人大主席；选举郭彬为乡人民政府乡长，陈丽浩为乡人民政府副乡长。免去张永伟的人大主席职务，刘卉的人大副主席职务；免去高俊英的乡长职务，刁庆晓的副乡长职务。

第四次会议　2019 年 7 月 21 日召开。出席代表 29 人（应到 52 人）。会议选举李丽菲为乡人大副主席。

第五次会议　2020 年 6 月 13 日至 15 日召开。出席代表 33 人，（应到 51 人）。会议听取和审议乡长郭彬作的《上方乡政府工作报告》，听取和审议《上方乡预算（草案）的报告》。会议选举张建新为乡人民政府副乡长。

第六次会议　2020 年 10 月 18 日召开。出席代表 34 人（应到 48 人）。会议选举李伟光为乡人民政府副乡长。免去张建新的副乡长职务。

第七次会议　2021 年 2 月 9 日召开。出席代表 38 人（应到 46 人）。会议听取和审议刁庆晓作的《上方乡政府工作报告》。会议选举于鹏为乡第十届人大主席；选举刁庆晓为乡人民政府乡长，范伟鹏为乡人民政府副乡长。免去刁庆晓的人大主席职务，李丽菲的人大副主席职务；免去郭彬的乡长职务，陈丽浩的副乡长职务。

第八次会议　2021 年 2 月召开。出席代表 31 人（应到 46 人）。会议选举郭胜男为乡人大副主席。

七、第十一届人民代表大会

第一次会议　2021 年 6 月 26 日至 28 日召开。出席代表 56 人（应到 61 人）。会议听取和审议乡长刁庆晓作的《上方乡政府工作报告》，听取和审议《关于上方乡人大主席团工作报告》。会议选举霍建军为乡第十一届人大主席，郭胜男为乡人大副主席；选举刁庆晓为乡人民政府乡长，秦亚琪、范伟鹏、李伟光为乡人民政府副乡长。免去于鹏的人大主席职务；免去康静的副乡长职务。

第二次会议　2022 年 2 月 13 日召开。出席代表 45 人（应到 61 人）。会议听取和审议乡长刁庆晓作的《关于上方乡政府工作报告》，听取和审议《上方乡人大主席团工作报告》，票决了 2022 年拟办民生实事项目。

第三次会议　2022 年 3 月 29 日至 31 日召开。出席代表 41 人（应到 61 人）。会议选举马力强为乡人民政府乡长。免去刁庆晓的乡长职务，秦亚琪的副乡长职务。

第三节　乡改镇后人民代表大会

2023 年 1 月 29 日，上方乡改称上方镇。2023 年 6 月至 12 月，上方镇第一届人民代表大会召开 1 次会议。

第一次会议　2023 年 6 月 11 日至 13 日召开。出席代表 40 人（应到 58 人）。会议听取和审议镇长马力强作的《上方镇政府工作报告》，听取和审议《关于上方镇人大主席团工作报告》。会议选举郭梦娇为镇人民政府副镇长。

第十二章　玉亭乡人民代表大会

玉亭乡人民代表大会始于 1984 年 4 月，书至 2023 年 12 月。分为两个阶段，其中，1984 年 4 月至 1996 年 1 月并乡扩镇前为西玉亭乡、屹嶚头乡人民代表大会，各 4 届；1996 年 1 月并乡扩镇后至 2023 年 12 月为玉亭乡人民代表大会，共 7 届。

第一节　并乡扩镇前人民代表大会

一、西玉亭乡人民代表大会

1984 年 4 月至 1996 年 1 月，西玉亭乡人民代表大会共 4 届。第一届有第一次会议记载，第二届有第一次会议记载，第三届有第一次会议记载，第四届有第一次会议记载。

（一）第一届人民代表大会

第一次会议　1984 年 4 月召开。会议选举周过兵为乡人民政府乡长，赵贵军为乡人民政府副乡长。

（二）第二届人民代表大会

第一次会议　1987 年 4 月召开。会议选举李香社为乡人民政府乡长，董米贵、赵新诗为乡人民政府副乡长。

（三）第三届人民代表大会

第一次会议　1990 年 4 月召开。出席代表 51 人。会议听取和审议乡长任振玉作的《西玉亭乡政府工作报告》，听取和审议《西玉亭乡 1989 年预算执行情况和 1990 年预算（草案）的报告》及《加强农业生产的汇报》。会议选举孙银生为乡第三届人大常务主席；选举任振玉为乡人民政府乡长，赵新诗、陈合社为乡人民政府副乡长。

（四）第四届人民代表大会

第一次会议　1993 年 3 月召开。出席代表 42 人。会议选举孙银生为乡第四届人大常务主席，牛吉运为乡人大常务副主席；选举宋香国为乡人民政府乡长，陈合社、王占国、盖增顺为乡人民政府副乡长。

二、屹嶝头乡人民代表大会

1984 年 4 月至 1996 年 1 月，屹嶝头乡人民代表大会共 4 届。第一届有第一次、第二次会议记载，第二届有第一次、第四次、第五次会议记载，第三届召开 7 次会议，第四届召开 7 次会议。

（一）第一届人民代表大会

第一次会议　1984 年 4 月 18 日至 19 日召开。出席代表 59 人（应到 65 人）。会议听取和审议乡长王平国作的《屹嶝头乡政府工作报告》。

第二次会议　1985 年 7 月 20 日召开。出席代表 66 人。会议听取和审议乡长乔振书作的《屹嶝头乡政府工作报告》。

（二）第二届人民代表大会

第一次会议　1987 年 4 月 18 日召开。会议选举申文合为乡人民政府乡长，李国良为乡人民政府副乡长。

第四次会议　1989 年 8 月 9 日召开。出席代表 32 人（应到 35 人）。会议听取和审议乡长卢文良作的《屹嶝头乡政府工作报告》《关于发展农业的决定》《本乡农村离任干部补贴的几项规定》。会议选举张峰为乡人民政府副乡长。

第五次会议　1989 年 9 月 2 日召开。出席代表 32 人（应到 35 人）。会议选举董彦文为乡人民政府乡长。免去卢文良的乡长职务。

（三）第三届人民代表大会

第一次会议　1990 年 3 月 27 日召开。出席代表 39 人（应到 49 人）。会议听取和审议乡长董彦文作的《屹嶝头乡政府工作报告》，听取和审议《关于发展农业的决定》《本乡农村离任干部补贴的几项规定》《屹嶝头乡乡规民约》。会议选举花运河为乡第三届人大常务主席；选举董彦文为乡人民政府乡长，李国良、张峰为乡人民政府副乡长。

第二次会议　1990 年 12 月 30 日召开。出席代表 37 人（应到 47 人）。会议选举郝玉柱为乡人民政府副乡长。免去李国良的副乡长职务。

第三次会议　1991 年 3 月 13 日召开。出席代表 39 人（应到 48 人）。会议听取和审议乡长董彦文作的《屹嶝头乡政府工作报告》，听取和审议《屹嶝头乡 1990 年预算执行情况和 1991 年预算（草案）的报告》《屹嶝头乡关于发展烤烟生产的决定》。会议选举李书新为乡人民政府副乡长。

第四次会议　1991 年 11 月 11 日召开。出席代表 39 人（应到 48 人）。会议选举赵建才为乡人民政府乡长。免去董彦文的乡长职务。

第五次会议　1992 年 3 月 20 日召开。出席代表 39 人（应到 47 人）。会议听取和审议乡长赵建才作的《屹嶝头乡政府工作报告》，听取和审议《屹嶝头乡 1991 年预算执行情况和 1992 年预算（草案）的报告》《关于发展畜牧养殖业的决定》《关于落实和用好劳动积累工制度的决定》。

第六次会议 1992年6月30日召开。出席代表38人（应到47人）。会议选举赵吉中为乡人民政府副乡长。

第七次会议 1992年7月30日召开。出席代表46人（应到47人）。会议选举张东升为乡人民政府乡长。免去赵建才的乡长职务。

（四）第四届人民代表大会

第一次会议 1993年3月3日召开。出席代表46人（应到49人）。会议听取和审议张琪作的《屹嶅头乡政府工作报告》，听取和审议《屹嶅头乡人大主席团工作报告》《屹嶅头乡1992年预算执行情况和1993年预算（草案）的报告》。会议选举花运河为乡第四届人大常务主席，张同顺为乡人大常务副主席；选举张琪为乡人民政府乡长，郝玉柱、李书新、赵吉中为乡人民政府副乡长。

第二次会议 1993年10月30日召开。出席代表39人（应到49人）。会议听取和审议《乡政府调整农业结构发展林果生产的议案报告》《废除农村离任干部定期补贴规定的决议》。会议选举袁光义为乡人民政府副乡长，免去郝玉柱的副乡长职务。

第三次会议 1994年4月8日召开。出席代表35人（应到49人）。会议听取和审议乡长张琪作的《屹嶅头乡政府工作报告》，听取和审议《屹嶅头乡人大主席团工作报告》《屹嶅头乡1993年预算执行情况和1994年预算（草案）的报告》《关于维护好新栽林果苗木的决定》《关于贯彻落实在全县农村实行民主理财制度的决定》。

第四次会议 1995年4月6日召开。出席代表38人（应到48人）。会议听取和审议乡长张东升作的《屹嶅头乡政府工作报告》，听取和审议《屹嶅头乡人大主席团工作报告》《屹嶅头乡1994年预算执行情况和1995年预算（草案）的报告》。

第五次会议 1995年4月20日召开。出席代表34人（应到48人）。会议选举付东辉为乡人民政府副乡长。免去袁光义的副乡长职务。

第六次会议 1995年9月26日召开。出席代表36人（应到45人）。会议选举王迎曙、王琳为乡人民政府副乡长。

第七次会议 1995年12月5日召开。会议听取和审议《屹嶅头乡1995年人均生活水平的汇报》《屹嶅头乡现有果树冬季管理技术的汇报》《关于屹嶅头乡村两级道路管理规定》《关于屹嶅头荒山拍卖和秋冬季林果业发展讲话》。

第二节 并乡扩镇后人民代表大会

1996年1月，行唐县并乡扩镇，屹嶅头乡并入西玉亭乡，改称玉亭乡。1996年6月至2023年12月，玉亭乡人民代表大会共7届。第五届召开4次会议，第六届有第一次会议记载，第七届有第一次、第二次、第三次会议记载，第八届有第一次、第四次、第五次会议记载，第九届有第一次、第六次会议记载，第十届有第一次、第二次、第三次、第四次、第五次、第七次会议记载，第十一届召开4次会议。

一、第五届人民代表大会

第一次会议　1996年6月29日召开。出席代表50人（应到53人）。会议听取和审议郭建平作的《玉亭乡政府工作报告》，听取和审议《玉亭乡1995年预算执行情况和1996年预算（草案）的报告》。会议选举马五挪为乡第五届人大主席；选举郭建平为乡人民政府乡长，陈合社、王占国、王迎书、祝书、王琳、仇军卫、付东辉为乡人民政府副乡长。

第二次会议　1997年6月30日召开。会议听取和审议乡长郭建平作的《玉亭乡政府工作报告》，听取和审议《玉亭乡关于1996年国民经济和社会发展执行情况与1997年规划的报告》。

第三次会议　1997年8月21日召开。出席代表40人（应到53人）。会议选举白录平为乡人民政府副乡长。免去祝书的副乡长职务。

第四次会议　1998年2月26日召开。出席代表31人（应到53人）。会议听取和审议乡长郭建平作的《玉亭乡政府工作报告》，听取和审议《玉亭乡关于1997年国民经济和社会发展执行情况与1998年规划的报告》《玉亭乡1998年度乡统筹村提留方案》。

二、第六届人民代表大会

第一次会议　1999年2月28日召开。出席代表37人（应到53人）。会议听取和审议王玉录作的《玉亭乡政府工作报告》，听取和审议《玉亭乡1998年预算执行情况和1999年预算（草案）的报告》。会议选举毛春良为乡第六届人大主席，王迎书为乡人大副主席；选举王玉录为乡人民政府乡长，付东辉、白录平、刘春香、张同贵为乡人民政府副乡长。

三、第七届人民代表大会

第一次会议　2002年6月5日召开。出席代表52人。会议听取和审议乡长崔建刚作的《玉亭乡政府工作报告》，听取和审议《玉亭乡2001年预算执行情况和2002年预算（草案）的报告》。会议选举张二梅为乡第七届人大主席；选举崔建刚为乡人民政府乡长，张同贵、赵建强、柳进良为乡人民政府副乡长。

第二次会议　2003年5月召开。会议选举高富贵为乡人民政府副乡长。

第三次会议　2004年2月16日召开。出席代表32人（应到47人）。会议听取和审议赵宝林作的《玉亭乡政府工作报告》，听取和审议《玉亭乡2003年预算执行情况和2004年预算（草案）的报告》。会议选举赵宝林为人民政府乡长，王贵宝、梁大平为乡人民政府副乡长。免去崔建刚的乡长职务，张同贵、柳进良的副乡长职务。

四、第八届人民代表大会

第一次会议　2007年3月31日召开。出席代表44人。会议听取和审议乡长作的《玉亭乡政府工作报告》，听取和审议《玉亭乡2006年预算执行情况和2007年预算（草案）的报告》。会议选举付东辉为乡第八届人大主席，高富贵为乡人大副主席；王建良为乡人民政府乡长，王贵宝、郭趁义为乡人民政府副乡长。

第四次会议 2009 年 8 月召开。会议选举盖进良为乡人民政府乡长。免去王建良的乡长职务。

第五次会议 2011 年 3 月 31 日召开。出席代表 39 人（应到 52 人）。会议选举刘轶为乡人民政府乡长，康同乐为乡人民政府副乡长。免去盖进良的乡长职务。

五、第九届人民代表大会

第一次会议 2012 年 2 月 26 日召开。出席代表 42 人。会议听取和审议乡长刘轶作的《玉亭乡政府工作报告》，听取和审议《玉亭乡 2011 年预算执行情况和 2012 年预算（草案）的报告》。会议选举付东辉为乡第九届人大主席，高富贵为乡人大副主席；选举刘轶为乡人民政府乡长，康同乐、贾清立为乡人民政府副乡长。

第六次会议 2016 年 8 月召开。会议选举盖新文为乡人民政府乡长。免去付东辉的乡长职务。

六、第十届人民代表大会

第一次会议 2017 年 1 月 21 日召开。出席代表 45 人。会议听取和审议乡长盖新文作的《玉亭乡政府工作报告》，听取和审议《玉亭乡 2016 年预算执行情况和 2017 年预算（草案）的报告》。会议选举刘建良为乡第十届人大主席，赵丽平为乡人大副主席；选举盖新文为乡人民政府乡长，王立强、贾清立为乡人民政府副乡长。免去高富贵的人大副主席职务。

第二次会议 2018 年 1 月 22 日至 23 日召开。出席代表 41 人（应到 49 人）。会议选举刘永民为乡人大主席；选举康雷、石劭辉为乡人民政府副乡长。免去刘建良的人大主席职务；免去王立强、贾清立的副乡长职务。

第三次会议 2019 年 2 月 26 日至 28 日召开。出席代表 37 人（应到 48 人）。会议选举赵会敏为乡人民政府乡长。免去盖新文的乡长职务。

第四次会议 2019 年 7 月 3 日至 5 日召开。会议选举曹玉兰为乡人大副主席。免去赵丽平的乡人大副主席职务。

第五次会议 2020 年 1 月 13 日至 15 日召开。出席代表 37 人（应到 47 人）。会议选举顾士杰为乡人大主席。免去刘永民的乡人大主席职务。

第七次会议 2021 年 2 月 6 日至 8 日召开。出席代表 37 人（应到 46 人）。会议选举段立期为乡人大主席；选举高铖汪为乡人民政府副乡长。免去顾士杰的人大主席职务；免去石劭辉的副乡长职务。

七、第十一届人民代表大会

第一次会议 2021 年 6 月 26 日至 28 日召开。出席代表 57 人（应到 59 人）。会议听取和审议乡长赵会敏作的《玉亭乡政府工作报告》，听取和审议《玉亭乡人大主席团工作报告》。会议选举段立期为乡第十一届人大主席，杨晓纯为乡人大副主席；选举赵会敏为乡人民政府乡长，高铖汪、贾海龙为乡人民政府副乡长。免去康雷的副乡长职务。

第二次会议　2022 年 2 月 14 日召开。出席代表 55 人（应到 59 人）。会议听取和审议乡长赵会敏作的《玉亭乡政府工作报告》，听取和审议《关于玉亭乡政府工作报告的决议（草案）》《玉亭乡人大主席团工作报告》《关于玉亭乡人大主席团工作报告的决议（草案）》。

第三次会议　2023 年 1 月 17 日至 18 日召开。出席代表 52 人（应到 58 人）。会议听取和审议段立期作的《玉亭乡政府工作报告》，听取和审议《关于玉亭乡政府工作报告的决议（草案）》《玉亭乡人大主席团工作报告》《关于玉亭乡人大主席团工作报告的决议（草案）》。会议选举段立期为乡人民政府乡长。免去段立期的人大主席职务；免去赵会敏的乡长职务。

第四次会议　2023 年 6 月 13 日召开。出席代表 46 人（应到 59 人）。会议选举高明灿为乡人大主席。

第十三章　北河乡人民代表大会

北河乡人民代表大会始于1984年4月，书至2023年12月。分为两个阶段，1984年4月至1996年1月并乡扩镇前，召开4届，1996年1月并乡扩镇后至2023年12月召开7届。共11届。

第一节　并乡扩镇前人民代表大会

1984年4月至1996年1月，北河乡人民代表大会共4届。第一届有第一次会议记载，第二届召开3次会议，第三届召开3次会议，第四届召开4次会议。

一、第一届人民代表大会

第一次会议　1984年4月19日召开。出席代表59人（应到59人）。会议听取和审议刘秋涛作的《北河乡政府工作报告》《北河乡第一届人民代表大会代表资格审查报告》《北河乡第一届人民代表大会第一次会议提案审查委员会关于提案的审查报告》。大会收到代表建议28件。会议选举刘秋涛为乡人民政府乡长，王保京、宁志会、高义为乡人民政府副乡长。

二、第二届人民代表大会

第一次会议　1987年4月召开。会议选举刘秋涛为乡人民政府乡长，陈国林为乡人民政府副乡长。

第二次会议　1987年11月召开。会议选举赵发银为乡人民政府乡长，免去刘秋涛的乡长职务。

第三次会议　1989年6月召开。会议选举宋贞祥、杨江增为乡人民政府副乡长。免去陈国林的副乡长职务。

三、第三届人民代表大会

第一次会议　1990年4月召开。出席代表47人。会议听取和审议乡长赵发银作的《北河乡政府工作报告》，听取和审议《关于北河乡1989年财政预算执行情况和1990年预算

（草案）的报告》。会议选举刘秋涛为乡第三届人大常务主席；选举赵发银为乡人民政府乡长，宋贞祥、杨江增为乡人民政府副乡长。

第二次会议　1991 年 2 月召开。会议选举赵卫海为乡人民政府副乡长。

第三次会议　1992 年 12 月召开。会议选举苏贵锁为乡人民政府乡长。免去赵发银的乡长职务。

四、第四届人民代表大会

第一次会议　1993 年 3 月召开。出席代表 43 人。会议听取和审议乡长苏贵锁作的《北河乡政府工作报告》，听取和审议《关于北河乡 1992 年财政预算执行情况和 1993 年预算（草案）的报告》。会议选举苏贵锁为乡人民政府乡长，杨江增为乡人民政府副乡长。

第二次会议　1993 年 9 月召开。会议选举李国良为乡第四届人大常务主席。

第三次会议　1994 年 12 月 28 日召开。出席代表 36 人（应到 45 人）。会议通《北河乡 1995 年度提留方案》。会议选举刘占琪为乡人民政府乡长。免去苏贵锁的乡长职务。

第四次会议　1995 年 9 月召开。会议选举白保国、岳玉海为乡人民政府副乡长。免去杨江增的副乡长职务。

第二节　并乡扩镇后人民代表大会

1996 年 1 月，行唐县并乡扩镇，北河乡区域规模未变动。1996 年 6 月至 2023 年 12 月，北河乡人民代表大会共 7 届。第五届有第一次、第四次、第五次会议记载，第六届召开 4 次会议，第七届召开 4 次会议，第八届召开 5 次会议，第九届召开 4 次会议，第十届有第一次、第三次、第四次、第五次、第六次会议记载，第十一届召开 3 次会议。

一、第五届人民代表大会

第一次会议　1996 年 6 月 4 日召开。出席代表 38 人（应到 44 人）。会议听取和审议路书平作的《北河乡政府工作报告》，李书新作的《关于北河乡 1995 年财政预算执行情况和 1996 年预算（草案）的报告》，李国良作的《北河乡人大工作报告》。会议选举李国良为乡第五届人大主席；选举路书平为乡人民政府乡长，李书新、白保国、岳玉海、赵义良为乡人民政府副乡长。

第四次会议　1998 年 3 月 13 日召开。出席代表 34 人（应到 42 人）。会议听取和审议乡长路书平作的《北河乡政府工作报告》，白保国作的《关于北河乡 1997 年财政预算执行情况和 1998 年预算（草案）的报告》。会议选举康彪勇为乡人大主席。

第五次会议　1998 年 9 月 10 日召开。出席代表 33 人（应到 41 人）。会议通过《北河乡人民政府 1998 年统筹提留方案的决议》。会议选举郑金梅为乡人民政府副乡长。

二、第六届人民代表大会

第一次会议 1999年2月28日召开。出席代表37人（应到41人）。会议听取和审议杨新国作的《北河乡政府工作报告》，白保国作的《关于北河乡1998年财政预算执行情况和1999年财政预算（草案）的报告》，康彪勇作的《代表资格审查情况的报告》《北河乡人大工作报告》。会议选举康彪勇为乡第六届人大主席；选举杨新国为乡人民政府乡长，肖建设、白保国、郑金梅为乡人民政府副乡长。免去路书平的乡长职务，李书新、岳玉海、赵义良的副乡长职务。

第二次会议 1999年12月27日召开。出席代表37人（应到41人）。会议听取和审议乡长杨新国作的《北河乡1999年提留方案》，康彪勇作的《代表资格审查情况的报告》。会议补选李凯为第六届乡人大代表。

第三次会议 2000年12月5日召开。出席代表30人（应到41人）。会议听取和审议《关于确认代表资格终止的报告》《关于确认代表资格终止的审查报告》《北河乡2000年乡统筹方案》。会议选举刘进京为乡人民政府乡长，赵跃进为乡人民政府副乡长。免去杨新国的乡长职务。

第四次会议 2001年5月8日召开。出席代表26人（应到38人）。会议听取和审议乡长刘进京作的《北河乡政府工作报告》，白保国作的《关于北河乡2000年财政预算执行情况和2001年财政预算（草案）的报告》《北河乡2001年度统筹提留方案》。

三、第七届人民代表大会

第一次会议 2002年6月10日召开。出席代表42人（应到44人）。会议听取和审议乡长刘进京作的《北河乡政府工作报告》，听取和审议《北河乡第七届人民代表大会代表资格审查报告》《关于北河乡2001年财政预算执行情况和2002年预算（草案）的报告》。会议选举白保国为乡第七届人大主席；选举刘进京为乡人民政府乡长，郑金梅、赵跃进为乡人民政府副乡长。免去白保国、肖建设的副乡长职务。

第二次会议 2003年5月召开。会议选举张铁牛为乡人民政府副乡长。

第三次会议 2003年12月召开。会议选举赵英海为乡人民政府乡长，张同贵为乡人民政府副乡长。免去刘进京的乡长职务，赵跃进的副乡长职务。

第四次会议 2006年4月召开。会议选举张志强为乡人民政府副乡长。免去郑金梅的副乡长职务。

四、第八届人民代表大会

第一次会议 2007年3月31日召开。出席代表38人。会议听取和审议白录平作的《北河乡政府工作报告》，听取和审议《关于北河乡2006年财政预算执行情况和2007年预算（草案）的报告》，会议选举王双宝为乡第八届人大副主席；选举白录平为乡人民政府乡长，张同贵、张志强为乡人民政府副乡长。免去赵英海的乡长职务，张铁牛的副乡长职务。

第二次会议　2009 年 5 月召开。会议选举杨建生为乡人民政府副乡长。免去张志强的副乡长职务。

第三次会议　2009 年 8 月召开。会议选举赵建华为乡人民政府乡长。免去白录平的乡长职务。

第四次会议　2010 年 11 月 26 日召开。出席代表 32 人（应到 40 人）。会议选举张同贵为乡人大主席。免去白保国的人大主席职务。

第五次会议　2011 年 3 月 22 日召开。出席代表 24 人（应到 38 人）会议选举安志英、郭志勇为乡人民政府副乡长。免去杨建生的副乡长职务。

五、第九届人民代表大会

第一次会议　2012 年 2 月 24 日召开。出席代表 43 人。会议听取和审议乡长赵建华作的《北河乡政府工作报告》，听取和审议《关于北河乡 2011 年财政预算执行情况和 2012 年预算（草案）的报告》。会议选举张同贵为乡第九届人大主席；选举赵建华为乡人民政府乡长，安志英、郭志勇为乡人民政府副乡长。

第二次会议　2013 年 4 月 13 日召开。出席代表 34 人（应到 42 人）。会议听取和审议王永伟作的《北河乡政府工作报告》，听取和审议《关于北河乡 2012 年财政预算执行情况和 2013 年预算（草案）的报告》。会议选举李永伟为乡人大副主席；选举王永伟为乡人民政府乡长。免去赵建华的乡长职务。

第三次会议　2013 年 12 月召开。会议选举张晓飞、吴建新为乡人民政府副乡长。免去安志英、郭志勇的副乡长职务。

第四次会议　2016 年 8 月召开。会议选举李立强为乡人大主席。免去张同贵的乡人大主席职务。

六、第十届人民代表大会

第一次会议　2017 年 1 月 20 日召开。出席代表 34 人。会议听取和审议李立强作的《北河乡政府工作报告》《关于北河乡 2016 年财政预算执行情况和 2017 年预算（草案）的报告》。会议选举韩立峰为乡第十届人大主席，范耀宗为乡人大副主席；选举李立强为乡人民政府乡长，米志强、郭辉为乡人民政府副乡长。免去王永伟的乡长职务。

第三次会议　2019 年 10 月 9 日至 11 日召开。出席代表 26 人（应到 34 人）。会议听取和审议韩立峰作的《北河乡政府工作报告》。会议选举范小涛为乡人大主席，米立勋为乡人大副主席；选举韩立峰为乡人民政府乡长，郭红鹏、王利锋为乡人民政府副乡长。免去韩立峰的人大主席职务，范耀宗的人大副主席职务；免去米志强、郭辉的副乡长职务。

第四次会议　2020 年 6 月 9 日至 11 日召开。出席代表 25 人（应到 34 人）。会议选举宋俊勇为乡人民政府副乡长。

第五次会议 2020年10月12日至14日召开。出席代表25人（应到34人）。会议选举张哲为乡人民政府副乡长。免去宋俊勇的副乡长职务。

第六次会议 2021年1月1日至3日召开。出席代表25人（应到34人）。会议选举靳会珍为乡人民政府乡长。免去米立勋的人大副主席职务；免去韩立峰的乡长职务。

七、第十一届人民代表大会

第一次会议 2021年6月26日至28日召开。出席代表38人（应到47人）。会议听取和审议于鹏作的《北河乡政府工作报告》，听取和审议《北河乡人大主席团工作报告》。会议选举康静为乡第十一届人大主席，张笛为乡人大副主席；选举于鹏为乡人民政府乡长，王虎、李春泽、张哲为乡人民政府副乡长。免去范小涛的人大主席职务；免去靳会珍的乡长职务，郭红鹏、王利锋的副乡长职务。

第二次会议 2022年2月15日召开。出席代表33人（应到45人）。会议听取和审议乡长于鹏作的《北河乡政府工作报告》，听取和审议《北河乡人大主席团工作报告》《关于北河乡2021年财政预算执行情况及2022年预算（草案）的报告》《关于确认代表资格终止的报告》及各基层站所工作报告，并对各基层站所进行评议。决定接受杨文利、赵若林辞去乡人大代表的请求。

第三次会议 2023年12月15日召开。出席代表38人（应到43人）。会议听取和审议乡长于鹏作的《北河乡政府工作报告》《关于确认代表资格终止的报告》。会议免去康静的乡人大主席职务，决定接受康静、王立彬辞去乡人大代表的请求。

第十四章　口头镇人民代表大会

口头镇人民代表大会始于1984年1月，书至2023年12月。分为两个阶段，其中，1984年1月至1996年1月并乡扩镇前为口头乡（镇）（1984年1月至1985年4月为口头乡）、杨家庄乡、秦台乡人民代表大会，各4届；1996年1月并乡扩镇后至2023年12月为口头镇人民代表大会，共7届。

第一节　并乡扩镇前人民代表大会

一、口头乡（镇）人民代表大会

1984年1月至1996年1月，口头乡（镇）人民代表大会共4届。1985年4月，经河北省人民政府批准，口头乡改称口头镇。第一届召开3次会议，第二届召开4次会议，第三届召开4次会议，第四届召开4次会议。

（一）第一届人民代表大会

第一次会议　1984年1月召开。会议听取和审议康玉山作的《口头乡政府工作报告》，会议选举康玉山为乡人民政府乡长，周林为乡人民政府副乡长。

第二次会议　1986年7月召开。会议选举郄秀丽为镇人民政府镇长。免去康玉山的镇长职务。

第三次会议　1987年3月召开。会议选举许进国、李信东为镇人民政府副镇长。

（二）第二届人民代表大会

第一次会议　1987年4月召开。会议选举郄秀丽为镇人民政府镇长，许进国、赵和平、李信东为镇人民政府副镇长。

第二次会议　1987年11月召开。会议选举李明树为乡第二届人大联络组副组长。

第三次会议　1988年11月召开。会议选举盖义江为镇人民政府镇长，赵振涛为镇人民政府副镇长。免去郄秀丽的镇长职务，李信东的副镇长职务。

第四次会议　1988年12月召开。会议选举王占国为镇人民政府副镇长。

（三）第三届人民代表大会

第一次会议　1990年4月召开。出席代表47人。会议听取和审议赵和平作的《口头镇政府工作报告》，听取和审议《1989 年财政预算执行情况和 1990 年预算（草案）的报告》，会议选举盖义江为镇人大常务主席；选举赵和平为镇人民政府镇长，许进国、王占国、赵振涛镇人民政府副镇长。

第二次会议 1990 年 8 月召开。会议选举李春英为镇人民政府副镇长。

第三次会议 1991 年 1 月召开。会议选举刘来群为镇人民政府副镇长。免去赵振涛的副镇长职务。

第四次会议 1991 年 10 月召开。会议选举刘青海为镇人民政府副镇长。免去许进国的副镇长职务。

（四）第四届人民代表大会

第一次会议 1993 年 2 月召开。出席代表 42 人。会议听取和审议镇长赵和平作的《口头镇政府工作报告》，听取和审议《1992 年财政预算执行情况和 1993 年预算（草案）的报告》，会议选举杨顺通为镇第四届人大常务主席；选举赵和平为镇人民政府镇长，李春英、王占国、刘来群为镇人民政府副镇长。

第二次会议 1995 年 3 月召开。会议选举盖义江为镇人民政府镇长。免去赵和平的镇长职务。

第三次会议 1995 年 6 月召开。会议选举刘国平为镇人民政府副镇长。免去李春英的副镇长职务。

第四次会议 1995 年 9 月召开。会议选举李同喜、周举军、贾玉法为镇人民政府副镇长。

二、杨家庄乡人民代表大会

1984 年 1 月至 1996 年 1 月，杨家庄乡人民代表大会共 4 届。第一届召开 4 次会议，第二届召开 3 次会议，第三届召开 5 次会议，第四届召开 5 次会议。

（一）第一届人民代表大会

第一次会议 1984 年 1 月召开。会议选举樊留保为乡人民政府乡长，尤永占为乡人民政府副乡长。

第二次会议 1986 年 6 月召开。会议选举尤永占为乡人民政府乡长。免去樊留保的乡长职务。

第三次会议 1986 年 8 月召开。会议选举王振忠为乡人民政府副乡长。

第四次会议 1986 年 9 月召开。会议选举韩明忠为乡人民政府副乡长。

（二）第二届人民代表大会

第一次会议 1987 年 4 月召开。会议选举尤永占为乡人民政府乡长，韩明忠为乡人民政府副乡长。

第二次会议 1987 年 11 月召开。会议选举李根柱为乡人民政府副乡长。免去韩明忠的副乡长职务。

第三次会议　1989 年 5 月召开。会议选举周斌为乡人民政府副乡长。免去李根柱的副乡长职务。

（三）第三届人民代表大会

第一次会议　1990 年 4 月召开。出席代表 42 人。会议听取和审议乡长尤永占作的《杨家庄乡政府工作报告》，听取和审议《1989 年财政预算执行情况和 1990 年预算（草案）的报告》，会议选举王建军为乡第三届人大常务主席；选举尤永占为乡人民政府乡长。

第二次会议　1990 年 1 月召开。会议选举赵新诗为乡人民政府副乡长。

第三次会议　1990 年 12 月召开。会议选举傅盼江为乡人民政府乡长，贾增亮为乡人民政府副乡长。免去尤永占的乡长职务。

第四次会议　1991 年 1 月召开。会议选举顾增路为乡人民政府副乡长。

第五次会议　1992 年 1 月召开。会议选举张银虎为乡人民政府乡长。免去傅盼江的乡长职务。

（四）第四届人民代表大会

第一次会议　1993 年 3 月召开。出席代表 48 人。会议听取和审议乡长张银虎作的《杨家庄乡政府工作报告》，听取和审议《1992 年财政预算执行情况和 1993 年预算（草案）的报告》，会议选举王平国为乡第四届人大常务主席；选举张银虎为乡人民政府乡长，选举顾增路、李风江为乡人民政府副乡长。

第二次会议　1993 年 7 月召开。会议选举孟国旗为乡人民政府副乡长。

第三次会议　1993 年 12 月召开。会议选举郑会征、韩峰为乡人民政府副乡长。免去顾增路、李风江的副乡长职务。

第四次会议　1994 年 12 月召开。会议选举赵贵军为乡人民政府乡长。免去张银虎的乡长职务。

第五次会议　1995 年 4 月召开。会议选举赵国渠为乡人民政府副乡长。

三、秦台乡人民代表大会

1984 年 4 月至 1996 年 1 月，秦台乡人民代表大会共 4 届。第一届召开 4 次会议，第二届召开 6 次会议，第三届召开 7 次会议，第四届召开 4 次会议。

（一）第一届人民代表大会

第一次会议　1984 年 4 月召开。会议选举尹银山为乡人民政府乡长，李振涛、张军华为乡人民政府副乡长。

第二次会议　1985 年 3 月召开。会议选举连玉保为乡人民政府乡长。免去尹银山的乡长职务。

第三次会议　1986 年 7 月召开。会议选举高会东为乡人民政府乡长。免去连玉保的乡长职务。

第四次会议 1987 年 3 月召开。会议选举刘振国为乡人民政府副乡长。

（二）第二届人民代表大会

第一次会议 1987 年 4 月召开。会议选举高会东为乡人民政府乡长，刘振国为乡人民政府副乡长。

第二次会议 1987 年 11 月召开。会议选举李振涛为乡人民政府副乡长。

第三次会议 1988 年 6 月召开。会议选举李香社为乡人大联络组组长；选举常景为乡人民政府乡长。免去高会东的乡长职务。

第四次会议 1989 年 2 月召开。会议选举连玉保为乡人大联络组组长。免去李香社的人大联络组组长职务。

第五次会议 1989 年 6 月召开。会议选举路书平为乡人民政府副乡长。

第六次会议 1989 年 9 月召开。会议选举张建平为乡人民政府乡长。免去常景的乡长职务。

（三）第三届人民代表大会

第一次会议 1990 年 4 月召开。出席代表 47 人。会议听取和审议杨中海作的《秦台乡政府工作报告》，听取和审议《1989 年财政预算执行情况和 1990 年预算（草案）的报告》，会议选举张建平为乡第三届人大常务主席；选举杨中海为乡人民政府乡长，刘振国、路书平、李振涛为乡人民政府副乡长。免去张建平的乡长职务。

第二次会议 1991 年 1 月召开，会议选举李国良为乡人大常务主席。免去张建平的人大常务主席职务。

第三次会议 1991 年 4 月召开。会议选举赵振涛为乡人民政府副乡长。

第四次会议 1991 年 9 月召开。会议选举杨拴帮为乡人民政府乡长。免去杨中海的乡长职务。

第五次会议 1992 年 3 月召开。会议选举钱玉中为乡人民政府乡长。免去杨拴帮的乡长职务。

第六次会议 1992 年 7 月召开。会议选举赵美彦为乡人民政府副乡长。

第七次会议 1992 年 8 月召开。会议选举崔建刚为乡人民政府副乡长。

（四）第四届人民代表大会

第一次会议 1993 年 2 月召开。出席代表 46 人。会议听取和审议乡长钱玉中作的《秦台乡政府工作报告》，听取和审议《1992 年财政预算执行情况和 1993 年预算（草案）的报告》，会议选举李国良为乡第四届人大常务主席，王占国为乡人大常务副主席；选举钱玉中为乡人民政府乡长，赵振涛、赵美彦、崔建刚为乡人民政府副乡长。

第二次会议 1993 年 12 月召开。会议选举路书平为乡人民政府乡长，周立华为乡人民政府副乡长。免去钱玉中的乡长职务。

第三次会议 1994 年 12 月召开。会议选举赵素敏为乡人民政府副乡长。

第四次会议 1996 年 1 月召开。会议选举刘伏生为乡人民政府乡长。免去路书平的乡长职务。

第二节　并乡扩镇后人民代表大会

1996年1月，行唐县并乡扩镇，秦台乡、杨家庄乡并入口头镇。1996年7月至2023年12月，口头镇人民代表大会共7届。第五届召开4次会议，第六届有第一次、第二次会议记载，第七届召开4次会议，第八届召开6次会议，第九届召开7次会议，第十届有第一次、第二次、第五次、第六次会议记载，第十一届召开6次会议。

一、第五届人民代表大会

第一次会议　1996年7月10日召开。出席代表44人。会议听取和审议镇长刘伏生作的《口头镇政府工作报告》，听取和审议《1995年财政预算执行情况和1996年预算（草案）的报告》。会议选举王平国为镇第五届人大主席；选举刘伏生为镇人民政府镇长，任玉宏、刘来群、周举军、赵振涛、郄彦军、赵素敏为镇人民政府副镇长。

第二次会议　1996年11月召开。会议选举吕增福为镇人民政府副镇长。

第三次会议　1996年12月召开。会议选举杨同喜为镇人大主席。免去王平国的人大主席职务；免去赵素敏的副镇长职务。

第四次会议　1997年7月召开。会议选举张建良为镇人民政府镇长。免去刘伏生的镇长职务，郄彦军的副镇长职务。

二、第六届人民代表大会

第一次会议　1999年2月28日召开。出席代表56人。会议听取和审议镇长张建良作的《口头镇政府工作报告》，听取和审议《1998年财政预算执行情况和1999年预算（草案）的报告》。会议选举刘来群为镇第六届人大主席；选举张建良为镇人民政府镇长，岳玉海、樊拴香、宋英武、杨喜林为镇人民政府副镇长。

第二次会议　2000年6月召开。会议选举宋贞祥为镇人大主席。免去刘来群的人大主席职务。

三、第七届人民代表大会

第一次会议　2002年6月8日召开。出席代表52人。会议听取和审议镇长袁光义作的《口头镇政府工作报告》，听取和审议《2001年财政预算执行情况和2002年预算（草案）的报告》。会议选举宋贞祥为镇第七届人大主席；选举袁光义为镇人民政府镇长，岳玉海、张树敏、杨喜林为镇人民政府副镇长。

第二次会议　2003年5月召开。会议选举陈朝辉为镇人民政府副镇长。

第三次会议　2003年12月召开。会议选举张骉为镇人民政府镇长，张石琛为镇人民政府副镇长。免去袁光义的镇长职务，岳玉海、杨喜林的副镇长职务。

第四次会议 2006年4月召开。会议选举张石琛为镇人大副主席；选举郭趁义为镇人民政府副镇长。免去张石琛的副镇长职务。

四、第八届人民代表大会

第一次会议 2007年3月31日召开。出席代表52人。会议听取和审议镇长张骉作的《口头镇政府工作报告》，听取和审议《2006年财政预算执行情况和2007年预算（草案）的报告》。会议选举贾增良为镇第八届人大主席，张铁牛为镇人大副主席；选举张骉为镇人民政府镇长，张树敏、郭趁义、陈朝辉为镇人民政府副镇长。免去张石琛的人大副主席职务。

第二次会议 2007年10月召开。会议选举杨喜林为镇人民政府镇长。免去张骉的镇长职务。

第三次会议 2008年11月召开。会议选举甄泽亮为镇人民政府镇长。免去杨喜林的镇长职务。

第四次会议 2009年4月召开。会议选举岳建章为镇人大主席。免去贾增良的人大主席职务。

第五次会议 2010年10月召开。会议免去张树敏的副镇长职务。

第六次会议 2011年3月25日召开。出席代表32人（应到38人）。会议选举高福祥为镇人大副主席；选举李志永为镇人民政府副镇长。免去张铁牛的人大副主席职务。

五、第九届人民代表大会

第一次会议 2012年2月26日召开。出席代表50人。会议听取和审议镇长甄泽亮作的《口头镇政府工作报告》，听取和审议《2011年财政预算执行情况和2012年预算（草案）的报告》。会议选举岳建章为镇第九届人大主席，高福祥为镇人大副主席；选举甄泽亮为镇人民政府镇长，李志永、陈朝辉为镇人民政府副镇长。

第二次会议 2012年9月召开。会议选举张树敏为镇人大主席；选举郑建强为镇人民政府镇长。免去岳建章的人大主席职务；免去甄泽亮的镇长职务。

第三次会议 2013年3月召开。会议选举赵建章为镇人民政府副镇长。免去李志勇、陈朝辉的副镇长职务。

第四次会议 2013年6月召开。会议选举刘玉洪为镇人民政府镇长，赵永鹏为镇人民政府副镇长。免去郑建强的镇长职务。

第五次会议 2013年12月召开。会议选举张志国为镇人民政府副镇长。

第六次会议 2014年2月召开。会议选举李志永为镇人大主席。免去张树敏的人大主席职务。

第七次会议 2016年8月召开。会议选举孙绍华为镇人大主席；选举封亮为镇人民政府镇长。免去李志永的人大主席职务；免去刘玉洪的镇长职务。

六、第十届人民代表大会

第一次会议　2017年1月21日召开。出席代表52人。会议听取和审议镇长封亮作的《口头镇政府工作报告》，听取和审议《2016年财政预算执行情况和2017年预算（草案）的报告》。会议选举康同乐为镇第十届人大主席，麻赛为镇人大副主席；选举封亮为镇人民政府镇长，张志国、张玉龙为镇人民政府副镇长。

第二次会议　2020年1月15日至17日召开。出席代表40人。会议选举赵海龙为镇人大主席；选举刘永民为镇人民政府镇长，刘鹏勇、麻赛为镇人民政府副镇长。免去康同乐的人大主席职务，麻赛的人大副主席职务；免去封亮的镇长职务。

第五次会议　2020年10月12日至14日召开。出席代表33人。会议选举康二军为镇人民政府副镇长。

第六次会议　2021年2月7日至9日召开。出席代表34人。会议选举张志国为镇人大主席，魏佳欣为镇人大副主席；选举赵海龙为镇人民政府镇长。免去赵海龙的人大主席职务；免去刘永民的镇长职务。

七、第十一届人民代表大会

第一次会议　2021年6月26日召开。出席代表51人。会议听取和审议镇长赵海龙作的《口头镇政府工作报告》，听取和审议《2020年财政预算执行情况和2021年预算（草案）的报告》。会议选举张志国为镇第十一届人大主席，魏佳欣为镇人大副主席；选举赵海龙为镇人民政府镇长，刘鹏勇、麻赛、康二军为镇人民政府副镇长。

第二次会议　2022年2月14日召开。出席代表32人。会议听取和审议镇长赵海龙作的《口头镇政府工作报告》，听取和审议《2021年财政预算执行情况和2022年预算（草案）的报告》。

第三次会议　2022年10月29日召开。出席代表46人。会议免去张志国的人大主席职务。

第四次会议　2023年1月10日召开。出席代表43人。会议选举卢会刚为镇人大主席。

第五次会议　2023年7月10日召开。出席代表40人。会议免去魏佳欣的人大副主席职务。

第六次会议　2023年8月15日召开。出席代表42人。会议免去赵海龙的镇长职务，刘鹏勇的副镇长职务。

第十五章　九口子乡人民代表大会

九口子乡人民代表大会始于1984年4月，书至2023年12月。分为两个阶段，其中，1984年4月至1996年1月并乡扩镇前为九口子乡、上连庄乡人民代表大会，各4届；1996年1月并乡扩镇后至2023年12月为九口子乡人民代表大会，共7届。

第一节　并乡扩镇前人民代表大会

一、九口子乡人民代表大会

1984年4月至1996年1月，九口子乡人民代表大会共4届。第一届有第一次、第二次会议记载，第二届有第一次会议记载，第三届有第一次会议记载，第四届有第一次会议记载。

（一）第一届人民代表大会

第一次会议　1984年4月11日至20日召开。出席代表68人（应到68人）。会议选举李香社为乡人民政府乡长，张金海、韩明忠为乡人民政府副乡长。

第二次会议　1985年7月25日召开。出席代表67人（应到68人）。会议听取和审议《九口子乡政府工作报告》《九口子乡1985年国民经济和社会发展计划的报告》。

（二）第二届人民代表大会

第一次会议　1987年4月召开。会议选举魏长法为乡人民政府乡长，韩明忠、张同顺为乡人民政府副乡长。

（三）第三届人民代表大会

第一次会议　1990年7月召开。出席代表55人。会议听取和审议乡长邢根红作的《九口子乡政府工作报告》《关于九口子乡1989年预算执行情况和1990年预算（草案）的报告》。会议选举陈守敬为乡第三届常务主席；选举邢根红为乡人民政府乡长，宁志会、李成群为乡人民政府副乡长。

（四）第四届人民代表大会

第一次会议　1993年5月召开。出席代表55人。会议听取和审议乡长赵五中作的《九口子乡政府工作报告》《关于九口子乡1992年预算执行情况和1993年预算（草案）的报告》。会议选举陈守敬为乡第四届人大常务主席；选举赵五中为乡人民政府乡长，宁志会、李成群、樊拴香为乡人民政府副乡长。

二、上连庄乡人民代表大会

1984 年 4 月至 1996 年 1 月，上连庄乡人民代表大会共 4 届。第一届有第一次会议记载，第二届有第一次会议记载，第三届有第一次会议记载，第四届有第一次、第三次会议记载。

（一）第一届人民代表大会

第一次会议　1984 年 4 月召开。会议选举刘成功为乡人民政府乡长，刘银秀、郄金环为乡人民政府副乡长。

（二）第二届人民代表大会

第一次会议　1987 年 4 月召开。会议选举杨金红为乡人民政府乡长，赵五中、宁志会为乡人民政府副乡长。

（三）第三届人民代表大会

第一次会议　1990 年 3 月 28 日召开。出席代表 37 人。会议听取和审议乡长赵五中作的《上连庄乡政府工作报告》《关于上连庄乡 1989 年预算执行情况和 1990 年预算（草案）的报告》。会议选举李明树为乡第三届人大常务主席；选举赵五中为乡人民政府乡长，刘东海、任玉宏为乡人民政府副乡长。

（四）第四届人民代表大会

第一次会议　1993 年 3 月召开。出席代表 48 人。会议听取和审议乡长傅国平作的《上连庄乡政府工作报告》《关于上连庄乡 1992 年预算执行情况和 1993 年预算（草案）的报告》。会议选举李明树为乡第四届人大常务主席；选举傅国平为乡人民政府乡长，任玉宏为乡人民政府副乡长。

第三次会议　1994 年 5 月 11 日召开。出席代表 42 人（应到 47 人）。会议听取和审议乡长傅国平作的《上连庄乡政府工作报告》，听取和审议《关于上连庄乡 1993 年预算执行情况和 1994 年预算（草案）的报告》《关于上连庄乡人大主席团工作报告》。

第二节　并乡扩镇后人民代表大会

1996 年 1 月，行唐县并乡扩镇，上连庄乡并入九口子乡。1996 年 6 月至 2023 年 12 月，九口子乡人民代表大会共 7 届。第五届有第一次会议记载，第六届有第一次会议记载，第七届有第一次、第三次、第四次会议记载，第八届有第一次、第五次会议记载，第九届有第一次会议记载，第十届有第一次、第五次、第六次、第七次会议记载，第十一届召开 5 次会议。

一、第五届人民代表大会

第一次会议 1996年6月5日召开。出席代表85人。会议听取和审议乡长杨平作的《九口子乡政府工作报告》《关于九口子乡1995年预算执行情况和1996年预算（草案）的报告》。会议选举温健为乡第五届人大主席，刘占山为乡人大副主席；选举杨平为乡人民政府乡长，樊拴香、杨吉增、黄会斌、刘国平、张同贵、孟振平为乡人民政府副乡长。

二、第六届人民代表大会

第一次会议 1999年6月15日召开。出席代表47人。会议听取和审议赵素敏作的《九口子乡政府工作报告》《关于九口子乡1998年预算执行情况和1999年预算（草案）的报告》。会议选举田来喜为乡第六届人大主席；选举赵素敏为乡人民政府乡长，杨吉增、黄会斌、刘国平、高素娟为乡人民政府副乡长。

三、第七届人民代表大会

第一次会议 2002年6月9日召开。出席代表40人（应到47人）。会议听取和审议乡长孟振平作的《九口子乡政府工作报告》《关于九口子乡2001年预算执行情况和2002年预算（草案）的报告》。会议选举杨吉增为乡第七届人大副主席；选举孟振平为乡人民政府乡长，黄会斌、赵国才、高素娟、董青显为乡人民政府副乡长。

第三次会议 2004年3月2日召开。出席代表38人（应到44人）。会议听取和审议乡长孟振平作的《九口子乡政府工作报告》《关于九口子乡2003年预算执行情况和2004年预算（草案）的报告》。

第四次会议 2005年9月30日召开。会议选举张天吉为乡人民政府乡长。

四、第八届人民代表大会

第一次会议 2007年3月29日召开。出席代表46人。会议听取和审议张天吉作的《九口子乡政府工作报告》《关于九口子乡2006年预算执行情况和2007年预算（草案）的报告》。会议选举杨吉增为乡第八届人大主席，胡建敏为乡人大副主席；选举张天吉为乡人民政府乡长，卢军山、黄海、杨大虎为乡人民政府副乡长。

第五次会议 2011年3月25日召开。出席代表37人（应到46人）。会议选举张志伟为乡人大副主席；选举毛志鹏、李杰为乡人民政府副乡长。免去胡建敏的人大副主席职务。

五、第九届人民代表大会

第一次会议 2012年2月14日召开。出席代表45人。会议听取和审议乡长霍振东作的《九口子乡政府工作报告》《关于九口子乡2011年预算执行情况和2012年预算（草案）的报告》。会议选举杨吉增为乡第九届人大主席，张志伟为乡人大副主席；选举霍振东为乡人民政府乡长，李杰、毛志鹏为乡人民政府副乡长。

六、第十届人民代表大会

第一次会议　2017年1月23日召开。出席代表45人。会议听取和审议乡长安志英作的《九口子乡政府工作报告》《关于九口子乡2016年预算执行情况和2017年预算（草案）的报告》。会议选举胡隆为乡第十届人大主席，王利锋为乡人大副主席；选举安志英为乡人民政府乡长，赵明、顾士杰、刘建峰为乡人民政府副乡长。

第五次会议　2020年1月13日召开。出席代表35人（应到43人）。会议选举刘丽琼为乡人大主席，赵沛清为乡人大副主席；选举杜虎为乡人民政府副乡长。免去胡隆的人大主席职务。

第六次会议　2020年6月10日召开。出席代表35人（应到43人）。会议选举卢建史为乡人民政府副乡长。

第七次会议　2021年2月4日召开。出席代表34人（应到40人）。会议选举顾士杰为乡人民政府乡长，赵春梅为乡人民政府副乡长。免去安志英的乡长职务。

七、第十一届人民代表大会

第一次会议　2021年6月26日召开。出席代表48人（应到53人）。会议听取和审议乡长顾士杰作的《九口子乡政府工作报告》《关于九口子乡2020年预算执行情况和2021年预算（草案）的报告》。会议选举刘丽琼为乡第十一届人大主席，马敬一为乡人大副主席；选举顾士杰为乡人民政府乡长，郭志峰、赵春梅、卢建史为乡人民政府副乡长。

第二次会议　2022年2月14日召开。会议听取和审议《九口子乡政府工作报告》《九口子乡人大主席团工作报告》。

第三次会议　2022年3月27日召开。出席代表40人（应到51人）。会议选举秦淑敏为乡人民政府乡长。免去顾士杰的乡长职务。

第四次会议　2022年12月21日召开。出席代表43人（应到52人）。会议选举梁奇为乡人大主席。免去刘丽琼的人大主席职务。

第五次会议　2023年3月31日召开。会议听取和审议《九口子乡政府工作报告》《九口子乡人民代表大会主席团工作报告》。

第十六章　上阎庄乡人民代表大会

上阎庄乡人民代表大会始于1984年1月，书至2023年12月。分两个阶段，其中，1984年1月至1996年1月并乡扩镇前召开4届，1996年1月并乡扩镇后至2023年12月召开7届，共11届。

第一节　并乡扩镇前人民代表大会

1984年1月至1996年1月，上阎庄乡人民代表大会共4届。第一届有第一次会议记载，第二届有第一次、第三次会议记载，第三届有第一次、第二次会议记载，第四届有第一次会议记载。

一、第一届人民代表大会

第一次会议　1984年1月召开。会议选举孟江波为乡人民政府乡长，杨新征为乡人民政府副乡长。

二、第二届人民代表大会

第一次会议　1987年6月召开。会议选举杨拴帮为乡人民政府乡长，张新征、王占国为乡人民政府副乡长。

第三次会议　1989年6月3日召开。出席代表33人。会议听取和审议乡长杨拴帮作的《上阎庄乡政府工作报告》，听取和审议《上阎庄乡关于夺取农业丰收的决定》《上阎庄乡关于计划生育工作的几项规定》《上阎庄乡关于发展职业教育的暂时规定》。会议选举杨平为乡人民政府副乡长。

三、第三届人民代表大会

第一次会议　1990年3月召开。出席代表45人。会议听取和审议乡长杨拴帮作的《上阎庄乡政府工作报告》，听取和审议《上阎庄乡1989年财政决算报告》《上阎庄乡1990年财政预算报告》。会议选举赵同法为乡第三届人大常务主席；选举杨拴帮为乡人民政府乡长，杨平为乡人民政府副乡长。

第二次会议　1991年2月26日召开。会议选举刘占山为人大常务副主席；选举尚士祥为乡人民政府副乡长。

四、第四届人民代表大会

第一次会议　1993年3月4日召开。出席代表41人。会议听取和审议杨中海作的《上阎庄乡政府工作报告》，听取和审议《上阎庄乡1992年财政决算报告》《上阎庄乡1993年财政预算报告》。会议选举刘占山为乡第四届人大副主席；选举杨中海为乡人民政府乡长，贾增良、王迎书为乡人民政府副乡长。

第二节　并乡扩镇后人民代表大会

1996年1月，行唐县并乡扩镇，上阎庄乡区域规模未变动。1996年6月至2023年12月，上阎庄乡人民代表大会共7届。第五届有第一次会议记载，第六届有第一次会议记载，第七届有第一次会议记载，第八届有第一次、第五次会议记载，第九届有第一次会议记载，第十届召开9次会议，第十一届召开7次会议。

一、第五届人民代表大会

第一次会议　1996年6月12日召开。出席代表40人。会议听取和审议刘占琪作的《上阎庄乡政府工作报告》，听取和审议《上阎庄乡1995年财政决算报告》《上阎庄乡1996年财政预算报告》《上阎庄乡乡规民约》。会议选举宁志会为乡第五届人大主席；选举刘占琪为乡人民政府乡长，郭银海、郑自清、岳建章为乡人民政府副乡长。

二、第六届人民代表大会

第一次会议　1999年3月5日召开。出席代表36人。会议听取和审议乡长杨永志作的《上阎庄乡政府工作报告》，听取和审议《上阎庄乡1998年财政决算报告》《上阎庄乡1999年财政预算报告》。会议选举宁志会为乡第六届人大主席；选举杨永志为乡人民政府乡长，李香中、杨梅雪、仝香中为乡人民政府副乡长。

三、第七届人民代表大会

第一次会议　2002年6月10日召开。出席代表36人。会议听取和审议乡长杨同振作的《上阎庄乡政府工作报告》，听取和审议《上阎庄乡2001年财政决算报告》《上阎庄乡2002年财政预算报告》。会议选举贾增良为乡第七届人大主席；选举杨同振为乡人民政府乡长，刘发水、杨梅雪为乡人民政府副乡长。

四、第八届人民代表大会

第一次会议 2007年3月31日召开。出席代表49人。会议听取和审议乡长仝香中作的《上阎庄乡政府工作报告》，听取和审议《上阎庄乡2006年财政决算报告》《上阎庄乡2007年财政预算报告》。会议选举张石琛为乡第八届人大主席，刘伟为乡人大副主席；选举仝香中为乡人民政府乡长，陈连香、盖东军为乡人民政府副乡长。

第五次会议 2011年3月28日召开。出席代表31人（应到40人）。会议选举刘发水为乡人大主席；选举赵会敏为乡人民政府副乡长。免去张石琛的人大主席职务；免去盖东军的副乡长职务。

五、第九届人民代表大会

第一次会议 2012年2月24日召开。出席代表38人。会议听取和审议乡长仝香中作的《上阎庄乡政府工作报告》，听取和审议《上阎庄乡2011年财政决算报告》《上阎庄乡2012年财政预算报告》。会议选举刘发水为乡第九届人大主席，刘伟为乡人大副主席；选举仝香中为乡人民政府乡长，陈连香、赵会敏为乡人民政府副乡长。

六、第十届人民代表大会

第一次会议 2017年1月25日召开。出席代表49人。会议听取和审议欧阳正仲作的《上阎庄乡政府工作报告》，听取和审议《上阎庄乡2016年财政决算报告》《上阎庄乡2017年财政预算报告》。会议选举尤树新为乡第十届人大主席，王锟铭为乡人大副主席；选举欧阳正仲为乡人民政府乡长，张纪刚、李建新为乡人民政府副乡长。

第二次会议 2019年1月28日至30日召开。出席代表33人（应到41人）。会议听取和审议乡长欧阳正仲作的《上阎庄乡政府工作报告》，听取和审议《上阎庄乡2018年财政决算报告》《上阎庄乡2019年财政预算报告》。会议免去尤树新的人大主席职务，王锟铭的人大副主席职务；免去张纪刚、李建新的副乡长职务。

第三次会议 2019年8月10日至12日召开。出席代表34人（应到41人）。会议选举秦淑敏为乡人大主席；选举赵建永、王锟铭为乡人民政府副乡长。

第四次会议 2019年11月6日至8日召开。出席代表31人（应到42人）。会议选举李爱秀为乡人大副主席。

第五次会议 2020年3月10日至12日召开。出席代表35人（应到41人）。会议选举胡隆为乡人民政府乡长。免去欧阳正仲的乡长职务。

第六次会议 2020年6月10日至12日召开。出席代表32人（应到41人）。会议选举田全保为乡人民政府副乡长。

第七次会议 2020年10月12日至14日召开。出席代表29人（应到41人）。会议选举贾丽坤为乡人民政府副乡长。免去田全保的副乡长职务。

第八次会议　2021年1月29日至31日召开。出席代表33人（应到10人）。会议选举刘伟、李爱秀为乡人民政府副乡长。免去李爱秀的人大副主席职务；免去王锟铭的副乡长职务。

第九次会议　2021年4月5日至7日召开。出席代表31人（应到41人）。会议选举盖伟明为乡人大副主席。

七、第十一届人民代表大会

第一次会议　2021年6月11日召开。会议选举秦淑敏为乡第十一届人大主席，宿鹏为乡人大副主席；选举李东辉为乡人民政府乡长，刘伟、李爱秀、贾立坤乡人民政府副乡长。免去盖伟明的人大副主席职务；免去胡隆的乡长职务。

第二次会议　2022年2月14日召开。出席代表39人。会议听取和审议乡长李东辉作的《上阁庄乡政府工作报告》，听取和审议《上阁庄乡2021年财政决算报告》《上阁庄乡2022年财政预算报告》。

第三次会议　2022年3月20日召开。出席代表35人（应到45人）。会议选举朱亚男为乡人大主席。免去秦淑敏的乡人大主席职务。

第四次会议　2022年6月26日召开。出席代表25人。会议组织对县、乡人大代表进行述职评议，同时对派出所、卫生院等“七所八站”开展评议。

第五次会议　2023年2月27日召开。出席代表30人。会议听取和审议乡长李东辉作的《上阁庄乡政府工作报告》，听取和审议《上阁庄乡2022年财政决算报告》《上阁庄乡2023年财政预算报告》。

第六次会议　2023年7月26日召开。出席代表31人。会议组织对县、乡人大代表进行述职评议，同时对派出所、卫生院等“七所八站”开展评议。

第七次会议　2023年12月30日召开。出席代表41人。会议免去李东辉的乡长职务。

附　　录

一、《行唐县人大志》历史阶段划分依据

中国共产党百年历史四个历史时期划分

2021年11月，党的十九届六中全会通过《中共中央关于党的百年奋斗重大成就和历史经验的决议》，将党的百年历程划分为四个历史时期：

1. 新民主主义革命时期。1921年7月中国共产党建立至1949年10月中华人民共和国成立。

2. 社会主义革命和建设时期。1949年10月至1978年12月党的十一届三中全会召开。

3. 改革开放和社会主义现代化建设新时期。1978年12月至2012年11月党的十八大召开。

4. 中国特色社会主义新时代。2012年11月至今。

人民代表大会制度四大发展阶段

2014年9月，全国人大在庆祝全国人民代表大会成立60周年之际，在官网刊登了《人大制度四大发展阶段》文章，该文章回顾人民代表大会制度的建设与发展，并将60年来的发展历程划分为四个阶段：

1. 人大制度的雏形与建立时期。1949年10月中华人民共和国成立至1954年9月第一届全国人民代表大会第一次会议召开。

2. 人大制度全面确立与曲折发展时期。1954年9月至1966年5月“文化大革命”开始。

3. 人大制度遭受严重破坏时期。1966年5月至1976年10月“文化大革命”结束。

4. 人大制度活力迸发时期。1976年10月粉碎“四人帮”至2014年全国人民代表大会成立六十周年。

石家庄人大发展历史阶段划分

1. 探索与实验时期。1949年7月石家庄市首届人民代表大会第一次会议召开至1954年6月石家庄市第一届人民代表大会第一次会议召开。

2. 确立与曲折发展时期。1954年6月至1966年5月“文化大革命”开始。

3. 停滞时期。1966 年 5 月至 1976 年 10 月“文化大革命”结束。

4. 恢复与发展时期。1976 年 10 月至 2012 年 11 月党的十八大召开。

5. 进入新时代。2012 年 11 月党的十八大召开至今。

行唐县人大发展历史阶段划分

在参考借鉴中国共产党百年历史四个时期划分、人民代表大会制度四大发展阶段划分和石家庄人大发展历史阶段划分的基础上，结合行唐县人大发展实际，将行唐县人大发展历史划分为五个时期：

1. 雏形与建立时期。1949 年 11 月行唐县第一届各界人民代表会议召开至 1954 年 7 月行唐县第一届人民代表大会第一次会议召开。

2. 确立与曲折发展时期。1954 年 7 月至 1966 年 5 月“文化大革命”开始。

3. 停滞时期。1966 年 5 月至 1976 年 10 月“文化大革命”结束。

4. 恢复发展时期。1976 年 10 月至 2012 年 11 月党的十八大召开。

5. 进入新时代。2012 年 11 月党的十八大召开至今。

二、重要文件选录

行唐县人大常委会
关于任命人员述职评议试行办法

（2013 年 6 月 21 日行唐县第十五届人大常委会第十次会议通过）

第一章　总　　则

第一条　为了促进我县行政机关、审判机关、检察机关及其工作人员依法行政、公正司法，根据《中华人民共和国地方各级人民代表大会和地方各级人民政府组织法》《中华人民共和国各级人民代表大会常务委员会监督法》《中华人民共和国全国人民代表大会和地方各级人民代表大会代表法》《中共石家庄市委关于进一步加强人大工作的决定》等法律法规和有关规定，结合我县实际，制定本办法。

第二条　本办法所称述职评议是指对县人大常委会任命范围的县行政机关、县审判机关、县检察机关工作人员依法履行职责情况进行的述职评议。

第三条　述职评议应当坚持党的领导，坚持依法办事、实事求是、民主公开、讲求实效的原则。述职评议工作在县人大常委会领导下进行，由县人大常委会主任会议组织实施。

第四条　述职评议在县人大常委会组织的会议上进行。述职评议对象应如实述职，自觉接受评议监督。

第五条　参加述职评议的县人大常委会组成人员、人大代表和老干部代表等应当就评议内容广泛听取各方面的意见、建议和要求，充分发表评议意见。

第二章　述职评议的内容

第六条　述职评议的内容一般包括：

（一）县委中心工作完成情况；

（二）本职工作完成情况；

（三）贯彻实施法律、法规和规章情况；

（四）落实县人大及其常委会决议、决定、审议意见情况及办理人大代表建议、批评和意见情况；

（五）廉政勤政和行风建设情况；

（六）解决人民群众关心的热点、难点问题情况；

（七）工作中存在的主要问题和原因，拟采取的解决措施。

县人大常委会主任会议可以根据需要，具体规定述职评议的内容。

第三章　述职评议的程序

第七条　述职评议对象的确定，由县人大常委会各有关委室提出建议，提交县人大常委会主任会议确定；也可以采用征求县人大常委会组成人员意见的方法，参照较多数组成人员的意见，确定述职评议对象。述职评议对象确定后，提前通知有关单位及本人。

第八条　评议对象应当在评议前10天准备好述职报告并报送县人大常委会相关委室。

第九条　述职评议前，县人大常委会主管主任提出评议考察方案，组织评议考察组，经县人大常委会主任会议研究确定后实施。

评议考察组一般由县人大常委会组成人员、人大代表、老干部代表、服务对象代表、下属单位代表等组成。

评议考察组的成员和工作人员，与述职评议对象有利害关系，可能影响考察公正的，本人应当回避。

第十条　评议考察组可以通过座谈、个别谈话、问卷调查、组织测评等方式，广泛听取有关组织和社会各界对述职评议对象的意见。

评议考察组要对述职评议对象写出书面考察报告，并向县人大常委会主任会议报告考察情况，经县人大常委会主任会议同意后提交述职评议会议。

第十一条　述职评议会议按下列程序进行：

（一）述职评议对象在县人大常委会组织的会议上作述职报告；

（二）考察组向县人大常委会组织的会议作考察报告；

（三）县人大常委会组成人员和参评代表评议述职报告，评议发言应当事实清楚，意见具体，有理有据，言简意赅。评议发言以书面形式向会议主持人提出；

（四）述职评议对象回答询问，进行解释或申辩，所涉部门的负责人员列席参加并听取评议；

（五）县人大常委会组织的参评人员对述职评议对象进行无记名投票测评，测评意见分优秀、称职、不称职三个档次；

（六）当场统计，当场宣布述职评议对象三个档次的测评得票结果。

第十二条　若述职评议对象不能如期到会，必须书面说明原因并予补会。

第十三条　根据情况，经县人大常委会主任会议研究同意，可以简化评议程序。

第四章　述职评议结果的运用

第十四条　述职评议会议后，评议考察组对评议发言进行整理，形成《述职评议意见》，经县人大常委会主任会议通过后，连同测评结果报县委，并印发有关单位和个人。

第十五条　述职评议对象应当在接到《述职评议意见》后十五日内，向县人大常委会报送书面整改方案。述职评议对象应当在述职评议之日起三个月内按照《述职评议意见》进行整改，并提交整改报告。县人大常委会对整改情况进行监督。

第十六条　述职评议中发现被述职评议人有违法违纪行为的，工作中有严重失误造成错案的、形成严重后果的或事后打击报复的，可区别情况作如下处理：

（一）依法提出质询案对被评议人进行质询；

（二）涉嫌严重违法违纪的，移交有关机关查处；

（三）依法免去或撤销其职务。

行唐县人大常委会议事规则

（2017 年 3 月 23 日行唐县第十六届人大常委会第一次会议通过）

第一章　总　　则

第一条　根据《中华人民共和国宪法》《中华人民共和国地方各级人民代表大会和地方各级人民政府组织法》和《中华人民共和国各级人民代表大会常务委员会监督法》规定，参照省、市人大常委会有关做法，结合我县实际制定本规则。

第二条　县人大常委会由主任、副主任和委员组成，是县人民代表大会的常设机构，对县人民代表大会负责并报告工作。

第三条　县人大常委会要高举中国特色社会主义伟大旗帜，以邓小平理论、“三个代表”重要思想、科学发展观为指导，深入贯彻落实党的十八大和十八届三中、四中、五中、六中全会以及习近平同志系列重要讲话精神，坚持党的领导、人民当家做主、依法治国有机统一，认真履行《宪法》和法律赋予的职责，保障和促进全县政治建设、经济建设、文化建设、社会建设、生态文明建设的科学发展。

第四条　县人大常委会会议审议议案、工作报告和决定重大事项，要充分发扬民主，实行民主集中制，依法集体行使职权；要坚持议大事、管要事、办实事、解难事，围绕中心、服务大局，提高议事效率和质量；要彰显人大的职能作用，履职为民、关注民生，切实维护广大人民群众的根本利益。

第二章　议事内容

第五条　讨论决定本县经济建设、政治建设、文化建设、社会建设、生态文明建设各方面的重大事项，以及人民群众普遍关注和迫切要求解决的重大问题。

保证《宪法》、法律、行政法规、地方性法规、上级人民代表大会及其常务委员会和县人民代表大会决议的遵守和执行。

第六条　根据县人民政府的建议，决定对本县的国民经济和社会发展计划、预算的部分变更。审查和批准县本级决算。对县计划草案、预算草案进行初步审查。

第七条　决定县人民政府规范性文件和各乡（镇）人民代表大会决议、决定备案审查工作的重要事项。

第八条　任免、决定任免或者决定撤销应当由县人大常委会任免、决定任免或者决定撤销的国家机关工作人员职务和接受辞职的事项。

第九条　听取和审议县人民政府、县人民法院和县人民检察院的专项工作报告。监督县人民政府、县人民法院和县人民检察院的工作。

第十条　审议属于县人大常委会职权范围内的议案。审议并决定县人民代表大会会议主席团交付的代表议案审议结果的报告。

第十一条　撤销县人民政府不适当的决定、命令和各乡（镇）人民代表大会不适当的决议或决定。

第十二条　决定县人民检察院报请的检察长在重大问题上不同意检察委员会多数人的决定的报告。

第十三条　决定是否接受市人民代表大会代表的辞职，补选市人民代表大会出缺的代表和罢免个别代表。

依法保障县人民代表大会代表执行职务。

第十四条　决定县人民代表大会代表的选举和有关的选举事项。决定设立县人大常委会代表资格审查委员会并确认代表资格。

决定召开和召集县人民代表大会会议。决定县人民代表大会会议列席人员。

第十五条　决定授予县级荣誉称号。

第十六条　需要县人大常委会会议讨论决定的其他事项。

第三章　会议的召开

第十七条　县人大常委会会议每两个月至少举行一次。有特殊需要时，可以临时召集会议。

县人大常委会会议由县人大常委会主任召集并主持，主任可以委托副主任主持会议。

第十八条　县人大常委会举行会议时，县人大常委会组成人员都应出席会议，因故不能出席会议时，向会议召集人请假。

县人大常委会会议必须有县人大常委会全体组成人员的过半数出席，方能举行。

第十九条　县人大常委会听取和审议县人民政府、县人民法院和县人民检察院专项工作报告、计划预算和审计工作报告的年度计划，由县人大常委会主任会议建议和县人大常委会主任与县人民政府县长、县人民法院院长、县人民检察院检察长联席会议研究商定，印发常委会组成人员及有关部门。

县人大常委会会议议程，由县人大常委会会议通过。会议期间需要临时调整会议议程，由县人大常委会主任会议提请县人大常委会会议决定。

第二十条　县人大常委会举行会议，应在会议举行前，将开会日期、地点、建议会议讨论的主要事项，通知县人大常委会组成人员，县人民政府、县人民法院和县人民检察院及相关工作部门。临时召集的会议临时通知。

第二十一条　受县人大常委会主任会议委托，县人大常委会的工作机构可以组织县人大常委会委员或代表在会前围绕有关议题进行视察调研。县人大常委会组成人员也可以结合本职工作，针对有关议题开展调查研究。

第二十二条　县人大常委会举行会议时，县人民政府、县人民法院和县人民检察院的负责人列席会议。

县人大常委会各工作机构负责人，县人民政府有关部门负责人，有关乡（镇）人民代表大会主席或副主席列席会议。

根据需要，可安排市、县人民代表大会代表列席会议。

根据需要，县人大常委会主任会议决定的其他有关人员列席或旁听会议。

第二十三条　县人大常委会会议对议案或专项工作报告进行审议和发言时，县人民政府及其有关部门、县人民法院和县人民检察院的有关负责人应当到会，听取意见，回答询问。

第二十四条　县人大常委会会议邀请新闻单位采访并报道。会议通过的决议、决定、人事任免事项，由县人大常委会主任签发并及时向社会公布。

第四章　议案的提出和审议

第二十五条　县人大常委会主任会议可以向县人大常委会提出属于县人大常委会职权范围内的议案，由县人大常委会会议审议。

县人民政府可以向县人大常委会提出属于县人大常委会职权范围内的议案，由县人大常委会主任会议决定提请县人大常委会会议审议。

县人民法院、县人民检察院可以向县人大常委会提出属于县人大常委会职权范围内的人事任免议案，由县人大常委会主任会议决定提请县人大常委会会议审议。

县人大常委会组成人员三人以上联名，可以向县人大常委会提出属于县人大常委会职权范围内的议案，由县人大常委会主任会议决定是否提请县人大常委会会议审议。不提请县人大常委会会议审议的，应向提案人说明，并向县人大常委会会议报告。

县人大常委会主任会议可以向县人大常委会提出由县人大常委会任命或决定任命的国家机关工作人员的撤职案。县人大常委会五分之一以上的组成人员书面联名，也可以向县人大常委会提出由县人大常委会任命或决定任命的国家机关工作人员的撤职案，由县人大常委会主任会议决定是否提请县人大常委会会议审议。

第二十六条　县人大常委会的工作机构受县人大常委会主任会议委托，可以代县人大常委会拟订议案草案并向县人大常委会会议作说明。

第二十七条　向县人大常委会会议提出议案必须以书面形式提出，并写明案由、案据和具体方案。

第二十八条　列入县人大常委会会议议程的议案，由提出议案的机关或提议案人向县人大常委会会议作说明，并提交有关的资料。必要时，可以在会议上对议案作补充说明。

对人事任免案、撤职案和罢免案，提请任免、撤职和罢免的机关应介绍被任免、撤职和罢免人员的基本情况和理由，有关负责人应到会回答询问。

第二十九条　列入县人大常委会会议议程的议案，在审议中如认为该议案需要进一步研究的，经县人大常委会主任或县人大常委会主任会议提出，县人大常委会会议同意，可以暂不交付表决，交由县人大常委会有关的工作机构作进一步调查研究，并提出报告，由县人大常委会主任会议决定提请下次或以后的县人大常委会会议审议。

第三十条　列入县人大常委会会议议程的议案，在交付表决前，提议案人要求撤回的，对该议案的审议即行终止。

第三十一条　县人大常委会根据县人大常委会主任会议或者五分之一以上的县人大常委会组成人员书面联名提议，经县人大常委会会议决定，可以组织关于特定问题的调查委员会。调查委员会应向县人大常委会提出调查报告。县人大常委会根据调查委员会的报告，可以作出相应的决议或决定。

根据县人民代表大会的授权，县人大常委会也可以根据县人民代表大会关于特定问题的调查委员会提出的调查报告，作出相应的决议或决定，报县人民代表大会下次会议备案。

第五章　听取和审议有关报告

第三十二条　县人大常委会根据执法检查中发现的问题，代表建议、批评和意见集中反映的问题，县人大常委会组成人员提出的比较集中的问题，县人大常委会工作机构在调查研究中发现的突出问题，人民群众来信来访中集中反映的问题，社会普遍关注的其他问题，每年选择若干关系改革发展稳定和群众切身利益、社会普遍关注的重大问题，有计划地安排听取和审议县人民政府、县人民法院和县人民检察院的专项工作报告。

县人民政府、县人民法院和县人民检察院可以向县人大常委会要求报告专项工作。

第三十三条　每年第三季度，县人大常委会安排听取和审议县人民政府关于上半年国民经济和社会发展计划、预算的执行情况报告，听取和审议县人民政府关于上一年度预算执行和其他财政收支审计工作报告，审查和批准上一年度县级财政决算的报告。根据县人民政府的提请，审查和批准调整计划、预算的报告。

第三十四条　专项工作报告、计划预算和审计工作报告由县人民政府、县人民法院、县人民检察院负责人向县人大常委会会议报告。县人民政府有关部门受县人民政府委托，可以向县人大常委会报告工作。

县人民政府属于重大事项或重要情况的专项工作报告，由县长或副县长到会报告；属于某一个方面的专项工作报告，县人民政府可以委托其有关部门的正职领导人向县人大常委会报告。

县人民法院、县人民检察院向县人大常委会的工作报告，应分别由院长、检察长到会报告；院长、检察长因故不能到会报告时，可以委托副院长、副检察长到会报告。

第三十五条 县人民政府、县人民法院和县人民检察院向县人大常委会会议报告工作，必须认真负责，实事求是。县人大常委会有关工作机构应在县人大常委会听取和审议专项工作报告前，将各方面对该项工作的意见汇总，交由县人民政府、县人民法院和县人民检察院研究，并在专项工作报告中对该项工作的意见作出回应。

县人大常委会根据主任会议的意见，可以对重要的专项工作报告进行满意度测评，组成人员半数以上不满意工作报告时，报告机关要在本次会议上作补充报告或下次会议上重新报告。

第三十六条 县人大常委会会议审议各项报告，认为必要时可以作出相应的决议或决定。县人民政府、县人民法院、县人民检察院应在决议或决定规定的期限内，将执行决议或决定的情况向县人大常委会报告。

第三十七条 县人大常委会组成人员对专项工作报告、计划、预算和审计工作报告的审议意见，交由县人民政府、县人民法院、县人民检察院研究处理。

县人大常委会听取和审议执法检查报告时，将审议意见连同执法检查报告，一并印发有关机关研究处理。

县人民政府、县人民法院、县人民检察院应将研究处理情况，由其办事机构送交县人大常委会有关工作机构征求意见后，向县人大常委会提出书面报告。

县人大常委会听取的专项工作报告、计划、预算、审计工作报告和执法检查报告及审议意见，县人民政府、县人民法院、县人民检察院对审议意见研究处理情况或者执行决议情况的报告，向县人民代表大会代表通报并向社会公布。

第三十八条 县人民政府、县人民法院和县人民检察院应在县人大常委会举行会议的二十日前，由其办事机构将专项工作报告送交县人大常委会有关工作机构征求意见。修改后的报告稿在县人大常委会举行会议的十日前送交县人大常委会办公室。

县人大常委会办事机构应在县人大常委会举行会议前，将专项工作报告发给县人大常委会组成人员。

第六章 询问和质询

第三十九条 在县人大常委会会议期间，县人大常委会组成人员可以就会议议程有关的问题，向县人民政府及其所属部门和县人民法院、县人民检察院负责人提出询问。

询问应属于与会议议程有关的单项问题、具体问题和需要进一步说明的问题。

被询问机关负责人应当场给予答复或经过研究后在会议期间答复询问人。

第四十条 在县人大常委会会议期间，县人大常委会组成人员三人以上联名，可以向县人大常委会书面提出对县人民政府及其部门、县人民法院和县人民检察院的质询案。

质询案必须写明质询对象、质询的问题和内容。

第四十一条 质询案由县人大常委会主任会议决定交由受质询机关在县人大常委会会议上口头答复，或者由受质询机关书面答复；县人大常委会主任会议认为必要时，可以将答复质询案的情况报告印发县人大常委会会议。

质询案以口头答复的，应由受质询机关的负责人到会答复；质询案以书面答复的，应由受质询机关的负责人签署，由主任会议决定印发县人大常委会会议或者印发提质询案的县人大常委会组成人员。

提质询案的县人大常委会组成人员半数以上对受质询机关的答复不满意的，可以提出要求，由县人大常委会主任会议决定，交由受质询机关再作答复。

第七章　发言和表决

第四十二条　县人大常委会组成人员和列席会议的人员在县人大常委会会议上的发言要针对议题，简明扼要，提高会议的议事效率。

第四十三条　县人大常委会会议表决议案，可以采用举手方式，也可以采用无记名投票方式或其他方式。

在县人大常委会会议上，县人大常委会组成人员如果对表决的议案还有意见，经会议主持人同意可以发表，意见发表后再将议案交付表决。如果同意该议案，但需要在文字方面作个别修改，经出席会议的县人大常委会组成人员过半数同意，可将该议案交付表决，授权县人大常委会主任会议审定。

第四十四条　对个别代表的补选和罢免，撤销由本级人民代表大会选举的国家机关个别工作人员职务，采用无记名投票方式表决。对人事任免案的表决，按照《行唐县人大常委会人事任免办法》的规定进行。

第四十五条　县人大常委会会议的各项表决，由县人大常委会全体组成人员的过半数通过。

表决结果由会议主持人当场宣布。

第四十六条　县人大常委会组成人员在县人大常委会会议上的发言和表决不受法律追究。

第八章　督促和落实

第四十七条　县人大常委会会议情况及议定事项等，要向县人民代表大会代表通报，并编印《行唐县人民代表大会常务委员会公报》。

第四十八条　县人民政府、县人民法院和县人民检察院，应按照县人大常委会要求和规定的时间，及时向县人大常委会报告县人大常委会会议作出的决议、决定的贯彻执行情况，以及对县人大常委会组成人员审议意见的研究处理情况。

第四十九条　县人大常委会会议作出的决议、决定的贯彻执行情况，以及县人大常委会组成人员审议意见的研究处理情况，由县人大常委会办公室负责进行分解交办，由县人大常委会有关工作机构进行督促检查。

第九章　附　　则

第五十条　本规则由县人大常委会主任会议负责解释。

第五十一条　本规则自通过之日起施行。

行唐县人大常委会专题询问实施办法

（2021 年 8 月 20 日行唐县第十七届人大常委会第一次会议通过）

第一条　为进一步加强县人大常委会监督工作，更好地落实常委会组成人员知情权和询问权，增强监督实效，促进县人民政府、县人民法院、县人民检察院依法行政、公正司法，根据《中华人民共和国各级人民代表大会常务委员会监督法》和《行唐县人大常委会议事规则》等有关规定，参照省市做法，结合本县实际，制定本办法。

第二条　本办法所称专题询问是指县人大常委会会议审议议案和有关报告时，针对某一特定问题或者工作领域的相关情况组织开展的询问活动，是依法履行监督职权的一种具体方式。

第三条　专题询问应遵循依法办事、实事求是、客观公正、民主公开、突出重点、注重实效的原则。

第四条　专题询问的议题，应当围绕事关全县改革发展稳定大局，事关人民群众切身利益和社会普遍关注的重大问题，结合县人大常委会会议审议的议题确定，也可以根据县人大代表提出的议案或者重点建议所涉及的事项确定。

第五条　专题询问议题由县人大常委会有关工作机构负责提出，经县人大常委会主任会议研究同意，列入县人大常委会年度议题。也可根据实际情况，依据有关程序临时安排进行。

第六条　专题询问的组织工作由县人大常委会有关工作机构负责，办公室和其他部门配合。

专题询问应当成立领导小组，负责指导、协调专题询问工作的实施。

第七条　专题询问的主体是县人大常委会组成人员（以下简称询问人），列席会议的县人大代表也可以围绕议题提出询问。询问人建议名单由县人大专门委员会、常委会工作机构推荐或者个人报名产生，也可根据实际情况确定。

第八条　专题询问的对象是询问议题所涉及的县人民政府、县人民法院、县人民检察院及有关部门（以下简称被询问人）。

第九条　专题询问的实施步骤为：

（1）确定专题询问事项；

（2）制定专题询问工作方案；

（3）开展专题询问前的视察或者调研活动；

（4）县人大常委会听取和审议相关工作报告；

（5）召开专题询问会议；

（6）做好跟踪督办工作。

第十条　县人大常委会有关工作机构负责拟制专题询问工作实施方案，并提交县人大常委会主任会议研究，方案具体内容包括：

（1）专题询问前的视察调研活动安排意见，包括视察调研的组成人员、视察调研的内容、视察调研的方法等；视察调研活动可以是县人大常委会有关工作机构组织进行，也可由县人大常委会办公室统一安排、相关工作机构分组同时进行，最后由有关工作机构汇总整理情况。

（2）专题询问的具体安排意见包括：询问的时间、地点、主持人、询问人、被询问人、其他参加人员、列席人员、会场布置、新闻报道等内容。

第十一条　县人大常委会主任会议讨论通过专题询问工作实施方案后，县人大常委会有关委办室在专题询问会议召开前三十日，将专题询问工作实施方案通知被询问人做好应询准备。在专题询问会议召开的七日前发出正式通知。

第十二条　专题询问在县人大常委会会议上进行。

第十三条　专题询问内容要按照“提的准、问的深”的原则。

通过下列途径了解情况，拟定专题询问的主要内容：

（1）县人大常委会在执法检查中发现的突出问题；

（2）县人大常委会在组织的相关视察调研中发现的突出问题；

（3）县人大常委会组成人员提出的比较集中的相关问题；

（4）代表议案、建议中反映的突出问题；

（5）通过调研、座谈、问卷、媒体、互联网等形式收集到的比较集中的问题；

（6）其他途径汇总的有关问题。

专题询问的内容由有关工作机构或主任会议原则确定。

第十四条　负责专题询问工作的县人大常委会有关工作机构在专题询问进行前，要及时了解和掌握被询问人的准备情况，搞好协调，落实好专题询问的具体事项。

第十五条　被询问部门应当在专题询问举行的二十日前，将专项工作报告以及参加专题询问的相关材料送交县人大常委会有关工作机构征求意见。

第十六条　专题询问由县人大常委会主任或受主任委托的副主任主持；根据专题询问所涉及工作，县人民政府县长或副县长、县人民法院院长或副院长、县人民检察院检察长或副检察长、“一府两院”有关部门主要负责人应当到会，听取意见，回答询问。

第十七条　专题询问采取一问一答的方式进行。具体掌握以下原则：

（1）时间一般掌握在两个小时左右。

（2）询问人原则上每人提问一个方面的问题（可以一至三个设问），时间一般不超过三分钟；被询问人每个方面问题答询时间一般不超过八分钟。

（3）对询问的每个方面的问题可以有附议、加问；对每个应询问题，可以由主持人指定回答，也可以主动回答；可以一人回答，也可以多人回答；还可以一人回答，其他人补充。

(4) 询问人提出问题应紧扣议题，认真负责，突出重点，言简意赅。

（5）被询问人回答询问应直面问题，有问有答，不讲套话，避免答非所问、照本宣科。被询问人当场不能直接答复时，应当说明原因，在取得主持人同意后，可以在专题询问结束后五个工作日内书面答复。

第十八条　专题询问结束后，现场可针对被询问人回答问题情况进行满意度测评。

第十九条　县人大常委会办公室负责专题询问的宣传报道工作，并邀请县电视台、行唐周报等新闻媒体全程参加，可直播或录播，提高专题询问的公开度、透明度和社会影响力。

第二十条　县人大常委会办公室负责专题询问会议会场的组织安排工作，并体现专题询问的法定性、庄严性、民主性、程序性的特点。会场可设在室内，也可设在相关现场。

第二十一条　专题询问结束后，县人大常委会有关工作机构应对专题询问情况进行综合整理，形成专题询问审议意见交由承办机关研究办理。

第二十二条　县人大有关专门委员会或常委会有关工作机构对专题询问意见办理落实情况进行跟踪监督。

第二十三条　承办机关应按照县人大常委会督办工作的有关要求，将专题询问意见办理落实情况报送县人大常委会有关工作机构进行评估，通过后，印发常委会组成人员及有关人员。也可经主任会议研究确定，将专题询问意见办理落实情况提请县人大常委会会议审议。

第二十四条　被询问机关对专题询问意见办理落实不力、工作不到位的，县人大常委会可进一步依法通过其它监督形式督促落实。

第二十五条　专题询问意见办理落实情况，要通过一定途径向社会公布。

第二十六条　本办法自通过之日起施行。

行唐县人大常委会
关于对县政府工作部门主要负责人
开展履职评议的暂行办法

（2021 年 8 月 20 日行唐县第十七届人大常委会第一次会议通过）

为进一步加强对本县行政机关及其国家工作人员的监督，根据《中华人民共和国宪法》《中华人民共和国地方各级人民代表大会和地方各级人民政府组织法》《中华人民共和国各级人民代表大会常务委员会监督法》的有关规定，结合我县人大工作实际，县人大常委会决定对县人民政府工作部门主要负责人开展履职评议，特制定本暂行办法

一、指导思想

以习近平新时代中国特色社会主义思想为指导，深入贯彻落实党的十九大精神，坚持党的领导、人民当家作主、依法治国有机统一，依法行使人大监督职权。通过开展履职评议，进一步增强被任命人员的国家意识、法律意识和公仆意识，促进其依法行政，认真履行职

责，切实转变作风，不断创新和改进工作，使各项工作充分体现人民的意志和愿望，为促进行唐经济社会高质量发展提供坚强保证。

二、履职评议的原则

履职评议工作应当坚持党的领导，坚持依法办事、集体行使职权的原则，坚持实事求是、民主公开、客观公正、讲求实效的原则。

三、履职评议的内容

（一）遵守和执行《宪法》、法律、法规的情况；

（二）落实人大及其常委会决议、决定的情况；

（三）履行法定职责的情况；

（四）办理人大代表议案及建议、批评和意见的情况；

（五）自觉接受人大和社会监督的情况；

（六）其他需要报告的事项。

四、履职评议的对象和确定方式

县人大常委会对决定任命的县人民政府工作部门主要负责人，在任期内一般应进行一次履职评议。

每年度需要进行履职评议的人员可由县人大常委会各工作机构提出建议，也可以采取征求县人大常委会组成人员意见或县人大代表意见的方式提出建议。办公室负责对征求意见情况进行汇总，提出年度开展履职评议的对象和时间等初步建议，经县人大常委会主任会议研究，报县委审定。

被评议人员和时间确定后，经县人大常委会主任和县人民政府县长、县监察委员会主任、县人民法院院长、县人民检察院检察长联席会议商定，列入县人大常委会年度工作计划，印发有关机关、工作部门及被评议人员，并向社会公布。

五、履职评议的准备工作

（一）制定工作方案。开展履职评议前，县人大常委会相关工作机构负责草拟履职评议工作实施方案，同时提出评议视察工作方案，经主任会议研究同意后，成立县人大常委会履职评议视察组，成员由县人大常委会主任或有关副主任、部分县人大常委会委员和相关专门委员会委员、部分县人大代表组成，并邀请县委组织部有关人员参加。视察组工作人员由县人大常委会相关工作机构安排。

（二）评议视察组的主要职责：一是组织开展履职评议视察活动；二是起草履职评议视察报告。

（三）评议视察组的主要工作方式：一是视察相关工作。视察组围绕履职评议内容，深入到被评议人员所在部门、有关单位以及部分乡镇，实地查看评议内容所列相关工作开展和落实情况。二是召开座谈会。视察组组织县人民政府主管领导、部分县人大代表和群众代表、下属单位和服务单位有关人员座谈交流，征求意见。三是征求社会意见。四是交换意见。视察组听取被评议人员的履职情况介绍，就视察、座谈和征求意见等情况与被评议人员进行沟通，交换意见。五是汇总情况。视察组对视察、座谈、征求意见和沟通情况进行综合分析，梳理意见，起草履职评议视察报告，报主任会议研究。

六、履职评议的主要程序

履职评议在县人大常委会会议上进行。主要程序为：

（一）被评议人员在县人大常委会会议上作履职报告；

（二）视察组向县人大常委会会议提供书面履职评议视察报告；

（三）县人大常委会组成人员对履职报告和履职评议视察报告进行审议；

（四）县人大常委会组成人员在县人大常委会会议上作评议发言；

（五）县人大常委会组成人员对被评议人员的履职情况进行满意度测评，测评的综合评价分为“满意”、“基本满意”、“不满意”三个档次，测评的分项内容评价分为“好”、“较好”、“一般”三个档次；

（六）公布测评计票结果。

被评议人员应到会听取评议情况。邀请部分县人大代表和其他县人民政府工作部门负责人列席会议。

会后，县人大常委会相关工作机构负责综合整理常委会组成人员审议发言，形成审议意见，印发有关机关和被评议人员。

七、履职评议结果的处理及整改

（一）履职评议结果向县委报告，并印发县人民政府。经主任会议研究，也可以向社会公布。对于综合评价“不满意”票超过30%的，建议县人民政府主要领导与其约谈，并要求其认真整改，适当时候再次向县人大常委会报告履职情况。

（二）被评议人员应当在接到评议意见后一个月内，向县人大常委会书面报告整改方案，三个月内将整改落实情况书面报告县人大常委会，并及时印发县人大常委会组成人员。

（三）县人大常委会对整改情况进行监督。必要时，县人大常委会会议可听取被评议人员关于整改情况的报告。

（四）被评议人员未按时报告整改情况或者县人大常委会相关工作机构认为整改不力的，经主任会议研究同意，责成其向县人大常委会作出书面检讨，并认真纠正。县人大常委会组成人员也可依法采取专题询问、质询等方式督促其搞好整改。

八、履职评议的组织领导

履职评议工作在县人大常委会主任会议领导下进行。由与县人民政府工作部门对口联系的县人大常委会相关工作机构组织实施。

行唐县人大常委会
关于对县人民法院法官和县人民检察院检察官
开展履职评议的暂行办法

（2023 年 10 月 31 日行唐县第十七届人大常委会第二十二次会议通过）

为进一步加强县人大常委会司法监督工作，规范审判机关和检察机关司法行为，促进公正司法，根据《中华人民共和国宪法》《中华人民共和国地方各级人民代表大会和地方各级人民政府组织法》《中华人民共和国各级人民代表大会常务委员会监督法》《石家庄市人大常委会关于对市中级人民法院法官和市人民检察院检察官开展履职评议的暂行办法》的相关规定，县人大常委会决定对县人民法院法官和县人民检察院检察官开展履职评议，特制定本暂行办法。

一、指导思想

以习近平新时代中国特色社会主义思想为指导，深入学习贯彻习近平法治思想，全面贯彻落实党的二十大精神，通过对法官、检察官的履职评议，紧盯司法权力运行中的突出问题和关键环节，综合运用地方人大常委会的监督权、询问权、重大事项决定权，积极探索监督司法机关的新举措，以监督促公正，不断增强被任命法官、检察官自觉接受人大监督意识，改进司法作风，提升司法能力，提高办案质量和效率，切实解决好履职评议中发现的问题，使司法监督工作更加符合司法体制改革工作实际，更加符合人民群众对改进司法工作突出问题的期盼，更加符合人大监督工作实效性和持续性。

一、组织领导

履职评议工作在县人大常委会主任会议领导下负责组织实施，县人大常委会相关部门协助配合。

二、评议原则

履职评议工作遵循以下原则：坚持依法监督，促进公正司法原则；坚持实事求是，程序公开原则；坚持集体行使职权，客观公正原则；坚持严格依法办案，规范整改原则。

三、评议对象

县人大常委会任命的县人民法院法官和县人民检察院检察官。

每次开展履职评议的法官、检察官人数不作统一限定，根据实际情况掌握。

四、评议内容

政治和业务学习情况。包括：政治理论、法学理论和审判业务、检察业务知识学习等情况。

依法履行职责情况。包括：审判工作、检察工作实绩以及办案质量、办案作风、司法质效等情况。

落实司法公开、规范司法行为情况。包括：公正、高效依法裁决执行、遵守职业道德基本准则和法官、检察官行为规范、廉洁执法等情况。

自觉接受人大及社会各界监督情况。包括：落实县人大常委会决议、决定，依法办理县人大常委会依程序转办案件等情况。

五、方法步骤

履职评议工作每年定期开展一次，具体分为四个步骤，安排部署、组织实施、审议评价、督导整改。

始终把握解决具体问题，主动征求人大代表和群众意见建议，做好前期调研，从涉法涉诉信访案件中分析研究，综合专题调研、视察、听取审议专项工作报告、组织执法检查等活动所反映情况，视具体情况可以不定期开展对法官、检察官的个人履职评议。

安排部署（统一安排和突出重点）

履职评议活动的实施方案，经主任会议研究通过后，启动实施。

根据县人大常委会工作安排，通过工作调研，人大代表履职平台发出征求意见书，走访县纪委监委、县委政法委，召开与法律工作者参加的座谈会等多种方式，充分了解群众对司法工作的意见和建议，结合工作需要，同县人民法院、县人民检察院协商后，从中选定被评议法官、检察官。

组织实施（人大工作组检查和法官、检察官自查自评）

县人大常委会严格按照方案要求，组织部分县人大常委会委员、专委会委员、县人大代表及法律工作者共同组成履职评议工作组。

县人民法院、县人民检察院认真做好履职评议的各项准备工作，与县人大常委会工作组及时对接，紧密配合协作，确保履职评议工作开展顺利。

县人大常委会履职评议工作组尽可能掌握司法机关工作动态，适时开展学习培训，提高履职评议针对性。优化评查程序，严谨细致、科学分工、论证充分、精准定性定责，结合案件查阅、旁听庭审、裁判文书评价等分步骤细化组成若干工作小组，高质量高标准高效率地完成工作。

按照法律规定的职责和程序开展工作，抓住司法权力运行的关键环节，结合被评议法官、检察官办案数量，调取一定比例的案卷查阅，定性定量客观反映被评议法官、检察官的整体司法能力和办案水平。

履职评议要及时指出司法工作中存在的问题，对人大代表、人民群众反映的突出案件和问题进行综合分析，监督司法机关依法整改，并促进司法机关建立和完善内部监督机制，共同推动司法工作依法有序开展。

围绕法官、检察官起草的法律文书内容、结构、逻辑性、说理性、文字表述等方面，从形式和实质上进行具体量化评价。

开展旁听庭审，了解法官的法庭驾驭能力，了解对案件事实认定、证据采信、法律适用、法律程序等方面的情况，并填写旁听庭审评价意见。

被评议法官、检察官在自查自评的基础上，向县人大常委会提交近三年的个人履职情况书面报告，以评为戒、以评促改、自我检视。

县人民法院、县人民检察院案件管理和纪检监察部门要在被评议法官、检察官个人履职情况报告的基础上，围绕被评议法官、检察官业务考核、案件管理、案件质量评查、信访举报等综合情况出具法院、检察院书面《评价意见》。

审议评价（专项报告和集中审议）

县人大常委会全体会议分别听取和审议县人民法院、县人民检察院履职评议工作开展情况的报告。

县人大常委会全体会议逐一听取被评议法官、检察官个人履职情况报告，并结合履职评议工作组提供的参考资料进行“满意”、“基本满意”、“不满意”三个档次的测评。投票表决确定评议等次。

参会的县人大常委会组成人员半数以上不满意法官、检察官履职情况的，县人大常委会按照法定程序视不同情况予以处理，并督导法、检“两院”按照干部管理权限和程序，严格区分案件质量瑕疵责任和违法责任，依法给予停职、调岗、延期晋升、免职、责令辞职、辞退等处理。

督导整改（跟进监督和持续问效）

县人大常委会在常委会会议后将常委会评议结果书面转交县人民法院、县人民检察院。县人民法院、县人民检察院向全院干警通报结果，对履职评议中提出的意见建议，逐条分析，制定具体的整改措施，并在10日内向县人大常委会书面反馈落实情况。

县人民法院、县人民检察院应将县人大常委会履职评议结果作为法院、检察院司法人员考核任用、优先提拔的参考依据。

县人大常委会根据视察、调研、转办交办的涉法涉诉信访案件办理情况，并和县人大代表、群众反映强烈的信访案件，发挥履职评议延伸效应，适时启动对办案法官、检察官开展履职评议“回头看”，深化对司法活动的监督。

后 记

修志是中华民族悠久的历史文化传统之一。为更好地记录行唐县历届人大及其常委会在中共行唐县委领导下依法履职、创新举措、踔厉奋发、辛勤工作，推动全县社会主义民主法治建设和经济社会高质量发展的历史轨迹，县人大常委会按照石家庄市人大常委会年初关于编纂人大志的工作部署，结合本县实际，于 2024 年 3 月开始组织编纂《行唐县人大志（1949—2023）》。该志上溯 1949 年 11 月行唐县首届各届人民代表会议召开，下迄 2023 年 12 月月底。编纂人员经过不懈努力，相继完成了拟定篇目、资料搜集、初编、分纂、总纂、征求意见、审改等各个阶段的编纂目标，于 11 月定稿付梓。回顾 8 个月的修志过程，一部反映行唐县各界人民代表会议、行唐县人民代表大会及其常务委员会 75 年发展历程的志书之所以能够圆满完成，主要得益于以下三个方面。

一是领导高度重视。县人大常委会党组对《行唐县人大志（1949—2023）》编纂工作高度重视，及时将编纂计划向县委请示报告，得到县委的大力支持。2024 年 2 月 1 日，县人大常委会主任赵为民在县十七届人大四次会议上的工作报告中提出要编纂《行唐县人大志（1949—2023）》，会后列入县十七届人大常委会 2024 年工作要点。3 月初，县人大常委会党组召开会议，专题研究部署志书编纂事宜，强调要按照市人大常委会有关要求按时完成编纂任务。3 月 12 日，召开《行唐县人大志（1949—2023）》编纂工作动员会暨培训会，印发《行唐县人大常委会关于编纂〈行唐县人大志〉实施方案》，决定成立《行唐县人大志（1949—2023）》编纂委员会，统筹编纂工作。下设编辑室，负责指导编纂组的资料搜集、编写及志书的整体编纂工作。根据志书内容，编纂工作分为 7 个编纂组，第一编纂组负责凡例、第一篇、后记；第二编纂组负责概述、大事记、第二篇；第三编纂组负责第三篇至第五篇；第四编纂组负责第六篇至第八篇；第五编纂组负责第九篇至第十一篇；第六编纂组负责第十二篇至第十三篇；第七编纂组负责第十四篇。特邀 6 名县人大常委会原主任、15 名原副主任担任顾问，指导志书编纂。会议要求编纂人员要充分认识编纂首部《行唐县人大志（1949—2023）》的重要意义，提高政治站位，全面反映 1949—2023 年行唐县人民代表大会制度从雏形与建立、确立与曲折发展、停滞、恢复发展到进入新时代逐步完善的辉煌历程，实事求是地做好志书编纂工作。为提高志稿质量，特邀县委党史研究室原主任李蕙萍、县档案馆原馆长王帆、县人大常委会办公室原主任刘文华 3 人担任副主编，为做好志书编纂工作提供了有力保障，加快了修志进程。编纂阶段，县人大常委会主任赵为民多次到编辑室了解编纂进度，提出编纂标准和要求，强调要树立精品意识，尊重历史，真实记述，彰显行唐人大特色。志书编纂工作也得到了县人大常委会赵翠琴、高和福、赵士平、高华树等多名老领导的关心、支持和指导，推动了编纂工作的全面开展。

二是社会各界大力支持。资料收集阶段，县委办、政府办、县委组织部、县委宣传部、县委党史研究室、县档案馆、县融媒体中心等单位及各乡镇人大提供了许多珍贵史料、书刊、照片，为初稿编纂奠定了坚实基础。为弥补卷首彩页各届图片和内文文字的资料缺口，行唐县人大常委会办公室于2024年7月12日通过《行唐发布》公众号发布《关于向社会各界公开征集〈行唐县人大志〉入志资料的通告》。众多热心人士纷纷致电，提供相关资料。退休教师盛春提供了其父盛丕固在1952年至1965年担任县各界人民代表会议和县第一至第六届人民代表大会人大代表时珍藏的代表当选证书、选民证及大会通知、提案、决议等珍贵资料50余件，填补了彩页中从各界人民代表会议至第六届人民代表大会的照片空白，补充丰富了内文相应篇章的文字材料，提高了志书的史料价值。县收藏家协会主席花克强、县人大常委会原副主任杨安县之子杨军亮、市人大代表李素荣分别提供了县八届、九届的相关照片和市第十一至第十三届人大代表花名册等资料。初稿形成后，将《行唐县人大志（1949—2023）》（征求意见稿）分别呈送县委、县人大常委会、县人民政府、县政协、县监察委员会、县人民法院、县人民检察院主要领导审阅，同时征求了县人大常委会老领导、15个乡镇人大和熟谙县域历史文化的封国生、王振书、侯爱民、宇文春平的意见，都提出了宝贵建议。侯爱民还为搜集、拍摄照片以及卷首彩页的编排设计策划，亲力亲为地做了大量工作。社会各界的大力支持，为进一步规范志稿、提升质量、缩短编纂周期发挥了积极作用。

三是编纂人员辛勤笔耕。馆藏档案是编纂行唐人大历史进程的基础性材料，也是志书内容的主体。在资料收集过程中，编纂人员坚持以“档案为准、资料为辅”的原则，自3月开始至4月，编辑室组织县人大机关和乡镇人大编辑人员到县档案馆集中查阅馆藏革命历史档案、县委、县人民委员会、县人大常委会、县委组织部、县民政局及各乡镇等全宗档案404卷，并对195卷县人大常委会机关现有档案资料认真分类梳理并充分利用，同时查阅《石家庄人大志》《行唐县志》《行唐年鉴》《中国共产党河北省行唐县组织史资料》《中国共产党石家庄市行唐县历史（第一卷）》《中国共产党行唐县历史大事记》《行唐县大事记》及县人大编辑的《行唐人大三十年》《行唐县第十四届人大纪念册》《行唐县第十五届人民代表大会及其常务委员会纪念册》《行唐县第十六届人民代表大会及其常务委员会纪念册》等50余部图书资料，为志稿撰写搜集到大量具有较高史料价值的档案资料。此后，编辑人员将所有搜集到的档案资料进行筛选、考证、整理，并根据篇目框架全面展开志稿编写工作。参与编纂人员加班加点，认真负责，边审稿，边查阅资料，边提出问题，边想办法解决问题，在一遍一遍的修改、补漏、完善、规范中不断提高志稿质量。特别是编辑室主编、副主编、特邀副主编，从拟定框架篇目、资料搜集到初编、分纂、总纂、审稿、校对每个环节，始终坚持“尊重历史、客观记述、实事求是、质量第一”的编纂理念，审改严谨、一丝不苟，兢兢业业、不辞辛苦，千方百计、精益求精，为打造精品佳志废寝忘食、默默奉献。

编纂人大志是坚持和完善人民代表大会制度、践行“全过程人民民主”重要思想、推进社会主义民主法治建设的重要举措。这部志书是行唐县第一部人大工作专志，编修成书意义重大。但修志工作对于县人大常委会编纂人员来说，却是一次极大挑战。为按时完成任务，编辑室多次组织侧重“实战”的集体培训，强化方志业务学习；主编、副主编做好“传、帮、带”工作，编辑人员都是边干边学，勤于思考，大大加快了修志进度。《行唐县人大志（1949—2023）》全书共 14 篇 102 章 328 节。该志从 1949 年 11 月首届各界人民代表会议召开，至现在的县十七届人民代表大会，记述时限跨度长、工作量巨大。面对志书编纂这项必须完成的“硬任务”，各编纂组始终坚持本职工作和志书资料搜集、编纂两不误原则，采取每周 7 天工作日、节假日不休的“笨鸟先飞法”，加班加点，查档撰写，挤时间，赶进度，勤汇报，多研究，凭借强烈的责任心和担当意识战胜了资料核疑更讹、与本职工作冲突、经常加班影响家庭生活等重重困难，同心同向，同力同行，虽累不言，虽劳不怨，为志书编纂贡献了力量。坚持资料搜集、编纂与业务指导、审稿同步进行，为争取时间，编辑室采取灵活“战术”，审改不是等到整篇完成后再开始，而是对完稿的篇章立即进行逐字逐句删繁驭简，即各编纂组随时交稿，编辑室随时审改；副主编交叉审稿同时推进，对志稿存在的问题就为什么修改、怎样修改及时与各编纂组交流、沟通，大大提高了工作效率。

编纂过程中，受档案资料的齐全程度影响，个别章节内容记述繁简不一。为最终要达到全书的基本一致性、使其详略得当，编辑室先后多次将需要规范、统一的事项整理汇总，形成《行唐县人大志（1949—2023）》编纂要求，使《凡例》规定更加全面，并及时召开专题会安排布置，确保逐条整改到位，先后解决个别内容归类不当、一些章节内容单薄、个别篇目结构分散、语言不够凝练、标点符号错误、全称与简称混用、简缩语未括注、同一人名用字不统一、同一内容记述标准不一致、格式混乱等多种多样的问题。通过翔实记述县各界人民代表会议，县人民代表大会及其常委会不同时期召开人代会、党组会、常委会、主任会等各类会议和开展视察、调研、执法检查、联动监督、评议“一府两院”及基层站所等卓有成效的工作，突出了行唐人大的亮点工作和时代特色，增强了内文的科学性、客观性、实用性和可读性。至 10 月初，编纂人员历经数审数改，终于完成《行唐县人大志（1949—2023）》送审稿，并报送方志出版社审稿。10 月下旬，编辑室根据出版社专家的审稿意见继续进行修改和完善。11 月通过方志出版社终校和编校质量检查，并进行总签付印。

《行唐县人大志（1949—2023）》是集体智慧的结晶，是行唐县人大常委会向中华人民共和国成立 75 周年、全国人民代表大会成立 70 周年暨“五四宪法”颁布实施 70 周年的献礼。出版在即，谨向所有参与、关心和支持编纂工作的单位和个人表示诚挚的谢意！因水平所限，疏漏错误在所难免，恳请读者批评指正。

编　者

2024 年 11 月